# 中国品牌年鉴

# 2002

CHINA BRAND ALMANAC

# 主编的话

发展中的中国品牌，走过的是一条摸着石头过河的道路。在经受国外成功品牌发展经验和理念进攻的同时，承受着国外的品牌发展模式和文化的冲击；遭受着本土因循守旧的传统思想与落后文化观念的冷嘲热讽，而这一切都是在市场日趋开放，政府逐步退出的背景下发生的，使得中国品牌成长的环境备感艰辛，也使得品牌的成长更具中国特色。

中国品牌的发展正处在一个关键的时期。中国品牌经历了近20年的探索、实验和实践，品牌理论和思想开始形成，一批批创业者前仆后继；还有丰富多彩的品牌出版物，如雨后春笋般涌现出来。如实归纳和纪录中国品牌发展过程中的事件和人物，而将是非留给后人去总结和评判。作为历史和事件的经历者，我们斗胆编辑了这本《中国品牌年鉴》。

荀子曰："道虽迩，不行不至；事虽小，不为不成。"正如中国品牌的成长和发展还是很不成熟的一样，《中国品牌年鉴》的归纳和纪录同样是难以令人心悦诚服，只是我们勇敢地迈出了这一步。我们当然想沿着这个方向走下去。如果能够走下去，还需要社会各方面人士的支持、关心、帮助和协作，《中国品牌年鉴》诚心诚意地欢迎，等待着您的批评和建议。

# 我们也要有自己的名牌

——毛泽东一九六五年南京无线电厂的讲话

# 创出我们中国自己的名牌

——邓小平一九九二年在「南巡」中的讲话

立民族志氣
創世界名牌

——江泽民一九九八年视察小天鹅集团的提词

# 中国品牌年鉴 2002

中国品牌年鉴编辑委员会　主编
China Brand Almanac
执行主编：荒　村
Executive Editor - in - Chief: Cun Huang
编　辑　部：徐子毅
田　蕾
林莉云
丁　彦
王冠民
李信融
**Editors:** Ziyi Xu
Lei Tian
Liyun Lin
Yan Ding
Guanmin Wang
Xinrong Li

中国经济出版社

# 目录

## 第五章
## 品牌实践(二)——品牌与行业

## 第六章
## 品牌实践(三)——品牌与企业

## 第七章
## 品牌论坛

## 附录:

# 第一章
# 发展中的中国品牌

# 第一章

# [illegible]

# 发展中的中国品牌

当代中国，实行社会主义市场经济。市场经济被冠以“社会主义”不仅在中国，在世界也是没有参照系的。自1992年邓小平同志在南巡时提出中国社会主义市场经济理论，中国开始从有计划的商品经济体制向社会主义市场经济体制转变。到2002年，中国社会主义市场经济走过了十年的历程。中国的经济发展越来越市场化，它直接促使中国加入WTO，使中国的社会主义市场经济WTO化。

1992年以来，越来越市场化的经济发展，使所有的经营者或经营集团都不得不以市场为导向。无论是政府机构、科研团体、新闻媒体、社会中介机构，还是不同所有制类型的企业和生产组织，从注重产品的质量、品质、服务、技术，到名牌战略，到开始走上创建品牌的道路，从而使中国社会主义市场经济进入品牌时代。

中央和地方的各级机构在不同行业和不同地区为消费者和企业提供诸多围绕品牌的服务；海内外各类的监测机构在不同时段和不同地点将浩如烟海的品牌数据分类加工；传统和现代媒体利用不同的方式将品牌的信息传播给大众；北京一家民间机构自1995年起连续7年发布中国最有价值品牌报告。

中国品牌发展过程中衍生出的诸多市场和非市场的景观，充分表现出在“两个转变”中种种利益的矛盾与冲突，丰富了中国品牌诞生的历史背景，也使这些崛起的品牌更具中国特色。从这个意义上讲，2002年是中国品牌成长历史上值得纪念的年份。

中国品牌竞争开始由产品品牌向公司品牌的过渡。

新千年的中国资本市场，品牌成为资产重组的旗帜，是公司品牌形成的重要标志。在资本扩张的过程中，多数企业都以品牌为公司资本扩张的前提，使得品牌实现跨越式的发展。品牌效应突破了行业的界限，品牌的增值使品牌的运营呈现快速扩张的趋势。在传统的行业界限越来越模糊的同时，清晰的是品牌和由此带来的利润。企业跨行业重组是市场的利润空间所驱动，而品牌是企业完成这个驱动的利器。品牌这种纵横运营、发展扩张，必然导致品牌公司进入集团化时代，公司的体制、机制都亦随着公司品牌的变化而变化。

宏观中国品牌的发展与现状，可以清晰的看到崛起的中国品牌的动态地图。从计划经济到有计划的商品经济再到社会主义市场经济，是一个从不讲品牌到有些商品意识直到强调品牌意识的过程。如果有谁做过中国品牌备忘录的话，那些在市场经济初期叱咤风云的品牌，如五洲阿里斯顿、天府可乐、金鸡、金星、万宝、孔雀、牡丹、雪花、白菊等，都已在市场上消失或处在边缘地带，与此同时是新的品牌崛起了，进入到市场和消费者的中心视野，改变着中国品牌地图的图形。观察动态的中国品牌地图，上海、北京、天津、重庆等大都市，还有省会城市，拥有新的崛起品牌与大都市的综合地位不成正比。

这是为什么呢?有人说，这与中国革命“农村包围城市”的模式有所类同。在经济转轨的过程中，计划的力量依附在权力的周围，亦或计划就是权力的表现，它们根深蒂固地盘踞在大都市点上，市场的发展每每都是步履艰难。这样的状态为那些具有一定经济基础，又相对计划力量较弱的城市或地区提供了市场发育成长，导致品牌诞生发展壮大的空间。我们可以把这一现象称作“转型综合症候”——计划与市场、政治经济学与市场经济学、国家经济话语与民间经济话语六面互摄的矛盾与冲突。结果在“动态的中国品牌地图”上呈现了一幅独特的风景——新的崛起品牌大都远离权力和计划的中心。

审视改革开放中国社会经济发展的进程，审视中国社会主义市场经济的发生与发展，历史运动的方向与经济诉求的目的性相互叠合，原有的经济体制处于新的颠覆语境之中，“动态中国品牌地图”带有强烈的向着工业化/后工业化的过渡性。工业化/后工业化的“过渡性”就是要从“建构—结构—解构—解构之结构—再建构”这样一个总体逻辑关系来看工业化/后工业化的诉求。这也意味着经济体制和市场价值体系的颠覆与重建。

在“颠覆与重建”的过程中，品牌在中国市场上的运营基本上有四大类型：崛起的中国品牌；原有的老字号在市场条件下进入品牌运营模式；进入中国市场的外国品牌；外国品牌在中国本土化。这四大类型品牌运营、互动，构建了中国市场上品牌竞争、消涨、质变、超越的“过渡性”景观。

观照“动态中国品牌地图”“颠覆与重建”的“过渡性”景观，同构和非同构性的品牌群落和集束是一个重要的现象。在“动态中国品牌地图”上构成品牌群落的主要有珠江三角洲、长江三角洲和山东半岛等地区。以山东半岛为例，仅青岛就有海尔、青岛啤酒、海信、双星、奥柯玛、颐中烟草等诸多驰名品牌。青岛品牌群落的出现很值得研究，齐文化、海洋文化、中德文化的交融沉积，奠定了青岛的人文特质。这种人文特质与市场经济结合，必然导致符合市场经济规律的品牌运作及其群落的产生。以植物学作比较，同一片土地不同产量的构成要素有三：气候要素——相同；土地要素——相同；管理要素——不同。管理要素是指人——人的要素在这里起到决定性的作用，他可以改变土地要素，亦可局部改变气候要素。依此类推，政策、市场和人决定着品牌的诞生运营，而品牌群落的产生，虽然这里没有篇幅加以讨论，但它足以证明产生品牌群落的区域、城市一定是人有决定使用政策和市场的优势。品牌集束是指企业利用品牌优势生产不同系列产品和提供服务所使用的策略。诸如海尔、长虹、TCL等，都是以品牌为先导，跨技术、跨领域甚至跨行业用品牌将产品“集束”化作为工具，使品牌价值最大限度扩大化，参与进“动态中国品牌地图”“过渡性”的“颠覆与重建”中去，以实现三大扩张：规模、市场、品牌——完成建构，形成结构的过程。

观照“动态中国品牌地图”“过渡性”中“颠覆与重建”的过程，每一个品牌后面都矗立着一个人。这些人中有国企的老总、下海的科技专业人士、旱地拔葱的民营企业家等等，他们传奇的创业故事，为中国品牌喷涂上绮丽的色彩。这里我们暂且称他们为“品牌人”。因着品牌人而创造了和正在创造着各自不同的企业文化，而品牌的价值直接反映着企业文化的优劣。品牌在市场上的淬火，不仅直接导致品牌的质变，而且可以直接传导给品牌人最有价值的信息。品牌人一般都是企业的法人代表，他们无一例外的依附在现行的经济体制上而生存。然而由于现实中国经济体制仍在一个全局和局部复杂的转变的过程中，因此品牌人的每一个决策，除去市场的因素还会有其他因素的羁绊。比如红塔集团今年更换品牌人而导致的从要“再造一个无烟红塔”到“突出主业，重塑红塔”的转移，就有省地两级权力的干预（本文这里不存在价值判断）。这也就是说，中国品牌人比之国际上的品牌人在向着市场诉求的时候，有着更多的困难因素。突破没有他途，制度创新是最重要的途径之一。

品牌的历史就是市场经济和工业化的历史。纵观世界范围内工业化的历史，工业化总是与城市化相辅相成并行不悖的发展。20世纪后半叶，特别是改革开放20多年中国经济高速、稳定、持续的发展和工业化的诉求，有力推动着中国城市化的进程。到20世纪末，中国城市已经达到680多座。按照行政区划可以分为五类：直辖市、省会城市、计划单列市、地级市、县级市。除此还可以按照历史文化、环境生态、适合人居等类型划分出不同的城市类别。但总的趋势，城市的扩张和新兴城市的崛起，刺激市场的发展和建立，拉动经济发展。在这样一个螺旋状的上升速率中，城市间的竞争越发激烈，品牌城市脱颖而出，成为吸引人才、吸引投资的最大磁点。

一座品牌城市的创建，无论历史的长短，区位与大小，都不可避免的要在城市定位、城市建设、产业选择和人文个性等方面从实际出发做出符合发展要求的近期、中期和长远的规划。而这种规划不仅仅应该是政府和专家的决策，它更应该是居住在这座城市里的广大公众对于自己未来家园的选择。

城市定位在品牌城市的诉求中非常重要，定位一旦出现偏差，城市品牌的打造就会走上弯路。时下中国有相当数量的城市打出要把自己的城市发展成为国际化的大都市。这其中有些城市的定位就有相当的盲区。在世界范围内，诸如纽约、芝加哥、伦敦、巴黎、东京、香港等可谓国际化大都市。这些城市除去具有一般城市的共同特点外，无一例外的都拥有相当强大的经济实力，拥有十分广阔的腹地为依托，区位一般处于沿江靠海，是主要的交通航运的枢纽。由此我们已经可以厘析出一个国际化大都应该具备的条件：国际化的大都市，不仅具有现代化的城市基础设施、发达的科技文化教育和资讯，而且要以贸易为先行，以工业为基础，以金融为主导，由全国的经济、金融、贸易中心，进而发展成为国际性的经济、金融、贸易中心。以这样的条件，在中国城市的排比中，本文以为目前也只有北京、上海、深圳等城市具有这样的可能。城市的定位，切勿受经济全球化、追逐近利和现代盲点的影响，一定要根据自己的独特优势而确立未来的发展方向。如此中国城市化的总体趋向才可能实现多元化、多样化的发展。

城市建设是品牌城市诉求的核心点之一。目前，中国的城市建设北方南方一个样，大城小城一个样，在现代/后现代的诱惑下，高楼群、霓虹灯、玻璃墙、立交桥、大酒店、快餐厅、绿草坪、大广场、洋时髦、假古董等千城同举，一些原来颇具地方、民族和历史文化特色的城市正在被外观趋同的新建筑所湮没。千城一面，雷同类比，我国城市建设正在面临“特色危机”。中科院院士、上海建筑学会理事长郑时龄在谈到中国城市建设与经济全球化时指出，全球化对中国建筑的最大影响是城市化的发展和城市空间的趋同。在这样的情况下，上海在建设了以东方明珠塔为核心的新的城市标志性建筑的同时，对于旧城的改造走出了新路，这一点很值得其他城市学习。2002年，杭州启动了在保留现有旧城的基础上将在钱塘江对岸建设新城——一江穿涌，两畔双城，新旧呼应，共造憧憬。这和巴黎建设新城保留旧城的发展模式有些相似，它让人们看到了中国城市特别是那些历史文化名城在面对现代/后现代诉求中一个新的思考方向。

诉求工业化的发展中国家，城市化进程比之发达国家工业化过程中城市化发展要快，其中参照的影响力是巨大的。这也就是说现有先进的城市产业配置模式影响后进的城市的产业选择。在我国目前城市化的进程中，城市产业选择正在经历一个关键时期。比如上海，在计划体制时期，它几乎是中国全方位的制造业的中心，而进入社会主义市场经济的今天，由于政策因素和内外市场因素的影响，终于做出了自己的选择：在有力发展汽车、造船等制造业的同时，有限放弃轻工、纺织、家电等的制造，而在金融、高新技术、交通、商贸、会展、旅游等领域做出了现实的抉择，并在较短的时间里实现了跨越性的发展，使城市产业的配置更趋符合自身发展的需要，呈现出勃勃生机。又如桂林，以得天独厚的旅游资源为根本，开放市场，吸引外来资本的介入，发展旅游产业，进而拉动整个第三产业的发展，意欲打造世界级的旅游品牌城市，实践证明，这无疑是一个正确的选择。有关城市产业选择最具有典型意义的当属青岛。青岛是有一定工业基础的海滨城市。在计划体制时期，人们了解青岛的产业不过有三：青岛啤酒、四方机车和海运。而今天，海尔、海信、双星、澳柯玛的崛起，加之青岛啤酒，几大品牌形成的纵横交错的产业群落，撑起了青岛这座城市再崛起的穹顶，铸造着品牌城市青岛的辉煌未来。

城市的定位、建设和产业的选择，是由这个城市的政府和公众所决定的。而能够根本影响这个决定的因素，主要来自这座城市人文个性所派生的可持续发展的诉求。实践证明，这些决定的实施，反过来又在发展、丰富着这个城市的人文个性。这也就是说，城市的人文是城市的基因，个性的张扬，决定着这座城市的未来。所谓人文，是指人类在生存与发展的过程中创造的各种文化现象及其积淀，它表现在城市的物理空间和精神空间两个领域。一座城市的人文个性的缘起，来自最早选择这方土地作为市与城的始祖们的意识与行为，以及他们的后世子孙在推动这座城市社会经济发展的历史过程中所创造、融会的各种文化及其这种文化所构建的公众意识。比如北京的公众意识政治色彩较浓，这是北京人文的个性特点；上海的公众意识商业色彩较浓，这是上海的人文个性特点；青岛的公众海洋意识较浓，海洋意识成为青岛人文个性的特点。在现代/后现代的诉求中，经济全球化是一个必然的趋势，但要切记，在经济全球化进程中的发展中国家特别是中国的城市化进程，保护、保持和发展城市的人文个性是一件刻不容缓的大事，否则，品牌城市无从谈起。

20世纪80年代末开始，有关部门进行了大量探索性的实践：

1989年：

国家质量奖评审；

国家体改委企业改革创新奖颁发；

轻工部颁布《优质产品评选和管理办法》；

全国企业管理优秀奖“金马奖”评选；

中国500家最大工业企业及500家最佳经济效益企业评出；

大中型企业固定资产净值和利税总额前100名企业名单发布。

1990年：

国家质量奖评审；

国家计委设立国家级企业技术进步奖；

全国10大最佳合资企业（生产型）评选颁奖(第3届)；

中国500家最大工业企业及行业50家评价。

1991年：

全国范围开展“质量、品种、效益年”活动；

国家级企业管理现代化创新成果奖颁发；

经贸部首次部优产品评选揭晓；

首届中国驰名商标消费者评选揭晓；

中国500家最佳经济效益工业企业评价揭晓；

全国企业管理优秀奖“金马奖”评选；

全国优秀企业家“金球奖”(第4届)评选；

农业部表彰500名乡镇企业家；

中华国产精品推展活动举行。

1992年：

全国乡镇企业家受表彰；

全国10大最佳合资企业评选揭晓(第5届)；

中国进出口额最大的500家企业揭晓；

中国500家最佳经济效益工业企业评价揭晓；

中国最大的500家外商投资工业企业排序揭晓；

中国城市综合实力50强暨投资硬环境40优评出；

首次中国500家最大服务企业评价揭晓；

中国农村综合实力百强县(市)评价揭晓；

“城市环境综合整治十佳城市”称号公布。

1993年：

国家经贸委和国务院企指委表彰179家企业；

国内贸易部表彰全国商办工业10佳企业；

中国经济效益纵深行宣传活动；

中国500家最大工业企业评价揭晓；

大型工业企业技术开发实力百强名单公布；

轻工系统200家最大工业企业评出；

加工工业10行业利税10强揭晓；

电子行业百家企业名次排出；

第6届全国10大最佳合资企业（生产型）评选揭晓。

1994年：

中国质量万里行（94）；

中国经济效益纵深行（94）；

全国企业管理优秀奖“金马奖”评选；

全国优秀企业家“金球奖”（第5届）评选；

第二届农村综合实力百强县（市）评价揭晓；

全国首届优秀发明企业家颁奖。

1995年：

中国的脊梁“国有企业500强”评选揭晓；

中国私营企业500强评出；

中国机械工业百家最大企业排序公布；

中国进出口额最大的500家企业排名榜揭晓；

中国轻工业200强企业排序结果揭晓；

中国乡镇企业评价排序结果揭晓；

全国优秀企业和企业家评选揭晓；

全国物资流通百强企业排出；

全国优秀施工企业评出；

农业部首次推出100个“中国乡镇企业名牌产品”；

轻工总会向全国公布“95”中国轻工10种产品排行榜；

第二届全国质量认证工作会议闭幕；

第八届全国10佳合资企业（生产型）揭晓；

首次股票上市公司综合实力评价揭晓。

1996年：

国家自然科学奖、国家发明奖、国家科学技术进步奖、国际科技合作奖颁发；

国家经贸委颁发“国家级新产品”证书；

国家工商局首次评定“中国驰名商标”；

全国进出口500强企业揭晓；

全国优秀企业与全国优秀企业家评选；

《中国企业新纪录》首次发布50项纪录指标。

1997年：

国家经贸委提出《质量振兴纲要》实施要求；

乡镇企业10大新闻和10大新闻人物揭晓；

全国第二批《中国企业新纪录》发布；

全国10大杰出工人评选结果揭晓；

全国杰出岗位能手颁奖仪式举行；

全国家用电器工业工作会议召开；

“全国名店名厂名品”工作会议；

首届全国“中药技能大奖”揭晓；

首届中国行业经济大型研讨会召开；

城市经济与名牌战略研讨会举行；

中国名牌战略高级研讨会；

全国市场产品竞争力调查活动；

国有资产管理局公布中国国有企业500强；

国家经贸委、国家技术监督局发布《关于推动企业创名牌产品的若干意见》；

全国机械工业会议提出要创立400种名牌产品，培育200家明星企业；

“名品进名店”活动拉开序幕。

1998年：

全国环境保护先进企业称号揭晓。

全国10大杰出工人在京揭晓。

中国乡镇企业10大新闻人物。

国家外经贸部公布出口推荐企业100家名单；

ISO14000环境管理体系认证国家认可制度基本确立。

2000年：

国家经贸委、人民日报社“崛起的中国品牌”研讨会召开；

2001年：

质监总局成立“中国名牌战略推进委员会”，评选“中国名牌产品”；

机械总局评定“最具核心竞争力的100家企业”；

进出口额最大的500家企业和出口额最大的200家企业名单发布；

2002年：

中国名牌战略推进委员会与中国工业经济联合会继续组织评选“中国名牌产品”。

这期间：

1996年，为贯彻《中华人民共和国国民经济和社会发展“九五”和2010年远景目标纲要》，国务院颁布《质量振兴纲要（1996—2010）》；

2001年，为贯彻《中华人民共和国国民经济和社会发展第十个五年计划纲要》，国务院办公厅转发国家经贸委、中央企业工委、国家计委、财政部、劳动保障部、外经贸部、人民银行、外汇局《关于发展具有国际竞争力的大型企业集团的指导意见》指出：“要形成一批拥有著名品牌和自主知识产权、主业突出、核心能力强的大公司和企业集团。”

这两个文件是指导中国品牌发展的纲领性文件。前一个文件明确提出国家“实施名牌发展战略，振兴民族工业”；后一个文件首次从国民经济和社会发展的高度、从发展企业竞争力的高度提出品牌问题，是创建和发展中国品牌的指导性意见。

（安兴本）

品牌·名牌

# 中国名牌发展战略十年

早在1992年南方谈话中，邓小平同志即指出："我们应该有自己的拳头产品，创出我们中国自己的名牌，否则就要受人欺负。"

从1995年开始，党的第三代领导集体成员陆续对中国的名牌事业作出了明确指示：江泽民总书记发出了"立民族志气，创世界名牌"的号召；李鹏委员长题词要求"创名牌产品，提高国际竞争力"；朱镕基总理强调"要特别注意培养名牌意识，培育名牌产品"。党和国家领导人的高度重视，为中国实施名牌战略确立了指导思想和行动纲领，全面推动了中国名牌战略的实施。

1992年"中国质量万里行"活动正式启动，标志着全国性的名牌战略进行动进入实施阶段。1993年2月，《中华人民共和国产品质量法》在全国人大通过。随后，国务院颁布了《质量振兴纲要（1996—2010年）》和《国务院关于进一步加强产品质量工作若干问题的决定》，国家经贸委和原国家技术监督局联合发出了《关于推动企业创名牌产品的若干意见》。为积极推进名牌战略的实施，规范中国名牌产品的评价工作，促进中国名牌产品的发展壮大，增强中国产品在国内外市场的竞争力，2001年3月，国家质量技术监督检验检疫总局牵头成立中国名牌战略推进委员会，负责统一组织实施中国名牌产品的评价、管理、宣传和培植工作。

2001年，中国名牌战略推进委员会推出了第一批57个中国名牌产品。2002年9月1日，又推出了第二批123个中国名牌产品。近十年间，全国各省、自治区、直辖市共推出省级名牌产品近6000个。名牌战略的实施，为促进企业管理水平和产品质量的提高，促进经济结构的调整和资源的优化配置，拉动地方经济的增长等产生了明显效果。

**"制造大国"瞄准"品牌大国"**

加入世贸组织后，中国如何进一步提升制造业水平，以及如何解决中国的"制造大国，品牌小国"矛盾的问题，成为经济学界和企业界人士关注的话题。在2001年全国经济工作会议上，江泽民总书记明确指出："我们要抓住机遇，把自己的劳动力优势、市场优势、产业基础优势与跨国公司的技术优势、资金优势和管理优势结合起来，在我国具备比较优势的加工工业中，加快形成拥有国际知名品牌、具有国际竞争力、面向国际国内两个市场的大规模制造能力。"

中国企业要参与国际竞争，不仅要熟悉国际规则，还要有足够的实力。除物质实力外，更重要的是"无形资产"的实力。一个国家没有一大批在国际国内市场叫得响的名牌产品，在日趋激烈的国际国内竞争中只能处于被动地位。依附于外国名牌就不可能有自己的名牌，就谈不上真正形成自己独立的、有竞争力的民族工业基础，中国经济也很难走上可持续发展的道路。

实施名牌战略，从培育名牌产品入手，增加高档次、高科技含量、高附加值的产品的投入，培育一批世界名牌产品，提高中国经济的国际竞争力，使中国成为"制造大国"的同时，成为"品牌大国"。这已经从个别企业、个别地区的局部认识和感受，上升为整个国家、整个社会的共识。

**让"培育中国的世界名牌"成为社会事业**

名牌战略是一项创新工程，也是一项系统工程，它涉及科技创新、质量创新、体制创新、管理创新等诸多方面，离不开政府部门的推动、全社会的关注、新闻舆论的宣传监督、广大消费者的参与，但创造中国名牌的基础工作在企业，需要依靠企业自身的艰苦努力，立足市场需求，强化质量管理，不断提高产品质量。

首先，政府要加强宏观指导，政策鼓励。各级政府应做好名牌规划工作，从政策、技术、资金等方面，制定企业发展名牌的鼓励政策，使资源配置向名牌企业倾斜；在遵循世贸组织规则的前提下，加强对国产名牌的支持与保护；企业引进关键技术后，政府应主动引导企业在消化、吸收、创新上下功夫，推动企业开展全面质量管理。

其次，全社会大力协同，共同推进。社会的各阶层消费者要不断拓宽眼界、提高名牌意识、爱用中国名牌、追求中国名牌、保护中国名牌，关心中国名牌事业；各个企业和科研机构也要积极参与，下大力气强化技术创新和技术进步，促进中国名牌不断发展壮大，成为世界名牌。

再次，媒体支持，舆论倡导，形成热潮。各媒体要在全国范围内大力宣传名牌战略的意义，鼓励人们购买国产品牌，激发全社会的爱国热情，创造人人关心、携手共创中国名牌的氛围。

最后，企业主体强化创新，重在培育，大力实施名牌战略。企业名牌战略的核心内容，就是"名"与"实"的关系。如何通过创造良好的"实"来形成良好的"名"，又通过良好的"名"促成更好的"实"，就是名牌战略的战略内容和战略目标。

（常艳军　王少冗）

# 第二章

# 2001—2002年度中国城市品牌评估报告

# 一　研究缘起

## ——21世纪是品牌的时代

产品需要品牌，服务需要品牌，企业需要品牌，对品牌的追逐是大势所趋。然而，在经济全球化的今天，品牌已不再是企业独有的专利，它被赋予更广泛、更深刻的内涵与意义。“数字城市”、“生态城市”、“魅力城市”、“经营城市”……如此亮丽的词汇正呼唤着一个全新的概念——城市品牌！

作为人口集聚和政治、经济、文化的中心，城市是人类与环境结合的空间纽带。产业革命造就了现代城市，而现代城市又为新一轮产业革命提供了更为宽广的发展空间。经济全球化的浪潮在加速城市功能国际化的同时，也使竞争从国家走向城市。城市的优势与劣势、城市的互补与竞争、城市的分工与合作、城市的繁荣与衰落逐渐成为全球经济社会发展的焦点。从经济学的角度看，城市实际上也是一种产品，它的发展同样需要遵循商品发展之客观规律，只有进入社会流通领域，才能使它的潜在价值外在化，并实现价值增值。就像说起威尼斯，就会立刻会联想到水上之城；谈到巴黎，就会立刻浮现出时装之都；聊及维也纳，就会立刻萦绕起“音乐”一样，城市也需要品牌！一个个响亮的品牌代表的是这个城市独特的魅力！

中国城市作为国家次级存在具有特殊的重要性。特别是近年来中央实施“以市带县，通过中心城市带动区域经济发展”的改革政策以来，城市的地位更加重要了。加入WTO后的中国，参与国际市场竞争的不仅仅是企业，城市的发展也将会遇到前所未有的挑战。面对知识经济的到来，面对世界经济一体化的趋势，面对世界级优秀的城市，打造中国的城市品牌，以“品牌兴市”，以“品牌立市”必将成为中国城市屹立于世界的新的发展战略。

# 二　理论思考

## ——“城市是人类艺术的最大容器，它要各具特色，姿态万端。”

任何一个品牌都包含着品牌创立者的一种主观意图，即让品牌的接受对象认可和接纳。城市品牌也是如此，它建立在两个基础之上，一个是城市的有形资产，另一个是城市的无形资产。城市的有形资产主要表现在城市的市容市貌，而城市的无形资产主要是通过城市的核心竞争力来体现。

因此，城市品牌就是城市形象和城市核心能力的统一体，它不仅包括物质的、有形的，也包括精神的、无形的，不仅包括现存的、供给的，也包括潜在的、需求的。它凝聚和体现着城市的功能、理念、整体价值取向以及由内向外的辐射力和由外向内的吸引力。

### 城市形象：城市品牌的外在表现

——城市形象是一种新的生产力，它能“令居之者忘老，寓之者忘归，游之者忘疲”。

早在20世纪70年代中期，国外的一些学者就提出了“城市形象建设”这一新概念，并展开了深入的研究和大胆的探索，逐步认识到城市形象在城市经济、社会和文化整体协调发展中的重要作用，并强调在城市发展规划中要注重塑造和设计自身独特的形象。我国学者对城市形象理论的研究始于90年代初，研究涉及城市形象的文化内涵、城市形象建设的经验总结以及城市形象理论模型研究等诸多方面。

## 城市竞争力：城市品牌的价值源泉

——如同国家竞争和企业竞争一样，城市之间的竞争关系是一种客观存在。

对城市竞争力的研究可以说是一个崭新的课题，在部分学术文献中，对城市竞争力概念的阐述是从国家竞争力或企业竞争力概念的理解和修正中引申而来的。比如，有学者将美国竞争力委员会对国家竞争力的概念移植到“城市”之上，“城市竞争力是一个城市为满足区域、国家或者国际市场的需要生产商品、创造财富和提供服务的能力，以及提高纯收入、改善生活质量、促进社会可持续发展的能力”。“城市竞争力是城市在劳动分工国际化、国际贸易全球化、世界经济一体化和经济区域集团化过程中形成的对某一区域或世界范围内在经济、政治、文化交流中持续具有的辐射力和吸引力，最终起决定作用的是城市的经济实力。”“城市综合竞争力，乃城市所具有的由各种发展要素综合形成的整体实力和‘单位’能量强度、发展效益及水平以及由此所决定的该城市在城市体系、区域、国家甚至国际社会中的作用和影响力。也就是说，一个城市综合竞争力的大小，决定于它的整体实力是否大，‘单位’能量是否强、发展效率及水平是否高，在城市体系、区域、国家甚至国际社会中的作用和影响力是否占优。”

作为独立的竞争主体，城市相互之间的竞争与国家和企业之间的竞争有所不同，城市之间的竞争主要是各个城市凭借自己所提供的独特的城市型资源，在吸取和集聚生产要素和有利于社会协调发展的一切稀缺性要素方面进行竞争和角逐，最终促进本城市比其他城市有更快的经济增长和更为协调的社会发展。

本研究更倾向于从系统论角度考察城市竞争力的内涵。其目的在于：一方面，它从不同层面将城市竞争力细分，避免了对城市竞争力宽泛、抽象地论述。另一方面，这种概念框架有利于指导我们对城市竞争力进行定量评价。

国外学者对城市竞争力评价往往侧重于某一方面，比如美国《幸福》杂志关于最好商务城市的评价，美国华盛顿人口危机委员会关于城市生活质量的评价，美国城市地位评价年鉴关于城市地位的评价，欧洲学者关于城市发展趋势的评价等。类似这些评价都是针对于城市发展的某一方面的（就业、商业状况等），因此，从严格意义上讲，都不属于城市竞争力评价的范畴。

在城市竞争力评价的实践方面，中国学者可谓走在了研究的前列。最初的工作是从城市实力以及相关研究开始的。陈田曾提出了中国的城市影响域系统，评价了1982年中国232个城市的影响力；顾朝林利用主成分分析方法，用33个指标对1989年中国343个城市进行了综合实力的评价；林涛等用中心性和实力指数，评价了1996年中国78个大城市的中心性和实力；国家统计局曾与有关部门共同组建了“中国城市经济社会发展水平评价中心”，并用因子分析方法和104个指标，在1992年底评出了中国城市综合实力“50强”和首批城市投资硬环境“40优”。

近来，中国评价城市竞争力的研究成果不断涌现。2001年，上海市社会科学院发布了对中国10个最具代表性城市进行比较研究的结果。各城市竞争力的排序依次是：上海、深圳、北京、广州、重庆、苏州、武汉、天津、西安、哈尔滨。该项研究从总量、质量、流量3个一级指标出发，下设14个二级指标和79个三级指标，通过定量分析10个中心城市在经济发展中的集聚和扩散功能的强弱，来体现每个城市的综合实力。同年，东南大学经济管理学院公布了对我国各大城市的经济发展环境和竞争力的排序结果，该结果分两套标准进行排序：竞争能力依次为上海、北京、深圳、广州、大连、天津、青岛、南京、武汉、厦门；发展环境依次为上海、深圳、北京、广州、天津、大连、杭州、南京、武汉、成都。2002年，《经济日报》公布了中国最具竞争力的24个城市：综合竞争力最强的城市上海；开放竞争力最强的城市深圳；企业管理竞争力最强的城市广州；综合竞争力提升最快的城市北京；长期平均经济增长率最高的城市厦门；轻纺工业竞争力最佳的城市无锡；科技与制造业最具潜力的城市天津；管理和城市美誉度最高的城市大连；环境竞争力最高的城市杭州；人才竞争力最强的城市南京；制造业竞争力提升最快的城市东莞；环境与文化竞争力最强的城市珠海；创造知名企业最多的城市青岛；综合区位竞争力最强的城市武汉；经济持续增长最快的省会城市福州；西部开发中最具竞争力的城市重庆；外向经济最活跃的城市苏州；经济稳定性最佳的城市成都；经济制度竞争力最强的城市宁波；企业平均规模最大的城市石家庄；高科技产业竞争力最强的城市西安；东北亚最具竞争力的城市哈尔滨；京九江线竞争力最强的城市南昌。

就目前掌握的文献来看，对城市竞争力定量评价的方法主要是通过建立评价指标体系，然后利用主成分分析方法或依据专家系统，采用调查、打分的方法对评价目标进行排序比较。本项目在对城市品牌价值评估的研究中，仍将沿袭这一基本思路。

## 城市品牌＝城市形象＋城市竞争力＋城市特色

“当一个品牌在充满敌意的市场中，受到其他方面的威胁时，最好的防御方法（或者自我防御的根本点），就是创立让别人难以对付的品牌特征。”

城市品牌是城市在经济、金融、贸易、航运、文化、服务、形象、基础设施等方面的综合反映，是城市核心竞争力的重要体现。它是一座城市的功能、名声和形象在国内、国际逐步增强的过程和产物。

一位著名的建筑师曾说："全世界有很大的危险，我们的城镇正在趋向同一个模样，这是很遗憾的，因为我们生活中许多乐趣来自多样化和地方特色。"有一种危机，叫"特色危机"，地不分南北，城市不分大小，面貌大体相同。在功能地位上，一些城市往往忽视自身优劣势和城市间的互补关系，盲目夸大自身的优势，搞"小而全、大而全"，热衷于上利好项目，随意抬高自身的功能定位。据统计，20世纪90年代中国近40个城市提出了建立国际化城市的目标，盲目定位不仅失去了城市特色，而且导致产业结构趋同、重复建设和资源的严重浪费。

而事实上，大凡给世人留下深刻印象的往往都是特色的城市。特色就是个性，就是独具一格。城市特色是城市内在素质的外在表现，是打造城市品牌的必要元素。城市特色蕴于多种多样的形式之中，有历史的、传统的特色，有民族的、地方的特色，也有新兴的、时代的特色。城市品牌以高度凝炼的形式，集中了一座城市自然资源和人文创造之精华，具有不可替代的经济文化内涵和不可交易的专有功能，这便是城市品牌的独特性。

现如今，人们已经开始把城市不仅看成是一个行政区域，也是一个巨大的商品。市场经济的社会渗透逐步清除了经营城市的体制障碍，各个城市像萌发的种子一样到处都打出了建造城市品牌的旗子。

# 三　评估体系

## 城市品牌评估体系的总体框架设计

到目前为止，尚无一个成熟的并被广泛接受的测度城市品牌方法及其指标体系。从城市品牌内涵来看，它主要涉及到两方面的内容，一是与其他城市相比可以精确测量的相对地位与水平，如城市规模、人均GDP、人均绿地、利用外资规模等；二是无法精确测量但确实构成城市品牌特征的一些不可舍弃的重要因素，如城市知名度、城市影响力、城市辐射力等。对于前者，可以采用一系列的显性指标来反映，至于后者，则引用相应的非显性指标加以解释。为了尽可能正确地对中国城市品牌进行评估，本项研究建立了一个由3个层次、55个属性指标构成的评价指标体系。

首先，根据以上对城市品牌概念的分析，将城市品牌划分为经济竞争力、基础竞争力、环境竞争力和品牌竞争力四个层面，构成指标体系的第一层；其次，为了全面、准确地反映城市品牌价值，根根其内涵将第一层指标进行细分，确定城市经济竞争力包括总量、结构、速度和效益等4个方面的内容；城市基础竞争力包括人口素质、生活质量、社会治安3方面内容；城市环境发展竞争力包括生态环境和投资环境两个项目；城市品牌竞争力包括吸引力、扩张力、辐射力3方面内容，这些构成了评价指标体系的第二层次。最后，通过比较分析，选择出最能反映城市经济竞争力、基础竞争力、环境竞争力和品牌竞争力本质特征的属性指标（见图1）。

图1　中国城市品牌价值评估的总体框架

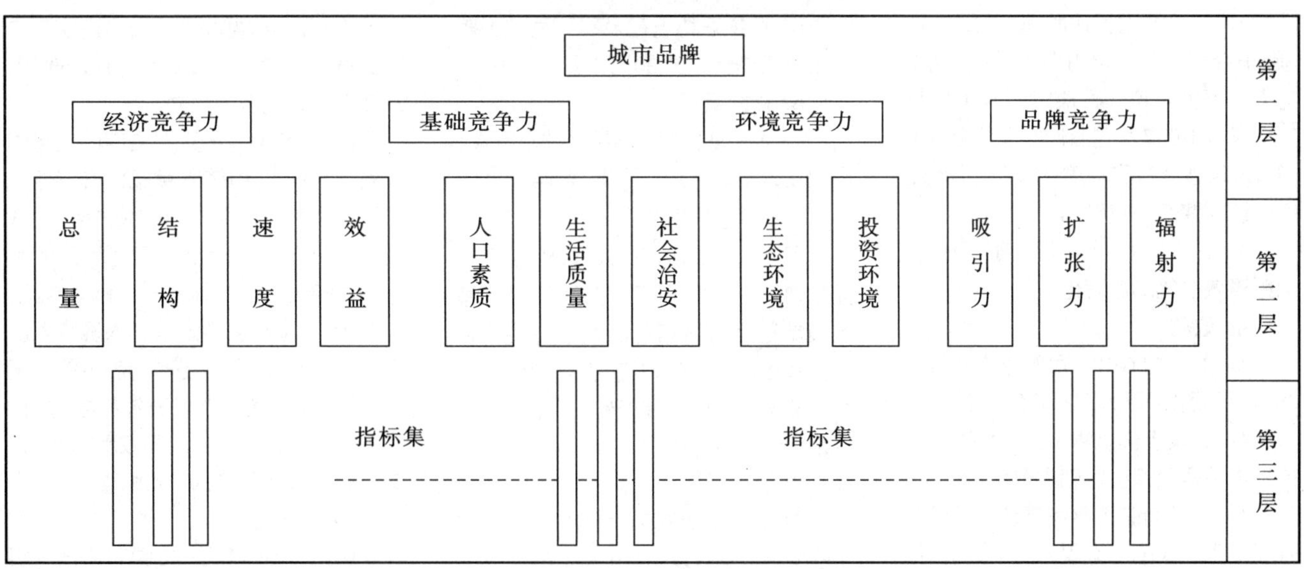

## 城市品牌评估指标体系的具体说明

### A 经济竞争力

城市的经济竞争力可以从总量、结构、速度和效益四个方面综合考察。总量和结构指标，是对城市经济发展的总体评估，基本反映一个城市实际能力、经济发展状况和发展潜力。总量指标是城市经济竞争力和可持续发展的基础。但对于不同的城市而言，综合经济实力强弱的标志并不只在于经济总量的多少，而更主要地体现在一些质量指标上，质量指标深刻反映着城市经济的发展质量和社会经济的"健康"状况，无论是判断城市现代化水平的高低还是评定综合竞争力的强弱，质量指标都具有重要的参考价值。速度和效益指标正是考察了城市经济发展的质量水平。

A1 总量：

A1.1 GDP 总量：反映城市经济发展的总体水平。

A1.2 固定资产投资：反映城市经济运行中的投入规模。

A1.3 利税总额：反映政府财政收入状况和城市整体效益水平。

A2 结构：

A2.1 非农产业占第三产业的比重：反映城市的工业化水平。

A2.2 第三产业占 GDP 的比重：反映城市产业高级化程度。

A3 速度：

A3.1 GDP 增长速度：城市吸引、占领、争夺和控制资源和市场创造价值的能力、潜力及持续性决定于 GDP 的长期增长。GDP 增长速度反映了城市经济总体发展水平的动态变化，体现了城市价值扩展速度及其潜力。

A3.2 人均 GDP 增长速度：反映城市经济效益的动态变化。

A4 效益：

A4.1 人均 GDP：反映城市经济活动所耗与所得及城市之间的差异。

A4.2 城市化水平：通过城市人口的基本结构反映出城市化进程。

A4.3 在岗职工平均工资：不仅反映了城市居民的基本收入状况，而且在一定程度上反映了城市的整体生活质量和消费水平。

### B 基础竞争力

基础竞争力是用于反映城市基本素质的指标系统。科技进步和竞争力的提升依靠高素质的人才来推动，高素质的市民是城市无可衡量的无形资产。城市品牌归根结底是由人创造的，同时又是为人服务的。人口素质是城市品牌评价中不可或缺的要素之一。而优秀的文化底蕴和良好的社会环境不仅是城市发展的载体，而且是城市参与竞争的资本，城市竞争力的绝对提高必须经历竞争资本的积累，而竞争资本的逐步积累恰是形成城市品牌的源泉。

B1 人口素质：

B1.1 大专以上人口占总人口的比重：反映城市劳动力的基本素质。

B1.2 教育事业费用占 GDP 的比重：反映城市人力资本的投资状况。

B2 生活质量：

B2.1 恩格尔系数：反映城市居民总体生活水平。

B2.2 人均住房面积：反映城市居民基本生活条件。

B2.3 年末本地电话用户：反映城市基本技术基础设施的现状和城市的现代化水平。

B2.4 每十万人拥有医院床位数：反映了城市基本医疗设施状况。

B2.5 每万人拥有公共图书馆藏书：反映了城市文化基础设施状况。

B2.6 生活燃气普及率：反映了城市生活的基础设施建设水平。

B3 社会安定：

B3.1：每万人中刑事案件立案数：反映了城市综合治安环境状况。

### C 环境竞争力

将生态环境和投资环境组成环境竞争力系统是基于以下考虑：环境和基础设施在当今城市经济社会发展发展中占有极为重要的地位，既是城市存在和可持续发展的必要条件，又是城市产生聚集效益的基础。

C1 生态环境：

C1.1 绿化覆盖率：反映城市中心地带的绿化水平以及和城市规模的关系。

C1.2 工业废水处理率：反映城市工业企业处理工业污染的能力。

C1.3 二氧化硫排放量：反映城市工业企业对环境的污染状况。

C1.4 空气质量：从总体上反映城市的环境质量。

C2 投资环境：

C2.1 客运总量：指分别按各类运输方式实际运送的旅客人数。包括铁路客运量、公路客运量、水路客运量和民用航空客运量。反映了城市交通网络建设的总体水平。

C2.2 货运总量：指年内以重量为单位（吨）计算的由各种运输工具实际完成运输过程的货物数量，反映了城市投资的硬环境状况。

C2.3 机场旅客吞吐量：反映了城市现代化交通设施的发达程度。

### D 品牌竞争力

一个城市之所以能成为品牌城市，它必须具备一定的吸引力、扩散力和辐射力。吸引力反映了一个城市对周边地区乃至全球范围内的影响程度，主要由城市开放度、区位优势等决定。扩张力反映了一个城市在区域范围内其所占地位、对各种资源的聚集以及各要素配置能力。辐射力反映了一个城市在现有客观基础上对城市未来发展规划、发展潜力、发展前景和功能地位的预期。

D1 吸引力：

D1.1 FDI：外国和港、澳、台地区在中国（大陆）根据投资协议合同实际执行的投资额。反映了城市的开放程度以及城市未来的发展潜力。

D1.2 旅游人数：报告期内来我国观光、度假、探亲访友、就医疗养、购物、参加会议或从事经济、文化、体育、宗教活动的外国人、港澳台同胞等入境游客。反映出城市在国际上的影响力。

D1.3 国际旅游收入：入境收入旅游者在中国（大陆）各城市旅游的过程中（由游客或游客的代表为游客）支付的一切旅游费用。反映了城市自然、人文景观为城市创造的物质财富。

D2 扩张力：

D2.1 行政等级：反映了不同等级

的城市所具有的不同的政策权限、不同的资源组织能力。

D2.2 业绩排名前150位上市公司：反映了城市支柱企业发展活力与潜力。

D2.3 上交所180指标股上市公司：反映了城市的国内资本融通能力。

D2.4 211工程：综合反映了城市教育现状、人才储备以及未来发展潜力。

D3 辐射力：

D3.1 知名度指数：反映城市的被注意力，以及被注意的范围和程度。

D3.2 城市功能定位：反映城市的自身特点，着重突出城市的某些特殊功能。

# 第四部分　结论综述

## 样本城市指标数据的选取

中国目前县级以上的城市有600多个，地级以上的城市200多个，由于统计数据的残缺，我们无法对这些城市逐一考察。因此，在样本城市的选取中在按照逐级分层的原则进行选取的同时，根据数据资料的可获得性选取了58个样本城市。具体层次如下：第一层是北京、上海、天津和重庆四个直辖市，其人口总量、经济规模、政治文化，特别是中央对各个直辖市的优惠政策使这些城市具有相当大的特殊性；第二层是15个副省级城市。包括武汉、广州、沈阳、哈尔滨、南京、西安、成都、长春、大连、青岛、济南、杭州、深圳、宁波和厦门；第三层是在地级以上城市中选择了39个中心城市，包括太原、郑州、昆明、兰州、石家庄、长沙、南昌、乌鲁木齐、贵阳、福州、合肥、南宁、呼和浩特、西宁、银川、海口、吉林、洛阳、无锡、大同、烟台、汕头、苏州、湛江、温州、秦皇岛、桂林、南通、连云港、中山、珠海、九江、威海、承德、北海、三亚和黄山。总体上看，这些城市具有较强的代表性，包括超大城市、特大城市、中小城市，而且从地区分布上覆盖面也相当的宽阔。在城市品牌评价过程中，我们引入了行政等级指标来体现不同城市的层次划分。

在指标数据的选择上，针对数据生成形式的不同采取不同方法。客观指标的数据直接来源于《中国城市经济年鉴》、《中国统计年鉴》、《中国旅游年鉴》、《中国金融年鉴》和《中国证券期货统计年鉴》等。主观数据则来源于专家问卷调查。部分指数数据则是通过综合计算得到。

### 中国最具品牌价值的10大城市

根据以上评价指标体系及评价方法，利用2000年的数据，对中国58个地级以上城市的品牌价值进行评价，所得结果见表1(见下页)所示。

中国最具品牌价值的10个城市分别是：北京、上海、广州、深圳、杭州、南京、大连、青岛、武汉和天津。其中有3个直辖市，7个来自于副省级城市，这充分说明这些中心城市在中国经济发展中的巨大影响力。

为了更好的分析和把握城市品牌价值的形成原因，我们分别对构成城市品牌的各子系统进行了逐一分析，所得结果见表2(见下页)所示。

在城市经济竞争力方面，排名前10位的城市分别是：深圳、北京、广州、上海、杭州、青岛、南京、大连、武汉和长春；

从基础竞争力看，排名前10位的城市分别是：长沙、桂林、郑州、南京、济南、福州、哈尔滨、北京、上海和杭州；

从环境竞争力看，排名前10位的城市分别是：广州、上海、大连、海口、深圳、青岛、杭州、福州、哈尔滨和厦门；

从品牌竞争力看，排名前10位的城市分别是：上海、北京、深圳、广州、天津、杭州、南京、大连、厦门和武汉。

#### 北京——国际化大都市

作为中国的政治中心和实行对外开放的窗口，北京特有的区位和悠久的历史使其成为一座富有东方神韵又具时代气息的现代城市。从评价结果看，无论是经济竞争力、基础竞争力还是品牌竞争力，北京都名列前茅。举办奥运会和加入WTO，给北京带来了巨大的发展机遇和丰富的想像力，把北京推向了新世纪更加广阔的世界政治、经济舞台。

但从环境竞争力指标看，北京仅名列24位，环境问题将成为北京未来发展的一大障碍。

#### 上海——国际金融中心

无论是从显性指标还是从非显性指标去观察，上海无疑是中国最具影响力的城市品牌之一。从评价结果看，4个子系统的得分都在前10位之内，充分说明上海在中国经济发展中的龙头作用。经过10年的努力，上海已基本建成国内金融中心，一个现代化的

表 1　中国城市品牌价值评估结果(2001 年)

| 城　市 | 总得分 | 总名次 | 城　市 | 总得分 | 总名次 | 城　市 | 总得分 | 总名次 |
|---|---|---|---|---|---|---|---|---|
| 北　京 | 86.67 | 1 | 长　沙 | 63.71 | 21 | 南　宁 | 49.25 | 41 |
| 上　海 | 85.29 | 2 | 珠　海 | 63.33 | 22 | 吉　林 | 47.64 | 42 |
| 广　州 | 81.98 | 3 | 福　州 | 62.26 | 23 | 汕　头 | 47.56 | 43 |
| 深　圳 | 81.5 | 4 | 西　安 | 60.85 | 24 | 南　昌 | 47.04 | 44 |
| 杭　州 | 78.33 | 5 | 重　庆 | 60.14 | 25 | 太　原 | 46.68 | 45 |
| 南　京 | 77.04 | 6 | 桂　林 | 59.64 | 26 | 兰　州 | 46.57 | 46 |
| 大　连 | 73.18 | 7 | 昆　明 | 58.33 | 27 | 湛　江 | 45.44 | 47 |
| 青　岛 | 72.26 | 8 | 泉　州 | 57.42 | 28 | 三　亚 | 45.42 | 48 |
| 武　汉 | 71.05 | 9 | 烟　台 | 57.07 | 29 | 洛　阳 | 45.27 | 49 |
| 天　津 | 68.95 | 10 | 南　通 | 56.79 | 30 | 银　川 | 41.56 | 50 |
| 无　锡 | 68.32 | 11 | 中　山 | 56.07 | 31 | 连云港 | 41.27 | 51 |
| 厦　门 | 68.03 | 12 | 海　口 | 55.86 | 32 | 九　江 | 40.86 | 52 |
| 哈尔滨 | 67.66 | 13 | 石家庄 | 55.8 | 33 | 承　德 | 40.59 | 53 |
| 济　南 | 66.28 | 14 | 威　海 | 53.15 | 34 | 漳　州 | 40.56 | 54 |
| 沈　阳 | 65.92 | 15 | 合　肥 | 51.89 | 35 | 黄　山 | 37.28 | 55 |
| 长　春 | 65.8 | 16 | 秦皇岛 | 51.63 | 36 | 北　海 | 36.6 | 56 |
| 苏　州 | 65.71 | 17 | 乌鲁木齐 | 50.93 | 37 | 西　宁 | 35.42 | 57 |
| 成　都 | 65.01 | 18 | 温　州 | 50.71 | 38 | 大　同 | 34.29 | 58 |
| 宁　波 | 64.29 | 19 | 贵　阳 | 50.49 | 39 | | | |
| 郑　州 | 64.26 | 20 | 呼和浩特 | 49.72 | 40 | | | |

表 2　城市品牌评价子系统排序

| 排　序 | 1 | 2 | 3 | 4 | 5 | 6 | 7 | 8 | 9 | 10 |
|---|---|---|---|---|---|---|---|---|---|---|
| 城　市 | 深　圳 | 北　京 | 广　州 | 上　海 | 杭　州 | 青　岛 | 南　京 | 大　连 | 武　汉 | 长　春 |
| 经济竞争力 | 37.25 | 37.18 | 36.03 | 35.25 | 34.55 | 33.23 | 32.76 | 32.12 | 31.79 | 30.7 |
| | | | | | | | | | | |
| 城　市 | 长　沙 | 桂　林 | 郑　州 | 南　京 | 济　南 | 福　州 | 哈尔滨 | 北　京 | 上　海 | 杭　州 |
| 基础竞争力 | 16.94 | 16.78 | 16.35 | 16.3 | 15.56 | 15.18 | 15.12 | 15.02 | 15 | 14.81 |
| | | | | | | | | | | |
| 城　市 | 广　州 | 上　海 | 大　连 | 海　口 | 深　圳 | 青　岛 | 杭　州 | 福　州 | 哈尔滨 | 厦　门 |
| 环境竞争力 | 17.08 | 16.68 | 16.5 | 16.06 | 15.68 | 15.67 | 15.57 | 15.09 | 14.79 | 14.62 |
| | | | | | | | | | | |
| 城　市 | 上　海 | 北　京 | 深　圳 | 广　州 | 天　津 | 杭　州 | 南　京 | 大　连 | 厦　门 | 武　汉 |
| 品牌竞争力 | 19.74 | 19.6 | 15.33 | 14.82 | 13.9 | 13.4 | 13.39 | 12 | 11.95 | 11.6 |

金融服务体系初步形成。人文的地理优势、辉煌的历史底蕴、国家的战略支持，都将进一步推动上海向国际金融中心城市迈进！

在评价指标体系中，每十万人拥有医院床位数、人均园林绿地等指标排位靠后，分别列第 34 和第 54 位，过于稠密的人口将在一定程度上影响上海对世界的吸引力。

广州——数字化城市

广州毗邻港澳，面向东南亚，是珠江三角洲经济圈的核心城市，是中国目前最具经济潜力，以及信息化程度最高的城市之一。广州在集聚生产要素、经济资产以及产生财富方面表现出很强的竞争力。目前，广州软件生产规模居全国前列，并形成了一批以计算机为基础的智能化主流技术，开发生产了一批具有较强市场竞争力的主导产品，广州正逐步成为中国最大的电子信息产品集散地。

相对经济、环境、品牌竞争力而言，广州的基础竞争力相对薄弱（列第15位），从每万人中刑事案件立案数看，115件的数值远远超过标准值15，突出地表明了社会治安环境不够理想的现状，这无疑会对广州未来的竞争产生很强的压力。

**深圳——国际化、园林式的大都市**

作为现代化的新兴城市，中国最出名的经济特区，深圳用10多年的时间走完了世界上其他城市上百年的发展历程，从一个边陲小镇发展成为初具现代化城市的规模和格局的城市。从评价结果看，深圳的城市经济竞争力位居首位。高新技术产业的迅猛发展，较为开放的经济体制，相当宽松的市场环境，使深圳成为中国最具效率的现代城市。在经济发展的同时，深圳成为中国新崛起的美丽都市，"国家园林城市"、"国家环保模范城市"、"人居环境奖"和国际"花园城市"等荣誉，深圳正积极打造极具魅力的城市品牌。

深圳发展的约束在于较为滞后的基础竞争力，在所有58个城市中，深圳的基础竞争力位居中游，列第26位，这将制约深圳的纵深发展。

**杭州——世界休闲之都**

作为中国六大古都之一的杭州，不仅拥有丰富的人文资源，自然资源也相当丰富，两个国家级风景名胜区，五个国家级森林公园，两个国家级自然保护区，一个国家级旅游度假区，都足以使杭州成为中国最适合休闲的城市之一。与此同时，杭州的经济发展成就显著，无论是从GDP总量还是从人均GDP看，杭州都具备了成为商业旅游性的消费城市。经济竞争力、环境竞争力、基础竞争力、品牌竞争力都位居前10位，有力的佐证了杭州完全具备了成为21世纪世界休闲之都的先决条件。

**南京——传统与现代完美结合的经济城市**

作为长江中下游经济带的特大型城市，南京不仅具有令人心怡的自然景观，深厚底蕴的历史文化，还富于浓烈的现代气息。近几年来，其经济实力也一直在全国各城市中的第10名左右徘徊。从4方面的综合排序看，南京均位居前列（只有环境竞争列第11位）。南京的城市竞争力恰恰体现在她的综合性，南京的品牌魅力也恰恰体现在传统与现代的结合。

**大连——东北亚地区的现代商都**

大连是滨海城市，"中国人居环境奖"的殊誉已说明了大连的魅力；大连是工业基地，东北地区经济带振兴的龙头；大连是开放前沿，基础设施完善，投资环境良好；大连恰到好处的地理位置使它成为中国港口城市的北方代表；大连还是中国的足球城、服装城和著名的体育之城。大连是近几年来，知名度和影响力上升最快的城市。经济竞争力、品牌竞争力和环境竞争力都挤进前10位，充分表明城市总体实力迅速提升。

**青岛——品牌化国际名城**

青岛不仅是一个美丽的港口城市，还是一个构筑名牌企业的城市。海尔、海信、澳柯玛、青岛啤酒、双星的知名度几乎超过了青岛这个城市。2001年，青岛海尔在所有1100多家上市公司中业绩排名位居第一。青岛的发展向世人昭示：用品牌创城市。

**武汉——中国中部经济发展中心**

武汉有着比较独特的地理区位，在华中地区没有任何可竞争的城市对手，基本形成长江中游广阔区域的寡头城市地位。城市竞争力排在第8位就是很好的说明。武汉在商业和金融领域的竞争优势也十分明显。麦金利·康韦曾预期武汉将成为21世纪世界十大巨型城市之一。武汉已具备了扮演长江中游地区人才中心、金融中心、信息中心、科教中心、商贸中心、交通枢纽等的角色。

但是，目前影响武汉城市品牌价值增值的最大因素是城市品牌的辐射力不够，其影响力主要集中在华中地区，这在相当程度上影响高素质的人才向武汉集聚和城市品牌的提升。

**天津——现代化国际港口大都市**

天津是中国近代工业的发祥地之一，是中国北方主要的综合性工业基地。作为工商业均十分发达的特大中心城市和直辖市，天津在电子、汽车制造业、商业、金融、国际贸易、海洋运输等领域仍有很强的竞争力，是一般的中心城市难以比及的。天津港是中国最大的人工港，北方最大的国际性现代化多功能贸易港口，与160多个国家和地区的300多个港口有贸易往来。天津将以老工业基地的基础，利用自然区位优势，创建现代化国际港口大都市。

天津在竞争力方面的弱势在于其较为缓慢的发展速度，从人均GDP指标排序看相当靠后，这主要缘于城市发展的创新能力不足。与其他大城市相比，在高新技术产业和人力资源等方面差距明显。

## 最后的说明

与企业品牌价值评估不同的是，对城市品牌的评估我们很难计算出某个城市的具体价值，因此，各城市的得分多少并不是最重要的，分数的高低仅仅反映出城市之间的相对落差，而且，从评估的结果看，许多城市最终指标的得分也非常接近，这说明分数值的差异仅仅形成了一个排序状况，并不能作为度量城市发展差异的绝对数值。

城市品牌是一个内涵十分丰富的概念，品牌价值的形成包含多方面因素，在指标体系的建立中，即使涵盖更多的变量，也很难精确地对其进行测度。况且，数据资料的残缺，部分定性指标的显示偏好都可能导致评价结果的偏差。因此，本排序并不是一个绝对无误的结论。

毋庸置疑的是，对城市品牌价值进行评估的确是一项很有意义的探索性的工作。（中国城市品牌评估课题组，执笔：张涛）

乔远生专栏

# 中国城市品牌化的道路

一座城市可以不可以被品牌化?像产品和人一样,地理位置或某一空间区域也可以成为品牌?在这种情况下,品牌名被相对固化在一处地理名称上。其实,城市品牌化的力量就是让人们了解和知道某一区域并将某种形象和联想与这个城市的存在自然联系在一起,让它的精神融入城市的每一座建筑之中,让竞争与生命和这个城市共存。

**像经营品牌一样经营一座城市**

21世纪,国内许多城市都纷纷将城市的经济开放、市政建设、招商引资、旅游发展、环境改造和建立城市品牌联系在一起。因为在新技术和全球经济一体化的推动下,人类在空间的不断流动、交通和信息的发达以及经济的全球化,促使区域市场营销趋势的增长。一个城市的经济和发展已经被纳入整个社会分工的体系之中,其城市的财政状况、消费水平、居民收入、福利待遇以及就业等社会问题都和这个城市在全国乃至全球的市场竞争力密切相关。不管这座城市愿不愿意,商业化社会的进程必然将城市带入一个开放的市场交易平台之中,如果这座城市不想被淘汰,就必须像经营品牌一样经营这座城市,继续保持自己在市场竞争中的地位。因为,伴随中国改革开放步伐的加快和加入WTO之后面对的全球挑战,国内市场经济条件下的城市规模扩张不可避免地将城市引入一场城市与城市之间的竞争,虽然,这种竞争远不像商品那样在市场上表现的你死我活,但它是一场相对漫长而兵不血刃的残酷竞争。

在中国市长协会第三次代表大会上,与会的600多位中国市长们已经开始感觉到城市日益商业化的挑战,摆在他们面前的选择就是将过去传统的建设和管理一座城市变为经营一个品牌。

**城市品牌,被市场经济催化的种子**

中国城市化的进程加速是城市实现品牌化的加速器,也是构成品牌的社会基础。因为,没有城市化也就没有品牌化。1998年世界平均城市化水平为47%,1995年发达国家和地区为75%,发展中国家为38%,最不发达国家为22%。与同期国际社会比较,10年来中国城市化一直呈较快增长势头,目前已接近发展中国家的平均水平。按照世界经营城市发展的一般规律,随着工业化进程的加速,多数国家城市的水平在30%至70%之间,处于城市化加速发展阶段。综合考虑人均收入、工业化、产业结构、就业构成、流动人口等关联因素,目前中国已进入城市化加速阶段。所以,工业化社会衍生的结果必然是城市的核心价值可以被用来定位和包装之后产生出新的附加值——品牌。

城市化之后要向品牌化方向发展,必须具备一种体制,使得城市不仅是一个行政区域,也是一个巨大的商品。因为,传统意义上的城市已经在商品经济体制的推动下,其功能从计划经济的一个单位被纳入到了市场经济的竞争游戏规则之中。城市的所谓形象不再是停留在美化市容的表层,吸引投资促进本地经济巨大的动力驱使城市将自己像商品一样需要包装和品牌化之后拿到国内甚至国际市场上推广。另外,全国统一的要素市场开始形成,城市住宅、教育、医疗、养老等各项改革不断深化,大量转移到非农产业的农村劳动力已获得稳定的城市就业岗位,市场经济全方位的社会渗透逐步清除了经营城市的体制障碍,催化了中国城市被品牌化的土壤,各个城市尤其是进入到21世纪之后,像萌发的种子一样到处都打出了建造城市品牌的旗子。除了过去东南沿海发达地区的城市，如上海、大连、深圳、青岛等城市外，许多内地城市也提出打造城市品牌的口号。如，为了加快杭州市城市化、现代化的步伐，迎接新经济的挑战，杭州市委、市政府提出了“住在杭州”的城市品牌发展战略；武汉市为了提升武汉的知名度，改变武汉的传统形象，政府也提出，要从塑造城市品牌的高度，精心规划，精心设计，精心组织，精心建设；以疗养避暑胜地著称的秦皇岛市，市政府以长期发展战略眼光重新审视这座城市，提出了以大型经济文化活动展示城市总体形象，逐步熔铸城市无形资产；以城市无形资产的积累与释放，塑造城市品牌的思路。现在，不仅是大城市，而且越来越多的中小城市也开始重视城市品牌的建设，渴望利用和挖掘当地现有的资源，创造出自己城市的特色来。例如，山西的大同，由山西省旅游局和大同市政府共同举办，以“展历史文化名城辉煌、亮优秀旅游城市品牌”为宗旨的大同云冈旅游节活动；而以“大红灯笼高高挂”而著名的山西乔家大院所在地晋中市，则以明清民居建筑为特点建立自己城市的品牌定位；地处东北的营口市，坚持经营城市理念，正打造崭新的城市品牌，并以此促进招商引资和扩大开放，从而带动区域经济的快速发展。

**莫让品牌变空城**

目前，全国的许多城市都开始探索城市品牌化的发展道路，但究竟什么是城市品牌？如何去建立一个城市品牌呢？实际上，许多城市在政府主持下进行的“形象工程”作业还没有完全从理性和专业的角度认清上述两个问题。从品牌的基本定义来讲，它是产品名称、标志、象征、产品品质和风格的综合体；从和消费者之间的关系来解释，品牌又是产品对目标市场的承诺。如果一个城市要建立自己的品牌，并非像塑造产品品牌那样容易，因为，建立城市品牌是一项社会化的系统工程，不仅仅要是有一套名称、标志象征和口号，更重要的是从全社会发展的角度找到自己城市的核心价值和品牌定位，而且这是一个综合平衡的过程。着眼于长远发展的城市品牌，一旦确定了自己的定位，就要整合全社会的资源持续不断地经营和推广自己的核心价值，这样，一个城市品牌才能逐步建立起来。城市可以自然形成，但城市品牌的塑造则是应用品牌营销策略和管理的结果。以往的历史名城是由于时间的积累和城市在某一方面独一无二的优势而逐步建立的，无论是被称之为六朝古都的南京，还是中国政治和文化的中心——北京，由于自然因素而发展起来的城市还不具备真正意义上的品牌价值，它们有名但没有自己的商业定位和品牌的营销推广，只是在自发的历史进程中缓慢地形成了自己的城市特色，即人文景观和历史风貌。随着商业社会的进化，如果一个历史悠久的城市不能跟上时代发展的步伐调整自己的定位，它就很难摆脱被商业社会淘汰的命运。从古都西安、洛阳的衰落到近代北方工业城市天津、沈阳的彷徨，伴随新一轮市场经济和改革的到来，更多昔日辉煌的“名城”将失去它的魅力而在时代潮流荡涤下，重演“潮打空城寂寞回”的历史悲剧。我们不希望再看到城市品牌之路重蹈形式主义的老路，莫让现代城市变成品牌包装下的一座空城。

**筑造不朽的城市品牌**

在商业社会给一个城市建立品牌的意义不在于短时间的效益，而是一个漫长持续的过程。所以，为一个城市塑造品牌形象，就如同建造一座巨大的建筑一样，你不仅要有完整的规化和周密的实施计划，还要有一流的建筑设计师和高质量的施工队伍，才能筑造出不朽的城市品牌。

1. 战略规划

建立城市品牌战略规划是整个步骤的第一步，其核心作用是为建立城市品牌制定一个蓝图，确定规划的目的、时间进程、参与部门分工、项目内容和计划、整体预算以及执行小组成员等内容。香港行政长官董建华在《财富》全球论坛开幕仪式上推出的香港品牌形象火红色“飞龙”标志，就是由一个政府跨部门工作小组，其中包括投资政务司、推广署、贸易发展局、旅游发展局和几家在国际上各个专业领域享有盛誉的顶尖跨国性专业公司组成，历时1年之久酝酿而成的。

2. 调查研究

实施品牌战略规划的第二步是从调研开始。因为确定一个城市品牌之前必须要了解外界是如何看待评价这个城市的，而不可以一厢情愿地自以为是。调研首先从本地区资源优势、未来发展、市民意向和政府的城市发展规划入手，其次则是利用专业机构向本地区包括海外的受众，进行各种形式的访谈和问卷调查，了解公众、周边城市和国际社会对城市的评价，在此基础上得出客观而科学的结论，为下一阶段的工作提供决策依据。例如，香港开始着手城市品牌规划时，就聘请了全球著名的市场调查公司协同其他世界级专业机构组成品牌顾问团在全球范围内进行了长时间的广泛性专业调查和研究，为后来香港城市品牌的定位和视觉形象的表现提供了充分的依据。

3. 城市定位

定位是建立品牌的灵魂，城市品牌存在的价值是它在市场上的定位和不可替代的个性，就如同产品品牌一样，著名品牌之所以屹立百年不倒，就因为它始终遵循着自己的定位和保持着与竞争对手的差异。任何产品和服务在市场上的竞争都离不开独特的市场定位，同样，城市也不例外。因为定位的实质就是将城市放在目标受众心目中给它一个独一无二的位置，由此而形成这个城市鲜明的品牌个性。目前国内的城市之所以缺乏个性、雷同，大多数未能从战略定位的角度来考虑城市的全盘发展，只是基于市容美化、地产规划和招商引资等单一因素考虑，一窝蜂地搞城市绿化和所谓形象工程。在市场调研基础上确定未来城市在目标受众心目中的形象，首先要考虑自己的资源优势，和其他相同性质的城市相比，自己的竞争优势在哪里；另外，要考虑社会公众对定位的认同；其次，要根据投资者甚至国际社会的认同来确定自己的发展定位，以使未来品牌形象能够体现城市规划和投资硬环境建设对投资者的影响。特别是中国加入WTO之后，城市形象的国际化取决于国际社会对你定位的认可，而不是主观的硬性宣传。

国内有很多城市自然资源和文化资源都很丰富，但往往因为城市定位不当，或者不知道该如何去定位，导致城市在塑造自己的品牌时游离不定，或模仿他人，结果出来的形象要么模糊不清，要么千人一面。因此，城市品牌定位还必须和它的历史文化的精神气质结合起来，赋予其文化品格和文化内涵。因为，一个城市的城市品牌只有传承它所固有的特色，汲取其历史和文化的营养不断塑造和美化自己，才会具有真正的魅力。城市定位就是从功能和文化两个方面融合起来，形成其特色和个性，这样形成的定位才具有持久的生命力，最终在市场上会转化为对目标受众的承诺。只强调城市某一方面的功能，甚至靠长官意志和行政命令搭建起的城市形象都是昙花一现。香港将自己定位为亚洲国际都会，实际上是香港发展历史的积淀和文化的凝结。只有当城市的文化和它存在的功能处于一种水乳交融的状态时，城市的品牌魅力才得以发挥。

4. 核心价值

品牌的核心价值代表产品或服务带给受众的最大和最根本的利益。一个城市的品牌核心价值不仅反映了这座城市在商业竞争社会存在的理由，而且更重要的是它代表了这个城市能够为全体社会成员带来最大的利益，对目标受众而言则包含了自身利益的最大化，对投资者则意味着投资的最大回报。品牌的核心价值是一个城市的灵魂，环境、资源、文化、历史、经济和人本身都是构成和决定一个城市品牌价值的要素，这些要素结合起来最终决定了品牌的本质。不同于单一产品和服务，城市品牌的核心价值既包含了看得见摸得着的东西，同时也渗透了许多复杂多元的无形价值。

5. 目标市场

确定目标受众可能对于城市品牌推广来讲是一件生死攸关的事，一个城市要明确了自己的传达对象，就等于细分了这个城市的市场。众所周知，美国拉斯维加斯，曾经有一段时间这座城市和其他度假胜地一样，也受到经济不景气的影响，往日赌城的辉煌难以再现，后来经过重新定位之后，将一个过去只是为赌徒提供享乐的成人游乐场所变成了适合全家游玩的大型度假城。目标市场确定为家庭后，给这座沙漠上的游乐场所镀上了一层温馨亲和的色彩，并让这座城市起死回生。以往威尔士拥有自己非常忠诚的客户群，而且回头客的比率也很高，但是，随着潜在新游客的品味和度假形式的变化，游览威尔士的客户市场出现了分化。为了巩固和更新自己在旅游市场的竞争地位，重新塑造一个充满活力的、可信的和差异化的休闲旅游地的品牌形象，经过调查分析，威尔士将目标市场选定为那些为减轻工作压力出来短期放松、充电、重新振作精神的游客，因为这些游客看重的就是威尔士贴近大自然、没有污染原始的自然和传统的人文环境。

目标市场的定位一方面来自于初期的市场调研，同时，还取决于品牌的市场定位。国内城市品牌存在的一个普遍问题是缺乏市场的细分化，各个城市之间由于“形象工程”大都集中在城市规划、绿化、发展旅游资源几项招数上，而且，往往是一个城市在某方面搞得有了名气，就会迅速掀起全国各地取经的热潮，从20世纪90年代的张家港，到现在的大连，城市与城市之间的观摩学习带来的结果是品牌的雷同。现在几乎每个城市都强调要“打造城市品牌”，例如，北京和上海是中国目前现代化水平最高、综合实力最强的两个城市。两者都将自身的发展目标定位为具有一流水准的现代化国际城市：北京提出要在21世纪中叶建成具有第一流水准的现代化国际大都市；上海的发展目标是建成外向型，多功能、现代化的国际城市。同香港一样，上海、北京都要成为国际城市，当香港将自己的目标市场切实可行地定位在海外市场，2002年5月10日开始按照推广日程分别在加拿大和欧洲一些城市紧锣密鼓地开展起来时，北京和上海“国际大都会”的定位更多地还停留在口号宣传上。如果一个城市的定位距离它的目标市场过远而无法实现时，城市品牌只是一块招牌而已，它对城市的发展没有任何意义。

6.“产品”规划和开发

当一个城市要将自己的品牌价值推广给目标受众时，必须要完成“产品”的生产过程，最终通过一系列的实践活动，将定位、价值和概念附着在可以满足目标市场需要的项目开发、战略规划、环境改造等一系列硬件和软件的实施方面。这一过程相当于市场营销组合策略中的产品策略实施，缺少了这一环节，再好的定位都不可实现，品牌的价值就成了无源之水。

国内目前以会展经济、旅游经济为城市品牌基础的大中型城市普遍有个误区，就是将市政建设、星级宾馆的兴建、交通道路的改善和城市绿地的建设简单地同品牌建立划上了等号，甚至出现了所谓的“绿色城市”、“精品城市”、“数字城市”、“环保城市”等概念城市品牌，认为搞一两项工程、开发几个住宅小区、建几个中心广场和花坛就是塑造城市品牌。这样的理解不仅表面化，而且会将建立城市品牌的活动引导到一场大兴土木的城市建设的误区，这就改变了城市品牌的性质。

建立城市品牌要根据各个城市的定位和财力量力而行，目前国内的城市发展水平比起发达国家的城市固然落后，但不等于说我们要搞城市品牌就一定是从改造城市外貌入手。在现有很多城市财政支出有限的情况下，合理规划和制定城市品牌可以采用分步实施的战略，从城市的“软件”建设入手，扬长避短。

城市品牌的规划实施和城市的发展战略规划、具体项目的实施密不可分，因为，城市发展战略是实现品牌战略的基础，通常着重于有形财富、有形资源的开发、利用，通过人力、物力和财力资源的筹措与安排，将品牌定位和价值转化成实现。

7. 视觉识别

城市品牌最直接的视觉体现就是它的形象标志和一系列的视觉规范。不同于以往国内各城市搞的象征性标志，如花卉、雕塑、象征物和简单的徽标。大连的象征是足球、深圳的标志是拓荒牛、洛阳是牡丹花，它们可以从体育、政治和自然环境特色的角度折射城市的某种精神和风貌，但承载不了城市的经济发展战略和市场竞争的重任，不能从本质上反映和代表一个城市的品牌，从本质上讲，它们不是品牌标志，只是一个具体的形象而已。另外，很多这样原始的标志和象征物普遍缺乏一个科学而全面的实施系统，形象标志比较单一，缺乏相配套的字体、色彩和标准组合应用。所以，执行起来往往显得单调，视觉感染力和冲击力都十分弱，加之设计水准有限，标志形象很难被社会大众和众多的商业机构所认同。

香港城市品牌视觉的做法很值得我们内地城市借鉴。首先，它们从一开始的调查研究就吸纳了世界一流的品牌形象专业设计公司参与，以保证设计公司对城市定位和价值的深入了解；其次，香港城市品牌标志设计摒弃了在内地十分流行的征集标志的做法，指定专业公司来设计，不走“广泛民主、集思广益”的道路，这一做法就从根本上保证了设计思路与城市品牌策略的一致和连贯，能够较准确地通过视觉元素将城市品牌想要传递的思想带给目标受众。

8. 推广实施

战略规划、实施策略和视觉设计规划完成之后，就进入到全面推广阶段了，其前提是要根据目标市场来制定推广策略。一个城市甚至一个国家和地区都越来越开始注重利用广告、直邮手册以及公关和其他商业与外交相结合的手段来推广自己。通常是先从所在城市开始，在市民和公众中进行传播，因为城市品牌形象的建立根本上是由这个城市的所有人的行为来实施的。让所有的人都明确和了解自己城市所要最终达到的目标，不仅可以统一大家的思想和行为，而且还可激发人们的斗志，鼓舞人们为之而努力奋斗。香港花900多万元完成了品牌规划之后，同时在香港各主要商业活动场所开展了系列性的大规模推广活动。在香港的机场、地铁、大巴、主要街道、公共场所都张贴了“飞龙”城市标志。

9. 监督和管理

为一座城市塑造品牌需要相当持久的时间，日积月累，从细节入手，方可收到效果。所以，推广之后，还应该设立专门的机构进行日常品牌推广的监管和指导工作。国内经常喜欢一开始搞得轰轰烈烈，但虎头蛇尾，坚持不久，就无声无息了。

香港从开始推广之后就设立了专门的机构进行推广，并设立了专门的网站主页加以介绍推广。设计一款标志容易，难的是持之以恒地将一项可能要经过一两代人努力的目标坚持下去，并且通过市场反馈，合理地调整原有的品牌规划战略。

未来对国内的城市而言，给自己塑造一个品牌形象，就等于构建一座精神的建筑，既是一项持续不断的投资，也是一场永远没有终结的竞争。

# 第三章

# 2001—2002年中国品牌价值评估报告

# 2001—2002年 中国品牌价值评估报告

**品牌在中国市场经济发展中所起的作用已经被企业发展的历史事实所见证。中国企业在近10年市场经济的洗礼中，已经逐渐地摸索出适应中国市场经济条件的品牌建立和成长的经验和规律，中国的企业家也开始从无意识到有意识地走上创建和发展品牌的道路。面对加入WTO和经济全球化的挑战与机遇，对中国品牌的价值进行一次较为全面、客观和公正的梳理和评估，将有利于准确地判断中国品牌经济发展的现实和取得的成就，窥见中国品牌与世界品牌的差距，从而激励中国品牌积极追赶世界品牌，提升中国民族品牌的竞争力。**

## 一、品牌价值的内涵

品牌资产具有使用价值和价值。品牌资产的使用价值在于它具有识别功能、竞争功能和增值功能。通俗地说，品牌就是产品的姓名。企业创立品牌的初始动因就是通过给产品确定姓名运用品牌的识别功能。不同的品牌，使人们能够识别不同企业的产品和服务。充分有效地运用这一功能，不仅服务于企业，满足企业销售产品和服务、参与市场竞争的需要。而且也服务于消费者，是联系企业和消费者的纽带，既帮助企业销售产品和服务，也方便了消费者选择产品和服务。要充分实现品牌的识别功能，需要满足三个条件：一是企业品牌的名称和标记在其所代表的产品或服务的竞争领域内必须是独一无二的，不可重复。企业品牌的名称和标记给消费者留下的印象越深，品牌的识别功能越强。二是提高品牌的知名度。了解和认识企业的品牌，是消费者区分不同品牌的前提。品牌的知名度越高，其识别功能越强。三是品牌必须以具体的产品和服务为基础，否则品牌便失去了存在的意义。企业所提供的产品或服务的水平越高，个性越鲜明，品牌的识别功能越强。

品牌还具有竞争功能和增值功能，这正是企业不惜以高成本追求品牌的知名度的动力根源。企业要在竞争中求生存、求发展，必须创造并培植知名品牌。名牌具有很强的竞争功能，而且知名度越高，竞争力越强。某种名牌之所以为众多的消费者所接受、所喜爱，是因为它代表的是一种符合消费者需求的、优质的产品或服务，因而可以吸引更多的消费者关注和购买。企业对一个新的市场输出名牌，其产品或服务可以在较短的时间内占有一定的市场份额，以较快的速度提高其市场占有率，使众多的消费者形成对该品牌的消费偏好；在市场上已存在的名牌，在市场容量有限的情况下，由于消费者对原有名牌产品或服务的偏好和忠诚使得新进入的名牌面临强大的市场进入和市场成长障碍。以上两种情况都有力地说明了名牌所具有的强大的竞争功能。名牌的竞争力给对手以巨大的压力，为自己带来诸多发展机会。

品牌的增值功能表现在两个方面，一是通过竞争功能提高产品或服务的销售量，在价格和成本不变的条件下，能为企业创造出更多利润；二是通过提高产品或服务的销售价格，在销售量不变的条件下，能为企业创造超额利润。在同一个市场中，同等质量的产品会因为品牌的不同而有不同的市场价格。名牌产品的价格会高于非名牌产品的价格，知名度较高的产品的价格会高于知名度较低的产品的价格。这种仅仅因为品牌不同而形成的产品之间的价格差，给拥有名牌的企业带来了丰厚的超额利润。品牌的增值功能也被称为品牌的超值创利能力。

品牌资产的价值是对品牌资产的使用价值的度量，它由成本价值和增值价值两部分构成。品牌资产的成本价值由企业投入的与品牌资产的形成直接或间接相关的各要素的价值构成，包括直接费用和间接费用两部分。形成品牌资产成本价值的直接费用是指在企业创建品牌资产的过程中发生的能够对象化的费用。比如，品牌名称和标识的设计费用，品牌商标的注册费用，品牌的广告费用等。品牌资产成本价值的构成还包括间接费用。包括企业为提高产品质量而发生的费用、开拓市场的费用、产品售后服务的费用和宣传企业形象的费用等。

品牌资产的价值不仅包括上述成本价值，而且还包括它的增值价值，这是品牌资产价值与有形资产价值的一个明显区别。品牌资产价值中超出成本价值的部分便是它的增值价值，它与品牌资产的使用价值中的增值功能直接对应，是增值功能在货币形态上的表现。很显然，品牌资产的使用价值越高，它的增值价值越多，反之亦然。因为存在增值价值，所以品牌资产价值的大小与成本价值没有必然的关系，这正是品牌资产的市场价值并不取决于其成本价值的原因所在。

品牌资产的价值具有积累性、不稳定性等特征。品牌资产的价值的形成，不像有形资产的价值是一次性完成的，而是要经历一个从无到有，从少到多的逐步积累、逐步增值的过程。它的成本价值中，除品牌的注册费用、设计费用是一次性投入以外，其他的直接费用和间接费用都是多次投入，每增加一次投入就会相应增加它的成本价值。但是，成本价值的增加并不能必然地导致增值价值的提高。品牌资产的增值价值也存在一个积累过程，只有正确的品牌战略才会导致更高的增值价值。与品牌资产的使用价值的可变性相对应，品牌资产的价值也具有不稳定性而呈现动态变化特征。这是因为：一方面品牌资产价值所具有的积累性使它的价值不断变化；另一方面是它的使用价值受到企业内部和外部诸多因素的影响，而这些因素大多是企业很难把握的，从而导致它的价值的不稳定性。

马华（1999）将品牌价值划分为三个层次：首先是功能价值，其次是表现价值，第三是中心价值。功能价值决定产品的功能和效用，表现价值涉及更多的是消费者，反映和提高了消费者的自我感觉，中心价值是最持久地、最直接涉及消费者价值系统核心的价值。这里所谓的功能价值和表现价值实际上分别和以上所述的使用价值和价值相对应，而中心价值则包含有两种含义。艾丰（1997）将国外对品牌价值的研究归纳为两个方面，一是交易价值，一是内在价值或信誉价值。前者相当于价格，后者不用于交易，是一种评价，相当于政治经济学中的价值，其量化的是品牌资产的超值创利能力。实际上，这里的交易价值是指企业用于交易的产品或服务创造的总价值（收入），而内在价值则揭示了品牌价值的真正内涵——即品牌资产所带来的超过一般（或正常）盈利水平的收益。

## 二、品牌价值评估方法体系

品牌价值评估是对品牌所包含的价值量进行评定、判断和计量，反映了拥有该品牌的企业的成长潜力和发展前景。对品牌价值进行客观和科学的测评不仅有利于弄清企业的资产状况，而且对于考察企业品牌建设的成效和合理安排资源也有着重要的参考价值。事实上，人们对品牌重要性的认识由来以久，但是对品牌价值进行评估则大体始于20世纪80年代末（范秀成，2000），主要驱动因素有以下三个方面：

首先，为了适应经济全球化的发展趋势，跨国公司在20世纪80年代大量收购已有著名品牌，以期构建有效的品牌组合，迅速扩大市场（Barwise and Robertson, 1992）。几起以著名品牌为主要目标、涉及金额高达数亿甚至数百亿美元的并购案激发了人们对品牌价值测评的兴趣。仅1988年，著名品牌交易额就达500多亿美元。其次，出于改善资产负债结构和筹措资金等目的，企业也希望对品牌价值进行评估，将其作为资产放入企业的资产负债表中。此外，确定品牌价值也是考察企业品牌建设成效和评价企业营销工作绩效的一个重要方面。考察企业品牌建设和营销工作的效果不仅要看产品销售情况和市场份额，而且也应该重视品牌资产的积累。拥有著名的品牌不仅提高了企业抵抗价格竞争的能力，而且为企业提供了稳定的未来收益的来源，能够为企业带来源源不断的巨额利润。

伴随着全球贸易自由化、一体化进程的加快，国际国内的企业之间合资、合作、合并等多种形式的资产重组活动日益频繁。而品牌作为企业无形资产的重要代表，在资产重组过程中往往成为各方当事人关注的焦点，需要科学的、公正的、准确的估算，以保护交易各方的正当权益。品牌价值评估是社会经济发展到一定阶段的必然产物，是知识产权保护向纵深发展的必然要求。

品牌资产的价值评估是一项复杂而繁琐的工作。正因如此，品牌资产价值评估方法在理论界和实务界都存在许多争议。品牌价值是一个多元化、多层次、动态性的价值系统，品牌价值评估涉及到品牌价值由哪些要素构成，而这些构成要素又可以从多个视角加以观照，由此形成品牌价值评估的多个方法体系。

### 1．从企业投入的劳动和费用量判定品牌价值——成本法

所谓成本法即从企业投入的劳动和费用量的角度判定品牌价值，实际上是将品牌价值视为凝结在它内部的无差别的人类劳动或抽象劳动，其价值量一般因由它所包含的劳动量决定。这也就是前文所称的品牌价值的成本价值。

### 2．从市场中的品牌效力评估品牌价值——收益法

收益法着重考察品牌带来的未来收益，其中最具代表性的是英国国际品牌公司（Interbrand）提出的评估方法（Kapferer, 1992），也称为品牌价值评估的Interbrand方法。简言之，该方法将过去3年品牌带来的年平均利润乘以一个品牌强度因子，作为品牌价值的估计值。

### 3．从消费者的品牌忠诚衡量品牌价值——市场顾客影响力评估法

成本法和收益法各有其特点和适用目的，同时也各有其不足之处，更为严重的是，这两类评估方法脱离了顾客基础。它们考虑的是品牌的投入和产出这两头，而忽视了品牌发挥作用的中间过程，从中看不出顾客对品牌价值的贡献。众所周知的基本事实是，品牌是通过对顾客施加影响而给企业创造价值的。因此，结合顾客对品牌的反应来评价品牌价值是一个值得考虑的方向。市场顾客影响力评估法就是沿着这一方向思考的产物，范秀成、冷岩（2000）在此基础上提出忠诚因子法。

市场顾客影响力评估法的思路“与众不同”：该法依据的是品牌对市场顾客所产生的影响力，以这样的思路评估品牌资产价值，即：品牌资产之所以会给企业带来超额收益，其根本原因在于品牌对顾客有意义。品牌对顾客的意义，不仅在于品牌是识别产品来源的符号或标志，更为重要的是，品牌有助于简化顾客的购买决策。这是因为，顾客在购买和消费产品和服务时，往往面临着许多风险，诸如功能风险（功能不如预期的好）、物质风险（产品可能威胁到消费者的身体和健康）、财务风险（产品不值那么多钱）、社会风险（招致他人的奚落）、心理风险（影响消费者的精神）以及时间风险（丧失了找到其他合适产品的时间）等。而使用自己喜欢的、有消费经验的品牌或通过其他途径而熟悉

的品牌，是降低购买和消费风险的有效手段。

根据品牌价值的内涵及品牌作用机理，范秀成、冷岩（2000）认为品牌价值评估应坚持以下几个基本原则：①面向未来。品牌价值评估应注重品牌未来的市场表现，应着重考察品牌的未来收益能力；②采用余值法或增量法。企业的未来收益是众多因素共同作用的结果，既有品牌的作用也有其他因素的作用（如产品质量、专利保护、产业环境等），品牌只是其中一个要素，测评品牌价值需要将品牌的贡献与其他因素分离开来，否则会夸大品牌的价值；③品牌价值评估应该反映品牌资产的主要来源，提供给企业有助于改进经营管理的信息；④测评方法应具有可操作性；⑤测评指标应具有灵敏性，通过测评可以及时反映品牌资产的实际变化。

4．其他品牌价值评估方法

其他品牌价值评估方法首先包括金融市场法。该方法把品牌视为企业的一种无形资产，将其价值看成是构成企业金融市场总价值的一个部分。企业的金融市场价值是企业有形资产和无形资产收益的总和，是企业资产创造的未来现金流和收益的期望值。如果存在完善的资本市场，证券（包括普通股票、优先股票、长期负债和短期负债）的价值就提供了企业资产价值的无偏估计（Simon and Sullivan, 1990）。剔除掉有形资产、能够降低成本的其他非品牌因素（如专利）和产业环境（如管制）等因素之外，就可以从企业的总体市场价值中识别出品牌的价值。

利用金融市场法需要具备成熟和完善的资本市场，因此，这种方法在资本市场不发达的国家和地区的使用受到限制。金融市场法虽然考虑到品牌的市场表现，但是，从企业的财务数据推算出品牌价值，无法提供给企业足够的有用信息，也没有说明品牌价值的真正来源。以这种方式评估品牌资产价值，给消费者造成的印象是，品牌就是高价格和剥削顾客。

另外，最简单的一类方法就是粗略估计法。国外一些公司的会计人员常常简单地将品牌产品年利润的 4 到 6 倍作为对品牌价值的粗略估计（Keller, 1998）。

## 三、中国品牌价值评估的历史回顾与现状

相对于国际上品牌价值评估已进行多年，中国的品牌价值评估历史还十分短暂。1996 年 4 月，北京名牌资产评估事务所发布《“95”中国最有价值品牌研究报告》，开创了中国公开进行品牌价值评估的先河。之后，该所每年发布一次上一年份中国最有价值品牌报告，时至 2002 年共发布 7 次。

在 1996 年第一次发布的品牌价值报告中，北京名牌资产评估事务所公布了 80 个最有价值品牌评估结果，并据此认为：我国企业已进入品牌竞争的时代；以品牌为核心已成为企业重组和资源重新配置的重要机制；品牌竞争提高了我国工业品的国际竞争力；世纪之交，我国将出现名牌之间的竞争，一批具有世界名牌挑战能力的中国名牌将脱颖而出。当《2001 年中国最有价值品牌报告》公布时，只有 28 个品牌上榜，但报告宣称，品牌竞争在中国出现了质的飞跃——中国最有价值品牌已经实现了由产品品牌向公司品牌的转移。报告同时认为，规模小、内功弱、内耗大是我国品牌存在的三个明显差距，加入 WTO 将对我国品牌竞争态势提出挑战并带来机遇。

表 1(略) 列示了 1995 — 2001 年各年中国最有价值品牌报告中公布的前 10 大（2000 年为前 5 大）品牌及其评估价值。表中显示，红塔山一直居各年榜首，而除了 1995 年，长虹、海尔也一直稳居前三甲，只是 1999 年开始两者的位次已变为海尔、长虹。电子行业（包括家用电器行业）品牌一直是中国十大最有价值品牌的主力军，特别是 2001 年，更是在前 10 强中占据了 7 席之地。

北京名牌资产评估事务所在中国品牌价值评估领域进行了积极探索，也取得了一定的成绩。特别是借鉴国外品牌价值评估成果，结合中国的实际，建立了相对比较完善的评估方法体系，并不间断地推出了中国最有价值品牌评估结果。这对于推动品牌价值评估工作，发展中国的名牌事业，具有重要意义。但我们也注意到，该评估工作选择的品牌或公布的结果几乎呈逐年减少之势。1995 年为 80 个品牌，1996 年则减少为 60 个，而 1998、1999、2000 年仅分别为 34、30、32 个，2001 年进一步减少到 28 个，行业也仅限于 9 个（其中电子行业和家用电器行业分开）。样本容量的减少必然为评估结果的代表性和权威性带来损害，而且将参与评估的品牌均冠以“最有价值”的做法也很值得商榷。另外，其评估手段、评估方法、评估结果也尚需进一步改进。

另外，在中国滥评名牌现象十分严重。很多商业性评估公司只注重经济效益，不注重品牌价值的真正内涵，违背原则进行商业性评估。部分行业主管部门、企事业单位和新闻媒体出自于自身利益，大搞评价和认证活动。众多的评价和认证不计其数，还处于无序的状态之中，缺乏“公正、公平、合理”的扶植措施，欠缺规范的统计标准和统计程序。有鉴于此，为中国品牌的健康成长计，也有必要对中国品牌进行一次较为客观、公正的梳理和价值评估。

## 四、2001 中国品牌价值评估

1．样本选择

2001 年中国品牌价值评估对象为 100 个中国知名品牌，是根据以下资料综合分析后选择的：

中国名牌战略推进委员会发布的 2001 中国名牌产品、2002 年中国名牌产品公示名单；

中华全国商业信息中心提供的全国重点大商场 2000 年部分轻工产品市场销售状况（即市场综合占有率排名）；

中国机械工业联合会信息中心提供的 2000 年中国机械工业 500 强（按产品销售收入排序）；

中华人民共和国外经贸部发布的

2001 年中国出口额最大的 200 家企业和 2001 年中国进出口额最大的 500 家企业；

中华人民共和国信息产业部 2002 年（第 16 届）电子信息百强企业排序、2001 年（第 15 届）电子信息百强企业排序；

相关平面媒体（如《经济日报》、《光明日报》、《中国证券报》、《证券时报》、《中国经济时报》、《中华工商时报》等）、网站（如新华网、和讯网、中银网、中国食品工业网、福宝家电网等）等发布的中国企业排名、品牌排名、市场调查等相关信息。

我们选择的品牌主要是国内企业产品品牌，只有极少数中外合资、合作、外商独资类企业产品品牌。

2. 评估模型

根据前述品牌价值的内涵，借鉴企业价值评估的思想，我们将品牌价值界定为基于消费者对品牌的忠诚度而为企业带来的超值创利能力，其量化指标为未来超额利润资金流的折现值。

品牌价值的计算公式为：

$$PBV=\frac{(1+g)BP_0}{i_S-g}$$

式中：$PBV$ 为品牌价值（Present Brand Value）；$BP_0$ 为基年的品牌利润（Brand Profit）；$i_S$ 为社会折现率；$g$ 为近 3 年品牌利润的年均增长率。

上式隐含假定：品牌永续存在并稳定发挥作用。更具体而言，在 25 年乃至更长时间内，品牌利润将按近 3 年的平均增长率增长。换言之，如果品牌不能为企业带来超过 25 年的超值盈利，则这样的品牌不具有价值评估意义。

3. 评估结果

根据收集到的有关品牌及其公司的财务资料，按照上述评估方法，我们对 2001 年中国 100 个知名品牌的价值进行了评估，评估结果按价值高低列于表 2(见第 29 页)。

我们的评估结果表明，2001 年中国最有价值品牌当属电子信息行业的“海尔”，其价值达到 442.9 亿元（人民币）。100 个知名品牌最后一位为橡胶行业的“桦林”，价值为 1.35 亿元。位居前 10 名的按价值排列依次为：海尔、红塔山、联想、一汽（解放）、TCL、中华（香烟）、云烟、五粮液、方正、美的。其中属电子信息产业的为 5 个，其余 5 个为烟、酒、汽车等典型传统行业。就 100 个知名品牌整体而言，属电子信息产业（包括综合类、家用电器、计算机、手机、软件等细分行业）的达到了 33 个，占据了较大比重。

与其他品牌价值评估不同，我们特别强调品牌企业的利润增长能力，那些近年利润下降较快的品牌，其评估价值受到了较大影响。

参看表 2(见第 29 页) 的品牌价值评估结果，可以进行更详细的分析，并提炼出许多有价值的结论。

## 五、中国品牌价值提升的策略选择

**1. 更新观念，强化品牌意识，把握品牌价值内涵，科学制定品牌发展战略。**

随着时代的发展，品牌经济在世界范围内已经形成一种强势经济和主导经济，同时也成为一个国家整体经济的强力支撑。在品牌对市场的分割中，20% 的强势品牌占有 80% 的市场份额的 2∶8 法则，充分表明了品牌在当今市场经济中的重要地位。随着中国对外开放进程的加快，国外品牌在中国必将展开新一轮的市场攻略。面临新的机遇和挑战，中国民族企业必须真正重视品牌价值对企业的意义，制定合理有效的品牌发展战略，更加注重利用知识产权保护和发展品牌，壮大品牌价值。

**2. 净化市场环境，规范市场竞争，完善市场法律法规。**

中国品牌经济的形成和发展壮大需要洁净的市场环境、规范的竞争秩序，而这些又需要完善的法律法规作保障。中国市场经济发育还处于初级阶段，假冒伪劣产品充斥，市场竞争无序，法律法规不健全，致使知名品牌屡屡成为被侵害的对象，品牌培育十分艰难。这种状况不改变，中国的品牌经济发展势必举步维艰。因而，需要政府从发展民族品牌的角度出发，强化对市场的监管职能，完善相关法律法规，加大对为各种违法违规行为的处罚，塑造信用经济，净化市场环境。要强化行业协会等中介结构对市场的监督和信息服务职能，提高市场透明度。要倡导舆论对塑造法制社会和信用经济的关注，发挥正确的舆论导向作用。

**3. 品牌竞争力是品牌价值体系的核心构成要素，要从提高品牌竞争力的角度，深化品牌内涵，提升品牌价值。**

提高品牌竞争力关键在于营造核心能力，培育竞争优势。现代社会生产的价值链是很长的。从产品的设计开发，做成样品，到零部件生产，到半成品组装，到产成品组装，到产品的包装和运输，到产品的分销（包括批发和零售环节），再到产品的售后服务。每一个环节都对产品的价值增值产生重要的影响。一个品牌必须明白自身的核心能力究竟在整个价值链上的哪个环节。对于品牌的初创阶段，完全有必要特别注重对于生产过程的管理和控制，将产品的质量视为品牌的生命。但是，生产过程的管理仅仅是品牌管理的基本功，如果一个品牌的核心能力仅仅体现在产品的生产和组装上，那么品牌的竞争力是很难提高的。从世界名牌的发展轨迹看，营造品牌的核心能力，主要在技术开发与创新、市场的营销策划两个最主要的环节。这可称之为品牌竞争的“哑铃型战略”。

控制技术创新的源头就等于占领了竞争的制高点，只有能够通过技术创新，使产品在竞争中获得高度的“差异化”，才可以使品牌具备超凡的竞争力，因为高度的差异化实际上已经接近垄断。公认的全球最有价值品牌可口可乐在全世界建立的灌装线共有数千条，生产原料的 90% 以上来自当地，只有独特的核心配方的“主剂”由总部供应。可口可乐是最注意其生产和销售的“本地化”问题的。但是，其核心能力却能够在统一的广告营销策划中体现出来。由于配方可靠，质量稳定，便于控制，其他的事情都交给各国的生产厂商自己去做。另一大饮料品牌在

表 2　2001 年中国 100 知名品牌评估价值(按价值高低排名)

| 排名 | 品　牌 | 公　　司 | 行　业 | 品牌价值(亿元) |
|---|---|---|---|---|
| 1 | 海　尔 | 海尔集团公司 | 电子信息 | 442.90 |
| 2 | 红塔山 | 玉溪红塔烟草(集团)有限责任公司 | 烟　草 | 373.36 |
| 3 | 联　想 | 联想控股有限公司 | 计算机 | 243.29 |
| 4 | 一汽* | 中国第一汽车集团公司 | 汽　车 | 229.54 |
| 5 | TCL | TCL集团有限公司 | 电子信息 | 156.25 |
| 6 | 中　华 | 上海烟草(集团)有限公司 | 烟　草 | 122.74 |
| 7 | 云　烟 | 昆明卷烟厂 | 烟　草 | 122.63 |
| 8 | 五粮液 | 四川省宜宾五粮液集团有限公司 | 白　酒 | 113.32 |
| 9 | 方　正 | 北京北大方正集团公司 | 计算机 | 86.31 |
| 10 | 美　的 | 广东美的集团股份有限公司 | 家用电器 | 77.89 |
| 11 | 长　虹 | 四川长虹电器股份有限公司 | 电子信息 | 69.94 |
| 12 | 剑南春 | 四川剑南春集团责任公司 | 白　酒 | 57.78 |
| 13 | 创　维 | 深圳创维—RGB电子有限公司 | 电子信息 | 51.45 |
| 14 | 茅　台 | 贵州茅台酒股份有限公司 | 白　酒 | 50.52 |
| 15 | KONKA | 康佳集团股份有限公司 | 电子信息 | 49.94 |
| 16 | 娃哈哈 | 杭州娃哈哈集团有限公司 | 食　品 | 47.88 |
| 17 | 双　星 | 双星集团有限公司 | 鞋 | 45.75 |
| 18 | 孔　雀 | 苏州孔雀电器集团有限责任公司 | 电子信息 | 42.76 |
| 19 | 格兰仕 | 广东格兰仕企业(集团)公司 | 家用电器 | 41.42 |
| 20 | 雅戈尔 | 雅戈尔集团股份有限公司 | 服　装 | 40.61 |
| 21 | 健力宝 | 广东健力宝集团有限公司 | 软饮料 | 38.93 |
| 22 | 同　方 | 清华同方股份有限公司 | 计算机 | 35.95 |
| 23 | 科　龙 | 广东科龙电器股份有限公司 | 家用电器 | 34.93 |
| 24 | 东　风 | 东风汽车公司 | 汽　车 | 34.73 |
| 25 | 王　朝 | 中法合营王朝葡萄酒有限公司 | 葡萄酒 | 31.33 |
| 26 | 张　裕 | 烟台张裕集团有限公司 | 葡萄酒 | 30.77 |
| 27 | 鄂尔多斯 | 内蒙古鄂尔多斯羊绒制品股份有限公司 | 服　装 | 28.28 |
| 28 | 格　力 | 珠海格力电器股份有限公司 | 家用电器 | 26.08 |
| 29 | 双　汇 | 河南双汇投资发展股份有限公司 | 肉制品 | 25.95 |
| 30 | 红　旗 | 一汽轿车股份有限公司 | 汽　车 | 22.83 |
| 31 | 中华** | 联合利华股份有限公司 | 日用化工 | 22.50 |
| 32 | 森　达 | 江苏森达集团有限公司 | 鞋 | 21.78 |
| 33 | 长　城 | 中国长城葡萄酒有限公司 | 葡萄酒 | 19.71 |
| 34 | 太　太 | 深圳太太药业股份有限公司 | 保健品 | 19.57 |
| 35 | 虎　豹 | 江苏虎豹集团有限公司 | 服　装 | 18.10 |
| 36 | 彩　虹 | 彩虹显示器件股份有限公司 | 电子信息 | 17.93 |
| 37 | 波司登 | 江苏波司登股份有限公司 | 服　装 | 17.10 |
| 38 | 新　飞 | 河南新飞电器有限公司 | 家用电器 | 16.74 |
| 39 | 厦　华 | 厦门华侨电子企业有限公司 | 电子信息 | 15.80 |
| 40 | 长　城 | 中国长城计算机深圳股份有限公司 | 计算机 | 15.24 |
| 41 | 小天鹅 | 无锡小天鹅股份有限公司 | 家用电器 | 15.20 |
| 42 | 椰　树 | 椰树集团有限公司 | 软饮料 | 14.81 |
| 43 | 新　科 | 江苏新科电子集团 | 家用电器 | 14.80 |
| 44 | 青　岛 | 青岛啤酒股份有限公司 | 啤　酒 | 14.61 |
| 45 | 999 | 三九医药股份有限公司 | 医　药 | 14.19 |

(续)

| 排名 | 品　牌 | 公　　司 | 行　业 | 品牌价值(亿元) |
|---|---|---|---|---|
| 46 | 盼　盼 | 盼盼安居股份有限公司 | 防盗门 | 14.18 |
| 47 | 春　兰 | 江苏春兰制冷设备股份有限公司 | 电子信息 | 13.04 |
| 48 | 澳柯玛 | 青岛澳柯玛集团总公司 | 家用电器 | 12.96 |
| 49 | 希　望 | 四川新希望农业股份有限公司 | 饲　料 | 12.86 |
| 50 | 同仁堂 | 北京同仁堂股份有限公司 | 医　药 | 12.31 |
| 51 | 燕　京 | 北京燕京啤酒集团公司 | 啤　酒 | 11.92 |
| 52 | 泸州老窖 | 泸州老窖股份有限公司 | 白　酒 | 11.88 |
| 53 | 科　健 | 中国科健股份有限公司 | 移动电话机 | 10.80 |
| 54 | 莲　花 | 河南省莲花味精集团有限公司 | 味　精 | 10.69 |
| 55 | 两面针 | 柳州两面针股份有限公司 | 日用化工 | 10.50 |
| 56 | 古井贡 | 安徽古井贡酒股份有限公司 | 白　酒 | 10.32 |
| 57 | 美　菱 | 合肥美菱集团控股有限公司 | 家用电器 | 9.57 |
| 58 | 乐　凯 | 乐凯胶片股份有限公司 | 胶　卷 | 9.44 |
| 59 | 夏　利 | 天津汽车夏利股份有限公司 | 汽　车 | 9.31 |
| 60 | 大　宝 | 北京三露厂 | 日用化工 | 9.00 |
| 61 | 帅　康 | 帅康集团有限公司 | 家用电器 | 8.88 |
| 62 | 伊　利 | 内蒙古伊利实业集团股份有限公司 | 乳制品 | 8.71 |
| 63 | 用　友 | 北京用友软件股份有限公司 | 软　件 | 8.66 |
| 64 | 杉　杉 | 上海杉杉服装有限公司 | 服　装 | 8.47 |
| 65 | 万家乐 | 广东万家乐燃气具有限公司 | 家用电器 | 8.31 |
| 66 | 天　坛 | 北京天坛股份有限公司天坛家具分公司 | 家　具 | 8.25 |
| 67 | 华　丰 | 大连华丰家具有限公司 | 家　具 | 7.88 |
| 68 | 露　露 | 露露集团有限责任公司 | 软饮料 | 7.68 |
| 69 | 三　鹿 | 石家庄三鹿集团股份有限公司 | 乳制品 | 7.45 |
| 70 | 光　明 | 上海光明乳业股份有限公司 | 乳制品 | 7.41 |
| 71 | 步步高 | 广东步步高电子工业有限公司 | 家用电器 | 7.40 |
| 72 | 厦　新 | 厦门厦新电子股份有限公司 | 电子信息 | 7.31 |
| 73 | 江　铃 | 江铃汽车集团公司 | 汽　车 | 7.32 |
| 74 | 黎　明 | 沈阳黎明航空发动机集团公司 | 航空发动机 | 7.16 |
| 75 | 钱　江 | 钱江集团有限公司 | 摩托车 | 7.12 |
| 76 | 安　踏 | 安踏(福建)鞋业有限公司 | 鞋 | 6.97 |
| 77 | 鸭　鸭 | 江西共青鸭鸭(集团)有限公司 | 服　装 | 6.59 |
| 78 | 熊　猫 | 熊猫电子集团有限公司 | 电子信息 | 6.38 |
| 79 | 三　元 | 北京三元食品股份有限公司 | 乳制品 | 6.04 |
| 80 | 乐百氏 | 广东乐百氏集团有限公司 | 软饮料 | 5.78 |
| 81 | 活力28*** | 湖北活力美洁时洗涤用品有限公司 | 日用化工 | 5.11 |
| 82 | 小　鸭 | 山东小鸭电器股份有限公司 | 家用电器 | 4.89 |
| 83 | 嘉　陵 | 中国嘉陵工业股份有限公司(集团) | 摩托车 | 4.89 |
| 84 | 凤　凰 | 凤凰光学股份有限公司 | 照相机 | 4.66 |
| 85 | 东方红 | 中国一拖集团有限公司 | 拖拉机 | 4.54 |
| 86 | 力　帆 | 重庆力帆轰达实业集团有限公司 | 摩托车 | 4.51 |
| 87 | 南　孚 | 南平南孚电池有限公司 | 电　池 | 4.22 |
| 88 | 浪　潮 | 浪潮电子信息产业股份有限公司 | 计算机 | 3.76 |
| 89 | 金　碟 | 金碟国际软件集团有限公司 | 软　件 | 3.67 |
| 90 | 海　信 | 海信集团有限公司 | 电子信息 | 3.65 |

(续)

| 排名 | 品牌 | 公司 | 行业 | 品牌价值(亿元) |
|---|---|---|---|---|
| 91 | 飞亚达 | 深圳飞亚达(集团)股份有限公司 | 手表 | 3.29 |
| 92 | 完达山 | 黑龙江省完达山乳业科技股份有限公司 | 乳制品 | 3.29 |
| 93 | 白猫 | 上海白猫有限公司 | 日用化工 | 2.83 |
| 94 | 雕牌 | 浙江纳爱斯化工股份有限公司 | 日用化工 | 2.49 |
| 95 | 好孩子 | 好孩子集团 | 自行车 | 2.36 |
| 96 | 奇强 | 南风化工集团有限公司 | 日用化工 | 2.33 |
| 97 | 李宁 | 北京李宁体育用品有限公司 | 鞋 | 2.27 |
| 98 | 万向 | 万向钱潮股份有限公司 | 汽车配件 | 2.12 |
| 99 | 光明家具 | 光明集团家具股份有限公司 | 家具 | 2.00 |
| 100 | 桦林 | 桦林轮胎股份有限公司 | 橡胶 | 1.94 |

*相对于其他品牌,“一汽”品牌更具有公司品牌的意味。

**严格地说,“中华(牙膏)”所有权归上海牙膏厂有限公司,目前授权联合利华股份有限公司使用。

***“活力28”品牌的价值还含有该公司拥有的其他品牌(如“巧手”)的价值。

营造其核心能力上也同可口可乐如出一辙。

高新技术产业在技术创新方面的核心能力对品牌竞争力的影响表现得更突出。典型的如美国的英特尔和微软两个品牌，都是靠自身的创新能力使产品的功能不断扩展,不断提高。只有真正掌握了技术开发的主动权，不断有新的技术和产品升级换代，才能使品牌具有真正的市场领导能力。

创新市场营销战略，延伸品牌经营，同样是提高品牌竞争力的重要举措,对于传统产业尤其具有功效。因为传统产业虽然也有不断的技术开发和创新,但是,其技术进步的速度相对缓慢,所以,要提高品牌的知名度和扩大市场份额,需要不断创新营销战略、营销模式。

开拓品牌竞争力提高的途径，还要考虑到品牌产品的生命周期。从总体上说，任何品牌的产品都要经过发育期、成长期、成熟期和衰落期几个阶段的。只不过有的品牌生命周期长,有的品牌短。品牌的竞争力在产品发育期,是品牌开拓市场的初创阶段,尚要依靠广告和价格的竞争力，取得消费者的认同;在成长前期,主要靠技术创新的竞争力扩大市场份额；在成长的后期，主要靠服务的竞争力稳固已有市场挖掘潜在客户;在成熟期,主要靠市场营销的创新唤起客户的重新消费;在衰落期，要及时更新产品，主要靠产品的创新使品牌焕发青春活力。

**4、充分认识品牌运动发展的规律，把握好品牌运动发展的每一个环节,有效开展品牌运作,全面推进品牌战略的实施。**

品牌是一个运动发展的系统过程，品牌的创建和发展需要许多操作性环节的认真把握与精心维护，需要在时间和空间上对品牌进行延展。这些环节包括:品牌自身检讨与反思、品牌系统规划、品牌运行发展和品牌维护与延伸等。这其中每一个环节又有系列性的策略手段来辅佐和配合。今天的企业品牌管理者或广告公司需要解决的不单纯是一个 CI 或广告，他们面对的可能是对一个品牌全面的梳理与整合，清楚当今品牌所处的发展阶段,并应知道采纳何种手段,这是一个战略与战术技巧、思维与企划的过程。在理论上,品牌管理和运作者应对企业宏观经营管理和系列微观品牌对策要有一定的认知。

从全面品牌运营来看，品牌的运动发展不仅表现为一个持续性的时间过程,横向上也有相应的展开,这就意味着品牌是一个不断互动的过程，需要强化信息传播管理。品牌的塑造最后落脚点是消费者和市场的认同，员工和企业外脑机构的认同，认同是构筑一个品牌资产的基础。所以,品牌的发展与维护需要不断与消费者互动，不断与整个市场互动，不断与企业外脑机构互动,不断与内部员工互动。在这些互动过程中，企业应该把握好双向平衡式的信息传播管理，所以企业对消费者和市场需求层面的信息反映应是极端灵敏的，并在品牌创立和发展中去利用它，以此来确定或修正自己的品牌行为，让品牌利益真正打动消费者，使品牌与消费者之间构成对话与沟通。

在品牌运作中必须兼顾好近期利益与长远利益，应将既做品牌又做销量确立为发展目标。另外，在做产品推销时也应该考虑到对品牌形象与企业形象的树立和维护，要努力让每一位品牌推广者和消费者成为积极的品牌形象传播者。一个品牌的内涵与魅力会在企业市场行为中的每一个细节得以体现，不一定全靠大量广告投资来轰炸式地诉求与告予，企业和品牌在市场上、在消费者面前所表现的一切行为都会对一个品牌的成长和维护产生影响。因此，作为一个品牌管理者应该注重公共关系的掌握与运用，要让广告表现出亲和力和美誉度，要让营销活动贴近公众的消费心理和需求。

(中国品牌价值评估课题组，执笔:李文军)

# 第四章

# 品牌实践(一)

## ——品牌与地域

# 北京离"国际城市"有多远

随着经济全球化浪潮的冲击和国际劳动分工的深化，各国通过城市之间的交流迅速发展。国际城市是在全球范围内人、财、物多种资源聚集和配置的中心，是国际劳动分工的主要参与者，也是全球和地域综合竞争的主要承担者。从某种意义上说，谁拥有较多的21世纪的国际性城市谁就拥有未来发展的主动权。

**应以理性的态度来认识**

早在1993年，党中央、国务院关于北京市总体规划的批复就明确提出，北京要建设成世界一流的历史文化名城，现代化的国际城市。北京要成为国际城市，主要指城市的功能国际化。城市功能国际化，包括经济或产业功能、金融资本服务功能、政治社会交往功能，以及文化交流旅游服务功能等。作为国际城市可以是上述功能的全面国际化，也可以是部分功能的国际化，即某项功能不仅在一国之内起影响或控制作用，而且在国际范围内，区域的或世界的范围内，起影响或控制作用。国际城市因其功能国际化的程度，国际影响力的大小、强弱或影响范围的不同，可划分为世界性国际城市和区域性国际城市。在大容量现代化交通、通讯的推动下，国际之间人才流、资本流、信息流、货物流交流日益频繁，依托某些中心城市迅速聚集，又有规律地向周边国家和地区扩散，影响甚至控制这些国家和地区的经济社会事业发展。较早注意并研究这一现象的是欧美国际经济贸易发达国家的一些学者，他们从20世纪中后期提出并有较多讨论，中国专家学者从20世纪90年代中后期有所研究讨论。其背景是经过近20年从沿海到内地的改革开放，中国城市对外交流日益频繁，一时间有几十个城市提出发展为国际性城市的目标。由于实践的局限，这种



城市观察

## 北京市政府欲整顿扶植老字号

北京市政府承诺对京城近百家老字号伸出扶助之手。北京市商委专门举行工作会议，邀请有关专家进行研究和论证。毫无疑问，老字号的窘境已经让政府坐不住了。一个名为"北京市老字号发展促进委员会"的机构的成立反映了政府的这种心情。北京市政府出面对老字号进行全面扶植和整顿，在全国尚属首次。

"头戴马聚源，脚蹬内联升，身穿八大祥"这句民谣更道出了老字号在北京人心中的分量。但是，经过市场的大浪淘沙，昔日老字号流光溢彩的金匾今日却已不再辉煌。在一得阁看到的是略显萧条的生产车间、门庭冷落的营销点和几个闲来无事、坐在一起聊天的营业员。瑞蚨祥绸布店有限责任公司的薛世翼董事长也坦言，尽管比之于同行业其他老字号，瑞蚨祥的经营状况还算不错，但的确是今不

记 事

1月1日

2002 倪润峰、郭则理、杨云铎等在京签名售家电。

2001 中国第1台精密显像彩电在长虹下线。

2000 《商标代理管理办法》施行。

1998 《中国绿色时报》创刊。

1995 上海市卫生局统一规定全市医院职业服装款式。

1994 中国工商银行资产总额超过14300亿元。

中国正式成为《专利合作条约》成员国。中国专利局成为《专利合作条约》的受理局、指定局和选定局、国际检索单位、国际初步审查单位,中文成为《专利合作条约》正式工作语言之一。

1月2日

1996 全国主要城市居民消费品调查:多数消费品没有名牌。

1月3日

2001 奇瑞汽车在芜湖挂牌。

讨论还不够广泛和深入。21世纪是一个城市化的世纪。加入WTO,中国将更全面地参与经济一体化过程,进入多极的跨国区域经济市场。有必要以更理性的态度来认识国际城市问题。研究国际城市的目的是对自己的城市在全球性或区域性经济、政治、文化、军事交往中有一个恰当的定位,以便更好地参与国际分工,推动国际经济社会发展,同时也审时度势,在国际竞争的环境中,确定自己的发展目标和策略,以最少的投入获取最大的利益。

**网络模式比层级式模式下国际城市的数目多得多**

国际城市中的顶级城市"世界城市"已从最早的1个伦敦,发展到今天的3个:伦敦、纽约、东京,至于"区域性国际城市"则更多,已达30个以上。从国际城市的发展趋势来看,随着世界经济总量和交流的增加,国际城市的数量也在不断增长。在未来可以预见的时间内,世界经济总量和交流还将进一步增加,将可能出现更多的国际城市,甚至新的世界城市。正如前文所分析的,今天的国际城市,金融业越来越占主要地位,换句话说,国际城市是通过对资本的控制来实现其对城市的控制的,在经济全球化的今天,这一点表现得更为明显。这对于正朝着国际化目标迈进的城市来说是不利因素。但随着网络技术的发展,世界城市格局有可能发生变化,即可能由过去的严格的层级式(从上到下依次为:世界城市、区域性的国际城市、国内中心城市,等等)向网络式转变。但在网络中各城市的作用并不完全相同,一些城市将成为网络的中心点,而这些中心点将通过信息流、资金流进一步控制其周围城市。这些中心点就是网络结构模式下的国际城市,其数目将比层级式模式下国际城市的数目多得多,这对包括北京在内的正向国际化城市目标迈进的城市来说又是有利的。

**北京发展为国际城市已经具备一定条件,但也有不足**

从北京自身情况来说,北京发展为国际城市已经具备一定条件,但也有不足。首先,北京发展为国际城市的条件是具备的。根据上述国际城市发展的一般条件和规律,北京近年来,依托中关村大力发展以电子信息技术产业为主导的高科技产业群;依托朝阳和西城积极推动中心商务区和金融服务中心区

如昔。根据权威部门的粗略统计,在全国近2000家老字号企业中,几十年来勉强维持现状的占70%;长期亏损,面临倒闭、破产的占20%;生产经营有一定规模、效益好的只有10%左右。一位资深研究者相信,北京的情况与此大体相同,老字号的确老了。

无论是老字号的经营者还是老字号企业的研究者都认为,老字号今天的困境是因为其自身几大器官老化所致。比方说,老字号的一个招牌就是一手"绝活"。但是,百年前是绝活,百年后不一定还是绝活。相当多的老字号今天仍旧在倚"老"卖"老",以单一的产品来维系整个企业的发展。一成不变的产品结构在变动的市场面前使整个企业陷入危险境地,另一方面,由于忽略了消费者不断上升的消费需求,也使企业在整体上缺乏活力。在谈到国际上流行的特许连锁经营模式时,薛世翼谈了这样一件事:美国零售业巨头沃尔玛公司创始人山姆·沃尔顿生前曾经说过,他创立沃尔玛的最初灵感正是来自中国的老字号瑞蚨祥。而今天沃尔玛的实力和活力是中国的老字号无论如何所难以企及的。传统营销模式的束缚不仅造成老字号市场狭窄,市场占有率低,而且其市场占有率还有日益萎缩的倾向。更要命的是,老字号普遍都只立足于本地,少有开放意识,而且"别无分号",根本形不成规模,更谈不到做大做强。一位老字号的经营者说,老字号字字如金,其无形资产高不可估。但品牌是一座金矿而不是金山,老字号未能利用品牌的无形

和建设，已经和正在吸引众多的跨国公司、海外企业、金融机构在北京落户；依托国际空港和天津大港，积极发展连接世界各地的国际交通枢纽；通过城市整治和改造，特别是承办2008年奥运会的推动，北京的城市面貌、生态环境和居住生活条件正得到空前的改善。北京所在的京、津、唐地区又是产业比较发达，城镇比较密集的较发达区域。北京作为首都还是众多的外交机构驻地，天然地从政治上与世界各国联结。由此看，北京是具备发展为国际城市的条件的。美国“9·11事件”后，国际资本有加速向中国和亚洲地区流动的趋势，中国已正式提出在10年内建立亚洲自由贸易区，这为北京、上海等一批中国城市发展为区域性国际城市创建了更好的国际背景。第二，北京作为一个城市有其自己的特色，最大的特色是作为一座历史古都，有大片皇家建筑和皇家园林，历史文化遗产特别多，加上现代高科技产业，构成北京国际城市的基本特色。所以，北京作为国际城市的发展，似应定位于历史文化与信息技术共存的国际城市。第三，从公认的国际大城市的条件看，北京作为国际城市的条件还不够成熟，其各项条件的基础还不够强大。比如产业条件，以电子信息技术为龙头的产业，在国际上并未占到区域或跨国影响力的地位，而且信息技术产业在国际上已在许多国家和城市普及，应考虑更新的产业技术，如生物技术或纳米技术，超前培育未来能影响中国和国际社会的新兴产业。没有足够影响力的新技术产业做依托，国际城市就缺乏经济基础。又如金融中心、CBD的建设，现在多着眼于吸引公司、企业，应着力吸引海外金融机构，当然这同金融体制改革有关；而且CBD建设不能只靠区一级的积极性，这样力度不够，应全市统筹，有更大的投入和关注。再如国际交通枢纽，航空港容量不够，海港比较偏远，国际交通有瓶颈限制。北京除有国际空港外，应在南城发展一个大型国内为主的空港。最后，北京的区域基础也比较弱。京、津、唐地区包括河北的廊坊、三河等地，要与北京更紧密地协作，北京也应更多地关心、支持其周围地区的发展，树立兴衰与共的理念。区域发展好了也是帮助了自己。京津唐20世纪80年代就试图统一规划，90年代搞京津冀城市协作论坛，最近又搞了大北京研究。希望能真正产生结果，促进区域的整体发展与繁荣。　（顾文选）

资产来撬动有形市场，也是老字号在今天渐渐淡出消费者脑海的原因之一。但是对老字号来说，其致命伤是体制问题。北京同仁堂集团的金永年主任说，昔日的老字号在解放后经过公私合营，大部分已成为国有企业。但是与新兴的现代企业相比，老国企的旧有机制在今天已成为了企业沉重的负担和包袱，这是导致众多的老字号难以为继的根本原因。而机制陈旧问题恰恰也是其他三旧的根源之所在。旧有的老国有企业职权不分明使企业的积极性无法得到最充分的调动，劲头没有了，更新产品结构、探索最科学的营销模式以及全力挖掘品牌价值自然也就成了一句空话。首都经贸大学的袁家方教授说，很多热心人士都曾经为老字号的发展提出很多建设性的意见，但老字号口中称好但就是从不落实，一个根本原因就在于积极性的挫伤。也正因为如此，一些老字号把目光转向了体制变革，对旧有体制动手术。如瑞蚨祥2001年已经改制为有限责任公司，国有股占30%。而且将来可能还会引入员工股，以更好地调动员工的积极性。实际上，在北京已经有相当多的老字号完成了股份制改造。

目前的变革是否能够激活老字号，使其重振旗鼓，一些研究者并不乐观。对老字号研究了20多年的袁家方教授说：“尽管很多老字号已经进行了体制转换，但是这种转换并不彻底。北京老字号在进行股份制改造以后，国有股所占的份额仍占

## 标　识

aucma
澳柯玛

青岛澳柯玛集团总公司

敖东

吉林敖东药业集团股份有限公司

## 记　事

**1月3日**

1999 “中国优秀旅游城市”标志奖杯揭幕、公布首批名单并颁奖。

1997 国务院颁布《质量振兴纲要（1996－2010年）》，国家经贸委提出实施要求。

1992 中国首家获得ISO 9001认证：中美合资上海福克斯波罗有限公司。

1991 国家工商局商标局《关于协助做好首届中国驰名商标（部分商品）评选活动的通知》发出。

**1月4日**

1996 计算机直接制版系统首创成功。

1995 大连羽田钢管公司获英国劳氏船级社认可证书。

中国认证人员国家注册委员会在京成立。

1991 上海推出商品售后责任保险。

国务院召开企业厂长（经理）座谈会，开展“质量、品种、效益年”活动。

**1月5日**

2000 《中国工商报》盘点1999年度广告10大：事件、作品、纠纷、人物。

# 天津纺织业推出八大品牌

天津市纺织业将生产重点由初级产品逐步移向高附加值的最终产品，实施名牌战略，打出8大品牌产品，向国际市场进军：白玫瑰、仁立、赛远、飞天、华星、抵羊、津达7大传统品牌，另外再培育一个衬衣品牌，由这8个品牌共同描绘天津纺织的“八骏图”。计划品牌产品年内完成销售收入5.5亿元，占天津纺织集团总销售收入的10%。

针对不同情况，采用科技创牌、品牌扩张、品牌加盟等战术做大这8个品牌。创优质名牌必须以科技为先导。在中央电视台黄金时段频频亮相的“赛远”功能保健系列，走的就是科技之路。该企业成立了赛远纳米研究所，并与上海理工学院国家级纳米实验室、四川大学、天津工业大学建立了长期合作关系，在远红外系列产品的基础上共同开发了负离子、防紫外线、珍珠蛋白等功能纤维。飞天家纺也借助高科技走上了“绿色环保之路”。目前“飞天”已经跻身我国家纺行业国企三甲。销售额从2000年的3471万元，一跃达到2001年的1亿1千万，今年还要在这个基础上更进一步。“白玫瑰”走出的是一条品牌扩张之路，从原来的针织内衣发展成为新潮欧款休闲系列。原来人们印象中的老头衫“白玫瑰”，如今通过大大小小的户外广告、车体广告在消费者心中筑起了一道青春风景线。棉纺、毛纺产业在天津市纺织业中占近40%，在整个行业中举足轻重，如何使这些非最终产品产生品牌效应，天津纺织采用的是品牌加盟战略。首先制定了“仁立”、“抵羊”等品牌标准，达到标准的企业，在审核之后允许使用名牌商标。在过剩经济社会里，面对日益挑剔的消费者，名牌战略成了扩大销售的有效途径。马年，天津制造的纺织品将焕然一新，以整齐的面貌在国内外的展览会上亮相，迎接市场的洗礼。　　（津　纺）

了15%到50%不等，北京东城的一家老字号国有股高达到58%。”袁认为，政府这个特殊的股东在同老字号企业共同分享权益的同时却没有尽到相应的应该承担的义务，对促进老字号的发展还应该有更好的作为。他说，政府在进行一些规划和改造的过程中，对老字号明显地政府行为多于市场行为。以往著名的商业街也是老字号云集的地方，光是西单商业街上就有曲园酒楼、鸿宾楼、淮扬春等多家老字号，现如今经过改造之后，老字号不得不离开这里，远走北京的各个城区。在市场经济条件下，特别是在中国加入了WTO以后，政府应该按照市场规则行事，留更多的空间和悬念给企业和市场。在袁家方看来，政府的做法应该是从老字号的中小企业中彻底退出，将企业完全放在市场中，放手让企业自己去发展。不过，袁表示，对于一些前店后厂，已经成为传统文化一个组成部分的老字号，政府应该有一些特殊的法规政策，对其进行保护。在类似问题上，日本、新加坡等国都有一些相应的保护性法律和政策。但是，过去那种简单的拉郎配、资金注入或者一刀切是无法从根本上解决问题的，应该灵活运用资金和政策的扶植，给予老字号更多参与国际竞争的实力和机会。（房　门）

标　识

# 六大支柱产业打造天津名牌工程

王朝葡萄酒、蓝天牙膏和海鸥手表等 3 个地属天津产品在第 2 批“中国名牌”产品中的胜出，使天津在“中国名牌”阵容中实现“零”的突破，使天津市名牌培育工程有了更强劲的发展动力。根据经济发展长远规划和市场竞争的变化，天津确定在 6 大支柱产业中和 12 大标志性产品基地培育有竞争力的企业。

这 6 大支柱产业是. ①电了信息。眼下，除摩托罗拉已在天津建立了手机生产基地以外，天津市还与三洋和三星进行由中方控股 50% 以上的手机生产洽谈合作，将在天津建立亚洲最大的手机生产基地。②汽车。天津汽车工业的发展速度及其所取得的成绩令人瞩目，“夏利 2000”的推出，与丰田公司合作推向市场的“威驰”轿车，证明了天津汽车工业具有的生命力。③石油化工。具有濒临渤海的天然资源；④以无缝钢管为主的冶金业。即将上马的天津无缝钢管二期项目，有望进入世界 4 强。⑤生物技术和现代制药。天津天士力集团所生产的复方丹参丸在全国的销售已达 7—8 个亿，而金耀集团所生产的皮质激素以其自有技术，不仅迫使法国的罗素公司退出了中国市场，而且产品还大量出口。⑥以新能源、新材料为代表的环保产业。主要指已具有产业优势、专用于手机的镍氢电池和锂电池的生产。

同时，天津市确定的 12 大标志性产业基地是：移动通信、光纤生产、白色家电、数字视听设备、片式元器件、电子移动商务系统及高档印刷、系列数据卡及机具生产、绿色电池、生物技术和现代医药、PVC、经济型轿车、无缝钢管和高档金属制品。在这 6 大支柱产业中，医药产品和无缝钢管是可跻身世界市场的产品。

尽管天津市荣获“中国名牌”殊荣的产品到目前为止只有 3 个，但始于 1995 年的天津市实施名牌战略工程，在天津市实施名牌拳头产品战略领导小组办公室的统一组织和安排下，通过每年一次科学、公正、公开、公平的评价和 3 年有效期的监督，目前共有 169 个企业生产的 183 个产品获得了天津市名牌产品的称号。2002 年 1 至 7 月，占天津市销售收入在 500 万元以上独立核算企业 2% 的名牌企业，共实现销售收入 242.37 亿元、创利税 17.6 亿元，分别占天津市工业企业销售收入和利税的 13.55% 和 8.81%。

7 年来，为了培育名牌，天津市政府对名牌工程给予高度重视，成立组织机构，在重点行业培育方面积极引导。天津市政府对名牌企业在政策上给予有力地扶持。天津市统计局为市所有名牌企业都建立名牌数据库；有关部门在进行战略规划时对名牌企业进行优先考虑，如科研经费和生产资金优先向名牌企业发放；积极协调帮助有优势的名牌企业组建 13 个企业集团，即中环集团、渤海化工、汽车集团、钢管集团、金耀集团、天大天财集团、天士力集团、医药集团等，实现了资源的优化配置，提高核心竞争力。天津市在做好对名牌企业和产品的宣传上做了大量工作，以提高名牌企业的知名度和产品的市场占有率。在保护名牌的同时，打击假冒。天津市政府委托天津市质量技术监督局专门制作了天津名牌标识，允许企业在有效期内将标识印在包装上，对冒用标识的企业按照国家有关法律、法规的要求，联合有关部门进行查处。

（郑建玲）

白鸽

白鸽(集团)股份有限公司

北大方正

BEI DA FANG ZHENG

北京北大方正集团有限公司

波司登

Bosideng

江苏康博集团公司

## 记 事

**1月5日**

1999 国家工商局又认定45件驰名商标。
希望集团等20家私营企业首获自营进出口权。

1996 中国优秀民营企业家、"95"十佳民营企业家大会在京举行。

1992 首届全国乡镇企业家表彰会在京举行。

1987 国家工商局商标局发布《商标注册证》使用须知。

**1月6日**

2002 首届国际品牌论坛在哈举办。

2001 "百城万店无假货"活动电视电话会在京召开。

1995 美国《国际电力》杂志评出5个1994年度电力大奖电站,广东大亚湾核电站入选(惟一的核电站)。
民航总局表彰国航飞行总队安全飞行40周年。

1994 《关于在全国开展争创造林绿化千佳村、百佳乡、百佳县、十佳城市的决定》发布。

# 实施名牌战略 振兴河北经济

近年来,在河北省委、省政府的正确领导下,经过河北省上下的共同努力,河北省实施名牌战略取得了可喜的成绩。质量工作健康发展,名牌产品持续涌现,综合水平不断提高。先后涌现出乐凯胶片、长城干白、露露杏仁露、旭日升冰茶、三鹿奶粉等一批在国内外知名度较高的名牌产品,部分产品的产量和市场占有率已跃居国内前列。截止2001年,在有效期内的省级名牌产品258项(工业194项、农业64项)。名牌产品对我省经济发展起到了积极的带动作用。据对入围的2001年有效期内的工业类名牌产品(包括重点名牌)统计,其户数约占入统企业的3%,而销售收入和实现利税分别占入统企业的16%、20.5%。

河北省实施名牌战略起步较早。1993年,为促进企业深化改革、优化结构、强化管理、提高效益,省委、省政府在全面分析河北省工业经济发展现状的基础上,向全省企业发出了"抓强项、创拳头、争一流"的号召。围绕落实这一精神,经省政府同意当年由省质量主管部门组织,经过认真筛选评价,向社会推荐了首批100项"河北省名牌产品",从而拉开了动员组织全省工业战线加强质量管理、努力开拓市场、争创名牌产品、走质量效益型发展道路的序幕,自此以后每年认定一批省名牌产品。

1996年6月,省政府领导在调研质量工作时,正式提出实施"质量兴省名牌兴企战略"。1997年全省经济工作会议将"质量兴省名牌兴企战略"列为河北省经济战线"五大战略"之一,同时成立了"河北省质量兴省名牌兴企战略领导小组"及其办公室。依据国务院《质量振兴纲要》,省政府制定出台了《河北省质量兴省名牌兴企战略规划》(1997—2010年),成为指导河北省实施名牌战略的纲领性文件。为促进农业经济的发展,从1997年开始,结合每年的省农业博览会推出一批农业类名牌产品。1998年,省政府颁布了《河北省名牌产品管理暂行办法》,确定对名牌产品实行"计划单列,挂牌保护,合力宣传,全力促销"等政策,对有发展前途的产品给予重点培育扶持,支持名牌产品的发展。这标志着河北省将名牌产品初步纳入规范化管理轨道。

名牌产品是产品质量好、市场占有率高、信誉良好、经济效益显著的产品。它是质量和效益的集中体现,其内涵包括质量、品种、效益、市场、产品信誉和企业形象等诸多因素,名牌产品反映了一个地区的经济竞争能力和科技发展水平。实践证明,创名牌产品,不仅对提高河北省产品质量总体水平和企业整体素质有重要推动作用,还可以优化社会资源配置,合理调整产业结构,提高经济运行的质量和效益,加快技术进步和企业改革的步伐以及企业文化的发展,增强全民爱国主义意识,推动物质文明和精神文明建设,从而带动国民经济和社会的迅速发展。

随着世界经济一体化进程的加快,经济增长方式由数量型向质量效益型的转变已成为必然,质量和品牌将成为市场经济条件下产品竞争的主旋律,它也必将成为影响地区经济和企业发展的重要因素之一。因此,实施名牌发展战略、提高河北省产品的质量、培育和发展名牌产品、增强市场竞争能力、促进产业结构调整已成为当务之急。

长期以来,河北省初粗级产品比例过大,名优拳头产品数量少,且部分名优产品市场占有率较低。因此,主管部门把支持企业实施名牌战略作为调整优化产品结构，加快企业技术进步和产业升级，增强企业的市场竞争力，促进全省经济持续、快速、健康发展的一项重要措施来抓。

一是注重增强全社会特别是广大企业的质量、名牌意识。针对部分企业的领导者质量品牌意识淡薄，缺乏市场竞争观念，只注重眼前利益，忽视质量和品牌的倾向，通过多种形式加以引导，先后组织名牌战略研讨会、品牌知识讲座以及质量与名牌论坛，并组织有关企业领导外出参观学习。同时，充分发挥新闻媒介、行业组织、群众团体的宣传促进作用，在全社会初步形成重视质量、崇尚名牌的氛围。

二是围绕发展名牌产品强化技术改造，培育新的经济增长点。省政府明确要求，围绕实施名牌战略，要提高"两个比重"即提高固定资产投资中的技改比重和技改投资中用于提高质量、增加品种的比重。同时把实施名牌战略与企业技术创新结合起来。以提高名牌产品的科技含量，培育发展了一批高科技、高附加值的名牌产品。

三是加大名牌产品宣传力度。在指导企业健全营销网络、完善售后服务的同时，积极引导企业充分利用新闻媒体、各类广告、社会活动等途径开展多种形式的产品宣传。先后开设了河北名牌网站，在省会主要街道上建立了"河北名牌长廊"，每年都以省政府名义召开质量奖命名表彰大会，公布当年的省名牌产品，并在国家、省级新闻媒体上刊登公告，扩大了名牌产品在国内外市场的知名度。

四是把实施名牌战略与推进大公司、大集团战略结合起来，加强引导，创造条件，以名牌产品为龙头，以优势企业为主体，以资产联结为纽带，积极推动强强联合、强弱联合，加快组建大集团大公司步伐，促使了生产要素向优势企业、名牌产品流动。近几年，先后组建了渤海水泥集团、石药集团、三鹿集团等一批以品牌为龙头的大型企业集团，扩大了名牌产品的规模，增强了品牌实力。

五是加大对重点名牌产品的支持力度。在现有名牌中滚动选择了一批质量水平高、经济效益好、发展前景广的产品作为重中之重，充分利用经济、法律和宣传等手段，促使这些产品在规模和效益上得到了迅速提高。

六是实行发展名牌产品目标考核制度，加大对名牌产品的保护。按照实施名牌战略的目标要求，对各市、各行业实行了目标责任制度，由省质量振兴领导机构负责对各市、有关行业名牌战略发展规划实施情况进行督导和协调。并充分发挥产业协会、质量管理协会、消费者协会、创建名牌促进会等社会团体在创名牌产品中的服务作用。同时，依法规范市场秩序，建立了全省打假保名优协作网，对名牌产品实施重点保护。逐步把名牌战略纳入了制度化、规范化、法制化的发展轨道。

(赵成波)

# 上海再出十个世界名牌

到2010年，上海将拿出10个世界名牌。上海市名牌产品推荐委员会在质量月系列活动"企业家论品牌报告会"上宣布：上海市新一轮名牌战略已经启动。

自1995年开展上海名牌推荐活动以来，共有356项名牌产品榜上有名，名牌在上海经济发展中的作用日益显著。1995年全市名牌年销售收入仅350亿元，占全市工业销售收入比重不到7.5%，2001年达到2650亿元以上，超过全市工业销售收入的1/3。目前356项上海名牌的无形资产总值已达595亿多元。更令人瞩目的是，随着名牌战略的深入开展，打破了国有企业一统天下的格局，目前的356项名牌产品中，合资企业、民营企业已占了半壁江山。

## 标　识

POLARIS®

中国烟台北极星钟表集团公司

冰山 Bingshan ®

大连冷冻机股份有限公司

## 记　事

**1月6日**

1990　第2期全国广告专业高级培训班在深圳举办。

**1月7日**

1991　商业部提出：饮食服务业要贯彻高中低档配套经营，以中低档为主的经营方针。

《食品标签通用标准》执行两年。

国家计委发布《新产品鉴定验收办法》。

**1月8日**

2002　天汽集团新董事长张世堂上任。

2000　全国大中型建筑涂料质量工作研讨会在京举行。

1998　中国银行"亚欧债券"荣获《国际金融观察》评选最佳。

1997年度中国企业10大新闻评出。

轻工总会表彰全国轻工业"10佳企业"。

1995　轻工总会、中央电视台联合主办"愿生活更美好"专题文艺晚会。

1992　首届中国外商投资企业出口商品交易会在厦门开幕。

第2届全国轻工业博览会在京举办。

上海市新一轮名牌战略，提出实现"五个一批"，培育一批具有国际竞争力的世界级强势大名牌。上汽集团在5年内自主开发5万辆新车的计划，拉近了上海与世界500强的距离；发展一批和上海城市功能相适应的、具有良好前景的新名牌，如复星集团在生物制药领域内领先一步，体现了高新技术在上海的巨大潜力；扶持一批对上海私营经济发展、创业具有示范意义的好名牌，20多家私营企业跻身上海名牌行列的现实，说明私营经济在名牌战略中同样有用武之地；重振一批仍具有一定影响力的传统老名牌，恒源祥十几年的超常规发展，为老字号如何重现青春指明了道路；集中一批在国际或国内行业中处于领先地位的"小巨人"式名牌。

（振　立）

品牌观察

# 上海为何只剩两个半中国名牌

首批共10大类的中国名牌产品榜上，惟有开开、海螺和杉杉3个服装品牌为上海留下了一席之地。杉杉发迹于浙江，仔细算来，上海如今只剩下两个半中国名牌。称雄多年的上海老牌货成了明日黄花？实力雄厚的上海工业已经难有作为？此次评选标准让上海人很是无奈，上海大众、上海夏普、上海三菱、上海日立……虽是合资生产，但为何不能评为中国名牌？"品牌无国界！"此话言之有理，然而上海货这面大旗还能打多久？

上海市1995年开始名牌战略推进工作以来，共推出338项上海市名牌产品。2000年，销售收入达2000亿元，占全市工业销售额的1/3，其销售利润达280亿元，占全市工业销售利润的73%，其无形资产总值已达556亿元。可见，名牌产品已成为上海工业发展的重要推动力，上海货的家底依然雄厚。然而，上海名牌如此之多，其中的中国名牌为何如此之少？有关方面自揭现有上海名牌产品的五大不足：企业规模小，缺少具有国际竞争力的大品牌；企业创新能力不强，科技投入不足，产品开发落后市场需求；名牌产品的品牌含金量不高；名牌的文化含量不高，社会知名度和美誉度不够；名牌产品的成长环境不佳，假冒产品泛滥。复旦大学经济学院院长陆德明教授认为，老牌不等于名牌。上海一直引以为荣的老牌产品，一部分是历史上流传下来的遗产，另一部分则产自计划经济体制下国有企业的垄断生产，真正的名牌是市场竞争的产物。上海需要更多的中国名牌，重振上海名牌雄风，关键在思想观念。许多沪上老牌产品是劳动密集型产品，上海的劳动力成本比周边省市要高，应该扬长避短，大力发展资本密集型、技术密集型以及服务业领域的名牌产品。陆教授还呼吁：上海企业要增强技术创新意识，不要满足于已有产品的风格；上海企业要增强市场开拓意识，不要满足于本地市场；上海的企业家要解放思想，敢于亮相，为企业增加无形资产。大城市的发展需要名牌产品助力，创建名牌要有与时俱进的眼光。因此，政府要注重战略布局，企业不要夜郎自大，要有危机意识。　（冯　源）

# 上海转向创新型城市

城市，尤其是国际性大都市，将在全球科技创新、社会发展、资源配置中发挥日益重要的中心枢纽功能。

作为中国最大的经济中心城市，面临着历史性的发展机遇。一是进入新世纪，全球国际经济中心、金融中心、贸易中心、航运中心正在发生新一轮重组调整，国际大都市的功能作用与区位分布酝酿新的变化。这为上海参与国际合作与竞争，推进大都市区建设，带来了新的机遇。二是中国进入全面建设小康社会，加快社会主义现代化建设的新时期，扩大内需与融入经济全球化同步推进，经济结构战略性调整步伐加快，国民经济可望继续保持领先全球的快速增长，这为上海不断增强服务全国、联系世界的能力，全面推进大都市区发展，创造了良好的条件。三是东部沿海发达地区经过20年的改革开放和经济发展，逐步形成了珠江三角洲、长江三角洲、环渤海圈等若干城市连绵带或都市经济圈，尤其是长江三角洲地区以国内生产总值占全国1/5左右的份额，成为国际产业资本转移日趋看好地区，这为上海加快大都市区建设，奠定了重要的基础。

上海大都市区发展正在出现阶段性变化。改革开放以来，特别是90年代以来，以浦东开发开放为契机，上海发生了深刻的历史性变化，大都市区的雏形开始显现。一是把握特大型城市的发展特点，以经济结构优化升级为中心，实现了城市功能的转变。实施“三、二、一产业发展方针”，大力发展第三产业，积极调整第二产业，稳定提高第一产业，在工业新高地建设基础上，推动二、三产业共同发展，实现了由工业生产基地向经济中心城市的重要转变。二是按照社会主义市场经济改革方向，以率先建立市场经济运行机制为目标，实现了城市发展机制的转变。以发展生产要素市场为突破口，吸引国内外资金、资本、人才等各种要素流入，利用市场机制多渠道筹措城市建设资金。三是以还城市建设历史性欠账为契机，着力构筑大都市现代化基础设施的框架体系，实现了城市形态与景观的巨大变化。经过90年代的高强度投入、高速度建设、高度量管理，上海初步建成了信息港主体工程与基地网络；初步形成了中心城区“多心、组团”的发展格局；初步形成了郊区布局合理、规模较大、集中度较高的“1+3+9”工业园区；初步形成了大都市的景观格局。

加快推进上海大都市区发展的思考。进一步加快上海大都市区的建设，要顺应国内外发展的新趋势、新要求，着力实现四大战略性转变。一是着力实现由形态建设向全方位功能性建设的转变，紧紧围绕党中央国务院对上海“四个中心”和一个现代化国际大都市的新定位，不断增强上海城市综合竞争力，完善国际经济、金融、贸易、航运中心的功能。二是着力实现由中心城区和市域建设为主向加快郊区建设和推进长江三角洲一体化发展的转变，有重点地建设好新城和若干中心镇，加强与长江三角洲地区的基础设施衔接贯通，城市功能的互补协同，产业发展的分工协作，切实推进大都市区的开放发展。三是着力实现由基础设施建设为主向设施、环境、管理建设并重转变，重点提高上海的生态环境质量，提高城市服务与管理的现代化水平，使上海成为最适宜居住的城市。四是着力实现由增长型城市向创新型城市的转变，努力创造人才合理流动机制，大力推动科技、教育机制转换，加大科技产业化力度，实现重点科技领域的跨越式发展，繁荣发展面向现代化、面向国际、面向未来的国际大都市文化，使上海成为具有创新精神的城市。 (张道根)

## 记　事

**1月9日**

2000　实德集团出资1.2亿元收购大连万达足球俱乐部全部股权。

1999　云南省高院判处褚时健无期徒刑、剥夺政治权利终身。

1997　中国年鉴研究会主办首届中央级年鉴评比活动。

**1月10日**

2001　科龙新CI启动仪式在顺德举行。

2000　跨太平洋中美海底光缆系统正式开通。

世界500强与中国大型企业发展研讨会在京召开。

1997　邮电部发布《邮电通信企业标识使用规定》。

国家工商局发布《传销管理办法》。

1995　北人印刷机械公司被授予"GS"标志。

1994　民航总局通知规范使用"中国民航"用语和局徽。

# 上海品牌的新攀升

21个国家和地区的首脑汇聚上海出席APEC会议。如此众多的首脑人物光临上海，在中国历史上还是第1次。上海成为海内外关注的焦点。上海APEC会议是新中国成立以来在中国举办的层次最高、影响最大的多边国际活动，出席会议的21个经济体成员代表总共将达1.3万人。上海人抓住APEC会议给上海带来的巨大发展契机，全力塑造城市品牌的整体形象，大力提升服务业水准，向世界展示一个正在建设中的社会主义现代化国际大都市的风采，展示上海这颗东方明珠的魅力，使上海城市品牌的国际地位攀升上一个新台阶。

**新兴行业迅速崛起**

在APEC会议前夕，上海成为国际会展协会(ICCA)的正式成员。标志着上海在国际新兴行业中正加快前进的步伐。

会展业是国际上一门新兴的产业，从20世纪60年代开始趋向成熟和全球化。1963年，ICCA在欧洲成立，是迄今为止全球最具权威的会展业协会组织，目前拥有77个国家和地区的600多位会员。ICCA已形成全球庞大的会议网络，根据各自行业范围的不同，将会员分为旅行社、会议观光局等9个类，每年向会员单位提供丰富的信息，会员可从中获得全球约2000名国际会议主办者即将主办的3万多个大、中、小不等的会议档案。上海和北京是中国有能力承接大中型国际会议的城市，APEC会议选择中国、选择上海，是中国、是上海经济社会蓬勃发展的结果，是对上海迈向国际大都市的一次考试。为上海跳出普通行业的竞争圈子，致力于新兴行业发展提供了难得的机遇。

众所周知，20世纪的50—60年代，上海的手表、自行车、缝纫机是独领中国市场的"老三件"，70—80年代的电视机、收录机、寻像机又成为全国抢手的"新三件"，使上海再领风骚。随着改革开放的深入和市场经济的强劲推进，这些技术含量相对普通的产品在全国遍地开花，上海的工业品尤其是民用轻工产品渐渐失去了优势，在某些传统行业中，上海的优势消失殆尽，出现了百万职工下岗的尴尬局面。上海人一度对失去的市场，感觉很迷茫。然而，当上海把产业导向定位在国际大都市的层面上，把新兴行业作为与国际接轨的手段优先发展时，会展、旅游、交通、金融、保险等得到了快速发展。APEC会议给上海带来了机会，上海旅游业进行了硬件设施、服务理念、动作模式等方面的创新。作为APEC会议前的一次演习，APEC贸易部长会议采用了市场化方式进行动作。场地的使用、设备和车辆的租赁、酒店住宿的安排等等，都由专门的会展公司发包给专业公司承担，组织效率和效益比过去大大提高。参加APEC贸易部长会议的对外经贸部部长石广生称赞说："会展办得很成功，工作一流，形象一流，服务一流，完全达到了国际水平"。

新兴行业的崛起根本原因在于市场理念的更新。重复建设的根本原因在于低层次的竞争。上海把产业发展的目光放在服务业上，围绕着服务质量的提升大做文章。为了迎接APEC会议1.3万人的吃、住、行、游和工作需要，上海所有四星级以上酒店全部消除移动通讯盲点；ADSL宽带快速上网通道直通每个出席会议代表的客房，部长级以上官员客房率先开通高清晰度数字电视；华亭等14家酒店改造饮水管道，实现了"打开水龙头，即可生饮"的程度；建立了上万人的"宾客档案"，了解客人的习惯、爱好、提供个性化服务；整合旅游产品，将会议和旅游有机结合起来。这些以人为本的服务措施为成功召开 APEC 会议提供了保障，也为迅速提升上海国际大都市旅游服务业的整体水平夯实了基础。在避免了和其他省市在普通行业上的竞争之后，上海的感觉是“扶遥直上九万里”。对上海而言，APEC 会议与其说是一次大型国际活动，不如说是一次现代服务理念的洗礼，是上海品牌的大攀升。

**发展空间仍然很大**

有资料显示，国际会展业带动相关产业产出的比例是 1∶9，而上海现在大约处在 1∶6 的水平上，发展空间仍然很大。APEC 会议在上海举行，为上海缩短差距提供了一次极为难得的机会。

服务业在中国统称第三产业。当今世界，一个国家或地区的发达程度与其服务业的发达程度成正比。美国的服务业占 GDP 的 3/4，日本接近 70%，而中国仅为 1/3。就城市间的比较而言，目前香港服务业的比例占 GDP 的 8 成，而上海目前只有一半。但上海服务业的发展势头很快，服务业占 GDP 的比重从 1995 年的 40.2% 上升到 2000 年的 50.2%。

上海服务业的开放已经走在全国前列。但与发达国家的大都市相比仍有差距。根据中国作出的承诺，随着中国加入 WTO，服务业领域的开放势在必行，中国将在金融、保险、外贸、商业、旅游以及会计师事务所、法律咨询等领域逐步扩大开放程度。今天，上海的服务业正急起直追，使上海的集聚、辐射功能大大增强。近几年来，每年在上海举办的国际性展览超过 200 个，教育、文化、医疗等产业的发展势头越来越猛，服务体系越来越健全，功能日趋完善。APEC 会议在上海召开，使上海在开放中提高，在竞争中完善。

APEC 一贯支持多边贸易体制，支持全球贸易投资的自由化、便利化。APEC 会议在中国举办，即向世界表明中国继续推进改革开放的决心，对处在中国改革开放前沿的上海加速发展服务业是大有裨益的。通过 APEC 会议，上海服务业在 GDP 中的比重大大增加。上海正瞄准服务业的巨大发展空间，缩短与发达国家、城市的差距。新世纪的第 1 次 APEC 会议为上海提供了新千年的第 1 个良机。

**提高人员整体素质**

服务业的主体是人。由人提供服务，由人接受服务。服务业的繁荣兴旺全在一个“人”字。提高人员整体素质成为上海品牌提升的当务之急。为迎接 APEC 会议，上海把提升市民素质，特别是服务业从业人员的素质作为绝佳契机，各有关行业纷纷行动。APEC 会议上海筹备办公室对会议专职接待人员进行思想政治、外事、业务技能、礼貌礼仪等方面的综合培训。上海市旅游委编写《迎 APEC 旅游服务礼仪》，对全市旅游行业 20 种岗位的服务规范作出明确具体的规定，进行全员培训，合格率达百分之百。市商委、出租车、机场、海关等行业纷纷开展培训。金茂凯悦大酒店在培养考试合格率方面成为上海酒店业“旗舰”；锦江汽车公司开展群众性学英语 100 句活动，开展驾驶业务、礼仪、突发事件处理等技能培训。

对于中国历史发展的大致脉络有这样的说法：2000 年看西安，1000 年看北京，100 年看上海。由于上海优越的地理位置，100 多年来，上海从一个小县城发展成为耀眼东方的国际大都市，其根本的动力是一次次经济理念的跃升和更新，是一次次经济浪潮的冲刷和洗礼。经过 APEC 会议的锤炼，人们谈论上海时，不仅仅会提及上海的时尚和流行、外滩和陆家嘴；留给人们更深印象的是上海的服务功能，上海新兴行业的无限生机和蓬勃兴旺。“老三件”、“新三件”是上海留给人们的美好回忆，而上海品牌的新攀升留给人们的则是美好的希望和憧憬，信心和力量，是国际大都市的无穷魅力。

（黄玉昌）

## 标　识

白天鹅賓館 WHITE SWAN HOTEL

白天鹅宾馆

长城

中国石化长城高级润滑油公司

## 记　事

1月10日

1992

10大杰出民警评出。

1月11日

2001

北京三元食品购买北京卡夫食品外商股权，开北京市国有控股企业收购外资控股企业先河。

2000

农业部把2000年定为渔业质量年。

首届"国家电子出版物奖"评选揭晓。

康佳彩电在美获国际大奖。

《电信服务标准(试行)》通告发布。

1999

1999春夏中国服装流行趋势在京发布。

1998

五粮液集团1997年税利突破12亿元，居全国同行之首。

1997

1996年乡镇企业10大新闻和10大新闻人物揭晓。

1996

1995全国啤酒质量检评揭晓。

中国民生银行成立。

1995

1994年全国市场产品竞争力调查揭晓。

乔远生专栏

# 中国品牌马拉松

整体上来讲，目前中国的市场营销发展还处在产品为导向的营销阶段，品牌尚在培育之中。20世纪90年代初期的企业形象热，CI(企业统一识别)由南向北随着太阳神、健力宝等一大批实施CI典范品牌的推广，内地企业纷纷导入CI，设计或将原有的传统标识变成了"洋"气而现代的标识，更换企业标志面孔的时代其实反映了中国人急于建立品牌"面子"的虚荣心态。这个时期中国企业朦胧的品牌意识是和企业标识的设计、包装的更换、名称的洋化联系在一起的。平面设计改变了中国传统企业的形象，其意义并不亚于西装取代中山装的意义。虽然，这一时期的品牌象征还只是一个符号而已。

20世纪90年代中期以后，随着中央电视台创造的"标王"神话的传播，品牌被进一步演变为广告的象征。黄金时段的电视广告将中国企业家渴望一夜成名的梦想变为了现实，同样，提高品牌知名度的极度欲望也在瞬间似乎得到了满足。"孔府家酒"、"孔府宴酒"广告的巨大成功，使刚刚在市场经济中蹒跚学步的企业家，一下子看到了可以让品牌速成的捷径。无数的企业在"秦池"、"爱多"广告可以带来销售奇迹的感召下，一时间将企业建立品牌必须要经历的艰苦历程缩短成一段30秒的电视广告。

狂热最终在一个又一个标王的陨落中趋于冷静和理智。以牺牲标王的代价让无数的企业建造品牌的梦想又回到了"罗马不是一天建成"的现实之中。2000年哈药集团又不可思议地投巨额广告费在中央电视台推广其品牌，会不会再步几代标王的后尘，市场营销铁的规律自然会给出答案。虽然保暖内衣、不含PPA、补钙产品的广告前赴后继地在各类媒体上演着形形色色的品牌大战，但某种意义上讲，仍然是广告可以创造品牌梦想的再现。期望不是一夜之间但在短期之内创造不朽品牌的现象在2000年依然到处可见。

国家税务总局规定，企业每年广告投放金额超过2%以上部分将不能据实扣除，超过部分可无限期向以后纳税年度分摊结转。不管这种规定是不是符合市场经济游戏的规则，但在实施阶段，无疑对寄希望于广告而迅速创造品牌的企业是一个不小的打击和制约。客观上，用政府这只"有形的手"来代替市场那只"无形的手"干预广告的话，无论对与错，对中国品牌的建立是一把双刃剑。

中国加入世贸组织，特殊的政策环境和日益高涨的品牌热情，2001年企业打造品牌是一场马拉松国际邀请赛的开始。

服务品牌营销是2001年市场竞争的焦点，这不仅是因为中国加入WTO，市场开放会集中体现在电信、金融、保险、零售等具有较大影响的行业，而是现实已经证明，随着市场家用电器、各类日用消费品买方市场的成熟，从2000国内开始的火车提速、民航组建3大航空集团、假日经济的兴起，特别是2000年底在国内各大城市掀起的降低电影院票价、医院运行的商业化以及民生银行的上市等服务行业热点现象，都充分表明以推广服务品牌为主的市场潮流，已经将迅速发展的中国经济引向了服务市场营销的时代。

省市品牌

# 皖企离“中国名牌”有多远？

新一轮“中国名牌”评价工作已经展开，凡是符合相关条件的企业都可向安徽省质量技术监督部门提出“中国名牌”产品申请。第2批“中国名牌”产品将向社会公布……继去年“中国名牌”工作正式启动以来，这一重要的经济和社会工程正越来越引起社会各界的广泛关注。

**2001年：稍有斩获**

说到“名牌”，安徽省质监局工作人员讲述了两个笑话：一是合肥市城隍庙市场曾出现过“中国十大名牌——海宁皮装城”的字样；另一个笑话是，安徽省某县政府曾允诺，辖内企业当选省级以上名牌的奖励5万元，哪知道这样的企业一抓一大把，甚至连一些小厂也拿着莫名其妙的奖牌来兑现，结果县里只好将奖励压到3万元。

“直到目前为止，产品的名牌评价工作仍较混乱，有行业主管部门牵头搞的，也有部分行业协会自行其是办的，甚至有一些所谓的中介组织收钱发牌，造成了产品评价体系的杂乱无章。开始消费者对这些‘名牌’认同，但后来‘名牌’满天飞，消费者及市场都感到迷惘。”

随着机构改革和中国加入WTO，名牌评价开始有了变化。根据国家质量主管部门有关规定，名牌评价工作只分国家和省级管理，通过对产品的质量、效益、发展、市场评价，科学、公正地推出中国名牌产品和省名牌产品。

第1批“中国名牌产品”向社会公布，涉及电冰箱、洗衣机、家用分体空调器、微波炉、彩色电视机、微型计算机、摩托车、胶卷、味精和衬衫等10大类共57个产品当选，安徽省的“美菱”电冰箱、“荣事达”洗衣机榜上有名。

安徽省质监局工作人员认为：“这已是一份不错的成绩。在广东、江苏、浙江、上海等省市一统‘中国名牌’天下的局面中，安徽企业没有被湮没掉，并在中西部地区位居前列。”

**2002年：前景不乐观**

2002年3月29日，中国名牌战略推进委员会在充分调研、并听取方方面面意见的情况下，向社会公布了2002年中国名牌产品评价范围，这也意味着中国实施名牌战略进入了一个新阶段。

但是，安徽省质监局有关人士在分析今年“中国名牌”产品评价活动时，客观地指出，“安徽省企业产品参评的前景很不乐观”。

据了解，与2001年举办的中国名牌产品评价相比，2002年的评价范围更广，涉及21类产品。与2001年相同的是，在很多类产品中，安徽省相关生产企业空缺或规模太小。

如果说安徽企业在2001年评价范围中“家用电器类”占一定优势的话，在2002年所确定的评价范围中则不再占有优势。

在2002年评价涉及的21类产品中，表面上看，对安徽企业“利好”的有电热水器、啤酒、合成洗衣粉、牙膏、卷烟等类，但实际上，“即使这些企业在省内具领先地位，要想在‘中国名牌’产品评价中夺标，

标　识

长虹 CHANGHONG

国营长虹机器厂

地奥

成都地奥制药集团有限公司

## 记 事

### 1月11日

1995 中国成为世界第2饲料生产大国，年产万吨饲料企业近千家。

1994 马钢股份被英国《国际金融评论》评为1993年度最成功上市公司。

1993 农业部颁发《绿色食品标志管理办法》。

### 1月12日

1990 国务院企业管理指导委员会审定首批国家一级企业45家。

### 1月13日

2000 《建设工程质量管理条例》施行。

国家工商局发布《印刷品广告管理办法》。

1998 1997年全国最大50家外经公司名单公布。

1995 "中国百货商业协会实施商业信誉公约"在京发布。

1990 中国乡镇企业协会在京成立。

1988 国家工商局颁布商标法实施细则。

难度相当大"。

拿电热水器来说，2001年，国内年销售量在400万台以上，总产值达40多亿元。国内企业生产的产品占市场份额的80%，其中前5名品牌的市场占有率在30%以上。而安徽省某知名电热水器生产企业的产值只有1亿多元。

还有卷烟。2001年全年卷烟销售额为1655亿元，前10位生产企业占了30%以上，根据统计部门权威资料，安徽最大的卷烟生产企业——蚌埠卷烟厂只创造了20多亿元的产值。

值得一提的是，在2002年评价范围中，很多产品如电话机、服务器、照相机等，安徽省尚无相关生产企业，市场占有率为空白。再比如"盘子较大"的电池，2001年总销售额达到160亿元人民币，国内企业占销售总量的75%，主要生产厂家水平接近国际先进水平，个别指标已优于国外知名品牌，而安徽省只有几家小型电池生产企业靠给名牌企业贴牌生产在艰难地支撑，没有一个畅销的自有品牌，市场竞争力微乎其微。

有关人士指出，"中国名牌"产品评价中设有众多指标，主要包括：质量指标、效益指标、发展评价、用户满意度评价以及行业综合评价。这些指标加起来，已经能够完整客观地反映产品和生产企业的整体状况。而在这些硬碰硬的综合评价中，安徽产品"讨不到半点便宜"。

**如何打造"中国名牌"？**

据统计，近几年安徽省产品质量抽查合格率基本上是在70%—80%徘徊，重点工业产品的等级品率低于全国平均水平约5个百分点。2001年，安徽省产品优等品率不到22%，一等品率为43%，低于全国平均水平。

分析人士认为，导致安徽企业在名牌战略实施中举步维艰、前景不乐观的原因有很多，主要集中在：总量大，但行业优点不突出；产品档次存在欠缺；市场、生产集中度低，规模小，不能做大做强；企业名牌意识差等方面。

面对巨大压力，在质量主管部门的工作规划中，"未来3—5年内，力争使安徽省有20—30个中国名牌问世"被作为战略目标提了出来。

有关专家分析，培育名牌不是一蹴而就的，需要相关部门、特别是各地质检部门配合各级政府和企业进行长期细致的工作。"3—5年'生产'20—30个中国名牌产品，与安徽的现状有一定差距。有些操之过急了。"

目前，一些省、市，如上海、浙江、山东、河南等，在培育名牌方面已形成了很好的做法，他们根据本省经济发展的实际情况，到企业中进行广泛、深入的摸底调查，以了解企业在质量、标准、计量等方面处于一个什么样的水平，然后有针对性地提出名牌实施计划。

对此，中国名牌战略推进委员会秘书长、国家质检总局质量司司长于献忠也曾指出，比较实际和科学的做法是，"通过2到3年，使本省或市2—3个产品进入中国名牌产品行列"。

正是着眼于真正体现"名牌战略推进工作不是简单地评价，而在于培育推进"这一原则，省质量技术监督局有关人士表示，此次帮助企业申报"中国名牌"产品，除了让真正的名牌产品得到确认外，更多的是着重引导企业如何实施围绕着评价指标所体现出的市场大标准，向国际标准看齐，力争在短时间内多培育出名牌产品。安徽省拟定了《安徽名牌产品管理办法》，关于名牌评价工作的有关规章制度也已陆续出台。相信通过几年扎实的努力，会有更多皖企产品跨入"中国名牌"的行列。　　（建　华）

标　识

# 实施名牌战略 争取质的跨越

邓小平在视察南方谈话时指出："我们应该有自己的拳头产品，创造出我们中国自己的名牌，否则就要受人欺负。"福建省委、省政府在认真学习贯彻邓小平质量思想、贯彻实施国家《质量振兴纲要》的同时，把发展名牌产品，振兴福建经济摆在建设质量强省的重要位置，确立了"立支柱、上规模、创名牌、争第一"的经济发展战略。自1995年起，政府部门每年都组织质量中介机构和各行业专家的力量，开展福建名牌产品的评定工作，目的就是要引导更多的企业在质量上下功夫，培育出社会与消费者共同认可的名牌产品，满足人民群众日益增长的物质文化需要，推动福建省经济运行质量的提高。

2001年度涌现的79个福建名牌产品，其产值达153.5亿元；销售收入达131亿元；利税总额达22.6亿元；73%的产品出口。平均每个产品的销售利税率达到17.25%；平均每个工业产品的销售额达2.1亿元；平均每个农业产品的销售额达到0.68亿元。产品质量在国内同类产品中处于领先地位，在一定程度上代表着福建省工农业生产力的发展水平。

随着经济全球化的日益扩大，企业面临更为激烈的竞争，"质量是经济工作的生命线"这一观念正在被越来越多的人所接受。一是随着入世，给质量带来新的形势与要求；二是世界范围内环境保护与资源保护给未来经济发展质量带来新的态势；三是市场经济的态势——即质量、数量、价格对立统一辩证关系与要求，都对质量工作提出了更高要求。实践证明，名牌工作是从源头抓质量、实现区域经济质的跨越的有力抓手。

**一、实施名牌战略对于企业的发展和综合国力的增强都具有重要的意义**

1. 有效地推进了企业的技术创新和产品质量的提高。福建省名牌产品的评选条件之一就是看企业为保证和提高质量在产品开发、新技术应用与管理创新等方面的工作情况。实践证明，企业在培育名牌产品过程中能按照评价标准的引导做好大量的基础性工作。相当部分企业从技术装备、工艺器具、检测手段以及产品的实物质量等都达到了国内先进水平，为提升我省产品的竞争力、走出福建、走向世界打下坚实的基础。如福建省的冠捷电子(福建)有限公司，依托品牌快速发展，其显示器生产规模已居世界第2位；南平南孚电池有限公司的电池产销量已居世界第3位。

2. 有力地促进了企业实力的增强和国民经济结构的调整。在市场经济条件下，名牌是企业实力的象征，是企业文化、商业附加价值、诚实信誉的综合体现。通过实施名牌战略，既能形成企业的核心竞争力。如福建省的东南(福建)汽车有限公司，从投产之初，就将创名牌产品作为企业的目标，经过短短的几年努力，进入全国第100强的在华外资企业，创全国汽车行业增长速度最快的企业。也可通过以名牌产品为基础推进产业结构调整和资源的优化配置，形成区域性的拳头产品、优势企业和支柱产业，如龙海浮宫镇的杨梅，通过在3年内培育名牌产品，使杨梅每斤售价从1999年的0.5元上升到2001年的4元，镇里将闲置的荒山全部开垦种上杨梅树，使有限的土地资源得到充分利用。

3. 实践"三个代表"重要思想的具体体现。运用国际先进的管理技术建立企业的质量保证体系，体现了先进文化的发展方向。不断创新的技术保持产品

Chunlan春兰®

春兰(集团)公司

江苏春花电器集团股份有限公司

昌河飞机工业公司

## 记　事

**1月14日**

1988 国家工商局《关于公布商标代理组织的通知》发布。

**1月15日**

2002 浙江国际信托购买健力宝75%股权。

2001中国家电业10大新闻揭晓。

香港中华厂商联合会评出2001年"香港10大名牌"。

1997 中国质量万里行组委会在京颁奖。

1996 1995全国市场产品竞争力调查评价揭晓。

**1月16日**

1996 轻工总会授予"全国轻工业优秀企业"、"全国轻工业优秀企业家"称号。

1995 "中国房地产指数系统"进入运行。

1991 朱镕基同志提出："质量是上海的生命"。

国家工商局对河南省漯河罐头食品总厂的复议申请作出决定(《行政诉讼法》实施后国家工商局有关商标案件的第一个复议决定)。

实物质量的领先地位，体现了先进的生产力。通过每年向社会公布一批福建省名牌产品，就是打假扶优的一项重要措施；引导消费，就是告诉消费者，哪些产品是好的质量稳定的，百姓可以放心购买，由此提高消费者的消费信心，推动全社会的力量一起投入整顿和规范市场经济秩序中，共同推进福建省经济的良性增长，体现了广大人民的利益。

**二、实施名牌战略要坚持为区域特色经济服务**

一个企业拥有全国性或世界性、并具有区域经济特色的知名品牌，才能占有更大的市场份额，一个省拥有一批全国性或世界性的知名品牌，才能具有强劲的区域特色经济实力，才能为国民经济的发展发挥重要的作用。2001年的名牌评定工作为特色经济服务就体现了以下几个特点：

1. 贯彻落实WTO的国民待遇原则。规范市场经济秩序、营造公平竞争的环境是各级地方政府的职责。"三资"企业在福建省经济发展中已占有重要的位置，福建省已跨入外向型经济的行列。因此，在2001年实施名牌战略进程中，就将参与评选的企业范围扩大到各种经济成分和各个行业。如79个名牌产品中就有58个出口，其中既有国际知名品牌跨国公司的在华投资注册的企业生产的工业产品，也有合资经营企业生产的农副产品。

2. 注重培育可持续发展和环境保护的产品。在生态环境日益恶化的今天，以实施名牌战略为载体，贯彻落实可持续发展战略，无疑是一个有效的措施。如涌泉牌马尾松家具、木地板，不仅因为科技含量高、质量稳定、产品大量出口日本获得免检，更重要的是，随着产品品牌的日益打响，企业承包了几十公顷的山地种植马尾松，既绿化荒山、保护生态环境、使资源得到充分的重复利用，又为农民提供了许多就业的机会和增加收入的途径。

3. 加快促进农业产业化的进程。农村、农业、农民的问题始终是省委、省政府最关注的问题。要提高农产品的质量和增加农民收入，就要走农业工业化的道路，必须贯彻落实省七次党代会的精神，推进农业产业化综合标准化。2001年评出的25个农产品，不仅从种

**城市巡礼**

# 苏州："2500岁"再焕青春

苏州是国务院首批命名的24个国家历史文化名城之一，是国内外知名的风景旅游城市，也是长江三角洲重要的中心城市之一。始建于公元前514年，历经2500多年沧桑的苏州古城，至今仍坐落在春秋时代的位置上，并基本保持着史迹名园的独特风貌。由于苏州古城的独特属性和历史文化价值，如何处理古城保护和城市现代化建设的关系历来为世人所瞩目，更受到国家、江苏省和苏州市历届党政领导以及各界人士的高度关注和重视。改革开放以来，苏州市在促进城市现代化与历史文化名城保护的有机结合、良性互动和协调推进方面，进行了一些有益的探索和实践。

**弘扬历史文化特色，全面保护古城风貌**

苏州古城是历史文化名城的核心。《国务院关于苏州市城市总体规划的批复》中明确要求，苏州的城市建设要贯彻全面保护古城风貌的原则。为此，苏州首先划定了包括护城河以内的整个古城和古城外文物古迹、历史遗存较为集中地带在内的"一城、二线、三片"的古城保护范围。其次，明确了保护风貌的主要内容，即：保持路河平行的双棋盘格局和道路景观，路网河道格局基本保持不变，保持三横三纵加一环的骨干水

养殖的种子、种苗的育种复壮到产品的成品检验都制定了标准，而且龙海、仙游等各级政府还根据农时，利用广电媒体请专家指导农业生产，使农民学会了科学种田和种植、养殖。保鲜海产品远销东南亚，金沙薏米价格比前 3 年上涨 4 倍而且脱销。如今，晋江、福清、福鼎等区域品牌经济的框架已初现端倪。

4. 为增进两岸经贸往来服务。随着全球性的经济结构大调整之际，台湾的许多产业尤其是农产业会加快向外转移。福建省与台湾省的地理环境、地理位置、气候条件都十分相似。我们抓住这一机遇，发挥区位优势，发展我们的特色经济。这次被表彰的名牌产品中，漳州地区的花卉、果蔬、海产品等不仅都有销往台湾省，而且通过培育名牌产品的过程，使农产品的产业链向两头延伸，车间移到田间，连市场的售后服务都加强了质量管理，不仅淡化了产业的界线，而且充分发挥了国家级的闽台农业经济合作示范区的作用。

三、加大实施名牌战略的力度，为打造中国和世界名牌产品共同努力

当前，我们要密切关注世界经济形势的变化对我省的影响，尤其是消费者对质量的要求是既要满意，又需要多层次、更快捷的服务，还要价格低廉。因此，必然促使企业既要做到规模经营、更要实施柔性生产，以满足消费者个性化的需求。我们在实施名牌战略过程中，必须对这些问题有一清醒的认识和科学的应对策略。

1. 政府各部门要加大整顿规范市场经济秩序的力度，打击假冒伪劣行为，为企业实施名牌战略创造公平竞争的环境；要借助新闻媒体的宣传渠道，报道名牌产品的生产企业保证质量的做法和产品质量的信誉，以此引导科学、安全消费；同时，要结合治理“餐桌污染”建设“食品放心工程”，为生产名牌农产品的企业加大服务力度，确保企业宽松的外部环境，集中精力保持农产品质量的安全性，共筑信用福建。

2. 要认真分析我们的产品与国内外竞争对手在质量、价格和服务效率上的差距，按照国务院颁发的《质量振兴纲要》、《国务院关于进一步加强产品质量工作若干问题的决定》和《福建省人民政府关于切实加强产品质量工作若

系及小桥流水的水巷特色。按照保存真实历史遗存的原则，我们对古典园林、文物古迹、古建筑、传统风貌地段及历史街区实施了严格保护，并从继承和发扬古城环境空间处理手法和传统建筑艺术特色的角度出发，从严控制古城区内的建筑形式、体量、高度、色彩，维护苏州古城的整体传统风貌。经过 20 多年的努力，苏州古城的风貌得到了较好的保护：古城水系得到基本保护，街河并行的双棋盘格局得到基本保持；拙政园、留园、网狮园、环秀山庄等古典园林已列入世界文化遗产名录。

**加速新城区开发建设，拓展城市发展空间**

为了既能有效地保护古城，又能适应改革开放、城市现代化建设和发展的需要，制定了“依托古城、建设新区”的城市发展方针，在全面保护古城的同时，在古城东西两翼开辟新区，拓展城市空间，为改造旧城、优化生产力布局和调整产业结构创造条件。早在 20 世纪 80 年代，为疏散古城人口、改善古城居住环境，首先在古城以西、京杭运河以东 11.37 平方公里范围内，开发建设了一批居民新村，成功地延伸了古城区，形成新的城市居住区。从 1990 年起，在运河以西开辟苏州高新技术开发区（简称苏州新区），规划面积 52 平方公里，首期开发的 25 平方公里已基本建成，一个现代化、园林化的新城区和国际型高科技园区的雏形基本形成。1994 年，又在古城以东启动由中国和新加坡两国政府合作开发的苏州工业园区，规划面积 70 平方公里，首期 8 平方公里已完成了高标准的基础设施建设，招商引资取得明显成效，产业集聚功能日益凸现，园区成为中国发展最快、最具竞争力的开发区之一，并朝着现代化新城区的方向加快发

## 标　　识

长岭(集团)股份有限公司

得利斯集团公司

中国一拖集团有限公司

## 记事

**1月17日**

2002 “小天鹅”要做国际家电制造商。

1992 国务院常务会议原则同意建设三峡工程。

**1月18日**

2001 苏宁在京第1家连锁店开业。

2000 1999年度鲁班奖(国家优质工程)颁发。

1999 首批电信设备新进网许可证颁发。

中国民生银行民生卡在沪首发。

保护母亲河行动开展。

1994 第2届农村综合实力百强县(市)评比揭晓。

中国轮胎产品认证委员会在京成立。

1992 深圳有色金属交易所开业。

邓小平同志视察南方,提出社会主义市场经济理论。1月18日至2月21日,邓小平同志视察武昌、深圳、珠海、上海等地发表重要讲话:要坚持党的十一届三中全会以来的路线、方针、政策,关键是坚持“一个中心、两个基本点”。基本路线要管一百年,动摇不得。判断的标准,应该主要看

干问题的决定》的要求,制定名牌产品培育的发展规划,制定并实施我们持续改进的对策与措施,包括名牌产品评价的更高标准、建立激励专利权申请的机制等等。

3. 要学习国际跨国公司的成功经验,持续地修改提高产品的质量标准,应用科学技术创新的手段,开发生产系列产品;应用国际先进科学的管理方法与手段,持续地改进和提高质量管理水平,借助名牌的效应扩大市场占有率。

4. 要时刻关注国际绿色壁垒的新动向,跟踪美国国会要求本国企业的产品10年绿色化的步伐,学习德国对纸产品生产要求100%利用废旧纸张的规定,在产品开发的构思阶段,就要充分考虑并实施产品对资源的重复利用、对环境的有效保护,努力提高名牌产品的绿色化程度。

5. 要改变我们传统单一的生产模式,学习日本丰田混合生产线与美国戴尔无库存、走动态管理的做法和思路,将有限的平面和空间进行科学合理的排列布局,按柔性化的经济生产方式生产出小批量多品种的名牌产品,为消费者提供质优价廉、个性化的需求服务。

6. 是要加强名牌宣传,努力发挥名牌效应。要赋予品牌更为丰富的内涵,把一流的质量和服务,有特色的文化,强有力的销售网络,快速的发展,显著的效益,企业成功有经验等,通过更为有效、广泛的宣传,塑造良好的产品形象和企业形象。正面引导消费,提高消费信誉,拉动内需,进一步扩大市场占有率。同时采取“七匹狼”的品牌运营模式,加强外引内联,促进名牌产品的较快成长。

7. 要加强自我保护,建立质量文化。加强有关法律法规的学习与贯彻执行,保护企业的合法权益。推进企业建立质量文化,以人为本,使全体职工清醒认识市场竞争如逆水行舟不进则退,自我保护还要立足于加快发展,正确处理质量与效益等方面的关系,努力形成具有高尚的职业道德和敬业的精神及进取精神。深入推行全面质量管理和ISO9000标准,确保质量体系的不断完善和有效运行,实现在发展中保护,形成再发展的基础和潜力,真正走向良性发展。

(陈小佩)

展。目前,苏州市区建成区面积已超过100平方公里,比1985年的30平方公里扩大了2倍多。

**优化提升城市功能,加快城市现代化步伐**

在优化城市空间布局的同时,苏州市区加快了城市道路、水、电、气、通讯等基础设施的建设。开辟了城市环路和多条干道,城市交通骨架网络基本形成,人均道路面积从1985年的2.24平方米提高到10.5平方米;与1985年相比,日供水能力从24万吨提高到106万吨,居民生活气化率从32%提高到98.5%,电话普及率从每百人3.4部提高到73部,全社会用电量从8.6亿千瓦时增加到190亿千瓦时;住宅产业发展迅速,人均住房使用面积从4.8平方米增加到16平方米。城市基础设施已能基本满足城市正常运行的需求。以治水、治污、绿化为主线,我们还重点加大了环境保护和生态建设的力度。实施了市区水环境综合整治工程,沟通了古城水系,疏浚了河道;污水处理能力达到25万立方米/日,污水处理率达到80.7%;城市烟尘控制区达到100%,空气污染指数稳定在100以下;城市绿化覆盖率提高到31.1%,人均公共绿地达到5.5平方米;生活垃圾全部实现无害化处理。苏州城市的整体环境和面貌已明显好转。

通过保护古城、开发新区、改造旧城,加快城市基础设施和产业发展的现代化步伐,苏州作为地区性中心城市,显著提升了城市综合功能,对市域和周边地区的辐射、带动和服务能力也日益增强。苏州市的许多经济指标已在全国大中城市中位居前列。同时,苏州市已成为国家卫生城市、国家环保模范城市、中国优秀旅游城市,苏州新区被列为全国首批ISO14000试点地区。 (何坚忠)

标　　识

# 中小品牌：
# 浙江经济活力的源头

沈冰：我们都很奇怪，像浙江这么一个经济大省，为什么不像其他地方一样搞一些航空母舰，搞一些大企业大工业，为什么就对这些小商品情有独钟？

原浙江省省长柴松岳：我觉得是浙江的传统文化，浙江的资源小省，还一个是浙江在建国以后，国家就没有大的投入。

沈冰：所以您的意思是好像有一点被逼出来的感觉。

柴松岳：对了，所以你听我说，浙江人文化素质比较高，经商意识比较强。那么再加上本身他投资成本又比较低，那么这样子一开始的时候他就敲敲打打的用家庭作坊式的，就这么开发一个商品，又抓住了当时我们国家短缺经济的现实。

沈冰：而且像浙江的话它是每一个地方，都有自己的特点，像绍兴那边有花旗布是吧，然后永康那边是小五金。

柴松岳：对。

沈冰：非常非常出名，那么我们记者在来之前，也是到永康那边好好看了一下，然后了解了一下它现在的一些情况。

陆永江是个地道的永康人，他半开玩笑地说他是一不小心就做了老板，开了公司。最早以保温杯起家，1999年他去美国参加世界五金博览会，一件东西触发了他的灵感。

陆永江：当时有个小孩子，推着辆滑板车在骑在玩。我一看，这产品非常好玩，然后我就跟这小孩子说能不能让我玩一下？玩的很过瘾，当时我就决定要做。

花了190美金，陆永江把这个滑板车背回了浙江永康，他把滑板车的84个零部件仔细琢磨了半天，最后在10多个协作厂家的帮助下，小小的滑板车3个月就实现了本地化生产。

陆永江：我的朋友说，你花190美金买有没有市场？我说我不要卖190美金，我只要卖190人民币就行了。

2000年陆永江带着自己的滑板车参加了广交会，在会上他的产品以35美元的价格一炮打响，外商纷纷订货，在生产最忙碌的一天就能生产出两万多台，用他的话说，一天净赚一辆汽车的钱。船小好掉头，精明的永康人以其灵活的生产方式紧紧地抓住了国际市场。与以往不同的是，以前的家庭作坊式企业也要扩大规模，提高技术含量。永康市政府规划了五金科技工业园区。

永康市市长楼朝阳：产业集聚度非常高，我们到园区择优录取，排队录用。

现在永康的地价已经相当于上海郊区的地价。但即便如此，要求入园的企业还是排起了长队。铁牛公司是一家由8万元起家发展到目前总资产为2亿多元的高新技术企业。去年投入了8000多万元买了地，修建了新厂房。记者注意到，其中30%的土地都建成了绿地，光这一部分，企业就要多负担500多万元。

铁牛公司副总经理：所以说非常值得。由于我们企业品牌上去了，企业的形象上去了，很多的信息都进来了。

永康三星门业有限公司董事长周红飞：以前是家家户户都在搞小五金，现在已经形成了一个大五金，走向世界。

浙江目前形成了鲜明的区域块状特色经济，已有年产超亿元的区块500多个，其中乐清低压电器、海宁皮革、嵊州领带、诸暨袜子等年产值超10亿元的特色产业区块200个，区块经济总产

青岛双星集团有限公司

天津灯塔涂料股份有限公司

## 记　事

### 1月18日

1992 是否有利于发展社会主义社会的生产力，是否有利于增强社会主义国家的综合国力，是否有利于提高人民的生活水平。

### 1月19日

1999 APEC中国企业联席会议成立。

1998 “全国反盗版联盟”成立。

马胜利造纸企业集团成立。

1997 中国进出口银行获《国际金融评论》1996最佳武士债发行奖。

吴嘉童获奥地利鲁道夫·塞林格基金会1997年度科技奖（首个亚洲人）。

1995 1994中华环保世纪行活动在京总结。

中国冶金工业质量体系认证中心在京成立。

### 1月20日

2001 北京邮政特快专递“全聚德烤鸭”。

1999 全国34个主要城市居民消费者喜爱的品牌调查揭晓。

值2001年底达到5990亿元，约占全省工业总产值的50%。

沈冰：体现出来小商品虽然小，但是非常非常灵活，是不是？

柴松岳：对了。我给你打个比方，欧洲统一了货币——欧元，新欧元它实际的纸币比原来欧洲通用流通的又宽1.5公分。那么新的欧币一出来以后，原来的钱包就不适应了，放不进去了。浙江人马上发现了这个现象，立即组织生产，可以说很短的时间内，我们就将一百多万浙江钱包，投放了市场。

沈冰：原来的这种模式的特点是低、小、散是吧，那现在新的模式，您会用哪三个字来形容？

柴松岳：最明显的现在我们是精了专了，精、专、高。我们现在提倡叫是工业园区，我们现在抓特色工业园区建设。

沈冰：我还听到过一种说法，说浙江经济有点像是一种小狗经济。说其他地方的经济，他可能是狮子经济，或者老虎经济。您同意这种说法吗？

柴松岳：我同意。别的地方虽然很强，但是他是一只老虎，或者几只老虎或者几只狮子。浙江如果是狗的话，它是一群狗，几群狗，上百群的狗，这力量就强大了。现在我们浙江人考虑的市场是全球市场，全方位考虑。从这个意义上讲，我的想法应该是，既有狮子、老虎又有狗。

沈冰：那是一个动物园。

柴松岳：就是说如果在市场导向下，能发展成老虎、狮子我们大力扶植。

沈冰：其实我们说是小狗经济也是个比喻，其实是说民间的投资非常活跃。那么从浙江全省的情况来看，民间投资它到底占多大的比例？有多重要的地位？

柴松岳：今年我们用于工业技术改造大概要达到900亿左右。我们估计，民间资金达到或超过70%。

沈冰：我记得您在1998年刚刚上任的时候，好像是许下了一些诺言，还有一些心愿是吧？那这些是不是您觉得也是您在任期之内应该做的事情？

柴松岳：对了，1997年我们基础设施很薄弱，反应在还债的能力也很低。所以我觉得政府就是要从过去具体管企业，琐碎的事物出来以后，要重视带有基础性的，导向性的，全局性的，甚至带有决定性的，要考虑到这些问题了。所以我当时第一就是海塘。

沈冰：三门会议上，虽然说心里没有底，可是您决心下了很大。您还记得您当时怎么说的吗？

柴松岳：在会上我是豁出去了。你政府就是要拿出实际行动出来帮助我们办实事。我说我是下了决心。

沈冰：多大的决心？

柴松岳：我说如果我任期内，浙江1000公里高标准海塘如果修不起来，我无颜面对浙江父老，也无法向老百姓交账。

沈冰：那你准备怎么办？

柴松岳：我说那我就自愿下台，以谢百姓。

沈冰：差不多离那个时候，已经快5年了。您觉得您这个承诺，这个赌誓兑现了没有？

柴松岳：完全兑现，而且超额200公里。2002年9月6日，14级台风登陆温州，登陆的台风的强度跟那次温州1994年死了1200多人的强度一样。台风一过去，第2天，我就赶到温州去看了，这么粗的电线杆全部都折断，这么粗的树切掉。但是海塘因为标准高，虽然水进来了，海塘没倒，安然无恙，经受住了考验，经受住了14级台风的考验。

沈冰：这个海塘修的好，这个成效我们已经看到了。但是这么牢固的海塘想必资金投入肯定很大？50亿，50个亿钱哪里来？

柴松岳：中央给了我3个亿，地方财政加起来的话大概一半吧。所以政府大概出了一半，还有一半就是社会集资，另外我们还采用改革的办法，就是刚才我讲的，用市场的手段出租，把出租来的钱我来修海塘。这个也筹集了很大一笔资金。另外我们这几年，机关干部集资，企业集资，那也集了不少。包括我本人3个月工资。

为什么还有这种情况？可见我们政

府的工作太浮漂，报喜不报忧。那次我是讲了激动了，他们县里的县委书记，县长人大主任政协主任四套班子都在，我那时是拍桌子骂了一顿。

沈冰：现在情况怎么样？

柴松岳：我从那次回来以后，我跟我们省政府的几位同志商量以后，就出台了一个政府令，政府令是一种行政规章。我觉得扶贫，农村的最低标准生活要纳入到法制的范围。政府对那些困难群体不是可做可不做，不是恩赐，而是作为自己应尽的责任。谁如果没有做好，谁就失职。

沈冰：我们来这采访的时候，我听到了一句好像顺口溜一样的话。说是走了一村又一村，村村像城镇；走了一镇又一镇，镇镇像农村。这个村又像镇，镇又像村，这句话到底什么意思？

柴松岳：从好的方面看，浙江好像城乡差别不大。但是又说城镇像农村，那么从贬的方面看呢，两个问题，一个问题浙江的城市化水平低，城市的发展标准低。城市化之后，第二个问题也说明浙江城乡发展的规划比较乱。

沈冰：我记得好像绍兴也是这样的情况，绍兴是文化非常厚重，经济也非常发达，但是呢，城市的感觉也不是很浓。但是最近我们的记者也是在今天采访之前，也去了一下那边，看了一下那里的情况。

崔桂友一家祖祖辈辈就住在环城河边，由于位于城乡结合部，环境脏乱差一直是他们的一块心病。为了重现"乌蓬小画船，白玉长堤路"的美景，2000年绍兴市政府提出了经营环城河的概念。老崔渐渐发现自己的生活来了个大变样，旧房子拆了，搬进了新村。同时环城河边建起了宽敞的绿化带和人文景点，就像自己家门口的后花园。

崔桂友：现在心情很开怀，现在灯亮了，树绿了，晚上坐在石凳上聊聊天。

环城河的改造需要动用资金12个亿，其中政府的财政投入不到4%。绝大多数调动了民间投资的积极性，采用了土地有偿使用的办法。第一块土地拍卖时，很多开发商并没有在意其中的商机。第一个吃螃蟹的人也最早尝到了甜头。由于环境的根本改变，环城河周边成了香饽饽，地价由原来的每亩30万元上升到130万元。周边的老百姓更是得到了实惠，8个免费的公园就像珍珠镶嵌在环城河上，成了他们休闲的好去处。

绍兴市水利水电局工程师张坚：集城市防洪、城市基础设施建设、环保、文化、旅游五项功能于一体，这是一个创造。

沈冰：实际上城市化的进程，它也是背后支撑的依然是非常活跃的民间的力量，市场的力量。

柴松岳：浙江有个很大的特点，这跟浙江人的思想观念与其他地方不太一样有关。浙江人往往民间他自己能办的事情他都自己办，他也不找人。譬如讲，我们社会办学校，现在社会办医院。

沈冰：那您觉得城市化最终的，您理想的一个目标是什么？最后希望达到一个什么样的状态？

柴松岳：城市化的目的提高城市的层次，总的层次，增加城市实力，加快城市的经济发展和社会发展，增加了城市的水平以后，借用城市更好地起到辐射和带动作用。最后解决城乡一体化的问题，使我们浙江从城市到乡村经济社会同步发展，造福于老百姓。

1978年到2001年，浙江省国内生产总值平均增长13.1%，有124亿元增加到6700亿元，由全国第12位上升到第四位，人均国内生产总值平均增长12.1%，由331亿元增加到14550元，由全国第13位上升到第四位。城镇居民人均可支配收入和农村居民人均纯收入平均分别实际增长7.6%和8.7%，达到10465元和4582元，均居全国第3位。

在浙江采访时，我们经常听到这样的话：政府不仅仅是管理者，还是服务者。看来市场的力量不仅为浙江经济注入源源不断的活力，也对政府提出了新的要求。　（宿　琪）

## 标　识

德力西集团公司

东北制药总厂

## 记 事

**1月20日**

1996 第3次全国城市卫生检查评比暨农村"百佳水厂"评选揭晓。

1995 白酒评委呼吁抵制不正当的商业性评酒活动。

1991 国办号召全国学习武钢"质量效益型"发展经验。

**1月21日**

2002 美的家电服务中心获美UL认证(WTDP)。

2000 全国专利工作会议在京举行。

1999 中国乡镇企业报公布1998中国乡镇企业10大新闻人物。

1991 "首届吉林市雾凇冰雪节"举办。

1989 国家建立新产品技术开发推广基金。

**1月22日**

1999 康佳集团推出自主开发的中国第1台数字电视机。

1998年中国最有价值品牌评估在京揭晓。

## 城市问题

# 走出营销城市的误区

21世纪是城市的世纪

一些比较有眼光的城市经营者从很早就开始用整体的思路去经营城市,打造城市全新形象。

大连是在这方面入手比较早的城市,从1993年开始,大连就开始了整体的城市规划,大规模的旧城改造和拆迁使大连在城市建设方面很快就走在全国主要城市的前面,欧式建筑与现代建筑交相辉映、星罗棋布的城市广场、女骑警风采、魅力市长、花园式绿化、规范的城市管理、服装节、足球,这些新的形象和标识构成了大连的新名片。

青岛虽然没有像大连在城市整体形象塑造方面做太多工作,但青岛城市本身巨大的魅力和不断崛起的城市经济也足以让人侧目,以海尔、海信、青岛啤酒、澳柯玛为代表的明星企业为青岛的经济注入了新的活力,成为青岛经济可持续发展的巨大动力,也成为青岛城市名片的重要标志。如今的青岛不仅经济发展迅速,城市景观也发生了巨大的变化,一个沿海的新经济城市正在形成。

上海作为中国最大的经济城市,随着浦东的全面开发重新崛起,如今的上海让人最容易联想起来的形象已不仅仅是外滩、南京路、城隍庙、国际饭店,陆家嘴金融区林立的超高层建筑群、扬浦大桥、上海大剧院、东方明珠电视塔、金茂大厦、内环高架路则构成了上海的新城市景观;而上海人那种对自己城市充满信心的精神面貌和赶超香港的决心则让所有中国人相信,上海在世界的重新崛起将是迟早的事情。一些在城市经营和规划方面起步比较晚的城市虽然在很短时间内很难拿出一个全面的城市经营的解决方案,但也开始把寻求特色作为突破口,树立城市的新气象。

苏州的再度被关注是从苏州新城和苏州工业开发区的崛起开始的,这里云集了众多的跨国企业和台资企业,逐渐成为全球一个新的IT产业生产基地,发展速度非常惊人,这里是苏州的希望,逐渐取代了20世纪80年代乡镇企业曾经带给苏州的辉煌。

武汉曾经是计划经济时代重要的工业中心和科教基地,但近20年的发展却使武汉的经济地位逐渐下降,似乎只有黄鹤楼、东湖才能使人联想起武汉。新世纪,武汉开始打造"光谷",利用自己的科技优势在5年里建成中国最大的光纤基地,成为中国新兴的科技基地,"光谷"概念的推出成为武汉未来若干年的主要"卖点"。

地处西南的成都一直以来能够被人记住的恐怕就是小吃、川菜、杜甫草堂这些历史和传统的标志,自从《新周刊》把成都评选为中国"第四城"后,成都似乎一下子就成为一个明星城市,科技城、美女城、成都球市似乎成为成都新的标志,成都人也陶醉在"第四城"的光环里,借着西部大开发又火了一把。

大连的城市形象广告诉求其美丽的城市风光和海滨城市形象,为旅游业开道;山东则推出了威海、蓬莱、烟台等城市的广告,以整体的形象提升山东的经济地位和旅游文化;银川则想借助城市形象广告改变人们对西部落后的印象,以崭新的形象和硬件设施吸引投资和游客的到来;青岛的城市广告更多的目标是吸引客户参加每年都举行的博览会、啤酒节等重大展会，直接服务于经济；昆明的城市形象广告则借“’99”世博会的东风，突出一个“春”字，以明媚的阳光、舒适的气候和丰富的旅游资源吸引游客到昆明旅游。广告宣传在比较短的时间内最大化地传播了城市的最新形象，是城市整体经营的一个开端。

梁中国认为，城市品牌是城市营销的产物，也是城市风貌的综合展现。同时，其一经形成，对城市的发展也将产生巨大的反作用，这种作用具有隐蔽性、长期性、延续性等特点。此外，城市品牌的作用更多的是通过间接的形式表现出来，通过城市的产业和城市的加速发展、城市品位提高等方面表现出来，因此对城市品牌不仅要建设，更要进行强有力的管理。

**城市营销走过的几个阶段**

如今，中国的各大城市如梦方醒般都在想办法把自己推向市场的大舞台。然而很多城市营销方案的努力都白费了，为了营销城市而做的工作往往被当成“政绩工程”来做，结果没有多少实效，甚至产生腐败现象。对于这种现象，梁中国认为，国内城市营销的发展走过了若干阶段，在不同时期产生过一些带有城市营销色彩的现象，但大多是由于历史沿革及自然环境的作用自发形成的，或由于宏观经济体制使然，没有从城市品牌管理的高度进行统筹规划、科学设计和主动运营。1980年以前，当时上海市的轻工业产品在老百姓的心目中口碑绝佳，其轻工业产品基地的品牌形象深入人心；长春汽车城的品牌形象同样尽人皆知。梁中国说，这一时期的城市品牌是计划经济的产物，构成要素比较单一，在影响城市品牌形成的要素中，城市产业居于核心地位，其他构成品牌的要素往往是通过这一点衍生出来。20世纪80年代中后期，兴起了温州等一批不属于大城市行列的城市品牌，这是商品经济得到一定程度发展后，城市对市场的争夺和对资源的争夺形成的。梁中国说，在这一时期，人们对于城市品牌的认知更多的还是通过该城市的主要产业和该城市向社会提供的产品衍生形成的，但已经逐步从产品涉及到地区文化、民风民俗、历史传统等方面。城市品牌建设此时尚没有质的变化。进入20世纪90年代，经济市场化程度加深，城市数量和规模的迅速发展，使得城市对各种要素的争夺日趋激烈。走在改革开放前列的部分城市开始认识到，吸引符合城市特点的投资与可持续性发展是城市建设的重点，城市的产品不应成为城市品牌的主要构成要素。而且，城市品牌也必然涉及到对原有产业的重新审视与调整。他们开始更多地关注城市产品以外的品牌构成要素。大连、深圳等一批城市迅速崛起。梁中国说，这时的城市品牌建设尚处于探索阶段，缺乏系统的、科学的理论体系作为指导，更没有可操作性强的模型为城市管理者提供行为参照，不是一项系统工程。他同时还指出，国内当前的城市营销仍然存在不少误区。

**城市营销存在四大误区**

认识水平低。国内对于城市营销的认识还处于相对较低的水平，主要是城市形象展示。一方面，将城市营销理解为城市的美观漂亮，追求基础设施等方面的建设，追求楼高、路宽、树绿、水清等等环境的硬件打造，以及追求建造标志性的建筑。没有做综合考虑，没有全面考虑城市的社会经济、历史文化、自然环境等诸多因素。尤其没有树立城市竞争意识，没有从市场经济的观点出发研究城市在总体环境区域中的位置、作用以及竞争对手、目标受众等方面的情况。另一方面，在片面追求基础设施的同时，又将城市品牌建设的推广工作简单理解为征集一两句宣传口号、摄制几段宣传片，往往没有系统的筹划，对传播的范围、媒介的选择、受众的

**标　识**

东风农机集团公司

东风汽车公司

## 记 事

1月22日

1998 第11届国际认可论坛大会在穗召开。

中国消费者协会新会徽启用。

1997 中国ISO14000首批试点4家企业通过认证。

1990 李鹏同志在南京无线电厂题词:“熊猫电子,走向世界。”

1月23日

2002 中国第1个“公司董事及高级职员责任保险”在京签单(万科)。

2000 首届“国家音像制品奖”在京颁奖。

汤逢雨自费在《中华工商时报》头版刊登“我们,以德抱怨;有人,变本加厉。我抗议!”广告。

1998 1997年度全国环境保护先进企业揭晓。

1992 柳州铁路局成立第1家企业有线电视台。

1991 全国首次10佳营业员评选在京颁奖。

特点等等没有进行科学系统分析研究。相互模仿、盲目攀比。有一段时间,国内各城市之间就城市建设问题的互相交流、参观、学习之风盛行。然而这种交流学习往往对内容把握不当,没有学习对方品牌建设的精髓与思想(或许对方根本也没有),而是看到漂亮的建筑就生搬硬造,看到同类型、同级别城市有更高的硬件标准就疾步跟上,不顾自身条件与需要,一窝蜂现象十分严重。这种做法实际是将建筑作为城市营销的核心内容了。而相互模仿导致城市品牌建设表面化、同质化,也是城市营销中出现的毛病。如同企业产品同质化导致低层次的价格战,城市品牌建设的同质化导致建筑数量与规模上的盲目攀比。楼,你高我更高;路,你宽我更宽;广场,你大我更大。盲目攀比不仅造成大量人力、物力、财力的浪费,又破坏了城市的风格与传统,产生了巨大的负面影响,而且这种影响在较长时期是难以消除的。缺乏系统的指导思想,操作思路不明确。国内对于城市营销的相关理论研究处于滞后状态,更多的是从城市与区域经济的关系、城市地理学、城市产业发展等角度看待城市的发展,而没有从品牌管理的观点对众多要素进行整合。没有相应的管理机制与管理规范。城市品牌塑造过程中,往往缺乏相应的管理机制,对在这一过程中涉及到的专利、产权等方面问题没有集中统一管理,甚至造成损失。梁中国特别提到了中国的香港地区,他说香港在推行城市营销时,吸纳了世界众多一流的调研公司、设计公司、咨询公司合作开展工作,首先保证了项目参与者的高水平,项目运作的科学性、专业性,为最终的成功提供了根本性的保障。由于有了高水平的参与者,香港城市营销规划工作始终遵循着科学的方法。例如规划工作从调研等基础性内容着手,全面了解香港的品牌构成要素,为进一步工作提供支撑和依据;进行目标受众的细致分析,增强规划的针对性;推广工作运用了广告、公关等多种手段相配合,达到了宣传效果最大化等等。

### 城市营销理论的兴起

梁中国认为城市营销应当是一个目标体系。城市营销的目的,可以归纳为使城市与环境达到充分的协调;使城市的文化与城市的功能达到充分的一致;使城市对资源的整合利用率达到最高。城市营销将使城市对内更具有凝聚力,对外更具有吸引力。他认为城市营销需要面对三个方面的基本问题:城市的历史产业背景、当前产业状况、未来产业规划的关系如何处理;城市的传统形象、当前形象状况、未来形象期望的关系怎样协调;城市的传统对外交流渠道、当前的交流渠道状况、未来的渠道规划的关系怎样结合。梁中国说,进行城市营销有两点最为重要:一是宏观环境需要什么样的城市,二是当前城市与宏观环境之间的矛盾与适应。这两方面问题必须动态地、发展地来对待。他举例北京与首钢在城市发展过程中的渊源与变迁。他说,从20世纪建国初期到80年代初,钢铁产量始终是国家地位和综合实力的象征,首钢作为工业企业的代表,也一直是北京经济发展水平标志和工业生产的支柱,是北京作为全国首都不可或缺的重要组成部分。随着社会的发展,城市职能的定位也逐步发生了变化,在新千年临近之际,这种定位逐渐明朗化,北京市为面对与相关城市的激烈竞争和适应宏观环境的变化,城市定位重新进行了校正,未来的方向将是国际化的大都市和文化经济中心。相应的,产业结构也必然随之作出调整。按照“北京市工业布局调整规划”的方向,高科技产业将成为北京未来发展的重点。预计到2002年,高科技产业的产值将占北京工业总产值的40%以上。在这一背景下,曾经作为北京支柱产业的钢铁行业难以继续辉煌，甚至其辉煌本身就对城市的发展构成了一定负面影响。早在两年前，北京市政府就明确宣布：在今后的3至5年内，北京市四环以内的工业企业将有序地迁出，企业总数达到738家。首钢虽然身处四环以外，但依然难逃主业外迁的命运，自身的业务结构也进行了重大调整。这是城市品牌适应环境需要、城市产业适应城市品牌的生动写照。城市产业在城市营销中具有基础性和导向性的作用。产业结构对城市的文化、环境、技术、人才、观念、行为方式等诸多方面有重要影响，因此在城市品牌管理中，产业结构的变化与调整往往首当其冲。主要面临着两个问题，首先是根据城市的战略定位规划未来的产业发展方向，其次是如何对当前的产业结构进行调整和改造。梁中国以北京市和唐山市为例说，由于城市的综合环境不同，因此两个城市的战略定位不同，导致城市的产业发展方向截然不同。北京市从建设国际化大都市的需要出发，未来的产业结构将以高科技产业、旅游业、服务业为主，因此结构调整中工业企业从四环以内全部迁出，首钢集团的主业甚至要迁出北京地区；而唐山市由于周边地区拥有著名的开滦煤矿、大型火力发电厂、大秦铁路等优势，城市战略定位为重工业城市，钢铁企业是显著的标志，规模和构成要继续完善和发展，因此唐山市极力希望首钢的到来，弥补自身的不足，形成国内冶金行业的巨无霸。

城市营销需要将城市形象规划居于核心地位。城市形象规划是一项系统性很强的工作，本身是城市品牌管理中的一个子系统，因此，不能依靠几句口号、一个标志来实现。这种现象在20世纪90年代初比较普遍，例如大连的足球和服装节，深圳的拓荒牛等等，它们反应的仅仅是城市某个方面的特征，难以全面展示城市的历史、现状、未来，难以展示城市的定位，没有考虑目标受众的特点。

构筑城市品牌形象理念，是城市品牌建设的中心问题，它的作用是整合城市形象因子，将城市形象信息综合地表现出来，呈现在受众面前，使目标受众对城市产生清晰、明确的印象，引起目标受众注意，并产生美好联想。由此，引起目标受众对城市进行深入了解、深度感知、深度参与的欲望，从而导致对城市的心理情结。视觉识别设计在城市营销中具有独特的作用。人类获得的外部信息中，有83%来自于视觉，视觉识别设计是受众能够最直观感受到的信息；同时，视觉识别设计的传播途径最为广泛，内容灵活多样；视觉识别设计受到受众欣赏水平的影响相对比较小，设计得当，理解力较低的受众即使难以理解其内涵，也会对图形等信息留下深刻印象。在视觉识别设计过程中，必须树立战略性品牌设计思想。概括为以下几点：强烈的视觉冲击、精确的概念传达、独特的识别记忆视觉设计的内容，可以概括为城市名称使用、城市标徽及延展、城市内部交通设备（相关内容）、城市纪念品、城市企业形象等几个方面。城市营销的宣传渠道要明确。宣传的目标受众不仅是自然人，而且应包括与城市相关的企业、社团以及其他机构等等，因此需要考虑全方位地发挥对城市品牌构成影响的各种要素的作用，筛选出对传播具有典型意义的要素，例如媒体、城市的公众、城市的产品、城市的文化、城市的传统等等。从具体操作而言，需要利用各种形式，进行立体的整合传播，如广告、公关、节会以及其他形式。城市营销将为城市创造出独特的品牌资产，使城市拥有了一种垄断性资源，能够在竞争中获得优势。城市品牌管理不是一朝一夕的短期工作，而是一项长期的战略。 （许小飞）

## 标　　识

保定蓄电池厂

福建石狮市福林鞋业有限公司

中国飞跃缝纫机集团公司

## 记 事

**1月24日**

2002 新浪搜狐火拼抄袭。

1996 1995年度国家自然科学奖、国家发明奖、国家科学技术进步奖、国际科技合作奖在京揭晓。

1994 全国统一采用新《国民经济行业分类和代码》。

**1月25日**

2000 1999年市场部分商品质量抽查结果公布。

1995 首家中外合资质量咨询公司开业。

国务院发布国家赔偿费用管理办法。

**1月26日**

1997 成都战旗杂技团、沈阳杂技团获第20届世界明日杂技节金奖。

1995 国家统计局首次公布企业景气调查结果。

**1月27日**

1999 株洲车辆厂和北京二七车辆厂共同研制开发新型集装箱快运平车创造中国铁路货车最高时速纪录。

## 品牌故事

# 晋江："品牌之都"

**爱拼与传奇**

晋江人喜欢一首名为《爱拼才会赢》的闽南语流行歌。有人评点，以"爱拼"概括晋江人的性格，颇为传神——因为改革开放的历史机遇，使晋江一大批爱拼敢拼的"泥腿子"企业家走上宽阔的经济舞台，成就了他们殷实的家业，也造就了今日晋江。

晋江是著名的侨乡，海外及港澳台有200多万晋江籍的同胞。也许是与海外割舍不断的血缘亲情，种下了当时称之为"商品意识"的基因。晋江人从不讳言对物质财富的向往和追求，这种原发性的对物质财富的追求和创造的欲望及其张力，使他们对市场经济有近乎"如鱼得水"的适应性。

在改革开放以后，在小平南巡以后，尤其在中国确立了市场经济框架以后，这种充盈于民间的原创力在晋江市委、市政府的引导下，成为一种"再造晋江"的不可遏制的巨大活力，演绎出在中国改革开放新经济视野中与苏南模式、温州模式、广东模式并称的"晋江模式"。

前些天，又一年度"中国综合经济实力百强县"刚公布，晋江位列第10。晋江已连续5次登上全国"百强之列"，即使在如今也是"百强"之一的石狮市从晋江的版图上划出去之后，晋江仍是"百强"，位次还不断往前靠。

从财政收入来看，晋江用整整40年的时间，到1989年完成了财政收入的第1个亿元，之后用3年完成了第2个亿元，从1993起，每年净增1个亿，到1999年，财政收入已达9.9亿元，新世纪的头两年，每年增幅达3个亿，2000年财政收入达13亿，2001年财政收入达16亿。

还有一些数字从不同侧面反映了其经济运行的质量。一是民营企业渐成规模，全市现有产值千万以上的企业537家，其中超亿元的55家，这些企业已占全市生产总值近半；二是企业向质量效益型方向前进，迄今全省拿到的中国驰名商标共11枚，晋江独占4枚，全省的著名商标128枚，晋江拥有22枚，有230多家企业取得了ISO系列质量认证，占全省的1/5强；三是拥有一批在全国举足轻重的龙头企业，恒安集团的"安尔乐"卫生巾和纸尿裤生产规模全国第一，浔兴集团的SBS拉链全国第一、世界第二，安踏旅游运动鞋在国内销量第一，七匹狼服装进了国宾礼品袋，此外还有号称"中国第一裤"的九牧王西裤、菲莉的出口家具和"亲亲"系列食品，有占全国总量2/3的外墙砖和在全国居垄断地位的琉璃瓦。

正如现在晋江民营企业家都早已西装革履、谈吐不凡，不能再以当年"泥腿子"视之一样，发生在晋江的这些经济现象，也不再是"爱拼敢拼"所能概括的。

不少民营企业家由衷地说，没有政府对他们的支持和帮助，他们做不到今天的规模。从晋江经济多年来的持续发展，并且后劲越来越足、势头越来越猛的格局来看，仅靠一个个企业凭"爱拼"之勇单打独斗，不足以成此气候，没有一个高屋建瓴、统筹驾驭的"中军统帅"，只会有局部的战术上的成功，整体的战略上的大幅度跨越则不可想象。

晋江能保持长盛不衰的活力，与晋江市委、市政府对经济发展的把握驾驭、对企业的扶持引导，有十分直接的关连。而这一切又源于他们一个根深蒂固的认识：活力来自民间！

**有所为与有所不为**

在以经济建设为中心的今天，经济发达地区的基层领导尤为不易。越是经济发达地区，压力越大。基数大的地方增速减缓是正常现象，而想保持活力与发展势头，摆正政府与市场、与企业的关系是事关全局的一环。晋江市领导层“四两拨千斤”，他们认为，领导艺术千条万条，最关键的一条是：转变观念。

转变观念、转变职能，早已耳熟能详，似乎毫无新意？其实，对于从计划经济脱胎而出的中国，这一条却是最难根治的顽疾。邓小平同志曾一再强调，政府不要去包揽那些实际管不了也管不好的事情。

在这方面，晋江的确是先走了一步并走得比较到位。晋江市委、市政府多年来反复向干部们灌输的是，要认清市场的主体是谁，经济舞台上的真正主角是谁？不是政府，是企业；不是官员，是企业家。

找准自己的坐标，明确自己所应扮演的角色，才能真正明了哪些方面政府应该“有所不为”，哪些地方政府应该“有所为”并应该大有作为。晋江市政府较早就从一般性竞争领域完身而退，不干涉企业的经济事务，甚至连对行业的管理与服务也还权于商会或行业协会，把精力集中于制订发展规划上，搞好基础设施，整合各种生产要素和社会资源，提供良好的投资环境，依照法律实施监督，并提供良好的政府服务。在基础设施方面，他们早已“适度超前”。“八五”以来，晋江投入50多亿元，建成了可飞国际航班的晋江机场、3个二类口岸、10座500吨—10000吨级码头泊位，水路航线遍及全国各大港口并开通国际集装箱航线。高速公路穿境而过，市域公路密度达154.4公里/百平方公里。陆、海、空立体交通网络已经形成。用电量占全省的1/9，通讯设施及自来水供给也足以支撑更大的发展。

政府的“有所为”还表现在其他许多领域，但所有的“有所为”集中到一点，就是让晋江的经济大有作为。

**慈母心与兄弟情**

晋江的经济特色，说到底是一种民间自由经济。这种带点野性的经济力量，一是表现出极大的首创精神和扩张力，二是在发展过程中难免与某些现行政策磕磕碰碰，难免带一些盲目性，甚至难免出现违规。

在计划经济下，民间经济是受到种种限制和歧视的。从60—70年代末的“割资本主义尾巴”，到80—90年代初对“姓资姓社”的拷问，民间经济都是处于受打击受审判的地位。

几十年来，晋江市领导层对民间经济表现出一种慈母般的爱护与包容。

那些年，如果他们愿意的话，可以随手抓出一大把“资本主义”的典型，以突出自己的“政绩”。但是，几十年来，晋江没有出现过对民间经济大动干戈的整肃，市委、市政府宁可自己顶住巨大的政治压力，而以一颗慈母的心，呵护来自民间的经济薪火。即使在“晋江假药”案发，晋江蒙受了从经济到整体声誉最大的重创，也没有改变他们对民间经济的慈母心肠。他们做得更多的是让那些闯了祸的“泥腿”企业家们从头再来。今天蜚声全国的晋江鞋业，就是在那时候“而今迈步从头跃”的。

政府的包容形成了区域内的小气候。来自外界诸多指斥也好，来自某种扭转氛围的“山雨欲来”般的沉沉压力也好，大多由领导层默默地扛了，晋江的民间经济从未元气大伤过。在整个晋江市似乎从来没有过“姓资姓社”的困惑。大家认为，做生意，想赚钱，一切都很正常。来自民间的自由经济力量，就在政府撑起的遮风挡雨的天棚下发育生长。

晋江实际上是为民间经济或私有经济打造了一张“温床”。当市场经济的框架确立，当私有经济是社会主

## 记　　事

1月27日

1995 抽查乡镇企业产品合格率为75%。

1月28日

1999 “夏利”轿车商标被认定为驰名商标。

1984 国务院发布《中华人民共和国进出口商品检验条例》。1984年6月1日，国家商检局颁布了根据这个《条例》制定的《中华人民共和国进出口商品检验条例实施细则》。1984年7月20日，国家商检局、卫生部颁布了根据这个《条例》和《中华人民共和国食品卫生法》制定的《中华人民共和国进出口食品卫生管理办法(试行)》。

1月29日

2002 全球最受欢迎网上银行座次排定。

“中国名牌”、“中国房地产品牌企业”颁奖。

1996 中国名牌服装导向工程启动。

《中华人民共和国红十字标志使用办法》公布。

1994 新闻出版署“第一届国家图书奖”在京颁奖。

---

义经济的“有益成分”写进了总书记的报告时，晋江已经拥有了一支可以在更宽阔的经济舞台上冲锋陷阵的民间力量。

但慈母心不只表现在关爱和呵护上，更表现为督促和引导。20世纪90年代初，晋江县委、县政府做出两个在今天看来影响至为深远的决策，一是“质量立市”，一是“晋江精神”——诚信、谦恭、团结、拼搏。在十几年前，晋江就把“诚信”作为全市人民行为规范的第一条训诫。如今，信用建设，信用经济蔚然成风。晋江市委书记朱明认为，讲求诚信是一切市场主体自利而又利他的基本操守，诚信是资本，是财富，是竞争力。

晋江鞋业刚起步时，有一位外省的消费者买了一双晋江鞋，穿了一个星期，鞋帮裂开了。这位消费者给晋江市长写了一封信，市长当即批复，换一双合格的鞋，送上门，还要道歉。十几年后，名气很大的“安踏”为赶交货期，送出一批总数为16000双的运动鞋出货以后才发现鞋底的耐磨性不合格。尽管这不是短时间内可以发现的问题，但安踏还是下令全部“召回”这批鞋并当众撕毁。政府的倡导已化为自觉的企业行为。

千里马日行千里，但要有个笼头。晋江政府既精心呵护来自民间的经济原创力，又巧妙地为之套上了由“质量”和“诚信”编织成的笼头。这使得他们在与兄弟县市的“赛马”中，保持着狂奔绝尘的姿态。

但套上笼头不是强扭马头，不是颐指气使，晋江政府部门更多地是以兄弟的情谊，以“谦恭”的姿态与民间企业平等相处。这里不少企业家拿起电话就指名要找“能解决问题的领导”。市政府定期召开的经济座谈会，当地有影响的企业家必是座上宾，他们的意见常常帮助政府找到经济工作的切入点。

池店镇一位官员曾讲起他引进“寰球”公司的经历。它原在泉州，为扩大规模，正在寻求异地建厂。晋江市得知信息后，不仅主动登门，而且在短时间内做好包括划拨100亩地的前期工作，终于以充足的准备和坦诚的态度招进了“寰球”。这家企业的加盟为晋江鞋业的产业提升做出了重要的贡献。

晋江市长龚清概谈起政府为企业“化妆”又为企业“卸妆”的趣事，也许很能反映政府与民营企业的关系。

前些年，当私营经济还在遭遇政策壁垒、受到种种歧视与限制之时，为了寻求“国民待遇”，他们不得不选择“集体经济”或“外资企业”的红帽子或洋帽子。在民间自发经济与现行政策的冲撞中，晋江政府不但默许了他们这种“曲线救国”的举措，甚至帮他们“化妆”，为他们找“挂靠”单位，一时涌现了几千家戴上集体“红帽子”或外资“面具”的私营企业，从而为他们争得了在享受贷款、土地使用权、出口配额、税收等方面与集体、国有企业平等的待遇。如今，私营企业得到法律上的认可，产权不清晰却成了大麻烦。到底哪些是集体的财产，哪些是私有的财产，经过几年的有意模糊，现在真的模糊了。况且，裁定产权在法律上、政策上以至手续上都有相当繁琐的工作要做。政府这几年又得忙甄别，忙“卸妆”，忙脱掉面具。

晋江市为什么这样自找麻烦？用“三个有利于”的标准一衡量，答案立现。

### 小商品与大市场

政府在以民间经济为主的经济舞台上扮演的角色，决不仅仅停留在帮助企业做一些具体的事情上，而在于驾驭整个经济格局的能力。

龚清概说，企业有企业的考虑，他们天生追求利润最大化。但政府有政府的考虑，我们要把稀缺的资源用到最恰当、最有效益，对经济全局、对持续发展最有利的地方。这是驾驭经济全局的需要。

晋江政府提出的“小商品、大市场、大产业”的思路，以及“产业做大、企业做强、品牌打响”的导向，便是他们驾驭经济全局的法宝。

直到3年前，晋江的鞋业还备受外界批评。以晋江的实力，为什么不发展例如手机、电脑之类的高新企业，花那么大的力量去做这种行业门槛很低、又无传统基础的小商品?

晋江沉默，晋江不争论，晋江相信企业家的选择，相信他们会在这片多少代百姓都习惯于当“赤脚大仙”的土地上，打造出一个鞋的世界。

晋江不认为小商品没有出息。以鞋而论，过去晋江人都打赤脚，后来是几年穿一双鞋，再后是一年穿几双鞋，发达地区鞋的人均年消费量已达6—8双，这是个多大的市场? 况且，小商品也同样有高科技含量，以鞋为例，一双高档运动鞋的价格就是相当一部手机!

晋江鞋业在批评声中长大了。晋江被国家有关部委联合命名为“中国鞋都”。

如果说放手让民间企业家们去闯，政府的“无为而治”更多表现出的是目光和胆识的话，当鞋业发展到一定规模之后，政府就真的忙起来了。

晋江接连几年举办了国际性的鞋业博览会，为晋江鞋业提供更广阔的展示平台，鞋展的规模影响以及交易量越来越大。第四届鞋博会已升格，不再由晋江市来办，而由省政府和国家轻工总会来办。也不再是“晋江”的鞋博会，而是“中国”的鞋博会。

产业提升的关键是质量和创造能力，这关系到整个晋江鞋业能否百尺竿头更进一步。晋江现已着手组建高级的鞋业检测中心，而且要一步到位，从设备到专业人员，都要适应“中国鞋都”以至世界鞋业发展的需求。政府还出面使鞋业与知识界联姻，开展全方位的培训，提高其整体素质，提高其研发能力。

人才资源一直是产业发展的“瓶颈”，晋江以“谦恭”的姿态大力引纳“外脑”，建成了全国第一个县级的“博士后流动站”。市里给每个引进的博士人才每月补贴4000元(博士们为企业服务的薪酬不计在内)，即使博士们一时找不到合适的岗位，凭这4000元也可保证生计无忧。给安排家属子女，专门建起专家活动中心，给工作室，给电脑，给体育健身场所，专门辟出成果展示厅。一句话，提供一切生活、社交、娱乐和工作的条件。

更重要的是晋江政府大刀阔斧地整合生产要素和各类资源。他们认为，同样的资源在不同的企业中，效益大不相同。晋江人有爱拼的特性，也有爱当“老板”爱自立门户的冲动，但资源不能平均分配。政府要设法在企业间拉开层次，层次拉开就能减少无谓和无益的竞争，减少“窝里斗”。有的企业适合直接生产终端产品，有的适合打品牌，有的则只能在名牌上游为名牌加工配套件。政府掌握的资源，只能向能创造最大效益的企业倾斜。为此他们专门辟出鞋业的工业园区，给土地给优惠，选高素质的企业入园。同时，他们还着力整合现有的鞋材市场，把目前已基本成型的鞋材市场整合成为集成品展示、技术、信息、原材料、储运以至人才等服务功能于一体的又一大产业。这是把整个晋江鞋业做大的关键一举。

产业做大不等于把每个企业的规模都搞得很大。他们清醒地认识，严格地讲，晋江没有一个现代意义上的大型企业。关键是发挥已有企业群的整体力量。他们关于大产业的思路，近似国外经济学界最近提出的“产业群聚”现象。据哈佛商学院企业教授、竞争策略权威麦可·波特的研究，产业群聚是中度发达国家晋身尖端经济的关键点。形成产业群聚后，有利于降低采购、信用、寻找熟练员工以及吸引高端人才等方面的成本和风险，并能培养出深厚而且专业的供应商市场，将出现整体竞争力大于个别企业之和的“群聚效应”，如好莱坞，如硅谷，便是产业群聚的例证。

(李晋田)

## 标　识

深圳飞亚达(集团)股份有限公司

中国国旅行社总社

记　　事

1月30日

2002　中国消费者协会公布22种品牌衣物柔顺剂比较试验结果。

2000　国务院发布《建设工程质量管理条例》。

1999　海尔品牌电脑在京推出。

1992　《中华人民共和国产品质量认证管理条例实施办法》发布。

1月31日

2002　“合肥城改”获中国房地产著名品牌。
科龙新领导班子与媒体见面。

1996　全国打击假冒注册商标、虚假广告专项治理工作结束。
鄂尔多斯在美国设立专卖店。

1991　全国最大的药材交易市场在河南辉县市百泉建成。

1　月

2002　外经贸公布第4批重点支持发展品牌商品名单。

调查综述

# 测评市长

零点调查公司在中国破天荒第一次尝试“测评市长”，是中国政治史上和社会生活中“值得关注和耐人寻味的新鲜事”。

**支持率为何这么高**

在对北京、上海、广州、武汉、成都、厦门、沈阳、郑州8城市的3404名18岁以上成年市民进行多段随机抽样的入户访问后，零点公司发现，“调查结果相当正面”。

8个大城市有约8成的市民知道谁是本市市长，约6成半的市民表示，即使在直接投票中，自己也会选择支持现任市长。在对市长表现的评价中，清正廉明是一项广受肯定的因素，北京、上海、武汉、成都、西安、厦门的市长在这方面得到的认同率更高至70%—90%。

郑州、广州、成都、北京的居民中有超过50%比例的人认同本市市长的施政政绩；6成以上的广州、成都市民对本市市长的施政计划表示了赞同。

假如由市民直接投票，8大城市中的所有现任市长均可能再度当选。在正确地回答了现任市长名字的市民中，倾向于支持现任市长者占64.1%，即44.4%的“可能会支持”者和19.7%的“肯定会支持”者。交叉分析显示，对于支持度最具正面影响力的因素是了解并赞同现任市长的表现。

有趣的是，一些被调查者尽管不知道市长是谁，也不知道市长做了哪些事，却选择了支持。研究者分析后发现，这些大都是年龄稍大的群体，他们对于党政领导者有一种自动的心理支持机制，这从一个侧面显示他们对于现实生活的满意度。

“考虑到目前社会处于转型期，各大城市市政问题头绪颇多，牵涉的利益群体十分复杂，各位市长所获支持率已算较高。”袁岳说。

他认为，近年来中国各大城市普遍重视市政建设和为民办实事，改善市容市貌，是市长们获得高支持率的重要原因。

**中国市长缺什么**

市长们在与市民沟通的道路上都还有着很长的路要走。

施政状况的开放性和透明度似乎亟待改善。调查发现，对于市长的施政计划与政绩报告完全不了解的市民高达4成，另有一成多市民表示，对施政计划虽有了解但不赞同。

多数市长都有待进一步塑造自己在民众心目中个性化魅力和形象亲和力。8大城市有6成市民对于市长的个人形象具有“脸谱化”的认知，而这种认知大都来自电视里的会议、讲话及报纸头版头条里传达的公式化信息，但于市长们的个性化信息，人们几乎毫无所知。

有4成市民要么说不出市长姓名，要么虽然知道市长姓名但对市长个人形象表示没有任何印象，对施政计划“毫无所知”，根本不知道他们的市长“大人”在干些啥。

袁岳认为：“中国市长们有必要采取经营者做广告的方式，多学点消费心理学，多讲些老百姓有兴趣听并且听得懂的语言，而不是坐在主席台上说官话、套话。”

"为什么不能像民众当中一些受尊重的人一样，以一种普通人的腔调发出正常的声音呢?"袁岳说。

在他看来，多数市长仍习惯于在大会上讲如何贯彻执行中央和上级的精神，而不是告诉市民们，"我想怎么做，我要怎样来管理这个城市"。个性的缺乏导致形象受伤。

在中国人民大学行政管理系主任毛寿龙看来，市长们所获得的8成的知名度不是太高，而是太低了，与地方报纸和电视里的大量曝光率不相称。"这表明我们的很多宣传是一种'无效宣传'。"

无效宣传必然导致政务信息沟通的不畅。毛寿龙认为,改进的方法就是加大市民对公共政策的讨论参与。

袁岳也认为,作为"经营者",一个市长成功的标志就是最大限度地实现市民的期望无价值。这本来是中国共产党对所有"人民公仆"的要求。

但现实中往往会听到老百姓说，"党中央的政策是对的，到了基层就走样了"；一些地方政府和干部的作风给人的感觉也好像是在制造中央和民众之间的矛盾。

"只有站在市民的角度，才能把中央的精神与百姓的需要创造性地结合起来，否则反而可能造成中央精神与市民需求之间的隔裂。"

**将民调纳入法定程序**

袁岳告诉中国《新闻周刊》，这份调查报告已发给国内外数百家媒体,并引起国外媒体的浓厚兴趣。日本一家媒体在评价此事时说，"这是中国政治史上一件耐人寻味的新鲜事"。

但袁岳表示，"我们做这项调查前并没有得到任何政府部门的授意"。迄今为止他们还没有收到有关部门对发布这项调查结果的批评。

实际上，这家公司早在四五年前就已开始陆陆续续接受一些地方政府部门的委托，对一些基层工作人员进行民意测评试验，其中包括对一些地方县长、局长的考评。

随着干部民主考评制度在中国各层各级的逐渐推广，零点公司的研究者感到，民意正越来越成为评价党政干部业务能力与政治表现的重要依据来源，对地方高层领导进行民意测评的舆论空间正在形成。

"经营城市"的概念要求市长要像经理人一样来经营和管理城市，经理人的成功必然离不开员工和消费者的满意度，市长的成功当然离不开市民的满意度。但中国一直没有对于市民满意度的公开测评。袁岳认为，民间中介机构可以开一个这样的头。

不过，零点此次调查的其实是10个城市，但因另外两个城市的市长支持率过低，所以他们在报告中只发布了来自8个城市的结果。

袁岳没有透露另两个城市的名字,但他说,其中一个城市市长刚上任,另一个城市的市长任期太长。

"出于对人们接受心理的考虑，我们做了这样的保留。"他说。在他看来，如果这项调查结果是在10年前进行的，可能会被认为是"捣乱"。现在,"人们的心理承受能力正处于过渡期"。

这位哈佛大学肯尼迪学院的MPA认为,旨在建立起政府与民众之间良性互动关系的民意测验,应当逐渐深入到中国干部考评制度中去。

这次零点的调查主要考察市民们对于市长的施政计划、施政表现、廉政形象、个人风格四个方面的了解状况和欣赏程度。袁岳认为,这只是简单的粗线条的考察。从全面评估看,这4个指标不够,应当进一步细化和具体到社会保障、教育政策、交通、治安等,看看市民们到底对哪方面满意,哪方面不满意。这样才会对市长们改进工作决策起参考作用。 (胡 奎)

## 标 识

福建省珠宝首饰进出口公司

福耀玻璃工业集团股份有限公司

记　事

1　月

"2001年中国IT产品消费行业调查"发布。

南孚电池提出"与狼共舞",迎接入世挑战。

《品牌学》出版。

国家烟草专卖局公布"2001年度全国烟草行业名优卷烟品牌"。

中国食品工业协会成立20周年,推出中国食品工业20大著名品牌:娃哈哈、冠生园、双汇、维维、莲花、光明、健力宝、伊利、椰树、三鹿、海天、恒顺、昂立、金龙鱼、康师傅及5个烟酒品牌。

《品牌》杂志推出首席品牌官(CBO)梁中国先生。

伊利集团成为中国内地首家获准规模进入香港市场的乳品企业。

中国举行首次铁路价格听证会。

重庆啤酒厂狙击华润。

汽车市场价格跳水,夏利全线产品降价3000元至2.3万元;羚羊SC7101降价8000元至1.39万元;富康"新浪潮"降价8000元;赛欧变相降价1万元。

汇源与重庆万州三峡果业集团合作投资6.6亿建设亚洲最大的果汁生产基地。

上海市场爆出"1元家电"、"5角电器",以及"5角也不用,超值免费送"的奇闻。

2002

# 湖南名牌战略实施的成绩、问题及对策思路

一、湖南名牌战略实施的成绩

名牌战略是指围绕创立、宣传、发展、保护名牌而展开的较长时间和较大空间跨度的系统周密的谋划与实施过程。包括企业战略、行业(地区)战略、国家战略三个基本层次。其中企业战略是基础和核心,其他两个层次战略都是为企业战略服务的。也就是说企业是名牌战略的基本行为主体,政府和社会各界是辅助性行为主体。回顾总结湖南名牌战略实施情况,需要分别了解三者的动向。

(一)企业创立和发展名牌的积极性不断提高,涌现了一批名牌

随着改革开放的深入,特别是近年来买方市场格局的初步形成及外省(国)品牌大举进入,湖南企业的市场观念、质量观念、竞争观念和名牌意识大大增强。从抓产品质量起步,资本经营逐步代替生产经营成为重心,而以品牌运营为核心的无形资本运营也逐步引起企业的重视,主动积极创名牌的企业越来越多。例如,1979—1999年,湖南省有效注册商标从1080件上升到18000件,20年时间增长了16.7倍。有些企业在34个商品类别和8个服务类别上全部注册了商标,株洲硬质合金厂在54个国家和地区注册了商标。涌现了"钻石"、"远大"、"迅达"、"酒鬼"、"芙蓉王"、"白沙"、"益鑫泰"、"湘计算机"、"旺旺"等一大批名牌。1994—1999年,获湖南省政府认定的"湖南名牌产品"合计达406件,"著名商标"186件。在创立和发展名牌过程中,湖南许多企业的产品(服务)质量、管理水平、市场营销水平、技术水平及产品市场占有率都有了显著提高。例如,迅达集团有限公司1998年仅用半年时间一次性通过ISO9001质量体系认证,成为全国同行业首家通过认证的企业,该公司现已申请了140多项专利;其产品从单一的燃气灶具发展到以旋流燃气灶、燃气热水器、自控气锅炉等为代表的三大类四大系列86种产品;该公司的"迅达"商标以11种形式在国内注册,并在国外使用;目前国内市场占有率达20%,并远销东南亚、欧美、中东等54个国家和地区。

(二)政府为支持企业创立和发展名牌做了大量工作

1. 加强了商标管理。1985年底,湖南省工商局成立了商标广告处,把商标管理工作从企业登记业务口分离出来。至1997年底,全省14个地(州)市全部设立了商标广告科,127个县(市、区)有109个设立了商标广告股。1988年,省工商局发专文、建立商标档案管理制度,随后又建立了企业商标管理制度等一系列商标管理制度。此外,还大力提高商标管理人员素质,大力查处商标侵权假冒案件,实行商标代理制,并于1992年、1997年两次开展"湖南省著名商标"认定工作。

2. 成立了湖南省名牌战略领导机构,开展了"湖南名牌产品"评定工作。1994年,省政府专门发文,明确提出实施湖南名牌战略的方针。为此,成立了湖南省名牌产品评审委员会,省经贸委制定了《全省创名牌产品三年滚动规划》并从1994年开始,每年评定一批"湖南名牌产品",至1999年底,已评定了6批,合计达406件。

3. 逐步加大了质量工作力度。一是大力推动企业开展ISO9000质量体系及ISO14000环保体系认证。二是开展了产品质量奖的评定,1997年(首届)123种产品获"湖南省产品质量奖";三是2000年3月10日正式颁布了《湖南省质量振兴规划(2000—2010年)》,这个规划突破了以往只注重产品质量的局限性,将产

品质量、工程质量和服务质量纳入指标体系，统筹考虑，全面加强管理，顺应了经济社会发展的要求。四是实施扶优扶强的大企业（集团）战略。省委省政府1997年提出要在机电、石化、食品、冶金、建材五大支柱产业重点发展28个跨地区、跨部门、跨所有制的大企业集团，对其实施国有资产授权经营，优先实行主办银行制度，优先安排债券、技改资金、财源建设资金，优先推荐上市等一系列优惠政策。

(三)社会各界大力支持名牌事业

一是新闻媒体积极营造良好的舆论环境。湖南卫视台先后制作了《湖南名牌长镜头》、《救救名牌》等专题节目，并在黄金时间播出“湖南名牌金榜”公益广告，还实施了“名牌兴业工程”，定期集中宣传“湖南名牌产品”。《湖南日报》、《学习导报》、《湖南经济报》等许多报纸、杂志近年来发表了许多有较大影响的文章和报道。例如《袁隆平品牌值1000亿》的报道产生了轰动全国的效应。二是学术理论界开展了有关研究和讨论。例如，湖南商学院著名教授柳思维1997年提出湖南省应实施“名牌强省战略”。湖南省社科院、湖南大学国际商学院1996年分别组织课题组开展了“湖南名牌战略”研究；省市场学会、省经济学会等学术团体和一些高等院校，在省领导和有关部门支持下，分别举行了两次全省名牌战略研讨会。

**二、湖南名牌战略实施中存在的问题和差距**

(一) 企业商标意识总体上仍然薄弱，注册商标太少

商标是品牌的基本要素，只有注册商标才能成为有竞争力的名牌，但据湖南省工商局提供的资料，1997年全省28万户工商企业拥有有效注册商标17685件，平均每16户企业才拥有1件。1997年全省商标注册申请量还不如江浙一个地级市多。1999年底，山东省拥有有效注册商标近5万件，而湖南省有效注册商标仅1.8万件，即使只按全省19万户国有、集体及其控股企业计算，平均每10.6户企业才拥有1件。而美国雷诺士公司一家企业就在世界上100多个国家和地区注册了1万多件商标，瑞士一家制药公司注册了3万多件商标。相比之下，湖南差距太大。

(二)已有的名牌档次低、规模小，市场占有率不高，对全省经济的带动作用不明显

截至2000年9月20日，在国家工商局已认定的196件中国“驰名商标”中，湖南仅1件（“钻石”硬质合金）；1994—1996年评定的134件“湖南名牌产品”中，科技含量较高的机械、电子、家电类名牌产品仅约占19%，而同期“浙江名牌产品”中同类产品占36%，比湖南高出近一倍；湖南省有许多名牌产品质量很好，但由于规模不大，市场占有率难以大幅度提高。例如酒鬼酒，1996年产量5000吨，近3年产量虽有提高，但比起五粮液、古井贡等名牌生产规模小得多。又如，湖南的“唐人神”肉制品是省内名牌，但与河南双汇集团相比，差距很大。双汇公司1999年仅肉制品销售收入就有25.04亿元，实现主营业务利润3.299亿元。而唐人神公司2000年实现销售收入5亿元，实现利税1.5亿元。由于名牌档次低、规模小、市场占有率不高，因此，湖南省市场基本上被省外产品占领。据调查，近年来全省城市大、中商场，湘货仅占10%左右的市场份额，农村市场也只有30%的份额。

(三)有关方面对农业名牌工作重视不够，缺乏长远规划和系统配套性

中央十五届三中全会《关于农业和农村工作若干重大问题的决定》明确提出了“努力创造名牌农产品”的要求。2000年全国农村工作会议又强调指出，我国农业和农村经济发展已进入一个新的历史阶段，实施农业和农村经济结构的战略性调整是这一阶段的中心任务，并把“全面提高农产品质量”作为战略性结构调整的首要任务。这是党中央、国务院对创立和发展农业名牌提出的进一步、更具体的要求。可见党中央、国务院十分重视农业名牌战略，是从农业、农村工作和国民经济全局的战略高度看待农业名牌的。20世纪90年代中期以来，中央政府有关部门和一些地方政府开始重视农业名牌工作。农业部于1995年宣布

记　　事

1 月

2001

茅台酒开始标志出厂年份。

泥阿福登上中国市场可口可乐包装。

麦当劳"进驻中国10周年"庆典。

红高粱快餐董事长乔赢因被公安机关逮捕。

2000

创维彩电单月销量突破70万台。

国家工商局提出《关于商标行政执法中若干问题的意见》。

2000年度质量监督和打假工作重点公布。

1999

《中国工商报·商标世界》创刊。

1997

外经贸部国际贸易EDI中心正式开业。

1996

国务院成立国家信息化工作领导小组，由邹家华副总理任组长，20多个部委参加，统一领导组织中国信息化建设。

酒家酒店国家标准达标评定工作开始。

1991

国家正式放开彩电价格。

各地发布电子工业"九五"规划中彩电业占据主要地位。

北京宣布2000年年产200万台。

实施"中华农珍"战略；辽宁省早在1996年就开始评选农产品著名商标；江苏省1997年开始推行农业标准化，为创立和发展农业名牌奠定基础。1998年开始正式实施全省农业名牌战略，成立了"江苏省名牌农产品认定组织委员会"，从1998年起每年认定一批名牌农产品，首批50个"江苏省名牌农产品"于1999年4月16日公布；安徽省政府1997年明确提出，要通过发展名牌农产品加快由农业大省向农业强省的跨越。安徽省政府专门颁发了关于发展名牌农产品的文件，编制了8大系列名牌农产品的发展规划，制订了《名牌农产品评比活动方案》，并作为全省农业产业化"8152工程"的重要内容。安徽同时决定从1997年起，每1—2年审定20个左右的"安徽名牌农产品"。湖南是全国举足轻重的农业大省，具有创立大批农业名牌的资源优势。相比之下，虽然近年来全省上下对农业名牌重要性的认识逐步提高，但这一工作尚未在全省普遍展开，各级政府及农业部门对农业名牌工作缺乏全面规划和与其他相关工作的系统配套，没有明确提出实施农业名牌战略的方针，没有建立农业名牌工作的领导机构，也没有制定评价认定农业名牌的统一标准和工作程序，没有全面推行农业标准化建设，农产品质量管理工作力度也须加大。

(四)服务名牌工作尚未引起重视

世纪之交，知识经济初显端倪，工业化、城市化将极大推动第三产业的发展。因此服务名牌将在21世纪成为名牌方阵中的"明星"，成为知识经济的推进器。但湖南省企业界和各级政府对这一点还缺乏足够认识。表现在，第一，服务企业的品牌意识比生产企业普遍更弱，许多服务企业或组织没有自己的注册商标或商号（例如金融、保险、会计、法律、审计事务所、出版社等）。第二，湖南省著名商标认定中没有服务商标参评和入选，湖南名牌产品和湖南省产品质量奖的评定从逻辑上排斥服务品牌参评和入选，反映出政府有关部门还没有树立起适应知识经济要求的大名牌观。

(五)湖南省各级名牌战略领导机构不够健全、层次不够高，工作不够统一和协调

一是现有的"湖南省名牌产品审定委员会"这个名称不适应名牌战略工作的客观要求，迫切要求"正名"、升格、扩能。顾名思义，从逻辑上讲，这个机构只能管名牌产品的评审，不能担负统一领导、规划、协调全省名牌战略的全部职能；而且评审对象只能是有形的产品品牌，没有包括服务品牌。因此显然存在"名不正"和职能过窄的问题，急需"正名"和拓宽职能。据调查，1995年全国24个建立了名牌战略领导机构的省（区）、市中，其机构名称为"名牌产品审定（认定、推荐）委员会"的仅6个，而称为"名牌战略领导(协调、指导)小组(委员会)"的则有14个，其余4个则分别称为"名牌产品管理办公室"或"名牌办公室"。同时，湖南"名牌产品评审委员会"主任只是副厅级，机构层次不高，而大多数省（区）、市则是由主管经济的副省长担任名牌战略领导机构的负责人，机构层次高并下设办公室、名牌评审委员会、专家顾问委员会等具体办事、参谋机构。这种名称上和层次上的差别决不可轻视，它在很大程度上反映了各省（区）、市对名牌战略不同的认识深度和重视程度。二是全省"名牌产品"、"著名商标"、"产品质量奖"的评选认定工作，彼此不够协调统一。例如，"名牌产品"、"产品质量奖"由省名牌产品评审委员会认定，"著名商标"由省工商局单独认定，没有赋予省名牌产品评审委员会对"著名商标"认定拥有必要的领导、协调职能，两家之间缺乏工作上的统筹和协调。而且三个奖项认定时间和彼此之间的关系也没有理顺，给人政出多门的印象。

(六)有关民间社团发育严重不足，企业与政府在名牌事业上的中介机制不发达，沟通不畅

现代市场经济要求政府与企业的职能必须分开，加入WTO后对中国最大的挑战是政府职能的转换。实现这一转换的关键之一，在于社会化中介服务机制的健全完善。目前，全国很多省市都成立了"名牌促进会"、"名牌事业推进委员会"、"名牌战略研究会"……等民间社团或名牌资产评估事务所等市

场中介服务机构。全国驰名商标保护组织及各种全国性行业协会也为全国名牌事业的发展发挥了不可替代的作用。这些社团主要发挥企业与政府有效联系、沟通的中介和桥梁职能，既可务“虚”，又可务“实”，可以承担许多过去由政府不恰当地承担的事务，从而可以大大减轻政府工作负担，减少政府对企业的不必要行政干预，有利于实现政企分开和政府廉洁、精干、效能的目标。但湖南省除商标协会、质量管理协会、消费者协会等半官方性质的社团外，在名牌事业方面目前还没有真正意义上的民间性中介组织（如“名牌研究会”、“名牌事业促进会”、“名牌战略咨询研究中心”等）。

（七）名牌战略理论与对策研究不够活跃，研究队伍偏小，有影响的重大成果偏少，还没有专门的学术交流园地和学术研究团体

目前全国名牌战略理论研究的中心在北京，此外广东、四川、湖北也有相当实力。北京已经出现几家国家级的名牌专门杂志、报纸，如《中国名牌》杂志（新华社主办）、《名牌时报》（经济日报社主办）、《中华商标》杂志（国家工商行政管理局主办）、《中国质量万里行》杂志（人民日报社主办）等。《中国企业报》、《人民日报》则设立了“名牌”专栏。北京名牌资产评估事务所从1995年以来，参照国际著名品牌评估办法开展了“中国最有价值品牌”研究，每年公布一次研究报告，提供了可与国际惯例接轨的重要研究成果，在国内外产生了重要影响。成都市《厂长经理日报》每周发表一期“名牌战略研究”专刊，成为国内有影响的名牌战略研究、交流园地之一。北京、广东、湖北等地的专家学者目前已出版了若干部名牌战略专著。相比之下，湖南的名牌战略研究显得不够活跃，不仅研究人数少，而且缺乏一个专门的学术园地进行交流，也没有建立专门学术团体，研究活动处于分散、孤立、封闭和自发状态。因此，重大成果不多，至今仅出版了一部专门学术著作。《湖南日报》、《湖南经济报》等著名报纸至今没有长期开辟“名牌战略专栏”之类的园地，只是偶尔零星发表几篇有关论文，没有形成足够声势。

上述情况表明，湖南名牌战略的实施，成绩不小，发展潜力也很大。但问题不少，总体水平有待尽快提高。

**三、进一步推进湖南名牌战略的对策思路**

湖南名牌战略的实施取得了较大成绩和不少宝贵经验，但也存在一些突出问题。问题产生的原因主要是受到观念落后、市场体系不完善、体制不合理、经济结构层次低、人才匮乏（特别是高素质企业家太少）、法律法规不健全等因素的制约。因此，要使湖南名牌战略在21世纪初叶深入推进，应该遵循以下思路：

（一）夯实名牌战略运行的基础

一是更新观念，夯实思想基础。名牌战略是市场经济的必然产物和有力武器，客观上要求人们树立和强化与之相适应的思想观念，如品牌观念、质量观念、商标观念、竞争观念、无形资产观念、创新观念等等。目前，湖南省不少人包括一些领导干部、企业家缺乏正确的资源观、名牌观，不懂得品牌运营的重要性。因此急需引导人们普遍树立广义资源观、广义名牌观和品牌运营观等新观念。要把“资源”概念延伸至各种经济发展不可缺少的经济、社会文化要素，包括自然资源、人力资源、文化资源、科技教育资源等等。名牌不仅指传统的工业名牌，而且包括农业名牌和工程、服务名牌；不仅指组织名牌，而且包括个人甚至区域或城市品牌。品牌运营观，则是把品牌视为与产品和实物资本一样独立的资源和资本，并以此为主导来关联、带动、组合其他资源和资本，从而取得最大经济效益和社会效益的观念。要通过不断更新观念，统一人们的思想，从而形成良好的社会舆论环境，同心同德推进名牌战略。

二是深化改革，夯实制度基础。名牌是市场竞争的产物，名牌的健康成长需要坚实的制度基础，包括健全的社会主义市场经济体制、完善的法律法规体系、优惠的政策环境和有力的名牌战略领导管理体制。在大力推进现代企业制度和社会保障制度建设的同时，当前急

## 记　事

2月1日

2000

中国原产地域产品保护制度建立。国家质量技术监督局在京受理了绍兴酒原产地域产品保护申请。原产地域产品保护制度旨在通过原产地域产品命名及其控制手段，确定其产品生产条件和生产标准，保证其产品质量和特色，同时用法规的形式明确规定原产地域范畴以外的生产者不得使用也不得假冒专用标志，从而保护和提高其产品知名度和产品附加值。

1999

招商银行将1999年确定为“质量年”。

1996

国务院发布《中华人民共和国计算机信息网络国际联网管理暂行规定》。

1995

《中华人民共和国广告法》施行。

1991

国务院发出《关于开展“质量、品种、效益年”活动的通知》。决定，1991年为“质量、品种、效益年”。国务院成立“质量、品种、效益年”活动领导小组。

1990

国家物价局规定商品和收费实行明码标价制度。

需解决湖南省名牌战略领导机构不健全、层次偏低、工作统一性和协调性不高的问题。现有的“名牌产品审定委员会”名称不恰当，只是个厅级机构，难以适应统一领导、规划、协调全省农业名牌、工业名牌、工程名牌、服务名牌战略工作的客观要求。湖南省应借鉴先进省市经验，建立由主管经济的副省长挂帅的“湖南省名牌战略领导小组”，下设办公室、专家委员会、名牌评审委员会等机构，并将“湖南名牌产品”、“湖南省产品质量奖”更名为“湖南名牌”和“湖南省质量奖”，并将二者与“湖南省著名商标”之间的关系理顺，明确规定只有获得“质量奖”的产品、服务商标才能被认定为“著名商标”，只有认定为“著名商标”才能被评为“湖南名牌”。

(二)明确名牌战略运行的原则

名牌战略运行原则是企业、政府、社会组织等各类战略主体在实现战略目标过程中必须遵循的基本方针和基本规则。湖南省无论企业、地区还是行业名牌战略都应遵循下列原则：①企业奠基。企业是名牌战略各行为主体中最重要、最基础的根本主体，政府和社会团体应为企业名牌战略创造良好的外部环境。②市场导向。即名牌战略的制定、实施、调整，都必须根据国际国内市场需求、竞争状况及其发展趋势来决定；政府对名牌的支持必须以健全市场规则、维护市场秩序、弥补市场缺陷、促进市场竞争为重点，必须符合市场规律，而不能搞长官意志。③质量立命。即把产品和服务质量视为名牌的生命，以卓越的质量意识和严格的质量管理，创造大批具有国内外一流水平的高质量名牌产品和服务。④自主创新。创新是民族进步和兴旺发达的不竭动力，是名牌战略的灵魂。面对经济全球化和知识经济的挑战，创立大批具有中国自主知识产权的名牌已成为不可回避的历史任务。在继续引进学习国外先进技术的同时，要把建立湖南省企业技术创新体系和创新机制放到更重要的地位，使企业真正成为自主创新的主体。⑤效益优先。即在名牌战略运行中，正确处理速度与效益、规模与效益，结构与效益等一系列关系，真正把效益摆在优先位置，争取经济效益、社会效益和生态效益的有机统一。⑥扬长避短。即充分开发利用本省自然资源、人力资源、文化资源、科技资源以及欠发达地区的“后发优势”，努力创立和发展有自己特色的名牌产品，培育有特色优势的主导产业和支柱产业，形成适应国内外市场需求的有特色的经济结构，在国内外市场竞争中扬长避短，争取获得最大比较利益。⑦维护国家经济安全。要在与世界经济接轨的过程中，充分重视保护和发展拥有自主知识产权的国产名牌，在与外商合资、合作经营中，要防止湖南省民族品牌被收买、封杀、冷冻或价值漏估、低估；要警惕和防止外资对湖南省处于“行业排头兵”位置的重点企业和品牌进行“围、追、堵”，力图挤垮并取而代之的情况发生。

(三)正确选择名牌战略实施的重点领域

鉴于名牌战略具有长期性、根本性、全局性等特征，为了充实完善湖南省总体规划，有必要配套制定“湖南省‘十五’和到2015年名牌战略规划”。在这一规划中，应将农业、有色金属加工业、旅游业、高新技术产业、文化产业和非义务教育产业作为实施名牌战略的重点领域。之所以将上述产业作为名牌战略实施的重点领域，主要有三条理由：一是这几个产业都有资源优势作基础，都属于大宗可贸易商品和服务范畴，国内外市场竞争十分激烈，具备创立大名牌、大集团的经济基础和市场条件。例如属于现代大农业范畴的食品加工业，就涌现出“芙蓉”、“白沙”、“酒鬼”、“湘泉”、“旺旺”等一批名牌。其中的烟草加工业产值和利税已连续8年居全国同行第2位，1998年创利税82亿元，稳居全省利税首户宝座。二是符合全省产业结构战略性调整的方向，有利于促进产业结构优化升级。三是改革开放以来，湖南省上述产业依托资源优势，通过创立和发展名牌已经取得了明显成就，成为市场竞争优势最突出的产业和湖南省财政的主要支柱财源，需要继续促进其健康发展。　（彭新沙）

# 21世纪与江西名牌战略

有人断言：21世纪将是个质量世纪。可是，21世纪的质量又将是个什么概念?

有人认为：名牌只是质量工作的延伸。殊不知，名牌一旦上升为战略却又涵盖质量。

名牌对于企业，象征着市场占有率和超额回报率，是企业产品质量、经营信誉、消费认同的复合。

名牌对于地方，标示竞争实力和综合发展潜能，是经济特色、产业特点、新增长点的重要代表。

面对21世纪，名牌也好、质量也罢，都将是全新的概念。名牌战略将不断地被注入新的内容。

面向21世纪的江西工业，“九五”的一个极为重要的战略指向，要突出创造名牌、培植名牌、宣传名牌，要为名牌脱颖而出提供必要的外部环境。名牌战略从一定角度上讲，应当成为“九五”实施“两个转变”最重要的一环。江西的名牌战略，要站在跨世纪的高度，定位在发现和培植经济新增长点，带动企业改革和促进工业发展，形成地方工业特色和系列化，使更多的产品走向全国进入国际市场。

“千里之行始于足下”，这是江西工业实施名牌战略必须考虑的现实。具体地讲，要过好几个“关”。

**一、跻身名牌，要过市场关**

市场经济，永远是优胜劣汰。企业生产的产品，要么占领市场，要么退出市场。产品能不能成为商品，中间有惊险的一跳，跳过去就能成功，跳不过去就会失败。有名的产品，同样要经受市场的考验。“德宇板鸡”跳过去了。但也有没有跳过去的，如“苦瓜酒”在创业集团接手之前就没有跳过去。“泰和乌鸡”也没有跳成功。“景德镇陶瓷”，可以说世界有名，精品多多。但是，不无遗憾的是，不少企业生产的只是样品、展品、礼品“三品”。产品再精美绝伦，假如只停留在作坊生产，沿用“作坊方式”，有好产品，但不能及时上规模，形不成一定的市场覆盖面，充其量只能算“保留节目”。所以说，市场关很重要。要研究市场，进入市场，想办法在市场竞争中站住脚。关键是让自己的产品能适应市场需求。这就有个不断根据市场需要，努力开发新产品、高科技产品，不断使产品变成商品，使一般商品变成名牌商品的过程。例如德宇集团，通过研究市场消费变化，采用微生物催化禽肉中的蛋白质进而转化为氨基酸的机理，一改家禽加工的传统腌制工艺，用发酵和酶化加工取而代之，开发出的产品被称为“中国第一板鸡”，投放市场后深受消费者欢迎。之后进而开发出“板鱼”和“活茶”等一系列独家产品。企业也在产品变为商品过程中，由农科所变为拥有5家核心企业的集团公司，年销售额达数亿，年利税1400多万。

**二、宣传名牌，要过观念关**

计划经济向市场经济过渡，一定意义上是卖方市场向买方市场过渡。卖方市场和买方市场是两个完全不同的市场需求环境。这里有个“酒香也怕巷子深”的问题。江铃汽车是前几年汽车行业闯出来的一匹“黑马”，在当初国内汽车“缺轻少重”时很出名。这家企业有一个特点，无论是产品供不应求，还是供过于求，从未停止过对产品和品牌的宣传。每年用于广告宣传的费用有好几千万元。相对汽车，江中的草珊瑚含片是个“小产品”。但是，小产

## 记　事

**2月2日**

1997　三元奶业集团重组。“新中国10大卫生成就”在京揭晓。

1991　上海地区首届最受欢迎的国产汽车评选揭晓。

**2月3日**

2001　北京西单华联超市有限责任公司成立。

2000　《关于命名全国工商行政管理系统优秀“青少年维权岗”的决定》发布。

1997　“百城万店无假货”活动继续。

1996　国务院和中央军委发布《中华人民共和国红十字标志使用办法》。

**2月4日**

1997　中国包装产品质量认证管理委员会成立，公布包装产品质量认证标志。

1993　1992年下半年全国13类商品质量抽查揭晓。

1991　世界卫生组织向中国卫生部长颁发“人人享有卫生保健”金质奖章。

品通过成功的广告宣传，同样有大回报。江中制药前些年的年销售利润过亿元，相当于江西省整个医药行业的利润，靠的是产品“报上有名，电台有声，电视有影”的品牌效应。有的企业不是这样，没有把广告作为一种投入，把品牌当作无形资产来看待。一种观念是“先有钱才好做宣传”，不知“先宣传才会有钱”；另一种观念是产品“销得出去没有必要宣传”，“销不出去不需要宣传”。其实，正好相反。产品越不去宣传企业就越攒不下钱；越到销不出去就越没钱去做广告。江中“阿凡提广告”只要一段时间没有拉到中央电视台上去“溜达”，销售马上会受影响。国外调查表明，一般消费品新闻媒体广告宣传的促销作用，通常占整个销售额的30%—40%。企业做不做宣传，不完全是有没有钱的问题，说到底还是个观念问题、信心问题。“酒好”为什么非得躲进巷子里去卖？不放到路口上卖？都说自己的产品比人家的好，为什么不敢比试、不敢投入，不敢大张旗鼓地宣传你的产品？说明还是缺乏信心。这种观念不转变，即使拿到第一也未必能保得住，这类例子并不少。

**三、经营名牌，要过形象关**

名牌产品不仅是质量优的同义词，同时，还应当是销售俏的代名词。同样的产品，名牌往往卖得快，卖好价。因为，名牌企业经营的不仅仅是产品，更重要的是它的品牌和品牌中包含的企业形象、消费信誉。现代竞争的一大结果是：企业的产品、技术乃至服务的逐渐趋同化。企业、产品间的竞争必然由物质实态转向非物质。企业在经历了质量大战、性能大战、价格大战之后，必然转入品牌形象、个性形象的竞争。推销产品的“常规武器”在这里已不起作用。需要求助于有“调查部长、体检医生、决策顾问、健身教练、实战参谋、美容专家”多项称谓的CI战略。CI是企业形象识别系统的英文简称，内容包括企业的视觉识别、理论识别、行为识别，甚至还有听觉、环境识别等等。CI强调的是每个企业应当选择和发展属于自己的个性，而且这种个性应该是由表及里，表里一致。为此，有人将CI归之为“竞争白热化”，“竞争主体个性化”的产物。拿“个性化”这一点来说，对企业就很重要。因为，计划经济下的企业只是政府的附属物，不是助长而是埋没企业个性，于是，重名同姓，甚至用数字番号作为企业名称的比比皆是。市场经济不同，企业是竞争主体，需要有自己的个性，便于互别和识别。以上市公司为例，导入CI比例：美国80%、日本50%、台湾地区40%、国内（大陆）目前尚不到10%。面对不断升级的商战，企业实实在在感觉到的压力，既有成本方面的也有传媒方面的。杉杉的“立马沧海挑战未来”，使企业两年中产值由1.8亿跃至8.5亿。秦池的“永远的绿色”刮起的销售旋风，后来有过决策失误，虽败犹荣。对比之下，江西省有些企业创名牌，单纯从质量中引开名牌概念，对名牌中“广货”和“鲁货”占多数不服气，认为自己的产品质量不比广东、山东的差。没有将质量和营销作为创名牌不可缺一的“两个轮子”，怎么搞也搞不大，市场占有率小，影响也就不大。

**四、成就名牌，要过类同关**

市场经济，参与竞争的是产品和企业，争夺的是市场和发展机会。因此，地方在创名牌过程中一定要研究你那里的市场特点和环境特点。比如江西，属于次内陆地区，基本上属于沿海市场板块，是沿海经济强省家门口的市场。如果人家搞什么你们搞什么，别人上什么项目也跟着上同样的项目，无疑等于避长就短，不仅很难成长为名牌，很有可能连立锥之地都不会有。有些产品不仅名牌无成，企业最终处境艰难，甚至资不抵债，应该说不完全都是项目和企业本身有问题，而是项目撞车、产品类同、市场重叠，缺少特色。这方面有不少的例子，比如全国半数的省区都提出要发展汽车，把汽车作为支柱产业。众所周知，汽车投入产出比一般为10∶1。地方投资搞汽车，要取得一席之地不那么容易。江西这几年汽车有几个叫得响的牌子，主要因为上的时候瞄准“缺重少轻”供给结构，在发展轻微型车上形成了一定的特点。与之相反的是摩托车和电冰箱，洪都、鸿雁都有很长的摩托车生产历史，洪都摩托车长项是边三轮，但是这些年来产品改进不大，优势渐失；鸿雁原与上海“幸福”类似，但因机制不活、引资未成，这些年几乎销声匿迹。家用冰箱当时取得定点并不晚，但是始终没有达到过 30 万的起点规模。还有农业省，消化粮食搞了这么多的酒厂，拿过牌子的也不在少数，没有一个酒厂的利税过亿。其中，不乏值得深思的地方。为什么江西的冰箱厂、电视机厂给不出去？又为什么江西的铜加工、钨钼加工、锡加工、锂矿产人家感兴趣，不请自来？原因在于，有一些合资合作，要先看市场后看项目；另一些则是先看项目，后看市场。尤其是钨、铜、锂，通过合资控股，在同行业中可以形成一定的垄断地位。所以，成就名牌，要有正确的发展思路，要注重市场环境和现实条件，只有这样才能事半功倍。

**五、争创名牌，要过领先关**

各省都在实施名牌战略，但只要仔细观察，可以发现各自的思路、侧重点有所不同。江西工业实施名牌战略，实际上是“九五”主攻工业的一个重要组成部分。也就说，“九五”期间江西实施名牌战略的具体内容，在一定程度上必须体现“主攻工业”强调的“两个根本性转变”，体现工业“双百双十工程”的要求，体现对名牌产品和有希望成为名牌的产品的培植，通过培植发展名牌，通过名牌产品的系列化和产业化，带动产品结构、企业结构和产业结构的调整。所以，江西实施名牌战略的重心，不在名牌数量，而在于名牌的分量，在于能够带动产品和产业结构的优化。因此，具体到产品、行业不可能有统一的规模标准。所以，衡量是不是名牌，至少要把握这么两条标准：一是国内同行中一般必须是前 10 名以内；二是省内同行中至少属于前 2 名之列。如果达不到，即使勉强上去了，也难保不被拉下来。所以，争创名牌，首先是企业本身要争创行业排头兵。现在，大家对创名牌、上名牌榜都很有热情，而且越快、越多，越好。这种积极性应当肯定，但是，有的地方只有名牌的数量规划没有名牌的培植规划，这就有失偏颇，至少名牌战略定位就没有定准。江西名牌中有一批在全国能算得上领先的产品和企业，比如贵冶的电解铜，华意的无氟压缩机，江光的凤凰相机，昌河的厢式货车。还有干式变压器、薄膜可变电容器，人血白蛋白、VC、青霉素、赤霉素等。但是，也要看到，越是领先，越容易被当作赶超的目标。所以，昌河微型车正在朝年产 15 万辆的新目标迈进，华意年产 500 万台无氟压缩机的合资合作项目已经启动。

**六、认可名牌，要过管理关**

“名牌不是评出来的，而是消费者用出来的”，讲的就是名牌最终要取得消费者的普遍认可，为消费者和用户所接受。被接受的应该是产品质量、成本、技术、服务等方方面面。创名牌与产品评优最大的不同在于不仅要有质量一票否决权，还有价格比较、服务比较、信誉比较上的否决权。对一个企业来说，通过创名牌，可以使得质量管理、成本管理、生产组织、新品开发、售后服务各个方面上一个新的台阶。不少企业已经在做这方面的工作，编制了相应的创名牌规划，以国际、国内一流水平的品牌和技术要求作为企业的内控标准，并制定出切实可行的赶超达标方案。但是，必须看到，仍有不少的企业管理意识淡漠，管理方法落伍，管理成效不明显。表现为产品品种单一、性能水平不高、价格成本降不下来，致使产品市场竞争力不强，打不开局面，创不出牌子。名牌，质量是基础，管理是保证。企业产品要想得到消费者的广泛认可，创出的品牌要想为用户所普遍认同，必须从练内功开始。社会上各种乱评比，只要花钱就能买到牌子，造成的误导就是创名牌不需要花什么力气。有一家企业厂长找到江西省有关部门评理，说“我们厂有的是奖牌，全国和省一级的行业、协会、新闻单位评的，金牌、金杯、王牌、名牌，

## 记　事

**2月5日**

1991　1990年度鲁班奖揭晓。

**2月6日**

1998　49名厂长因质量问题被免职。

1997年度"中华技能大奖"、"全国技术能手"在京获表彰。

1995　"安居工程"启动。国务院住房制度改革领导小组拟定《国家安居工程实施方案》,经国务院批准下发。

1991　1990年全国最畅销商品"评比揭晓。

1987　国家工商局、新闻出版署《关于报纸杂志名称作为商标注册的几项规定》。

1982　国务院发出《关于发布广告管理暂行条例的通知》。

**2月7日**

1999　曾延生首获伊朗"世界杰出图书奖"。

**2月8日**

2001　中国出入境检验检疫局公告吊销帕杰罗(PAJERO)V31、V33越野车进口质量许可证。

要什么有什么,只要花钱就行,为什么省里名牌没有份?"可见,创名牌要有正确的导向,要杜绝不负责任的乱评比,要引导企业苦练基本功,注重基础管理,使名牌名符其实。

**七、发展名牌,要过培植关**

创名牌既然被当作一项促进经济发展的战略,就应当重在培植、发展名牌。一方面,要组织和鼓励更多的企业参加创名牌活动;另一方面不主张搞无意义的数量上的相互攀比。地方、县市、企业通过参加创名牌活动,重要的是找出差距、找到方向、找准思路、找到市场定位。景德镇陶瓷,可以说久负盛名,以前得过的各种各样国际、国内、省部优奖牌,金牌不能说少,但是,在江西省推荐的名牌产品中,只有"红叶"一个品牌列为名牌。景德镇市有一位领导讲过这样一个观点:景德镇能用好"红叶"这个名牌就不错。评得再多,也培植不出真正的品牌。如果论数量,过去搞产品评优活动,江西省工业获省部优以上名优产品共计4485项。但江西省外消费者知晓的不到5‰,江西省内消费者能数得上的不到10‰,这有什么用?培植名牌,要有"两句话",一句是能搞多大搞多大;另一句是能搞几个算几个。切不可不沿用"速度型"工业模式,搞"数量型"的名牌战略。搞市场经济必须适应市场。不按照市场需求调整结构,工业发展的路子会越走越窄,就有可能在激烈的竞争中被淘汰。想要不被淘汰,首先要承认有可能被淘汰。因为,任何产品都是有周期的,任何时候都有结构调整问题。培植出名牌才能不被淘汰。要不断地创出新的品牌,开发新的产品,用品牌和新产品抢占市场制高点,充分利用产品的有限生命周期,发展壮大企业的整体实力,才能在竞争中立于不败。

(晓　木)

**品牌经营**

# 湖南:酒香还怕巷子深

当湖南人还在以"有得吃(湘菜),有得玩(张家界)"而洋洋自得的时候,却没想到在2001年中国名牌的评定工作中铩羽而归。审报的产品在省内虽说是响当当的,可一出了这个圈子却几乎无人知晓。湖南一些知名企业头回感到"酒香还真怕巷子深"。

其实,有感受的不仅仅是那些参评的企业,湖南省委、省政府的领导也多次指出,要想发展经济,没有名牌不行;要想参与竞争,没有名牌更不行。领导重视了,企业的认识也在提高。针对湖南产品没有认同感,不注重宣传的实际情况,湖南省质量技术监督局在帮助企业怎样创名牌上下功夫,并根据当地产品的结构和特点,先做好基础工作。梦洁绗缝制品有限公司原来只是一个供销社下属的小厂,对产品质量不懈的追求,让"梦洁"在省内渐渐有了知名度。湖南省局为了使"梦洁"能跃上一个更高的台阶,在计量、标准及认证方面给予全方位指导。如今,"梦洁"不仅成为湖南省首批通过质量认证的企业,同时,在行业内声名鹊起,成为消费者首选的产品之一。

湖南是个农业大省,一些粮油产品、烟草业及医药保健品很有地方特色,也涌现出如白沙、芙蓉王、金健米业、九芝堂等一批质量稳定的信得过企业,湖南省局在将它们推荐成为湖南省名牌的同时,更为它们摇旗呐喊,促使它们逐步走出湖南,走向全国。

(冯　天)

# 质量奖牵引名企业列车

## ——山东省名牌战略工作纪实

推进名牌首先要让企业正确认识名牌，让企业通过名牌来改变管理水平。山东省名牌推进工作本着这样的思路，并用“山东省质量奖”这个有效手段把山东省的名牌战略推向深入和成熟。

由于历史的原因，中国人，特别是儒家思想深厚的山东人，习惯于把第一产业以外的一切生产活动当作“经营”而非“管理”，这其中的微小差别在于对质量和质量管理的认识十分不足。“中国企业家的思想还没有转变”，山东省质量技监局杨复副局长说。他认为，中国许多企业在获得了有关奖后，要是问他为什么要拿这个奖，他会说这是资本，比做广告好用。这充分说明许多企业获奖的动机不是为提高质量管理水平。而中小型企业则是重结果轻过程。杨局长还谈到，美国有一个“总统管理奖”，每年的获奖名额一般不超过10个，但申报的企业却有上百万，有个私营企业连续12年申报都未得奖，但还在申报。这个企业主不放弃的原因是，申报后会得到一份标准，他的目的不是为了得奖，而是为了这份先进的标准，并以此进行先进企业管理。

为此，山东省政府1997年就设立了“山东省质量奖”，包括四个奖项，分别是“产品质量奖”、“工程质量奖”、“服务质量奖”和“质量管理奖”，并把“建立山东省质量奖制度，是激励企业加强管理，提高产品质量、工程质量、服务质量，满足用户和消费者的需要”写进了省政府文件。山东省副省长韩寓群在全省质量工作会议上说：“国际竞争不光是制造技术和成本问题，更重要的是产品质量问题。这是加入WTO面临的现实问题，这个问题解决不了，就可能对我们造成致命的伤害。”对于“山东省质量奖”自身的质量，当然不能有半点瑕疵。为保证其含金量，“山东省质量奖”完全由政府体系来运作。对申报企业的资金、规模等没有限制，事业单位也可参加。但在评审上没留一点“活动”的余地，还成立了一个专门负责“山东质量奖”的机构——“山东质量奖办公室”，并于1999年制定了详细的《山东省质量奖试行办法》。根据这个《办法》，在1999年到2001年的两次评审，都是经由山东省有关主管部门、中介组织的代表和专家组成的评审机构评审，充分体现了科学、公正、公平、公开。

两年来共评出优秀管理奖企业58个。这里面有实力巨大的“海尔”、“海信”、兖矿集团等，也有名不见经传的小公司。奖项实行动态管理，有效期只有3年。设立了“山东省质量奖”并不等于以名牌促质量的工作就可以一劳永逸。山东省质量技监局质量处王光辉处长说，2002年山东省局要做好宣传工作，传播典型经验，发扬以名牌带名牌，以名牌促名牌，引导企业重视质量管理，争创质量奖。

前两次“山东省质量奖”的评审虽然使山东省的名牌推进工作取得了比较快的进展，但引导工作还需要做实、做透。继续引导企业转变思路，注重培养和发展名牌，而不是重视得到获奖证书。更重要的工作是培养民营企业，特别是中、小型质量意识比较薄弱的民营企业参与质量奖的评审，让他们通过评审提高质量意识，加强质量管理。

“山东省质量奖”的有效实施，使山东省名牌推进与质量发展工作取得了初步成效。在全国5个“质量管理奖”中，山东省占了其中3个；还有8个品

海信®

HiSense

海信集团公司

好孩子

好孩子集团公司

## 记　事

### 2月8日

1999 "中国轻工行业协会联合会"成立。

1996 首批医药商品质量管理规范达标在京授牌。
《有效保护及实施知识产权的行动计划》在京发布。
曲格平被授予荷兰"金方舟"勋章。
第2届"中华人口奖"在京颁奖。

1991 一汽——大众汽车有限公司在长春成立。

### 2月9日

1999 "全聚德"被认定为中国驰名商标(服务类商标首例)。

1993 全国冶金质量工作会议在攀钢召开。

1992 国务院批准成立中国光大银行。8月18日,中国光大银行正式成立并营业,是全国性商业银行。

### 2月10日

2002 阳光乳业与可口可乐商标纠纷案有结果。

### 2月11日

1992 人民日报、新华社、经济日报、中央电视台、

牌获中国名牌称号。除此之外还有一大批企业转变了质量意识,积极申请质量认证,并有一大部分企业通过了质量体系认证,有些企业还创出了有特色的质量管理方略,如获得"工程质量奖"的济德高速工程、小鸭集团的超值服务等。一些没有获奖的企业也提高了质量管理水平,如沂州水泥的优化工艺、轻骑集团的零公里服务等。一些实力强,根基好的企业还积极采用国外先进标准,加强自身的选题管理。在这一系列的活动中,群众的质量意识得到了提高,这为质量发展提供了良好的基础,为名牌战略的发展提供了良好的基础。

山东:评比之中育名牌

2001年,在国家技监局宣布的获得中国名牌企业名单上,山东省占了12个,位居全国第2位。对于各项经济指标都没有进入全国前列的山东来说,这无疑增加了省内各方面的信心。

在山东省质量技监局质量管理处王光辉处长眼里,评比过程培育名牌更是言之有理。因为有评比就得有标准和一些参加评比的条件,企业参加评比本身就是培育名牌的过程。

为了让企业在评比中培育出名牌,山东质量技监系统费了不少心思。

2001年5月,山东潍坊技监局由局长带队到企业"会诊",帮助26家企业培训质量、计量、标准化人员540多人。其他市局也积极帮助企业提高质量管理水平,从质量上而不是从广告上创名牌。培育了名牌如果不保护就会让伪名牌毁了真名牌,青岛市技监局针对崂山矿泉水生产厂家过多、质量参差不齐的现状,制定标准、建立市场准入制度,从源头卡死劣质矿泉水,真正的崂山矿泉水在消费者心里有了位置。在瞬息万变的市场经济下,名牌要生存,还必须不断发展。为此,临沂技监局坚持一年一期为企业质保人员进行培训,进行最新国际标准的贯标并提供相关的咨询服务。

山东省技监局局长刘志钦说:下一步,要继续引导企业转变思路,让企业通过名牌来改变管理水平。重要的是培养民营企业,特别是质量意识比较差的中小型民营企业参与"山东省质量奖"和"中国名牌"的评奖。

(刘　佳)

# 创优势特色江西食品工业

**一、"三高"农业的发展和人民生活水平的提高,对食品工业的发展提出了新的要求。**

江西省通过农业开发总体战略,把农业作为系统工程,进行综合开发,成功地实施了鹅鸭、蚕桑、果业、大水面四大开发工程,促进了全省高产、优质、高效农业的发展。"三高"农业的发展,农产品商品率的提高,为江西省食品工业的进一步发展提供了可能和条件。

在现阶段,发展食品工业,建设仪器大省是江西省经济发展的内在要求。首先,加快发展食品工业是江西省工业内部结构调整、素质提高的需要。江西省工业内部结构不合理,长期存在的一个问题是高投入、高能耗、大运量的重工业比重大,且素质差;而食品工业相对重工业而言,投入少,原料来源充裕,市场相对稳定,没有明显的周期性,有利于工业结构的优化和素质的提高。第二,加快发展食品工业,是促进农业产业化,推动种植业、养殖业向区域化,专业化发展的有效途径。作为农业生产的后向链条,食品工业通过购买农产品原料,将市场对农产品的需要传导给农业;另一方面又促使农业的规模经营和商品化生产,从这层意义上说,加快食品工业发展是农业持续稳定增长的重要条件。第三,城乡人民收入和消费水平的提高,生活质量的改善,对食

品工业的发展提出了新的要求。民以食为天，食品工业是个“不落的产业”，但在不同的时期，对不同的消费群体拥有不同的需求。食品的更新换代和食品工业的调整提高需要一定的时间和发展空间。现在，居民食品消费所占的比重虽呈减少趋势，恩格尔系数下降，但食品消费总量必将以较高的速度增长。这就为食品工业的发展不断提供了发展空间。

**二、发展食品工业要突出创优势特色名牌**

在江西省已推出的95项江西名牌产品中，农副产品有39项，占总数的41%；其中食品有18项占总数的19%。但从总体上看，江西省食品工业所占的比重不大，规模较小，素质不高。一是产值比重不大。2001年，江西省食品工业产值与农业总产值的比例为18.97%，占工业总产值的比重为3.89%，均低于全年的平均水平。二是档次低。精深加工产品少，技术水平低，技术含量不高。三是规模小，品牌知名度低，综合竞争能力不强。烟草行业呈分化趋势，南昌、广丰卷烟厂中高档卷烟品牌需求稳定，带动了企业发展，而其他烟厂由于没有品牌支持，举步维艰。小酒厂星罗棋布，结构单一，没有形成拳头。小食品品种多，牌子杂，没有形成气候。

影响江西省食品工业发展的主要因素是品牌知名度低，市场竞争能力不足。因此，发展食品工业要把创优势特色名牌放在重要位置，要扶植起几个在全国有影响的拳头产品，培养出几个具有行业带动力的重点企业，才能促使江西省尽快成为食品工业大省。

建设食品工业大省要坚持一个力争，即力争江西省食品工业总产值年平均增长速度达到20%以上；发挥两大优势，即充分发挥农业生态资源优势和区位优势，加快资源优势向竞争优势和经济优势的转换；拓展三个市场，即开辟国外、境外市场；省内、省外市场；城市、农村市场；实现四个提高，即坚持深度和广度开发并重，提高食品工业在整个国民经济中的比重；坚持以优势企业为龙头，走农业产业化的路子，提高食品工业与农业的相关度；坚持依靠科技进步，提高产品的科技含量和附加值；坚持以特色、质量、品牌和规模取胜，提高在国内外市场的占有率。

**三、重点发展几大系列的加工产品**

根据江西省食品工业的现状和发展前景，工作重点应放在以下几个领域，发展几大系列的加工产品：

一是粮油制品，江西省现有名牌中，粮食制品有长青牌米制品、皓玉面粉、庐陵糯米粉，虽然量比较大，市场占有率较高，但多数属粮食精加工，增值有限，利润低微。今后应重点发展研制成品，尤其是方便食品，如方便面、方便米粉、方便米饭、冷冻调理食品、老年、幼儿食品及快餐、配餐等旅游食品。油脂深加工我省在某些产品上有所突破，如粉末油脂。今后在发展一级食用油和高级烹调油的同时，要重点抓好油脂深度加工，开发新产品并迅速形成规模。

二是酿酒工业。食品名牌中酒类最多，其中也不乏有江西特色的产品，如苎瓜酒、麦饭石酒、四特酒等，但规模普偏小，知名度不够。要立足现在有酒厂，走“优质、低度、多品种、低粮耗、高效益”的路子，在培育名牌上下功夫。

三是果蔬加工。已开发的前景看好的有崇义的南酸枣糕、恒泰花生、广昌的莲子汁等，今后要坚持优质、营养、多品种、多档次、回归大自然的方针，采用先进的加工技术，提高产品规模和质量水平，力争创出几个名牌来。

四是畜禽和水产品加工。现在畜禽加工有一定规模的只有景德板鸡，水产加工非常薄弱，规模小，产品单调。要注意开发地方名、特、优品种；应用先进的科学技术开发新型的加工产品；产品方向上要发展分割、保鲜、小包装、熟食、风味发酵制品等食品。

五是营养保健加工系列。目前江西省已开发出“宁红保健茶”、“绞股兰”、“草珊瑚”、“茶色素”、“得雨活茶”等。要进一步发展，扩大规模，提高知名度。同时注意利用资源（包括野生资源）开发新的品种。

（张玲君）

## 标　识

HUBAO®

江苏虎豹集团公司

CHANGCHAI®

常柴股份有限公司

红豆® hongdou

红豆集团公司

## 记　事

**1992　2月11日**

中央人民广播电台、工人日报、中国青年报、科技日报、经济参考报、市场报和国家技术监督局、中国新闻文化促进会、中国工业经济协会、中国企业管理协会、中国质量管理协会、中国消费者协会等单位，由中国新闻文化促进会发起，共同举办“中国质量万里行”新闻宣传报道活动。薄一波同志题词。

**1996　2月12日**

中国有机(天然)食品将使用证明标志。

**1993**

中国质量管理和质量保证系列标准与国际接轨。国家技术监督局决定，将 ISO9000 等效采用为国家标准，即质量管理和质量保证系列国家标准(GB/T19000－ISO9000)，其技术内容与 ISO9000 完全相同，编写方法也完全一致。并于 1993 年 1 月 1 日起在全国实施。ISO9000 系列国际标准是国际标准化组织于 1987 年 3 月正式发布的。在国际经济合作中，它被作为相互认可的技术基础。中国于 1988 年曾将这一标准等效采用为国家标准，编号为 GB/T10300。

天津师大应用文科学院成为国内首家国有民办大学。

---

**品牌行动**

# 山西醋里有“醋”意

没有一件事情能让不善张扬情绪的山西人这般惊异：镇江人“竟然跑到山西大举收购我们的醋厂”，一个一向稳重、不流露情绪的山西人在说这话时，激动的眼睛像是在跟人吵架。据他说，收购行动开始时还是“打枪的不要，悄悄地进行”。但后来，收购由无声到有声、由小打小闹到大张旗鼓，收购行动已是兵临山西醋的大本营——清徐、太原，而且挟的是镇江香醋的名牌之威。“这是最要命的”，他说，“他们的醋怎能跟山西醋比，就欺负我们没有名牌”。

症结就出在这里：山西醋是名品，但却没有名牌。于是，太原便有了一个山西造醋人针对镇江收购行动的会议。这个会议说不上是秘密进行，但也没有宣扬。会议的一个重要议题是如何应对镇江香醋的收购之举。山西老陈醋集团办公室没有正面透露会议内容，会议在山西吃了没有名牌醋之亏上或许达成共识，不过更为山西的表达为：山西醋有优质的名牌但知名度不是那么高。问题是在市场上优质不能替代名牌。从消费者的角度，作为开门 7 件事之一的醋，每个国人都有消费。但在购买山西醋时，几乎没有人知道该拿哪个牌子。如去山西，路经清徐，公路两侧堆着各种各样的醋瓶子，都说是正宗老陈醋。看一看镇江人收购行动的大旗“镇江香醋”，事情更明了了：他们敢到有着无可争议地位的第一醋乡大加动作，正是看到并利用了山西醋有名无牌之短。

山西醋自 800 年前就是中国名品了。在山西，正式注册的醋企业就有 300—400 家。至于无名小企业、家庭作坊则难计其数。但没有哪个品牌的醋像只有百多年历史的镇江香醋一样被广泛知晓。众所周知，镇江是山西之后的中国第 2 大名醋产地，更重要的是，镇江醋的背后有一个近几年被反复强化了的老牌名醋，这就是镇江香醋。要买香醋的人，几乎无需思考就会顺手拿过镇江香醋。有名无牌的情况何止一个山西醋。中国的机械制造业如集装箱、轻工制造如制鞋、工艺制做如刺绣、食品如水饺，莫不如此。曾有一个加拿大人说，他非常喜欢吃中国饺子，但在加国的超市里，面对各种中国饺子，他“想不起一个可以买的名牌。”而每当某中国人想吃汉堡包时，第一反应一定是麦当劳。有人会说，中国造没有品牌优势，是因为中国进入市场经济的时日太短了，而品牌打造的重要因素之一是时间。实际上，山西醋的历史，却比不足百年的美国可口可乐、长不过三百年的法国马爹利要长得多。显然，名牌的打造需要相当的时间，但时间不是主要因素，品牌意识以及这意识基础上的企业行为方式才是最重要的。也许发生在欧洲与美洲、欧洲与大洋洲之间的葡萄酒的名品与名牌之战，会让我们在远距离上更清楚地看到有名无牌时代的结束已是无可避免。

法国、意大利、西班牙等欧洲国家，酒庄不可计数，而且历史多以百年计。但除了法国的波尔多地区的几家名酒企业外，大多都没有名牌意识。战后，看准了平民化的消费趋势，美国人和澳大利亚人才开始酿造葡萄酒，而且一反酒庄的作坊式小规模，在巨大的工厂里大规模地、现代化地生产着葡萄酒，同时投巨资进行品牌宣传。对此，法国、意大利、西班牙等有名的葡萄酒国的数以万计的酒庄庄主们，就差没笑掉牙了：我们的酒出名的时候，你们的国家还没出生呢，名酒也是你们这般没有酒历史文化的国家在大工厂里生产出来的？是的，传统的充满着历史感的优质葡萄酒，也许只能出自欧洲人的酒庄，但今天的名牌酒却是今天的市场给定名的。

到20世纪80年代，物美价廉的美国、澳大利亚葡萄酒已是稳稳站在名牌葡萄酒行列里了。而且这被称作为“新世界”的葡萄酒之销量已占到全球葡萄酒市场的80%以上。让葡萄酒世界的有名酒无名牌酒的“旧世界”感到了深深的恐惧、重重的压力。于是能力稍强者，纷纷走出国界、走出欧洲，或是在市场上宣扬自己的品牌，或是寻找合作者以求做大做出市场名牌。

依中国国情而言，名品所在地政府的品牌意识以及这意识基础上的行为也是成就一个或一批名牌企业或产品的重要因素之一。青岛市的知名企业，不论在同台竞争时表演方式多么不同，但在说到政府的扶持、支持时，言语却异口同声：没有地方政府的支持绝没有我们今日的品牌知名度。还以醋为例，镇江香醋能有现在的局面，当地有关政府功不可没。前几年，镇江香醋所在地的各级政府都出面“叫卖”、保护过镇江香醋，地方政府通过媒体及各种宣传机会向国内外消费者和经销商承诺，政府将严格控制香醋质量，只有达到其规定标准的镇江醋才能叫镇江香醋。此举在客观上，成了一次声势大、效果强的品牌公关活动，使知道镇江香醋的人更加相信其品质，不了解的消费者开始知道并购买，从而抓住了老的、发展了新的尤其是年轻消费者。在当地政府的支持下，仅一个恒顺醋厂1999年就顺利投资1.2亿元，新建了年产4万吨香醋的工程，目前该厂年产香醋6万吨、酱菜3000吨、酱油1万吨。

而山西就不用了。山西最大的酿醋企业山西老陈醋集团，不过才具有年产3万吨、销售2万吨的能力。一位山西醋业人士说，“说起来政府也重视，但没有实际性的有力举措。”或许，造醋人话有偏颇，在一些县市经济材料上见过关于山西醋的宣传，但感觉确实不如江苏人在镇江醋的宣传上（包括品牌正宗之争）音量大、音域宽。除了业内一部分人认为，镇江人“收购的只是一些小企业，不成气候”，大多数山西人还是抱一腔山西人的醋情结，老老实实地表达了担心与忧虑。不过，放下山西人的醋情结看现实，问题也许并不可怕。收购后，山西陈醋里必然或多或少地投入镇江的或是别的更先进的技术和管理，这意味着山西醋的制造工艺、生产管理和市场营销开始走出山西传统、走上与外界融合的新道路，尽管是局部，但毕竟是开始了。另一方面，受此冲击，一些有实力的老牌较大企业，如山西老陈醋等，已具备了搏一搏的基础能力，他们定会或是主动或是不得不做出顺应潮流的回应——打造山西醋的名牌。毕竟，有名品而无名牌的时代将告终结，醋香也怕巷子深，光有品质还不够应对靠信息生活的现代人。品牌，是今日企业跻身世界市场的王牌。 （老 阎）

## 标 识

黑妹®

广州美晨股份有限公司

海尔® Haier

海尔集团公司

恒顺®

江苏恒顺集团公司

记　事

2月12日

1989　1988年度中国企业管理优秀奖(金马奖)评选揭晓。

2月13日

1997　中国实行推销员职业资格证书制度。首次鉴定于本年11月举行。

2月14日

2000　《关于全国大众化名优菜点联展联销月活动的通报》公布"中国名菜"、"中国名点"名单。

1995　中国12亿人口日。

2月15日

2001　北京吉普公司宣布继续生产销售切诺基。

1998　实达集团推出首批商品化"VCD3.0和"DVD影碟机"。

1992　海口罐头厂在全国同行业夺得"五项第一"。

2月16日

1993　"首批16家燃气热水器安全质量认可标志新闻发布会"在京举行。

# 海南省品牌发展综述

海南省品牌发展起步较晚，与内地省份相比，步子迈得比较艰难。别说与世界著名品牌差距很大，就是与国内名牌相比，还有相当的距离。2000年，国家认定"中国名牌产品"时，海南省没有一个产品入选。针对这一问题，海南开始实施名牌战略。2001年，海南名牌迈出了稳健的第一步。

和内地其他省市相比，海南经济总量较小，工业基础薄弱，产品结构不尽合理。相当多的产品质量差、档次低，高附加值、高技术商品比例较小，在国内外市场竞争力不强，市场占有率低。有关部门的负责同志认为，尽管海南品牌发展滞后，同类产品数量不多，名牌认定的可选择性和可对比性较差，但已经有了良好的开局，而且最终要走上金光大道。

2001年6月8日，海南省人民政府第103次常务会议通过了《海南省名牌产品认定管理办法》(附《海南省名牌产品认定管理办法》)，并于9月17日以政府令的方式公布实施，成了国内第一个将本省名牌产品认定管理办法纳入政府部门管理法规的省份。

根据《海南省名牌产品认定管理办法》的规定，2001年11月，海南省名牌产品认定委员会和海南省质量技术监督局联合下发《海南省名牌产品申报工作的通知》(琼质技监质[2001]32号)，对海南省名牌产品申报时间和应具备的条件提出了具体要求，《海南日报》、《海口晚报》、《海南经济报》、《人民日报》等新闻单位对此作了宣传报导。海南的企业对名牌认定热情很高。在规定的申报期内，全省有78家企业102个产品提出了申请。经过企业自愿申请，组织专家审查，新闻媒体公示，海南省名牌产品认定委员会集体审议认定，历时近半年，姗姗来迟的海南省首届名牌产品终于揭开面纱，35家企业生产的41个产品亮出了妙漫姿容。

2002年2月21日，海南省名牌产品认定委员会发布了"关于授予天然椰子汁等41个产品为海南省名牌产品的决定"，授予天然椰子汁等41个产品为"海南省名牌产品"称号，并颁发海南名牌产品证书，证书有效期3年(附"海南省名牌产品"名单)。这第一批认定的41个名牌产品，机械类产品3个、化工类产品4个、轻工类产品22个、纺织类产品4个、建材类产品2个、制药类产品3个、农业类产品3个，工业产品占了绝对数。

据了解，从1998年至2000年是第一批名牌产品认定的主要参考时间段。三年间，名牌产品的销售总额19.3亿元，销售利润11.7亿元，产值21亿元，劳动生产率22.43万元。从第一批名牌产品对海南经济发展的贡献率来看，1998年为6.84%，1999年为7.83%，2000年为11.06%，总体上呈逐年增长的态势。

据介绍，35家企业41个名牌产品工业产值80多亿，占全省工业总产值的38.7%。其中，新产品产值率3年分别为19.03%、22.66%、23.29%。在质量和信誉方面，省质量协会用户委员会对41个产品的评价全部合格。2种产品采用国外先进标准，25种产品采用国家标准，17种产品采用其他标准；在主要性能指标方面，2种产品实测数据达国际先进水平，39种达国内先进水平；在产品质量指标方面，产品等级品率为96.3%，质量损失率为0.13%；在实物质量水平方面，所有产品连续3年在国家级、省级质量监督抽查中均合格；在企业质量保证能力方面，通过ISO9000质量认证的18家，通过ISO14000环保体系认证的企业2家，通过GMP认证的企业4家，通过绿色食品认证的企业2家。

获得“海南名牌”是企业的荣誉，也是海南商品市场逐渐发育成熟和名牌意识开始觉醒的具体表现。很快，35 家企业在 41 种产品上贴上了“海南名牌”的标志。这种名牌意识已成为企业发展的新的动力，已成为海南企业参与市场竞争的一张靓丽的名片。当然，“名牌”效应到底有多大，还需要企业继续努力，需要时间和市场来检验。然而，这是可贵的第一步，从第一步开始稳妥迈进，海南经济必定能迈向更广阔的天地。

海南省质量技术监督局的一位负责同志回忆说，人们不会忘记，海南房地产热火爆的时候，经济泡沫纷飞，有的人一夜暴富，有的人一夜赤贫，在那种环境下，“名牌产品”失去了生存空间。时至 1995 年，国内其他省市创名牌活动搞得很热闹，海南却反应冷淡。1996 年，国务院颁布《质量振兴纲要(1996—2010)》，正式提出“实施名牌战略、振兴民族工业”的口号。1997 年，国家经贸委和国家技术监督局又联合发出《关于推动企业创名牌产品的若干意见》，组织开展了以产品实物质量、市场占有率、质量管理和质量保证等为主要指标、以名牌产品认定为主要内容的名牌战略实施工作。此后一年，即 1998 年，海南才意向性地要求出台相关名牌管理办法。2001 年，海南省人民政府以政府令的方式公布并实施《海南省名牌产品认定管理办法》，表明了海南发展经济的决心和信心。同时，创立和发展名牌，企业积极行动，媒体密切关注，用户参与评议，也从一个侧面反映了海南品牌发展的环境气氛和公众强烈的品牌意识。

名牌战略是企业的发展战略。海南企业规模小，传统产业技术含量相对偏低，缺少实力雄厚的科研机构和高等院校，这是工业现状比较落后、经济发展相对缓慢的一个重要的原因。海南省质量技术监督局管理处的负责同志认为，海南工业化落后，不仅不能成为海南没有能力或没有必要创名牌的理由，而恰恰相反，振兴海南工业，创立和发展海南名牌是一条必由之路，是促进经济体制和经济增长方式转变的有力杠杆。海南现有的企业大都面临着一个从粗放型转变为集约型的问题，鼓励企业创名牌正是一个非常好的“切入点”。以名牌产品和优势企业为龙头带动产业重组，其实质就是通过竞争实现优胜劣汰。在这个过程中，闲置或低效使用的存量资源不断向符合市场需求的产业和产品集中，向科技含量高、管理水平高和经济效益高的企业和产品集中。在一定意义上说，名牌产品淘汰非名牌产品的过程，就是经济增长方式转变的过程。可以说，在市场经济下，只有发展名牌才会有市场，才会有市场竞争力。

有人认为，在市场全球化的大背景下，由政府牵头的名牌评定活动不符合国际市场的游戏规则。对此，海南省质量技术监督局管理处的负责同志这样解释。他说，必须区分“评定”与“认定”的不同概念。“评定”在很大程度上存在主观性，而“认定”是按照科学的名牌资格指标，根据《海南省名牌产品认定管理办法》制定《海南省名牌产品认定细则》进行的。认定内容分为市场认定、质量认定、效益认定、发展认定和企业形象认定 5 个方面，共 21 个项目。整个过程采用分项计分的办法，额定总分为 500 分，以申报表对应项目进行测算，充分体现了公开、公平、公正的原则。

实施名牌战略，认定名牌产品，目的是强化企业品牌意识，加强内部管理，推进科技创新，让企业通过长期积累和苦练内功生产出在市场上被消费者广泛认可的产品。是不是名牌，不是靠拉关系、走后门能得到，也不是通过政府审批的方式而取得，消费者是“上帝”，市场是最权威的“法官”。

对企业来说，创立名牌对未来发展举足轻重。当年富岛化工有限公司、欣龙无纺股份有限公司等企业的产品在走出国门时，曾经因为没有名牌的认定吃足苦头。

椰树牌天然椰子汁研制成功，“中国一绝，世界首创”品牌的诞生，使一个濒临破产企业起死回生，并发展成为企业集团，成为海南工业的一面旗帜。品牌效应使椰树集团在市场经济的汪洋

## 标　识

红梅 ®

沈阳红梅企业集团有限责任公司

®

红　星

安徽省泾县宣纸厂

## 记 事

**2月17日**

2000 毛泽东同志"开发矿业"题词50周年。

1998 《1997年中国最有价值品牌研究报告》发布。

1994 中国首次推出"中国标准人"。身高:男性为1.7米,女性为1.6米;体重:男性为62公斤,女姓为52公斤。

1993 中国远洋运输集团成立。

**2月18日**

1998 电子部首届"电子科学技术杰出人才奖"颁奖。

1993 北大方正集团成立。

1992 卫生部、中国红十字总会通知规范使用"红十字"标志。

1991 山东省政府规定质量搞不上去的人不能当厂长。

**2月19日**

1992 国家颁布《酒家(饭庄)和酒店(饭店)分等定级规定》。

大海中乘风破浪,椰树人对这一品牌格外珍惜。椰树集团董事长王光兴说,获得海南省名牌只能当作一个起点,如何保住名牌,发扬名牌,创出更多的中国名牌乃至世界名牌将是企业面临的一项长期而艰巨的任务。

首次名牌评定,农业类产品有3个。海南省调整产业结构,加速发展具有竞争力的产业,发展订单农业,提高产品质量,打造"无公害"品牌,这对海南农业发展来说,意义是相当重大的。

(蒙乐生 杨 谦)

品牌巡礼

# 博鳌论坛:精神铸品牌

博鳌亚洲论坛之所以能顺利落户海南,以及论坛所产生的影响和效应,集中体现了海南经济特区改革开放、拼搏进取、团结奋斗和真抓实干的精神。海南省委、省政府将这些精神概括为博鳌精神,明确提出并号召全省各族人民大力弘扬博鳌精神,抓住机遇,真抓实干,努力拓展博鳌效应,以促进海南经济跨越式发展。

**海纳百川有容乃大**

碧波浩荡的南中国海,将海南岛拥抱在怀中。勤劳善良的海南人民,祖祖辈辈生活在大海的怀抱中,熏陶出大海一样的胸怀。因此,可以把"博鳌精神"概括为"大海精神"。"大海精神"意味着什么呢?一是开放,无边无际,浩淼无垠。二是博大胸怀,海纳百川。三是连通五洲。而博鳌亚洲论坛是一个非官方、非赢利、定期、定址的开放性的国际组织,其宗旨为:立足亚洲,深化亚洲各国间的交流、协调与合作;同时又面向世界,增强亚洲与世界其他地区的对话与经济联系;为政府、企业及专家学者等提供一个共商经济与社会等诸多方面问题的高层对话平台;通过论坛与政界、商界及学术界建立的工作网络为会员与会员之间、会员与非会员之间日益扩大的经济合作提供服务。

博鳌地处海南岛上万泉河、九曲江、龙滚河三江出海口,背倚绿水青山,面朝浩瀚碧波。亚洲论坛的宗旨,正与海南人民海纳百川有容乃大的大海精神和大海情怀不谋而合;亚洲论坛定址博鳌,从一定意义上说,就是"定址"于中国改革开放的巨大成就,青睐于作为中国改革开放"试验田"的海南经济特区所焕发出的勃勃生机。

**改革开放拼搏进取**

承办博鳌亚洲论坛如此重要的大型国际会议,对年轻的海南省来说,可谓开天辟地头一回。回眸博鳌亚洲论坛筹备和成立过程,海南全省上下始终洋溢着一种改革开放、奋力拼搏的精神。这种精神激励着来自不同部门、各条战线的人们艰辛而努力地工作着、拼搏着,用心血共同为博鳌亚洲论坛作了海南人民应该做的贡献。参加博鳌亚洲论坛创立大会的亚洲各国政要、前政要和嘉宾等达400多人,规模大,要求高;特别是博鳌还正在建设之中,筹备工作需要昼夜兼程,出现一些应急性的难题,包括会场、音响、通讯、食宿、交通、安全等等。时间紧、难题多、任务重,又是第一次参与筹备和举办这样一个重要的国际性会议,难免会遇到困难、碰撞和矛盾。但人们都不约而同地把办好博鳌亚洲论坛作为大局,无怨无悔,默默奉献,硬是保质保量地完成了论坛的各项工作。那时,海南全省的共同意识就是:为海南树形象,为国家增光彩的改革开放大局意识、奋力拼搏的进取意识。正是这些精神,铸造出博鳌品牌。博鳌变了样,琼海变了样,前来参加亚洲论坛的各国嘉宾,对此赞叹不已。

(贺广华 吴 刚)

城市巡礼

# 石家庄:"中国药都"

石家庄市市长臧胜业提出，从现在开始，石家庄要立志花10年时间建成一座具有国际竞争力的"中国药都"，用科技、人才、绿色和人文内涵"擦亮"中国药业的品牌。

石家庄市素以"重要的医药生产基地"闻名全国。这里是中国医药工业化和现代化最早的发源地，是中国抗生素的大本营。目前青霉素、土霉素、维生素C、头孢菌素系列产品的产量居世界第一，还有十几种产品称雄国内市场。面对加入世贸组织的机遇和挑战，石家庄如何为民族药业参与全球竞争贡献力量，把药业"中国造"的响亮品牌推向世界?

臧胜业认为，中国制药业能否较快地适应国内市场国际化的形势，关键靠科技和人才的支撑。离开科技，离开人才，那是一事无成的。现在中国药业最大的问题是自主知识产权太少，这说明中国医药工业的科技含量低，所以首先要靠科技和人才创出自己的牌子；其次必须以产品为中心，对现有的大中型企业进行大规模的技术改造，跟踪世界前沿技术；再者，总抱着周期较长的抗生素产品不行，必须不断开发新的医疗产品和保健产品。

石家庄市将采取具体步骤，以企业为主体，组织生物制药、化学制药和中药产业化等关键技术攻关，重点建设医药工业园区、医药博览城、医药科技成果转化基地、医药教学科研基地等。人才政策上，"眼睛向内"用好现有人才，探索多种渠道，积极从国内外科研机构、大专院校引进"外脑"，为"中国药都"积聚强有力的科技、人才推动力。

"打造药都首先要营造一个'绿色'的生态的环境。"臧胜业谈到，国家"十五"重点治理行业环境中，医药即是其中之一。拿石家庄来说，"中国药都"要想成大气候，必须把城市的生态环境建设摆在首位，很好地搞好战略环境。一个清洁优美的城市环境，既能保证药材和制药工业原料达到质量要求，又能保证城市制药的生产环境稳定达到绿色标准。石家庄今后的中药现代化，将首先重视药材和药用原材料源头的"绿色标准"，建设一大批安全的北方药材生产基地，保护野生动植物药用资源。同时，在西药生产中，推行科学规范管理标准，特别是在绿色生产方面逐步与国际接轨，使石家庄的药品成为绿色产品的代名词。同时还将下大力气规范一个健康、诚信的医药流通中心。

臧胜业提出，中国药业还应发掘和丰富更深刻、更广泛的人文内涵，利用制药优势带动药饮、药膳、药饰和药容等保健产业的发展，以医药文化包装城市。石家庄计划建设医药博览中心、会展中心、医药商城，还将结合旧城改造和新区建设，设立一批集鉴赏、休闲、娱乐于一体的医博园林，此外独具特色的药用作物观赏园、世界医药名家雕塑小品等也在设计之列。

打造城市特色品牌，带动医药旅游和先进贸易方式，增强城市的综合竞争力。臧胜业说，现在人们一说长春就知道是"车城"，一说昆明就知道是"春城"，以后只要一说石家庄，大家都知道：是"中国药都"。

（江　山　陈　玉）

## 标　　识

杭州鸿雁电器公司

上海红双喜冠都体育用品有限公司

## 记事

**2月20日**

1998 国家工商局举行《中华人民共和国商标法》实施15周年座谈。

1995 1994年度金桥奖和金牛奖评选揭晓。

1991 国家旅游局公布全国第6批星级饭店名单。

1989 中国决定接受韩国企业在中国的商标注册申请。

**2月21日**

2000 山东"滨州假酒一条街"被查处。

国务院办公厅转发国务院体改办、国家计委、国家经贸委、财政部、劳动保障部、卫生部、药品监督局、中医药局《关于城镇医药卫生体制改革的指导意见》。

1995 中国10大杰出女性评选揭晓。

1993 中国成为世界第3大啤酒生产国,仅次于美国和德国。

1992 《关于积极配合"中国质量万里行"活动,揭露轻工产品质量问题的通知》发出。

## 区域品牌巡礼

# 西部品牌综述

西部大开发的总体战略思路是发展西部的经济,半个中国的经济要发展,各行各业都需要品牌来带动,从具体的经济部门来看,那些赢利最大的,市场份额占有量居于前茅的,对地区经济支撑作用最大的行业(或企业)都具有一个高知名的品牌。西部大开发如果只注重于"量"的投入,而不注重"质"上的投入,就是增加了许多经济产业,也不可能使这些产业发展壮大。

可以说,是否有品牌,则是衡量西部经济产业成功与否的标志。

西部缺少名牌,在国际和国内叫得响的名牌屈指可数,从2001年中国名牌评价认定45家企业的57个名牌产品中,西部名牌寥寥无几,总数只有两个,与发达地区浙江、江苏、安徽及广东、山东等地相比,委实感到了东西部差距的因由。而2002年中国名牌产品确认的120家企业生产的123个品牌的产品中,西部也就不过15个,而且有的西部省市至今没有一个自己在中国叫得响的名牌产品。

品牌评价是一个综合性的指标,它包括实物质量达到国际同类产品先进水平,在国内同类产品中处于领先地位,市场占有率和知名度居行业前列、顾客满意程度较高、具有较强市场竞争力的产品。从这些指标的评价中,人们可以找到西部缺乏名牌的原因。

西部的经济从总体上说发展是滞后的,具有强势品牌的企业群体十分单薄,虽然"云南有烟,四川有酒",但这些个别的品牌优势仍未使川滇两省成为位居中国前列的经济发达省份。

从品牌的经营看,西部不注重建构大品牌,缺乏较为灵活的品牌营销策略。社会知名度和美誉度不够。名牌含金量不高,名牌的文化含量也不高。以四川为例,四川拥有的驰名商标在西部最多,有7件,但其中含金量高的唯有长虹。还有最令人伤心的是西部的假冒伪劣也使西部名牌发展蒙上了一层阴影。

从广义上讲,西部经济在整体上缺乏强势品牌的特征,是中国经济较不发达的地区,但从某种意义上说,西部并不"缺少"品牌,主要是开发力度不够,使许多潜在的比较优势没有形成经济优势。西部地区得天独厚的优势是西部实施品牌战略的基础条件。善用优势,就能使西部经济形成品牌。

西部拥有十分丰富的资源,如何让资源品牌优势造就经济品牌优势,这是值得我们深思的。

比如:

四川省:其铁矿储量约占全国的16%,天然气的储量和开采历史均为全国第一,其他稀有矿产如钒、钛的储量分别占全国的80%和90%,占世界已知储量的1/3和82%。

内蒙古:煤炭储量居全国第2,仅次于山西,稀土储量占全国的80%,是世界其他各国储量总和的4倍。全国最好的草原、最大的牧区都在这里。

青海:已探明的矿产资源达60多种,其中储量达到大型或中型规模的矿产地有50多处。

西藏:硼砂、铬矿居全国第一,铜矿居第3,水利资源居全国之首。

贵州：汞的储量居全国第一，磷矿居第三，钻石产量占全国的1/4，河网分布均匀，密度大，水量丰。

宁夏：白银、铜、金等矿产丰富。

陕西：煤、天然气储量名列全国前茅，且易于开发。

新疆：新发现的塔里木油田使之成为中国的后备石油基地。

实际上，西部大量的生物资源、矿产资源、水利资源和旅游资源，在全国乃至世界都占有重要的地位。

比如，西南的云贵两省和川西地区，水热条件好，地貌类型多，为各种动植物的生长提供了良好的环境，这里是中国第2大区，云南省素有“动物王国”和“植物王国”之称。而中国3万多种子植物、1800多种陆生脊椎动物的绝大部分都能在西部的山区见到，其中有很多动植物在世界上是著名的。

要将资源优势变为经济的优势，就要依托资源，对资源进行深层次的加工和利用，从而在市场上形成品牌优势。

目前西部正在进行“西气东输”、“西电东送”，这些措施都是目前利用西部资源优势的一些方式，但如果西部所有的资源都采用这种利用方式，西部经济就永远只能在低层次徘徊。更何况，西部有些资源是搬不走的、运不走的，比如旅游资源。只有资源优势变成了经济优势，西部资源才真正具有品牌的价值。

1996年12月24日，国务院颁布了《质量振兴纲要》，明确提出了国家鼓励和推动企业创名牌，要求到20世纪末和2010年，有一批世界级的名牌。1997年2月10日，国家经贸委和国家技术监督局联合下发了《关于推动企业创名牌的若干意见》，意见中重申了要认识名牌对经济发展的作用，提出了总体要求和目标，政府、企业、社会中介组织的职能，以及建立科学的评价体系。中华人民共和国国家质量监督检查总局在2001年12月29日颁布了《中国名牌产品管理办法》并于2002年3月21日重新成立中国名牌战略推进委员会，负责统一组织实施中国名牌产品的评价工作，并推进中国名牌产品的宣传、培育工作。所有这一切都为我们推进名牌事业的发展提供了政策上的指导。

与此同时，西部各省、自治区、直辖市纷纷制定相关的规章、制度，成立相关的名牌管理部门积极、主动扎实地进行名牌的宣传、培育工作，并取得了一定的成效。

从某中意义上说，塑造西部品牌就是要发展西部的特色经济，西部一共有12个省、市、自治区，如何在其中各有特色，而不是互相雷同。我们认为所谓“特色”经济的划分是以客观的科学的价值标准为依据的，而不是主观臆断出来的。当我们把产业垄断、产业规模、产业专业化、产业竞争力等等判断产业地位的价值标准放在不同区域进行比较时，就会对西部特色经济有一个基本的识别与判断，概括起来，识别与判断西部特色经济的价值标准有四个方面：一是产业独有标准，形象地说就是“你无我有”；二是产业规模标准，形象地说就是“你小我大”；三是产业专业化标准，形象地说就是“你泛我专”；四是产业效益标准，形象地说就是“你弱我强”。这样，“独、大、专、强”应当成为识别与判断西部特色经济的基本标准。

我们相信，只要西部人不断转变观念、真抓实干，不断将资源优势转变为经济优势，在不久的将来，一大批名牌企业和产品将会出现在中国的西部。

注：本文统计的“现有中国名牌”是2001年和2002年的资料，驰名商标和省级名牌是以国家质检总局公布的数据为准。

（李向前　向　洪）

标　识

海天 HAITIAN

佛山市海天调味食品有限公司

华北牌

华北制药总厂

记　事

2月21日

1992　春兰跃居全国规模最大、效益最好的空调企业。

1991　1990年度全国轻工业售后服务最优、最差单位评选揭晓。

1988　国家工商局商标局发出《关于认定商标真伪问题的通知》。

1985　中国南极长城站举行落成典礼。

2月22日

2001　袁隆平获赠猎豹车。

2000　中国石油化工股份有限公司在京成立。

1995　全国三产排行揭晓，四川省单位最多，山东省人口最多。

1993　《中华人民共和国商标法修正案》通过。

《中华人民共和国产品质量法》通过。

全国人大常务委员会发布惩治假冒注册商标犯罪补充规定。

西部建议

# 关注西部名牌事业

西部大开发是一个长期、艰巨的创造过程，因而应该从长远的、全局的、综合的战略高度研究和设计西部大开发的可行性方案。

所谓名牌制造工程是指在中国建立市场经济体制的过程中，由国家和省（直辖市）有关主管部门领导协调，以有条件的企业和企业集团为主，各相关部门积极配合，动员全国消费者自觉支持，面向21世纪，瞄准世界名牌前10名的高水平，经过20—30年的努力，创造出中华民族自己的世界名牌、国内名牌，从而带动中国经济、科技、教育、文化的综合国力全面提高的一项系统工程。

**1. 创造名牌产品。**

建议在国家有关部委和西部诸省、直辖市政府的领导和协调下，以有条件的企业为主体，在相关部门和公众的支持下，增强市场意识和品牌意识，主动参与国内外的市场竞争，创造出三个层次的名牌产品：第一、已经被国家商标局认定为驰名商标的全国性名牌（如四川省的“长虹”、“泸州老窖”、“郎酒”、“五粮液”、“剑南春”；广西的“两面针”；甘肃的“金驼”；内蒙古的“鄂尔多斯”；云南省的“红塔山”；贵州的“茅台酒”；重庆市的“嘉陵”牌摩托车、“长安汽车”等）要进一步提高质量、知名度、效益，进一步创新、创造一批世界名牌。第二、各省市原有的著名品牌（如云南省的“云南白药”、“宣威火腿”、贵州的“老伙计”、四川省的“乌江牌”榨菜、陕西的“505”、广西的“玉柴”、“南方黑芝麻糊”等）应该竭尽全力，争取驰名商标的美誉，创造全国性名牌。第三、西部诸省、直辖市、自治区的政府还应该大力支持相关企业，利用本地资源优势和特产优势（例如，陕西的苹果、大枣、黑米；宁夏的冬虫夏草；西藏的藏药；云南的螺旋藻；贵州的药材；广西的龙眼，荔枝、芋头；新疆的哈蜜瓜、吐鲁番的葡萄；内蒙古的牛羊肉），创出一批省级著名品牌或全国性名牌产品。

**2. 创造名牌工程。**

在国家有关部委的规划组织和协调下，西部各省、直辖市政府应动员广大科技人员和群众在西部大开发的基础设施建设和生态环境建设中创造出一系列高品质、高知名度、高效益、高美誉度，不断创新、独具特色的名牌工程：如西气东输工程，西电东输工程，山川秀美工程（包括植树、种草、造林、退耕还林、退耕还草、治理水土流失、治理荒漠化、治理废气、废水、废渣对环境的污染等等）西部国道、省道公路网工程、西部铁道网工程、西部远程教育网工程，西部陕西生态省示范工程，等等。

**3. 创造名牌大学。**

在西部大开发过程中，人才是关键，教育是战略重点。建议国家和西部省、直辖市、自治区政府加大对西部教育的投资，除特别加强中小学的基础教育外，要支持和扶植一批大学，以锐意进取和开拓精神、自主创新精神创出一系列各个层次的名牌大学。根据《中国高等教育评估》按综合性指标评估公布的1998年中国大学前100名的排名，西部地区排名第8位的西安交通大学和排名第12位的四川大学应争创世界名牌大学，排名第41位的兰州大学、排名47位的西安电子科技大学、排名第50位的重庆大学、排名第53位的西南交通大学、排名第73位的西北大学、排名第79位的广西大学、排名第85位的陕西师范大学、排名第89位的西南师范大学、排名第90位的西北农业大学、排名第93位的云南大学应争创国内名牌大学；排名100位以后的宁夏大学、青海大学、贵州大学、新疆大学、内蒙古大学应争创西部地区或本省名牌大学。通过创造这3个层次的名牌大学，带动西部数百所高等学校的发展，为西部大开发培养高层次创新人才、为创造高科技成果和高科技产品做出重大贡献。

**4. 创造名牌科研中心。**

西部大开发要自觉贯彻邓小平关于“科学技术是第一生产力”的理论，把科技真正放在优先发展的战略重点地位，推动西部的跨越式发展。因而，西部的科研机构，大型企业和高等学校要以相对独立的方式或联合的方式创出一批名牌科研中心。如西安卫星测控中心、西安杨凌农业研究和实验中心、西安航空、航天研究中心、西安生物医药信息化中心、甘肃敦煌学研究中心、荒漠化监控研究中心、宁夏西夏历史研究中心、西藏藏学研究中心、云南生物研究中心、昆明天文观测研究中心、四川高速铁路研究中心、广西糖业研究中心、新疆石油、天然气资源研究中心、内蒙古畜牧研究中心等等。让这些名牌研究中心带动西部的科技进步，进而推动西部经济、社会的发展。

**5. 创造名牌旅游景区。**

丰富而独具特色的旅游景观是西部地区最大的资源优势之一，旅游业将成为西部省市的支柱产业，因而，西部省市区政府和旅游部门要在原有基础上不断创新，创出一批管理科学、设施配套、风光更优美的名牌景区，如西安的秦兵马俑景区、华山景区、黄帝陵景区；甘肃的敦煌景区、宁夏的沙湖景区、青海的三江源景区、西藏的布达拉宫景区、云南的世博园景区、丽江古城景区、大理景区、贵州黄果树瀑布景区、四川九寨沟景区、都江堰景区、大足石刻景区、重庆市长江三峡景区、广西桂林景区、新疆维吾尔民族文化景观、内蒙古民族文化景观等等。

**6. 创造服务名牌。**

中国服务名牌的发展相对滞后，由于中国的服务业规模小、经营分散、管理不够完善，至今获得驰名商标的服务名牌仅有北京“全聚德”烤鸭店、“同仁堂”药店、及天津“狗不理”包子等很少的几个。在西部大开发过程中，应有超前的品牌意识，充分发掘和开发西部各省的特色资源和特色小吃，在大力发展服务业的进程中，下大力气创造一系列餐饮类等服务名牌：如陕西的安德坊羊肉泡馍、光化饺子宴、甘肃的拉面、宁夏的“张记牛杂”、新疆的油塔子、云南的过桥米线、贵州的春卷夹凉莱、成都的盖碗茶、重庆的麻辣火锅、广西柳州的螺丝粉等。

**7. 创造名牌城市。**

西部大开发的过程；既是工业化的过程，也是信息化的过程，既是市场化的过程，也是城市化的过程。西部的城市建设水平较低，城市化任务十分艰巨，国家和各部委应该大力支持西部各省政府、科学规划，重点扶持，创建一系列名牌城市。名牌城市，除具有高品质基础设施、高知名度、高效益、高美誉度、不断创新、独具特色等一般特征外，还应拥有一定的人口数量、城区面积、拥有较高层次的、较多的名牌产品、名牌工程、名牌大学、名牌科研中心、名牌景区、名牌服务。西部应创造三个层次的名牌城市：重庆、西安、成都、昆明等全国著名城市，应争创世界名牌城市；兰州、银川、西宁、拉萨、贵阳、南宁、乌鲁木齐、呼和浩特等省会城市应争创全国名牌城市；宝鸡、汉中、包头、个旧、大理、桂林、柳州、北海等城市应争创西部地区性名牌城市。通过创造这三个层次的名牌城市带动西部大开发的工业化、信息化、市场化和城市化过程，以至推动整个西部的广义名牌创造工程。 （甘自恒）

标　　识

福建金得利集团有限公司

上海回力鞋业总厂

# 四川经济品牌综述

**旅游**：大力发展旅游业。围绕自然生态的历史文化两条主线，重点进行卧龙中华熊猫园、三星堆、九寨沟、黄龙、峨眉山——乐山大佛、都江堰——青城山、海螺沟、稻城亚丁、四姑娘山、西岭雪山、蜀南竹海、泸沽湖、剑门蜀道、自贡恐龙王国公园等风景名胜区及景点的开发、保护和配套设施建设，创建世界和国家级旅游精品。四川在2002年9月首次提出"风景名胜区体系"的概念。共有12大风景名胜区体系，分别是岷山风景名胜区体系、邛崃山风景名胜区体系、龙门山风景区体系、贡嘎山风景名胜区体系、稻城亚丁——海子山香格里拉风景名胜区体系、攀西风景名胜区体系、峨眉山——乐山大佛风景名胜区体系、剑门蜀道风景名胜区体系、成都古蜀文化风景名胜区体系、川南风景名胜区体系、川东风景名胜区体系、川西北高原风景名胜区体系。

**电子信息业**：把电子信息产业作为四川省的"一号工程"，重点发展通信产品、软件、新型元器件及新材料、计算机与网络产品、数字化及信息化视听产品等5大类主导产品，不断延长产品链。抓好千吨晶硅生产线、集成电路芯片、数字视听产品和通信网络、终端设备、软件开发等项目。建设国家级信息安全产品产业化基地、西部软件产业化基地、集成电路设计和生产基地、国际合作研发基地、电子信息产品生产基地、电子信息人才教育基地、网络交换和信息交换服务中心、电子信息产品交易和信息服务市场，逐步形成以软件、集成电路为主的国家级电子信息产业基地。

**水电业**：以国家实施"西电东送"为契机，重点进行金沙江、雅砻江、大渡河等水电资源的滚动开发，积极促进溪落渡、瀑布沟、锦屏一级等一大批大中型水电站早日开工，建设国家水电能源基地。支持民族地区和盆周山区适度开发中小水电，加快农村电气化县建设。"十五"期间，争取外送250万千瓦，为远期争取外送1000万千瓦以上创造条件。在向外送电的同时，优先开拓省内市场，发展高耗能工业。

**机械冶金业**：机械工业以提高大型发电设备、重型机械、工程机械的科技含量为重点，提升产品档次，重点推动超临界锅炉和循环流化床锅炉、超临界汽轮机和蒸汽燃气联循环机组、大型铸锻和大型轧制设备等项目建设，建设国家重大装备国产化基地。冶金工业要按市场需求控制总量，调整产品结构，加强钒钛、稀土等优势资源的综合利用，大力开发新产品，建设我国重要的特种钢和钒钛新材料基地。

**医药化工业**：以中药为重点，加快发展中成药工业和生物制药工业，大力发展中药材为原料的保健食品、功能食品和化妆品。重点推动中药现代化示范工程、现代化中药注射剂生产线等项目建设。加强原料药基地建设，提高药材品质，努力建设国家中药现代化科技产业基地。着力进行化工产业结构调整，积极发展天然气化工、磷化工、精细化工，建设国家天然气化工基地。

**饮料食品业**：以名酒、名烟、川菜、肉制品、绿色保健品等为拳头产品，扩大名牌产品比重，提高市场占有率，重点抓好五粮液、剑南春、泸州老窖、全兴、沱牌、郎酒、蓝剑啤酒以及名烟等一批项目的技术改造，建设国家饮料食品工业基地。四川是我国茶叶的传统主产区。到1995年四川茶叶在全国仍居重要地位，全省茶叶面积达到160万亩，年产量6.5万吨，均处全国第三位，茶叶产值达到5.3亿元，占全国茶业总产值的11.5%。重庆直辖后划走四川近三分之一的茶叶面积和产量。2001年，全省茶园面积125万亩，总产量5.8万吨，总产值近6亿元，面积、产量分别居全国第5、6位。重点扶持数家茶叶加工龙头企业，将"竹叶青"、"蒙顶甘露"、

## 记事

### 2月23日

1996 邓兴旺、李静、刘胜、司捷在华盛顿被授予美国"总统教师奖"。

1995 中国香料香精化妆品工业协会审定《化妆品通用标签》。

1983 国家工商局发布《商标印制管理规定》。

### 2月24日

1997 1996中国企业10大新闻评选揭晓。

1995 农业部首次推出100个"中国乡镇企业名牌产品"。

中国电子进出口集团成立。

1993 新闻出版署发出《关于在出版物上使用条码的通知》。

### 2月25日

1999 中体产业股票在沪上市(体育总局直属第1家上市公司)。

第1届体育经纪人在京培训。

1993 首届"中国青年科学家奖"评出。

“龙都香茗”、“叙府龙芽”、“巴山雀舌”等培育成国内外知名品牌。

**现有中国品牌企业**：四川长虹电器股份有限公司（长虹彩色电视机）2001年；成都前锋电子电器集团股份有限公司（前锋燃气热水器）2002年；成都希望食品有限公司（美好高温火腿肠）2002年。（李向前　向　洪）

# 重庆市品牌综述

**品牌经济**：集中力量发展五大支柱产业。以技术进步为动力，突出重点，壮大提升汽车摩托车、化工医药两大现有支柱产业，加快培育食品、建筑建材、旅游三大新兴支柱产业，使之成为支撑和带动全市经济增长的骨干力量。

**汽车摩托车工业**：积极参与国际分工与整合，加强与国际知名企业合资合作。加快市内企业集团资产重组步伐，实现强强联合。开发生产安全、节能、环保经济型轿车，扩大商用车品种系列，加速升级换代，进一步提高市场份额。引导摩托车生产企业联合发展，巩固提高摩托车的优势地位，进一步扩大出口，不断拓展国际市场。培育汽车、摩托车零部件“小巨人”，形成零部件与整车协调发展的格局。

**化学医药工业**：建设天然气综合化工基地，引进跨国公司先进技术及资金，重点发展乙炔化工、甲醇、醋酸及其衍生物三大系列天然气化工产品和天然气制氢系列产品。加快调整产业结构和技术创新步伐，重点发展新型精细化工产品。发挥原料药基地优势，加强原料药多剂型、新剂型和新用途开发，提高产品附加值。利用三峡库区特种优势中药材资源，提高中药现代化加工水平，建设现代中药产业基地。

**食品工业**：依托资源优势和技术开发力量，重点建设绿色食品原料生产基地，开发绿色食品加工技术，增植绿色食品加工龙头企业，创立和保持一批有持久竞争力的品牌。优化发展酒类系列产品。大力发展奶制品、饮料系列产品。发展方便、保健食品，适应大众的多样化需求。完善卷烟生产布局、产品结构，增加一、二类烟比重。

**建筑建材业**：优化调整水泥产品结构和生产布局，增加高标号新型干法水泥。建设高档卫生陶瓷基地，形成整体配套能力。开发高附加值玻璃纤维制品，建成我国玻璃纤维制品生产基地。开发节能节材、高强度、低污染的新型建筑材料和装饰装修材料。提高建筑设计、施工和监理水平，增强建筑队伍整体素质与竞争能力，规范发展装修业。

**旅游业**：充分发挥旅游资源优势，加快发展旅游业，带动经济增长和扩大就业，努力把重庆建成旅游大市。丰富旅游文化内涵，促进吃、住、行、游、购、娱的结合。突出发展长江三峡旅游、大足石刻艺术旅游和山城都市旅游三大精品。加快建设四面一山金佛山生态旅游区、合川钓鱼城古战场遗址旅游区、仙女山芙蓉洞观光休闲旅游区、三峡腹地科考探秘旅游区、大宁河小三峡旅游区、黔江——乌江画廊民族民俗旅游区、近郊温泉湖泊度假旅游区、万盛石林旅游区、万州甘宁河青龙瀑布、石柱黄水森林公园等特色旅游区。加大重庆旅游整体形象宣传，扩大开放，吸引国际上有影响的大型旅游集团参与重庆旅游发展。完善旅游基础设施，增强接待能力。规范旅游市场，加强旅游行业管理，提高从业人员素质，改善旅游服务质量，营造良好旅游环境。积极开发特色旅游商品。

**现有中国名牌**：重庆登康口腔护理用品股份有限公司（冷酸灵牙膏）2002年；重庆力可达电池有限公司（火车电池）2002年；中国嘉陵工业股份有限公司(集团)(嘉陵摩托车)2001年。

**现有中国品牌**：西安银桥股份有限公司(秦俑乳粉)2002年。

（李向前　向　洪）

标　识

合肥美菱股份有限公司

美而雅纺织服装实业(集团)公司

## 记事

### 2月25日

1992 交通部、卫生部授予海口港“国家卫生港”荣誉称号。

国务院公布统一着装部门和行业：公安、安全、司法、法院、检察院、海关、商检、卫生、农业检疫、林业检疫、交通、海洋、工商行政管理、税务、其他（历史上就着装的铁道、邮电、民航、航运等）部门。

1991 《中华人民共和国国徽法》公布。

### 2月26日

2000 “广州日报杯”中国报纸优秀广告作品（论文）评选活动。

1994 第2届全国10佳营业员评选活动揭晓。

1992 中国丝绸博物馆在杭州开馆。

### 2月27日

2002 联想集团与厦华电子在京成立联想——厦华移动通信有限公司。

2001 伊利集团伊利奶粉学院开学。

# 西藏自治区品牌综述

品牌经济：

**高原生态农业**：由于西藏日照时间长、温差大，作物生长期长等特殊原因，西藏的农作物和蔬菜产量高、质量好，绝大部分为高山雪水灌溉，几乎没有任何污染，是“绿色食品”的理想开发地。因此，应着重挖掘高原青稞营养保健内涵，把西藏建成中国的青稞生产、加工基地。同时，加快建设红景天等藏药材生产基地。

**旅游业**：西藏有7000米以上山峰50座，8000米以上的山峰7座；有世界第一大峡谷——雅鲁藏布江大峡谷；有丰富独特的野生动植物；有古老的文化、淳朴的民俗风情，自然和人文景观魅力无穷，发展特色旅游得天独厚。目前西藏旅游区只限于中部地区，仅形成了以拉萨、日喀则、泽当为中心的旅游网络，而藏东及藏北的旅游资源还基本处于闲置状态。现已开发的旅游资源当中，人文资源所占比重大，尤其是宗教旅游占突出地位，对风情、习俗、文化旅游资源利用还不充分，自然旅游资源利用得更少。由于高原奇异的景观大都处于偏远、海拔高及自然地理的突变区，远离城市，交通极为不便，虽然有较高的旅游价值，但开发难度大，因而未能利用起来。目前开发项目有登山、风情观光、参观寺庙等几大项，而综合性的游览及旅游商业活动并未展开。

**藏药业**：西藏是野生动植物王国，仅高等植物就有400多种，中药材、藏药材资源极为丰富。加上西藏传统藏医藏药疗效独特，治疗疑难杂症独具优势。因此，采取与国内外强势企业联合，将把藏药传统优势与现代化生产结合起来，使西藏成为全国乃至世界的藏药科研、生产中心。

**矿产业**：西藏矿产资源十分丰富，已发现黑色金属矿、有色金属矿、稀有金属矿及非金属矿94种，已探明储量的有30多种，开发前景广阔。

（李向前　向　洪）

# 云南品牌综述

品牌经济：

**旅游业**：旅游资源是发展旅游业的物质基础和基本条件，云南是个资源富集省，在众多的资源中，当前开发潜力最大、开发条件最好的是旅游资源。

从自然景观看，云南有许多旅游资源是世界罕见的。全省有106处自然保护区和57个风景名胜区，地形复杂、气候多样、山川挺拔、景色壮丽，由白雪皑皑的冰川世界到四季常青的热带风光。既有气温高达38℃，极其丰富的亚热带、热带风光，植物花卉，珍稀动物；又有海拔4000米以上，北半球纬度最低、终年积雪的雪山群，以及由于终年积雪形成的蔚为壮观的冰川、冰塔、冰瀑等，特色明显，品位极高。特别是海拔1800米左右，以昆明为中心的广大地区，“天气常如二三月，花枝不断四时春”，是祖国的春城、世界的花都。还有被誉为“天下第一奇观”的石林；“世界之珠”的“三江并流”（金沙江、澜沧江、怒江）；高差3900米、世界最深的金沙江虎跳峡；有列入世界地质遗产候选名录的澄江动物化石群，以及引起国内外轰动的神奇美丽的香格里拉——迪庆，璀璨的高原明珠——滇池、洱海、抚仙湖等30余个湖泊，还有一目十瀑的罗平瀑布群等等，构成了云南旅游项目开发的独特优势。

从人文景观看，云南有25个少数民族，为全国多民族省区之最，在各民族的长期的历史发展中，形成了自己独特的生活方式、社会结构、民风民俗、语言文字的绚丽多彩的历史文化、多姿多彩的节庆活动，如纳西族的东巴文化、白族的南诏大理文化、彝族的虎文化及十月太阳历、摩梭人的阿注婚姻、傣族的“泼水节”、白族的“三月街”、彝族的“火把节”，景颇族的“目脑纵歌”等，构成了云南极为丰富、最具魅力的民族风情旅游资源。云南还是人类的摇篮之一，有再现悠久历史、人类历史发展各个阶段的大量文物古迹。有亚洲最早的、距今170万年的元谋猿人化石，有古滇文化及南诏国、大理国等众多的历史遗迹。全省国家级的重点文物17处，省级重点文物102处(项)，国家级历史文化名城5座。省级历史文化名城4座。由此可以看出，云南人文旅游资源丰富且特色鲜明，具有明显的不可替代性，不仅在国内独树一帜，在国际上也占有重要地位，具有很强的吸引力。

云南特殊的地理气候，壮丽的山川地貌，浓郁的民族风情，悠久的历史文化，加之独特的区位优势，共同构成了云南多种多样的旅游资源，既为旅游者提供了广阔的旅游空间、又具有多种旅游价值。既可用来开发观光旅游、民族风情旅游、会议旅游、度假旅游、跨境旅游、生态旅游等旅游项目，又可大力发展专项旅游和特种旅游等旅游项目。

**矿业**：矿产资源产业是云南省支柱产业之一，“十五”期间云南省将重点规划建设一批重点项目，使2005年全省矿业达到现价产值600亿元，年均增长11%，实现利税58亿元。

全省已着手建3个国家级磷复肥基地，即昆明大型磷复肥基地、滇东北中型磷复肥基地、滇南中型磷复肥基地；新建5个有色金属基地，即滇东北锌铅锗基地、滇西北铅锌基地、滇中铜业基地、个旧锡业基地、昆明铝业基地；实施4项重点能源矿产工程，即寻甸先锋褐煤液化及配套露天煤矿工程、富源老厂白龙山矿井工程、恩洪清水沟矿井及配套选煤厂工程、滇东地区煤层气开发利用工程保证云南省“西电东送”项目燃煤发电的需要；对澜沧铅锌矿实行高新技术改造；实施了马关都龙锡锌矿、蒙自白牛厂银多金属矿规模化开发等等。

**烟草及其配套产业**：积极开发新产品，增产低焦油、安全型卷烟，开发生产混合型卷烟；重点发展丝束、铝箔、优质盘纸、嘴棒纸等产品替代进口。

**冶金**：钢铁方面全力支持昆钢引进先进的炉卷轧机和冷轧机组，用先进技术改造其650轧机；有色冶金，在搞好矿山资源接替的同时，重点支持云冶、云铝、云锡、会泽铅锌矿、兰坪铅锌矿等重点企业实施重点技术改造，大力开发高附加值产品，改变以铜锭、铝锭、锌锭等原料型产品为主的局面。

**化工**：针对中国目前高浓度磷复肥尚需大量进口的情况，重点发展以高浓度磷复肥和农用商品湿法磷酸为主的磷化工，大力支持重点企业围绕磷等优势资源开发生产精细化工产品。

**医药**：结合我省生产天然药物的资源及技术优势，以天然药物为主，重点支持云南白药集团、昆明制药股份有限公司等骨干企业实施技术改造，开发拳头产品。

**食品工业**：茶叶选择下关茶厂、凤庆茶厂、龙生集团、茶苑集团等重点企业延伸开发茶多酚、儿茶素等抗氧化剂和天然色素，增加产品的技术含量和附加值；饮料重点支持有知名品牌的企业和大理、昆明、开远等啤酒生产企业技改升级。制糖：在规模化、集团化的基础上支持以碳酸法代替亚硫酸法制糖工艺的技术改造，积极推进幼砂糖、微晶糖、绵白糖、液体糖、低聚果糖、单细胞蛋白等升级产品。

**建材产业**：重点支持省建材集团等大企业实施日产1000吨以上新型干法旋窑水泥技改，大力发展高性能结构水泥和道路、大坝、矿井专用水泥。

**现有中国名牌**：昆明卷烟厂（云烟卷烟）2002年；红河卷烟厂（红河卷烟）2002年；玉溪红塔烟草（集团）有限责任公司(红塔山卷烟)2002年。

（李向前　向　洪）

记 事

2月27日

2000 第2批全国"青年文明社区"表彰会议召开。

1996 首届"中国竹子之乡"在京评选。

1993 神龙汽车有限公司正式开工。

2月28日

1994 国务院批准《国家计委关于商品和服务实行明码标价的规定》。

电子工业部提出抓好"三金"工程建设,"三金"工程即"金桥"、"金卡"、"金关"工程。

1992 中共中央发出《关于传达邓小平同志重要讲话的通知》。

2月29日

2000 国家工商局通报1999年打假维权10大行动和14个典型案例。

国家工商局12315记者团,赴广西和浙江采访。

1996 国家工商局发布《广告显示屏管理办法》。

2 月

2002 台湾声宝与海尔宣布全方位合作。

# 新疆维吾尔自治区品牌综述

品牌经济:

工业:1. 加强石油天然气勘探开发。坚持"油气并举"的方针,配合国家"稳定东部、发展西部"石油发展战略的实施,积极采用新技术,加大勘探投入,加快塔里木、准噶尔、吐哈三大盆地和其他盆地的油气资源勘探开发,逐步把新疆建成中国的第二个"大庆",力争在2005年全区原油产量达到2400万吨,天然气产量180亿立方米。

加快塔里木盆地石油天然气勘探步伐,对塔中、塔北等重点区块进行集中勘探、开发,力争2003年天然气探明加控制储量达到10000亿立方米,为"西气东输"提供可靠的资源保证。加快原油产能及配套设施建设和塔北天然气产能建设,尽快形成我国最大的天然气生产基地;准噶尔盆地要加大对盆地腹部和南缘的勘探开发力度,努力寻求新的发现,保持原油稳步增产;吐哈盆地在加强新区勘探的同时,加大挖潜力度,努力减缓老区产量的递减,保持原油生产的稳定。

2. 加快发展石油化学工业。充分利用新疆石油和进口原油资源,在现有原油一次加工能力的基础上,重点配套完善二次加工能力,适当扩大稠油加工,集中力量抓好乌石化、塔里木石化厂炼油装置配套完善工程、独山子石化公司加氢改扩建工程、克石化100万吨稠油扩建工程等项目建设,在增加优质燃料油生产的同时,扩大重交沥青、高级润滑油生产,发展化工原料,促进产品升级换代,加速石油炼化由燃料型向综合化工型的转变。大力发展基本有机化工、新型合成材料及精细化工产品,强化三大炼化企业的能力互补、分工协作和技术进步,加快独山子乙烯扩建、乌石化复合肥、库尔勒大化肥、塔北轻烃凝析油综合利用等项目建设,形成乌石化以炼油、化肥、聚酯生产为主,独山子以炼油、乙烯生产为主,克石化以润滑油、沥青生产为主,库尔勒——库车以轻烃、凝析油综合利用为主的四大石油化工布局。

3. 发展天然气综合利用。以"西气东输"为契机,围绕天然气化工、发电、城市气化和汽车代用燃料四个方面,重点建设吐鲁番顺酐等项目、和田天然气发电项目和乌鲁木齐等城市气化及汽车加气站工程,加速天然气利用产业的形成。逐步提高城市周围乡村的液化气普及率。

4. 积极发展纺织工业。发挥棉花优势,适应市场需求变化,加大科技开发和技术改造投入,大力发展优质纱、优质布,提高精梳纱、无结头纱、无梭布的生产比重,注重印染、服装等深加工的配套开发。积极开发特色绵织产品,不断提高产品附加值。压缩淘汰落后的毛纺生产能力,搞好现有企业技术改造,提高印染后整理水平,开发新品种,提高产品档次,使产品向"细、薄、轻"方向发展。化纤工业向多功能改性、复合纤维、超细纤维及深加工方向发展。加强亚麻原料和生丝原料基地建设,促进深加工,不断提高产品附加值。

5. 加快发展特色农产品深加工。大力发展蕃茄酱、果蔬饮料、葡萄酒等特色食品。蕃茄酱生产应进一步扶持龙头企业搞好原料基地建设,积极支持采用先进技术开发新产品,扩大生产规模,强化市场营销,增强国际市场竞争能力。葡萄酒以培育龙头企业和名牌产品为重点,扩大优质葡萄种植,引进新工艺、新设备,提高产品档次,尽快形成规模优势。继续发展胡萝卜汁、石榴、杏子等果蔬饮料。

6. 推进有色金属工业发展。以建成国家有色金属后备基地为目标,加快阿舍勒铜矿建设步伐,加快土屋——延东铜矿勘探开发步伐,尽早建设可可托海水电铝项目。继续保持稀有金属的全国的优势，提高铍、锂、钽、铌等稀有金属的综合利用水平。黄金开发坚持大中小并举的方针，加大对低品位、难选冶矿石的科技攻关，力争进入全国产金大省行列。

**旅游业**：依托丰富的自然风光、人文景观、丝绸之路、历史文化古迹和多姿多彩的民族风情等旅游资源，以“五区三线”为重点，积极开发大众休闲旅游和高山景观、草原风光、风景名胜等具有地域民族风情的特色旅游项目和旅游产品。进一步拓展购物旅游、探险旅游和科考旅游，积极开发冬季冰雪旅游项目，开成以喀纳斯湖为主的生态旅游区，以博斯腾湖和天池为主的风景旅游区，以吐鲁番为主的古文化遗址旅游区，以喀什为主的民俗风情旅游区和以伊犁为主的塞外江南风光旅游区。　（李向前　向　洪）

# 青海品牌综述

**品牌经济**：

**盐化工业**：以钾肥为重点，大力发展钠、镁、锂、锶、硼等系列产品。在加快察尔汗盐湖资源开发和综合利用的同时，着手开发马海湖、东台吉乃尔湖和大风山等矿床，抓好氯化钾、硫酸钾、硝酸钾、碳酸钾和氯酸盐等项目的建设。逐步把青海建成国家的钾肥、锂盐、碳酸锶生产和加工基地。

**水电工业**：照梯级开发，连续建设，大中并举，滚动发展的原则，加快黄河上游水电资源的开发步伐。建设公伯峡、尼那、直岗拉卡水电站，加快拉西瓦等水电站的前期工作。在加强电源建设的同时，加快电网建设步伐，330千伏输电线路东西贯通，110千伏输电线路南北展开，搞好城乡电网改造工程，扩大电网覆盖面。

**有色金属工业**：重点发展铝、镁、铜、金等有色金属和稀有金属产品，积极推进铝电、镁电联营，发展铝镁锌等深加工产品。建设30万吨电解铝项目。建设20万吨合成光卤石和5万吨金属镁及系列产品，开发镁粒、镁基合金等新产品。

**石油天然气工业**：进一步加大柴达木盆地油气资源勘探开发力度，增加探明储量，逐步形成开发并举、油气并举、以气为主、油气化工与盐湖化工结合的发展格局。到2005年，累计探明和控制的石油地质储量4亿吨、天然气3000亿立方米；建成年产油气500万吨（当量）生产能力的涩北——西宁——兰州天然气输气管道；建设天然气电站，PVC及化肥等天然气利用项目。

**医药工业**：充分发挥丰富的高原中藏药资源优势，重点发展治疗心脑血管疾病、肝炎、风湿类疾病的系列药品及各类保健药品。因地制宜开展中藏药用动植物资源的繁育和种植，逐步把青海建成全国较大的中藏药材生产和加工基地。利用青海作为国家定点生产麻醉药品基地的优势，发展化学药品、生化制药。

**农畜产品加工业**：重点发展以明胶系列产品为主的生物制品，以蜂系列产品、青稞酒系列产品、乳制品、饮料、菜籽油和牛羊肉制成品等为主的天然绿色食品，以及三绒（牛绒、羊绒、驼绒）面料、针织品、民族地毯和工业用纺织等为主的针纺织品。

**冶金工业**：重点发展替代进口特钢产品，开发冷拔、冷管深加工产品。搞好铁合金、碳化硅工业节能降耗和品种调整。

**建材工业**：加快水泥、石棉行业技术改造步伐，提高水泥生产能力。积极发展节能、节地和低污染产品，开发新型建筑材料。

**旅游业**：把旅游业放在更加重要的位置，按照统筹规划、突出重点、分步开发的原则，重点抓好青海湖国家级风景名胜区、塔尔寺藏传佛教圣地、黄河碧水丹山旅游带、江河源生态旅游区、昆

标　识

武汉市健民制药厂

金城集团有限公司

仑文化旅游区、互助北山国家级森林公园及乡土民族风情园等景区景点开发与建设，完善配套设施。创建青海湖、江河源、塔尔寺三个王牌景点，丰富以西宁为中心的环青海湖、唐蕃古道、藏传佛教朝圣、世界屋脊探险、江河源头生态旅游等五条黄金旅游线的内涵，逐步把青海建成中国西部著名的生态、避暑、宗教文化和民族风情旅游基地。

（李向前　向　洪）

# 甘肃品牌综述

品牌经济：

畜牧业：抓好甘南燎原牌的奶粉和精炼酥油等名牌产品的生产。开发肃南鹿系列保健产品、天祝白牦牛、甘南牦牛等系列产品：对皮革和毛纺企业进行产权重组与技术改造，调整产品结构，创新经营机制，将低水平、小规模、初加工的小厂改造为适应市场需求、专业化程度高、深加工的企业，提高产品的附加价值和科技含量。以畜产品的加工增值带动牧业生产质量与水平的提高。

在进一步落实和完善牧民家庭草畜双承包制的基础上，积极鼓励牧民通过自愿联合、合伙入股经营等方式建立具有一定规模的牧场企业。大力提高牧业产出和投入的商品化程度，加快草地牧业由自给型、初级型、粗放型向商品化、产业化、集约化的现代牧业转变。充分利用农区丰富的作物秸秆和饲草饲料，建立牛羊育肥基地。建成合作市的防灾保畜基地：进一步完善 9 县的防灾保畜基地配套设施。建成肃北县青山道、碌曲县玛艾等牧草种子繁育基地。加大对碌曲、玛曲、夏河县等地“三化”草地综合治量力度，突出治虫灭鼠。推广科学的饲养技术，着重提高饲料转化率、牲畜出栏率和畜产品的质量。进一步巩固扩建肃南美丽奴、甘南阿尔巴斯绒山羊和欧美细毛羊等良种基地建设：建成临夏州、张家川县农户的百万只细毛羊基地和十万只小尾寒羊基地。

特色农业：以增加农民的实际收入为主要目的，充分发挥民族地区生物资源丰富的优势依靠科技进步，推进生物资源的开发：沿黄灌区和有条件的地方，抓好粮油生产基地建设。在临夏县、张家川县和天祝县各选建一个粮油良种繁育基地，逐步提高粮油作物的品质品种结构。进行各类盆花、盆景等花卉栽培，培育出具有民族地方特色的名优花卉产品。大力兴办多种经济成分的农林土特产品购销加工企业，对有特色的传统农林产品（舟曲县的花椒、临夏县的早酥梨、和政县的啤特果、东乡县唐汪桃杏、鸡蛋皮核桃、永靖县的枣等）和野生土特产品（蕨菜、蕨麻、沙棘、中草药等）进行合理开发，以加工带动规模种植与生产。结合国家“退耕还林（草）、封山绿化、个人承包，以粮代赈”政策，大力发展林果、花椒、桑蚕、生漆等经济林木，合理安排生态林和经济林的比例：扩大优质牧草种植面积，发展草地畜牧业，广泛应用科技，提高产品品质和产量，使特色农业区域化、规模化。

旅游业：将旅游业作为民族地区的新兴支柱产业加以扶持和培育。重点突出民族文化特色和自然风光。对夏河拉卜楞寺、肃南马蹄寺等著名寺庙在搞好文物古迹保护的同时，增强旅游服务功能和游客的接纳能力：永靖刘家峡水库、炳灵寺、临潭、康乐莲花山和政松岩、玛曲黄河首曲等，应着力开辟新景点，增加旅游服务设施，扩大接待能力，提高服务质量。改善道路通行等基础条件。把草原风光、民族风情、民族文化等自然及文化景观融为一体，丰富旅游内涵。抓紧“碌曲生态旅游”项目建设，使其形成中等规模的旅游风景区：同时搞好夏河桑科草原旅游开发区的建设。依托丝绸之路旅游热线，紧跟世界潮流，开发肃北、阿克塞国际狩猎、高山探险、冰川观光等项目。扩大宣传力度和对外开放程度，欢迎和鼓励国内外旅游企业或财团及民间资本对民族地区的旅游

## 记　事

2　月

2002

上海嘉丽南可可食品有限公司成为上海第 1 个宣布破产的外商独资企业和国内第 1 个被拍卖的外商独资企业。

“女儿红”易主。

联想进军手机市场。

2001

国务院批准，由国家经贸委管理的 10 个国家局，除国家烟草专卖局保留外，其余 9 个全部撤销。被撤销的 9 个国家局是：国家国内贸易局、国家煤炭工业局、国家机械工业局、国家冶金工业局、国家石油和化学工业局、国家轻工业局、国家纺织工业局、国家建筑材料工业局、国家有色金属工业局，有关行政职能并入国家经贸委。

倪润峰出任长虹 CEO。

史玉柱复出。

2000

“长城啤酒”（上海达彼思）广告获美国第 29 届莫比平面广告金奖。

1999 上海名牌产品推荐揭晓。

1994

电视片《现代广告》在中央电视台播出。

冶金部成立品种质量规划协调领导小组。

1993

国家工商局商标局组建服务商标审查处。

业进行投资和开发。力争把甘南建成省内外有名的旅游风景区。依托民族地区丰富的历史文化、山水风光和民俗风情等传统旅游资源，开发出深受国内外旅客欢迎的系列产品。

**矿产业和具有民族特色的加工工业**：目前已加大对民族地区矿产资源的勘探力度，依据市场需求和资源条件，制定相应的开发规划，为规模性开发做好基础性工作：在合理开发资源的同时，注重产业拓展，延长产业链条。建成碌曲辛曲，临潭、卓尼小河沟，肃北小西弓等金矿采、选、冶一体化企业，提高矿产资源回收率，降低生产成本。玛曲格尔珂黄金选矿厂要达产达标。加快迭部硅铜矿和肃北铬冶炼厂项目的改扩建，通过设备更新和技术改造，提高产品质量和效益。对肃南的铜矿资源开发争取做好前期准备工作。积极探索地质探矿新机制，强化对钨、钼、锑、铅锌等矿产资源勘探，要在完成地勘工作的基础上，认真做好前期准备，按照市场需求，进行合理开发。提高阿克塞石棉的分级技术水平和产品深加工能力，提高天祝石膏制品的档次。利用民族地区的一些特有资源和传统工艺，培育、壮大一些具有民族特色的加工工业。对甘南、天祝等地的山野菜、羊肚菌，临夏皮特果、沙棘等特有资源要在保护生态环境不受影响的前提下，适度开发，提高产品档次，发展绿色食品。采用先进工艺技术提高牛羊肉的分类包装、储运水平，依托市场开发适销对路的绿色食品，增品种、创名牌。建设甘南、天祝牛骨髓壮骨粉等一批具有地方特色的天然保健食品厂。在抓好现有新藏药——“仁钦章觉”、“珍珠七十丸”等批量生产的同时，积极引进新技术和人才，开发新的藏药产品，力争建成以夏河县为中心的藏药研究、开发、生产基地。加强民族用品的生产和开发。

（李向前　向　洪）

标　识

威海市金猴集团有限责任公司

# 宁夏回族自治区品牌综述

品牌经济：

**特色绿色食品业**：突出发展以牛、羊为主的畜牧业，建成全国有较大影响的“清真”肉奶食品加工。进一步发展马铃薯加工业、水产果菜加工业和粮食加工业。在贺兰山东麓建设较大规模的优质葡萄酒基地。

**特色生物医药产业**：结合生态建设发展以枸杞、甘草、沙棘、麻黄、苦豆子等沙生中药材为主的特色药材基地。运用高新技术进行深加工、精加工，生产高效、无副作用的特色系列药品和保健品。

**天然气化工、煤化工产业**：充分发挥宁夏发展天然气化工和煤化工的优势，在“十五”期间，重点建设银川化肥厂改造工程，并开发、生产高附加值的天然气精细化工产品，建设83万吨煤基二甲醚项目和137万吨煤炭间接液化项目，争取逐步把宁夏建成我国西部重要的天然气化工和煤化工基地。

**新材料产业**：重点发展钽、铌、铍等特种稀有金属材料及其产品，保持国际先进水平。完成青铜峡铝厂扩建、改造，积极发展铝镁合金及其深加工产品、以及碳化硅、高技术陶瓷、稀土材料及其制品，新型特种建筑材料等，重视发展高技术含量的煤炭深精加工产品，开发煤质专用活性炭、新型净水剂等先进环保材料。

**旅游业**：以西夏古都、大漠风光、回乡风情为特色，大力发展我区特色旅游，重点建设西夏王陵、沙湖、沙坡头、六盘山、青铜峡、金水等旅游区。形成若干全国知名的旅游景点和特色旅游热线，初步树立我国西部独具特色、富有吸引力的旅游目的地形象。

**现有中国名牌**：宁夏圣雪绒国际企业集团有限公司(圣雪绒)2002年。

（李向前　向　洪）

金川有色金属公司

记 事

3月1日

2002 新华在线启动引擎。

2000 《商标代理人资格考核办法》施行。

山东三角集团获ISO14001认证(全国同行业首家)。

湖北省首届著名企业发展战略首脑峰会举行。

中国科学院发布《中国可持续发展战略报告》,排出1999年全国31个省、自治区和直辖市可持续发展能力座次。

1998 农业部发布《渔业船舶船名规定》。

1996 1995乡镇企业10大新闻人物评出。

1984 中共中央、国务院批准社队企业更名为乡镇企业。

1983 《中华人民共和国商标法》开始实施。

3月2日

1998 宝钢获ISO14001认证(国内同行业首家)。

# 贵州品牌综述

品牌经济:

**能源、原材料工业**:贵州是我国南方重要的能源、原材料工业基地。全省水力资源理论蕴藏量1874.47万千瓦,居全国第六位;煤资源保有储量523.15亿吨,为全国第五位,江南第一位。其他矿产资源有110种以上,其中76种已程度不同地探明了储量,有43种矿产保有储量排名全国前十位。排名第一至第五位的有28种,汞、铝、磷、煤、锰、锑、金被誉为贵州矿产的"七仙女"。　1、煤:1998年,原煤生产能力突破8000万吨,生产原煤6561万吨,是1949年的218倍,洗精煤336万吨。已形成配套的煤炭工业体系,煤炭工业已成为全省的重要优势产业。

2、电:全省发电装机容量528万千瓦,是1949年的1821倍,其中火电304万千瓦,发电量达291.77亿千瓦小时,为1949年的4168倍。现有35千伏以上高压电网1.5万千米,500千伏超高压输电线路380千米,110千伏输电线路覆盖全省县(市、区),10千伏线路覆盖全省94.9%的乡镇。　3、原材料:到1998年原材料工业已拥有总资产360多亿元。其中:冶金工业82亿元,有色金属工业70亿元,黄金工业6亿元,化学工业160亿元。冶金工业已形成铁120万吨、钢148万吨、钢材117万吨、铁合金30万吨、金属制品10万吨、耐火材料13万吨的生产能力、黄金工业已形成固定生产能力5.6万两,非固定生产能力5万两;化学工业以化肥、磷及磷化工、煤化工以及轮胎、橡胶制品为特色:建材工业以水泥制造业、水泥制品等为主体。主要产品产量为:铝锭22.72万吨,氧化铝40万吨,海棉钛1888吨;磷矿石436.5万吨,化肥72.8万吨;钢100.3万吨,铁合金39万吨;水泥559万吨。

**以烟酒为代表的轻工业**:贵州调整轻重工业的比例关系,形成了卷烟、酿酒为主,造纸、皮革、塑料、家用电器、制药等行业在内的轻工业体系。在全省轻工业中烟草业、酿酒业占有重要地位。贵州是全国优质烤烟生产基地之一,烟叶是"熊猫"、"中华"牌香烟的重要配料,烤烟产量居全国第二位,是全国六大卷烟生产省之一。"两烟"是贵州支柱产业。现有卷烟企业10家,年生产能力260万箱。按照建立现代企业制度要求,已组建了黄果树集团、驰宇集团。属全国名优卷烟产品的有"遵义"、"黄果树"、"驰"、"鹰盾"等品牌。1998年,全省生产卷烟195.79万箱,产值52.33亿元,实现利税30.73亿元。贵州酿酒历史悠久,是国酒之乡,形成了以茅台、董酒、鸭溪窖酒、青酒、贵州醇、长寿长乐补酒等为主的数十个产品,国酒茅台、董酒蝉联历届全国"八大名酒"之列。1998年,全省饮料酒产量达48万吨,比1949年增长532倍。

**机械电子工业**:贵州的机械、电子工业通过布局调整和产品结构调整、技术改造,初步形成在国内外有较大影响的五大生产基地:①磨料磨具生产基地。主要生产普通磨料磨具和超硬磨料磨具,全省磨料磨具产量占全国产量的50%以上,第七砂轮厂生产的磨料出口量占全国出口量的60%以上。②高低压电器生产基地。其产品在国内和国际市场有良好信誉,销售全国及50多个国家和地区。③仪器仪表生产基地。产品畅销全国,出口50多个国家和地区,高压真空开关、片式钽电容与片式电阻等产品达到国内和国际领先水平。④轴承生产基地。主要生产精密、微型和特殊用途轴承,产品除满足国内需要外,还出口50多个国家和地区。⑤汽车及零配件生产基地。主要生产航天牌轻型汽车、支雀牌微型轿车、专用汽车和汽车零配件。开发出了具有20世纪90年代国内外先进水平的Ⅱ型锆刚玉、有载分接开关、数控轧辊磨床、前进牌子午线汽车轮胎等一批科技含量高的产品。国防科技工业是贵州机械电子工业的重要组成部分。航空、航天、电子三大军工基地现有企事业单位 141 个，其中工业企业 93 个；拥有职工 14 万人，其中各类专业技术人员 5 万多人。1998 年底，拥有资产总额 151.14 亿元，当年完成工业总产值 65.38 亿元，实现工业增加值 1.1 亿元，出口创汇 4540 万美元。继为我国第一颗原子弹爆炸成功提供核燃料后，1970 年，试制成功了第一台涡喷式飞机发动机，制造的第一架歼击机飞上了蓝天，生产的第一批导弹交付部队。在此基础上，军品科研生产保持了强劲的发展势头，歼击机、涡喷式发动机、地空导弹等高科技武器系统装备在国防建设中处于重要地位；正负电子对撞机、重离子回旋加速器的关键部件等一批高科技产品达到或接近国际先进水平；新建成民品生产线 203 条，开发民品 3000 多种，已有医用电子驻波直线加速器等 600 余种产品投入批量生产。民品生产以年均 29% 的增长高速发展。

**旅游业**：贵州独特的山水风光，古朴神秘的民族风情，多姿多彩的文物古迹和宜人的气候，是海内外宾朋理想的旅游和避暑胜地，发展旅游得天独厚。全省旅游业初步形成以贵阳旅游区为中心，东、西、南、北各具特色的旅游线。西线观赏喀斯特自然景观和领略布依族、苗族民风民俗，东线体验苗族、侗族风情和观赏奇山秀水，北线考察中国革命历史文化和酒文化，南线考察喀斯特原始森林和布依族、水族、瑶族风情。全省先后开发了黄果树瀑布、龙宫、红枫湖、织金洞、赤水十丈洞、兴义马岭河峡谷、荔波樟江等 8 个国家级风景名胜区和贵阳花溪、百花湖等 24 个省级风景名胜区，梵净山、茂兰喀斯特原始森林、赤水桫椤、威宁草海、习水中亚热带常绿阔叶林等 5 处国家级自然保护区，百里杜鹃和赤水竹海两个国家级森林公园；遵义会议会址、遵义杨粲墓、普定穿洞遗址、镇远青龙洞、从江增冲鼓楼、毕节大屯彝族土司庄园、大方奢香墓、息烽集中营旧址、盘县大洞遗址等 9 处国家级重点文物保护单位和甲秀楼、王阳明祠等 1000 多处省、市、县级重点文物保护单位。旅游配套不断完善。贵阳至黄果树、贵阳至花溪、贵阳至遵义的高等级公路建成通车，贵新公路、贵毕公路正在建设。先后开通了贵阳至六盘水、贵阳至遵义、贵阳至玉屏、贵阳至昆明的旅游列车。贵阳机场正式通航，开通了贵阳至香港的旅游直航包机。全省有涉外饭店 53 家，其中四星级 1 家、三星级 2 家；旅行社 70 家，其中国际旅行社 12 家；旅游汽车公司 3 家；旅游商品定点生产、定点经营企业 92 家。

“八五”期间，接待海外旅游者 47.35 万人次，创汇 7050.49 万美元；国内旅游者 7154.37 万人次，收入人民币 21.2 亿元。“九五”时期，旅游收入保持了持续增长的势头。1998 年，全省接待海外旅游者 15.13 万人次，接待国内旅游者 1880 万人次，旅游总收入 38 亿元人民币。

**绿色产业**：贵州有丰富的生物资源、非耕地资源及劳动力资源，有发展绿色产业的良好自然环境，为发展种植业、养殖业及相关加工业提供了条件。1996 年 10 月，省委、省政府从省情出发，做出关于大力发展绿色产业的决定，其基本思路是：以市场为导向、以科技为依托、以效益为中心，促进经济、社会和生态协调发展和良性循环；实行区域化布局、企业化管理、专业化生产、一体化经营、社会化服务；发展各具特色的“龙型”经济实体，形成有规模、上档次、效益高的绿色产业；实行谁投资、谁开发、谁经营、谁受益的原则；对国外、境外、省外参与兴办的独资、合资、合作企业给予优惠政策。在抓好粮、油、烟、猪生产的同时，开发贵州生物资源，生产天然、优质、安全的绿色产品。建设草食牲畜、中药材、保健食品饮料、轻化工原料、干鲜果品、木本油料等 6 大生产基地。培育和发展山羊、肉牛、银杏、猕猴桃、魔芋、刺梨、杜仲、油桐等八个优势龙头产业，形成具有贵州特色的绿色

## 记　　事

**3月2日**

1994　1994中国轻工知名企业质量宣言发布。

1992　国家工商局公布全国10大专业批发市场：浙江省义乌市小商品市场，沈阳市五爱市场，江苏省吴江县东方丝绸市场，河北省石家庄市新华集贸中心，浙江省绍兴县轻纺市场，辽宁省海城市西柳服装市场，河北省石家庄市南三条小商品市场，成都市荷花池市场，北京市海淀区大钟寺农副产品批发市场，山东省寿光县蔬菜批发市场。

**3月3日**

2000　第1个全国爱耳日，主题是“预防耳毒性药物致聋”。

资源1号卫星交付使用，结束中国没有陆地资源卫星的历史。

最高人民法院公布《关于充分发挥审判职能作用，为经济发展提供司法保障和法律服务的意见》。

国家旅游局制定并发布《旅游标准化工作管理暂行规定》。

1993　世界中小企业大会首次在中国举行。

1986　王大珩等4位科学家提出“863计划”。8

产业。1997年绿色产业正式启动以来，共投入专项贷款5亿多元。绿色产业开发已初见成效。除开发建设了一批生产基地外，还成功开发出一批有地方特色、有一定规模、上档次、效益高、市场前景好的加工产品。尊荣贵宝公司生产的猕猴桃果汁饮料已达600吨、产值8000万元，其产品畅销国内外。汉方集团生产的猕猴桃鲜果及果珍饮料，润丰集团生产的猕猴桃口服液系列，贵阳大起公司生产的猕猴桃酒，信邦公司生产的银杏叶片“银杏天宝”，兴业公司生产的银杏花蜜醇酒，中圣药业公司开发血脂平胶囊，老来福公司开发的SOD口服液，信友公司生产的核桃乳饮料，巨星集团生产的魔芋方便卷粉等产品，深受消费者青睐；还有各类辣椒加工系列产品如花溪“辣椒王”、贵州“老干妈”等都闯进了大市场。

（李向前　向　洪）

# 内蒙古自治区品牌综述

品牌经济：

**食品工业**：内蒙古是国家重要的商品粮、油、糖和畜产品生产基地。牛奶、牛羊肉、马铃薯等农畜产品和山杏、沙棘、枸杞、苁蓉等野生植物资源十分丰富，而且具有绿色、无污染的明显优势，特色突出，具有发展食品工业的巨大优势和潜力。农畜产品加工业已成为内蒙古的重要支柱产业，特色食品工业在内蒙古得到了长足发展。目前，具有较强竞争力的五家食品企业成功上市。“伊利”、“蒙牛”、“草原兴发”、“恒丰”等商标成为全国驰名品牌，179个农畜产品获得国家绿色产品标志：无污染、无公害的绿色食品畅销国内外，市场份额不断扩大。食品工业已成为支撑内蒙古经济发展的重要优势产业。

**畜牧业**：畜牧业是内蒙古的基础产业，也是农村牧区经济发展的优势产业，据内蒙古自治区农村牧区社会经济调查的调查统计显示，2002年牧业年度内蒙古畜牧业生产呈现以下几个特点：一是牲畜总增量继续保持较高水平，稳定在2700万头（只）的综合生产水平之上，达到2780.04万头（只），总增率为38.96%。二是繁殖成活率较高、死亡率降低。2002年全区共接活仔畜2900.47万头（只），比2001年增加99.89万头（只）；死亡成幼畜120.43万头（只），比2001年减少91.19万头（只）。三是牲畜出栏率大幅度提高。据统计，2001年日历年度全区出栏牲畜3244.96万头（只），比2000年多出栏107.12万头（只），出栏率为66.06%，同比增加5.1个百分点。四是畜群结构继续得到调整，大牲畜存栏减少，羊存栏增加；良种牲畜、改良种牲畜、能繁殖母畜增加。其中，良种和改良种牲畜占总数的80.34%，比上年增长5.73%；能繁殖母畜占存栏牲畜总数的55.55%，比2001年增加了1.71个百分点。畜种结构进一步体现出地区优势，奶牛养殖业迅猛发展，到6月末奶牛存栏90.19万头，同比增加7.06万头。这也使内蒙古的奶业闻名全国。

**旅游业**：内蒙古自治区旅游资源丰富、特色鲜明，经过20多年的开发建设，特别是经过“九五”以来的加速发展。已经形成了呼和浩特、锡林浩特、赤峰、海拉尔等旅游中心城市和热点地区，推出了草原旅游、沙漠旅游、森林旅游、民族风情旅游、历史文化旅游、边境旅游等吸引力强的旅游线路和特色旅游项目。内蒙古自治区在2001年已建成各类景点100多处，其中多处在2000年被国家旅游局评为4A级旅游区。

内蒙古抓住西部大开发的机遇，进行经济结构的战略性调整，旅游业日渐成为新的经济增长点，美丽的自然景观、独特的马背民族风情，成为新世纪内蒙古旅游业得以快速发展的金字招牌。2000年全区旅游业收入超过40亿元。

**羊绒业**：年产羊绒4200吨，主产于鄂尔多斯市、巴彦淖尔盟、阿拉善盟、锡林郭勒盟和赤峰市。所产羊绒纤维细长、手感柔软、拉力大、光泽好、颜色正白，多呈冰糖色，绒爪松紧适中，呈圆球状或馒头状，含粗毛少，净绒率高。一般西部品质好于东部地区，颜色以白绒为主。全区羊绒产量和质量均居我国首位。其中内蒙古鄂尔多斯羊绒（集团）有限责任公司是中国羊绒纺织业第一个获得中国驰名商标称号的企业，集团被第50届世界统计大会授予“中国羊制品大王”的称号。

**现有中国名牌**：内蒙古伊利实业集团股份有限公司（伊利乳粉）2002年；内蒙古伊利实业集团股份有限公司（伊利液体奶）2002年；内蒙古蒙牛乳业股份有限公司（蒙牛液体奶）2002年；内蒙古鹿王羊绒集团公司（鹿王羊绒衫）2002年；内蒙古鄂尔多斯羊绒制品股份有限公司(鄂尔多斯羊绒衫)2002年。

（李向前　向　洪）

# 广西自治区品牌综述

**生物资源**：植物资源。广西植物资源种类繁多。全区已发现野生植物288种，隶属于58科101属。列为一级保护的有4种，列为二级保护的有51种，三级保护67种。其中不少品种的经济价值很高。药用植物共有4064种，其中如淮山、田七、金银花、茯苓、半夏等产量居全国前列；油料植物338种，纤维植物387种，还有淀粉植物150种，化工原料植物200多种。

**森林资源**：广西是我国南方重要的林区之一。其中，天然林以常绿阔叶林为主，其他有热带季雨林、亚热带落叶林、亚热带针叶阔叶混交林、亚热带针叶林等；人工林以松、杉、桉等用材林和油桐、油茶、八角、玉桂、橡胶等经济林为主。1997年末，森林面积为817万公顷，森林覆盖率39.26%，森林蓄积量为27700万立方米。

**动物资源**：复杂多样的地形，温暖的气候，植物繁茂，为野生动物提供了充足的食料，使广西成为全国野生动物资源丰富的省区之一。现已知有哺乳动物类136种，隶属8目31科，占全国哺乳类464种的29.31%。属国家一级保护野生动物的有白头叶猴、野长臂猿、华南虎、瑶山鳄蜥、梅花鹿、儒艮等26种，二级保护野生动物有熊猴、穿山甲、大灵猫等124种。渔猎动物已发现淡水鱼类235种，主要经济鱼类有草鱼、鲤鱼、青鱼等。江河鱼类资源量为8000—10000吨，合理捕捞量为3000—4000吨。广西的药用、肉用动物中著名的主要有蛤蚧、穿山甲、红毛鸡、鹧鸪、果子狸、五步蛇等；此外广西的药用昆虫资源也很丰富。

广西的优势产业有食品、林产化工、海产品深加工、医药、电子、石化等工业。

**旅游业**：广西自治区有风景名胜区、点400余处，分散而又相对集中于66个市、县。形成桂林、南宁、柳州、桂东南和滨海等5个旅游区。国家级旅游度假区有桂林和北海银滩；自治区级旅游度假区有桂林桃花江、防城江山半岛、灵川青狮潭、龙胜温泉、玉林佛子山、桂平西山、合浦星岛湖和北海涠洲岛等8个。“桂林山水甲天下”早已名扬中外。桂林的山，平地拔起，巍然矗立，形态万千。峻秀的群山不仅形态奇俏，而且有许多玲珑剔透、色彩缤纷的钟乳石。特别是桂林至阳朔的83公里漓江水程，两岸奇峰挺拔，秀水萦洄，因而又有“阳朔山水甲桂林”的美誉。

**现有中国品牌**：柳州两面针股份有限公司(两面针牙膏)2002年。

（李向前　向　洪）

## 标　识

内蒙古鹿王羊绒（集团）有限公司

广州今日（集团）有限公司

记　事

3月3日

1986 月，国务院常务委员会议通过了《国家高技术研究发展计划纲要》。10月，中共中央政治局召开扩大会议，批准了《国家高技术研究发展计划纲要》，决定拨款100个亿。共选入了7个领域：生物技术、信息技术、激光技术、自动化技术、能源技术、航天技术、材料技术。1996年海洋高技术被正式列为"863计划"的第八个研究领域。

3月4日

2002 浪潮英信再次荣登服务器市场销量国产品牌榜首。

纽约海尔大厦揭幕。

1991 国务院发布《专利代理条例》。

1990 1989年度全国企业管理优秀奖(金马奖)评选揭晓。

3月5日

2001 格力空调在京展示"五脏六腑"。

2000 马钢获德国荣氏船级社颁发系列产品认证证书。

1997 中宣部、国务院纠风办座谈十大窗口行业"为人民服务、树行业新风"。

# 香港：知名品牌

美丽的"东方之珠"——香港，是中国经济最发达的城市，也是世界闻名的国际大都市，是亚洲地区的金融中心、商务中心、航运中心、美食中心，是旅游、休闲、购物者的理想乐园。这里聚集着全世界的著名品牌商品，可说是琳琅满目，美不胜收，无异于"世界品牌大博览"。由于香港是消费型城市，不是生产型城市，真正属于香港本土的名牌产品并不很多，但是名牌公司则为数不少，有的还是世界"重量级"的著名公司。

一、香港的名牌产品

自20世纪80年代开始，香港经济从以制造业为主逐渐转变为以服务业为主。在此之前，香港的轻工业经过几十年的发展与磨练，汲取发达国家的精萃，融入东方的特色，其产品无论在创意、设计、工艺及性能、质量上均接近或达到世界先进水平，形成了香港自己的知名品牌。这集中体现在近3年香港中华厂商联合会主办的"香港十大名牌"评选：

**近3年荣获"香港名牌"的产品**

| 1999年 | 2000年 | 2001年 |
|---|---|---|
| 李锦记 | 斧头牌 | 清　泉 |
| 刀　唛 | 鳄鱼恤 | 大排档 |
| 白花油 | 鹰　牌 | 余仁生 |
| 恒　香 | 威　马 | 菊花牌 |
| 荣　华 | 狮球唛 | 嘉　顿 |
| 雅芳婷 | 龙　发 | 西德板 |
| 优之良品 | 红　A | 金象牌 |
| 京都念慈庵 | 寿桃牌 | 金妹牌 |
| 雅　兰 | 世界通 | 东方红 |
| GP超霸 | 维他奶 | 位元堂 |

上述香港名牌中，不乏历史悠久、为香港公众乃至海外华人所熟悉的产品，如李锦记酱油、药用的白花油、鹰牌花旗参等等，李锦记酱油还被Asia－Inc商业周刊列为亚洲区第11位品牌。但从整体来看，香港本土的名牌同香港的经济实力相比，无论在数量上或影响力上，都很不相称。大多数香港生产企业仍停留在以原件制造为主的阶段，真正自己设计、建立起自己品牌的并不多。

二、香港的名牌公司(机构)

香港的服务业很发达，服务业产值占香港生产总值85%左右。在服务业中，誉满香港、誉满全球的名牌公司(机构)很多。提起这些名牌公司(机构)，人们就自然地想到它们的优质服务。举例来说：在航空运输业方面，香港是世界著名的航运中心，1998年新建启用的香港国际机场几年之内就获得了许多世界级的荣誉，如：2001年被美国建筑界权威人士及有关媒体在132个建筑工程中评选为"20世纪十大建筑成就"之一；香港机场管理局获国际贷款评级机构标准普尔公司评定为机构信贷(本地货币)A＋级，机构信贷(外币)A级；2002年香港国际机场被Air Cargo News评为"2002年最杰出货运机场"；据国际航空运输协会调查结果，每年旅客量超过2500万人次的国际机场中，香港国际机场名列世界第二；据英国Skytrax Research评选，香港国际机场获2001年"全球最佳机场"称号等等。现在，香港国际机场是世界最繁忙、效率最高的机场之一，2001年进出香港国际机场的航班达19.68万班次，每小时飞机升降达47架次，即不到1分30秒就有1架飞机升降。

香港国泰航空公司亦享有很高的国际声誉。它自1946年创建以来，至今已直接与世界五大洲的51个城市通航。它所属的机队，平均机龄只有5.7年，是全世界最年轻的机队，但仍继续进行机队更新，计划耗资90亿美元购买全新飞机，以求机队更新、更安全。2001年香港国泰航空公司被Asia－Inc商业周刊评为亚洲20大品牌中的第二位；2002年又被Skytrax Research评选为太平洋最佳航空公司，在全球最佳航空公司排名榜中名列第二位。

在银行业方面，香港汇丰银行的实力和信誉均名列前茅。它是全世界规模最大的银行与金融服务机构之一，2001 年总资产达到 6958.77 亿美元，税前盈利为 800 亿美元，平均每天盈利 2.19 亿美元。2001 年 Global Custodian 杂志对 25 个国家和地区进行调查，香港汇丰银行在其中 20 个国家和地区均获评为“最佳托管人”；Treasury Management International 杂志亦把它评为“2001 年亚洲最佳银行”。Finance Asia 杂志更连续 5 年把香港汇丰银行评为“亚洲最佳贸易融资银行”。在客户心目中，“汇丰”这个银行品牌，不仅代表优质服务，而且代表稳妥、安全。2001 年香港因撤销了利率协议而引致全港银行零售存款业务大调整，“汇丰”的利率比其他银行明显低，但客户不但没有流失，反而有 64 万客户选择其推出的免费理财服务，其原因是其品牌深入人心。

在酒店业方面，半岛、文华、君悦等酒店均是香港的名牌酒店，设备及服务均属世界一流。历史悠久的半岛酒店多次在全世界获奖，2001 年美国 Zagat Survey 公司（一家调查公司）把它评选为“全球最佳酒店”，它获得的评分为 29 分，离满分 30 分仅差 1 分，而它的房租并不是世界最高的。

在餐饮业方面，香港的餐饮业在全世界负有盛名，世界各种美食在香港都有，而且色味俱佳，不愧为“美食天堂”。名牌餐饮店除著名的大酒店外，比较大众化的有美心集团、大家乐快餐店、“阿一鲍鱼”、“阿二靓汤”等名牌。

在服装业方面，有佐丹奴、G2000、G2、MON 等名牌服装店。

在教育行业方面，大学有香港大学、香港中文大学、香港科技大学等被列入“亚洲名牌大学”；名牌中、小学有皇仁书院、轩尼诗道官立小学等。

### 三、香港品牌代表香港形象

正如人们通过风行全球的诺基亚手机了解到北欧那个冰天雪地的芬兰，通过畅销世界市场的丰田汽车、松下电器了解到日本这个世界第二经济强国一样，人们往往也是通过香港国际机场的优质服务、世界一流的半岛酒店、多姿多彩的海洋公园和名扬世界的“美食天堂”、“购物天堂”等美誉来了解香港的。这就难怪香港这个只有 600 多万人口、没有多少名胜古迹和绝佳风景的弹丸之地，2002 年上半年竟有多达 750 多万人次的入境旅客，旅游经济早已成为香港最重要的经济支柱之一了。

香港是世界资讯中心之一，不仅各种经济信息灵通、及时，而且有机会直接触全世界最优素质、知名度最高的各种名牌，香港又拥有大量富有创意和革新精神、善于把握新经济、新科技、新时尚的潮流的设计人员和市场推广人员，因而香港不仅有必要也有条件大力创立更多的本港名牌，并在国内市场和世界市场占领更多的份额。近年来香港工商界人士已经注意到本港产品名牌不多不响的问题，开始在创名牌上下功夫。据 2002 年一季度香港厂商会调查，该会会员中已有 35% 企业建立了自己的品牌，53% 企业开始原始设计和生产，29% 企业表示会在一两年内把已有品牌引入内地或着手建立针对中国内地市场的新品牌。这样做，必将有力地提升香港品牌的形象，增强香港的国际竞争力，促进香港经济的更快发展。

### 四、“香港就是一个国际名牌”

综合香港经济界人士对创建香港名牌的认识，可以得出以下几个要点：

1. 当今世界市场竞争主要是品牌竞争。价格竞争、质量与服务竞争当然还会有，但都是过去的主要竞争方式，是低水平的竞争。香港不仅要建造更多更好的名牌公司（机构），还要大力创造更多更响的名牌产品，在这方面要急起直追。

2. 品牌是某种商品、某个公司（机构）在物质上和情感上的代表。一个成功的品牌，除了凝聚着这个产品或公司（机构）的优点外，还要透示出一种温馨的人情味，让顾客感到亲切、可信，让自己的员工感到自豪和产生归属感。品牌还意味着公众对这种商品、这个公司（机构）的信任和信心，如汇丰银行就成

## 标　识

中国乐凯胶片公司

河北莲花味精集团有限公司

## 记　事

### 3月6日

**2000** 中国外商投资企业协会优质品牌保护委员会举行打假执法研讨会。

**1995** 电子部颁布《电子工业科技成果鉴定办法》。

**1991** 国优产品评选：生活资料产品“国优”有效期由10年缩短为5年。

国家科委制定高新技术企业认定条件和办法。

### 3月7日

**1994** 1993年“中央国家机关文明单位”和“首都文明单位”评定。

**1991** 中国汽车流通协会在京成立。

**1985** 国务院批准《产品质量监督试行办法》，规定由国家标准局主管全国的产品质量监督工作。

### 3月8日

**2002** “辽宁波导战斗队”在京成立。

**2001** 杭州森宝电器在京推出“消费维权法律支持金”、“产品质量和售后服务赔偿保证金”。

为大多数香港人信得过的银行。品牌甚至还可以成为该商品种类的代名词，如“公仔面”在香港已成了方便面（香港人称为速食面）的代表，“健力氏”是卫生纸的代表等。因此，品牌形象对企业、对整个城市都至关重要。其实“香港”就是一个国际名牌，如果香港的产品名牌和公司（机构）名牌更多更响亮，“香港”这个国际名牌就会更辉煌灿烂、光芒四射，就能够吸引更多外资和游客了。

3. 品牌要“特”，而且要有一个独特的定位。同是饭店，应该各有各的特色菜和独特手艺；同是大学，有的以某些学科占优，有的以和海外联系密切著称，有的长于基础理论，有的善于实用研究开发。这同产品一样，要有明确的定位。创造和推广有多个特性的品牌，不仅投入要大，而且易使消费者感到模糊或混淆，效果不好。

4. 成功的品牌与顾客有一种互动作用。在现代社会，商品越来越丰富，而人们又越来越忙碌，对商品的要求越来越多样化、个性化。因此，人们要方便地购买到满意的商品，在很大程度上是依靠知名的品牌。成功的品牌就是能满足某方面人群的需要，适应这些人群的年龄、身份、性格、兴趣与经济能力等条件的品牌。它既具备一定的性能和技术水平，保持品质优良并不断加以改善与提高，又具有与众不同的鲜明特色。这方面的人群（消费者）一旦需要购物，就会立即想到这种品牌，成为购买这种品牌的常客。而这种品牌通过自身的完善、宣传推广的努力，以及现有顾客的辐射与带动作用，影响越来越大，逐渐成为知名度越来越高的名牌。

5. 创建名牌的秘诀，可概括为“一个概念，四个了解”。一个概念，是指这个品牌应能代表公司的形象，是足以代表公司的一个简洁有力的概念，体现出公司的理念与文化。四个了解，是指对顾客、产品、市场及竞争对手的了解。对顾客，要了解他们的人文、经济背景以及现实需求；对产品，要了解其对顾客的吸引力，顾客有何评价，如何才能最好地满足顾客的要求；对市场，要了解国内外市场的供求状况、市场如何划分、哪些市场自己可以占优势、哪些市场回报率高、哪些市场可以开拓等；对竞争对手，要了解他们的优势与弱点、他们的市场策略与经销手段等。

6. 品牌要长盛不衰，必须坚持三条原则。一是诚信为本，凡是对顾客的承诺，如保证质量、包退包换、服务到家等等必须不折不扣地兑现。二是精益求精，不断根据社会的进步和市场的变化，在产品的性能、质量、品种、包装、服务等方面创新。三是宣传推广，不要以为自己是响当当的名牌就可以疏忽宣传推广工作，否则就会为顾客所淡忘而为别的品牌所取代。如汇丰银行为了保持自己的形象和拓展更大的市场，长期坚持宣传推广工作，2001年的广告开支就高达3.03亿港元。（闻　延）

# 百年香港，谁主品牌沉浮？

对国人而言，许多国际企业和他们的产品，还都是只闻其声未见其人。老外先声夺人靠的是什么？品牌。进入WTO之后，相信国际企业会在市场上给我们上更多、也更生动的品牌课。问题的关键在于，我们如何应对？现成的答案或许没有，但百年来，在香港这块中国最早走入市场经济的土地上，本土品牌的成败与沉浮，应该可以给我们几多借鉴、教训和沉思。

百年香江创造了世人瞩目的经济奇迹。历经150年风云变幻的香港奇迹的诞生，就是一部无数品牌沉浮历史的记载。21世纪的香港经济巨轮驶向哪里？栖息于此的本土品牌能不能找到自己的归宿？“Hong Kong”这个品牌能不能融入世界经济一体化的海洋中？我们期望着从香港品牌发展的历史轨迹中，找到她前进的航程。

**香港制造业，一个没有自己品牌的行业**

香港被称为“万象之都”、“购物天堂”，更多地还是诉诸于它的娱乐消费形态、发达的商业分布。的确，香港自由贸易港的天然优势赋予了她可以汇聚天下品牌的便利，香港自身的地理条件、经济结构和文化根基，注定了香港只能消费万国品牌却无力创造品牌的经济和社会地位。

在全世界各地，随处都可以看到或买到 MADE IN HONG KONG 的产品，但很少见到香港创立的产品品牌。这是由香港的经济结构所决定的。香港发展自由经济由来已久，制造业曾经是香港的经济支柱产业，并且紧跟世界潮流，不断推出新的商品：20 世纪 60 年代生产假发、塑料花；20 世纪 70 年代是劳动布服装、电子表、电子计算机；20 世纪 80 年代则转为生产微型电脑、电子游戏机等。另外，成衣、玩具、首饰、手表和电子产品为香港主要生产和出口的产品。由于制造业在总体态势上是以加工贸易为主，它主要依赖订单按照 OEM 的方式从事加工制作，替欧美品牌加工生产，如美国的 POLO、意大利的班尼顿、法国的 ELLE 等，都是通过香港设在中国大陆各地的生产企业制造出来的。

经过几十年的发展，制衣、电子、纺织和钟表已经成为香港 4 个出口额最大的轻工业部门，但是并没有像其他欧美发达国家那样，建立起一套属于自己的品牌体系。虽然 20 世纪 80 年代中后期也有一部分本土企业尝试将产品以非包销形式出口，尝试创造自己的品牌（如彩星集团曾在 1985 年在美国成功推出了“椰菜娃娃”玩具，之后又推出会说话的娃娃 CRICKET 系列玩具，并以公司的品牌在国际市场销售，此外像李锦记、汇丰等本土品牌也已经形成一定的市场影响和发展历史）。但由于香港制造业劳动密集型的生产方式、自然资源短缺和狭小的市场发展空间，个别企业创立的品牌还不具规模，整个社会还没有建立起一个从资产和美学方面审视品牌的机制，因此，在香港是有商号却没有真正意义上的品牌。建立品牌会因业务或投资的种种理由而被忽视掉。

回顾香港一个半世纪的经济发展轨迹，最早的基本经济形式是转口贸易，发展至 20 世纪 60 年代，大量资本流入制造业，从而推动经济结构向工业化转型。但由于经济由贸易转向工业的基础薄弱，香港的制造业实质上是加工贸易型，其工业发展大多停留在加工和简单的消费品生产，从规模和产品品质方面都无法在短期奠定创造品牌的基础。从 20 世纪 70 年代开始，由于受世界石油危机冲击的影响，香港经济开始步入多元化发展的新轨道，形成金融、房地产、贸易、旅游齐头并进的经济格局。这一时期是香港经济开始腾飞的阶段，各个行业同时发展，以金融、旅游为代表的香港经济的新崛起，为以后香港在服务业建立强势品牌奠定了良好的基础。进入 20 世纪 80 年代，中国对外开放，沿海地区廉价劳动力和土地吸引香港工业大批北上，建立了大量加工出口的生产基地。虽然 20 世纪 80 年代末以来也有类似“金利来”“佐丹奴”这样的诸多品牌进入中国大陆市场，但终因其产品品质、分销和市场定位的局限性等原因，最终未能在中国市场成为堪与欧美、日本大品牌比肩的具有持久生命力的常青品牌。

从投资战略意义上讲，香港企业的经济结构特性也决定了其制造业只是制造产品，而不是制造品牌。香港的加工贸易型制造业崛起于 20 世纪 50 年代，由成千上万的中小企业构成香港经济的重要支柱，大型本土企业集中在少数几个行业：除了一些巨型企业集团如和黄、恒基兆业、长江实业之外，最大的企业是银行、地产发展和公用事业。不同于这些大公司，以出口加工为导向的香港制造业一向采取短期投资策略，其中尤以成衣、玩具和电子业方面最为典型。因为出口加工的经济模式要求制造业既讲求速度和弹性，又要兼顾品质和交货时间，特别是对市场价格的灵活反馈，都决定了企业必须具有很强的应变能力，能从低档产品转向高档次，从一种类型产品迅速转向另一类，企业投资策略的不断变化，影响了企业在某一领域持久发展的计划

标　识

美加净® MAXAM

上海家化有限公司

江苏梦兰集团公司

美的®

广东美的集团股份有限公司

记　事

3月8日

2000 广州查封方便面色情广告"泡的就是你"。
教育部、新闻出版署发出《关于对贫困地区中小学生供应黑白版教科书的通知》。

1994 中国电子信息产业集团公司在京成立。

1992 48名女企业家被全国妇联授予"全国三八红旗手"。

3月9日

1999 全国消费服务信誉度组委会公布全国空调售后服务满意度调查结果。

1995 电子部发布"1994年度中国电子百强企业"排序。

1994 中国船级社获得国际船级社协会(TACS)颁发的质量体系合格证书(国内第1家)。

1993 南京石油交易所开业。

1992 国家工商局印发《关于坚决制止非法使用党和国家领导人的名义、形象、言论进行广告宣传的通知》。

和市场营销战略。香港"商人厂家"式劳动密集型的加工生产模式，决定了企业只注重短期性的生产投资，而不愿意将精力和财力投入到产品研发、市场营销与品牌建立上来。

美国哈佛商学院教授恩莱特与他人合著的《香港优势》一书中指出："他们(轻工业企业家)并不着意建立名牌的地位，因为这会妨碍他们转移到其他产品以适应市场趋势的灵活性。他们倾向广泛利用分包，使他们能够容易转移产品和行业。"如果香港制造业继续沿这条路走下去，短期内要创造出国际品牌显然是不可能的。

如果从文化上剖析，造产品不造品牌的根源还在于商业上的急功近利心理。香港上百年来特殊的地理位置和社会、政治地位，一直强化着香港社会的危机意识和生存意识。可以说，正是港人勇于吃苦、敢冒风险、善于把握机遇的商业禀赋创造了今天香港的繁荣。优胜劣汰的生存环境，营造了以金钱衡量个人成功与否的香港商业文化。为了追求商业上的巨大成功，在一个政治体制不确定、市场极为狭窄而又充满变数的社会环境里，必然导致企业经营者尽可能在短期内获得最大的经济利益，而放弃建立品牌长期不懈的努力。

**服务品牌，香港国际化的一面旗帜**

如果说香港还有品牌，那就是无数服务企业塑造了众多类型的服务品牌。在服务行业领域，香港向世界展示了自己最富有魅力的一面。

香港开埠之初，为转口服务的行业和市场就与早期形成的实物商品市场相继发展起来了。20世纪50年代以前，香港的服务大部分为商业服务，伴随20世纪60年代制造业的兴起和20世纪70年代的回落，服务业的重要性日趋明显，到了20世纪80年代中期，香港经济出现第3次结构性转型，形成以服务业为主的经济格局。进入20世纪90年代，以金融、旅游业为代表的香港经济又将服务市场推向一个前所未有的繁荣时代。

香港服务业的兴旺发展是其品牌成长的土壤。按照恩莱特的观点，服务业的兴起与制造业的强劲发展密不可分。因为制造业的发展同时刺激了相关行业如银行、资讯、运输、保险和商业服务等发展。1983年以来，香港的服务经济以每年17%的速度增长，同时，金融业、保险、地产和商业服务以每年21%的速度增长。1995年，香港的服务行业被"世界经济论坛"排名为全球第二。显而易见，基于制造业成长起来的香港服务业，其品牌在国际市场已经确立了自己独特的地位。

本土服务品牌超越了文化与地域的限制，将品牌由香港推向亚洲甚至世界，这是产品品牌所不可比的。香港国泰航空倡导的"亚洲脉搏亚洲心"，将国泰航空良好的企业形象传播给了全球；九广铁路和香港地铁始终如一的服务品质，成为香港向世人展示其形象的窗口；面向全球的香港汇丰银行，以其稳健而亲善的东方企业形象，赋予了香港金融一种独特的儒家文化风范；以香港电讯为代表的电信行业的迅猛发展，使得香港电信服务品牌无论在技术和服务品质方面，都可与世界级电信品牌平起平坐；吸引无数游人的香港海洋公园，遍布全港无数的酒店、餐馆、零售和连锁店等，无不以先进的设施、干净整洁的环境、优良的服务素质，诠释出香港服务品牌的国际形象。

香港服务品牌是香港国际化的一面旗帜，特别是以金融、旅游和电信为代表的服务品牌，不仅服务品质的标准具国际水准，更主要的是建立了一套实现服务水准国际化的机制和管理体系，始终如一地保持了服务品牌的品质。20世纪80年代，香港引入西方的现代管理观念用来提高员工对品质的控制，当时广泛应用于制造业的"品质圈"管理，到了20世纪90年代，在服务行业中的普及程度已经大大超过了制造业内的普及程度。进入20世纪90年代，包括本土企业在内的所有服务业开始推广全面质量管理，跨国公司自身的介入以及与港企的合作，则从根本上建立了一套保证服务品质的国际准则和监控体系。另外，激烈的市场竞争和开放的市场环境，也促使服务提供者必须保证品质，不断跟上市场发展潮流和国际趋势才能立于不败之地。

服务定位的个性化、细分化是香港服务品牌的一大特色。以香港国泰航空为例,该公司经过3年的全面研究、市场分析与设计,于1994年推出全新的企业定位和企业形象设计,将一个地区性的小型航空公司重新定位成一个面向亚洲市场,具有高品质、可信赖的航空公司,并以“亚洲脉搏亚洲心”作广告口号,充分体现国泰航空新的服务理念。20世纪80年代香港经济向服务业转型之后,狭小的市场空间进一步加剧了服务市场的竞争和市场细分化,满足了整个社会不同消费阶层的需要。以香港餐馆酒楼服务市场为例,香港是一个汇聚世界美味佳肴的“美食天堂”,它既有包罗国内各地的菜系,同时还提供充满世界各国风味的意大利餐厅、美式牛扒屋、英式酒馆午餐;既有全世界最为昂贵的宴席,也有普通老百姓可以消费得起的盒饭、快餐。

多元化的服务组成香港一个繁荣而色彩斑斓的品牌世界。从最基本的饮食、交通至最发达的高科技服务、丰富多样的娱乐消费,服务市场细分、专业分工越来越细,促使其服务市场向纵深发展。各具特色的服务品牌都是将服务承诺视为企业立身之本,恪守着自己行业的基本规范和道德操守。香港良好的法制环境和商业契约精神,在某种意义上也为服务社会的规范建立了一种制约和监督机制,使得服务这种特殊性的产品质量保证体系是建立在法治而不是人治的基础之上。

**万国品牌停泊的港湾**

百年香港虽然没有诞生出众多的本土品牌,但她却容纳了天下无数的知名和不知名的品牌。人们说,香港就是一个万国品牌的展览地,在这里,你既能拥有世界顶级的品牌,也能购买到本土极为平常的商品;你既可以买到来自日本的电子产品、摄像器材,美国的个人电脑、高级音响,德国的豪华汽车,法国的美酒、香水,英国的时装、日用品,还可以买到北欧的家具、纸张,意大利的皮革制品,澳洲的毛织品,非洲的珠宝,瑞士的钟表,当然也有中国大陆的丝绸、中药、工艺品和家用电器。

香港自由贸易港的独特优势,使它形成了一个容纳国际品牌的大市场。无数跨国企业期望通过香港与大陆的联系将产品或服务打入中国市场,特别是回归之前,香港一向被作为进入中国市场的桥梁与纽带,自然也就成为世界各国品牌集散市场。

香港市场品牌的国际化,首先基于它是亚洲最大的跨国企业集中地。香港殖民地的历史使它在过去一百多年成为英国在亚洲的中心。此外,香港开放式的自由经济和体制运作、优越的地理位置、便利的运输条件和发达的通信设施,为各国商品的竞争提供了一个自由、宽松的市场环境,使得香港成为跨国企业收集信息、扩充市场、吸纳资本与人才的必选之地。所以说,香港市场的国际化,创造了品牌的国际化。

以最有代表意义的金融服务业为例,全球最大的100家银行之中,85家在香港拥有分行。其中包括世界著名的美国运通银行、美国银行、美国花旗银行、日本大和银行、德国中央合作银行、瑞士银行等。由于香港股票市场的规模和流动性以及基金市场的竞争优势,也吸引了各国的证券和基金管理公司。香港金融市场已经是由各国银行、投资者和风险基金组成的一个国际化市场,每一个经营者面临的都是跨国企业竞争,如果企业经营者不能站在一个国际宏观的市场环境里去思考和制定自己的经营战略,就不可能在市场上立得住脚,即使你服务的客户是地地道道的本地人。

此外,在航空、建筑顾问、法律咨询和保险等领域,很多世界知名公司也都在香港设立了分公司。据统计,1997年香港跨国企业品牌中,有10%的企业利用香港作为自己品牌的生产基地,其中以日本、美国和中国的品牌所占比重最大,如美国的摩托罗拉、日本的松下、大内等。

容纳万国品牌带给香港的不仅仅是感官和物质上的,还有营销思想和品牌观念上的影响。境外成熟品牌的形象设计、商业广告、促销手段,成为香港最直接的品牌训练教科书。特别是跨国品牌

## 记事

**3月9日**

1990 中国版权研究会在京成立。

**3月10日**

2000 《有关消费争议的商品送检规定》印发。

1994 中国市场营销协会在大连成立。

1992 国家工商局在沪召开查假冒、保名牌专项斗争工作会议。

1990 第3届全国优秀企业家(金球奖)评选揭晓。

1987 新的《商标注册证》启用。

1983 国务院颁发《中华人民共和国商标法实施细则》。

**3月11日**

2000 2000年中国保护消费者、名优产品技术与成就展在京举行。

1992 中国国际友好城市联合会在京成立。

---

在人力资源培训和专业管理方面，引进了世界级的技能和技术，系统理性化的品牌视觉形象建立和管理，使得本土企业品牌受到启发和影响。这一点可以从20世纪80年代"港货"在大陆广泛流行得到印证。因为当时港产的时装、电器、食品等进入中国大陆市场时，包装设计和风格都具有很强的现代、时髦的感觉，对于刚刚改革开放、尝尽了供不应求苦头的中国人来讲极具吸引力。"港货"之所以比国货强，在当时，除了品质之外，借鉴和模仿外国品牌的做法起了重要作用。从20世纪90年代至今，MADE IN HONG KONG的产品在大陆市场已经风光不在，随着中国加入WTO步伐的加快，处于各国品牌包围之中的香港品牌要重新占领大陆市场，正面临着新一轮的品牌变革。

中国加入WTO之后，香港作为国际品牌输入中国大陆市场的管道会受到一定程度的影响，但本港作为进入中国市场的跳板作用不会完全被取代。未来中国在电讯、银行、保险、旅游、批发和零售等领域的对外开放，将给香港本土企业进入大陆市场带来巨大的商机，因为香港企业进入大陆市场，无论在地理位置，还是在文化渊源以及人际沟通方面，都有着天时、地利、人和的优势。如何延续原有香港品牌的精华，提升香港品牌在国际市场上的整体形象，将品牌移植到中国这样一个环境之中，是本世纪香港腾飞的另一次历史性的机会。

**"香港制造"的精神家园与本土情怀**

近年，一直有人抨击香港是一个既不敢拥抱中国文化，又对西方文化止于工具主义的利用，不中不西，没有自己独立的文化价值体系的"孤悬式"的社会。的确，香港是一个没有自己文化的都市，其商业化的品牌折射出的文化也是一种游离不定、徘徊在中西文化之间的不确定的文化指向。

香港本土制造的产品或服务一大部分是直接以英文命名的，如"GIORDANO"、"U2"等。也有许多完全是以中文命名的，如"谢瑞麟"、"维他奶"、"六福珠宝"和"东方红"等，同时，品牌名称都会有中英文对照。传统的中国汉字与西洋的名称并列在一起，在视觉上呈现出中西文化相互兼容、交相辉映的效果。但是，香港制造的本土品牌呈现出的中国文化色彩，实质上欠缺了一种历史和文化的内涵，中国文字在这里仅仅是一种符号，或者说是一层商品包装的外衣，因为从殖民地社会文化环境和商业文化的氛围中生长起来的品牌，从基因的构成中，天然地缺乏一种对中国传统文化的传承。同时，吸纳英国文化更多是从政治、法律、英语文化的角度，真正西方商业文化的精髓并没有被移植过来。尤其是随着大不列颠帝国在科技和经济方面的衰落，留给香港人可借鉴的商业文化和品牌理论只剩下徒具形式的标志和英文字母，外加一个比较体面的包装了。

当然，香港也有许多堪称优秀的知名品牌，其文化指向和价值诉求也颇有内涵。如香港铁路的人性化，香港电讯"只要有梦想，凡事可成真"的理想与胸襟以及汇丰银行关心普通百姓的数十年不变的诉求。但总体上看，香港品牌在核心价值的层面少了一种融贯中西文化精髓的质素，这种质素既是商业的、时尚的，同时亦是独特的、国际的。就如美国的万宝路、可口可乐、耐克一样，它们既是美国的，也是世界的，因为在每一个品牌背后，都沉淀着永恒的美国精神。因为文化中缺乏这一鲜明的、民族精神的个性，香港品牌始终在一个没有精神家园的世界中徘徊。

香港品牌具有本土与国际两者兼而有之的独特特征。香港品牌的包装是国际的，但它本土特性的根源是岭南文化，骨子里的东西始终是传统的，这种传统的东西又不是纯粹的民族文化，而是被异化了的亚文化。这种亚文化孕育出的品牌具有很鲜明的地域色彩，并且演绎为一个时期香港社会的情怀，成为香港一定时期生活方式的象征。

以创立于20世纪40年代的维他奶为例，该品牌经过半个世纪的风云变幻，历经几次重大的营销事件，逐步确立了在本港市场的地位。现在，维他奶对于香港就等于可口可乐对于美国，它不仅是一种饮料，更具有特殊的社会象征意义。维他奶这个品牌已经超越了商品自身存在的意义，被抽象为一种香港人的生活情怀。因为维他奶品牌源于本土，它成为无数香港人童年的回忆和成长的伴侣，正是浓郁的本土情怀赋予了这一品牌长久不衰的生命力。

品牌不仅要有本土情怀，还要有国际视野，这是香港品牌不断超越自我的一面。综观百年香江沧桑巨变，在这块弹丸之地产生了众多像李嘉诚这样闻名于世的华人巨富，同样也孕育了许多知名的本土品牌，如历经百年风雨的蚝油大王李锦记、老而弥坚的汇丰银行这样著名的香港老字号，它们不仅成为香港文化的象征，同时也成为香港人为之骄傲自豪的品牌。由于香港区域市场的有限、狭小以及市场的开放和自由竞争，在本土诞生的品牌从一开始就将国际市场定位为自己品牌的发展目标。除了香港的金融、旅游行业将品牌推向国际市场，近年更有电讯、互联网、零售、制造业、咨询、律师事务等中小公司，将公司定位于跨国市场。香港第一太平总结经营无线电话科技、管理、客户服务的经验，在亚太10多个国家推广其通讯服务；香港牛奶公司利用零售概念，向东南亚等国输出零售服务，开设超级市场、七十一便利店、万宁美容健康连锁店。尤其是全球经济一体化和新经济的冲击，以及香港经济的转型，进一步加速了香港在金融、电讯和高科技品牌方面的国际化。

香港品牌国际化过程中面临的一个障碍，是品牌的发展持续力不足，尤其对一些中小企业，因为“全球化”意味着更长的产品和企业寿命周期，企业要具备更多的资源以及对未来产品及服务的承诺。另外，“跨国品牌”还必须拥有兼容各国文化的能力和国际视野。这些都是影响未来香港品牌确立自我价值、走出本土的重要因素。

**理性与非理性的并存**

香港是一个以理性自居的社会，一些品牌也都是与企业发展理念和宏图、使命结合在一起，品牌定位表现出很强的理性。究其原因，正如美国品牌管理大师大卫·爱格所指出的，品牌就是企业，因为企业的特征（如价值观、文化、资产和技术等）能为品牌带来市场区隔的效果。企业的价值观是维系顾客关系的基础。

以香港九广铁路为例，20世纪90年代初期，九广铁路为了重新塑造自己的企业形象，在探索公司未来发展方向的过程中确立了“公司信念”计划：“被公认为世界上以商业原则经营的、最优良运输机构之一”是九广铁路的发展宏图；公司的使命“是以安全可靠、关怀大众、经济有效、爱护环境的方式，在香港及中港之间提供优良的运输及有关服务”；公司的信念则是“服务至上、精益求精、互敬互信、增进共识”。在此基础上，九广铁路确立了对外传递品牌的信息是“九广铁路公司关怀它的顾客，并承诺要努力去了解及竭力满足顾客的需要”。九广铁路制定的“公司信念”计划最终通过全体员工的积极支持，同心协力，经过数年不断改进那些顾客可以感觉到的服务品质的每一个细节，结合有效的广告策略，终于在转变了的公司与品牌之间建立起关联，将“公司信念”计划的实现转化成了品牌的组成部分。

也有许多企业在经营上十分理性，但在品牌方面却没有建立起一套成熟的思想体系。在本土品牌形象的塑造方面，往往为了迎合大众时尚，表现出十足的感性和媚俗。例如香港的各种媒体和报章杂志《苹果日报》、《一周刊》、《太阳日报》等。其根源是香港在缺少主导社会价值体系的状态下，以消费文化为主导衍生出不断更迭变异的流行时尚，这种时尚往往成为某一时期大众消费的热点。由此应运而生的品牌不求有更多的内涵或价值诉求，只求感官和功能上具有新意和独创。时尚而具有感性是香港本土品牌立足于市场的根基，港人喜新厌旧的消费心理也逼迫企业经营者不得不放弃品牌理性的追求而迎合大众。

以服务经济为支柱产业的香港，资本主义自由经济的竞争土壤天然地就将“客户利益至上”、“用户第一、服务质量”的观念根植于品牌之中，不同于计

标　识

QINGQI®

中国轻骑集团有限公司

容声 RONGSHENG®

广东科龙（容声）集团有限公司

## 记　　事

3月11日

1990

1989年纺织工业国家质量金奖公布。

3月12日

2002

奥运品牌飞速增值，可口可乐年赞助逾亿美元。

世界服装名牌论坛在京举行。

联想商标被多国注册，境外产品尴尬启用新品牌。

1998

《产品质量申诉处理办法》发布。

1997

全国50家商场"联合服务一体化"活动启动。

1996

《电子出版物管理暂行规定》颁布。

1991

首次国家级企业管理现代化创新成果奖在京揭晓。

1984

《中华人民共和国专利法》颁布。

3月13日

2000

中宣部等6部门公布全国"百城万店无假货"活动第3批示范街24个，第2批示范店100家。

划经济转化中的大陆，这种服务意识不需要通过理性的思考甚至是政治的教育才建立起来，它是伴随资本主义与生俱来的，品牌的意识就是生存的本能。因为，香港市场环境需要的不是按部就班的品牌战略，而是立竿见影的促销战术，香港品牌对于西方理论的吸收完全停留在工具主义的层面，所谓理性化仅仅是基于短期销售的技巧和实用性销售方法而言的，品牌价值远没有站在一个高度，像培育建立奔驰、通用、索尼品牌那样将产品品质和企业所倡导的价值观念结合起来，始终不渝地坚持到底，逐渐赋予品牌鲜明的个性特征。

港产品牌非理性化，就是其大部分品牌的个性都是建立在产品优点功能、使用特色以及目标消费群基础之上的，品牌的联想往往和产品或服务的具体特征融合在一起。即使像李锦记这样的百年老店，除了历史以外，其品牌的存在价值也只是其功能，它的核心价值诉求只满足于人们基本的生理需要。品牌理性化的诉求被认为是一种没有实际价值的说教。反映企业价值观、理念和使命等比较抽象的联想很难和品牌建立起联系，这是导致港产品牌附加值低、品牌寿命周期短的重要原因，因为在产品品质越来越同质化的社会背景下，产品或服务的基本功能已不具备太强的竞争力，高科技和信息社会的到来，消除了品质和资源占有方面形成的竞争差异，竞争越来越多地依赖于品牌所建立起来的无形价值，依赖顾客对企业形成的良好联想和价值认同。

由于香港文化注重功能、实用至上，自然弱化了企业对品牌的理性思考。欠缺企业联想的品牌，只能诉诸于产品或服务自身的功能特征，香港的品牌如果不从文化重新构建的角度思考企业组织和文化建立，就不可能塑造出与国际都市相对应的品牌形象。

### 阴柔温情的香港品牌

从"品牌个性尺度"分析，香港品牌个性呈现出比较中性化乃至阴柔的一面。虽然也有部分品牌不乏阳刚之气，但总体上讲粗放刚毅的品牌形象几乎没有。

在香港，强调温馨、人性、友善、快乐和家庭幸福的品牌居多，例如百佳连锁店、汇丰银行、香港煤气公司、万字号酱油、李锦记等。以日用消费品为主的本土品牌，极力突出自己传统、有道德、重视家庭、稳健而诚实的品牌特性，这类品牌经常回给客户留下值得信赖、靠得住的好印象，并且建立了一大群品牌的铁杆忠诚者，使得品牌有着牢固的市场基础，竞争优势明显。但是，它的负面印象是保守、不合时宜，时代感不强，对年轻消费者缺乏吸引力。

造成香港品牌温和个性的主要原因，首先应归结为华人家族企业文化。香港大学社会学系黄绍伦博士认为，家族企业第一个特征是"家长式"的管理方法。企业重视"家治"，讲人治、重感情的管理文化培育而生的品牌，自然就深深打上了儒家文化提倡中庸、平和、忍让的烙印。香港本土品牌与欧美品牌相比，更具有东方文化的人情味。例如创办于1907年的香港永安百货公司，其创始人郭泉在创办上海永安公司的时候，就提出"德商、智商、体商"的口号，强调经商要以德为本，身体力行。所以，直至今日，人们一提到永安公司，就会联想到一个亲切而平易近人的百货公司形象。也正是依赖这种企业的核心价值，才使得永安品牌经过近百年的沧桑巨变，发展壮大到今天。

香港的新一代追求的是极为时髦、新潮、标新立异、富有刺激效果的品牌，如ORANGE电信服务就以广告创意独特、另辟蹊径的方式迎合了这一代人的口味；佐丹奴一开始上市就以"世界没有陌生人"的大胆创意，赢得了新生代消费者的青睐。现代年青的、充满活力的、反叛的、充满冒险和独立思考的精神，是香港新一代消费者的精神写照。由于诸多本土品牌难以在这样的层面满足他们的心理需要，所以保时捷汽车、耐克运动鞋等外国品牌成为了他们实现自我、表现与众不同的外在特征。因为香港文化里推崇冒险、彰显自我的基因先天不足，在一定程度上限制了这类品牌的个性生长，消费者的心理需求不得不从洋品牌那里获得满足。

（乔远生）

城市巡礼

# 品牌是城市的灵魂

## ——厦门提出实施品牌战略

品牌是企业的生命，品牌是城市的灵魂。直观地说，品牌是产品、是形象；但其内涵却是文化、是精神。在加入WTO的大背景下，厦门市委、市政府提出实施品牌战略，呼吁各方出谋献策，要求企业争创品牌，这无疑是提高城市竞争力，合力打造厦门城市品牌的需要；是合力构筑海湾型城市、实施大厦门战略的必然选择；企业的竞争，说到底是品牌的竞争。

当前，世界经济日趋全球化，厦门市企业与国际国内诸多品牌企业的竞争，从近距离、短距离的竞争，发展到“零距离”的竞争；竞争的结局要么输，要么赢；要趋利避害、化险为夷，很重要的就是要争创品牌。道理很简单，品牌之于企业，是共生共荣的关系。好的企业才有好的品牌，反过来，品牌的永续成长要求会促使企业不断发展壮大。

从卖学生奶的校办工厂成长为国内饮料行业的强势品牌，杭州“娃哈哈”集团走过的道路，对厦门无疑是个有益的启迪。城市的实力，也与品牌的竞相崛起密切相关。因为品牌的“聚集”效应，其结果必然是资源共享、荣誉共沾，企业在品牌“聚集”过程中茁壮成长，城市也在品牌“聚集”过程中壮大实力，提升品位。这同样是一个“养好鸡、多生蛋”式的良性循环。青岛市和它的“五朵金花”（海尔、海信、青啤、澳柯玛、双星），就是一个很好的佐证。

同样，对于消费者来说，品牌代表了质量、信誉。品牌的产生和维护，在显现实力之外，也意味着企业承担了一份诚信经营的社会责任。换言之，在一个爱护品牌，以品牌为荣的社会氛围中，营造的将是诚信社会、信用城市。经过近几年的发展，厦门市涌现出厦华彩电、厦新手机、厦工机械、古龙罐头、金龙客车等一批著名品牌，正是这些品牌壮大了厦门市经济，提高了城市竞争力。但是，厦门市5000个注册商标中却只有1个全国驰名商标的现实表明，厦门市发展品牌战略的步伐远远落在国内甚至一些周边地区后面，这与厦门市工业产值2002年过千亿的经济实力极不相称。实际上，厦门市不少企业已经具备充分的实力和良好的潜质，“蹿一蹿”就能冒尖，“拼一拼”就能创牌。

目前，厦门市委、市政府要求全市各部门各单位都要为厦门名牌脱颖而出创造良好的环境和条件。另一方面，企业才是市场竞争的主体，政府有所为还得企业当自强。厦门提出实施品牌战略，首先就是要鼓励企业冲出“含蓄、温和”的地域文化，树立竞争精神，敢于创品牌、善于创品牌。同时，要打破“酒香不怕巷子深”的旧观念，大胆宣传自己，树品牌、立形象。实施品牌战略，不是为了创品牌而创品牌，更不是搞运动、一阵风，而是倡导一种精神，促进企业加强管理、改善经营，以尽快壮大、永续发展。　（永　久）

## 标　识

鸭鸭

江西共青羽绒厂

椰树

椰树集团有限公司

## 记事

### 3月13日

1996 全国食用碘盐包装实施“碘盐标志”。

中宣部决定将“百城万店无假货”活动延至1997年。

1990 中国信息协会成立。

### 3月14日

2000 《产品免于质量监督检查管理办法》施行。

1994 国办转发农业部《关于实施“绿色证书工程”的意见》。

1991 中国进出口商品检验协会在京成立。

### 3月15日

2002 中央电视台3·15晚会披露“国际品牌香武仕”内幕。

波导将每个月的15日定为“波导手机用户权益日”。

2000 “北京大学艺术学系2000年广告文化节”开幕。

1999年度上海市优秀新产品公布。

中消协推出“3·15标志”,8家企业的15种商品首批获准使用。

# 树立北海城市建设新形象

抓城市建设就是抓经济发展,抓经济发展必须抓城市建设。从北海市经济发展全局的高度出发抓好城市建设。为树立北海新形象,要善于向兄弟城市学习、借鉴先进经验。近的如南宁、桂林,远的如大连、青岛等城市,都在经营城市方面取得了成功经验,城市面貌有大的改观的城市,是北海市学习的榜样。

**北海市在经营城市方面要注重:**

要创北海的城市品牌。经营城市与经营企业一样,应有品牌意识和名牌战略,打造城市的个性和特色。它不单纯是城市的资本运营,更应该从宏观上培育出北海城市的品牌并进行经营,使城市品牌增值,带动城市经济的发展。北海的城市品牌要突出北海城市美,突出北海“海”的特色,不求大,但求美,这个品牌是由一系列具体化的市政项目、旅游产品等等抽象出例如“中国园林城市”、“中国最佳人居奖”、“吃在北海外沙海鲜岛”、“中国第一滩”等概念,进而综合成为“世界上最漂亮的滨海旅游城市”的品牌形象。

要注重机制创新。由于城市基础设施经营多采取国有国营垄断经营方式,使得这些企业没有内在的激励机制和外在的竞争压力,以至于运营效率低、服务质量差。因此要在城市管理中引入市场机制,通过企业的参与,由一般行政性管理转变为经营性服务。采取“谁投资、谁建设、谁经营、谁受益”的管理模式,积极吸收社会资金参与城市公用设施建设。逐步引导那些带经营性、商业性的公用设施管理部门走市场化运作、产业化经营发展、企业化管理和社会化服务的路子。

重点突破,带动全局。紧靠“滨海旅游城市”的定位,以促进和服务于旅游产业发展为中心,选准突破口。以争创中国园林城市、最佳人居奖为目标,全力以赴加快北海城市建设。

人民是城市的主人,城市建设必须以人为本,充分考虑人民群众的切身利益,得到广大市民的衷心支持、拥护和理解;加强城市建设,就是为了使北海早日成为世界上最漂亮的滨海旅游城市,使北海经济实现跨越式发展,使北海人民群众享受到城市经济和文明进步的实惠和利益。经营城市必须由非理性走向理性,以科学、系统的理论指导,要把理论研究和实际工作结合在一起,做好经营城市这篇文章。

**努力做好“经营城市”这篇大文章**

21世纪是城市的世纪,谁在城市建设和发展中抢得先机,谁就赢得发展的主动权。品牌经济是经营城市的重要理念。大连的广场、标志性建筑、青岛的名牌产品和桂林的山水旅游,形成了特色鲜明的城市品牌,极大促进了城市经济社会的发展。在经营城市过程中应积极挖掘、培育、打造城市品牌,提升城市吸引力。

经营城市的理念,就是以经营的眼光规划城市,以经营的手段建设城市,以经营的方式管理城市,建立多元化的城市建设投融资机制,调动各方力量参与城市建设,使经营城市工作逐步走市场化之路,使有限的城市资源发挥最大的效益,扩大城市经济总量,加快城市发展,增强城市竞争力。

经营城市可盘活城市资产,使城市公共设施、土地、房产等发挥最大的效用,实现区域经济协调发展;经营城市有效扩大城市基础设施等投资需求,为国民经济持续增长提供强大的动力源泉;经营城市能够有效地变现和集聚大量资金,解决发展经济资金不足问题;

经营城市有利于推进企业资产重组、整合，深化企业改革；经营城市能够改善城市空间布局，提升城市功能，优化和美化环境。

品牌就是生命力，特色和城市吸引力是经营城市的重要载体。在经营城市过程中应积极挖掘、培育、打造城市品牌，提升城市吸引力。一是实施名牌战略，提高城市经济品牌形象；二是大力发展文化体育产业；三是大力发展旅游事业；四是大力发展会展业，恢复“北海国际珍珠节”。（李延强）

## 城市品牌

# 投资品牌城市北京

北京申奥成功和中国加入WTO——具有历史意义的两件大事，将改变北京乃至整个中国的未来。这两件大事将为北京带来更多的投资。事实上，这两件大事本身就是投资，是中国为自己做的投资，它将使北京乃至中国在今后的几年和更远的将来获得相当可观的回报。把它们称为“投资”是因为这两件事将帮助北京把基础设施的整体水平快速提高到国际水准甚至更高，从而为未来创建更有吸引力的投资环境。在这方面，体现最充分的莫过于通信行业。

北京和诺基亚都不仅仅是一个城市和一个公司。它们都是世界知名的品牌。北京是一个品牌，一个最近与奥林匹克和中国入世联系在一起的品牌。诺基亚依靠强大的品牌形象吸引消费者，而北京也应该建立自己的品牌形象以吸引投资、人力和技术，成为中国最具竞争力的城市。诺基亚全力支持中国加入WTO和自由贸易，因为诺基亚致力于成为中国长期的最佳合作伙伴。为了在公平的环境中运作，人们希望看到面对所有人的公正平等的标准。中国如何遵照WTO的准则运作并吸引世界各地的公司来中国投资是至关重要的。

作为中国政府的中心，北京肩负着重大的责任为其他城市做出表率，并使自己当之无愧地成为中国最具竞争力的城市。积极参与国际竞争与合作将快速提高整个中国的行业质量。向世界传达北京宏伟的远景展望与发展战略，帮助北京迎接入世带来的挑战，并推动外资企业对中国的进一步投资。

一个最好的例子就是诺基亚及其合作伙伴选择北京建立了星网（国际）工业园。人们希望能把星网工业园发展成一个世界领先的电信生产和出口基地。该项目投资额超过100亿人民币，吸引了30多家国内外配套厂商，并将创造1.5万多个就业机会。通过创建优越的环境推动技术和研发活动，将大大加强北京作为中国IT和高科技产业中心的竞争力。1998年，诺基亚在中国的第一个研发中心在北京建立。通过与中国研究机构和重点大学的广泛合作，在中国进行从研究到产品、从终端到基础设施、从技术到解决方案的全方位研发。进入全球研发网络将使北京不仅成为全球的生产基地，而且成为世界级的研发基地。中国是全球经济发展最具潜力的市场，中国也是诺基亚全球生产和研发网络的重要组成部分。

北京是中国最优秀的城市之一，诺基亚是移动通信的全球领先者。双方都拥有光明的未来，都专注于领先技术以确保在飞速变化的世界立于不败之地。通过加强合作与扩大投资，北京和诺基亚都将成为中国入世后的金牌获得者。（约玛·奥利拉）

## 标　　识

中国第一汽车集团公司

浙江星星电器工业公司

潮阳市宝兰丝精细化工有限公司

## 记 事

3月15日

2000 《有关消费争议的商品送检规定》公布。

国家工商局开通12315电话。

1998 《北京"3·15"宣言》签署：创消费者信赖品牌，产消费者满意产品。

1996 中消协公布"1995全国损害消费者权益10大案件"。

轻工总会介绍"真皮标志"实施意义。

1995 《关于开展创建和评选中国优秀旅游城市活动的通知》发出。

1994 中国在药品生产和药品流通领域实施职业药师资格制度。

3月16日

2001 吉利集团购买广州太阳神足球队90%股份。

2000 黄山风景区荣获联合国首届国际文化景观保护与管理奖。

"第3届亚太广告节"在泰国芭提雅举办。

1994 《关于加强轻工质量工作的意见》发布。

# 城市品牌和品牌城市

一位大连市工业部门的官员曾经说过：在青岛，你可以不知道市长是谁，但你肯定知道张瑞敏，知道海尔、海信，但在大连，你可能知道有过一位非常出色的市长，但你肯定说不出有什么著名的品牌。

一句话道出了大连和青岛两个美丽的海滨城市不同的经济发展道路。

**大连：用城市创造品牌**

到过大连的人没有一个不称赞大连的美丽。大连的原市长薄熙来提出的"城市革命"理论，用经营的眼光看待整个城市资源，第一个把整个城市资源当作国有资产来经营。这就是环境经营模式，即把经营城市作为突破口，以城市的知名度和品牌吸引国内外商家来此投资，吸引国内外游客来观光、游玩和购物，从而为城市的发展争取到足够的资金，带动整个城市的经济和社会发展。大连市提出这样的理论是和它的地理环境有深刻的原因的。大连地处辽东半岛南端，是北方重要的港口城市，原有的城市规模大，城市基础好，城市化水平居全国前列。以上优势都能够在这种模式战略下得到充分的挖掘、发挥和提升。大连市政府在规划、建设、管理、经营好城市方面做出了巨大努力。1990年大连市政府提出了把大连市建设成为经济中心功能为主、开放性强、吸引力大的社会主义国际性城市；1994年提出了"不求最大，但求最佳"的城市建设八字方针；1999年提出了把大连建设成为国际旅游、商贸、会展名城；2000年提出了用5年时间把大连建设成为国际名城。

**城市观察**

## 大连：最男性化的城市

任何一个到过大连的人都会发现，他们来到的绝不仅仅是一个美丽的海滨花园城市——尽管大连干净漂亮得让你有到了欧洲某个城市的感觉，也绝不仅仅是一个"北方的香港"——尽管大连是东北经济发展最快的城市。其实，置身于一个充满男性阳刚之气的足球世界，才是许多造访大连的外地人最强烈的感受。

的确，称大连是足球之城一点也不过分。早些年，让人联想起大连男性气质的是这个城市大名鼎鼎的海员俱乐部，在20世纪60年代的时候，这里是一个神秘但却充满阳刚之

**青岛:用品牌发展城市**

与大连不同的是,青岛市工业品牌远远大于城市品牌。青岛企业的品牌在全国是有名的,青岛的“五朵金花”(海尔、海信、澳柯玛、青啤、双星)占全国驰名商标总数的1/30。在有了工业名牌之后,青岛开始建设城市品牌。这样一种思路与方式可称它为“产品经营模式”。即通过上企业项目来吸引投资,通过最好的产品输出到区外来获取收入,从而带动城市的基础设施建设和经济发展。这种经营模式依据品牌产业及相关产业的网络效应和聚积效应功能的发挥,具有强大的后发优势,能够很快提升城市的品牌。这种功能的发挥随着产品品牌的延伸具有永续、长久性。

**品牌城市与城市品牌:两种经营模式的思考**

品牌城市青岛超赶城市品牌大连的事实不由得使人们思考两个城市经济发展模式的迥异。一般说来,产品经营模式投资少,见效慢,后劲却很足;而环境经营模式投资大,见效快,却后劲不足。近年来,“大连模式”所显露出来的后劲不足(即城市建设与经济建设没有齐头并进,“强市”与“富民”的关系处理得不是最佳,大连市居民收入偏低导致最终消费水平不高,最终影响了经济的发展)与青岛的赶超便是最好的实证。产品经营模式一般适合于成长初期和成长中的城市,此时城市经济基础相对薄弱,城市没有足够的经济实力进行大规模环境投资建设,通过上项目,出产品,尽可能取得经济效益。相反,环境经营模式则适合于成长中后期或走向成熟的城市。此时,城市已有一定的经济基础,产业结构已趋向高级化,各种城市病日益严重,城市面临继续发展的问题,通过环境战略,增大其后劲和潜力,维系城市的生存和发展。在现阶段,两种经营模式中产品经营模式更具有根本性。因为只有产品及其依托的产业才能维持城市的生产性功能,才具有再生性,产业是经济的灵魂。但是,二者又不能截然分开。因为产品经营模式需要环境经营模式来提升,而环境经营模式则需要产品经营模式来作为根基和依托。从以上角度出发,大连和青岛之间的相互学习和借鉴具有必然性。在中国目前城市现代化的道路上,既要注重城市的消费性功能,又要注重城市的生产性功能,每座城市要从自己所处的发展阶段和实际情况出发,正确和妥当地处理好二者的关系。 (黄　恳)

气的地方,很长一段时间里大连海员俱乐部出名得让人几乎觉得中国只有这一家。而今天,人们更多地是将大连和足球联系在一起。因为足球为这座城市赢得的光荣,也塑造了它的英雄气质。大连有一支中国最好的职业足球队,近几年它在中国甲A联赛中所向披靡的战绩,甚至使人觉得只要拥有他,大连就足以在人们心目中树立其气势如虹的城市形象——就像米兰,虽然是意大利的汽车工业中心,更多的人却认为她是一座足球之城一样,而且大连还拥有中国最可爱也最可敬的球迷,这也就是大连金州体育场一直是中国最煽情的足球场的原因所在。

在许多城市因为乒乓球成为“国球”而大有全民齐乒乓之势时,大连人的足球却越踢越上瘾,直到踢出了一个足球城,踢出了一代又一代中国足球英雄。20世纪50年代有王政文、王礼宾,20世纪60年代有盖增圣,20世纪70年代有戚务生、迟尚斌,20世纪80年代有李富胜、贾秀全——全是响当当的男子汉。

足球已经成为大连城市形象的象征,当许多城市煞费苦心设计自己的城市标志物的时候,大连人毫不犹豫地选择了足球,随着大大小小的足球在这座城市的广场、公园被树起来,这个城市的男子汉的魅力也被张扬到了一种无以复加的程度。 (大　可)

记　事

3月17日

1992 首次中国500家最大服务企业评价揭晓。

商业部通报1991年全国10城市10类商品质量抽查情况。

3月18日

2002 中服股份公司决定重点转向代理国外品牌。

2000 第13届全国电视文艺"星光奖"(原广告印象奖)在温州颁奖。

1996 轻工总会制定12类产品"新三包"管理办法。

轻工总会上海办事处成立。

联合国纪念"世界水日"活动在中国举办。

《公共航空运输服务质量标准》发布(运输行业首部服务质量国家标准)。

3月19日

2002 广电总局表示要形成中国有线统一品牌。

1985 中国成为《保护工业产权巴黎公约》成员国。

3月20日

2001 中国名牌战略推进委员会在京成立。

# 青岛大力发展品牌经济

品牌经济已经成为青岛市经济发展的中坚力量。截至2001年，青岛市拥有中国驰名商标6个，中国名牌16个，山东省名牌73个，青岛市"金花"名牌109个。据了解，目前青岛市拥有7个全国驰名商标，分别是海尔、海信、青啤、双星、澳柯玛、即发、雪驰，在全国驰名商标中占8.9%。

调查表明，品牌经济对青岛市经济起着重要的支撑及拉动作用。据统计，2001年青岛市6个中国驰名商标，企业资产总计514亿元，工业产出总量621亿元，实现利税53亿元。目前，名牌企业集团利税占青岛市地方财政收入的65%。几大名牌企业集团科技投入(R&D)约47.2亿元，占主营业务收入的4%(其中，海尔1家即39.8亿元，R&D占主营业务收入6.61%)，接近国外一些先进大公司科技投入约在5%的水平。此外，名牌企业在科技水平、人才的培育提升、大经济框架的调整以及企业法人治理结构的建立与完善等方面，均发挥了重要作用。

分析认为，青岛市品牌经济发展的优势在于，除具有各级领导和企业家的重视、广大市民的拥护、企业家观念更新快等培育名牌的软环境外，一些硬环境条件也很突出。

——有一批科研机构。青岛的名牌企业集团都有自己的科研机构，而且机构从人才、设备、资金等各个方面均接近国际水平。2001年全市大中型工业企业中，共设有企业办科技研发机构159家，平均每10家企业拥有4个技术中心。其中国家级企业技术中心6家，省级企业技术中心17家，市级企业技术中心55家。

——人才众多。从全国范围横向比照看，青岛市人才总量居省内第一，列全国15个副省级城市的第7位，人才拥有强度位居副省级城市第8位。2001年末，青岛市人才资源总量达64.4万人，占全市人口总数的8.5%。2001年全市人才总量比1995年增加了25.2万人，比1999年增加了11.5万人，6年来平均增长速度为8.6%，尤其是近两年来平均增长速度高达10.3%。据统计，2001年全市共引进各类人才32168人，比上年增长30.3%。

——历史的机遇。青岛市名牌企业在国内已经具有相当的强势基础，它主要表现在以海尔、海信、青啤、双星、澳柯玛为代表的第一集团，这些企业不论是企业规模、管理、利税、产品质量、市场占有还是企业文化、企业形象、社会认知、市场营销各方面，都可称是中国行业与同类产品中的佼佼者。第二集团也已露端倪，但有待提升，第三集团还需积极培育，这样青岛名牌企业形成稳定的金字塔梯度和整体上升态势。

青岛市提出品牌经济发展目标：到2005年末，全市拥有全国质量管理奖6个，全国驰名商标10个，中国名牌产品20个，海尔要跻身世界500强，青啤要进入世界啤酒业10强，海信、双星、澳柯玛、黄海橡胶等企业要成为全国知名企业。

除此之外，政府部门建议引进国际名牌机构进行名牌战略策划，制定大企业和成长中企业名牌战略规划。同时，坚持结构调整与创名牌紧密结合，大力培植名牌产品，力争在汽车、造船、机械、石化、电子元器件、纺织服装、海洋等重点领域进行突破。

(庞　昕)

# 南京城市品牌的经营与发展

**解读南京：感性都市人文情怀**

南京从来就是一座繁荣的都市，具有现代化、国际化、人文化的城市系统，并且是区域(苏皖)核心城市。但其都市气质炯异于上海的“商会”味道，具有明显的“感性”色彩和古都风貌。南京具有“敏于物而慎于行”的社会生态特征和内敛的情感表达方式，世界华商大会时嫩绿色基调的宣传画，街头余音绕梁的男声售卖都传递出其独特的人文气息。古都南京比任何一个中国城市都更多地蕴涵了多层次的人文情怀。

其“情”有三：一是悲情城市，在近现代它承担了太多的苦难，但正因如此南京才如涅槃的凤凰，传承民族情怀、厚载历史文化，具有巨大的发展空间；二是柔情城市，秦淮八艳、金陵十二钗等在此演绎千古故事，而遍地的佳肴小吃等，也使得其“柔情蜜意”更显平民化；三是心情城市，从个人的生活观念出发，都市生活中发生在长江两岸的平民心情故事别有风味。《儒林外史》曾描述南京菜贩酒保都有六朝烟水气，的确南京的品位有些暧昧，小富即安、小贫也安，真正的随遇而安，但有谁能否认这不是一种难得的生活状态呢？

**经营南京：剖析不足打造名品**

旅游是反映城市实力的主要指标之一，国内外发达城市基本上都是旅行首选目的地，而南京品牌的打造也必须从完善优良旅游环境入手，逐步亮出自己的城市名片。

南京是一座融古都文化与现代化为一体的滨江城市，不仅旅游资源丰富，而且文化内涵深厚，形成了山、水、城、林相结合的气度恢弘的城市风貌。中山陵风景名胜区、雨花台风景名胜区、夫子庙秦淮风光带3个国家4A级景区(点)是南京旅游的拳头产品，具有国内一流的竞争力。总统府、明城墙风光带等将成为南京今后旅游发展的潜力所在。南京作为全国第1批优秀旅游城市之一，其旅游在江苏起着举足轻重的作用，仅次于苏州，但南京是旅游创汇最多的市、占全省总量三成以上，其海外吸引力可见一斑。问题在于，南京旅游产品比较分散，缺乏鲜明的整体形象，且不具备独一无二的世界级旅游产品。因此，南京要成为旅游首选城市，就要立足于拳头产品基础之上，努力树立整体品牌形象，重点发展文化旅游、商务会展旅游和城市旅游。

南京旅游的发展目标是：建成以中山陵为标志，六朝古都为依托，大江风貌为特色，秦淮风光为重点，集文化旅游、商务会展旅游、城市旅游、度假旅游、教育旅游于一体的区域旅游口岸城市和中国旅游首选城市。其工作应突出以下几点：一要充分利用本身的区位优势，发挥口岸作用，成为江苏省旅游的中枢和组织者，将来宁旅游的游客进一步输送到周围具有不同特色的城市。二要在市场营销上，重点加强对民国遗存部分的宣传。民国历史比较独特、且历史上最接近，民国部分也较有国际市场，中山陵和总统府这两个知名品牌都与民国联系密切。三要在区域联合上，重点加强与周围城市的联合，由于南京本身市区生活环境较好，加之江苏城市密集，去其他城市旅游的人数较多，城市集群的组合效应非常明显。其品牌化经营的重点项目如下：文化旅游。重点挖掘明文化、民国文化、民俗文化等大品牌系列产品开发，形成几条特色文化观光旅游线路。明文化重点在于明城墙风光带的建设。明城墙风光带的建设可将两侧的相关景点串联起来，形成一个整体，这样游客既可方便地浏览城墙附

## 记　　事

**3月20日**

2001

燕京啤酒曲阜三孔有限责任公司挂牌。

美联邦快递运送国宝大熊猫。

科龙空调在京论斤出售。

2000

国家工商局商标局、中华商标协会在京召开"维护商标专用权企业工作会议"。

国务院制定并发布《个人存款账户实名制规定》。

1997

四川名酒协会成立。

1991

第4届"金球奖"、1990年度"金马奖"在京颁奖。

首届商界企业年会在京召开。

**3月21日**

2002

第6次"全国城市消费者调查"显示：市场集中度向强势品牌靠拢。

2000

国家经贸委颁发1999年度国家级新产品证书。

1995

首届全国百佳新闻工作者评选揭晓。

中国软件行业协会知识产权联盟成立。

中国船级社获得国际船级社颁发的《质量体系合格证书》。

近的景点，又可站在城墙上欣赏南京的城市风光。民国文化主要围绕中山陵、总统府等景点展开，并重点建设中国近代史博物馆，使之成为一座遗址型、综合性的中国近代博物馆，成为未来南京旅游的又一"拳头"产品。民俗文化主要围绕夫子庙展开，提高整个区域的文化品位，强化"科举文化"主题，真正形成文化氛围浓郁的夫子庙游区；可利用唐诗宋词来导游，提高文学韵味；要开发游客晚间娱乐场所，以延长游客的停留时间，并增加消费，这方面的重点举措之一是开发夜瞻园。

商务旅游。南京是省会城市和长江中下游地区重要的区域性经济中心城市，又是江苏建设的4个特大城市之一，目前已拥有国际展览中心、国际会议中心等硬件设施，在发展商务、会展、政务旅游方面有着省内其他城市不可比拟的优势。

城市旅游。南京现代化设施齐全，交通发达，管理规范，为发展城市旅游创造了良好条件。南京城市旅游的主体形象可定为融古都风貌与现代化为一体的滨江城市。一方面要重点建设长江路文化旅游街。另一方面重点建设游憩商贸中心区。重点建设夫子庙、湖南路，改善购物、饮食环境，提高街区的品位和档次，加快游憩设施建设，成为现代城市意义上的游憩商贸中心区。度假旅游。南京的休闲度假旅游重点瞄准本市及周边地区旅游的需求，形成以自然山水、田园风光、农业生态为主题的多样化产品序列。教育旅游。一方面，南京拥有雨花台、南京大屠杀纪念馆等爱国主义教育基地，可利用其吸引全国各地组织的爱国主义教育旅游；另一方面，南京拥有大专院校40多所，高校数量多，质量高，可大力开发校园旅游。

**发展南京：跨区域的新国际都会**

作为省会和区域中心城市，南京旧有的生活痕迹正在消失，现实的城市发展不仅改变了地域景观的外貌，而且深刻地影响着人们的认知。南京作为新的综合性都会城市在灿烂文化与良好生态的平台之上正在实现规模化发展。因此，面向区外市场，南京应该建设成为"以历史文化为主题的综合型的现代化城市和区域口岸城市"。南京作为六大古都之一，知名度不如西安、北京、洛阳，但南京绿化非常好，生态环境非常优美。因此，可将其主体形象定为"绿荫古都"。南京是长江下游的区域中心城市，区位优越，商贸云集，加之特殊的文化背景，良好的软硬件环境对外商具有强烈的吸引力，成为与上海相抗衡的新实力派，南京无疑是外商抢滩江苏市场首选之地。因此要大力发展商务会展，力争成为华东地区乃至全国的会议展览中心之一。南京是辐射状发展的环状大都市，将建成长江三角洲仅次于上海的特大都会城市圈。要瞄准本市及周边地区市场需求，重点开发环城带，目前南京"一小时都市圈"建设已进入务实阶段，南京作为区域中心城市的地位更加突出，周边城市居民对南京的归属感更加强烈。因此，南京应抓住时机大力发展都市中心区，重点建设好以长江路为核心的文化广场和以秦淮河为核心的RBD。重点加强与安徽的联合，南京紧邻安徽，两者关系密切，安徽是南京最大的省外客源市场，南京则是安徽重要的国际口岸。南京"一小时都市圈"的建设更促进两者的紧密联系。其外，安徽的产品与南京存在一定的互补性。因此，南京在区域联合战略上，应重点加强与安徽的联合，构筑南京大都会圈。提升南京作为区域口岸城市的地位。南京是江苏最大的交通枢纽，陆路交通、水上航运和空中运输四通八达。长江横贯东西，沪宁、京沪、宁芜铁路通过市境内，宁连、宁通、沪宁、宁徐、宁合高速公路构成了南京到周围各市的快速通道，新建的禄口国际机场已成为苏浙皖鲁豫五省主要的国际旅游口岸。但是，禄口国际机场使用率并不高，目前仅有几条飞往东南亚的航班，就连江苏省最大的国际客源市场日本，至今为止仍然未能直接通航。因此，南京要真正成为区域的口岸，一定要提升国际机场地位，根据需要，多开辟国际航线。实际上，有无便捷的交通方式对拓展城市发展空间非常重要，南京至马来西亚航线开通后，该国来访游客大量增加就是很好的例证。

（许　峰　卢明华）

# 广州反对广州

你还能数出多少属于广州的开全国风气之先？流行全国的广货中有几个名牌是广州货？你听到了几首广州新歌或者看到了几粒精彩的广州球员的进球？走在西关或沙面或上下九，你能联想起这是一座历史文化名城吗？到了晚上，你上哪儿看话剧听粤曲赏新戏去，如果《蝴蝶春情》与洋芭蕾不来？游客来了，广州能让他们带回什么特产？若不把同城约会和酒吧艳遇算在其中，广州能给人们带来多大的想象空间？

广州，有2000多年城史和光荣的近代革命史，在改革开放20年间饮得头啖汤，至今仍是有理想的年轻人乐于投奔的城市之一，无人不信它会有远大前程，但是它目前远未臻于完美，甚至风头被诸多后起的城市夺去。

诗人骆一禾说：人生有诸多事物妨碍人之博大。正如人的性格一直在制约着人的命运，城市的性格也制约着城市的前途。一座城市要想成为伟大的城市，发展的障碍往往不是外来的阻力，多数来源于自身的不自觉。如果广州存在一个发展之敌，那就是广州自己。

**还有多少开全国风气之先？**

3—5年间，中国明星城市知多少？偏偏没有广州的份。

广州网民的数量虽不如北京，但家庭电脑拥有率位居全国首位，“电子政府”指日可待，即便如此，全国IT业仍以北京为龙头和风向标；广州在市政建设上的努力自不待言，小变中变大变快马加鞭，2002年前3季度经济增速也高于京津沪渝，但国际传媒偏偏只认上海是“全球最有活力的城市”；苏州本是江苏老二，但开发区的崛起令世人看到“两个苏州”，台资和跨国公司趋之若鹜，近来在财经界的关注一度超过广州；广交会在广州根深蒂固，带来年度商机，但投资10多亿元的昆明世博会当年便回收600多亿，昆明更是藉着这个新城市产品羽化成仙，城市魅力一下子提升得无以复加。

把眼光缩小至珠三角，国际花园城市由深圳夺了冠，联合国人居奖颁给了中山，东莞成为华南乃至世界信息产品的世界级工厂，顺德亦扬言要在广东最早实现现代化。

这些年，广州作为广东省会，不是在开全国风气之先，而是在赶路。因为从1978年到1989年的11年间，广州的增长速度第1次出现比全省少了4个百分点。10年赶路，广州经济增长的速度终于高于全省的3%。广州的地位在省内上升，2000年，广东的GDP占全国的10%，而广州也占到了广东GDP的25%。于2001年10月26日全部完成的广州“三年一中变”75项市政工程，也只是广州弥补城建历史的欠账。

广州人在改革开放初期饮到了头啖汤，是市场经济的先知先觉先行者，但市场体积大了的时候，它变得滞重而保守，直到今天再一次地觉醒和努力作为。

**城市文化市长都不满意**

南越国破土而出，古老的城市文明昭告天下，广州投入5亿元开挖保护，志在申报世界文化遗产。文物不少，古迹多多，世界文化遗产迄今没有广州的份——如果这算是遗憾，那么，广州市各项长远规划中，“山水城市”、现代化国际性区域中心城市、华南经济中心、最适宜居住和创业的城市等提法不绝于耳，唯缺专家建言的辐射华南、港澳、东南亚地区的国际文化中心的提法，不知这算不算是更大的遗憾？

林树森执政广州，于交通设施、城

## 记 事

**3月21日**

1991 首届全国工业企业技术进步成就展在京举办。

全国纺织工业质量工作会议在常州召开。

**3月22日**

2000 广州本田第1辆雅阁2.0EXi环保型轿车下线。

1996 第7届"金球奖"、1995年度"金马奖"在京颁奖。

1995 第6届"金球奖"、1994年度"金马奖"在京颁奖。

1994 世界水日、中国水周。

1991 第1笔粮食贸易远期合同在郑州粮食批发市场签订。

**3月23日**

2002 春兰推出"诚信"服务。

1999 192家个体工商户和私营企业被授予"光彩之星"称号。

市建设和环境保护致力颇深，也颇为满意，但作为市长他都认为广州的城市文化"还远不适应时代的发展要求，与2000多年历史文化名城的称号不相适应，这是我最不满意的"。10月底他对记者们说："我们还需要继续努力，把广州的整体城市文化提高一个层次。我们的目光要放在未来。"

三元里抗英旧址、黄埔军校和黄花岗烈士墓都沉寂多年，广州从来没有将其建成为文化品牌。市旅游局2001年436万的旅游推介费只能用杯水车薪来形容；通过"五个一"工程奖、"华表奖"等在国内文化界营造的"广东现象"，未必对城市文化和广州市民有太大影响。旧景看西关沙面，岭南骑楼却不如厦门多；新景看天河番禺，与他城有何不同？电视是香港无线亚视，聊资是香港偶像新闻，吃着湘菜川菜东北菜，旅游奔着他城名山胜水和港澳新马泰，广州城市文化难以言表。

**广货中的缺席者**

武汉汉正街至今仍有七成的货源来自广东，广货横扫中国是多年以前的事了。如今，广东名牌全国最多。中国名牌战略推进委员会公布2001年"中国名牌产品"名单，广东共有12个企业13个产品入选，占了全国名牌的近1/4强：容声的电冰箱；金羚、威力的洗衣机；格力、美的、科龙、华凌的空调；格兰仕的微波炉；TCL、康佳、创维的彩电；豪爵的摩托车和双桥的味精。如果不是番禺于去年并入广州的话，广州连一个名牌都摊不上。

顺德、佛山、珠海、深圳、惠州等地名牌产品构成物美价廉的广货的中坚。广州很尴尬，2002年广州经济增长的三套马车之一居然是国有企业而非珠三角常见的巨无霸民营企业；如果没有广州本田轿车这张名片，真不知广州怎么打广货这张牌。

"食在广州"却难带走，广式月饼渐不稀奇，有统计表明到广州的游客购物费用不到全部消费的20%，而到上海的游客用在购物方面的消费已超过40%。

**动能转变成了势能**

上海记者问：广州经济是否会扮演全国火车头的角色？

广州市市长林树森答：上海历来是全国经济的火车头，广州争取成为第三节车厢。

火车头是动力，车厢前行只能靠势能，广州如此甘于老三？抑或是因为广州的动能业已丧失？

广州经济增长，依赖于固定资产投资增长（包括中变工程），老城变新颜；也依赖于国企改革使传统产业成为宝贝，老树开新花。有人说，广州这几年的经济发展，最强调的一点是"协调"二字。把旧有的资源和优势整合，把不同的势能拧成一股新动能，从而拉动广州经济。眼下广州正酝酿整合现有16个开发区，谋求资源优势互补，以增强对外开放的吸引力。

最近，番禺南沙新区被寄予成为广州发展新动能的厚望。未来两三年广州将斥资百亿再造南沙，要使其经济总量等于一个新广州，在地位上相当于广州的"东京湾"。

**没有新"秀场"的城市**

能赚会花，识得享受，头脑精明，讲究实际，是外地人对广州人的普遍印象。能包容，多元化，人气旺，机会多，是外地人对广州市的普遍印象。但是，太过实际的生活必然失去想象空间，不擅作秀的广州也没有泡制或争取更多新的"秀场"为未来营造商机。

深圳把荔枝节变成了高交会，又首创全国住交会，都是一年一度的大"秀场"；上海和北京办起了车展，上海得天独厚地成为全球金融家与政治家正式与非正式聚会之地，北京为2008年预定了奥运会的长期饭票——广州除了传统的广交会，未来还有什么大"秀场"可以吸引世界的眼球？

如果甘于第3名，那么第3位的位置一定不稳；如果没有灵感四溢的双赢的大"秀场"，光凭蓝天绿水和顺畅交通并不足以吸引外资和外商。要知道，所有的买家和卖家、所有的传媒、所有的商机和所有的资讯，都会在"秀场"上一字排开。

（《新周刊》）

城市观察

# 杭州：最女性化的城市

说到杭州，人们首先想到的就是西湖，而说到西湖，人们首先想到的就是2000多年前的一个美女西施，即使是文化水平不高的人都能背出苏轼的“欲把西湖比西子，浓妆淡抹总相宜”这两句诗。尽管这种联想是那样缺乏创意，但所有人对杭州的想象几乎都跟风姿绰约、妩媚动人的美女有关。

杭州虽然被定为中国历史上的六大古都之一，但这座城市根本就没有一种王者之气，要不当年那个倒霉的宋朝皇帝赵构逃亡到了杭州以后怎么会那么不思进取，还惹人讽刺他“总把杭州作汴州”呢？杭州从一开始就被人看成是一个风花雪月的温柔之乡，尤其是当你读过一本法国人所写的无蒙人侵前杭州的日常生活史著作的话，你就能知道白娘子和许仙只有在这个地方才可能在雨中相遇。那个也许让其他地方的男人觉得有些丢面子的女性味太浓的小男人许仙并没有引起杭州人的反感，倒是“很男人”的法海在这个故事里被看成是一个恶棍。

虽然中国也不乏很秀丽的城市，像被描绘成“江作青罗带，山如碧玉簪”的桂林，但只要你在这两个城市分别住上一个月，你便会发现，杭州的女性美是一种文化，而这种美在桂林却是一种自然。

正因为是有西湖才有杭州，所以这座城市简直可以看成是西湖的附属物。在心理感觉上，杭州只是一座小城，在这里，至多只会发生一些琼瑶式的缠绵故事，杭州没有很大气的地方，比如有气势的高层建筑，很开阔的城市广场等等，虽说五一广场不小，但它对这座城市的作用是微乎其微的。在西湖东面建起来的不大的城区看上去就像一个女孩子的闺房，小巧玲珑，幽静别致，再加上芳香袭人，丝绸裹身，越调萦耳，人身上那些很粗糙的东西在这里会荡然无存。

据说，杭州的发展远不如相邻的一些小城市那么快，但庆幸的是，湖光山色帮助人们远离现代工业文明的喧嚣，而与人们内心世界那种越来越少的温柔、缠绵的感觉相吻合。

（肖　万　大　可）

# 李述谈品牌

什么是企业核心竞争能力，就是是否具有独特的资源能力，这种独特性表现为你所拥有的资源，偷不去、买不来、拆不开、带不走、溜不掉。具体讲，有两方面含义，一是品牌。我们的品牌意识还很弱，长春市工业产品、农业产品最大的问题是品牌问题。长春的一些知名产品捷达、奥迪、宝来都是洋品牌，我们自己的品牌，如：红旗、解放、铁路客

## 记　　事

**3月23日**

1990　电子部《电子产品质量等级评定统计、考核管理办法》颁发。

**3月24日**

1999　首届中国国际纺织品博览会和第7届中国国际服装服饰博览会在京开幕。

1997　10大盈利工业企业排名揭晓。

1994　《中国气候公报》发布。

**3月25日**

2002　“神舟三号”发射成功，载人飞行又迈一大步。

1998　张瑞敏在哈佛大学讲课。

1995　国务院公布5月份实行每周5天工作制。

1994　国务院讨论通过《中国21世纪议程、中国21世纪人口、环境与发展白皮书》。

# 广州驰名商标不及顺德

作为沿海经济发达、在全国经济发展中占据重要地位的广州市，企业申请注册商标和获得全国驰名商标的情况究竟怎样？广州市现有的171935户各类企业中，拥有注册商标的仅占8%，即92%的企业没有注册商标；驰名、著名商标不多，拥有驰名商标的数量加上广东省属企业的两件（珠江桥牌和白天鹅），才和顺德这个县级市持平，能与外国名牌一争高低的商标更是凤毛麟角！

改革开放20多年来，广州市的商标事业有了很大的发展，全市注册商标拥有量从1979年的700多件增加到现在的近4万件，增长了50多倍，在全国196件驰名商标中拥有“虎头”电池、“珠江”钢琴、“黑妹”牙膏、“珠江桥”酱油（酒）和“白天鹅”宾馆5件驰名商标以及30件广东省著名商标；但是，总体来讲，与经济的发展和广州经济总量稳居全国10大城市第3位的地位很不相称。除了企业商标、著名商标和驰名商标拥有量不多之外，还表现在不少企业虽然注册了商标，却不懂得运用和保护，以致商标知名度和信誉不高，影响了竞争力；商标工作对经济结构调整、地方经济发展的贡献还不够大。

为帮助企业增强商标意识，树立广州企业的名牌，广州市政府把培育有竞争力的名牌产品、主业突出和创新能力强的现代企业列入了工作计划，对国有大中型企业实施了大规模的重组和重点扶持；专门制定颁发了《广州市著名商标认定办法》，政府领导多次提出要创立更多的全国驰名商标。广州市工商局加大了《商标法》的宣传力度，在加强对企业创立驰名、著名商标工作指导的同时，对部分著名商标企业实行24小时保护，专门发文在企业名称登记工作中对驰名、著名商标和老字号进行重点保护。在整顿和规范市场经济秩序工作中，专门开展创立广州市著名商标活动。

（陈　戈　叶华新）

车、皓月、德大的产品，也打入了国际市场，但和国际上的知名品牌相比，还算不上是真正的品牌。二是信用。市场经济实质上也是一种信用经济，在日益透明的市场条件下，信用就是资本，信用就是资源，信用就是生产力。在现代社会，“十分货百分钱，九分货不值钱”，这就是信用方面的“赢家通吃”。我们的一些企业缺的就是“信用”。国家正在建立企业经济档案制度，银行、海关、税务、外汇管理部门都在建立记录信用不良的“黑名单”制度，被列入“黑名单”的企业招标没资格、融资成本高，款也贷不着，并把信息上互联网，你的资信情况可以被客户很容易查到。如果我们的企业不重视自己的信用建设，继续搞欺诈经营，出尔反尔，就将没人愿意和你打交道，路只会越走越窄，实质就是自取灭亡。需要注意的是，打造企业核心竞争力的基础是要加强管理，搞好技术创新，否则竞争力就会成为无本之木，无源之水。

# 温州名牌军团

温州市长钱兴中说，中国加入世贸组织对温州来说应该是一大绝对利好。温州市政府为此萌生出一大创意，从温州的产业基础出发，把温州建成鞋业、服装、打火机、剃须刀、眼镜、包装印刷、塑编等十大轻工产业基地和世界轻工类产品贸易集散地。至此，温州在中国制笔之都、中国锁都、中国鞋都、中国电器之都……等美誉之后，又树了一个新的目标。

之所以提出这样的目标，是因为温州在实施名牌、名企、名人战略，发挥品牌企业的龙头优势，促进产业的快速发展，形成具有技术优势和市场竞争力的产业链的过程中，在轻工领域不只是拿到了一两个冠军，而是拥有了强大的名牌集团军。

**笔的温州**

温州目前拥有200多家制笔及其配套企业，生产水彩笔、圆珠笔、自动铅笔、自来水笔等四大系列10多个品种，年产各类笔75亿支，其中半数以上出口；2001年，行业实现产值16亿元，占全国制笔业年产值的1/3。

温州的制笔企业主要集中在温州的经济技术开发区、龙湾蒲州一带，经过20多年的创业发展，原来家庭作坊式的生产已被大规模生产经营所取代，出现超常规的发展势头，形成生产规模大、品种档次高、技术改造快、配套协作强、市场营销辐射面广等五大优势，在全国乃至世界笔类市场都形成一定的影响。最近，中国制笔协会命名14家“中国制笔大王”，温州的“爱好”、“环球”、“文泰”和“天骄”四个品牌榜上有名。

为打造区域特色品牌，把温州制笔业做大、做强，温州市已经向国家有关部门申报“中国制笔之都”，占地800亩、投资4.5亿元的中国制笔之都工业园区一期工程已经启动。

**锁的温州**

温州制锁业起步于上个世纪80年代初，到80年代后期，瓯海慈湖一带出现了200多家锁具企业，当时有媒体介绍说，仅慈湖北村，一天生产的自行车锁就达10万把……但是没有叫得响的品牌，一直是锁业老总们心中的一块病。

从20世纪90年代初，温州锁业不再甘心只为他人“定牌生产”，全行业掀起争创品牌的热潮。目前，温州的制锁业在企业规模、技术创新、出口创汇等方面均已走在全国的前列，并已成为全国锁具品牌最集中，产业配套最齐全的地区。2001年，全行业400多家企业创工业生产总值达到50多亿元，产品远销到世界60多个国家和地区，出口交货值达到16亿元人民币，其中自营出口就有5个亿。锁具产品占全国市场份额的65%以上，居全国首位。

温州锁具行业中，拥有5个“中国锁王”荣誉称号的企业，年产值超过5000万元以上的企业达到30家，其中超亿元的有8家，锁具行业已发展成为温州大产业之一。温州也因此荣获“中国锁都”的称号。

**剃须刀的温州**

起步于20世纪80年代末的温州市剃须刀行业，到2002年底已发展成拥有100多家企业，年产值总额超过12亿元，占全国60%市场份额的中国剃须刀生产基地。产品中60%以上出口，全市年产值500——5000万元的剃须刀企业有40多家。同时，配件生产和经销企业应运而生，形成了以市区为中心的设计、生产、销售各环节配套协作的社会化大生产格局，具备了较强的参

三　环

烟台造锁总厂

万事利集团公司

## 记　事

### 3月26日

2002

“007”携手巩俐出任“夏蒙”西服品牌国际形象代言人。

空调价格战全面开打，17个品牌跳水。

中国知名品牌在消费品市场占主导地位。

齐秦出任七匹狼品牌代言人。

1999

全国质量技术监督管理体制实施重大改革。

第1辆广州本田雅阁轿车在广州下线。

1996

长虹率先降低彩电价格，打响第2次价格战，使国外品牌丧失大屏幕彩电的市场优势。

1994

吴阶平医学研究奖、保罗杨森药学研究奖在京设立。

### 3月27日

2002

上海汽车租赁“第1品牌”向全国扩张。

1998

中国家电协会在京发布1997年度中国家用电器产品企业龙虎榜。

1997

《连锁店经营管理规范意见》印发。

《旅行社质量保证金赔偿暂行办法》发布。

与国内外市场竞争的实力。

温州剃须刀业在技术改造方面也取得了长足的发展，申请国家外观专利以每年20个以上递增，目前累计已达100多个国家专利产品。去年9月，中国五金制品协会将“中国(温州)剃须刀生产基地”的牌子颁给温州。

温州市剃须刀行业协会会长周国新通过长途电话告诉记者，温州市剃须刀行业每年以26%的增幅快速发展。“我们的奋斗目标是与国外品牌展开竞争。五年内，让温州剃须刀全面占领中国市场！让世界向温州看过来。”

**包装印刷的温州**

上世纪80年代初起步的温州地区苍南县印刷包装行业，曾因假商标案而声名狼藉；进入90年代，在温州质量兴市的方针引导下，获得了快速良性发展。目前，全县共有印刷包装企业1748家，产值达70.7亿元，占全县工业总产值的38%，全县60%的税收来源于印刷包装及相关行业。

今天，当人们打开电视机时，总会被各种各样的广告所吸引，也许人们不会想到诸如雕牌牙膏、五粮液、椰岛鹿龟酒、吉林敖东制花、修正药业……等品牌产品的精彩包装供应商就是苍南的印刷包装企业。苍南，这个中国三大印刷基地之一，正在向中国印刷包装基地和国际印刷包装基地迈进。“九五”期间，仅龙港镇就投入技改资金30亿元，近三年间，龙港引进德国海德堡等进口四色印刷机30台(套)。

印刷包装业在苍南发展具有得天独厚的优势，几乎每个接受记者采访过的苍南刷包装企业家都会这样得意地告诉你：“我们的原材料仓库就建在市场上。”龙港镇的站前路、龙翔路上汇聚着来自美国、加拿大、德国、芬兰等20多个国家和地区及国内原材料供应商的代理商。在上海不一定买得到的纸张、油墨品种，在苍南却可以轻松找到。印刷包装企业需要原材料的时候，只需一个电话，供应商们就会及时提供，企业省去了原材料的采购、仓储、运输等费用，整个成本就降低了6%至8%，这使苍南印刷包装企业在市场上具有了很大的竞争力。

**塑编的温州**

温州地区平阳县的萧江与灵溪两镇都是产量占全国近1/3的塑编基地。2002年，它们甚至让中国包装协会感到为难——这两个镇几乎同时提出申报全国性塑编基地的称号，并且它们都符合申报条件。

温州的塑编业究竟大到怎样的程度？浙江华庆集团的董事长姜集康举了个例子：“1998年特大洪水所需的全部编织袋，由我们集团来生产的话，一个星期就够了。”目前，姜集康的华庆集团在编织袋上的生产能力达到每天100万条。2001年，平阳县的编织袋生产量达到80多亿条，整个温州塑编行业的产量达到150多亿条。

温州塑编行业在产品上不断推陈出新，复合彩印将高仿真的彩色图片留在了编织袋上（这种技术的使用和开发，温州人一直走在全国的前头）。新的领域不断被发现，塑膜软包装使得温州的产品在市民日常频频接触的洗衣粉、味精、糖果等外包装袋上得到运用。可以说，温州塑编已经不能仅仅以塑编称呼，更能概括其范围的叫法应该是塑料包装。

**打火机的温州**

2001年11月，中国五金协会授予温州市鹿城区“中国金属打火机生产基地”称号；12月，欧盟CR法规威胁温州打火机行业；2001年3月，温州烟具协会组成“民间第一团”赴欧，按WTO的规则打起“洋官司”……温州打火机更加名扬四海。

据有关数字显示，如果把温州一年生产的打火机排起来，可以绕地球两圈；目前温州共有300多家打火机生产企业，与打火机配套的相关企业近千家，年产金属外壳打火机5亿只，年产值为20多亿元，占有国内95%的市场，同类产品出口占国内出口总量的80%，占世界市场份额的70%以上。

温州的打火机已迫使日本、韩国和台湾地区80%的企业关门或转产，昔日的生产出口大国变成了进口大国，许多制造商变成了贸易商，日本“广田”、

"风车"，法国"威尔特"，德国"邱博"、"哈德森"，韩国"松树"、"正道"等数十个国际知名品牌打火机企业在温州进行委托加工(贴牌生产)，定牌生产。

温州打火机行业已涌现出"大虎"、"日丰"、"威力"等品牌打火机及企业，这些企业的领军人物正在向世界打火机顶尖档次冲刺，"不仅要做产品，更要做品牌，要创出中国的世界名牌"已成为行业的奋斗目标。

**眼镜的温州**

2001 年，温州眼镜行业产值已达 45 亿元，其中 95% 的产品出口到 150 多个国家和地区，太阳镜的产量约占到世界的 70%。温州不仅列在中国四大眼镜产销基地之首，而且已成为世界眼镜制造业的重要生产基地。

1994 年前，温州眼镜商们在国内较大的眼镜市场有一定的名气、有一定的市场份额，但年产值仅有 4 亿元；2001 年，温州 50 多家企业参加了香港眼镜博览会，成交额达到达 2000 多万美金，创下了历届展会最高纪录，一时轰动了香港。

统计数字表明，温州现有眼镜生产厂家 400 多家，各类配件生产厂家 250 多家，眼镜表面处理企业 150 多家，现了国内最大的眼镜生产商，年产值超亿元的企业 2 家，3000 万元以上的有 40 多家，形成了从原材料、配件加工到成品生成、传贸代理等一条完整的产业链，专业化分工带来了产业聚集，降低了成本，形成价格竞争优势。

温州市政府部门重视积极打响区域品牌，今年初，首批区级名牌眼镜品牌应运而生，"远洋"、"黎星"、"凯达"、"郭达"、"八达"等 5 家企业 7 个品牌榜上有名。

**鞋的温州**

1999 年，在杭州烧了一把火，烧掉的是 2000 双假冒温州品牌的皮鞋；2001 年"中国鞋都"花落温州，温州制鞋行业终于打了彻底翻身仗；2002 年，温州的"康奈"、"红蜻蜓"、"奥康"3 个皮鞋品牌荣获"中国名牌产品"证书，在全国皮鞋类 7 个中国名牌产品中占有 3 席；到目前为止，温州鞋业已拥有 10 家"中国鞋王"中的 3 家，5 家"真皮鞋王"中的 2 家，150 家真皮标志企业中的 50% 以上。

作为中国鞋都，温州近几年来鞋革工业发展迅猛，有资料显示：地球上每 10 个人中就有 1 人能穿上温州人制造的真皮鞋；温州的制鞋业产值约占国内行业产值的 25%；鞋材业产值约占国内行业产值 30%；制革业产值约占国内行业产值的 50%；鞋机业产值约占国内行业产值的 70%，以名牌企业为龙头形成的产业链已显现出愈来愈强的规模优势和聚集效应。1 个由皮鞋、皮革、皮件 3 个主体产业和皮革机械、皮革化工、皮革设计、信息和展览构成的配套产业体系，成为"中国鞋都"最具竞争力的优势。中国轻工联合会陈士能会长曾说："中国鞋业的希望在温州。"

**服装的温州**

最近，中国纺织工业协会的调研报告指出，温州服装已成为我国服装行业的一支重要生力军。其主要标志为：

一是量的激增和质的提升。1994 年至 2001 年，产值从不足 20 亿元猛增到 265 亿元，增长了 13 倍，占到全国市场份额的 1/10 还多；拥有全国服装行业"双百强"企业 9 家，全国民企 500 强中的 5 家，服装品牌从零到 44 个品牌达到国家"优等品"，19 家企业通过 ISO9000 质量体系认证，4 家企业通过 ISO14000 质量体系认证。

二是形成了内销市场网络。全国设有连锁专卖店 1 万多家，虚拟经营、特许代理的运作方式十分奏效。

三是实施名牌战略。拥有众多国内外知名品牌，国家驰名商标 2 个，省著名商标和省名牌产品 9 个，市知名商标法 17 个，市名牌产品 23 个，同时是国内拥有国内外明星服装品牌代言人最多的城市。

四是知名企业的技术装备和工艺具有国际先进水平，并引进了国际著名设计师和工艺师。

五是具有海外市开场拓能力 2001 年出口创汇 3.29 亿美元，占全市出口总额的 16.4%。

六是政府制定了"穿在温州"和建

## 标　识

天山 TIAN SHAN

新疆天山毛纺织股份有限公司

杏花村

山西杏花村汾酒厂股份有限公司

设中国服装名城的目标，并已启动产业园区和展览中心建设。

**电器的温州**

温州乐清市柳市镇 20 世纪 80 年代构筑了低压电器占全国 1/3 份额的"电器王国"，1993 年，柳市镇工业总产值突破 10 亿元大关，成为浙南第一经济强镇。此后，柳市镇国内生产总值以年平均递增 65% 的强势快速发展，2001 年达到 95. 68 亿元，销售总额达到 92. 37 亿元.

其中，正泰、德力西被家工商局认定为"中国驰名商标" 49 家企业被浙江省认定为著名商标；到 2002 年 6 月份，全镇已有 200 多家企业通过美国 UL、欧洲 CE 认证，270 多家企业通过 ISO9000 质量体系认证，4200 多家企业获得部颁生产许可证。全镇形成优化产业以达 131 家，其产值已占全镇工业总产值的 72% 以上；企业引进先进技术，高新技术产品产值占到工业总产值的 13. 9%，建成了外向型经济开发区、新光工业园区等到 10 大工业园区。

（朱　勇　王景飞）

# 品味温州模式

**关键看实践结果**

温州模式自 20 世纪 80 年代诞生开始，就被世人关注，褒贬不一。

贬者认为："提倡温州模式，对全国的祸害很大。温州模式，资本主义模式，某些方面比资本主义还无法无天。"

褒者认为："温州模式，超出了区域范围，而在全国范围带有普遍意义。我认为温州模式的重要意义倒不在它发展了家庭工业，而在于它提出了一个民间自发的遍及全国的小商品大市场，直接在生产者和消费者之间建立起一个无孔不入的流通网络。"（著名社会学家费孝通语）

著名学者、经济学家何新："温州私营企业发展的这条道路，在某些形态上接近于 20 世纪 60 年代日本、台湾、香港一些经济地区的发展情况。它的成功之点，对我国其他那些资源匮乏、人力过剩的农业地区发展乡镇工业和进入商业经济，促进市场化，具有某些可提供示范的经验。"

著名经济学家钟朋荣说："温州人是否干某件事情，既不看伟人讲了没有，也不看别人做过没有，只是看实践中需不需要，实践中能不能做得通。""温州的经济模式之后，隐藏着一个更重要的'模式'，即温州人的思维无模式。这个思维的特点是：不是从教条出发，而是从实际出发；敢闯敢试，敢为天下先。""温州模式的核心和精髓，是温州人的精神。"

重要的不在于著名学者、教授如何赞扬温州模式，而在于实践检验温州模式的结果如何。20 世纪 80 年代到 90 年代初，温州假冒伪劣商品是出了名的，而现在温州的企业家们在温州市政府"质量立市、名牌兴业"战略思想指导下，经过多年的努力，创建出许多名牌企业、名牌产品。"温州模式"之根开出了"温州名牌现象"之花，结出了"中国名牌产品"之果。2002 年，国家评选出 123 个"中国名牌产品"，在皮鞋类中，温州产的皮鞋有红蜻蜓、康奈、奥康 3 个品牌被评价为"中国名牌产品"，占皮鞋类名牌总数的 42. 9%，这在全国是绝无仅有的。

**温州人"剃光头"**

温州人获得这么大的成功，有许多经验可以总结。从社会舆论的评价来看，为什么会有那么大的不同，甚至得到截然相反的结论。这种现象深刻地反映了在社会转型时期，人们各种观念的激烈冲突，反映了我国经济学界传统的占主导地位的经济思想严重滞后于经济发展实践，也反映了在社会主义初级阶段，经济活动是丰富多彩的，产权形式应该是多种多样的。

## 记　事

**3 月 27 日**

1996 第 1 届"中国国际新闻奖"颁奖大会在沪举行。

1995 长城微机总产量突破 20 万台。

1992 1991 年全国纺织工业经济效益指标竞赛揭晓。

**3 月 28 日**

2002 "春兰创新型矩阵管理"获企业管理特等奖。

2000 风神 EQ7200 型轿车在深圳亮相。
海尔集团"合肥海尔工业园"开工。

**3 月 29 日**

2002 电动车品牌首次亮相京城。
京铁旅游公司打"专列"品牌。

2001 中国期货业协会公布期货公司座次。

1995 国家工商局与轻工总会、国家技监局、国家科委、民政部等就乱评奖、乱评优、乱推荐等问题座谈。

改革开放之间，人们的经济活动是在计划经济范围内进行的。在这个范围内的经济活动就是社会主义的经济，在这个范围之外的经济活动就是资本主义经济。温州人在改革开放初期，尽管能够摆脱思想的桎梏，一切从实际出发，敢于与传统观念决裂，在没有条件的基础上，积极创业，进行着“精彩的创举”而世人不予理解，但是温州人还是希望人们为他们的经济活动戴上社会主义的红帽子，不愿意被扣上资本主义的白帽子。1991年5月14日上午，中央政治局常委李瑞环同志到温州视察。当李瑞环同志与一位开关厂厂长交谈时，在涉及对私营经济提出质疑的问题时，风趣地说“温州这件事怎么看，将来怎么看都还可以再研究，不要急急忙忙地下结论。我看你怕别人给你戴‘白帽子’，你给自己急着戴‘红帽子’。我说你们先不戴‘帽子’，脱个光头，不是更凉快吗?”白/红帽子之说实际上就是姓资姓社的问题。谁也不愿意给自己贴上资本主义的标签。据说，这年夏天许多温州人剃了光头。在我们国家，人们无论做什么事都把名分看得比生命还重要，什么能干、什么不能干，都要由名分、框框、本本、甚至讲话来作判断标准。温州人的可贵之外就在于他们没有被名分罩住而不敢探索。随着时间的推移，特别是随着中央领导和专家、学者对温州模式的肯定和赞许，人们仿佛才看到温州模式的“合理内核”。我们的经济学家们应该把温州模式中的合理内核阐述清楚，用以指导今后的实践，指导西部大开发的实践。不要再把经济理论当作人们判断经济活动的标签，而应成为指导人们经济活动的指南。

**与时俱进的温州模式**

20多年创举性的实践，温州模式可以说经历了三个发展阶段。在不同发展阶段，温州人赋予温州模式不同的经济内涵，扬弃着不同的外壳，以适应市场经济为主线与时俱进，使温州模式始终保持着社会主义市场经济常青树的旺盛生命力。

第一阶段是以家庭经济为主要形式，冲破计划经济的束缚，显示出温州模式不同凡响的竞争力。温州的家庭经济为什么能够从国有经济那里抢回市场呢？因为每个家庭企业是一个产权单位，这个产权就是一架“原动力装置”，是形成企业竞争力的源泉。家庭企业的负担只有不大的厂房，几个工人，几台机器，可谓轻装前进。而一个国家企业也是一个产权单位，也只是一架“原动力装置”，却负担着几百人甚至几千、几万人的衣食住地，几百万甚至几千万、几个亿的设备之折旧，可谓不堪负重。前者对市场需求反应快速敏捷，后者对市场需求反应迟钝、木讷。温州市有几万个家庭企业，就等于温州市拥有几万个“原动力装置”，而温州市的国有企业有几十家，就等于温州市的国有企业拥有几十个“原动力装置”，几十个“原动力装置”呢？这就是为什么温州的家庭企业能够夺得很多市场(占有率)有根本原因。在这个阶段，温州人紧跟市场需要，摆脱观念枷锁的限制，不仅企业成功，而且企业取得了较大的发展。

第二阶段是以家庭企业为产权单位，以规模化生产为基础，形成专业化市场，即小商品、大市场。为了有更大的市场占有率，短期内(几年)出现了许多假冒伪劣产品，从数量上看，温州产品似乎已经满天飞了，然而，市场是无情的，“温州货即伪劣货”像一把利剑一样悬在了温州企业的头上，照此下去，要想长期占领市场是根本不可能的事。1998年7月30日，国务院总理朱镕基前往山西太原市商贸城考察，当陪同人员告之商贸城的小商品批发市场是由温州人办的，刚跨出车门的朱总理脱口而出：“温州的假冒伪劣商品很出名，”接着，朱总理向众人讲述了一段不堪回首的插曲。这个阶段温州市全面开展了打假活动，打假打倒了一批没有生命力的企业，打假打出了像南存辉正泰集团那样一批名牌企业。于是温州从市政府到企业家开始认识到必须持之以恒地抓产品质量，确定“质量立市，名牌兴业”的战略思想。在这一阶段，温州人变短期占领市场为长期占领市场，坚决与假冒伪劣产品决裂。

标　识

杭州娃哈哈集团公司

广东万家乐(集团)公司

记　　事

3月30日

2002 中国商业联合会、中华全国商业信息中心在京发布2001年近70种商品的市场销售信息，11类产品品牌座次排定。

1999 熊猫电子集团宣布进入白色家电领域。

3月31日

2002 乾陵1.8亿元打造旅游品牌。

国务院公布《商标管理条例》。

1991 37座建筑物首次载入英国出版的世界《建筑史》。7楼：北京电报大楼、北京民航大楼、北京三里河办公楼、北京建工部大楼、上海文远楼、杭州航站楼、乌鲁木齐航站楼；3堂：北京人民大会堂、毛主席纪念堂、重庆大会堂；1宫1碑：北京民族文化宫、人民英雄纪念碑；14馆：北京友谊宾馆、北京天文馆、中国历史博物馆、北京地安门旅馆、长春体育馆、上海游泳馆、广州东方宾馆、广州白云宾馆、广州白天鹅宾馆、南京五台山体育馆、中国美术馆；1墅1寓：广州矿泉别墅、广州华桥公寓；6店：北京新侨饭店、北京建国饭店、北京长城饭店、北京香山饭店、上海龙柏饭店、南京金陵饭店；3场：北京首都剧场、北京工人体育场、西安人民剧场。

第三阶段是从家庭企业向现代企业发展，温州产品从小规模地打进国际市场到大规模地占领国际市场，政府与企业共同高举打造信用温州的大旗，理直气壮地讲出："温州是从今年开始来建设这样一个信用系统。"2002年6月，温州市政府出台了《温州市企业信用工作建设管理暂行办法》，这是全国第一个推出关于企业信用制度的地方性法规。在温州市全面提倡诚信的大背景下，温州信用中心应运而生。中国轻工业联合会会长陈士能在评价温州的信用法规和企业信用环境时说："温州不仅仅它的速度上去了，而且重视质量、重视档次、重视品味。很重要的一点就是，他们的确做到了诚信地生产，诚信地服务，诚信地消费。"温州企业为成为百年老店奠定了基础。

温州模式的三个阶段都有不同的侧重点，分别是占领市场、质量立市、诚信为本。温州模式之所以精彩，就在于它不是一成不变的，而是与时俱进的，是不断创新的。温州模式的发展历程虽然不能克隆，但是温州模式的精髓是可以传播，可以开花结果的。市场经济永远需要温州模式体现出的创新精神。

（顾维立）

# 温州鞋生态圈

温州人自古就有做皮鞋的历史，最早甚至可以追溯到南宋。明朝成化年间，温州鞋被朝廷列为贡品。20世纪20年代，温州已经形成手工鞋革业的完整体系，出现了制革街、皮鞋街和皮件街。

今天的温州，已经成为全中国最大的皮鞋制造基地，一个高度密集、分工合理的产业链是支撑整个温州鞋业的生态基础。

温州鞋业不能也不可能在自我封闭的生态圈里继续安逸下去，它必须走出去，融入一个更大的生态系统。

## 一、"鞋佬"的故事

在温州人嘴里，"鞋佬"是个丝毫不带贬义的词，务实的温州人向来把"臭皮匠"视为讨生活的好路子，而且只有行业影响力最大的鞋匠才配得上"鞋佬"。如今，坐在挂满皮件的门面后头，指点徒弟叮叮当当做鞋的"鞋佬"形象早已湮没在温州人的记忆里，但余阿寿是个例外，20世纪70年代，"皮鞋寿"的名号就已经在温州打响，随后一直辐射到金华、九江。今天，在温州制鞋界，很多人还以与余阿寿有过交情为荣。

余阿寿12岁投师到一位徐姓鞋匠那里学手艺，1958年被招进了集体鞋厂，从工人一直做到车间主任。一场大病改变了余阿寿的命运，他欠下厂里70元钱，为还债悄悄在家里做鞋，一天两双，每双赚4毛钱。"走资本主义道路""罪行"败露后，他不但被赶出工厂，还被关过监狱。出来后被迫放下鞋具当渔贩子混了8年。1978年，余阿寿在温州租了间3平方米的店面重操旧业，到1981年，他的小鞋摊扩大为40平方米的皮鞋工厂，一年赢利好几万。这个皮鞋工场就是今天温州最大的制鞋企业之——温州吉尔达鞋业有限公司前身。

说起"皮鞋寿"名字来历，余阿寿说："质量好最重要，我刚出道时温州人做鞋一般都用猪皮，我一直用的是牛皮，别人做的鞋最多卖5元，我的能卖到8、9元。"余阿寿回忆说，20世纪80年代初他把鞋拿到到金华一家国有商店里卖，结果造成店里其他鞋卖不出去，市轻工业局派人来调查，硬是把他的摊位关了3天。虽然那时他做的鞋还没有品牌，但"皮鞋寿"的名声因此不胫而走。

最让余阿寿自豪的还得算"吉尔达"的壮大，原先日产十来双的小鞋厂现在已经拥有员工2000多人，标准厂房3000平方米，年产皮鞋350万双。“当时跟我一样开鞋摊的‘鞋佬’没有几个能真正做大的。”余阿寿说，“带我入门的徐师傅现在还健在，他们中的很多人仍在开小鞋摊。”

上一代“鞋佬”的小生意还在继续，整个温州制鞋革业已经发生了翻天覆地的变化，与之同步的是新一代“鞋佬”的崛起。2001年，全国皮鞋产量24亿双，温州鞋几乎占了1/4，温州市鞋革业实现工业总产值295亿元，从温州海关出口的鞋类产品总价值4.62亿美元。温州市鞋革工业协会秘书长朱峰提供的行业数据显示，2002年第2季度销售额2.808亿元的吉尔达在整个温州制鞋业中排名第3，在它前面的是“奥康”和“意尔康”，在它后面的有“康奈”、“多尔康”、“东艺”、“飞鸵”、“泰马”、“红蜻蜓”，全都位居全国前20家制鞋巨头之列。

谈到“奥康”、“吉尔达”等龙头企业的崛起，朱峰认为质量绝对不是主要因素：“温州鞋业起步时的作坊式生产很难做到规范，鞋的样式虽然不错，价格也便宜，但牢固性差，因此温州鞋一度被视为伪劣商品的代名词，应该说质量得到大幅提升还是近几年的事。实际上温州大鞋厂能够崛起主要是市场做得好，新一代‘鞋佬’几乎都是做营销起家，像‘奥康’的王振滔、‘红蜻蜓’的钱金波、‘东艺’的陈国荣等，当初都是鞋厂的营销人员。即使像余阿寿这样自己做鞋的老板，也是先把分销店开到金华、九江甚至武汉，在全国建立起营销网络，再逐步从规模上充实‘吉尔达’的实力。”

据称全国85%以上的皮鞋市场是由温州人开的，仅在新疆做鞋的温州人就有2万。温州人甚至把鞋类市场开到了意大利、法国、巴拿马等十几个国家。“奥康”、“吉尔达”、“红蜻蜓”都已在全国开设了上千家具有统一标识、统一形象、统一价格的皮鞋专卖店。

二、产业链·生态圈

黄龙商贸城是温州最大的鞋市之一，几乎所有的温州鞋厂都在这里开了店面。

见到王国平的时候，他正坐在磨具旁打磨鞋楦，他的铺子被裹夹在几百家鞋铺中，和那些小鞋店一样，门面后面就是加工车间。前店后厂，典型的温州小商品经济模式。王国平的名片上写着：鹿城鞋楦厂厂长。先有鞋楦，再有鞋型，每生产一种款式的皮鞋都要先做一双鞋楦。王国平称温州的鞋厂基本上都用过他做的鞋楦。“生意不好做了，”王国平感叹着，这个4岁就开始做型的鞋楦工在鹿城鞋楦厂也已干了25年。“我们是温州最早几家鞋楦厂之一，原先每天只能做100多双鞋楦。”王国平说，“现在温州地区的鞋楦厂已经有100多家，家家都吃不饱。”王国平做一双鞋楦只要两小时，他的厂开足马力一天能做2000双，但激烈的竞争使这家老店的实际产量远远低于这个数字。

像鹿楦厂这样的配套企业在温州约有2000多家，在它们上游生存着约4000家制鞋厂，从4000人规模的“奥康”到10个人的家庭作坊。中国皮革和制鞋工业研究院温州办事处常务副主任方岩说：“温州制鞋业最大优势是成本优势，而产业链的高度集中是温州获得成本优势的根本原因。”

温州的鞋机厂从20世纪80年代开始发展，目前已经有几十家，比较著名的有大龙、瓯江等厂，这些厂可以为制鞋企业提供整条生产线。在乐清白石的鞋底生产基地聚集了几百家鞋底厂，可以生产成型底、组装底等所有鞋底品种。鞋底主要原料聚氨酯在温州本地就能获得——温州华峰集团是全国最大的聚氨脂生产厂家。此外，巨溪的鞋面皮生产基地、平阳水头的鞋里皮生产基地、永嘉黄田的鞋饰生产基地完全可以满足温州制企业对鞋皮、鞋饰需求。甚至产业链的最初环节——生皮也能在温州市场获得。温州本地虽然不产牛，但巨溪有庞大的牛生皮交易市，水头有猪皮生皮交易市场，在市场上可以得到全国各地的货源，甚至包括蒙古的黄牛皮、缅甸的水

## 记 事

### 3 月

“魅力厦门”品牌打造方案出台。

海尔成为全球第2大冰箱品牌，下一个目标是进入全球白色家电前3强。

神龙汽车推出“东风雪铁龙萨拉毕加索”轿车。

伊莱克斯公司宣布不用洗衣粉的洗衣机下月上市。

《财富》评出中国100强。

“中国鞋都”晋江初步形成品牌经营。

达能全面渗透中国品牌：豪门啤酒63.2%的股权、武汉东西湖啤酒54.2%的股权、娃哈哈公司60%的股权、深圳益力公司54.2%股权、控股乐百氏、参股上海光明乳业5%股权、收购梅林正广和饮用水公司50%股份和正广和网上购物公司10%股份。

美厨公司向北京市第一中级法院申请破产。

伊利“哺乳”五胞胎。

国家工商局通知落实《工商行政管理商标注册收费专用收据管理办法》。

北京电视台首次播出征兵广告。

长虹东芝携手合作数字家电。

湖南停售“海王金樽”。

央行批准首批台湾银行进入大陆。

英国最大零售商Tesco进军中国市场。

2002

牛皮和美国的蓝皮胚。

方岩说：“从鞋皮、鞋楦、鞋底到内衬、包头、鞋饰，皮鞋的每一部分几乎都由专门的厂家进行生产，鞋厂最后只是组装。”6000家企业组成的温州制鞋业不仅是一条密集完整的产业链，而且已经构成了一个市场在外、内部循环良好、高度社会化分工的生态系统。江西、四川等很多地方曾以零地价、零税收等优惠政策吸引温州鞋厂产业转移，但真正过去的鞋厂寥寥无几，它们宁愿守着本地30万元一亩的地价和较高的税率，原因只是一个——一旦它们选择离开，同时失去的将是产业生态圈带来的成本优势。

朱峰说：“这条产业链的韧性特别强，因为每一个环节都存在激烈竞争，一家倒了马上会有4、5家进来抢夺地盘，因此不可能出现产业链脱节问题。除非某个顶级大厂倒闭，否则这条产业链将始终保持稳定。”

**三、4000个鞋厂的加减运算**

如此众多的制鞋业是怎样在这样一块狭小的区域内实现共存的？据不完全统计，温州目前共有制鞋从业人员30余万。一条比较符合逻辑的思路是：如此密集的产业同质现象必然导向兼并和淘汰。但在温州，这一切似乎并没有发生：在十来家最大的鞋业巨头下面，平稳生存着500多家规模在300—400人的中型鞋厂和3000多家纯手工操作的家庭作坊。

方岩说：“中小鞋厂能够生存下来首先在于中国市场广大。温州皮鞋主打全国二、三类市场，即中小城市和农村，在这些地区，像‘奥康’、‘吉尔达’这样的大厂皮鞋已经坐稳了名牌交椅，它们的平均价位在200元左右，但50元的皮鞋和十几元的革鞋需求量仍然很大，尚未饱和的低档鞋市场为温州中小鞋厂提供了生存空间。”据方岩介绍，温州小鞋厂用的皮料一般是比较低劣的真皮或碎皮，要不就是二层移膜皮，成本极低。

温州稍微上规模的中小鞋厂除了经销自己的品牌，还通过为大鞋厂做加工来寻求生存。“奥康”有关官员向记者介绍，他们厂每年开发的新品种有5000多款，光靠“奥康”自己不可能完成这么多的产量。尤其是在皮鞋销售的旺季，大量单子会交给下面的鞋厂去做，“奥康”则为它们设立质，保证标准。这位官员还强调，他们的鞋一般只包给中型厂去做，家庭作坊是不会考虑的。

薛女士是黄龙鞋产业基地一个家庭鞋厂的老板，这里的工人大都是外地妹，随时挂牌，随时上工，各家开工时间也不一样。”薛女士说，她得先把女儿送到学校再回来开工。薛女士厂里现有15位工人，每天能产200双皮鞋，算是温州鞋企业里最小型的一类，她也有自己的品牌，叫“奇宝龙”。奇宝龙鞋就在旁边商贸城里卖，40—50元一双，客户主要是外地的批发商。薛女士说：“这里的小鞋厂都会接大厂单子，加工一双鞋能得10元利润。不过我们宁愿做自己的牌子，因为替人加工资金周转比较慢。”薛女士说温州最大的鞋厂也会到这里来找加工点，但一般大厂来的人都不会透露厂家姓名，只是留下订单和鞋样，签了协议就走人。小鞋厂都不太愿意为“奥康”那样的企业做加工，因为它们要对产品逐件检测，很多鞋子做好后都会被退回来，不太赚钱。一般为中型鞋厂做加工，如果事先知道雇主是“奥康”或“吉尔达”，提的价码就会高一些。

至于中型鞋厂，除了做自己的牌子，基本上都是大厂加工基地。朱峰说，有些中型鞋厂的生产规模并不亚于大厂，但自有品牌的产量极小。朱峰说：“尽管温州家庭鞋厂的市场空间仍未饱和，但生存条件会越来越差。随着城乡市场消费水准的提高，温州小鞋厂会逐渐走上一条自然淘汰的道路。”朱峰称，实际上目前鞋厂的数目和以前相比，已经开始呈现下降趋势，“现在的大厂都是从家庭作坊起步的，但是20世纪90年代初那种靠营销做大的腾飞之路已经不可能被重复，中小鞋厂要么更加依附大厂生存，要么逐渐被市场淘汰，中间没有其他路可走。”

有人还是相信会有其他出路，郑育坚是其中一个。他是一家中型鞋厂——超康公司的老板，同时又是另一家中型鞋厂——增高鞋业的首席设计师。郑育坚还有一个常为人提起的身份——他是余阿寿的关门弟子。郑育坚说："很多人都说我在'玩'鞋，可我觉得，像我们这种规模的厂，必须靠技术开发才有出路。""玩鞋"的郑育坚现在手上已经握有十几种功能的专利，包括增高鞋、纳米鞋、加温鞋等等，不过只有增高鞋的市场前景比较看好，其他几种功能鞋都还躺在鞋革研究院的展柜里，暂时找不到市场。郑育坚不讳言自己的企业也为大厂做加工，但他坚信功能鞋一定能打出一片天地。

**四、害死温州鞋的四字真经**

1987年8月8日发生在杭州武林广场的"火烧温州鞋事件"至今仍是温州鞋佬们心头上的一道疤痕，经过十几年努力，温州鞋假冒伪劣的形象已经得到根本改观。但是"中国名牌"起作用的毕竟还只是国内二、三类市场，一个不容忽视的事实：在北京、上海、广州的高档商场里，很难看到温州鞋的身影。

"价廉物美会害死温州鞋"，这是朱峰常挂在嘴边的话，记者问他："难道温州制鞋业赖以发家的'四字真经'真的会变成穿肠毒药？"朱峰说："如果创不出国际品牌，温州鞋业一定会出问题，而且首先从外销鞋开始。"

2001年，温州外销鞋产量猛增了40%，已经逼近总产量的30%，仅从温州海关出关的皮鞋就价值4.6亿美元（更多的外销鞋通过批发商从全国其他口岸出关）。温州排名前10的鞋厂里好几家以生产外销鞋为主，如"东艺"、"泰马"等，"吉尔达"的外销鞋占总产量45%，包括"奥康"在内的几家鞋厂刚刚和沃马特签订生产协议，将为这个全球零售业霸主大量生产供超市出售的廉价皮鞋。

朱峰称温州鞋厂在国内很少进行削价竞争，但在国外市场价格战已经打得昏天黑地。"我在乌克兰、匈牙利、罗马尼亚市场考察时看到，温州卖到那里的真皮皮鞋比其他国家生产的革鞋都便宜，普遍不超过20美元。"记者在吉尔达造鞋车间也看到，一双出口俄罗斯的真皮长筒女靴将只卖100多元人民币。"像这样的情况很容易招致反倾销调查。"朱峰说，"温州打火机的教训还不够深刻么？"

方岩说，温州要创国际品牌，从技术角度看并不乐观。"制鞋业虽然是典型的劳动密集型产业，但技术升级的空间依然很大。温州皮鞋和国际品牌相比，技术上的差距从原材料那一级就开始了，进而延伸到整个产业链，而不仅是设计上的差距。"

方岩举皮料为例，国外皮料都出自养牛场，牛统一屠宰，皮的年龄是一致的。而国产牛皮从3岁的到20岁的都有可能，鞣制过程中化学原料的吸收量就会不一样，所以国产皮很难保证统一性。他说："现在整个产业链上最薄弱的环节确实是设计，即使和广州鞋相比，温州鞋在韵味、轮廓、线条和材料的应用上都存在差异。但设计是和技术紧密相联的，设计再好，质量无法满足要求，一切都是瞎忙。

技术型"鞋佬"郑育坚则说："温州鞋厂最不重视的就是技术开发，其实在国外，鞋的材料、款式、造型、功能都能申请专利，如果这些专利都被老外注册，温州所有品牌的外销鞋都会死掉。"

**五、品牌之路**

离开温州的前一天，记者终于有机会采访奥康集团总裁王振滔，这位靠3万元起家的前推销员被普遍认为是最具魄力的新生代"鞋佬"。

也许是为了证明自己的超前意识，在其他鞋厂坚守温州纹丝不动的时候，王振滔已经在重庆买了2000亩的工业用地，准备将"奥康"复制过去。王振滔解释他在重庆开厂的原因："世界皮鞋生产基地过去在意大利，20世纪70年代在日本，80年代在台湾地区，90年代初在广东东莞，现在是在温州，但我认为2205年以后会移到中国西部，'奥康'在重庆设厂，就是基于这个预见，我们不能等那天来临了再做打算。"王振滔随后说了一句话很

## 标　识

无锡小天鹅股份有限公司

维维集团股份有限公司

万事利集团公司

## 记　事

3 月

2001

史玉柱还债1亿欲重塑“巨人”。

安踏请孔令辉，金莱克邀王楠，国产运动鞋开始造牌运动。

长虹空调在印尼成为第1品牌。

亚洲论坛在海南博鳌举行。

国内航空公司获准机票打折。

1999

国际汽车制造商协会排出年度世界10大汽车生产国，中国排名第10。

1997

南京钢铁集团先后通过中国、英国、德国、日本、美国、法国、挪威、韩国等8国船级社认可。

1996

《自动机全国行业标准》在杭州通过审定。

中国环保标志产品认证委员会终审批准首批共6类11家企业的18种产品获环保标志。

1994

北京广播学院成立中国大陆第1个广告专业学系。

1993

世界首份丝绸印染报纸——《江南游》丝绸版在杭州诞生。

1992

新闻纸质量用户评价活动在广州举行(1990年第1次评价)。

唯物的话，“温州制鞋业和鞋类市场总有一天会衰落，但温州皮鞋的品牌和观念完全可以继承下去。”

王振滔用一件事往来表达自己对品牌的看重，“90年代初，我们的鞋在武汉被作为假冒商品没收，我花了12万元打官司，理由只有一个，我的鞋有自己的品牌，不是假冒商品。”这场官司王振滔打赢了，他得到的赔偿是2000元。谈到提升温州制鞋品牌，王振滔说：“温州鞋有几千个品牌，怎么创国际名牌？其实整个温州有10个品牌就足够了，最好只有3个。“记者问他这句话是否隐含着一种观点——大鞋厂的兼并，王振滔没有回避这个敏感话题，他说：“中国皮鞋市场目前还是个细分状态，只要各自找准一点，大家都有饭吃。但从长远看，制鞋这种劳动密集型产业就是需要一个大的产业集团，如果没有整合，国外企业有品牌、有技术、有管理，我们拿什么和国外品牌竞争？”王振滔最后透露，“奥康”已经和“全球最大鞋厂之一”签订了协议，将在品牌和销售上加以合作。

就王振滔提出的“整合论”，温州制鞋界许多人士的普遍态度是不以为然。温州鞋革协会研究人员郑旭峰说：“在温州这方水土，‘宁为鸡头，不为凤尾’的思想根深蒂固，每个人都想当老板，所以才出现那么多的鞋厂和品牌，真正愿意在别人手下做管理、搞技术的温州人少之又少。”

另一条思路是为国际品牌做加工，持这种观点的大多为外销鞋厂。东艺公司从去年开始为美国Elanpolo公司生产CHEROKEE牌皮鞋。东艺集团董事长陈国荣说：“为国际公司加工品牌可以有效吸收先进的技术、管理、开发经验，为我们自己的品牌增添灵感和内涵。”他还举广东宝隆鞋业为例，“创品牌不一定限于产品商标，宝隆鞋业固定资产30亿元，生产线235条，员工20万人，纯为国外品牌做加工，自己没有品牌，但‘宝隆’却是公认的名牌企业。创品牌可以有多种形式。”

康奈集团董事长郑秀康是最为激烈的“反加工”派，在一次鞋革论坛上，郑秀康情绪激动地说：“中国要从制鞋大国走向制鞋强国，温州作为中国鞋都，必须担负起创世界名牌的使命。”郑秀康将加工企业调侃为“三轮车夫”，他说：“温州三轮车夫拉生意常被人压价：两块钱你骑不骑？加工厂的下场就跟三轮车夫一样，最后能剩下多少附加值？郑秀康还宣布康奈已经在美、法、意等国建立了9家专卖店，他有信心用十几年时间把康奈做成世界名牌。

(邱海旭)

城市观察

# 服装名城新走向

走进东海之滨的宁波，犹如徜徉在中国名品服装荟萃的展厅。雅戈尔、杉杉、罗蒙、太平鸟、爱伊美……可谓群星璀璨。据全国服装行业协会的权威公布，截至2001年底，宁波市2000余家服装企业，年产服装13亿件，产量占到全国总量的12%。服装产量、销量和名牌数均居全国第一。由此，宁波服装业举手投足，像时装流行发布会一样，总是牵动业内的密切关注。

**产品结构优化：从品种单一到花色繁多**

翻开宁波的服装史，就是一部中国近代服装发展的缩影。在这里，诞生了中国第一个近代服装流派——“红帮裁缝”。“红帮裁缝”制作了中国第一套国产西服和第一套中山装，开了中国第一家西服店，并撰写中国第一部西服理论著作。宁波人如数家珍般介绍辉煌的过去，用意却在鞭策今天的自己。

2000 年，温州一家服装企业在宁波最繁华的中山路商业街上开了家西装专卖店，并以其色彩亮丽、款式时尚而火爆甬城。素以西服独步市场的宁波企业老总们陷入了沉思。宁波服装产品单一，使宁波服装业既拱手让出不薄的市场份额，又导致自身竞争白热化。

宁波服装必须走多样化时尚化之路。女装，始终是宁波的弱项。去年，以西服看家的"罗蒙"集团亮出打造中国时尚女装品牌。投资 780 万美元，与韩国高级时装品牌"迪可"合作，以每天两个新款的速度进军女装市场。有服装业"航母"之誉的雅戈尔集团 2002 年 6 月与日本三井物产公司联姻，年产 6 万套高档职业女装。同时，推出一系列休闲西服、衬衫、夹克等。致力于打造"中国时尚第一品牌"的太平鸟集团，在上海招兵买马，组建了一支中国一流学府毕业的设计团队。

**提升服装产业，建设服装名城**

宁波服装巨头挺进女装业，加上原有的仙甸、唐狮等品牌，改写了男装一统天下的格局，标志着"宁波服装整体进入新时代"。

宁波服装曾靠品牌战略打天下，多元化同样离不开品牌的提携。在时尚化与多品牌方面意识超前的杉杉集团，已拥有不同风格与定位的杉杉、法涵诗、玛可尼等 10 个品牌。

**产业集群壮大：从数量扩张向品质提升**

如果说宁波服装产业在产品、企业和区域的竞争优势已在全国争得了先机，那么，现在核心任务是打造产业新优势。

出政策，打基础，造环境。这是宁波市政府自定的三大职责。具体举措有三：一是增加对 33 家重点企业、20 家苗子企业的技改投入；二是办好一年一度的国际服装节；三是建设层次分明、优势互补的集团军梯队，即以雅戈尔、杉杉、罗蒙为代表的第一梯队，创国际一流服装品牌；太平鸟、培罗成、爱伊美、布利杰等中型企业组成第二梯队，主攻国内一流服装品牌；第三梯队是上千家星光闪烁的个体私营小企业，生产价廉物美的大众化服饰。

**八仙过海的企业各有各的高招。**

家纺企业维科集团与 5 个跨国公司合作建设生产基地，仅维科工业园一次投资就达 10 亿元。杉杉集团在鄞州置地 5000 亩，兴建"杉杉科技工业园区"，形成服装、高科技、资本经营三足鼎立。

最早进入品牌经营的博洋家纺果断撤销生产车间，把订单下到休闲服饰制造最成熟的广东，销售则让给遍地开花的特许加盟店，公司专注设计和品牌经营。

**产业链延长：从服装名牌到服装名城**

"宁波服装是我们的一张城市名片。"宁波市委书记黄兴国说："我们的目标，就是提升服装产业，建设服装名城。"

这张名片上新添加了两项国内第一：一项是占地 22 万平方米、集服饰和休闲于一体的"一站式"购物广场；另一项是占地 8 万平方米的宁波国际会议展览中心。中心总投资达 7 亿元，是目前国内面积最大、设施最先进的现代化会展中心之一。

这两项第一，不过是宁波延长服装产业链，一业带百业的缩影。一届胜似一届的宁波服装节带动上下游相关产业的成长，由此产生区域特色经济的聚集效应。

产业集群拉动城市化进程，城市化又提升产业水平。强调产业兴市的宁波市市长金德水坦言未来欲把宁波建成服饰生产基地、贸易中心和产业资源高地，集信息发布窗口和服饰文化中心为一体的服装名城。

（何　伟）

## 标　识

森达集团公司

玉立牌

玉立电器集团公司

记　事

4月1日

2002

“印象”打造新红酒品牌。

林忆莲首次担任品牌代言人。

索尼、三星、丰田荣登亚太地区“年度品牌”。

千金招揽明星做广告，摩托罗拉打响品牌大战。

联合利华停止在京生产“京华”牌包装茶。

1999

交通部开展“质量年宣传月”。

1998

庄玉坤、沈海河领取世界之星包装奖杯。

1997

《质量体系认证收费管理暂行办法》开始执行。

1996

15 家啤酒生产企业联名倡议，从自身做起防止瓶啤爆炸。

1992

《服装号型》国家标准发布。

品牌观察

# 烟：最后的“香格里拉”？

2002 年 1 月 24 日，一系列以“香格里拉”命名的香烟开始在昆明卷烟厂投产，计划于春节前首先在昆明、香格里拉、丽江面市。

此前的 2001 年 12 月 17 日，云南中甸县刚刚更名为香格里拉县。按《商标法》的规定，县级以上行政区划的地名将不再被允许注册作商标。经转让注册于 2001 年 7 月 28 日的“香格里拉”烟，因而幸运地成为“香格里拉”这一金字招牌在中国的最后一个拥有者。

**云南招牌＝香格里拉＋旅游＋酒＋烟＋……**

在新浪网键入“香格里拉”关键词，竟搜索出了 34 个网站、12107 个网页。绝大部分是与旅游有关，更有相当部分与云南有关。除了“香格里拉县”、“香格里拉·藏秘”，相当多与云南有关的旅游都被冠以了“香格里拉之旅”。而在很多外省人的心目中，“香格里拉”几乎成了云南、云南迪庆的代名词。

“香格里拉”这个名词的奇妙之处在于，它是个超越了地域局限的概念，被圈定在云南西北部，却又成了所有人间净土、世外桃源、理想家园的同义词；它是最民族的，由藏语“心中的日月”译来；它又是最世界的，随着 1933 年英国作家希尔顿的《消失的地平线》而为全世界人所向往。加之“香格里拉”诵读出的特殊音律，有点洋气，有点神秘，还有点“小资”，其蕴藏的文化价值和含金量不言自明。早早给“香格里拉”打上云南品牌，云南人的这份先知先觉，的确让毗邻的几个省追悔莫及。竞相往自己的商标上贴“香格里拉”，云南企业家的精明让人刮目相看。

随着“香格里拉姓云南”的深入人心，人们开始更关注往“香格里拉”这个金字招牌里装什么东西，才能进一步延伸它的内涵与外延。因为“香格里拉”故有的美誉度太高，太美好了，如果无法与之相称，会反为它所累，更有可能砸了这个招牌。

经济界人士分析认为，云南要打好“香格里拉”这张牌，就要发挥好自身的经济优势和资源优势，集政府与企业的合力，培育好这个无形资产。

应该说，这牌局开局不错。分析已装入“香格里拉”的几个产业：旅游——云南正积极建设旅游大省，固有的资源条件也不错；酒——以“法国传教士秘方酿制”包装青稞干红和干白葡萄酒，与“香格里拉”异曲同工；烟——云南最强势的经济支柱，能保证其领先性与品质，同时也是品牌价值最高的产业，搞得好，能让“香格里拉”的品牌价值升值。

既然随着“香格里拉县”的尘埃落定，“香格里拉”商标已经终结，当务之急是，政府拿出政策，企业拿出行动，把现有的几个“香格里拉”作为云南的一个整体品牌，打造得更响。

**最高机密：50万与500万之间的谈判**

其实，就连这最后一个“香格里拉”商标，也险些旁落他省。

2000年11月，昆明卷烟厂的领导层上北京国家烟草专卖局汇报工作。对昆烟寄以厚望的局领导言之恳切：“是不是开发一种从名称、设计到口味、风格都与从前截然不同的新产品来。名称一定要特别，就像你们云南的那个香格里拉一样，有知名度，又大气。”

开发一种能与“云烟”媲美甚至还要好的新品，留给后人，是肩负着守业与创业双重责任的昆烟新领导班子多年的梦想。名字也想了不少，什么“红土地”、“红高原”，却始终没有满意的。

和“香格里拉”一样好的名词，不就是“香格里拉”吗？原来怎么就没想到？点拨，就像捅开窗纸的那个指头，只需那么轻轻一下。就是这么一下，后来让众多烟草厂家后悔不迭。

“香格里拉最奇特的地方是，特别有共鸣感。以前起名字，只要有人说好，就有人说不好，可叫‘香格里拉’，老老少少，连我太太孩子都说好。”昆烟副厂长武怡回忆起当时的情形至今感叹不已。

然而，就是这个好名字，早有人捷足先登了。这个抢占先机者就是陕西某厂。他们在生产了很短一段时间的“香格里拉”卷烟后，就把这个无形资产藏起来了。

立下了志在必得的决心，怕这个宝贝再出什么意外的昆烟把“买回香格里拉”列为最高机密。副厂长武怡带队的谈判小组迅速前往陕西，连对家里人都谎称是“到外地搞销售去了”。

对方开出天价：500万！昆烟还价：50万！双方的价差足足有10倍，这都能谈得拢？

毕竟是一个系统的，谈判桌前，双方的剑拔弩张也透着友好。谈到“火药”处，大家就顾左右而言他。因为双方各持己见，谈判几度中断，对方甚至提出了以“香格里拉”抵股份的要求。每一个谈判细节，通过武怡的手提电脑，都适时地传回坐镇厂部的李万兴厂长的电脑上。厂部的决策也迅速回递给前方的谈判代表。

总谈下去也不是办法。武怡买好了回程的飞机票。这时，情况发生了转机，对方终于同意了昆烟的“底线价”——120万。成交了！

现在回过头来问武怡，如果120万还拿不下“香格里拉”，你们会不会放弃，武怡很轻松地笑答：“我真的不知道。香格里拉对云南，对昆烟都太重要。我不知道我们放弃的底线究竟在哪里。但有一点非常重要，我们的保密工作做得非常好，直到办好商标转让手续，一点没透给竞争对手，没有竞争对手的谈判相对而言总要容易一些。”

**民族与世界在“香格里拉”握手**

业内人士认为：“香格里拉”的文化价值在于，它是“民族”的，同时又是“世界”的。“民族”性体现在其特有的地域概念和神秘感上。“世界”趋势则代表着时尚与高科技。无论外观设计还是内部品质，只有将两者相融，才能与“香格里拉”的盛名相符。

设计“香格里拉”烟商标的难度在于，“香格里拉”实在太美好了，每个人心目中都有一个自己的“香格里拉”，远不是区区一张小纸所能画得下来的，而且一落“实”，就破坏了它的虚渺感、神秘感。

所以，第一稿上百份设计图，竟连一份挨着边的都没有。厂部建议：

标　识

烟台张裕集团有限公司

注册商标 钻石牌 DIAMOND BRAND

株州硬质合金厂

## 记 事

4月2日

2002

穗深珠港澳5大机场打造珠三角空港品牌。

浙江私企打造诚信品牌。

2000

厦华电子应诉欧盟反倾销案，被媒体称为“孤胆英雄应战民族战争”。

中国专利15年成就展在京举行。

1988

首届全国优秀企业家评选揭晓。于志安等20名厂长、经理荣获国家经委授予的全国优秀企业家称号。按姓氏笔划为序，这20位优秀企业家是：武汉气轮发电机厂厂长于志安，石家庄市造纸厂厂长马胜利，杭州第二中药厂厂长冯根生，上海彭浦机器厂厂长齐心荣，烟台港务局局长朱毅，天津自行车厂厂长兼天津自行车二厂、天津摩托车厂厂长邢起富，湖南醴陵国光瓷厂厂长邹凤楼，国营南京无线电厂厂长陈祥兴，第二汽车制造厂厂长陈清泰，青岛第九橡胶厂厂长汪海，西北国棉五厂厂长应治邦，鞍山钢铁公司经理李华忠，首都钢铁公司工厂委员会主任周冠五，山西潞安矿务局局长尚海涛，黑龙江省佳木斯造纸厂厂长孟祥海，广州铁路局局长杨其华，沈阳电缆厂厂长徐有泮，成都无缝钢管厂厂长殷国茂，大连石油化工公司经理黄春锷，吉林化学工业公司经理霍荣华。

每人找本《消失的地平线》看看，都到“香格里拉”实地去走走。

第二稿交上来，终于有了点感觉。而且每个人都能引经据典，说出点道道来了。

参与设计的十多家单位近百人，无一例外地变成了希尔顿的追随者。为了心目中的“香格里拉”，这些设计单位竟自动投入了一百多万元。此时，昆烟决策层也明确了设计思路：商标要能与心中的“香格里拉”产生共鸣，并对它心向往之，要有民族性、地域性的表现，又要超越民族性，走向世界，更大气。除图案外，底色、用纸、印刷都必须是最先进技术与工艺的代表。必须是烟草文化、昆烟文化、时尚文化的统一。

2001年底，从270份设计样稿中遴选出的80个“香格里拉”商标，被送到北京的全国卷烟订货会上征询销售商意见，震荡业界。一个企业为一个品牌肯设计出如此众多的样稿，可见其打造“精品”的决心。

出于细分市场的考虑，昆烟最后投产的“香格里拉”高中低档三种烟，包装分别以紫、宝蓝、红色为主色调。高档烟设计较抽象，以神秘的意境，满足文化层次相对较高的高收入人群的需要；低档烟热闹写实，以香格里拉著名的“卡瓦格博峰”雪山体现其地域性和香烟文化的阳刚气质。中档烟则介于两者之间。共同的是，中英文“香格里拉”字体时尚神秘，还有在“云烟”上广泛采用的“如意”被巧妙地移植过来，为“香格里拉”烙上了昆烟品牌文化的痕迹。它们是最终入围的30个烟标中的胜出者。

敲定这三个烟标，有个戏剧性的场面为昆烟高层津津乐道。因为难以取舍，李万兴厂长下令：挑出喜欢的，竟挑出了20来个。李万兴再下令：挑你最喜欢的，也挑出了10来个。他不得不下死命令：只准挑一个，这才有了明确的目标。

值得一提的是，“香格里拉”外包装采用了高科技的人民币防伪技术，在业界首开先河。高科技的应用当然不会止于外包装。早在还没把“香格里拉”这个名字纳入议事日程的两年前，昆烟就已开始应用生化技术等高科技处理烟叶，为产品创新作准备了。

为创出全新吸味，昆烟决策层大胆承前启后，采用传统配方，辅以高科技手段，并移植了部分混合型卷烟的工艺技术。为了与“香格里拉”的净土、绿色概念相吻合，香精、香料尽量采用天然，并利用高科技降低焦油含量及其他有害成分，打造卷烟的“健康”概念。

**昆烟的第四次思想解放**

昆烟的每一次创新，都伴随着一次思想解放，这几乎成了昆烟80年发展史的定律。1958年7月，昆烟瞄准英国王牌茄力克香烟，制造出云南第一盒甲级烟——“云烟”，为云南烟草在西部崛起立下汗马功劳。

1973年，昆烟在全国率先引进国外先进的卷接机和制丝生产线，开创了中国烟草装备国际化的先河，并于1975年生产出了云南第一支过滤咀香烟。为其随后走向全国、进军日本市场奠定了基础。

1996年底，昆烟在市场掀起“红色旋风”，“红云烟”、“红山茶”、“醇香云烟”热销，“极品云烟”代表了当时最高档卷烟的制作水平，使其走出低谷，迈向品牌的生命高峰。

创牌“香格里拉”可说是其第四次思想解放，是昆烟面对烟草市场严峻形势和WTO挑战，走出的一步“奇招”。

如果说，“大重九”的诞生，代表了昆烟“实业救国”的理想；“云烟”的崛起，表达了昆烟“工业报国”的信念；那么，“香格里拉”的创牌，就是昆烟向世界敞开怀抱，开放自强的行动。昆烟，也许会以此为起点，重新起跳。

（黄红文）

# 即墨打造品牌

谈山东青岛即墨，不能不谈品牌。即墨是一个品牌荟萃的地方："即发"、"好事中"、"一诺"、"琴岛"、"坤源"、"鳌福"——大到知名企业，小到个体厂房，无论是工业产品，还是农产品，品牌随处可见。一个个品牌是即墨的一张张名片，给即墨这座城市注入了丰厚的无形资产。一个个品牌在提高即墨知名度和美誉度的同时，也大大增强了即墨的凝聚力和吸引力。素有"江北皮鞋第一镇"之称的蓝村镇竟有150多个国家的注册商标。即墨人对品牌的认知是渐进的。起初，即墨人并不注重品牌，只满足于单纯的产品加工生产，共结果是：质量虽好，却无人问津；价格虽低，却销售不畅。即墨人对此百思不得其解。然而，当他们看到蓝村镇的外资企业三湖公司能生产闻名世界的"耐克"鞋，即发集团能生产"鳄鱼"、"PO－LO"、"阿迪达斯"；当他们听到"松下人"的豪言："凭我这个品牌，全世界任何一家企业都可以成为我的加工车间"时；当他们觉察到"可口可乐"、"娃哈哈"、"海信"是从实施品牌战略迅速崛起时——即墨人这才恍然大悟，品牌原来如此重要。即墨市场领导感悟：品牌对于一个地区的经济发展起着重要的带动作用。仅从经济竞争的角度看，一个区域经济的竞争实力主要取决于其比较优势，一批名牌产品和名牌企业的崛起过程，就是该地区比较优势的形成过程——企业家感触：市场经济就是品牌经济，企业要在激烈的市场竞争中立于不败之地，就必须摒弃大路货，培育自己的名牌产品，否则就只能当作"配角"，被人牵着鼻子走。市民们感知：随着人们收入水平和文化修养的提高，无论在吃穿等有形产品上，还是在休闲、娱乐等无形产品上，人们都开始追求品牌，品牌是质量和信誉的象征——培育品牌，即墨首先选准"坐标"。"亨达"的决策者响亮地提出，不能仅仅再为赚几个钱而发展，要将"亨达"叫响全国；红领人满怀豪情，"做全国最好的西装，红透国内、红透世界"；中智焊接公司的奋斗目标是成为全国的"焊接大王"。科技创新是品牌永葆活力的不竭动力。"亨达"先后投入1200多万元，从意大利、美国引进6条先进的流水线；"红领"不但设备是国际一流的，还与意大利JFT公司进行密切的技术合作，确保红领西服过硬的工艺基础；"好事中"投资600多万元从日本引进200多台先进的缝纫设备，中洋结合，既紧追国际流行款式，又体现典雅的东方神韵——宣传是品牌的必经之路，即墨的商家在宣传上不遗余力，各显神通。现在，人们对"美好年华，步步亨达"、"即发一身，浪漫温馨"等广告词已是妇孺皆知，耳熟能详。目前，即墨市共有注册商标1000多个，其中30多个在国内外享有较高知名度；蓝村镇一个镇的皮鞋就有100多个品牌；国家泊子村一个村就有专利十多项，成为远近闻名的"专利专业村"；全市20多家企业通过了ISO9000和ISO9002国际质量认证。即墨市不但打造出了一批响当当的企业名牌，而且还造就了一批农业品牌："坤源"西瓜、"鳌福"绿茶、"大沽河"蔬菜——品牌经济在即墨大放光彩。品牌效应最直接的表现是经济效益。"即发"内衣以独特的魅力在日本市场上站稳了脚跟，产品一直供不应求；乔家屯乡的"坤源"牌西瓜贴上条形商标打入俄罗斯市场，价格比同类产品高出数倍。品牌使即墨的产品的身价倍增，有些品牌产品成为日本、欧美等国家和我国台湾地区超市中的"座上宾"。品牌效应为即墨人赚回了大把大把的钞票。已

中国国际信托投资公司

上海牙膏厂有限公司

记　事

4月3日

2002 济南历下区创“教育”品牌。

2000 重庆市《重点发展的名牌产品名单》公布。

1996 中国粮食行业协会成立。

中国人民银行决定开展讲改革、讲政治、讲法纪、讲效益，提高服务水平活动。

《关于加强连锁企业商品质量管理促进连锁经营发展的通知》发出。

4月4日

2002 中恒讯视力推自主品牌数码消费品。

2000 科技部、税务总局、外经部、技监局、环保总局评定国家级重点新产品。

1991 中国第3届计算机软件交流交易会在京举行。

4月5日

2002 雅虎成为最受欢迎的互联网品牌。

广州品牌水果萝岗甜橙面临绝种。

有上千年历史的即墨老酒早以其工艺独特、品质醇香享誉大江南北。人们谈老酒必谈即墨，即墨与老酒早已成了不可分割的共同体——品牌体现了城市的历史底蕴。好事中制衣有限公司用年薪240万元把皮尔·卡丹的设计师特拉那先生从法国请到企业车间，亲自为顾客量体裁衣——这不仅仅扩大了广告效应，而且提高了企业层次。企业在宣传自己的同时，也提升了即墨的品位，扩大了即墨的知名度和美誉度。手持品牌这张名牌，使即墨从深闺开始走向国际大舞台，去追逐世界经济的大潮。（袁瑞先　李瑞鸿　张明池　张正杰）

# 寿光包装蔬菜品牌

近日名噪华夏的“冬暖式蔬菜大棚之父”王乐义为整个三元朱村的蔬菜注册了个响亮的名字——“乐义牌”蔬菜，却一个劲地自称“观念落在了人家后头”，原因是在此之前，寿光已有不下30位地道的农民为自己的发明注册了商标，并且全部采用了自己的名字。在三元朱村村民眼中，王乐义作为自己蔬菜的名字，其意义不啻于十年前王乐义带领大家发明了冬暖式大棚，并把这一新技术传遍江北十几个省市，其品牌的含金量不言而喻。从此，温室蔬菜发祥地三元朱村有了一张属于自己的“名片”。几年前，当三元朱人还在为出口俄罗斯、我国香港等地的蔬菜酝酿名字时，该市圣城街道刘旺村农民刘维首、侯镇黄庄黄荣名、洛城镇肖家牟城肖安华、屯东韩仕禄、纪台镇刘家尧河刘成德等30多位农民，就已为独创的产品注册了商标，使“维首红”葡萄、“荣名”葡萄、“安华金寿杏”、成德“一边倒”春桃等农产品俏销全国各地，并伴随寿光两届蔬菜博览会红遍了大江南北。这些“农字号”商标背后蕴藏着农民们的“绝活”：“维首红”葡萄的主人因与山东农科所共同担当了“美国红地球东移试验课题”，又自行开发了秋延迟葡萄深冬储存技术，几年内已是拥有5000多亩基地、40多个品种的“葡萄”大王；与其齐名的“北葡萄王”黄荣名则是靠三十年如一日的执著，成功解决了温室葡萄难坐果、难着色和含糖量低的问题；“桃王”刘成德在实践中开发出了一年坐果的春桃，并以倾斜的造型赢得了“一边倒”的美誉——为产品命名是这些农民自我“包装”的一种手段，此外，他们还积极利用多种媒体进行自我宣传。年近七旬的黄荣名最早在网上开设“葡萄专卖店”，并在网页的封面把自己推介给网民，引得网前若市，商贾云集。肖安华则设立“安华专线”，在每年春天杏子盛果期，专程接送游人到自己的园艺场参观，并免费提供学习资料，在寿光两届蔬菜博览会期间，大量的当地菜农、果农印发了介绍自创新技术、新产品的宣传资料，在会议期间广为散发，取得了难以估算的经济效益和社会效益。其中，“维首红”葡萄、“安华金寿杏”、“一边倒”春桃、“荣名”葡萄等都获得了千万元以上的订单。农民崭新的观念也在启发着政府的思路。有着两万个甜瓜大棚的“中国香瓜第一镇”田马镇，为了使当地香瓜有个响当当的牌子，在多种媒体打出广告，不惜重金为瓜取名，最终获得了“王婆”这一既有美丽传说，又有深厚文化底蕴的名字。此后，随着“王婆卖瓜不用夸，田马甜瓜甜万家”的广告语，全镇50多种甜瓜俏销全国各地。今春4月份，“王婆”香瓜通过上海一家权威部门认证，品牌价值已达3.3亿元。洛城镇以盛产水果型、观赏型和环保型特色蔬菜出名，不久前，该镇也为“绿色食品示范基地”的五大类130多种蔬菜注册了“洛城特菜”商标，并在北京、济南、青岛等十多个大中城市开设了“洛城特菜专卖店”，生意十分火爆。（汪秀丽）

# 城市资产与企业资产

如果你家里有海尔电器，如果你喝过青岛啤酒，你一定对“青岛”并不陌生，也会对名牌工业企业对于青岛经济的贡献有直观印象；如果你接触过中国国际电子家电博览会、青岛啤酒节等一系列活动，那你一定会意识到，青岛人正力图借助青岛名牌，打造一个名牌青岛。

在青岛，名牌早已超出了一般的、工业的、企业的范畴，而上升为一种特有的品牌文化。

**名牌——青岛的实力之源**

一个城市的现代化进程，与一个企业的成功一样，都离不开品牌的意识和名牌战略。也就是说，现代城市竞争已越来越集中于打造和突出城市个性和特色上。有人曾经拿青岛和大连对比，认为大连发展选择的是环境经济模式，也就是先着为塑造自身的品牌，再利用这种品牌的号召力，去推动和孵化名牌企业和产业的成长；而青岛则走的是一条产品经济模式之路，即通过名牌企业吸引外来投资，通过输出名牌产品获取收入，从而带动城市的基础设施建设和经济增长。青岛市经委的材料显示，经过多年持之不懈地贯彻工业名牌战略、青岛已经形成了以名牌企业集团为支柱的工业体系。现在青岛10大工业企业集团的总值，已经占青岛工业总产值的42.7%，其销售收入占工业总销售收入的50%，其利润总和占工业利润总额的57.8%。截至2001年底，青岛市共认定名牌产品109种，其中山东省名牌73种。青啤、海尔、双星、澳柯玛、海信和即发先后被评为全国驰名商标。2001年，全国获质量管理奖的5家企业中，青岛市有3家（海尔、海信和青岛港务局），在中国名牌战略推进委员会公布的57个“中国名牌产品”中，山东有12项产品上榜，青岛就占了10个。名牌战略的实施直接推动了青岛的繁荣，也同样为青岛未来的经济结构升级打下了坚实的基础。2002年，青岛把扩大对外招商引资作为经济发展的重中之重。在青岛招商中表现最为活跃的仍然是那些名牌企业。可以说，如果没有青岛的名牌战略，没有这么多叫得响的工业品牌，也就很难有高质量的服务品牌和文明城市。因此，可以毫不夸张地说，名牌就是青岛的名片、构成了青岛的文化、蕴涵了青岛的实力。

**名牌企业需要名牌政府**

追寻青岛名牌企业成长的轨迹，可以时时发现政府的身影。自改革开放以来，青岛市始终认为，名牌战略是一项庞大的系统工程，需要在意识、理论、法制、战略和运作等几个方面同时推进。因此，这决不仅仅是企业的任务，也是政府责无旁贷的职能之一。从1989年推动开展争创“青岛金花”产品活动，到1994年开始的以全市工业系统“培育名牌、发展名牌、宣传名牌、保护名牌”为工作思路，以每年扶持5—10种“青岛名牌”产品，用5—7年时间形成5个以上具有争创国际名牌实力的产品、20—30个全国名牌产品、100个山东名牌产品为主要目标，以通过保证技术质量和管理质量培育名牌为主要手段的第一轮名牌战略，都确定无疑地表明了青岛市各级政府部门“名牌就是资产”、“名牌就是效益”的思想观念。市场千变万化，名牌的成长道路当然各不相同，政府扶持名牌企业和产品的方式方法也要随之变化。青岛市本着“择优扶强、重点扶持”的原则，把实施名牌战略同全市产品结构调整结合起来，同“三改一加强”结合起来，重点抓了“四个一批”工程，杜世成市长就是这“四个一批”的崇尚者和执行者之一。一是通过改造提高一批。自“八五”以来，青岛每年都排出30个重点名牌产品技改项目，实行

**记　事**

**4月5日**

2001 东方希望参股光大银行。

"海尔路":在美国南卡州坎姆顿市揭牌。

1999 国家工商局制定《关于解决商标与企业名称中若干问题的意见》。

1996 中国粮食行业协会在京成立。

1995 首届"中国爱文文学奖"在京颁奖。

1992 中国新产品新技术博览会在京开幕。

1986 国务院发布工业产品质量责任条例。

**4月6日**

2002 金喜善推出同名品牌,投资3亿杀入中国时装界。

2001 "中国电子信息百强企业"排名公布,普天集团列首位。

立项、实施和投产的责任制和一条龙管理，这些项目大大提高了"黄海"、"青啤"、"颐中"等名牌产品的规模和技术水平。二是通过改组拉长一批。也就是借助名牌优势走集约经营的路子，推动企业重组,培育大型企业集团。近年来,通过联合、兼并等方式,海尔、双星、海信、青啤等大企业集团先后成功组建，打下了未来世界名牌的骨架。三是通过嫁接拓展一批。也就是利用外资嫁接改造老企业。在这一过程中，青岛特别注意引导企业处理好引进与保护的关系，既要借助国际跨国公司的技术和牌子，又要树立保护民族品牌的强烈意识。四是通过管理巩固一批。青岛政府坚持推行全面的质量管理，积极组织一系列学习优秀管理企业的活动，帮助名牌企业保持旺盛的生命力。在由计划经济向市场经济的转轨过程中，名牌不能离开政府的支持，但政府必须把握好扶持名牌的时机、方式和分寸。青岛市政府往往是在名牌企业最需要政府介入的时候，发挥最恰当的作用。

20世纪90年代中期，资产重组还属于新生事物，青岛名牌企业实力尚且相对薄弱。青岛市政府适时出台了《支持工业发展50条》,力争通过调整重组、盘活资产把名牌企业做大。这直接帮助一大批名牌企业在1996到2000年的5年间快速壮大起来。海尔在政府的行政手段帮助下，一举兼并了处于困境的红星洗衣机厂，从此弥补了洗衣机生产的空白，红星也在短短3个月内就扭亏为盈。2000年以后,兼并重组热在全国盛行，不少企业都主动要求被青岛的名牌企业兼并。而此时青岛大企业集团的规模、实力、管理水平都大为提高,把握市场的能力早已超过了政府。政府也成功地适应了经济气候的变化，不再对名牌企业诸如资产运营、市场开拓之类的微观经济活动进行干预，而是把工作的重点转移到加大基础设施建设力度、优化投资环境等方面。

**培育名牌更要管理名牌**

名牌的创立和发展需要良好的社会环境。青岛市政府除了在强化舆论对名牌的宣传力度，建立健全创名牌的激励机制，通过每年一次大规模的名牌产品展示、展评和展销会为名牌产品的市场开拓创造条件,严厉打击生产、经销假冒名牌产品以维护名牌企业合法权益，运用行政手段打破地方保护等方面做足文章外，更集中力量对名牌产品实施动态管理。目前，青岛全市已经建立起一个以产品质量跟踪、用户评价和专家评审为主要内容的名牌评价体系，对名牌产品的生产、销售、质量、管理、售后服务等各个环节进行监控，对名牌产品坚决不搞"终身制"。在这个评价体系中,政府部门通过经济指标的设定，把企业的名牌工程与政府的宏观经济目标紧密地结合起来。近来政府开始提高高新技术产品在名牌评价体系中的相对分值，鼓励产业结构的升级。特别是从促进区域经济发展的角度出发,改变了单纯从科技、质量角度出发评价企业和产品的做法，而是以产品质量为基础，要求名牌产品和名牌企业必须是那些能够对经济增长和人民生活水平提高做出显著贡献的产品和企业。因此，今后青岛市将对名牌企业规模做出必要的要求。经过10多年名牌战略的实施，青岛培育了一批有相当市场竞争力的名牌产品和名牌企业，初步形成了一个有利于名牌成长的社会氛围，也逐步摸索出一条切合青岛经济实际的名牌战略的理论和方法。

**工业园——青岛工业的第三步**

历经"八五"时期的名牌战略和"九五"时期的大企业集团战略,青岛市已经初步形成了大企业和名牌产品在全国的竞争优势和一个较为成熟的企业家群体。但青岛人并未因此沾沾自喜、止步不前,他们将在"十五"期间秉承"走出去请进来"的方针政策,利用"名牌＋园区"的模式弥补工业体系的薄弱环节,让"名牌青岛"的蓝图早日成为现实。

海尔、海信、青啤——如此强大的大企业集团的集中程度，使国内任何一个中等城市都会羡慕不已，甚至不少大城市也自愧不如。然而，青岛人却率先意识到了大企业集团带动模式的潜在弱点:点高面低,也就是整体工业过于依赖少数几个大企业，而名牌效应并未随之跟进，在数以千计的中小企业中扎根。

一旦个别重点企业的经营状况发生变化，就可能使全市的经济总体运行受到不利影响。近来青岛工业增速趋缓，不能不说是与几家大企业集团的制造基地外迁有关。对此，青岛市经委官员也认为，“点高面低”是青岛工业长期以来形成的特点，却无论如何谈不上优点。如何化特点为优点？青岛人的回答就是：以名牌企业为核心，走“园区战略”之路。青岛在建的工业园目前有30个，规划总投资达300亿人民币，利用外资18亿美元，预计销售收入将达1200亿元。如此大规模的建设投资从何而来？从长远来看，引进外资和利用上市融资是根本办法。在深圳、香港分别举办的2002青岛推介会上，青岛的30个工业园项目招致热烈反应。青岛市负责招商工作的副市长说得好：“青岛推出的不仅仅是项目本身，而且青岛的整体工业形象。青岛的成功不是因为水使宜、地便宜，这种优势全国都一样，市场潜力才是人家看重的优势。”的确，海尔信息家电工业园、颐中汽车工业园、即发服装园、一汽重型汽车工业园——一块块“金字招牌”已经足以吸引海内外投资者的目光了。“以点带面”还不是青岛人的终极目的，他们最终的着眼点是要利用工业园的集聚作用，拉长工业产业链，发挥产业集群区的功效，打造“联合舰队”式的青岛工业特色。橡胶工业园里的全钢子午线轮胎项目，70万套轮胎用胶是主打产品，而配套的钢丝帘线项目也要随之上马。这就是典型的“项目源”与“产业链”的关系，产业链决定了生产的上下级分工合作，都能招商、合资。工业园的基本原则就是先引入主导产品，配套项目随之跟进。主导项目以成熟的大企业集团为主，配套项目可以交给合格的中小企业。结果大企业节约了生产成本，中小企业也必将在合作中提高档次，成为名牌中小企业。最后构成一个良好的企业生态圈。改革开放以来，青岛的家电电子产业蓬勃发展，成为名牌的集中区，但重工业的发展仍然滞后。目前青岛的重工业产值仅占工业总产值的36.3%。从对经济的整体拉动作用看，重工业显然比轻工业更有优势。因此，在下一步的工业园建设中，青岛市将对船舶、汽车、化工等产业予以更多的关注，包括大炼油在内的青岛4大工业项目都将上马。青岛的目标是形成以电子信息、家电、化工橡胶、饮料食品、车辆船舶、纺织服装6大支柱产业为支撑的工作发展新框架。

### 名牌的生命力在于开放

青岛是众多名牌的故乡，名牌提升了城市的位置，但随着国内市场的开放程度的加深，名牌已经成为众多城市和地区争夺的宝贵资源。近年来，青岛本地工业企业向外转移的趋势愈加明显。仅海尔一家企业就投资100亿元建设合肥工业园，投资50亿元建设大连工业园。这种趋势对于青岛这样一个以名牌企业为支柱的中等城市来说，对经济发展的不利影响是不言而喻的。去年，海尔全集团的销售收入增长了20%以上，但在青岛本市的销售收入仅增长了10%左右。事实上，青岛发展工业园就包含了吸引名牌企业的目的。企业外迁的主要目的之一就是寻找低廉的生产成本。而把本地的和外地的配套企业与知名大企业集团置于同一区域内生产，以产业集群区的辐射力，同样可以满足企业这方面的要求。然而，面对企业外迁潮，青岛并没有仅仅停在“留”上。青岛市认为，扩展市场是企业扩大再生产的合理需求。随着国内市场的全面开放以及全球化的普及，这种趋势更加不可阻挡。然而，青岛毕竟还是一个中等城市，在消费能力和交易便利性方面，不可能满足规模和市场都与日俱增的知名企业集团的全部需求。青岛啤酒的优势就是它在全国建立了40多家分厂，没有了这个优势，青啤的充其量就是一个地方知名企业。同时，海尔去年在全球销售量收入已经突破600亿元，把这个日益呈现国际化特征的企业集团的全部生产，局限于一个城市是不现实的。明确了这个观念，青岛市在知名企业扩大外向型生产的问题上就采取了非常开明的方针，也就是“只求所在，不求所有”——留住大企业集团的总部，鼓励其在全国甚至全球扩张。

(刁　苹　朱维佳　王文君)

## 标　　识

江苏淮钢集团有限公司

南京酿化厂

## 记事

**4月6日**

2000 国家工商局商标局在无锡召开全国商标执法工作座谈会。

1999 103家企业为1999年重点高新技术企业(集团)。

1996 中国日用杂品工业协会在成都成立。

1995 全国100个市(县)乡(镇)被命名为中国特产之乡。

**4月7日**

1999 长虹彩电全线降价，打响第3次价格战，康佳等厂商迅速跟进。

世界卫生日。

1990 1989年度“金马奖”、“金球奖”颁奖。

**4月8日**

2002 唐朝以后就被列为贡茶，安徽霍山茶业实施品牌战略。

2000 中国名牌企业高级论坛开幕。

# 深圳，中国地产品牌的摇篮

中国社会的变革造就了一个深圳；深圳给中国孕育了一批地产品牌。

从20世纪80年代起，深圳不但创造了飞亚达、康佳、小护士、喜之郎、中华牌自行车、锦绣中华、招商银行等一系列在全国市场享有很高知名度的消费品牌和服务品牌，而且还培育了一批在国内地产市场的领导品牌，如万科、中海外、金地、招商、华侨城、建设控股、长城、百仕达、深业等地产商。

得益于特区开放、经济发达、市场化早、毗邻香港和新型移民城市等得天独厚的条件，深圳地产实际上就是中国地产业的浓缩。

不同于传统的消费品，作为不动产的地产品牌更多的是企业品牌，深圳地产品牌的外化表现为形态各异的地产开放定位：万科地产以物业管理卓越而著称；中海地产走大众精品化的营销路线；金地的地产一向走景观住宅的开发道路；华侨城地产以注重生态环境设计而闻名；招商地产则以区域标志性住宅为卖点。深圳地产形成品牌不单纯是以某一楼盘开发的成功而定义的，而是由众多的地产商在长期市场竞争中通过比较分析和不断探索，经过长期努力确立了自己的细分市场和产品定位之后而逐步形成的。

在一个中国最早对外开放城市的历史背景下、伴随地产商营销观念建立和经营模式自成体系的演变下逐渐塑造起来的地产品牌，自然有其成长的共性。深圳地产品牌的核心价值是什么？它为什么能够从一个固定的空间移植到全国？让建筑真正以人为本，充分体现住宅的人性化和市场化，这是深圳地产品牌价值形成的基石。当人们从计划经济的束缚下渴望开始一种新的生活时，回归人性和自我的需求在建筑住宅的空间里得到了一个从生理到心理的对应，特别是当人们来深圳找到了一块自由发挥才能的天地，需要有一处住所时，富裕后的消费者对住宅的需求刺激了地产的膨胀和发展，同时也为地产品牌的孕育创造了巨大的市场。以九十年代初深圳别墅楼盘金碧苑为代表，最早推出“深圳是我家，家在金碧苑”的广告口号，朦胧地把“家”这一非常人性化的概念导入到了冰冷的建筑之中，试图用认同深圳为归宿的心理暗示来打动移民购买对象那颗风雨漂泊的心。20世纪80年代末、90年代初，深圳地产整体上处于“春秋战国”时代，各个地产商在凭经验和直觉的状态下摸索企业的生存之路，品牌尚处于初创阶段。当地产商面对这一群充满理想、渴望有一个“家”的新移民时，朴素的地产品牌开始烙上了人性化的印记。

进入到20世纪90年代中期，经过国家宏观调控风雨洗礼的深圳地产业趋于理性，一批大浪淘沙后的地产商开始将品牌的概念导入到地产项目的规划、房型设计、物业管理和社区文化建设等软件方面来，把注重人性、满足用户需要从早期的商业口号落实在了人车分流、户型合理、小区环境绿化、24小时保安的整体产品规划之中，建筑的个性化也成为地产商演绎人性、取悦客户心理的市场手段。这个时期也是深圳地产商形成自己品牌雏形的重要阶段。最具代表性的是万科，它从多元化的经营架构开始转向以地产为主导方向，90年代初之后在深圳众多竞争实力强大的地产商之中以销售推广富有创意、物业管理优秀脱颖而出。以1993年春节在上海推出万科城市花园取得巨大成功为转折，继而在北京、沈阳、天津、深圳推出同一品牌，成为国内首家在不同城市延伸同一地产标志的发展商，也开创了深圳地产将不动产变为品牌资产移植到外地的先河。笔者亲身都参与过在这些城市推广万科城市花园的活动，从前期市场调研、楼盘规划到楼书的设计和广告创意，如果说万科在地理位置不占优势的被动条件下总是能创造奇迹的话，那一直是因为它高举着一面理想主义的旗帜，用人文关怀的思想去阐释建筑的符号。

2000 年后的深圳地产开始进入相对成熟的阶段，并形成一批强势品牌，如中国海外、金地、恒安已经将品牌渗透到了广州、上海、北京、武汉、成都等城市。从早期对建筑规划和物业管理人性的关注，到现在将宽频网、纯净水系统和生态健康概念的引入，对客户人性化需求满足的不断追求与成熟的商业化运作模式融为一体，铸就了这个年轻城市的地产品牌。 （乔远生）

# 中山借力“中国名牌”

用“中国名牌”效应，打造“名牌城市”在中山全面铺开。

**两个转变提升中山**

中山，以名人的城市为荣，更把名人名品、名牌视作自己的引以为荣的“名片”。10 年来，中山相继以“工业立市”到“工业强市”，使中山经济发展迈上了快车道，一镇一品的区域特色经济形成了中山多种经济成分的格局，使中山的经济发展走在全省的前列。去年又实施向“质量兴市”的战略转变，使“中山货”列陈向前且声名远播。威力洗衣机、乐百氏饮料、华帝燃器具等众多消费者熟知的名牌产品从中山走出并叫响全国。打造质量品牌，使中山赢得良好的社会效益和经济效益，小榄的五金制品、古镇的灯饰、东风的燃器具、黄圃的腊味、大涌的红木家具、沙溪的服装——“好货，中山造”的赞叹已响彻大江南北。难怪有人说，这是中山精心营造名牌成长的土壤和环境的结果。然而，在工业快速增长的同时，中山市深刻认识到，“好货”不等于名牌，通过创中国名牌才能提高产品的档次，只有争创中国名牌才能使企业对质量有更高的认识。中山市的决策者至今难忘，质量和品牌令中山人有着切肤之痛。中山燃器具享誉全国，但也曾为质量问题所困扰，忽视质量的结果是险些毁掉一个产业，断送一个地区的经济，痛定思痛，一番“刮骨疗毒”式的打击和整顿终于使整个行业迈上了良性发展轨道。难怪有人感慨道，是质量挽救了东风镇的燃器具行业，是长期的创名牌活动造就了中山经济的辉煌。通过“质量兴市”，推动“工业立市”向“工业强市”转变通过实施名牌战略，形成名牌产业为中心，辐射带动相关产业发展，使经济发展从注重数量型、速度型向质量效益型转变，这是中山上下的共识。以“两个转变”为思路，从而提升中山在国内外形象和地位，这是中山市根据自身实际适时提出的发展战略目标。

**三个结合明确思路**

实施名牌战略，使经济发展实现质的飞跃，才能从真正意义上实现中山城市品牌化。一个名牌犹如一面旗帜，用名牌带动行业，以规模效应发展整个产业，进而拉动全局。中山市委、政府的领导充分认识到：实施名牌战略是，是实现从“工业立市”迈向“工业强市”战略目标的需要，是推动“质量兴市”工程的需要。实施名牌战略与“质量兴市”一脉相承，通过实施名牌战略与“质量兴市”相结合，才能真正实现中山经济质的飞跃。因此，中山市在实施名牌战略过程中，首先确定把争创名牌工作与扶持名优产品和优势企业发展结合起来；与发展外资、民资经济结合起来；与产业结构优化升级结合起来。“三个结合”，明

**标　　识**

环球 ®

杭州牙膏厂

JD ®

江苏江动集团有限公司

黄氏 ®

无锡健宏药业总公司

## 记　事

**4月8日**

1997　中服集团在京揭牌。

1996　环境标志产品正式启用统一标志。

1994　江泽民同志为"青年文明号"题字。

1987　国务院发出了《关于严肃税收法纪加强税收工作的决定》。
中国第一家由企业投资创办的综合性商业银行——招商银行在蛇口正式开业。

**4月9日**

2002　萧亚轩、杜德伟出任雪碧品牌新代言人。

1996　1996年电子百强企业揭晓。

**4月10日**

2002　国美向16个厂家开出18亿空调订单。
中国银联成立。
中国电信推出新logo。
一汽大众对新款宝来1.8T自动档轿车进行"召回"维修。
科龙电器2001年亏损15.5亿。

确了在全市开展名牌战略的思路。那就是，必须坚持以企业为主体，以市场为主导的原则，政府通过实施名牌战略，组织、引导社会有效资源流向支柱产业、行业龙头、重点产品的名优品牌企业，实现社会资源的优化配置，促进名牌企业做大做强，实现以名牌产业为中心辐射带动相关产业发展，形成名牌效应，提高产业的国内外竞争力。

2002年5月28日，几经讨论和修改，中山市全面推动名牌战略的实施方案向社会各界公布："凡当年被评为国家名牌产品、中国驰名商标的企业由市政府一次性奖励100万元，获省级名牌、省著名商标和国家质量免检产品的企业由市政府一次性奖励50万元。""计划用3—5年的时间，全市争创30个省级名牌产品和著名商标，其中，争创国家级名牌、名标产品10个以上，使名牌产品在主要行业中占据主导地位。"然而，创名牌是一个巨大的工程，仅有企业的努力是远远不够的，政府的扶持和指导非常重要。为了推动名牌战略的发展，中山市政府制定了一系列配套措施，从四个方面为其注入了新的内涵：一是专门成立了名牌战略推进委员会，由10多个政府职能部门组成，分管副市长任主任，各镇区也相应成立名牌战略推进小组，按照目标和内容，实行分工责任制，各项目由主管部门牵头负责，并制定名牌发展计划。二是要求各镇区、各部门要运用市场机制和行政管理相结合的手段，通过经济、法律、行政措施和社会监督等多种手段加强质量工作，切实做好对企业的指导监督、协调和服务工作。三是凡列入中山市名牌发展规划的产品，可以申请市技改贷款贴息资金，用于企业补充完善争创名牌产品所必需的生产技术手段和检测手段。优先纳入市技术改造、引进、开发，给予优先扶持。可参与政府采购投标，政府采购同类产品在同等条件下可优先购买。四是生产创名牌产品的企业进口机电设备和关键部件，海关与进口管理部门大力配合，优先办理审批等手续；企业为引进先进技术、设备及利用外资等需组团到国外进行考察、洽谈、交流、培训，可优先办理批件。

**三个有利于　争创名牌**

质量是争创名牌的核心，要全面把握质量的内涵和外延，就必须抓好质量的基础工作。对此，中山市质量技术监督局的领导认为：实施名牌战略有利于提高全社会的质量意识；有利于促进企业加强管理，提高产品质量，走质量效益型的发展道路；有利于提高全市产业的整体素质和经济效益。"三个有利于"，确定了中山市质量技术监督局的质量技监工作必须与实施名牌战略紧密相联。这就必须用铁的纪律、铁的手腕、铁的决心去抓质量。因此，针对实施名牌战略的工作思路更加明确。一是加强标准化管理，提高企业标准化管理水平，确保企业关键工序一次合格率达90%以上；积极鼓励企业采用国际标准及国外先进标准组织生产，并大力推动企业使用采用国际标准产品标志。二是建立健全质量管理体系，大力推广质量管理体系认证、计量保证体系认证、环境管理体系认证和职业安全卫生体系认证，促进全市质量管理整体水平提高。三是切实保护名优企业的合法权益，严厉打击假冒名优产品的违法行业，为保护中山市名优产品创造一个良好的外部环境。技术进步是争创名牌的动力。这一点，中山市看的格外明白，市政府特别要求加强名优产品核心技术研发利用高新技术加大对传统名优产品的技术改造力度。鼓励行业龙头企业成立企业技术中心；开展横向联合，加强与科技部门、科研机构、高等院校进行产、学、研合作，从而提高其技术含量和核心竞争力。名牌产品好比一粒种子，它的发育和生长与所在的土壤环境有着密切的联系。近年来，"佳能"、"宏基"、"小鸭"、"TCL"、"长虹"等知名企业纷纷落户中山，外地企业看中的正是良好的投资环境和质量意识支撑起来的城市形象。中山地域经济在名牌的创建和成长的过程中得到了长足的发展。可以说，名牌的推进过程也是中山经济不断壮大的过程。中山的名牌在呼唤中阔步走来！

（沈　洪）

城市观察

# 武汉怎样创名牌

随着市场竞争激烈程度的加剧，名牌向最有价值品牌集中的速度越来越大。名牌既是竞争的结果，更是竞争的手段，是可以不断增值的无形资产，它已成为市场消费的支撑点，社会生产的生产点，是一个城市走向成熟，具有活力的象征。实施名牌战略，是振兴和发展武汉经济的必由之路。

作为老工业基地，武汉拥有庞大的经济规模，在今后一段时间内，能否在加快改革开放步伐中，充分利用国内外资本和技术，创立和发展我们自身的国家乃至世界级名牌产品，直接关系到武汉市以什么样的形象，什么样的发展潜力和竞争力进入21世纪。

名牌是社会普遍知晓的品牌标识，这种标识所代表的产品，拥有广大而稳定的消费者群体；拥有较大的市场占有份额，企业的市场占有率高，产品的高质量得到消费者的普遍认同，拥有较高的赢利水平，拥有从产品开发到市场销售独特运作方式，拥有强大的技术开发与创新能力。

名牌战略的基本特征是全局性、整体性和综合性，是一个多分支、多层次、动态的开放系统，名牌战略的实施是一项复杂、艰巨的系统工程，它需要全社会的共同关心和参与。

第一，它必须建立在产品和服务本身具有较强的竞争力基础之上，亦即产品具有较高的质量和服务水平。品牌是产品符合需求的综合形态，企业的科技水平、工艺水平、管理水平、营销水平和员工素质都体现在其名牌之中。企业创立和发展名牌要围绕经济效益、最大市场份额和长期发展能力制定战略，讲究实施。这就需要企业加强管理，树立全面质量管理观，形成与名牌意识相适应的大质量观，即不仅限于控制工序质量，降低工厂的不良产品率，还包括市场调研，产品开发设计、计划、采购、制造、环保及销售服务全过程质量改进的系统方法。

第二，必须大力依靠科技进步。名牌产品大都是高技术含量、高附加值，它包含着的新技术、新工艺。从根本上说，名牌产品的/产生依赖产品自身的科技含量的不断提高，依赖科技进步，实现技术创新。

第三，政府要通过加快企业发展和完善配套措施，在以名牌产品、优势企业为主导的产业重组资产评估的基础上，"以名牌为龙头，以资产为纽带"，创造条件促使企业跨地区、跨行业、跨所有制对经济效益差的劣势企业进行兼并、控股、收买，扩大名牌企业生产规模及经营规划，以提高生产企业生产规模效益和整体竞争能力。

第四，政府部门要制定和完善扶持名牌生产的政策支撑体系。在融资上，不论商业银行还是政府有关部门都要给予支持。从商业银行来说，要积极推选主办银行制度，促进名牌企业发展，运用信贷、结算等功能促使企业适应市场需要，不断更新产品结构，开发新的产品领域，

## 记　事

### 4月10日

2002

上海施贵宝、西安杨森和珠海丽珠等17家制药公司签约:医药代表不直接从事销售。

云南玉溪红塔集团高层变动。

北京天坛公园获得ISO14001环境管理体系和ISO9000质量管理体系认证证书。

卡夫酸奶告别北京,国产品牌已成京城乳品市场霸主。

洋品牌替“纳爱斯”做加工。

1996

10名全国优秀工人选出。

1992

国有资产管理学会在京成立。

### 4月11日

2002

“立顿红茶”品牌归属引起纷争。

2000

全国饮食服务工作会议暨服务消费迈向新世纪活动表彰大会在宁波召开:55人获中国烹饪大师称号;8人获中国美容大师称号;13人获中国美发大师称号;20人获中国摄影大师称号。

促使企业向更高层发展;对于那些极具成长潜力,且尚处于幼稚的产品,政府还可通过采购方式,使其不断扩大市场规模,并得以成长壮大。

第五,要规范健全保护名牌产品市场,名牌产品因其高质量、高市场占有率而赢得突出的经济效益和社会效益,往往会成为假冒伪劣制造者假冒对象。由此导致了名牌厂家的声誉受到严重损害,市场丢失,并严重扰乱市场的正常秩序,因此,维护市场秩序,打击假冒伪劣,保护名牌产品已成为当务之急。

第六,加强名牌产品的宣传工作。产品宣传是市场经济条件下产品营销的重要环节,也是形成名牌的重要途径。要运用广告策略,利用多种媒介,全方位宣传自己的产品,要加大投入力度,选择合适的广告媒介,注重广告宣传、公关策划等软投入。加大广告宣传力度,以提高产品的知名度,更好地占领市场空间。此外,还可定期举办名牌产品展示会、博览会、评选会等,制定奖励办法,为名牌产品的持续发展创造良好的氛围。

第七,加快人力资源开发,尤其是职业企业家队伍的建设。要建名牌企业。要创名牌产品,关键是要有一支“名牌队伍”,尤其是名牌企业家。每个名牌的后面,必有名人、名家的支持,必有名牌职工去创造。

第八,提高名牌产品的抗风险性,形成“抗风险品牌”。名牌没有终身制,不少名牌产品在激烈的市场竞争中都被淘汰下来。所谓“抗风险品牌”,是指产品有相当强的生命力和适应力,并在经济危机中具有稳定的市场份额、消费者群体和市场知名度。抗风险品牌是建立在新产品开拓能力和市场份额竞争能力基础之上的。要以名牌产品为核心和龙头,以资本为纽带,以收购、兼并、参股、控股、合作、联营等为手段,使资本向名牌产品聚集,迅速进行资本积累,实现低成本扩张,发展壮大自身实力,使之能以其雄厚的经济技术实力占据市场鳌头,抗御市场风险。

(陈平原)

**经营城市**

# 浏阳:烟花文化接轨国际

经国家1995年命名唯一的“中国烟花之乡”的湖南省浏阳市,是世界烟花发源地。目前,浏阳拥有全国烟花测试中心等烟花科研机构48所,有国家级工艺美术大师等专业技术人才2016人。历经千年风云际会,浏阳烟花文化菁华荟萃,灿若星辰。

**多元兼容的文化内涵**

多元文化兼容并举,吸收借鉴古今中外优秀文化成果,是实现烟花文化“先进性”的永恒主题。在中国多元文化中,浏阳烟花文化一直处于来自西部的藏文化、东部的汉文化、南部的南诏文化3个板块的包围中。烟花文化诞生伊始,就海纳百川、广汇百家。浏阳市烟花管理局局长宋福生多次率团出国考察,潜心研究世界各地的文化特点、民俗风情,“对口”技改烟花。引进日本“开球”新技术与浏阳礼花“杂交”,传统与现代相伴,古朴与华丽相依,质量达国际一流水准,仅出口欧美的礼花年达50万箱,改变了1990年前无礼花出口的历史。与马来西亚联办“美丹”烟花公司，中西文化优势互补，产品既有中国民族特色，又具异域风韵，深受客户青睐，年出口达40万箱。

**革故鼎新的价值取向**

浏阳烟花文化之所以具有长盛不衰的生命力，就在于它在实践中能够不断创新。随着全球可持续发展的战略的确立和人类环保观念的更新，浏阳在国际上首家创新开发了无毒、色艳、耗资源低的环保型烟花原材料氯化石蜡，取代了千百年来使用的有毒、耗资源高且被国际禁用的传统材料。开发了无烟、无残渣、安全可靠的高选技无烟冷光烟花，与韩国等十多个国家激烈角逐后一举中标，在举世瞩目的世博会上大显风流。情之花雨，心之花雨，令出席开幕式的各国政要、中外宾客如痴如醉。还成功推献在对温控、声控、光控和安全要求特严的国庆50周年北京人民大会堂，争奇斗艳的朵朵烟花赢得党和国家领导人、海内外观众经久不息的掌声。燃放刚结束，该产品研制者竟抱着伙计们哭了。他太激动了，因为无烟冷光烟花在国际尚属首创，实验室里多少个不眠之夜，终于换来了走向世界的灿烂辉煌。长期以来，浏阳烟花文化正是适应新时代的变化不断革故鼎新而永葆生机。

**以信为本的道德理念**

烟花文化是信用文化。面对当前市场上屡禁不止的假冒伪劣产品，浏阳先“卖”信誉，再卖产品。2002年以来，浏阳市以铁的手腕整顿和规范烟花市场经济秩序，力建烟花文化的诚信内涵。在对全市551家出口烟花企业资质、资信全面考核基础上，严格按照国际标准重新确认151家企业的出口资格，砍掉出口企业400家，从源头上堵死伪劣假冒产品。重拳出击非信行径，对全市烟花业开展规模宏大的“过筛式”清理整顿，没收销毁假冒伪劣烟花2.8万箱、原材料5.5万公斤；查处非法生产户266户，行政处罚155人次，排除质量隐患589起。守信通天下，有德走四方。今年1—5月，在国际烟花条例发生重大变更，市场不景气，不少地区烟花销售锐减的困境下，浏阳烟花靠信誉这张市场准入证而驰骋于天涯海角。销售量达417.8万箱，税收6679.7万元，比上年同期分别增长了25.5%、32.8%。

**接轨国际的烟花之都**

浏阳市副市长黎建曾向外界透露，“荣获‘中国烟花之乡’是昔日的辉煌成就，创建‘世界烟花之都’是今天的奋斗目标。”世界烟花之都要靠世界一流规模经济来支撑和维系。彻底改变散、小、乱状况，形成集约规模拳头，增强整体竞争优势，是烟花产业接轨国际的关键。首先，以资本营运为纽带，联合全市骨干烟花企业组建浏阳烟花集团公司上市，有效地扩展了浏阳烟花的生存发展空间。科技对烟花的贡献率由40%提高到60%；带动了造纸、印刷、包装、化工、运输等相关产业，年产值逾20亿元；市场占有率在国内由65%跃为75%，在国外由于30%升到50%；到2005年，年销售收入可望突破50亿元大关，利税总额逾20亿元，出口创汇达5亿美元。其次，建设全球最大烟花生产基地——浏阳烟花精品园。这个基地面积20平方公里，集烟花文化展示、生产科研、旅游观光于一体，有圣诞烟花公司等9家跨国公司入园落户，年产值20亿元。再次，建设世界最大的烟花经营基地——浏阳国际烟花大市场。它占地209亩，投资1.2亿元，具备烟花交易、产品展示、信息发布、大型签约复合功能，年成交额可达40亿元。

2001年以来，浏阳开发烟花科技新产品306个，其中28个获国家专利，168个注册了烟花商标。目前，浏阳拥有全国烟花测试中心等烟花科研机构48所，有国家级工艺美术大师等专业技术人才2016人。全市按烟花税额6%、企业按销售1%提取烟花科研基金，保证科技创新有稳定的融资渠道。2002年提取基金2380万元，比2001年增长了36%。（徐松竹）

标　识

江　农

江苏永联集团公司江阴农药厂

Gigé
加佳

中国石化金陵石油化工公司

# 第五章

# 品牌实践（二）

## ——品牌与行业

标　识

# 品牌兴农的思考

**一、鼓励农民注册农产品商标**

农产品商标的使用对象是广大农村和农民，由于受各种客观环境制约，广大农民对于《中国商标法》的认识远远落后于工业生产企业，特别是与世界农业发达国家相比，存在较大的差距。有鉴于此，首先应增强农民的商标意识。采取举办广播讲座、设立报纸专栏及用电视新闻报道等群众易于接受的方式，向广大农民宣传农产品注册商标应具备的条件、商标的作用、如何正确使用商标等方面的知识。特别是采取典型引路的方法，让品牌兴农的成功人士现身说法，以增强创立农业品牌的巨大吸引力，吸引广大农民积极注册农产品商标。其次，帮助农民注册农产品商标。走农业企业化、经营化的路子，帮助农民办理农业产品综合或单一产品生产、加工、包装、经营的营业执照。同时要帮助农民筛选一个寓意鲜明、易懂、易记、琅琅上口的商标名称。有了好的名称必须及时申报注册，中国商标注册实行申请在先的制度。因不及时注册而被他人抢注的事例比比皆是，只有通过注册才能取得专用权，进而得到国家法律的保护。同时对于较有地方特色的农产品，应当积极申报证明商标注册。

**二、指导农民创立农产品品牌**

由于广大农民对于农产品创立品牌起步晚、起点低，特别是当前由于农村多属一家一户的分散经营，不同于工业化生产的大规模、大生产。因而，创立农产品品牌难度尤大，需要工商行政管理机关及其专业人员，依据多年来在实践中的经验，全力做好指导性工作。

1. 引导农民形成创立品牌的观念。由于广大农民刚刚进入市场，对于农产品进入较大型的商场心中无数，特别是如何将形成品牌的产品打入市场，缺乏足够的经验。因而迫切需要工商行政管理部门经常指导，引导他们更新思想，转变观念，努力适应新形势下人们对产品的需要，掌握现代城市人的消费观念，向高层次、高起点迈进。因而要走产品要精，包装要美，品牌要响的路子，以优质优价的产品来满足社会各个阶层的消费需求。

2. 引导农民正确使用商标。由于广大农民对于中国《商标法》还不十分熟悉，缺乏使用商标经验，加之多数地区商标的法律服务机制尚不完善，因而就形成了一个盲区，广大农民迫切需要一个全面、准确、详尽的商标策划定位及相关的服务，而现有的中介服务组织目前还基本未延伸至这一职能。因此，工商行政管理机关特别是负责商标管理工作的人员，应把这项工作纳入自己的职能范围，指导农户熟练地运用商标策略创立农产品名牌，进而开拓并占领市场。

首先应注重产品的品质。中国幅员辽阔，物种多样，由于多年的辛勤培育，几乎各地都有叫得响的特色农产品，如山东有名的“乐陵”小枣、章丘“明水”大米、莱芜“大红袍”花椒等。同时，应当调整农村产业结构，走专业化生产的路子，运用现代生物技术，科学组织农业生产，生产出绿色无公害产品，满足人们日益增长的物质生活需要，这是创立农产品品牌的内涵所在。其次应突出商标名称。商标名称有别于商品名称。现实生活中，很多农产品往往侧重于在包装物醒目的位置上写上商品名称，而商标却放在极不显眼的位置，这是商标使用的一个误区，这样做既不利于一个名牌的形成，也不便于人们认牌选购某件商品。因此，商品包装要与产品的品质相一致，要设计精美，突出商标名称，使人们在认牌购买商品的同时获得一种享受，使产品的内涵和外延真正统一起来。

3. 引导农民开展有效的广告宣

JIEDA®

无锡市摩托车厂

红星® Red Star

红星家具集团公司

江山®

南通农药厂

## 记　事

### 4月11日

2000

“千年纪念”金银纪念币发行。

济钢通过中国、英国、法国、挪威4国船级社的工厂实验认可。

修改《商标法》专家学者咨询座谈会。

1996

江泽民同志提写金匾“护国利民”颁授十一世班禅。

1994

“1994年全国10大杰出职工”评选揭晓。

第五届“金球奖”、1993年度“金马奖”在京揭晓。

1991

第100万辆“东风”车诞生。“二汽”跻身世界三大卡车厂行列。

深圳证券交易所成立。

1983

第1辆上海桑塔纳牌轿车组装成功。

### 4月12日

2002

百家商场推出新品牌新商品新服务。

红豆进入酒业打造喜酒品牌。

武科大注册校名品牌。

同方重整IT战略。

传。一些地区长期未形成一个叫得响的农产品品牌，究其原因，不外乎有两点，一是“养在深闺人未识”——未注册农产品商标；二是“酒好也怕巷子深”——未进行广告宣传。可以说持久而有效的广告宣传是农业品牌形成的重要因素之一。近年来，各类商品广告经历了一个较大的发展过程，可以说广告已成为商家争夺市场的主要手段。但是细细数来，农产品广告依然是凤毛麟角。这一方面说明中国农业生产专业化、产业化程度较低，多数农产品提供者还未有斥巨资投入广告的实力，同时也可以看出这正是创立农产品品牌的希望所在。通过正确的市场定位和广告策划，进行适当的广告投入，巧借当地的地理优势、资源优势、人文优势，就一定会创立出较有影响力的农产品品牌。

三、依法对农产品商标进行保护

“红花还需要绿叶扶。”由于中国正处于社会主义市场经济的初级阶段，法制建设还不够完善，特别是人们的法制观念还比较淡薄。因此，哪个产品是名牌就会有一些见利忘义的不法之徒去刻意仿冒，这些产品质量低劣，根本没有信誉保证。但是由于成本较低，对正规产品会形成较大的侵害，破坏其品牌的市场形象，甚至会毁掉一个辛辛苦苦树立起来的品牌。因此，工商行政管理机关应切实履行自己的职能，一方面做好商标法规的宣传工作，提高全社会的遵法守法意识，使造假贩假者，如老鼠过街人人喊打，无容身之地。同时要指导商标注册人增强商标的自我保护意识，对于可能出现的隐患要及时防范，对于市场上出现的假冒注册商标行为，拿起法律武器，及时向行政执法机关举报；另一方面采取强有力的措施，加大执法力度，制止不正当竞争，严厉打击商标侵权假冒行为。对于假冒他人注册商标、商标注册人名义及包装装潢，破坏他人商标形象，侵犯消费者利益的行为，一经发现要迅速予以查处，坚决进行打击。以切实维护商标注册人的合法权益，为创立农产品品牌提供坚实的法律保障。

（吴修圣）

品牌观察

# 中国农业品牌落后的原因

**一、观念陈旧，商标意识淡漠**

旧观念和习惯势力根深蒂固，没有认识到商标权等无形资产是企业赖以生存的重要资产，眼光局限在有形资产范围之内。一方面，商标注册不及时，有很多好品种由于没有自己的商标而在国内、国际市场上失去了竞争优势；另一方面，商标自我保护意识差，滥施商标许可，或公开销售自己的商标标识，产品质量无法保证，结果是贻害自身，花费大量人力、物力和财力培育起来的品牌优势毁于一旦。

**二、文化素质低，商标设计及运用不规范**

商标的设计要充分考虑商品的特点、市场营销、消费心理、民情风俗等综合因素，优秀商标的产生是集心理学、营销学、管理学、语言学、设计学、美学、民俗学等各门学科知识综合运用的成果，是高智能的现代化商品。中国农业生产者和经营者大部分没有受过高等教育，文化素质较低，思想较封闭。仅仅是简单的“模仿商标”，没有自己的特色和新颖性。其次，获得了商标权后，生产者或经营者在经营

# 中国米多品牌太少

中国是全球最大的稻谷生产国，1998年稻谷总产量为1.93亿吨，约占世界总量的34.4%。中国又是全球最大的大米消费国，年消费大米达1.17亿吨，人均98公斤。大米养活了60%以上的中国人口，大米的丰欠盈缺直接关系亿万人口的温饱冷暖。

因此，大米被我们尊为“国粮”，而“省长米袋子负责制”更成为中国政治的一大特色。这些，都足以让我们掂量出大米在生活中的分量。但走进粮店，能够看到的多数是没有任何标识，只有老板才知道何处而来的散装大米，即使有牌子也是像“东北大米”、“太湖大米”、“安徽大米”这样的产地品牌，或者是“优质大米”这样什么也不是的牌子。本来产地品牌能够代表产大米的一些特色，但这些年来的假冒伪劣产品又把这些产地品牌消磨得个性全无。更令人可笑的是，一些米袋子上还在沿用计划经济时期“中国大米”的牌子。稍有一点的进步，米袋子上有了一个注册商标，但这个注册商标做得很小，放在一个不重要的边角上，而突出位置却是醒目的产地品牌或者是“优质大米”、“中国大米”几个大字，等于什么品牌也没有。

泰国也是亚洲重要的稻米生产地，但它的年产量只有2100万吨，只占世界总量的3.7%，甚至不及中国浙江一个省（2000年浙江的粮食总产量为2400万吨）。然而，它的“泰国香米”却是名扬四海，甚至占据了中国高档米市场的半壁江山，价格也是中国大米的2—3倍。

（侯　斌）

中还要采取一系列技巧和措施，使其不断地发展和繁衍，开拓、保持和扩大市场优势。但中国大部分农业生产者和经营者对如何保护应用商标权的技巧知之甚少，面对假冒、模仿、近似等商标侵权行为显得无能为力，最终失去了自己的市场优势。

**三、资金有限制约了商标的培植、应用及繁衍**

一件好的商标，从其设计、注册、宣传、保护，到最后形成品牌资源优势，要经历一个日积月累的过程，并且要花费大量的人力、物力、财力，要想保持这种优势也要不断投入资金。而中国是以家庭联产承包为主的分散的小农户经营，其资金积累非常有限，而大部分地区集体经济名存实亡，农业合作组织也不完善，发挥不了应有的作用，致使分布在全国各地的农林牧渔产品以及一些颇有影响的地方特产、名产形不成品牌优势，在国内、国际市场上不能形成资源优势和规模优势。

**四、商标代理人才缺乏，中介服务机构不健全**

由于中国广大农业生产者和经营者的综合素质较低，信息较闭塞，对商标的有关事务知之甚少，这就迫切需要具备专业知识的商标代理人为他们代理商标注册申请及有关商标注册事宜，提供商标法律咨询，担任商标法律顾问，代理其他商标法律事务等。但在中国广大农村具备商标代理人资格的专业人才很少，商标代理机构也不健全，不规范，服务水平跟不上。同时，中国包括商标权在内的无形资产评估机构也不健全，评估标准和评价指标体系也不完善，再加上农产品分类分级等基础工作没跟上，评选主体及其行为又不规范不利于农产品品牌商标的形成、保护与进一步繁衍。

（马　津）

## 标　　识

扬州市华阳太阳能热水器有限公司

漳州市化学品厂

兰州黄河企业股份有限公司

记 事

4月12日

1999 上海纺织敲响全国压锭第1锤。

1996 河北省推出《企业家管理暂行规定》。

1994 天津钢管公司获API会标使用权。

1993 《中央国家机关会议费管理办法》印发。

4月13日

1989 国家体改委授予12家企业"风帆杯"企业改革创新奖。

1988 国家工商局商标局发出《关于台湾企业申请注册商标填写地址的意见》。

4月14日

2000 全国优秀"青少年维权岗"命名仪式在京举行。

1999 锡铁山矿务局"汉江牌"(HANJIANG)商标在伦敦金属交易所注册。

1997 国家商标局公布第3批全国驰名商标。

# 农村：品牌延伸的下一站

中国加入WTO后，更多的外国品牌的商品和服务将涌入中国，各品牌原有的市场份额面临重新分配，各品牌在大城市的竞争趋烈、利润趋薄。如何在现有市场基础上开拓国内新的市场？一些企业已把目光投向广阔的农村，因为农村市场集中了中国最大的消费群体。另据权威机构预测，2020年，中国城镇人口将超过农村人口，农村人口将从现在的70%下降到不足50%。这意味着20年内，将有两成以上的农村人口"农转非"，这部分人将逐渐模仿、跟进城市人的消费模式。零点调查公司最近的一次关于农村消费的调查表明，农民的日常消费已经有了品牌意识。随着农村人口的城镇化，将有更广大的人群加入到"品牌关注者"的行列。企业必须要相应地调整经营策略。

**向下游市场移动让生命周期延长**

中国20%的人口在大中城市，这20%的人口在消费着国内市场80%的商品。有较强的购买力和购买频繁的人都集中在大城市。企业据此把不同品牌的产品投放到大中城市，把营销重点落在大中城市无可厚非。但是，大中城市中品牌竞争日趋激烈，每个品牌点有的市场空间日益狭小，这就不可避免地出现品牌广告高度密集，反而使品牌认知度下降的问题。大城市消费者普遍形成这样的感觉："看到的广告太多了，能记住的倒没几个。"

由于同类商品不同品牌的竞争激烈，产品的生命周期越来越短，产品研发费用在企业整体运营当中的比例越来越大，这也是产品利润趋薄的另一大原因。同时，从某种程度讲，企业因此就缺乏进一步提升产品品牌形象的原动力。

北京广播学院广告学教授黄升民认为：任何产品的生命周期都是有限的，在产品生命周期的不同阶段中，品牌的市场占有率和企业的利润会有所变化，产品的生命周期是一个不断向下游动直至消亡的过程。亦即从大城市消费者到中小城市消费者，再到农村甚至是边远地区的消费者，最后消亡。企业应尽量延长产品的生命周期，把产品向下游市场拓展，这是一种必然选择。

相应地，企业的品牌营销从城市向农村位移，也成为必然。

"农村人3天喝1瓶饮料要比城里人1天喝3瓶饮料来得多。"

据国家统计局研究报告显示，目前国内农村市场有着中国最大的消费群体，全国总人口12亿多，农村人口有8亿多，占总人口的70%；对于农村8亿多人所组成的2.38亿个家庭而言，任何商品的普及率只要提高一个百分点，就会增加238万台（件）的需求。

国家统计局《"九五"时期国民经济和社会发展系列分析报告》中指出，"九五"期间，随着市场经济的发展，社会物质的日渐丰富和农民收入的持续稳定增长，农民生活水平又有了新的提高。

报告指出，收入增长为农民从温饱向小康生活的跨越奠定了基础，农民收入增长还呈现如下特点：

一、收入结构变化，基本形成了多元化增长格局。农民收入的主要来源仍是家庭经营生产，但由于更多劳动力外出务工，工资性报酬成为农民又一重要收入来源。农民家庭经营收入构成中第二、三产业收入增长较快，比重提高。

二、市场意识增强，现金收入增长较快。

三、收入差距仍处于合理区间，地区间收入差距缩小。2000 年，随着国家加大实施中西部地区开发的力度，促进了中西部地区农村经济的持续稳定发展，中西部农民收入有较快增长。

研究结果表明，全国农民整体消费水平普遍提高，1995—2000 年，农民人均生活消费支出由 1310 元提高到 1670 元，增长了 27.5%。年平均实际增长 3.4%。在农民总体生活消费的八大方面中，2000 年农民消费的食品、衣着、居住、家庭设备用品的支出水平分别达到 821 元、96 元、258 元和 75 元，比 1995 年分别增长了 6.8%、6.9%、39.1%和 16.1%；医疗保健、交通通讯、文教娱乐、其他几个方面的消费水平提高更快，分别达到 88 元、93 元、187 元和 52 元，比 1995 年分别增长了 1.1 倍、1.8 培、82.4 倍和1.3 倍。

从不同省区比较看，中西部地区，尤其是西部地区农村经济发展速度加快，地区间农民消费差距缩小。若以西部地区农民消费支出为 1，东、中、西部地带农民生活消费的比率 1995 年为 1.70∶1.21∶1，到 2000 年已缩小为 1.66∶1.19∶1。

农民的消费结构明显升级。农民生活消费结构向着逐渐减小生存性比重，不断提高享受和发展性消费比重变化，基本生存资料中的食品、衣着等需求收入弹性已逐渐缩小，其他用、行等享受和发展资料的需求收入弹性则逐渐增大。

农民消费质量明显改善。在告别短缺经济后，农民对生活质量的追求已摆在较为重要的位置。

但是，农民生活消费也存在着一些问题：

一、生活消费增长不够稳定。1995—1999 年，受收入增长速度放慢的影响，农民消费增长同步放慢。1998—1999 年，农民消费呈现了停滞徘徊局面。

二、城乡居民消费差距拉大。

城乡居民消费差距有所扩大，5 年间，农民全年生活消费支出净增 360 元，比同期城镇居民全年生活消费支出净增额 1460 元，低了 3.1 倍。城乡居民生活消费支出比由 1995 年的 2.70∶1 扩大到 2000 年的2.99∶1。

从农村市场商品零售额增长看，农村慢于城市。1995—2000 年，销往县及县以下农村的消费品零售额增长了 46.1%，而周边城镇增长 54.3%；从国民收入消费额中居民的消费份额看，农民消费份额下降，非农民消费份额上升，这期间农民消费额占全体居民消费额的比重由 56.3%下降到 47%，非农民消费额占全体居民消费额的比重由 43.7%上升到53%。这种现象也是形成近年农村消费市场难以启动发展的重要原因。另外，农业增产不增收也成为制约启动内需的重要因素。

与农村市场的巨大潜力形成鲜明对比的是，在大中城市，市场高度饱和，需求长期萎缩，尤其对耐用消费品，纵使厂商纷纷跳水，大打价格战，城市居民中持币待购的现象还是普遍存在。在一些农村地区，由于铺货力度加大，消费出现了喜人景象。这更使一些厂家和一些经济学界人士对农村市场的开发充满信心。

**国内品牌刚开始关注农村市场**

据报载，海尔洗衣机市场部人员对媒体称，海尔洗衣机今后的发展重点在农村市场。

有业内人士认为，海尔之所以看准农村市场是在“清仓”，把城市过时的淘汰产品销往农村。对此，海尔洗衣机市场部人员指出，海尔多年来一直是只打价值战，不打价格战，而价值体现为产品的科技含量、质量和优质的售后服务。海尔去年推出的新款洗衣机就完全满足农村市场的需求。记者还注意到，海尔近年推出过一款专为农民设计的洗衣机——不仅可以洗衣，还可以用来

## 标　识

淮阴正大饲料有限公司

徐州卷烟厂

中国石化扬子石油化工公司

## 记　事

**4月14日**

1994　“中国经济效益纵深行”大型新闻宣传活动开展。

1993　杭州华日电冰箱厂全员劳动生产率排在全国前列。

**4月15日**

2002　电脑爱好者读者喜爱品牌奖公布。

中国饭店餐饮业高峰会议在深举行。

中国国际航空公司CA129航班在韩国釜山金海机场附近坠毁。此前国航已有47年安全飞行的纪录。

2000　海尔为中国冰箱出口量最大和出口国家最多的企业。

1998　“黄河断流万里探源”采访组在京出发。

1992　国家工商局与农业部联合发出《关于依法使用、保护“绿色食品”商标标志的通知》。

1991　全国个体劳动者第2次代表大会在京举行。

汽车行业开展“质量、品种、效益年”活动。

大量地洗白薯!

国内一些制药厂和连锁药店也看中了小城镇和农村市场。

深圳连锁药店4强之一的万泽药店对于农村市场的潜力，充满希望，总经理于新初表示，万泽药店将在以珠江三角洲为大本营的前提下，大力挺进农村市场，基本策略为由近而远，逐步滚动，有选择地进入。

于新初说：“不是农村的消费水平太低，而是国内企业普遍忽略了农村市场，农村市场的需求一直是被压抑着的。其实农民比城市居民更需要规范经营的连锁药店。”

马应龙药业因其部分产品的定位非常适合农民，因此，经过论证，其产品“马应龙痔疮膏”选择辽宁、安徽等省的几十个县级电视台投放广告，效果十分明显。

伊利奶粉也是农村市场发展战略的受益者。伊利最早介入农村市场是受农业部一份调查报告的启发，这份报告指出，大中城市是商品奶和奶制品的主要消费市场。而在目前的农村市场上，奶粉仍占主导地位。后来的发展业绩更验证了伊利奶粉进军农村市场的决定的正确性。

1995年至1997年，农村市场基本上还没有洗衣粉产品的主导品牌，于是奇强果断制定营销策略：北方用模特队，南方用锣鼓队进村入户宣传，再加上小广告、小传单和去污力示范，结果很快就占有了大量的农村市场份额。此后，奇强洗衣粉的销量直线上升。1995年奇强洗衣粉的销量是8万吨，1997年就已经以23.5万吨的出色业绩跃居为全国第一，1999年更是达到年销量38万吨。

1999年，雕牌洗衣粉开始进军农村市场，他们既不搞“刷墙广告”，也不走街串巷，而是大力在地方电视台投放广告。并且，以比奇强更低的价位迅速蔓延到奇强苦苦建立起来的一个又一个农村根据地，其销售从1999年的几万吨迅速提升至2000年的30万吨。雕牌更注重揣摩农民消费心理，一语“只买对的，不买贵的”说到了农民的心里。

2000年12月，荣事达开始把其单缸洗衣机产品大力推向农村市场，因为其产品在大中城市的销售量已呈下降趋势。为了延长其生命周期，并最大限度地利用已投入的资金，荣事达在农村主推节水、节电的洗衣机产品，并辅之以“洗一桶衣服只需5分钱”诉求的电视广告，因为其“号”准了农民的“脉”，所以荣事达产品在许多农村市场热销不衰。“好生活，更轻松”的CI形象也随之深入人心。

广州一国内手机品牌的广告代理公司近日表示，目前国际品牌的手机在大中城市已落地生根，并且已占据了相当大的市场份额，因此国内手机品牌如果定位于中小城市及农村市场是一种求得发展的长期战略。因为在富裕地区的县市级城市及农村，居民已经越来越需要价廉而实用的手机。他们不像大城市消费者那样强烈地追求时尚，对手机的外观和功能的多样性也没有过高的要求，而这两方面恰恰又是国内品牌手机较为薄弱的地方。因此，对于国内手机生产厂家来说，及时占领中国的中小城市及农村市场，确实能够有效地改变目前国内品牌手机在市场竞争中的尴尬地位。

### 国际品牌抢先跨入农村市场

目前国内唯一针对农村市场及城市周边地区的终端电视广告网——中国县(市)级电视广告网(CCTN)——现已整合了全国10个省的500多家县市级电视台的黄金时段，覆盖人口将近6亿。一些外国品牌看中了这一平台，与其最先签约的企业中大部分是外国企业。

柯达为了实现“2003年中国柯达彩扩店的数量达到1万家”的雄心，已把目光瞄向广阔的农村市场。从2000年12月份开始，柯达即在浙江等省通过CCTN在县市级电视台投放广告，一直至今。柯达胶卷相关人士表示，虽然在农村每百户居民拥有照相机的数量还很少，只有4台左右，但是从每百户拥有的更贵的家用电器数量来看（如彩色电视机是 48.74，洗衣机是 28.58），照相机在未来的几年中拥有非常巨大的增长空间。因此，柯达非常看好这个市场，柯达对进军农村后未来几年中销售增长空间抱有很大的信心。

柯达公司的专家还指出，中国加入 WTO 后，国际上很多著名的照相机品牌都会进入中国，大中城市的消费者可能会越来越趋向使用数码相机，因此传统胶卷必须寻找其他市场，而中国农村市场正是其品牌延伸的巨大市场。

早在 10 年前，可口可乐公司就已经关注中国农村市场，但是苦于农村信息闭塞、沟通不畅的状况，其营销未能顺利实施。如今，随着中国经济的持续快速发展，农村市场的情况早有改善，于是可口可乐又重新开始考虑大举进军农村市场的战略。

近日，百事可乐也开始实施其中国农村市场的营销计划，针对农村市场制作的广告片已在县市级电视台播出。

不久前，立邦公司完成的一份中国农村市场调查报告称，近几年来，随着农民在改善居住条件方面的支出持续而迅速地增加，农村家庭装修日渐成为农村市场增长最为迅速的利润空间，同时，在农民提高生活消费水平的目标中，居住条件的改善还将长期占据重要地位。据统计，绝大部分农民都表示，在拥有一定的收入之后，头一件事就是盖新房或是将家庭装修水平提高。建房或家装当然离不开漆。基于调查分析，立邦公司决定尽早开发中国农村市场。

另外，国家统计局的一组相关数据也印证了立邦进军中国农村战略的可行性。1995—2000 年，农民人均用于居住类消费支出由 186 元提高到 258 元，年均增长 6.8%，其中，2000 年，农民居住支出中的 43.8% 是用于购买家庭装修用的各类建筑材料。

几年前，作为世界级洗涤用品生产商和销售商，P&G 在中国城市日用品市场销售、推广堪称卓有成效——汰渍、飘柔销量激增，舒肤佳更是后来居上，直逼老牌的力士和夏士莲。但在占中国市场 70% 以上的农村市场，P&G 基本上还是空白。3 年前，P&G 将目光对准中国广阔的农村市场，开始是利用 ROADSHOW（路演），后是结合电影下乡，对广大农村地区消费者进行品牌宣传，取得良好效果。

**进军农村要看具体市场**

北京工商大学洪涛教授在接受记者采访时提醒进军农村的企业，要视具体市场制定发展战略。他指出，农民生活水平的地域差别是比较大的。沿海地区由于经济发展较快，城乡差异逐渐缩小，城乡居民的生活水平和消费观念、消费行为都较之从前有了很大变化，收入的提高使农民有条件模仿城市居民的生活。然而在中西部地区，尤其是西部地区，农村基础较差，城乡差别比较明显。

他进一步指出，收入和生活环境决定了农民有无品牌意识和品牌意识的强弱。在中西部地区，由于收入较低，生活环境相对较差，农民是在被动消费，其购买的商品大部分是生活必需品，并且由于交通和铺货的关系，农民购物时选择性小。要想让农民有较强的品牌意识，首先要改善农民的生活环境，提高农民的收入。农民有了相当的收入，在购买商品时才能有选择的主动性，有了选择，也就有了品牌意识。

零点调查公司最近关于农村生活与消费的调查也表明，农民购物时首先考虑的是产量质量和价格，排在第 3 位的是产品购买的方便性，第 4 位才是产品的品牌知名度。

农村市场的拓展无疑将帮助企业从消费人数上扩大销量，在针对中西部农村做营销策略时，如果说强化其品牌意识还为时过早，起码可以先向其倡导一种新的消费理念："增加每一个消费者的销售量"。如让农民从原来的每星期洗一次头发，到每星期洗两次、三次。要知道，8 亿农民，每人每月增加一次销费，其总量也相当可观！

（崔　霖）

## 标　识

江苏五琼浆集团有限公司

江苏亚星客车集团有限公司

记　事

4月15日

2000 全国爱卫会授予31个“国家卫生城市”称号。

2000年中国企业高峰会召开。

1990 全国商标工作会议在杭州召开。

4月16日

2002 第12届青岛啤酒节吉祥物问世。

1998 中国首次编制发布房地产价格指数。

第三批《中国企业新纪录》发布。

4月17日

1996 于珍同志为北京一轻题词：“生存之路、发展之路、希望之路。”

1991 《中国药品认证委员会章程》、《药品认证管理办法》和《中国药品认证标志图案》通过。

航空工业40年成就卓著，10名科技专家荣获航空金奖。

# 市场经济和林业品牌

林业行业内没有自己的“海尔”、“联想”和“科龙”，但是有饮誉全国的三北防护林体系建设工程、天然林保护工程和退耕还林工程。

品牌，是产品或事物的招牌和名号，是企业无形资产的外部表象，也是一个行业荣耀和地位的象征，品牌在社会及市场上的知名度和美誉度是衡量其价值高低和优劣的基本尺度。因此，在社会舆论和激烈的市场竞争中，品牌的有无和优劣是企业兴衰、事业成败的表征，并预示着企业乃至一个行业未来发展的前途和命运。

林业既是国民经济重要的产业部门，又是一项至关重要的社会公益事业。植树造林、绿化祖国、改善生态环境，功在当代，利在千秋。而林业产业，即木材采伐、加工、利用——国外通称之为木业，连同林业机械、林产化工，以及近些年来新崛起的森林食品业、森林药业、森林旅游业和花卉业、林果业，构成了蔚为壮观的林业产业体系。在市场经济的运行中，虽然也曾有过常林装载机、光明家具、圣象地板、北芪神茶、库尔勒香梨，但并没有一个引导行业潮流、稳恒占领市场并名噪全国的响亮品牌。究其原因，这主要同林业行业之产业发展相对滞后，全行业产业意识尤其是产品之品牌意识比较淡薄有关，更缺少扶持品牌的有力政策。

但是，纵观林业整个行业，叫得响的品牌还是有的。

首先是三北防护林体系建设工程。这项跨世纪的生态建设工程，从1978年开始启动，计划用73年的时间，在横跨中国西北、华北和东北北部4480公里的风沙带上建设防护林体系，被国际社会誉为“改造大自然的伟大壮举”、中国的“绿色长城”、“世界生态工程之最”。三北工程经过23年的建设共完成造林保存面积2207.72万公顷，相当于同时期全世界人工造林面积的1/7，产生了巨大的生态、经济和社会效益。截至2001年，三北工程已完成第一阶段的三期建设任务，开始启动第四期工程。四期工程涉及三北地区13个省(区、市)、590个县(市、旗、区)，总面积405.39万平方公里，占国土总面积的42.2%；到2010年，在保护好工程区内现有的2787万公顷森林资源的基础上，还将完成新造林950万公顷，使工程区内的森林覆盖率净增长1.84个百分点。届时，将建成一大批较完备的区域性防护林体系，初步扭转三北地区生态恶化的势头。

三北防护林体系建设工程是林业行业全力以赴精心打造的优良品牌。此外，在林业行业内经过整合后还有防沙治沙工程、天然林保护工程、退耕还林工程、建设1亿亩速生丰产林工程和林业产业工程。2001年，这六大工程都已列入“十五”发展规划纲要，成为国民经济发展战略的重要组成部分。其中，新启动的天然林保护工程和退耕还林工程，已引起全社会的极大关注，有望成为像三北防护林那样的名牌工程。

天保工程，1998年开始试点，2000年正式启动。到2000年，长江上游和黄河上中游地区的13个省(区、市)已全部停止了对天然林的商品性采伐，东北、内蒙古等国有林区的木材产量已按计划调整到位；到2001年8月，国家累计投入到位资金200.7亿元，工程区内共完成人工造林1793万亩，飞播造林680万亩，封山育林7783万亩，管护面积达13.9亿亩，分流安置林业职工50.2万人，3年内工程区内新增森林面积9500万亩。目前，这一工程的实施区已扩展到17个省(区、市)的部分地区，几乎都处于大江大河源头的生态保护的关键区域。这在中国林业发展史上也是震撼人心的伟大壮举。(李树明)

标　识

# 中国乳业，明天会更好

一、山雨欲来

中国奶业尽管发展很快，但与世界相比，差距仍然是巨大的。据联合国粮农组织统计，世界人均乳品年消费量为100公斤，比中国高出14倍，特别是中国农村人均消费奶类仅为0.96公斤。同时，中国人均乳品消费量在动物产品消费中也是最低的。据农业部统计，中国城市居民年均消费肉类为20公斤，水产类为10.34公斤。这“两低”说明中国奶业发展仍然滞后，这也正是潜力之所在。正因为如此，外国产品、外国企业早就开始抢滩中国市场。1991—1995年，平均每年有6万吨国外的乳制品进入中国市场；近年已经超过了10万吨，1999年全国进口乳制品17万吨，比上年猛增84.6%，2000年达到21.9万吨，又增35%，远远高于中国总产量增长12%的水平。仅新西兰，2000年就出口中国乳制品5.6万吨，赚汇8568万美元。这说明中国乳业的发展抵不住外国乳业的进击。没有“入世”，尚且如此。如今已经“入世”了，情况就更不容乐观。

按照中国加入世贸组织的承诺，外国乳制品进口关税，由奶粉25%、酸奶42%、黄油44%、鲜乳酪43%分别下降为15%、34%、36.7%、34.8%，其中后两项对国内市场影响不大，可前两项影响却不可低估。自2002年初关税下调后，目前外国奶粉的到岸价已经下降到了12000元1吨，比一般国内企业生产成本还低一两千元。国内奶粉企业在价格竞争中已处于不利的地位。

除了产品抢滩外，国外资本也在悄然进入中国市场。早在中国“入世”以前，以独资、合资等不同形式进入的外资乳品企业已达45家，国际大乳业公司前20名中已有12家在中国办厂，其中包括雀巢、森永、帕玛拉特等大型跨国公司。他们依靠其强大的品牌影响力、先进的技术设备和雄厚的财力支持，通过收购、重组、控股等手段，不断在中国乳品市场中抢占自己的“领地”。其中雀巢公司捷足先登，1996年就已经在中国建立独资及合资企业11家，总投资约为30亿元人民币。法国达能公司在近10多年中，一直在中国开展着收购行动，1987年成立广州达能酸奶公司，1996年收购娃哈哈41%的股权，2000年收购乐百氏50%的股权，以5%的比例参股光明乳业等。这些外资和合资企业通过快速扩展，其生产总值目前已经占到中国乳业全部生产总值的28%。

二、未雨绸缪

抵御进攻，最有用的方法只能是增强自身的实力。过去的10年，中国乳业在阔步前进、快速发展。

先说量的增加。1990年和2000年相比，全国奶畜资源由269.1万头发展到了488.7万头，净增210余万头；鲜奶产量由475.1万吨提高到919.1万吨，净增444万吨；干鲜奶制品由31.2万吨发展到82.92万吨，净增51.72万吨。近年，增长最快的是上市液态奶，1996年的产量只有51.9万吨，到2000年就达到了150万吨，4年增长189%。其中一些大型骨干企业起到了至关重要的作用，他们向国际先进乳品生产企业看齐，生产能力快速提高。现今，仅石家庄的三鹿、内蒙古的伊利、上海的光明、北京的三元、黑龙江的完达山等10家大型企业，生产乳制品总量已占全国总量的30%，其中液态奶达全国总量的50%。以全国奶粉生产企业的龙头——石家庄三鹿集团为例，这个早年默默无闻的集体企业，从80年代开始，逐步总结和形成了“解放思想天地宽”、“先行一步天地宽”、“先予后取天地宽”的发展理念，坚定不移地实践“瞄准国际领先水平，跻身世界先进

金湖县有机化工厂

中国人民解放军第9795工厂

行列”的目标，成功地实施了“奶牛下乡，鲜奶进城”的战略布局，与奶农结成了公司加农户的稳固同盟，建成了涉及河北省55个县市的冀中和坝上奶牛饲养基地，使3万余农户脱贫致富奔小康，奶牛总数达11.6万头，年产鲜奶30万吨。2001年，生产奶粉达到了5.2万吨，占国内市场销售总额的28%。内蒙古的伊利、蒙牛争先恐后地发展资源，仅在呼和浩特市就分别建立奶站110个和40个，带动农户养牛9万头，年产奶量达到22万吨，一年间分别比上年增长63%和48%。

再说质的飞跃。因为国内大型乳制品企业都装备了国际先进水平的生产和灭菌设备，工艺和加工环节与国外一流企业没有什么差别；而且都建有奶源基地，注重饲料的天然性，比一些进口乳制品更有安全性。据国家质量技术监督局2000年对国产奶粉的抽查表明，大型企业生产的产品全部合格，而中小企业还存在比较严重的问题。此后，农业部乳品质量检测中心又对全国13个省市28家企业的29个品牌的灭菌奶进行营养指标、有害物质及感官等测评，其主要指标完全符合或高于国家标准。反观国外产品，却接连发生“二恶英事件”、“黄色葡萄菌万人中毒事件”、惠氏学儿乐奶粉的亚硝酸盐超标等事件……因此，天津医科大学王笃圣教授等营养学家明确告诫消费者：“国产乳品挺好，不用迷信进口货。”

三、蓄势待发

精益求精，如履薄冰，生产质量的追求没有尽头。在这方面，大型骨干企业一直走在前头。如三鹿、伊利、光明、完达山等大型企业集团，除了设备先进外，还建有自己的科研和检测机构，都顺利通过了ISO9002质量体系认证。三鹿集团不仅实施了从建立绿色奶源基地开始的机械化挤奶、冷藏化运输、无菌化生产、一体化营销的全过程质量管理，还建立了国家级的科研所和中心实验室，自主开发能力已跻身世界先进水平。从20世纪80年代初开发出母乳化奶粉起，已经连续开发出了满足不同年

**品牌行动**

## 伊利率先挺进海外市场

2001年年底，一条爆炸性新闻在业界爆响：8吨伊利液态奶从天津口岸拔锚起航前往香港，并顺利地一次性通过了香港卫生署的严格检验，于12月19日拿到了内地乳品人埠香港的第1张放行书，伊利集团成为首家获准大规模进入香港市场的内地乳品企业。

早在1998年伊利人就发现自己的纯牛奶很受香港人喜爱，他们的营销人员在深圳、珠海等地经常看见香港居民过关来采购伊利纯牛奶，这个信号激活了伊利集团挺进香港市场的想法。然而，当时伊利牛奶在内地市场一直供不应求，只能基本满足内陆市场的需求。是年7月，伊利集团围绕核心企业的技术改造与国际水平全面接轨，以应对加入WTO后中国乳品工业面临的洋品牌的冲击与竞争。三年磨一剑，从2000年开始，围绕“中国伊利”的发展思路，伊利集团开始进行大规模的技术改造和管理系统整合，加之北京、大庆等液态奶生产基地的落成投产，为伊利这条乳业巨龙傲视中国、飞翔国际打下了坚实的基础，也为伊利积极开拓国际市场业务迈出了重要的一步。

### 记　事

2002 4月18日

国企品牌“扬子江牛奶”被合资公司控股。

达能收购使中小品牌生存受挤。

伊利股份打造乳业第1品牌。

青啤新标识在台湾登陆。

2000 世界企业孵化与技术创新大会在沪开幕。

江泽民同志为光彩事业题词：“发扬中华民族传统美德，促进共同富裕”。

1996 《关于在换发税务登记证工作中使用“全国组织机构－代码证书”的通知》发布。

邹家华同志在新飞题词：“严管理、高质量、新品种、求效益、创名牌、争一流”。

1995 1994年中国进出口额最大的500家企业排名榜揭晓。

1994年全国百家最大零售企业排序揭晓。

中国防伪技术协会在京成立。

1994 “中国名牌最佳品牌奖”评出。

1991 中国参加第19届日内瓦国际发明与新技术展览会

龄段营养需求的配方奶粉及满足不同特殊人群需求的降糖、助长、抗衰老等功能性奶粉和贝贝系列高科技产品,企业产品已经达到8大系列136个品种,经国家权威机构多次检测认证,质量100%合格,其中有4个系列24个品种被中国绿色食品中心批准为绿色食品,三鹿商标被国家工商局认定为中国驰名商标。企业实现了连续12年无存货及欠款,占有国内同类产品市场28%的份额。南京奶业科技开发公司开发的牛初乳系列保健品,如今不仅畅销国内,还获得了英国皇家医学会瑞纳医学保健中心的认可。

销售和消费理念也日趋成熟。当初外国品牌包括知名品牌进入中国市场也不是一帆风顺的,雀巢奶粉尽管价格比国内产品高10倍左右,但凭着聪明和新颖的营销策略,很快打开了中国市场。雀巢的经验启发了国内企业。如何通盘考虑市场,如何开发产品,价格水平如何,该布多少销售网点,需要投入多少宣传费用等。比如,广告宣传,以前中国企业不打广告,而今,“三鹿奶粉,伴你一生”,“维维豆奶,欢乐开怀”等广告词让老百姓耳熟能详。比如,三鹿能成为全国驰名商标,在营销上也没有少用劲,已经在全国31个省、区、市建立了销售网点1100多个,最近还准备把网点扩展到县一级,完善的营销网络,确保了三鹿奶粉在消费者心目中货真价实的形象,三鹿品牌在市场中越打越响。无独有偶,地处中国边陲的完达山集团也把销售作为龙头,在全国建立了12个分销公司、22个市场部,并实施了“3115”品牌价值提升工程,工程中的30个A类目标市场、100个B类目标市场、1000个C类目标市场和5个区域城市妇幼保健站的营销策略定位良好,树立了品牌形象,使集团近年销售收入以40%的速度上升。

随着国内乳业企业的成熟,消费者已经不像几年前那样迷信外国产品了,国产奶粉再也不是一冲就有一堆疙瘩了,不仅营养价值不差,口感、可溶度也上来了。而且,国内的奶粉也没有发现

业内人士都知道,香港方面对牛奶的检测标准与内地存在差异,产品进入香港市场必须参照香港牛奶的饮用标准。而首批进入香港市场的8吨乳品却是一次性通过了港方的严格检查。伊利进军香港已不是一次简单的商业行为,这一举动不仅使伊利获得加速成长的机会,也为国内乳品行业探索在入世带来的机遇和挑战面前如何生存、发展、壮大,并最终成为未来国际品牌进行了一次里程碑式的有益尝试。一发而不可收,伊利集团液态奶事业部乘势而上,相继与柬埔寨、印度、澳门等周边国家和地区的商业伙伴达成合作意向,在2002年全面启动海外市场。

伊利人始终坚信,残酷多变的市场更相信理性的决策。根据中国对入世的承诺,乳制品的关税将大大下降。入世对国内乳品行业的冲击不容回避:价格优势不复存在,又无法和国际品牌的“综合竞争力”相抗衡,澳大利亚、新西兰等乳制品成本较低的国家和地区也会加大对中国的乳制品出口。挑战就在面前,中国乳品产业该如何应对?作为乳业巨头,伊利究竟应该为“打造中国乳业航母”做些什么?伊利集团总裁助理、液态奶事业部总经理潘刚的一席话或许可以成为集团应对入世挑战的一个注解。潘总说,伊利将从自己的商业合作伙伴中选择部分优秀经销商,送入清华、北大等著名大学进行深造,以此提高经销商的素质,建造科学并具有国际水准的营销渠道。将营销客户纳入到自己的核心竞争力中,以共赢共荣的理念,共同打造“中国伊利”的恒久品牌,我们不能不为伊利卓绝超前的战略眼光连声叫好。事实再次证明:抢占未来市场制高点的行动中,伊利又领先一步。 (蒙　牛)

## 标　识

江苏AB集团有限责任公司

哈尔滨正阳楼肉类食品公司

二恶英、亚硝酸盐什么的，国内牛群也没有出现疯牛病。食品最重要的是安全性。国内消费者已经了解到中国的养殖业注重饲料的天然性，没有动物饲料，没有化学添加剂，出来的产品就等于绿色产品，吃着放心。国产乳制品也因此越来越被消费者所认同。

四、相信明天

融入世界经济大潮是大势所趋，别无选择。中国乳业如何把握明天？业界高层人士已经进行过多次探讨，人们有忧虑，更有信心，尤其是像三鹿、伊利、光明、完达山等大型企业。他们不怕外国资本进入，因为外资进入，使用的都是中国物质资源和劳力资源，税收也在国内，不仅可以促进中国经济增长，同时还能给国内同行提供先进技术和成功管理经验；但可怕的是产品倾销，因为外国的乳品不仅产量大，同时在政府的高额补贴下，存在着明显的价格优势。世界总量为 5.85 亿吨，其中欧共体 1.26 亿吨、印度 8100 万吨、美国 7600 万吨、巴基斯坦 2500 万吨、新西兰 1200 万吨、澳大利亚 1100 万吨。这说明我们的发展空间相当大，但如不迎头赶上，就有被封杀的危险。因为，加入世贸，关税降低，国门洞开，外国乳品凭着价格优势就会长趋而入，而目前我们国内中小企业乳品积压大约在总量的 20%。

如何应对，如何趋利避害？业内人士认为，应该走好三步棋：1. 强化非关税保护措施。这在各个国家都有成功的先例，美国为保护奶牛饲养业，就规定“供应市场的液态奶必须 100% 地使用本国生产的第一级原料奶为原料”。这做法值得我们借鉴。

2. 加快中国乳品工业的集团化步伐。中国乳业是在小而全的基础上发展起来的，现在大批中小企业设备陈旧，技术落后，产品单一，应加快资产重组。让大集团集中有效资源，加快技术改造和新产品开发。以积蓄更大的能量与外国企业抗衡。如今，三鹿、三元、伊利、光明、完达山等都在走这条路，而且成效大多不错，三鹿的 11 家子公司，家家都有丰厚的利润。

3. 尽快加强奶源基地建设。谁掌握了奶源基地，谁就掌握了奶业的主动权。如今，北京、上海、天津等大城市和河北、内蒙古、黑龙江的安达等地都很重视。天津市采取龙头带基地、基地连农户、建立生产合作社等多种形式进行奶牛基地建设，使奶牛存栏在 10 年间增长了 4 倍。石家庄政府为扶持农民养牛，在 1998 年出台了 6 项扶持奶业的政策，分别为：贴息贷款，增大买牛；划拨农田，5 年免征地费；农民建青储窖，每 500 立方米补助 2000 元；每购 1 台青储收割机，补贴一半价款等，使奶牛养殖在 10 年间增加了 5 万头，有力地支持了三鹿绿色奶源基地建设。

相信自己、相信明天，紧扣国际乳品业发展的脉搏，抓住机遇，不断创新，中国的乳业一定有光明的前途！

（李　晶　雷汉发）

# 国际乳业 20 强进入中国

## ——国内乳业能否赢得挑战

加入 WTO，中国乳业面临哪些机遇和挑战？中国的乳制品企业又该如何应对？这是每一个关心中国乳业的人士担忧和思考的问题。

其实，国外的乳业巨头从 1995 年起就陆续登陆中国。达能、雀巢、帕玛拉特等世界排名前 20 位的乳业品牌已全部进入，并都开始了试探性的扩张，全

记　事

4 月 19 日

2000　无锡小天鹅在阿根廷建立阿华家电有限公司。

1996　《中国企业新纪录》在京首次发布 50 项纪录指标。

1992　1991 年中国进出口额最大的 500 家企业排名揭晓。

4 月 20 日

2002　《经济参考报》刊出 2001 年中国 10 大家电企业。

2001　杨元庆出任联想总裁兼 CEO。

1999　中国信达、东方、长城、华融 4 家资产管理公司相继成立。

1991　全国丝绸系统产品展评会在京举行。

1988　中华版权代理总公司在京成立。

4 月 21 日

1998　全国首家推出著名企业观光旅游线“长虹之旅”。

球最大的加工生产液态奶企业在天津、南京等地建立了生产基地，世界第1大乳品企业达能在中国有好几个乳制品厂，目前交给光明全权代管，但拥有光明乳业5%的股权，同时还是乐百氏的最大股东，和娃哈哈也有许多合资项目。而雀巢不仅在青岛有乳业公司，在中国奶源最丰富的黑龙江也拥有1个年收鲜奶30万吨左右的奶粉生产厂。2000年，中国已有外商独资及中外合资经营乳品企业45家，外资企业工业总产值约占行业总产值的36.4%。

而“入世”以后，中国乳制品的关税下调幅度很大。从目前到2004年，干酪将由50%降到12%，奶油从50%降到10%，奶粉由25%降到15%。

一、国产奶粉受到冲击

虽然奶粉是“入世”以后乳品种类中关税下调幅度最小的，但对于国外乳品巨头来说，奶粉是最容易通过长途运输进入中国市场的乳品。值得注意的是，现在国外奶粉（工业粉）每吨到岸价最低达到1.5万甚至1.4万元人民币，而国内同品质的产品却高于此价格。完达山乳业公司董事长王德胜透露，中国奶价相对较低的黑龙江，1吨奶粉的最低成本也要1.6万元之多。

1999年，中国进口奶粉已猛增82.3%。照此趋势，奶粉进口将继续大幅度地增加。如果新西兰、澳大利亚1年向我们砸下10万吨奶粉意味着什么？光明乳业副总经理张华富接受采访时，异常激动地提出了这个问题。

深谙中国乳业发展现状的伊利董事长郑俊怀谈到，中国目前主要以奶粉生产消化牛奶。全国1500多家乳制品企业主要为奶粉生产，且大部分为中小企业，在3—5年内，这些企业将被迫关门。向这些小企业供奶的若干小奶源也随之面临生存问题。业内人士分析，入世的冲击将淘汰许多中小企业，这有利于净化市场，也使得优势企业进一步扩大规模。

二、膨胀规模，调整结构

国外乳业的介入，使几年来一直占据国内乳品市场主体的国内各大企业面临着严峻挑战。国内乳品企业10强采取“决胜必先自强”的战略，纷纷从企业机制、产品结构、营销网络、奶源基地建设等方面打造自身实力，体现了高速度的成长。

迅速膨胀规模是中国乳业应对竞争的一大选择。伊利自1996年成为中国乳业第1家上市公司以来，凭借资本和管理体制的优势迅速崛起，由内蒙古自治区的畜牧业产业化龙头成长为引领中国乳业发展的产业巨头。河北三鹿，黑龙江完达山等，纷纷进行企业机制和产业结构的调整，紧锣密鼓筹备上市。

中国最大的奶粉生产企业三鹿集团在积极发展功能性、生物性奶粉的同时，将自己的销售网络撒向广阔的农村市场。

“奶粉产品在农村还有很大的市场可以挖掘”，三鹿集团董事长田文华对自己的配方奶粉充满信心。她认为三鹿抓住自己的强项，完全可以在配方奶粉上同国外企业竞争，并且还具有低价位的优势。

完达山乳业背后是黑龙江农垦的强力支持，整合了农垦系统的10家乳制品企业，在奶源上有相当大的实力和潜力，实现了资源的优化配置，企业规模效益快速增长。

为了避开进口奶粉的冲击，传统的奶粉生产企业纷纷进行结构调整，增上液态奶项目。因为一般认为，由于受保质期和运距限制，国内液体奶不会受到多大冲击。

2002年，三鹿液态奶的生产线将达到21条，计划生产液态奶20万吨。完达山2001年7月投资的1个1.2亿元的液态奶生产厂开始投产，日产鲜奶可达160吨。而3年后，其液态奶将达到30万吨的产量。

地处西部的陕西银桥乳业集团一直以生产“秦俑”奶粉著称。2001年，投巨资引进国际一流的液态奶生产线，扩大液态奶生产。在未来2—3年内，银桥液态奶年产量可达10万吨的规模。

发展液态奶，不仅是传统奶粉生产企业的选择，几乎所有有实力的企业都将它看作是抵御竞争风险的战略要

标　　识

爱特福®

江苏爱特福药物保健品有限公司

花果®

吴忠市清真食品厂

## 记　事

4月21日

1997 全国10大杰出工人评选结果揭晓。
全国第2批《中国企业新纪录》发布。

1996 全国"企业家活动日"在京举行。

1995 "企业家活动日"在南宁开幕。

1992 1992年全国最畅销商品在京评选。
国家工商局在京召开全国商标工作会议。

1990 1989年全国10大最佳生产型合资企业评选活动。

4月22日

1998 江泽民同志在无锡小天鹅题词:"立民族志气,创世界名牌。"

1997 1996年度全国杰出岗位能手颁奖仪式在京举行。

1996 昆仑饭店获"五星钻石奖"(中国首家获奖饭店)。
6家企业拒绝监督抽查被公开曝光批评。

塞。伊利曾在1999年1年中增上17条国际最先进的液态奶生产线,一举成为亚洲最大的液态奶生产基地。2001年,伊利液态奶产量突破25万吨,2002年,液态奶产量将近翻番。

中国乳企要自强,首先选择的就是在液态奶方面壮大。而国外乳企要想进入中国液态奶市场就必须在中国找奶源,建工厂,实现本地化。专家认为,在这些方面,外企和我们其实是站在同一起跑线上,而中国企业本土化更具优势。这也造成国外乳企进来以后,动作并不是很大的原因。

三、应对挑战是个系统工程

当今乳业的竞争,不仅体现在资源和产品上,同时也是资本的较量。在资本方面,国外乳企是最有发言权的。但是相对国内企业热火朝天的厮杀,国外巨头却显得太"文静"了一些。

中国乳业市场还处于初级阶段。市场还远远未能成型,国际巨头面对巨大的市场一时无从下口。光明董事长王佳芬说:"国外乳企的平静,是因为他们对不成熟、不完善的市场也没有办法,他们只有对成熟的市场才有经验。"

中国现有上千家乳制品企业,日加工能力超过100吨的只有5%:其余大部分都在20吨以下。光明、伊利等在整合中小企业上一向积极,可王佳芬也很无奈,"那些小企业的设备设施对我们来说毫无价值,但是还得花大价钱去买。"也许,整合中国小企业的事,国际巨头乐得让中国大企业去干。

伊利董事长郑俊怀认为,由于国外乳品企业对中国国情和市场不甚了解,进入中国市场后运作得大都不是很好。可以说,国外乳企目前正处于对中国市场观察和试探阶段,同时也是中国乳业抢占市场和奶源、迅速成长起来的大好机会。中国乳业如加快机制改革和结构调整、加强行业整合,整体竞争的实力就一定会增强。

丹麦的MD食品公司用25年的时间合并400多家企业,并关掉了其中的

品牌行动

# 乳业三巨头决战京城

**京城乳业"战国时代"**

2002年,京城乳业已进入"战国时代"。光明、伊利、三元、三鹿、蒙牛、夏进、均瑶、帕玛拉特……可谓群雄四起。但实力强劲、奶源储备充足的仍当属光明、伊利、三元这三大乳业巨头。

三元是本地企业,人气旺,3年前几乎垄断了整个市场,也垄断了京城上游奶源。近几年,虽由于群雄蜂拥而入,自己又在南方市场分心太多,致使在北京乳品市场所占份额大不如前,但其吞并卡夫后豪气冲天,决心使用"看家本领"把自家门口守个固若金汤。而"北方的狼"伊利,早在1年前就在京郊密云建厂,大力发展奶源储备。光明更不用说,投资1亿多元破土兴建的大厂将其猛攻京城的决心表露无遗。

目前,京城乳战的各个重量级选手已经准备就绪,只待时机成熟,京城乳战立马可进入白热化态势。

再看市场。在北京,居民每日从自家门前奶箱里取出的不仅仅是本地的名牌三元牛奶,光明、伊利、蒙牛也悄然开起了各自的专卖店,实行按批发价1箱起送货上门的服务。在超市里,伊利、光明、三元和洋

370多家。中国乳业市场整合之路还要走多久？有人乐观地说，5年之内初见成效。但是，由于地方垄断等因素，广阔的中国乳业市场还有漫长的路要走。

不过，有说法是，中国乳业市场初步完善成熟之日，也是国外乳企挥舞资本利器进行并购之时。业内人士分析，中国市场的乳业霸主出现以后，国际巨头或许会用资本收购，以逸待劳。不过，半路杀入的可能也不排除。据悉，达能虽然只占有光明5%的股份，但拥有优先购买权，一旦光明有所变动，达能完全可能强势进入。而当年帕玛拉特在收购澳大利亚第3大乳企时，就用了其6倍的价格。实力雄厚的国际乳企在资本市场上完全可以故伎重演。

国内企业能否主宰中国乳业市场？对此，伊利董事长郑俊怀说得自信而颇有些悲壮：中国企业应该有这个决心，有这个能力，有这个自信心反映中国的乳业做得更好！我认为起码我在位的时候，伊利这个品牌不会成为国外品牌的加工厂。而在我退休的时候，伊利的品牌能够走出国门。

面对全球乳业竞争的格局，要提高中国乳业的竞争力，决不能够仅靠几个乳业巨头在那里苦撑。需要从整个乳品行业、整个畜牧产业、整个消费市场和政府创造环境的视角去考虑。

例如，在遵守国际贸易准则的前提下，适当采取非关税措施，保护本国乳业。美国的做法可供借鉴，美国规定："供应市场的液体乳必须100%使用本国生产的第1级原料"。中国乳业的发展关乎畜牧业的生存和发展，各级政府还应在财政、税收、信贷、设备引进、科技创新等方面加大政策性保护和支持力度。

同时提高公众、社会的牛奶消费意识，尽快摘掉我国"贫奶国"的帽子，开发潜在消费需求，由消费大市场带动乳业大发展，像所有现代农业国家那样，使乳业成为国民经济的一项支柱产业。 (刘惠兰　宋　靖)

品牌们比肩并立，优惠促销，免费品尝，宣传咨询，颇有一番热闹劲。外地有1家牛奶公司为了打入北京市场，更首创了"先喝奶，再给钱"的促销方式。而大街上踩三轮送各种品牌奶的队伍更是触目皆是。

此外，京城乳战现状的一个突出特点是品种和包装层出不穷。目前，连行家也很难准确地说出市场上有多少牛奶品种，因为现在的超市或是奶站几乎每隔几天就会出现一个新品种，而包装更是日新月异，应有尽有，不论你是哪一层次的消费者，总有你喜爱的好包装。

**京城乳战谁主沉浮**

据业内专家分析，京城乳业今后一段时期的焦点将是奶源之争。

"得奶源者得天下"。所有竞争者都明白这一点，并都把奶源作为今后战略的重点。

目前，中国乳业巨头们主要采取"公司＋农户"的策略，利用"分散饲养、集中挤奶、以质论价、全面服务"的方式实现奶源扩张，三元和光明甚至打算在澳大利亚建立自己的奶源基地。同时，"用技术做奶源"的轻资本投产策略，"把养牛的生产管理能力变成技术和专利"被视为实现奶源快速扩张的量佳途径。

有专家进一步指出，奶源固然重要，但京城乳战谁负谁胜的决定性因素当属企业自身的创新。这种创新一方面在于对新经济、新变化的学习能力和超越能力，另一方面则在于把中西管理融合的本土化能力。

当然，京城乳战的未来不可能脱离中国乳品行业的整个大背景。入世关税调低之后，由于国外乳制品生产成本较低，会对国内的乳制品生产者造成重压，短期内冲击较大，京城乳战中的国内乳业巨头必将感受到外来的压力，局面也将更复杂。 (汪春松)

## 标　识

AN CHING

厦门华顺食品工业有限公司

江苏阿里山(集团)公司

地方国营宝应车辆厂

记 事

4月22日

1993 国家经贸委和国务院企指委表彰179家企业。

1991 《加强食品标签通用标准》发布。

4月23日

2002 上海大众组织"品牌带我们回家"活动。

联合利华声称不会放弃"京华"品牌。

孙楠、艾雨代言维思凯品牌。

"绿色办公"成为老写字楼品牌的新支撑。

1999 全国600余家施工企业签订自律公约,模范执行《合同法》和《建筑法》。

1997 中央新闻单位记者采访三枪集团(全国集中宣传的"十佳"国企之一)。

1996 世界图书和版权日(联合国教科文组织)。

1991 "七五"国家级企业技术进步奖首次评选。

国家经贸委首次评出部优出口产品。

# 中国茶:树起的品牌别倒下

中国加入世贸组织后对中国茶产业有何影响,利弊得失如何?茶叶界人士和经济界的人士多数认为,加入世贸组织对中国茶产业利大于弊,持乐观态度。但也有人担心中国茶产业将受到冲击。

按照WTO协议,中国要实施"国民待遇"原则,进口税将下降,有利于洋茶进入中国市场。国内联合利华收购"京华"牌茶叶,日本三得利公司乌龙茶水在国内销售,可口可乐公司推出"天与地"茶水,这些都表明了中国加入世贸组织后,洋茶将大举进入中国市场的态势。

那么,茶文化历史悠久的中国茶叶行业、企业应如何应对这一现状?中国茶叶流通协会会长梅峰先生认为,加入世贸组织对中国茶产业既是压力又是动力,将迫使人们改变传统的经营理念、经营方式及传统的产品结构、生产方式。这是焕发中国茶产业生机,赢得更大市场份额的新起点。当前的任务是认清形势,行动起来,抓紧调整经营思路,规范经营,将中国茶叶品牌做大做强。

中国加入世贸组织后,中国的经济体制改革速度和经济市场化进程将大大加快,中国经济与世界经济的融合也将加速。在这个过程中,要使中国茶产业在国际茶叶市场上确立优势地位,首先必须做好"中国茶叶"这个大品牌。

近些年来,中国茶叶声誉日下,价格越卖越低,主要的问题是经营不规范,产品质量无保证,企业诚信度差。国内茶叶质量良莠不齐,竞争无序的状况十分突出。这体现在国际市场上也是如此,为多占一点市场份额,企业抢客户、低质低价竞销,将过去在国际上享有很高声誉的绿茶产品的信誉也毁坏了。特别是茶叶的残留农药、卫生指标上出现了不少问题,引起消费者对茶叶饮用安全的质疑,造成了恶劣影响。

因此,在中国加入WTO后,要切实加强行业质量保证体系的建设,规范产品标准化加工,推广无公害茶产品的生产,恢复中国茶叶的质量信誉,增进世界茶叶消费者对中国茶叶的亲切感、信任感。这是做好中国茶大品牌的基础。

同时,在行业中要树立起几个有特色的知名品牌。作为世界产茶大国,没有几个享誉世界的茶叶品牌,就不能算是一个茶叶强国。目前,中国茶叶行业中品牌不少,但知名的大品牌(如"吴裕泰"、"张一元"、"正兴德"等名牌)不多,其原因是许多品牌的产品销售量不大,市场覆盖面窄,产品质量不高。产品是品牌的载体,要实现产品的销售最大化,才能实现品牌的宣传最大化。而目前单纯依靠企业自身的缓慢扩大,已无法适应当今迅猛发展的国际经济潮流。纵观全球经济发展,知名大品牌的建立是与构建大企业紧密相连的,是与产品有无特色相关联的。因此,茶叶企业应当跳出传统的经营模式与经营理念的束缚,借鉴现代经营理念,实现茶叶企业从传统模式向现代企业的成功转化。

规范经营、做大品牌不仅需要靠各企业本身的努力,政府和中介组织也要通过建立一些法规制度和行业的行规、行约等进行监督和约束,并帮助企业做大品牌,提供服务工作。弃劣扬优,创造公开、公平、公正的良好竞争环境,才能使知名品牌脱颖而出。中国加入世贸组织是企业进一步参与国际竞争的新起点,应该学习和借鉴国外企业的先进经验和理念,掌握规律,完善制度,利用机遇,应对挑战,以求在竞争中壮大企业实力,做大做强中国茶叶品牌。

中国茶叶流通协会秘书长吴锡端认为,目前,中国茶叶产业还不成熟,茶叶的生产和经营十分分散。由于投入不足，许多茶叶加工设备十分陈旧，技术水平很难得到提高。要想做大做强中国茶叶品牌，首先，面对中国加入WTO之后的机遇和挑战，中国茶叶行业和企业要通过观念创新、机制创新和技术创新来提高行业的整体素质，培育具有竞争力的品牌，促进茶叶产业的发展和进步。

其次，要加强茶叶质量管理，维护行业信誉。农业部已经颁布了无公害茶生产标准，使得无公害茶生产纳入法制化管理，这对提高中国茶叶质量提供了有效保障。但是，由于中国茶叶标准体系不健全，市场上茶叶的质量很不规范，个别企业在这上面做文章，偷工减料，甚至利用一些消费者缺乏茶叶知识的情况，欺骗消费者。诚信是市场经济的基础，如果仅仅是为了追求短期利益，不惜出卖信誉的行为得不到纠正，最后牺牲的不仅是一个企业，而是整个行业。因此，应该加强茶叶市场质量的管理，特别是各地茶叶批发市场要建立茶叶质量监督机制，保证茶叶批发市场的健康发展，共同维护茶叶行业的信誉。

再次，要加强茶的保健功能研究和宣传工作，引导广大消费者对茶叶的消费。这几年，茶文化宣传工作对中国茶叶内销增加起到积极促进作用，仅此还不够。随着国内外茶叶对人体的保健功能研究的不断深入，茶叶保健被越来越多的人认识，对世界茶叶消费增加的影响越来越明显。

因此，我们应该同医学研究、食品保健等部门紧密合作，一方面对茶的各项保健功能进行更深入的研究，提出更有说服力的科学依据；另一方面要跟踪世界各国的研究成果，及时进行宣传。

企业加强行业自律，规范市场竞争十分重要。加入世贸组织不仅是对政府和企业挑战，同样给行业协会的工作带来更新的要求。政府职能的转变，行业管理职能将会更多地由协会来承担。由于茶叶企业规模小，经营分散，抵御市场风险的能力弱，需要依靠行业协会来形成合力，创造公平的市场竞争环境，同时要通过加强行业管理，制定行规来规范市场竞争行为。（焦艳玲）

## 品牌观察

# “天福茗茶”香飘四海

“天福茗茶”成功的秘密，在于它的经营方式与理念。1. 大力发展直销连锁店。提供多达上百种以上茶品给消费者选择，引进服务业式的销售概念，让登门的客人都能感受到亲切与专业的服务态度，加上不断研发适合地域性新口味的产品，塑造出属于天福特色的饮茶文化，在消费者心中形成了“高品质、高口味”的良好印象。另外，开设“店中店”、进入超市，让天福茶产品以更亲近消费者的方式，切入中低档次的消费市场。

2. 致力于提高茶的经济价值和社会地位。茶叶在人们日常生活中占有重要地位，只是传统的经营方式不注重茶叶的制造工艺、不注重品质、不注重包装，经济价值差、社会地位低，天福集团总裁李瑞河突破传统的茶庄贩卖方式，打出自己的品牌，将产品予以精致化的分级包装，并注入文化、注入艺术、注入生命。从茶叶品种的改良、制造工艺的改进、产品包装的更新，到茶庄门面的高级装潢、室内高雅的布置，设立贵宾桌、品茗区、悬挂有关茶文化的字画诗句，来烘托茶叶，提高茶叶的档次。1997年温哥华亚太经合会上，“天福813茶王”成为大会指定用茶和惟一礼品，分赠给18个国家和地区的元首和政要，这是中国茶叶首次登上国际舞台。（雨　佳）

## 标　识

奥威牌制动器

吉林汽车制动器厂

洪都

洪都无线电厂

常州无线电总厂

记 事

4月24日

2002 可口可乐再度蝉联碳酸饮料最佳品牌。

云南打造"大救驾"品牌。

中央电视台2002年世界杯广告招标:健力宝出资3100万元入选。

1999 中国企业管理协会成立20周年暨更名组建中国企业联合会大会举行。

首期产品质量不合格企业厂长经理培训班在京举办。

1993 公布"全国质量效益型先进企业"名单。

1992 国务院发出《关于停止实行对彩色电视机专营管理及有关问题的批复》。

1991 第1届中国杭州国际茶文化节在杭州举行。

经贸部首次部优产品评选揭晓。

4月25日

2002 山东金乡着力提高农产品国际竞争力。

2001 美的微波炉二期剪彩。

# 精雕细刻,让乌金更放异彩

## ——中国炼焦企业实施品牌战略散记

改革20年来,中国已经发展成为世界上最大的焦炭生产大国和焦炭出口大国,焦炭产量占世界焦炭总产量的三分之一以上,焦炭出口量占世界焦炭贸易量60%强。

一、中国是世界上最大的焦炭生产大国和出口大国

2001年,中国机焦产量实现了历史上的突破,产量达到9442万吨,比2000年净增产690万吨,同时,2001年新建成并投产的大型机焦炉19座、新增生产能力719万吨。

中国焦炭产量的连续快速增长,为中国消费焦炭的重要行业如钢铁、化工及机械制造业提供了可靠的物质保障。为中国1996年钢产量突破1亿吨大关,并连年保持钢、铁、材产量雄踞世界首位做出了贡献。同时,全行业还为提高人们的生活质量提供了数亿立方米的人工煤气和数百万吨的煤化工产品。为中国经济的发展做出了积极的贡献。

预计在2001—2005年的"十五"期间,在国务院和有关部门的关注下,中国炼焦行业在"加快产业结构调整、淘汰土焦(含改良焦炉)、实行总量控制"方针指导下,加速淘汰土焦等落后生产能力低的同时,还将建设、改造各类大型焦炉60余座,新增生产能力1450余万吨,届时,中国机焦生产能力将达到1.2亿吨。特别是朱镕基总理近日在山西视察时强调"小煤矿、小炼焦浪费资

调查综述

# 改革中的陕西煤炭工业

1998年,国务院决定,煤炭工业实行重大体制改革,将国有重点、煤矿下放到各省、市、自治区。下放到陕西省的企业有铜川、蒲白、澄台、韩城矿务局和黄陵矿业公司。时过3年,这些企业生存得怎样呢?日前,进行的调查表明,情况不容乐观。

一、权力再分配 企业添婆婆

国有重点煤矿下放后,陕西省将原来的煤管局与省煤炭局的职能划转,分别拨给省政府的机关职能部门。现在,陕西省有8个部门管煤炭企业的事。省煤炭局负责行业管理,煤矿安全监察局监督安全,财政厅负责亏损指标拨付、审计等,企业工委管理各企业的领导班子,运销集团公司管煤炭运销,省经贸委管经济运行,社保厅管社会保险、养老保险,国土资源厅管煤炭资源。

有的煤炭企业负责人称,陕西省对煤炭的管理是八个婆婆七道门,由于煤炭局与煤矿安全监察局合署办公,企业少进一道门。他们说,过去到省上办事,只要找煤炭局一家就行了,需要协调的问题,煤炭局召集有关部门处理、研究,该上报省政府的问题由煤炭局去找。现在八头管煤炭,企业往往找不着北、摸不到门。

源、破环生态、污染环境、事故不断，必须继续依法进行整顿、关闭。”必将大大地推动中国炼焦行业向“质量、环保、效益、创新”的发展目标迈进，实现炼焦行业整体水平的提升。使中国炼焦行业在可持续发展道路上健康发展。

改革 20 年，使中国成为世界上最大的焦炭生产国和焦炭出口国。从 1991 年，中国的焦炭(含土焦)产量达到 7351 万吨，跃居世界首位以来，焦炭产量已连续 7 年在 1 亿吨以上。中国焦炭产量近 6 年来一直保持世界焦炭产量的 1/3 以上。并在世界焦炭生产上占有绝对优势地位。

如 2000 年，当年中国焦炭总产量为 12184 万吨(其中机焦生产量为 8752 万吨)，排在第 2 位的日本焦炭产量仅为 3368 万吨，第 3 位的俄罗斯焦炭产量为 3058 万吨，乌克兰生产焦炭 1936 万吨，美国生产焦炭 1880 万吨。充分说明中国是世界焦炭生产第一大国。

近年来，随着世界经济一体化的强劲发展，为中国炼焦工业产品走向世界提供了极好的机遇。特别是由于一些工业化国家炼焦煤的资源缺乏、人工成本相对较高以及环境要求等综合因素的影响，致使世界上一些主要焦炭生产国家的焦炭产量减少，而世界近年来钢铁工业生产的对焦炭的需求却基本稳定，这就为中国焦炭出口提供了广阔的空间和很大的商机。从 2000 年部分国家及地区的焦炭出口情况（海运及边境贸易）可以看山，中国是世界上最大的焦炭出口大国。

从上可见，中国已经成为世界上最大的焦炭生产国及焦炭出口大国，在国际焦炭生产上具有举足轻重的地位。

**二、追求卓越，创造著名品牌，打造行业“精品”，全面提升企业的市场竞争力**

随着全球经济一体化进程的加快，特别是从 20 世纪 90 年代中期中国成为世界焦炭贸易第一大国以来，广大炼焦企业十分注重产品品牌的建设工作，“创立优质品牌，推出行业精品是市场之所需，也是企业之所求；企业只有靠优良的品牌才能在市场的竞争中久战不衰，优良的品牌不仅是企业实力的象

现在，企业遇到问题，一般的事找煤炭局，大一点的就得找省计委，再大点的就得找省政府办公厅。企业现在直接与省政府的许多部门打交道，政府各部门是“铁路警察——各管一段”，煤炭企业觉得很麻烦，企业领导到西安办事，有时需要找许多部门，跑一整天都跑不过来。“门难进、脸难看、事难办”不说，政府有的机关办速效率低下、互相推诿企业就受不了。而陕西的 5 家国有重点煤矿如果遇到同一类的问题，政府部门就收到 5 份同样的报告，如果企业的报告涉及各个方面，就要抄送 8 份，还得等 8 个处理意见，有时各部门各执一词，企业莫衷一是。就各部门而言，煤炭企业提出的同一个问题，按简单的“合并同类项”就能解决，不知道有关部门想到没有。

接待问题也是企业的一大头痛的事，哪一个部门都掐着企业的生命线，都得罪不起，工作再忙，企业领导也要应酬。各位“婆婆”的事都非常重要，重要会议都要求一把手参加，企业只得苦笑，要多几个一把手就好了！企业是搞经营的，跑市场，要抓管理，整天泡在文山会海里，让人难以招架，疲于奔命，穷于应付。

**二、管事的不管人　管人的不管事**

按照唯物辩证法的观点，多中心即无中心。管理陕西煤炭企业的有 8 个部门，没有 1 家真正负责。在采访中，不少企业领导说，谁都说管，谁都不管；有利、有钱的事谁都想管，没利、没钱的事谁都不管；扯皮的事越来越多，还难以协调。

就拿煤炭局和企业工委来说，煤炭局管安全和稳定，企业工委管人事（领导班子）。2001 年底，国家煤矿安全监察局赴陕检查，针对铜川矿务局存在的问题，提出两条建议：陈家山矿通风不足，需要改造通风系统：该

## 记 事

4月25日

1996 中国企业家调查系统调查显示,企业经营者队伍素质有所提高。

1989 国务院机电产品出口办公室、国家计委决定对电冰箱出口实行"出一奖一"政策。

4月26日

2002 索尼新品牌战略:10至30岁一网打尽。

IT界三巨头畅谈华人品牌如何行销世界。

2001 海尔在中华世纪坛举办"科技节"。

1999 1999中国企业高峰会在京开幕。

1997 全国服装行业工作会议在无锡提出:"扬名牌大旗,推名师工程。"

1993 "中质协质量保证中心"在京成立。

首次排定的"中国物资流通百强企业"名单发布。

4月27日

2002 中兴商业依靠品牌经营创造规模效益。

征,更是企业品质的代表。树立创立优质品牌的理念,不仅可促进企业各项工作的创新,更是企业自身境界的提升。"已是多数炼焦企业的共识。一个"追求卓越,创造著名品牌,打造行业精品"活动已在全行业健康地开展起来了。

(一)探索与创新,追求企业整体效益

宝钢是中国目前最大的钢铁联合企业,作为其焦炭供应的宝钢炼铁厂焦化分厂是目前中国装备最先进、技术水平最高的大型炼焦企业。自1985年5月投产以来,经过三期建设,已建成了12座炭化室高6米、总生产能力520万吨的大容积焦炉群,是中国目前最大的高炉生产焦炭供应基地。为适应宝钢高炉富氧大喷吹,降低焦比,提高整体经济效益的需要,宝钢集团焦化分厂在公司整体目标的指导下,旨在提高改善焦炭的质量、瞄准国际先进企业为目标,在中国率先建立了"配煤及型煤研究与开发、提高焦炉调温与操作自动化及干熄焦操作水平"的整体研究工作体系。他们还联合国内外科研院所、学校和相关企业合作,确定赶超目标、建立内控理想值与力争值的机制。率先在国内引入焦炭反应性指数(CRI)和反应后强度(CSR)的性能指标。在日常生产活动中,从加强炼焦用煤管理,提高配煤精度,研究出适合宝钢配煤适应的细度标准。改进与完善焦炉自动炉温调节技术、稳定干馏条件、控制干馏的运行状况,稳定型煤配比及开发新煤种等措施。形成了一整套具有宝钢独特风格的炼焦生产与管理的机制,创出"宝钢"品牌,具有世界一流的高炉生产用焦。目前,"宝钢"牌焦炭的反应性指数(CRI)、反应后强度(CSR)、焦炭含硫等重要指标居国际著名大企业的第一位,焦炭灰分2001年已达到11.15%,居国际著名大企业前茅。由于焦炭质量的全面提高,确保了宝钢炼铁的高炉焦比和高炉喷煤量及综合燃料比都达到世界第一的水平。致使该公司从1998年起,已将因焦炭质量全面提高而节约的焦炭投入国际市场,获得良好的回报。

"宝钢"牌焦炭已先后出口到印度、巴西、日本、法国、美国及台湾等国家和

局生产副局长兼任总工程师,一人身兼二职不利于煤矿安全工作,因为生产副局长主管生产,总工主管"一通三防",而在实际工作中,生产与安全往往是一对矛盾。2002年4月8日,该局陈家山矿果然发生瓦斯爆炸事故。事故后,该局副局长身兼二职的问题依然存在,其实完全可以实现"合并同类项",一个"文头"对政府。政府也应该在"政务大厅"内开设煤炭窗口,进一个门,办许多事,提高办事效率,革除进多个门,各办一件事的弊端。

现在,煤炭企业也很不适应市场经济,遇到事,就变成了离不开婆婆的媳妇:离了拐杖,就变成走不快的瘸子。过去企业动作,有文件,有实施细则,只要照章办事就行了;现在不同了,市场竞争激烈,需要企业拼搏、开拓,面对如此大的市场课题,有的企业还摸不着头脑。

三、几点建议

现在,煤炭在能源中的比重占70%以上,在今后相当长的时期内,还不会有大的改变。煤炭是一次性不可再生的能源,应保护资源,反对强制性开采。煤炭的开采方式又在地下,有其特殊性。所以,煤炭企业需要一些特殊政策。

改革是煤炭企业的必由之路,应该打造陕西煤炭行业的"航空母舰"。在国有重点煤矿改制的基础上,以国有煤矿为基础,以资产为纽带,以现代化企业为目标,组成资产多元化的经济实体,建立全省性的集团公司,直接管理全省煤炭、运、销、安全等各项工作。

省政府也要减少办事机构,减少办事环节,由多头管理变为独头管理。组建具有政府职能的全省煤炭行业办公室,研究全煤炭的发展规划、行业政策,实施政府职能,为企业服务。 (文 物 明创森)

地区。“宝钢”牌焦炭已成为世界著名的质焦炭品牌之一。

(二)在“特”字上下功夫，闯出一番新天地

镇江焦化煤气集团公司是中国最大的特种焦炭生产企业，镇江市惟一的煤气气源厂。年生产铸造焦、高炉用焦等各类焦炭50万吨，外供城市民用煤气4000余万立方米。

为在激烈的市场竞争中求得生存和发展，镇江焦化煤气集团公司树立了“科研起家、创新发家、重在“特”字上下工夫”及“人无我有、人有我新、人新我好、人好我廉”的经营理念。该企业通过以“科研、创新”为指导，加强质量管理，积极开拓新产品与深加工等活动，研制开发出填补国内空白、获国家科技进步二等奖牌铸造焦，率先生产出中国第一批高质量的铸造焦。

该公司通过引进先进的科研与检测设备，开展技术攻关与创新，又先后开发出在国内具有领先水平的“铝阳焦”、“电极焦”、“高密度煅后焦”、“石墨化焦”等一系列的焦化制品。创出“金象”牌独特系列的特种焦炭品牌。

目前，该公司有5个产品被评为国家级新产品、7个产品被评为省级新产品，四项产品被列为国家重点火炬计划项目。2000年3月荣获国家级“高新技术企业”称号。

该公司的“金象”牌铸造焦等特种焦产品畅销国内20多个省、市、区，远销美国、欧盟等国际市场。“金象”牌铸造焦等特种焦产品已成为世界焦炭市场上的知名品牌之一，年出口量20多万吨、创汇额2600多万美元。由于创名牌产品活动的开展，有力地促进了企业市场的开拓，并给企业带来了丰厚的回报，2001年，镇江焦化煤气集团公司完成上缴税金2656万元、实现利润500多万元。公司整体经济效益在全国中小型炼焦企业中名列前茅。

(三)让“宝光”品牌誉满全球

上海宝钢化工有限公司是与宝钢集团的子公司，是中国目前最大最先进的煤化工生产企业，公司的全体职员在长期的严格管理与工作实践中，牢固地树立起了“重用户、重改进、重效率、重价值，为社会提供世界一流的产品和服务”的理念。全面推行全员质量管理体系，不断更新质量管理目标，完善管理手段，瞄准国际先进水平，研发与创新相结合，使该公司的实物质量处于国际同类产品的一流水平。为了打造“宝光”品牌，宝钢煤化公司在全行业中率先通过IS09000认证的基础上，引入“IPC”一贯制管理机制。研发结合，跟踪市场动态与国际先进水平，不断采用国际最先进的标准来指导“宝光”牌化工产品的生产。1995年该公司建立“产品中间试验生产基地”。2001年又成立了技术研发中心，并从国外引入两名留德博士和4名硕士从事产品开发工作。使研究工作一直处于指导生产，服务生产，赶超国际一流水平的地位。在日常经营生产过程中，加强中间过程与最终过程的全面目标值控制。开展“用户满意”度活动，对用户要求作出快速应对，注重产品所有潜在价值的发掘，实现企业的最大价值。该企业的苯加氢工艺生产的焦化苯其质量标准优于美国ASTM 5.45标准，该产品的结晶点达到5.49℃—5.50℃，优于标准规定的5.45℃，已成为国内外市场上的抢手货。

该企业生产的邻甲酚含量一度为98X左右，该厂以国际上处于先进地位的日本同类产品为目标，通过技术攻关，确立严格的标准制度，使邻甲酚含量的纯度达到大于99.0%的水平。该厂的间一对甲酚的质量优于国外同类产品。目前，“宝光”牌焦化酚系列产品已成为国内外的紧俏品。

上海宝钢化工有限公司经过全体员工的不断努力，到2001年，“宝光”牌纯苯特号连续5年，焦化苯酚连续4年，精萘连续3年，硫铵连续2年被评为上海市名牌产品并同时连续2年进入上海市名牌产品的行列，“宝光”牌煤化工产品享誉国内外。

2001年全企业出口创汇1000万美元，创中国煤化工企业出口额第一名。宝钢煤化工有限公司主营业收入达14.4亿元，上缴税金7000万元、实现利润20318万元，已成为中国最大的煤

## 标 识

江苏宝宝集团公司

江苏新纺集团公司

江西省樟树粮油公司

## 记　事

**4月27日**

2000 "崛起的中国品牌"研讨会在京召开。

1999 广告行业第一个自律守则《广告市场公平竞争守则》通过。

1993 中国方圆标志认证委员会向周口味精厂颁发质量认证证书(国内首家)。

1992 农业部注册"绿色食品"证明商标。
全国质量工作会议在京召开。

**4月28日**

2002 辽宁打出"清文化旅游"品牌。

2000 国家工商局商标局发出《关于申请认定驰名商标若干问题的通知》。

1998 《1998年中国城市居民消费形态调查结果》公布。

1994 中国药品认证委员会在京成立。

化工企业。并向国际知名的"煤化工"企业迈进。

(四)"飞虹"飞向美国和欧盟

山西焦化股份有限公司是由山西焦化集团有限公司独家发起成立的上市公司,是一个集"采煤、洗煤、炼焦及化工"为一体的山西省最大的煤炭结合利用企业。

2001年,山焦公司确立:创立"飞虹"名牌,走科技含量,求市场效益,以信誉第1求市场稳定之路;让山焦"飞虹"牌焦炭打开"欧美市场",使山焦集团是世界重要焦炭生产区域中国山西省"炼焦企业领头羊"的指导思想。揭开了打造名牌产品的序幕。

该公司于2001年4月投资9亿元建成的山西省第1组(2座)炭化室高6米的大容积焦炉,经过全体职工的努力,树立在"煤海之中,拿出中国第一的焦炭质量,让'飞虹'牌焦炭走向世界,架起沟通世界之桥"的理念。该厂职工迅速地掌握了工艺先进,机械化与自动化水平高、环保设施完备的整体装备技术水平国内领先的6米大容积焦炉的操作与管理。

山焦公司以科研为前导,优选本地资源,开展40公斤的小焦炉试验,确定最佳配比,严把原料煤质量关,采用先进的岩相分析指导配煤。通过贯彻ISO9002质量认证体系,建立与完善产品质量控制程序,制定了相应的生产技术管理制度,建立健全工艺技术规程,岗位标准等。使全厂的生产技术管理更加程序化、规范化;从制度上确保了生产过程和产品质量的稳定。

2001年,山焦公司新建成的第2炼焦厂实现了"生产的焦炭灰分低于10%,硫含量低于0.5%,磷含量低于0.018%,焦炭反应后强度(CSR)全部达到65%、反应性(CRI)在26%以上,全部都是优质"焦炭的目标。

2001年该公司出口焦炭37万吨,较2000年的13万吨扩大了2倍,并且全部出口德国、英国、美国。其中,德国出口量20余万吨,英国6万余吨,美国10万吨。由于"飞虹"牌焦炭质量优良,在国际市场上颇具竞争力,致使该公司客户盈门。到2002年3月,又与欧美客商签订了约40万吨的合同,"飞虹"飞到了美国和欧盟。

上海焦化厂的"上焦"牌及北京焦化

**品牌案例**

# "鲁能":一个品牌的创造

品牌是企业的"名片",代表了企业形象,也代表了一种实力。品牌理念是企业管理中一种高层次的管理理念,实施品牌战略是市场经济发展到一定阶段的产物,是企业实现快速扩张的重要途径。从某种意义上说,成熟的品牌意识是市场意识成熟的主要标志。市场的竞争就是品牌谋略的竞争,而著名品牌就是进入国际市场的通行证。创名牌历来是企业成长制胜之道。品牌一旦成为著名的品牌,也就是说得到社会的充分承认,就有着长久的影响力和市场的导向力,能产生一种群体效应,营造一种社会时尚,对培育市场有着十分重要的作用。翻开一部现代企业经营史,可以看出,世界著名企业的生存与发展,无不依靠了令人叫绝的品牌谋略。

著名品牌的价值首先体现在发展能力、扩展能力、整体规模和盈利能力上,还体现在独特的企业文化上。企业决策层只有树立现代管理理念,保持旺盛的创新能力,善于从战略高度去思考问题、解决问题,才能引导企业健康快速发展,在激烈的市厂的“四洋”牌焦炭、首钢焦化厂的“爱斯济”牌粗轻吡啶、鞍钢化工总厂的“鞍钢”牌硬沥青、景德镇焦化厂的“黑猫”牌碳黑等产品已成为中国炼焦行业的知名品牌。

随着中国加入WTO，更广泛地参与构筑经济全球化活动，为中国的经济建设与发展带来了“新的机遇与挑战”，必将更有利于中国的炼焦产品走向世界。中国的炼焦企业和炼焦工作者将抓住这一有力时机，通过自己的积极进取精神和精湛的操作技艺创造知名品牌，向世人展示其智慧和技能，发扬中国作为世界第一生产焦炭大国和焦炭出口大国应有的作用，推动中国炼焦行业的全面发展。为人类在煤加工与综合利用方面做出新贡献。

本文得到了上海宝钢煤化工公司、山焦集团有限公司、镇江焦化煤气集团公司等企业的支持，在此表示致谢！

（杨文彪）

# 电力行业创一流企业情况综述

一、2001年电力工业概况

2001年全国发电量完成14780亿KWh，比2000年增长8%；2001年底全国发电装容量达到3.38亿KW，比2000年增长5.8%，发电量和发电装容量都居世界第2位。

2001年电力管理体制改革稳步前进，政企分开取得重大进展。各省(区、市)电力工业局大都撤销。行政管理交综合经济管理部门，绝大多数省（区、市)经贸委成立电力处。进一步完善中国电力企业联合会的自律、协调、监督、服务功能，大多数省(区、市)成立了电力行业协会。农电体制改革、科研单位改制、厂网分开试点、推行现代企业制度、改革企业用工制度等向前稳步推进。

国家电力公司是电力工业的主体

场竞争中处于主动的地位。

“鲁能”品牌的创立也不是一帆风顺的，是经过多年的努力才开发、培育、发展起来的。“鲁能”品牌的最早提出在20世纪80年代后期。80年代中期，山东电力开始涉足多种产业，1988年10月省局机关成立了第1个多种经营企业——鲁能电力开发公司，“鲁能”名称正式提出。那时，电力体制改革尚未有实质性的进展，多种产业的发展也处于起步阶段。山东电力在实践中逐步提出多种产业发展“上规模、上档次、上快车道、产业化、集团化、股份化”，即“三上三化”指导思想，多种产业进入了快速健康发展的新阶段，不断提升“鲁能”品牌的知名度。短短的几年内，鲁能集团总公司不断扩大经营范围和经营规模，先后裂变出若干个公司，多种产业与电力主导产业协调发展的格局逐步形成。社会上称这一现象为“鲁能现象”。

回顾创立和发展“鲁能”品牌的过程，我们体会到：

**一、国有企业在向社会主义市场经济过渡的过程中，不能坐等靠，必须转变观念，加快发展**

几年前，山东电力曾有8台大中型发电机组共253万千瓦在建工程，因缺少资金而处于停工半停工状态。这些项目如果不能按期完成，每年光贷款利息支出就近10亿元。公司承受着巨大压力。我们坚持“电力发展与企业发展并举”的指导思想，在加快电力发展的同时，不断地壮大企业自身的实力。为了提高公司的投融资能力，先是对各基层企业的银行账户进行了彻底清理，实行集中管理。同时，积极争取银行的支持，与省工商银行成立了融资结算中心，与省

## 记　事

**4月28日**

1993　1992年全国百家最大规模、最佳效益零售商店排序在京揭晓。

1991　中国劳动就业服务企业协会在京成立。

**4月29日**

2002　国务院新闻办发表《中国的劳动和社会保障状况》白皮书。

奥迪A6全球销量中国第一。

手机质量与功能测试表明国产手机追上了洋品牌。

2000　全国劳动模范和先进工作者表彰大会在京召开。

1994　中国音像协会成立。

**4月30日**

2001　实达电脑年度报告亏损2.6亿元以上。

2000　国家药监局发布《药品经营质量管理规范(自7月1日起施行)》。

1996　1996CHIC中国国际服装服饰博览会(服装展示会)在京举办。

企业。2001年公司完成发电量6930亿KWh，公司拥有发电装机容量(全资及控股)约1.6亿KW。资产总额2001年底达到10027亿元，利润总额完成105.7亿元。公司在推进电力体制改革、安全生产、经营管理、城乡电网建设与改造、“西电东送”、全国联网、电源结构调整、开展“电力市场整顿和优质服务年活动”等方面都取得显著成效。

**二、发挥“国电”整体优势，创造国家电力品牌**

国家电力公司成立以来，公司领导十分重视树立品牌意识。国家电力公司总经理高严同志在2001年公司工作回顾中说：“公司1999年工作会议提出‘把国家电力公司建设成为控股型、经营型、现代化、集团化管理的国际一流企业’的战略目标。两年来，公司改革和发展取得了显著成绩。公司进入世界企业500强，2001年居第77位。……在新形势下，我们必须坚定不移地推进改革和公司‘两型两化、国际一流’的战略。进一步丰富和深化这一战略内涵的认识。建设控股型企业，必须充分发挥国务院授权的投资主体和资产经营主体的作用，进一步完善资本纽带关系，推动子公司建立现代企业制度，切实履行好国有资产出资者的基本权利，增强控制力。建设经营型企业，必须理顺本部电网建设和运营管理体制，加快‘西电东送、南北互供、全国联网’进程，在公司层面推行集约化管理和实体化经营，加大公司资源整体优化配置的力度，发展核心业务，增强核心竞争力。建设现代化企业，必须积极推行现代企业经营管理理念，完善企业治理机制，广泛采用计算机信息网络等现代化管理手段，进一步提高公司管理水平和管理效率；建设学习型企业，加快科技进步，增强企业创新能力，始终保持市场竞争优势。建设集团化企业，必须理顺母公司与子公司、总公司与分公司的企业体制和管理关系，充分发挥公司本部作用，充分向分公司授权，充分发挥分公司作用，提高公司整体实力。通过以上努力，把国家电力公司建设成为具有国际竞争能力、持续盈利能力和抗御风险能力的国际一流集团”。

进入500强使国家电力公司在世界上知名度大大提高，为国家电力公司实施“走出去”战略，参与国外水利、电力建设市场竞争，创造了很好的条件。

建设银行成立了资金融通部。同时，扩大对外开放，加大了利用外资的力度，山东电力累计利用外资达到20.8亿美元。

在抓好生产经营的同时，我们加大了资本运作力度。1995年，抓住华夏银行股份制改造的机遇，以16%的股份成为第二大股东；1997年，成功地收购了济南国际信托投资有限公司，占其总股本的77%，并将其改组为英大国际信托投资有限公司，成功地介入了金融信托业；1998年，我们完成了对上市公司——山东电缆的控股，前不久该上市公司已更名为“鲁能泰山”；1999年参股华夏银行，以19.8%的股份继续成为其第二大股东；1999年参股交通银行，成为其第四大股东；1999年参与湘财证券公司的扩股，以16%的股份成为其第一大股东；以40%的股份成为深圳蔚深证券公司第一大股东；以68.5%的股份控股经营鲁能金穗期货公司。这些成功的资本运作，表明山东电力已拥有了较为完备的金融资本运作体系，充分显示了“鲁能”品牌的渗透力。

**二、实施集团化发展战略，坚定走多元化发展的道路**

山东电力集团公司坚持以市场为取向，按照“三个有利于”的标准，不断加强公司发展战略研究，确立了“双向延伸、两翼齐飞、内外并举”的发展战略，把多种产业作为集团公司的“两翼”之一来发展。为了实施集团化发展战略，这几年我们一直重视运作“鲁能”品牌。经营运作鲁能泰山足球俱乐部就是出于这样的战略思考。足球甲A联赛已经把“鲁能”品牌在全国更大的范围内传播开来。尤其是2001年，鲁能足球队一举夺得了甲A联赛、足协杯赛的“双冠王”，“鲁但是将国家电力公司置于世界先进企业的参照系，对比差距，就可以看到：国家电力公司还不够强，与500强其他企业相比，国家电力公司在经营成果（利润）、劳动生产率等方面还存在相当差距。国家电力公司还需不断努力，增强经济实力，提高竞争，加快与国际管理接轨，争取尽快成为国际一流企业。

三、国家电力公司系统开展创一流企业工作

国家电力公司系统开展的创一流企业工作是根据电力企业管理水平和整体素质的逐步提高适时提出的。它有一整套的标准和管理办法，它的内容主要体现在“体制创新、管理创新、科技创新”，这一企业标准和管理方式已成为电力企业内强素质，外树形象，与国际先进水平接轨的重要手段。自1989年开展电力企业达标创一流工作以来，12年间，到2001年底，公司系统有185个基层企业实现了国电公司一流企业的目标。山东、华能国际股份、上海、浙江、福建电力公司已成为一流电力公司。

国家电力公司对建设一流企业进行管理工作的重点是：根据国际上电力工业发展的实际情况、技术进步和技术装备水平的提高与变化，结合中国电力工业发展实际，每隔两年左右时间，修改和补充一流电力企业的标准，并加强对管理过程的控制，促进电力企业根据标准实现建设一流企业的目标。一流企业的标准是动态的，一流企业应当是不断进步的，一流企业不是一个企业永恒的荣誉。因此对一流企业的管理是动态的：一是一流标准是动态的，标准要体现先进性；二是对一流企业实行动态考核，即一流企业应根据一流企业标准，每年对企业的经营管理情况和技术经济指标进行对比，对没有达到要求的，要取消一流企业的荣誉，并由国家电力公司通报公司系统，从而保证一流企业的先进性。

国家电力公司对系统内各种企业（火电厂、水电厂、送变电工程、供电、修造、勘测、设计、施工、科研、电力院校、调度、省/网公司等），分别制定一流企业考核标准，并有相应的考核工作实施细则。为便于读者了解，在附件中举例列出国家电力公司2001年颁发的部分文件：

1. 关于新形势下建设一流企业的原则意见。

能”品牌得到了社会的广泛认同。现在，凡是冠以“鲁能”的企业，都有着很高的知名度和良好的效益水平。

**三、坚持用改革的精神抓管理，严格投资风险防范机制，不断提高公司集约化管理水平**

1997年，我们对燃料、物资、发供电检修、教育培训、多种产业和后勤管理等10个方面进行了管理体制改革。总的原则是，由各基层企业的“块块”管理变为集团公司的“条条”管理，基层企业的部分专业管理职能，全部由集团公司成立的专业管理公司负责。这些专业公司完全按市场规律运作，与基层企业建立了关联服务关系，优势互补，提高了效率。如燃料管理体制改革，集团公司成立鲁能燃料公司，负责对各发电厂的煤炭实行统一采购、统一调运、统一结算，直接管到入炉，结果电厂燃料成本支出连年降低。又如物资管理体制改革，借鉴连锁店的管理经验，年初公司一次性制定计划，实行统一招标订货，由厂家或供货商分送各基层企业，同时在山东省建有物资配送中心，调剂余缺。

抓管理始终“严”字当头。我们全面推行了财务预算管理，所有财务开支项目年初一次性作出预算，预算外项目必须经过分管副总经理、经营副总经理和总经理审批。严格的管理，使公司各项经济技术指标一直保持较好水平。公司的不断发展壮大，使我们更加重视细化、深化、强化管理工作，把确保公司健康发展作为最高目标，坚持发展的速度符合健康标准。山东电力集团公司在管理思想、管理方法和管理手段上逐步与市场经济接轨，形成了包括安全生产、设备管理、科研管理、财务管理、质量管理、劳动人事制度、企业分配机制和监督约束机制等

## 标　识

宝 炉

兰州佛慈制药厂

南京宝庆首饰总公司

注册 商标 宝 BAOSHAN 山

宁夏有色金属冶炼厂

## 记　事

**4 月 30 日**

1993 《保护录音制品制作者防止未经许可复制其录音制品公约》生效。

**4　月**

2002 中国休闲服装 10 品牌评出：鳄鱼恤、剑龙、马克·张、适马、雷柏高、柏仙多格、圣玛田、汉弗莱、菲猎、海獭。

珠江啤酒与比利时英特布鲁啤酒签署合作协议。

联合国公布中国最具发展前景的 25 个城市：上海、北京、广州、天津、深圳、武汉、杭州、重庆、沈阳、青岛、南京、成都、大连、宁波、无锡、苏州、厦门、西安、哈尔滨、济南、福州、长春、长沙、郑州、昆明。

格威特宣布：郝海东任品牌形象顾问，孙继海担当形象大使。

呼市全力打造"中国乳都"新形象。

内衣产业化：北京和上海中高档内衣年销售额达 8 亿元。

第 10 届国际服装博览会在京举办。

中国连锁经营协会公布中国连锁百强排座次。

中国行业企业信息发布中心公布中国人喜爱的国产品牌。

奥克斯冷暖空调定价 1880 元(1.5 匹)。

海南红塔成立。

太阳神易主。

伊利首获进入香港市场。

2.《国家电力系统安全文明生产及一流企业动态管理办法(试行)》。

3.《国家电力公司创建国际一流电力公司考核标准(试行)》。

**四、"电力市场整顿和优质服务年"活动展示了电力企业良好的形象**

2001 年，国家电力公司积极贯彻国务院关于整顿市场秩序的部署，坚持"优质、方便、规范、真诚"的服务方针，在公司系统开展"电力市场整顿和优质服务年"活动，取得丰硕成果。依法治电、依法经营、从严治企、规范服务。在电网调度信息报露、电价标准、电能质量、抢修服务、报装接电等方面，向社会公布了 8 项服务承诺。从公司本部到基层，自上而下设立并公开电力服务投诉和举报电话（95598 – 电力服务到万家。95598 是国家电力公司向信息产业部申请并获准核配的供电服务统一电话号码）自觉接受社会各界监督。"服务年"活动的开展，推动子公司系统纠风和行风建设工作。农村建设工作，农村供电单位"为人民服务、树行业新风"示范窗口创建活动取得新进展，农电示范窗口又增加 259 个，使国电公司的农电示范窗口总数达到 382 个。供电营业规范化服务活动进一步深入，一批规范化服务窗口已经建立。"服务年" 活动的开展，树立了电力公企业新形象。据统计，14 个省(区、市)电力公司参加了地方民主评议行风活动，其中上海、宁夏、四川、贵州、重庆、安徽、天津、广西、河北 9 个电力公司获得行风优秀，且上海、宁夏、重庆、安徽、天津 5 个电力公司在行风评议中取得了第 1 名。各地电力公司结合当地实际开展了独具特色的服务活动。认真受理电力客户投诉举报，严肃处理城市和农村电网改造中发生的问题，让客户满意，让政府放心。通过开展"服务年"活动，推动了员工思想观念转变、进一步提高了供电服务质量，促进了公司系统内强素质、外树形象。

**五、2001 年底国家电力公司又命名一批一流企业**

根据"一流企业"的考核标准，国家电力公司组织有关单位对申报一流企业的宝珠寺等水力发电厂等 15 家发供电、科研院所、调度机构、设计企业进行考核审定。根据考核审定结果，国家电力公司命名宝珠寺水力发电厂为"一流水力发电厂"，内江发电总厂、重庆发电

各个方面的管理体系。严格的管理带来了较好的经济效益和社会效益，在社会上树立起了"鲁能"品牌良好的形象。

**四、始终坚持以人为本的管理理念，以建设"学习创新型"企业为目标**

公司高度重视人才培养和干部职工的学习培训，先后与中央党校、清华大学、西安交通大学、山东工业大学、美国德克萨斯科技大学等建立了联合办学关系，培养电力工程、经济学、工商管理等专业研究生。与美国德克萨斯科技大学联合举办的工商管理研究生班，学期两年，全套引进美国 MBA 教材，全部由美国教师授课。把人才发展战略作为企业发展的重点，积极培养、引进所需各类专业技术人才和管理人才。目前，集团公司拥有工程院院士 1 名，博士后 2 名，博士和硕士 332 名，技术人才占全部职工的 30.3%。

依靠科技进步，增强创新能力。我们结合自身实际，加大技术改造和科研投入，保证科技开发经费，建成鲁能科技园科研基地，不断完善、研究、开发、生产科研机制；我们还采用合资合作等方式，引进国外先进技术，消化吸收，推动企业发展。国有企业与其他所有制形式企业最大的差距在机制上。职工是企业的主人翁，但企业的压力总是集中在少数人身上，喊了多年的"铁饭碗"并没有打破。为了解决这种"理论上讲得通，实践中行不通"的矛盾，我们在用人分配机制改革上进行了积极探索。公司 1996 年开始实施"人才工程"，加大人才开发的力度。2001 年，公司又全面实行了职工"一、二、三线"动态管

厂为“一流火电厂”，河南省安阳市电业局、湖北株州电业局、河南省洛阳供电公司、重庆杨家坪供电局为“一流供电企业”，广西电力试验研究院为“一流电力科学研究院”，南方电力调度通信中心、山西省电力公司调度通信中心、天津电力公司调度通信中心为“一流电网调度机构”，河南省电力勘探设计院、东北电力设计院、江苏省电力设计院为“一流电力设计企业”。

国电公司希望各一流企业要进一步加强管理，不断增强企业对社会主义市场经济的适应能力，要求各网省（区、市）电力公司切实加强对“创一流”工作的组织领导，坚持高标准、严要求，坚持国际一流目标不动摇，进一步加强对建设一流企业工作的考核和指导。

**六、国电公司公布首批一流县供电企业**

首批国家电力公司一流县供电企业名单：

山东电力集团公司：文登县电业总公司、牟平区电业局、蓬莱市电业公司、枣庄市中供电、曲阜供电局、长清供电局、寿光市供电公司、平度市电业公司、临沭县电力总公司。

天津市电力公司：宝坻供电有限公司。

江苏省电力公司：江阴市供电局、溧水县供电局、铜山县供电局、洪泽县供电局、扬中市供电局。

浙江省电力局：桐乡市供电局、兰溪市供电局、嘉善县供电局。

陕西省电力公司：户县供电分局、蒲城供电局。

内蒙古电力集团有限责任公司：九原电力有限公司。

为了巩固“两改一同价”成果，全面提高企业素质，近两年来，农电系统开展了建设一流县供电企业工作，并取得了显著成效。建设一流县供电企业的实践证明，这一工作加强了企业基础管理，保证了企业安全生产的稳定，全面改善了设备状况，经营水平有了明显提高，优质服务得到社会赞誉，增强了企业的凝聚力和战斗力，使县供电企业素质得到全面提升。据了解，22 家一流县供电企业供电可靠性－城区达到了99.94%，农村达到了99.6%，电压合格率在96%以上，在地方行风评议中，客户满意率达到98.5%。

建设一流供电企业必须转变观念，

理，一线人员经考试合格后持证上岗，二线人员离岗学习培训，三线人员下岗待业或内部退养。“三条线”人员动态转换，竞争上岗，增强了职工的危机感和对企业的关切度。

创名牌企业需要付出成本。这个成本首先体现在领导干部的奉献精神上。我们要求集团公司领导干部主动倡导并身体力行“鲁能精神”。鲁能精神的主要内涵是：自我加压的负责精神，精诚团结的团队精神，顽强拼搏的奉献精神，追求卓越的创新精神。我们要求用“鲁能精神”教育职工队伍，统一思想，统一行动。要求领导干部要一身正气，敢于负责，善于创新，一要干事，二要干净，坚持实干、实用、实效，力戒表面、表层、表演。干部队伍良好的精神状态和工作作风，使“一级带着一级干，一级干给一级看”蔚然成风，形成了“追求卓越，服务真诚”的山东电力企业精神和“今天比昨天做得好，明天比今天做得更好”的企业理念。这正是我们不断战胜困难、塑造“鲁能”品牌的强大力量所在。

品牌所为无形资产的重要组成部分，在资本运营中占有突出地位，我们将积极引导企业正确使用“鲁能”品牌，有效开发和培育“鲁能”品牌，高度重视品牌在兼并联合、合资合作、产品开发和市场开拓中的作用，促进集团公司资本的快速扩张。要通过有效开发利用，实现“鲁能”品牌保值增值，要从培育百年品牌的战略高度，加强制度建设和理论研究，制定切实可行的政策措施，全面搞好“鲁能”品牌的保护、开发和使用管理。

（刘振亚）

## 标　　识

宝石®

睢宁县锯条厂

贝贝牌

江苏贝贝集团公司

## 记 事

4 月

2002

深圳方正进入饮料行业。

2001

中国第一个跨行业跨部门跨地区的物流行业组织——中国物流与采购联合会成立。

南极人进入羽绒业。

2000

首届中国国际商标知识大赛在京启动。

国家工商局商标局有关领导在“2000 年内地与香港特区知识产权研讨会”上表示将加强保护网络商标。

1999

铁路总工会分别授予“火车头奖章”和“火车头奖杯”。

乐华推出中国第一台纯平面彩电。

1994

中国企协评定“转换经营机制典型企业”。

国家计委等组织“首届中国十大名牌西装、十大名牌衬衫市场确认活动”。

1992

首家汽车自选市场在京开张。

认识到位，领导重视，全员参与。创一流要杜绝形式主义，要靠实实在在工作，创建一流县供电企业中，要加强电网建设，重视安全生产；要加强经营管理，重视经济活动分析；要依靠科技进步，提高企业生产的科技含量；要突出以客户为中心的服务；要深化改革；要强化基础工作；要重视职工队伍建设。

**七、中宣部确定李庆长为公民道德建设先进典型**

中共中央宣传部《关于第二批公民道德建设先进典型宣传方案》，推出包括黑龙江电力职工李庆长在内的 4 个公民道德建设先进典型。黑龙江省委、国家电力公司党组、中电联、中国能源化学工会先后做出了开展向李庆长同志学习活动的决定。李庆长是黑龙江省哈尔滨电业局客户服务中心职工，长期以来，他以做好本职工作、服务人民群众为己任，想群众之所想，急群众之所急，脚踏实地，持之以恒，把国家电力的光和热送到千家万户。李庆长和他的“共产党员服务队”，把党的温暖送进群众心坎，在党与人民群众、电业职工与人民群众之间架起了一座连心桥。

李庆长同志是电业职工的杰出代表，是广大电业职工人生观、价值观的集中体现。在李庆长同志身上，突出体现了一个共产党员为党的事业、为人民的利益尽心竭力、无私奉献的高尚品质和对事业不懈追求的进取精神。体现了新时期电业职工的精神风貌。李庆长同志是履行国电公司 8 项承诺的典型代表，是电力系统党员干部和职工的楷模。

学习李庆长，要学习他坚定信念、牢记宗旨的精神；要学习他高度负责、心系群众、无私奉献的精神；学习他爱岗敬业、诚实守信的精神；学习他严于律己、克己奉公的精神；学习他坚持不懈、持之以恒为用户服务的精神。

电力行业企业取得了明显的进步，创造了山东鲁能、国际华能一些国内、外知名的品牌。但由于现行的电力体制存在一些不适应社会主义市场经济体制要求的弊端，对生产力发展有一定阻碍，这需要今后在适合国情的电力体制改革中解决。 （胡兆意）

# 胶卷大战：黄绿红

中国胶卷市场，正演绎着一场“智慧三国”的“现代战争”，人们习惯于将之称为“红黄绿大战”。

红——中国乐凯：初建于 20 世纪 60 年代，在前苏联突然撤走了技术专家后，依然不死的红色乐凯，凭借自己的智慧，生产出中国第一代电影胶片，并将自己的航空航天胶片送上了人造卫星。

黄——美国柯达：有 121 年历史的全球最大的感光材料生产商伊斯曼·柯达公司最先进入中国市场，让中国人最早拥有了彩色的纸面回忆。到目前，柯达在中国的市场占有率已经高达 63.1%。

绿——日本富士：在“二战”废墟上建立起来的富士，在 20 世纪 80 年代后期对中国市场发起了大规模的攻势，一度曾建立起比柯达更为明显的优势。

中国胶卷市场群雄争霸，源自于中国神话般的前景：美国人均年消费胶卷 3.6 卷；欧洲人均 3.1 卷；而中国仅 0.8 卷。13 亿人口的中国市场容量用柯达大中华区副总裁曾新生的话说是“大得难以想像”，怎不令人为之疯狂呢?

不可思议的是，这小小的胶卷，具备生产能力的，全球仅有美国、日本、德国和中国。

**一、柯达：逐鹿中国的黄色狂潮**

创办于 1880 年的伊斯曼·柯达公司，长期占据着世界感光业的霸主地位，拥有世界市场 42% 的份额。2000 年，柯达在全球 10 大品牌排行榜中位居第四，仅次于麦当劳、迪斯尼和可口可乐。柯达在中国市场上一路攻城略地，瞬间夺下超过半数的中国胶卷市场份额。当然这也要归功于柯达的“黄色攻略”。

攻略一：最短化的市场分销策略。柯达的成功，是分销的成功。此言不虚。柯达采用了较短的销售渠道，也就是“中国设厂——区域分销——零售商”。柯达在中国设立了18个办事处，亚太总部也搬到了上海。截至1997年5月，柯达已先后兼并了汕头公元胶卷厂和福建福达胶卷厂，直接在中国生产胶卷。这样，产品从工厂到最终消费者，经过的渠道很短，不仅做到环节最少、时间最短，而且保证质量最优。

攻略二：精细化的市场终端建设。从功能和价格上来说，柯达和富士胶卷并没有太大的差异。但在顾客服务和终端建设上，柯达显然技高一筹。柯达在中国的700个城市拥有6000多家快速彩扩店，大大方便了顾客，就凭这一点，柯达市场占有率就从26%提高到63.1%，挤下富士，坐上盟主的宝座。其中的“典型攻略”，莫过于“九万九当老板”的创业计划，即由业主出资9.9万元，来购置“索维尼955E”彩扩设备、配置彩扩所需的耗材及进行店铺装修；由柯达提供技术和管理的综合支持；经营上轨道之后，业主3年内能够收回全部投资。此计划准确地把握中国中小投资者尤其是下岗人员致富的心理，推出不到1年，快速彩扩店就新增近千家。目前，柯达彩扩店正以平均每天3—4家的速度疯长，预计2003年将增加到1万家。

攻略三：“销地产”的本土化策略。与富士产品的生产方式相反，柯达积极推行“销地产”的本土化策略，中国市场上的产品100%产自本土。从1994年主动提出与中国感光行业合资的意向起，经过4年的谈判，终于达成了被当时的柯达首席执行官费希尔称之为“破天荒”的“98协议”即“全行业合资计划”，使中国成为柯达在亚洲最大的胶卷和相纸生产基地，支起了柯达取胜中国的第一根支柱。此外，柯达还在上海建立了照相机厂以及数码产品研发中心，与微软、英特尔、惠普、苹果以及国内的联想、方正等企业合作，搭建新的技术平台，以图在传统感光领域和数码影像市场确立新的竞争优势。本土化，成了柯达攻占中国市场的制胜方略。

**二、富士：呼啸中国的绿色旋风**

巨大的中国市场，对于占据世界第2位的富士来说。早就是虎视眈眈，富士对中国市场的“绿色攻略”是什么?

攻略一：集权式的总代理分销制。富士为抢占中国市场，毅然选择了在香港构筑桥头堡，随后在大陆、香港、澳门地区独家经销，并在北京、广州、上海和成都建起了4大办事处，形成了“日本厂家——中港澳总代理——中国区域代理——主要城市代理——零售商”这样一个垂直型营销渠道。富士在中国销售的产品，除了少数产品（如在新加坡生产的冲洗液）外，其他绝大多数产品都是在日本原产。这种“代理商负责，生产商不直接参与”的分销模式，在20世纪80年代曾为富士赢得了中国大陆近70%的市场份额，但进入20世纪90年代后，力渐不敌柯达攻势。

攻略二：大手笔的媒体攻势。富士进军中国市场，从来没有忘记自己的拿手好戏：媒体战。在1990年的亚运会上，富士成为唯一官方指定胶卷。在1998年世界杯足球赛上，富士也是出尽了风头。进入21世纪，富士请来了人气极旺的郭富城与日本超级偶像藤原纪香作为产品代言人，共同全情演绎富士的丰富品牌内涵，扩展了“动感、青春、活力”的概念，男女主角生动活泼的表演、五彩缤纷的衣着、色彩斑斓的背景，把富士动感的品牌形象和独有的4层感色层效果发挥得淋漓尽致。今年的富士，先是在上海外滩刮起“绿色富士风暴”，使所有冲印店和摄影点全部改变颜色；接着又以1506万元获得第九届全运会首家赞助商的资格，使富士胶卷成为九运会指定胶卷；随后又在4个主要城市开大型经销商X-TRA精彩晚会，全力推介新产品和市场新思路。

攻略三：数字化策略。在数码成像逐步取代传统化学成像的今天，富士当然不会忘记建立自己的“数字化”品牌

标　识

灵武县粮食局饲料加工厂

江苏黑松林粘合剂厂

记　事

4　月

2001

国家经贸委会同信息产业部、国家计委、中国贸促会主办“第五届中国国际电子商务大会”。国务院10个部委，全国30个省市，以及美国、德国等10多个国家及世界知名经济组织机构的代表出席了会议。

联想个案进入哈佛商学院MBA“竞争与战略”课堂，柳传志讲解。

海尔首次在国外(美国)以“海尔”命名街道。

中国邮政与速递公司，5年恩怨终于爆发。

海尔推出新的物流模式，成立国际物流中心。

格力公司换帅。

苏宁(经销商)进入空调制造。

2000

海关总署提出第一批进行试点的出口加工区名单，包括大连出口加工区、天津出口加工区、北京出口加工区、烟台出口加工区、威海出口加工区、江苏昆山出口加工区、苏州工业园区出口加工区、上海松江出口加工区、杭州出口加工区、厦门杏林出口加工区、深圳出口加工区、广州出口加工区、武汉出口加工区、成都出口加工区、吉林珲春出口加工区等15个。

1988

国家经贸委等评选“首届全国优秀企业家”。

形象。除了首次将专业胶卷的4层感色层技术运用在民用胶卷上，获得欧洲影音协会大奖之外，还推出了魔术手设备，拥有了绝对领先的数码激光曝光系统，同时能冲印出划时代清晰的传统照片和数码照片，而且还拥有满足个性化需求的后期制作。为此，富士在2001年推出了9款新机，2002年又会推出10款新机型，努力为数码照片创造一个“消费适当的市场”。目前，数字产品已占到富士总收入的40%，在胶卷市场向数字成像市场转移时切了一大块奶酪。

三、乐凯：争赢中国的红色风暴

中国民用感光企业几乎都搭上了柯达的“全行业合资”的列车，唯有乐凯，仍在狂舞自己的“红色大旗”，顽强地生存并不断壮大。乐凯和世界超级公司抗衡的资本何在?乐凯也有自己的“红色攻略”。

攻略一：强大的技术力量。乐凯在世界感光业里的规模虽不算大，但公司所属的感光研究所是中国实力最强的感光材料开发研究机构，拥有一支强大的感光材料科研队伍和一批先进的实验设备。乐凯各类专业技术人员占员工总数的28.8%。40年的技术积累，使得乐凯产品具备了与国外产品抗衡的实力。其中，乐凯彩神100彩色胶卷、超金200彩色胶卷、彩品人像放大彩色相纸等新品可与任何品牌相媲美。1994年，来自英、美、日、瑞、俄、加、墨西哥等国的10位国际摄影大师，用乐凯金BR100胶卷创作的百余幅艺术佳作在北京展出，引起轰动。英国摄影家派克斯坦说：“乐凯胶卷是乐凯胶片公司和中国人民的荣誉。”

攻略二：低价位战略。这是乐凯赢得市场的关键，也因此让国人多了一个感激乐凯的理由——“乐凯现象”。一卷柯达ISO100彩色负片在美国本土卖3—5美元，而在中国还不到20元人民币，其中原因在于乐凯ISO100彩色负片只卖13元人民币。形成对比的是，柯达专业反转片在美国本土只卖5美元，在中国却高达70元人民币，而原因也在于乐凯不生产专业反转片。据估算，因为乐凯的存在，中国老百姓每年为照相要少花10亿元人民币；也因为乐凯的存在，打破了“洋”垄断，使中国胶卷市场的竞争处于相对自由的状态。这就是“乐凯现象”。

攻略三：文化背景和民族消费情结。民族品牌一直是中国人心中的一根敏感的弦。更何况，乐凯不仅发展民用胶卷，还肩负着军用胶卷的研制和生产的重任。中国99%的航空航天胶片由乐凯生产，为国家太空作业拍摄了大量珍贵和急需的照片。从这点上来看，中国失去乐凯将是不可想像的。这更能刺激人们“失去乐凯，我们会怎样?”的丰富联想，推动国人的消费情感不自觉地向乐凯倾斜。

**四、寻找柯达、富士和乐凯失落的智慧**

经过深入的调查，被中国这块“储量大得惊人的金矿”撞了一下腰的柯达，决定暂缓在世界其他地区的扩张，集中精力主攻中国市场。这一战略攻势很快得了回报，仅3年时间，富士先前建立起来的巨大优势，就被柯达化解得无踪无影。柯达斩获富士丢失的市场的大头，小头则被乐凯抢占。

弱小的乐凯，在“黄色旋风”和“绿色暴雨”的夹击下，本应早早打出“白旗”投降了，但却偏偏扛着“红色大旗”前行，虽跻身了世界6强，但何其艰辛。只有深入市场前沿，才能捡到一枚枚失落的智慧弹壳。

第一枚：无品不立。一项胶卷市场的调查显示，上海消费者使用柯达胶卷者占69%；广州消费者使用富士胶卷者占74%，这意味着柯达和富士已经培养了各自的忠诚消费群。而乐凯在品牌塑造上，似乎没有经典之作。视“生产出具有国际先进水平的胶卷”为“最高使命”的陈旧理念，导致连“受到国际著名摄影大师认可”这一卖点都未精心宣传，何以让消费者更深入了解乐凯，并与之建立深厚的情感?

第二枚：无网不胜。柯达、富士和乐凯，都在中国市场建立了自己的营销网络。柯达还通过冲印店特许加盟以及与旅游景点合作等方式，成为中国旅游的官方指定胶卷。据统计，北京目前共有450家柯达冲扩店，而乐凯只有26家。乐凯甚至至今还没有自己的“冲洗频道”，只能寄人篱下。无网怎么能胜？

第三枚：无技不利。未来是数字的天下，柯达和富士的技术战近年来是愈演愈烈。柯达在中国传统胶片市场上对富士攻城略地，富士也在全球与柯达争夺数字影像服务领域。在这轮数码影像技术战中，乐凯虽然尝试切入，但技术实力太弱，技术投资仅占销售收入的3%，与柯达、富士不可相提并论。

第四枚：无人不强。在中国市场，广纳人才，是柯达的又一明智之举。1998年，柯达兼并福达时，从2000多名员工中遴选了800名精英。用柯达的话说，这3年中我们得到而富士没有得到的，就是一大批非常优秀的人才。这些人才不仅包括生产线上造就的一流人才，也包括在销售网络以及市场推广方面的一流人才。而人才的流失，却是乐凯永远的痛。

乐凯，用智慧赢取了未来发展的最大自由，也成了中国感光材料业最后的“孤彩”。柯达和富士，都以自己独特的方式，向乐凯抛去了绣球。那么，乐凯，究竟会接受谁的绣球呢？

当年柯达在中国选合资伙伴时，最先相中的就是乐凯。但柯达在合资企业中有三原则：51%控股、用柯达商标、经营权在柯达手中。而“孤彩”乐凯在合资问题上也有三前提：一要保持乐凯品牌，二要坚持乐凯控股，三是乐凯要有经营决策权。让坚持相似原则的两者“义结金兰”，必须有一方做出让步。

富士没有这样的原则，能满足乐凯的要求。富士拥有乐凯，就拥有了社会道义和民族情感的支撑，可联手狙击柯达在中国感光材料消费市场上的疯狂扩张。但乐凯委身富士，获得的技术和管理，都逊于柯达。更糟的是，富士在人才的起用上有明显的排他性。

乐凯无论与富士还是柯达合资，都是另外一方所不愿看到的。乐凯能在富士与柯达的双重夹击下，得以生存和发展，就证明乐凯还是有存在的力量。强龙不压地头蛇，乐凯完全可以智慧地游走其中。乐凯的目标是：做强乐凯，在中国市场与柯达、富士鼎足而立。而要将这所有的美好串起，乐凯需要以“血变”打造自己的“撒手锏”。

（韦桂华）

# 中国汽车 做工厂还是做品牌？

**一、中国汽车，只能成为世界制造工厂**

中国汽车前景如何？不同的角度有不同的答案。

如果追求组装和制造，前途远大，原因有二。①中国市场巨大，人口众多，今后10年是汽车大幅增长期。②中国制造优势明显：劳动力价格低，素质高，工业基础雄厚，像上海通用，是通用在全世界5家合资厂中的模范工厂。

此两点决定了中国企业的比较优势，世界汽车巨头愿意把产品拿到中国来生产，中国制造汽车，不仅可以满足本土需求，还可以销售到海外。有人预测，中国会成为世界最大的制造基地，其中，潜力最大的当属汽车制造业。

如果追求品牌和技术，中国汽车荆棘丛生。因为，中国至今没有开发出一辆畅销国际市场的轿车，没有打造出有国际竞争力的品牌。中国轿车的开发设计水平与国外差距甚大。在资金、技术和人才都处于弱势的情况下，你进一小步对手进一大步，中国汽车何时能盼来出头之日？

从这个角度讲，中国汽车别无选择。工厂和品牌，中国只能选择做工厂，进行组装和生产。至于创立品牌，开发设计，那是跨国公司的事儿，中国企业还达不到那么高的层次，如果硬要追求，只能自找痛苦。况且，经济越来越全

标　识

江苏雪豹日化公司

国营长江机器制造厂

## 记　事

**5月1日**

2002　香港特区政府推出电视片宣传推广“香港品牌”。

1992　李鹏同志在宁波题词:“东方大港”。

1990　汽车等9种进口商品实施质量许可证制度。

**5月2日**

1994　中国第一个酒类博物馆:中国酒文化博览中心在河南汝阳杜康酒厂建成。

**5月3日**

1996　《国家医药管理局GSP达标企业评定办法》印发。

每年5月的第2个星期日至第3个星期日为全国无偿献血宣传周。

《1996中国企业家成长与发展专题调查报告》发表。

1993　中国企业识别系统理论研讨会在京召开。

1991　中国美国商会在京成立。

**5月4日**

1995　中国企业首次跻身奥运商战。

---

球化,汽车工业将无国界,中国应该自动纳入世界汽车分工体系当中,老老实实做自己能胜任的工作,如果再提自主开发、民族品牌,不仅显得观念、意识落伍,而且会被世界汽车所抛弃,得不到任何利益。

但是,总有些民族情结深厚的专家不甘心,不愿放弃民族品牌和中国轿车梦。他们认为,经济全球化不等于世界大同,集团利益、民族利益和国家利益在任何时候都存在;不同民族之间、国家之间还会发生利益冲突,有时甚至很严重。如果中国只满足于做跨国公司的下游工厂,不搞自主开发,中国的汽车企业就只能被动地卷入“全球化重组”中,而这个重组是跨国公司从其本身利益出发而进行的。一位工程院院士曾在研讨会上激动地说:“没有技术的独立,就没有经济的独立,也就没有政治的独立。随着知识和技术在资本中所占的比例越来越大,这将是一个必然趋势。”

**二、家电业的奇迹、中国汽车能否演绎**

说到汽车,人们总会想到家电,因为汽车业与家电业同属组装制造类产业,技术和市场结构相近,对规模经济要求甚高,产业集中度也较高。但中国家电企业却在世界列强纷争的国内市场中杀出一条血路,培育发展了海尔、长虹、格兰仕等一批民族著名品牌,占据了较高市场份额。中国汽车能否也像家电业那样,冒出几个知名品牌呢?

分析家电业发展过程可以看出,开放的市场和充分的竞争造就了知名品牌。无论国有、民营还是合资企业,都站在同一起跑线上,展开价格、质量、品种和服务等各方面的竞争,优胜劣汰,知名品牌在竞争中不断改进,成长壮大。如今,中国汽车正处于竞争的初期,虽然国际上的大公司悉数到齐,但市场并没有形成固定的格局,一切都在变动中,新品牌风起云涌,除了财大气粗的国际知名品牌,还有一些民间资本或模仿开发或重金购买外国技术,孜孜不倦地追求民族品牌,谁都不能保证,他们当中不会有人冲杀出来。

有人说,日韩汽车品牌的崛起已使欧美巨头开始警觉,他们不会容许新的竞争对手出现,不会给中国汽车品牌留下发展空间。但情况并非如此,细数跨国公司在中国的品牌,绝大多数都是中高档轿车,德国大众甚至公开宣称,不在中国制造10万元以下的轿车,8万元以下的轿车不正是中国轿车发展的空间吗?而8万元以下恰恰是最符合中国国情的价位。正因为如此,中国轿车大有发展空间,只要抓住机遇,完全可以产生行销全国的民族品牌。

中国汽车业之所以落后于同期发展的家电业,是因为在过去相当长的时间内,国家严格限制汽车市场准入,致

---

**品牌延伸**

# 汽车品牌俱乐部

## ——秘密的战场

**一、雨后春笋俱乐部**

“桑大队”、“富联”、“捷办”你知道这些新鲜词什么意思吗?如果你是车友,你不知道这些新词儿,就有落伍之嫌了。这是一些汽车品牌俱乐部的名称。近来,各个汽车品牌都出现了自家车主啦啦队:品牌俱乐部。上海通用的赛欧在北京亚运村请来洋教练教赛车的现场,一群上海通用的编外人员:他们一面像厂

使内资企业尤其是民营企业没有造车的机会。如今，政策日渐放宽，如果市场完全开放，内资包括民营企业就会显现出很强的竞争力。因为，中国有与国际相差不多的资金利率水平，有特别吃苦耐劳的企业职工，有奋发上进、敢于冒险的企业家，和外资相比，内资企业并不处于劣势。国内很多行业的发展说明了这一点。虽然对手更加强大，路途更加遥远，但家电行业发生的事情，汽车行业有可能发生。

**三、创建本土知名品牌、中国还缺什么**

品牌的本质，是市场经济下的一种社会约定。消费者买某一品牌，实质买的是一种产品质量、消费安全的承诺或信用保证。品牌本身只是一个标识，关键是其背后企业的综合竞争力，有没有强大的技术开发能力、营销能力和融资能力，以及良好的组织管理结构。

对技术开发能力的提高，专家认为，中国企业首先要提高生产效率，增加企业的积累能力；然后是采取各种形式的对外合作，通过干中学，逐步提高开发能力，只有这样才能实现自主的目标。

此外，中国企业还要注重提升综合素质。技术固然重要，但不是一切。海尔能畅销国内外，不在于其技术高人一等，而在于其服务更优更快。国内汽车品牌与国际品牌的差距，除了技术，更有企业的管理机制、组织结构、市场营销、融资能力等方面，以及这些因素的有机结合。尽管技术是当前国际汽车工业竞争的前沿，但它毕竟仅是品牌要素之一。品牌竞争力是由不同竞争力要素有机联系而成的整体竞争实力，分散的技能、专长和竞争力要素都不成其为竞争力。很难想像在其他竞争力要素严重缺乏或发育不良的情况下，单靠技术要素的加强，就能够形成有竞争力的品牌。

有专家分析说，汽车生产的复杂性和规模化，决定了生产组织和管理也是影响品牌竞争能力的关键因素。丰田品牌能饮誉国际，其中很重要的一个原因，就是其创造的“丰田生产”方式。它通过产业组织结构的重新构建，特别是整车与零部件企业的分工模式、零部件采购体系的改革，极大地提高了生产效率。“丰田生产”方式引发了世界范围的管理革命，自20世纪80年代后，国际汽车普遍实行的“精益生产”方式，就是脱胎于丰田生产方式。由此可见，技术固然重要，但与企业组织、市场营销、融资能力等相比，其对品牌竞争力的实质性提高方面不一定更有效用。

中国汽车要出名牌，企业就不能把目光只盯在技术上，还要提高自己的管理、营销和融资等综合能力，只有这样，才能迎头赶上，创建自己的名牌。

（俞清木）

家的人，忙上忙下地招呼媒体，为会场“敲边鼓”，一面又像车迷，围着赛欧看不够，缠着厂家请来的洋教练问不够。上海通用方面也组织他们试乘试驾。看到他们每个人胸前挂着“赛欧联盟”的牌子。原来，这是赛欧车主俱乐部的成员。

“我们俱乐部名字叫‘赛盟基地’，简称‘赛盟’。在所有汽车品牌俱乐部里，我们赛盟最有组织性了。”一位赛盟成员自豪地说：“一位赛盟结婚，大家出车，前面一辆大别克，后面一色宝蓝色小赛欧，特帅。”

汽车品牌俱乐部的兴起，最开始是一些汽车品牌的车主们在汽车网站上扎堆聊天，再发展到网下见面，成立了俱乐部。如果厂家有营销活动就去捧场，平日大家保持联系，节假日组织各种活动。与车有关的，比如试乘试驾厂家新车；或者与车无关，比如种树、聚会。“是同品牌车主们交流的平台”。

据了解，在新浪网车行天下频道上，共有23个汽车品牌俱乐部开设了相关频道，得到网友们的热烈欢迎和积极响应。这些俱乐部都有着极具创意和想像力的俱乐部名称，从中不难看出各品牌车主对自己的坐驾及俱乐部的喜爱和认同。

这些俱乐部逐渐凝聚成了数量

# 中国汽车进入"新三国"时代

中国加入WTO后，某些汽车业内资深人士分析中国汽车工业未来发展趋势时提出，中国今后将是跨国汽车公司的"制造工厂"，他们将整合其在中国兴办的合资企业，因此中国将出现"洋三大"左右汽车工业的格局。现在看来，这种推测将不会成立。

**一、"国内三大巨头"合纵连横**

目前，中国加入WTO仅仅1年，但中国汽车工业变化之快令人惊诧，只不过出乎许多专家当初预测的进口车将席卷中国大地的判断，一切都在静悄悄地进行。有人说，这种变化是一场革命。

在这场革命性的变化中，主角是中国汽车工业的三大骨干企业——一汽、东风和上汽，跨国公司充其量也就是一个配角。

1999—2000年初，中国三大汽车集团阵前易帅，年届40岁的竺延风、苗圩和胡茂元分别出任一汽集团、东风汽车公司和上汽集团的总经理。当时曾任机械工业部部长的何光远说，中国汽车工业将是新人新气象。现在看来，后面的变化被这位汽车界老前辈言中了。

在这三家中，一汽集团的表现最为引人注目。竺延风是"下棋高手"，见微知著，谋篇全局。在分析中国汽车市场未来发展趋势之后，将棋子下到了青岛（青岛汽车厂）、柳州（柳州特种汽车厂）、成都（成都汽车制造厂、四川旅行车制造厂）、海南(一汽海南汽车有限公司)，实现"在离市场最近的地区生产"的对外扩张战略。

在完成这一布局后，一汽将触角伸向了华北。2000年6月14日，一汽成功重组天汽，控制了天汽的优良资产——夏利股份公司和华利公司，并透过夏利股份公司在天津丰田实现了与日本丰田公司的初步合作，使一汽在天津拥有了自己的汽车生产基地。

8月29日，在控股川旅之后，一汽与丰田公司的合作由"点"及"面"，延伸至天津、成都和长春的多个项目，并将合作目标锁定在30—40万辆，等于再

庞大，人群稳定的车主，在行业内开始出现他们的声音。俱乐部以不同品牌的车型为纽带，依靠网友自发组织和交流，维系起了大量汽车品牌用户和爱好者，会员快速增加。"网上交流热烈、网下活动频繁、颇具凝聚力。"一位企业的公关人员这样归纳汽车品牌俱乐部的特点。

在新浪网上可以看到，这些俱乐部论坛帖子多为交流本品牌购买、使用、保养、维修体验和知识；交流驾驶技术和生活感悟等。应该说，有一部分体现了相当诚挚的情感和才华，透着热爱汽车，热爱生活，团结互助，积极向上的精神风貌。

那么，汽车厂家如何对待这些俱乐部呢？据了解，有一些厂家注意到此现象，让其自发发展；而有一些精明的厂家很重视，把车主俱乐部看成秘密的战场。一位公关人士说："后面有厂家的鼓励和扶持。"赛盟有相当的组织性和活动能力，"遇上一些大型活动，上海通用会给予一点经济资助。"一位赛盟说："谁说赛欧不好，我们跟他急。"在网上看到有一些其他品牌的车主，因为喜欢赛盟而想投城，赛盟表示欢迎。

**二、"抓人"的战场**

中国消费者协会理事张承耀认为，汽车品牌俱乐部的出现是汽车市场竞争持续深入的结果。这些俱乐部把用户内部化、组织化、区域化，具有一些培训、教育、信息交流、

## 记事

### 5月6日

1998 联想公司第一个1000万台电脑诞生。

1995 首届中国民营科技企业科技成果和新产品博览会在成都举行。

1993 广东万宝电器推出"双绿色"标志环保型冰箱。

1992 第5届全国10大最佳合资企业评选揭晓。

### 5月7日

2002 北方航空公司一客机在大连海域坠毁。

2001 "五一"旅游经济创新高。

1997 国务院通过《中华人民共和国可持续发展国家报告》。

1991 国务院公布《中华人民共和国产品质量认证管理条例》。

造一个“新一汽”。这种合作的力度、深度和广度在中国汽车工业发展史上是史无前例的。

对于一汽的下一步发展，可能还会有更新的动作，比如在沈阳金杯。“荡平东北”一直是一汽在“耿照杰时代”就制定的战略，1995年初，一汽控股上市公司沈阳金杯，实现了这一夙愿，沈阳金杯的股票也相应地改为“一汽金杯”。但是，由于仰融领衔的华晨中国汽车控股有限公司在沈阳金杯的最优质资产——金客公司中拥有51%的股份，一汽在其中处于二股东地位，失去控制权，2000年11月一汽“被迫”退出沈阳金杯，在沈阳金杯中的股权为沈阳市政府的两家国有公司购得。有人说，一汽是被这仰融“赶出”沈阳的，很显然，退出沈阳对一汽来说是“不情愿”的，因此“杀个回马枪”不是没有可能。

对于地处湖北十堰、“隐居深山”的东风汽车公司来说，苗圩上任之后，其市场化的步伐明显加快了。

面对一直难有起色的神龙汽车公司，苗圩上任后制定了新的计划，将合作范围由雪铁龙提升至标致—雪铁龙，合作的层次提高了，范围扩大了，深度增加了。神龙汽车公司2002年渐入坦途，与这一调整有关。

此外，东风公司也不在一棵树上吊死，通过与台湾裕隆的合作（风神汽车），与日本日产汽车公司的合作渐入佳境，内容包括现有的风神汽车（东风南方基地）、商用车（已有东风杭州日产柴公司）、轿车（东风襄樊基地）。

此外，还有一些动作引人关注。比如，与本田的合作，在原有广州本田项目中，有两块，一块是广州与本田合作的广州本田汽车有限公司，另一块是东风与本田合作的东风本田发动机公司，负责为广州本田提供发动机。2002年5月，东风、广州与本田三家签署了在广州出口加工区生产轿车的协议，表明东风与本田的合作又进入了一个新阶段。

另外，东风还有更新的合作计划，比如通过悦达实现了与韩国起亚的合作，弥补了轿车中的低端车型，与雷诺在三江雷诺的合作也在紧锣密鼓地进行中。

如果这些合作均能实现，东风汽车公司的合作伙伴将从单一的雪铁龙过渡到法国的标致—雪铁龙、雷诺、日本的日产、本田和韩国起亚等。

与德国大众打了10—20年交道的上汽集团在与外方的合作中显得更有经验。在德国大众开了“脚踩两只船”（与上汽合作成立上海大众、与一汽合作成立一汽大众）先例之后，上汽果断

加强服务的功能，目的在于培养用户的品牌忠诚度。这种方式在其他市场已经出现。比如，一些超市的会员制。“这是刺刀见红的表现，开始抓人了。”在营销学上，开发一个新客户的成本与保持6个老客户的成本相当。

国务院发展研究中心陈淮博士表示，这种现象出现的基础在于汽车这种产品的消费特点。汽车的文化内涵非常丰富。“在美国人们笑言：‘老婆可以借出去，汽车不能借出去’。”这些俱乐部是汽车市场延伸出的触角之一。企业培养这样的触角，实际上是培养自己的消费族群。

的确，随着中国汽车市场向私人购车转变，越来越多的爱车人、买车人追求汽车时尚文化。如今，中国消费者带有感性色彩的个性消费理念已经萌芽。具有高收入、高学历、高信息量的消费者，不再把消费视为一种对商品或劳务的纯消费活动，也不再安于被动地接受企业经营者单方面的诱导，而是要求作为参与者，与企业一起按照消费者新的生活意识和消费需求，开发能与他们产生共鸣的个性化商品。这种情况下，厂家一方面在车型设计和生产上日益多样化、个性化，有针对性地满足不同消费者的审美情趣和文化品味；另一方面在社会上培育和引导自家的客户群体，实在是制胜之道。（祝惠春）

## 记　　事

5月8日

**2001**

国务院发布《关于整顿和规范市场经济秩序的决定》。

国家计委放开国产轿车价格。

南京"金龙"和厦门"金龙"为争商标打起官司。

格力空调降价，窗机最多降1000元。

高路华、乐华29寸纯平彩电大幅降价至2000元以下。

八大彩管厂"五月联盟"，联手停产保价，打压玻壳供应商。

香港推广城市新标识新形象。

**1994**

中国电话成套设备首次出口。

首届全国优秀发明企业家评选在京揭晓。

世界红十字日。

**1993**

琴岛海尔集团通过国际ISO9001认证（家电行业首家）。

**1991**

第82届巴黎国际发明展览会中国展品获12枚银奖和12枚铜奖。

**1989**

首届中国广告研讨会在京开幕。

---

地与通用合作，并将这一伙伴关系的位置提得更高。2002年6月，上汽与通用联手进入柳州五菱，以生产小型车为主的上汽通用五菱公司正式成立。据传，上汽还有意与通用再度联手，并购已有基础但没有"汽车准生证"的山东烟台大宇蓝龙轿车项目。

胡茂元的眼光还远不止这些，其梦想是要以长江三角洲为中心，建立更大的"汽车王国"。在江苏，在兼并仪征汽车厂后，与跃进汽车集团（又称"南汽"）的合作正在加紧进行，特别是南汽由中央下归地方后，合作的速度已大大加快，透过南汽，上汽与菲亚特的合作自在情理之中；在安徽，参股奇瑞的上汽一直希望增资扩股，掌握主导权；在江西，江铃汽车早已纳入上汽的视线，如果与江铃顺利合作，上汽将引入一个更大的合作伙伴：美国福特汽车公司。

短短1年时间，中国汽车走过了过去几十年的路。一汽、东风和上汽虽然从名称上看没有变化，但其内涵已是今非昔比，而且其在中国汽车工业中的地位也更巩固了。

### 二、"两只手"调控出新格局

20年前，上汽与德国大众谈出一个合作项目，谈了6年才出结果。而今，1年内诞生的新项目就让人眼花缭乱。是什么神奇的力量使变化如此之大、快？一个最重要的答案是：中国汽车市场的飞速发展。

近几年来，中国汽车需求不断扩大。尤其是今年，市场成长的速度让人瞠目。过去，中国汽车市场增加100万辆需要10年，如今两年就能完成这一目标。诱人的中国汽车市场大蛋糕正在由潜在变为现实。

市场是只无形的手，但要充分发挥它的作用，还需政策这只有形的手配合。在这方面中国汽车工业的决策者，更是费尽心思，现在看来，一切尽在掌握。

1. 不放开股比，这是中国汽车工业实现自主发展的前提。企业最终是资本说话，50∶50，跨过一步，情况就会发生翻天覆地的变化，因此中国汽车工业不会轻言让步。尽管中国汽车现在缺技术、缺人才，但从更大的范围来看，世界汽车技术、设备、人才都是过剩的，有钱就能买到。中华轿车的开发成功和奇瑞的快速成长就说明了这一点。

2. 准确地把握中国汽车开放的节奏。中国加入WTO谈判谈了这么多年，其中汽车是重要的议题之一。谈判的结果是，中国市场逐步放开，有5年"缓冲期"。

但有人说，中国汽车竞争不充分，现在就放开有利于中国汽车工业尽早进入竞争状态，比5年后放开更好。

此言其实差矣，属于"一叶障目，不见森林"。

为什么这样说？因为在这短短的5年时间里，中国市场快速成长，跨国公司耽误不起，没进来的人着急了，因此他们会抓紧到中国来找伙伴，兴办合资企业。丰田之所以从犹豫不决能到现在与一汽全面合作，奥秘全在这里。如果我们从今年就全面开放汽车市场，跨国汽车公司肯定会毫不犹豫把进口车倾销到中国来。

中国市场的高速成长性和已形成的竞争态势，还迫使跨国公司不得不把最新产品拿到中国的合资企业中来。对于丰田来说，他们已经意识到，只有与中国企业进行从研发、制造、销售到售后等方面的全面合作，才有可能在中国汽车市场抓住机会，后来居上。正是政府培育下的这种市场竞争格局使中国企业与跨国公司的合作如此之快、如此之广和如此之深。

对于中国汽车发展出现的新格局，某些跨国汽车公司的确做出了错误的判断，比如德国大众，不仅产品输出速度慢，让中方付出的代价大，竟然还打着整合一汽大众和上海大众的"如意算盘"，到头来，只会逐步丧失其在中国市场的领先地位。

### 三、20年后见分晓

面对日益加快的世界汽车工业全球一体化进程，中国加入WTO前后，有许多人对中国汽车工业很悲观，以为中国汽车工业最好的结局也就是沦为世界汽车的"制造工厂"。很明显，一汽、东风和上汽的掌门人不愿意接受这样的观点，中国汽车工业的决策者更不愿意看到这样的结果。

一汽集团总经理竺延风坦言，中国汽车工业与世界的差距很大，以前，我们认为我们懂汽车，开放后发现，有很多地方还不懂。比如开发，它涉及到一个庞大的体系和若干步骤；比如制造，它有一套很完整、很科学的标准，跨国公司是通过控制标准来主导世界汽车工业；又比如销售，它不是把车卖给用户就完事了，还需要建立一个以品牌为中心售前、售中和售后服务的体系。我们首先是发现差距，然后慢慢地一步步缩小差距，这需要至少20年的耐心，不能浮躁。

中国汽车工业发展的瓶颈是技术开发，这个问题能不能解决？竺延风认为，这是完全可能的。他说，汽车开发不是“空中楼阁”，它需要强大的零部件配套体系和有一定规模的市场分摊成本。国外是汽车零部件推动整车开发，我们现在通过生产与国际同步的车，可以提高配套体系的水平，与此同时，市场在不断扩大，因此中国汽车有扬眉吐气的那一天。现在不能说肯定会，但知道路怎样走。 （孙　勇）

## 品牌行动

# 一汽大众：售后服务大戏“开锣”

每一个品牌的建立，背后都有一张波澜不惊的底牌。

工业文明发展之中，技术趋同所带来的是产品差异的缩小，这也是产品时代衰微的先兆。而能够在品牌战略时代领跑的，就是永不重样的服务。这一点，一汽大众看得很清楚。

汽车售后服务在国外，已经发展成为一个相当成型、多极的产业，在中国目前仅仅还被作为产品概念的延伸。这是观念上的滞后，也是利益分割下的产物。厂家想把市场风险转嫁给经销商，经销商为了在价格竞争中生存，也经常在给消费者利润让渡多少的问题上挣扎，售后服务的承诺，在他们眼中只不过是一种促销策略。而且售后服务在成本投入比较大，经销商对于效益预期比较悲观，售后服务目前在国内，意义仅止于收费与付费的机械利益关系。

走访过一汽大众的标准化销售服务展厅，便可以理解，他们人性化售后服务工程的启动，并不是贴了一个标签。承袭于大众的建站标准，伞状支撑面，三面由落地玻璃装成的斜顶式大厅，空间格局突破了固有的柜台式传统，自由、开放、随意，着意营造出一种人文氛围来。一个这样的国际标准化销售服务形象建筑，综合投资在1000万元以上，但还是有众多的销售服务公司积极调集资金，向这条战线上集结。

对售后服务的理解，一汽大众超越了简单的“产品修复”的冰冷定义，越来越看中以产品服务为纽带，创造企业、服务网络和顾客之间和谐关系的过程性服务。

哈尔滨的博远服务站为忍受少数不理智顾客而委屈的员工，设立了“委屈奖”；北京汽车一厂，为小项目、快项目、用户指定项目建立起一个自助填写维修单的绿色通道；吉林通立汽车服务公司，请来了保险公司现场办公，索赔车辆现场摄像，上传到总部，认可后当场理赔；吉林吉刚大众汽车维修服务公司，以手机短信群发的方式，提醒客户定期养护；并组织全国300多家维修网络的联合，客户的车到哪儿，服务就跟到哪里。

（童　娜）

## 记 事

**5月8日**

1989 商业部优质产品“金鼎奖”评选举行。

**5月9日**

2002 贺州市打造森林旅游品牌。

2001 江泽民在香港“2001《财富》全球论坛”发表讲话。

1996 1995 全国 10 大科技成就揭晓。

1991 20 家中国企业和 10 家外国企业被认定为知名企业。

**5月10日**

2002 中国大饭店启动“绿色之旅”。

《中国经济时报》署名文章:《中国 15 大行业没有多少竞争力》。

2000 财政部发布会计信息质量抽查公告。

中国银行业协会成立。

# 家电品牌的国际化出路

因为一直处在对发达国家的追赶期,所以从中国家电业的创建发展到现在,出路问题一直是中国家电业的发展论题,现在每个企业都在以自己的方式探索、实践着这个出路问题。

其实,我们在争论出路的时候,往往模糊了出路的主体,是产品,还是品牌。全球范围内的竞争体现在企业,企业的竞争是企业品牌的竞争。所以,竞争的本质是品牌。

从品牌竞争的角度看,中国的家电企业目前只在中国市场上存在竞争,在中国以外的市场上根本就没有竞争。在海外市场,我们只是输出产品,根本就不存在中国品牌与外资品牌的竞争问题,中国家电品牌的国际化竞争到目前为止还停留在自己的家门口 。

所以说,中国家电的出路是创牌,而不是哪个企业产品出口多少。我们终极的目标不是工厂化的生存,而是品牌化的生存,只有这样,我们的产业才会有持续的竞争力。因此,加入 WTO 后,中国家电的国际化品牌化道路可谓是关隘重重。

经济规律告诉我们,企业一直在选择产业环境优越、制造成本较低的国家。中国家电产业的迅速发展正在使中国成为世界最大的家电制造基地。最大的制造基地给中国家电企业带来了多种发展机会。但是,其阻碍作用也逐渐凸现。

外资家电品牌生产线的中国化转移,使其正在获得与中国家企业一样的成本优势,跨国企业的产品与中国家电产品的价格以后不会有太大的差距。转移阻止了中国家电企业在世界范围内的价格战与市场的拓展。我们经常说的中国家电的比较优势是成本优势,现在看,随着外资品牌生产基地的转称,中国家电的成本优势正在变小。从发展的趋势看,生产基地与研发基地的转移将最终完成其全球市场布局。

## 品牌观点

# 家电品牌面临空心化

有迹象表明,中国家电品牌面临着十分严重的品牌空心化危机。其表现是,品牌单纯符号化,有广泛的知名度而没有差异化的忠诚度;品牌没有个性化内涵;品牌与产品没有形成良性的互动关系;品牌对消费者的购买决策的影响力非常有限。

形成品牌空心化局面的主要原因是中国家电企业缺乏品牌战略规划所导致的。中国家电市场近十年的综合调查表明,消费者对家电品牌已经形成相对固定的综合性印象:中国家电的质量以及制造工艺水平与世界级企业的差距进一步缩小。因为没有自己的关键核心技术,所以产品基本上没有大的差别,要说有差别的话,只有品牌与价格不一样,这是整个群体长时间的集体行为给社会造成的负面影响,所有国产家电品牌无一幸免地被笼罩在这一阴影之下而难以突围。

品牌战略是一个品牌明显区别与其他竞争对手的个性化的品牌价值规划。它实际上是品牌形上的价值内涵与市场发展的沟通指针。从这一角度看,中国至今还没有一个家电品牌向国内外市场描述出他们品牌清晰的发外资品牌放弃低端的现状也将迅速改变。在未来的中国市场，随着技术的发展，现在的高端产品很快就会成为低端产品，外资品牌会一手抓高端抓利润，一手抓低端抓市场占有率与市场人气，低端产品可能成为外资品牌的促销工具。随着分销领域的开放，中国低端产品的竞争力也将逐渐减弱。

品牌价值是由其覆盖的市场来决定的。中国市场份额只占全球市场的1/5，外资品牌基本上除了中国之外的4/5的市场中布局完毕，而中国品牌的市场布局恰好与他们相反，所以，对洋品牌来讲，中国的品牌是没有市场价值的。新一轮的合资浪潮与资本市场的并购都将进一步减少中国的家电品牌数量。

这样，在一段时间内会出现一个大家电企业"换东家"的潮流。"换东家"之后的外资品牌仍然是利用中国大的家电品牌生产基地，他们会在中国市场使用原来的品牌，同时也使用自己的洋牌子，而在向国际市场上输出的产品时候则不会是中国的品牌，这样就永远阻断了中国强势品牌的国际化进程。随着时间的过去，在中国市场使用的中国品牌也会慢慢衰落，"换东家"将成为中国强势家电品牌慢性牺牲的悲惨方式。

中国家电企业与外资品牌的差距不仅仅表现在技术管理上，营销的差距更是巨大。

品牌是好的产品在好的营销推广的基础上产生的，营销的一方面在传播自己的综合信息；同时，也从市场传回了最符合市场实际的信息，如果没有这项工作，永远不了解客户，永远会处在其他品牌之下。

中国很多大的家电企业都在中国市场上建立起了自己的品牌，但在品牌国际化的时候则停留在OEM状态，虽然出口营收年年增长，但是这只是在做贸易，根本没有做品牌。所以说，如果中国的家电产品没有品牌，即使全球很多市场没有贸易壁垒或者技术壁垒，仍然会存在品牌壁垒，我们的产品仍然难以在这些市场销售。

家电制造中心的每一次转移都会产生新的国际化品牌。制造中心向中国转移也给中国家电企业转变为世界级品牌创造了机会，但是阻力也是非常大的。

所以，怎样创新，走出老品牌发展的窠臼，是中国家电品牌在发展中要解决的问题。当然，照目前中国家电企业的发展情况看，单纯依靠企业的突围显然是不足的，政府应该研究在品牌突围中扮演的角色。（罗清启）

展战略。品牌没有价值描述与规划，没有发展方向，几乎所有的推广活动都成了无主题的"广告散打"，近十年家电推广史除了广告剩下的还是广告。

我们的家电企业正处在追赶发达国家的关键时期，我们也看到，任何一个家电企业都希望快速缩短与发达国家家电企业的差距，但是我们却真真正正地看到了一个没有品牌指导战略的失败。连年的价格战已经在中国市场造成明确的品牌界限划分，在缺乏品牌战略的战略指导下，我们渐渐的、自动的把自己与发达国家的品牌分离开来。

该到打理自己品牌战略的时候了。中国家电业的真正贫穷不是技术，也不是资本，真正的贫穷是品牌，真正稀有的是品牌战略。真正的品牌可以以几何基数整合技术与资本等资源，缺少品牌的技术与资本是没有生命力的沉淀资源。

但是，我们依然看到，一些少数的所谓的主流企业一起在固守自己特有的"三线品牌构造战略"，即全国媒体制造概念，区域舆论大放烟雾引领市场，渠道内编造故事连骗带蒙这些企业在高空与区域手段不起作用的时候，甚至提出了渠道促销力决定销售力的理论，其实这种沟通模式实际上是在饮鸩止渴，短期可以促进销量，但对品牌的建设却有百害无一利。

销售力的本质拉动力量是品牌，而不是渠道谎言，希望这些企业科学地设计规划好自己的品牌战略，健康沟通、坚持住，等待的结果将是一个个前所未有的个性化品牌。（超 杰）

## 标　识

红旗®

江西前卫化工厂

国营吴江新联丝织厂

记 事

5月10日

1994 《棉花质量监督处罚暂行办法》发布。

1991 国务院《关于鼓励生产和使用国产先进技术产品若干问题的通知》发出。

5月11日

2002 第35届亚洲开发银行理事会年会"中国日"研讨会在沪举行。

1995 上海申佳铁合金公司获"中国方圆标志"(铁合金行业首家)。

国务院批转经贸部、国务院生产办《关于赋予生产企业进出口经营权的有关意见》。

5月12日

1999 长虹集团宣布全面降低彩电价格。

1993 国际护士节。

第6届全国10大最佳合资企业(生产型)在京揭晓。

# 中国冰箱业 中外品牌的激烈竞争

世界是一个大家庭,世界是一个大市场。有人的地方就有需求,有需求的地方就会有竞争,这是亘古不变的规律。谁会笑到最后?——胜利永远属于有准备的企业。

国内冰箱业经过十几年的发展,在技术开发及市场运作上已日臻成熟,从而被业界誉为"最为成熟的行业"。但表面上平静如水的冰箱市场,其实一刻都没有停止过激烈的竞争。其中洋品牌的加入,可以算是一道美丽的涟漪。

**三进中国,路途艰辛**

到目前,洋品牌可以说已是三进中国市场。改革开放以后到20世纪80年代中期,中国市场一直是国外进口冰箱的天下。80年代中期以后,随着一批中国冰箱企业的崛起,进口冰箱风光不在;20世纪80年代末到90年代初,家电市场的疲软带来中国冰箱业自身的优胜劣汰,淘汰了一批没有竞争力的企业,同时也打开了国门,引入了国外的洋品牌,为洋品牌提供了在中国的第2次发展机会。但到了90年代中期洋品牌全面萎缩,中国冰箱业靠国产品牌打下半壁江山,并因此被誉为最成熟、最有竞争力的行业。进入2000年,洋品牌又开始了第3轮的冲锋,他们将收购、兼并的中国冰箱企业作为阵地,摆开了"决战"架势。

洋品牌为何要三番五次地进军中国市场?最关键的是中国冰箱市场有庞大的容纳力。要在21世纪的世界冰箱市场上占据主动,必须在中国这个世界第1冰箱销售国分一杯羹。因此,他们不惜一切代价,一次又一次地抢滩中国市场。

显然,洋品牌进军中国市场并非坦途。日前中国家电协会对全国冰箱1—6月冰箱销量统计显示:在150万台以上规模的品牌中,只有国产的海尔和容声,其中海尔在高基数下仍然保持21.2%的增长势头,容声由于战略调整等原因增速略有下降。在100万—150万台规模中出现较大空当儿,显示出海尔、容声具有明显的优势。在30万—100万台的规模中,三星增长最快。其利用中国的低价劳动力,将中国作为出口基地,成为中国所有外资家电企业中发展最快的外资企业。在30万台以下的规模中,伊莱克斯比2001年同期负增长0.27%,尽管较前几年有大幅减缓,但能够在成熟的中国冰箱行业中立住脚实属不易。不难看出,海尔、容声、美菱、新飞四大国产冰箱仍以64.9%的市场占有率牢牢把握着中国冰箱市场的主动权。这个稳定的高份额,确实让洋品牌进也不是,退也不是,别有一番滋味在心头。

**实力比拼,已分伯仲**

市场的较量最终是实力的较量。冰箱业的实力构成主要有这样几条:技术水平、创新能力、服务水平以及本土化等。

技术水平:从目前在中国市场销售的洋冰箱产品来看,可以毫不讳言地说,中国冰箱的技术水平已经处在世界制冷业的前端。在国产冰箱中,已应用了一些尖端边缘技术,如海尔的银色变频冰箱、全频网络冰箱,科龙的生态保鲜冰箱等。这些技术的应用,在世界冰箱业都是走在前面的。特别是在今年德国科隆博览会上,海尔全频太空王冰箱成为博览会的焦点,其引领世界冰箱潮流的实力,令欧洲经销商惊呼"狼来了"。一些洋品牌由于对中国消费者的预期消费估计不足,有些仍然用国内冰箱业早已淘汰的机械温控技术。另外在节能等方面也落在国内冰箱企业的后面。2001年5月份，在国内冰箱进行了第1次冰箱产品节能认证，首批通过认证的9家企业的103种型号的冰箱和冷柜产品中，洋品牌仅占其中的10种型号，还不到总量的10%。值得中国人欣慰的是，中国冰箱不仅在国内市场，而且在国际市场上也具有很强的竞争力。在美国，海尔冰箱占到美国小容积冰箱25%的市场份额。在欧洲，海尔全频太空王冰箱的日耗电量仅0.48度，几乎只有欧洲A级冰箱能耗标准的一半。

创新能力：近年来，国内几大主要冰箱企业不断推陈出新，环保、抗菌、保鲜、变频、网络等新型冰箱层出不穷。创新能力的提高加快了产品的更新换代速度，这种创新速度对于在中国还没有发展起来的洋品牌来说，是最头疼的事。由于规模小，投入少等局限，他们在中国市场推出的产品基本上只是尺寸、容积上的变化，而有些中国冰箱企业已经在全国范围内推出了以“你设计我生产”为模式的B2B2C产品定制，真正满足了消费者的个性化需求。如果洋品牌能抓住消费者求新、求异的个性化需求，洋品牌仍然有机会获得其固有的市场。

服务水平：洋品牌意识到在中国市场做服务很难，所以推出了“家庭保养师”、“售后零服务”等理念，但理念总归是理念，做到位却是一件很费时、费力、费钱的事。在欧洲，由于社会专业化分工很细，有专门的机构搞维修服务，而在中国，这些工作必须由企业自己来做好。前两次洋品牌的败北、中国冰箱的取胜，服务就是其中极其重要的砝码。如果洋品牌过不了这个门槛，那么，它上升得越快，麻烦就会越多。

本土化：应该说，任何一个国际化企业到国外办厂都必须走本土化道路，但本土化绝非一件轻而易举的事情。要做好本土化，就要真正做到本土化设计、本土化生产、本土化销售，需要企业自身具有先进的企业文化，而且必须与中国本土文化相结合。中国人既然打开国门，引进了洋品牌，就希望洋品牌能够更好地提高中国消费者的生活质量，而这种生活质量一定是中餐而非西餐，就好比中国人未必喜欢吃西方的奶酪、黄油一样。

**两个市场，谁主沉浮**

中国加入WTO以后，国产品牌与洋品牌依然会在中国市场上乃至世界市场上展开竞争，并且，这种态势必将扩大到多个行业。从这个意义上说，国产品牌与洋品牌的三次较量，只是拉开了这种竞争态势的帷幕。

其他行业类似的市场争夺战也证实了这一点。彩电业20世纪90年代以前是洋品牌的天下，90年代以后，中外品牌各占半壁江山，但到20世纪90年代中后期，洋彩电便基本销声匿迹，国产品牌占据主导地位，而现在，洋品牌又有东山再起的迹象。啤酒行业也是如此。90年代初，60多家洋啤仿佛是一夜之间占领了中国的大多数酒店和商店，并且购并了国内大半的大中型啤酒企业，包括青啤在内的国啤黯然失色。而仅仅过了5—6年，洋啤亏损状况日益严重，纷纷退出中国市场，国啤在竞争中迅速壮大，重新成为市场的主宰者。现在，有的洋啤已改变了策略，又开始用渗透的办法进军中国市场。

这种争夺战之所以会在中国多个行业领域展开，同样是因为中国有庞大的市场容量。这个庞大的市场对洋品牌的吸引力是巨大的。因此，这种争夺也是不可避免的。

面对争夺战，国产冰箱必须在技术、创新、人才、服务等各方面增强自己的实力。赢得这场市场争夺战的根本法宝最终必须以实力做保证。据家电协会统计：2002年1—5月欧美洋品牌在中国共销售34万台左右，而中国冰箱出口国外达170多万台，其中仅海尔1家上半年就出口冰箱69.1万台。

正如洋品牌进入中国一样，中国品牌也会走进洋品牌的故乡。世界是一个大家庭，世界是一个大市场。有人的地方就有需求，有需求的地方就会有竞争，这是亘古不变的规律。谁会笑到最后？——胜利永远属于有准备的企业。

（关　鹏　时　光）

## 标　　识

南京天龙股份有限公司

海　狮

江苏海狮机械集团公司

## 记　事

**5月12日**

1984 国务院决定将《中华人民共和国发明奖励条例》第六条和《中华人民共和国自然科学奖励条例》中规定的获奖项目的资金数额由一等奖10000元，二等奖5000元，三等奖2000元，四等奖1000元修改为：一等奖20000元，二等奖10000元，三等奖5000元，四等奖2000元。新规定从1984年起实行。

**5月13日**

2002 山东菏泽锻造保安大市品牌。

浙江衢江竹炭保健品成全国重点品牌。

1992 国内最早生产电冰箱的企业——北京雪花电器集团本部并入北京冰箱压缩机厂。

**5月14日**

2002 上海国际艺术节首届企业品牌·形象代言人竞选活动举行。

1996 燃气热水器实行生产许可证管理。

首届“中华人民共和国国际科学技术合作奖”在京授奖。

1994 中国500名企业创业者评出。

# 彩电竞争　争在品牌

中国的彩电业在加入WTO后竞争力是增强还是减弱，中国的彩电企业将有哪些品牌能立足市场不败，这是行业内和社会各界普遍关心的问题。彩电价格大战，给企业及全行业带来的巨大影响，信息产业部2002年初公布的一系列数字足已说明问题，然而对品牌的影响可能会在今后的竞争中逐步显现。价格大战首先最直接影响的就是企业产品的价格和行业整体价格水平的大幅度、大面积下降。人们都对2001年彩电降价时，商店门口排长队争购的情景记忆犹新。的确，消费者总是以踊跃的购买行动来扮演最为积极的参与角色，但这种出于趋利本能的行为并不能表明消费者对价格大战的消极评价。

夏忠群认为，权威的市场研究表明，价格下降给消费者带来的感受主要有6个方面：一是认为这种产品的式样老了，将被新型产品所代替；二是认为这种产品有某些缺陷，销售不畅；三是认为企业财务困难，难以继续经营下去；四是认为价格还要进一步下跌；五是认为这种产品质量下降了；六是认为企业在让利给消费者。由此可以看出，消费者在享受降价带来的实惠的同时，更多的是对国产彩电的品质越来越怀疑。因而不可避免地损害了企业的品牌形象。

更重要的是，一个事件对品牌造成的伤害，有些不是马上就能显现出来的，作为结果，可能会在以后若干年后才体现出来。价格大战使得企业利润降低，没有更多的资金投入到新产品开发上，其品牌的竞争力和形象必然会受到影响，另外，价格大战使为消费者提供完善的售后服务的资金受到影响，这也会对品牌的形象产生影响。

对于多数中国彩电企业来说，运用品牌策略收拾价格大战后的市场残局还有相当的困难，因为与国际彩电强势品牌相比，中国彩电企业在品牌策略方面的差距还很大。在技术方面，中国彩电业和其他大部分家电业一样，主要精力集中于引进。然而，一方面，中国企业还没有足够的资金引进最先进的技术；另一方面，出于竞争的考虑，外国企业也不可能把最先进的技术转让给中国企业。因此，中国彩电品牌至今也没有能掌握最先进的彩电核心技术，更没有形成最先进的彩电核心技术的自我开发能力。

虽然中国的彩电企业几乎都打起了品牌的大旗，但从严格意义上说，几乎没有一家企业真正在科学、系统、规范的意义上运用整合营销传播，制定出塑造品牌的策略。

在核心技术上处于弱势的中国彩电企业，要想提高竞争力，就要走出一条独特的路。

中国彩电业曾走过的路与日本极为相似。长期学习、采纳美国技术的日本人通过技术创新，采用精加工工艺和融入先进的管理，使其产品质量超过了美国，造就了松下、索尼等世界彩电巨人。然而，目前，世界上最先进的彩电核心技术仍掌握在美国人手里。但是面对差距，日本选择了专心做产品，创新整机技术，取得斐然成绩，美国人也趁机只做前端开发，将日本企业作为技术嫁接的对象，形成自然分工。

同时，中国彩电企业还必须争夺品牌策略这一企业竞争的战略制高点，才能与外国企业进行水平对等的竞争。这就要求中国彩电企业必须在强化品牌策略学习的基础上，真正树立品牌理念，掌握培育品牌的科学方法，使中国彩电品牌更多地出现世界级的知名品牌，用品牌效应创造更多的经济效益，让中国的彩电不仅在国内市场，而且在国际市场上都更具竞争力。

（王杨二）

品牌案例

# TCL何以后来居上

TCL集团是一个颇值得研究的企业。这不仅仅因为它从1981年靠5000元贷款起家，20年后发展到年销售收入211亿元（2001），成为电子行业的龙头企业。更因为，TCL几乎在进入的所有领域，都是后来居上。

比如彩电，TCL在市场早已供大于求，一些企业纷纷倒闭的1992年才杀入市场，1996年进入三甲。2001年产销量达到613万台，跃居行业第一；集团利润达到7亿多元，其中彩电赢利3亿多元。

比如手机，TCL是1999年闯入市场。两年后，在国内手机厂商中TCL做到了第二。2002年上半年，TCL跃居国产手机销量第一，在国内市场中外手机品牌中跃居第三。

此外，电话机、电工产品，TCL也都执掌行业牛耳。

TCL是怎样在市场竞争中领先的？

**弱者生存之道：跟跑战略**

仔细研究TCL 20年的成长历史会发现，TCL在进入每个新领域时，实力与竞争对手比，都处于劣势。但是，作为相对弱小的TCL在闯入时却采用了跟跑并直接切入高端的战略。比如电话机，TCL直接上按键式的，彩电直接上大屏幕的……

TCL的经营者认为，事实证明“跟跑”比“低端”更容易成功。比如手机，我们“跟跑”开发2000—3000元的手机。这样的中高档产品利润空间大，你有利润1000，我只要500，价格就有了优势。

当年的彩电也一样，TCL站住脚同样得益于高端产品的大利润空间。1992年TCL搞彩电，别人的产品主要是21英寸，他们却主打29英寸。当年的29英寸彩电，进口产品要1万多元，TCL把价格降了一半还有利润。

集团总裁李东生说，TCL的“跟跑”能成功首先在于快速，其次要有自己的变化。比如手机，TCL跟的是摩托罗拉在国内卖的最好的型号V998，但TCL做了最大胆、最得意，其实也是再简单不过的变化：镶嵌宝石，推出了宝石手机。这一小小的变化在市场上收到了意想不到的功效。

**后来者要想居上：必有一先**

TCL的成功绝非仅仅在于模仿，或在模仿基础上的小变革。一个产品的成功有偶然性，它虽然可以使一个企业短期内赚到钱，但是它无法长期支撑一个企业，更不可能使这个企业后来居上。

真正使后来者TCL居上的，一定是更深层次的东西。这个东西是什么？

TCL从1992年搞彩电，一直到1997年在企业构架上的一个怪现象揭开了这个谜：是超前的营销战略让TCL领先。

也许你不信，一直到1997年，以生产彩电著称的TCL其实根本就没有自己的彩电生产企业！1992年TCL是先以卖彩电的身份进入彩电领域的。这个身份以及地处广东，熟悉“三来一补”模式的TCL，走了一

标　识

常州客车制造厂

宁夏香山酒业有限公司

长春市净月纸制品厂

## 记　事

### 5月14日

1992

全国旅游涉外饭店星级评定归口国家旅游局。

《关于对主要旅游城市服务质量工作综合评定办法的通知》发出。

1991

国家工商局商标局发出《关于抓紧解决“两本账”商标问题的通知》。

第一届全国肉类食品商品交流会在湖北省襄樊市举办。

### 5月15日

2002

青岛推出“品牌护士”。

摩根斯坦利投资中国汽车业。

2002年中国城市竞争力排行:香港位居全国榜首。

1999

全国首次保险经纪人资格考试。

1996

《中华人民共和国促进科技成果转化法》发布。

1995

首届全国优秀女乡镇企业家表彰会召开。

中国轻工业200强企业排序结果揭晓。

---

条令当时所有企业想都不敢想的道路:“先店后厂。”

即把一般传统模式下先要建流水线、建生产基地的钱去建店、建营销渠道和网络。当时的李东生想:“既然香港人可以抓住设计、销售两头，把生产加工委托内地做，TCL为什么不 行?”

后来的事实证明，拥有营销渠道远比拥有自己的生产基地更能抗风险。特别是当产品严重过剩，别人被资金拖欠所困扰时，TCL由于渠道在自己手里，保证了贷款的回收，因此资金状况、资金周转远好于对手。

建立营销渠道、生产外包在今天已经不是什么经营秘诀,企业“哑铃型”结构也成为了最基本的企业形式。但在1992年这个“先手”对成就今后的TCL还是起了关键的作用。现在看来，任何后来者要达到“居上”的境界,必有一“先”。TCL正是靠这一“先”，使自己的营销能力胜出对手,而一举实现超越。

一些学者分析了TCL的成功后认为,技术能力、营销能力、融资能力是企业不可缺少的职能能力。企业进入一个产业初期，营销能力是最重要的能力之一，特别是进入一个专业化分工程度高的下游消费类产业，营销能力恐怕比技术能力更重要。

TCL这一成功对于国内企业的借鉴意义很大。因为，我们绝大多数企业与跨国公司比，在技术、融资等能力上差距巨大，但是营销能力，特别是国内市场的营销能力，可以一搏。

**制胜的灵魂所在:务实思维**

记者与李东生交谈时也问了这样一个问题：TCL的成功是后发者的成功,是弱者的成功。但是,这些经验随着TCL地位从“跟跑”变为“领跑”,恐怕不再适用。

李东生从两点回答了这个问题。一是改变参照系。和摩托罗拉、诺基亚比，TCL仍然只能是“跟跑者”。二是坚持“务实思维”,其实这才是TCL成功的灵魂。

TCL的确是一个务实的企业。TCL没有庞大的工业园或工业城，甚至没有气派的总部大楼，这个行业老大的办公楼埋没在一群居民楼里,简直有点寒酸。

TCL的一切战略都服从于务实思想。比如技术战略，务实的李东生知道，200多亿收入的TCL想要像其他企业那样强调突围核心技术是不现实的。因此，TCL走了一条先外围战术，逐步掌握重要技术，在条件具备时伺机突破某些核心技术的务实技术路线。比如,TCL特别注重国内长期忽略的工业设计，在高校搞工业设计大赛，力求在外围技术上先突破。TCL销量最好的手机设计就出自刚毕业的一名大学生。

再比如,TCL内部,看中的不是销售量,而是回款量。因为,销售量虽然大、好看，但真正起作用的是回款量，那是企业赚到手的钱，而订单不是。

TCL的务实还表现在李东生不好大喜功。李东生特别指出:“如果有可能，报纸文章多涉及一些TCL的问题，千万别把我们写成完美的典型,其实我们的问题很多。”李东生在企业内部的一个讲话中有这样一段话：“虽然我们上半年销售增长了56%，利润增长了近1倍，出口增长了50%多,上缴税金增长了70%多,光看报表我们会觉得很了不起。但是我们有51%的企业是亏损的，我们的成功是靠少数几个项目支撑的，而且这些项目，基础并不稳固。如果有什么闪失，我们还是难以承受。在竞争中不小心挨别人一拳,就有可能爬不起来。”

这就是TCL的品质，不图虚名,扎实奋进!　　(冉永平)

# 家庭饮水机成就大产业

“与彩电、洗衣机、电冰箱等传统大家电相比，饮水机目前的家庭拥有率还较低，因此在未来相当长一个时期市场都将呈现较旺盛的消费需求。调查统计结果显示，仅在未来一年里就有26.9%的城市居民家庭表示肯定或可能会购买饮水机，由此可以推算出，在未来一年里中国城市居民家庭水机市场潜在消费量将达到670万台，这里还不包括商业用户的消费需求量。由此可见，饮水机产业在中国小家电市场具有非常广阔的发展前景。”日前发布的《2002年中国城市家电消费市场调研报告》这样描述了目前中国饮水机消费市场总体情况和品牌竞争态势。

此项《报告》是由国务院发展研究中心市场经济研究所联合信息产业部经济体制改革与经济运行司、中国家用电器协会、北京顾能市场调研中心共同组成的“2002年中国城市家电消费市场联合调查研究课题组”完成的。

课题组对中国6大行政区54个大中小不同规模城市2.34万个居民家庭的家电产品消费状况和预期需求进行了专项调研。调研统计数据显示，现阶段中国饮水机市场重心已经由商业用户逐渐转向家庭消费，并随着消费者对饮水机认知度的提高，又促进了饮水机更广泛进入居民家庭。

中国饮水机行业起步较晚，它是伴随着桶装水行业的发展而壮大。桶装水行业最早在商业用户中得到应用，它既方便又卫生。因此，迅速替代了原有的烧水设备，尤其得到写字楼的青睐。其后商业应用成为饮水机重要的消费对象。近年来，饮水机市场一直保持快速增长势头，1997年国内饮水机市场规模在100万台左右，2001年整个市场规模已接近1000万台。

**家庭饮水机拥有率快速增长**

调查统计数据显示，当前中国城市居民家庭饮水机拥有率为19.7%，饱有量约为985万台。饮水机进入城市居民家庭的时间较短，大体是从1999年初进入居民家庭的步伐开始加快。消费者目前所拥有的饮水机主要是在2000年以后购买的，2001年市场销售量达到了384万台，2002年1—4月市场销售量已达到了172.8万台，预计2002年的销售量将超过上年，家庭消费饮水机数量占饮水机市场规模的比重越来越大，相信在不太长的时间，将超过商业用户的市场规模。

虽然当前中国城市居民家庭饮水机拥有率提高的较快，但是个别城市的拥有率差别较大，天津、深圳、南京、大连、北京、上海、厦门、成都等大城市的饮水机拥有率更是高达30%以上。但是，中小城市居民家庭饮水机拥有率还较低，其原因一是这些城市居民对饮水机产品的认知度还不高；二是这些中小城市桶装水产业规模较小，从侧面影响了饮水机的消费需求。由于饮水机单台价格并不高，一般城市居民都具有购买能力，因此城市居民家庭经济收入状况对饮水机的拥有率并不具有相关联性。但是，课题组的专家指出，由于饮水机是与桶装水配套使用的，因此桶装水的质量、桶装水产品的多样化和个性化发展都直接影响饮水机市场的需求。

**进入家庭步伐将加快**

与彩电、洗衣机、电冰箱等传统大家电相比，饮水机目前的家庭拥有率还较低，因此在未来相当长的一个时期市场都将呈现较旺盛消费需求。调查统计结果显示，仅在未来一年里就有26.9%的城市居民家庭表示肯定或可能会购买饮水机，由此可以推算出，在未来一年里中国城市居民家庭饮水机市场潜在消费量将达到670万台，这里还不包括商业用户的消费需求量。可见，饮水机产业在中国小家电市场具有

常州齿轮厂

常州变压器厂

记　事

5月16日

微软(中国)有限公司与TCL移动通信有限公在京签署合作备忘录。

门户网站新浪、搜狐、网易、21CN的邮箱为收费与免费并存,263对邮箱用户全面收费。

乐凯抢滩数码影印市场。

北京三元正式收购上海全佳乳品。

交通银行上海分行推出收费理财服务。

民生银行宣布将同时与花旗、汇丰等32家外资银行展开全面合作。

娃哈哈进军童装业,迈出跨行业经营、多元化发展第一步。

《南方周末》揭秘中华灵芝宝。

深圳市民"十大认知度最高的汽车品牌"排名公布。

中国电信挂牌换标。

各地区白酒状元品牌发布。

中国广告网、南方都市报、凤凰卫视、南方电视台在广州举办2002年世界华文广告颁奖典礼及论坛活动。

2002

中国移动通信集团公司揭牌。

"打盗版——中国2000大行动"拉开序幕,25万张走私光盘在云南瑞丽销毁。

520户国有重点企业领导知识产权培训班开幕。

2000

非常广阔的发展前景。

由于各个城市饮水机消费背景存在着较大的差异,从而导致各城市的饮水机预期需求也产生较大的差异。统计数据显示,在未来一年里深圳市居民家庭的饮水机预期购买率最高,达到了49%。此外,汕头、西安、青岛、温州等城市的饮水机预期购买率也明显高于中国其他城市。

目前,中国饮水机产品主要有两种类型,一种是单冷型,一种是冷暖两用型。调查结果表明,中国城市居民购买饮水机主要是以冷暖型为主,比例高达83.3%。这主要是由居民生活习惯决定的。但是从市场细分看,中国东部地区城市居民选择单冷式饮水机的比例相对较大。

调查统计数据显示,饮水机预期消费者对饮水机的预期价格主要集中的3个价格段:即300元以下;301—500元;501—700元。这与当前饮水机市场销售价格基本接近。课题组的专家认为,这意味着中国饮水机市场供求基本平衡,产品价格较为合理,生产企业今后应在产品性能、外观有新的突破,将会得到消费者的青睐,相反,如果一味实行价格竞争策略,将难以取得明显效果。

**品牌竞争具有领先优势**

课题组在调查中发现,目前中国城市居民家庭中所使用的饮水机基本上都是不知名品牌,其比例占总拥有量的52.9%。在知名品牌中,安吉尔的品牌拥有率最高,远远超过其他品牌。美的、司迈特的品牌拥有率也较高。此外,奇迪、延中、惠康、国信也都取得了较为稳固的市场份额。

在饮水机品牌预期购买调查中可以看出,消费者对饮水机行业的品牌状况很不熟悉。在预期购买饮水机的消费者中,有49.3%的消费者不能确定所要购买的饮水机品牌。他们在选购饮水机时主要是在购买现场观看和听销售人员推荐,具有很大的随意性。为此,饮水机生产企业应有针对性的加强产品销售现场的感召力,特别是要提高销售人员的专业知识水平和营销能力。

(闫志强)

# 中外品牌逐鹿小家电市场

**小家电的"花样年华"到了**

大家电与小家电并没有泾渭分明的界限。一般来说,那些价格不高、体积不大、不是家庭必需品而是充当着显示生活质量和品位的家用电器,都可划入小家电的范畴。按中国家用电器商业协会的有关规则划分,小家电有制冷换气、清洁、厨房、美容、保健、取暖和视听7大系列;按小家电进入市场的时间划分,又有传统小家电和新兴小家电两大类。

中国家电行业经过20年的发展,已经形成了完整的工业体系。不过,大家电独领了上个世纪的风骚,小家电在世纪末才迎来了自己的"花样年华"。

2000年,中国小家电的出口总额高达50亿美元,较上年增长了1/3以上。空调和微波炉是增长的重点,其中空调已经成为第一大出口产品,其次是电风扇和微波炉,电熨斗、榨汁机、电吹风、电动剃须刀等也是重要门类。小家电成为中国家用电器出口的主力军。

国内市场也是一番喜人景象。美兰德信息公司与全国21家调查机构最近对上海、北京等22个城市居民生活进行调查的结果显示,2000年,上海、北京等22个大城市家庭购买家电支出总额高达320亿元,主要表现为大家电的更新换代和小家电的拾遗补缺。

专家指出,影响小家电发展的3个重要因素分别是经济条件、住房环境、生活习惯。随着人均GDP的增长、居住条件的改善和生活文明的进步,制约小家电普及的瓶颈问题被逐一打破,消费者对“方便、实用、好用”的小家电的需求日益强烈。据资料介绍，西方国家的厨房小家电普及率达 80% 以上，而中国大中城市居民家庭的厨房小家电普及率尚不足 1%，一些小城市连这个百分比都达不到，农村则基本处于未开发状态。与发达国家平均每户拥有 30 多件小家电相比，中国居民家庭小家电市场有 10 倍的开发潜力。

有关部门的统计表明，目前国内大家电的利润约在 5% 左右或更低，小家电则一直高达两位数。预计 2001 年，相当部分的家庭仍有意向购买家用电器，意向购买支出达 440 亿元左右，比上年增长了 37.7%；新兴小家电大多将保持 30% 以上的增长速度，不过利润会略有下降；2001 年小家电的出口将保持去年的发展态势，全年出口额约在 65 亿美元左右。

拥有着太多利好消息的小家电市场，跨入新世纪后，更令无数英雄竞折腰。

**中国家电巨头、专业厂商、海外名企："英雄"聚首小家电**

走过了“地方品牌全国圈地运动”和“同品并购时代”的中国家电业，在 2000 年开始进入了“异品吸收时代”。简而言之，即大的家电企业以“新多元化”为主题，积极吸纳其他相关产品来丰富自己的产品线，完善产品结构。众英雄不谋而合的举动便是染指小家电市场，毕竟高达两位数的利润实在难以抗拒，更何况还有在大家电市场指点江山的豪情做底气。

将“东方不亮，西方亮”的多元策略翻云覆雨的海尔发誓：两年后要成为中国小家电第一。海尔自 1996 年进军厨具业至今，小家电的品种和市场份额一直在不断上升，吸尘器销量全国第一、抽油烟机全国第二工工。眼下，它正驾驶着印有“Haier”标志的巨型战车，在小家电的多个领域里开疆拓土，有声有色的营销攻势亦被公推为“中国家电业世纪末的最大手笔”。

在专业制冷领域长袖善舞的科龙宣布：5 年时间内成为国内最大的小家电生产制造基地。言既出，行必果。时隔月余，科龙便率领呱呱坠地的小家电新品亮相于全国各主要城市，其“整合厨房”系列博得如潮的好评。眼下，科龙正用“扎实做事，苦心经营”来弥补迟来的遗憾。

对小家电用情不移的美的则坦言：5 年内将建成中国的小家电“航母”。美的诞生伊始，即对小家电一见钟情并全心投入，从而拥有了今天的财富和施展才华的平台。2000 年，美的小家电的销售收入超过了 30 亿元，其“差异化”的产品跟进策略不仅敲开了传统小家电和新兴小家电的市场之门，而且在“价格大战白热化”的微波炉领域中抢占了利润丰厚的高档阵地。

在“微波炉王国”里自由翱翔并左右着游戏规则的格兰仕却声称：将采取薄利多销的市场策略，走专业化、超大规模化的道路进入电风扇生产领域，争取在两年内达到 2000 万台的规模，格兰仕选择 20 世纪 60 年代就已经出现的“夕阳产品”电风扇作为自己的另一支柱产品，无非是看中了它巨大的国际市场。

与家电寡头有着同样热情和激情的尚有国内的小家电中小专业生产企业，其中不乏消费者熟悉的品牌，像抽油烟机中的帅康、方太、老板、樱花、电饭煲中的容声、三角、立邦、消毒柜中的万和、康宝、康星，电熨斗中的卓力，空气净化器中的亚都……多年的实战经验已经让他们“宠辱不惊”、“处变不惊”了，虽然现在的小家电市场群雄争霸，但专心做好自己，总能“取一瓢饮”。

占据着小家电市场另外半壁江山的则是来自海外的劲旅，菲利浦、松下、西门子、勃朗、伊莱克斯、好运达、霍尼韦尔、康特、尚朋堂……携着领先的技术、卓越的品质、精巧的设计、完善的功能、时尚的外观、称心的配置，一举占领了小家电的高档市场。虽然数量和规模难与国货抗衡，但高端产品的利润亦是国货望而兴叹的。

**搞好小家电要品质立身、品牌挂帅**

要想在正处于“黄金期”的小家电市场中有一番大作为，有关专家建议国内企业应从以下几方面考虑：一是

## 记　事

### 5月16日

2000

国家工商局商标局就撤销PDA商标一案情况向新闻媒体通报。

国家工商局商标评审委员会商标评审培训在京举行。

1997

筹建"中国造纸博物馆"。

1991

"中国物品编码中心""加入国际物品编码协会",中国的国别号为"690"。

中信澳大利亚公司荣获"亚洲商业奖"。

### 5月17日

2002

品牌资产银行质押贷款遭遇"红灯"。

2000

中国电信集团公司揭牌。

1994

中国环境标志产品认证委员会成立。中国环境标志产品制度建立。

1993

1992年110家全国质量效益先进型企业在京获表彰。

通过技术创新和管理创新进一步改善产品性能，扩大生产规模，以降低生产成本；二是依托科技进步推动产业升级，提高产品的科技含量；三是充分利用现有品牌、人才、技术、销量网络等资源，实行产品多样化、系列化、配套化、新颖化、智能化，从而在把小家电市场的蛋糕做大做好的同时，奠定自己的市场地位。

鉴于目前全国小家电市场集中度不高、至今尚无一个强势品牌坐镇指点江山的现状，中国家电商业协会家电工作委员会主任傅教智指出，企业在开发小家电市场时，一定要采取高档品质中高价格的策略，把树立品牌作为首要任务来完成。在家电市场产品琳琅满目的今天，走低档低价位的路子显然是没有前途的。2000年,中国出入境检验检疫局、海关总署、外经贸部等联合发出通知,要求今后对出口小家电产品实施法定检验,阻止不合格产品进入国际市场。

小家电生产周期短、产品更新换代快、具有独特的市场运作模式、面对的营销渠道更广、对价格的敏感度相对较低……种种因素都要求大家电企业在小家电市场的竞争中,不可盲目采取以前操作大家电的模式来经营小家电,即打赢这场仗的关键不在于压低生产成本、降低产品价格，而在于其产品的实用性和创新能力。

科龙集团家电公司总经理王妍指出,科龙进军小家电是品牌的延伸和规模的壮大。她认为,科龙介入小家电的优势是一种综合优势,即品牌、人才、资金、技术和网络等诸多优势的累加。但小家电又与大家电有很多的不同,小家电的品种更多，物流量更大，在产品和营销方面需要做得更细。所以要以"小家电、大市场、大营销"的认识高度来对待和重视。

美的集团家庭电器事业部总经理张永涛则认为,经营大家电与小家电的最大区别不在于技术与营销网络,而关键在于心态。他剖析美的小家电成功的奥秘是:专注。因为小家电主要以规模取胜,所以从始至终都得认真、执着。

格兰仕集团副部总经理俞尧昌谈到,大家电企业对小家电的渗透影响是客观存在的，所以小家电企业走规模化、专业化、集约化和技术进步、薄利多销才是生存之道、发展之道。当规模上去后必然派生出技术优势、品质优势、成本优势等,品牌的地位和影响力也自然产生。　(金　坪)

### 品牌报道

# 嘉陵摩托乃居行业榜首

继2000年、2001年连续保持国内摩托车产销量第一位之后，嘉陵集团2002年上半年销售量同比增长10%以上,继续保持行业第一。

为提升嘉陵品牌形象，嘉陵把品牌同摩托车运动紧密地结合起来，举办"嘉陵杯"全国越野摩托车锦标赛,通过比赛,嘉陵摩托车的品质和性能获得了验证，给嘉陵品牌赋予了运动的活力。

嘉陵集团还策划和实施了"嘉陵摩托，信赖之旅"巡回演出活动，通过在全国各地巡回演出，向消费者宣传"科学消费"主题，以及企业诚实、信用的经营原则。嘉陵摩托车特技表演队每到一地，无不受到当地群众的喜爱，每场表演，都有上万的热心群众观看，这一系列的活动，既向群众宣传了环保意识、科学消费，也展示了嘉陵摩托的优良品质和卓越性能。

在市场营销方面，目前，嘉陵在全国已有4000余家零售网点，销售网络开始向乡镇发展，方便消费者购买，经销网点还快速收集市场信息,对市场变化作出快速反应。2002

# 中国摩托车 由大做强难在哪里

(一)

中国摩托车工业的发展之路是许多鼓励市场充分竞争的人士津津乐道的。相对于汽车而言，摩托车管理部门花的精力最少，而发展速度却最快。1993 年，中国摩托车产量达 335 万辆，首次超过日本当年产量 (302 万辆)，成为世界第一摩托车生产大国。在以后的 7 年时间里，中国摩托车工业始终保持着这一殊荣：1997 年，产量跨过 1000 万辆，占当年世界摩托车总产量的 50%；2000 年，再创历史新高，达到 1153 万辆，“摩托车大国”的优势得以继续保持。

尽管如此繁荣，但业内人士仍有不少忧虑。其中最重要的一条就是，中国摩托车产销量第一的优势已保持了相当长的时间，但仍然只能称“摩托车大国”，而不能称为“摩托车强国”。中国加入“世贸”，随着关税的降低和非关税壁垒的逐步取消，国外摩托车，特别是大排量摩托车将批量进入中国市场，与此同时，国外厂家对摩托车知识产权保护将会进一步加强，使得目前许多企业随意测绘、抄袭和仿制国外摩托车变得不可能，这些都将对中国摩托车生产大国的地位提出严峻挑战。

专家认为，中国之所以不能称为“摩托车强国”，主要原因有三：①国内摩托车生产企业普遍没有真正意义上的整车开发能力，“走捷径”的抄袭、仿制之风盛行。②生产集中度进一步下降，与“八五”期间相比，生产企业数量增加了 1/3，生产集中度下降了 28%。③企业效益大幅滑坡，目前全行业已接近亏损边缘，利润率仅 1.24%。

(二)

相对汽车行业管得过“死”而言，摩托车行业的管理太“松”，在某些方面可以说处于一种“失控”的状态。正是这一

年上半年，随着“悍马王”、“金色年华”等系列车的推出，给产品赋予了人性特征和文化气质，满足了市场对追求摩托车个性特征的需求，产品一上市，就受到市场的热烈欢迎。

为促进销量增长，嘉陵开展了“双重保险，平安一‘身’”买车送保险活动，市场反应积极。针对“嘉陵第 6 代发动机”开展了“名利双收，万金求名”的第 6 代发动机征名活动，受到广大消费者的热情参与。到目前为止，已收到了 20 余万份反馈回执。

嘉陵把 2002 年定为嘉陵的“服务年”。上半年启动了“嘉陵服务，关怀每一步”服务工程，提升嘉陵售后服务人员的服务水平和服务质量。同时，把服务网络建立到各乡镇，使消费者在购买嘉陵摩托车时多一份安心，多一份放心。

在零配件供应方面，嘉陵推进了零配件小包装工程，进行条形码管理，使嘉陵正宗零配件更易于识别，同时使零配件的供应、物流、管理上了新台阶。

嘉陵还提出了“限时快捷服务”新思路，“小修 1 小时，中修 2 小时，大修 4 小时，上门服务限时到达”，缩小服务半径，进一步提高服务水平和服务质量。据悉，嘉陵是第 1 家提出限时快捷服务的摩托车制造企业，并同时辅以高质服务、回访服务、细微服务、超值服务等，营造了更具亲和力、更为温馨的服务氛围，让每一位嘉陵用户时时刻刻备受“嘉陵关爱”。

(晓　吕)

## 标　识

鼓 楼 ®

南京肥皂厂

大 地 ®

大地集团公司

大運河 ®

淮阴卷烟厂

点，使中国摩托车工业发展缺乏一个公平、公正、公开竞争的环境，"大的企业活不好，小的企业活得了"。

中国对汽车和摩托车实行的是目录管理。在摩托车行业发展初期，这种方式对限制国有企业重复建设、重复引进、盲目发展、减少国有资源的浪费是必要的，但是，随着市场经济的深入发展，目录企业的增多，多层的中间手续、繁琐的审批程度以及对新产品过细的管理要求，已不利于摩托车生产企业产品结构调整和新产品的开发。

在这种背景下，相当一部分企业不开发新产品，而是热衷于"开发"目录，用目录变钱财，结果是目录企业越管越多，目录文本越管越厚，摩托车市场越来越乱，摩托车生产越来越分散，摩托车企业利润越来越低。目录内 14 个排量的上万个型号，大多是"你有、我有、大家有"，千类车同一款型。目前，买目录仿制、拼装摩托车已是不争的事实，现在目录内的企业是 155 家，而实际生产摩托车的企业有近千家。

由于这些企业买合格证是花了代价的，为了尽快套现，他们以劣质、低价的"套牌"摩托车抢市场，致使摩托车市场品牌混乱、质量混乱、价格混乱，用户投诉率与日俱增。

由于这种情况极为普遍，大企业也不敢走花较大的代价开发新产品，以提高产品科技含量来赢得市场份额和利润的路子。汽车是超大件商品，生产和使用环节管理较严，一般人不敢仿冒。而摩托车就不一样了，技术门槛较低，你开发一款新产品，一夜之间"模仿秀"就可能遍地都是。因此，企业也没有开发新产品的积极性。

除了目录管理外，税负不公也是困扰摩托车行业发展的一个重要问题。

从 1995 年开始，中国摩托车开始征收消费税，税率为 10%。当时企业数目较少，而且大都为国营企业，采取这个办法在征税环节上比较容易操作。但是，随着市场经济的发展，企业数量愈来愈多，目录外整车组装厂（车间、作坊）数量已超过目录内整车生产企业。在地方保护主义的庇护和税收监管的空隙里，许多企业少交税，甚至不交税，形成了不公平竞争的局面。

这些企业由此形成"低价"的优势，凭借这一优势，他们发动了一轮又一轮的价格战，将正规的生产企业逼到几乎不赢利的边缘。其结果是，大企业"规模不经济"，无法用正常的、合理的竞争办法将小企业淘汰出局，摩托车难以形成"优胜劣汰"的局面。

（三）

怎样才能使中国由"摩托车生产大国变成摩托车强国"呢？专家认为，还是需要从两方面着手，加大改革力度，为摩托车行业发展创造一个公平的竞争环境。

改革目录管理体制，最终实现国际通行的形式认证制度。即变"进门难、出门易"为"进门易、出门难"，只要具备生产条件，按法规生产摩托车，愿意加入的企业都可以进入摩托车行业参与竞争。而抽查技术达不到标准的，摩托车就不能出厂门，企业就要停产、受罚，甚至破产、出局。同时，对于"转卖"目录和以"克隆"别人产品为生的企业，要与有关部门联手，一经发现，重拳出击。

在实行型式认证制度之前，还可以采取一些过渡性措施。比如，已上目录的，在同一车型上如使用同一排量、同一结构、同一安装尺寸而属不同厂家生产的发动机，而发动机又都是经过国家有关部门批准生产而且检验合格的，就可以直接生产、销售，只需向有关部门备案即可，这样可以简化审批环节。

在改革消费税征收方式方面，应像汽车一样，改在落地环节，即购买上牌时征收。这样不仅可以增加国家税收，而且还可以调动地方税收部门的积极性，改变越来越多城市禁止摩托车上牌的局面。

为鼓励技术进步，对环保、节能和自主开发的新车型可采用少征税的优惠政策，鼓励企业科技进步和开发新产品的积极性。只有这样，才能使摩托车新品迭出，尽快突破国内摩托车企业不能独立开发整车的瓶颈，推动中国摩托车工业由"大"变"强"。 （孙 勇）

## 记 事

### 5月17日

1991 首届"金帆奖"在京授奖。监督局授权国家环保局设立环境标志产品认证机构，代表国家对各类环境标志产品进行认证的惟一第三方认证机构。环境标志又称生态标志或绿色标志，是一种证明性商标，标明产品从原材料的开发利用、生产、使用以及回收或废弃的整个过程符合一定的环境保护要求，对生态环境无害或污染很小，并有利于资源的再生和回收。

### 5月18日

2002 "市场经济与中介服务业发展论坛"在京举行。

2000 建设部决定设立中国人居环境奖。凡在改善城乡人居环境方面作出突出成绩并取得显著效果的城市、村镇、单位和个人，都可申请此奖项。建设部将从获奖项目中选择部分优秀项目，向联合国人居中心推荐申报"联合国人居奖"和"迪拜国际改善居住环境最佳范例奖"。

河北省廊坊市商业步行街开街（全国最长，2.2 公里）。

1994 "莱州特曲"独家买断省电台经济台全天广告。

94 中华环保世纪行组委会在京成立。

标　　识

# 中国摩托车“三剑客”

民营企业是市场经济的产物，要想在激烈的市场竞争中胜出，不推品牌不行，不创品牌不行，这是市场给逼出来的。重庆是中国摩托车生产的王国，弹指一挥间，力帆、隆鑫、宗申三家民营企业居然闯进了中国摩托车行业的前10强，成了摩托车市场竞争中的三大赢家。这一现象不能不让人感到吃惊，不能不引起人们的思考，他们的崛起有什么高招?且看——

来自中国汽车工业协会的一组数据显示：2001年1—11月，重庆三大民营摩托车企业产销量快速增长，对外出口大幅上升。重庆力帆轰达实业(集团)有限公司（下称力帆）产量571552辆(排行业第三位)，销量570339辆(排行业第四位)，出口327548辆（居行业第一位)；重庆隆鑫集团有限公司(下称隆鑫)产量492663辆(排行业第六位)，销量497665辆（排行业第六位），出口258906辆（排行业第二位）；重庆宗申摩托车集团(下称宗申)产量484168辆(排行业第七位)，销量487894辆(排行业第七位)，出口96878辆(排行业第四位)。三家民营摩托车企业产销量和出口均闯进了中国摩托车行业前10强，成为重庆地区的纳税和创汇大户。这不能不令人刮目相看。

一、三大品牌打造出炉

20世纪90年代，重庆以摩托车闻名全国，行业大哥大“嘉陵”、“建设”、“望江”齐集长江边的山城，带动了一大批生产销售摩托车及配件民营企业，人称“摩托帮”。在外人看来，这条路上已经有了三只老虎拦路，还有数不清的同行虎视眈眈，没有相当实力，要进入这一行业无异于自寻死路。

尹明善是个善于做梦的人。8年前，力帆还是一个仅有20万资金9人的“小作坊”，当尹明善站在轰达车辆配件研究所不足40平方米租来的车间里，向手下的9名员工宣布：我要造出全中国、全世界没有的发动机时，没几个人拿它当真。当时，尹先生甚至连摩托车轮子怎么转都搞不清。如今，他的企业已一跃成为拥有年产近100万辆摩托车和150万台发动机生产能力，拥有3000余名员工，集科研开发、生产、销售和国际贸易于一体的跨国集团。力帆品牌由此声名鹊起。目前，力帆的综合经济效益在全国同行业中排名第二，2000年产销摩托车发动机150万台，为世界第一，出口创汇5200万美元，销售收入26亿元，2000年为国家纳税8600万元，现已进入全国私企前8强。尹明善两次被美国《福布斯》杂志列入中国大陆富豪榜。

隆鑫起步较力帆稍晚，隆鑫集团总裁涂建华最早是重庆中梁山煤矿的一名电工，曾多次因事故负伤，死里逃生。后来，他毅然下海经商，在一个生产拉丝的村办企业干。1993年，涂先生抓住市场机会，倾其多年创业积累下来的几十万元身家财产，毅然转向，进军摩托车配件行业。1996年，隆鑫集团正式成立。隆鑫成立后，就着手树立形象、培育品牌。通过几年的努力，隆鑫终于如愿以偿。1996—2001年，隆鑫由一个名不见经传的村办小厂发展到现在的全国知名企业集团，隆鑫走过了一条品牌创业路。总裁涂建华先后被评为全国优秀乡镇企业家和重庆市十大杰出青年。

宗申成功的历史也不过8年。宗申集团总裁左宗申原是重庆瓷厂的烧窑工，后辞职下了海，1982年，夫妻俩用5000元钱在重庆巴南区王家坝开了一个摩托车修理店。1992年，左先生攒足了20万元，又筹措了30万元，成立了重庆宗申摩托车科技开发有限公司。一个修理匠就这样迈进了振兴中国摩托车工业的门槛。当年，“宗申”开发生产的70CC发动机在市场获得极大成功，宗申也迅速完成了资本积累。1998年

北京市三露厂

国营南通啤酒厂

## 记事

**5月18日**

1993

全国首届年鉴展在京举行。

1990

国家工商局发出《关于对我国企业在国外注册商标进行登记管理的通知》。

国家工商局发出《关于大力加强企业商标工作的通知》。

中央电视台(CCTV)北京国际卫星电视地面站开通。

**5月19日**

2002

可口可乐小试“角色行销”,推出卡通形象的果汁饮料。

海信入主雪花集团,新公司将用海信品牌。

1997

中国宗申摩托车队在英国银石赛道夺得首个世界冠军。

“荣事达企业竞争自律宣言”新闻发布会。

**5月20日**

2002

“西夏王”“玉泉”合二为一。

“酒鬼”酒名列全国五大白酒畅销品牌。

荔浦县重点培育“五大”优势品牌。

娃哈哈在京举办首次健康童装展示发布会。

1992

首届“五个一工程”奖在京颁发。

11月,宗申集团挂牌,至2000年底,总资产逾20亿元,“宗申”无形资产超过10亿元。如今宗申已成为一家集电单车发动机、高速艇、舷外机、微型汽车发动机等研究、开发、制造、销售于一体的大型民营科工贸高科技企业。集团资产近30亿元,名列国内同行业前5强。宗申属龙,他的名字不仅是企业的商号也是产品的品牌。“做中国龙,圆宗申梦”,这是左宗申的理想,他也两次被美国《福布斯》杂志列入中国大陆富豪榜。

这三家民营企业的摩托车品牌打造出炉,无疑为重庆摩托车品牌走向世界,参与全球竞争奠定了坚实的基础。

**二、三大品牌借体造势**

一个没有品牌的企业,注定是没有生命力的。近年来,摩托车行业竞争惨烈,已从暴利时代、厚利时代进入到微利时代。一个没有知名品牌的企业,注定是做不大的。中国摩托车品牌的价格为什么只有日本品牌的1/3?就是因为没有响当当的国际知名品牌。对此,力帆义无反顾地踏上了品牌突围的征程。

拎着钱箱杀入足球。在品牌打造过程中,为了让更多的人知道力帆、了解力帆,尹明善走了一条迂回打造品牌之路——向足球进军!1999年8月,他以5580万元巨资收购中国甲A劲旅重庆隆鑫队。在中国,足球产业长期被人们视为一片不长毛的盐碱地,只见投入不见产出,淘金难问收获。但力帆的掌门人尹明善却立志要在这里种出庄稼,现在他为足球俱乐部每年付出的资金约2800万元,他说这2800万元花的值!只要有资金,他要将足球产业做下去,还可以将力帆品牌延伸到配套的体育服装和器械上。

为了将力帆打造成百年品牌,尹明善又斥资8000万元收购了重庆洋河体育场,看来他是要把足球当作一个长久的事业来做。力帆进入足球领域,最大的收益已经体现出来:力帆足球提高了力帆摩托车的知名度,2000年的行业报表上,力帆的排名是第十一位,到了2001年底,力帆的排名已上升到第三位。

让一块金子生出一堆金子。力帆的品牌资源如何用足用好?尹明善开始了新一轮的品牌战。力帆每年在越南投入的广告额高达数百万元,由于利润越来越薄,投入数百万并未给力帆增加等额的收入。大量的品牌资源被闲置了,而贴牌生产,即OEM正好能将品牌资源用好用足。现在,力帆已将其贴牌战略延伸到了白酒、家电等多种产品,首批600台洗衣机已运往越南。另外,力帆还以贴牌的形式介入与主业毫无关联的矿泉水、防盗门等行业。力帆品牌在全国的成功运作,在业界引发了强烈反响。在中国彩电竞争已极度白热化,彩电厂家相互杀得惨像万状的时候,力帆却要挥刀杀人,不能不令同行业震惊翘首。但他却说,这是“取巧”的办法。几乎没有什么投入,而且风险很小,同时也唤醒了力帆部分处于“沉睡”状态的品牌价值。

对于企业品牌的打造,隆鑫集团总裁涂建华则是这样使出大手笔的。1998年,隆鑫赞助世界女排大奖赛。1998年,隆鑫以2226万元取得99甲A赛季“重庆隆鑫足球队”冠名权及球名广告,并斥巨资在中央电视台和香港凤凰卫视台刊播广告。从此,隆鑫品牌声名大振。1996年,经中国社会调查所评估及香港亚事国际无形资产评估机构认证,隆鑫无形资产为6.7亿元,这是中国机械工业领域内第一家无形资产获国际认可的企业。隆鑫短短7年的发展历程表明,专业化发展对于一个正在迅速成长的企业而言是至关重要的。隆鑫一直专注于摩托车的生产开发和市场开拓,目前,隆鑫的海外市场开拓得非常好,特别是东南亚市场。2001年,仅这一块就为企业带来5000万美元的创汇收入。

外树品牌,内强实力是隆鑫不懈的追求。品牌效应带来了明显的经济效益和社会效益,企业的发展也促进了社会的经济的发展。2001年,隆鑫摩托车产量突破了50万辆、各项经济指标均达历史最好水平,进入中国摩托车行业前10强。

“中国龙,宗申梦”。宗申摩托车队

随着中央电视台播出的这句广告词已经家喻户晓。2001年5月6日，在捷克布诺举行的世界摩托车锦标赛6小时耐力赛上，宗申摩托车队以6小时零3分56秒059跑完161圈的优异成绩，仅次于日本铃木车队获得第二名，取得历史性突破。同年9月，宗申公路摩托车队登上了世界摩托车锦标赛法国马赛站的领奖台，中国摩托车品牌“宗申”，首次写入了国际摩联的史册，把宗申品牌有力地推向了世界。

左宗申对自己最终选择了摩托车运动非常得意。他说，中国的足球外国人看都不看，但宗申摩托车在国外的影响很大，外国同行大都通过赛车队找到左宗申。

借赛车队之行，扬宗申品牌之名，是左宗申走得最好的一招棋。他说，搞摩托车运动难度大，别人不搞，宗申搞。介入摩托车运动，实际也是一项名利双收的举措。自从宗申摩托车走向世界，参加了世界各项赛事后，左先生已在重庆的宗申集团本部，接受了来自世界各国特别是欧洲各大媒体的100多名记者的采访。左宗申选择的摩托车运动是与企业品牌非常吻合的广告形象。一个摩托车生产企业，如果拥有一支在国内外享有知名度的摩托车队，对宣传企业，开拓产品市场，传播品牌影响不言而喻。

### 三、三大品牌与狼共舞

力帆、隆鑫、宗申3家民营摩托车企业之所以取得今天这样的成绩，除了他们完善的管理、研发创新等等以外，也与他们实施海外品牌战略密不可分。

据了解，中国、日本、意大利、印度、德国、美国等70多个国家和地区生产摩托车，预计2001年产量会达到3000万辆以上。在摩托车技术水平与制造质量方面，可以划分为三个等级：日本、美国、意大利、德国的品牌摩托车在第1阵营，大多属于高档太子车、公路跑车、巡航车等，代表了当今世界摩托车制造技术的最高水平，其中日本品牌更是覆盖全球；德国、中国台湾的“DAELIM光阳”等品牌摩托车属于中档车种，对半发达和发展中国家出口；中国的嘉陵、力帆、隆鑫、宗申等品牌摩托车属于中低档车种，主要向发展中国家出口。

处于第3阵营的力帆，在与狼共舞中经历了四大战役：价格战、质量战、服务战、设计战。力帆认定没有服务就没有品牌。为此，在南非、尼日利亚、伊朗、越南驻有服务人员，服务战在海外拉开了帷幕。设计方面制定了“仿制—移植—创新”的设计战略。科技新品982发动机在越南一面世即取得轰动。为了占领越南市场，力帆以创新、讲政治、融入文化——三把“钥匙”开启市场，堪称本土品牌海外市场营销的经典案例。了解越南政府政策变化和产业税收政策变化，融入越南文化使力帆产品在越南人心目中深深地扎下了根。2001年12月30日，年仅20岁的重庆籍车手王翼荣驾驶力帆越野摩托车成功飞越红河“缺口”，有近10万越南人在现场观看，力帆品牌再次享誉越南。

由于力帆品牌的出境，使国外市场逐渐接受了“中国货”。在越南、印尼等国，过去一直是日本摩托车品牌一统天下。在力帆品牌的强力攻势下，日货节节败退。如今，力帆品牌在当地占到80%左右的市场份额，改变了国内制造业“逢日必败”的命运。

没有品牌知名度的苦涩尹明善尝过，以品牌卖产品的甜蜜岁月才刚刚开始。面对品牌，尹明善看得更多、想得更多的是“大品牌、大座位”。下一步，力帆要到国外去做贴牌，不可能老是中国人为外国品牌做贴牌。中国企业、中国品牌、中国人也可以到国外去贴牌加工，因为通过贴牌生产，投资者获得的是品牌产品的高额利润。尹明善发誓要做好品牌，做大品牌，把地区品牌变为世界品牌，把行业品牌变为通用品牌。

靠品牌争雄东南亚，是隆鑫锁定海外目标。在东南亚地区，越南的摩托车市场最广阔，但越南本土几乎不生产摩托车零部件，全由进口部件组装。从日本、德国进口的摩托车，价位高，与普通大众无缘，中国的摩托车及零部件在越南极具竞争力。隆鑫品牌一进入越南市场就为越南人所接受。1999年，隆鑫足

## 标　识

华东电子管厂

玉河集团有限公司

球队赴越南参加四国足球邀请赛，一举夺冠，使隆鑫品牌扬名东南亚。2000年4月，隆鑫作为中国唯一单独组团的摩托车厂，赴河内参加第十届越南国际商品交易会。隆鑫精心设置的巨大展台气势夺人，越南政要纷纷光顾。隆鑫荣获这次商交会金奖。紧接着，隆鑫又在越南中央电视台黄金时段刊播广告。四国足球邀请赛夺冠，越南商交会“镀金”，越南央视做秀，“隆鑫”的这三招为“中国造”在越南市场大大扬名。

目前，越南人买隆鑫发动机和摩托车已成为一种时尚，隆鑫在越南的销量一路攀升，2000年9月，创下单月直接出口创汇1000万美元的佳债，间接出口累计已达5亿元人民币。隆鑫发动机成为越南市场“中国造”第1品牌。隆鑫还同步进行海外市场拓展，已在越南、印尼建立摩托车发动机和整车厂，在南非、伊朗及阿根延的工厂也已开工。冲出国门，隆鑫品牌海阔天空。

宗申在实施海外品牌经营战略中，也把市场竞争的桥头堡延伸到国际市场。在越南、韩国、印尼、柬埔寨，伊朗等国家联合建厂，使宗申拥有了属于自己的国际、国内交替的销售网络。宗申牌摩托车和发动机已出口南美、中东、东南亚、西非等近40个国家和地区，“宗申”品牌已在34个国家注册。

**四、三大品牌延伸的战略构想**

分析整个中国摩托车行业的前景，当然不能仅依赖于对少几个企业的剖析就能得出结论，但透过这3家民营摩托车企业实施的品牌经营发展战略，可以看出这一行业的未来走向。

两年前，宗申就在考虑下一步了：让资本市场与宗申的技术、营销、低成本制造优势相结合，从产业经营上升到资本经营。一段时期以来，宗申和国外的大公司进行了一系列的合资合作，其中最大的一宗是和美国最大的发动机制造商BS合作，成立了两个合资企业，生产汽油机。另外，还与意大利、西班牙、德国等欧洲有品牌、有技术的公司展开各方面的合作，与韩国的企业合资生产汽车发动机，与宝马进行了两年多的接洽谈判，宗申另一个重要目的是借外来力量促使家族氛围浓厚的宗申公司向现代企业转化。当然，宗申还有一个目标早已为业界所知——以和美、韩、德跨国巨头们合作为契机，抢先从摩托车行业进入另一个方兴未艾的大市场——家庭微型轿车生产领域。业界人士认为，这应是国内摩托车企业的最终出路。

经过从国内整合，到与国外大公司整合，宗申清醒地意识到，中国低成本制造的优势，机电类产品生产的优势，与世界上知名的大摩托车品牌相比，实力差距太大。因此，在战略调整时期是“整合”而不是“竞争”，通过调整变革让国外知名企业成为宗申的合作伙伴，将宗申品牌引入国际市场。

相比之下，力帆的困难小一些，因为力帆的品牌经营、发展策略好一些。2000年，力帆出口获取的利润就有1亿元，国外的市场3—5年内没有问题。

实际上力帆已经在悄然干着自己的事，那就是将力帆轰达旗下的摩托车公司推上香港市场。前年上市私募招股，法国里昂银行、英国巴克莱银行、新加坡大马银行等金融巨头陆续成为该公司股东，尹明善期望的是从香港市场上拿回至少7000万美元。

隆鑫的家族色彩最少，隆鑫的战略在无声地实施。2001年11月隆鑫在资本运作上，彻底退出亿安科技的重组，坚持国内产业发展的道路。深谋远虑的涂建华手里现在多了一张牌：隆鑫悄悄地与四川山鹿汽车制造有限公司进行了资产重组，拿下了“山鹿”汽车目录。他说这招棋的目的非常明确，那就是把“山鹿”作为隆鑫的一种战略储备，在汽车领域尤其是国际先进的清洁环保型汽车研究方面进行某种尝试。业内人士认为，隆鑫这一步上早了，但却是早上早好。

力帆、隆鑫、宗申走过了相似的发展道路，目前，他们已有实力去挖人才、搞开发、搞技改、积极拓展东南亚市场和西非、南美市场。当国外市场巩固了，国内生产规模上去了，国有企业的竞争力也在3家企业的实力壮大中被

**记　事**

**5月20日**

1990 沈阳百花电器集团成立。

**5月21日**

2002 海关总署排出2001年出口额位居前200名的企业。

厦门提出实施品牌战略。

2001 北京市高级法院就湖南“老干妈”侵权贵州“老干妈”终审判决。

1996 259项卫生国家标准正式公布。

1991 全国乡镇建筑优秀企业表彰会。

**5月22日**

2000 中国出口企业在国内可申办美国标准认证。

**5月23日**

2001 国务院公布《农业转基因生物安全管理条例》。

蚕食掉。与国有企业的竞争相对弱化了,而他们之间的竞争才刚刚开始。

纵观3家摩托车企业,在产业化的道路上还没有走完,他们依然处在上升期,只是创造利润的速度会越放越缓。对这3家民营摩托车企业来讲,要从行业体系、思想体系和战略发展上搞清自己需要做什么,还缺什么,要补什么。

3家摩托车企业各有各的优势,隆鑫从1998年请咨询公司进入,在管理机制上比较合理,在战略决策上比较先进。宗申的硬件非常好,非常人性化、细致化,在制造业的管理上和决策执行力度上优于另两家企业。力帆的家族化气氛比较浓,给员工的自由空间比较大,提倡自由发挥,以人为本。但是,中国民营摩托车产业发展到今天,已经是在考察企业经营者的战略意识了。进入到资本经营和产业规范化的层面通盘设计全局,要求他们能很好地理解规模和市场的关系,可以让利,但决不能让市场。

在与世界著名摩托车品牌的交融与竞争中,是兴是衰?是存是亡?重庆摩托车"三剑客"都将面临严峻的考验。谁能在未来的市场竞技中一路走好?

品牌,也许才是唯一的希望之旅!

(秦邦佑)

# 保健品行业 品牌主沉浮

即使是日渐攀升的气温似乎也难以融化中国保健品企业因为"失信、寡信、无信"而凝成的坚冰:"3·15"晚会对"梅花K"的控诉言犹在耳,媒体与消费者对"脑白金"的口诛笔伐又汹涌而至,全球范围内的"西布曲明事件"更使人们谈"减肥"而色变……业内人士毫不讳言,由于行业歪风所引起的信誉危机,中国保健品行业正在进入一种慢性死亡或称"亚死亡"的状态。

**一、乱后求治,诚信为本**

其实,处在危机漩涡中的中国保健品企业早在去年行业销售出现罕见的首次大滑坡后,就开始了救亡图存的努力和尝试。

据中国保健科技学会副秘书长贾亚光介绍,2001年5月,中国保健科技学会倡议发起了"中国保健品行业信誉保证"活动,并组建了一个长效管理机构"信誉保证企业管理委员会"。参加"信誉保证"的企业将使用统一的"信誉保证产品"标识,以便消费者识别。"管委会"对参加信誉保证活动的企业按国外通行的"失信惩罚制"进行管理:第1次劝告予改正,第2次失信警告,第3次取消其所有资格,宣布为失信企业。同时在媒体上进行公告,让"失信成为失信者的墓志铭"。

2002年3月,在中国保健科技学会等组织下,广州御芝堂、潘高寿、太阳神、西安金花等10家保健品知名企业又结盟于广州,联合发起了《保健品行业自律联合宣言》,呼吁建立诚信与打假同盟,加大研发力度,加大新产品开发投入,共同促进保健品行业的健康发展。贾亚光认为,保健品企业生存的根本之道就是"诚信+规则"。守法经营的企业必须团结起来形成合力,才能激浊扬清,使保健品行业由混沌走向透明。

**二、变后求存,技术为锋**

随着行业管理的日趋完善,随着市场环境的日渐成熟,随着企业自律意识的加强和技术水平的提高,中国保健品行业自2000年开始的洗牌运动,已经使市场集中度和品牌集中度明显地向实力企业靠拢,名牌效应已然显现日益突出。贾亚光强调,在洗牌的过程中,存留下来的企业要好好反思,为自己寻找到准确的定位和实现这一定位的正确通道,尤其针对中国保健品企业普遍存在的两大"死穴"——研发、创新能力不足和心态浮躁。

"重广告、轻研发"的急功近利心态,使中国不少保健品企业坐上了垂直降落的飞机,一夜成名,随后又以同样的速度陨落。贾亚光指出,中国的保健品企业应

## 记　　事

5月23日

2000
国务院清理整顿经济鉴证类社会中介机构新闻发布会在京举行。

国家摩托车质检中心正式成为中国环境标志产品认证委员会成员。

1997
北大方正向日本出口日文排版软件。

1996
印发《机械工业产品实施强制性标准认定管理办法(试行)》。

1992
"盛世长城广告有限公司"成立。

李鹏同志在常熟被单厂题词:"质量取胜,价格取胜,敢超世界名牌"。

1991
上海纺织推荐首批著名品牌。

1990
国家工商局发出《关于试点建立商标事务所,推行商标代理制的通知》。

5月24日

2002
青啤、济啤上演泉城"啤酒大战"。

2001
长城饭店等北京63家著名星级宾馆、酒店向中国音乐著作权协会支付背景音乐著作权使用费。

克服急功近利的经营心态,选择"抛物线"式的发展模式。研究发现,企业进入市场的导入期和生长期越长,它的根基就越牢固,生命周期自然也就越长。而导入期和生长期中,企业最需要的就是"科技"和"创新"这些营养元素。

反观美国、日本等发达国家的保健类食品企业,他们标榜的却是巨额的研发投入,不断开发科技含量高的创新产品,广告投入并不大。像生产纽崔莱营养保健食品的美国安利公司,在全球拥有97个技术先进的实验室。为了利用中国本土的技术人员和成本优势进一步完善其"研发—生产—销售"的产业链,它也在中国建立了技术研发中心。

在技术做主的今天,更让业内人士忧心忡忡的是:中国保健品行业的标准与市场游戏规则的制定权有可能旁落外国企业之手。对中国保健品行业来说,这无疑是釜底抽薪。

**三、静后求强,品牌为王**

国外同行的虎视眈眈更使虚火旺盛的中国保健品企业雪上加霜。贾亚光认为,虽然国外品牌在一两年之内对中国保健品市场还构不成威胁,因为他们大部分都围绕维生素、营养素、补充剂等做文章。但如果一旦其抢占了市场,就将坚不可摧。因为国外企业做品牌先做美誉度后做忠诚度,最后做市场,总在不知不觉中形成其品牌效应。目前,安利、宝洁、杜邦等20多家知名保健品跨国公司已经进入中国,销售品类达500多种,销量每年均以超过12%的速度增长。所以,在这两年的缓冲期里,中国企业必须以品牌图强,迎接未来的竞争。

贾亚光认为,中国的保健品企业一般是一个产品打天下,即一个企业、一个品牌、一个产品,一旦产品的生命周期结束或经营不善,就全军覆没。所以,中国企业要充分利用兼并、重组等手段,迅速做大自身的规模,尤其是产品线规模,使其系列化、多元化,在规避市场风险的同时增加企业的利润来源。同时倾力打造品牌的美誉度和忠诚度。

"吹尽狂沙始见金"。相信以后更残酷的市场竞争中胜出的中国企业,才是中国保健品行业当之无愧的名牌!

(金　坪)

# 保健品:能抗衡洋品牌吗

**一、保健品市场的误区:靠"广告战"打天下**

中国有几千年的药食同源理论和养生文化,自古至今人们都一直认为,人体的生长发育、体质强弱、寿命长短,无不与食物的营养有密切关系,合理的平衡营养与滋补是健康长寿、延缓衰老的物质基础。

现代保健品兴起于20世纪80年代,那时"花钱买健康"几乎成为一种社会时尚;在90年代中期,保健品最红火时,全国生产企业多达3000多家,品种4000多种,销售额突破了300亿元大关。

然而,许多厂家将宝押在广告上,而不重视产品质量。他们不惜血本纷纷打起"广告战",在新闻媒体上轮番轰炸,将自己的产品吹得天花乱坠。在不负责任的广告误导下,消费者不明就理,上当受骗者不在少数。据消协等部门透露,有关保健品的投诉逐年增多,投诉的原因主要是质量不过关。有的消费者甚至在食用后出现了头晕气短、恶心呕吐等不良反应,非但没有起到防治疾病的作用,反而病上加病。

"一只老鳖两吨汤,燕窝包装猪皮藏,烂鱼加工脑黄金,买保健品最上当。"与其说是消费者的尴尬和无奈,倒不如说是保健品的悲哀。前一个时期铺天盖地的补钙产品广告,不仅损害了深受大众喜欢的明星形象,更使大众普遍对保健品缺乏信任,他们拒绝的不再是某个品牌，而是整个保健品市场。

不仅如此，据调查表明，目前，中国保健食品结构不合理，仅免疫调节、抗疲劳等功能的保健食品就占据了全部产品的一半。另外，保健食品低水平重复现象也极为严重。同时，市场的混乱无序也是制约保健食品发展的一个重要因素。包装标识等宣传内容不符合规定，未经卫生部批准但声称具有保健作用和治序作用，混淆消费者的视听，损害了保健食品行业的声誉和健康发展。

**二、健康食品在发达国家成时尚**

就在众多消费者对国内一些保健食品丧失信心的时候，“以食代药”却在发达国家成为时尚。他们认为，研究有效的保健食品，可以减少社会巨大的医药费用；通过食品预防疾病，调节人体功能，是利国利民的有效办法。美国目前拥有保健食品企业500余家，产品万余种，销售额达750亿美元，占食品销售额的1/3；日本近两年的保健品销售额为1.5万亿日元，年产保健品3000多种；欧洲的保健食品也有2000余种，销售额以每年17%的速度递增。从20世纪60年代至今，日本保健食品的消费量增加了50倍，西欧功能食品的消费量增量了30倍，美国健康食品的消费量增加了20倍。

发达国家主要的营养问题是饮食过度，由于过量的膳食能量和脂肪摄入，使得一些代谢性疾病的发生率异常地升高。现代化和技术进步导致了肥胖症、非胰岛素依赖型糖尿病、高血压、冠心病及癌症等现代慢性文明病的发生，因此，有利于预防和改善这些疾病的功能型营养食品深受消费者欢迎。

中国食品发酵工业研究所戴家教授在2000年2—4月对美国营养食品市场进行了考察。他说，美国人近年来越来越重视大豆蛋白食品，以杜邦公司为首的一批大型企业纷纷加入到大豆食品的研究和生产行列中，使得相关产品在各类超市中形成了相当的规模和市场。同时，大豆加工技术的研究也不断获得突破，如特殊加工后的大豆蛋白质已优于动物蛋白：大豆异黄酮被证明有防治骨质疏松、减缓更年期综合症、抑制乳腺癌及结肠癌等作用。从属于美国政府的食品与药物管理局（FDA）更在1999年10月，根据杜邦公司多年的研究认定，每日进食25克大豆蛋白可降低心脏病的发病率。此举在国际上影响很大。大豆这一中国传统食品，如今已在美国获得飞跃性的发展。2000年3月，美国政府正式批准在学校和托儿所的午餐副食中完全以大豆蛋白取代肉类，并取消在1983年曾规定的在学生午餐副食中大豆蛋白仅蛋白摄入总量的30%，动物蛋白应占70%的规定。高品质的大豆蛋白，以其全面的营养价值和独特的保健功能已开始在美国形成新型食潮且势不可挡。

三、保健食品，市场前景光明

杜邦这样以科技创新和技术飞跃而闻名于世的跨国大公司进入中国保健品市场，当然会带来并加剧市场的竞争，但应该看到它带来的更多的是优质的产品与服务。相信这必然会促进我国相关企业的技术改造与产品更新，也一个定会进一步唤起消费者原本就有的营养保健意识。这对提高保健品质量及健全保健品市场都是一件很有意义的好事。

中国食品科学技术学会常务副理事长张学元老先生说：“国产保健食品若想和洋品牌抗衡，加强科技投入迫在眉睫。”企业家们在瞄准保健食品这一巨大市场的时候，只有不断更新技术和提高技术含量，使产品从低层次的价格战、广告战中走出来，转向高层次的技术战、服务战、才能与杜邦这样的大型跨国公司相竞争，才可能尽快生产和缔造出中国保健品的世界级品牌，也才能够具备与“狼”共舞的能力。

随着中国政府对保健品行业治理整顿的不断深入和加强，保健品市场必然会出现一个能够保障消费者利益并依法管理的良性局面，优质的保健品必将成为市场的主流，消费者心中对保健品的形象也一定会得到重塑。人们希望平安，人们需要健康，因此，中国的保健品市场潜力依然巨大，前景依然光明。（吴　卫）

## 标　识

## 记事

5月24日

1994 第7届全国10大最佳合资企业(生产型)评选在京揭晓。

5月25日

1993 国内贸易部表彰全国商办工业10佳企业。

5月26日

2001 《海尔兄弟》动画片封镜仪式在京举行。

2000 "立邦漆路牌(屁股篇)"与"荣超花园(偷工减料篇)"获美国《广告时代》最佳创意奖。

科龙集团和小天鹅集团共同投资电子商务。

1997 中央精神文明建设指导委员会在京成立。

1996 国家工商局发布《商标评估机构管理暂行办法》。

1994 中国土地估价师协会在京成立并通过《中国土地估价师协会章程》。

1993 北京市朝阳区食品公司申请"瑞年牌"特制馒头商标专用权获准。

1992 郝建秀小组建组40周年庆祝大会在青岛举行。

# 中国食品工业的风向标

## ——绿色品牌

绿色食品是按照特定的生产方式，经有关专门机构认定、许可使用绿色食品标志商标的，无污染的安全、优质、营养类食品，与国际上的有机食品、生态食品、自然食品相类似。绿色食品强调出自最佳的生态环境，强调"从土地到餐桌"的全程质量监控，强调依法实行标志管理。1996年，中国绿色食品发展中心在国家工商局完成了绿色食品标志的注册工作，从而使由"上方的太阳、下方的叶片和中心的蓓蕾"组成的正圆形绿色食品标志成为中国第1例质量证明商标。随后，农业部制定并颁布了《绿色食品标志管理办法》。它不仅标志着绿色食品作为一项拥有自主知识产权的产业在中国形成了，而且也表明中国绿色食品开发和管理步入了法制化、规范化的轨道。这些措施既可有效地促进企业的生产和流通行为，又能很好地保护广大消费者的权益，同时为创立名牌奠定了良好的基础。中国绿色食品发展中心是代表国家管理绿色食品事业发展的惟一权力机构，并依照《绿色食品标志管理办法》对标志的申请、资格审查、标志许可及使用等进行全面管理。绿色食品标志不实行"终身制"，它的许可证有效期为3年，3年内每年都进行年度检查，3年后必须重新申报，发现一次不合格即取消其绿色食品标志。

据中国绿色食品发展中心副主任丁翔文介绍，目前绿色食品产品的开发已经覆盖全国绝大部分省区，已经开发的产品大类包括粮食、食用油、水果、蔬菜、畜禽产品、水产品、奶类产品、酒类和饮料类产品等，其中初级农产品占30%，加工食品占70%。截至2000年底，全国共有964家企业开发了1831个绿色食品产品，整个绿色食品年实物生产总量超过1000万吨，年销售额突破400亿元，其中出口创汇突破2亿美元，环境监测的农田、草场和水面达到5000多万亩。一个蕴含着崇高的事业理念、孕育着无限的发展潜力、洋溢着旺盛的生命活力的"绿色食品产业"已经跃然而出，并当之无愧地成为中国食品工业的风向标。"亚太地区绿色食品

### 品牌观察

## 方便面："三足鼎立"

"美厨"退出竞争带来市场格局新变化，最新统计结果显示，现在中国方便面市场正呈三足鼎立态势，"康师傅"(顶新集团)约占市场份额45%，"统一"(统一企业集团)约占16%，"华龙"(河北华龙集团)约占15%，其他的"杂牌军"约占不足30%的份额。

据国家权威部门统计，2001年国内方便面企业的产量为153万吨，实现销售收入人民币180亿元左右。

据中国焙烤食品糖制品工业协会介绍，中国现有300多家方便面生产企业，其中50%以上处于停产或半停产状态，实际的生产企业有158家。其中内资企业有101家、港澳台合资或独资企业35家、外商投资企业22家。现有方便面生产线近2000条，年生产能力360多万吨，但实际设备利用率不足43%。

业内人士指出，尽管如此，方便

与可持续发展研讨会”公认，绿色食品“在食物的可持续生产和消费领域，是中国迄今为止最成功的模式之一”。联合国亚太经济组织认为，中国无疑是亚太地区一个有丰富有机农业实践的国家。据有关专家预测，“绿色食品”和相关产业可望在21世纪初形成约1万亿美元的规模。

近年来，绿色食品开发对促进各地优质农产品基地建设、农产品精深加工、农民增收以及区域经济发展发挥的积极作用日益明显，使得不少国内的大企业和名牌产品的生产者也积极投身于绿色食品的开发行列，如贵州茅台酒集团、内蒙古伊利集团、青海丁香色拉油集团、河北三鹿集团、山东鲁花花生油集团、北京红星集团等。据统计，现在绿色食品年销售额过亿元人民币的企业已经有50家，其中20家是上市公司；而在国家确定的151家农业产业化经营龙头企业中，也有34家从事绿色食品的开发。名牌企业在取得良好效益的同时，其品牌的示范作用也日渐突出，尤其是在奶业和乳品业中。

全国许多地方也通过实施绿色食品战略，打出了“绿色名牌”，收到了“稳农、兴工、促牧、活商、富民”的效果。绿色食品的开发正在成为一项新兴产业和提高经济效益的有效途径。有着“第一绿色大省”之称的黑龙江省把建设绿色食品基地作为由“农业大省”向“农业强省”转变的战略举措，内蒙古自治区发挥自身生态优势，制定了“绿色立区，绿色兴区”的目标。

中国绿色食品协会会长刘连馥指出，发展绿色食品的核心是推动中国农业和食品制造业的可持续发展。在事业形象和市场环境基本树立和生成以后，全方位地拓展绿色食品市场，以此带动产品开发规模的扩大，就成为绿色食品面向新世纪发展的一项重点战略。如今，该协会已经着手运用多种宣传和活动形式来培育健康、稳固的绿色食品消费市场，像创办《绿色消费》报、发起“绿色爱心工程”、举办“消费绿色食品，奉献绿色爱心”的“三百活动”等。有关专家分析，中国加入WTO后，农、牧业和食品工业面临的挑战远远大于机遇。国内市场上，由于国外优质产品大量涌入，使中国产品的市场更加狭小，竞争更加激烈；国际市场上，由于种种非关税贸易壁垒的限制作用增强，中国的农、牧产品和食品将面临安全、卫生、健康、生态、环保等方面的严格要求，进入更加困难。只有大力发展绿色食品产业，积极实施名牌战略，才能增强市场竞争力，才能与之抗衡。

（金　坪）

面市场仍是一个不饱和的市场，现在的市场空间还很大，消费量还未达到一定的饱和。目前，中国内地人均消费方便面约15包，日本为44包，韩国则达到80包。日本行业商会认为，年人均消费方便面30包，该行业的发展才将趋于平稳，消费量才能达到一定的饱和。

从以上的数据不难看出，中国现在的方便面市场还远未成熟，甚至还可以说，这个行业还正处在发展的阶段。但是就在这样的一个开发刚刚过半的市场中，外商独资北京美厨食品有限公司的产品“美厨”方便面，却因公司倒闭销声匿迹了。

就目前情况看，方便面品牌之间除了价格的竞争，技术竞争也日趋激烈。比如，“康师傅”每年都有新品上市，近几年共开发了几十个品种，以丰富的口味、配料、包装形式、量的大小适应了不同的消费群体。其次是广告战竞争，宣传引导消费，方便面直接面对消费者时，谁的宣传攻势猛、影响广泛普及，谁就更易于被接受，市场效果也就越显著。

由于现在排名前三位的生产企业市场占有率已达70%左右，行业生产集中度非常高。其他百余家企业要想在“夹缝”中生存，只有在不断提高产品质量的前提下，实行产品差异化策略。同时，因地制宜，注意开拓农村市场这块未开垦的“荒地”，也不失为一种有效的策略。

（梁　章）

## 标　识

上海科学技术出版社

江西省高安市腐竹厂

常州味精厂

记　事

5月27日

2000 中国农资打假扶优创名牌高层论坛在京举办。

1997 中国环境管理体系认证指导委员会在京成立。

1996 国务院发布《食盐专营办法》。

“金桥工程”揭晓、发奖。

1994 正广和饮料厂买下“中华第一街(上海南京路)”20路无轨车全天营业和乘车权。

1991 国家旅游局公布全国第7批星级饭店名单。

中国“摄影广告艺术大将赛——食品摄影广告艺术系列”开幕(国内首次)。

5月28日

2002 《中国企业家价值报告(2002年)》发布。

中央电视台2002年世界杯广告招标,成交1.8亿元。

1991 中国第一家粮油食品研究中心奠基仪式在京举行。

# 三强何以称雄市场

## ——透视中国啤酒业(上)

中国啤酒总产量已位居世界第二,但整个行业的特点是企业规模小、地方品牌多、品牌影响力弱、产业集中度低。据统计,全国现有啤酒厂530多家,平均每3个县就有1家啤酒厂。年产啤酒5万吨以上的企业有120家,年产20万吨以上的企业只有近20家,而制定全国战略、年产啤酒在百万吨以上的企业,目前只有青啤、燕京和华润3家。

青啤、燕京、华润的强势出击,改变了中国啤酒业20年来战国纷争的格局。他们采用的攻无不克、战无不胜的武器,就是资本运营、科技创新、广告攻心和品牌渗透。

**一、资本运营:收编“地方军”**

寻找适合长远发展战略需要的扩张对象,通过破产收购、政策兼并、控股联合等手段,将啤酒“地方军”收编至自己麾下,是青啤、燕京和华润共打的“牌”。

被称为“最早进入中国市场、最晚进入市场经济”的青岛啤酒,到20世纪80年代其产量仅为19万吨,到1996年时也只有35万吨。从1997年开始,青啤挟国际知名品牌的优势,掀起了全国范围内的扩张狂飙,甚至演出了1年收购15家企业的大手笔,不仅将周边地区的10多家年产量在10万吨以下的啤酒厂收购至青啤旗下,而且投入8250万元控股西安汉斯啤酒55%的股权,使青啤在西安的市场占有率迅速扩大到90%以上,在陕西达到50%的市场份额。同时,青岛啤酒在2000年收编了廊坊啤酒厂,2001年扩充福建市场,购并两家当地的啤酒公司,合并后,青啤可以顺利打入闽省的啤酒市场。

青岛啤酒收购的重头戏在北京和上海,2000年7月,青啤以1.5亿元人民币收购了上海嘉士伯啤酒厂75%的股权。上海的嘉士伯啤酒厂于1995年开始建设,1998年投入生产,该厂拥有20世纪90年代的崭新设备,具有年产10万吨啤酒的能力。此举使青啤在中国啤酒品牌最集中的消费城市,建立起自己的桥头堡。2001年3月,青啤以1000万美元从美国的亚洲战略投资公司手里收购了在20世纪80年代曾经是中国最大的啤酒企业——北京五星啤酒63%的股权,再以1250万美元收购了北京啤酒54%的股权。“五星”和“北京”都是老品牌,在消费者心目中有相当的亲和力,青啤注入技术和品质优势后,不仅能够在北京市场拿下相当大的份额,而且成功地在竞争对手燕京啤酒的身边,布下了两枚棋子,与廊坊啤酒成犄角之势,以扼制燕京的扩张势头。

这样,6年来青岛啤酒共投入4亿多元资金,先后兼并了北京、上海、广州、西安、平度、鸡西、马鞍山等地的啤酒企业,使青啤由原来的只有青岛地区4个生产厂、年产量40万吨,发展到拥有38家啤酒生产企业、年产量260万吨,以青岛为中心,辐射东南沿海、华北腹地、西南和西北地区的大型现代化跨地区集团公司,市场份额提升到整个啤酒市场的14%。

“青岛灌不醉北京城”,喝着黄澄澄燕啤的北京人,尽管嘴里这么说,但还是对青啤挺进北京之举进行强势反击。自2001年7月份起,主动深入青岛啤酒的腹地,投资2亿多元控股了山东的莱州啤酒、三孔啤酒和无名啤酒,一举夺得山东1/4的啤酒市场,新增生产能力近100万吨,使青啤“一统鲁啤”的梦想在瞬间化为泡影。燕京集团董事长李福成说:“燕京成功购并山东3家啤酒厂,其战略意图就是要争夺在山东啤酒市场的主动权,将华北市场和华东市场连成一片,并将以此为基地,向周边市场渗透。

事实上，燕京啤酒一直笼罩在五星、北京的光环下，直到1999年以前，还只是个地方品牌，市场局限于以北京、天津为核心的华北腹地。1995年燕京啤酒成功兼并了具有一定品牌效应和生产规模的北京华斯啤酒厂，以后又先后在江西、湖南、湖北、山东等地收购了多家啤酒厂，2001年的销售量达到170万吨，大约落后青岛啤酒100万吨。

有着资本和技术撑腰的华润啤酒，在1993年底斥资近3亿元并购了辽宁省第1大啤酒厂雪花啤酒厂，从此扩张之势一发不可收，相继收购了原大连渤海、吉林华丹、绵阳亚太、天津富仕达、鞍山瑞德与安徽圣泉、廉泉等13家啤酒生产企业，拥有了雪花、黑狮、凯龙、华丹、亚特、莱格、瑞德、新三星等几十个地方品牌，生产能力由原来的30多万吨，一下子增至近200万吨。2001年10月，华润啤酒在四川的主要竞争对手蓝剑啤酒，终于被收编旗下，华润意欲用3到5年时间"一统川啤"的美梦，即将成真。

面对华润的挑战，青岛啤酒收购了原鞍山迈威啤酒厂，把矛头对准华润啤酒在鞍山的瑞德公司，以"大众啤酒"大举抢滩沈阳的普通啤酒市场。燕京啤酒对东北市场，也是有所准备，据了解燕京啤酒的普通啤酒已进入沈阳市场。面对燕京的紧逼，青啤则实施了"五鼠闹东京"策略，先后收购了周围的菏泽、徐州、日照等5—6家啤酒厂，形成了一个包围三孔、无名的态势，以收复被三孔、无名占据的市场份额 。

除此之外，哈尔滨啤酒、重庆啤酒、蓝剑啤酒、珠江啤酒等第2集团军也悉数加入了"资本圈地"运动，以谋求形成区域竞争的优势，挑战第一集团。

## 二、科技创新：纯生啤酒成新宠

啤酒属于日常消费品，是典型的传统产业，人们很难将啤酒业与高科技联系起来。其实不然，科技进步同样惠及啤酒的发展。日本人凭借对啤酒文化的深刻理解，发明了"纯生啤酒"，给世界啤酒工业带来一场革命，从而奠定了在世界啤酒业的地位。珠江啤酒采用国际先进的低温膜过滤技术和无菌包装技术，应用微生物工程的高科技手段制作出中国啤酒业第1个高新技术产品——瓶装珠江纯生啤酒，以更纯正、更新鲜、更富有营养的品牌形象，迅速成为啤酒市场的新宠，确立了珠啤第2集团领头雁的地位。

日新月异的啤酒科技，会使啤酒市场竞争呈现强者更强的态势，青啤、燕京对此心知肚明，相继打出科技创新牌。燕京在建厂之初，就请中国啤酒技术的权威人士长期担任技术顾问，重金进口二氧化碳回收设备以及气相色谱仪、液相色谱仪、全自动分析仪等世界一流科技仪器。据统计，从1991年至1999年，燕京用于技术改造的投资累计达17亿多元，2001年计划产量115万吨，投资达2亿元的纯生啤酒技改和配套项目将在明年全面投产运营。在科技的投入上，青啤也有类似的过程。早在去年初，青啤就与中科院微生物所合作研究"利用基因克隆技术构建青岛啤酒酵母工程菌"，大势扩张纯生啤酒的生产。

## 三、广告攻心：6.8亿元给了电视

"冰箱里只剩下一了瓶啤酒，两个年轻人几乎同时抓住了啤酒瓶。较量开始了。两人纹丝不动地站在冰箱前，目光注视着对方，一只手却都紧紧地握住啤酒瓶。电话铃响了，报纸来了，但无论发生什么情况，他们谁也无意放弃手中的这瓶啤酒……"

"酒吧里，一对情侣模样的年轻人喝着啤酒，谈兴正浓。忽然，小伙子的女友出现并径直向他们走了过来。情急之中，小伙子顺手拿起邻座的可乐杯子，假装正在喝可乐。女友从小伙子手里夺过杯子，将可乐全部倒在了小伙子的头上……小伙子的脸上流露出一丝得意。他保全了自己喜爱的啤酒。"

几年前，我们是很难看到这些啤酒广告的。而如今，却是频频亮相于电视，不断闯入我们的眼帘。还有这么一幕，在辽宁鞍山，凡有青岛千山湖啤酒广告的地方就必有沈阳华润瑞德啤酒的广告，凡有沈阳华润瑞德啤酒的地方就必有青岛的千山湖啤酒。现在，无论是青啤，还是燕京、华润旗下的品牌，其广告战从报刊、电视，一直打到路牌、天空，以最大限度地扩大品牌影响力，争夺势力范围内的消费者。据统计数据表明，2000年中国啤酒行业仅在电视上的广告投放量就高达6.8亿元，比1999年上升了15%。业内专家预测：随着燕京啤酒、珠江啤酒、哈尔滨啤酒等一批国内强势的地方性啤酒品牌逐步发展成全国性品牌，2001年啤酒行业的广告投放量还会有明显的增多。

可以预见的是，在品牌战略逐渐形成的啤酒市场，广告依然是各啤酒品牌开拓市场通路、俘获消费者之心的首选武器。

**品牌渗透：用你的瓶子装我的酒**

在中国啤酒市场，区域性消费现象可谓举世罕见。北京人喝燕京啤酒，青岛人喝青岛啤酒，大连人喝棒棰岛啤酒，沈阳人喝雪花啤酒，四川人喝蓝剑啤酒，广州人喝珠江啤酒，济南人喝北冰洋啤酒，重庆人喝重庆啤酒，西安人喝汉斯啤酒，几乎每个中心城市都有一个属地品牌，消费属地品牌已成为人们的一种习惯，从而使这些品牌在属地赢得相当牢靠的市场基础。

对此，青啤、燕京和华润似乎是不约而同地使用了"品牌渗透"的策略。也就是在当地收购一家啤酒企业后，只是将自己的管理机制、先进技术、产品配方、营销经验等输出到新组建的企业中，而对原企业的品牌不予更换，仍使用受到当地消费者偏爱的当地品牌，即所谓的"用你的瓶子装我的酒，用你的品牌扩我的市场"。

青岛啤酒对所收购的啤酒企业，除上海和深圳用"青岛啤酒"品牌外，大部分仍然使用当地品牌，如汉斯、五星、北京等。燕京啤酒共收购了9家啤酒企业，无一例外地全部使用当地品牌，如三孔、无名等。华润本就没有全国性品牌，使用的雪花、沈阳、凯龙、亚太、华丹和莱格等20多个啤酒品牌全部是原有的品牌。据说，华润啤酒已意识到品牌的重要性，明确表示要让华润啤酒的品牌在市场上发出"声音"。（韦桂华）

品牌观察

# "燕京"品牌的塑造与科学使用

**一、品牌是企业实力象征**

就燕京啤酒而言，目前总资产已达62.4亿元，同1980年投资640万元相比增长近1000倍。已由原来的一个企业发展成为下属18个分公司，连续7年保持了全国产销量第1，连续5年保持了经济效益第1。2001年完成啤酒产销量170万吨，实现销售收入28.96亿元，实现税金6.69亿元，实现利润3.34亿元，同比增长分别为20.5%、14.1%和12.97%。目前，燕京品牌在世界啤酒企业中排名第15位，总销量排第18位。

燕京啤酒集团还以参股方式进入泛华协和、清华紫光等6家高科技企业，进军生物高科技领域。燕京此举，一是为了加强对生物工程和生物制药的研究开发，培育新的利润增长点，并进入北控孵化器链条系统，把科技成果迅速转化为社会成果和市场成果。二是跟踪相关的最新科技成果和市场动态，介入起点高、市场大、生命力强、回报率高的项目。三是加大核糖核酸、脱氧核糖核酸的研究和生产力度，尽快产生效益。四是投资建燕京啤酒科技园区，实现研究与生

记　事

5月29日

2002 苏宁电器集团买断部分空调品牌。

国产品牌首次挤进手机市场前三，演绎新格局。

新电信、新网通正式成立。

首家中国出版集团正式成立。

国家经贸委、人事部等联合发文，决定今后国有企业经营者不再套用国家机关的行政级别。

1996 中国投资银行成立。

5月30日

2002 《中国经济时报》时评：地方政府应担负起"整顿市场经济秩序的行动责任"。

2000 "面向21世纪消费者权益理论研讨会"在京召开。

中国第一个网上虚拟主持人诞生。

5月31日

2002 酒饮产品交易会在广州举行。

1996 中国绿色食品协会成立。

10家企业首获汽车轮胎产品质量认证。

# “资本圈地”藏隐患

## ——透视中国啤酒业(下)

可以肯定地讲，在21世纪的最初几年，中国啤酒业的“跑马圈地”运动还会如火如荼地展开。但“圈地运动”也带来了许多不容忽视的隐患，如何实现“资本圈地”到“品牌圈地”的跨越、“规模扩张”到“品牌重塑”的跨越、“比拼地盘”到“比拼内力”的跨越，这或许是意欲逐鹿全国啤酒市场的巨头们共同研究的课题。

**隐患之一：快速扩张难以消化**

啤酒业的重组，使过去强调品牌魅力的人们，现在似乎更相信资本的神话，但资本的神话能持续多久？

近年来啤酒市场的“跑马圈地”狂潮，使青啤、燕京、华润吞进了一个又一个地方啤酒品牌。笔者不怀疑青啤、燕京、华润的胃口，但依然怀疑他们是否有足够的消化能力。如吞进的品牌，得不到很好的消化，或者干脆消化不了，无法与主品牌融为一体，资本神话必然会破灭。无疑直接并购是企业快速扩张的最佳途径，但市场毕竟不是用金钱买来的。青啤原总裁彭作义说过这样一番话：“青岛啤酒是靠100年的精耕细做，才赢得了今天的市场，它的技术、管理和人才仅仅靠金钱是绝对买不到的。”资本可以买下啤酒生产厂，却未必能买下市场，洋啤酒何以从中国啤酒市场撤退，这就是答案。

以青岛啤酒为例，目前它已拥有近40个生产基地和30多个品牌，遍布全国10多个省市，要逐一消化这些“猎物”，使其纳入自己的管理模式，达到预想的市场效果，决非是件易事。这不仅

产的配套。按照这样的发展速度和企业规模，燕京啤酒有望5年内进入世界前10名。

**二、质量是品牌价值的保障**

打造和提升品牌的价值，如果没有好产品作保障，品牌运营是不可能成功的。

为此，燕京啤酒非常注重研究世界啤酒行业的潮流和发展趋势，引进和吸收国际啤酒先进的和装备工艺，提高燕京啤酒的质量水平；加强科技投入，不断开发新品种，实现产品质量和品牌的不断提升；对啤酒原料、工艺、产品进行深层次的探索，使燕京啤酒的生物稳定性、非生物稳定性、风味稳定性得到提高，新鲜度控制达到和接近世界先进水平。而燕京啤酒独有的营养价值高、附加值高、价格低等特点，更是赢得了消费者的喜爱。产品是品牌的载体，没有好产品这一强有力的支撑点，品牌是不能腾飞的。

**三、精心打造更要精心呵护**

品牌的创建更不是一蹴而就的事，它需要一个长期的经营过程。正是充分认识到这一点，燕京啤酒重视品牌的科学用，突出品牌效用，实施品牌延伸策略，对集团公司所有系列产品不论高、中、低档均使用“燕京”这一品牌，而在实施多元化战略后，让其他产品借船出海，把燕京这一著名啤酒品牌又使用到可乐、矿泉水、酱油产品上，使燕京品牌形象更加突出。在实施规模扩张过程中，绝不轻易让被兼并企业使用“燕京”这一品牌，而是实行“子母商标”制，成员企业基本上仍使用原品牌，只在商标上加注“燕京啤酒系列产品”字样。

品牌是企业走向成功的灵魂，把蕴涵企业文化和创新理念的品牌形象最广泛而持久地传播到消费者当中，以提升企业的核心竞争力，这才是企业创名牌的目的所在。

(贾书哲)

## 记　事

**5月31日**

1995 全国商业服务企业质量与信誉承诺暨星级信誉企业评估在京举行。

1994 "1993年度中国500家最大物资流通企业"揭晓。

1991 世界无烟日。

1990 国家国有资产管理局下发《关于资产评估机构管理暂行办法》。

**5　月**

2002 张裕葡萄酒通过原产地标记注册，成为全国首批获得原产地标记注册认证的31种品牌之一。原产地标记包括原产地标记和地理标志，代表着商品的质量和信誉。WTO将原产地标记，特别是地理标志列入知识产权保护的范围。

国产十佳软件揭晓。

天津自行车产量突破1300万辆，成为国内第三大自行车生产基地。

TCL重组，吴世宏出局。

深圳成为中国钟表品牌最多的城市，一年一度的国际钟表展，是继瑞士巴塞尔和香港钟表展之后世界第三大钟表展。

首届全国优秀发明企业家评选揭晓。

需要时间和精力，还需要有十分强大的整合力，才能有效地对收购企业的生产工艺、酿造技术、业务流程、品质提升等诸多方面进行重组与再造，尤其要以优秀的企业文化改造人的思想、行为，以先进的行销理念规范市场、重组客户资源。否则，永远只能是舢板船队，一遭风高浪急，就会被冲得七零八落，不堪一击。

**隐患之二：冲不破"地域情结"**

"资本圈地"是阶段性手段，"品牌圈地"才是长期性目的。受"地域情结"困扰的中国啤酒业，能否造就国际品牌？

浓厚的"地域情结"，使中国啤酒三强全都选择了"品牌渗透"战略，但这一战略的短期色彩也是显而易见的。青岛啤酒2001年销售260万吨，但青啤本厂只能生产80万吨，其他180万吨则是30多个品牌简单相加的结果。燕京啤酒是以物美价廉打开京津市场的，离开北京，离开京津塘地区，燕京是否会受到大家的欢迎，值得怀疑。华润啤酒集团本不是搞啤酒出身的，其旗下现有雪花、沈阳、凯龙、亚太、华丹和莱格等20多个啤酒品牌，都是地方"小业主"一级的角色。即便是在四川、吉林、天津、辽宁等地的主打品牌雪花啤酒，就其知名度和影响力而言，也无法与青啤、燕京"华山论剑"。

有两点必须正视：一是啤酒三强收购的大多是轻量级品牌，而像珠江、蓝剑、黄河、重庆、哈啤等二流品牌，一个都未能收编至旗下。青啤人"前有狼、后有虎，中间一群小老鼠，打完老鼠打老虎"的收购思路，固然不错。但收购的一群"小老鼠"如果不能尽快、尽早培养成"老虎"，主品牌就会被拖死，这绝不是危言耸听。二是小品牌可以在某一区域做强，但要持续强盛，只有大品牌才能做到。谁想一统全国啤酒江山而胜出，不仅要将主品牌做成强势品牌，还得要吃有份量的啤酒企业，谁吃得早谁就能抢得先机。青啤考虑在收购企业改造成熟后推出第2品牌——栈桥，将其打造成中低档啤酒市场主力品牌，倒是个不错的主意，但这需要一个较长的时间。

吃下有份量的品牌，需要有强大的品牌号召力、产品竞争力和资本支撑力，而青啤、燕京和华润都没有综合地占有这些优势。

**隐患之三：布局过大品质难保**

啤酒业的跨区域扩张，引发了啤酒产销方式的革命，即从传统的"产地销"向现在的"销地产"转变，中国啤酒能顺应这一转变么？

啤酒是一种特殊的商品，对口味、新鲜、保质的要求非常严格，因此也就形成了过去中国啤酒企业就地生产、就地消费的模式。以青岛啤酒为代表的并购战略实施后，变"产地销"为"销地产，既扩大了市场份额，又满足了人们对口味、新鲜和保质的要求。但要全面顺应"直供模式"，仍有相当大的难度。如青岛啤酒只有青岛、广州和上海3地生产，受啤酒500公里销售半径成本最低的制约，以及啤酒要保持新鲜度的要求，决定了青啤很难覆盖全国，全国消费者也难以喝到价格合理、品质纯正的青岛啤酒。再从燕京啤酒讲，虽然拥有"优质水资源、装备精良和适宜的口味"3大法宝，产品也可以向华北甚至东北市场渗透，但过长的销售半径就意味着成本的增加和啤酒新鲜度的下降。缺乏精品啤酒的华润就更不用说了，几乎放弃了中高档啤酒市场，连沈阳大本营都未能守住。

"销地产"是啤酒未来发展的方向，关键是合理地在中国版图上布局，在品牌包容力、产品成本上下真功夫，让消费者喝上与"原产地"同样品质、同样新鲜纯正的青岛啤酒、燕京啤酒和华润啤酒。

**隐患之四：研发能力薄弱**

嘉士伯打响了"洋啤酒资本撤退"的第1枪，不知何时洋品牌会再次吹响"抢滩中国"的号角，国产品牌有能力与之同台竞争吗？

因"水土不服"等众多原因，洋啤酒纷纷撤离中国。但可以预见，随着中国入世面对全球最后一块啤酒宝地，洋啤酒肯定不会善罢甘休，再次直接抢滩中国、卷土重来，只是时间的问题。到那时，洋啤酒带来的绝不只是品牌和资本，还会带着独家拥有的最新科技成果、领先世界又贴近中国的营销策略。

应当看到，从大麦——麦芽——啤酒这一产业链探究，中国一直是“大麦科研滞后于大麦生产，大麦生产滞后于麦芽加工，麦芽加工滞后于啤酒酿造”。啤酒机械设备长期依赖进口，国外已推出生产能力超过每小时 6 万瓶的全单机啤酒生产线，年产量可达到 10 万吨以上，而国内目前只能生产每小时 3.6 万瓶的啤酒灌装生产设备，并且尚未完全成套，一些关键设备还需进口。

这种受制于国外的现象，如得不到尽早改观，洋啤酒一旦卷土重来，极有可能会使国产啤酒连模仿和竞争的余地都没有。更何况，当前洋啤酒丢掉的主要是中低档啤酒市场，在国内高档啤酒市场仍占重要地位，分享着这一市场的高额利润。因此，国产啤酒品牌需要正视我们的自身实力，尤其是在科技水平上与国际强势品牌的差距。

中国加入 WTO 后，享受利好的啤酒业虽不行走于刀锋之上，但强者更强、弱者更弱，几大啤酒巨头以绝对优势瓜分中国啤酒市场已是必然。但市场竞争历来充满变数，谁会成为像嘉士伯、百威这样的啤酒王者，青啤、燕京、华润三强争霸格局能维持多久，谁会成为中国啤酒市场未来的黑马？除了资本运营、科技创新、广告攻心和品牌渗透外，青啤、燕京、华润谁最先打出第 5 张牌？只能拭目以待。 （韦桂华）

## 品牌观察

# 国产饮料要提升品牌价值

国产饮料市场近年来的发展历程，可谓是国内消费品市场的一个缩影：先是早年的北冰洋之类的中国传统品牌一枝独秀，然后是可口可乐、百事可乐等国际饮料巨头的进入，再到前几年新一代国产品牌（如中国饮料工业协会评出的 10 强）的重新崛起，终至今天形成的国产品牌和进口品牌同台竞技的状态。

从多家调查公司公布的对饮料品牌的专项调查研究结果中发现，在品牌价值的外延上，始终名列前茅的可口可乐、百事可乐和雪碧在深度和广度上均有很大的影响力和好感度。

总体上看，国外品牌和合资品牌之所以在品牌价值上优于中国的本土品牌，与国外品牌较为超前的品牌意识和其在品牌形象上的高投放直接相关。国外品牌在品牌价值的内涵上也表现得相当均衡。两相比较，大部分国产品牌在人格特征上显得比较单薄，缺乏个性，形象也较差，极大地妨碍了品牌传播，难以强化消费者对品牌的忠诚度。

当然，国外饮料品牌在中国的一度所向披靡，成为中国家喻户晓的名牌，本身也是国际公司融入中国经济的体现。只有那些擅长使用各种手段提升品牌价值的企业，才能最终提升自己产品的竞争力。著名品牌有时把价格涨一涨，用收回的钱打广告，吸引受到品牌差异性诱惑的消费者，强化他们对自己品牌的忠诚。由于多销，著名品牌又可以反过来获取薄利，通过掀起一轮又一轮的价格战挤跨弱势对手。

除了两家著名的可乐之争，法国的达能公司和美国的雀巢公司在乳品和瓶装水领域也是一对老冤家，他们在经营手段上都是以资本运营统辖品牌经营。

品牌竞争进入中国以来，从市场份额和知名度上看，眼下无疑还是远来的和尚会念经。而我们自己的和尚，是否应该放下架子、勤快一点，找准问题的症结所在，为早日成为世界一流品牌而努力呢！ （朱晨辉）

## 标识

鳳凰 FENG HUANG ®

无锡市树脂厂

鳳凰 Phenix ®

江西光学仪器总厂

记 事

5 月

2002

内蒙古拥有"中国驰名商标"7个:鄂尔多斯、仕奇、伊利、鹿王、河套、草原兴发、蒙牛,拥有量在少数民族地区位居第1。

金川啤酒打造中国保健啤酒第1品牌。

TCL成为国产手机第1品牌。

红塔换帅。

光明乳业称将在上海实现"无抗奶"。

娃哈哈要打造"全国第1童装品牌"。

李书福、李书斌淡出吉利集团。

"中国北京国际科技产业博览会暨中国北京高新技术产业国际周"举办。

首届中国西部特许经营论坛举行。

2001

中华牙膏完成新产品包装设计系统。

2000

全国先进商标代理机构及商标代理人评选工作开始。

1999

北京珠穆朗玛电子商务网络服务有限公司正式成立,推出8848网站www.8848.com。当年成为中国最有影响的BTOC网站。

1994

首届全国优秀发明企业家评选揭晓。

# 把脉中国酒业

中国酒业历史悠久,拥有广大的消费群体和广阔的消费市场。1998年酒业产值占食品工业总产值的近50%,占轻工业总产值的8.1%,远高于洗衣机等一些家电产品的产值。酒业拥有24家上市公司。研究酒业的现状、影响因素和发展趋势具有较强的现实意义。

## 一、中国酒业目前的发展状况

1. 供需基本平衡,产品销售面临一定压力:自1996年以来,本行业的总产值稳步增长,但增幅放缓;产销率维持高水平,但有下降趋势,说明酒业的供需基本平衡,市场对增量产量有较强的消化能力,从趋势看酒业供给的增长已快于需求的增长,产品销售压力增大,竞争加剧,市场潜力有待进一步发掘。不在轻工业局统计口径以内的小企业数量巨大,激化了酒业的竞争。

2. 产品结构发生较大变化:自1996年以来从绝对量看,白酒的产量从801万吨下降到2000年的476.11万吨,下降幅度为40.56%;啤酒产量从1681万吨上升到2000年2231万吨,上升幅度为32.71%;葡萄酒产量从17.03万吨上升到近28万吨,上升幅度约64%;黄酒产量有小幅增加,果酒产量大幅下降。从相对量看,白酒减少的比重份额由啤酒补充,果酒比重严重萎缩,其他酒比重变化不大。

3. 名优酒市场占有率具有绝对优势:根据《酒饮观察》刊登的"中国重点商场2001年5月各饮料市场综合占有率情况",白酒市场占有率排在前5位的企业累计占有率近50%,啤酒市场占有率排在前5位的企业累积占有率近64%,葡萄酒市场占有率排在前5位的企业累积占有率近64%,整个产业的集中度较高。

4. 企业规模化、集团化格局初步形成:

早在1998年,白酒产量前20位企业合计产量占白酒总产量的比重已达19.9%,利税前20位企业的利税合计占白酒利税总额的45%。1998年张裕、王朝、长城合计拥有资产占葡萄酒行业资产的38.1%,销售收入和利润总额合计分别占葡萄酒行业的56.7%和65.4%,形成了举足轻重的三强群体,引导着我国葡萄酒的消费潮流。2000年,10万吨以上啤酒企业的产量已接近全国的60%;目前,国内较有实力、年产量在40万吨以上的啤酒集团有12个(包括中外合资外方控股集团),其产量已占全国的40%以上;2000年青岛啤酒股份有限公司啤酒产量为186.16万吨,燕京啤酒集团公司产量141.11万吨。在黄酒业中,中国绍兴黄酒集团公司、绍兴东风酒厂、浙江嘉善酒厂和上海金枫酿酒公司等四家,合计完成的产量占行业总产量的16%左右,销售收入占行业的31%,利润总额占80%以上。

## 二、中国酒业存在的主要问题

1. 市场秩序混乱:酒类企业市场竞争存在许多不规范的情况,如地方保护、地区封锁,使市场达不到优胜劣汰,大企业优势得不到充分发挥。以白酒为例,由于白酒企业一直是地方的财政支柱之一,在"投资小、见效快"的利益驱动下,仍有一些地方在新建、扩建白酒项目,造成数量多,规模小,产品供过于求。根据不完全统计,中国现有白酒企业3.7万余家,1999年,行业亏损面达到30%左右,69%企业处于微利,只有1%企业维持较高的利润。还有个别企业制售假酒,扰乱市场秩序,如在1997年葡萄酒供不应求时很多企业制造假冒名牌产品,致使整个葡萄酒业的信誉受损。

2. 技术水平落后:中国酒业总体技术水平落后,传统的中小型白酒企业技术装备水平低，很多企业检测设备不齐全，制约酒质量的提高。大多数黄酒业企业的特征是：厂房简陋、设备陈旧、技术落后、产品单一。葡萄酒业行业科技人才短缺，人的素质与现代化的先进设备不相匹配，中国只有一所西北农业大学葡萄酒学院，法国却有17所培养葡萄酒业人才的专业院校，还评选酿酒大师。就连资金、技术密集度最高的啤酒业，尽管其技术设备以引进为主，技术水平与国外仍有很大差距。

3. 原料供应有待改善：目前中国啤酒大麦总产量仅占全国需求的23%，供不应求，有大约150万吨进口，使中国企业不得不受国际大麦市场行情的制约，增加了啤酒成本的不确定因素，以2001年下半年为例，在欧洲气候原因造成种植面积减少和国际饲料大麦价格上涨双重影响下啤酒大麦价格将上扬，增加企业成本。原料短缺也是影响葡萄酒业发展的主要问题之一，国外一般采用“前工厂后庄园”的模式将原料产地与酿造企业相结合，而中国建酒厂与建原料基地不同步，靠收购葡萄酿酒，依赖进口原料，远水解不了近渴。当市场需求变化时，企业无丝毫准备，提供原料滞后。白酒业则存在降低粮食单耗，使用粮食替代原料的问题。

## 三、决定中国酒业发展的两大主要因素分析

1. 市场需求

从总量分析，尽管饮料酒整个行业已步入成熟期，但其市场容量仍有一定的增长空间。目前，中国饮料酒年消费量大约在2800万吨左右，其中啤酒约2000万吨、白酒近600万吨、黄酒130万吨、葡萄酒和果露酒50余万吨，还有一些进口的成品酒。啤酒、葡萄酒在城市消费占较大比重。白酒(除名优白酒外则在农村消费占较大比重。据有关专家分析，在中国年消费2800万吨饮料酒中，城市消费了约1800万吨，而有近9.8亿人口的广大农村仅消费了1000万吨。另外，随着人们生活质量的提高，人们食物结构也发生了变化，据2000年主要百货商店零售额统计，食品(不含酒类)的零售额增长了28.5%，而酒类增长了36.1%。以浙江省农村人均酒消费量21.8公斤计算，全国农民每年的酒类消费需求为2000多万吨，以此推算，中国农村还有1000万吨酒类消费市场的潜力，且中国城市的酒类消费水平还远远低于世界平均水平。由此可见，中国酒类市场潜力大，饮料酒的发展有着广阔的天地。

从品种来看，随着人们健康意识的增强，高浓度的酒不再像过去那样受欢迎，低度酒、有保健功能的酒更受欢迎。目前，中国人均啤酒消费量为16.7公斤，与国外平均水平相比有很大差距，若与捷克、德国、丹麦等啤酒消费大国相比差距更大，如捷克人均消费160公斤/年。且啤酒的中低档产品在农村较为容易被接受，目前在白酒生产减少情况下有望占有白酒原有农村市场的一部分份额。葡萄酒品味独特，格调高雅，具有保健作用，在城市中颇受青睐。据计算，中国葡萄酒人年均消费只有0.5升，和世界平均水平7.5升尚有距离。有关专家预言，随着经济快速发展和人们消费观念的转变，在未来几年内，是葡萄酒业发展的黄金时期，预计在2010年之内，中国对葡萄酒的需求大约是80万吨。西方发达国家蒸馏酒占整个国民饮用酒比重的10%，白酒目前占中国国民饮用酒的30%，以此推算白酒消费萎缩将成为趋势。

黄酒是中国独有的酒种，但黄酒消费市场的地域性特征显著，浙江、江苏、安徽、福建、上海5省市的黄酒的生产和消费量均占全国黄酒消费量的80%以上。在全国广大地区的消费者对黄酒认知度仍然很低，只认为黄酒是做菜用的，做药引用的，或妇女坐月子用的。广大消费者尚未认识到黄酒富含12种氨基酸、蛋白质、维生素和对人体有益处的矿物质，以及经济实惠的优点。如能加大营销力度，改变策略，充分将黄酒的优点与消费者的潜在需求相结合，则有可能开拓出广阔的市场。果酒也存在认同问题，需要突破。

2. 国家政策

国家政策在调整酒业结构中发挥着举足轻重的作用。从产业政策来看，

## 标　　识

宜兴市缝纫机针厂(集团)

江苏厂泗洪酒厂

## 记　事

**6月1日**

1995 《国际广告》杂志社和北京广播学院广告学系成立"国际广告研究所"。

1993 1993年中国500家最大工业企业公布。

1991 江西省首届时装、模特大奖赛在南昌举行。

**6月2日**

2002 首届央视"标王""孔府宴"品牌零价转让。

2000 国家工商局商标局召开汽车行业商标整治工作协调会。

柯达(无锡)股份有限公司投产。

1999 《啤酒瓶》强制性标准推进会在京举行。

**6月3日**

1998 倪润峰获日经亚洲大奖。

1997 中国互联网络信息中心成立。

国家的酒业总体政策为"限制高度酒的发展，鼓励发酵酒和低度酒的发展，支持水果酒和非粮食原料酒的发展"，指导思想为"控制总量、调整结构、技术进步、提高质量、治理污染、增加效益"。酒业以调整酒产品结构为主线，以改革开放和科技进步为动力，以满足人民生活水平日益提高对酒产品的需要为基本出发点，朝着优质、低度、多品种、低消耗、高效益、无污染的方向发展。根据产业政策，酿酒协会制定了各主要酒种的行业发展目标

配合国家产业政策，国家税收政策对酒业起着直接调节作用。以白酒为例，为了限制发展，1994年起国家规定对粮食白酒征收25%、薯类白酒征收15%的消费，加上17%的增值税，3%的营业税，33%的所得税（上市公司除外）；另外，分别征收7%的城建税，3.5%的教育附加税，据有关专家计算全国白酒行业税和利的比例达13：1。2001年又按每斤白酒0.5元征从量税，取消现行的以外购酒勾兑生产酒的企业，可以扣除其购进酒已纳消费税的抵扣政策，更是对白酒业产生了巨大的冲击，造成全行业利润减少。以生产中低档酒为主的上市企业面临亏损的危险。比如，沱牌曲酒，2000年白酒销量仅次于五粮液，但沱牌系列以10元以下的低档酒为主，14.3万吨的销量只赚了1.064亿元的净利润，平均每斤酒利润0.37元，还不足0.5元，若按新政策征税须倒贴4000万元。新政策使白酒行业整体盈利能力大幅度下降，对生产低档酒的中小企业产生致命冲击，使它们逐步被淘汰。对生产中高档酒为主的名牌企业而言则是一柄双刃剑：短期而言，企业业绩有所下降；长期而言，低档白酒企业被淘汰后，在白酒需求总量相对稳定之下，中高档企业的产品市场占有率扩大，促进白酒生产的集中。

此外，1998年国家决定对白酒企业实行生产许可证制度；严格控制白酒进口，不再安排任何白酒企业扩大生产规模。从1999年起，国家规定在电视台黄金时间白酒广告不能多于4条。

相比之下，啤酒幸运得多，2001年初，国家此次对啤酒税额只作了适当调整，按照产品的出厂价格划分了两个档次的额定税率，由统一的220元/吨变成了以出厂价3000元/吨为界：3000元/吨以下的，依然是老税额220元/吨；出厂价是3000元/吨（含3000元/吨，不含增值税）以上的，每吨多消费税增加至250元/吨。也就是说中高价啤酒每吨收30元，折算下来每斤只增加1到2分钱，啤酒厂家完全可以消化。葡萄酒、黄酒、果酒的税赋则更轻。

### 四、加入WTO对中国酒业的影响

就目前来看，中国酒的出口主要为白酒和啤酒，出口形势不容乐观：

从总体上来说，加入WTO将有利于酒业产业结构的优化和行业整体素质的提高，有利于企业引进高新技术，提高产品的综合品质，增强出口能力。就不同酒种来说，面临的具体情况各不相同：

1. 白酒业：白酒是中国民族的传统行业，与世界酒类的关联度较小，有中国特色的白酒市场在"入世"后不会受到很大影响。但是，也应该看到，白酒目前的关税为65%，"入世"关税下调将会使价格低得多的杜松子、威士忌等涌入，国际上流行的白酒大多在40度左右，在饮用方式上比较灵活，可加冰和碳酸水，而且卫生质量比较高，对中国年轻一代的吸引力比较强，会对中高档白酒产生一定的冲击。就出口而言，白酒出口下降主要是由于国际饮料酒潮流变化所致，恢复可能性不大。

2. 啤酒业：由于啤酒行业开放度高，中国啤酒行业5万吨以上的啤酒生产企业80%都与国外知名啤酒企业合资，在产量、销量、利税三项指标最大的各20家企业中，合资企业均居近半数。加上啤酒讲究新鲜度及运输困难，一般认为啤酒行业的销售半径约为500公里，加入WTO对后，外国酒成品直接运输进入中国市场的可能性较小，对中国啤酒市场影响不大。1999年，中国啤酒进口价格则为1083美元/吨。中国啤酒企业的产品出厂价一般在2500元/吨左右，远远低于平均进口价，即使入世后啤酒进口关税降低，国产啤酒仍

然具有明显的价格优势。全球啤酒消费量连续14年增长，1999年世界啤酒消费量为1.32亿吨，加入WTO农产品关税降低，有利于啤酒企业原料的选择，降低生产成本；有利于先进设备的引进，提高啤酒生产技术水平；有利于中国啤酒的出口。

3. 葡萄酒业：目前，从市场占有率来看，国产品牌的市场占有率维持在60%—65%之间，洋品牌的市场占有率仅在30%左右，国产葡萄酒主宰国内葡萄酒消费市场的格局已经形成。但加入WTO后，中国的葡萄酒市场竞争会更加激烈。中国的葡萄酒关税高达65%，入世后将降到10%，价格的变化会使洋葡萄酒的竞争力增强。而从扩大出口，进入国际市场来说，中国葡萄酒业的瓶颈主要是生产标准，标签标准没有与国际接轨，例如欧共体规定葡萄酒是用新鲜葡萄发酵酿造而成，不能掺水，而中国目前规定葡萄酒含汁量不能低于50%，这就是说葡萄酒可以掺水。这样的规定不利于中国葡萄酒工业的发展，而且在国际上造成了中国酒低档的形象，需要加以改变。

4. 黄酒业：由于黄酒是中国独有的酒种，黄酒业在国际上没有竞争对手，加入WTO对中国黄酒业的国内市场没有影响。而且，黄酒中的代表绍兴酒，是中国实行原产地产品保护制度的第1个酒类品种，具有较高的知名度，能够得到WTO成员方的专门保护。目前，中国黄酒业要开拓国际市场需全面提升企业实力和产品形象。就此中国黄酒可以学习日本清酒的经验。日本清酒师出于中国黄酒，日本经济起飞时，研究日本清酒的老一辈微生物学家在国际各种微生物期刊上，经常发表研究清酒的论文，推动了世界对清酒的认识。现代日本清酒酿造，其装备现代化，生产日趋计算机程序控制，其制曲、酿造完全是纯种发酵，过滤后处理技术完善，令酒保持清澈、透明的外观；其饮用方法有热饮，有冷饮，也可加冰块饮用；其酒精度有传统的16%—17%，也有6%、8%、10%。瓶型有瓷瓶，也有各种容量的异型瓶，特别是磨砂乳白玻璃瓶，更显高雅。日本清酒厂已经在欧美建厂生产，走向世界各地。在本土以外的日本料理店，几乎人人都饮用日本清酒。中国黄酒的现代化也可以走这条道路。

五、中国酒业的发展趋势

从市场需求变化、国家政策导向及加入WTO等几个方面综合考虑，中国酒业产品将呈现低度多风味的发展趋势，中国酒业企业将呈现以品牌为核心以经营规模化、集团化、集约化为手段以经济效益为目的的发展趋势：

1. 低度多风味酒业产品的发展趋势：随着人民生活水平的不断提高，保健意识的增强，酒类产品趋向低度化。白酒低度化趋势显著。根据酒精度，白酒分为高度酒、降度酒和低度酒，高度酒的酒精度在50度以上，降度酒在40—50度，低度酒在40度以下。据统计，“八五”期间全国白酒酒精度平均降低了10%，低度白酒和降度白酒比例已上升到80%以上，高度酒的比例不足20%。目前开发的低酸、低酯、低甲醇、低杂醇油的净爽类白酒和为适应农业产业化要求而利用苹果、山楂等水果作原料开发的新风格、新品味的水果发酵蒸馏白酒，作为新的白酒品种，是白酒行业发展的增长点，适应了广大消费者文化、素质的提高和卫生、安全、健康的消费趋势与世界上烈性酒的发展趋势吻合，具有一定的市场发展前景。

啤酒品种继续向多样化发展。目前，国内生产的啤酒大致可分为以下几种类型：10—12度的淡色啤酒；7—8度的淡味啤酒；添各种调味剂的风味啤酒（姜汁啤酒、螺旋藻啤酒、菊花啤酒等）；不同原料、不同加工工艺的特色啤酒（干啤、冰啤、小麦啤酒等）；低酒精度啤酒（果汁啤、低醇、无醇啤酒等）。尽管品种较多，但基本口味属淡色啤酒类型。目前，中国的消费者大都喜好淡爽型淡味啤酒，并用要求颜色越来越浅、口味越来越淡、苦味越来越小，这和食品结构的改变有一定联系。但是，消费者的消费习惯可以引导产品和市场。中国以淡色淡味啤酒为主体外，还应该有浓醇型啤酒、高浓度啤酒、混浊啤酒、真正的特殊风味啤酒等。如能和德国一样，本

## 标 识

雄鸡®

江苏省湾山水泥厂

漢仙®

江西省会昌县精制米食公司

江苏金腾集团公司

## 记　事

### 6月3日

1993 1992年中国500家最大工业企业发布。

1992 1991年中国500家最大工业企业发布。

1988 国家工商局、对外经济贸易部联合发出《关于技术引进合同中涉及商标使用问题的通知》。

1981 袁隆平获杂交水稻特等发明奖。

### 6月4日

2001 王志东辞去新浪网首席执行官、总裁、董事会董事3个职位。

1996 全国光盘复制工作会议在广州举行。

1995 第8届全国10佳合资企业(生产型)揭晓。

1994 国务院研究室等主办"中国500名企业创业者评选活动"揭晓。

1991 第14届国际发明展览中国14项发明获奖。

地人就受喝本地风味的啤酒，地区小厂就能步入良性循环。

国际市场上流行的葡萄酒主要酒种是中国葡萄酒品种发展的主要方向，雷司令、赛美蓉、霞多丽干白品种，梅鹿辄、赤霞珠等干红品种酿成的酒是目前的主流。中国葡萄酒业需进一步进行品种创新，如长城的香槟起泡葡萄酒是国内首家真正的香槟法工艺研制而成的葡萄酒；张裕金奖白兰地、长城的VSOP白兰地质量也可与法国轩尼诗相媲美，使中国葡萄酒产品市场更加丰富多彩。黄酒将降低其甜度，多发展干酒、半干酒及半甜型酒为主体。

六、强化品牌竞争力酒业企业的发展趋势

目前，中国酒市场，定牌消费、指牌购买的现象十分普遍，有优秀品牌的大企业具有显著的市场优势和利润优势：中国国家认定的酒类驰名商标有五粮液、茅台、泸州、剑南春、古井贡、朗、杏花村、青岛、燕京、张裕、古越龙山等。

在成熟的市场竞争环境下，品牌是产品市场竞争力的综合体现。品牌不仅反映特定产品当前的竞争力状况，而且可以体现历史上沉淀下来的竞争优势，对企业具有超强的保护能力。例如，生产碳酸饮料并不困难，但要突破"可口可乐"和"百事可乐"品牌所形成的进入壁垒与它们一争高下则殊非易事。优秀品牌所带来的规模效应往往会超过扩大生产规模导致单位成本下降所产生的收益。顾客的品牌忠诚度不仅可以确保企业市场份额，还可确保该企业的增量产量能够很快被市场消化。产品是易变的，需要不断更新或提高，而品牌的生命力则是持久的。

在国内竞争国际化、国际竞争国内化的环境下，品牌的地位更加重要，资金、技术、人力的优势都在围绕品牌进行扩张、重组。最为显著的是啤酒业，青岛啤酒是近年扩张的急先锋，该企业先后兼并、控股北京三环、西安汉斯啤酒厂、陕西渭南啤酒厂、收购应城啤酒厂等40余家企业，并与日本朝日株式会社合作生产，其市场份额不断扩大；燕京啤酒则兼并衡阳啤酒厂等企业，借机进入西部市场，还大举进军国际市场。

## 品牌巡礼

# 中国名酒博览

**贵州茅台酒：** 茅台酒素有中国"国酒"之称，因产于贵州仁怀县的茅台镇(原为村)而得名。凡盛过茅台酒的杯子、瓶子隔了多天仍然芳香馥郁，被誉为"空杯香"、"瓶瓶香"。

茅台酒为降香型大曲白酒。据专家们分析，其酒内含有70多种成分，因此构成了降香、醇甜香和窑底香合成的特殊风味。虽酒度为53度到55度，但酒液晶莹透明，口感醇厚柔和，无烈性刺激感，入口降香馥郁，回味修长，余香绵绵，为酱香型白酒的典型。

**凤翔西凤酒：** 西凤酒产于陕西凤翔县柳林镇。此酒属复合香型大曲白酒，酸、甜、苦、辣、香五味俱全，且诸味协调，酒液清澈透明，甘润挺爽，有水果香，回味舒畅。

相传凤翔县酿酒业始于周秦，盛于唐宋。当地出土的文物中，有属于周朝和战国时期的酒器，说明当时饮酒风气的盛行和酿酒业的发达。

**绵竹剑南春：** 剑南春是四川绵竹县的传统名酒，系以高粱、大米、糯米、玉米、小麦为原料酿成，无色透明，芳香浓郁，醇厚甘甜，清冽净爽，余味悠长，有独特的曲酒之香，酒度有60度、52度、38度3种。相传早在唐代，绵竹出产的"剑南烧春"便被列为皇族专享贡品，有"剑南贡酒"之名。剑南春的前身为绵竹大曲酒，创于1662年清康熙近日又有哈尔滨啤酒集团斥资 2.45 亿元，一举收购了粤海北方啤酒集团的佳木斯佳凤、牡丹江镜泊湖、长春银瀑等 3 家中型啤酒企业。哈啤年生产能力因此由 50 万吨一跃攀升到 100 万吨以上，成为继青啤、燕京、华润之后的中国啤酒行业第 4。

购并为企业实现通过规模效应提高品牌竞争力提供了保证，但仅有规模是不够的，企业必须进行技术创新。为适应国际竞争加剧的局面，必须进行技术创新，以市场需求为导向，以经济效益为目标，使科研与企业的技术创新结合起来，并应通过多渠道的联合进行企业技术创新，依靠生物工程技术、信息工程技术来改造我国传统的生产技术。

葡萄酒业的变化更为引人注目。2001 年 8 月 8 日，中国第 1、亚洲第 1 的中国张裕集团与法国第 1、世界第 2 的法国卡斯特集团的战略合作签约仪式在北京嘉里中心饭店隆重举行。值得注意的是，这两家巨头进行的是全方位的战略合作。双方高层人士在签约仪式上透露，张裕集团与法国卡斯特集团自即日起，双方的市场营销网络即实现共享，物流配送系统也互相开放。同时，张裕集团与卡斯特集团还将在技术交流和技术合作上加大力度，共同研制开发适合欧洲与亚洲市场需要的葡萄酒系列产品。目前双方合作的第一步是：张裕投入资金持有卡斯特设在河北廊坊的红城堡葡萄酒生产厂 49% 的股权，卡斯特持股 51%；卡斯特则投入资金，参股张裕在烟台福山区兴建的占地 2000 余亩的专业化葡萄酒庄的 30%，张裕持股 70%。这种强强合作标志着真正以竞争力为核心的扩张，会增加双方品牌的竞争力，全球范围内的葡萄酒市场将迎来一个“赢家通吃”的时代。

白酒行业的情况则比较特殊，由于行业萎缩，为了提高效益、规避行业风险，白酒企业经营多元化是白酒业发展的趋势。白酒业除了向低度酒、葡萄酒、果露酒方面扩展外，许多大型企业集团根据自身的实际情况，坚持“以酒为基础，综合发展”的经营方针，开始进军房产、酒店、饲料、医药等行业，进行多元化经营。今后，这一趋势将强化。（天同）

初年，陕西三原县人朱煜因见绵竹水好，便移居至此，办起了最早的曲酒作坊名“朱天益酢坊”。

**宜宾五粮液**：五粮液为大曲浓香型白酒，产于四川宜宾市，五粮液原名杂粮酒，据说创始于明代，至今酿造用的酒窖仍是明代遗物。五粮液是用小麦、大米、玉米、高粱、糯米 5 种粮食发酵酿制而成，故名。酒度分 60 度、52 度、39 度等多种类型，酒液清澈透明，酒味醇厚甘美，柔和净爽。

**山西汾酒**：汾酒产于山西汾阳县杏花村。据史料记载，始创于南北朝时期，已有 1500 多年的酿造历史。汾酒以杏花村优质井水为源泉，以上等高粱为主要原料，采用独特的“清蒸二次清”工艺，经多年贮存、精心勾兑而成。清澈透明，清香纯正，为中国典型的香型白酒。

**遵义董酒**：董酒产贵州遵义北郊董公寺，为 58 度、38 度兼香型白酒。生产工艺独特，以整粒高粱为原料，用曲加有中药，酿制出的酒窖底香长，余香持久，回甜带酸，回味悠久。

董酒的酿造历史并不长，它的创始人程氏及其后人根据小曲酒的酿造方法，结合当地气候、土壤、水质等得天独厚的条件不断改进，于 20 世纪 20 年代期酿制出别具一格的“董公寺窖酒”，并取其头、尾二字名为“董酒”。

**亳州古井贡酒**：古井贡酒产于安徽亳州，系用南北朝的古井泉水酿造，历史上曾被列为进献帝王的贡品而得名，为大曲浓香型白酒。酒色如水晶，香醇如幽兰，入口甘美柔和，回味经久不息，堪与茅台媲美。

**泸州老窖特曲**：老窖特曲属大曲浓香型白酒，为四川泸州市特产名酒。系以优质糯米高粱为原料，以纯小麦制曲，采用“回酒发酵，熟糠合料”等先进工艺，醇香浓郁，饮后尤香，清洌甘爽，回味悠长。

泸州古称江阳，三国时期便已酿

## 记 事

**6月4日**

1991 国务院发布《计算机软件保护条例》。

1983 “中国版本图书馆”成立。

**6月5日**

2002 “首届中国十大策划风云人物”在京揭晓。

2001 中国电子信息产业规模居世界第三位，

2000 “中国百家优秀网站”评选活动举行。

1998 中华环保世纪行“建设万里文明海疆”记者团从京出发。

1993 世界环境日纪念大会在京召开。

1992 首都庆祝著作权法实施一周年。

1991 安徽省颍上县小张庄村获 1991 年联合国环保奖。

# 寻找白酒品牌的核心价值

白酒品牌塑造是十分困难的。白酒行业的品牌观念也是十分薄弱的。白酒是一种典型的可替代产品（至少在现在，整个行业缺乏品牌特色、缺乏独特的品牌个性的时候），只有从白酒品牌的核心价值出发，才能找到一条白酒品牌价值构建的新思路。

**一、从白酒品牌利益的价值取向寻找**

白酒品牌如何寻找潜在的产品优势？白酒酿造工艺、酿造条件、地域因素、原料、制作流程、香型是否存在一些令消费者自动相信其品质过人的强烈信号？我们发现，一些重要的资源利益已经被一些大品牌所占有。

茅台：占有了茅台镇独特的地理位置，拥有酿造优质白酒独一无二、广大消费者公认的自然、地理和人文优势，是公认的“国酒”；

剑南春：基本战略优势不明显，但借助历史的独特诉求和优异的品质，弥补了品牌其他战略要素的缺陷；

郎酒：占有了很多战略资源，在品牌诉求中也有所体现，但总是不彻底，不到位；

泸州老窖：占有了浓香型代表的重要战略资源。

那么对于那些新兴的白酒品牌，对于那些在市场上找不到方向的白酒品牌，是沿用、抄袭别人的战略，还是寻找全新的路子？

许多白酒品牌把产地作为品质非凡的标志。它们的战略是：白酒必须宣示其产地。这种战略的效果如何？从茅台镇、泸州等地大量的衍生品牌、附生

酒，自古享有“江阳尽道多佳酿”之美誉。元代这里即已酿制出大曲酒，至明代时已形成较为完整的酿酒工艺。

**郎酒**：郎酒的酒液清澈透明，柔和香醇，大曲降香，口感甜润酸爽，余味长久，饮者即使稍有醉意也不觉头昏、口渴，该酒风格独特，酒度为 54 度。

郎酒的产地是四川省古蔺县二郎滩镇，地处丘陵地带，用以酿酒的水取自高山深谷中的一处清泉——郎泉，郎酒因此而得名。

**洋河大曲酒**：洋河大曲酒色清而明、味鲜而浓、质厚而醇，采用美人泉水精酿而成。洋河大曲酒以当地优质高粱为原料，以大麦、小麦、豌豆焙制高温大曲；在工艺上采用老窖发酵、回沙发酵、慢火蒸馏、分级贮存、精心勾兑，以保持名酒本质。

**竹叶青酒**：据史料记载，竹叶青是我国历代都生产的名酒。其色泽金黄带绿，纯净透明，香甜适中，柔和爽口，有淡淡的苦味而无强烈的刺激性，其余味中有汾酒和药材浸液形成的特殊感觉，为 45 度酒，适当饮用有调和腑脏、疏气养血等良好功效，可根据个人口味适当加入清水、汽水等兑饮。

**宝丰酒**：宝丰酒产于豫西伏牛山麓宝丰小城，宝丰是中国酒的发祥地之一。宝丰酒属于清香型白酒，始酿于隋唐，盛名于北宋。宝丰酒的原料是高粱，采用传统工艺用大麦、小麦和豌豆制曲。宝丰酒具有清澈透明、甘美爽口、柔润纯正等特点，酒度为 61 度。

**全兴大曲酒**：全兴大曲产于天府之国——四川成都全兴酒厂。因历史上该厂叫“全兴老号”，酿制的酒属曲酒型，故产品命名为“全兴大曲”。“全兴大曲”精选优质高粱为主料，其淀粉含量在 63% 以上。

（老　贺）

品牌充斥市场就可以说明问题。白酒品牌战略诉求需要适合酿造的地域。但是所有的人都搭这一部车，那该有多么拥挤啊!

许多品牌把销售范围作为诉求的战略，例如：全国畅销，部优、省优等等，这样的宣扬能够给品牌带来什么样的利益?消费者只相信自己的感觉，消费者需要真正的符合自身身份、利益的品牌。目前白酒品牌消费的区域性越来越明显、差异化越来越大，充分证明漫天撒网的品牌战略是十分危险的。

从产品本身层面上看，白酒的品牌战略已经走到了尽头，当我们把目光转移到消费者层面，他们对白酒又有什么样的期盼呢?

价值再现一：陈酿。陈酿是白酒的重要特征之一。理想的白酒应该是陈酿的，这是优质白酒品质内涵的重要工艺环节。但是如何让消费者相信，如何让人们体验?几乎所有白酒品牌都曾经在陈酿上下过功夫，但是大多数不着边际或不切实际。如何抓住白酒这一独特的工艺价值并且将其充分地表达出来?

把这些价值据为己有，我们就拥有了一条虽然别人走过但是都没有走好的路。

价值再现二：轻松、写意的生活情调。人们喝一杯，消除工作的疲劳；人们喝一杯，表达朋友相聚愉悦之情。酒是人们情感生活的一部分。那么白酒品牌是不是可以从这里出发，去寻找一个重要的情感价值?

我们的品牌就是休闲的、轻松的，是表达情感、调节身心的好帮手；我们的品牌表达的就是生活的文化、生活的方式。贵州“青酒”的“喝杯青酒，交个朋友”，虽然品牌战略诉求有点普通，但是广告画面、场景中所表现出来的轻松写意充分地表达了品牌底蕴，引起了消费者的共鸣，从而在市场上取得了成功。

为什么不把情感直截了当地表达出来?!

价值再现三：社交价值

酒蕴涵着一种强烈的情感价值，它能使我们摆脱职业的、形式的、礼节的桎梏，让我们无拘无束地与他人相聚、共处。许多人声称：白酒更容易让人兴奋——有没有品牌把这一价值据为己有?几乎所有的品牌都或多或少地体现其社交价值，但是还没有任何一个品牌从白酒中提炼出准确、鲜明、咄咄逼人的品牌承诺。

如何体现白酒品牌的社交价值?有很多方式。如强调那些备受工作困扰、精神萎靡不振的人，向他们传递明确的信息，于是我们的品牌与其他的品牌区别开来。也可以十分强烈地展示朋友、同事的社交场面、社交文化，于是那些重视社交的消费者、向往社交生活的消费者，便对品牌建立起偏好。于是我们的品牌与其他的品牌区别开来。

**二.从白酒品牌规则的价值取向寻找**

白酒品牌的成功，规则能够提供多大的动力?从产品层面分析，白酒的甲醇含量是阻碍消费者消费的重要因素，如同香烟中的尼古丁。每一个白酒的消费者在喝酒时都会提醒自己，喝酒对身体有害，不能多喝，尽量不喝。那么我们看看消费的情景层面，哪些规则对个人购买或使用的情景产生影响?

价值再现一：平民餐桌。“二锅头”、“沱牌”等品牌的成功充分说明了“平民餐桌”这一重要的品牌价值。平民消费更多地体现出一种惯性，而忽视白酒本身固有的危害。我们可以充分强调平民化的生活方式，作为白酒品牌价值的战略方向。

占有这个独特的价值，理直气壮地表达出来，我们的品牌便可以占有更多的市场份额。

价值再现二：上流社会。上流社会是如何看待白酒呢?我们知道，在上流社会的聚会中，洋酒、葡萄酒是首选。但是这个规则是不是永远如此呢?未必。如果我们有目的地利用品牌价值的诉求清除这一规则，就会成功地改变上流社会人们对白酒的偏见。也就是说，这里蕴藏着一个比茅台、五粮液等市场领先品牌更胜一筹的新型超级

记　事

6月6日

2002

贵州鸭溪酒业重组。

长白山葡萄成为大产业。

北京第7届国际车展开幕。24个国家和地区的1200余家厂商参展,展出面积近8万平方米,参观人数40万人次。

2001

亚太经合组织贸易部长会议非正式会议在水乡周庄的一条船上召开。

上海磁悬浮列车主线工程开工,将于2003年3月全线建成并投入商业运营。

1996

全国爱眼日。

第1家由外经贸部推荐的企业浙江中大A股在沪上市。

1995

中国乳制品工业协会在京成立。

1994

中国家庭服务业协会在京成立。

6月7日

2002

国家酒类产销许可证出台。

伊利打造第1冰淇淋品牌。

可口可乐又遇麻烦。

中国启动36家国家农业科技园区试点。

"2002青岛财智对话"峰会举行。

白酒品牌的机会。"水井坊"酒抓住了这一机会,下一个品牌是什么?

如何去打破常规,也就是表现白酒品牌如何在上流社会光芒四射。几乎所有的洋酒都是在社交价值的战略诉求中占了先机。因此,冲破常规的诉求障碍,我们可以再现白酒品牌在上流社会社交中的境界。

在这里必须强调对比。从对比中让白酒品牌产生一种独特的品味,让消费者尽情享受尊崇和优雅,并把这一诱人的利益诉诸于广告,使之深入人心。

**三、从白酒品牌消费习惯的价值取向寻找**

在东北,高粱酒是消费的主流。在浙江以及苏南一带,黄酒的消费人群远远高于白酒。在目前的中国,浓香型白酒的消费人群远远高于降香型消费人群。而在同一个省份,高度酒和低度酒的消费人群也完全不同。究其原因,是因为他们的地域、文化、消费的习惯完全不同。

那么白酒品牌在消费者习惯方面能寻找到什么样的价值?我们从消费者对白酒的概念入手:很多消费者把白酒当作专用奢侈品;很多消费者把白酒当作礼品;大部分消费者在白酒消费方面十分保守,只是在特定的日子、特定的场所进行消费。

羞答答或者掩耳盗铃的价值诉求是一种误区。于是,我们把白酒品牌的价值再现为:奢侈品,礼品,特定时期特定的消费品。并且理直气壮地表现它。因为白酒本身就是含酒精的饮品,就是在特定场所、特定场合的一种情绪化的表现。在这一品牌价值的诉求方面,"金六福"表现得十分优异。

把白酒放进一个新的抽屉,健康食品或绿色食品的概念如何?许多品牌在进行这方面的尝试,但是白酒的特性使得这一品牌价值显得微不足道。"茅台"、"郎酒"的绿色食品概念、最近白酒行业热炒的"新健康主义"概念都显得十分苍白。其实原因很清楚,酒这种产品,本来就必须拥有良好的生态环境和优越的地理优势,强调酒的"绿色、健康"无非是消除自身的"小小罪恶感"而已,岂能够引起消费者的共鸣?我们认为,不妨学学香烟的战略,忽略敏感点,从另外的角度进行表现。河南"天冠纯净酒"倡导的"纯净、健康"概念倒是白酒品牌价值的一个战略方向,也是国外勾兑酒发展成熟的经验结晶,更是改变消费习惯的一个伟大尝试。可惜品牌价值战略不是很丰满,只流于一般的倡导。

**四、从白酒品牌身份的价值取向寻找**

再看看白酒品牌能否传递消费者的使用信息,赋予其强大的身份。首先还是从产品的层面出发,对品牌进行全面扫描。我们考虑,白酒是一个人,我们想象中的白酒先生或白酒太太和啤酒先生、太太完全不同。每一个独立的品牌都有不同的身份,都有人格化的特征。但是白酒品牌该如何从中寻找到强大的价值战略呢?

价值再现一:稳重、诚恳、大家风范。从诸多的白酒性格特征中筛选一条出来,仅仅用一句话就可以把准确的品牌价值表现出来:"稳重诚恳是事业成功的基石。"

这样的战略诉求可能对许多喝酒的人有吸引力,因为它可以弥补他们内心的缺憾(如不够成熟)。重要的是,稳重、诚恳的大家风范是从商、从政人士的不懈追求。在白酒品牌价值上赋予白酒符合其特性的个性,将使我们的品牌比其他品牌个性更加鲜明,更加精确,更有冲击力。并且,这样的品牌价值趋向将让白酒的内涵更加丰富,广告诉求更加灵活生动。

价值再现二:隽永、真实的生活写照。从消费者层面来思考。在品牌价值承诺里,我们着力表现白酒带给人们的隽永感觉,表现白酒让人的天性返璞归真——也可以从反面表现现代城市生活的演喧和压力,从而在感觉上引起消费者的共鸣:生活需要隽永,需要真实!毫无疑问,我们就是通过价值的寻找,赋予白酒品牌一个生活真谛传播者的身份,赋予白酒品牌以浓郁的生活情调,给消费者带来充分的利益。

价值再现三:表现不和谐的反叛情节。很多的白酒品牌十分关注现有的消费群体，而忽略了成长中的潜在消费群体。众多的白酒针对30岁以上的人群设计，从而使品牌的定位空间、诉求空间十分狭窄。年轻一代是未来的消费者，是能够带来更多、更久品牌收益的人群。我们怎样从人群的分布中得到白酒品牌的价值取向？从古到今，成长的一代原则上拒绝成年人的价值观和生活方式。——时装、香烟、啤酒都不约而同地抓住了这一特性，并大胆地、花样翻新地演绎“不和谐的反叛情结”。白酒品牌却在这方面很少涉及。年轻人的酷，年轻人的轻松自如，年轻人的快餐文化都是我们随手可及的价值题材。应该说，年轻顾客和购买决策所引发的品牌价值的选择方式是无限的，也是十分时尚鲜明，独树一帜的。

价值再现四：女人的呼喊。白酒品牌从来没有关注过女人！表面上看，我们可以像“MORE”女士香烟一样，引进“女士白酒”的品牌概念，但是，这样选择的失败概率实在太高！因为任何一个品牌价值的运用都不能是简单地模仿或引进。假如市面上出现了一种“女士白酒”，人们一定会十分诧异，甚至引起人们的反感。因为，一直以来，喜欢喝白酒的女性都在和男性共同享受白酒的豪放与热烈！

正因为这样，我们必须从女性的思维出发，寻找白酒品牌的价值取向。我们需要的不是一种叫“女士白酒”的品牌表象，而是需要一种思维、性格、身份像女士的白酒！用女人的情感、信条、习惯来武装品牌，使它和典型的男人信条不相容。因为，现在所有的白酒品牌都是百分之百的“大男子主义”！

**五、从白酒品牌情感的价值取向寻找**

情感战略暗藏玄机。是不是让人们觉得好的东西都能促进品牌的成长？其实，它只是博得消费者的同情，或短时间的共鸣，他们最终选择的依然是那些品牌内涵丰富、品质卓越、价格公道的品牌。

价值再现一：为故乡谱写美丽的乐章。“每逢佳节倍思亲”的凄婉，“少小离家老大回”的沧桑深深地烙在每一个中国人的心中。一个品牌倘若占据这种强烈的情感，让消费者自豪，那该是多么伟大的成功！在很多地域，都有这样的成功品牌。例如，东北的“北大仓”、河北的“老白干”。在白酒的品牌价值寻找中，可以尝试运用情感转移的方法，把来自故乡浓浓的情结据为己有。对于白酒品牌来说，完全有理由挖掘地方的特色，从中寻找到独特的品牌价值。因为，对于品牌的核心价值，越是民族的，就越是世界的。大俗就是大雅，大土就是大洋的说法表明的就是这样的观点。湘“酒鬼”的品牌价值就充分体现了这样的特性。

价值再现二：呼应消费者憧憬美好生活的情感。在白酒的品牌世界里，我们可以：体验优雅的生活；体验冒险的乐趣；体验宣泄的快感；体验大人物的风格；体验生活的酸甜苦辣；体验爱情的滋味；体验成功的愉悦。

总之，无数的生活方式，无数美好生活的憧憬等着白酒品牌去采撷，为什么不去占有它？

反复寻找品牌的价值，是为了充分表明白酒品牌价值的多元化和多样性。寻找到有意义的品牌价值，我们还必须着手去体现，或者诉求品牌的价值。拥有了品牌的利益、规则、习惯、身份、情感方面新的价值取向之后，品牌价值成功体现的要素是：

1. 明确的承诺：仅仅占据了地域资源、情感资源、规则资源是不够的，必须把这些资源变成真正的承诺。明确地在品牌战略中表明，谁拥有这些资源，谁就可以真正享受这些独特的资源并且尽情享用。承诺不仅体现在品牌的价值层面上，更应该体现在广告诉求、营销管理上，让这些承诺完完全全显示在消费者面前，并坚决兑现品牌的承诺。

2. 解决问题的方法：所有的品牌价值必须归结到解决问题的路径上来。你所诉求的利益能够解决什么样的问题？打破规则的限制，还是引导习惯的延续？是划分情感的归依，还是塑造品牌的身份？品牌价值的体现不必解决所有的问题，但是必须解决品牌主要消费人群的主要问题！

3. 可信度：品牌的价值是通过各

## 标　识

海鸥牌®

SEAGULL

湖南省轻工产品进出口公司

汾®

山西杏花村汾酒厂股份有限公司

## 记事

### 6月7日

1996 中国绿色食品协会在京成立。

1991 香港中国企业协会举行成立酒会。

### 6月8日

2000 国家工商局与世界知识产权组织在成都召开“WIPO 亚洲地区商标国际保护研讨会”。

1998 经济日报报业集团、光明日报报业集团正式成立，这是继广州日报、南方日报、羊城晚报 3 个地方报业集团成立后，首批成立的中央级报业集团。

1994 首届中国广告公司综合实力 50 强和广告营业额前 50 名在京揭晓。

### 6月9日

2000 全国高校科技实力排名公布。

康佳、TCL、创维、海信、厦华、乐华、金星、熊猫、西湖 9 家中国彩电企业汇聚深圳，成立“中国彩电企业峰会”。

1999 国家工商局与企业联手举行“打假维权协作行动”。

种承诺、解决问题的办法来实现的。因此，品牌核心价值越直接、越可信地表现出来，效果就越好。

4. 独物性：一个品牌必须把它所承诺的情感转化为自己的衅像世界和品牌世界，并尽可能地保持独立性、独特性。“香山红叶”因其独特而得名，品牌价值的独特也是如此。

当然，白酒品牌价值的寻找只是一种模拟，目的是展示品牌价值的多样性和多元化。不管如何，中国白酒品牌的现状是十分令人担忧的。品牌，不仅需要价值的多元化，更需要价值表现手法的多样化。因此，我们期待众多的白酒企业在品牌建设、品牌管理上独辟蹊径，取得成功。 (何足奇)

## 品牌观察

# 健力宝要沉默多久

**品牌盲目延伸**

中国的经济在高速发展，中国人的消费水平在快速提高，中国的消费市场这么大，这些，健力宝难道都视而不见？饮料是一种“快速型”的消费品，即买即饮的消费特征决定了其潜力巨大的市场拓展空间，也难怪可口可乐与百事可乐两兄弟乐此不疲，在这个领域里精耕细作。

然而，健力宝却在开拓快餐业——“力宝饭”。

有时真不明白，放着走熟的市场不做而让给别人，非要捡一条十分陌生且荆棘丛生的险路去走，健力宝图的究竟是什么？

中式快餐业，一朵难开的花！多少有志于此的先行者们慷慨前行，折戟沉沙，饮恨而归。不知健力宝介入此业的自信在哪里？洋快餐在中国本土成功登陆，先天占了一个“新”字。尽管很多人吃后并未感觉到好，但对于长年浸润于中式饮食的国人来说，一年吃多少回也是“尝鲜”。中国庞大的人口基数，是促成洋快餐在中国取得成功的基础。这一点，恐怕也是所有外国资本进入中国市场的惟一出发点。资本的趋利质量能说明一切！企业投资一个项目，终极目的是要获利，若为追求某种精神上的“快感”，其行为无异于烧纸。

由于中国饮食文化及加工方式太深太繁的内涵，禁锢了中式快餐成为畅销商品的可能。健力宝要在一个自己并不熟悉的经营领域用“力宝饭”与一家百年老店比高低，胜数占了几分？尚未开赛，其实就已看出结局。

**经营策略滞后**

1999 年 8 月 28 日是广东三水人的盛大节日，因为有了健力宝，三水被世界称之为“魔水”之城，在各路宾朋聚会共庆健力宝诞生 15 周年之时，健力宝又有什么新的市场战略举措？从目前的市场状况看，人们似乎并没有感受到什么。转眼时间又是两年，健力宝在市场中仍然沉默如昨。很早以前就听说，健力宝大厦已峻工投入使用，一个招聘 4 万人扩充营销队伍的人才计划也在步入实施之中。这一切都似乎表明，健力宝有决心从市场泥淖中重新站起来。

摆在健力宝面前的市场现状是极其严峻的。以南北两大中心城市为例，北京市场两乐的综合占有率是 82.9%，健力宝占有率为 3.1%；广州市场两乐的综合占有率为 86.6%，健力宝仅为 4.9%。再加上近两年崛起非常可乐、汾湟可乐快速扩张的市场规模，健力宝面对着内外双重的强大压力。

笔者曾无数次登录健力宝网站，但不知什么原因，除了网页，里面没有任何内容可查。健力宝还在沉默。健力宝重返强势市场的突破点将选在哪里？ (曹世中)

标　识

# “娃哈哈”发展轨迹记略

娃哈哈的发展轨迹，堪称中国饮料工业改革开放20年来的缩影。因此，在许多记者的笔下，少不了这样的记载：3个人从14万元起家，14年来逐鹿市场，每天都以70万元的幅度进行着资本积累，最终成为拥有43亿资产的中国食品饮料行业的“龙头老大”。

但奇怪的是：为什么同样沐浴改革的春风，同样是白手起家、闯荡市场，结果却并不一样？

最容易被提及的案例无疑是：20世纪80—90年代，一大批中国品牌的碳酸饮料，连续不断地向可口可乐、百事可乐发起冲击，前赴后继，英勇顽强，可到最后不是被洋可乐收购，就是被兼并，无一例外地败下阵来。惟独娃哈哈推出的“非常可乐”，非但没有死，反而“非常快乐”，目前已占据全国碳酸饮料市场总量的12%，在有的省份已超过了洋可乐的市场份额，并开始出口东南亚。

相关的统计报表表明，娃哈哈的其他主导产品，如AD钙奶、纯净水、八宝粥，也是连续几年销量位居全国第1。“我们已经占领了中国的饮料市场，2001年估计起码有18%的份额。”娃哈哈老总宗庆后底气十足地说，对国际市场来讲，这样的份额基本上是属于“垄断性份额”。

“垄断”来自超前的努力。事实上，早在前几年，娃哈哈就已参与了国际竞争。尤其是通过最近几年的大规模技术改造，规模扩张，逐步具备了国际水平。

当然，入世之后，外商到中国来的投资肯定会越来越多。就饮料行业而言，势必形成世界几大品牌瓜分市场的结果。“但我们有能力跟国外的企业竞争！”

“垄断”也来自品牌较量。在许多行业会议的解析里，“娃哈哈神话”总是简单得只剩下一个概念：培养品牌，就是培养核心竞争力。具体的“套路”也很简单：以准确的市场定位树立品牌，以创新的技术巩固品牌，以创新的产品延伸品牌，以高尚的文化、情感提升品牌。

1988年，国内营养品市场早已群雄纷争。全国38种营养液有着一个共同的特点——老少皆宜，而全国儿童和中小学生有3.5亿，与其做第39种营养液，不如生产第1种儿童专用营养液。宗庆后独到的市场慧眼，为树立品牌打准了目标市场。

一炮打响的“娃哈哈”开始风靡全国。接踵而至的是技术创新、销售创新。

娃哈哈创业十多年来，用于引进新技术新设备的投入累计超过2亿美元。先进的生产技术和雄厚的设备实力，从根本上提高了现代化生产能力和生产水平，增强了企业的规模和实力，使娃哈哈具有了和国内外企业抗衡的实力。

为了更加有效地利用娃哈哈品牌在消费者心中良好的知名度、美誉度，娃哈哈公司不失时机进行了品牌延伸，使产品品牌直升为企业品牌。由果奶，到AD钙奶，再到纯净水，并从1998年开始推出“娃哈哈非常系列”。至今，娃哈哈通过品牌延伸推出的20多个产品，都已成为拳头产品，极大地提高了娃哈哈的市场占有率。而作为一家校办企业，娃哈哈对教育事业的投入已超过7000万元。1991年，通过“小鱼吃大鱼”的兼并，使连续3年亏损的国有企业杭州罐头厂扭亏为盈。1994年在对口支援三峡移民建设，采取移民经费与移民任务总承包的方式，出资4000万元，兼并当地3家特困企业，组建娃哈哈分公司。娃哈哈的品牌也因为社会责任的介入而得到了提升。

“有用的产品，良好的品牌”是娃哈哈永不言败的两大法宝。（黄　平）

Gaofeng

高　峰

江西高峰陶瓷集团公司

高沟

江苏高沟酒厂

记　事

6月9日

1996 徐州矿务局环境小记者团获1996年度“全球环境500佳”奖。

方便面质量抽查结果欠佳。

1994 轻工总会主持召开“阿里斯顿现象”研讨会。

1992 瑞星防病毒卡在京通过鉴定。

6月10日

1995 第8届全国最大十佳合资企业评选揭晓。

1991 中国第1家蔬菜期货贸易市场在寿光破土。

6月11日

2002 央视筹办全球性电视广告大赛。

“中国矿产资源形势与可持续供应高级论坛”在京举行。

6月12日

2000 中国广告协会排定1999年中国广告经营单位200强。

1997 上海通用成立。

# 中国服装业仅仅在制衣服

面对“入世”的利好，迅速庞大起来的民族服装业已经不满足替别人做嫁衣裳，强烈意识到了品牌的价值。所以，青岛要用3—5年的时间培育3—5个全国叫得响的品牌，并要逐步走向世界；领先于国内的广东服装业表示要争取上一个层次，以在国际市场上更高档服装的形象“走出去”；温州则要构建中国“服装名城”；而大连的国际服装节更是早已名声在外。

在豪情壮志的筹划中，国内服装业有着明显的浮躁情绪。专家认为，创品牌是一个非常庞大的系统工程，它不仅需要时间的积淀，舆论宣传工具的支持，更重要的是要在消费者心目中树立起产品的品牌形象，而品牌形象的树立又需要若干因素。因此，国内服装业要塑造世界知名品牌，让世界接受中国品牌还需要相当长的时间和准备。

**一、展会促生服装名牌**

青岛对服装业寄予厚望，期望它能够同家电、啤酒饮料一样成为青岛市的支柱产业，希望服装周成为继“啤酒节”之后的又一张精美的城市名片。或许吸取了太多同行的经验，青岛服装周在第1届就提出，时装周不在于来多少人，关键在于谁来，专业性越强，时装周才会在国内外越有影响。并且分析说，以北京和上海时装周为例，上海时装周一开始很红火，但后来影响远比不上后起的北京时装周。原因就在于，前者突出群众参与性，后者突出专业性。

从目前的情况来看，和青岛一样看好服装业，并且有相同思路的地方不在少数，因为，国内的服装节、服装交易会越来越多，不过真正有特点、能够吸引商家的却并不多。专家指出，这种没有吸引力的展会对于服装业的发展并没有实质性帮助，国内服装业要塑造品牌缺的是内力。

而中国服装集团公司经济技术合作部王经理说，服装博览会首先考虑的应该是能够给厂商带来什么，参加博览会是不是企业实现增长必要的环节，国外的各种服装博览会是为其商业模式服务的，厂商要通过这个平台签订大批的订单。而国内的服装品牌大都与商场联营，根本不需要这样一个平台，最多是为新品牌发展代理商提供一个机会。人们习惯性地认为，博览会可以营造一种比较好的市场氛围，但是，就目前情况来看，国内服装大市场本身就已经存在，服装业的发展更需要一个好的发展环境，而不是烘托一个热闹的氛围。另外，国内服装业已经完成了初期创业与原始积累的历史阶段，正处在培养真正意义的品牌成衣与高级成衣并拉动整个服装业升级的时代。当然，这并非否定国内服装博览会的存在。

更有业内人士认为，从宣传品牌形象，体现行业发展水平，信息交流中心来衡量，世界上不可能再出现第2个“巴黎”。

对于当前国内出现的服装热，王经理认为，除了WTO利好的驱动外，一个比较重要的原因是，国内服装业还只是一个劳动密集型行业，国内还没出现纯高档的商品，行业进入的门槛还很低。而在人们对服装的认识不再仅仅是实用性的时候，其凸现的艺术品特性让它很容易成为一个城市的亮点。

由此也不难诠释近年来国内服装业出现的一个怪现象，许多品牌在风光几年后便骤然消沉，陷入过剩、打折、处理的漩涡中的原因。

国外一些有几十年历史的知名服装品牌，早已不是一般的劳动密集型产品，它有很高的附加值。因为，服装品牌的内涵在于它“穿的是一种生活方式”，没有生活文化观念的植入，品牌是不会深入人心的。

**二、派系成就名牌服装**

近几年来，国内服装业出现了许多“派系”的说法，诸如，武汉的“汉”派，深圳的“南”派，以及温州曾提出的“欧”派等等。在青岛服装周上，虽然没有提出“派”，但是，应该从青岛历史文化背景和区域性角度出发，整体打造青岛服装名牌的观点却是相对明确的。更有人提出，青岛是旅游城市，应该发展休闲装、泳装、内衣等。

且不论“汉”派服装给武汉带来了什么，也不论温州“欧”派如何不了了之，总之，立“派”总有造势的感觉。而业内专家对立“派”也大都不以为然，中国服装协会副会长周锦良说，服装有自己的特点，每一个品牌所体现的内涵是不一样的。地域性的创造如何去体现一批品牌的内涵？市场应该由企业自己去做，少一些行政干预。

中服集团的王经理则认为，面对国际品牌的竞争，地方经济应该引导一种商业模式，应该引导企业去关注消费者，关注服装设计，品牌设计应该服务于哪个层面与领域。因为，塑造一个品牌，它所提供的服务，不仅是穿一件贵重服饰让别人欣赏，还能体会到自身的舒适和美感。这符合流行时尚，更能表现个性的文化内涵、高尚的口味。消费者对某一品牌的情有独钟，升华为塑造一种生活方式和文化内涵、高尚的口味。

这就是说，每一个好的服装品牌，都有一个明确的定位。有关专家分析说，中国目前的服装业发展与国际服装业发展的差距，并不在于做工上，质量上，而主要是一种文化上的差距。一个品牌，代表着一个企业的形象，而形象设计又能体现企业的文化内涵。现代服装企业的每一个广告，每一家专卖店店堂设计，员工培训及各种公关活动，无一不体现着企业的文化内涵。服装企业在市场竞争的同时，更要注重文化竞争，以文化内涵的附加值来占领市场，扩大市场份额。要将生活方式或与文化内涵进行和谐与统一，以美的信息不断向消费者传达品牌文化。

另外，目前在市场上销售的品牌服装，绝大多数是经过了原始的积累与扩张，逐步走向成熟的服装品牌。而成熟的服装品牌更要有十分明确的目标消费群体，而这个消费群体是企业若干年创业，不断摸索，细心培育出来的，每个企业有所同也有所不同，如果没有一定明确的目标定位，那么企业的品牌也就无从谈起。

要实现品牌的明确定位，提升企业的核心竞争力，王经理认为要转变几个观念：①要求企业更多地服务于影响人们生活的因素上。②企业要建立什么样的管理系统才能始终围绕增长的思想。③产品如何规划，店面如何规划，能不能对消费者形成买的要求。

**三、嫁接触摸世界级服装中心**

国内服装业如何创名牌，业内有两种观点，一种是自己埋头苦心经营，另一种就是与国外的知名品牌嫁接。

中服王经理认为，现在距外国知名品牌大举进入中国市场已为期不远，眼下想闭门造车搞出自己的知名品牌，时间已不允许；再者，国内企业对品牌战略的市场运作经验还不够。而国外大批知名品牌又急切进入中国。在这种形势下，与国际知名品牌相嫁接，是国内服装企业最终营造自身知名品牌现实而又便捷的办法。而且，品牌嫁接的方式很多，既可以在设计上“嫁接”，与国外大牌设计师合作，也可以合作合资生产。

而在这种形势下，中国服装行业将会有一大批竞争力弱小、难以适应国际化市场经济的服装企业被冲垮。因为，国内服装行业主要在中低档服装加工生产领域有一定的优势，而国际服装市场这一领域的竞争是最激烈的。并且，在国际竞争规则的作用下，必然会导致市场无情发挥优胜劣汰的功能。

因此，青岛服装界普遍认为，不与外合作，将没有出路。相比较来说，王经理的观点比较乐观，他认为，中国肯定会出现一个到两个世界级的服装中心，但是这个服装大牌的操作基地却不一定是在上海，也不一定是北京，不能否认的只是它们始终是最大的目标市场。

（郁　丽）

## 标　识

高　农

南京第一农药厂

国营江苏盱眙县桂花麻油厂

记　事

6月13日

2000

第5次全国森林资源清查结果公布。

1999

中国首辆概念汽车诞生。

1997

中国对外商投资资产评估机构作出规定。

1992

王孝涛被授予1991年度"阿尔伯特·爱因斯坦世界科学奖状"。

1990

国家工商局发布《关于解决工贸双方注册同一商标问题的意见》。

6月14日

2002

第一汽车集团总经理竺延风和天汽集团董事长张世堂握手:中国汽车工业史上最大的一次联合重组拉开大幕。

中国广告杂志社主办"2002年中国广告论坛"在沪结束。

全国政协主办"21世纪论坛"2000年会议在京开幕。

1996

1995年度全国优秀企业、优秀企业家分别被授予金牛奖、金星奖。

中国计算机事业创建40周年纪念大会在京举行。

1994

全国内贸系统"青年文明号"先行示范单位在内蒙古授牌。

# 羊绒衫:货好还需国际牌

羊绒衫在中国的快速发展始于20世纪80年代后期,经过这些年的发展,一批有较强竞争力的企业已在行业中产生,产品的出口量也不断增加。中国加入WTO后,羊绒衫更是被看作一个能更多走向国际市场的优势产业之一而得到社会关注。

由于中国在羊绒资源上所独有的优势,长期以来中国市场上的羊绒衫基本上以本土品牌为主,进口品牌产品微乎其微。尽管没有来自国际品牌产品对市场所带来的压力,但发生在国内羊绒衫企业之间的竞争同样激烈。据不完全统计,目前中国共有大大小小的羊绒衫生产企业千家以上,但这些企业在装备、技术水平和对原料的使用上却存在着很大的差异,由此导致的直接结果就是品牌多、仿冒严重、产品质量上乘、品质优良的羊绒衫在市场上的售价一般应在800元左右。令人欣慰的是,在不甚良好的羊绒衫市场竞争环境中,一批讲究产品质量和服务、新品推出力度大、注重品牌塑造和推广、竞争力强的大企业及其产品还是在市场上脱颖而出,品牌知名度日益提高,产品被越来越多的消费者认可和接受,像鄂尔多斯、雪莲、鹿王、天山、维信、兔皇、春竹和圣雪绒等。这些企业都具有发展名牌的意识,在设备和研发上舍得投入,同时具有较强的宣传意识,产品质量基本上达到了国际知名品牌水平,并占据了国内市场一半以上的市场份额,成为引领这一行业朝着健康有序方向发展的带头军。

与此同时,中国羊绒衫的生产能力和加工水平也得到了国际市场的认可,产品出口不断增长。以2001年为例,中国出口羊绒衫732万件,创汇4.74亿美元。但一个不争的事实是,这些数量大的出口产品绝大多数是以贴牌的形式走上国际舞台的,而以自有品牌出去的很少,包括那些在国内市场品牌知名度已很高的企业。究其原因,在于本土品牌没有得到国际市场的认可。虽然,相对于其他毛纺产品来说,中国羊绒衫在国际市场上的附加值还比较高,但与世界知名品牌比,拥有同样品质的本土产品价值并没有得到充分的体现。

中国毛纺织协会有关负责人说,与国际知名品牌羊绒衫相比,本土产品除了在品牌知名度上不具有优势外,在产品的后整理、对新型纤维的使用以及品种、花色上与国际知名品牌相比还有一定的差距。从保护环境的角度看,世界各国对羊绒资源的开发是有限度的,特别是中国。因此,在资源有限的情况下,如何保证产品需求上的增长?目前,世界主要羊绒制品生产国都加大了不降低羊绒制品品质的情况下,使资源和环境得到有效的保护,而中国对新型纤维的开发和替代使用都远远不够。

据悉,在如何开拓国际市场上,国内一些有竞争优势的羊绒衫生产企业已开始积极行动,不满足于贴牌生产,让自有品牌成为国际知名品牌已成为他们下一步的发展目标。如鄂尔多斯,已开始在国外建立自己的专卖店,并在十多个国家注册了自己的商标。眼下,鄂尔多斯牌羊绒衫在国际市场上的售价尽管还未达到应有的价位,但这毕竟是一个新的开始。而鹿王也已将自有品牌的产品打入日本等国市场。

中国毛纺织协会有关负责人指出,随着羊绒衫行业首批中国名牌产品的诞生,让中国名牌成为世界名牌,对已形成一定竞争力的本土企业来说,已不再是梦。

羊绒衫是由山羊绒制成的一种高档产品。由于受生长环境的影响,世界羊绒资源稀少而珍贵,并因此具有"软黄金"和"钻石纤维"的美誉。目前,中国已成为世界羊绒资源第1大国,年产量

标　　识

# 中国羽绒服装产业突显品牌效应

业内专家分析认为，中国羽绒服装产业品牌效应日益突显。

经过多年的发展，中国的羽绒制品行业已经走向成熟。全国现有羽毛加工企业数稳定在2000家，有一定规模的羽绒服生产厂家已达60—70家。20世纪80年代中期开始，羽绒服以其在保暖性上特有的优势，使其销售业绩迅速超过了棉袄、棉大衣等传统冬季服装。20世纪90年代中期以前，整个羽绒制品行业由于质量、款式等诸多因素，直呈现不景气局面。1995年以后，特别是1998、1999、2000年，以“波司登”为首的一些服装品牌运用新的理念，紧跟国际潮流，根据国内市场对羽绒服装的消费需求特点，加强技术革新，对传统的羽绒服不断创新，由单纯保暖型向时装化、休闲化、多功能等方向发展，使羽绒服市场再一次成为冬季里的“一把火”，带动了整个行业的蓬勃发展。

中国的羽绒服装品牌也迅速成长起来，尤其是中国驰名商标“波司登”羽绒服已连续6年遥遥领先于其他品牌，无论在国内市场还是在国际市场，都已具备了进入世界前列的基础，并逐步向领导世界潮流发展。同时，“雪中飞”、“雪驰”、“飞达”、“并蒂莲”、“美尔姿”、“鸭鸭”等其他一些羽绒制品名牌，在国内也深受广大的消费者欢迎。

由于新经济的影响，世界范围内掀起了一场深刻的革命，消费者特别是年轻消费者越来越追求个性化的品牌。中国羽绒服企业越来越重视增加品牌的文化内涵，大部分羽绒服品牌已具有了鲜明独特的个性，如“波司登”的高贵典雅、“雪中飞”的年轻活泼。市场上羽绒服品牌效应突出，诸多名牌产品备受关注，与此相反，一些小品牌往往很难生存。

根据中华全国商业信息中心对全国重点大商场羽绒服销售的统计监测，从1998—2000年的羽绒服销售情况看，每年全国市场前10名品牌中只有2—3个品牌有变化，大部分品牌相对比较稳定。波司登、鸭鸭、美尔姿和雪伦从1997—2000年度一直榜上有名，品牌效应明显。2000年度全国羽绒服市场前10名品牌中，“波司登”以26.70%的市场综合占有率和39.71%的市场销售份额遥居榜首，再度保持了羽绒服行业第1的地位。至今已连续6年获得同类产品的第1，优势品牌的市场地位日趋稳固。同时，羽绒服行业新品牌发展较快，1997年出现的新品牌“雪中飞”，虽然1998年度未进入前10强，但1999年度排在第6位，而2000年度市场销售份额已跃升为第2名。

江苏波司登股份有限公司一举获得了其名下“波司登”和“雪中飞”两个品牌的成功，2000年实现销售收入22.8亿元，利税2.6亿元。这表明，中国羽绒企业正朝着规模化、系列化方向加速发展。

（周国法）

---

达1万多吨。同时，中国羊绒制品的生产能力也占全球总量的60%，因此也是羊绒制品出口第1大国。

由于在原料、劳动力成本和产品数量规模上具有优势，近年来，本土产羊绒衫在内销和外销市场上都呈现出不断增长之势。这种发展，在国内市场表现为需求量的增大使得生产企业和品牌大量出现，在国际市场则表现为出口创汇额的上升。如今，日本、美国和香港等国和地区都有中国生产的羊绒衫。但中国出口羊绒衫绝大多数是以贴牌的形式走向国际市场的。

（郑建玲）

南京活塞环厂

徐州飞虹网架(集团)有限公司

江苏光芒集团公司

记　事

6月14日

1991 “首届中国国货精品博览会”在京开幕。

6月15日

2002 中国社会调查所专项问卷调查显示:中国公众越来越认可名牌产品。

2000 “中介服务与市场经济发展国际研讨会”在京召开。

1999 “新世纪保卫绿色行动——全国百家新闻单位联合行动”在京启动。

中国饮料协会公布中国饮料协会十强名单。

1996 “用户满意工程”新闻发布会在京举行。

1985 国务院批转国家计委、国家经委、轻工业部《关于加强电冰箱行业管理、控制盲目引进的报告》。

1984 文化部发布《图书、期刊版权保护试行条例》。

1983 劳动人事部、国家经委联合发出《关于企业职工要求“停薪留职”问题的通知》。国务院发布《中华人民共和国金银管理条例》。

# 中国玩具:产量不少　身价不高

一、内销——潜力巨大

中国是玩具生产大国,同时也是玩具的消费大国。目前,中国玩具生产企业约有8000余家,其中大多为出口生产商,内销的约有2000余家,占领了低档玩具产品的市场。广东作为中国最大的玩具生产基地,集中了4500多家玩具生产企业,每年产值高达350亿元,年出口达41亿美元。

据有关资料显示,截至2001年底,全国玩具消费总额已超过100亿元,并以40%的速度保持高速增长。在加入WTO后,中国内地市场进一步开放,发展前景更加乐观。

儿童玩具市场极其广阔。据第5次全国人口普查数据显示,中国现有14岁以下的儿童为3亿多人,约占总人口的23%,而且全国平均每年仍有100多万人出生。目前,家长对儿童的成长都舍得花钱,无论是在教育,还是在寓教于乐方面都存在攀比消费的倾向。因此,儿童玩具市场蕴藏着无限商机。

成人玩具市场不可小视。据统计,中国15—64岁的成年人占总人口的70%左右,是主要的消费群体。成人玩具市场仅青年人需求一年就达500亿元左右,现代社会无论工作和生活都呈现快节奏,不少人处于激烈竞争的环境中,成人玩具需要全神贯注投入,可以完全忘记这种压力,使大脑某些部分处于完全休息状态。

此外,据第5次全国人口普查数据显示,2000年中国65岁及以上的老年人口有8811万人,占总人口的比重为6.96%。这是一个庞大的有经济实力和经济使用决定权的消费群体。现阶段成人玩具行业利润较高,毛利在120%—130%,零售毛利也可达到40%—50%。总之,在未来几年,成人玩具将是玩具市场争夺较激烈的一部分。

二、出口——喜中有忧

玩具出口在中国轻工产品出口中占有举足轻重的地位,据海关统计,2000年全国出口玩具总额达55.76亿

品牌巡礼

## 国产名表创国际品牌

中国的钟表业,在改革开放前,作为老“三大件”之一,政府给予了很大支持,发展得也很快,已经形成了设计、生产、科研等完整配套的生产体系,为国家的国民经济积累、满足市场需要以及国防建设的需求做工出了很大的贡献。改革开放以来,周边国家和地区的钟表企业大量内迁,给中国的钟表工业注入了新的生机和活力,也崛起了一批中资、民营的钟表企业,使得中国钟表业有了长足的发展。目前,中国已成为世界上钟表生产大国之一,具有世界上最大能力的手表组装业、相当规模的时钟制造业和世界上最大的外观件生产基地。全国有钟表生产企业2000余家,生产500多个品牌的钟表产品。据海关统计,2000年,中国出口成表9.2亿只,约占世界产量的76.7%;出口时钟5.8亿只,约占世界产量的95%

美元，比上年增长 9.1%，成为出口玩具额最高的一年。2001 年受出口整体下滑的影响，出口额仍达 51.66 亿美元，比上年下降 7.4%。目前，全国出口玩具企业已发展到 4200 家以上。

2002 年，玩具出口继续显现出强劲势头。上半年累计玩具出口额 21.8 亿美元，比上年同期增长 8.2%，其中游戏机出口额 5.7 亿美元，增长 21.3%。玩具已成为中国出口 5 大支柱商品之一。据悉，在玩具进口大国美国的玩具市场上，70% 的中低档产品均来自中国。

目前，中国出口玩具仍沿袭多年来的品种，以毛绒玩具为主。据有关部门统计，中国出口玩具中具有一定技术含量的虽已上升到 10% 左右，但与欧美国家玩具中科技含量占 70% 左右相比，还有很大的差距，这也是中国出口玩具量增而价减的主要原因。以江苏为例，去年出口玩具达到 40 多亿元人民币，比 1992 年增长了 6 倍多，但最主要的还是量的扩张。

三、未来——任重道远

从目前看，中国玩具生产企业大都规模较小，人员素质不高，技术开发力量薄弱。一些企业一味降低成本，以求能在低价竞销中获胜。有的出口玩具企业自身生产能力不足，而采用外发加工，然后收购的办法；有的为降低成本，采用低档、劣质原辅材料；特别是由于设计不合理，造成结构和质量问题，从而严重制约出口玩具的售价。扬州玩具检测中心 2001 年检测发现的 200 批不合格出口玩具中，就有 180 批存在安全质量隐患而被堵在国门之内。因此，尽快学习和采用欧美玩具安全标准，适应国际市场要求，彻底改变家庭作坊式的初级管理模式，引用企业化大生产的管理方式是玩具出口企业的当务之急。

如今，国外玩具已经集光、机、电等为一体，而中国的玩具似乎还停留在 20 世纪 60—70 年代的水平。2001 年，全国出口玩具总额中，毛绒玩具占 27.4%，智力玩具仅占 3.1%，而电动玩具则只有0.6%。在德国玩具博览会上，中国玩具厂商的摊位有 147 个，但参展的产品一半以上是毛绒玩具，没有一家销售电子玩具。这种单调、尴尬的局面与占世界玩具产量 1/3 的大国地位极不协调。

业内人士认为，出口玩具现在仍是劳动密集型行业，但也要走规模、效益之路，鼓励和支持有条件的企业在国外建立分公司，直接面向国际市场。目前，江苏昆山的“好孩子”集团、康濑轻工业(昆山)有限公司、常州大卫玩具公司等企业，已在国外形成生产规模。从长远看，这也是中国出口玩具企业创立品牌，树立良好形象，争取更高效益的必由之路。

(潇　潇)

以上；全国钟表出口总额 18.3 亿美元，居中国机电产品出口创汇的前茅。

随着全球经济的日趋发展，市场份额逐渐向少数品牌集中。根据对国内 120 多家大中型商场和手表专卖店 2001 年 1—10 月手表销售情况的调查，销售品牌共计 372 个，其中能进入百家商场的国产品牌有 273 个，占 73.4%。国产手表销量占全部手表销量的 75%，手表销量排前 20 名的品牌市场占有率达 39.4%，其中有 13 个为国产品牌。由此可以看出，中国在世界时钟产量和销量上均占绝对优势，具有很高的生产和市场集中度。

钟表生产企业为提高企业本身的竞争能力，在加大科技投入、坚持质量第一、提高创新能力、实施名牌战略等方面做了大量的工作，涌现出一批具有实力和一定竞争能力的、受消费者喜爱的品牌，如飞亚达、罗西尼、天霸、依波等。这些企业已经正式通过 ISO9000 系列标准的质量体系认证，并且拥有自己的产品设计大师和完善的售后服务。这些品牌已经成为中国的知名品牌，正向国际知名品牌方向发展。从全国钟表质量检测中心的报告和市场反映的情况来看，国产钟表知名品牌的质量已达到国际同类产品的水平。

(严　格)

记　事

6月16日

2002 “中国名牌发展论坛”在京举行。

2000 “2000年上海空港杯全国户外、杂志广告创意无限大奖赛”新闻发布会在京举行。

江泰保险经济有限公司开业。

1993 宁夏大武口铁合金厂跻身世界10大氰胺厂家行列。

中国国内旅游协会成立。

1992 中共中央、国务院发布《关于加快第三产业的决定》。

6月17日

2002 “中国国际啤酒节”将落户大连。

2000 中关村软件集团成立。

首届中国营销论坛暨首届中国杰出营销人“金鼎奖”在沪颁奖。

1992 中国华录电子有限公司在京成立。

# 牙膏也讲品牌

## ——不知名牙膏企业生存环境恶劣

伴随着百姓生活质量的提高，牙齿健康问题越来越受到国人的关注。牙膏这一昔日不被重视的日常消费品也成为国内外众多厂家争夺激烈的一个市场。

调查表明，小小牙膏已进入到品牌消费阶段，消费者越来越趋向知名品牌靠拢，名牌产品成为多数城市消费者的首选。消费者的选择使牙膏成为品牌消费集中程度极高的一种日常消费品。

对北京、上海、武汉、沈阳、西安等重点城市研究表明：

一、三大品牌瓜分2/3的城市市场

从最常使用品牌情况来看，高露洁位居各品牌榜首，近三成的消费者经常使用高露洁，使用率高达29.9%；中华位居第2位，使用率为18.1%；佳洁士位居第3，使用率为17.2%；洁诺为9.4%，位居第4；两面针和黑妹分别为5.8%和3.5%，分列5、6位；其他品牌使用率均在3.0%以下。可以看出，牙膏品牌之间的差距是非常明显的，2/3的市场份额被高露洁、中华、佳洁士3大品牌所瓜分。

二、使用率：高露洁高居榜首

从正在使用的品牌情况来看，与最常使用分布规律相同，高露洁仍高居榜首，使用率达到29.7%；中华和佳洁士持平，使用率均为16.5%；洁诺位居第4，使用率为9.8%；两面针和黑妹使用率发别为4.9%和4.5%，其他品牌使用率均在4.0%以下。

高露洁、佳洁士、中华稳稳占据2/3的市场份额，成为牙膏众多品牌的第1集团军，而处于第2集团军的洁诺、黑妹等6个品牌所占市场份额加到一起还不及高露洁一种品牌，处于第1集团军的三大品牌的实力令处于第2集团军的6个知名品牌望尘莫及。上述9个品牌占领了牙膏全部市场份额的9成，给国内其余大大小小几十种品牌仅仅留下了非常狭小的生存空间，这些不知名的牙膏企业生存环境可谓十分恶劣。

三、地区消费倾向明显

调查显示，牙膏地区消费倾向明显。不同城市牙膏消费的品牌占有率差异颇大。由于受消费者消费习惯、地区营销重心倾向、地区经济发展水平等因素的影响，牙膏消费市场占有率在不同城市间存在一定差异。

上海和沈阳高露洁的市场占有率最高，分别为39.3%和38.3%；而中华在西安市场占有率高达30.3%；远远高于高露洁19.0%的市场份额；在武汉尤以佳洁士卖的最好，经常使用者高达22.3%；而两面针虽然平均只有4.9%的市场份额，但在北京和西安却有9.0%和8.3%的人最常使用；康齿灵在武汉也有不俗的表现，市场份额为8.5%。

同一品牌在不同区域的不同市场份额，表明一些品牌存在使用率区域失衡的现象，值得有关方面的注意。

四、知名品牌烙在消费者心中

品牌知名度是评价品牌竞争实力的重要指标。综合各种指标结果显示，牙膏品牌知名度与市场占有率高度相关且成正比。市场占有率第1集团军高露洁、佳洁士和中华同时亦为品牌知名度的前3位。知名度广度指数分别为高露洁60.7%、佳洁士48.6%、中华47.0%；知名深度指数分别为高露洁140.8%、佳洁士109.2%、中华93.3%。

在访问中，消费者在没有任何提

示的情况下回答首先想到的牙膏品牌时，首选高露洁、佳洁士和中华者依次为30.1%、21.5%和15.5%；其次想起的品牌依次为高露洁19.9%、佳洁士17.6%、中华15.3%；说明3大品牌的确已经在消费者头脑中打下了深深的烙印，以至于可以脱口而出。自然在购买时也就顺理成章了。

从知名度广度指数看，第4至第9位降幂排列为洁诺32.8%、黑妹20.2%、两面针16.9%、冷酸灵、六必治和康齿灵均在10%以下。梯子分布的品牌知名度与市场占有率比较吻合。

**五、影响购买的因素：功效、价格、品牌**

调查显示，影响消费者消费行为的因素有多种。产品功效是影响消费者牙膏购买行为的首要因素。有66.8%的消费者购买牙膏时会考虑产品功效。这表明消费者在牙膏消费上已趋于理性化，同时也说明市场竞争从本质上讲是产品之间的竞争，不断完善产品功效是牙膏生产企业扩大市场占有率的安身立命之本。

数据显示，就产品功效而言，洁白牙齿、气味适宜、有效防蛀、清洁牙齿依次为消费者关注的4大方面。洁白牙齿是消费者最关注的功效，有64.2%消费者注重这点；气味适宜关注度为56.1%，位居第2，有效防蛀关注度排在第3位，为53.9%；清洁牙齿位居其后，为45.7%；其他功效关注度相对较低，均在20.0%以下。

由此可见，牙膏生产销售企业应在开发生产、广告宣传上注意迎合消费者需求的特点，把消费者普遍关注的功效作为开发和宣传的主要重点，以有效地激发和引导消费者的购买行为。在这一点上，名牌厂家为人们做出了很好的榜样。如P&G公司依据市场调查结果，在宣传佳洁士品牌时，对洁白牙齿、防蛀功能等产品功效的定位很准，宣传得很到位，这也难怪其赢得了很高的市场份额。

价格适中是消费者购买牙膏时所考虑的第2个主要因素，58.1%的消费者注重这一因素说明目前中国百姓受收入水平制约因而影响其消费档次。佳洁士品牌消费者满意度第1，高达91.4%，而市场占有率却非第1名，也正是因为价格原因所导致。

另外，调查显示有45.3%的消费者购买牙膏时会考虑知名品牌，品牌消费已经成为牙膏消费的一大特点。因而，对于无名品牌来说，提高自己的市场份额可谓困难重重，因此提高品牌知名度成为产品扩大市场必需的过程。

调查显示，以下因素对牙膏消费的影响程度较低，依次为购买方便28.5%、广告影响26.5%、有优惠条件10.4%，受亲友推荐、包装吸引人和柜台推荐等因素的影响度均在10.0%以下。

此外，相同因素对不同消费群体的影响不尽相同，主要表现为：文化水平越高，受产品功效的影响越大，受价格适中和有优惠条件的影响越小；收入水平越高，受价格的影响程度越小；年龄越小的消费者，越容易受广告的影响。

**六、未来市场：得民心者得天下**

人言道"市场变化莫测"，而把握市场的灵丹妙药就是打开消费者这把锁。成熟的企业经营者应能根据消费者的需求变化，在恰到好处的时间采取恰到好处的办法取悦消费者，引导消费者。在这一点上，国际性企业的做法值得借鉴，他们强大的市场调查研究系统常常是领先数步了解消费者的变化，并据此投其所好，完善自己的营销策略，改善产品，引导消费潮流。

**七、未来佳洁士占有率将大幅攀升**

目前，3大牙膏品牌以绝对优势占市场2/3份额，稳坐牙膏前三把交椅已成定局。但各自占有率此消彼长的结果，使得集团军品牌之间竞争处于白热化状态。

从消费者过去最常使用情况看，高露洁、中华、佳洁士分列第1、2、3名。而正在使用的中华和佳洁士并列第2，可谓旗鼓相当。再看消费者回答

## 记　事

### 6月18日

2002 美《商业周刊》评出年度IT百强，中国移动排第六。

健力宝携世界杯东山再起。

2000 平面广告(伊莱克斯吸尘器篇)获第47届嘎纳国际广告节铜奖。

1999 新闻出版署发出《国家音像制品奖评奖办法》。

1998 长城润滑油集团成立。

1995 《葡萄酒工业手册》公开发行。

1994 国务院批准加入《商标注册用商品和服务国际分类尼斯协定》。

1990 国家工商局发布《关于印发全国商标工作重点企业名单的通知》。

### 6月19日

2002 2001年中国券商业绩排名揭晓。

1996 第六个全国土地日。

中国申请加入《国际专利分类斯特拉斯堡协定》和《建立工业品外观设计国际分类洛迦诺协定》。

下一次准备使用的品牌则发生了戏剧性的变化，佳洁士从正在使用的16.5%一跃升至21.4%，而中华则从16.5%降为13.8%。这一升一降使双方市场份额从正在使用的相同市场占有率拉开了7.6个百分点。这一差距预示着佳洁士未来市场占有率将大幅攀升，而中华则大幅下降。

从其余6个知名品牌看，准备使用者即未来市场占有率也多有变化，如洁诺从9.8%降为8.5%，两面针从4.9%降至4.2%，六必治从3.4%降至2.5%，下降幅度不是太大，但亦应引起注意。特别是六必治、冷酸灵、康齿灵、两面针几个品牌均打的是非常近似的治疗牙齿过敏牌，产品定位很相似，再加上佳洁士舒敏灵的加入，使得市场的竞争将会更加激烈。

八、市场格局近期难有太大的变化

一般来说，我们将上次使用某一品牌，此次仍继续使用该品牌的比率称为品牌忠诚度。调查结果表明，消费者对牙膏消费品牌忠诚达70.0%以上，名牌产品同时表现出更高的忠诚度。高露洁、佳洁士和中华三大名牌产品的忠诚度分别为79.7%、77.2%和73.3%。康齿灵虽然只有1.9%的市场份额，品牌忠诚度却高达94.1%，消费群体相当固定。其余品牌也均有一定的品牌忠诚度，如六必治为61.0%，冷酸灵为64.4%，9个品牌忠诚度最低的黑妹也有59.5%的忠诚度。

如此高的品牌忠诚度，说明了在过去相当一段时间内名牌产品所下的功夫收效颇佳，预示着牙膏市场3大名牌称雄的局面近期不会有太大的变化，第1集团军的地位牢固而难以动摇，第2集团军的市场份额也会相对稳定，内部虽此消彼长，但不会影响大的格局。与此同时，留给不知名品牌的空间极为狭小，无名品牌牙膏欲想发展步履维艰。

但是也应看到，尽管知名品牌各自有自己的忠实消费者，但人类喜新厌旧的本性在牙膏消费中仍时有表现。下次不再使用正在使用品牌者仍占到消费者近30%的份额，说明消费者中喜欢更换品牌者仍大有人在。这就为商家留下了一块大显身手的舞台。尽管这块舞台已经不大，但毕竟面对的仍是几亿人口。如何留住原有的消费者而又要争夺其他品牌的非忠诚消费者，这是企业欲提高市场占有率所亟需解决的问题。

再从正在使用品牌看，第1次使用黑妹者最多，为10.1%，佳洁士为6.9%，高露洁和洁诺分别为5.0%和4.5%。如此高比例的第1次使用者，说明即使是市场占有率很高的名牌产品，仍有相当部分消费者过去没有使用过。而这些人无疑是产品的潜在市场。由此可见，一种有着较高产品质量，并被证明品牌忠诚度较高的名牌产品，在留住现有消费者的同时，如能不断推陈出新，必然会吸引未来潜在的消费者，不断扩大品牌的市场份额。

九、大手笔营销将占大市场

毋庸置疑，3大品牌有今天的成功，是高品质生产、大手笔营销、实力大比拼的结果。由于消费者是在铺天盖地的广告中选择自己的最爱，是在眼花缭乱的产品中鉴别自己的需求，消费者的选择决定市场走向。所以，企业要想继续保持和扩大市场份额，就需要通过大手笔的营销去引导消费者。

调查数据显示，消费者对自己正在使用的产品满意度很高，不满意者寥寥无几。如果将非常满意和比较满意相加视为满意度，经过计算，所有正在使用牙膏品牌的消费者满意度均在75.0%以上。其中尤以佳洁士为最高，达到91.4%，其他依次为高露洁87.3%、康齿灵85.3%、六必治84.8%、洁诺80.7%、两面针80.0%、中华79.2%、黑妹76.0%、冷酸灵75.6%。可以说，上述知名品牌产品本身已经得到消费群体的认可，如何争夺更多的消费者，营销创新是关键的关键。

(范卫华)

品牌事件

# 中华牙膏怎么了

## ——联合利华 VS 上海牙膏厂

综合相关报道,“中国牙膏第一品牌”——中华牙膏惊爆品牌合作风波。上海牙膏厂有限公司总经理候少雄表示该公司考虑在适当的时候收回被联合利华有限公司租赁的中华牌牙膏的商标使用权。联合利华方面则表示中华牙膏商标使用权的归属要看合同,按法律办事。双方的争端给这场中外品牌合作的前途蒙上了阴影。

据悉,1993 年底经协商,并通过商标使用许可协议的形式,上海牙膏厂从 1994 年起将中华品牌和美加净品牌租赁给合资公司联合利华使用。双方约定,在商标续展期内,期末的销量必须大于期初的销量,否则中方有权收回商标使用权。因美加净牙膏销量大幅下滑,2000 年上海牙膏厂收回了美加净品牌经营权。2002 年是双方对中华牙膏销量进行审定的时候。

不久前,候少雄和联合利华负责对外事务董事曾锡文在中央电视台《东方时空》节目中展开了一场“舌战”,中华牙膏品牌在联合利华经营的几年中是走向辉煌还是停滞,双方对此各执一词。

联合利华方面表示,联合利华对中华牙膏进行了很好的运作,它应该是商标使用权转让过程中保护民族品牌的成功案例。联合利华上周三向媒体提供了一份背景材料,披露了有关数据以证明联合利华对中华牙膏有长远承诺:

1. 联合利华对中华的广告投入占联合利华对牙膏整体广告投入的 53%。

2. 联合利华对中华的整体投入(包括广告、研发、工厂改造、配方研究),共计 6 亿多元人民币。

3. 近几年,中华的年均产量一直高于 1993 年。2000 年产量是 4 万吨。

4. 根据 AC 尼尔森全国零售研究统计,2000 年中华是市场占有率第 1 的品牌,达 17.3%。

5. 每年对中华都有工厂或配方上的改革,并适时推出新广告。

6. 每年联合利华根据销量付上海牙膏厂品牌使用费,到 2000 年为止,已付超过 8200 万元人民币。

上海牙膏厂网站上刊登的有关媒体报道显示,中华牙膏在联合利华遭受冷遇,8 年多的实际情况令商标所有人大失所望。列举了另外一组数据:

1. 中华牙膏销量。联合利华曾承诺 2000 年将达到近 10 亿支,实际上 2000 年只有 3.8 亿支;2001 年 1 月至 6 月销量为 1.1 亿支,远低于租赁前 1993 年上半年 1.75 亿支的销量(1 标准支为 100 克)。

2. 品牌宣传。联合利华对中华品牌的宣传,与新品牌“洁诺”不可同日而语。据了解,“洁诺”年广告投入高达 7000 万—8000 万元,而中华的广告投入还不到“洁诺”的一半左右。

3. 品牌效益。联合利华曾经承诺,中华品牌的租赁使用到 2003 年将会给上海牙膏厂总共带来高达近 4 亿元的利润。 (胡　舒)

## 记　事

**6月19日**

1995 江泽民同志在哈尔滨亚麻纺织厂题词:“提高质量、走向世界。”

**6月20日**

2002 北京通信行业协会成立。

刘晓庆涉嫌偷逃税被拘留审查。

鸡西矿务局发生特大瓦斯爆炸事故。

2001 中日韩实施专利通用制度;我国“十五”科技规划正式发布;中国渔业生态环境状况公报发布。

1996 进出口 500 强企业揭晓。

1994 南京长江大桥将中国扬子集团 10 条广告的 26 块巨幅广告牌全部安装到北桥头堡上。

1991 陕西历史博物馆建成开放。

1989 轻工部向所属企业发出通知,除国家和省市统一组织的国优、部优、省市优评优活动外,其他一切评优活动、产品展销、质量跟踪活动一律不参加。

# 中国鞋：走新路　创品牌

中国鞋类在国际同类产品市场中已占据相当重要的地位。在世界鞋产品总量中中国鞋已连续 5 年占到 50% 左右,居世界第 1 位。在全球鞋类贸易中,中国鞋类出口额也占到了 25%，位居世界第 1。

据中国轻工商品进出口商会鞋分会辛炜先生介绍,中国鞋类出口遍及世界五大洲的 190 多个国家和地区。其中美国市场最大，2000 年中国鞋对美国出口金额超过鞋类出口总额的 50%，欧盟占 10%。然而,尽管中国鞋的生产和出口世界第 1，但中国鞋产品出口也面临诸多问题和严峻挑战。

**一、巨额利润流入中间商腰包**

在 Lonl And Tayler 和 Crowstom 等美国著名的中低档商店,中国生产的皮鞋大约占到了 40%。在 Payless、K－mart 等专营低档鞋的商店,“中国制造”占的比重更大。然而,在中国鞋大量出现在美国市场时,却无一采用中国品牌。

包括美国市场在内,中国鞋出口总量的 70% 左右都通过外商转销。纵然消费者的购买价比出产价翻了 3—5 倍，但生产厂家每双鞋也只赚到 8—10 元人民币的加工费,巨额利润都流入了中间商的腰包。

资料表明：1998 年中国鞋类出口企业 4483 家,其中出口金额在 1000 万美元以上的 169 家，占出口总数的 3.77%，而出口在 10 万美元以下的有 1838 家，占生产厂家总数的 41.02%，也就是说，总数不到 4% 的出口企业，出口金额占总出口额的 55% 以上；40% 的出口企业，出口金额才 5000 多万美元。

这一连串的数字告诉我们,中国鞋出口陷入了怪圈。

**二、打造名牌心有余力不足**

如何看待这些现象?经贸部国际贸易经济合作院副院长陈文敬分析道,从国内外鞋产品的生产现状和销售市场来看，中国制造鞋处于中低档水平，和欧洲的同类产品比较还相差很大档次。而创造和培养一个品牌至少需要 5—10 年的时间，因此，为了保证中国鞋业出口贸易额，当前和今后一段时间,中国制造商需要加工外商指定的品牌。

外经贸部贸管司李朝阳认为,没有品牌,生产商的利益将直接受到损害。没有品牌的产品就不可能提高单位售价,而直销或其他销售渠道都需耗费很大的成本(美国吉通逊大道 1 个月租金就达 500 美元),势必“得不偿失”。只有通过中间商代理打造出品牌后,产品才可采用直销方式。尽管中间商要夺走 60% 以上的利润,但所剩金额仍为生产商的可图之利。

**三、反倾销是无法回避的冲击**

档次不高，劳动力廉价，中国鞋与国外同类产品比较，价位偏低，因此一旦大量出口则容易成为国外反倾销指控的“导火索”。

根据有关方面统计，自 1979 年加拿大对中国防水鞋提出倾销指控以来,截至目前，中国已遭遇 12 起鞋的国外反倾销案。其中 1994 年至 1998 年间最为集中,涉及 22 个国家和地区,被征收的反倾销税税率自 10%—115% 不等。2000 年，中国鞋类产品又遭遇两起反倾销案。

**四、要依托“品牌战略”走出去**

业界早有人士呼吁,中国要从鞋业出口大国走向出口强国。随着中国加入 WTO,这一任务显得更加迫切。中国鞋走出出口的怪圈,便是当务之急。

据外经贸部贸管司李朝阳介绍,目前中国鞋面临着很多的竞争对手,除越南、韩国、蒙古国、俄罗斯与欧盟外,近年来一些经济比较落后的国家也相继追赶上来。对中国出口企业来说,世界鞋类市场几近饱和，不可能有很大的开拓空间。因此，不推行品牌战略，不提高单位售价，现有市场将有被蚕食的可能。

然而，李朝阳说，当前中国不少企业管理人员尚未树立“品牌”意识，不明白树“品牌”的意义所在，缺乏创立品牌的原动力。从技术层面看，中国企业还面临专业人才匮乏的局面。

鞋企业如何推行“品牌战略”？李朝阳认为，国家要建立引导政策，诸如出口退税政策、鼓励名牌免报关政策、货款优惠政策以及税费优惠政策等等，并将之落到实处。同时，企业也要加快建立现代企业制度，推行股份制改革，保证管理层的稳定，提高企业管理人员的素质，转变轻视或忽视品牌的意识。李朝阳还指出，社会环境对培植品牌很重要，要加强知识产权的保护。合法者的正当权益如果得不到有力的维护，“创牌”和“护牌”的积极性必将受到打击。

业界有关人士说，中国鞋类产品要走出出口怪圈，还需要借鉴家电企业走出去的成功经验。像海尔那样在海外建立技术开发中心和工业园区，研发适合国外消费者的产品，中国鞋类企业也要走出去了解国外消费者的需求、消费心理和消费习惯。了解当年的流行款式；或者通过与国外企业合资、合智等各种合作形式，加快占领世界鞋业的制高点。以中国最大制鞋企业江苏森达集团为例，森达集团上海分公司80%以上的产品出口海外，该公司从欧洲全套引进6条世界最先进的制鞋生产线，并与意大利、西班牙等欧洲国家共同创办国际水准的皮鞋设计中心。缩小和打破中外文化之间的差异，是中国跻身世界鞋业强国的应有内涵。

（陈正红）

# 皮鞋：世界工厂唤品牌

中国皮鞋市场发展和竞争的程度怎样？眼下，只要随便到市场上转一转，就会发现琳琅满目的产品、不断出现的皮鞋专卖店，而大中商场国际知名品牌皮鞋的逐渐增多，用两个字足以形容：“激烈”。据悉，在今后几年内，中国对进口皮鞋的关税将逐渐降低，这将意味着有更多的国际品牌将进入我国市场。在这场没有硝烟的战斗中，当越来越多的消费者正成为品牌消费一族时，中国皮鞋业的竞争力如何？

一、世界皮鞋最大加工厂

来自中国皮革工业协会的有关信息表明，在最近10年的发展中，中国皮鞋业的增长率达到了800%，产量、出口量均居世界第1。以2001年为例，中国共生产皮鞋21亿多双，出口8亿多双，创汇43亿美元，成为世界皮鞋最大的加工厂。同时，一些颇具优势的皮鞋生产区域也在全国形成，如浙江、广东、福建、江苏、山东等。目前，世界上每一个人穿的一双鞋中，就有一只是中国制造的。中国皮鞋生产企业的生产加工能力和质量水平已得到世界普遍认同。

然而，中国皮鞋行业在快速发展的过程中，表现在创品牌和搞加工这方面的矛盾越来越明显。特别是在1994年以前，相当多的皮鞋生产企业，品牌意识淡薄，由此导致的另一个市场现象产生的原因，主要与中国近两万家皮鞋生产企业中家族式企业和中小企业占多数有关。20世纪90年代以来，当许多国外皮鞋制造商看中国内廉价的劳动力和心灵手巧的缝纫技术而纷纷进行皮鞋产品的加工定做时，当不少消费者开始眼盯国外进口的皮鞋产品进行消费时，却不知我们自己具有优势的皮鞋品牌在哪里？面对市场上不断出现的皮鞋产品，消费者在选择上却犯了难：我该选择谁？

二、知名品牌在竞争中产生

针对中国皮鞋行业在快速发展的

## 标识

桂花®

南京桂花鸭集团公司

盖天力®
GAI TIAN LI

启东盖天力制药股份有限公司

衡 山

衡山专用汽车制造厂

## 记 事

**6月21日**

2002 中国生产力学会、中国企业文化促进会、中国国际策划学会联合主办“2002 年中国企业策划案例暨策划人奖”颁奖、演讲在京举行。

2001 《中国工商报》刊出“中国体育商标状况概览”，涉及体育运动及相关服务商标共 112519 个，约占全国商标总数的 9%。

1995 首届全国医药“三资”企业评价结果揭晓。

1994 首届中国房地产业综合效益百强发布。

武汉龟山电视塔“KENT”洋烟广告，提前 11 个月中止合同。

1991 中国冶铁博物馆在鞍山兴建。

**6月22日**

1999 联合利华集团与上海轻工控股集团公司签约合作。

1995 1994 年中国机械工业百家最大企业排序公布。

市场经济与经营大师研讨会在京举行。

1993 建设部公布行业“百强企业”名单。

过程中品牌发展弱、尤其是缺乏知名品牌的状况，1994 年中国皮革工业协会率先在全行业实施名牌战略，通过实地考察和从市场上获取的第一手信息等，相继推选出了“真皮标志皮鞋”、“中国真皮鞋王”、“中国真皮名鞋”和“中国真皮领先鞋王”等企业。到目前，有 170 家企业生产的产品被誉为“真皮标志皮鞋”，10 家企业成为“中国真皮鞋名鞋”，而康奈集团和森达集团则在今年荣获“中国真皮领先鞋王”殊荣。通过这些年的引导和发展，康奈、森达、富贵鸟、金猴、奥康、哈森、百丽、红蜻蜓等已成为市场上的知名品牌，有些已开始走向国际市场。而一些后起之秀更凭借其独特的品牌特色，成为市场上的佼佼者。

以康奈集团为例，早在 1990 年，该集团就针对温州皮鞋在全国信誉不佳的现状，确定了要靠品牌来发展的经营理念，追求质量、款式和信誉的第一，并将康奈皮鞋定位在中高档产品上，以世界闻名的意大利皮鞋作为企业追赶的目标。为打造康奈品牌，该集团在引进先进制鞋设备的同时，将质量管理、标准管理引入到企业的生产中来；同时，下大力气研究和开发产品的款式。目前该集团每年投入在皮鞋上的研发经费在 2000 万元左右，并建立了 8 个产品设计中心，引入意大利和台湾等地的皮鞋设计师进行交流，每年开发出的皮鞋新款达 2000 多个；在营销渠道上进行有益的探索。根据产品定位，取消了 1996 年以前由批发市场和商场共销产品，由于价格不一致而有损品牌形象的现状，开始在全国建立连锁专卖营销体系，以统一形象、价格和服务。眼下，康奈已在全国建立了 1600 个连锁专卖店，其品牌的影响已波及全国除海南和台湾以外的所有省、市和自治区；而在生产营销中导入的顾客满意理念，又为康奈培育了稳定的消费群。目前，康奈皮鞋已成为本土皮鞋高品质的代表。不仅如此，从 1999 年起，康奈皮鞋开始做自有品牌出口，并将出口的国家瞄准欧美等发达国家，目前已在美国的纽约、法国的巴黎、意大利的罗马及西班牙等这些世界皮鞋消费和制造大国建立了 13 个专卖店，在“十五”期末其特有的品牌优势在影响着世界。

与此同时，才在 1995 年起家的红蜻蜓集团在发展中以文化为轴心，确定了两大核心竞争力：“红蜻蜓”所传递出的文化、自然、亲和的品牌形象以及“绿草式的低成本扩张营销网络。并通过独特的鞋文化来提升产品和企业的知名度和美誉度，在全国同行中开创了 3 个全国第 1：成立了“全国第 1 家中华鞋文化研究中心”、创建了“全国第 1 家中华鞋文化研究中心”、创建了“全国第 1 家中华鞋文化展馆”、编辑出版了“全国第 1 本《中华鞋履文化辞典》”。而这一切则使红蜻蜓成为业界的一批黑马，经过短短 7 年的发展，产销量均翻了几番，并成为国内最具竞争力的本土品牌之一。

### 三、品牌推广形式多样

像其他许多行业一样，近几年来，本土皮鞋品牌与国际知名皮鞋市场已经形成。当一些国际知名品牌，如梦特娇、皮尔·卡丹、华伦天奴等利用其悠久的品牌影响力进军中国皮鞋市场时，中国一些具有竞争优势的企业也开始积极行动起来，通过多种形式来推广其品牌，以树立其良好的形象。

目前，中国知名皮鞋在品牌推广上主要采取以下方式：

通过平面或立体广告、灯箱、路牌等来展现其产品特色。如今，不管是在中央电视台还是在地方电视台上，都可以看到有关皮鞋产品请知名影视明星做形象代言人的广告，如金猴、森达、奥康等。

通过参加一些活动来扩大影响。如富贵鸟赞助的大型公益演出及对当地贫困地区实施资助等；森达集团在 2002 年春节期间举办的“森达杯我最喜爱的春节联欢晚会节目”等。

在产品热销区进行促销；佩挂真皮标志对产品进行广泛宣传。

利用中国皮革工业协会每年在上海举办的“中国国际皮革展”及“真皮标志杯中国皮鞋设计大奖赛”进行企业形象和产品的展示。如 2001 年 9 月举办的“中国国际皮革展”吸引了国内众多企业参展，一些知名品牌如康奈、红蜻蜓、富贵鸟等还设计了颇具特色的展位，吸引了中外展商和消费者的视线，个别企业还通过皮鞋秀等特殊方式来展示其产品特色。同时，还在中国皮革工业协会的组织下，积极参加在香港举办的亚太皮鞋展和在美国拉斯维加斯举办的世界最大鞋类展等。

而个别优秀企业还将品牌推广做到了国外市场。如康奈在美国纽约做立体广告、在意大利著名的鞋类杂志 AIS 上做平面广告等。

事实证明，上述品牌推广活动对扩大这些企业在市场上的知名度产生了很大的影响。目前，在中国皮鞋消费中，前 10 名企业的市场占有率已达到 40% 左右，而本土则占有绝对优势。

**四、设计创新不足是瓶颈**

眼下，尽管本土品牌鞋类产品在市场上唱着主角，但与国际知名鞋类品牌相比，本土品牌还存在着一些明显的不足：品牌历史短、知名度低、没有国际名牌等，在这些不足中表现在设计创新方面的问题则更明显。正因为此，目前在中国出口的大量皮鞋产品中，价值在 5—6 美元的低档产品和贴牌加工的产品占了多数，产品出口的附加值并不高。

在皮鞋的设计上，虽然一些企业已建立了自己的研发中心，但与国际知名皮鞋制造企业比，整体设计还处在初级水平。在自我设计和模仿上，还以模仿为多，具体表现在小品牌模仿大品牌、大品牌模仿国际品牌上，从而无法走到世界皮鞋业的前列。

在中国制鞋业一直流传着这样一个故事，一家国内著名企业的老总，将自己生产的一双皮鞋带到意大利，专程拜访制鞋专家马尼龙格先生。马尼龙格先生仔细端详这双鞋后，微笑着说，这样精致漂亮的鞋，可以给你打 99 分了，另一分差在哪里？品牌和文化上。而设计正是再现品牌和文化的有力手段。

2002 年是中国皮革行业进行“二次创业”的关键一年，如何让中国皮鞋业从加工大国向生产强国迈进，打造知名品牌、尤其是世界知名品牌是关键。为此，中国皮革工业协会将与有关部门积极合作，在今后的发展中推出更多的中档皮鞋进入市场，以树立中国皮鞋新形象，并争取在 2010 年创出 3—5 个国际知名皮鞋品牌。

谁将成为真正的赢家？

（郑建玲）

标　　识

宁夏吴忠市青春皮鞋厂

邵阳市酒厂

# 国产投影机品牌待崛起

电子技术的飞速发展和社会信息化进程的不断深入，使能够提高办公效率和教学质量的数字化产品备受青睐，也使投影机成为了标准的计算机外设。据统计，2001 年全球投影机销量达到 42.3 万台，同比增长率为 30%，而国内市场发展更加迅速，平均增长率超过 70%。投影机市场有望在今后 2—3 年间成为我国增长最快、竞争最激烈的产品之一。

那么，投影机市场到底有多热？国产品牌机能否抓住机遇，提高市场占有率？

**一、谁在赚投影机的钱**

实际上，直到目前，国外厂商仍然占据着具有绝对优势的市场份额。但是，由于这些产品一般本地化的程度都不是很高，就导致两个结果，一是产品价格偏高，从而一定程度上阻碍了投影机在中国市场应用的拓展；二是产品的服务没有跟上，例如由于投影机的灯泡寿命有限，一旦坏了必须到国外去找装配件。当然，这个缺憾恰好为国内厂商的进入留出了机会。

**二、国产投影机销售看好**

据业内人士介绍，最先意识到投影

新疆屯河股份有限公司

机价值的是商业用户，在频繁的会议讲解，巡回展示和促销活动中，投影机声、图、文并茂的效果是任何传统手段都无法比的。政府机构、事业单位、科研教育领域也成为投影机主要的用户群。

具有良好增长态势的市场使投影机成为继打印机、扫描仪之后，存在着巨大市场潜力的产品。于是，越来越多的厂商及经销商加盟入阵。但一个不可忽视的事实是中国投影机市场上国内品牌的占有率几乎是零。2000 年，中国市场上出现的品牌中，只有 11 个是国内品牌，洋品牌占了 44 个。据有关部门 2001 年 2 月公布的中国投影机市场销量情况统计，富可视、ASK 和爱普生 3 个品牌的销量分别占总销售量的 20%、16% 和 14%；夏普、索尼、飞利浦、NEC、三洋、东芝和 Deves 这些品牌分别占总销售量的 9% 至 3% 不等；国产品牌和其他品牌只占总销量的 10%。

三、国货酝酿突围

国产品牌投影机的产业化和规模化发展已渐露端倪。目前，市场上常见的产品已不再仅仅局限于国外品牌，像信诚、晨星、澳柯玛一视美乐等一批国内厂商的产品随处可见。

国内品牌厂商中各有优势的几家业已成熟。第 1 类是中国台湾地区厂商，他们大多有 10 年以上的生产经验，比如，宏碁以自有技术投资大陆，产品可与国外品牌媲美，且价格较低。第 2 类是前几年主做 PC 而后走向产品多元化的厂商，如清华同方和联想，“同方”、“晨星”投影机已具一定知名度。第 3 类便是以澳视为代表，由家电厂商收购的有研发力量和自有技术的小型公司与其合资，依靠家电企业的资金优势和科研企业的技术优势，达到“一加一大于二”的效果。第 4 类是从经销商而转为经营自有品牌产品的厂家。

随着国产品牌投影机的不断壮大，规模生产带来的投影机价格不断下降，国产化的星星之火能否重塑类似国产 PC 的燎原之势。这要有赖于更多国产厂商的参与、发展模式的清晰、行业的模范和对市场的一致培育，只有当用户、市场和厂商之间建立起良性的互动的时候，国产化才真正开始。

（南　方　立　君）

# 照相机本土品牌?

目前，中国照相机市场上的消费主要分为三类：专业摄影消费、业余摄影消费和休闲消费。像其他许多行业一样，眼下中国照相机市场也正上演着一场本土品牌与国际品牌的较量。

一、本土品牌势单力薄中低档产品有实力

中国照相机的生产量已位居世界之首，但面对靠品牌争夺市场的发展现状以及国际知名相机品牌咄咄逼人的进攻之势，国产照相机虽然也进行着多方努力，但他们在品牌方面却表现得势单力薄。

据业内人士介绍，1989 年以前，中国照相机市场曾有一些响当当的本土品牌，如凤凰、海鸥、长城、八一、银燕等；1989 年以后，随着国外进口和走私相机大规模地进入中国市场，众多照相机生产企业纷纷经历了关、停、并、转的命运，只有上海的“海鸥”和江西的“凤凰”顽强地挺了下来，成为目前照相机市场上两个最具实力的本土品牌。目前，中国相当多照相机生产企业已不打自己的品牌，而为国际知名相机品牌做 OEM；还有一些品牌因为宣传推广力度不够，正悄悄地与众多知名品牌苦斗着市场。

这种状况在市场上也表现得非常充分。在位于北京五棵松的北京摄影器材城，这个目前全国最大的专业摄影城里，商家经销和提及的国产照相机知名品牌主要有凤凰和海鸥，有的商户甚至

## 记　事

**6 月 23 日**

1999　农业部发出《关于评选全国乡镇企业创名牌重点企业的通知》。

1997　全国家用电器工业工作会议召开。提出我国家电工业发展战略要实现第二次飞跃，从家电生产大国向家电工业强国迈进。

1995　国务院第 3 届环委会审议通过《中国自然保护区发展规划纲要(1995—2050)》。

1995 年中国乡镇企业评价排序活动举行。

1991　首届青岛国际啤酒节开幕。

**6 月 24 日**

2000　中华环保世纪行“爱我黄河”活动举行。

1993　1993 年 500 家最佳经济效益工业企业评价揭晓。

1992　张振刊荣获国际人道主义服务奖。

1991　“九十年代中国居民消费主导研讨会”在京召开。

根本不经销本土品牌。在偌大的摄影城内，也只有江西的“凤凰”为自己设立了专卖点。至于国际品牌，每个经销商都可随口道来，尼康、美能达、佳能、奥林巴斯、徕卡等，而且其销售情况要好于本土品牌，特别是售价为 2000 元左右的相机更是如此。这种消费状况在从事专业摄影和业余摄影的人那里表现得尤其突出。一些大城市的普通消费者也很看好这些国际品牌。

但相对于中国庞大的以休闲为主的中小城市及乡镇消费人群和初学摄影的人来说，由国内生产的、售价为一两百元左右至几百元不等的中低档单反相机、特别是傻瓜相机则占据着相当大的市场份额，“凤凰”、“海鸥”等具有明显的竞争实力和优势。

**二、国际品牌纷纷介入高档产品占据优势**

因为看中了中国庞大的需求和廉价的劳动力市场，从 20 世纪 90 年代起，以日本为代表的世界知名照相机品牌纷纷到中国进行合资或独资办厂，到目前，尼康、柯达、佳能、美能达、奥林巴斯等在中国都有自己的公司。由于不具有技术和资金等方面的优势，目前在高档相机领域，本土品牌不具有竞争力，更不要说目前正在兴起的数码相机了。实际上，在世界照相机市场，高档产品所呈现出的也是日产品牌一枝独秀的景象。正因如此，世界上许多国家甚至放弃了对照相机的生产。

数码相机是随着电脑等数字化设备的普及而出现的一个高科技产品，眼下正成为照相机市场上的一个亮点。近两三年来，由于其开始向小型化、普及化方向发展，价格的下降，使国内越来越多的消费者对它情有独钟。目前，中国数码相机这块“肥地”主要被奥林巴斯、佳能、尼康这三家以生产照相器材为主的国际品牌和以生产胶片闻名的柯达、富士及以做家电为主的索尼占有。除以上 6 巨头以外，理光、松下、东芝和菲利浦等也进军这一领域。为争夺这一市场，国外各生产厂家已将其核心部件 CCD 从上百万像提高到了几百万像，使画面更清晰，同时还增加了 MP3 播放等功能。为了降低成本并占领更大的市场，富士已在中国苏州建立了其数码相机生产基地，而奥林巴斯、尼康和柯达也准备在北京、苏州和上海建立其数码相机生产基地，新一轮的竞争又将开始。

目前，国内诸多照相机企业中能生产数码相机的主要也只有“海鸥”和“凤凰”，但其核心技术 CCD 主要依靠进口。

业内人士分析说，在高档相机市场，本土品牌欲与进口品牌平分秋色，还有相当长的一段路要走。

**三、机遇与挑战并存本土品牌路在何方**

有迹象表明，中国在加入 WTO 以后，有更多的国际品牌在不断调整其进入中国市场的战略，加大独资企业比例的出现就是一个方向。基于此，国产照相机品牌表现在自主开发技术力量薄弱和品牌知名度不高等方面的劣势更加明显。对此，业内人士坦言，现有的困难，并不能阻挡中国照相机行业的进一步发展。眼下在中低档产品领域，本土品牌在价格和服务等方面所具有的优势是不可替代的。关键要看国产照相机企业在新的竞争形式下，如何探索发展之路。

应该说找准市场定位是中国照相机生产企业目前急需关注的问题。还是以中低档照相机为例，目前在国内外都有一个潜力巨大的市场，特别在中国，有一个庞大的城市低收入人群和广大的农村消费者，近年来中低档相机又成为送礼的一个时尚产品，因此怎样把握最新技术，把这个市场做大、做活，对企业发展至关重要。

其次要提高产品质量，包括内在制造质量和外观质量，而这正是不少国内消费者在相同价格和功能的情况下，放弃本土品牌而选购进口品牌的主要原因。

再次，还要加强对品牌的宣传。目前，国产照相机主要在一些专业的报纸、杂志上进行品牌推广，并将自 1998 年起每年下半年由行业协会举办的“中国国际照相机械影像器材与技术博览

## 标　　识

七寶一丁®

东莞七宝一丁食品有限公司

Golden Happiness

广东省粮油进出口公司

江苏双灯集团公司

## 记　事

**6月25日**

2001 第6届毕昇奖、第8届森泽信夫印刷技术奖评选在京揭晓。

2000 中国矿业联合会成立。

1998 国家轻工业局提出争创国际名牌指导意见，公布68个争创国际名牌优势企业名单。

在全国范围内组织开展“跨世纪保卫绿色行动”。

1991 第一个中国“土地日”，《土地管理法》颁布5周年座谈会在京召开。

**6月26日**

1996 海尔集团荣获“五星钻石奖”，张瑞敏获个人终身荣誉“五星钻石奖”。

1995 《全国连锁经营发展规划》公布。

农业部乡镇企业局、中国乡镇企业协会联合组织开展“1995年中国乡镇企业评价排序”在京揭晓。含“中国最大经营规模乡镇企业1000家”和“中国最高利税总额乡镇企业1000家”两项。

机械工业1994年度百家最大经营规模企业排序揭晓。

1992 760家“三资”企业获1991年度出口创汇和税前利润“双优”称号。

国际禁毒日。

中国第一个驰名商标保护组织在京成立。

会”作为品牌推广的另一舞台，但这种形式的推广毕竟与普通消费者相距较远。眼下，越来越多的照相机是被普通消费者当作休闲消费的，如何扩大产品在这些人群的知名度和美誉度，不可小视。在这方面，世界知名照相机品牌做得很好，以拉近与普通消费者的距离，如在北京街头，人们可以随处看见佳能的路牌广告。当每年几次出现的黄金周被商家和旅行社纷纷看好时，国内照相机企业难道不该做点什么？

当然，依托成熟的资本市场对企业进行运作，将为企业插上发展的翅膀。在这方面，位于江西的凤凰光学仪器集团公司给全国的同行做出了表率。通过上市，转机制、严管理、创品牌、争市场，使企业的竞争力不断增强，产品市场占有率不断上升，并出口到30多个国家和地区，成为本土相机第1品牌；上海海鸥也看中了资本运作这条路，于2001年12月31日成立了上海海鸥数码影像股份有限公司，以此进一步扩大海鸥在市场上的影响力。

随着中国对打击走私和规范市场经济秩序力度的加强，中国照相机市场的外部环境已得到了很大的改善。与此同时，国家对数码相机的发展也给予了很大的支持。目前，以数码相机关键部件、核心技术及配套产品研发为重点已被纳入到照相机行业长期发展的规划中，通过对数码相机核心技术的掌握，以扩大本土品牌在这一市场上的占有率。

对于国内的照相机生产企业来说，路就在脚下。

（郑建玲）

# 昔日电脑十大品牌今何在

对1998—2001年连续4届中关村电脑节评出的10大品牌电脑进行调查发现，同是10大品牌，而今的处境却有天壤之别。

一、10大品牌分化严重

综合而言，当年的10大品牌如今的境遇可以分为以下几类：

雄风依旧型，以联想、方正为代表。作为占据中国电脑市场份额第1、第2的品牌，联想、方正荣膺10大品牌是当之无愧的。联想是中国最大的电脑整机开发企业，1996年首次获得中国个人电脑市场份额第1的桂冠，并一直保持到现在。方正也一直稳坐在第2的位置上。

几进几出型，以长城、四通为代表。四通前后宣布进军PC市场有3—4次，但每次都是收效甚微，现在的四通电脑公司是新成立不久的公司，只是四通集团下属的一个控股公司，与当年的四通电脑仅是名称相同而已。老四通电脑虽然也有人在做，但两者之间并无太多瓜葛，因为新四通如今主要面对的是商业用户。曾经是国内三强之一的金长城电脑，在经历了换帅风波以及长时间的沉寂之后，如今已难现往日辉煌。2001年10月IDC（国际数据公司）公布的第2季度市场调查报告中，金长城电脑销量第3的位置被清华同方取代了，除了人事变动影响了金长城电脑的发展外，质量和服务也是两个重要因素。2001年11月下旬，因为硬盘质量问题知名打假人士王海军在长沙将长城公司告上法庭。来自消费者协会和消费者维权网站的统计结果也显示，金长城电脑的质量和服务投诉一直不少。业内人士认为，2002年虽然长城电脑提出了“回归”电脑的概念，但能否重振昔日雄风取决于其对目前仍然存在的质量、服务、渠道等问题的态度。

苦苦坚持型，以国合、柏安为代表，其中国合连续4年都被评为中关村电脑节10大品牌。以国合为首的中等品牌，在企业规模、资金等各方面都不足以与联想、方正这样的企业抗衡，它们只能采取灵活的战术在市场上求生存。国合的销售人员说，无论是商用电脑还是家用电脑，他们公司是看什么好销就销什么。

前景难料型，大都为进军电脑市场的家电企业。从1998年开始，家电市场大伤元气的价格战和连年的不景气使得家电厂商纷纷调整自己的产业结构，并将目光锁定在电脑市场上。海信、长虹、康佳、海尔、TCL、厦华等几乎都整齐划一地站到了进军电脑的起跑线上，大有与电脑厂商一较高下的味道。然而，时至今日，除了为数不多的几家还在亏损中苦苦挣扎之外，创维等品牌电脑早已销声匿迹。2001年各公司的年报显示，家电企业的PC业务发展至今几乎没有一家赚钱，有的项目已经让企业倒赔了几十个亿。

销声匿迹型，例如爱必德。爱必德现在已经倒闭了，首届中关村电脑节10大品牌的科海电脑和科电电脑，以及在第2届评选中获此荣誉的北京鑫民安科技有限公司的王子电脑前景也不容乐观。查遍网上所有信息，都找不到关于这些公司的资料。到中关村海龙大厦、太平洋大厦、北京城乡贸易中心、国美以及其他一些电脑卖场采访，都没有发现这3个品牌电脑的踪迹。其他品牌的销售人员说，科电电脑2001年5月份还在海龙大厦，不知为什么后来就撤了。只有外地的一些购物网站上有王子电脑在卖。看来科海、科电和王子至少已经退出了北京的一些主要卖场。

**二、境遇不同为哪般**

有关人士介绍，电脑业竞争异常惨烈，公司在经营方面稍有问题，都会导致严重亏损甚至倒闭。电脑业刚刚兴起时，一线品牌的电脑一般能够保持2000元左右的利润，而像爱必得这样的中小品牌一般有1500元上下的利润，至于兼容机的利润则在1000元上下。由于当时市场需求旺盛，一线品牌、中小品牌和兼容机之间可以拉开差价，基本上不存在太多的竞争，因此都能够存活下去。

随着电脑市场的逐渐成熟，联想等大品牌+厂商的崛起，市场竞争越来越激烈，品牌电脑的生意就开始难做了。到了2001年，由于整个电脑行业不景气，电脑公司的生存压力越来越大。联想、TCL等大品牌纷纷大幅度降价，使电脑整机的利润越来越低，挤压了中小品牌和兼容机的市场和利润空间。现在，兼容机基本上消失了，中小品牌受到大品牌的冲击，销售量也越来越低。有些电脑厂商拼到最后就会熬不下去，以倒闭告终。

现在纯做品牌电脑的企业都过得十分艰难，在私营企业的中小品牌中，除了八亿时空等个别厂商目前做得还不错外，也就是像柏安这样具有政府背景的企业还可能有些出路，其他的就没有什么可依靠的了。

**三、热闹的评选成了鸡肋**

中关村作为中国IT业的制高点，其特殊地位使“10大电脑品牌”的影响遍布全国，影响力日益增强。随着一年一度的中关村电脑节在国内外影响的进一步扩大，“10大知名电脑品牌调查”活动的结果不仅代表中关村的发展，更反映出中国高新技术产业的面貌。

如此说来，大多数电脑公司应该很重视电脑品牌的评选活动，积极地参加10大电脑品牌的评比，但许多电脑企业对10大品牌的评比多少有些冷淡。在北京城乡贸易中心电脑广场、海龙大厦等电脑卖场，几个品牌电脑的销售人员，获奖一次就已经有了宣传的资本，所以没有必要再参加后来的评比，再说，参加这种评比并非“免费的午餐，仅参评费就要两万元，对不少小品牌来说也是一笔不小的开支。某品牌电脑的销售人员还说，10大品牌电脑早已内定，消费者投票评选只是做做样子，这个消息在一定程度上也影响了一些企业参与评比的热情。看来，如何提高评选的透明度和权威性，将是中关村10大品牌评选活动应关注和重视的。

对电脑企业来讲，被评为10大品牌并不意味着一劳永逸，爱必得已经倒了，王子、科海、科电在市场上也难觅踪

## 记　事

**6月26日**

1991 泰山、黄山获《世界遗产名录》证书。

轻工产品实行优质优价：获国家金质奖的可加价15%，获银质奖的可加价10%。

**6月27日**

2000 国家工商局组织开展假冒汽车配件专项整治行动。

1994 1993年百强地市邮电局位次排出。

**6月28日**

2002 上海大众累计生产轿车200万辆。

1995 中国焙烤食品糖制品工业协会在穗成立。

1994 第五届全国外商投资先进企业表彰大会在京举行。

《全国人大常委会关于惩治侵犯著作权的犯罪的决定》发布。

1993 国务院修改《中华人民共和国自然科学奖励条例》、《中华人民共和国发明奖励条例》和《中华人民共和国科学技术进步奖励条例》。

1991 北京包装资料馆开馆。

---

迹。看来，不断提高自己的产品质量，完善自己的售后服务，比单纯拿个10大品牌的头衔重要得多。

四、历届中关村电脑节“国产10大品牌电脑”一览

**1998年**　首届中关村电脑节“10大知名品牌电脑”：方正、联想、四通、清华同方、科海、柏安、恒基、科电、爱必得、国合。

**1999年**　第2届中关村电脑节“消费者最喜爱10大国产品牌电脑”：联想、方正、金长城、同创、实达、清华同方、海信、海尔、国合、王子。

**2000年**　第3届中关村电脑节“消费者最喜爱的10大国产品牌电脑”：方正、联想、金长城、国合、清华同方、海信、实达、可为、海尔、TCL。

**2001年**　第4届中关村电脑节“十大知名度品牌电脑”：联想、方正、海尔、清华同方、金长城、TCL、实达、ACER宏碁、沐泽、国合。

（杨　华　邢译天）

# 网络品牌及其运作

在因特网时代，企业不仅要树立传统意义上的品牌形象，更要有自己的网上品牌形象。在因特网领域，品牌是企业进行电子商务和参与网上竞争的保证。

一、因特网时代的品牌理念

《电脑世界》杂志主编P. 吉林说：“对传统零售业，成功的条件是地段、地段、地段；而对网络零售业而言则是品牌、品牌、品牌”。因特网时代顾客光临网站仅在一键之差，远比现实世界方便。要使顾客坚定地光顾自己的网站，理由只有一个，那就是“品牌”。为了树立第1品牌的地位，Amazon. com早在1998年即已斥资5000万美元进行品牌营销。Amazon. com每赚1美元，便有0. 36美元用于广告，而传统企业仅用0. 04美元。

1. 网络品牌构成。品牌特征是词语、形象、思想和相关事物组成的框架，这个框架的具体表现，就构成了品牌的整体。在因特网领域，品牌同样可以由品牌名称、品牌图案和品牌附属内容构成。这里的品牌名称就是域名或者是域名的主要部分，如yahoo. com、ibm. com、att. com、msn. com等。网络品牌名称可以和传统品牌名称一致，但是很多企业的传统品牌比较复杂而不利于在网上表现，因此网络品牌就使用了新的形式，如AT & T在网上就变成了att. com。还有的纯粹是网上企业或者是企业开设的独立的网上公司，他们的网络品牌就比较独特了，如Compaq开设的AltaVista，还有eBay、CDNow等。从因特网诞生至今的30年里，已经出现了不计其数的域名，其中大部分是商业性域名在因特网上也是品牌林立，竞争之激烈毫不逊于传统商业市场。为了在电子商务环境里建立企业的竞争优势，网上公司无不费尽心机，力图创立强有力的品牌。人们说，在因特网上只有前3名，第3就没有地位了。话虽然有点极端，但是因特网上品牌竞争的激烈可见一斑。

2. 网络品牌命名。品牌命名是创立品牌的第一步。在传统领域声名显赫的企业往往可以直接借用原有的品牌，原有品牌由于各种原因不便直接使用的话，可以考虑使用简捷的缩写，anderson consulting（安达信顾问公司）的域名是www. ac. com，merrill lynch（美林证券公司）的域名成了www. ml. com，而惠普公司在网上的域名www. hp. com影响力不减。大量以因特网业务为主业的公司命名了全新的品牌，它们带有因特网时代的高科技前卫特色。yahoo!是因特网上最富传奇色彩的品牌，名称取自一句短语：yet another hierarchical officious oracle（又一个颇有影响的、乐于助人的圣贤）。“美国在线（america online）”的网上品牌AOL直观而响亮，目前，在网上的知名度居首；“网景”

netscape 的命名则相当 e 化了；infoseek 和 compuserve 也充满着信息时代的气息。amazon. com 被看作是电子商务的代表，其品牌以世界上最大河流之一的亚马逊命名，以其流域宽广来寓意网上公司的业务前景，气势宏大。现在因特网的服务商越来越认识到创立一个品牌是获得利润的关键，而一个知名品牌的价值无疑是巨大的。

3. 网络品牌的视觉形象。一个品牌不仅仅要有一个响亮的品牌名称，还要有亮丽的视觉形象。以视觉冲击为特征的美国式 CI 从 20 世纪 50 年代以来成为世界上大小企业效仿的对象。当然，离开了美国特有的市场背景，这种效仿并不能取得满意结果。但是，企业因此注重自身的视觉形象使得品牌形象进一步突出，使品牌竞争提高了一个层次。网络品牌的视觉形象包括了传统品牌的标志设计和专用造型，还有独特的主页设计风格。网络品牌的标志设计不单使用了强烈的色彩对比，还广泛应用了多媒体技术。如三维技术、动画技术，在表现空间上更加广阔，品牌的形象传播手段更为有力。主页的设计风格也是网络品牌的一种体现，有些网站的标志设计比较简单，但是其网页设计有独特风格，访问者印象十分深刻，也起到了品牌效果。另外，在设计技巧上，网络品牌带有强烈的数字时代特征。体现数字时代精神的快节奏使网络品牌标志的风格简练、视觉冲击强烈，使信息传递效率成倍提高。

二、网络品牌的价值

网络品牌的出现是近几年的事，尚没有机构对此进行全面的评估，我们可以从网络品牌的几个方面进行观察。

1. 网络品牌的创建成本。在网络企业的运作中，巨大的投资其实都花在了品牌方面。网络企业在过去的几年里已经花费了风险投资商数以亿计的资金。花钱速度之快，令人吃惊，国人以“烧钱”来形容之，真是贴切不过。在这些被“烧”的钱中，在部分用于争取用户的免费加入和使用上，为此 dot - com 企业在媒体上进行了大规模的宣传活动。国内的北京、上海和广州等城市到处可以看到带有 dot - com 标记或内容的公交车、巨大的户外广告，甚至在上海的地铁月台地面上也有 chinahr. com 的品牌标志，真是躲也躲不过。这种宣传造就了一批广为人知的网络品牌。

从会计角度看，依据原始记录，按原始成本进行评估网络品牌的价值是可行的。现在 dot - com 公司已经通过巨额广告开支造就了一批强有力的网络品牌。

2. 网络品牌的市场价值。评价网络品牌的价值当然还要看其美誉度。一个被众多消费者看好和认可的品牌肯定是具有市场价值的。从因特网概念的股票上市后的表现可见一斑。yahoo! 的股价曾经直逼 100 美元，上市以来大涨了 23 倍，老牌的 AOL 以 103 美元的价格成交，AT&T 的股价也有 43 美元，积极涉足因特网业务的 disney 也值每股 26 美元，传奇的 amazon. com，尽管每年仍然亏损，但是公众显然对其品牌充满了信心，在 1998 年 11 月 30 日因特网股票暴跌后依然以 209 美元的高价成交，其市值已经高达 111 亿美元。

3. 网络品牌的收购成本。目前，因特网域名实行的是注册在先的原则，只要不能证明是恶意抢注，任何人交纳 70 美元就能将自己中意的名称注册为域名，全球因此出现了注册高潮。一些有意思的或是热门的域名均被注册，而绝大部分的侍所有者准备域名待机而估。有人把这形容为俄克拉荷马圈地运动的再现。当某人准备将自己选定的名称去注册时，发现已经被人捷足先登，如果不愿割爱的话，只能去和别人商议转让了。在美国已经出现了专门的域名拍卖业务，成交价格高低不等。1 名 20 出头的年轻企业主将其域名 drugs. com 拍卖出了 82 万美元的高价。简短而易记的域名一直价值不菲。wallstreet. com 和 linux. com 都以超过 100 万美元的天价转手，altaVista. com 域名被康柏公司以 350 万美元买走。有趣的是，每个域名当初的注册成本均只有区区 70 美元。按照国际会计标准委员会的定义，收购的品牌可以按收购价格核算。因此，在市场上进行交易的网络品牌的交

## 记　事

### 6月29日

2002　《科普法》发布。

2000　中国金融认证中心正式运行。

1994　国家工商局发布《商标代理组织管理暂行办法》。

中国物资流通百强县新闻发布暨经验交流会在江苏仪征市召开。

1993　中华见义勇为基金会在京成立。

深圳市物业管理协会成立。

"中国大中型工业企业技术开发实力百强企业"在京发布。

1991　机电部颁发《电子工业优质产品管理办法》及《电子工业优质产品评审实施细则》。

《中华人民共和国烟草专卖法》通过。

### 6月30日

1999　美国《商业周刊》杂志评出"亚洲50位风云人物",张瑞敏入选。

1998　《关于确定首批全国文明风景旅游区示范点的通知》发出。

易成本应该可以构成其价值的一部分。

显然，在捷足先登的因特网领域，品牌意味着市场地位、市场份额和生存机会、丰厚的市场利润。域名被抢注等于是为他人做嫁衣裳，意味着市场机会的失去。因此，不管是网上企业还是未进入因特网的企业，都应该重视网络品牌。据不完全统计，被抢注的中国著名企业品牌域名已多达400多个，在中央电视台做过广告的所有企业中，仅有5家企业的域名在因特网上未被抢注域名。

三、网络品牌的营销策略

1. 网络品牌传播策略。网络品牌的传播以在网上进行，也可以离线宣传，品牌拥有者使用了一切手段来保证自己的品牌最大可能地扩大影响，建立品牌知名度。现在，一流的大公司在离线广告时已经习惯在画面上标上自己的网址，以 www. xxx. com 形式出现的网络品牌已经称为当今商业社会身份的象征。yahoo! 在1999年的目标是进入门户站点从未涉足过的领域：电话、电视、寻呼、掌上记事本等等，yahoo! 的动感网页要无处不在。现在，yahoo! 的名字几乎爬上了每一处可能的平面，1996年的一条广告语 Do You Yahoo! 使公司迅速地建立起自己的形象。

进行品牌网上传播可以有很多方法，在搜索引擎登录是最基本的，也可以在各个论坛及BBS上发布自己网站的消息。新闻组注册杂志一直是信息传播范围的重要媒体之一。广告交换也是目前普遍采用的一种推广站点的方法。许多网站提供了1:1的广告交换系统的登录功能，友情链接登录网络是人与人交流的新渠道。如果网站的访问人数达到一定水平，可能会登上一些排行榜，这样你的网络品牌的传播就更加广泛了。

公共关系是品牌传播的有效手段。在传统领域的品牌传播策略中已经大量使用了公共关系。良好的公共关系也是创建网络品牌的关键。因特网上的公共关系涉及的对象有网站的访问者、企业的合作伙伴、行业协会等等。通过信息资源共建的方式，企业间的良好合作关系将使彼此得到更多的利益，同时为客户提供了一种综合性的服务。网站的交互能力是维系品牌忠诚度的基础。与客户间及时有效的沟通是提高品牌生命力，维系品牌忠诚度的重要环节。因特网网站的交互特性为市场营销

## 品牌巡礼

# 中国十大IT企业

是否具有自己独特的，适合员工工作的公司文化；是否重视人才的培训与个人发展和发挥；是否有极大的发展空间、发展前景和高回报；企业是否够一定规模；对人才是否非常需求。

为了寻求最受雇员欢迎的中国IT企业，近期，eNet硅谷动力特地邀来了浩竹猎头公司，以他们的经验和专家级的眼光对中国IT企业做出一番遴选。

**联想：**

联想在十几年的发展时间中，成功地塑造出"联想"这一家喻户晓的品牌。之所以这么受欢迎，完全归功于它的企业文化。联想控股董事长柳传志是一个非常重视内部人才培训的领导人，郭为从"拉车门"到目前的掌管整个神州数码，很大程度上得助于"唯才是用"的企业氛围。在联想，如果能力出众，机会很多。联想还非常重视内部人力资源的开发，极少通过猎头公司来寻找需要的人才，在这种企业氛围里，职位竞争是非常激烈，谁都想且谁都有机会脱颖而出。虽然现在的PC低潮影响了联想的盈

中的交流和沟通提供了方便有效的手段。一方面，客户可以通过在线方式直接将意见、建议反馈给经营者，另一方面，经营者可以通过对客户意见的及时答复获得客户的好感和信任，从而增强客户对品牌的忠诚度。

2. 品牌立体化策略。在传统领域，实行多品牌战略是现代企业进行市场竞争的重要手段，面对消费者不断变化的需求，企业不得不尽量使自己的产品和服务诉求多样化，实行多品牌制度是必然的选择。

把品牌引向三维立体空间的是多媒体技术。社会的进步，富裕、机会、接受知识把人们推进到体验时代，以提高产品和服务需求来联系消费者是一种更有效的方法，音乐和音响是发展和革新企业识别和品牌识别计划的完整部分，已经成为激情的体验时代中全球性的语言，在与消费者的联系和沟通中发挥着积极的作用。英特尔公司专门为“奔腾”产品设计一个音响品牌，授权使用“奔腾”CPU的计算机厂商可以在其电视广告中使用，当我们在观看联想、金长城等广告时，随着intel inside标志的出现，耳边就会响起那段熟悉的旋律。多媒体技术的发展，使品牌在表现上不再局限在平面，过程性品牌形象开始被广泛应用。如电视广告中出现了活动型的品牌标志，其构成在屏幕上进行了分解，最终合而为一，形成特别的视觉效果。品牌的这种现象实际上使品牌扩展在纵向和横向之后形成了立体化。在因特网上，过程性品牌是相当普遍的，如www.sohu.com的主页上就有一只红狐，不停地在摆动着尾巴；Netscape则用色彩明暗的变化来反映，还有一个网站以一只小鸡出壳的过程作为其网上品牌使用。虽然这种过程性品牌在法律上还没有定论，但是在商业社会尤其是因特网领域的广泛应用，使其成为一种新型品牌的现实不容否定。

3. 网络品牌兼并策略。这种趋势是因特网竞争激烈造成的，为了抢占市场份额，按照常规的市场扩张手段无疑速度缓慢，最直接的方法就是兼并其他公司，把对方的市场份额直接纳入自己的范围，同时又消除了竞争对手。1998年11月，美国在线（AOL）以近50亿美元的金额收购网景公司（netscape），标志着网络业的重组开始。1998年底，在网络搜索公司excite曾以2.26亿美元并购了4家公司。时过半年，exite就被

利与在股市上的表现，但联想与AOL的合作，收购汉普等大动作还是为联想赢得了股市分析师的好感。当然，也赢得了网民的好评。

**华为：**

华为是中国电信制造业的一面旗帜，现在已成为中国“巨大中华”（吴基传语）的龙头老大。在最新出炉的“中国（内地）私营企业纳税50强”中，华为一鸣惊人，一年共纳税9.9亿元，荣登私营企业纳税百强的冠军宝座。从2002年财表来看，华为的盈利能力强于联想。联想在284亿的营业收入里，有10亿的利润。而华为在152亿的营业收入里，有29亿的利润。华为地处深圳，是一个非常注重研发的企业，重视员工的培训。最为典型的是，华为花大价钱请国外著名的咨询公司给自己找“问题”，并为培训华为员工，这一点恐怕也是所有雇员最为盼望的事情。

**亚信：**

亚信是美国纳斯达克的上市公司，是为数不多中国概念股里面表现较好的企业。在国际化发展与资本运作上的经验很强，有着极强的融资能力和发展后劲。亚信的关键之处在于非常稳定，CEO丁健的领导风格非常稳健，管理团队很强，这对一个企业的可持续性发展来说，是至关重要的，这样的管理团队当然也对高素质人才有着十分强大的吸引力。亚信的盈利模式与主营业务在产业形态中也是非常好的，在未来有很大的发展空间。

**中兴：**

中兴有一个很大的特点就是拥有自主知识产权，技术与研发能力都很

## 标　识

大西洋 ATLANTIC

自贡中国电焊条厂

龙都

四川龙都茶叶（集团）有限公司

新紀元

江西共青酒厂

网络公司@ home 以 67 亿美元的价格收购,成立 exite@ home 一跃网站。其交易金额曾创下当时互联网公司合并的记录。exite@ home 成为 yahoo 的主要竞争对手。而现在,yahoo 正计划出资 200 亿美元收购 exite@ home。来自 Webmergers. com 的一项调查显示,1999 年上半年中,因特网公司之间的并购总额达到 400 亿美元,比一年前的 15 亿美元增加了 22 倍。1999 年上半年被收购的因特网公司的总数为 169 家,平均每家公司的收购价格为 2 亿美元。其中,yahoo! 是并购大户,共以 105 亿美元收购了 5 家公司。通过同行业之间的并购,网络公司可以迅速获得自己发展需要的技术、产品,或是某一个新的市场领域,拥有一个新的业务范围。因特网公司的兼并实质上是一场品牌的兼并,通过兼并,品牌进行了重新组合,由于品牌的背后是可观的客户群,被兼并的品牌很少被雪藏,而是继续发挥着作用,形成品牌群体。品牌兼并实质上是一场市场争夺战,在未来的因特网领域,谁拥有强有力的品牌,谁将获得市场份额,并保持长久的竞争优势,立于不败之地。

4. 品牌变更策略。在市场中,由于各种原因,品牌经常会发生变更。造成变更的原因大致有这样几种:

(1)品牌经营不善,无法继续生存,不得不放弃原有品牌而改弦易辙。每年市场上会出现数以万计的新品牌,但是激烈的竞争使其中的绝大部分中途夭折,只有一小部分才能生存下来,品牌的寿命平均只有几个月。当品牌显露疲态,经营者最明智的决策就是终止品牌的经营而变更新形象。

(2)拓展新的经营领域。原有的品牌由于形象定位方面的原因而不适宜未来的发展,必须选择新的品牌。

(3)由于企业兼并等原因而变更。在企业发生兼并、市场进行重组时,原有品牌的市场价值也发生了变化,代之以新品牌或者会被兼并者的品牌取而代之。

(4)为了适应消费者不断变化的需求而需要不断地更新形象。原有的品牌常常会被经营者变换,较多情况下是改变品牌形象,如视觉的表现方式,但是当消费者由于时代的变迁而在行为方面发生了较大变化时,完全改变品牌就不可避免了。因特网上的服务竞争使得网络服务商改变网站内容非常频繁,有的是改变形象的"改版",而有的时候就

强。比如,在 CDMA 技术的研发能力,是国内数一数二的。在国际精力与金融业务上的良好表现,也给中兴增加了不少的砝码。中兴目前所面临的问题是体制的变革,需要能帮助体制成功改制的人才,人才缺口比较大。如果调整得当,将更上一层楼。这对于"千里马"们来说,不正是一个机会么?

**用友:**

用友是软件业的一面旗帜,在财务软件上取得极大的市场份额,目前正转向管理软件领域。在 ERP, CRM 市场的占有率对于国内厂商来说,已经领先。用友在上市融了近 9 亿的现金,并在上市后进行了一系列的收购。比如,收购开思软件等。最近,用友又花 500 万年薪请来了前宏道资讯北亚区总裁何经华任 CEO。这一系列的运作,都说明用友的管理层运作已趋于国际化。

**东软:**

东软是在走向国际化企业中走得最为成功的中国软件企业,一句"软件是一种态度"让市场回味不少。虽然地处东北,但这并不影响东软成为系统集成、电信解决方案等市场的老大地位。东软的发展速度奇快,也成就了一大批的人才。内部的工作环境也很不错,设施齐全,体现了东软对待员工的一种"态度"。更重要的是,如果东软的员工想出来创业,东软还予以资金、政策上等各方面的支持,光是这点,就以足够吸引一大批人才前去。

**海尔:**

名牌战略和国际化战略使得海尔成就了年收入 600 亿的"中国 GE",各种海尔管理经验更是充斥人们的

## 记　事

### 6月30日

1995

机床工具行业 54 家企业发表"质量保证声明"。

1994

1994 年度 500 家最大服务企业名单发布。

### 6　月

2002

平安保险推出 100 元钱就可将一年航空意外险全部买断的险种。

全聚德研制出"微电脑烤鸭炉"。

海信并购雪花。"雪花"作为冰箱老字号制造出中国第一台电冰箱,在 20 世纪 80 年代是中国电冰箱业的"老大哥"。

三元乳业兼并上海全佳,占上海市场 10% 的份额。

2001

PT 水仙成为中国证券市场第一家被摘牌的公司。

海信携手荣事达,全面进军白色家电领域。

中国分销企业高峰论坛在京举办。

微波炉市场短兵相接,美的、LG"内外夹攻"格兰仕。

古井贡酒公司拍卖独家经销权。

要完全改变地“改版”——连网址也一并更换。all apartments 公司两年前开始在线业务，为美国人提供公寓出租信息。1999 年，这家公司改了名字为 spring street，同时公司改变了它的商务模式。经营方式发生大变，令人耳目一新。

中国第 1 家自主的搜索引擎“搜狐”，最初的域名品牌为爱特信 www. itc. com，接着改名 www. sohoo. com，不久又以一个更加简洁的顶级域名 www. sohu. com 取而代之。显然，为了使自己的公司能够在网络中占有主要位置，对品牌作必要的调整是十分必需和迫切的。有网站在一再更名后由于原有的域名依旧保留，就黹成了多个镜像站点，使用任意一个域名都能进入同一个网站，这样企业也拥有了多个网上品牌。

5. 品牌合作策略。在因特网领域，为了取得竞争的优势，和其他网站进行战略性合作的做法相当流行。几家合作网站可以共享品牌，原先的客户可以自然地进入合作网站进行访问，品牌知名度可以快速地扩张。战略合作使竞争对手明显减少，合作各方可以共享市场，有利于业务的发展。美国在线和 ebay 在 1999 年 12 月推出了 4 个使用共同品牌的互联网网站，全都基于两家企业在早先成功发布的那个共同品牌的拍卖网站。aol. com、compuserve、icq 和 digital city 的用户将可以访问 ebay 网站，并直接参与因特网上最活跃交易社区的拍卖活动，这些服务项目，将把 e-bay 网站的拍卖功能和自己的导航帮助结合起来。1999 年 3 月，美国在线和 ebay 宣布签署了一份为期四年的战略性联盟协议，旨在扩大美国在线下属互联网资产上的个人交易，并加大社区建设力度。同年 8 月，两家企业又发布了一个使用共同品牌的网站，使美国在线拥有的 1900 多万用户能够更方便地进入 ebay 的拍卖市场。美国在线交互式营销部总裁 myer berlow 在一份声明中表示：“通过这些新成立的共同品牌网站，aol. com、compuserve、icq 和 digital city 的用户将可以更容易地进入电脑空间中规模最大的直接交易社区。美国在线的用户已经开始享受 aol - ebay 共同品牌网站所带来的便利。现在，我们其他品牌服务的用户也将可以享受到这种便利。”

**四、网络品牌的社会影响**

1. 对传统品牌发展的影响。英特

视野，海尔已经形成了自己独特的强劲的企业文化。为了培养人才，海尔专门成立了“海尔大学”，并且提出了“人人是人才，赛马不相马”，“你能翻多大跟头给你搭多大舞台”的口号。海尔目标是培养出具备国际化素质和国际竞争力的人才，相信这已经足够吸引力了。

**海信：**

与海尔隔壁对望的兄弟，虽不及师兄那么大、那么有气魄，但也正青春蓬勃着，年收入近 160 亿就说明海信的 30 年发展成绩。“人才是本，技术是根，创新是魂”的经营理念为海信塑造了人本的企业文化，“为朝气蓬勃新一代的不断加盟而自豪”的标语吸引着一批批年轻人。

**TCL：**

从微软吴士宏、任健的加盟，到杨伟强、万明坚的成名，TCL 给公众树立了一个重视人才的形象。李东生说：“别人来挖你的人，你也是挡不住的。最重要的是你的人才战略、企业管理战略是不是能够做到吸引住人才”。现在，TCL 控制着 3 家上市公司，并且已经开始了国际化的道路，也有更多人才向 TCL 涌去，就像被一个磁场源源吸引。

**首信：**

曾为政府领导、吉通董事长的陆首群一手创办首信，开始就为首信带来了迷人色彩。如今的首信已经拥有着近 300 亿的年销售收入，名列中国电子百强前 10 名，是通信制造业的翘楚。首信以它优厚的福利吸引着众多人才，和清华、北大等名校共建的博士后流动站更是为首信留下了一些极其优秀的人才。 （红　红）

## 标　　识

常林股份有限公司

南京蚊香厂

武进柴油机厂

**记 事**

**6 月**

2001

格兰仕集团的空调产品在全国进行大促销，买一台新上市的不锈钢豪华空调再赠送价值2880元的镶钻石高档名表，在业内引起争议。

中国互联网公司“六月风暴”：新浪CEO王志东辞职，新浪网全球裁员15%；联想集团与美国在线AOL建立合资公司，各出资1亿美元，联想占股51%；网易高层变动。

国家计委公布《中国家用汽车发展纲要》。

联想启动风险投资公司。

海尔收购意大利一冰箱公司。

同仁堂开设中医院。

奥拓、夏利等低档轿车降价。

海尔空调（促销）降价，最多降1000元，突破“海尔不降价”概念。

青啤收购福建啤酒厂。

“陆强华事件”引发中国职业经理人话题及媒体的广泛关注和讨论。

长虹中期预警，康佳中期预亏，持续两年的彩电业价格战彩电企业效益滑坡。

北京燕莎友谊商城通过ISO14001国际认证（国内首绿色环保商城）。

2000

中国质量管理协会公布“1999年度全国质量效益型先进企业”名单。

尔公司的总裁葛罗夫曾经说过，未来网络公司将要消失，因为，所有企业都会把业务搬到网上，这可能是企业今后的发展方向。因此，未来的企业品牌将会完成向网络品牌的过渡。这并不是表示传统品牌会在以后消失，而是指传统品牌将在今后逐步发生转变，从而具有更加浓烈的网络特征，以适应网络表现和使用。

2. 对品牌国际化的影响。随着中国入世，国内企业都面临着来自国际的冲击，但是，同时也是国内企业走向世界的绝好时机。网络品牌将在世界范围进行传播，只要连接因特网，就可以获得品牌信息。网络品牌的出现对国内品牌的国际化过程会产生深远的意义，带动国内企业积极地参与国际竞争。

（强 强）

# 网上名牌与网下名牌要尽早统一

因特网技术的迅速发展改变了企业所处的科技、市场、社会等环境，而且将对企业的未来发展产生深刻的影响。面对如此巨大的变革，传统企业必须调整、革新战略思路、经营模式、管理理念与方法，利用因特网更好地发展自己。实现网上名牌与网下名牌的统一就是其中的一个重要内容。

**一、网上名牌与网下名牌统一的必要性与紧迫性**

1. 网上网下名牌的统一是保护和发展名牌的迫切要求。随着网络经济在世界经济发展中的作用愈益增大，域名所蕴含的巨大商机被越来越多的企业、个人所认识，抢注他人字号、商标作为域名的现象愈演愈烈。国内外不少知名企业的字号、驰名商标被恶意抢注，从而不能以自己的字号、商标为域名进入因特网从事商务活动，既给企业商务活动带来很大不便，又导致名牌的无形资产大量流失，而且，时刻面临着商誉受损的风险。如果企业域名很著名，但企业字号、商标名称与域名不相同且不知名，则域名的名牌效应在网下得不到利用和发展。把网上网下名牌统一起来，上述问题就迎刃而解，企业名牌就能得到很好的网上网下保护和发展。尤其是由因特网的全球性所决定，企业名牌能以前所未有的速度发展为全球性名牌。

2. 网上网下名牌的统一是吸引顾客的需要。企业无论是在网上还是在网下，是否创成了名牌的一个非常重要的衡量标准是顾客的绝对人数及回头客所占的比重。如果企业的网上域名就是家喻户晓的网下知名企业字号、商标名称、就可以充分利用其原有的名气、名声及客户基础，从而在短期内迅速吸引大批顾客上网访问。如果企业网下的字号、商标名称就是著名的域名，企业同样可以充分利用其网上的名牌效应，吸引大批网民光顾网下实体。因而，网上网下名牌的统一，能使企业网下实体与网上虚拟体的顾客都能以前所未有的规模迅速增加。

3. 网上网下名牌的统一是减少网上创名牌成本的需要。无论是网上名牌还是网下名牌，它的一个重要表征是知名度。为提高企业的网上知名度，必须花钱宣传自己的网址、域名。如果企业宣传的网址、域名与网下的名牌毫不相干的话，一方面要投入的资金将非常多，另一方面这种宣传投入对网下名牌毫无裨益，即使网上创名牌成本高居不下，在某种意义上又浪费了资金。如果把域名与网下名牌的名称统一起来，就能既在宣传域名的同时宣传了网下名牌，使宣传投入产生一石两鸟的作用，又能使企业用较少的资金投入就能提高企业的网上知名度，从而减少网上创名牌成本。

4. 网上网下名牌的统一是优势互补的需要。企业的网下名牌往往主要是在产品的功能性利益方面做得很出色，辅之以积极有效的宣传赢得消费者的。而企业的网上名牌则主要是通过向消费者提供流程上的利益和关系上的利益的满足而赢得消费者的。随着市场竞争的加剧、科技的进步及消费者个性化需求的增强，企业光靠产品功能性利益方面的独树一帜就难以成为名牌了，必须想方设法向消费者提供包括功能性利益、流程上的利益、关系上的利益在内的更多的好处，才能更深入地满足顾客需求，提高品牌忠诚度。这就需要网上网下名牌有机统一。

5. 网上网下名牌的统一是更好地发展网上业务的需要。如果知名企业字号、商标名称与域名毫无关系，企业为了对网站进行广告与公关宣传，需要投入庞大的精力和费用，某些企业的广告宣传费甚至占其销售额的一半。并且网站往往要以比实体企业低的价格提供产品、服务，才能吸引网上公众访问、购买。在这种低价竞争及巨额宣传费用、巨大的精力耗费的负面影响下，许多企业的网上业务发展计划不得不搁浅。网上网下名牌的统一，能大幅度降低宣传费用，减少耗费在宣传上的精力，使企业能抽出更多的资金、精力发展网上业务。

6. 网上网下名牌的统一是保持企业形象一致性的需要。市场竞争已处于形象竞争阶段。企业形象网上网下的一致性有利于社会公众识别、记忆、忠诚企业，更有利于增强企业整体竞争实力。名牌是优秀企业形象的核心和标志，网上网下名牌的统一基本上就实现了网上网下企业形象的一致性。如果网上网下名牌是分隔的，不管企业形象的其他要素多么一致，也不可能真正保持与真实世界中企业形象一致网上企业形象。

## 二、网上名牌与网下名牌统一的可能性

1. 网上网下名牌赖以和产生的传统实物市场与网络虚拟市场有着内在的紧密联系。网下名牌是在实物市场竞争中脱颖而出、得到实物市场消费者认可的名牌产品、名牌服务、名牌商标和名牌商号的总称；网上名牌则是在虚拟市场竞争中脱颖而出、得到虚拟市场网民认可的著名域名、名牌服务和名牌信息产品的总称。而实物市场与虚拟市场是一个市场的两个有机组成部分，虚拟市场以实物市场为依托，实物市场必然向虚拟市场延伸和渗透。这就为网上网下名牌的统一提供了市场基础。

2. 传统企业因特网化、网络企业开展传统业务是大势所趋。传统企业因特网化既是因特网技术发展的必然结果，也是国民经济信息化及企业生存发展的必然要求。对于传统企业来说，效益是一切，在网上的投资一定会和自己的现实业务紧密结合，选择合适的网上业务组织形式，绝不会完全抛弃传统业务。海尔、春兰在构建自己的电子商务系统，但从根本上说，还是“业务为体，网张为用”。同时，网络企业正在逐步涉足、补充传统业务。无论是 B2B 还是 B2C 电子商务公司，都在构筑自己的物流配送系统。网络企业的旗手 AOL 与时代华纳的合并表明，网络企业向传统实体业务渗透的时代已经来临。名牌的依托与脚点是业务，依上述分析我们可以得出结论：网上网下名牌统一的载体基础客观存在。

3. 网上网下名牌的内在特征、成长过程和最终目的相同。网上网下名牌的内在特征都是质量优异、文化附加值较高，只不过网上名牌更多地表现为服务质量优异，网下第一、二产业名牌更多地表现为产品质量优异，第三产业名牌主要是服务质量优异而已。网上网下名牌的成长都要经历知名度阶段、美誉度阶段、忠诚度阶段，最终目的都是提高企业整体素质和竞争力。只不过网上名牌更注重国际竞争力的提高。

4. 网上网下名牌统一的技术条件基本具备。一方面，对英语国家来说，中

## 标　　识

广东美雅集团股份有限公司

苏州黑猫清洗机械厂

记 事

7月1日

1999 1999年全国优秀高校自然科学学报及教育部优秀科技期刊评比发布。

1997 《人民日报》首次印制出版丝绸报。

1994 中国船级社享受国际保险组织优惠条款。

1993 国家工商局正式受理服务商标注册申请。

1991 获国家金、银质奖，部、省优质奖的轻工产品开始实行优质优价。

1979 全国人大通过《中华人民共和国中外合资经营企业法》。

7月2日

2002 上海名牌产品100强张榜。

2000 首届中国民族服装服饰博览会开幕。

1993 《中华人民共和国科学技术进步法》颁布。

国企业的域名和企业字号、商标名称等的英文译名一致，消费者都能看懂。对国内来说，我国企业用企业字号、商标名称的汉语拼音形式注册国际顶级域名和中国级域名，消费者能自然接受。另一方面，3721网站已开发出中文网址服务系统，CNNIC已开始了中文域名系统的试运营。企业只需提醒消费者根据网下名牌名称在网上找它就行了。对于域名已被抢注的国内知名企业来说，借助中文域名或中文网址服务完全可能把网上网下名牌统一起来。

三、网上名牌与网下名牌统一的实现途径

1. 树立名牌系统观念，强化名牌整合意识。网络经济条件下，企业名牌系统由网上名牌子系统和网下名牌子系统构成，二者相互联系，相互促进，相互制约，是一个有机整体，不可割裂开来。按系统论的观点，整体大于部分之和。企业名牌的效应不是网上网下名牌效应简单相加之和，而是通过网上网下名牌的有机统一，获得远远大于网上网下名牌效应简单相加之和的效果。企业经营管理活动就是要追求这种放大效应。同时，外部环境对企业名牌系统会产生影响，企业名牌系统也会影响外部环境，而且名牌系统是由多个相互联系相互作用的若干要素构成的整体，因而网上网下名牌统一的实现，需要多方协作，措施配套，需要长期不懈努力，不会一蹴而就。企业领导者一定要用系统的观点来对待网上网下名牌统一问题，强化二者的整合，取得整体效应。

2. 制定网下网上统一的名牌战略规划。规划是行动的指南及所要达到的结果，所有行动都是围绕规划进行的。要实现网上网下名牌的统一，首先就要在规划上予以保证。因而，制定网上网下统一的名牌战略规划，对实现网上网下名牌的统一具有纲领性的指导意义。企业领导者要在战略思维上面向实物与虚拟两个市场，从全球角度考虑企业名牌战略问题。要进行认真细致的网上网下调查，了解两个市场的顾客需求、特点、竞争对手及自身实力，扬长避短，发挥优势，抓准独具特色的产品或服务，作为名牌培养对象。名牌战略的目标、重点、措施都要注意网上网下的统一，要把网上名牌的创建活动视为网下名牌在网上的延伸、扩张过程，把网下名牌视为网上名牌的依托和坚强后盾。为保证规划的科学性、合理性，要聘请外部专家一道来论证、编制，从而集思广益，使网上网下名牌在一个高起点上统一。

3. 建立适应网上网下名牌统一的组织机制。企业选择与革新组织机制一般基于两个方面的考虑：一是企业的外部环境，二是企业的内部要素。在因特网技术革命的推动下，企业的科技、市场环境都发生了突破性的变化，企业内部的战略规划、技术基础、业务结构等都将发生变革，因而选择新的组织机制势在必行。网上网下名牌统一主要就是企业战略适应外部市场环境变化做出的一种调整。它要求企业形成一种既扩大各部门自主权，又增强总部调控能力的组织机制。在这种机制下，传统实体部门和网上虚拟部门都能自主采取行动，根据环境变化迅速做出反应，同时又能主动协作，确保总部名牌战略的统一部署在各自部门得到充分贯彻执行，保证网上网下名牌的整体性。要做到这一点，既需要提高企业领导者的自身素质，善于运用各种领导艺术；也需要进行广泛的宣传、细致的思想政治工作、有效的民主管理，以此取得各部门及绝大多数员工的支持和配合。

4. 把企业字号或商标名称与域名统一。网下名牌就是著名的企业字号和商标名称，网上名牌主要就是著名域名。实现网上网下名牌统一，最直接的途径就是把知名企业字号或商标名称与域名统一起来。这在英语国家很容易做到，但在中国就有一定的难度。因为域名一般是以英文或其缩写形式表示，中国大众消费者英语水平普遍较低，很多人并不清楚英文域名所表示的含义是什么。因而，中国知名企业除了要把企业字号或商标名称的英文译名或其缩写注册为域名外，一定还要把企业字号或商标名称的汉语拼音注册为国际顶级域名和中国级域名，及直接用中文注册域名。如果企业字号或商标名称并不知名且与域名不一致，但域名著名，则应把域名注册为商标并作为企业字号。

5. 积极应用和完善网上网下名牌统一的技术手段。中国知名企业除了尽快把企业字号、商标名称以英文和汉语拼音的全称及简称注册为域名外，还要积极应用 CNNIC 开发的中文域名系统，或 3721 网站开发的中文网址服务系统。这样用户就可以通过输入中文域名登录，或通过直接输入企业名或商标名到达相应企业的主页或商标所在的深层页面，这就较好地解决了网上网下名牌统一的技术难题。由于中文域名系统和中文网址服务系统都是新开发的解决方案，还有许多不足之处，需要有关软件开发企业及企业用户共同研究、修正和完善，从而形成更容易、更方便、更先进的技术手段实现网上网下名牌的统一。

6. 实体业务与网络业务融合，为网上网下名牌的统一奠定本源。名牌是企业从事业务活动过程中产生的，又推动业务活动量的扩张与质的改善。业务是名牌的本源，离开了业务这张“皮”，名牌这块“毛”无处依附。从这种意义上说，实体业务与网络业务的融合，是网上网下名牌统一的本源。因而要努力实现两种业务的融合。①企业要把传统业务延伸到网上去，充分利用传统资源发展网上业务。②采取兼并、收购、合作等手段，使传统企业控制、参股、介入网络企业，及网络企业控制、参股、介入传统企业，实现实体业务与网络业务的渗透与互补。③推动中央集权式金字塔型组织机制向自主经营分权式扁平型组织机制转变，让各业务部门有较大的权限，能灵活、自主地经营，促进两种业务的协调发展。 (贺爱忠)



# 因特网上名牌的创立

随着因特网在中国的迅速发展，传统企业正越来越多、越来越快地“触网”。根据《中国互联网络发展状况统计报告》，仅在 CN 下注册的域名总数就从 1998 年 12 月底的不足 2 万个，增加到 2000 年 6 月底的近 10 万个；中国网民人数则从 1998 年 12 月底的 210 万增加到 2000 年 6 月底的 1690 万。这既给传统企业带来新的商机，又使传统企业面临新的威胁。传统企业要在虚拟空间市场取胜，争创网上名牌是至关重要的选择。

**一、域名——顾客认知名牌企业的桥梁**

域名是接入互联网络的单位在网络上的名称。由英文字母或阿拉伯数字及连词号等字符组合而成。最初的功能是连接到因特网上的计算机的地址。随着因特网的迅速发展和商业化运作，域名被广泛地用作一种商业标识符号，成为发展电子商务的基本手段，并具有了在因特网上代表企业形象和商誉的功能。在网上，顾客是通过域名认知企业、进入企业网站的。因而，重视域名，及时注册域名，大力宣传域名，是网上创名牌的重要之举。

1. 增强域名意识。域名是企业和经营者进入因特网的“身份证”，只有通过域名才能在网上发布或接收信息，从事电子商务等活动。由于域名数量有限，又不能重复，按申请在先的原则注册，所以，一个域名一旦注册，任何企业或机构就无权再注册这个域名。域名的惟一性决定了它和商标一样，是企业的宝贵资源，并且域名具有比商标更强的惟一性。同一商标可在不同类别的商品、服务上使用，但完全相同的域名只能有一个。一个没有域名的企业在全球一体化的国际竞争环境中，在电子商务成为市场商务活动主流的时代里，必然寸步难行、后患无穷。因而，企业至少应把域名放在与商

## 记 事

**7月2日**

1992 五粮液酒在意大利波伦亚国际博览会上荣得惟一金奖。五粮液酒共获得8次国际金奖，19块国际金牌。

**7月3日**

2000 外经贸公布1999年中国进出口额最大的500家企业名单。

1997 国家烟草专卖局公布《中华人民共和国烟草专卖法实施条例》。

1995 宝山钢铁(集团)公司获日本JIS标准认可证书(国内首家)。

1992 国家物价局、财政部下发《关于商标注册费收费标准及其使用范围的通知》。

**7月4日**

2002 中国人类发展指数环境指标上海排名第一。
宝洁等品牌进入，中国保健品面临威胁。

2000 中国金融认证中心在京成立。

1997 香港企业界7人士出任北京商会名誉会长。

1993 广东华宝空调器厂成为空调器行业的排头兵。

标同等重要的位置。而目前中国许多著名企业和机构对域名持无所谓的态度，不少企业对因特网是怎么回事都不甚了解。针对这种状况，除了舆论界进一步加强有关域名的宣传报道外，政府更要加大推进企业上网的力度，把因特网知识作为职业经理资格认证考核的重要内容，促使经理人员重视学习、运用网络。企业领导者应自觉学习网络知识与技术，跟上科技发展的步伐。

2. 取一个响亮、好记的域名。域名本身是为了方便与记忆而出现的与互联网地址对应的符号，在网上代表企业形象和商誉。响亮、好记的域名有利于强化宣传效果，有利于强化顾客对企业的识别、记忆与认同，因而，好的域名是塑造网上名牌的第一步。要根据企业生产经营的特点、企业远景目标及网上目标市场的爱好和禁忌，取一个简短、易懂、好听、易记、方便输入、与标识相关联、与其他网址不相近似、不会产生负面影响的域名。如果是知名企业，宜直接以企业的字号、商标名称或标志性语言作为域名。

3. 及时注册域名。要注册一个域名非常容易，不需要进行实质性审批，注册费用低廉，有些域名注册后本身就是无价之宝，这就导致了域名抢注的发生。要夺回被抢注的域名需耗费大量的时间、精力和财力，有时甚至无法夺回，对企业尤其是著名企业的声誉和经济利益的损害是巨大的。由于注册不及时，世界企业500强中有一半的企业无法以自己使用的品牌作域名。目前，中国已上网的企业不到企业总数的1%。许多知名企业的域名被抢注，如红塔山、许继、五粮液、康佳、科龙等；不少知名企业的名称或品牌的域名未被注册，如清华同方、四川长虹、青岛啤酒、海南航空等。为避免无形资产的损失，为了抢占虚拟空间市场，中国企业必须尽早将企业域名注册上网。一般地讲，中国企业可以注册两种类型的域名。一是国际通用顶级域名，其格式为企业字号或商标名称.com，由国际域名管理机构INTERNIC负责受理。二是中国的通用域名，即企业字号或商标名称.com.cn格式，由中国互联网信息中心受理。此外，企业还可以申请.org和.net两类国际域名，它们分别表示一个机构或一个网络。跨国经营企业或有志于开展跨国经营的企业最好在尽量多的国家注册域名。由于中国大多数企业的市场都在国内，大多数名牌的价值也只有在国内市场才能得到最大的体现，因而，中国企业除注册英文译名域名外，还应注册汉语拼音域名，以方便普通的中国消费者。

4. 宣传域名。企业的产品包装、办公用品、名片、建筑物及设施上都要印企业域名；广告宣传、公关活动也必须突出域名，从而使域名广为人知。

### 二、网页——创立网上名牌的基础

网页是将企业的产品、服务、资源、组织、特点、宗旨、技术等制成多媒体信息形式，放在因特网上，供网上用户查询。它由主页、新闻稿档案、参考页面、服务页面、雇员页面、客户支持页面、市场调研页面、企业信息页面等组成，是网上企业的门户和最基本的标志。每个企业主页都有一个全球惟一的网址，全球用户只要通过联网计算机，键入这一网址，就能方便地随时了解这个企业的最新动态，获取所需要的信息和服务，随时保持与这个企业的联系。由于网上企业展示的主要不是实体产品，而是有关产品、服务的信息，而信息的载体是网页，因而网页是创网上名牌的基础。因特网上有数千万且日益增多的虚拟企业，任何企业要从中脱颖而出，让网民驻足停留，网页的设计与制作是非常重要的。要设计制作好网页，必须坚持以下原则：

1. 以顾客为导向。为了吸引顾客，首先要确定本企业的网上目标市场，了解、掌握其需求特性，有的放矢地设计、制作网页内容。如针对直接信息寻求者，将企业的各种信息分层次列出；在尽可能多的相关搜索引擎上登记，使网民易于寻找；提供他们所需要但与产品和服务不是直接相关的信息。针对间接信息寻求者，要保证页中永远有新鲜的内容，这些内容一定是目标顾客感兴趣的信息。针对免费品寻觅者，则可采取诱饵法、匹配法、竞赛或游戏、打折等方法给他们免费品的同时诱使他们购买。

2. 主题突出。要使网民对企业的主页扫一眼就能马上明白企业的主要业务是什么，最好在主页文本显示的第一行点明主题，且以区别于其他文本字体的醒目形式显示，并在显要位置显示企业标志。

3. 下载迅速。网民大多数是不耐烦的，如果能减少等待时间就更可能停留在企业站点上。网页下载时间最长不宜超过30秒种。因此，网页设计应尽量体现简洁、明快、重点突出等特点，仅将最重要的信息安排在主页，尽量避免使用大量的图片。必须使用图像时，要尽量减少图像尺寸和字节数，或在不减小图像的情况下减小文件尺寸或使用渐进式图像。从而有效地缩短下载时间，加快下载速度。

4. 易于导航。网页设计和制作的关键是易于导航。包括两点：一是层次清晰，即能从概貌到每个信息细节都能很快搜索；二是交叉连接，无键跳转，即不管是站点内两条信息间的跳转，还是站点内外部信息的跳转都能直接实现。要达此目的，可采取菜单、按键、图标等方法。

5. 树立一致的企业形象。主页制作应纳入企业CIS计划，体现CIS战略在网上的实施，树立与网下企业形象一致的网上企业形象。

6. 提供多语种网页。网上企业面向的顾客绝不只是中国人，尽管可能目标顾客绝大多数是中国人。因为网络是无国界的，网上竞争是一种全球性竞争，因此，网页应有多语种版本，以方便非汉语国家的用户光顾，争取尽可能多的外国用户。对跨国企业或有志于开展国际性经营的企业而言，网页更应有多个语种的版本。

### 三、网络宣传——网上成名的助动力

客观、准确的宣传能迅速扩大网上企业的知名度、美誉度，是网上成名的助动力。无论是美国的亚马逊、雅虎、戴尔、先思科，还是我国的新浪、网易、8848，无一不是在优质服务的基础上，借助宣传而成名的。然而，当前中国不少企业还存在网上宣传意识不强、宣传方法不当等问题，阻碍了网上名牌的创立进程，必须予以改进。

1. 树立正确的宣传意识。有些企业认为只要上了网、制作了网页，网民就会被吸引过来，用不着做宣传。据中国企业家调查系统于2000年4月对企业经营者的调查表明，企业经营者使用互联网的目的是宣传企业的只占40%，因此相当多的企业应强化网上宣传意识，以足够的投入宣传企业站点。也有些企业认为创网上名牌，只要铺天盖地进行花样翻新的广告宣传就足矣，不重视在网上提供实实在在的产品和服务。这类企业则要树立"实干为主、宣传为辅"的意识，用行动、用事实、用结果来说话，而不只是嘴上宣传。

2. 抓住宣传重点。从宣传内容来看，有产品、服务宣传和企业形象宣传。从宣传目的来看，有直接以引导购买的促销式宣传；有突出企业特色服务、激发网民兴趣的刺激性宣传；有报道企业绩效的强调性宣传；有澄清事实真相，清除不利影响的维护形象宣传等等。根据网上企业的生命周期及宣传目的、名牌成长的阶段，确定宣传重点，提高宣传效果。

3. 综合运用网上网下广告宣传。为加大宣传力度，增强广告宣传的影响力，全面扩大网上企业知名度，宜把网上网下广告宣传结起来进行。①选用复合广告策略。即通过传统广告媒体宣传企业网站。除了在报纸、杂志、广播电台的广告版刊登网址，在电影、电视及其广告、海报上都印上网址外，还可以在下列地点印刷URL（统一资源定位器）和E-mail地址：信签头、所有不动产、名片、宣传手册、传真头、新闻包裹、出版物、文件夹、报表头、鼠标面板、内外部简讯、大宗邮件物品等。②采用标牌广告。在其他企业的网站尤其是著名网站上的广告工具中购买广告空间做网络广告。这些广告工具通常有搜索引擎、闲谈室、电子杂志或某些页面等。一般来说，没有建立网站的企业可采用静

## 记 事

### 7月5日

2002 “世界经济发展宣言”系列活动新闻发布会在京举行。

2001 中国国际体育用品博览会在京开幕。

家电巨头海尔、海信在山东省高院对簿公堂。

1995 国务院公布《中华人民共和国知识产权海关保护条例》。9月28日，海关总署发布《中华人民共和国海关关于知识产权保护的实施办法》。

1984 邹韬奋逝世40周年纪念会设立“韬奋出版奖”。

### 7月6日

2001 信息产业部发布通信行业标准。

法国著名设计师帕维奥特签约出任李宁公司设计师。

1996 国务院发布《中华人民共和国民用航空安全保卫条例》。

1994 中国企业管理协会、中国企业家协会联合召开庆祝中国企业管理协会成立15周年、中国企业家协会成立10周年暨表彰1993年度全国优秀企业、第五届优秀企业家和企协优秀工作者大会。

---

态的但可回复的标牌广告，有网站的企业可采用互动式的标牌广告，直接与企业自身站点的有关信息超链连接，实现无键跳转和即时互动。为收到良好的标牌广告效果，必须根据出版者（即提供广告空间的站点）的受欢迎程度和交通量选择最热销的站点，并将企业名和提供的物品、设置的悬念等重要的信息放在页面的顶部，便于网民简易、快捷获得重要内容。③在企业自己的网站上做广告。对广告的画面、感觉、内容、互动方式及其他所有可能的因素适时调整，以便收到最佳效果。同时，鼓励其他站点免费连接，进一步扩大广告空间。

4. 重视网上公关宣传。由于因特网即时、互动、全球性等特征所决定，无论是正面消息还是反面消息，在网上都会像野火一样蔓延，而且迟迟不灭，迅速对网上公众产生巨大影响。从而既可能随时帮助建立一个名牌，也可能随时击垮一个名牌。因而，要非常重视网上公关宣传。美国所有上市的网上企业都按照不同形式使用一个以上的公关公司为其服务，使得这些企业的品牌在全球范围得以广泛、完整、准确的传播，从而成为名牌并形成为这一名牌若痴若狂的忠诚用户和投资商。中国网上企业要顺应这一规律，运用网上公关宣传，提高知名度、可信度。可用检索工具密切监控公共论坛等场合中对企业不利的言论，及时采取措施清除不良影响；请求忠诚顾客在公共论坛等场所为企业做必要宣传；争取在网络会议上作为客串主持，提高企业知名度；创建新闻稿页面，使企业站点成为记者的有用信息来源；帮助网络社区成员解决问题，建立网上信誉；创建信息包裹和自动应答系统及双向邮件清单，提高网上信誉等等。

### 四、高质量的个性化服务——网上名牌的生命

及时注册域名、精心制作网页，为创网上名牌打下了基础。提供高质量的个性化服务则是网上名牌的生命。因为根据国外的经验及因特网发展的历史，网上企业的主要职能是为商家与消费者提供一整套专业、严谨的解决方案，包括方便的服务、丰富的信息流及专家咨询等。这套解决方案是建立在“一对一”顾客关系的基础上的，根据各位顾客的需求和偏好，推荐相应产品和服务，并与各位顾客保持联系，从而赢得顾客信任和对企业的忠诚。那些言过其实、忽视与顾客对话、不兑现服务承诺的网上企业是绝不可能成为用户满意的网上名牌企业的。

要为顾客提供高质量的个性化服务，至少必须做到以下几点：

1. 了解网上顾客需求。网上顾客的需求按从低到高的层次有4种：①了解产品、服务信息，从中寻找能满足其个性化需求的特定信息。②寻求问题的解答，及对产品知识的自我学习、自我培训。③必要时和企业有关人员直接接触，解决比较困难的问题，或询问一些特殊的信息。④了解营销全过程，参与产品的设计、制造、改进、运送等。以上这4个需求相互促进，螺旋式上升。具体到同一时期的不同顾客、不同时期的同一顾客来说，需求的具体情况是不同的。这需要网上企业进行认真细致的调查研究，随时掌握各位顾客的需求情况，为最终实现企业与顾客“一对一”的关系的建立、巩固和强化提供有价值的依据。

2. 树立长远服务质量观。名牌的创立需要一个长期的过程。虽然因特网能缩短成名的时间，但也绝不会短到几个月。网上企业必须不断改进服务，坚持不懈地提供尽量高质量的服务。有些企业上网初期为吸引公众注意力，尚能提供优质的个性化服务，一旦小有名气，客户增多，官商意识就表露出来，服务项目减少，服务质量明显下滑，很快就把好不容易建立的声誉破坏掉。真正有志于创网上名牌的企业，时刻要提醒自己毁誉容易树誉难，始终如一地扎扎实实做好服务工作。

3. 提供优质的即时互动服务。因特网为顾客服务提供了全新概念的工具：全天候、即时、互动，迎合了网上顾客个性化的需求特征。为充分运用这一工具改进服务质量，宜不断探索合适的网络顾客服务策略。①常问问题

(FAQS) 的设计与使用。常问问题页面是所有网上企业必有的页面，主要为顾客提供有关产品、服务、企业情况等常见问题的现成答案。设计 FAQS 页面时，要根据顾客类型（潜在顾客、新顾客、老顾客）分层次设计内容；FAQS 应有一定的深度和广度，尽可能提供足够详细的信息，以便对绝大多数顾客有实质性帮助，要为顾客提供搜索的方法，便于顾客迅速找到问题的答案。②利用 E－mail 进行主动的顾客服务。包括：主动向顾客提供企业的最新信息；获得顾客需求的反馈，将其整合到设计、生产、销售的系统中。③鼓励顾客交流。网上顾客之间信息传播的范围和速度远远超过现实生活，网上企业一定要重视对网络论坛上的顾客议论进行监测，发现有不利议论、问题时及时、积极地解决，而不能置之不理甚至强行扼制。要通过运用在自己的站点上设立论坛或新闻组、列表服务、网上交谈等工具、鼓励顾客之间的对话，从而建立顾客忠诚度。网上企业要灵活运用这三种策略，并通过研究、引进、合作等途径，不断开发、创造新的服务策略和服务方式，使顾客总是处于满意状态，从而提高顾客忠诚度。

4. 塑造服务特色。网上企业成千上万，并在不断地增长，竞争十分激烈，要吸引顾客、留住顾客就必须创出自己的特色。要在对行业特色、地域市场进行缜密而科学分析的基础上，对竞争对手的服务内容、服务范围、服务方式、核心竞争力进行分析比较，准确定位自己的目标市场和服务方针，结合自己的个性与相对优势，推出有特色的服务，形成服务特色。这种特色可以是技术性的、地方性的，也可以是用户利益保障、服务项目、服务方式等方面的。

5. 信守承诺。企业要赢得消费者信任，最根本的是言行一致，信守承诺。从某种意义上讲，名牌的本质就是一种承诺，即对顾客做出承诺，并始终如一地兑现这些承诺。因而，承诺要谨慎。承诺了的就一定要兑现，难以兑现的就不是承诺。否则，一旦在网上欺骗了一位顾客，这个企业很快就会臭名昭著。

创网上名牌是一项非常重要而又持久的战略工程，需要企业精心筹划并付出艰辛的努力。　　（贺爱忠）

# 国产手机能与洋品牌叫板

近来国产手机厂商动作频频。先是各大国内厂商纷纷推出新款产品，技术和研发实力进一步增强，TCL 更是一口气推出了 5 款新机型。紧接着，大经销商开始捧场，宣言全力支持国产品牌。似乎国产手机的春天到了：面对有利的宏观环境，25% 的平均利润率，普及率尚不足 20% 的巨大潜在市场，国产手机能够像彩电行业一样收复“失地”吗？

洋手机的六大“法宝”

1. 国外手机厂商技术和资本实力雄厚。如摩托罗拉公司在全球 500 强中排名第 100 位，爱立信排名第 148 位，诺基亚的产值更是占到芬兰 GDP 的 20%。

2. 进入市场早，有相当的市场积累。在 20 世纪 90 年代初，摩托罗拉、爱立信和诺基亚就已进入中国市场。中国的手机用户从 1987 年的 700 户发展到 2000 年底的 3000 万户，三大巨头的市场培育已见成效。摩托罗拉在中国城市居民中的知名度高达 80% 以上，诺基亚和爱立信亦拥有相当高的知名度与相对忠诚的顾客群。

3. 广告创意非凡，攻势铺天盖地。有雄厚的财力做后盾，国外手机的广告制作大多美仑美奂，且版本不断更新，形象代表也大都是顶级的明星大腕，使广告受众接近视觉享受。投放上更是遍地开花，电视广告充斥黄金时

标　识

雅嘉®

AIKAI

汕头雅嘉实业（集团）有限公司

®

中　金

连云港中金医药包装有限公司

®

正大国际投资有限公司

## 记　事

**7月6日**

1993　化工部公布1992年中国100家最大化工企业名单。

1992　中国农村综合实力百强县(市)评比揭晓。

1990　国务院批准组建中国电子工业总公司。

**7月7日**

2001　联想启动中国液晶电脑市场。

1991　国家工商行政管理局调查,目前共有百万富翁490户。

**7月8日**

2002　LG在华规模迅速扩张,半年4次增资总额达4亿美元。

欧洲小家电之王登陆中国。

全国"三绿工程"取得阶段性成果。

格兰仕进京喊冤。

2000　公布修改过的《中华人民共和国产品质量法》。自2000年9月1日施行。

"广告饕餮之夜2000版"来华展示。

1996　中国企业管理协会、中国企业家协会组织编辑《中国企业史》。

段,报纸广告动辄整版半版,各种媒体的无偿与有偿新闻宣传比比皆是,体育与文化赞助不断加深消费者的认同,营业推广手段与促销活动掀起了一轮又一轮的消费热潮。通过调查消费者心目中理想品牌与欲购品牌,国产手机无一入围。

4. 研发实力强大,新机型推出迅速。根据消费者个性的需求,摩托罗拉赋予了品牌全新营销观念,确定了全新的品牌目标战略,其推出的天拓、时梭、V. 和心语4大品牌,分别对应科技追求型,时间管理型,形象追求型和个人交往型等不同的目标市场,覆盖了广大目标消费群体。

5. 质理好,外观设计考究。摩托罗拉V998与诺基亚8810的雍容华贵,爱立信778的小巧玲珑,诺基亚6110的人性化流线型设计,都是引起消费者追风"狂潮"的卖点。

6. 产品档次齐全,低价位产品已基本满足工薪阶层承受能力。为"封杀"国产手机的生存空间,各大公司纷纷推出低价机型,飞利浦的一款机型曾经爆出连机带号499元的惊爆价。相比而言,国产手机的价格无多大竞争力。

**洋品牌也有"软肋"**

1. 营销网络重叠交叉,管理混乱。国外手机厂商在中国市场上沿用的是国外代理制分销体系,即其产品首先销售给几家全国性的大型经销商,这些大型经销商把手机批发给大区,省一级的经销商,后者将手机批发给当地批发商,批发商再批给零售商,零售商把手机销售给消费者。一般说来,这种分销渠道需要经过若干环节才能将手机从厂家传递到消费者手中。这种代理制分销体系的缺点是渠道距离比较长,手机厂商与零售,消费者沟通起来比较困难。最重要的是,目前的手机分销渠道体系比较乱,给人一种"雾里看花"的感觉,无论是生产厂家,或是各级经销商,还是零售商都有类似的感觉。应该说,这种状况是国外手机厂商的一大劣势。

2. 价格体系混乱无序。国外各大厂家在价格体系上不同程度地存在混乱。大代理商为得到厂家销售返利和库存补差,其批发价多半采用平进平出,甚至低于进货价批发。分销售商由于没有得到上级大代理商的库存并承诺,因此极力避免库存压货,多半在进价上顺加1%——20%即往外抛货,尽可能规避风险,保障自身利益。零售商就更不能知道如何选择。手机零售店铺多如过江之鲫,终端销售竞争堪称惨烈,而"三大巨头"产品铺市率又几乎高达100%,消费者购机时往往货比三家。为达成销售,零售商每部手机利润仅三五十元也就不足为奇。更有甚者,零售商售机不赚钱,而靠赚取中国电信或中国联通的入网费返利,再就是靠维修和经营配件获取利润。中下级分销商、零售商利益没有保障,经营风险加大,积极性自然受到严重挫伤,这就形成不是厂家想买而是消费者想卖的局面。

3. 货物流向的混乱。由于网络的无序和价格的混乱,受到利益的驱使,窜货现象频频发生。各分销商、零售商信息灵通,进货渠道广泛,哪儿便宜从哪儿进,再加上国外走私进来的"水货"(据不完全统计已占市面5成以上),物流管理就不仅仅一个跨区域销售的问题,还有跨国界销售的问题。这种混乱的货物流向使各阶层商家普遍缺乏"安全感",就连厂家也不知道市面上的手机哪些是在国内生产的,由于不清楚厂商的竞争态势及各自确切的占有率,这就造成国外手机厂商在营销决策与市场推广中容易与实际销售发生偏差。

4. 售后服务没有保障。虽然摩托罗拉正在着手建立OTC全国联网、异地维修体系,诺基亚也宣称将在年底将全国特约维修中心增至100家,500家新专卖店也兼有维修功能,但能获得厂家"售后服务中心"资格的往往是电信局和大代理商。由于受到利益驱动,不合理收费也就应运而生,许多售后服务中心成为"赢利中心"尤其是不再其处直接进货的零售商更是经常叫苦不迭。再加上第1代、第2代手机已处于维修高峰期,售后服务矛盾愈发突出。国外手机厂商售后服务政策与零售商脱节,已成为制约国外厂商销量进一步提升的主要原因之一。

国产手机的营销思路

1. 把握整体产品的完整涵义，推出性价比优越的产品。源源不断推出性价比优越的产品，是民族彩电企业在强大的洋品牌围追堵截中突围的制胜法宝。民族手机企业也要遵循着这个思路，以卓越的产品赢得民心。市场观念下的产品整体概念具有三个层次的涵义：核心涵义（提供给顾客的基本效用或利益），形势涵义（质量、款式、特点、商标和包装）和延伸涵义（维修、咨询、贷款、缴货安排、仓储服务等）。由于受研发能力的限制，民族手机在核心涵义上暂时难以和三大洋品牌抗衡，但在形势涵义和延伸涵义上有着诸多优势，正好可以扬长避短。TCL推出的999D机型，创新地提出“宝石”手机概念，具有鲜明的个性特征，产品一上市即供不应求。

2. 显著降低产品价格和服务价格，真正让利于民。产品价格和服务价格的昂贵依然是制约国人购买手机和享受服务的最大障碍。先就产品价格而言，目前上市的大部分民族品牌手机的零售价格相当于全国城镇居民人均年收入的25%左右，更是相当于全国农村居民一年以上个人均收入，这样的价格水平不仅使初次购买的费用很高，而且也阻挡了二次购买或更新换代。再就服务而言，名目繁多的收费直接影响了手机的消费积极性。专家估计，如果将我国现行的手机入网费水平降低90%，装机容量扩大5倍，业务量将扩大4.4倍。

3. 建立区域代理制，完善营销网络。各手机厂商原有的营销网络与营销队伍，无疑是可以借助、共享的最大资源。但在市场导入初期，考虑费用及人力上的投入，在网络建设上走区域代理制似乎更符合实际。可以设如下设计渠道通路，厂家省级分公司——地区总代理——零售商——消费者。当然地区总代理可以因地制宜，选择中国电信、联通或“商业大户”，但必须做到独家代理。由于“商业大户”机制灵活，便于操作，又和当地电信部门有千丝万缕的联系，且有直接利益关系，因此地区总代理制对国产手机的推广更为有利。厂家通过对地区总代理的指导与协助，建立高效、有序的零售网络。零售布点采取先放后收的方式，通过一段时间运营，重点扶持一批，保留一批，淘汰一批。

4. 强化物流管理，禁止跨区操作。国外手机厂商货流管理失控大致有以下原因：厂家境外工厂比较多，走私猖獗，无法采取措施监控与管理；商家没有库存补差承诺，故急于清库变现；受利益驱动，只要销售利润而不管货物流向。

与之相比，国产手机商家则优势明显：没有走私问题存在；多级价格可以统一制定；建立保证金制度加以防范；采取有效监控手段，如一机一条型码，每次发运前将条形码输电脑存档，条形与保修单一并作为保修凭证。最重要的是国产手机若制定库存补差规定，则可彻底打消代理商和零售商的顾忌。例如可规定15天产品补差，给代理商12天补差时间，给零售商7天补差时间，让代理商、零售商最大限度避免经营风险，并且向基层零售商倾斜，改变商做洋品牌产品只敢放手机模型的局面。当然，这也给国内厂家提出挑战：必须加快物流速度以速度冲击规模。

5. 规范价格管理体系，保障经销商利益。这样做的目的是使经销商经营国产手机的利润空间超过“洋品牌”。尽管最终价格还是由消费者承担，但可以有效保护商家信心。可以采用“金字塔形”序列统一价格体系，建立统一的出厂价、地区代理价、地区代理批发价、零售最低限价、建议零售指导价，而利润空间从上至下递增。

给代理商一定比例的广告费用，让代理商去投入，同时建立代理商广告报销程序与管理制度加以监控，这样销量愈大的代理商得到的广告支持也就愈大，自己投入精力和情感也就愈大，这种投入也可是商家和厂家更为密切的捆绑在一起形成“战略联盟”。

诚然，国产手机要进入洋品牌高度垄断的市场会遭遇种种困难，但机遇与挑战永远并存。（王新红）

## 标　　识

注册 亚威 ®

江都机床总厂

月星 ®

江苏月星家具集团有限责任公司

锡厦 ®

锡山市锡厦铝合金门窗厂

## 记　事

**7月8日**

1993　1992年大型工业企业技术开发实力百强名单公布。

**7月9日**

2002　河南新飞首获3C认证。

1999　中国银行广东国际大厦支行通过ISO9002国际质量认证，成为中国首家通过国际质量认证的国有商业银行机构。

1998　中共中央大型企业工作委员会成立。

1997　全国人大常委会产品质量执法检查组强调各级政府应积极引导企业加强质量管理。

1991　中国工商行政管理学会在京成立。
中国船舶总公司702所研制成中国第一台载人式“水下机器人”。
国家科技进步奖评委会分布1991年度奖项。

**7月10日**

2002　调查显示：当代青年对民族品牌的认知度要高于对洋品牌的认知度。

2000　美国《财富》公布1999年全球500强，中国石化列第58位，居大陆企业之首。

# 百年邮政　百年品牌

### 一、以普遍服务赢得信誉

与世界上许多国家的邮政部门一样，中国邮政承担着普遍服务职能。邮政部门不但要将每一封信件、每一份报刊投递到城市居民手中，而且必须投递到广大农村地区，包括边远山区、边疆哨所。纯粹从企业效益来讲，后者自然不划算，但却又是普遍服务所必须的。

多年来的普遍服务，加上邮政企业的诚信经营和邮政员工的辛勤努力。使中国邮政的品牌形象在广大老百姓心目中深深地扎下了根，拥有较高的信誉度和美誉度。

### 二、CIS：全方位拓展中国邮政品牌

为了集中塑造中国邮政的企业形象，在成立100周年之际，中国邮政推出了自己的企业识别系统（CIS）。

中国邮政的标识，用汉字“中”与邮政网络的形象互相结合、归纳变化而成；并在其中融入了翅膀的造型，使人联想起“鸿雁传书”这一中国古代对于信息传送的形象比喻。标识造型朴实有力，以横与直的平行线为主构成，代表了秩序与四通八达；稍微向右倾斜的处理，表现了方向与速度感。

中国邮政的标识表达了服务于千家万户的企业宗旨，以及快捷、准确、安全、无处不达的企业形象。

在制定CIS手册以后，邮政企业充分发挥自己是信息传送企业的优势，借助自己所掌握的各种传播媒体，如邮政直投到户广告、商业信函、企业明信片、邮政车辆、信筒信箱以及遍布城乡的邮政局所等广泛宣传中国邮政的品牌标识，使邮政标识成为中国老百姓最熟悉的企业标识之一。

### 三、实施邮政服务形象工程

作为服务型企业，中国邮政将服务质量视为维护和提高企业品牌形象的根本保证。为进一步改善服务质量，实现经济效益与社会效益的提高，中国邮政于2002年启动“邮政服务形象工程”。

“邮政服务形象工程”的具体目标是：①推进规范化服务。营业局所的规范化服务率，在省会城市要达到95%以上；其他地市级城市达到90%以上；县级城市达到85%以上。②实现特快邮件和畅销报刊全面提速。省会城市间特快邮件实现24小时内送达，省会到省内各县当日见报率达到90%。③及时解决邮政服务的热点、难点问题，确保社会对邮政服务工作的满意度达85分以上。

为了确保“邮政服务形象工程”各项目标的实现，中国邮政准备采取以下措施：

对外形象规范化：落实四个统一规范，即局所标识、局名牌、信筒信箱、邮政车辆做到统一规范；局所内台席设置、作业流程做到统一规范；邮政营业、投递等对外服务人员着装、服务用语做到统一规范；邮政包装用品的外观设计、规格、价格做到统一规范。

业务受理便捷化：在做好窗口服务的基础上，充分发挥185邮政电话客户服务中心和183网站的接入功能，积极采用流动服务车、客户代表制等多种受理方式，使用户用邮更方便。

业务种类多样化：认真分析用户消费特点和变化趋势，做好市场规划，因地制宜地开发更多更好的服务项目。

重点用户个性化：在保证普遍服务的同时，对重点用户提供综合性、全方位、一站式邮政服务。

监督检查社会化：借助社会力量强化服务监督，以公正、客观地评价邮政服务质量；在营业窗口增设服务投诉卡，以方便用户对服务质量进行投诉；加强信息反馈，做好用户来信、来电、来访的处理工作；进一步修改《邮政服务质量奖励、考核办法》，加大服务质量奖惩力度。

（刘　刚）

# 中国商业资本在崛起

## 一、商业资本迅速扩张

商业资本的扩张，近年来的发展莫过于家电零售市场。

2000 年底，家电零售业巨头江苏苏宁正式公布了自己的圈地计划：在未来的 3 年内，投资 4.2 亿元在全国兴建 1500 家连锁店，最终形成一个年销售额在 150 亿—200 亿元的全国性销售系统。苏宁电器集团的最终目标是占有中国家电市场 3000 亿元总盘子的 5%—7%。

不甘示弱的北京国美迅速防守反击。据国美何炬副总经理告诉记者，国美计划今年年底将其在全国的连锁店翻一番以上，达到 80 多家。其最终目的是要成为中国最大的家电连锁经营公司，并与国际接轨，建成跨国公司。

业内人士指出，此举意味着家电零售市场在 2000 年产业资本逐步退缩之时，日益强大的商业资本开始迅速扩张，家电零售市场正在步入重整山河的新时代。

商业资本并不仅仅在家电业角逐十分激烈。名副其实的中国零售业老大——上海联华超市放出豪言，5 年内将在全国构建起蛛网密布的销售网络，网点规模达到 6000 家。而同居一城的华联超市不甘示弱，挥师北上，计划用 3 年时间在华北地区开设 500 家门店，目前第 1 家北京店已投入试营业。上海一百也以运动城等新业态向南京、北京、长沙等地进军。来自上海市商委的最新统计显示：目前上海商业在市外开设各类网点 1240 个，营业面积 88.84 万平方米，销售额达 50 多亿元。新兴商业业态为各地商业增添了新的活力。

武汉商家、北京的王府井和西单商场等也是个个不甘示弱，扩大规模好似时不我待。

商业资本意图很明确：加速前台终端网络的扩展，形成强势，使自身在整个产业链中日益扁平化的流通环节形成资源聚合效应。在买方市场条件下，这种意图实现可以说是水到渠成。

## 二、商家要做厂家的主

过去，产品的零售市场一直由产业资本所控制着，大多数企业自办流通，商家往往只被看成是厂家的销售部门。同时，各家电企业在全国各地分设自己品牌的专营店，产业资本长期处于零售市场的主导。

如美尔雅、宝姿等服务生产企业开设的专卖店，乐凯誓言要在全国铺上数丁的专卖店，汽车生产企业的营销专卖店，等等。但现在情况不同了。

为争夺各自的市场份额，各家企业大打价格战。如彩电企业，经过 1996 年至 2000 年连续 8 次降价狂潮，其丰厚利润也随之失去。2000 年价格战有的企业甚至亏损上亿元。

与之相反，以江苏苏宁、北京国美、山东三联等为代表的商业资本慢慢抬头。2000 年苏宁取得了 50 亿元的销售业绩，而国美与三联也均达到了 30 亿元左右的水平。在家电零售市场一直扮演“冷面杀手”角色的北京国美电器，凭借其牢牢操纵的市场营销终端系统，不仅一举击垮 2000 年 9 大彩电生产巨头的限价联盟，而且还翻手为云，覆手为雨。以国美包销的熊猫彩电为例，经过国美的运作，销售一跃进入国美彩电排行榜的前 3 名，而在此之前，熊猫在国美的彩电销售中是倒数第 1 名。彩电业龙头虽然表面上对国美恨得痒痒的，可是在北京市场一半以上的销售量是由国美贡献的。

为充分显现其家电连锁经营在规模经营、规模效益、规模效应等方面的优势，商业资本已开始逐步向产业资本进行渗透。2000 年 10 月，国美电器向国内各大彩电厂家发出了一份标的达 1000 万元的指标函。在这份指标函中，

**记　事**

**7月10日**

1995　国务院发布《中华人民共和国地图编制出版管理条例》。

1992　中国递交《伯尔尼保护文学和艺术作品公约》加入书。

1991　国家旅游局公布全国第8批星级饭店名单。

**7月11日**

1994　国办发出《关于建立国务院知识产权办公会议制度有关部门职责分工问题的通知》。

1992　"1991年中国500家最佳经济效益工业企业评价"结果揭晓。

1991　中国投资银行首次被《欧洲货币》杂志排入世界500家大银行之列。

**7月12日**

2002　中国城市竞争力评价系统首次推出。

2001　国家计委与信息产业部在京召开国家软件产业基地命名授牌大会。

2000　中国报业协会与北京北方亚事无形资产评估所在京宣布，哈尔滨日报报业集团无形资产价值达39.2亿元。开党报无形资产价值评估先河。

国美规定了自己所需的产品样式、型号、款式。这件事在国内还是第一次，有人形象地称之为"商家做了厂家的主"。在随后的两个月内，国美又两次发出招标行动，一次标的额2546万元，另一次标的额高达1亿元人民币，中标单位有包括日本索尼公司在内的国内外众多家电生产厂商，所有单位均达到国美对功能和质量的要求。与此同时，山东三联也搞了一个1000万元的小家电招标活动。

除招标外，商业资本还对产业资本搞起了买断。2000年底，北京大中电器斥资1500万元买断了伊莱克斯空调；北京百货大楼斥资1000万元买断乐华一款变频空调；成都华联买断了长虹2919PK银白色彩电在全国的经销权；武汉中南集团买断小天鹅一条年产10万台洗衣机的生产线；北京西单商场等十几家商户则以定制包销的形式一举拿下TCL公司的TCL2901A型超平彩电。

在经济学家眼中，商家频频发出大订单，意味着商业资本崛起。国务院发展研究中心研究员陈淮说，进入市场经济之后，大的商厦越来越多，但真正的大型商业资本越来越少，相当多的商业企业实际上做的是房地产生意，是物业管理的生意。随着外资商业的进入，中国的商家感受到了威胁，也看到了自己有所作为的天地，商业资本开始"跳舞"了，而率先舞动起来的，是上海。

如今，已有越来越多的商家认识到发挥商业资本职能的重要性。开开实业董事长江玉森说，在新世纪，商业资本完全可以大显身手。开开实业在确保服装生产、销售的情况下，最近又收购了上海雷允上药业西区有限公司，控股援生制药和其胜公司，并成功地在股市增发A股3亿元，走出了一条放大商业资本效应的新路。

在苏宁电器则利用商业资本向家电制造业投资。在一些人看来，家电零售业巨头苏宁进入制造业是迟早的事。去年苏宁即放言欲向生产上游渗透，并与熊猫集团合作空调项目。尽管当时采取的是OEM即定制生产方式，并未直接投资，但还是引起了业界浓厚的兴趣，因为尽管此前有多种商业资本逞强的迹象，但商业资本直接注资生产企业，无疑是体现资本渗透最直接的方式。

中国连锁经营协会会长郭戈平说，在中国加入WTO的背景下，一些地方商业资本越来越活跃，它将带动中国商业的大整合，为中国商业巨子的诞生推波助澜。

**三、跨国巨子跨入中国**

中国商业资本纷纷跑马圈地，显然是受到了外来的竞争压力。麦德龙、家乐福、普尔斯马特、沃尔玛等国际商业资本近年来在中国频频活动。在都城北京，几乎没有一个城区没有这些商业资本的影子，京城的消费者已经是等闲视之。但中国的商业资本却不能如此逍遥，跨国商业企业的仓储式的销售、新颖的营销理念、良好的物流配送体系，处处使它们感到震动。

分析这些跨国商业巨子，我们不能不提沃尔玛和家乐福。世界零售巨子沃尔玛1996年首先从深圳进入中国市场，之后沃尔玛小心翼翼地在深圳适应当地市场。5年时间沃尔玛在深圳、福州和大连等地发展了12家店铺。2001年前，沃尔玛仅发展8家店铺，和另一零售巨子家乐福相比，沃尔玛在中国的发展速度显然要慢许多。为此，沃尔玛将加快在中国的发展步伐。据透露，沃尔玛将很快进入北京，地址会在初改建的西直门立交桥附近，更有消息表明沃尔玛的选址将会在北高粱桥和索家坟一带，继昆明、大连店开业后，沃尔玛再次走出珠江三角洲。

1995年，家乐福进入中国内地后，采取的是遍地开店、分店采购的战略模式，因此当时来不及组织统一的管理和采购系统。但是当企业发展到一定规模后，对内部资源进行整合，就必然成为家乐福在中国发展的重点。在把中国总部移到上海后，家乐福便着手做一些大的调整。对家乐福来说，统一管理的内容包括：发展、市场、IT系统、采购部门、人力资源培训以及有关财务、法律、公关等诸多方面。

跨国商业资本近年来特别是今年纷纷加快扩张步伐，显然是看上中国"入世"和北京申办奥运的成功。未来中国的商业环境无疑将更加开放，扩张市场的时机已经成熟。

这些年来，他们注重人才的培训和本地化，为扩张打下了较坚实的基础。就像沃尔玛中国公司的副总裁李成杰所说的："沃尔玛进入中国的这几年中，我们大部分时间花在考察市场方面，以及培训以后在中国发展的管理班底。"现在，沃尔玛到其他地方开店，也已经有足够的人才去管理。

家乐福已经明确表示，在中国市场，有30多个城市都是家乐福考虑的目标。家乐福在中国发展的目标还没停止。仅在一个月以前，家乐福就宣布，家乐福广州万国广场店近期肯定会开张。随着就违规开店一事和中国政府的达成谅解，可以预计，家乐福的下一轮扩张很快就会开始。

沃尔玛2001年在中国新开了4家店，已经完成其今年在中国预定发展目标的一半。为实现在中国的快速扩张，沃尔玛是否会采用收购的方式呢？

许多跨国商业巨子虽然承诺，大宗在华采购商品境外销售，但在中国开店与中国商业资本之间为争夺中国消费者之间的竞争，无疑是不可避免的，合作竞争才能双赢，拼个你死我活两败俱伤是谁也不愿见的场面。

（朱永旗）

# 中国零售品牌面临重新洗牌

环顾国际市场，"大商家通吃"的趋势日渐明显，实力雄厚的沃尔玛、家乐福等连锁店近年来发展迅速，先后在中国接二连三地开办分店。随着中国加入WTO的临近，国内商业零售业已面临着国外大型商业集团的激烈竞争。

据测算，在未来几年内，中国连锁超市业的市场份额将超过传统百货业，取代其老大地位，而且由于外资已占据大型超市的主导地位，国有资本面临退出流通领域的危险。

**一、沃尔玛、家乐福……咬定中国市场不放松**

据了解，美国著名零售商沃尔玛在全球开办连锁店达4000家，在中国已开办的8家店年销售额预计可达30至40亿元。其他一些国际零售商如"家乐福"、"普尔斯马特"、"麦德龙"在中国开设的连锁店也都人气旺盛、销售火爆。这些"洋店"通过在国内市场几年来的摸爬滚打，对中国市场规律和商业运作模式有了深刻的理解和体会。美国一家著名零售商代表在一次连锁研讨会上就曾直言不讳："我们看好中国的市场，我们已经做好了全面进入的准备。"

据业内人士分析认为，根据商业发展的规律，单店的销售增长有着一定的极限，企业要想在市场化程度高的商业领域获取市场空间，必须通过重组和扩张战略来实现效益的增长，开办连锁店就是一条有效的途径。据说美国"沃尔玛"去年新增销售额全部来自兼并和新开的店铺。沃尔玛已计划2002年在中国的分店增至20家，3年内达百家。

在外资进入过程中，特别引人注目的是"家乐福"现象。他们设法绕开了国内现行法规，有的通过组建商业管理公司，有的绕过中央与地方审批，有的以外商投资方式渗入等，已先后在全国各地开店27家，发展势头十分强劲。但是，违规操作也引起了主管部门的不满，前一段时间关于家乐福将被停业整顿的消息就一度被媒体炒作得沸沸扬扬。但直到目前，家乐福各店依旧是生意火爆，看不出任何要遭"修理"的迹象。这从另一个方面表明，中国零售业的开放已势不可挡。

在欧洲商业排名第1、世界零售商排名第2的法国家乐福集团目前在欧、亚、美洲等国家和地区共有9000多个

标　识

跃进汽车集团公司

无锡机床股份有限公司

海安县饲料总公司

## 记　事

**7月12日**

1996 《证券时报》印制中国首张真丝绸彩色报。

1994 全国工商联、中国民营科技实业家协会、中国乡镇企业协会、中国外商投资企业协会和经济日报、中国新闻社、新华社、中国名牌杂志社、中华工商时报社共同主办的评选中国十佳民营企业家活动举行新闻发布会。

1993 国家统计局发布1993年生活消费相关行业利税十强企业。

**7月13日**

2001 北京获得2008年夏季奥运主办权。

2000 美国《财富》杂志公布2000年全球500家最大企业排行榜，中国4大国有商业银行首次全部入选。

1996 国务院发布《特殊标志管理条例》。

1990 上海永久、凤凰集团和联合自行车公司结束"三足鼎立"局面，宣布正式成立上海自行车（集团）公司。

连锁店，1995年12月首次进驻中国内地，至今已在全国设有27家分店，其中北京4家，上海6家。家乐福集团行销企划部总监阿兰·杰夫里先生在谈到成功的经验时说，商业分为区域购物中心、超大型超市、大型百货商厦、普通超市、专卖店、小型折扣和小型便利店几种业态，这几种商业行为是相互重叠的，应该采取相互完善而不是相互排挤的经营方针。

中国连锁经营协会会长郭戈平表示，外资零售企业将在中国大型综合超市这一领域占据主导地位。国有商业企业机制改革2002年必须进入实质性阶段，否则国有资本退出流通领域的速度将会进一步加快。2002年以中小批发和零售商为基础的自由连锁组织将会出现，成为促进流通规模化、效率化，提高中小商业企业市场竞争的有效途径。

专家指出，外商零售业进入中国后，不仅带来了雄厚的资金，也带来了先进的经营理念、营销策略和科学的管理方式，使得中国传统零售业发生了深刻的变革。近几年来，华联以及利客隆等诸多"客隆"无不是在"对敌斗争"中成长起来的。其实在内外资零售业的竞争中，最大的受益者是中国老百姓，以往闻所未闻的各种商业形式正在不断给老百姓带来了前所未有的方便和实惠。

二、华联、物美、超市发……纷纷找"傍家儿"联合

据了解，多年来北京的连锁超市发展比较落后的最主要原因是先天不足。北京的超市和便民连锁店，大多数是在过去的粮店、副食店、菜店的基础上改造建成的，存在着规模小、零售网点散、组织化程度低、经营效益不高等问题。

不久前，作为北京超市业老大的北京超市发集团和天客隆集团将要合并的消息传出，这一消息尚未落实，北京物美商业集团就已经对外宣布与崇文区副食品蔬菜总公司正式签约，即崇文副食品蔬菜总公司所属普金达连锁公司34家店铺与物美商业集团合作，在崇文区注册新公司，共同发展连锁业。此举，使物美集团成为京城乃至中国北方第1家店铺过百家的商业企业，共102家店铺。物美与普金达的合作，以及尚在酝酿中的天客隆与超市发的合

**品牌巡礼**

# 中国零售业的八大预言

1999—2000年，中国零售业出现了一系列具有趋势性和历史标志性的事件，显示经历了20多年改革开放的中国零售业正跨过一道时代的门槛，进入一个崭新的纪元。在新阶段，零售业将表现出一系列走向成熟化的市场特征。

1. 各种业态全面发展，新兴业种不断细分市场，覆盖各层次、多方面消费需求。目前，中国零售业已突破国家《零售业态分类规范意见》所列的8种业态，新增了大型专业超市、生鲜品超市、折扣店、网上商店等新业态。随着生活方式的现代化以及入世后国外成熟业态的输入，业态种类仍将继续增加，如目前流行于美国、日本的玩具反斗城、家具DIY连锁店、电脑零售与装配中心、工厂特销中心、专利特许玩具连锁店、商店自有品牌直销店、制造零售商店等。

2. 百货商店全面丧失第1大业态地位。目前，上海、深圳各类超市的市场份额总和已占据各大业态首位，北京、广州、武汉几年内也将由大型综合超市取代百货店的老大地位，其他大中城市百货店5—10年内或逐步萎缩，或仅与新生业态平起平坐。

3. 国有独资商业企业基本转

作足以证明，北京连锁超市已经全面进入全并整合期。

最近，京沪两地3家知名企业正式签约，联手组建北京西单华联超市有限责任公司，计划在京开设100家华联超市。北京西单商场、北京超市发、上海华联超市等3家企业计划3年内在京开办500家连锁店，5年内，在全国开6000家。面对国内外商品零售市场的风云变幻，中国连锁"巨头"首次实现跨区域联手合作。并计划在5年内，平均每年发展1000家，业态分布为200家大卖场、2300家超市、3200家便利店和300家折扣店。

据统计，在中国国内零售业50强中，连锁超市和大型综合超市在很短的时间里已经达到34%。最新统计显示，上海华联超市后来居上，以年增长92.3%的增幅，一举夺得中国零售业龙头的交椅，连锁店近千家。

目前，北京有200—300个连锁经营业主，而上海连锁超市的业主要少得多。上海的连锁超市几乎都集中在了联华、华联、农工商3家连锁巨头的门下。上海华联超市的老总华洲曾说："上海连锁业那些做不大的小企业，都会找到我们要求合作。"

不少小型超市也的确希望能和排名在前的连锁企业进行合作。其实，几年前，北京市商委就打算筹划组建一批具备抗风险能力和竞争实力的大型连锁化企业集团，以对抗外国商业巨头。但是，实际操作中却遇到了不少问题，比如各区的利益划分、企业改制、解决下岗职工的就业问题等。这次物美与普金达的合作可谓是一次有益的尝试。

物美集团的行政总监张伟春先生说："上海的联华、华联、农工商三大超市在与小业主进行合作时，主要采取的是加盟店的方式，表面上比较一致，但在内部管理、财务方面却并不统一。而我们与普金达的合作则相对来说更加紧密，新店从表面上的商品陈列和价格，到内部的库存、配送、财务管理的各个方面都要和物美完全一致。"

**三、通过规模整合扩张实现品牌规模效益**

上海华联超市作为中国第1家上市的连锁超市公司，年销售额达56亿元，正处于快速扩张期，对广阔的华北市场有着强烈的开拓需求。北京西单商场拥有20多家连锁店，但经营状况不

制，国有控股及股份制企业、外资企业、民营企业将三分天下。

4. 大中型零售企业全面进入连锁经营和多业态组合发展时代。单家百货店、10家店以下的食品超市、20家店以下的便利店、1—2家店的综合超市、5家店以下的电器店将被淘汰或并购。

5. 零售企业实现全国化、全球化采购。商店的识别将不以商品的地方特色和采购地来区分，而是以所属的业态、市场定位、目标顾客及品牌、服务特色来区分。

6. 零售业竞争将从浅层次和战术性的价格让利、独家采购、不定期与不连续的促销，进入以运营与营销技术、品牌技术为核心的战略性竞争层面，运营与营销技术包括市场商圈调查、连锁店开发、采购与供应链管理、库存与配送、店内布局与商品陈列、营业沟通与市场促销、运营信息管理等技术，只有经验、没有技术的企业将被淘汰。新阶段将是运营管理技术与品牌制胜的时代。

7. 零售业继续主导制造业，但与以往百货公司占据商业旺地从而"要挟"供应商不同，新阶段的零售业将以庞大的连锁网络、快速的集客与促销能力、强大的后台信息处理能力来主导制造业，商业资本与工业资本相互渗透的结盟将日益盛行。

8. 骨干零售企业将出现全面的领导层更替。深圳的徐刚，广州的欧小卫，上海的华洲、王宗南、赵阿龙，长沙的胡子敬……中国零售业的新生代正在崛起。新一代的企业领袖大多受训于著名外资零售企业，属于信息与运营技术派人物，具有全新的战略思维和国际视野。他们的崛起是中国零售业变革的福音。（张广忠）

## 记 事

**7月14日**

1996 中华全国体育总会首次颁发"世界太极文化进步奖"和"世界太极科技贡献奖"。

1993 国务院公布《关于修改〈中华人民共和国自然科学奖励条例〉,〈中华人民共和国发明奖励条例〉和〈中华人民共和国科学技术进步奖励条例〉的决定》。

1992 国家工商局与最高人民检察院在昆明召开"查处假冒商标违法犯罪活动现场会"。

"91年全国百家最大零售商店排序"新闻发布会。

1986 国家出版局发出《关于实施中国标准书号的通知》。

**7月15日**

2002 十万红旗车用户享受"零费用,回家体验"售后服务,中国一汽轿车公司启动"管家式"服务。

2000 一汽产新款轿车——"红旗世纪星"下线。

1994 国家技监局、中国质协表彰"全国质量效益型先进企业"。

尽如人意,需要引进先进的管理经验和资金。北京超市发门店数量达63家,但门店大多集中在海淀区,渴望外围扩张。据分析,上海的华联超市在管理以及引进国外先进经验上比较成功,而超市发在北京的连锁业取得了一定经验,西单也有繁星超市尝试进军连锁业,两地3家知名企业在管理经验、网点优势上正好互补,这是企业通过资产重组、合并等较快的方式达到规模效益的一个捷径。国外的一些大的零售企业在其快速发展的过程中多半采取过此种手段。

面对加入WTO后中国零售业面临的严峻挑战,业内人士称,外资商业之所以能够获得比民族商业低得多的价格,就是规模采购和规模销售所形成的良性循环机制。而以单店经营为主的民族商业,则因为没有经济实力从事大规模采购,没有大规模的销售网络而制约了发展。因此,只有摆脱单店经营的限制,通过各个分店对广告、信息、市场推广、统一配送、经营管理模式等资源的共享,进而降低流通费用和进货成本,才能最终通过规模实现利润的增长。观察家认为,以规模性整合达到规模性营销,是中国零售业应对国际零售巨头的惟一对策。 (朱晨辉)

## 品牌问题

# 超市开发自有品牌?

一位业内人士说:"对目前提倡超市开发自有品牌,我持否定态度。"

他认为,现阶段,超市如果把精力放在打造真正意义上的自有品牌上是费力不讨好。理由是,现阶段超市开发自有品牌难度很大。自有品牌开发是跨行业、跨领域的生产行为,已经超出商业连锁经营的范围。自有品牌的开发风险大、投资大,效益并不显著。他说,受到开发能力的限制,目前超市中真正意义上的自有品牌的开发品种并不太多,在整个销售额中所占比重不大,但投入的人、财、物力却不少。他认为,超市的主要精力应该放在提高采购能力、配送能力、计算机管理能力和销售能力上。

这位人士说:"我认为,从品牌战略的角度出发,超市特别适合与厂家联合开发定牌商品。"他认为,搞联合开发商品投资少、风险小、见效快,是超市提高销售能力、增强竞争力的一条捷径。

搞联合开发还有以下一些好处:可以提高超市品牌的知名度;可以更为低廉的商品价格占领市场;可以扩大利润空间。他介绍说,我所在的超市目前联合开发的商品有200多种,有小食品、卫生纸、速冻食品、文具等等。包装上既有厂家原有的商标,也有超市的标识和"×××监制"字样,联合开发定牌商品在超市比较好卖。事实上,不同品牌超市间自有品牌的竞争是从联合开发定牌商品开始的。他还说:"据我所知,不仅国内超市中自有品牌的形式以联合开发产品居多,国外超市也是如此。联合开发产品在其他费用不变的情况下,价格比原来低,包装比原来好。同时,因为是从熟悉的供应商那里订货,所以质量比较稳定。从理论上讲,超市应该发展真正意义上的自有品牌,但我认为应该研究和处理好理论和实践的关系,需要和可能的关系,眼前和长远的关系。这样,才能够不跟风,不盲目上马,少走弯路。我们超市也已经为自有品牌的开发注册了用于吃、穿、用3类商品的3个商标,但自有品牌的开发要受人力和资金条件的制约。条件成熟了,真正意义上的自有品牌商品也就一个一个地开发出来了。"

(商 场)

标　识

# 连锁经营“元老”愧对新锐

## ——中国老字号瑞蚨祥与沃尔玛之比较

一品梅®

淮阴卷烟厂

中大®

中大工业集团公司

云山®

连云港旋耕机集团公司

美国零售业巨头沃尔玛公司创始人山姆·沃尔顿生前曾说：“我创立沃尔玛的最初灵感，来自中国的一家古老的商号。它的名字来源于传说中一种可以带来金钱的昆虫。我想，它大约是世界上最早的连锁经营企业。它做得很好，好极了！”

在国际商家纷纷抢滩中国零售业市场之际，这个故事也许是沃尔玛讨好中国消费者的一种宣传。不过老沃尔顿提到的这家中国商号倒也并非杜撰。“一种可以带来金钱的昆虫”应该是中国古书上记载的所谓“青蚨”，而以青蚨命名的商号一定是名震近代商坛、位居京城的“八大祥”之首的名店——瑞蚨祥。

**一个门庭冷落，一个如日中天**

“物是人非事事休”——当笔者来到济南这个瑞蚨祥的发祥之地，寻访老瑞蚨祥绸布店的时候，脑海中忽然浮现出这个名句。

店堂坐落在一条老街上，门庭虽不失古朴，却透着些陈旧与寒酸，与隔壁一家有猩红色店招的上海什么“大世界”形成强烈的反差。店门在左右“钟表店”、“铆焊部”的夹挤下有点促狭，“集中处理”、“厂方降价”、“新到布头”之类信手写成的广告牌杂乱地在边墙靠着，与百年名店的身分颇不相称；店内有些昏暗，几卷花色过时的布匹随随便便摆放在柜台，顾客寥寥无几，店员百无聊赖；在索元金经理的办公室里，甚至连电脑、传真这类现代商家常用的设备也没有。

这就是由山东商人孟鸿升始建于1862年的繁盛商号？这就是令老沃尔顿心仪的中国百年老店？人们找不到感觉，看到似乎只是个过了景的商业符号。

当年的孟鸿升大概没预料到瑞蚨祥今日的“物是人非”。也许更让他想不到的是，在济南瑞蚨祥创业整整100百年之后，一家叫做“沃尔玛”的折扣商店出现在美国阿肯色州1只有6000人口的小镇。沃尔玛20世纪60年代末发展了15家分店；70年代末达到276家，并建立了现代化商品配送和运输系统；80年代末为14000家，还有123家销售俱乐部；到90年代末，它在世界各地的连锁店已达到4500家。沃尔玛第2代领导人罗伯逊·沃尔顿则以453亿英镑的个人身价荣登2001年度英国《星期日泰晤士报》全球富豪排名榜的首席。而创造这些成就的“最初灵感”竟然是来自瑞蚨祥的那条“带来金钱的昆虫”。就在这瑞蚨祥的发祥之地，几个月前沃尔玛公司已同有关部门签约，决定投资4000万美元，在济南繁华地带兴建“沃尔玛购物广场”。雄心勃勃的沃尔玛竟然直捣这条“昆虫”的老巢，到瑞蚨祥老店的鼻子底下淘金来了！

**两种相通的商业理念**

瑞蚨祥是“世界上最早的连锁经营企业”吗？我们无法确认。但我们不妨循着老沃尔顿的思路，将瑞蚨祥和沃尔玛对照一下。

这一对照，就让我们发现了两者的相通之处。

这种相通首先表现于诚信经营。作为一代儒商，孟鸿升立下的店训是“诚信筑基，悦客立业。”瑞蚨祥的呢绒绸缎货真价实，在苏州等地点

## 记事

### 7月15日

1993 江泽民同志为第一汽车制造厂建厂40周年题词:“建设现代化轿车工业基地”。

1991 世界中国烹饪联合会成立。

### 7月16日

2002 洋品牌打乱中国冰箱业旧格局。

微软中国2001年在中国软件业名列第7。

搜狐公布第二季度财务报告,宣布赢利。

2001 中国餐饮业百强座次排定。

1996 财政部获1995年日本武士债市场最佳发行体排名第三。

全国饮料工业协会提出支持国产名牌饮料发展。

1991 深圳市“经济效益10佳企业”评选揭晓。

“首届中国饮食文化国际研讨会”在京举行。

### 7月17日

2002 托普斥资10亿上海建软件园。

2001 海尔集团获3亿美元全球授信。这是中国银行给予我国第一家也是惟一家企业全球授信。

加工的，每匹绸缎的机头处都织有“瑞蚨祥”的字样，让顾客确认商品质量。瑞蚨祥门店的茶座是“悦客”的代表性设施，顾客可以在这里歇脚、聊天、谈生意，还可饮店里免费供应的名茶，茶的质量决不含糊，哪怕做的是一笔小买卖，赚不到一壶茶钱，也绝不敷衍。沃尔玛也有自己的店训，那就是“尊敬每一个人，服务顾客，力求完美”。此外还有“十英尺态度”。山姆·沃尔顿强调，这些店训“如果你做到了，那么顾客就会一次又一次光临我们的商店。”这就说明了为什么全球的沃尔玛每周接待顾客达1亿人次，销售额占美国零售业销售总量的60%，占美国消费者全部支出的7%—8%。

其次表现为跨行业和跨地区的多角渗透。在20世纪30年代，瑞蚨祥已发展成为集布匹、绸缎、绣品、皮货、织染、茶叶、首饰乃至钱庄、当铺等众多经营项目的商业王国，30多家分号遍布于北京、天津、沈阳、包头、上海等全国各商业重镇。而其后的沃尔玛走的也是这条路：分店从美国推向世界，经销的是90多个门类的核心商品、4000多种日用必需品，营销方式有折扣商店、超级市场、山姆会员俱乐部等多种，公司国际部的销售额占全公司的17%，利润占11%。近两年，沃尔玛已在中国深圳、东莞、福州、大连、昆明等地建起了12家连锁店。

再有就是低价位销售。山东有一种土布叫“大捻布”，价格低廉，经久耐穿，很受百姓欢迎。老掌柜孟鸿升就终年往来于城乡之间贩运这种土布。其儿子孟洛川在章丘开了个专织大捻布的织布厂，自产自销，又靠这种土布扩大了积累。薄利多销的大捻布使孟家发了大财，成了大气候，京城的瑞蚨祥就是在这一鼎盛时期于1893年兴建起来的。沃尔玛也是靠农村市场起家的，其在美国中部经济并不发达的阿肯色州开的第1家超市，经销的就是“5—10美分”廉价商品。此后确立的沃尔玛经营理念则是“让消费者得到低价格商品”，也就是让顾客能买比其他商家的价格低5%的货物。老沃尔顿说：“单从一件商品看，我少赚了一半的钱，但我卖出了3倍的商品，总利润实际大多了。”

**瑞蚨祥何时赶上时代**

昔日的瑞蚨祥继承和发扬了中国古代商业的优良传统，这个传统包含了现代商业思想的积极因素和连锁经营管理的原始概念，的确是“做得很好，好极了！”但是，瑞蚨祥的辉煌，似乎仅存在于老沃尔顿的记忆里。

孟氏“祥”字号各店在“七七事变”后相继败落。20世纪50年代，瑞蚨祥的字号得到恢复，老店焕发了生机，但并没有形成连锁经营机制，包括北京瑞蚨祥在内的同名商店各自独立。改革开放后，随着市场经济的壮大，瑞蚨祥作为国有企业的弊端逐步显现，又日渐萧条起来。据索经理介绍，拥有900平方米营业面积、近百名员工的瑞蚨祥老店，目前的年营业额竟然不足100万元。问题出在哪儿？好像可以举出很多，诸如越来越多的人不再愿意自己买布做衣裳，众多集体、个体服装企业以灵活多变竞争方式对国有商店形成威胁，国有企业不再受政府保护，如此等等。

但人们逐渐认识到，根本问题在于企业自身，在于企业没有形成适应市场经济的经营理念。索经理慨叹地说，单一的经营内容没有突破，坐商的经营方式没有改变，连锁经营的机制更是无从谈起，瑞蚨祥怎么会有起色？

面对沃尔玛以及家乐福、麦德龙等跨国巨商带来的冲击波，瑞蚨祥所代表的中华商业文化传承真的没了光彩？传说中那个象征金钱的“青蚨”难道会离开我们，飞向洋商？

索经理深情地说，瑞蚨祥是中华民族的一笔丰厚的历史遗产，我们有责任让它振兴起来。也许，要做的事情不止是这些；需要行动起来，也不只是索经理和他的员工们。

（王奇龄）

# 药店连锁遭遇三个障碍

根据中国政府的“入世”承诺，从2003年1月1日起，国际药品销售商将被允许进入中国市场进行药品分销。在中国医药行业将对国际资本和跨国企业开放的形势下，中国医药企业需要仔细审视自己的竞争力。一个残酷的现实是，2000年全国内资制药企业的销售总额尚不及全球制药企业前3位中任何一家的年销售额。如果不能在制药环节竞争的话，那就要在销售终端占领市场，获取竞争的资本。正如某制药集团的总经理所说，“只要我掌握了医药零售的终端，不管是国内还是国际的制药企业都要利用我的终端销售平台，我就能够有能力来争取医药产业链中更多的利润空间。”而药店连锁经营正是搭建药品终端销售平台的有力措施。中国政府也在鼓励药品零售企业走连锁经营的道路。但是，积极行动起来的药店连锁企业却发现——

一、购并成本高昂

制药企业和药品批发企业在涉足药店连锁经营后，都把目标指向了全国连锁，因为大家都知道，只有扩大规模，才能增强竞争力并实现获利目标。而他们实现跨地区连锁时获取店面的主要手段就是兼并和购买。

据调查，全国现有的200多家医药连锁企业中，有90%以上来自于传统的国有医药批零企业。尤其是医药批发企业，在过去按行政划分的国有医药商业格局的基础上，它们收购重组当地的国有药店，然后使其翻牌成为新的品牌连锁店。

然而各地医药零售企业的龙头企业和老字号几乎都是产权结构单一的国有企业，管理机制落后，市场意识缺乏，经营成本高，人员负担重。很显然，购并后企业负担还是相当重的。

一知名药店的总经理说：“市场增长的速度远远比不上竞争者增长的速度。蛋糕还未做大，吃蛋糕的人已经越来越多了。在这样一个热得发昏的市场中，他们必须付出高昂的购并成本，所谓高昂的购并成本还不仅仅指被购并方的开价，更值得注意的是购并后的账单。”

收购店铺的成本的确很高，不仅在城市，农村也是这样。以重庆和平药房为例，和平药房在农村的网点绝大多数是根据当地需要新申请开办的药店，一部分是直接购买的店铺，另一部分是租赁店铺。这种新开办的药店成本很高，一个50平方米的门店直接投资至少需要30—40万元，而新开药店的销售是从无到有，农村群众从了解、接受、熟悉到形成购买习惯需要一段漫长的时间，所以投资后需要很长时间才能见到效益。另外，新开药店容易造成同当地原有的药店直接争抢客源的局面。但在竞争中，由于和平药房质量管理规范和坚持执行国家的价格规定，所以其药价比当地个体药店价格要高，这也是新建药店效益回报期长的原因。

因为这些原因，虽然握有13亿元资金，三九药店的收购战并没有太多的成果。三九与重庆的时珍阁药店、南昌的黄庆仁栈药房都进行过深度接触，但都无功而返。

二、配送问题尚未妥善解决

连锁经营拓展中，配送是重要的保障，历尽千辛万苦谈下店面，配送跟不上，前面的努力已被白白地浪费大半。

重庆桐君阁药店总经理雷励说：“一般至少要有10余家药店才适合自建配送中心。配送中心的建设成本动辄千万元，但眼下连锁药店异地拓展还处于开一两家的“探路”阶段，药品不得不在当地批发，这样就很难体现连锁经营的成本优势——规模优势，不能形成良性循环。”

因为异地配送成本太高，已经有越

广州市副食品公司

江西省樟树粮油公司

## 记 事

### 7月17日

1995

《汽车工业产业政策》颁布一周年之际，电视系列专题片《中国·汽车》播出。

国务院批复"关于我国加入《商标国际注册与马德里协定有关议定书》"。

### 7月18日

2000

哈尔滨东安动力股份公司第100万台东安牌微型汽车发动机下线。

1999

首届"中国商业自有品牌发展研讨会"在北京召开。

1994

1994年中国联合通信有限公司成立。

1991

第33届南丁格尔奖和第二届无偿献血金杯奖颁奖仪式在京举行。

### 7月19日

2002

上海富士施乐入选中国机械工业销售500强。

2000

9家中国公司进入新全球500强。

国务院批准中国联通公司获得国际互联网经营权。

来越多的企业开始放缓跨省扩张的步伐。重庆桐君阁旗下的连锁药店已覆盖川、渝地区70%的市场，但其雄心勃勃的"西店东进"计划却在一年里渐渐收缩，原本打算进攻广东市场的计划在去年也告搁浅。

在美国，医药流通由批发代理商、零售商完成。全美共有13家药品批发企业，前5家的经营总额占全国经营总额的85%；中国的医药批发企业有1.6万家，前10家的销售额不足全国的10%。这些批发企业大都有自己的药店，批发规模小、品种不全，没有意识、也没有能力为医药零售业提供现代公共物流配送服务。

"如果没有一个详尽的计划、可行性分析和成本控制方案，很可能连锁规模越大，亏损就越严重。"重庆桐君阁大药房董事长王志光在评价三九药店的大动作时说："连锁药店本质是用成熟的管理系统实现最大规模效应。因此，制约连锁药店发展的不是钱，而是管理系统能否支持地域扩张，而这个管理系统包括采购、物流配送、财务监管、品牌维护、人才培训等很多方面。郑州亚细亚的教训不应被遗忘。"

中国医药商业协会会长朱长浩说："这些批发企业不仅没有主动成为专业的社会化配送中心的意识，而且因为自己也有药店，所以执行两套价格标准，向其他药店配送的价格更高一些。"

虽然政府并不反对非医药行业的第三方物流参与医药配送，但无论是全国性还是区域性的物流公司并没有介入药业。

**地方保护主义令人生畏**

国家药监局的一位负责人曾在去年举行的全国整治药品市场秩序专题会上痛斥一些地区对药店跨地区连锁采取的或明或暗的地方封锁。他说，部分地区对跨地域开办药品连锁经营重重设障，有的以"换证期间不予受理"、"垂直管理未到位不予办理"、"本地区未开始对外地申请的受理"等为由拒绝受理；有的以"现在是整顿治理期间"、"本地区药品零售企业已经很多了"等为借口，对申请者进行推辞；还有的公开讲"你们全来了，我们这儿的企业怎

**品牌巡礼**

# "114在线"要做网上信息查询第一品牌

"中国114在线"网站已经成立一年多了。现在它们发展如何呢？日前在中国电子商务大会上采访"114在线"的总经理曹晓光。他说，"中国114在线"已建成了国内最大的网上工商具体地说业及社会面广、团体等数据资料库，拥有国内企事业单位信息近960多万条，每年信息更新近100万条，涵盖中国3000多个地区，行业分类达940种，形成了以"查询引擎"为主导，以"信息服务"为根本，以"电子商务"为延伸的全方位网络经营模式。曾被网民评为"最受欢迎10佳网站"之一。

海量的数据是"中国114在线"实现信息产品化的重要依托，为此，"中国114在线"全力投入数据库的建设与运营中去，并率先在中国互联网产业中推出行业商务数据库。该产品覆盖面广，涵盖全国31省市自治区，且数据真实准确度高，入库信息均核对审查，集实用性与资源

么活呀！"公开进行抵制。

而有的地区为"抵御"外来"势力"，采取的保护措施有的是省推市、市推省，相互推诿，无人受理；有的是嘴上答应得好，对申请人却一拖再拖；有的要么限制开店数量，要么收取高额费用，设置障碍；有的是在地区内先搞表面连锁，抬高自身价格，伺机以高价吓走外来者。

据了解，全国已有药品连锁企业200多家，连锁店7800多个。药品零售连锁经营逐步在药品零售市场占据主导地位，逐步显现出在整顿和规范药品流通秩序中的治本作用。

这位负责人同时还指出，药品连锁经营中也存在不规范连锁和假连锁的问题。为此，国家药监局要求对药品零售连锁企业行为进行规范，对借连锁名义搞尢证经营、违法承包经营的坚决清理。

某医药企业负责人对记者说，有些区县药监部门千方百计对连锁药店跨省市经营设置障碍，如：有的以保持稳定为借口，要求连锁药店把当地医药亏损企业捆绑式带走，不然就不同意开店。再有，布局不合理，没有经过上级批准等也是拒绝的理由。

一些企业负责人称，到区县开店，办下一个证少则花几万元，多则要花上二三十万元，如此大的开店成本简直比在市区还高。

2000年10月，国家药监局向国内41家药界大企业颁发了首批跨省市连锁经营准入证，去年又补充了第二批的9家企业，意在促进医药连锁企业的成长。三九药店是第一批获得跨省连锁经营准入证的企业之一，然而在去年上半年向全国市场拓展的过程中，三九药店屡次遭到地方保护主义的阻挠——资金、人员、店址都已到位，却迟迟得不到地方药监部门的批准。三九在江西打造百家连锁店的计划就这样搁浅了，同样的事情也发生在湖南。

三、地方保护使药店跨地区连锁经营严重受阻，这一问题已经受到国家药监局的重视。有关连锁药店跨区经营的政策会更加完善，地方保护主义的障碍终将会被除掉。　　（崔　霖）

保留价值于一体；检索方便是其另一大特点，用户只需输入想要查询企业的任意信息，如企业名称、联系人、法人、企业地址、企业电话、企业E－mail、企业网址等或者只是所在地区，所在行业甚至只是信息的一个字段，就可以查到所需要企业详细的介绍内容，真正做到了随心所欲任意查。

信息产品多元化是"中国114在线"的突出特质。"中国114在线"以丰富的信息资源为基础，提供在线行业市场研究报告与委托企业资信调查服务，帮助以上机构了解产业、技术和市场动态，从而确定企业技术创新和投资的方向。

面对当前的互联网产业的严峻挑战，"中国114在线"将在技术上完成商务数据系统的建设与运营，以此为基础推出"网上产品交易平台"；在产品上，全面开发"信息增值服务"，并将争取自由版权的行业商务数据库建设，以光碟、期刊形式进行批量销售，并同时开发电子杂志，进一步完善"在线更新"系统，在销售中发展会员用户，全面扩大市场占有率。"中国114在线"的主要业务也锁定在以数据库建设为核心内容的信息资源建设和产业信息增值服务；以软件开发、系统集成及网络增值服务为一体的全面信息解决方案的提供上，以真正的电子信息产业化发展规模 打造出一个中国最大的网络信息流供应商，让"中国114在线"成为中国网上信息查询第一品牌。

在谈到电子商务最关键的盈利问题时，曹晓光认为最关键的在于"整合"：互联网为信息流的畅通提供了无限可能，巨大的效益产生正来源于有效地疏导信息流。将客户的效益和信息传播者经营的效益结合起来，追求务实的电子信息传播产业化道路，将是"114在线"一贯坚持的理念。　　（程　晖）

标　　识

江西省资溪县农药厂

遵义县兽药厂

## 记事

7月19日

1999 国家质监局公布10宗“打假”大案。

世界最大抽水蓄能电站——广州蓄能水电站竣工。

1993 国家统计局、国家经贸委技术开发实力百强企业评价活动揭晓。

7月20日

1995 首届“中国辞书奖”在哈颁奖。

1994 国务院建立知识产权办公会议制度。

1993 国家工商局发出《关于成立中国商标事务所的通知》。

7月21日

1998 中国电信在京首发《中国电话号簿》。

1990 中国雷达行业协会成立。

7月22日

2002 中外彩电巨头决战农村市场。

上半年深圳彩电产量翻一番。

郎酒掌门人当选中国食品工业十大新闻人物。

# 中式快餐应树自己的品牌

中式快餐提供传统的中式食品和服务，由于符合大多数国人的生活习惯，理应占据上风。但事实上，以肯德基、麦当劳为代表的西式快餐却凭借其良好的品牌效应、全新的服务理念在中国市场上赢得了主动，其中原因颇令人深思。

**一、连锁特许是潮流**

中式快餐在中国已有10年的历史，但多是单打独斗，居然有些品牌效益不错，如新亚大包等，不过总的来说，仍缺乏全国知名的民族品牌，而来势凶猛的西式快餐则四面出击，占据了越来越多的市场份额。一份相关统计资料表明：国人对快餐店的认知程度，由高至低依次为：肯德基100%、麦当劳97%、必胜客42%、哈德士38%、荣华鸡24%、莫师汉堡13%、新亚大包12%、顶呱呱11%、芳香鸡10%、美心7%、南希5%、鲜得来、永和、大西江、大千美食林等均为1%。中西式快餐差距之大，可见一斑。

据权威部门统计，餐饮企业独自创业经营超过5年的仅占20%左右，这说明经济越发达，单独创业的市场越小，单独创业成功的概率也越小，而以连锁、特许等方式经营则显示出旺盛的生命力。

所谓连锁、特许经营是指总部同经营者之间，双方以契约为基础，总部允许经营者使用其商号、商标、专利、专有技术、经营管理模式等无形资产，在统一的模式下进行动作，总部为经营者提供培训、供货、促销、广告等各方面的支持，并分享利益的经营方式。

快餐业以连锁、特许等经营方式在西方发达国家兴起后，使营销领域发生了一场革命，在引导消费者、降低经营成本等方面具有划时代的意义，中国越来越多的快餐企业，也将目光锁定在发展连锁、特许经营上，如马兰拉面在北京取得成功后，现已挥师南下，在深圳以特许加盟方式开设了深圳第1家分店。有理由相信，随着快餐业的发展，特许经营势必为越来越多的中式快餐经营者所认可。

**二、以产业化为出路**

如何面对严峻挑战，以有效增强中国民族快餐业的竞争力已成为餐饮业人士共同关心的焦点，在武汉举行的第

**品牌巡礼**

# 国美——低价直销创品牌

在国内家电经销业中小有名气的国美电器商城落户津门后，凭靠低价位直销、面向大众的营销策略和以“不满意就退货”为核心的系列化服务迅速打开市场，连锁店遍布全市，给同业竞争对手带来冲击，占领了可观的市场份额，在津门家电销售市场掀起了一股不大不小的波澜，也留下了新的启示。

随着市场经济的发展，人们对市场的认识也不断深化，原先，认为执市场牛耳的只能是那些规模大、历史久、有影响的大商家，没想到，作为在市场大潮中应运而生的民营企业——国美电器商城，凭靠其灵敏的信息、准确的定位、低廉的价格和取

4届全国烹饪大赛中式快餐（套餐）比赛上，有关专家、名厨纷纷指出：标准化、工业化是中国快餐业发展的必由之路。黄海认为，中式快餐市场空间广阔，但产业化进程缓慢将会制约其进一步发展，黄海指出，2001年中国快餐业在餐饮业整体增幅低于上年，并且食品消费占全社会居民消费比重呈下降趋势的基础上实现的，这表明快餐业的市场增长潜力巨大。今后，随着人们生活节奏的不断加快，快餐食品会越来越受到欢迎。目前，机关、企业以及许多综合写字楼都有逐渐将快餐作为午间工作餐的首选，在解决了营养与口味之后，快餐业将会有更大的发展。快餐业与假日的关系也十分密切，中国假日的增多、延长，也将使快餐业的市场进一步扩大。

黄海亦指出，中国快餐业的发展与社会需求相比仍存在较大差距，主要表现在中式快餐品种开发缓慢，科技含量不高，产业化和组织化程度较低等方面，使得中式快餐的标准化、规范化发展步履艰难，在与西式快餐的竞争中处于劣势。随着入世步伐的加快，在不久的将来各种西式快餐将会凭借其优势挤占国内市场，因此，中式快餐必须加紧解决产业化问题。尽管西式快餐在中国“横扫千军如卷席”，但中式快餐在消费者心目中仍有着极其重要的位置，中国人始终还是要吃“中式快餐”的。这不仅仅是一种传统情结，也有口味和饮食习惯上的差异。比如，许多人认为西式快餐的食品比较容易上火，而中国人讲究养身之道，在饮食方面也日益保健化。这种在饮食内容上的差异，决定了中式快餐更具发展潜力。

一份调查表明，66%的中学生喜欢吃西式快餐，但他们的父辈，65%的成年人却偏爱中式快餐。如果单位没有午餐供应，中年人在快餐店就餐的占53%，吃送上门的盒饭的占28%，自带饭菜的占19%。而且喜欢吃午餐的中年人中，中等收入者居多，这个层次的中年人还常常在逛街时带全家人去吃快餐。由于父辈的影响，中式快餐是有可能争取到年轻消费者群的。

三、品牌经营立现高下

国人接触现代快餐理念始于肯德基和麦当劳，当肯德基1987年落户北京时，吃惯了各式酒席，以口味挑剔著称的北京人排成长龙候于门外，形成了当时轰动一时的肯德基现象，而上海也是火爆。上海肯德基人民公园店曾三次打破全球快餐业单店单日营业额的世界纪录，截至1998年6月底，肯德基已在中国59个城市开设了260家连锁店。西式快餐提供着传统国人的生活习惯，理应占据上风，但事实上，以肯德基、麦当劳为代表的西式快餐却凭借其良好的品牌效应，全新的服务理念在中国市场上取得了主动，其中原因颇令人

悦百姓的灵活经营，受到了广大工薪族的欢迎，不仅占有了不菲的市场份额，而且给人们的消费观念带来崭新的变化。开业时的不事声张，简朴实际；店面大方实用，不搞富丽堂皇装修；上门入户的全方位服务，不满意就退货等，很快为大众所接受，产生良性影响。国美从运作开始就注意用市场需求、市场规律、市场观念、市场变化来不断调整自身，想方设法与市场接轨，少了许多过去计划经济体制下固有的羁绊与桎梏，所以和市场融合快、见效快、效益快。

市场本来就是多元化的，既需要综合性的大商场，同时又需要低投入、快周转、面对面的专业直销店。老店靠信誉，新店寻特色，各使招数，各展优势，才能给消费者更大的选择空间。只要合规合法，有序竞争，大可不必惊慌失措，如临大敌。

实践证明，引入竞争是好事，能激起不甘落后、开拓争先、共同发展的动力。何况在同一地域经营同类商品，应该鼓励亮出高人一筹的招数，满足消费者多层次的需求，否则仍千店一面，岂不是重新回到计划经济年代了吗？

（刘宝民）

记 事

7月22日

1991 沈阳金杯客车制造有限公司在沈阳成立。

7月23日

2002 燕京啤酒挺进西南。

上半年中国软件业收入达到520亿，增长32%。

2000 《国家高新技术开发区高新技术企业认定条件和办法》印发。

7月24日

2002 中国五金制品协会首次"中国水龙头行业十大知名品牌"评审揭晓。

7月25日

2002 王楠出任抚顺市形象大使。

1995 国家工商行政管理局发布《关于禁止仿冒知名商品特有名称、包装、装潢的不正当竞争行为的若干规定》。

1992 国务院发布《关于进一步加强质量工作的规定》。

1991 长城、周口店"北京人"遗址、秦始皇陵和敦煌石窟被列入《世界遗产名录》。

玩味。按《中国快餐业发展纲要》对快餐一词所作的解释，快餐的"快"有两个含义，即省时和省力。快餐满足人们的需求也有两个方面的含义，即好吃和营养。由于中西传统餐饮文化、生活习惯的不同，中西快餐也就形成了较大差异。这一差异主要体现在经营品种及规模上：中式快餐口味多、品种全，注重色、香、味、形，以味为主，西式快餐品种少，更注意食物营养；中式快餐以饭为主，饭多于菜，西式快餐菜多于饭，以肉为主；中式快餐多以手工生产、工艺复杂，西式快餐以机械化生产为主，设备配送较规范。

从以上看来，中西快餐各擅特长，甚至中式快餐略有胜出，但若就标准化、就餐环境及营销策划等而言，中式快餐就大落下风了。一个好的餐馆不仅要有一个出色的老板，更重要的是要有一批素质较高的服务人员和厨师队伍。在现今的关系仍停留在简单的雇主和帮工的关系上，谈不上任何科学的、文明的用人管理制度。同时，各种技能培训也只是纸上谈兵。这种落后的管理根本不适应现代快餐连锁经营的需要。相比之下，西式快餐在员工的招聘、培训、管理上有一整套科学、严格、合理的培训，其中投入大量的人力、物力、财力，并经常考核，连续追踪，如不合适，立即解雇。只有靠科学的管理，才能促进快餐业的发展。

相比而言，西式快餐注重品牌意识，而中式快餐品牌意识淡薄。以麦当劳、肯德基为代表的西式快餐，其品牌与企业形象都是经过几十年的沉淀和积累，具有悠久的历史和品牌优势。这种优势也是他们在经营扩张中刻意维持和广为宣传的。随着社会经济的发展，人们选择的商品质量、技术上的差别日益缩小，能赢得顾客的就是"品牌"二字，只有树立自己的品牌，才能求生存，求发展。　　　　(郭　凯)

# 老字号遭遇零价值

## ——全国已有七成老字号寿终正寝<br>开拓创新方能竞争中重焕青春

在中国数百年的商业和手工业竞争中，逐渐形成了许多闻名遐迩的老字号，这些老字号有的以产品质量取胜，有的以特色经营见长。据有关部门统计，新中国成立初期，中国约有老字号企业1万多家。1978年，经国家有关部门认定的中华老字号企业有2000多家，主要集中在医药、餐饮、食品等行业。进入20世纪90年代，许多曾经辉煌的老字号企业经济效益开始滑坡，甚至呈现步履蹒跚、老态龙钟的状况。据有关部门统计的数据表明，目前全国约有70%的老字号已"寿终正寝"。2002年年初，曾经领衔历史文化名城杭州商业的老字号企业，像商文泰、老正兴、素春斋等在竞相拍卖之后已无踪影。

据业内人士介绍，老字号的价值通常由两部分组成，一是现有资产的净价值，二是品牌价值，即无形资产。耐人寻味的是，参加竞拍的杭州几家老字号，没有一个被买家认可其品牌价值，只得按现有资产的净价值贱卖。特别是在产权易主之后，原来的经营场所都改作了他用。因此，业界戏称这种现象为"老字号遭遇零价值"。前不久，创建于明清时期的上海100年老店"震远同"又被杭州五丰集团收购。从此以后，这家因生产玫瑰酥糖、椒盐桃片、年皮糖被誉为"茶食三珍"的老字号也只能永远留在人们的记忆里了。

如此看来，真正能够幸存下来的老字号生产经营有一定规模、效益又好的可说是凤毛麟角。

中华传统老字号企业具有历史悠

久、信誉卓著、有口皆碑等特点。曾经象征生意兴隆和品质上佳的老字号金字招牌，在屹立数百年之后，面对新的市场竞争，特别是当遇到现代企业的严峻挑战时，却表现出束手无策、举步维艰的窘况。

中华老字号因其产品独特的配方和精湛的工艺不仅成为国人的骄傲，而且是地域文化的象征。提起古老的北京城，人们自然会联想起全聚德、同仁堂、东来顺、六必居、烤肉宛、丰泽园等老字号。

其实，老字号的优势并不是因为他们的“老”，而是经过长期的磨练，其工艺和产品已相当成熟。作为真正的名牌它在消费者心目中占据了独特的位置。“防老”才是老字号目前亟待解决的问题。

老字号有着悠久的历史，既带着昔日的辉煌，也受着传统观念和经营方式的制约。随着改革开放的不断深入，特别是市场经济的逐步完善，为企业的进一步发展创造了良好的外部环境。这本是老字号焕发青春活力的大好时机，然而无情的事实告诉人们：老字号在新形势下遇到了新问题。

1. 由于老字号大多按传统工艺生产，系手工操作，生产规模很难扩大。一些老字号企业仍然沿袭过去家庭作坊式的经营方式，与市场经济所要求的规模经营形成矛盾。而规模小又反过来影响企业利润的增长。老字号资本积累非常困难，常常陷入资金短缺的困境，抵御市场风险的能力较弱。

2. 老字号的产品结构比较单一，科技含量较低。不少老字号企业片面追求产品特色，不注重对产品结构进行调整，往往是几十甚至几百年一惯制，无法适应市场的需要。

与此同时，老字号的成长过程很漫长，几乎是靠口碑宣传而提高知名度，加上传统观念的束缚，老字号不善于进行宣传，在各种媒体上难寻老字号的芳踪。

老字号要解决所面临的困难离不开自身的努力，但更要有一个适宜其发展的外部环境。有关部门应当根据老字号的不同情况，在保证公平竞争的前提下，对有市场、有效益的老字号企业实行政策倾斜，支持老字号企业跨出国门，走向世界。对一些老字号企业要允许其改革改制后使用相近或接近的名称；允许把老字号进行公开拍卖、转让或有偿使用，使老字号的使用保持连贯性；要把老字号列入知识产权保护的一项重要内容；对假冒老字号名义欺骗消费者的行为要严厉打击，真正为老字号的健康发展铺平道路。

应当说，老字号的真正价值并不完全在于产品特色本身，而是日积月累所凝结的无形资产价值。老字号的防老抗衰应从保护无形资产价值入手。尤其要重视无形资产的评估，使金字招牌取得应有的量化价值。应当认识到对于没有法律保护的老字号，即使使用千百年，也难保证不被抢注者夺走。至于已经注册商标的老字号，则应把商标作为一项资产加以保护和经营。

爆肚是北京的一道著名特色小吃，曾以“爆肚冯”闻名的金生隆不久前不得不将字号里的“冯”字遮掩上。现任掌柜冯国明介绍，他家的爆肚至今已有100多年历史，曾在东安门大街上亮出过字号，后来在老东安落了脚，买卖一直开到1956年公私合营。改革开放后恢复老字号经营，没想到现在却被告侵权。

与之争商标的是一家也有相当历史的门框胡同“爆肚冯”，不过这家“爆肚冯”进行了商标注册。情理归情理，但法律铁面无私。

实际上，许多老字号都面临这样的现实：老字号里面纠葛着历史、情感等诸多因素。像一面是小本经营的正宗传人，一面是将老字号发扬光大的集体企业，使用的是一个字号——“信远斋”的商标争议就曾经闹得沸沸扬扬，也只能上法庭解决。

北京盛势品牌战略研究所所长夏忠群认为，如果目前人们仍然能把老字号看作是招财进宝的金字招牌，那么市场经济条件下争夺老字号店名的纠纷就不可避免，这是时代的进步，是老字号的希望所在。

（贾书哲）

## 标　　识

江苏一帆集团公司

江苏省宜兴精陶厂

记　事

7月25日

1990　中国计算机软件与技术服务总公司在京成立。

1989　江泽民同志在武钢指出：工人阶级是社会主义建设的主力军。搞好四化要全心全意依靠工人阶级。

1986　中国第一家中外合资银行建立。

沈阳防爆器械厂宣告破产倒闭，这是中国第一家正式宣告破产倒闭的企业。

7月26日

2000　国家工商局发布《2000年上半年查处制售假冒伪劣商品和侵害消费者权益案件情况分析》，公布打假维权十大案件。

1994　农业部发出《关于开展“争创名牌产品”活动的通知》。

首届中国十佳百杰明星包装企业推荐评选在京颁奖。

7月27日

2002　世界制造业发展与中国经济展望论坛在京举行。

1991　倪志福同志为兰州铝厂题词：“全心全意依靠工人阶级，办好社会主义企业”。

# 创建中房品牌是百年大计

中国加入WTO后，国外企业势必加大在华投资力度，国有企业所面临的挑战和竞争将空前激烈。大浪淘沙智者胜。从计划经济模式下走过来的老牌国有企业，如何充分发挥自身资源优势，构架企业战略发展平台，为企业的可持续发展打下坚实基础，已成为企业决策者们需要迫切思考和解决的问题。其中品牌和品牌战略问题便是关系企业兴衰以及企业能否持续发展的一个重要内容。

**一、品牌建设是搞好企业长期发展的必由之路**

品牌是市场经济发展的必然产物，是市场发育完善程度的重要标志，同时也是一个企业兴衰的晴雨表。品牌兴则企业兴，品牌衰则企业衰。随着全球经济一体化的发展以及中国正式成为世贸组织成员，面对全方位的开放格局，品牌建设对国有企业的长期发展将产生日益深远的影响，品牌将成为企业制胜的法宝。综观品牌的发展，其趋势总是由产品品牌向企业品牌升华过渡。在中国，品牌事业的发展可划分为两个阶段。一个是从新中国成立到改革开放之前，大约30年的时间。在这个时期，一些解放前的老字号得到了恢复和发展，如贵州的茅台酒、北京全聚德烤鸭等。在轻工业领域也出现了一批质量好、技术相对先进的品牌，如永久牌自行车，上海牌手表等。这个阶段的品牌仅仅是产品本身质量或服务的直接反映。第2个阶段是改革开放以后。由于对外开放和市场经济的发展，市场上涌入了大量洋品牌和出现了一些国产品牌。如国外的松下、索尼，国内的海尔、长虹等。这些品牌的特点是由于生产企业本身采用了先进的技术、先进的工艺、先进的材料、先进的管理、超前的设计和服务，从而大大提升了产品品牌的内涵，使产品品牌升华为公司品牌，产品的本身也就成了公司的代名词。

对房地产而言，规划和品牌是紧紧相连的。以香港为例，香港有10家房地产企业能左右房地产市场，平抑房地产价格。像长江、新鸿基等这样的公司开发出来的项目都能成为销售的热点，这就是香港人对他们品牌产品认可度的体现。

对国内房地产开发企业来说，由于历史原因和产业自身的特殊性，房地产业进入市场较晚，品牌经营尚处于起步阶段，全国14200多家正常运转的房地产企业中除极少数具有远见的开发商较好地实施了品牌战略外，相当多的开发商品牌意识淡薄，这将很难适应市场发展的需要。在首届中国房地产财富论坛上，被认为国内知名品牌的企业南有万科，北有万达，全国有中房。这在一定程度上说明了品牌的认知度和影响力。从加入世贸组织的角度来看，未来房地产业的竞争将是品牌的竞争、规模优势的竞争、专业化程度的竞争、高科技含量的竞争。那些品牌响、规模大、专业强、科研水平高的大型房地产企业集团将占有大部分的市场份额，从而在竞争中取得主动权。从长远发展的眼光来看，品牌竞争无疑是促进房地产健康发展的强大动力。经过品牌竞争，一些资质差、无实力的房地产企业将逐步被淘汰出局。房地产品牌在消费者心中，将是企业实力、企业知名度、产品品质、市场占有率的最直接、最有说服力的表现。品牌将成为房地产开发企业制胜的法宝。

**二、中房品牌是中房集团打造百年企业的基石**

（一）中房品牌所具有的社会认可优势

从行业规模来看：中国房地产开发

集团经过20年的不断开拓，现已发展成为在全国198个城市拥有327家直属、控股、成员企业，是全国规模最大、实力最强的房地产企业集团。特别是1999年1月，中房集团公司划归中央直接管理，成为中央企业中惟一的房地产开发集团公司，其优势是可想而知的。

从产业规模来看：20年来，中房集团累计完成开发建筑面积2.6亿平方米，向社会提供商品住宅180多万套。其中“七五”、“八五”期间，中房集团每年开发房屋面积1200万—2100万平方米左右，约占全国商品房开发面积的20%；“九五”期间，中房集团年均开发房屋面积保持在1000万平方米以上，年经营收入约达80多亿元；历年累计建成住宅小区1000多个，在全国住宅试点小区建设中，中房承担了50%的任务。

从产品质量和获奖情况来看：中房集团开发的住宅小区，其工程质量指标明显高于全国平均水平，所承担的全国50%的住宅试点小区项目全部获金银牌奖。如中房郑州公司开发的郑州市绿云小区荣获全国试点小区建设试点综合金牌奖、中国建设工程鲁班奖、全国城市住宅小区物业管理优秀示范小区；现在正在开发的深圳中城银浦公司的中城花园项目、中房南宁公司的南宁翡翠园项目，被建设部确定为“康居示范小区”；中房集团三峡置业股份有限公司开发的北京“颐源居”项目，三次荣获建筑结构“长城杯”奖。2000年中房企业开发的住宅小区中获得建设部金牌奖的有：中房大同公司开发的北馨小区、中房贵阳公司开发的中天花园以及中房邯郸公司开发的亚太花园、深圳的“共和家园”小区等。“买好房，找中房”已经在全国的大部分城市里广泛成为人们的共识。

（二）新世纪新中房品牌战略的实施

1. 启动品牌发展战略，推出了中房名牌住宅区。中房集团1999年7月19日在北京人民大会堂向社会郑重宣布，启动跨世纪品牌发展的战略，并推出了中房无锡沁园新村等首批19个中房名牌住宅区。2000年，又推出了36个“中国房产”品牌住宅区，进一步扩

品牌问题

# 房地产品牌传播的误区

剖析中国房地产业，会发现存在着大量低效的品牌传播现象，同时一些成功的品牌传播案例也给我们有益的启示。

1. 名称（符号）缺乏可识别性。当前，房地产项目、产品（服务）的名称（符号系统）普遍存在相互重复、无个性化的现象，如“某某花园、某某豪庭”等，在许多城市中都能找到一模一样的名字，完全没有考虑到品牌传播对名称的惟一性、可识别性的基本要求。又如“别墅”，几乎是使用率最高，也是最没有亲和力甚至令社会公众反感的一个词汇；但近期出现的“新独院住宅”、“独立住宅”（其功能类似于别墅），倒是令人耳目一新，更易于传播及接受。

2.“概念”的滥用。“概念”，是科学的范畴。它建立在对大量自然或社会现象归纳及分析的基础上，并经综合与抽象而形成，具有实在的内涵与外延。然而，一些房地产项目滥用概念，虚构了许多莫名奇妙的“概念”，如拼凑或截取几个英文字母，就称为“某某社区”等，这类文字游戏毫无意义，更不用说藉此塑造品牌及进行有效的传播。

3.“主题社区”的误导。房地产

记 事

7月28日

2000 无锡金鑫轧钢厂通过中国、法国、德国、英国、美国、挪威船级社认证。

1993 国家统计局公布加工工业10行业利税10强企业位次。

1991 江铃汽车集团在南昌成立。

7月29日

2002 海尔世界首家通过ISO10015培训管理体系确认。

空调企业"认证"遭业内人士质疑。

2001 TCL邀韩国美女金喜善出任手机代言人。

1998 《商品条码管理办法》发布。

1992 国家工商局发出《关于坚决制止利用广告、电视、报纸、期刊刊播烟草广告的通知》。

7月30日

2002 全国各地高考录取分数线公布。

联合国发表《人类发展报告》:中国发展最快。

北京通信挂牌,首都电信凑齐"战国七雄"。

御芝堂等13种保健品被撤。

TCL与日韩品牌比高低,两年多攻下越南市场。

大了中房集团品牌的受众面和影响力。2001年,在全国53个城市相继推出了"中国房产"品牌。

2. 发挥品牌优势,构筑全方位战略合作伙伴框架。加入WTO后,如何发挥国有大型企业之间的资源优势,实现强强联合,构筑企业之间的战略合作框架,以达到"双赢"或"多赢"的目标,已迫切摆在了我们面前。中房集团公司紧紧抓住加入WTO这一机遇,充分发挥自己在国内的规模优势和品牌优势,分别与金融、电信、媒体进行了深度合作,进一步壮大了自身的实力,扩大了企业和品牌的影响。

——与中国最大的电信集团公司一中国电信签订了战略合作协议,明确双方共同建设"中国房产数字社区"。

——与中国第2大银行——中国农业银行签署了为期3年的银企合作协议,仅第1年就贷款30亿元,这说明中国农业银行也是看好中房的品牌和规模以及专业化水平的。

——与经济日报报业集团旗下的名牌时报社签订了合作协议,共同创办了《名牌时报·中国房产》周刊,这说明媒体对中房在全国的规模和品牌也是看好的。

3. 集中品牌优势,重点拓展北京市场。由于北京的地域特点以及房地产市场较大的发展空间,决定了我们将北京作为中房实施品牌战略、扩大市场份额和影响力的首选之地。针对房地产品牌具有扩散效应、持续效应和放大效应等三个特点,在北京房地产市场上,一改过去那种单兵作战的状态,而是全面整合集团在北京的房地产企业和房地产项目,集中优势,统一品牌,形成拳头,重点出击,扩大了中房在北京市场的影响,达到培育市场以实现可持续发展的目标。继1999年深圳住交会首次打出"中国房产"品牌之后,2000年9月在北京的秋季房展上,中房集团一举包下300多平方米的展台,集中展示集团公司2000年在北京开发的80多万平方米的精品住宅,统一打出"中国房产"品牌,给北京的这次房展带来了一股"买好房,找中房"的强势旋风。各种报刊宣传中房集团和"中国房产"品牌的文章、报道多达

业以提供合理的、人性化的"生活(建筑)空间"为本体目标。当然,融合一些运动、音乐、文化等功能及设施以增加生活方式的多样性是正常的,但如果舍本逐末地将其作为"某某主题社区",这种产品(服务)的定位事实上是不准确的,其毫无个性化的品牌形象也难以有效传播。

4."欧陆风"的牵强附会。房地产业盛吹"欧陆风"已成为一种笑谈,具体表现是抄袭一些欧洲18世纪的并不适宜现代人居住的建筑结构及装饰的片断和符号,或是干脆将外国的城市名称照搬过来,让人相信如此就可以享受异国生活方式等等,藉此进行的"品牌"传播不仅无效,而且有可能被社会公众传为笑柄。

5. 品牌形象代言人的错位。房地产项目选择名人作为产品形象代言人,希冀在短时间里增加知名度,这是无可非议的,但应该分析及确定名人的形象与产品(服务)的关联度及可信度,滥用名人、弄巧成拙的做法时而出现,这种错位对品牌的传播只能是有害无益。

6. 产品(服务)升级换代的困惑。房地产业多年来存在着产品类型单一、千人一面的状况,产品(服务)的创新、升级换代似乎很困难;而不断提升产品(服务)的功能及效用,是市场最根本的要求,也是符合品牌发展规律的。

因此,房地产业的创新行为值得推崇,如酒店式公寓的推出,将两类物业的服务功能进行融合,受到了市场的欢迎。

7. 广告传播的无效性。一些房地产项目过分依赖广告轰炸这种"单向传播"手段,加之诉求"美好、尊贵生活、豪宅……"之类的毫无个性的陈词滥调,使得房地产业的"广

10余篇；另外中央电视台、北京电视台、北京经济广播台、北京交通广播台、北京新闻广播台、北京音乐广播台等6家电视新闻媒体也对中房集团、“中国房产”以及部分项目进行了全方位立体宣传，中房品牌在北京的知名度得到了进一步提高。从秋季房展组委会的统计数据看，中国广顺的早安方庄项目被购房者评为“人气最旺的楼盘”第1名；中房海外公司的朗琴园项目在展会期间意向成交300套，位居第2名；中房参展的9个项目累计成交住宅421套，总面积达60571平方米，协议金额21873.5万元。这充分展示了中房企业在房地产领域的实力和“中国房产”品牌的影响力。

（三）中房的品牌战略构想

好的品牌是企业制胜的法宝，其潜在的无形资产价值巨大。品牌要讲规模、讲专业、讲超前意识。新世纪，新中房，中房集团发展的关键是要树立起品牌，让老字号真正在市场中发挥出规模优势。中房集团实施品牌战略的核心是推出中房品牌住宅区，为住宅消费市场提供“买得放心、住得舒心”的一流产品，使中房集团走上主业明确、结构优化、管理完善、整体优势充分发挥、凝聚力增强、竞争力提高的品牌发展之路和可持续发展之路。

中房品牌建设按照推出品牌、树立品牌、提升品牌3个阶段稳步推进。我们的品牌战略构想是：集团将以住宅为品牌核心产品，大力开展中房品牌的推广工作。2001年在全国50个大中城市推出“中国房产”品牌，并在两年时间内在全国推开；以“中国房产”的企业形象品牌为基点，进行拓展和延伸，逐步形成针对不同目标市场的企业产品品牌，以质量为本建立品牌保障体系，强化消费者对中房品牌的认同；与建设部住宅产业化促进中心合作推出品牌的认证工作，并逐步把品牌的认证工作推向社会；进一步丰富中房品牌的内涵，配合“中房数字社区”和集团采购，推出“中国物业”和“中国住宅部品”两个品牌。中房将高举“中国房产”品牌大旗，不断提高住宅的科技含量，把住宅建设朝智能化、生态化、产业化、现代化方向发展，以实现建立“百年中房”的长远目标。

（殷友田）

告烧钱”行为比之网络公司有过之而无不及。正确的做法应当是认真研究、分析社会（市场）的需求空白及热点，选择“双向传播模式”，这样才能在“注意力经济”时代进行品牌的有效传播，而不是留下一些毫无效果的“广告污染”。

8.“明星”楼盘的尴尬。“明星”楼盘与成功的品牌尽管有一定联系，但并不是一回事。“明星”楼盘往往带有很大的偶然性，如某个区域因为房地产业发展滞后，即便是楼盘的品质较一般，但也由于市场的饥不择食而畅销，或是因为过大的广告投入造成“明星泡沫”等等。但实际上“明星”楼盘的核心竞争力、品牌的知名度及美誉度，都难以与成功的品牌相比，后者的影响力往往已不局限于房地产领域，它更体现着时代精神及未来的消费潮流。

9.“点子型策划”的陷阱。个别的房地产项目比较崇尚“点子型策划”，常常迷恋于某些“奇招怪式”，无论是“正点子”还是“歪点子”，只要产生社会“轰动效应”就行，但却很少考虑歪点子引发的负面影响，往往是项目“成名”了，却与品牌的“美誉度”无关，最后留下一堆烂尾巴。因此，要慎重对待“点子型策划”，要多一些客观、科学的态度。

中国房地产品牌的发展格局无疑将符合于一般的社会经济规律，如帕列托（Vilfredo Pareto）的“80/20法则”，即未来中国房地产占据80%比例的成功品牌，是由那些只占有20%社会资源的经营者所创造，而那些掌握行业资源80%的经营者却只拥有不到20%的成功品牌。未来的这种格局将是市场竞争的必然结果。

（东　东）

## 标　识

南京玉环（集团）公司

广州轮胎厂

徐州工程机械集团有限公司

## 记事

**7月30日**

1999 1998年度全国国际旅行社100强和全国国内旅行社100强名单公布。

1996 发布《饮食服务业国家级技术交流竞赛活动管理试行办法》。

1993 “93全国加工工业10行业利税10强企业评价”揭晓。

1992 国务院经贸办公布《大中型企业划分标准》的补充标准和全国大型工业企业名单。

**7月31日**

2002 北京投资六亿营造古城风貌:人文奥运文物保护规划出台。

天安门国旗班战士统一发型,“八一寸发”成为标准。

科技部全面启动12个“十五”国家重大科技项目。

中国中学生在国际物理学奥赛中获4金1银。

2001 青啤集团总裁彭作义不幸去世。

1999 1999年信息产业部电子产品出口暨电子百强企业工作会议在沪召开。

# 创建民族珠宝业名牌

中国加入世贸组织,钻石税率调低,黄金价格开始与国际接轨,珠宝市场进一步升温,国际珠宝“巨锷”纷纷抢滩中国大陆市场……这一系列的变化,为中国民族珠宝企业提出了一道难题:如何扛起民族珠宝品牌的大旗?

### 与国际名牌差距明显

目前,中国的黄金饰品销售量居世界第3位,铂金饰品销售量居世界第2位,钻饰销售量跃居世界第8位。目前全国已有珠宝首饰定点生产企业500多家,“三资”首饰加工企业1000多家,零售企业1万多家,并形成了老凤祥、金房子、戴梦得等一批自主品牌,同时涌现出一批优秀企业家,如王振迎、王春莉等,尽管珠宝首饰经营已具备相当大的规模和实力,但与发达国家相比还有较大差距,以钻石加工业为例,由于加工水平低,2000年中国钻石出口5.45亿美元,而以色列1997年出口已达51亿美元。缺乏经济实力强、品牌知名度高、市场份额大的珠宝公司。目前,在国内珠宝行业中拥有几亿资金就算是大公司了,而国外的大珠宝企业资金动辄几亿、几十亿美元。此外,还有相当一部分的小企业和个体户的产销陷于困境。加入世贸组织后,中国很有希望成为未来珠宝加工贸易和集散基地。与此同时,面对每年仅城市中就有近200万新婚夫妇的庞大潜在市场,国外珠宝企业纷纷将触角伸向中国。对此,有关专家指出,在与这些国际珠宝“巨无霸”的竞争中,我们获胜关键要看国内珠宝品牌在苦练内功的同时,能否强强联手,形成具有民族文化底蕴的世界级名牌。

### 特许边界锁初现彩虹

珠宝首饰作为一种特殊商品,如果不是专业人员,很难确认品级、把握质量及价格。特许连锁经营者可以依靠授权公司解决认知珠宝的技术障碍,固定进货渠道,避免因专业技术的匮乏而造成的经营风险。与此同时,授权公司依靠特许连锁经营者快速占有市场空间,

**品牌巡礼**

# 珠宝业打响品牌之战

有着巨大市场潜力的中国珠宝业同时也是有待规范的新兴产业,外国珠宝商早就对此虎视眈眈了。随着中国“入世”,双方角逐的关键将集中体现为品牌之战。

面对中国“入世”的现实,中国政府对黄金珠宝业的政策也逐步放开。日前,国家对白银市场管制放开,允许白银产需直接见面,这标志着中国延续了50多年的白银统购统配管理模式的结束。国内黄金市场的放开也在运作当中。可以肯定,中国加入WTO以后,国内黄金的管理体制和黄金珠宝首饰的市场格局将发生巨大的变化。

国外的珠宝企业是以品牌占据市场的。首饰品牌普遍采取遍地开花的连锁经营方式,实行统一价格、统一品牌商标、统一服务,无论在哪家连锁店都可以买到该品牌、该款式的商品。事实证明,在现代企业竞争中,名牌将无往不胜。而中国的珠宝业起

以“量”的增长降低成本。因而，特许连锁经营作为一种双赢的模式如约而至。美国未来学家奈斯比特预言，特许经营将成为21世纪的主导商业模式。风靡世界的肯德基、麦当劳、沃尔玛都是特许连锁经营的典型代表。中国连锁协会会长郭戈平指出，由于连锁企业牌子响、管理成熟、加盟者投资风险小，因此，特许经营的企业发展迅速，特别是在这一规范的体系中会排斥那些劣质的产品和服务，促进中国的商业信用建设。

要做中国民族首饰业第1品牌的北京金房子钻石有限公司，还在创建初期就以敏锐的眼光果断抓住这一商机，成为国内珠宝行业特许经营的先行者。如今金房子的特许连锁店已发展到60多家，公司实行统一的市场策划、统一的连锁店形象、统一的市场定位、统一的管理方式，在我国的珠宝首饰行业创出了一条特许经营连锁发展的成功之路。

### 品牌文化迫在眉睫

同样的珠宝，因为品牌而导致的价格差异能达到30%。对此，国土资源部常务副部长、中国宝玉石协会会长孙文盛指出，与国外品牌竞争，技术差距容易超越，文化差距难以逾越，中国珠宝企业必须大力挖掘5000年中华宝石文化，充分吸取其博大精深的内涵，创立自己的企业文化，形成自有强势品牌，才能在市场竞争中立于不败之地。

那么如何才能做好一个珠宝品牌呢？中国宝玉石协会副会长王云峰明确指出，要与洋品牌抗争，必须真正把实施“名牌战略”放在企业生存、发展的制高点来认识和实践。中国宝玉石协会制定了“树大引小”方针，即帮助大型企业树立形象、提高综合实力，同时引导扶植中小型企业健康发展。一直奉行“做事先做人”这一人生信条的中国宝玉石协会副会长、北京金房子钻石有限公司董事长王振迎深有感触地说：“我国民族传统文化特别崇尚无信不立，为人处事讲究‘诚信’。要做好一个珠宝品牌，首先要树立‘以诚为本’的宗旨。”中国宝玉石协会秘书长孙凤明介绍说：“金房子在业内最早向消费者推出三大承诺：享受终身免费维修服务；不满意，1个月内可以调换；任意更换新款。为此他们每年至少要拿出60多万元支付消费者的售后服务。”

只有民族的，才是世界的。对此，国内珠宝企业也看到，随着人民物质文化水平的提高，我们必须注重提高珠宝首饰的文化内涵，肩负起普及弘扬民族珠宝文化的责任。　　（周　净）

步较晚，不仅生产上是分散着进行，而且经营上也是一家一户的形式，品牌意识极为淡薄。国内市场上的珠宝商品几乎没有什么品牌，消费者对购买的珠宝首饰是什么牌子也不关心。商家经营时的注意力都放在了打折让利等促销上面，一些有名气的商场在做珠宝首饰广告时，也不注意宣传品牌而是注重宣传商品。规模小、实力强、品牌意识差等致命的缺陷，将使国内的珠宝企业在国际著名品牌，像日本的AM、美国的韦文氏、法国的柯莱雅和中国香港的周大福、谢瑞麟、镇金店等大举进入的攻势面前毫无抵抗之力。只有打造和发展民族首饰业的强势品牌，才能在未来的较量中取胜。

在实施品牌战略上，国内有些商家已经先行了一步。拥有着“京城黄金第一家”美誉的北京菜百新世纪股份有限公司，连续10年黄金珠宝的销量居北京首位，其在全市率先推出的黄金首饰以旧换新、配单只耳环、义务清洗首饰、免费刻字、现场咨询等便民项目和综合服务，在消费者中树立起了自己的金字招牌。前不久，菜百又注册了自己的服务品牌，并准备生产和销售以“菜百”为名的黄金珠宝系列产品。菜百新世纪商场的楼层经理刘鸽在接受采访时说，注册商业品牌正是出于打造菜百名品考虑的。经过多年的经营和发展，菜百已经积累了一些向生产领域延伸的优势，应该把这些优势用好、用足。比

## 标　　识

江苏省仪征荧光灯厂

丹扬市锁厂

地方国营大丰化肥厂

**记 事**

**7月31日**

1992 国务院批准中国个体劳动者协会加入世界中小企业协会。

1990 第三届全国10大最佳合资企业(生产型)评选颁奖大会在京举行。

**7 月**

2001 农夫山泉跻身支持中国奥运活动最成功企业。

“第二届中国金牌形象大使大赛”北京赛区报名。

王石出任摩托罗拉形象代言人。

绍兴市医药生物制品公司致函日本三越株式会社，愿购买其中文商标在中国境内的独家使用权。

中国12家企业进入《财富》杂志500强。

国际互联网组织推出新的顶级域名.biz.nam。

中国网民达到2650万人。

中国对日汽车加收100%关税。

中国高考招生首次网上录取。

1998 交通银行被《欧洲货币》杂志评为中国最佳商业银行。

1997 中国丝绸行业推出首批36个名牌产品，有效期限为两年。

# 黄金市场放开之后

中国将取消黄金计划管理，按照会员制的形式，在上海组建黄金交易市场；争取年内取消对黄金制品零售、批发、加工制造等业务的许可证制。此消息一出即引起强烈反响，特别是对现持有许可证的黄金首饰加工企业和零售企业震撼最大。

**一、改变观念抓住机遇适应市场**

对于黄金首饰加工企业来说，许可证的取消意味计划经济“统配额度”的结束。对此，生产规模大和规模小、“吃得饱”和“吃不了”的企业感受是不同的。世界黄金协会中国区经理王立新先生认为：这对现有的具有规模优势、有设计创新能力而过去“吃不饱”的企业来说是个“利好”。比如，山东省反应最为积极，他们针对本省年产黄金50吨，而银行统配给山东省的黄金加工额度仅为年产量10%的现状，马上提出抓住机遇，改变山东“产量大省，加工小省”的思路。

黄金市场开放后，有能力的企业可以根据市场需求，到交易市场买黄金原料加工生产，这将改变过去等配额、等批准的程序，节省了时间，符合市场需求。

业内人士还一致认为，这一变革给黄金行业带来最大的冲击是要转变经营观念，树立竞争意识。在计划体制下，黄金的加工、销售、价格都是统死的，因此企业最缺乏市场观念，更谈不上品牌意识。黄金交易市场一旦放开，价格透明度将更高，人们一直期盼的金价与首饰加工费在零售时的分列将逐步实现。金价随市场变化而波动，加工企业只有靠提高设计能力、工艺水平和市场销售，才能提高自己产品的加工效率，以增加效益。而且必须像其他行业一样，创出名牌才能提高效益。目前，中国黄金首饰行业正是缺乏知名品牌。

**二、引进竞争做大规模创出品牌**

“做大规模，创出品牌才是中国黄金首饰业成长壮大的发展方向。”北京工美集团副总经理吴文学先生以自己

如，在设计上，菜百经常参观、出席国内外的一些珠宝首饰大赛，能够紧贴国际潮流，把时尚的珠宝文化浓缩在产品上；在市场把握和灵敏度方面，菜百可以根据不同的消费群体，推出系列产品来满足不同的需要。目前，在菜百展出的珠宝大赛获奖作品有数十种类型，顾客可以凭个人喜好订做产品。同时，菜百还注重培养自己的设计队伍，从质量服务上入手，推出具有国际竞争力的精品。业内专家指出，菜百注册服务品牌、参与生产自有品牌商品等举措，不仅是菜百实施名牌战略的重要内容，也是菜百珍惜自有品牌的一种保护措施。

著名零售专家李飞教授认为，商业品牌的成功必须具备如下条件：首先，商家自身必须实力雄厚，要有产供销一条龙体系。其次，未来的产品竞争主要是质量问题。在珠宝首饰行业，只要生产技术及生产设备先进，就能保证产品质量、提高生产水平、降低生产成本；只要抓设计、搞创新，就能吸引消费者。再次，国内黄金饰品品牌的设计水平往往落后于香港及欧洲名品，这就要求商家必须拥有一流的设计。最后，品牌本身的知名度也是商家的一张王牌，树立其品牌自身的行业知名度是必不可少的。

业内人士分析，好的品牌是企业宝贵的无形资产，其蕴含的能量一旦爆发，实现的价值将是全方位的。中国的珠宝业绝不可轻视品牌这把利剑！

(程 刚)

多年的经验深有体会地说。吴文学还介绍，现在，广东、福建等地，黄金首饰每克加工费在2元上下浮动，批量大的每克1.8元就能拿下来。而在北方，内地企业每克黄金首饰的加工费至少是2.5元/克，款式还没人家的好，品种也很少。黄金首饰加工业、零售业是资金密集型产业，大规模生产才能降低成本，才有竞争力。没有一定加工规模的小企业不但单件加工费成本高，而且无法满足商业客户多品种小批量的采购需求。没有批量采购，仅靠自己推销就会加大销售成本，从而也就降低了产品的价格竞争力。吴先生认为，目前仍靠配额吃饭，尚未形成加工规模的黄金首饰加工企业亟待提高竞争能力。

当然，在国内黄金首饰行业也有一些在树立品牌上先行一步并取得了良好业绩的企业。在上海，近年来，"老庙黄金"和"老凤翔"凭借响亮的品牌，向现代连锁经营发展，成为让消费者记得住的专营店品牌和首饰品牌。在北京，有黄金首饰第1家之称的菜市口百货商场，靠经营有特色和优质服务，创出了商业品牌，树立了良好口碑。品牌意味着信誉，有品牌才能做大规模，这是市场经济的通则，在取消许可证后，树立品牌意识在业内已达成共识。

业内人士对开放后的市场竞争焦点十分清楚。他们认为，加入WTO后，国内黄金首饰市场面临的最大冲击来自于香港和台湾。因为，在文化背景相同，心理需求相近，审美情趣相似的前提下，港台首饰的技术工艺水平比内地同行先进10年，款式新颖，价格有竞争力，可能比国外品牌更能为国内消费者所接受。他们在品牌运作、营销策划方面也颇具实力。

业内专家认为，取消许可证后，国内黄金市场的变化会有一个过程，格局不会产生立竿见影的快速变化。因此，在还未允许港台首饰商进入国内市场及外资尚未杀入这一领域的短暂间隙内，国内的金饰品生产企业和零售市场要抓住这一有利时机，通过整合，扩大规模，打造出几个叫得响的品牌，提高自身的竞争力，才能抵御来自市场的冲击。 (武进和　王杨二)

标　识

兴达

江苏兴达钢帘线集团公司

JINWA

南京农用车制造厂

# 中国体育产业盼品牌

有人说中国的体育产业就像一只篮球，皮质很好，但里面的气体不够，拍到地上能够弹起来的高度很低。中国最大的体育用品生产企业之一的李宁公司表示："虽然耐克做到世界第1，但是我们没有必要按照它的模式来发展。"

李宁公司宣称，法国体操队作为第1个穿上中国李宁服的国外运动队，历史性的把中国体育用品市场的品牌竞争推向了前所未有的高潮阶段。

李宁公司的品牌推广战略是"草根计划"。这和耐克、阿迪达斯的"金字塔推广战略"有根本的区别，即先把根深植到消费者队伍里，吸取营养，并通过自身努力使消费者规模扩大，从而使自己获得更大的发展空间。

目前阶段，李宁产品的价位是较适合中国消费者的，最贵的鞋也不过300多元。随着消费者消费能力的提高和体育用品市场的成熟，李宁产品的科技含量即使都能达到赞助法国体操队的产品质量，其产品价位上升的空间也是有限的，和耐克、阿迪达斯进行价位相差无几的竞争，市场能否接受，还是未知数。

在"飞人"乔丹的身上最为鲜明地体现了体育的无形资产；一些成功挑战人体极限又具有较高人格魅力的球星已经越来越成为人们崇拜的偶像。这恰恰促成了现代体育和经济紧密结合，使体育日益成为重要的经济资源。

鲁能泰山俱乐部推出了服装、办公用品等标志产品，据介绍，其中最特别的要算干红葡萄酒和超干啤酒系列酒产品了。这些系列产品销路不错，其销售额已

## 记事

8月1日

2002 洋快餐本土化战略膨胀，肯德基开始供应中式早点。

2001 “首届品牌传播论坛”在新疆召开。

2000 中国自行研制的先进流线型子弹头列车在山西境内开始运营。

1998 湖北省嘉鱼县合镇垸溃决。抢险中19名解放军官兵牺牲。

1997 中国建筑一局(集团)公司挂牌。

1994 质量万里行拉开序幕。

1993 国家版权局发布《录音法定许可付酬标准暂行规定》、《报刊特载、摘编法定许可付酬标准暂行规定》和《演出法定许可付酬标准暂行规定》。

8月2日

2001 进出口经营资格实行登记制。

2000 海尔集团加入世界设计组织(我国惟一加入该组织的企业)。

占到俱乐部全年总收入的1/3，并逐渐增长。

河南建业开发的产品有风衣、围巾和工艺品等。该俱乐部总经理认为，足球俱乐部的市场开发与球队水平挂钩，同时还要有营销策略。大连实德是国内俱乐部中投入最大的之一。前“国脚”、俱乐部现在第一副总经理林乐丰认为，将来中国的足球俱乐部不应过多靠企业投入，而应努力靠自己养活自己。近年来，大连实德投资200万元，开发出30—40种标志产品，今后还将继续加大投入生产科技含量更高的相关产品。

《中国足球报》主编杨迎明先生说，中国足球职业化改革以来，投入的人民币已经达10亿元。虽然这只是默多克要买曼联的1/10，但是已经反映出中国足球的巨大市场效应。正如一位中国体育要员所说：中国足球的贡献在于开发了市场。

中国的体育商品商标及服务商标的数量从一个侧面反映出中国体育产业的欣欣向荣。

(元　元)

# 中国体育第一品牌

由“抽象的长城、奥林匹克五环及Chinese Olympic Committee”组成的商用徽记黏住了无数名牌企业的“眼球”。

作为国际奥委会标志的五环，同时也是他们的商用徽记。经过近百年的发展，尤其是创造了电视转播权和Top赞助商计划之后，国际奥委会的五环标志已经成为全世界最有影响力的商用徽记之一，其价值早已在1亿美元以上。一些体育市场体系比较完善的国家的奥委会也已经利用自己独特的“五环资源”创造出了不菲的价值。而中国的奥委会标志是“国旗＋五环”，根据有关法律的规定，这一标志不得直接用于商业用途，所以中国奥委会必须单独开发出自己的商用徽记。

中国奥委会从1995年开始较为规范地开发其无形资产起，就在酝酿一个既有中国特色又能体现奥林匹克精神的商用徽记。但商用徽记的设计、征集、筛选、上报、审批等实质性操作则是在悉尼奥运会之后。

目前，全国上下支持体育运动的热情空前高涨，中国的奥林匹克运动面临着一个非常好的发展机遇。而商用徽记的确立，也是广大企业的需要。有了可以用于广告宣传的奥林匹克标志，企业可以通过体育这一健康的载体和宽阔的舞台，使宣传效果更为理想，谋求更大的市场及社会效益，从而达到中国奥委会体育无形资产的价值实现和广大企业产品推广的双赢目标。源于这两方面的动力，中国奥委会的商用徽记在报经国际奥委会的同意后，正式向全社会推出。

中国奥委会市场开发委员会的许增武主任指出，就像“体育彩票”为全民健身运动提供了充足的资金来源并成为社会公认的一个体育品牌一样，中国奥委会打出的“五环牌”，也希望在为竞技体育运动提供资金保障的同时，能成为中国奥委会无形资产开发工作走向市场化和规范化的突破点及主导力量，从而打造成中国体育的第一大品牌。许主任认为，中国奥委会的商用徽记是一个非常特殊的商标和一个非常特殊的品牌。这个新品牌虽新，但知名度很高，能迅速缩短与市场和消费者的距离；中国体育多年来的出色战绩为这个新品牌积累了良好的社会形象和很高的美誉度；此外，无论市场竞争发展到什么程度，中国奥委会的名称和商用徽记只有一个，具有绝对的排他性。这些因素使“五环牌”具备了问鼎中国体育第一大品牌的绝对优势。而去年中国体育代表团商用标记的开发，不仅为中国奥运军团引来了8000万元人民币的赞助，而且广受国内外企业的好评。由此可以预见中国奥委会商用徽记开发出来以后的商业价值和市场前景。

(金　坪)

品牌人语

# 把脉中国体育用品行业

**统计信息须科学，科技含量要增加**
**中国文教体育用品协会理事长韩中仁**

根据1995年全国工业普查的结果来看，中国共有体育用品生产厂家近3000家，经过这几年的发展，这一数字肯定有所增长。据国家信息中心的资料来看，目前，中国生产体育用品的国有企业及年销售额超过500万元人民币的其他类型企业共计有304家，其中不包括运动服装及运动鞋生产企业，生产总值仅为100亿元人民币。

韩中仁认为，这一数字偏小，而且这样统计体育用品行业的信息是不科学的。他说，2000年中国海关的统计资料表明，中国体育用品（不包括服装和运动鞋）出口共计22.7亿美元。根据估算，这类产品的出口一般占30%—40%，那么国内体育用品产值至少在500亿元人民币左右。

他说，由于体育用品行业产品分类复杂，兼跨的行业太多，导致目前国内还没有一套统一的、科学的统计方法来统计体育产品的信息，不同机构和部门对统计的口径不同，统计出来的数据也就五花八门。比如，国家统计局将运动服装划归纺织品，将排球等球类划归皮革制品。本行业由于缺乏科学、权威的信息资料，也就不能对本行业进行宏观协调与指导，也不利于对外交流与交往。

另外，韩中仁指出，中国体育用品尤其是体育运动竞技器材的发展很不平衡，差距较大。排球、乒乓球、羽毛球、举重以及大部分田径器材已经处于世界先进水平，并且达到了国际单项联合会的标准，也就是说有资格进入奥运会的比赛场地。而一些水上运动项目的器材以及自行车、射箭、棒球、垒球等体育器材却相对比较落后，以致国内运动员的训练器械大部分都依赖进口。

中国号称“自行车王国”，2001年全国自行车总产量超过了5200万辆，占到世界总产量的40%，但是作为竞技比赛的高性能高质量自行车，国内却没有哪个厂家能够独立生产。

韩中仁说，要改变这种状况，就需要政府大力扶持企业进行研究开发，提高这类器材的科技含量，扭转这种发展不平衡的局面。

**款式工艺规格一个都不能少**
**北京利生体育商厦副总经理胡文廉**

目前国内体育用品与国外产品最大的差距就在花色、款式、做工与规格上。“就拿运动服装来说”。胡文廉说，“国内企业绝大部分款式更新太慢，花色也比较单一，不求变化。商标是属于知识产权保护的范畴，而服装的款式并不严格受保护，生产厂家都可以设计、生产相同或相近款式的服装，国内企业明显跟不上国外品牌运动服装的款式，也就不能主导运动服装的市场流行款式。”

在体育用品的加工工艺上，国内产品与国外品牌差距也较大。他说，目前大部分国外品牌的产品，比如耐克、阿迪达斯等都在中国境内设厂生产，其做工、质量与国内知名品牌已无明显的差别。而真正从韩国、日本进口的产品，加工工艺就是不一样，就连运动鞋上每一公分走几个钉眼都有严

标　识

徐州卷烟厂

江苏省京江陶器厂

江苏兰陵化工(集团)公司

## 记　事

8月2日

1995 首次股票上市公司综合实力评价揭晓。

8月3日

2000 国家工商局在成都召开"百家企业打假维权"座谈会。

1993 "1992年中国勘察设计单位综合实力100强"评出。

8月4日

1999 "全国10大绿化标兵"在京获表彰。

1984 国务院通过国家经委提出的《1981—2000年全国食品工业发展纲要》。

8月5日

2002 吉利、美鹿两民营经济型轿车合营。

1999 "中国质量万里行促进会"理事大会成立。

1997 国家经贸委、国内贸易部等联合召开"全国名店名厂名品"工作会议发出"振兴国货"倡议。

1993 1992年轻工系统200家最大工业企业评出。

---

格的规定，其产品质量可想而知，而国内企业却做不到。

另外，国产与进口品牌的规格也很不统一，同样的规格，实际大小却相差甚远。"比如说你穿国产运动服的规格是XXL，那么你穿进口品牌说不定是XL或L了。这就会对市场销售乃至产品出口造成影响。"

胡文廉说，国内产品要想在销售市场上与国外品牌在竞争中处于有利位置，就必须从花色、款式、做工、规格这几个方面下功夫。

**规范行业管理培植本土品牌**
**北京体育大学副教授易建东**

中国有3000多家体育用品生产企业，按地域来划分，东部占到89%，中部占到8%，而西部只占3%，其中广东、福建两省就占全国体育用品生产企业的1/3；按所有制划分，民营企业占50%，国有及集体占21%，混合所有制占29%。

中国体育用品行业在进入市场经济前完全受政府部门控制，由政府拨款进行指令性研究开发与生产。

虽然中国体育用品行业10多年来有了长足的发展，这在很大程度上得益于全民健身运动的提倡与发展，但越是与大众体育运动相离远，专业竞技性越强的项目，其运动器材就越依赖进口。据统计表明，中国运动员训练用器材70%是进口，一位业内人士认为这一数字趋于保守，估计在90%左右。为什么与亚运会形成了这么大的反差呢？易建东认为，主要是政府行业的短期性造成的，为了亚运会就大力扶持，一旦亚运会过后就撒手不管了。企业目标不长远，政府政策不连续，直接导致了企业的短命现象，另外，国家没有培育良好的消费市场，国内体育用品市场并不成熟；绝大部分企业又缺乏科学的市场调研，这也是企业短命的主要原因。

"我们熟知的'回力'等体育用品品牌的兴衰起伏就是明显的例子。"

易建东说，企业要克服短命现象，一方面政府要引导消费，培育成熟的市场；另一方面企业也要下大力进行科学的市场调研。

说到体育用品的行业管理，易建东说，1987年原国家轻工部成立了文教体育用品协会，1993年原国家体委成立了体育用品联合会，这是目前中国在体育用品行业方面的两个组织机构。从目前来看，加入这两个组织的体育用品生产企业为500多家，而其余近5/6的企业则游离于行业协会之外，不利于整个行业协同发展，政府也缺乏对体育用品行业的有效宏观协调与管理。社会资本的存量很低，产品的品种、品质差别也比较大。

另外，这两个组织由于分属两个不同的部门，有着各自的阵地与权力，相互之间的关系未能很好地理顺，造成许多企业在入会问题上左右为难，有的干脆就同时加入中国文教体育用品协会和中国体育用品联合会，以高额的代价变"左右为难"为"左右逢源"。而这种不必要的毫无意义的竞争直接导致了体育用品行业管理的不规范，管理权限的分散。加上最近几年体育用品展会过多过乱，档次不高，审批无序，使行业管理更加困难。

易建东说，耐克、阿迪达斯等国外著名品牌是经过了长时期精心培植之后才打入国际市场的，这对中国国内企业有着很好的借鉴作用。

"我不认为北京办奥运会就非得要在赛场上有多少国产器材，而且这并不是国内企业努力了就可能实现的，因为国际奥委会将器材选用的权力下放给各单项体育组织，各单项体育组织考虑到器材选用的连续性和自身的社会关系等因素，不可能随意更换生产厂商，即使国内厂商的产品也同样符合奥运赛场的标准。"

他说，奥运不是归属，而是跳板，最关键的是我们的体育用品如何借助北京奥运会跳出国门，走向世界。

（陈文波）

# 医疗市场竞争加剧
# 品牌运作大势所趋

## 一、合资品牌医院备受青睐

尽管外资介入医疗市场的门槛比内资更高，但业内人士直言，未来的几年内，外资企业会大举占领国内中高档医疗市场。

北京国际医疗中心董事吴谨源介绍说，他们最初的主要任务是为各国驻华使馆人员、外企人员及其家属、来华外宾、海外华侨及港、澳同胞服务；内宾也有，占不到1/10。但近一两年，内宾（主要是白领阶层）数量迅速上升到1/3左右。国内嘉宾部开办以后，预计内宾与外宾的比例将达到一半对一半。

内宾占到就诊量的1/3，不只有北京国际医疗中心一家。和睦家医院每天就诊人数150多人，其中有多于1/3的病人是国内的“客人”。

专家分析，“洋医院”此番大举入侵国内市场，首先是政策的利好。“洋医院”进入国内始于1989年。2000年7月，卫生部和对外贸易经济合作部联合发布了《中外合资、合作医疗机构管理暂行办法》。该办法尽管对投资数额做了不少于2000万元、中方股份不少于30%的规定，但外资进入医疗系统的门缝还是越来越大了。

医院竞争的加剧也是“洋”医院此番扩张的另一情结。北京国际医疗中心的吴先生坦言，来自国内医院的外宾部以及“洋”医院的竞争压力也越来越大。在协和医院特需门诊部，一位在国外呆过多年的求诊者表示，除了没有“洋”大夫和“洋”护士，其他同国外医院差不多，但价格比国外便宜。

在如此情形下，先富起来的国人便成为他们的瞄准对象。然而，价格仍然是阻挠国人大步跨入“洋医院”的门槛。据某合资医院的创始人李女士介绍，这里的价格水平仅比美国同类医院稍低一点：如顺产一个婴儿大约需要6000多美金，而同样的情况在北京的三级甲等医院仅需要3000多元人民币。

## 二、国内医院将分出两大阵营

北京市日前完成对600多家医院盈利和非盈利的审核划分工作，其余8000多家医疗机构的分类划分将于2001年年底前完成。目前，已有41家医院经审核进入非盈利性医院机构的阵营。

北京市卫生局认为，所谓盈利性医疗机构是指在依法纳税的前提下，医疗服务所得收益可用于投资者的经济回报。非盈利性医疗机构是指为社会公众利益服务而设立和运营的医疗机构，不以盈利为目的，其收入用于弥补医疗服务成本，用于自身的发展，如改善医院条件、引进技术、开展新的医疗服务项目。非盈利性医疗机构可以免税，并且还享受政府补贴等一系列优惠政策。此次首批进入非盈利性医院的有北京天坛医院等23家市属医院及普仁医院等18家区县属医院。

北京市卫生局医政处处长吕鹏表示，非盈利性医疗机构虽然享受免税、政府补贴等一系列优惠政策，但必须在挂号、手术、检查等收费项目上执行政府定价。而盈利性医疗机构的各项医疗服务的定价则完全是“随行就市”，但必须要照章纳税。

有关部门认为，不管是盈利还是非盈利，所有医疗机构都应提供高质量的医疗服务，但在服务形式上，盈利性医疗机构可能根据市场需求推出单间门诊、私人护理等各种更加人性化、市场化的服务项目。

## 记　事

**8月5日**

1993 1992年加工工业10行业利税10强揭晓。
"中华绿色科技奖"在京颁奖。

**8月6日**

2002 麦当劳提供免费上网服务惹起争议。

1999 中国铝业集团公司、中国铜铅锌集团公司、中国稀有稀土金属集团公司在京成立。

1998 "火炬计划"十周年成就暨高新技术产品博览会在京举行。

1997 首届全国"中华技能大奖"在京揭晓。

1996 全国外经贸商标战略工作会议要求自觉强化商标意识,争创世界名牌,到2010年基本消除出口企业无商标现象。

1994 上海公判第一假冒商标案,8名罪犯受制裁,两名厂长知法犯法被戴手铐。

1993 "93中国质量意识高层论坛"在京开幕,江泽民同志题词:"树立质量法制观念,提高全民质量意识"。

此外,北京市卫生局副局长金大鹏在日前召开的医疗机构分类管理会上特别提出,为了防止一些医疗机构借机改名蒙骗患者,在这次医疗机构分类改革中,要依法纠正已经核准登记的不适宜的医疗机构名称,凡在此次医疗机构分类管理中擅自更改名称的,将依法严肃处理。

三、国内医院如何做大品牌

由于以前医药卫生是特殊行业,特别注重社会效益,因而市场化的改革力度要远远落后于其他领域。一位基层医院的管理人员认为,医院相对封闭,对品牌动作确有不少顾虑。

内在的认识或可转变,而外部的环境、政策、机制却成为医院品牌运作的又一瓶颈。北京朝阳医院一位管理人员透露,该院近年联合周边的中小医院试点组建了区域联盟——朝阳集团。起初,各方积极响应,然而,当中小医院借集团品牌略有发展之后,就把集团丢到了一边,既不接受"朝阳"派驻领导的指导,也不接受集团进一步的整合举措,中小医院的卫生主管部门也由困难时的"推"变成后来的"揽",结果自然是不欢而散。

上海某医院的院长认为,关键在于医院系统未真正引入优胜劣汰的机制,一进政府办的医院缺乏危机感,总认为有退路。只有经营困难的医院真正断了政府的"奶",主动走联合之路,名牌医院的运作才可能有所作为。而对于一些定位于公益性福利事业的医院,做到这一步还有很长的路要走。据了解,京城医院组建医疗集团的区域联合已取得不小进展,但愿这是突破医院品牌运作瓶颈的好兆头。在日前召开的浙江省医院工作会议传出信息,根据浙江省市场经济较发达的实际情况,该省在政策上允许符合条件的盈利性医疗机构列为基本医疗保险定点医院,部分地区试行正高职称医师自由择业制。该省卫生厅强调,今年各级医院的重要工作是强化质量管理、人才管理和经济管理,提高医院的综合实力和群众的满意度。

一位参与医改政策制定的政府官员表达了这样一个观点:从某种程度上看,完全按市场机制运作医院是不可能的,即使在西方也是行不通的,医院发展的根本在于医疗技术。

这种技术立院的观点得到了许多医院管理者的认同,他们认为,医院品牌的核心就是医疗技术,当然,这一核心是由医生的医疗水平来体现的。目前,由于检查费高于门诊费,许多基层医院注重先进医疗设备的引进,然而在人才培养上却舍不得投入,也造成了"名医"的匮乏,这也是导致大量病人涌向名医造成"排队现象"积重难返的原因之一。

北京协和医院的一位管理人员表达了对品牌扩张的一种隐忧:单靠品牌优势进行重组可能会缓解医疗设施等资源配置的不合理,但技术水准、传统精神、管理机制能否在新资源中得以延续,更值得关注。

名医名院的"排队现象"说明品牌运作市场空间的巨大,瞄准需求无疑是众多名医名院或中小医院品牌运作的切入点。

一位政府官员分析说,当前,中国的医院面临着前所未有的发展机遇,不论是非盈利性医院,还是盈利性医院,瞄准需求,抢占市场都是重要策略。大型综合型医院可以凭借优势品牌,继续做大做强,主导医疗事业的发展方向;中等医院可以在一两个优势科室上重点投入,培养人才,发展为特色专科医院;而小医院则应向社区发展,为患者提供更全面周到的医疗服务。这几个方面,都将为品牌运作提供广阔的舞台。

然而,医院品牌运作的困难也是巨大的。比如,资本投入不足。一位从事金融与证券研究的专家说,我国有一大批医院,一旦具备了上市条件,筹集发展资金将不成问题,另外,利用优良品牌,获得国内外的资产捐助也是重要途径。不过,目前医务界对资本市场运作介入甚少,相关人才更是少之又少。再者,要获得资本市场的入场券,众多医院在企业化运作、内部管理改造等方面都有许多工作要做。

(朱晨辉)

# 报业的品牌竞争

面对中国入世后的新形势，中国报业的发展也面临新的挑战和机遇，为紧密配合中国报业的发展，促进中国报业技术改造、设备引进和报纸印刷工业的发展和进步，让报界了解世界相关企业最新的技术设备发展状况，也让企业了解报业的发展情况，中国报业协会举办新世纪中国报业展览会。

一、铸造中国报业品牌

博览会是对中国报业的一次检阅。中国已进入信息社会，在诸多信息需要快速传递的情况下，报纸面临着与其他媒体的竞争。

谈到品牌的话题，北京日报记者彭俐说："品牌是媒体生存的基础，也是媒体生存的一种优势。并不是每家媒体都会有自己的品牌，或者准确地说有自己闪亮的品牌。媒体必须是一个鲜明醒目的形象，品牌对企业是重要的，对媒体也是关键中的关键。现在媒体都在竞争，实际上是品牌的较量。构成品牌的因素有很多，名记者、名版面、名专栏等，现在的都市报很多，但一个报纸的常规运作在它诞生3—5年后才能有一个品牌形象，老报刊媒体有这个优势，但并不是都很珍惜，有生存压力的报纸在这方面做得比较好。媒体应该有强化自己品牌的意识。"

文汇新民联合报业集团的俞廉纯先生，目前是文汇新民文化传媒设计经营有限公司的副总经理，专门从事市场营销策划、市场推广等工作。他深有感触地说："这几年，媒体市场的竞争越来越激烈，集团的经营者已经意识到将来会更加激烈。以前在上海，《新民晚报》的发行是首屈一指的，可以说是龙头老大的位子十分稳固。现在企业选择的媒体越来越多，一些新的媒体，非常注重树立品牌，市场推广手段比较新。像这次展览会，其实也是媒体的一次自我推

四 方

新疆伊犁糖厂

品牌问题

# 建立中医药企业品牌

**一、技术优势+资源优势+市场需求=世界名牌的摇篮**

炎黄国医馆总裁谢志豪认为，这是由中医独特的优势和全球范围内强烈的市场需求决定的。"中医药是特别适合产生中国自己的世界名牌的行业，拥有产生强势品牌的独特优势和资源。①中医药产业的技术、理论体系是中国独创的，别人没有。中医药学是中国发明的，在中国的发展历史最长，这是得天独厚的。②在中医药领域，许多国外的技术和方法做不到的事，我们国家能做到。中医药领域更容易产生中国的国际名牌，这实际上是由市场需求决定的。因为，所有的现代人中，70%以上处于亚健康状态。这样的市场需求决定了将中医品牌定位在针对亚健康的健康管理要比把中医仅仅作为一种治疗手段去推广更恰当。这方面恰恰是中医所长。在这个问题上，西医没有好的解决方法。凭借中医药，做健康管理的强势品牌，成功的机会是很大的。"

**二、打造强势品牌是中医药企业的核心**

"以往我们搞中医药产业，思路

南京金陵鞋业有限公司

## 记　　事

### 8月7日

1998 荆州公安局孟溪大垸溃决。
长江九江大堤发生决口。

1993 首届中国青年奥林匹克技能竞赛西餐烹饪暨餐厅服务选拔赛在京举行。

1992 世界母乳喂养联盟确定每年8月的第一周为“世界母乳喂养周”。

1991 1990年中国500家最佳经济效益企业评价揭晓。

### 8月8日

2001 张裕集团与法国卡期特集团的战略合作签约仪式举行。
中国电子商务旗帜人物、时代珠峰董事长王峻涛辞职。

2000 上海通用汽车有限公司别克G型2.49L车上市。
国内首家糖业联盟网站诞生。

1990 国家工商局发布《商标印制管理办法》，自10月10日起执行。

广。可以看到新兴的媒体对此都很重视，一些老的品牌尽管意识上有一定的转变，但它原来的那种优越意识还是比较浓重。对推广自己的品牌还不是很重视。这是老牌媒体所欠缺的。”

俞廉纯负责为集团媒体进行市场调查、市场监测，然后作企划，推广自己的品牌。他认为，其实每个媒体也是一个产品，我们已经意识到它的重要性，以后会作为集团的长期性工作，应不断去研究市场，研究自己的消费人群、竞争对手，还要加强技术手段。

二、规模化竞争是主流

进入21世纪之际，中国报业开始进入“厚报时期”，特点是报纸纷纷扩版，规模增大，并且以规模化竞争为特点的质量调整期已经到来。

建立报业集团，从事多种经营，从不同方式寻求资金支持，进行规模化竞争，是目前中国报业发展的主流景象。在这一竞争中，读者资源和广告资源通过市场越来越集中到少数实力派报纸手中。

广州日报集团吴景文说：他们参展的目的是为了交流，再就是树立自己在报界的品牌形象。如果把媒体看成是一个产品，采编工作只是完成产品的一个重要过程，2005年，国外一些媒体会进入中国市场，这将面临着更多的挑战和机遇。

三、中国报业面临挑战

“入世”之后，中国报业将有一个更快的发展机遇，报业经济实力将继续增强，报纸印刷总量继续保持上升势头。这届报业博览会上也来了很多国外的厂商，其中包括像德国海德堡、高宝这样被业内专家称之为“恐龙级”的厂商。毫无疑问，“入世”后中国的报业将会出现一个新的高潮，因此，也使国外厂商对中国市场充满了信心。

报业专家认为，中国报纸行业要以中国加入WTO为契机，抓住行业报整顿这一机遇，兼并报刊、扩大规模、增加总量，实现低成本扩张，提高报纸的覆盖率和影响度，扩大报纸发行市场占有份额，增强报业竞争能力；加强对采编和经营管理人才的选拔和培养工作，提高新闻工作者队伍的素质，改善人才和知识结构；适应市场经济和知识经济的需要；大力加强和扩大报纸行业对多媒体新闻网络和影视领域的研究和投入。　　　（段　薇）

和做法局限在制药、开医院治病。我觉得，正视和研究市场需求，围绕中医药最能符合现代市场需求、最能与现代人的健康观念结合的优势和长处去制定策略，我们才会赢。”谢志豪认为，中医药产业这么多年来除了几个老字号，并未产生真正意义的国际名牌，这既有历史的原因，又有西方文化对中医的不了解与不认同的原因，更有企业缺乏国际化的品牌意识、视野与运营手段的原因。

在谢志豪看来，发展中医药品牌除了现在已有的模式，还应该有其他的策略，应该有更开阔的视野。“我们现在的策略偏重医而不是药。我想先做一个医疗服务的品牌，然后通过这种医疗服务品牌的连锁扩张，在全球范围内会形成一种被广泛关注的强势品牌。按照这样的商业计划发展，当炎黄医馆这一品牌影响力积累到一定程度，我们相信这个品牌将像一个很大的磁场一样，吸引很多人和我们合作。在这个品牌之下，我们在中药、中医院、中药功能食品和功能饮料等方面都会找到合作者和投资者。”

谢志豪特别看重品牌战略在中医药业中的作用。“因为我觉得如果一个企业在中医药领域形成一个很强势的品牌的话，接下来再要扩张、做事，是低成本的。也就是说，中药要卖得好、中医院要办得好、功能食品要开发得好，就先要有一个强势品牌。品牌是中医药企业核心竞争力当中的核心。”

中医药产业其实不缺知识产权（品牌无形资产、专利、秘方）、资金、人力资源，缺的是现代市场的商业模式及整合强势品牌资源的运作能力。　　　（张　祺）

标　　识

# 主题公园：亟待品牌创新

中国主题公园已逾千家，沉淀资金超过3000亿元，但由于题材雷同、粗制滥造、缺乏创新，使得绝大部分主题公园门庭冷落。旅游界人士以“悲壮”来形容这个悲惨的局面。

近一时期以来，主题公园新建和推出促销举措的新闻不断出现在国内的媒体上，据记者不完全统计，近期开张或新建的就有位于北京朝阳区的世界货币公园；北京第7家展示野生动物的景点——北京野生动物园；中国内地第1个类似迪斯尼的主题公园——桂林乐满地休闲世界一期工程迪斯尼主题乐园也于近日竣工并投入运营。而动静最大的当属国内最大的民营旅游企业集团一杭州宋城集团不久前宣布的促销决定：为打破国内主题公园存在高投入、高风险、高门票、高门槛、低回报的怪圈，从2001年5月1日起，将该集团所属的杭州乐园景区门票价格从每张80元降低到38元，降幅达到52.5%；与此同时，杭州乐园还举办了“200万元寻宝大行动”，即将价格200万元的彩电、冰箱、电脑、手机等奖品埋藏在乐园的指定区域，游客找到后则归自己所有。

**一、主题公园10年发展逾千家**

主题公园作为一个舶来品，在中国的流行如同当年的呼拉圈、牛仔裤、卡拉OK一样迅速。如果把沃尔特·迪斯尼于1955年在美国洛杉矶建成开放的迪斯尼乐园作为现代主题的公园发展

吴　光®

苏州景泰合金粉末有限公司

ELEGANCE
ATTRACTION
CULTURE
®

南京万里鞋业集团有限公司

Yin Hu 銀湖®

无锡光明制衣集团公司

## 品牌前沿

# 名胜如何告别“叫好不叫座”

**一、名胜何以成“鸡肋”**

本着“修旧如旧”和文物保护的原则，绍兴的很多景区常常“几十年如一日”，如何能吸引到回头客？

“留不住人，招不回头”的问题，在绍兴为数众多的名人故居中表现得更为突出：游客往往是转了一圈，看了几张桌子几张凳子几幅书画就走人。

这并非是绍兴一家独有的困惑。据有关部门统计，仅2001年上半年，国内游客对文物古迹兴趣度的降幅就达到了25.9%，而他们对度假旅游的兴趣却上升了11.7%，更令人不安的是，观光客的花费也比度假游客低得多，两者相差12个百分点，观光旅游比商务旅游的人均花费更是低了两成多。

浙江大学旅游管理系的1名学者指出，人文景观参与性差，缺乏休闲、度假等功能，与现代旅游的距离越拉越大。

在休闲旅游和商务旅游日益火爆的背景下，严峻的现实摆在绍兴面前：难道不久之后绍兴的旅游业真的要抱着“金饭碗”讨饭？

**二、“十八缸”里倒出的启示**

绍兴的兰亭已成为举世闻名的书法圣地，但是占地仅34亩的兰亭景区内，几个景点屈指可数，加上规

## 记 事

### 8月9日

2002 中国名牌战略推进委员会发布"2002年中国名牌产品公示名单"。

2001 中化公司世界500强排名上升31位。

2000 青岛啤酒收购嘉士伯啤酒香港有限公司在嘉酿(上海)啤酒有限公司75%的股权。

1999 中国企业联合会"中国企业竞争力指标体系"评价揭晓。

1993 第二届中国企业知名度问卷调查结果在京发布。

### 8月10日

1985 国务院批复11月8日为"记者节"。

内昆铁路花土坡桥为亚洲第一高桥，其8号主墩高110米。

第一次中国西部地区经济发展讨论会召开。

### 8月11日

2002 中国林产工业协会发布"2002年中国地板行业信誉品牌"名单。

的开端，30年后，美国的主题公园也仅仅增加到50家。而在中国，如果说1989年9月深圳锦绣中华微缩景区的开放标志着这一全新旅游产品在中国首次亮相的话，那么在此之后的短短10余年间，中国的主题公园就已经远远超过1000家。其题材从中外名胜、历史古迹、神话传说、山海人文到休闲娱乐、科幻刺激等等，古今中外，无奇不有，无所不包。从表面上看，似乎呈现出一片热热闹闹的繁荣景象。

然而，事实却令人震惊，绝大多数的主题公园在开张不久，就从开始的门庭若市急转直下到门可罗雀。在1000余家主题公园中，竟然沉淀了高达3000亿元的资金。这使得对于中国主题公园的讨论至今仍显然有些沉重。

导致国内主题公园冷冷清清的主要原因有3点：

①题材雷同。比如说，北京共有39家主题公园起名为"宫、馆、洞、祠"，而以"看泥人、听故事、走小路为主要内容的就有16家之多。

②粗制滥造。绝大多数主题公司既缺乏新颖的创意、鲜明的主题、丰富的内涵，同时在规划、选点、施工、园林、灯光、音响、管理、服务等方面乏善可陈。许多投资者认为圈一块地荒3年就可以叫生态旅游；搞几个雕塑再采用所谓的"声、光、电"技术就可以称做游乐园。

③毕其功于一役的心理。有些主题

模太小、扩展受限，连推出的"半日游"都十分勉强。如何将兰亭"做大"，让游客在这里"有景可游"，曾是困扰兰亭景区管理者们的一道难题。

兰亭虽小，故事却多。相传当年王献之开始临摹父亲王羲之的书法时，曾向父亲讨教秘诀，而王羲之却指着院子里的十八只水缸对他说，秘诀就在这些水缸里，当你把这十八缸水写完时，自然就知道秘诀在哪里了。于是，王献之遵从父训，天天从缸里取水磨墨习字，几年下来，不但用完了这十八缸水，最终王献之成为一代书法大家。

"十八缸"的故事几乎家喻户晓，但从来没人将它和兰亭景区建设联系起来。兰亭景区管理处副主任喻革良向兰亭景区所属的绍兴市文化旅游集团有限公司提出了要在兰亭建一个新景点的设想，景点名为"十八缸"，由十八只水缸、十八块地坪砖构成，游客在游览这一景点时，可以用景区提供的毛笔，蘸上缸里的水，在地坪砖上习字，体验当年"王献之临池十八缸"的艰辛。这个融知识性、趣味性和教育意义于一体的景点推出之后，其受欢迎程度远远超出了设计者的预料。景区工作人员介绍说，几个月来，单是被游客写坏的毛笔就有两百多枝。

一些专家在考察之后提出，人文景观不是没有潜力，而是缺少发现。"十八缸"景点的开发成功，就是一个隐性旅游资源被"慧眼"开发的例子。这对全国许多捧着"金饭碗"的历史文化名城都有很强的借鉴意义。

**三、慧眼所至，财门为开**

在兰亭"十八缸"凸现无穷魅力的同时，绍兴的其他一些景区也开始借助深厚的文化积淀，不断制造亮点。

鲁迅是绍兴旅游的大主题。《故乡》、《社戏》、《阿Q正传》、《祝福》、《孔乙己》等十多篇鲁迅名作，因为被大中小学的教科书收录而拥有极为广泛的认知度。从今年暑期开始，绍兴市文化旅游集团有限公司深度开发这一优势资源，面向学生推出了"鲁迅作品赏析游"。

绍兴文旅公司在这一项目上下了不少功夫：在游览的一开始，每一位游客就会得到一份鲁迅名著的资料，"记忆从课本开始"，游客能重温其中有关绍兴历史的内容；接着，游客们将一一游览鲁迅故居、百草园、三味书屋、长庆寺、土谷祠、咸亨酒店等景点，并由鲁学专家进行一场鲁迅作品的讲座；最后，是观赏《阿Q正传》、《祥林嫂》、《孔乙己》等几部电影，让游客全身心进入历史原态。

(潘海平　朱立毅)

公园，原始创意不错，建设也比较到位，或许再加上一些炒作，使得开园之时即门庭若市、游人如织，一派火爆场面。于是经营者放下心来，以为照此下去不出五六年即可收回投资了。殊不知好景不长，一阵热闹过后，市场越来越难做，最后门可罗雀、凄惨度日。各种原因固然极多，但本身不注重产品创新也是重要的一点。

二、高门槛制约主题公园的持续发展

主题公园的生命力在于其个性、品质和创新。这是人们在交了3000亿元的巨额学费后明白的一个基本道理。

这一点，在一些成功经营、久盛不衰的景区中得到了充分体现。深圳锦绣中华，这个中国主题公园的“元老”至今仍拥有稳定的客源。杭州宋城，中国最大的宋文化主题公园，一直强调“文化是宋城的灵魂”。5年来，该景区游客每年都在100万人次以上，而且还有稳定的增长。

据一位专业人士表示，曾经广泛流行的“主题公园的生命周期不超过5年”的悲观说法是片面的。有个性、有品质、有创新的主题公园完全可以走出这一宿命。

在这样的发展轨迹中，除了个性、品质、创新的逐渐增强以外，其背后还有一个非常直观的线索，那就是投资规模的日益扩大。从锦绣中华的1亿元到宋城的1.6亿元再到杭州乐园的4亿元，投资额呈现出明显的代际区分。

但投资是为了收益，高投资的结果便是众多主题公园不约而同地选择了高票价。深圳“中国民俗文化村”80元、“世界之窗”110元、广州“海洋世界”120元、北京“中华民族园”120元、上海“环球乐园”100元……

高投资蕴涵着高风险，高门票带来了主题公园的高门槛。其后果则是主题公园的客源越来越少，长此以往，主题公园必将失去发展后劲。（朱晨辉）



品牌前沿

# 金融业十大发展趋势

**1. 本土化趋势**：加入WTO会打破中国原有的一些金融限制，这不仅有利于外资金融机构进入中国，也有利于国内金融机构在竞争中成长壮大。国内金融业将出现自我调整，一些有实力的金融机构将会迅速发展起来。

**2. 国际化趋势**：中国部分商业银行在境外设立营业性机构，到2000年底，已有68家，资产总额已达1560多亿美元。两年后国外金融机构可向中国企业贷款，5年后国外金融机构可经营人民币业务，目前推出的开放式基金也将为境外机构投资者进入中国证券市场开辟道路，这必将激发国外金融机构进入中国的兴趣。

**3. 法治化趋势**：一方面，要根据WTO的规则和中国的承诺，清理、修订、完善金融领域里的一系列国内法规；另一方面，要全面参与国际法规建设，关注WTO今后的运作，审时度势，形成相应对策。遵循WTO的规则，按照WTO及其成员来解决经济争端。

**4. 混合式趋势**：由于中国国内商业银行内部缺乏风险机制，外部缺乏有效监管，为防范金融风险，在1995年实施的《商业银行法》、1999年的《证券法》都明确规定银行业和

## 记事

### 8月11日

1999 《中国企业新纪录》(第四批)发表。

1997 中煤进出口集团、中煤建设集团、中煤综合利用集团挂牌。

### 8月12日

2002 公安部在北京、天津、杭州、深圳四城市试用"2002"式机动车号牌。但发放10天宣告暂停。

1993 广东美的集团销售额超过7亿元,创利税7500万元。

### 8月13日

2002 中国办公软件标准联盟成立。

1992 国务院发布《关于进一步加强质量工作的决定》。

1991 一批日用工业品在京获得"全国大商场推荐商品"的首批证书。

### 8月14日

1996 国家工商局发布《驰名商标认定和管理暂行规定》。

# 银行品牌:小荷才露尖尖角

在市场经济的大潮中,品牌的作用日益凸现,逐步出现一批"高含金量"的品牌。在中国,品牌价值在100亿元以上的,目前已有红塔山、海尔、长虹、五粮液、TCL、联想6家,价值最高的红塔山已达到439亿元;产品销售规模超百亿的品牌也有"一汽"、"红塔山"、"海尔"、"联想"、"长虹"、"康佳"、"TCL"等7个。正是看到了品牌在市场竞争中的巨大价值和可观的潜在效益,在进入新世纪后,一场品牌战已在中国工商界悄然掀起。

然而,与此形成鲜明对照的是,长期以来,中国的商业银行却一直没有独特的业务和与众不同的企业形象,更没有形成像红塔山、海尔这样的驰名商标。有资料显示,截至2000年9月,中国有效注册商标已超过123万件,其中金融、保险服务类共有8028件,属于银行的注册仅有400件,而在这仅有的400件中,属于境内银行的才150件,其余250件则来自境外银行。正因如此,在不久前由中国贸促会和国家工商总局主办的"中国商标研讨会"上,到场的主要国有商业银行和五大保险公司的相关负责人,因"缺乏商标意识"而成为众矢之的。

其实,银行作为经营货币的金融企业,也像一般流通性服务行业一样,具有服务需求弹性大,提供的产品无差异等特点。可以想象,即使再新颖的创新,再优质的产品,遭遇同样的"克隆",也

证券业实行分业管理。从世界角度看,只有中国银行和证券业、保险业仍实行分业经营。中国加入WTO以后,应逐步取消这种与国际金融体制相悖的政策。

**5. 市场化趋势**:加入WTO之后,中国将建立起与市场经济相适应的金融管理制度,金融调控将更加规范,一些主要金融资产价格将由市场决定,对利率和汇率的决定也将市场化。

**6. 电子化趋势**:现代金融业的发展趋势表明网络银行和网上交易将突破服务领域与服务时间的限制,将成为国际金融业的一大潮流,将来中国金融服务市场的重新瓜分必将以此为竞争手段。

**7. 兼并式趋势**:全国性或区域性股份制商业银行和城市商业银行成立时间比较短,规模小,体制机制不够健全,从业经验相对缺乏,其主要分布在预计外资银行将比较集中的大中型城市,加入WTO之后,必然将受到外资银行的强烈冲击。

**8. 竞争式趋势**:加入WTO会使金融机构逐渐失去原来对外资金融机构开展业务有诸多限制的政策保护,外资金融机构将逐渐享有国民待遇,金融市场将呈现出全面竞争的趋势。

**9. 开放式趋势**:加入WTO之后,金融业将向境外金融机构更加开放,在2005年之前允许外商独资银行经营银行经营零售业等全方位服务业务,并允许外国银行在2005年之前开办人民币业务,允许外国保险公司拥有直至50%的股权,并增加设立外国银行和保险公司的城市数,5年以后,针对外资银行在地域和服务对象的限制将取消。

**10. 民营化趋势**:加入WTO后,中国外来投资的结构将发生重大变化,证券投资的比重将大幅度增加,可选途径就是向外国投资者出售银行股权,运用外资入股的手段,使银行由政府制约真正转为出资人制约,改变政府与商业银行行为间的关系,从而解决"信贷软约束"问题。

(吴　前)

会很快沦为明日黄花，风光不再。“你有、我有、大家有”，金融产品的这一趋同性，给同业竞争带来了你我难分的尴尬。

基于这一现状，业内人士认为，随着全社会金融意识的日益觉醒，金融消费需求的多样化，金融“买方市场”的逐步形成，特别是全能型的外资银行的登陆，中国金融业推行个性化服务、实行差异化营销刻不容缓。这就从客观上要求中国金融业以凸现金融品牌为手段，适应金融消费市场正在悄然发生转变，向眼光越来越挑剔的金融消费者提供鲜明的形象和响当当的服务品牌。农行江苏省通州市支行石港办事处地处经济并不发达的渔业小镇，自从该处率先推出了极具个性化的“10 大服务产品”之后，便一炮打响了品牌，并获得全国农行系统“1211 工程示范窗口”桂冠，从而极大地提高了该处在当地和周边地区的生活影响力和客户的认知度，当年新增存款几乎达到了同在镇上的其他 5 家金融机构新增额的总和，对公存款也包揽了新增份额的 2/3，让人实实在在感受到了金融品牌的无限商机和无穷魅力。无独有偶，早在 1998 年，建行上海分行便通过市场的巧妙运作，以“建行贷款乐得借，平常百姓乐得家”为主题，将“乐得家”这一“银行品牌”与百姓生活穿针引线地连接起来，并将广告做得满街随处可见。截至 2000 年 5 月底，在囊括所有个人消费贷款的“乐得家”这一“总商标”下，该行已累计为 33.48 万户的购房者发放了总金额为 312.74 亿元的个人住房抵押贷款，雄踞同行之首。在实际运作中，金融品牌“叫好又叫座”这一活生生的事实，足以表明在金融竞争中凸现金融品牌，有利于增加金融产品的附加值，提高银行的商誉，增强金融消费者的认同感，继而为自身带来滚滚财源。

虽然像这种品牌热不断升温的现象，在全国范围还没有完全形成气候，金融品牌的理念和金融品牌的价值在大部分地区还远远没有得到广泛的认同，但人们有足够的理由相信，在不久的将来，银行品牌将会成为中国金融市场最亮丽的风景。（郑国中）

品牌巡礼

# 品牌银行面面观

**深圳发展银行：**1987 年 12 月 28 日，中华人民共和国历史上第 1 家向社会公众公开发售股票的商业银行——深圳发展银行，在中国改革开放的前沿阵地深圳宣告成立。这是中国金融体制改革的一个重大举措，是中国股市发育的重要开端。“公众上市银行，服务社会公众”，从成立之日起，“深发展”即为海内外广泛关注。

**上海浦东发展银行：**上海浦东发展银行是 1992 年 8 月 28 日经中国人民银行批准设立、于 1993 年 1 月 9 日正式开业的的股份制商业银行，总部设在上海。

上海浦东发展银行作为自《公司法》、《商业银行法》和《证券法》颁布实施以来国内首家由中国人民银行、中国证监会正式批准的股份制商业银行上市公司，于 1999 年 9 月 23 日获准公开发行 4 亿元人民币 A 股股票，注册资本金达 24.1 亿元人民币，并于当年 11 月 10 日在上海证券交易所正式挂牌上市。

**招商银行：**1987 年 4 月 8 日，顺应中国金融体制方兴未艾的改革大势，经中国人民银行批准和由招商局出资，中国第 1 家由企业投资创办的股份制商业银行——招商银行在中国深圳宣告成立，由此开始了中国企

标　　识

江苏华润集团公司

国营金宁无线电器材厂

记 事

8月14日

1994 国家工商局、国务院台办决定，允许大陆发布台湾企业广告、商品广告和寻亲广告。

8月15日

2000 中国银河证券公司成立。

1995 第一个全国性经纪人管理方面的行政规章——《经纪人管理办法》由国家工商局颁布并实施。

1994 全国首次质量体系认证国家认可新闻发布会公布：53家企业通过国际标准质量认证。

8月16日

1985 国务院批准国家科委《关于拟定促进地方经济的"星火计划"的请示》。

国家经贸委、国家计委、财政部等6部委发出坚决制止乱排序、乱评比行为的通知。

中央电视台举办"我们万众一心"1998年赈灾义演，收到款物折合人民币6亿多元。

中国"ISO9000论坛94北京会议"举行。

# 银行卡品牌战将开

中国人民银行行长戴相龙在2001年2月16日全国银行行长工作会议上宣布，今后3年中国银行卡将统一业务规范、技术标准和品牌标识，在大中城市实现全国联网通用。戴相龙还明确了这一行动的时间表：2001年年底前，各商业银行的业务处理系统必须能够受理带有"银联"标识的银行卡。2002年底前，现有受理市场中的各种终端机具均应能受理带有"银联"标识的银行卡。各国有商业银行要在今年年底前，在北京、上海、广州、深圳和杭州推出带"银联"标识的银行卡。此消息一经发布，立刻引起众多猜测。中央电视台经济半小时栏目立即就此举是否会对业已和中国展开合作的MASTER和VISA两大信用卡组织造成威胁采访了有关人士，虽然得到了否定的答复。但有企业人士猜测，中国意欲在全国范围内打造一个可以与上述两大组织相抗衡的银卡品牌。

一、"银联"为何而来

2000年度底，全国55家发卡金融机构的发卡总量超过2.77亿张。此外，还发行了近20万张国际卡，银行卡账户人民币存款余额已达2909亿元，全年交易总额达45300亿元。截至2000年底，全国可以受理银行卡的银行网点已发展到12.5万个；可以受理银行卡的商店、宾馆、饭店等特约商户10万户；各金融机构共安装自动柜员机(ATM) 3.7万多台，销售终端机(POS)近29万台。但凡使用过信用卡的人，一定对VISA或MASTER这两个全球通用的国际信用卡组织的标志不会陌生。在全国统一的"银联"标志实施后，银联的

业集团兴办商业银行的探索。

1989年，为适应金融体制改革和现代企业制度建设的需要，招商银行进行了首次股份改造，吸收了中国远洋运输总公司等6家新股东入股，股东由1家增至7家，实收资本从1亿元增加到4亿元，成为中国第1家完全由企业法人持股份的商业银行。1998年，招商银行进行了第3次股增资，股东单位增至106家，注册资本达到42亿元人民币。

**华夏银行**：华夏银行成立于1992年10月，注册资本25亿元，是一家全国性股份制商业银行，实行一级法人体制和董事会领导下的行长负责制。华夏银行总行设在北京，在上海、南京、杭州、济南、昆明、深圳、广州、重庆、沈阳、武汉、石家庄、太原、大连、青岛、温州等20个大中城市设立了100多分支机构，拥有4000余人的知识化、年轻化、高素质的员工队伍。

**中国民生银行**：中国民生银行于1996年1月12日在北京正式成立。它是经国务院、中国人民银行批准的首家主要由非国有制企业入股的全国性股份制商业银行。它以发起人的方式募集股本，股本金为13.8亿元人民币，其中85%的股本来源于非国有企业。

**福建兴业银行**：福建兴业银行是中国人民银行批准成立的中国首批股份制商业银行之一，于1988年8月开业，总行设在福建省福州市。已在北京、上海及江苏、浙江、湖南、广东、福建等省的大中城市设有200多家分支机构。自开业以来，福建兴业银行各项存款年均增长67.55%，各项贷款年均增长33.18%，资产总额年均增长36.38%，利润增幅年均为43.13%，保持了速度、资金和效益的同步发展。 （有 名）

标志将会达到同样的认知度。并且全国现有的各类银行卡将全部执行全国统一的银行卡技术标准，也就是银行界人士所说的“人行标准”。同时，各商业银行的 ATM 机（自助银行设备）、POS（销售终端机）机等有关设施也分随之进行改造，中国人民银行有关人士指出，这是中国开展“金卡工程”实现全国银行卡联网通用的一个重要步骤。

实施，“金卡工程”，实现银行卡的全国联网，是持卡人、发卡行和商户共同的愿望。特别是对持卡人来说，实现“一卡在手，走遍神州”是他们多年的期盼，而这也正是中央银行改革银行卡技术标准的目的。据介绍，目前中国的“金卡工程”正在稳步推进，16 个城市中心已实现联网通用的 ATM 和 POS 数量分别发展到 1.8 万台和 6.1 万台；完成跨行交易近 2 亿笔，清算资金总额达 540 亿元人民币。全国银行卡信息交换总中心 1998 年底投入运行，目前已有 10 家全国性商业银行和 15 个城市中心实现了与总中心的联网。

据了解，当前“金卡工程”建设中存在的主要问题是 ATM、POS 等设备重复摆放尚未全部解决，尤其是在北京市这种现象还较严重，柜台上密密匝匝联成一片蔚为大观，用卡环境建设仍不能满足广大人民群众的需要。而银行卡的联网可以充分发挥 ATM 和 POS 的作用，大大提高其使用效率，当然更能方便持卡人。因此，实现全国统一的银行卡标志是大势所趋。在实施统一“银联”标志的背后是为入世后银行卡市场激烈的竞争做准备。

二、两个强大的对手

万事达卡国际组织拥有全球最全面的支付品牌。目前，已在全球发行的标有 MASTER 标志的各种信用卡、支付卡和借记卡达 10 亿多张。万事达卡国际组织在全球拥有 21000 个会员金融机构，并在 210 个国家和地区为各种不同规模的个人和公司提供支付服务。万事达卡在全球拥有 1900 多个接受点和

品牌观察

# 重形象　创品牌

## ——银行也做广告了

在银行多过米市的今天，人民心目中的银行早已不再是简单存取款的地方，就像选择食物服饰一样，人们对银行也有了品牌的认识。乐得家、长城卡、外汇宝、一卡通、钱生钱、个人理财宝……市民掰着手指能说上一大串。银行业正向市场化经营扎实推进。

**一、银行为何热衷“品牌战”**

把银行当作企业经营的理念，始发于对“品牌”的认知。开始各家银行的努力都花在提升存款上，没有人会愿意把精力投放在他们看来是不会让人产生效益的事情上。后来，在“大路化”的金融市场里突然冒出个“乐得家”，令市民眼睛一亮，“乐得家”究竟为建行带来多大的收益，记者手头并没有确切的统计数字，但有一点，市民从此购房会自然想到建行，这对建行而言应是最大的收获。事实上，建行在做“乐得家”品牌时也的确付出了努力，策划、宣传推广，在当时成为别家银行关注的焦点。

如果把“乐得家”出生的意义放大，那就是——它使整个上海银行业以品牌的认识开始苏醒了。此后，工作以个人姓名命名的私人理财宝、招商银行的一卡通、中国银行的外汇宝、民生银行的钱生钱、光大银行的阳光卡等等开始相继诞生。而中国银

标　识

WUDIAN

武进电机厂

菊　花

江苏菊花味精集团公司

## 记　　事

### 8月17日

2001 2000年中国出口200强、进出口500强揭晓。

2000 国务院向国有重点大型企业派出监事会。

首家股份制电影生产企业——西影股份有限公司成立。

1994 中国专利局连城资产评估事务所在京挂牌。

### 8月18日

2000 昌河飞机工业(集团)有限责任公司首批200辆"绿色风暴"电喷厢式微型车下线。

1998 中国工商银行总行办公大楼揭牌。

1996 东风汽车集团以130万元买断一年49/50次列车冠名权和广告使用权。

1994 "中国经济效益纵深行94年会暨开拓市场、强化管理经验交流会"在京召开。

1993 中国冶金建设公司关岛中冶公司获"1992年度关岛杰出大型承包商"称号。

商户，其1999年全球总交易额高达7250亿美元，这个数字是中国1家中等银行1年营业收入的800倍多。

根据万事达卡国际组织亚太区副总裁兼南中国区业务经理许光先生介绍，自万事达卡国际组织1988进入中国以来，中国已经成为世界上银行卡发展最快的国家之一。万事达卡的签约商户接受点在2000年增长了13%，达366000个，接受万事达卡品牌的ATM机增长了23%，约有5400台；中国境内共进行1.42亿次购物交易，发卡总量和信用卡交易金额的增幅分别为83%和4%。

在中国已经拥有了领先地位的万事达卡国际组织大中华区副总裁兼总经理冯炜权先生接受中国经营报记者采访时曾善意的提醒中国的同行："支付业未来的趋势表明，能与美国市场相比的支付市场只有中国。外商银行进入中国第1桥头堡极能立足于支付业市场，比如银行卡。"拥有20多年金融界服务经验的冯炜权指出"在银行业务中，惟一不依赖分支机构、只靠1个中心就可以开展业务的就是银行卡业务。中国进入WTO后，外商进入中国的时间、地域、业务范围仍会有一定限制，外商与中国的银行相比，不可能一下子拥有那么多分行，没有足够的分支机构，开展储蓄类银行业将会很难，外商很可能早就发现了一个很好的行业突破口——发展信用卡等卡业务。"

无独有偶，VISA国际组织中国区总经理熊安平也认为中国加入WTO后，外资银行与中资银行将在银行卡市场上展开激烈争夺。他甚至具体指明了竞争的领域——外资银行不太会与中国同业竞争借记卡业务，竞争的重点集将中在贷记卡上。

这位身兼中国区总经理的信用卡专家说，加入WTO后，进入中国的外资银行在营业网点方面并不具备优势，甚至在相当长的时间内都会处于劣势，这样，就在以吸储消费见长的借记卡业务

行在各大电视台播放长城卡广告片则将这场品牌战推向了高潮，也使银行企业化经营的观念深入人心。

上海如今已成为各大银行的必争之地，不仅是国内银行，就连外资银行也努力在打品牌，希望分得一杯羹。去年底，香港汇丰银行正式将总部从香港迁往上海，并重金买下原森茂大厦的冠名权，更名为汇丰大厦，此举足以体现汇丰进驻上海先引品牌的用心。一名外资银行的管理人士告诉记者，打品牌是企业竞争的一种必然手段，中外银行都不例外，谁愿意放弃竞争呢?

**二、品牌战背后是什么?**

其实，竞争是个笼统的说法。据记者了解，沪上各家银行的品牌战目的各异。最先推出品牌理念的建行表示，他们当初的想法比较单纯，纯粹是扩大业务的需求。那么，中行的品牌战略目的又是什么呢?中行上海市分行一位部门负责人把广告比作"冰山的一个角"，他解释道，因为冰山有很大一部分是淹没在水下的，很难看清其真面目，这个原理和银行一样，银行的品牌战略由很多部分组成，比如广告、用卡环境、服务等等，必须将它们结合起来才是银行完整的发展体系。在国内，银行处于寡头垄断地位，和别的产业不同的是，银行业的广告支出和创造的收益并非成正比。因此银行做广告只是打品牌战略的一部分，关键是以此推进产品和服务质量的提升。

**三、打品牌不仅是做广告**

那么，市民是怎样看待银行打品牌战的呢?不少市民反映，过去单位发什么卡，他们就用什么卡，没有品牌概念。现在眼睛里和脑袋里多了许多银行的品牌形象，在选择时就有了更大的空间，也有了目的性和操作性。

沪上银行对品牌的认识从盲目走向规范，上海国际金融学院院长陆红军对此认为是全球化的趋势。他说，打品牌是金融业的需求，国外商业银行都十分注重对自身的包装，国内银行业的这种做法是在和国际接轨。(卫容之)

上丧失了竞争力。但是，对于更具诱惑力的以“先消费、后付款”为特色的贷记卡业务，外资银行却拥有几十年的发卡和管理经验，与刚刚起步的中国贷记卡同业相比，具有明显优势。VISA 在全球发行的占支付市场 56% 的 10 亿张信用卡中，贷记卡占 60%，借记卡占 30%，另外的 10% 为储值卡。因此，可以预计，外资银行会在克服中国公民缺乏信用记录的困难，大量发行贷记卡，与中国银行争夺市场份额。

VISA 是世界上最大的消费支付系统，也是全球领先的支付品牌，交易额超过了所有其他主要支付卡发行量之和。其全球 1900 多万家商户，62 万多台自动柜员机，年交易额 1.6 亿美元，交易数量达 213 亿笔，每秒钟就有 675 笔 VISA 卡交易。熊安平说，VISA 非常看好中国市场，在中国，VISA 已发卡逾 5000 多万张，年增长 70%。中国 12 亿人口，有至少 5—6 亿人在银行开户，据此估计，目前近 2 亿张的借记卡远未能使市场饱和。

三、中国银行卡市场现状

自 1985 年第一张银行卡问世以来，银行卡作为基本的支付工具已经在中国发展了 15 年，银行卡业已成为当今银行发展最快、普遍面最广的业务。尤其是近几年，银行卡的发卡量更是以几何级数增长。截至去年底，中国银行卡的发卡量近 1.8 亿张。从中国银行卡发展趋势看，银行卡正向着 IC 卡应用、网上支付、移动支付、代收代付应用等方向不断延展。随着中国国民经济逐渐走出低谷，国民的消费水准与消费支出必将持续上升。而加入 WTO 以及全球

## 品牌问题

# 环保是企业的“绿卡”

时下，国际社会对环保型“绿色品牌”的产品已日益重视，随着科技的进步，各种参数和限量正在得到不断的补充、完善和更新，尤其是欧洲国家，对这方面的要求更加严格。中国加入 WTO 后，经济全球化将对中国经济发展产生越来越深远的影响，为适应绿色消费的需求，有利于实现经济与环境的协调发展，进一步提高企业及产品在全球经济一体化广阔市场上的竞争力，国内一些有远见卓识的企业在加入世贸组织之前，就已开始注重创“绿色品牌”和“绿色名牌”，手握“绿卡”驰骋国际市场，让绿色产品提高竞争力。

目前，继中国一些企业推出“无氟节能冰箱”、“绿色涂料’、“绿色食品”等商品后，与人们日常生活息息相关的羽绒服装、化纤类纺织品等绿色产品又如雨后春笋般高举起“绿色”大旗，并首获国家环境标志认证委员会绿色标志产品证书，而这些企业又都是享誉国内外的名牌产品企业。据有关资料介绍，绿色服装是指对人体无毒、无害、无污染，符合生态纺织品要求的产品。面对加入世贸组织的挑战，服装产业的环保问题已成为制约中国服装业竞争力的关键因素。针对这一问题，以“波司登”、“雪中飞”、“康博”等为首的 5 家羽绒服企业在全行业首开先河，率先通过了绿色标志认证，取得了通向国际市场的“绿卡”。“波司登”、“雪中飞”等五大品牌积极倡导和扩展绿色健康产品，引导绿色消费举措，为其他羽绒服装企业作出了表率，对我国羽绒行

## 标　识

经纬纺织机械集团公司

四川省绵竹县酒厂

经济一体化步伐的加快，都将使中国逐渐成为全球最大的潜在银行卡市场。

但在发达国家或地区占银行卡的绝大比例的信用卡业务，在国内银行卡市场上却仍处于发展初期，发卡量仅占到14%左右，而且绝大多数属一准贷记卡，人民币的贷记卡发卡规模很小，且增长呈极不稳定的态势。国内目前的信用卡市场结构和业务发展与国外市场成熟的信用卡市场相比仍不成熟。

我们这里没有要贡吉或不贩据研究，目前中国境内银行卡市场有以下几个显著特点：①记卡占绝大多数。截至1999年，国内商业银行已发行各类银行卡总计达到2亿张，但却都以储蓄卡、借记卡为主，信用卡大约有3000万张左右，只占到银行卡总量的15%。②持卡人占总人口比例较低。这比例在美国为89%，日本为96%，加拿大为97%，韩国为78%，德国为96%；北京、上海、广州的持卡人占总人口比例为47%；境内持卡占总人口比例仅为5.4%。③持卡人用卡频率低，睡眠卡居多。在现在的信用卡中，睡眠卡比例较高，有消费的卡比例较低，以发卡质量较高的上海地区某银行为例，根据每月实际寄出的对账单数量分析，活跃1/3，死卡1/3，不活跃卡占1/3。④信用卡交易占社会消费品零售额的比例偏低。信用卡交易占社会消费品零售额的比例是一国信用卡市场成熟程度的重要标志，目前，全球为（包括非洲）5.5%，欧、美约为11%，中国大陆为3.96%。

广阔的市场跃跃欲试的选手，看来未几年一场银行卡大战是在所难免了。

（汪燕辉）

业向高鹅绒绿色环保羽绒服的发展起到了重要的引导作用。

与此同时，为积极倡导绿色生产，多开发生产绿色环保产品，满足广大消费者日益增长的“绿色”消费要求，受加入世贸组织影响较大的化纤纺织行业，目前也展开了向“绿色壁垒”的冲刺。由于历史原因，中国符合环保要求的纺织纤维原料及纺织品服装生产，与有些国家相比，还存在着一定的差距，在出口产品上，因不符合环保要求，中国每年有74亿美元的出口商品受到影响。由此可见，加速开发中国生态纺织和服装所有材料，是打破“绿色壁垒”的当务之急。基于此，中国一些纺织品生产厂家为顺应国际市场的发展潮流，正努力向“绿色纺织料”、“绿色纺织品”积极靠拢，带动环保绿色纺织品领域轰轰烈烈的绿色革命。

随着中国加入世贸组织，国内企业在生产经营中无论是以巩固、延伸名牌，还是以在推进名牌战略中创造名牌，提高国际竞争力，都应将争创“绿色品牌”作为企业挺进国际市场的战略目标。企业争创“绿色品牌”，既有利于可持续发展，在进军更广阔的过程中增强经济实力，将自己做大变强，又有利于提高全民环境保护意识，引导消费者将购买力作为一种保护环境的手段，形成人人爱护环境的风气，促使企业在生产过程中自觉消除环境污染并生产出优质绿色环保产品。因此，在全球掀起的一浪高过一浪的“回归天然”的绿色消费观念日趋强烈之际，我们的企业在创品牌、名牌过程中，切莫再忽视环境保护以及“绿色品牌”的研究开发了。只有把社会效益放于首位，将创品牌、名牌与创“绿色品牌”结合起来，才是每个企业的惟一选择，更是企业发展的必由之路。

上述国内5大羽绒企业争创“绿色品牌”并首获国家绿色标志的表率应是众多企业必须效仿的榜样。企业所生产的产品只有通过有关部门的认证，打出“绿色”的王牌，其产品才是人人向往的“绿色品牌”，才会在绿色消费领域受到人们的青睐。否则，其产品即使拥有“名牌”的桂冠，在加入世贸组织后的国际市场上，“不买账”者也必然会越来越多，更重要的是必将成为产品出口的主要障碍。

（卞文志）

## 记事

### 8月18日

1992 商业部“92最畅销国产商品展销月”组委会印发《关于评选最畅销国产商品“金桥奖”实施办法》。

### 8月19日

2002 上半年26家连锁企业销售额超过10亿元。

2001 李宁公司独家赞助俄罗斯大运会体育代表团在京签约。

1999 中国数字光盘技术联合体成立。

1993 《企事业单位和社会团体代码管理办法》颁发。

《关于加快旅游涉外饭店星级评定工作的通知》发布。

1991 首次海峡两岸质量研讨会在京召开。

全国最大规模的“三资”食品生产经营企业商品交易会在京召开。

邹家华同志为一汽题词：“争第一，创新业”。

标　识

# 外贸出口要打名牌战役

一、一个少有名牌的贸易大国

中国已成为世界主要贸易国之一，2000年，外贸进出口总值达4743亿美元，有望超过荷兰，跃居世界第8位。近年中国外贸进出口持续大幅增长，2000年更是达到创纪录的31.5%。尽管如此，中国目前依然只是一个贸易大国而不是贸易强国，原因就在于：中国出口增长方式仍属于粗放的数量增长型，出口商品的附加值较低，出口竞争力不强。同居世界排名前几位的贸易大国相比，中国出口商品不仅在质量和档次上存在差距，更缺乏在国际市场有竞争力的名牌出口商品。

在中国的出口结构中，技术含量高的高新技术产品和附加值高的产品比例还不高。美国的高新技术产品出口比例占44%，荷兰也是44%，日本是39%，新加坡是72%。世界10大出口国平均为40%左右，而中国只有15%。在中国的出口产品中，能在国际上叫得响的名牌产品更是屈指可数。据有关报道，在欧盟国家的许多大型超市内，中国产品已经占据了相当重要的位置，特别是一些家电柜台，摆得几乎都是纯粹的"中国造"，但惟独牌子是人家的。

有关专家指出，一个国家名牌商品的多少，反映该国的综合实力、经济竞争能力和科技发展水平。在这点上，我们不仅与发达国家有较大的差距，甚至与一些发展中国家如印度也有一定的差距。重数量不重质量，靠价格不靠品牌，长此以往，势必会制约中国外贸出口的进一步扩大。

二、政府谋划名牌发展战略

对创名牌工作，党中央和国务院给予了高度重视。《国民经济和社会发展"九五"计划和2010年远景目标纲要》明确提出：今后中国出口贸易的发展要坚持以质取胜战略，要"创立名牌，提高

安县纸业有限公司

江苏克胜集团公司

品牌问题

## DVD专利费击沉中国企业

中国电子音响协会已与3C(飞利浦、索尼、先锋联盟)达成协议：国产DVD企业每出口1台DVD将向3C交纳5美元的专利费用——先是6C(日立、松下、三菱电器、时代华纳、东芝、JVC联盟)，现在又是3C，接下来还有IC(法国汤姆逊公司)、杜比公司、DTS以及MPDG－LA，所有这些费用加在一起将达到21.3美元——中国DVD企业已被没完没了的专利费"砍"得头破血流。

很显然，这是国产DVD业逃脱不过的劫数——国内DVD厂商的出口数量占整个世界市场的2/3份额，有资料显示，去年全球DVD的消费量大约为3000万台，而中国DVD产品仅上半年的出口量就达到1200万台，全年数量接近2000万台。

国内市场也只是暂时躲过此劫，据说明年要一碗水端平，各项专利费照收不误(去年国内市场的整体数量只有400万台，2002年的乐观估计也不过800万台，这些数据之中还包括了在华的外资品牌和进口)。

记　事

8月19日

1953 中国第一部药典《中华人民共和国药典》出版。

8月20日

2002 质检总局公布食品免检产品及其生产企业名单。

北京新华书店拒绝收编，中国发行集团推迟挂牌。

国际数学大会在京举行。

2001 国家计委向100项国家高技术产业化示范工程授牌。

1999 英国BSI公司和中国船级社质量认证公司(CQSA)对招商银行全系统储蓄服务ISO9001质量体系联合进行评审认证。

国家内贸局公布首批争创示范市场名单。

教育部印发《关于加强教育督导与评估工作的意见》。

1993 首届中华人口奖揭晓。

40多家大型企业(集团)负责人和中央有关部委领导就"提高企业投入产出水平"研讨。

产品附加值"。国务院于1996年底颁布的《质量振兴纲要》提出，要"实施名牌发展战略"，形成一批有国际竞争力的名牌产品。

外经贸部有关人士指出，创立名牌是贯彻以质取胜战略的重要内容，又是提高出口竞争力的重要途径。创立名牌更有利于促进企业建立质量效益机制，有利于促进出口增长方式从粗放型向集约型转变。创立名牌的过程，也是优化社会资源配置、加快企业优胜劣汰、推动企业重组、形成规模经营的过程。

名牌出口商品的形成有一个历史过程，有一个国际市场和消费者接受与认可的过程，也有一个参与国际市场竞争和优胜劣汰的过程。鉴于中国工业化和参与国际市场竞争的历史较短，单一企业的竞争力较弱，经济体制仍处于转轨阶段，从政策角度对创名牌给予支持和鼓励是十分必要的。1998年，外经贸部在全国开展创立名牌出口商品活动，先后公布了两批58个品牌列为外经贸部"重点支持和发展的名牌出口商品"，予以推动。这些品牌包括海尔、海信、长虹、康佳、凤凰、永久、嘉陵、轻骑、鄂尔多斯、雅戈尔、同仁堂等等。

据介绍，外经贸部确定重点支持的名牌出口商品，其主要条件是：出口经营者和生产者具有在国际市场创名牌的强烈意识，并已制定完善的规划和措施；该品牌商品的年出口额达3万美元以上；产品质量稳定，出口商品检验合格，无外商对商品质量和履约情况进行投诉；生产者已获得质量管理体系认证；商标在主要出口市场获准注册。

对列入"重点支持和发展的名牌出口商品"，外经贸部将给予一定的扶持和鼓励。主要包括优先支持企业在海外开展带料加工业务，设立相应的生产、经营和售后服务等项目；优先安排广交会参展，并为其参加国际著名博览会提供条件；优先安排企业使用中央外贸发展基金，企业广告促销、建立国外销售中心也可申请使用中央外贸发展基金等。

近年来，一些地方政府在推动创立出口名牌产品方面也颇有建树，如宁波市外经贸委狠抓出口商品商标境外注册和品牌商品出口工作，部分出口牌子已开始在国际市场上崭露头角。到去年底，全市在境外有注册商标的品牌达到54个。雅戈尔、杉杉、贝发等名牌先后被外经贸部列入第1、第2批名牌出口

国内DVD厂商最大的优势是低廉的价格，在被各种专利费用腰斩之后，这种优势可能就荡然无存了。

据了解，现在国际市场的通行价格大约为90—100美元，而国内DVD的出口价格大约在60美元左右，如果加上20美元的专利收费，出口价就会升到80美元，再加上运费和各种税收以及经销商费用，国产DVD的出口将不再具备竞争优势。

要想继续保持价格优势，只有压缩利润，使出口价不要过高。

让我们来看看DVD的成本结构。DVD的主要成本是核心原材料费用，包括机芯、解码芯片以及精密传送马达，大约占到总成本七成左右，而这些原材料完全依赖进口，其价格为上游企业所掌控，国内企业没有多少讨价还价的余地。

可以做文章的只剩下节约劳动力成本，但组装费用不过10—15元人民币左右，在成本结构上扮演不了什么角色，而且，6C和3C的企业大多也在国内设厂加工，组装成本和国内企业相差寥寥，同时，它们相互之间不需要专利费用，这就比国产企业每台少了近20美元的成本空间。

在这些专利之中，除了一些核心技术外，很大部分只是一些统一的标准参数。国内厂家从一开始就认同交纳专利使用费，只是收费标准太高。

有鉴于此，国内曾试图制定自己的技术标准，如此前的DVD和NVD，但苦于无法达到足够的配套环境，至今还杳无音讯。与此同时，2002年2月，松下、飞利浦等9家DVD技术开发商又联合推出"蓝光光盘"标准，意在替代现行DVD标准。(杨　敏)

商品名单。宁波市的"一根线"(敦煌牌涤纶缝纫线)、"一节电"(双鹿牌电池)、"一只笔"(贝发牌圆珠笔),出口额均达到了一定规模,并且在国际市场上有了一定的知名度。

三、企业担当创名牌的主力

外经贸部有关人士指出,尽管政府会对相关企业在创出口名牌时给予重点支持,但企业应时刻认识到,自己才是创立名牌的主体。只有企业呕心沥血培育出的名牌,才能冲出国门,在国际市场上搏击风浪。

那么,国内企业如何才能创立出一个在国际上都叫得响的名牌呢?

1. 企业作为创立名牌的主体,必须具有强烈的名牌意识。只有把创立名牌作为一种自觉的行动,不断创新,不断提高产品质量档次,不断开拓市场,才能在国际市场中赢得信誉。在这方面,青岛海尔集团就是一个突出的代表。

2. 坚持质量第一,重合同、守信誉。质量和信誉是创立名牌的基础,是名牌产品最基本的要素。从欧盟反馈的信息来看,中国出口产品质量不成问题,但却经常出现不按时交货的情况,这在很大程度上影响了中国出口产品的信誉。

3. 以名牌为纽带,完善工贸结合,建立和组织新的生产体系和销售体系。从中国目前的实际情况看,生产企业具有生产产品的优势,外贸企业具有国际市场销售体系和国际市场运作经验的优势,都是创立名牌不可缺少的条件。这两个方面结合得好,必然产生综合优势。

4. 正确处理好国内市场和国外市场、近期效益与长远发展的关系。国内的名牌产品往往是中国名牌走向国际市场的基础;对在某一特定国外市场已具有一定影响的品牌,若同时注重在国内市场创名牌,也有益于其在国际市场扩大影响。

5. 加大对创立名牌的投入,提高新产品、高技术产品以及系列化产品开发能力,加强在国内外市场的广告宣传。品牌作为无形资产,它的价值有相当一部分是经长时期广告宣传积累所形成的。因此,创立名牌,必须着眼于长远,加强产品开发和广告宣传。 (刘宝亮)

# 打造新世纪的品牌

新世纪伊始,2001年北京图书订货会又搭起了图书竞争的擂台。图书广告作为打造品牌的"心理武器",在图书订货会前后的媒体上显露头角。不少出版社将品牌文化演绎成独特的广告策划思路,精心制作颇具视觉冲击力的广告词,图书广告下在从外部灌输式的告知型转向心理渗透式的理念型和情感诉求型,步入了成熟阶段。

理念广告浮出水面

不少出版社从现代企业经营理念的文化层面上策划广告词,以广告词为载体,向读者传递出版社独特的文化经营理念。理念型广告并不直接说自己,而是着力张扬一种出版的经营理念,引导读者从理念的解读中,品出版社的与众不同。广东出版集团的广告词:"读者至尊,知识为本",将尊重读者,满足和升华读者的需求,传播知识,作为企业的出发点和立足点,体现了南国出版集团以人为本、以知识为本的现代管理思想。上海世纪出版集团的广告词:"读书世纪,世纪图书",字数不多,却洋溢着时代气息,包含了多重文化内涵,表明未来的新世纪将是读书世纪,而世纪版的图书,将引导读者步入读书世纪,给读者留下深刻印象。中国青年出版社推出的平面广告尤值一提。这则平面广告构图简洁,在白色的

标 识

科星 SCIENTIFIC STAR

江西新余纺织厂

镇江市电器设备厂

## 记事

**8月21日**

2000 摩托罗拉公司成为中国最大的外商投资企业，总投资额285.6亿元人民币。

1998 民政部、文化部联合举办"携手筑长城"大型赈灾义演，收到各界认捐款物价值人民币10亿多元。

1997 袁隆平获"国际杂交先驱科学家奖"。

1996 国家经贸委启动技术创新工程。

1995 国家统计局排出粮棉油肉总产量最高的百名县(市)。

1991 中国市长协会在京成立。

1990 1989年固定资产净值和利税总额各前500名排序发布。

**8月22日**

2002 世界500强81家落户苏州。

1995 乐凯胶卷获"中国胶卷之王"称号。

背景中，蛰伏着一头蔚蓝色的狮子，广告词画龙点睛："今日幼狮，明日雄狮"，以有动物之王之称的雄狮作比喻，展示了中国青年出版社超常规发展的今天和充满希望的未来这两个时态，而且幼狮与英语 YOUTH(青年)谐音，使读者从中产生了无尽联想和回味，并在这些丰富的心理活动中，强化了心理定式。

### 咬住"特"字不放松

地方人文历史既是出版资源，也是图书广告词的资源。不少出版社从挖掘地方人文历史资源入手，将本地区驰名中外的名胜古迹与图书特色巧妙的联在一起，吸引读者的注意力。湖南出版界的广告词创意盎然继续保持领先。早些年的"湖南人爱吃辣椒会出书"，从湖南人吃辣椒的饮食习惯引申出湘版书的特色，产生了只可意会不可言传的暗示效应：即是湘版书与辣椒一样有味，在出版界传为佳话。而今湖南出版系统的广告词又出佳句："无湘不成军，出版多劲旅"，广告词跨越了几百年的时空，借助追昔抚今的时空效应，粗线条地勾勒出从历史上著名的湘军到现代湘版图书的轨迹，其用意则不言自明，浙江出版界广告词："西湖景不可不赏，钱塘潮不可不看，浙版书不可不读"，"赏"、"看"、"读"三个动词的运用恰到好处，起到了传神的作用，显示出浙版书"淡妆浓墨总相宜"的可人形象。上海辞书出版社为《辞海》策划的广告词："不是唯一的，却是常用的"，话语实在，恰如其分地显示了《辞海》的作用，以"润物细无声"的方式，激活了读者的需求。

当然，广告词毕竟是一种宣传手段，作用有限，广告词的创意只有与出版社的竞争优势有机的结合在一起，成为出版社文化经营追求及图书特色的浓缩型真实写照时，才能产生较强的文化穿透力。

### 从广告信息中"突出重围"

虽然图书广告近年来在创意上有了很大进步，但从总体上说，出版界图书广告仍然处于弱势，还停留在告知的初级阶段。主要存在着3个问题。

1. 不少出版社的图书广告词存在着重人轻书的现象，如有的出版社虽然广告刊出的面积很大，在报纸上占了一个整版，但却将出版社主要领导的"标准像"放在整版广告最抢眼的位置，其次才是出版社的主要图书目录。出版社刊登广告目的，是为了创建品牌，是塑造企业形象品牌，或是宣传企业产品的品牌。同样，读者看出版社的广告，最希望了解的是出版社出了什么自己感兴趣的新书。宣传出版社及图书的品牌，就是宣传了出版社领导的政绩，而且是出版领导政绩的最好体现。因此，将广告的诉求点放在出版社及图书品牌的创建上，是现代出版社的成功营销。

2. 有些出版社的图书广告还停留在产品介绍的层面上，缺乏内容和形式上的创意，从而弱化了广告信息的刺激强度。有些出版社的图书广告，仍以刊登图书书目为主，在"××出版社向读者致意"的广告词下，密密麻麻地排列着众多书名，将所有的图书都排上，惟恐别人不知，其宣传效果也可想而知。事实证明，产品介绍型的广告主要是介绍图书的特色，而理念诉求型的广告则是向读者输出有关读书的理念，以富有哲理和思辨的语言吸引读者，深层次地挖掘读者的注意力资源。

3. 图书广告词没有跳出"体内循环"的圈子，不少图书广告并不是面向目标读者，而是面向新华书店系统。有的图书广告虽然已在业界的报刊屡屡刊出，投入多，但图书市场的反映平淡，购买者寥寥无几。其原因在于业内报刊的读者对象是业内人士，业内报刊的图书广告当然有一定作用，但刊登图书广告不应限于业内报刊，而应将业内报刊与面向社会读者的报刊结合起来，根据图书的读者对象，选择相应的媒体。图书具有产品品种多、产品生命周期短等特点，出版社可以实行"品牌先导"的营销策略，将广告集中于品牌图书的宣传，让图书品牌畅通无阻地进入读者的视觉中心，使自己的图书从图书信息的汪洋大海中突出"重围"，占领市场竞争的制高点。 (朱胜龙)

标　　识

# 新法规能否擦亮影音品牌

国务院于2002年2月1日起正式施行新的《电影管理条例》和《音像制品管理条例》。前者对电影制片、电影进出口、电影发行及影院建设放宽了准入限制，而后者则要对严重扰乱市场秩序的猖獗盗版和录像厅泛滥说“不”，并逐步将其清理退场。显然，新条例将促进大牌制片商、发行商更加精心地去打造自己的品牌。

**凸显电影个性化品牌：民间影像**

按照新《电影管理条例》的规定，电影制片单位以外的单位可以独立从事电影摄制任务，只要报国务院广播电影电视行政部门批准，然后到工商行政管理部门办理登记手续，即有望领取摄制电影片的许可证，并参照电影制片单位享受权利、承担义务。国家鼓励企业、事业单位和其他社会组织及个人以资助、投资形式参与摄制影片。

新条例无疑为中国影像业的发展注入了一针强心剂。一家著名的民间影像制作团体负责人、靠DY数码摄像机起家的羊子向记者表示：“这个新规定的出台给了我合法的地位，使我们在今后的创作与宣传方面得到法律的保障，大大增强了国内投资商对我们的信心。我们马上要开始一个系统的宣传与制作计划。”

新条例也无疑使众多制片商更加努力地去打造自己的品牌。电影界资深人士高军日前拿冯小刚的《大腕》做例子分析，自从当年北京紫禁城影业公司将冯小刚、葛优招至麾下，以一部《甲方乙方》打下“贺岁”天地后，品牌效应就初见成效。之后的《不见不散》、《没完没了》使这种品牌效应进一步强化。2002年更是如此，在品牌的光环下，《大腕》在北京上映才10多天就已突破1000万票房大关。

另外，新条例将使更多的“大腕”面世，造就出更多的名牌导演。

**个人品牌站起来：电影院**

新条例还放开了电影院市场，任何企业、事业单位和其他社会组织以及个人都可以投资建设、改造电影院；可以以中外合资或者中外合作的方式建设、改造电影院。据了解，目前我国所有电影院都是计划经济时期的国有企业模式，条例的修改肯定会对这一市场带来巨大的冲击。

新东安电影院经理姜伟表示：“如果放开后有社会资金的支持，改造旧影院的困难就迎刃而解了。另外，个人投资影院，还可以将一些新的管理经验和先进的管理方法、理念带进这个行业，有利于这个行业健康有序地发展。”

由华夏科纳文化传播公司和华远会员俱乐部共同投资200万元人民币兴建的位于北京西单文化广场地下的4D电影院经理许小谦告诉记者：“4D影院结合运用了三维立体影院和四维特殊效果。新条例针对的主要是传统影院，对我们不会有太大冲击。”

**正版品牌能收复失地吗：音像制品**

新修改的《音像制品管理条例》将让盗版等违法经营付出更加惨重的代价。新条例将原条例中较难界定的“按违法所得执行处罚”修改为“以违法经营额作为处罚标准”，更有利于实际操作。

一些唱片业的著名品牌如喜洋洋、京文等早就期待着国家能够加强对盗版的打击。京文唱片公司的宣传文员于宁告诉记者：“盗版者和抢劫犯没有什么区别，我们辛辛苦苦挣来的‘家当’，一夜之间就能被他们掠夺一空。再不扼制住盗版，我们公司就只有倒闭了。”

据文化部音像制品审查办公室罗

上海日用香精厂

Sunway

森　威

江苏森威集团飞达股份有限公司

主任介绍，正版引进的音像制品有可能降到10元左右的低价位，不过新引进的CD、VCD尤其是那些最新的美国大片是不可能这么便宜的，至少要在20元以上。现在市场销售的许多香港流行歌手专辑售价才15元，肯定是盗版，因为正版专辑仅版税就高达18港元，约合20元人民币，再加上其他成本，一般要卖到50元才有得赚。

一位音像店老板坦率地说："各家店都是靠卖盗版碟活着，要卖的都是正版碟，早关门了。所以不是卖不卖盗版碟的问题，而是卖多少、占多大比例的问题。"据他介绍，他这家15平方米左右的小店，一年的房租就要8万元，再加上摆放架、视听设备、员工工资、电费等开支，如果靠卖正版碟，根本维持不下去。每张盗版碟的利润能有30%—50%，是正版碟的一倍以上。畅销的盗版碟，全部都是盗版知名度特高的名人。

看来，打击盗版，不仅要抓源头，也要在终端上想办法，让卖正版碟的商家有钱可赚。 （朱晨辉）

# 国产润滑油需要塑造品牌

如今，润滑油产品被国际石油大公司视为其脸面，但在国产润滑油上千个品牌当中，不仅没有一个品牌能与国外的品牌抗衡，而且也没有一个品牌能够走遍天下。这与繁荣而又宽松的润滑油市场消费极不相称。

**品牌混杂　市场待规范**

据中国石化市场前沿的邓主任介绍，中国现阶段市场上的润滑油分为国外品牌、国产品牌、杂牌和大桶油四大类产品。其中国产润滑油销量最大，占市场需求的2/3。然而，突出的问题，有近一半的产品不合格。不同行业的参与、恶劣的竞争，引得正规厂家的产品不得不低价促销，致使如今润滑油生产厂家有95%都基本处于亏损状态，这种局面与市场年需求近400万吨润滑油的形势是极为矛盾的。其实，中国早就会造好机油，消费者不买账的原因是资源不共享和各树品牌、各自为政造成的。

另据一位长期从事润滑油产品经销的某公司经理介绍，卖了十几年润滑油，感觉就是一个字——累！现实中，消费者很少有主动购买某一品牌产品的念头。这也难怪，品牌太多，消费者没有主意，我们就得多介绍。可是越介绍越乱，十几年中经营了十几个品牌的产品，然而却没有一个品牌能够长期维持下去，有地区优势和品牌虽然好卖一点，但是，相互的竞争，最后也就没啥利润了。我朋友开了一家百货店，他说他不累，消费者进门就说，买块舒肤佳，或者要一包康师傅，他只管拿东西数钱就行了。然而润滑油产品可不行，消费者至今还处于被动消费，而无主动消费某一品牌产品的意识。究其原因，其中之一应是牌子叫得不好。

事实的确如此，在市场调查中发现，所有的润滑油品牌基本上都是一种通病。比如，企业地处海边的就叫"海"牌；地处山前的就叫"山"牌；自信一点的就叫什么类似等级类的品牌等等。殊不知，油和水、油和石头的文化是不能相容和统一的。由于品牌文化和油品文化的相互对立，自然就形成了消费者不能亲近产品的怪现象。

另外，对比意识的落后也成为阻碍润滑油品牌不得稳固存在的原因之一。在调查中，一家集团的润滑油生产商自信地说，他的产品卖得很好。笔者问："怎么个好？。他说："我生产的20万吨都卖完了。"但他从没想过，他的产品在全国润滑油需求近400万吨的总

**记　事**

**8月22日**

1994　中国方园标志认证委员会公告（第一号）首批公布产品质量认证企业20家。

1991　91全国商业服装秋季交易会在京举行。

**8月23日**

2002　餐饮业首部绿色标准《绿色饭店标准》实施。

1999　全国技术创新大会在京召开。

1990　"全国设计大师"评选揭晓。

1982　全国人大常委会批准《中华人民共和国商标法》。

**8月24日**

2000　全国清理整顿经济鉴证类社会中介机构工作会议召开。

1999　《自费出国留学中介服务管理规定》、《自费出国留学中介服务管理规定实施细则》发布。

1991　"百货今昔与商业文化"研讨会在京召开。
"第三届大连国际服装节"在大连举行。

量中，所占的市场份额仅仅是 5% 左右，而好的品牌产品在全国市场上所占的市场份额可高达 80%。

目前，国内润滑油市场消费不成熟，没有品牌消费，而能改变这一切的似乎只有中国石油和中国石化两大公司了。国产品牌还需培养市场。20 世纪末，中国石油已成长为民族工业的一个巨人，与中国石化双双列入世界 500 强。在进入 21 世纪后，丰富的企业文化，超越创新的强劲势力，使中国石油、中国石化和中国海油 3 家石油公司，如新世纪的“超人企业”，魅力四射。对此，市场专业人士说得好，20 世纪的巨人企业与 21 世纪的超人企业，从其本质上来看，“巨人”仅仅意味着高大，而“超人”则是充满智慧、充满自信和充满活力的。这符合人们以强者为伍，以否者同步的高追求意识，更迎合了“做市场，就是做文化”的先进理念。

2002 年 3 月 25 日，长城润滑油公司举行新闻发布会，隆重推出 APL SL/CE—3 当今世界最高级别汽车机油，为此，新华社发布了“好机油　中国造”的传真照片。10 天后，海牌润滑油在上海也宣布，海牌润滑油质量等级也已达到世界最高级别 API SL/CE—3 的国际标准。

长城润滑油新闻发布会还透露，国产润滑油会面突围仍面临三重压力，一是国外品牌在车用高端油品市场的统治地位；二是国产品牌需要相当一段时间来培育市场；三是体制不灵活已渐成国产品牌发展的“瓶颈”。市场上，虽然国外品牌占领着我们的高端车用油品市场，并且是品质的象征。但在调查中得知，洋文化的品牌至今在中国也没有形成品牌消费的局面。原因是洋文化也不能按中国人的文化把油品性能体现出来。如，外企宝洁公司和 Coca－Cola 公司的各产品，取的都是令人喜欢的中国化的名字，消费者真是无法拒绝。市场的培育和开拓，是要靠企业的实力和品牌的魅力来实现的。如一家年产 20 万吨或 40 万吨的中型企业用不先进的品牌做市场，10 年 20 年也不能把市场培育得多么强大，更谈不上品牌的扩张。

不灵活的开发“瓶颈”，在于中国石油和中国石化的市场战略，是符合市场形势和消费者的要求，而要突破这个“瓶颈”，只有处处替消费者着想，充分考虑消费者的消费心理和审美情趣，功能性和人性化的有机结合，以及丰富品牌的文化内涵和宣传内容，才能使消费者主动消费，经销商不在喊累。

具体来讲，中国石油和中国石化，在市场上有 5 万多座加油站和其他的营业网点，这些都是润滑油产品的销售的有利窗口。但在这些窗口置放的却是品牌不一的润滑油产品。由于品牌的不统一，这些产品无法在庞大的窗口面前形成势力，削弱了窗口的巨大作用。此外，各加油站只展示了企业名称，而无标注品牌，假如市场上的 5 万多座加油站都标上品牌的话，可想而知，市场的效果将会是特别明显的。如英荷亮牌已含品牌，而中国石油与中国石化只有公司名称而不含品牌。所以，加油站这些不需要花钱的地方，确是有形、有声地宣传与销售润滑油产品的风水宝地。笔者认为，风水宝地网络的科学利用，必将带动产品在汽车修理厂的销售和专卖店的建立。

国人希望国产润滑油全国突围，希望消费者喜欢的润滑油商标和大手笔出现。所以，不论是“石油超人”或“石化超人”，创造符合油品文化与性能的文化品牌规范企业形象与品牌的标志，建立品牌库和实行统一的市场战略，就是国产润滑油全面突围的重要手段，继而必将改变润滑油市场消费不成熟的局面，使润滑油市场的无序竞争变为有序竞争，使国产润滑油品牌不能走遍天下变成迅速走遍天下。

中国加入世贸组织后，国内的家电企业靠什么应对更为激烈的市场竞争？目前，驰骋家电市场近 20 年的春兰集团公司，在中国业界独家获得了欧洲莱茵全球家电产品检测资格证书，从另一个角度给中国家电企业提供了答案。

（申　远）

## 标　识

维桑集团公司

广东太阳神集团有限公司

# 新世纪的“鲁能”

鲁能集团是一家产权多元化、集团化发展的现代企业集团，经营领域涉及一、二次能源、金融、房地产、高新技术等。到 2001 年底，鲁能集团总资产 420 亿元，2001 年实现总收入 232 亿元，利税 29 亿元。

“鲁能”品牌 1999 年评估价值 428 亿元，是全国知名品牌。2000 年被中国企业联合会、中国企业家协会评为“中国十大最具影响力企业”。2001 年，在国家工商总局等单位联合主办的“首届中国商标大赛”活动中，“鲁能”商标荣获“2000 中国最高认知率商标”称号。2002 年，在“第二届中国商标大赛”中，“鲁能”商标荣获“2001 中国十大公众认知商标”称号。2001 年，鲁能集团作为第一批案例单位入选了清华大学主编的《中国企业经营管理案例库》。

经过精心培育，“鲁能”作为鲁能集团多元化发展的综合品牌，成为鲁能集团实力和信誉的象征，得到社会各界的广泛认知和赞誉，极大提升了鲁能集团在社会上的影响力和感召力，为企业的快速、健康发展奠定了良好基础。

中国
CHINA

一汽车集团公司
GROUP CORPORATION

# 迈进新世纪　建设新一汽

大宝植物型系列化妆品
DABAO HERBAL SERIAL COSMETICS
Dabao
本企业通过ISO9001国际质量体系认证
Beijing Sanlu Factory has got ISO9001 Quality System Certificate
Dabao
特效生发灵
Dabao
减肥霜
SLIMMING CREAM
Dabao
高级增白香粉蜜
SUPER FRAGRANT BRIGHTENING CREAM
速消眼角皱纹蜜
INSTANT ANTI-WRINKLE CREAM
老年斑霜
美乳霜
妙颜珍珠霜
老年斑霜
厂址:中国北京崇文区永生巷4号 电话:(010)67118566 传真:(010)67142041

北京地铁车辆厂是专门从事地铁车辆设备技术研究和制造的专业化工厂。拥有为制造和大修、改造城市轨道交通车辆配套的加工设备、工艺装备，以及测试、检验、试验等各类设备上千台(套）具备先进的 CAD 网络系统，配备有 CAD/CAE 软件和工程工作站，1.3 公里长的专用试车线和配套的信号控制系统，可满足地铁车辆出厂前的例行性能实验和动力性能实验要求。

工厂经过三次技术改造，基本形成了年新造

# 北京地铁车辆厂

## Beijing Subway Rolling Stock Plant

车 80 辆，大修改造 50 辆的能力，可批量生产转向架，制动机，风动门等城市轨道车辆关键零部件，并于 2000 年通过 ISO9001 国际质量认证。现已具备凸轮调阻车、斩波调压车、斩波调阻车和变频调压车的独立设计开发能力，形成了四大类 7 个品种车型的系列产品，同时完成了 DK3、DK8、DK11、DK16、BD1 型地铁车辆的大修改造任务。

截止到目前，共设计制造了各种型号的地铁车辆 200 余辆，大修加改造地铁车辆近 400 辆。并为北京、天津、长春等城市提供模拟制动机近 300 台，风动门系统近 2000 套。并为天津地铁研制开发出一组具国内领先水平，完全国产化的斩波调压地铁车辆，经过十几年的发展，工厂整车的国产化程度达到了 70%，其中为北京复八线生产的制动机、风动门国产化程度达到了 100%。

地址：北京市永外宋家庄苇子坑 23 号　邮编：100078　电话：(010)67621133　传真：(010)67636105

王府世纪

庞重
庄吉
JUDGER

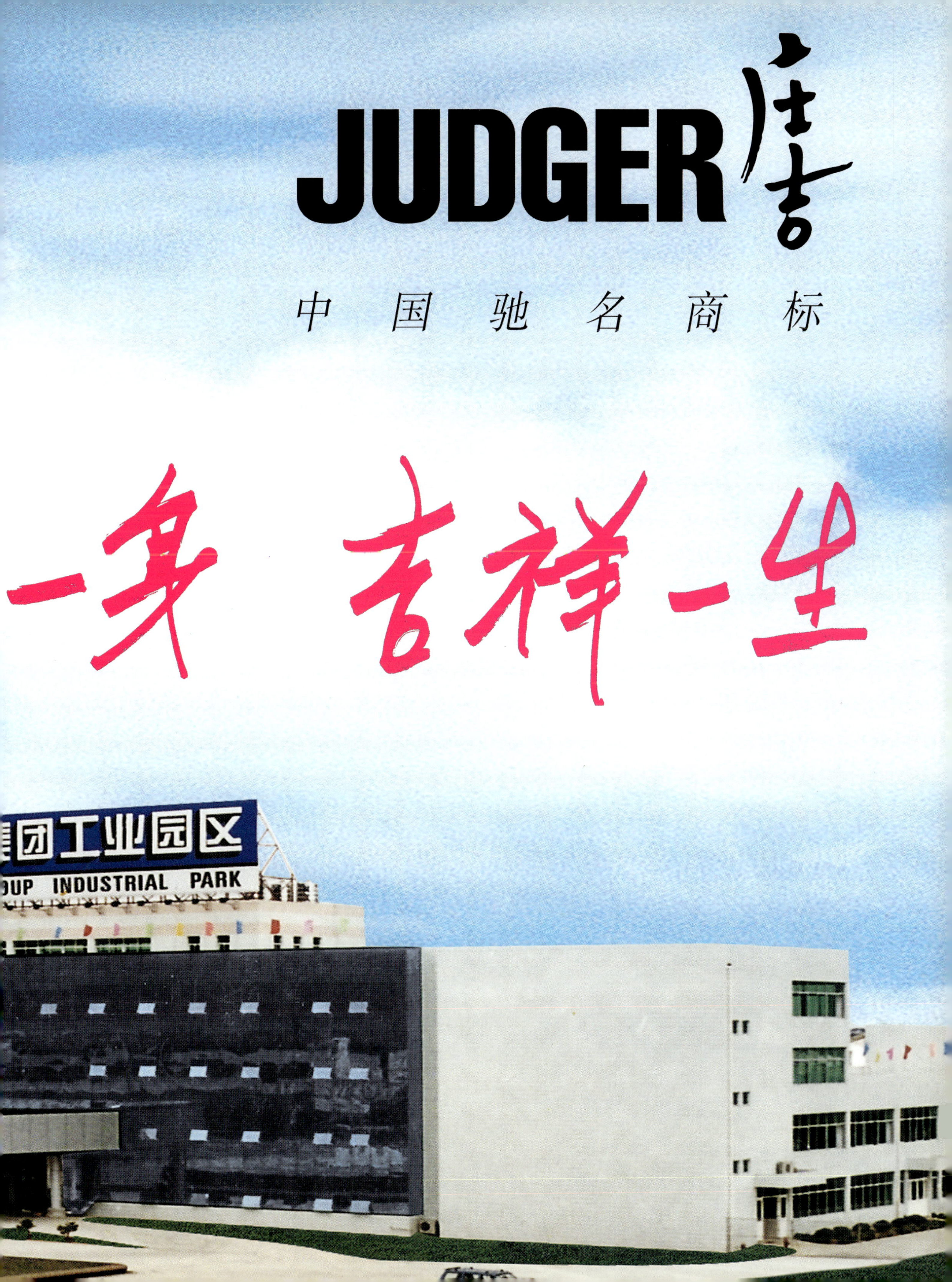
JUDGER 庄吉
中国驰名商标
一身吉祥一生
团工业园区
INDUSTRIAL PARK

ARDMIER
ITALY

# 公司简介

上海华源万成服饰有限公司是上海华源企业发展股份有限公司的子公司，注册资本金三千万元。

公司的经营宗旨是：建立规范高效的现代企业经营管理机制，依托上市公司人才、资金优势和强大的服装生产能力，创立一流服饰品牌，获取社会效益和经济效益。

华源万成集服饰设计和营销功能为一体，贯彻“特许、连锁、加盟”的营销策略，经营“ARDMIER”和“VILLAGE TREE”两个品牌。在北京、上海、天津、南京、西安、成都、昆明、大连、广州、宁波、无锡等十八个一线城市近六十个著名商厦设有专厅。拥有意大利、韩国面料开发优势及设计优势，华源万成在品牌拓展的同时承接国内外客户的定牌生产。

FROM PARIS
Gracious Romance
sham
HOME TEXTILE
香榭里

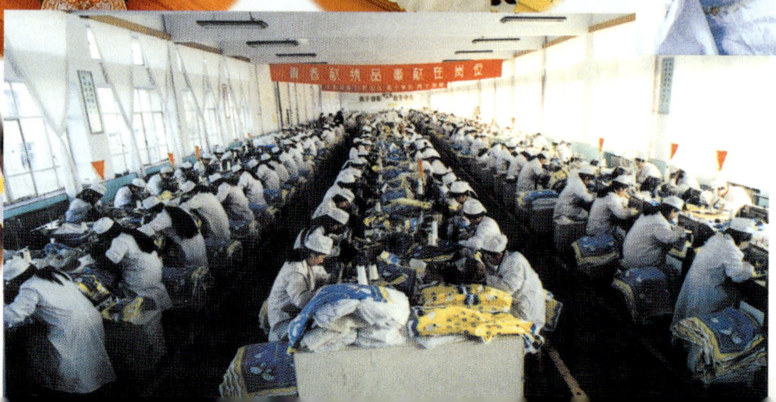

# 营口东圣制衣有限公司

营口东圣制衣于1993年8月19日注册。公司占地面积1万平方米，建筑面积6000平方米，有6条生产线，员工450人，有各种平缝机及特种设备380台，其中压胶机15台，年生产夹克衫、羽绒服、滑雪服、压胶服、摩托车服、棉服等40万余件，产品出口韩国、日本等东南亚国家以及美国等欧美地区。其中给美国、加拿大客户加工过SUNICE款、GASS款、BANANA款、给欧洲客户加工过RED/GREEN、FJALLRAVEN款、NIDECKER款。以及韩国依恋公司加工过韩国内销品牌的服装。

公司员工在董事长成德文的带领下，从每个人员开始狠抓产品质量，提高劳动效率。保证产品质量和交货期，得到客户的好评。

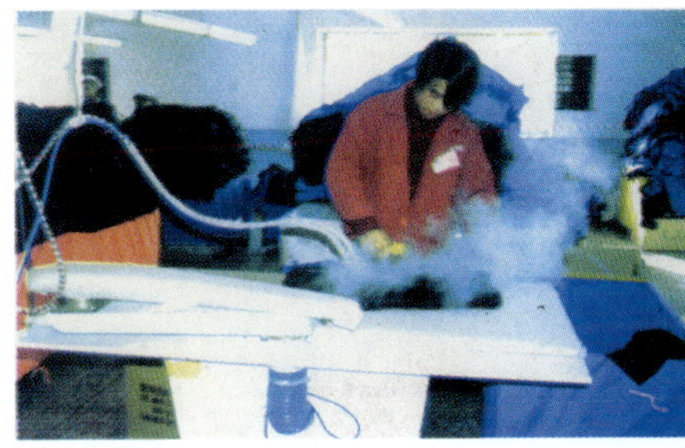

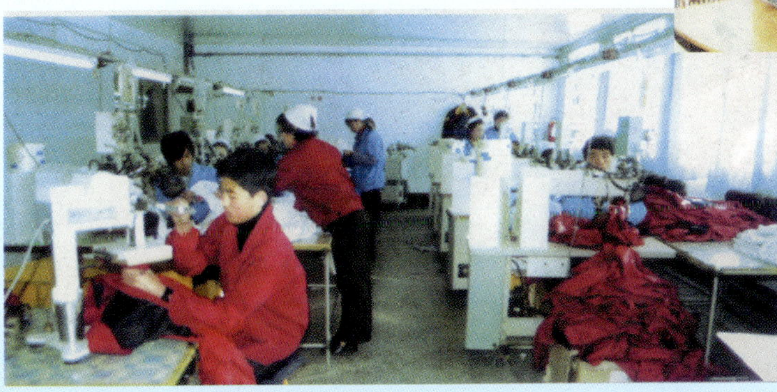


地址：辽宁省大石桥市永安镇

电话：0417－522－5111

0417－522－4107

传真：0417－522－5291

手机：13804172813

# 新疆湖光糖厂

新疆湖光糖厂位于天山南麓的和静县境内，门临丝绸古道上的伊(犁)库(尔勒)公路和南疆铁路，坐落在我国最大的淡水湖——博斯腾湖之滨，气候宜人，交通便利，通讯快捷。

新疆湖光糖厂现为日处理甜菜2500吨的国有中型综合制糖企业。全厂设有3个分厂、5个生产车间和一整套生活福利娱乐设施。职工总数1100余人，其中专业技术人员180名。制糖工艺设备为20世纪90年代同行业先进水平。主导产品年产量分别为：绿原牌白砂糖4.5万吨，绿原牌甜菜颗粒粕1万吨，静月牌食用酒精4000吨。年产值1.7亿元，年创利税1000余万元。

新疆湖光糖厂拥有国内先进的设备、严格的管理、雄厚的技术力量。绿原牌白糖执行了GB317—1998标准，产品于1990年荣获国家轻工业部、农业部优质产品称号，1995年荣获新疆名牌产品称号。绿原牌白砂糖其特点是：颗粒均匀、洁白透明、混浊度低，各项理化指标达到或超过国际，是制作冰糖、饮料和各种水果罐头的最理想原料。绿原牌甜菜颗粒粕执行的是GB9085—88标准，是奶牛、猪、羊等牲畜的添加饲料，产品远销欧洲、日本、东南亚。静月牌食用酒精执行GB10343—89标准，1994年8月获乌兰巴托国际金奖，是配制各类白酒、红酒的上好用料。

新疆湖光糖厂连续多年被评为文明单位和新疆50家最佳经济效益工业企业。1990年被自治区人民政府命名为一级企业，1995年被授予"新疆企业之星"称号，1997年元月荣获"1996年中国市场公众形象优秀企业"称号。1997年3月成为新疆制糖行业第一家通

过中国方圆标志认证委员会 ISO9002 产品质量和质量体系双认证企业。同年，产品白砂糖、甜菜颗粒粕获“采用国际标准产品标志证书”。1998 年 3 月企业荣获国家技术监督局颁发的“完善计量检测体系合格证书”，并被授予“国家计量先进单位”称号。1999 年企业荣获“自治区文明单位”称号。2000 年产品白砂糖荣获中国绿色食品发展中心颁发的绿色食品证书。

厂长、法人代表：李向群


**厂长、法人代表**：李向群

**党委书记**：金德全

**电话**：0996－6090200

**传真**：0996－6090129

**地址**：新疆和静县才吾库勒镇

**邮编**：841311

# 创新陶瓷文化
# 打造世界品牌

**许君奇总经理**

许君奇，男，36岁，大学本科文化，中共党员，高级工程师，现任湖南华联瓷业有限公司总经理、总工程师，湖南省第九届人大代表、共青团中央十四届代表。全国第三届、第四届乡镇企业家，1998年被评为全国杰出青年星火带头人，2001年被授予享受国务院政府特殊津贴专家，同年当选为中国轻工工艺品进出口商会陶瓷分会常务副理事长。

湖南华联瓷业公司前身是湖南省醴陵市嘉树瓷厂，始建于1966年，20世纪80年代末开始炻瓷的研制开发和生产。1994年，嘉树瓷厂与马来西亚新华联集团有限公司合资，更名为湖南华联瓷业有限公司，1995年取得自营进出口权，1996年通过ISO9002质量保证体系认证。企业以小搏大，取得突飞猛进的发展。目前，公司拥有三个生产分厂，员工近2300名，年产炻瓷能力8000万件，成为了一个较大规模的现代化陶瓷生产企业。

质量体系认证证书

兹证明

湖南华联瓷业有限公司

湖南省醴陵市嘉树乡

建立的质量体系，按照以下质量体系标准评审合格，特发此证。

认证范围：炻瓷产品的生产和制造

证书号：4300/96243　认证标准：ISO9002:1994

发证日期：1999年10月22日　有效期：2002年10月21日

主任：李怀林

中国进出口商品质量认证中心

公司技术力量雄厚，科技开发能力强，制造工艺和釉色开发已经达到国际先进水平。生产自行研制开发的色釉炻瓷系列产品，由于具有强度好适合于机械洗涤、热稳定性好适应于高温蒸煮、铅镉溶出量低于国际标准以及器型新颖、釉色丰富、品质卓越等特点，畅销全球五大洲80多个国家和地区。公司连续三年出口创汇上千万美元，进入了全国出口创汇500强企业；连续四年上缴国家税金上千万元，每年被湖南省人民政府评为“利税大户”。全体华瓷人的不懈奋斗，使公司创造了突出的经营业绩，为国家和社会作出了一定的贡献。

“以土塑造未来，振兴民族工业”，是公司的企业宗旨；“创新陶瓷文化，打造世界品牌”，是公司不懈追求的经营目标。全体华瓷人继续坚持“管理保品质、诚信保品牌”的贸易宗旨，发扬“勤奋务实、精益求精”的工作作风，不断提高经营管理水平和持续满足顾客需求的能力，利用高科技改造我们的传统工业，提高企业竞争力，努力将公司建设成一个经营不断发展、业绩持续上升的大型综合企业。

公司地址：湖南省醴陵市嘉树乡

邮政编码：412212

联系电话：0733－3382188

传　　真：0733－3382388

Emeil：hhci@hotmail. com

网　　址：WWW：hc. zz. hn. com

服务热线：0733－3382168 3382288

# 中国嘉陵工业

嘉陵工业 JIALING

中国嘉陵工业股份有限公司（集团）是集科、工、贸、服务于一体的国家大型企业集团。其主导产品有“嘉陵”系列摩托车、助力车、发动机及通用机械产品。并拥有全资、控股、参股子公司30余家，协作企业300余家，形成了“以车为主、多元经营”的发展格局，是我国摩托车行业最大的企业集团。

公司自1979年开发生产摩托车以来，现拥有9种排量(35—250)150多个车型，累计产销量逾1000万辆，占全国摩托车保有量的1/5以上，现已形成年产200万辆的生产能力。公司具有完善的研发、生产、配套、营销体系，拥有国家级技术中心以及国际先进水平的摩托车发动机、化油器、磁电机、车体及油箱冲压、机器人焊接、涂装、压铸、热处理、总装等生产线和CAD/CAM/CAE设计制造中心、整车及发动机质量性能检测中心，工艺技术先进，装备手段完备；是国家ISO9001质量体系、ISO14001环境体系认证企业。集团在全国各地建立了30多个营销服务中心，近300个终端网点；“嘉陵”摩托车出口50多个国家和地区。

中国嘉陵工业股份有限公司（集团）经过20多年的发展，取得了显著的业绩，并引导和促进了中国摩托车行业的形成和发展。20年间，嘉陵累计销售收入270多亿元，创利税48亿元，取得了20多年持续、快速发展的业绩；嘉陵成为了摩托车行业最具实力和影响力的企业集团，被誉为中国摩托车之王。公司先后在国内、国外注册了100多个“嘉陵”系列商标，“嘉陵”商标并于1997年4月被国家工商行政管理局授予全国驰名商标，创造了中国摩托车第一品牌和行业第一个驰名商标。

股份有限公司（集团）

# 西藏珠穆朗玛集团

西藏珠穆朗玛集团始建于1997年，是自治区工商联骨干企业之一。公司现有资产13000万元人民币，职工2000余人，年产值近2亿。是集路桥建筑、矿山开采、有色金属冶炼、农业高科技生物开发、电讯寻呼、商贸工业以及民用建筑、工程装璜、餐饮娱乐、文化艺术等为一体的综合民营企业集团。

集团现已形成跨地区、跨国界、跨行业多方位发展经营的格局，为西藏的经济发展和社会稳定做出了突出的贡献。曾被西藏自治区人民政府多次评为“重合同、守信用”先进单位。

董事长兼总经理才旺扎西先生现任西藏自治区政协委员、西藏自治区工商联合会副会长、全国青联委员、西藏青联常委。

地址:拉萨市娘热路龙王潭珠穆朗玛大厦
电话:(0891)6331755
传真:(0891)6331755

side

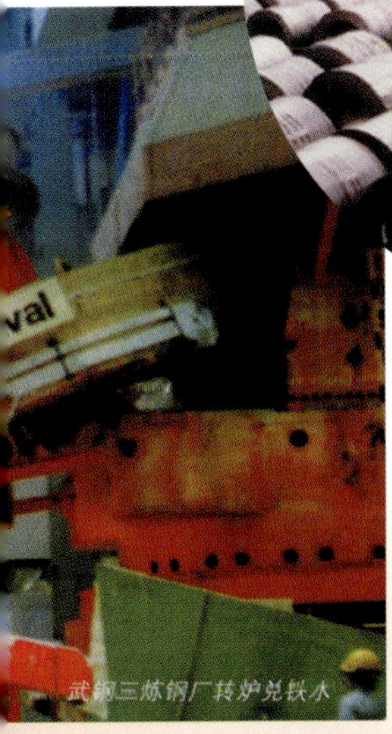


武钢三炼钢厂转炉兑铁水

# 广西横县纯正蚂蚁粉厂

大千世界，万物有灵，曾经与恐龙为伴的蚂蚁已顽强地生存了亿万年。它是世界上最多的陆生动物。约有15000多种，我国约有2000种。定名的有600种，多数分布在广西、云南、贵州等亚热带地区，蚂蚁含有丰富的营养成份和惊人的气力，一般的无翅工蚁能举起超过自身体重400倍的物体，一般雌蚁能存活20年以上。蚂蚁长期生活在潮湿的环境中而中染疾病，蚂蚁是一种天然药物，有广泛的保健和医疗用途。目前已成为世界上最有开发价值的食品和药物之一。被人们誉为微型动物营养宝库和天然药物加工厂。

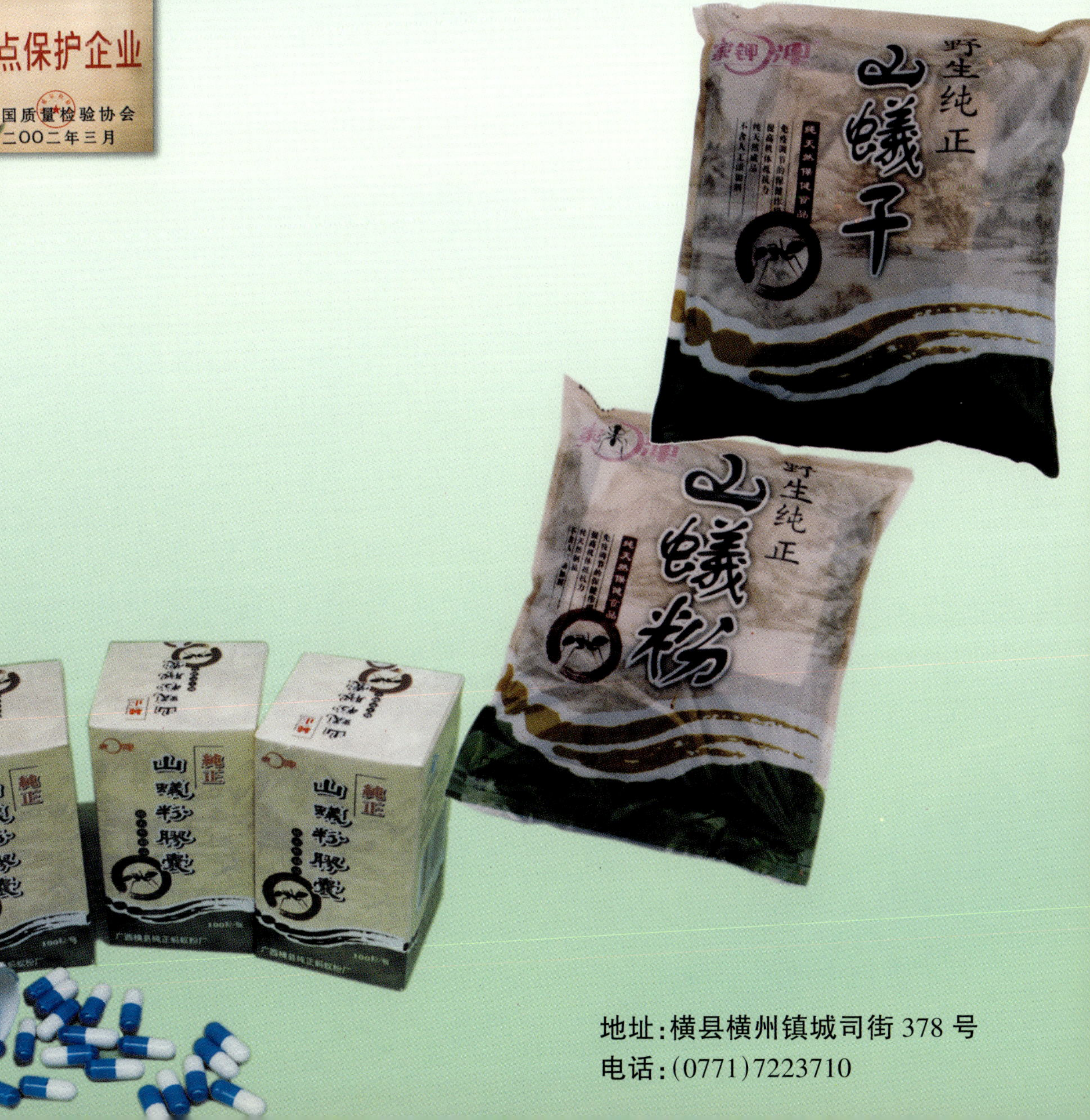


地址：横县横州镇城司街378号
电话：(0771)7223710

西鳳酒
地　　址:陕西凤翔柳林镇
销售专线:0917－7421188
售后服务:0917－7421065

北国啤酒
地址:黑龙江省绥滨县松滨大街东段
邮编:156200
电子信箱:bgpj@ mail. china. com
电话:0468－7862365
传真:0468－7861620
负责人:孙乃奇
标识:北国
BGWPJ

# 宁夏峡光纸业有限公司

宁夏鑫汇集团峡光纸业有限公司（原宁夏青铜峡造纸厂）始建于1985年，近20年来公司负重拼搏，滚动发展。目前公司资产总额1.5亿元，纸及纸板年生产能力5.5万吨，产品有文化用纸、生活用纸、包装用纸三大系列30多个品种。

公司生产的峡光牌系列产品连续10年被自治区技术监督局评为“质量信得过产品”。95%的产品销往区外，部分产品间接出口，“峡光”商标多次被评为“宁夏著名商标”，“峡光”牌产品多年来被自治区经贸委评为“宁夏名牌产品”。2000年通过了ISO9002国际质量体系认证。公司从1982以来，连续20年盈利，经济效益稳步增长，2001年实现销售收入1.5亿元，工业总产值1.5亿元，利税1500万元，工业增加值3000万元。被国家工商总局公布为“全国重合同守信用企业”。

# 竹乡风采

华森王

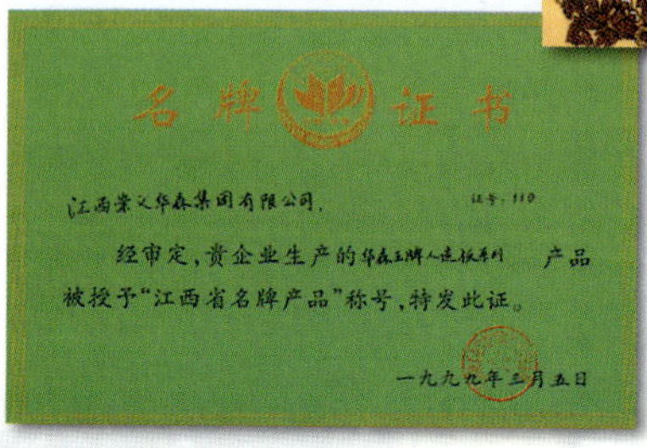


江西崇义华森竹胶合板厂位于江西西南部的崇义县，是南方48个重点林业县和首届十大"中国竹子之乡"之一，丰富的竹木资源，为我厂的发展奠定了良好的基础，现拥有年产120万$m^2$竹胶合模板和2万$m^3$刨花板的生产规模，固定资产为4000万元，职工300余人。

我厂技术力量雄厚、设备精良、工艺先进，拥有一大批科技和管理人才，建立和实施符合ISO9002:1994标准要求的质量体系，取得了中国进出口商品质量认证中心(CQC)国际质量体系认证证书。

我厂生产的主要产品有高强度复塑竹胶合模板、素竹胶合板，木质、竹质刨花板。"华森王"牌竹胶合板具有强度高、韧性好、表面光滑、易脱膜、耐水性好、防腐、防虫蛀等优点，广泛用于建筑中的混凝土施工，素竹胶合板还用于包装及火车、汽车车厢和集装箱底板。"华森王"牌木质刨花板主要用于高档家具和音箱的制作。

我厂始终以"质量第一、信誉第一、用户至上"为宗旨，竭诚为广大新老客户提供满意、合格的产品和服务。

**地址：江西省崇义县横水镇渔梁**
**电话：**(0797)7620686　7620685
**传真：**(0797)7681666

# 苗家钧窑

美林题

钧瓷为我国宋代五大名瓷之一，也是世界陶瓷中的奇珍瑰宝，她以独特的艺术魅力而著称于世，享有“有价黄金不及钧”，“家有万贯，不如钧瓷一件”，“钧与玉比，钧比玉美”等美誉。

钧瓷起始于唐代。兴盛于北宋。宋代徽宗时期被定为御用珍品，并在禹州城内“古钧台”附近设官窑志专烧宫廷用瓷，故名“钧瓷”。钧瓷自问世以来，一直受到历代宫廷和世人的珍视，虽历遭厄运而经久不衰。50年代初，在周恩来总理的关怀下，钧瓷在她的故乡——神垕镇得到恢复，并获国家金奖。

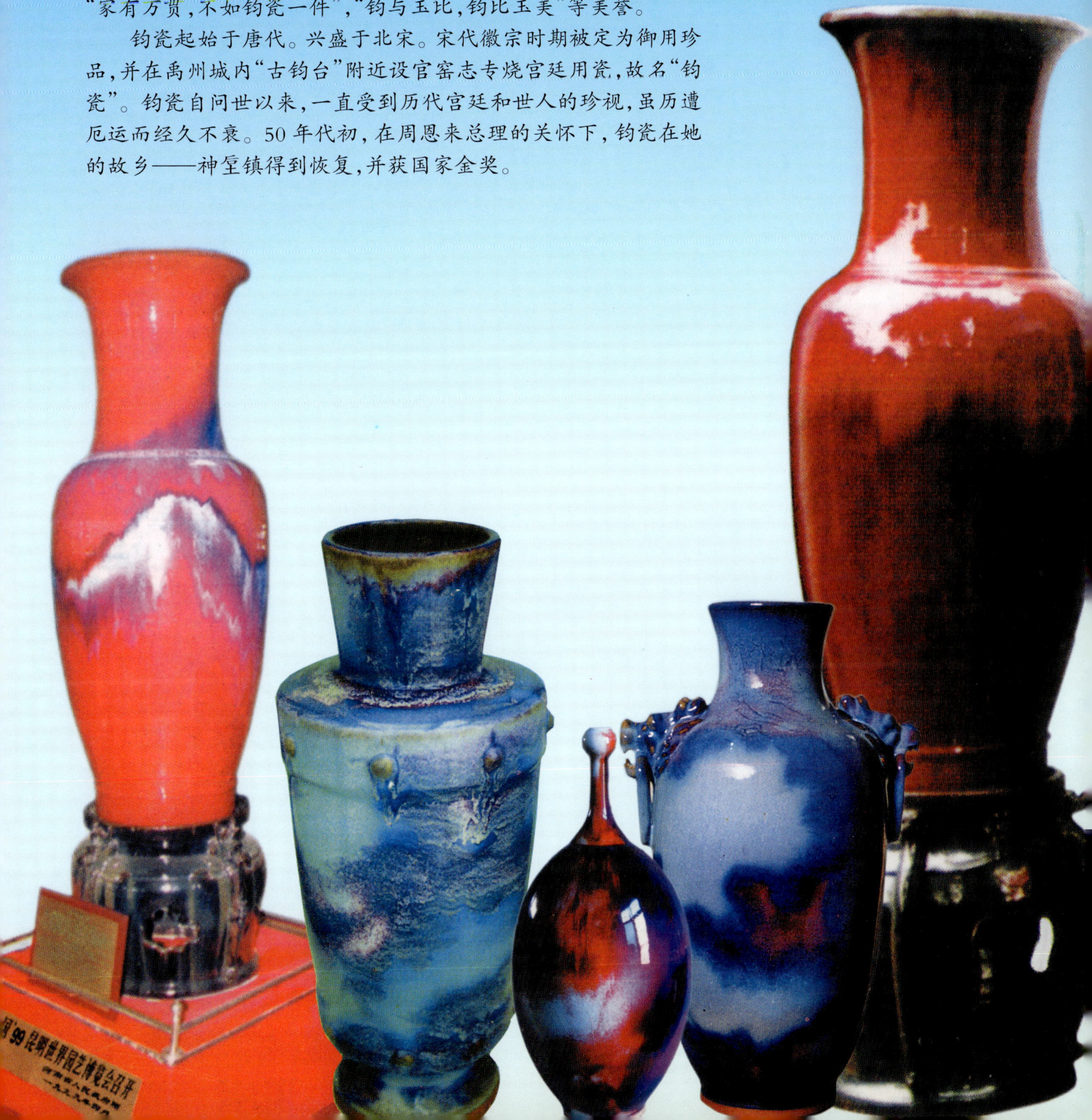

# 迈进新世纪　建设新一汽

# 新世纪的“鲁能”

鲁能集团是一家产权多元化、集团化发展的现代企业集团，经营领域涉及一、二次能源、金融、房地产、高新技术等。到 2001 年底，鲁能集团总资产 420 亿元，2001 年实现总收入 232 亿元，利税 29 亿元。

“鲁能”品牌 1999 年评估价值 428 亿元，是全国知名品牌。2000 年被中国企业联合会、中国企业家协会评为“中国十大最具影响力企业”。2001 年，在国家工商总局等单位联合主办的“首届中国商标大赛”活动中，“鲁能”商标荣获“2000 中国最高认知率商标”称号。2002 年，在“第二届中国商标大赛”中，“鲁能”商标荣获“2001 中国十大公众认知商标”称号。2001 年，鲁能集团作为第一批案例单位入选了清华大学主编的《中国企业经营管理案例库》。

经过精心培育，“鲁能”作为鲁能集团多元化发展的综合品牌，成为鲁能集团实力和信誉的象征，得到社会各界的广泛认知和赞誉，极大提升了鲁能集团在社会上的影响力和感召力，为企业的快速、健康发展奠定了良好基础。

# 第六章

# 品牌实践（三）

## ——品牌与企业

标　识

# 伊利打造中国乳业品牌

“内蒙古伊利集团”在连续6年雪糕冰淇淋产销量居全国第1、无菌奶产销量2002年也上升到全国第1、奶粉产销量逼近全国第1时，开始打造“中国伊利”的品牌。

事实上，伊利集团总裁郑俊怀谋划“打造中国乳业第1品牌”早已开始，中国“入世”只是更坚定了他的信心：“入世”后中国人民的总体生活水平会提高。现在世界上发达国家人均消费牛奶上百公斤，发展中国家也有几十公斤，而中国只有区区7公斤，这说明乳业是一个蒸蒸日上的朝阳产业，而差距也正是发展空间。

善弈者谋势。伊利集团在成为国内乳品行业惟一一家A股上市公司，“伊利”商标被国家工商局评为“中国驰名商标”之后，战略布局首选就是上海。1996年第1批“伊利”冰淇淋在上海落户，3年后便把集团首家合资企业选定于此——与香港一家公司合资，以股权转让的形式全盘转收了上海不凡帝食品公司。接着，伊利集团转向华北，先与天津康业公司进行战略合作、形成年产各种冷饮3万吨的生产规模，后在北京密云县投资1亿多元兴建北京乳品厂，生产的保鲜纯牛奶和纯酸牛奶也已在当地上市。2001年投资1.6亿元的液态奶加工厂又在包头市破土动工。伊利成功地占领了一处处市场制高点，液态奶也即将登陆香港。

手上做着中国市场，眼里瞄的却是世界前沿。这几年，伊利集团投资4.2亿元实施乳业系列技术改造，完成了由劳动密集型到科技效益型的转变。无论其引进的丹麦海耶公司的冰淇淋生产线、德国GEA公司和瑞典利乐公司全自动化无菌奶生产线、美国国际纸业公司和德国海西亚公司保鲜奶生产线，还是引进的德国婴幼儿奶粉生产技术、荷兰GM公司和瑞典阿伐拉法公司的鱼骨式挤奶器，都是国际上最先进的生产设备和技术。一流的技装水平，独立的研发体系，使伊利有充足的底气和全球的业内高手“过招”。他们举了个例子：一家国际上赫赫有名的乳品企业，心甘情愿地把旗下经营不善的一家乳品厂交给伊利委托经营。

总裁郑俊怀也清醒地寻找伊利与国际同行的差距。外国大企业产品的品种丰富，伊利的应对就是加大结构调整。如今伊利的产品已达39类100多个品种。外国大企业制度完善，伊利的应对就是“组织创新”，推开了“扁平管理”，进行了销售网络整合，培育了平等信任的企业文化。外国大企业面对的是规模化的农场，伊利的应对就是“建设基地求双赢”。

自20世纪90年代中期以来，伊利就开始营建与千家万户相互依托的利益共同体。在奶源基地建设上，伊利集团基本上采取两种模式：一种是在具有发展潜力的地方建奶站，在条件尚不成熟的地方设收奶点；另一种是在奶源相对集中的地方建立奶牛养殖小区。集团在为奶农发放购牛贷款近亿元建成6个奶牛小区的同时，从奶牛的饲养管理到饲草料营养搭配，从购置优质奶牛到奶牛的良种繁育，从技术咨询到疫病防治，全部进行统一的系列化配套服务。集团此举不仅解决了自身的原料问题，更富了一方农户。在呼和浩特市，全市近3万户奶牛农户年均养牛收入超过7000元，并使当地的奶牛饲养量由5年前的2万多头发展到13万头，使呼和浩特市的人均牛奶产量居全国第1。从2000年起，伊利集团挥师东进，先是在黑龙江省的杜尔伯特蒙古族自治县投资1000多万元用于奶源基地建设，之后又与大庆市一家乳品企业合资组建了乳业公司，紧接着进入纯天然、无污染的呼伦贝尔大草原，控股经营呼

广州立白有限公司

山西杏花村汾酒厂股份有限公司

## 记 事

8月24日

1983 中共中央、国务院发布《关于引进国外智力以利四化建设的决定》。

8月25日

2000 公布修改过的《中华人民共和国专利法》。条文中的“专利局”修改为“国务院专利行政部门”。自2001年7月1日起施行。

1994 《音像制品管理条例》发布。

1990 “中国500家最大工业企业及行业50家评价”结果发布。

8月26日

2002 康佳公布2002年中报，实现净利润2420万元。

爱多再次复出。

2000 “第二届中国广告摄影优秀作品评选”揭晓。

1994 内贸部科技质量局“94年上半年国内贸易部对全国21个省、市14类353个品种的市场商品进行监督抽查结果新闻发布会”在京召开。

“中国名牌产品认定暨明星企业评选活动”组委会公布“中国明星企业”称号。

伦贝尔盟扎兰屯市和牙克石市两大乳品企业，使集团奶源地控制更加合理。

尽管伊利已具备品牌、资金和资源优势，但郑俊怀仍提出要在未来3年内卧薪尝胆，按着“中国乳业第1品牌”的目标，扬长避短，进一步提高核心竞争能力，将企业做大做强做优。“力争在2005年主营业务收入突破10亿美元，2010年达到30亿美元。”

（陈 力 赵 峡）

# 乐凯与富士欲求突围之路

也许是中国这个大市场太具有诱惑力，也许是20世纪最后10年乐凯、柯达、富士胶片行业的这三巨头竞争得太久、太激烈，新世纪的第1年，三巨头似乎都失去了耐心。先是传出富士在上海大降价，平均每卷降价5元到6元，紧跟着又传出乐凯为应对富士挑起的价格战，将价格全面下调20%，但不久又传出消息，说富士与乐凯均否认降价行为，而称个别地区的价格下调是促销活动。

就在人们还在怀疑此消息的真假时，近日又爆出惊人消息：乐凯将同富士合资！其中富士以货币、技术和管理入股，持股比例为49%，乐凯以厂房设备入股，持股比例为51%。一时间，胶卷市场突然间发生了戏剧性的转变，昔日的对手成了合作伙伴，双方最大的对手也是惟一的对手就是柯达。因此，有媒体称：一场胶卷世纪大战终于交上火了。

### 一、乐凯与富士结盟不是空穴来风

发布合资消息的媒体称，乐凯与富士合资的绝密消息是乐凯一位不愿透露姓名的当家人道出的，他说，目前双方已原则上达成合作协议。

据这位当家人介绍，目前双方最有可能的是先将股份公司合资，再来收购部分集团资产，组建一个完整的胶片生产企业，然后，乐凯股份公司在适当时机向证监会申请增发新股，富士公司通过认购新股并买进乐凯部分现有股份，达到拥有乐凯49%的股份的效果，合资后的乐凯上市公司再收购乐凯集团旗下的黑白胶卷公司和X光生产公司，但黑白胶卷公司的专用胶卷不在收购范围。

针对外界人士关心的乐凯品牌是否会因合资而消失，这位当家人表示绝对不会，因为“乐凯合资的目的是利用富士成熟的技术经验和管理经验及国际营销网络，将乐凯全面推向国际市场，富士在股权结构上居于非控股地位”，所以，“乐凯的品牌控制权在乐凯手中而不是富士手中”。

早在两年前，乐凯的一位负责人曾说：不是乐凯拒绝合资，而是乐凯同别人合资的前提就是要控股，在此前提下我们欢迎外资前来合作。如果这次合资真的成为现实，则说明富士为了寻求更长远的利益，终于接受了乐凯必须控股的前提条件。而所有这一切都表明乐凯已迈出实质性步伐，力求在竞争已白热化的胶卷市场中寻求突破。

但是，乐凯集团专司对外发布消息的总经理办公室副主任、对外事务部副主任张固表示，乐凯确实有与富士谈判这件事，谈判正处于进行中，但是还没有结果，也没有达成初步的协议。假如有结果将会把具体过程和结果告诉给广大股民和消费者。

### 二、柯达咄咄紧逼让两大胶卷商寻求对策

乐凯与富士合资的消息一传出，立即在业界引起极大震动，与此同时人们不得不去思考另一个问题，那就是作为最晚进入中国市场的柯达又是如何成为行业“霸主”的？

伊斯曼·柯达公司是目前全世界最大的感光材料生产厂商，创办于1880年，至今占据世界市场的42%左右。事实上，柯达在“占领”中国之前，便与来自日本的另一位胶卷巨头富士进行了一场“遭遇战”。

一时间，柯达的大小领导像走马灯似地访问中国，在中国设立了18个办事处，把亚太总部也搬到上海，同时启动规模庞大的快速彩扩连锁店计划，在全国250个城市建成5500余个快速彩扩店……通过这一系列的措施，柯达产品市场占有率终于由1993年的26%提高到53%，把富士踢下了中国市场盟主的位置。同时，中国在柯达全球市场的排名也由第17位升到仅次于美国市场的第2位。

为了确保自己在中国市场的霸主地位，柯达巧妙地对中国感光行业进行“釜底抽薪”，它瞄准了当时已陷入危机的6家中国感光材料企业，1997年5月，柯达已先后“吞下”了汕头公元胶卷厂、福建福达胶卷厂，从而直接在中国生产胶卷，两年时间，中国已成为柯达在亚洲最大的胶卷和相纸生产基地。同年，柯达公开表示，要在未来5年内在中国投入15亿美元而不求回报，这已显示柯达企图最终挤垮乐凯的目的。

到2000年，柯达加大了对中国市场乐凯和富士的“围剿”，在中国新建了1000多个连锁店，并推出“9.9万元轻松当老板计划”，通过资本抵押方式，将经销商利益与柯达产品销售状况的好坏绑在了一起。此外，还搞了一系列促销活动，将乐凯、富士逼到了成本销售的边缘。

尤其不容乐观的是，乐凯目前在国内市场虽然有20%的占有率，但却是在低于柯达售价20%的情况下取得的，若柯达发动价格战，乐凯将会面临“灭顶”之灾。以1999年的销售数据来分析，乐凯销售额是不到1亿美元，而柯达是140.89亿美元；柯达当年用于研发费用达8.17亿美元，乐凯技术投入不足1000万美元；乐凯的市场拓展人员200多人，不及柯达在中国的1/4。此外，柯达计划在2003年将中国的彩扩店数量增加到10000家，有人称此为“柯达正在缩小包围圈”，并认为“柯达拿下乐凯并不是一件难事”。

三、合作能否成功尚难预料

有资料显示，乐凯存在的意义是巨大的。如果中国失去乐凯，国内的消费者将再难买到低于国际市场价的胶卷。目前，一卷36张装的柯达金胶卷在中国的零售价为2美元，而同一产品，柯达在美国卖3美元，在东欧卖5美元。柯达之所以这样做，正是因为有价廉物美的乐凯超金100胶卷的存在。可以证实的是，由于乐凯不生产反转片，柯达就把专业反转片在中国市场的售价拔高到美国市场的1.5倍。有人估算，仅仅由于乐凯的存在，中国消费者每年在彩卷与相纸上的开支就节省10亿元左右。此外，乐凯作为中国感光材料工业的“力量”，一直肩负研制生产军用胶卷的任务，中国99%的航空航天胶片是由乐凯生产的，所以从“国防建设”的角度分析，失去乐凯将是不可想象的。

然而，柯达只用两年多时间就将国内同行“逐一吃尽”，整个行业只剩下乐凯一支“孤军”。面对柯达以每天新增3—4家连锁店的速度扩张，乐凯这面“红旗”还能打多久呢？乐凯又如何突出重围呢？乐凯胶片集团总经理杜昌焘曾说：“乐凯的困难不在于强大的对手，而在于国有企业如何实现脱胎换骨的改革。”乐凯脱胎换骨的步骤之一就是各地分公司的重心从销售向营销转移。

据了解，早在7—8年前，乐凯便与富士进行了接触，由于双方在持股比例上存在分歧，以及乐凯是民族产业的一面旗帜的特殊地位，双方一直未能达成协议。但进入新世纪，面对柯达的强大压力，特别是由于柯达去年底宣布全面进入日本市场，使得高傲的日本人不再坚持原先的控股立场，从而使得双方终于再回到谈判桌前商量携起手来谋求共赢。当然对于双方合资最后能否成为现实，现在下结论还为时尚早，一切都有待通过市场来验证。

（海　霞）

## 记　事

8月27日

2001 亚太经合组织2001中小企业工商论坛在沪举行。

1998 全军部队和武警投入抗洪的兵力达到日最高峰，共27.85万人。

1997 TCL集团与美乐集团宣布自愿联合。

1993 中央电视台质量万里行特别节目向全国公布百家产品质量优秀企业。

1991 国务院召开“质量、品种、效益年”活动第二次电话会议，朱镕基副总理要求深入开展这项活动，并提出暂停对企业的评比升级活动，凡是与《企业法》相抵触的政策、法规、条例应当废止。

8月28日

2002 中国餐饮500强座次排定。

首批800家“娃哈哈”专卖店开业。

2000 第一件由个人出资申办的公益广告“发展才是硬道理”在京竖起。

1999 大连机车车辆厂举行百年华诞庆典。

# 西部的名牌——贵州海尔

彪炳中国史册的红军万里长征、使中国革命发生了关键性转折的遵义会议，让地处西部的贵州遵义市成为历史名城。永远铭记在后人心中。遵义这块神秘的革命圣地，在改革开放开发西部的市场经济大潮中，再次创造出奇迹，“贵州海尔”这一从西部走出的名牌产品，正在走向全中国、走向世界。

贵州海尔电器有限公司坐落在遵义经济技术开发区内，整洁的厂房，明净的车间，具有特色的文化走廊，现代化的科学管理，有条不紊的生产流水线，频频进出厂区的货车，显示出一派繁荣景象，无时无刻不让人感到海尔集团精神在这里已生根开花，并结出累累硕果。

**黔北升起一颗新星**

贵州海尔电器有限公司由青岛海尔集团与江南航天集团风华机器厂合资组建。江南航天集团风华机器厂曾是中国电冰箱行业较有影响的企业，进入20世纪90年代后，由于技术开发能力较弱，产品更新换代跟不上市场需求失去了竞争力，自1993年以来，生产一直处于半停产状态。1997年底，海尔集团为响应党中央、国务院关于青岛、大连等四个城市对口帮扶贵州省的号召，与江南航天集团组建了贵州海尔。

公司成立后，当年就盘活了沉睡近8年的风华冰箱生产线，实现了当年投产，当年盈利的目标。1998年，生产冰箱8万台，产值1.6亿元，实现利税560万元；1999年，生产冰箱17万台，产值达3.2亿元，利税突破1500万元，产销率达100%。贵州海尔以每年82%的增长幅度，实现了跳跃式的发展。

**品牌巡礼**

# 强者自争锋

## ——贝因美要做“中国婴幼儿食品第一品牌”

大量研究资料表明：当一个婴儿处于4—6个月后的断奶期时，他第一次所吃到的食物会对其产生“味觉偏好”，从而影响其一生的饮食习惯，这一现象被专家们称为“第一口效应”。这也就是说，婴幼儿既会因第一口吃到进口食品而对国产食品不适应，也会因第一口吃到国产食品而对进口食品不适应。

“第一口效应”对婴幼儿食品的经营者而言既称得上是幸运，又称得上是挑战。幸运的是其对于个体消费者的营销可以“毕其功于一役”：在断奶期时孩子一旦习惯某一种产品，就不再适宜改换其他的品牌；而挑战则在于，你的产品怎样才能适应不同的消费群体，你的品牌又怎样才能具有足够的吸引力，使人们在“第一口”时毫不犹豫地进行选择呢？

**一、争锋，从产品品质开始**

中国每年的新生儿有2300万，

在贵州海尔成立之初，由于地域等原因，用户对其产品曾心存偏见。为此，海尔在狠抓质量的同时，仔细研究市场，针对西南地区潮湿多雨、电压不稳及南方用户喜欢吃新鲜蔬菜、水果的习惯，推出了抗菌健康型冰箱、节能冰箱、经济型冰箱等30余种产品，销售逐步火爆大江南北。产品辐射到了全国28个省、市、自治区，并顺利出口美国。目前，贵州海尔产品在长江以南六省一市占海尔品牌的市场份额达到57%以上，在贵州市场占71.6%的份额。2000年，公司连续10个月产品供不应求，广州、福州、长沙、武汉、重庆等地的大商家点名要贵州海尔的产品，实现年产冰箱26万台，产值达到5.2亿元。

贵州海尔正在成为西部著名的明星企业。

长征路上的开发

1997年7月，贵州海尔作出了一项重大决定——公司调迁到遵义经济技术开发区，实现“从农村到城市”的转移。落址开发区，原因有二：一是为实现公司进一步发展解决交通、信息闭塞及材料配套等问题；二是受开发区的投资环境及政策的吸引，被区政府招商引资服务快捷周到的热情所感动。

贵州海尔的顾文海总经理介绍说：为了使贵州海尔落户开发区，开发区管委会想方设法为海尔电冰箱生产提供合格的厂房、解决1000万元的厂房维修资金，还出资5万元拓宽海尔公司正面道路。有了政府的重视和支持，海尔公司技改工程顺利完成。2000年3月，贵州海尔二期工程破土动工，7月就建成了一条年产万台冰箱的生产线，预计2003年，公司的生产与销售将达到40万台，销售收入将突破4.5个亿，产值7亿元。

遵义经济技术开发区是一个“不沿海、不沿边、不沿江”的开发区。为走出一条内陆城市发展经济的新路子，开发区管委会领导引入BOT模式（资本置换），实行让利战略，利用黔北丰富的资源和区位、区内大批军工企业及“三线”企业高学历高素质人才荟萃三大优势，

---

处于断奶期的婴幼儿更接近7000万之多。因此，如果把儿童用品领域比作潜力无限的金色消费市场的话，那么中国的婴幼儿食品市场绝对是金色消费市场上最耀眼的王冠。尤其是断奶期食品，据推测全国市场容量潜力近60万吨，容量极大，将来很可能超过奶粉的销量。而在这一领域中，虽然从业者众，但称得上是强者的却寥寥无几，除了世界名牌，惟有中国黑马“贝因美”而已。

浙江贝因美科工贸股份有限公司，是一家专业经营自有品牌系列婴幼儿辅助食品、配方食品、补充食品及磨牙食品的企业；年仅36岁的谢宏，是这家股份制企业的董事长。

专家们普遍认为，0—4个月的婴儿应该倡导纯母乳喂养。而从4—6月的断奶期开始，由于婴幼儿需要的营养增多，母乳已无法满足，这时必须添加辅助食品。自此直至3岁，辅助食品的营养是否充分，将对孩子的健康起到至关重要的影响。从临床研究中可以发现，中国的新生儿在出生时，身体素质各项指标与欧美发达国家的新生儿不相上下。只是在4—6个月至18个月时，由于所摄取的蛋白质及各种营养素较为不足，才显示出身体发育差异。

由此知道为什么谢宏先生这辈子注定会做这一行，15岁就进入大学的他已有两个学位在手：一个是食品专业的；另一个是人类文化学的。当时，谢宏撰写的学位论文认为，中国最大的问题是国民素质问题，包括身体素质在内的国民素质必须由婴儿抓起。于是，谢宏义无反顾地“书生下海”，义无反顾地投入事关中国婴儿一生健康的“断奶期革命”。

谢宏经过长期调查和研究发

---

## 标　识

扬州制药厂

宁夏吴忠配件厂

## 记事

8月28日

1999 广东健力宝集团厂庆。

1996 天津三星彩色显像管公司成立。

"96中国质量高层论坛"召开。

1991 中国证券业协会在京成立。

8月29日

2002 2002年中国企业500强出炉,国家电力公司位居榜首。

2000 国家轻工业局、国家内贸局主办,中国焙烤食品糖制品工业协会和国家内贸局饮食服务发展中心承办的2000年(第六届)中国月饼节活动在京举行。

1994 海信集团在青岛成立。

8月30日

2002 国务院发展研究中心市场经济研究所发布2002年度中国相关家电品牌竞争力调查结果。

"小家伙"挑战乐百氏,儿童钙奶市场面临洗牌。

树立"小机构、大服务"的思想,以服务为本,采取走出去,请进来,内引外联方式,构建起多渠道、多层次、全方位的招商服务体系。9年来,开发区在城市建设、产业结构调整、扩大对外开放等方面成绩显著,一个集科研、开发、生产、生活、教育、金融、商贸、文化娱乐、旅游为一体,功能齐全的新城区已基本建成。

在开发区85平方公里的土地上,由于开发区优惠的政策、快速的环境改善和优质高效的全方位服务,长征公司、天义厂、航汽厂等与德国金钟默勒电器公司、德国OKU公司、美国利奇公司、香港航科集团等有众多合作项目的企业纷纷在开发区落户。他们同贵州海尔一样,在西部开发的热潮中促进了开发区经济发展,为开发西部、建设西部,为解决人员就业等方面做出了很大贡献。开发区的负责人特别强调说,海尔集团在开发区的建设中,注重将自己先进的管理理念和市场意识根植到开发区,创造出带动区内国企、民营企业共同向一流企业发展的氛围,在整体上推动了开发区实力与档次的提升。贵州海尔调迁项目的顺利实施,让海尔集团对开发区充满信心,同时,十几家生产海尔冰箱配件的企业也从江苏、青岛、浙江等地纷至沓来,使开发区的工业产值增加了2亿多元。成功的贵州海尔已成为遵义经济技术开发区进一步招商引资的名片。

**品牌的力量**

在贵州海尔人心目中,海尔不仅是一个品牌,更是一流管理的象征。公司成立后,海尔总部派来的第一个部门不是财务,也不是基建,而是企业文化中心,这也是迄今为止海尔集团派来的惟一部门。这两三个人带来了先进的企业文化和OEC管理模式,并把它融入到企业中。

企业文化是很抽象的东西,为了使合资后的员工很快接受海尔的企业文化,公司把海尔文化的一个个理念用发生在员工身边的一个个活生生的典型事例来启迪员工,并将一个个生动的故

现,由于种族和饮食习惯的差异,中国婴幼儿相对西方婴幼儿在生理方面有许多不同的特点,主要表现在乳糖酶的缺乏使他们对乳制品不太适应,吸收效果不像西方婴儿那样自然;中国婴幼儿对淀粉的吸收能力强、对钙的吸收能力差。为此,必须针对这一特殊的营养需要和生理特点研制相关食品。

1991年6月,号称专为中国宝宝量身定做的全营养断奶期食品——贝因美速食婴幼儿营养米粉研制成功,并自此在近10年的市场经营中锋芒毕露,为了体现他们对自己产品的强烈自信,贝因美特别授权律师发表营养效能承诺声明:凡消费者每天吃100克以上并连续吃100天贝因美营养米粉,保证达到中国婴幼儿体格发育标准。如不达标,除全额退款外,公司愿承担所有相应的法律责任。

当然,面对着早在20世纪80年代中期就已进入中国婴幼儿米粉市场的世界级品牌,贝因美很清楚地知道,仅仅有好的产品还是不够的。

**二、争锋,品牌策略为利器**

部分中国企业在与海外巨头的竞争中之所以败下阵来,其原因并不能简单地归结为资金实力没人家雄厚、产品研发没人家领先或是营销网络没人家有力。实际上,正是由于在品牌形象的科学性、品牌理念的先进性方面的差距,极大妨碍了我们发挥主场的优势。众多的事实表明,按理来讲本土企业应该更了解中国消费者,可大多数时候结果却恰恰相反。不了解消费群体,也就失去了制定高效品牌策略的主要基础。

贝因美没有犯这样的错误。谢宏介绍说,贝因美在与跨国巨头竞争中采取"避实击虚"的战略,避开比拼实力的硬广告营销,以科普传播等为主要手段建立了一整套行之有效的品牌策略来进行市场推

事，通过《贵州海尔人》报、文化宣传栏、文化走廊向职工传播，使他们接受，树立起新的企业意识：产品只有合格品和废品的质量意识，使员工具备了精细化的质量观，从而造就了贵州海尔过硬的产品质量，使贵州海尔树立起了自己的品牌形象；80/20 的原则（即对发生和出现问题的处理，20% 的管理层必须承担 80% 的责任；而 80% 的一线工人却只承担 20% 的责任），触动了管理层观念的转变。在贵州海尔先后发生的员工犯错、领导受罚以及管理中出现问题总经理自罚等许多鲜活的事例，使长期封闭在计划经济体制下的原厂职工受到了强烈的震撼，使管理层第一次认识到了管理的责任和差距，使员工真正看到了企业的希望。

海尔文化特别强调员工的作用，将员工视为实现企业目标的前提。在市场压力直接传递给第一位员工的同时，最大限度地激励员工多创新、多贡献，从而形成海尔“人人是人才，赛马不相马”的人才选拔机制，为海尔员工搭建了施展才能的舞台。例如，原一名在风华厂干了 10 年的农民工，由于喷粉技术水平高，到贵州海尔后，成为有史以来第一位农民工标兵，并发明了以其名字命名的“双成挂具”。一位车间主任，由于连续考评最差，成为第一个没有犯错误而下台的干部。“公开、公平、公正”的人本管理，企业打破原来的正式职工的概念，把员工分为优秀、合格、试用三种，三者之间是动态变化的，待遇也不同，干好了可一级一级向上转换，干不好就一级一级向下转换，使企业内部形成良好的竞争氛围。

3 年来，贵州海尔从决策过程、生产过程、市场营销到用户意识、品牌意识和用人机制，都严格按照海尔集团的理念和模式执行。在管理创新上经历了从海尔文化到 TQM 质量观念的转变，从 OEC 管理到机制的改革，以及现在以“市场链”为纽带的业务流程再造三个阶段。OEC 管理法把原来粗放式的管理重组为“日事日毕、日清日高、人人都管事、事事有人管”的精细化管理，以求做

广。正因如此，一家国际食品巨头在一份中国市场年度报告中，将“贝因美”列为中国市场潜在的“第一号对手”。因为在与跨国公司抗衡中，贝因美不仅仅是出售其优质的产品，更树立起了一面“育婴专家”的品牌大旗。

“亨氏”将自己定位为“食品专家”，“雀巢”更进一步将自己定位于“营养专家”等。而后发制人的贝因美则在近 10 年的营销实战中，逐步走出了一条看起来更为高效率的品牌策略定位之路：1993 年，贝因美开始向全国三胞胎以上家庭免费提供两年营养米粉；1995 年，开通全国首条育婴咨询热线；1997 年，举办全国四胞胎大团聚活动，成立贝因美多胞胎之家，设立多胞胎基金；1998 年，成立杭州贝因美育婴咨询服务公司；2000 年，浙江人民出版社出版了谢宏编著的《育婴指南》，贝因美主持的中国育婴网（www.babyschool.com.cn）开通；2001 年，贝因美育婴咨询服务专营店杭州样板店开业……在这面“育婴专家”品牌旗帜下，贝因美免费发放了《婴幼儿喂养手册》1000 万份，在全国各地建立咨询中心，开通咨询热线，开展咨询门诊，设立用户数据库跟踪服务，极大地提高了消费者对其品牌的认同度与忠诚度。

迄今为止，已有 20 多家贝因美育婴咨询服务专营店以特许经营的方式陆续在全国各大城市设立，这些店里不仅出售各种不同品牌的母婴用品，还有医生坐堂进行育婴的咨询。至此，专门生产婴幼儿食品贝因美，由于走出了一条不仅仅出售食品的品牌策略之路，完成了相对于跨国巨头而言的“弱企业、强品牌”的市场拓展进程，在华东市场上一马当先，在全国市场上与亨氏、雀巢三足鼎立，将本土优势化为了胜势，为实现“中国婴幼儿食品第一品牌”的目标奠定了稳固的基石。

（欧　阳）

## 标　识

中国江苏三得利食品有限公司

宁夏吴忠配件厂

淮阴市利民家化厂

记　事

8月30日

2001　财政部公告整治会计信息质量。

1998　中国第一条跨越海峡的大通道——粤海铁路通道，开工典礼在海口市举行。

1997　首届中国行业经济大型研讨会在京召开。

1997国际质量管理小组大会在京召开。

1995　中国丝绸博览会在京开幕。

轻工总会公布'95中国轻工10种产品排行榜。

全国物资流通百强企业排出。

1994　邮电部首次发行中国通用电话磁卡。

1993　《取水许可制度实施办法》新闻发布会。

1989　江泽民、李鹏同志致信在京召开的全国推行全面质量管理10年总结大会。

到把质量问题控制在最小范围、解决在最短时间内、把损失降低到最低程度。在贵州海尔公司，每一个员工的任何一项工作都进行了量化，每天干什么、干多少，都制定有目标；企业内的每件事都明确规定主管人、责任人等，使目标考核有据可循。在这里，从车间的日清栏、管理人员的日清台账中，可以清楚地看到每天甚至每小时的工作情况。OEC管理的推行，成为贵州海尔制胜的重要保证。而以"市场链"为纽带的业务流程再造，则以现代营销网络的商流空间消灭商品的滞留时间，以高效率现代物流时间消灭生产各环节中物料和产品的占用空间、变库存采购为订单采购，大大节约了成本，将订单信息流、物流、资金流实现高效的同步整合，使贵州海尔的市场反应速度得到提升，不断地满足用户需要，步入经济发展的快车道。

人员没有变，设备没有变，用海尔理念重塑后的贵州海尔却发生了翻天覆地的变化。3年来，累计完成冰箱产量51万台，完成产值10亿元，并盘活了风华机器厂1000多万元的国有资产；2000年的销售收入达到3.5亿元，是成立前的65倍，这一切都是品牌的无形资产创造的有形价值。

贵州海尔的发展和经验证明，西部大开发需要引进名牌，创立品牌。资金、技术对西部的开发固然重要，但更重要的是观念的更新。离开贵州海尔时，心中的震荡久久难以平息，在国家西部大开发的潮流中感受着海尔品牌带来的奇迹与梦想，相信它将成就一个又一个的辉煌。　（欧阳鑫燕　黄　宇）

# 红塔擎起品牌文化大旗

对于初任红塔集团董事长不久的柳万东来说，"红塔山"的名字既是骄傲，也是负担。红塔集团平均每年上缴上百亿利税，让柳万东说起话来都比别人底气足，但是效益下滑的危机也让柳万东不敢有丝毫的放松。

不久前召开的"红塔山品牌文化"研讨会，给柳万东吃了颗定心丸。

**柳万东（红塔集团董事长）：品牌的竞争就是文化的竞争**

时下，中国市场已开始由幼稚走向成熟、由卖方市场走向买方市场，这种转变，将使部分理性的消费者享受到物有所值，也使部分肤浅的企业尝到必然的失败。而在商品经济高度发达的今天，消费者选择品牌越来越多是取决于精神感受，消费者对品牌的选择就是对这一品牌主张或品牌价值的认同。正因为如此，品牌的竞争，归根结蒂又是文化的竞争。

**侯云春（国务院政策研究室副主任）："红塔"要成为中国的国际知名品牌**

在新形势下，"红塔"要想充分发挥品牌优势，巩固和发扬已有成绩，必须按照"强本固基、同业兼并、纵向延伸、跨业拓展"的思路，把"红塔"品牌进一步做强做大。

"强本固基"，就是要巩固现有阵地，搞好红塔集团的生产经营与管理，加快技术进步，提高产品质量和科技含量，增强核心竞争力。

"同业兼并"，就是以并购求主业发展。目前，中国烟草生产企业多达155家，商业企业2000多家，卷烟牌号2000多个。中国目前卷烟生产小而散的局面是难以持久的，随着全国统一市场的逐步形成和经济全球化进程的加快，这种局面或迟或早、或主动或被迫地总要发生改变，中国加入世贸组织，必将大大加快这一进程。在可以预见的将来，中国烟草行业不可避免地将上演一幕同业购并的话剧。"红塔"应当充分发挥自己的优势，在这场同业购并中有大的作为。

“纵向延伸”，就是向上下游发展关联业务。以卷烟生产为核心，向上下游纵向延伸，成功概率较高。

“跨业拓展”，就是有选择地向非烟主业发展。跨业发展、多元经营关键取决于企业的研发和经营管理能力。这里有几点需要提请注意：一是要严格选择项目。跨业不可太多，跨度不可太大，不能到处出击。二是少铺新摊子。中国几乎所有行业都已饱和，产品大量过剩。跨业拓展，不管做什么行当，都应力避铺新摊子、上新项目，应当尽可能地利用现有企业，走企业购并之路。三是方式要多样。可以资本介入，实行合资收购或控股、参股等；也可以特许加盟，有偿使用“红塔”品牌；还可以实行管理输出等。

**高尚全（中国体制改革研究会会长）：从改革角度看“红塔”**

红塔要在建立和完善治理机制上继续下功夫，特别是激励和约束机制的建立与完善；其次要打破地方的封锁和垄断，当然这与地方政府的行为有很大的关系，封锁、保护的形成是由地方利益格局导致的。在市场经济的条件下，必然逐步形成统一的开放的市场，特别是加入WTO后，不能像过去一样封锁垄断，这对红塔应当是有利的；三是由于利益的驱使，各地都兴建了烟厂，开发出了自己的地方名牌，这在很大程度上造成了资源的浪费，这也是需要研究和解决的，这其中，可以通过兼并、重组等方式来加以解决，打破封锁，实现双赢和三赢，这样的路子我们可以去探索。

此外，通过财税制度的改革，来减少重复建立、重复生产，形成公平竞争的环境。同时要注重品牌质量和提高科技含量。质量是品牌的生命，消费者在消费时非常注重品牌的要素，那么从现在的趋势来看，“吸烟有害健康”的宣传活动越来越有声势，这就需要通过科技的创新，大大降低烟草的有害成分，增加有益的成分，要从这方面下功夫研究，做好科技创新的工作。

企业的多元化必须以主产品为轴心，围绕与主产品关联度最大的产品、产业来扩展。

**王珏（中央党校教授）：改革烟草专卖体制**

关于卷烟工业的发展，我认为主要的问题还是体制因素，烟草现在在中国还是专卖，但是烟草是竞争性、盈利性的行业，在这种行业里，政府管理多了，企业是不会有更好更快的发展的，因为这从理论和实践中都看得很清楚，政府不是创造财富的，而是为企业的创业发展提供环境的。我一直在强调这样一个观点，市场经济的基础绝不是国有企业，市场经济的基础是民营企业，如果不解决好这个问题，所谓市场经济，不管是社会主义的还是资本主义的，都搞不起来，发展不起来，所以，政府对现在烟草的专卖体制是否也能按市场经济规律进行改革，这是很值得研究的。

其次是企业的问题。一个企业只要是个集团，它肯定是多元化经营的，不是单一的。但是，企业的多元化必须有个根本的原则，必须以主产品为轴心，围绕与主产品关联度最大的产品、产业来扩展，如果与主产品关联度太小，甚至不存在关联，越搞得多就越容易失误，所以多元化经营必须有这样一个原则。那么根据这个原则，红塔应向现代文明型企业发展，就是发展与烟草相联系的产品，如酒、茶、食品、药等，这些东西的开发符合人类发展的趋势，符合世界发展的潮流，符合人类不断提高生活质量的要求。

**贾春峰（中国经济文化研究会会长）：注重研究“红塔”文化品位**

如何看红塔的品牌文化，我认为，质量是红塔品牌之母，文化个性是它的闪光点。

目前，红塔集团的落脚点还要放在品牌文化上，这对开拓市场、用主导产品来振兴市场是有利的；其次对红塔品牌的定位，应该是高品质、低公害、有魅力、有男人味、有时代感、有独特性的产品，其市场的开拓我赞同把重点放在青年消费群体上，多研究这个群体所追求的风度、气质、风格、神采和魅力。

（和　玉　吕静雯）

记　事

8月31日

2002 中国11家企业进入世界500强。

中国人寿提出进军世界500强发展目标。

1999 铁路暑运工作结束。

南孚电池公司与中国国际金融有限公司成功实现合作。

1996 中国质量协会、中国科协、中华全国总工会、中国企协、质量万里行组委会等单位联合在京市百货大楼召开了'96质量宣传月为用户服务咨询活动新闻发布会。

1989 国务院环境保护委员会表彰环境保护先进企业模范人物。授予100个企业为"全国环境保护先进企业"称号。

8　月

2002 《中国税务》杂志发布2001年度中国纳税百强排行榜。

健力宝新总裁张海启航。

品牌观点

# 华润啤酒现象

1. 华润集团原来是国企，总部又在香港，现在大规模进入内地啤酒行业，发展的势头很好。"9·11"事件之后，美国经济衰退，世界经济增速下滑，中国对外贸易20%在美国，加上美转口贸易有30%—40%左右，中国工业外贸依存度是23%，整个经济外贸依存度是44%，国际经济的变化对中国经济发展有很大影响，如何应对这种冲击，华润的做法有借鉴意义。第一个就是他的做法当中的并购，因为外企到我们国家投资是两种形式，一个是新建全资独资企业，一个就是并购。并购属于低成本扩张，通过给这个企业注入一部分资金，进行控股，把技术管理带过来，时间短，见效快，投入少，华润集团抓住现代市场经济当中并购手段的优势，回到内地进行并购，通过低成本扩张来扩大规模，这个做法华润集团走在前面了。

2. 华润集团的多元化和子公司的专业化问题处理得很好。这么大的集团搞多元化——产品多元化、市场多元化；它的子公司要专业化，啤酒集团专门搞啤酒，华润的这个做法很值得研究。不是说搞专业化就丢掉多元化了，也不是说搞多元化就放弃了专业化，有些大的企业集团对这个问题处理得不是很好。

3. 需要借鉴的，为什么要选择啤酒？啤酒回报率比较低，但是华润把它做出来了，这很有战略眼光。随着我们国家的发展，收入分配结构在不断调整，两头小，中间大，社会的消费主体是中间收入阶层，随着收入水平的提高，中间收入阶层的啤酒消费量可能要提高到60%左右，它是经济远景非常看好的产品，目前看回报率很低，但是未来消费量大，消费面广泛，而且作为最终消费品有利于拉动内需，从长远看，这个最终产品选得准。

4. 积极利用区域品牌。如何打破地区封锁？过去是本省只允许购买本省的产品，别的省的产品进不来。有家媒体报道了这样一条消息：1987—1997年，购买本省的产品提高很快，增长幅度1997年比1987年提高了10倍。还有一个数，贸易壁垒程度1987年是35%，1997年是46%，提高了11%。地区封锁不是随着市场经济发展在弱化，而是在加强，所以说外地的产品进入本省是很困难的。华润啤酒的做法是通过并购打进了这个地方市场，使地方封锁打破了，推动了全国市场的统一和发展。

5. 打全国品牌，注意经济性。特别是在媒体上，有个别企业急于成为全国品牌，不惜成本，要做广告，最后把自己搞垮了。实践证明，你要成为全国品牌，一定要稳扎稳打，经济效益和成本要一致，不能做赔本的买卖。华润管理层在发展战略上，在企业的理念上，有自己的一套做法，不人云亦云，不是说为了打全国品牌，就在电视的黄金时段上进行广告炒作，最后把自己搞垮了，把自己的牌子给搞砸了，而是坚持把产品质量和效益放在突出位置。像华润集团既有国外市场经济的运营经验，又在国内发展搞得很成功，这样的企业能不能率先成为中国的大企业集团、大跨国公司并向国际市场上冲击；华润啤酒能不能在世界上成为行业排头兵，能不能打响国际品牌，率先成为大跨国公司的龙头企业，这是它的长远战略目标

（李连仲）

# 雅戈尔：百年打造中国名牌

雅戈尔现已成为国内家喻户晓的品牌，但这并非是雅戈尔的终极目标。如果说雅戈尔人多年来为使品牌永葆青春付出了不懈的努力，那么今天将站在新的起跑线上，倾尽全力打造国际市场上熠熠发光的“金”牌，开拓黄金般的前程。

一个企业的发展目标就是一面带领员工前进的旗帜。百年的目标就是百年的旗帜。旗帜就是方向。

在发展中谋求更大的发展动力的雅戈尔，调整战略，提出“创国际品牌，建百年企业”的发展目标。就是要让所有的员工在“百年事业”的企业环境中凝聚人心，调动员工积极性，形成敬业者爱岗，爱岗者敬业，共同铸就“雅戈尔事业”，促进雅戈尔不断发展。

一个企业要健康、长寿、稳步发展，就必须有长远的战略目标。“十年树木，百年森林”，也就是这个道理。

为让企业健康、长寿，自古以来中国就讲究“以诚立业，以信取人”。正是这种“童叟无欺”、“无信不立”的经营理念，使得我们的许多老字号成为金字招牌。

新世纪，雅戈尔等联合倡议——经商之道“诚信”，要用百年大计的品质，来铸就“雅戈尔大厦”的金字招牌，为下个世纪的人留下百年老字号。

**一、百年道理**

一个很厚实的商业链条，是企业稳固、具有抗击风浪能力的根本。在改革开放的时代大潮中，雅戈尔人抓住了一次次机遇，克服了一个个困难，赢得了发展的时间和速度。

雅戈尔衬衫连续 8 年获得市场综合占有率第 1 位，西服连续 3 年保持市场综合占有率第 1 位。2001 年雅戈尔被选为“中证亚商”中国最具有发展潜力上市公司 50 强，列第 29 位，市盈率在 18 倍左右。让国人充分领略到雅戈尔品牌的无限魅力，这无不体现员工的“一针一线”精神。而雅戈尔多年来坚持一业为主，多元并举的发展战略，在房地产、国际贸易、金融投资、公共设施建设等方面都有较大的投资和良好的收益。

面对全球工业掀起了新一轮的大调整，大洗牌。身为雅戈尔的领袖，李如成说：“要创新，要与时俱进。”21 世纪雅戈尔调整了战略目标，由原来提出“创国际品牌，建跨国集团”到现在的“创国际品牌，建百年企业”，这一口号的变化，对雅戈尔的员工是有很强的号召力的，因为员工是企业发展的创造主体，他们奋斗的一切，都与自身的利益密切相关，他们的创造发展，说到底是为了实现自身的根本利益。这种利益的实现，又反过来极大地激发了他们的积极性、主动性、创造性，激励他们创造更多的物质财富和价值。有创新，才会有竞争力，企业才会有新的发展。就企业发展而言，最宝贵的资源就是人才。企业要发展要做强，就必须把培养人才、集聚人才、激励人才创新创业作为重中之重。从体制创新入手，充分挖掘知识和人才第一资源之潜能，着眼于建设以企业为主体的技术创新体系和运行机制，惟如此，企业才能长盛不衰。

**二、产业延伸**

在构筑零售终端的同时，雅戈尔开始进入上游产业。李总认为，在今后的产品竞争中，面料是决定性因素。通过与国际知名跨国公司合作，克服生产销售扩大带来的面料滞后制约，同

南京利民机械厂

江苏隆力奇集团有限公司

中国绍兴黄酒集团公司

## 记　事

8　月

2001

联想“从产品向服务”转型。

新浪邮箱收钱。

中国手机用户数超过美国居全球之首。

万向集团美国公司收购美国上市公司。

哈尔滨啤酒集团成为国内超过100万吨的4家之一(青啤、燕京、华润、哈啤)。

国家工商总局一年来在全国共查处广告违法案件5万余件。

2000

第四届江西省著名商标认定。

全国商标代理会议在哈尔滨举行。

1999

中共中央、国务院发布关于加强技术创新,发展高科技,实现产业化的决定。

全国技术创新大会在京召开。

《中华人民共和国个人所得税法》公布。

海信、乐华率先打响了以纯平彩电为主的新品价格战。

国内第一套自主开发的拥有独立知识产权的电子商务CA安全认证系统——中国电信电子商务安全认证系统(CTCA),通过国家相关部门组织的技术鉴定。

中国第一条快速客运专线——秦沈客运专线破土兴建。秦沈客运专线西起秦皇岛站,东至沈阳北站。

时进军色织和针织服装面料领域,从而在上游确立竞争优势。因此,雅戈尔投资1亿美元,筹建纺织城。将通过自产科技性、功能化的高档面料来提升雅戈尔产品的面料品质。与此同时,雅戈尔又向下游营销网络发展,在原有的基础上,要在全国建起500家超大型专卖店,面积在500—2000平方米,来提升雅戈尔品牌形象,更完整地强化商业链和实现核心竞争力。形成纺织面料,成品制造,连锁零售一体化的构架,才能把握优质产品的质量,培育新的经济增长点。

三、中西合璧

东方国家的企业理念中强调社会使命,西方国家的企业理念则强调并重视经营管理理念。雅戈尔力图按照WTO准则和国际惯例来运作企业,包括管理、产品品质、分配机制、人才引进、营销网络。特别是品牌进入流通领域,建立品牌大卖场的MID理念的运用,都是不断地朝着国际化企业的目标努力。

华夏五千年的历史文化积淀,形成了深厚的服饰文化底蕴,这是中国本土的国情,而国外潮流可引导时尚消费,李总说:雅戈尔在物色产品代言人时,既要考虑具有国际最新颖款式及流行造型,又要结合亚洲人的基本体型特征。把中、西服饰文化融为一体,最后觉得著名歌星费翔具有这样的特点,作为雅戈尔服饰的形象大使较为合适。

而这次龙马精神的标识设计,就更加说明了这一点。用中国古代传说中执掌天下衣饰的东海蛟龙“狻猊”为创作元素,所成的龙马标识图组合了中华民族图腾崇拜的龙和象征勤勉的马,既写实又写意,较好地寄寓了“以厚德载物为念,以龙马精神为事”的理念。而目标市场上看好的服饰品牌,既有本土特征,又适合世界潮流。因此,既要植根于东方文化,又要融入西方神韵,创造东西文化相融合的意蕴。用李如成总裁的话说,就是:中西合璧。

四、金色品牌

雅戈尔调整品牌战略,原因呢?李总说,到21世纪,市场生产过剩,企业面临两大转折点。一是从扩散型为主,抢占市场份额,转入到提升品质竞争;二是从国内市场为主,转向与国际市场并重。就服饰而言,现已进入到高层次竞争,由原先的来料加工,即“贴牌生产”转入以品牌加工为主,即“品牌国际化生产”,雅戈尔要抓住世界制造业向中国转移的大好机遇,与日本、美国等同行联手,实施资源共享,把原来的“以市场换市场”,变为“以品牌换市场”来发展雅戈尔系列、开发新的品牌系列,逐步形成一个定位准确、产品细化、能够满足不同的消费群体需要的品牌系列。李总认为,产品可以国际化,作为企业,不是为了跨国而跨国。积极寻找与国际知名服装企业的合作交流,推进品牌国际化进程。这样,相辅相成,双方都实惠。最终实现雅戈尔品牌国际化,雅戈尔市场国际化。这就是人们所说的金色品牌。

五、创新领航

创新是灵魂,也是一个企业发展的不竭动力。

李总说,雅戈尔从20世纪90年代开始,就启动创新。不断采用高新技术和先进设备来提升产业基础,完善产品品质和抢占市场制高点。在国内率先采用“无浆工艺”,1996年独家首次开发“HP棉免熨衬衫”,填补了国内空白,成为中国服装史上第1个国家级新产品;1997年衬衫、西服均通过了ISO9002质量体系认证,雅戈尔为首批服装产业“中国驰名商标”;1999年独家引进当今世界最先进的VP免熨技术和设备,成功开发了新一代免熨产品“VP棉免熨衬衫”,被国家科技部、外经贸部、质量技术监督局、环保总局等5个部委联合授予“国家重点新产品”;2001年雅戈尔完成进出口额5亿美元,被外经贸部确定为“重点支持和发展的名牌出口商品”。出口创汇同比增长82.43%,纺织服装出口同比增长181%,为国有外贸企业的改革开创了一条新路子。

(陈后杰)

# 杉杉战略

世界经济一体化的趋势从20世纪80年代初开始，便呈现突飞猛进的迹象，其间的弄潮儿就是信息和传播革命，世界各国的交流能跨越国界、超越时空，地球村的人们纷纷投入到这个全球化的大熔炉中施展拳脚。但真正的国际化大比拼，却是在2001年12月11日被中国掀掉神秘面纱的新经济大冰山，WTO终于露出他那伟岸而富有魅力的金三角。这是一块令世界都为之觊觎的大奶酪。谁能获得属于自己的奶酪，谁就掌握主动权，谁就决定着未来。

新经济时代是一种全新的经济形态。它与以往任何一个时期经济形态都迥然不同。它是以网络为基础，以高科技的技术为驱动力，以创新为核心，是一种知识、技术链接的经济。在某种意义上，知识、技术共享的程度，特别是成功知识、技术的共享程度决定着企业的未来。因此，杉杉在迎接新经济挑战时，采取以服装为主业，高科技产业和资本运作三大板块为主的战略性调整，这样杉杉企业的发展战略就比较丰满。杉杉总裁郑永刚说：未来20年，中国的企业将全部国际化，会拥有一批跨国公司，这也是中国成为发达国家的标志。就服装企业而言，要成为跨国公司比较难，因此杉杉要从资本投资的角度，向高新技术方面发展，在不参与管理和经营，只进行资本移植，做策划和财务顾问，进行宏观地指导中，使杉杉集团升格。定位为国际化、现代化产业集团，在市场运作中成为中国的跨国公司。

**一、迁都上海　超前改革**

企业领导的思想可以折射出企业的面貌，企业领导人的胆识与决策可以决定企业的兴衰成败。

从经济氛围来讲，进入21世纪后，上海将是中国经济发展的一个龙头。为寻求企业未来更好的发展，作为中国服装行业的领头羊，杉杉集团调整产业结构，把总部从宁波迁到上海浦东，抢占先机，进军世界。在“与狼共舞”的过程中，要把自己变成“家畜”，实现中国性企业向世界性企业的跨越和转变，从而实现杉杉企业的国际化。加强杉杉企业的领导层决策和内部改革，提高产品开发能力、资源利用率和市场开发力，为杉杉集团实现未来发展战略创造良好的条件，为杉杉发展国际化合作提供更加广阔的空间。另一方面世界经济也需要中国优势企业加盟，杉杉要实现自身现代化、国际化大型产业集团的发展目标，就必须切实地转变观念，提高国际化素质，强化企业的核心创造力，把自己融入国际经济的通道，启动国际化经营的战略。

在WTO环境下，对一个具体企业来讲，就意味着必须与国际企业站在同一起跑线上竞争。服装行业从工业生产品牌开始进入市场型，再提升为设计型，以后就是国际型，这就需要理念上的改变和创新。杉杉要取胜，获得持续的竞争优势，就需要进行组织结构、经营方式的转变，需要经营理念的提升，以系统地创造、获取、使用和再使用新技术。

分享技术，不仅要在企业内部建立起技术使用的正循环，而且要在企业外部建立起技术使用和分享的全新体系。新经济时代追求双赢、多赢，企业要取得更大的成就，就需要把企业的私有技术变成合作伙伴甚至竞争对手共享的技术，从而建立起企业之间的认同和联合。

为了适应新经济的形势，杉杉集团决策层果断、务实、全面地实施彻底改

莱士®

江苏莱士集团有限公司

江苏泰兴减速机厂（集团）

MEIJIE 美洁

滩羊®

宁夏鑫汇集团美洁纸业股份有限公司

## 记 事

8 月

1996 国家计委、国家经贸委、体改委联合发出通知，将选择第二批大型企业集团参加现代企业制度试点工作。

《中华人民共和国矿产资源法》由八届人大二十一次会议修改发布。

中国纤维产品质量认证中心和中国纤维产品质量认证中心理事会在京成立。

1994 1993年广告公司前50名与三大媒体(报纸、电视、广播)前20名广告经营额排序公布。

国家技术监督局、中国质量管理协会联合表彰取得显著质量效益的企业。

1989 长虹彩电降价350元，打响国内第一次价格战，为日后成为中国彩电业霸主抢占了先机，并为国产彩电走出计划经济的控制、为企业争取产品定价权、为彩电业的市场化奠定了基础。

1988 《中国广告年鉴》编辑出版。

1985 牡丹江电视机厂从日本三洋引进一条彩电装配生产线。至此，在短短5年多的时间里，全国共引进113条彩电装配生产线，遍布于全国26个省、市、自治区。

革，采用一套全新的经营模式——特许经营。它打破了旧有的体制，建立了一套新的完整的运作模式，这是杉杉集团一次令人叹服的壮举，是国内服装市场销售渠道整合的一次划时代的革命。其观点就是：未来杉杉参与竞争的最大优势，是掌握核心技术、创造和组织企业外部的网络群体；使得公司本身可以将所有的生产外包，从而进入经营管理最高境界。这样就避免了采取大而全的模式而造成资源浪费。它从一个新视角诠释了特许经营的观念和内涵。①降低成本，使产品具有更强的竞争力，使企业获取最大的收益。②专业化。在销售管理上，以特许加盟的模式开拓市场，成立了与杉杉特许加盟总部相匹配的市场营销精英群落。③消除腐败、健康发展、实现网络销售。在杉杉全国2200多家加盟店，专卖厅形成统一标识、统一格调、统一布局。④减少风险，真正体现风险与利益共存，各个加盟商都是一个独立的法人，自负盈亏，独立核算，这样加盟商必须谨慎行事。其结果是大大缩短探索时间，提高了效率，且定位准确，市场不断延伸，效益提高。

二、品牌文化，国际品牌

有效的品牌管理，应当调节品牌在消费者心中的形象，留住消费者的心。

杉杉由工厂到公司，再到集团；由单一西服产品到杉杉系统服饰，再到多品牌；由"不要太潇洒"的纯产品广告到"立马沧海、挑战未来"的企业精神，再到"让我们改变自己"这一人性化的企业理念，无不都体现了"杉杉"品牌的个性化文化。杉杉的标识以音译SHAN SHAN及象征中国特有的"杉杉"(CHINA FIRS)作为设计题材，将大自然的意蕴融入了设计；以"S"字体象征如流水般生生不息；杉树则有节节高升之意；标识色彩采用自然沉稳的青绿色与象征时尚清新的水蓝色搭配。整个标识大气稳重、生动自然，再加上杉杉倡导绿色生活，引伸出绿色技术、绿色设计、绿色制造，成为21世纪最时尚的风景。在强调特色服务、个性化消费中，把杉杉旗舰店或专卖店作为一个载体，引导消费、传播企业文化、培育员工的服务延伸，注重细节，用更人性化、更具亲和力的服务来直接诠释品牌的卓尔不群。

在合肥淮河路步行街杉杉专卖店，一位中年妇女1999年买了一套杉杉西服，因不慎将马甲后腰上用于调节长短的扣环弄丢了，于是来到那个专卖店想配上。本来这件事与该专卖店无关（因合肥公司2001年4月才加盟），可以婉言拒绝。但柜长周洁剪下自己杉杉西服的马甲扣环给客人配上了。那位妇女再三道谢，欢天喜地地拿走了那个小小的马甲扣环。后来这位妇女多次向自己的朋友介绍道：杉杉不愧是中国名牌，我买的一件西服隔两年，马甲扣环掉了还给我配上了。选西服一定要买名牌，杉杉价格是不低，但花得值。这位妇女不仅成为了杉杉集团的忠实用户，而且已很多次陪不同的朋友光顾这家专卖店。一个小小的马甲扣环就让客户成为杉杉品牌的忠实拥护者。

从中国特色的市场经济进入真正的市场经济，新的市场环境，拿什么去参与全球化竞争，当然是拿企业去竞争，拿企业的品牌去竞争，而品牌竞争归根到底是品牌文化的竞争。新一轮的品牌竞争完全不同于前段时期大工业、大众品牌的发展要求。总裁郑永刚说，杉杉集团服装板块新一轮的发展就是要以资本和品牌为纽带，全力推行国际化的多品牌战略。目前，杉杉集团拥有"杉杉"中国驰名商标，中国名牌和法涵诗女装、法涵诗男装、麦斯奇来、玛珂·爱萨尼、梵尚田园、梵尚都市、意丹奴、小杉哥、菲荷、菲莱等10个国际品牌。到2010年，杉杉集团服装板块至少要拥有20个不同风格和定位的品牌，其中60%为国际品牌。形成一个服装品牌的帝国。新一轮服装市场的竞争，不单单是做衣服的概念，而是要做品牌，做文化，去引导时尚，与之相匹配。通过和国外品牌公司的联合，直接引进国际化品牌；并通过在法国、意大利、美国等注册品牌，国内本土化运作等办法实施国际化多品牌战略，这将为杉杉的每一位加盟商提供更大的发展空间。

（陈哲山）

# “三枪”与世界名牌竞争

“三枪”是家喻户晓的著名品牌。迄今，国内市场上每售出4件内衣，就有1件是三枪产品。面对中国“入世”带来的挑战和机遇，总经理苏寿南说：“在市场经济条件下，企业不进则退。只有居危思进，不断创新，以世界名牌为竞争对手，才能保持和扩展企业的优势。”

**一、以组合品牌伸展触角**

20世纪90年代以来，国际针织业的知名品牌大举入境，在国内针织品市场提前燃起了“世界级较量”的烽烟。上海三枪集团未雨绸缪，早在中国“入世”前几年，就把竞争的目光瞄准了风头甚劲的世界名牌。三枪决策层认为：纺织业是迎接全球化经济挑战的前沿阵地，在中国“入世”的大趋势面前，必须加紧把民族品牌塑造成国际级的品牌，才能提高企业的核心竞争力。

校准世界名牌的“靶心”，三枪集团对享誉数10年的三枪单一内衣品牌进行大胆革新，适时推出了品牌战略，以知名品牌的优势产品和品牌的组合管理营造和扩增实力。通过一系列资产的重组和兼并举措，集团首先扩大了三枪内衣的生产经营规模，同时，在全国各地开设了100多家三枪专卖店，在各大商场设置了1000多个专卖厅柜，使品牌的知名度和美誉度与日俱增。根据产品的不同门类和特定的消费层次，集团还在“三枪”总商标下实行商标的组合管理：为民众广泛认可的“三枪”用于面广量大的主打产品内衣；“苏牌”用于高档的三枪内衣精品；“Threegun”用于三枪都市休闲服；“三枪虎”用于少儿内衣和童装；“寿南”用于三枪高科技面料。伴随三枪内衣和面料品种系列的多样化和品牌的国际化，企业还将推出多个分商标，以利于集中优势兵力错位经营，实现各个突破，扩大三枪品牌的市场辐射面和影响力。

**二、靠国际合作提升品牌地位**

尽管在国内市场上海三枪是针织内衣行业当仁不让的“老大”，但若置于全球市场的大背景下，三枪仍是个区域性的品牌，这使集团上下即使在跳跃式发展之际都未敢高枕无忧。他们千方百计同世界名牌结缘，提升品牌的“含金量”，以取得国际市场的“通行证”和同台竞技的主动权。近年来，上海三枪同世界名牌企业开展了多种形式的合作，先后与美国杜邦公司、道康宁公司签订了技术合作协议，引进了“莱卡”弹性面料和“保而爽”抗菌保健助剂，赋予传统的三枪内衣以更新更多的功能，品牌内衣的舒适度和保健性”如虎添翼”，市场份额节节攀升。2001年，三枪又被确认为杜邦、莱卡的“全球最佳合作伙伴”，加入了这家著名跨国公司的全球生产链，为世界名牌加工针织内衣和服装，并提供高中档的针织面料。此外，上海三枪还杀出国际针织品牌的“重围”，在马来西亚等国家设立了工贸“窗口”，把响当当的中国名牌打向海外市场，使三枪品牌内衣的出口量大幅上升，2001年以来企业出口创汇达3700多万美元。

**三、调整结构实现产业升级**

中国“入世”之际，占地228亩、总投资逾3亿元的三枪工业城，新近也在上海浦东康桥工业区拔地而起。这个技术、设施和管理具有国际先进水平的大型生产基地，是三枪集团应对“入世”而悉心建设的又一重大工程。为了多层面、多方位地增强市场竞争力，上海三枪对原有的技术设施进行大规模地改造，引进了国际顶尖的针织、漂染、定型等专用设备，建立了实验室、毛坯、光坯、成品等四大检测中心和以质量检测、监控、反馈为主线的质量控制体系，实现了传统针织工业的产业升级。

（吴复民 姜 微）

## 记 事

### 9月1日

2000 “2000年全国质量管理先进企业”公布。

新《产品质量法》施行。

1995 中国第一条具有国际先进水平的磁光盘生产线投产。

中国政府向世界知识产权组织递交《关于商标国际注册马德里协定的议定书》加入通知书。

1994 中国抚松长白山人参博物馆开馆。

1993 国务院颁布《中华人民共和国无线电管理条例》。

1992 国内商标续展注册申请工作全面展开。

第二汽车制造厂正式更名为“东风汽车公司”，于9月3日正式挂牌启用新名。

1989 中国广告函授学院第一批学员圆满完成学业。

### 9月2日

2002 北京10大青年企业家评出。

《经济日报》刊出“2002年中国名牌产品名单”。

# 康奈国际连锁专卖攻略

“康奈在海外已有23家专卖店了！”这一天是2002年7月30日。而康奈的目标是，到2005年开上100家。

**国际专卖攻略**

2001年元旦刚过，康奈率先将专卖店开到了时尚之都巴黎第19街区的繁华闹市。50多平方米的店面不算大，但有两样东西很醒目，一个是康奈的商标，一个是中国温州制造，加上金发碧眼的营业人员，在当地成为一道受人瞩目的风景。一时间，康奈招来国内同行种种揣测和质疑——康奈要干什么？康奈是头脑发热还是哗众取宠？按中国皮鞋目前的品牌影响力，在国外直接开店能赚到钱吗？国际名牌进入中国开专卖店，并不稀奇，但中国名牌皮鞋把专卖店开到了

## 品牌行动

# 波司登：布阵国际市场

江苏波司登股份有限公司与美国杜邦公司签署了一份具有战略意义的合作协议，双方以联合品牌的形式，联手进行高科技服装面料产品的研发和推广。借助“波司登”公司覆盖全国的营销网络和品牌优势，杜邦公司可以在中国迅速推广其高科技面料产品；而“波司登”则可以利用杜邦在世界范围的影响，大踏步地向国际市场进军。

1976年，江苏常熟市山泾村村办缝纫组静悄悄开张了。起初仅有11个人，8台缝纫机是惟一的固定资产。经过20多年艰苦创业，“波司登”公司如今已成为亚洲最大的羽绒制品生产基地，“波司登”羽绒服也从1995年起，连续6年在国内市场独占鳌头，去年占据了39.71%的市场销售份额，并被国家工商局认定为中国驰名商标。

尽管公司发展势头迅猛，但在公司总裁、全国劳动模范高德康的心目中，一直觉得有一种缺憾。他曾有一段令他一辈子都不能忘怀的经历：有一次他去俄罗斯进行市场考察，当地人听说高德康是中国人，且要销售中国羽绒服时，都不屑地摇头。在他们眼里，中国货都是假冒伪劣商品，中国的羽绒服，都是塞满鸡毛、杂毛的劣质服装。高德康的心被深深刺痛了。从此，高德康响亮地喊出了“创造国际化品牌”的口号。

角逐世界经济赛场，高德康锐气不减创业当年。为了解对手，熟悉竞赛规则，他潜心研究世界羽绒服著名企业的长处，并走出国门，先后考察了法国、意大利、日本、美国等发达国家的服装业，对如何适应国际市场，有了深层次的感受和思考。

在产品的开发设计上，“波司登”坚持实施以设计师为导向的创名牌工程，结合时装简洁、贴身的流行特点，使传统臃肿的羽绒服走向时装化、休闲化和运动化，促进了羽绒服的更新变革，引导了中国防寒服的潮流。在款式设计紧跟时

国外，甚至是在世界名鞋云集的法国却还是第1家。康奈一时成为新闻关注的热点。

如今，一年多过去了，康奈“国际连锁专卖攻略”的第1张成绩单出来了，实实在在的数据表明，包括在美国纽约曼哈顿、意大利罗马、西班牙巴塞罗纳在内的20几个专卖店，个个生意红火，已全部实现当年盈利；迄今每双康奈皮鞋的零售价全部达到60美元以上，以中高档的产品、中档的价格，在海外形成了较强的竞争能力，其消费群体也从初始的八成华侨加两成老外，逐步变为两成华侨八成老外。总裁郑秀康长舒了一口气，他说，实践证明，扛着品牌的大旗走出国门，在洋名牌家门口叫板的康奈皮鞋不仅没有“孤独求败”，而且既创汇又创牌，看来我们这条路走对了。

一位资深的业内人士这样评价：康奈到2005年在欧美开100家专卖店，对中国产品创世界名牌来说，虽然只是“星星之火”，但此举必将激发、引领一批有实力有志气的国内制鞋企业，重新审视自己的发展计划。以全新的形象“走出去”，点燃争创世界品牌的“燎原之火”，从这个角度看，康奈“发兵”海外，已远远超出了单纯卖几双皮鞋的意义。

对当前中国制鞋行业来说，面对

尚的同时，“波司登”还大胆使用了美国、日本等著名公司的高科技面、里料。迄今为止，“波司登”已连续5年作为中国防寒服的代表，向世界发布流行趋势，向国内外同行彰显了公司的设计实力与品牌形象。

伴随着中国“入世”，在中国纺织服装业的一片欢呼中，高德康清醒地看到，过去阻碍中国纺织品出口的配额和关税壁垒，正在被“绿色壁垒”所取代；国外消费者日益萌动的绿色消费意识，也给中国传统的纺织服装产品进军国际市场提出了新的课题。为此，他们未雨绸缪，继前些年通过ISO9002和英国UKAS质量体系认证后，就立即实行ISO14001环境体系管理，要求生产环境、生产过程、原料采用必须完全符合环保要求。现在，“波司登”公司已获得了ISO14001环境体系的认证，该公司的波司登、雪中飞、康博、冰洁、冰飞5个品牌的羽绒服不久前均获得了中国环境标志认证委员会签发的“中国环境标志认证书”，拿到了畅行国际市场的“绿卡”，这在国内同行业中还是首家。

随着国际竞争的加剧，企业的规模与开发能力已成为衡量一个企业实力的重要标志。近年来，为了提高竞争实力，“波司登”公司先后投入5亿多元，建设了占地27万平方米的现代化厂房，从美国、法国、意大利、日本引进了一流水平的CAD、CAM电脑设计裁割系统和全自动羽绒充绒设备等。BOSS、TOMMY、CAP、POLO、ELLF等一批批国际知名品牌纷纷慕名而来，委托该公司实施定牌生产，客户验货及商检合格率均达100%，无一例索赔，树立了良好的信誉。

通过一系列充满魄力的高效动作，“波司登”冲击国际市场的步伐不断加快。1999年，“波司登”在上海成立了国际贸易有限公司。同年，该公司以自有品牌成功地打进了一向挑剔的欧洲市场，成为中国第1个正式进入瑞士连锁网络的服装品牌。“波司登”还与美国S. G. D公司合作，使后者成为其北美地区羽绒制品总代理。

“波司登”不仅在美国、日本、俄罗斯等68个国家和地区注册了“波司登”商标，还在互联网上注册了域名，开展网上贸易。几年来，“波司登”的出口稳步攀升，2000年实现自营出口创汇1518万美元。

按照高德康的设想，“波司登”不久将在德国、美国、俄罗斯、匈牙利等国开设分公司，进一步向全球扩张。

（王学江）

## 标　识

雷允上

雷允上药业集团公司（苏州）

LIUCHAOSONG 六朝松

徐州面粉厂

## 记　事

9月2日

2001

中国宝玉石协会和国土资源部珠宝玉石首饰管理中心联合主办"2001北京秋季全国珠宝首饰展览会"推出珠宝首饰产品首批驰名品牌。

第11届中国青岛国际啤酒节闭幕。

1994

国务院知识产权办公会在京召开。

1993

国内贸易部与中国消费者协会联合举行全国12类商品质量监督抽查结果新闻发布会。

第八届全国人民代表大会常务委员会第三次会议通过并公布《中华人民共和国反不正当竞争法》，自1993年12月1日起施行。

修改后的《中华人民共和国经济合同法》颁布。

1992

首次全国百家最佳经济效益商业零售企业评定揭晓。

1991

"金梭奖"和"春蚕奖"在京揭晓。

1990

首次"全国期刊展览"在京举行。

全球经济一体化的发展趋势，"做加工车间还是争创自己的品牌"，这已是一个至关重要的发展方向问题。经过近10多年的快速发展，中国皮鞋业的增长率达到了800%，产量、出口量均居世界第1。以2001年为例，中国共生产皮鞋21亿多双，出口8亿多双，创汇43亿美元，已成为名副其实的世界皮鞋生产基地。但是到国际市场上一看，满眼都是"克拉克"、"芭利"、"爱步"、"巴塔"、"戴斯都尼"等世界名牌鞋，哪里找得到一个响当当的中国鞋的品牌？由于品牌知名度较低，中国皮鞋产品价格与发达国家的同类产品比，相差几倍到十几倍，甚至低于南美和东南亚国家的价格。

已在海外市场摸爬滚打了多年的康奈集团对此有深刻的感受。郑秀康说，中国非得有一批叫得响的国际品牌不可。这不是盲目的民族自尊心，而是提升中国鞋业整体形象，改变中国鞋业"大而不强"现状的必由之路。这一点谁都知道，也喊了多年了，但谁来走出这第一步？何时走？往哪走？又该怎么走？谈何容易呀！

1. 选择时机。有人说，按中国制鞋企业当前的实力，此时贸然"出兵"海外，遭遇资本、品牌占尽优势的国际强军无异是以卵击石，还是先做加工和内贸为好。但康奈却逆向思维：上世纪50－60年代，意大利皮鞋就饮誉世界。现在中国鞋业的发展水平远远胜过意大利，作为两大"真皮领先鞋王"之一的康奈，在国内中高档皮鞋市场占有率达20%，无论在制造装备、工艺标准还是实物水平上已同意大利难分伯仲，更在企业经营形式上与国际先进接轨，成为中国大陆加入世界鞋业权威机构SATRA中心的惟一一家皮鞋企业。另外，国家已对鞋业提出了产业结构调整的目标，要求全行业用15年左右的时间打造3—5个国际品牌，康奈之举必将受到国家政策的支持，此时冲击国际品牌，可谓正逢其时。

2. 摆兵布阵。打响品牌，有人建议先从发展中国家入手，可康奈偏偏认准欧美，直插世界名鞋的垄断区域。因为更让康奈感兴趣的是，欧盟委员会最近决定，自2005年1月1日起取消从中国进口部分鞋类产品的主动配额。目前中国鞋类在欧洲市场仅占30%，这表明其市场空间很大；美国鞋类进口增幅最大，表明其市场前景良好。而先从哪个国家和城市打开局面也让康奈颇费思量，最后他们决定跳一曲"进军法兰西"、"登陆美利坚"、"扎营意大利"的三步舞：首先在巴黎设店，这里是世界时尚之都，包容性很强，容易引起关注，也最容易经营成功；然后在纽约开张，这里90%的皮鞋来自国外，竞争激烈，一旦打开局面，势必鼓舞士气增强信心；再主攻罗马。说到"扎营"是因为康奈在意大利开专卖店较晚，但数量最多，在"世界制鞋王国"横刀立马抢摊设点，引得当地媒体惊呼："康奈'踢进'亚平宁！"

3. 奇兵出击。康奈认为，要树立品牌，就必须进行销售渠道的变革。而以何种方式走出国门，康奈此前经过一番慎重思考和调查。搞海外批发是条路，操作上容易，但属于粗放经营，产品往往成为人家的地摊货，再好的品牌也会被淹没在大海之中。在批发市场上，既不利于品牌定位，又无法进行价格管理，市场掌握在各级批发零售商手中，对生产和经营不利。进入跨国零售企业也是条路，其订货量大，但人家常常不允许你打自己的牌子。直接进入欧美高档商场也行，但门槛高，成本高，需求量小。

康奈最终选择了他们在国内市场上最成功的模式——连锁专卖经营。从康奈在国内几年时间就建起1600多家专卖店的经验来看，这种方式最能显示康奈产品的附加值，而且贴近消费者，信息反馈快，一旦建起来就很稳定。这一点在海外市场上得到了充分印证。从最近康奈加紧同世界著名鞋类研究机构、鞋业集团、经销巨头合作以及在意大利设立鞋业公司和销售公司等一系列举措看，康奈搏击国际商海的好戏还在后头。

（武　力）

# 森达董事长朱相桂倡议

## ——皮革工业要共打“中国牌”

“面对中国加入 WTO 后的新一轮竞争格局，皮革工业必须要集聚国人的全部智慧和创造力，共打‘中国牌’。”这是“中国真皮领先鞋王”森达集团董事长朱相桂在“双王”高峰会议上讲的一番话。他的观点得到了“双王”们的热烈响应。

中国皮革工业协会在浙江杭州召开 2002 年度“双王”高峰会议，来自全国的 32 家“真皮鞋王”和“真皮衣王”的董事长及总经理出席了会议，共同研讨中国由皮革大国迈向皮革强国的重大战略部署。

当前中国皮革市场竞争空前激烈，假冒伪劣现象十分猖獗，价格大战也此起彼伏，各种促销手段名目繁多，有些新品一上市就打折销售，使皮革工业应有的利润空间得不到保证。国际品牌则大举抢摊中国市场，一些国内企业已成为国际品牌的“加工厂”。而国内企业在走向国际皮革工业的发展很不利。长此以往，会使国外消费者形成“劣势选择”的消费定势，出现劣质淘汰优质、低档挤垮高档的“逆淘汰”现象。

对此，朱相桂呼吁，要以坚决的措施将制假售假逐出市场，将假冒伪劣产品封杀于市场之外，摒弃恶性价格竞争，为皮革工业创造一个公平、诚信的竞争空间。他说，中国是世界皮革大国，但不是皮革强国。中国加入 WTO，为皮革工业孕育国际品牌提供了良好的环境、优质的土壤。皮革工业的整体素质的提升，就没有单个品牌的突出，中国皮革业就难以走到世界皮革业的前列，在中国这块土地上就孕育不出世界名牌，中国也就永远跻身不了世界皮革强国之列。他倡议，在未来国际竞争中要共打“中国牌”。

如何打响“中国牌”，朱相桂提出了 4 点建议：一是静心研究国际游戏规则，皮革工业要主动与国际通行规则接轨。过去那种“不按牌理出牌、不按规则出牌”的方式，是行不通的。二是合心提升中国皮革制品在国际市场的品位，注重产品的质量、时尚、价格，提升皮革制品的显性价值，改变过去那种“低档、廉价、落后、遥远”的形象。三是潜心提升产品的高度，大力培养和发掘优秀的设计人才，提高皮革工业的机械化、自动化、智能化程度，将东方传统文化与西方现代文明结合起来，把鞋品、皮件当作一门艺术、一种文化来研究。四是真心实施“竞合战略”，加强资本的合作，以市场为导向，以资本为纽带，进行跨地域的强强联合、优势互补，建造中国制鞋、制衣业的“航空母舰”；加强信息的合作，对材料、技术、价格等众多市场信息资源，及时沟通与联络，建立庞大的信息网络，实现资源共享，整合全球生产要素；加强海外营销网络的合作，形成整体优势，提升面向国际市场的核心竞争力。

能否真正打响“中国牌”，朱相桂认为主要取决于 3 点，即是否具有国际化、全球化的视野，是否具有开阔的胸襟和开明的心态，是否具有视今天为落后的创新精神和用未来思考今天的战略远见。

（韦桂华）

山西杏花村汾酒厂股份有限公司

宁夏青铜峡水泥厂

江苏康禾食品总厂

## 记 事

### 9月3日

2002

中国首家肯德基"汽车穿梭餐厅"亮相京城。

1999

小天鹅集团向"下岗职工自强互助行动"捐赠300台冷柜。

中国节能产品认证中心在京举行国家首批节能产品认证仪式。

金杯通用汽车有限公司举行开工典礼。

1996

国务院原则通过《质量振兴纲要(1996—2010年)》。

1993

1993年全国12类市场商品质量抽查结果公布。

### 9月4日

2002

"高级蓝领"成为提升"中国制造"的核心资源。

空调市场2002制冷年度盘点,海尔仍为龙头。

中国彩电获准重返欧盟。

2001

"2001中国西部论坛"在西安召开。

"知识产权与中国企业发展论坛"在青岛举办。

1997

中保再次被国际著名的英国杂志《国际保险评论》授予"1996年度公司创立"奖。

# "老字号"也要与时俱进

庙会可以说是中国传统文化的一个品牌、一个"老字号",如同北京的四合院,它是中国文化最深厚的沉淀。如此沉淀应该弥久益香,而眼下却成为弃之可惜、食之无味的鸡肋,我们不得不深思背后的原因。

是大家的品味高了吗?是,也不是。过去由于文化娱乐从内容到形式都比较单一,逛庙会自然也为人们必不可少的保留节目;而如今各种娱乐项目百花齐放,庙会虽然作为一个传统品牌依然重要得不得了,但对于老百姓特别是年轻人来说,逛庙会却不再是惟一选择了。据说某地一个类似于北京庙会的游园活动,不靠行政手段已难以支撑,不得已,只好由有关部门轮流坐庄包销门票。当地政府保护古老品牌的良苦用心一点没错,可这也不是办法啊,别说现在是市场经济,即使在计划经济时代,这样做也显不妥。"老字号"遭遇的这番尴尬,任何人都不愿看到。要想挽救这些"老字号",必须赋予其新的内涵。现如今,一个真正的品牌,仅有文化含量已远远不够,它需要文化含量、管理含量、营销含量、质量含量、科技含量、广告含量等多种含量的融合。一个"老字号"无论如何是不能轻易抛弃的,但并不是说"老字号"就可以倚老卖老、抱残守缺,"老字号"再老,品牌内涵也要随时代而进,用时下流行的话说,就是要与时俱进。一个在产品研发、市场营销上一成不变的"老字号"品牌,迟早会在人们越来越挑剔的眼光中,因陈旧、保守、过时而被无情地抛弃,不管是在国内市场,还是在国际市场。

拿中医药来说,它融进了中国悠久醇厚的中医药文化,有数千年的历史。然而,可悲的是,在国际市场中医药销售额中,中国仅占3%,而且在不经意间,一些"洋中药"已开始进军国内市场。在这项传统民族产业周围,一群"狼"正虎视眈眈,称得上"国家级"的中药知识产权正以惊人的速度流失。

作为国粹的中药落到这步田地,原因就在于"老字号"老则老矣,又未能与时俱进,推陈出新:标准化程度低,缺乏科学规范的质量控制手段,精加工上无突破,只能以低附加值的产品赚小钱,结果导致本是老祖宗留下的东西,却成了别人吃肉自己喝汤的局面。

还有一些"老字号"自恃酒香不怕巷子深,不创新也不吆喝。抱定这样的观念,只能死路一条。

有道是"民族的才是世界的",其实一个品牌要闯荡天下,入乡随俗是必须的。这方面,较之于中国的"老字号",可口可乐、麦当劳这样的"洋字号"还是略胜一筹。这些知名品牌虽然也有独特的文化底蕴、营销理念,但在坚守自己特色的同时,它们始终注重不失时机地融进新的理念,并跨越地理空间和文化界限,成为国际化的品牌。比方说,春节本是民族味十足的中国年,许多跨国公司在中国的分支机构都入乡随俗,纷纷用中国传统的过年习俗装点"门面",穿马褂、剪红纸、挑灯笼、扮阿福,在本土化的过程中不知不觉间赚了个盆满钵满,而其独有的特质在变中依然保持下来。这或许正是成熟品牌的成熟之处。

借鉴"洋字号"的经营之道,我们的"老字号"是否也可以在变与不变中作些文章呢?旧瓶里装些新酒,有时可能会更醇香。

(予　向)

标　识

# 全聚德自曝其短

北京著名老字号全聚德烤鸭先后在南方6个城市连连受阻，相继停业关门的消息引起了人们的关注，究竟是全聚德在南方经营不善，还是北京烤鸭不适合南方人的口味？

**三年六家停业**

北京全聚德集团有限责任公司董事长姜俊贤解释了全聚德在南京、成都、杭州、汕头、深圳及广州的6个特许经营加盟店陆续关门停业的原因。他说，南京店因规模小，达不到集团总公司的精品战略标准，2000年2月被集团宣布关门；成都店因合同到期而投资者实力不够，1999年6月合同终止停业；杭州店因股东之间的纠纷2001年9月停业；深圳店和汕头店都因丢失掉全聚德的特色而使经营陷入困境，分别于2000年5月和2001年12月停业关门。2002年5月31日突然停业的广州店直接原因是房屋业主与加盟商发生纠纷，由于业主断水断电而被迫停业。目前，业主与加盟商仍各执一词，广州店能否继续经营，还要看下一步双方谈判的结果。

**口味价格难尽人意**

南方的消费者是如何看待全聚德在本地受挫呢？据杭州、广州媒体对此事的报道，2000年8月广州全聚德开业，吸引了许多慕名而来的广州食客，第1年生意确实很红火，吃饭要排队拿号等候，最高日营业额达15万元。后来营业额降到4－5万元，就餐的则多是北方人。饮食偏喜清淡的广州人认为，北京烤鸭太肥腻，还是广东烧鹅更合口味。杭州人对北京烤鸭也有不同的看法：一是觉得京菜味重、太油腻，而杭州人爱吃鲜嫩爽滑的菜；二是杭州餐饮业普遍价格实惠，全聚德却价格偏高。

采访中一位广东朋友告诉记者，北京烤鸭虽然有名，但我们对吃烤鸭内的生大葱和酱实在接受不了，再说一只北京烤鸭卖168元，另外还得要些其他菜，一家人至少要花费400—500元，而一只烧鹅才几十元。

**品牌文化缺位**

不管是房屋租赁引起的纠纷还是老字号经营失去特色，全聚德南方开店遇到的阻力实际上反映了中国特许经营业发展中品牌嫁接要如何完善的问题。据了解，全聚德从1999年起采用特许经营的方式搞扩张，由集团总部提供原料、技术和品牌使用权，加盟者自己出资金、出场地，独立经营管理，独立核算。但有关专家认为，这种在管理、实力和经营方法不统一，各店分散发展的“特许经营”模式极为不规范，更不符合统一采购和配送、统一核算、统一管理的国际惯例。

再看看餐饮巨头麦当劳、肯德基、必胜客在中国开设的几百家连锁店均采用统一的管理模式，包括统一店面设计、统一服务方式、统一菜式安排。比较而言，他们更注重移植的是品牌蕴藏的文化。因此，商业专家指出，中国发展特许经营过程中，强调规范发展最重要，要从管理上寻求突破，要将培植品牌文化体系作为重要课题。

**与国际管理接轨**

应该肯定作为中国餐饮第1品牌的全聚德正在努力摸索中式正餐借助品牌优势，走规模化连锁经营发展的道路，3年多来，全聚德发展了50多家特许经营企业，创造了很好的效益。论品牌，全聚德有137年的历史，深厚的文化内涵应当成为全聚德转移品牌价值、提升品牌价值的核心。面对扩张道路上遇到的困难，董事长姜俊贤表示，不会放弃南方市场，并进一步发展地区区域公司，逐步形成覆盖全国的连锁经营网络。姜俊贤还透露，目前全聚德正在与一家国际餐饮业管理公司接触，但不是肯德基、麦当劳这样的洋快餐。如果谈判成功，全聚德将与这家公司合资经营，力争在国内发展多元化的餐饮市场。　　（陈小力）

连云港水表厂

江苏美尔姿集团公司

上海美优制药厂

记　事

9月4日

1996 国务院发布《中华人民共和国测量标志保护条例》，自1997年1月1日起施行。

1995 国家工商局向世界知识产权组织递交加入《关于商标国际注册马德里协定的协定书》

1992 首批雪铁龙ZX富康牌轿车，在襄樊基地轿车装试厂下线。

“中国质量战略高层研讨会”在京举行。

原中国乡村旅游协会组建为中国国内旅游协会。

1991 中国百货商业协会零售企业委员会在京成立。

9月5日

2002 太原物价局认定异地存取款收手续费属非法收费。

2001 华远地产回收品牌。

1999 教育部印发《关于表彰第四届“中华扫盲奖”先进个人和单位的决定》。

1996 国家工商局发布《商标印制管理办法》。

# 从全聚德前门店说起

2001年12月16日，已有137年历史的老字号前门全聚德烤鸭店，迎来了她历史上最辉煌的时刻，实现年营业收入9000万元，创该企业自成立以来的最高水平，也在北京市纯餐馆企业的记录中写下了浓重的一笔。

9000万的年营业收入，放在工业、金融、IT等等许多行业中，也许不值一提，但如果仔细分析一下，在只有4900平方米的建筑面积、900个餐位、400名员工的一家烤鸭店中实现这个数字，这就意味着一把餐椅一年要产生10万元的销售额、每天就是近300元，意味着平均每位员工年创收达22万余元。于是，这就成了一组不得不让人琢磨的数字。

与之形成鲜明对比的是，同样是中华老字号，一年多来，我们听到了太多苍凉的声音：老字号真的老了，日薄西山，正成批的从我们的视线中消失。

**一、因老而盛，因老而衰**

沈放是前门全聚德烤鸭店的总经理，在问及前门店取得今天业绩的原因时，沈说了一句话：“靠文化经营，靠菜品创新，靠服务制胜，靠管理科学，这些每一个成功企业都是一样的，而我们还有一个独有的优势——老字号的金字招牌。但老祖宗留下的好东西不是让我们坐享其成吃老本的，而是必须要调整自身来适应时代的变化，要与时俱进。”

整个的采访过程，沈语调平稳，一问一答间透露出从容。但当谈及其他老字号的现状时，沈还是掩饰不住有些激动。“远的不说，就说北京吧，几年前人们还津津乐道的餐饮界老字号八大楼、八大居，而今还有几家存在？即便幸存下来的，大都也是惨淡经营、勉力支撑啊。再看我们所在的这条前门大街，10年前，这里还是与西单、王府井齐名的老商业街，商贾出没，老字号云集，人声鼎沸。今天，除了我们全聚德，老字号已所剩无几，一家接一家的都改换门庭了。不瞒你说，到了节假日，我们原本备足了货想卖到夜里12点，可到八九点钟，整条街除了我们一家还亮着灯，其余全都熄灯打烊了，哪还有什么人呐。”沈说。

的确，在北京，一方面是以全聚德、同仁堂为代表的老字号的光大繁荣、蒸蒸日上；另一方面，更多的是其他老字号的没落、衰败。一个“老”字，却境界迥异，反差鲜明。

北京的餐饮界有一多，烤鸭店多，以“某某烤鸭店”命名的餐馆多达几十家，而有烤鸭这道菜的更不下数百家，这其中，前门全聚德的生意最火，影响最大，不能不说是因老而盛的典范。“古老、正宗、原汁原味，是顾客在遍布京城各个角落的烤鸭店中选择全聚德的根本原因。”前门全聚德店副总经理、全聚德的第5代传人杨宗满说。

同样是老字号，同样是历史悠久、正宗、货真价实、工艺独特可靠、童叟无欺、诚信为本，同样曾经生意隆盛、有着象征品质上佳的金字招牌，同样是坐落在黄金地段，门面是自有的、不需支付昂贵的租金，可谓占尽地利天时，而另一些老字号却成为“老朽”的化身，因老而衰，在屹立了数十年、百年之后，却在繁荣的市场经济中悄然隐去，在人们的视野中渐行渐远，只把辉煌和繁华尘封在了人们的记忆之中。这怎能不让人深思？

**二、老字号缘何太娇贵**

有资料表明，全国目前有约70%的老字号已“寿终正寝”，幸存下来的也大多处在风雨飘摇中，随时有可能关门谢客。

据了解，北京餐饮业整体上以年均30%的速度在增长，而国企餐饮、其中包括许多国企老字号却以每年40%的速度在下滑。有专家指出，这些老字号之所以没落，最根本的原因是“太娇贵”。

细分析，专家所说的娇贵，表现在许多方面。

1. 产品单一，墨守成规，缺乏创新。比如，原先是卖绸缎、布料的老字号还原样经营，而现在人们都买成衣了，有几个还买布做衣？原先是卖肥油肉馅包子的，现在仍只卖肥油肉馅，而事实上越来越多的人正在排斥又肥又腻的食品。

2. 人员老化，企业缺乏活力。“老字号”因为店老，也就有了太多的老化人员，他们的文化水平、接受新鲜事物的能力，都制约了企业的活力；另一方面，“老字号”还有太多的离退休人员，成为企业无法轻装上阵的负担。

3. 企业缺乏积累，发展后劲不足。“老字号”在建国后基本上都成了国有企业，在计划经济时代，利润都上交了国家，企业积累少，设备陈旧老化却无法改造更新，由此导致发展后劲明显不足。

4. 内部机制不活，技术骨干流失。尽管老字号大都已改制为独立法人，但实际上在自主经营权上，却往往掣肘于主管“婆婆”，经营者大都“开门守店”，做一天和尚撞一天钟，缺乏开拓创新热情。这也导致企业人才流失严重。

种种原因所表现出的，就是许多老字号“太娇贵”，一旦步入市场并按市场规律经营，很快就显现出龙钟老态，陷入无所适从的困境。

当老字号以一副病态出现在人们面前的时候，拯救老字号、重振老字号的呼声也就随之四起。人们把热情和心血倾注给这些百年老店，找寻着“老字号”重焕“青春”的良策。

**三、老字号得有新精彩**

事实上，早在几年前，当一些老字号初显疲态之时，人们就开始了为老字号把脉诊治，献计献策，将关注的目光投向这里。不少业内人士、经济学者就指出：老字号走出困境首先在于政府各部门和社会各界都必须统一思想，充分认识到“老字号”的价值所在，高度重视老字号在创文化名城中的重要作用——老字号因其丰厚的文化内涵为城市带来了整体的积极效应，并成为了一种具有独特魅力的旅游文化资源。

然而多年后，我们还是看到了不愿出现的事实：成批的老字号在失去“呵护”后，很快在市场中死去。

老字号需要呵护，但更需要的是市场的锤炼。全聚德、同仁堂、五粮液、恒源祥……在锤炼中非但没有衰败消亡，反而生机勃勃、焕发出异彩的老字号，不乏其例。

沈放曾感慨，“一炉百年的火，铸成全聚德。一个‘铸’字重千斤呀。”

在前门全聚德看到、听到的全聚德成功的具体原因很多，比如工作中员工的勤奋爱岗、经营上“盘子以外的功夫”、文化上的“老铺”挖掘与重张再现、管理上各项制度的完备与贯彻，等等。然而各种现实因素汇集在一起，是一个成功的理由——与时俱进。

烤鸭是全聚德的招牌菜，要求制作上精致、地道、无缺憾，而最初全聚德的烤鸭过程只有笼统的开烤片之说，为了适应社会发展的需求，发展到今天，已形成有56道工序，每道工序都有专用工具、专人操作的规范过程，这就保证了“招牌菜”的风味独特，精雕细琢。如果只有一道烤鸭，显然会让客人吃腻吃烦，为了让客人一饱口福，你可以清晰地看到全聚德从单一烤鸭发展到以烤鸭为龙

标　识

兰州佛慈制药厂

江苏牡丹汽车集团公司

## 记　事

### 9月5日

1995　1995年度"中国500家最大工业企业评价"在京揭晓。

1991　中国商业经济学会在京召开第一次咨询委员会议。

### 9月6日

2000　中国国际货运代理协会成立。

中国太平洋保险公司再次被评为世界200强保险公司之一，列第45位。

1999　一汽一大众汽车有限公司生产的奥迪A6轿车下线。

1997　109种图书获第三届国家图书奖。

1993　国家工商局在京会见台湾自创品牌协会代表团。

### 9月7日

2000　质监局颁发"2000年全国质量管理先进企业"奖项。

1999　中国第一汽车集团公司委托长春汽车检测中心进行红旗CA7180型公务轿车正面撞击试验取得圆满成功。

头，至今拥有300多道风味菜的全聚德菜系的发展脉络，从单一的鲁菜风味丰富为全国各大菜系乃至西方特色的多方位的融合。就产品而言，全聚德每月在变，每天在变，在发展中创新、在创新中发展。全聚德也有不变的精神理念。有人曾经问过杨宗满，作为老字号的传人，你传下了什么？杨回答了六个字：传技艺、传做人。可以说，历代全聚德人刻苦经营、不懈进取的精神，是凝聚客人、凝聚文化、凝聚人心的精神因素；而"诚信为本、童叟无欺"这些几乎是所有百年老号推崇的理念，更是全聚德经商的准则。

周恩来总理曾这样诠释"全聚德"三字："全而无缺，聚而不散，仁德至上。"一语道出了全聚德持有的经营理念、精神内涵和文化精髓。

如果说餐饮企业有其特殊的经营方式与文化情节，难以尽仿的话，让我们再看看同仁堂。

几百年来同仁堂人固守"炮制虽繁必不敢省人工，品位虽贵必不敢减物力"的古训，"眼看、手摸、鼻闻、口尝"可谓精益求精。但到了现代，原始的检测方式、手工作坊式的生产模式显然会阻碍中药的发展，阻碍中药产业走向世界，于是我们看到同仁堂在以变应变。几年来，同仁堂投入大量的人力和财力，引进现代化生产线，进行中药的成药化批量生产，今天已拥有4个工业生产厂，生产的成药达24个剂型800多个品种。1996年，北京同仁堂股份有限公司成立，同仁堂股票也在沪市挂牌发行。2000年10月31日，同仁堂旗下的同仁堂科技在香港创业板上首家实现了分拆上市。走上资本市场之路的同仁堂，将筹集到的资金来进行资产重组和兼并收购，同时推行连锁经营。同仁堂有关负责人不久前宣布，同仁堂将在3年内开办100家大型零售药店，5年内形成跨国公司的框架，10年内实现销售总额100亿。前不久，"同仁堂"入主北京崇文中医院，正式涉足医领域，使"同仁堂"又有了新的利润增长点。可以说，同仁堂是改制比较成功的医药行业老字号的典型，它成功的脉络清晰可见：一是用现代化的方式生产"老古董"；二是利用品牌的无形资产连锁经营；三是上市融资扩大再生产。而在酒类老字号中，如"古井贡"、"五粮液"等也都是采取类似的招数获得了新生。

另一家老字号企业上海万象股份有限公司老总、原老字号绒线商店"恒源祥"的总经理刘瑞旗曾对记者说："老字号是一个金矿，要你去开采；它不是一座金山让你随便享用。"

是的，老字号的品牌只是企业经营中的一个部分，在新的竞争环境下，只有将企业的理念、网络、新产品、管理手段、人员组合等等各种要素组合在一起，才会形成企业的综合竞争力，才能让老字号在新形势下屹立不倒。

在北京、西安、南京……在中国所有的历史文化名城的街头，人们不经意间抬头总会看到一块块黑底油亮、烫金字的老木匾，在喧嚣都市的角落里寂寞地孤悬着，像老人慈悲而伤感的目光，注视着过往的人流，忖度着往昔的风流。

每一个老字号都有着一段传奇的故事，蕴涵着悠久的历史积淀和丰厚的文化内涵，每一个名号都足以勾起人们对前人悠悠往事的无限遐想。

北京城有句民谣：头戴"马聚源"，脚踩"内联升"，身穿"瑞蚨祥"，腰缠"四大恒"，足可证实人们对老字号的热爱。

"我们也必须看到，时下消费者的怀旧心理，对老字号的再生来说是一个机会。"首都经贸大学袁家方教授说，"在现今新企业不断涌现的时候，一些老字号反而被人们频频提起，怀旧的人们希望它能再生、重现当年的风采，这不能不说是件好事。"

但是，感情代替不了市场法则，市场也不相信眼泪，优胜劣汰的竞争规律不会对老字号网开一面。

（张　柏）

品牌史话

# 剪刀之冠——张小泉

张小泉剪刀被誉为“剪刀之冠”，是中国著名的传统产品，已有300多年历史。它以镶钢均匀、钢铁分明、磨工精细、刃口锋利、销钉牢固、开合和顺、式样精巧、刻花新颖、经久耐用、物美价廉等10大特点而驰名中外，产品有民用剪、工业和农牧渔业用剪，以及其他旅游、军用剪等100多个品种，200多个规格。到杭州的游客，常常购几把张小泉剪刀作为礼品，赠送亲友。

“张小泉”这块牌子，可以说源远流长，声名远播。张小泉老家在皖南黟县，其父张思家在当地开了个“张大隆”剪刀铺，小泉自幼随父学得一手制剪技艺。明崇祯年间(1628年左右)，战乱四起，其父亡故，为了躲避战乱，张小泉只得带着家眷逃难到了杭州，在城隍山脚下的大井巷内搭棚设灶，开起了剪刀作坊，并挂上“张小泉”的招牌。

张小泉制剪，选用的是龙泉、云和好的钢，把好钢镶嵌在剪刀刃口上锻打，自创了剪刀镶钢锻造工艺，磨砺后的剪刀特别锋利。清康熙二年(1663年)，由于受到假货的侵扰，一怒之下的张小泉愤然将父传“张大隆”招牌改换成“张小泉”，想以自己的名字来杜绝冒用。到了乾隆年间，由于张小泉在品质上追求卓越，精益求精，“张小泉”剪刀已成为杭州地方特产“五杭”之一，声名鹊起。相传“张小泉”剪刀作为宫廷用剪进贡后，乾隆御笔亲题“张小泉”三字颁赐，此后代代相传，名声愈响，“张小泉”三字也几乎成了“剪刀”的代名词。

张小泉创牌之后，随即又有人冒名顶替，仅杭州城就有“老张小泉”、“真张小泉”或在“张小泉”3字下加上“勤记”、“琴记”、“并记”等，还有用谐音假冒的诸如“张小全”“张小拳”等，五花八门，遍地开花。此一状况甚至还有诗为证：“青山映碧湖，小泉满街巷。”清光绪二年(1876年)，张小泉第五代传人张利川去世，儿子张永年尚幼，店业经营全由其母孙氏代管。孙氏由于“张小泉”被冒用，为捍卫“张小泉”利益，她趁钱塘知县束允泰上城隍山进香时拦轿告状，痛斥同行种种冒牌行为。为此，钱塘知县贴出告示“永禁冒用”，并树立于“张小泉”店门口，显示了那个时代政府保护名牌的意识和果敢行为，同时也留下一段脍炙人口的佳话。

解放后，“张小泉”剪刀在党和政府关心、支持下得到迅速发展。富有远见卓识的毛泽东主席曾发出指示：“提醒你们，手工业中许多好东西，不要搞掉了……张小泉的剪刀一万年也不要搞掉。我们民族好的东西，搞掉了的，一定都要来一个恢复，而且要搞得更好一些。”20世纪60年代初，杭州张小泉剪刀厂便将“张小泉”3字作为商标依法进行注册；1980年“张小泉”商标被认定为国家著名商标，1997年又被认定为驰名商标。

“快似风走润如油，钢铁分明品种稠，裁剪江山成锦绣，杭州何止如并州。”这是中国杰出的剧作家田汉1966年走访张小泉剪刀厂时写下的一首赞美诗。

(肖　田)

标　识

扬中市兽药厂

乌鲁木齐石油化工总厂

江苏牧羊集团有限公司

## 记　事

9月7日

1994 “中国重点城市千家经济效益最佳企业”评价揭晓。

1990 第一部《中华人民共和国著作权法》制定。

9月8日

2002 张裕创立110周年中国葡萄酒发展论坛举行。烟台市被国际葡萄·葡萄酒局命名为“国际葡萄·葡萄酒城”15周年。张裕公司举办“2002年中国葡萄·葡萄酒发展论坛”。张裕酒文化博物馆开馆仪式、酒庄开业暨工业旅游线路开通仪式。

2000 中国塑料加工业协会辟谣：快餐盒不含二恶英。

1999 国家对外贸易经济合作部公布第一批重点支持和发展的名牌出口商品名单。

新闻出版署发出《关于严格期刊刊号管理问题的通知》、《关于规范期刊刊名标识的通知》。

1994 1993年中国500家最大乡镇企业排出位次。

上海纺织第二批著名品牌揭晓。

# 马兰拉面升级引诱大资本

在经历了洋快餐全面入侵，中式快餐一次次败下阵来的尴尬之后，“马兰拉面”迅速崛起。在短短3－4年时间发展到全国26个省、市、自治区381家店，年销售额达3.6亿元，并成功的打入美国市场，而且作为惟一的快餐企业入围2000年中国百强连锁企业。

马兰拉面快餐连锁有限责任公司董事长陈实对中式快餐的发展有自己独特的看法：马兰不把洋快餐当作对手。

陈实认为：客观上从做企业的角度出发，就拿马兰拉面来说，洋快餐并不是我们的敌人，因为我们不在同一个层次上，我们的定位是大众风味的快餐，我们究竟把谁的顾客拉走了呢？是把街头小摊小店的客人给拉走了，因为我们的定位与他们差不多，但环境和就餐质量要比他们高很多。

**一、产品：端出一碗干净的面条**

“兰州牛肉拉面”是一种传统小吃，历史悠久，具有深厚的文化和广泛的群众基础，打着“兰州牛肉拉面”招牌的店铺几乎遍布全国。但是大部分经营“拉面”的都是小店，在卫生环境、服务水平、产品质量等方面都不尽如人意。

## 品牌问题

# 北京新华书店拒绝收编 中国发行集团推迟挂牌

由中国出版集团下属3家发行单位（新华书店总店、中国出版对外贸易总公司、中国图书进出口总公司）与北京市新华书店联合组建中国发行集团一事搁浅。中国出版集团对北京新华书店的收编行动一直处于传闻之中，但这一想法多少显得有些一厢情愿。事实上，自2002年6月以来，能否收编北京新华书店，已成为中国发行集团挂牌的一个主要障碍，而这也是导致其一再推迟挂牌的原因所在。

**推迟挂牌**

中国出版集团2002年4月成立之后，着手筹备组建子集团——中国发行集团成了当务之急。显然，相对流于形式的出版集团，尽快组建发行集团具有重要的战略意义，发行和物流，是最有可能给出版集团带来实质性业务的领早在20世纪80年代蓝星集团就瞄准了"兰州拉面"广阔的市场前景，就想把这种传统小吃改造成现代快餐。但是蓝星集团并没有马上开始建店营业，而是对兰州牛肉拉面进行深入细致的研究。

他们请兰州大学的教授对几家兰州有名的拉面馆的面、汤进行研究，对其成分进行科学的分析和筛选，剔除了一些不健康的辅料，确定了最佳的配方，制定了标准化的工艺方案和制作程序，以现代快餐的形式设计研制了专门的制作设备，于1993年在兰州建立了第1个实验性的快餐店。到1997年，马兰的连锁经营模式基本上已经成熟，这才在北京开始大规模建立样板店，并以特许加盟的方式在全国大规模扩张。

**二、物流：构造一个完整的产业链**

马兰拉面从一开始就将自己置身在一个高的竞争平台上，积极构筑自己的产业链。

首先，他们加快在原材料产地建立生产加工基地。先后在西北地区兰州建立了汤料、拉面剂生产加工基地；在岷汕地区建立了无污染天然调味料种植生产基地；在甘谷建立辣椒生产基地；此外，还建立了花椒、干姜、牦牛肉、筷子等生产基地。今年他们还计划在兰州汤料生产加工基地的基础上扩大规模，加快发展天然、无污染的调味品的生产，把"马兰"品牌的绿色天然调味产品推向市场。其次，健全和完善配送体系，明确了配送业务的市场化自由竞争的发展方向。通过重点发展主要供应商联盟队伍，逐步建立起供应商网络体系；通过配送中心统一采购、批量进货、集中存放商品，减少了各连锁店的库存量。这一系列举措，较大程度上提高了连锁店的配送能力，逐步开始向中式餐饮业的专业化配送方向发展。

**三、营销：塑造一个响亮的品牌**

马兰拉面的成功很大程度上得益

## 标　　识

江苏人民机具厂

南通制药厂

域。然而奇怪的是，自此以后，发行集团的挂牌就一直成为一个难以破解的悬念。最初，关于挂牌时间的说法是6月，很快就变成了7月，随后又推到了8月初。然而时至今日，集团挂牌一事仍未见动静，这就未免让人产生诸多疑虑问题。一个值得玩味的细节是，7月5日，本来出版集团已决定在当天举行发行集团的挂牌仪式，有关媒体和机构也接到出版集团的邀请函，挂牌仪式的地点选在了北京的科学会堂。但就在当天，所有媒体和机构接到出版集团的通知——挂牌仪式临时取消。当时，外界得到的一个普遍解释是，因为特殊原因科学会堂规格不够，仪式须另择场地。但后来的事实证明，这个解释是牵强的。因为如果仅仅是场地的原因，那么问题很好解决，但此后的挂牌仪式变得不了了之。对事情惟一可能的解释是，仪式推迟一定另有其因。其中一个广为流传的说法是，中国出版集团对北京新华书店的收编行动可能受阻。

**北京新华书店的资本**

中国出版集团收编北京新华书店的意图很明显，就是想获取其庞大的图书批发和零售网络。1949年成立的北京市新华书店，经过43年的发展，目前已在市区设立了90余个发行网点，对远郊区县的40余家新华书店也能积极供货，其下属的首都发行所，已形成对全国图书市场的辐射能力，销售规模已与新华书店总店不相上下，并且相对于新华书店总店不断下滑的业绩，首都发行所拥有良好的成长前景。北京新华书店旗下的西单图书大厦、王府井书店，更是中国乃至亚洲知名的图书零售卖场。作为全国政治文化中心，北京市向来是中国图书市场及出版产业的重中之重，占领了北京市场，无疑就占领

## 记 事

### 9月8日

1993 《中华人民共和国商标法实施细则》发布。

### 9月9日

2000 中国包装技术协会宣布亚洲包装中心将设在中国。

1999 教育部、中华慈善总会在京举办首届“烛光奖”颁奖典礼。

1997 《全国保险行业公约》签署。

1996 中国人民银行加入国际清算银行

1995 中华商标协会成立。

### 9月10日

1997 “名品进名店”活动拉开序幕。

1996 中国合作住宅促进会成立。

1991 中国消费者协会主办全国质量优、服务优商品展示评议会同时在北京、西安、成都、武汉、大连、石家庄、徐州展开。

于其成功的品牌战略。“马兰拉面”在推广伊始便斥资导入形象设计，努力营造“千店一面”的品牌效应，树立起极富个性化的品牌形象。

虽然中式快餐与洋快餐相比起步较晚，但是“马兰拉面”的决策者认为，我们也有优势：①是后发制人的优势，积极借鉴国际先进经验，少走弯路。②中餐具有独特的文化内涵和顽强的生命力。③中国的饮食文化已在世界上占有一定的份额。

与洋快餐相比，总的来讲中式快餐还处于劣势，要想在市场竞争中立于不败之地，马兰拉面还需要不断地改进和提高。2000 年，马兰拉面进行了一次全面的升级换代，推出了全新马兰 2.0 版的店。新店将全部使用自己研发的厨房设备，增设了高标准的卫生间，从硬件、软件上都达到了一个全新的更高的层次。马兰计划把新店朝主题化的店面方向发展，比如在店内的墙壁上装饰一些能突出马兰品牌的画，以加强马兰品牌的影响力。

在谈到马兰以后如何发展时，马兰给自己定的目标是走现代化、国际化的路子，而不仅仅是局限在民族或者某个区域，以后会慢慢淡化区域观念、民族观念，使“马兰”成长为一个国际品牌。

2000 年底，马兰在美国洛杉矶开了海外第 1 家分店，迈出了走向国际化的第 1 步。

**四、扩张：启动一个开放的连锁体系**

经过近 10 年的充分的准备，1997 年，马兰拉面公司在发展初期便提出了“万家连锁工程”，即在 10 年左右的时间里，建立 1 万家连锁店。目前，马兰拉面连锁店发展到全国 381 家，分直营店和加盟店两种形式。

直营店主要起到一种示范作用，直营店的有形及无形资产均归总店所有，一般由蓝星公司内部职工承包经营。对于直营店的管理，总店强调其基础建设。直营店的承包人，每天向总店支付数额固定的管理费用。各个直营店的收银机直接与总店相连，使得总店可以及时了解各个店的经营状况，并对销售情况进行统计分析。

在除北京以外的其他地区，马兰拉面的扩张主要以特许加盟的方式进行。对申请加盟者，由总店进行对经营者资格的评估及选址的审查，双方洽谈签署特许加盟合同。特许店具有独立的法人资格，实行自主经营、独立核算，在业务上接受总店的指导。

（薛彩云）

了中国书业的制高点。对此，中国出版集团无疑有着明确的认识，而这也是其收编北京新华书店的意图所在。但反过来，这也成为北京新华书店挟以自重的资本。

**整合的尴尬**

合作应该是一种企业行为，而不是政府行为，其合作模式和前景关键看企业发展的目标是否一致。据了解，目前中国邮政在组建发行集团方面，完全处于被动状态，其所设置的相关部门，也只是根据上级部门的要求，实际上更多地流于形式。这种尴尬并非中国发行集团所独有，事实上，整个出版集团也存在着类似的情况。据业内人士分析，自挂牌以来，中国出版集团内部的业务整合一直未有实质性的进展，下属的各出版单位或实体仍处于各自为政的状态。集团总部所扮演的更多的是一种内部协调和牵头者的角色，如在十六大图书选题上，就是由集团总部牵头、在下属各出版单位贯彻的，但在集团内部，尚难形成决策和管理的统一机制。由于下属各成员本来就是国内出版业最具品牌价值的实体（如商务印书馆、中华书局、三联书店等），对于中国出版集团来说，如何在保证这些品牌资源不受损失甚至还要有所发展的前提下，再推动集团整体的发展，的确是一个相当困难的课题。

（沈 山）

## 品牌背景

# 中国名牌企业发出《北京宣言》

北京“2002 中国名牌论坛”上，16 家具有国际竞争力的中国名牌企业共同签署《北京宣言》，向全国企业发出倡议：向世界名牌进军！

业内人士对此评价颇高，认为这些龙头企业在名牌战略的实施、国际竞争力的提高上，将为同业兄弟提供一个良好的表率。而中国名牌的风生水起，必然会提升中国制造业的整体实力。有市场分析人士进一步指出，《北京宣言》是一股让跨国公司不安的力量。

**五年是个关键期**

联想集团董事局主席柳传志在谈到中国企业与世界名牌的差距时，用了一句很形象很生动的话：“与外国企业竞争，有点像‘龟兔赛跑’，外国企业好像是兔子，我们好比是乌龟。为什么我们现在在国内比外国巨头要跑得快，是因为我们都在沼泽地里比赛。中国市场不大成熟，就好比是一块沼泽地。”

目前，中国工业已进入工业化中期发展阶段，经济实力居世界第 6 位，许多产品产量居世界第 1。但是，我国工业的总体技术水平还较落后，国际竞争力还较差，特别是世界知名品牌还太少，这是一个致命弱点。近年来，随着中国经济连续多年高速增长，有人开始议论中国是否会继日本、亚洲四小龙之后，成为新世纪的世界制造中心。的确，我国的制造业发展很快，中国产品全世界遍地皆是，“made in China”随处可见，但客观地说，中国还没有一个在全世界叫得响的名牌。如果这样的状况持续下去，即便能够成为“世界制造中心”，那也只不过是外国资本、外国品牌的“世界制造中心”，中国只不过提供了它的栖身之所。

不少中国名牌企业在进军国际市场时，一方面对自己的实力有足够的自信，但同时也有着十分强烈的忧患感。张裕总经理周洪江指出，随着中国加入 WTO，中国经济和世界经济一体化的步伐加快，中国是否有一批自己拥有全球性话语权的世界名牌产品，直接关系到一个国家的竞争力。对本土品牌来说，“入世”后的五年，是最关键的一段时间。

**中国品牌中的向上力量**

此次喊出《北京宣言》的 16 家企业是：中国国际海运集装箱集

## 标识

江苏阜宁肉联厂

宁夏回族自治区国营灵武啤酒厂

## 记　　事

### 9月11日

2000　《国家电力公司创建国际一流供电企业考核标准(试行)》和《国家电力公司创建国际一流火力发电厂考核标准(试行)》印发。

1993　首届"中华人口奖"颁发。已故人口学家马寅初获特别荣誉奖。

### 9月12日

1991　北京电视设备厂、北京北方车辆制造厂和中央电视台联合设计的BDS5160DSC大型电视转播车,在京通过国家鉴定。

1984　国务院颁布《中华人民共和国科技进步奖励条例》。

### 9月13日

2002　浙江首次评估城市竞争力,杭州宁波温州分列三甲。

媒体质疑海尔经营策略。

2001　"阳光文化与新浪合并"。

1999　中国农业银行在广西举行"金穗新世纪纪念卡"首发式。

---

团、海尔集团、上海振华港机集团、广州珠江钢琴集团、河南安彩集团、中国远洋运输集团、万向集团、联想集团公司、上海宝钢股份公司、远大空调有限公司、江苏波司登股份有限公司、青岛啤酒股份有限公司、烟台张裕葡萄酿酒股份有限公司、北京同仁堂集团等。

论坛组织者中国名牌战略推进委员会负责人指出，如果以销售收入等数据来衡量，这些品牌不仅同世界500强相差甚远,就算是中国500强,它们也排不到最前面,但这些品牌,却是中国名牌中在10年内最有希望成长为国际知名品牌的品牌之一,它们身上,无一例外的都具有了一种国际竞争力。它们代表的,是中国品牌中一种向上的力量。这个说法,多少让人有些疑问,但从一个品牌看,却不无道理。

很明显的例证便是入选16强的烟台张裕公司。如果单从销售收入来看，它虽然是中国葡萄酒业中的大佬，但其不到25亿元的年销售收入，和真正的跨国公司甚至是同国内的大企业相比，并不值得一提。但论坛组织者中国名牌战略推进委员会却坚持选择了张裕,他们认为,张裕的身上体现出了某种文化上的创造力，而这种文化上的创造力，正是国内很多品牌所稀缺的。著名的品牌理论专家艾丰认为，张裕葡萄酒公司提出"文化融合、引领时尚"，产品创新，走中西文化融合的道路，正是张裕创世界名牌的重要途径。他认为,张裕开放的意识主要体现在:有全球视野——发现外国好的东西，发现我们与别人的差距;有主体意识——不是有了世界的全球化,就没有民族经济;有融合意识——不照搬西方,而是中西融合，"中西混血儿"的概念是企业文化的一种形象的表现。

### 打铁还要自身硬

事实上，国家的政策机制也一直在导引着中国名牌走向世界名牌。1992年"中国质量万里行"活动正式启动，标志着全国性的名牌战略行动进入实施阶段；1993年2月,《中华人民共和国产品质量法》在全国人大通过,随后,国务院颁布了《质量振兴纲要》和《国务院关于进一步加强产品质量工作若干问题的决定》,国家经贸委和原国家质量技术监督局联合发出了《关于推动企业创名牌产品的若干意见》;2001年3月，国家质量技术监督检验检疫总局牵头成立中国名牌战略推进委员会，负责统一组织实施中国名牌产品的评价、管理、宣传和培植工作。

当然，打铁还要自身硬，创造世界名牌的基础工作还在企业界。正如中国名牌战略推进委员会主任林宗棠所说，企业必须依靠自身，立足市场需求，强化质量管理，并提高产品质量和竞争力后，增加对高档次、高科技含量、高附加值的产品的投入和对名牌产品、名牌企业的培育。

有市场分析人士指出，《北京宣言》是一种让跨国公司不安的力量。

"之所以让跨国公司感到不安",张裕总经理周洪江说,"主要原因是我们这16家企业都有一种文化上的创造力,这是最可贵的。像现在法国许多城市的酒廊、商场中,都有来自张裕的葡萄酒,原因在于张裕葡萄酒独特迷人的味道，还有东西方文化的巧妙融合。"正如国际葡萄·葡萄酒局前局长罗伯特·丁洛特所说:"张裕产品完全可以和世界名牌相媲美,完全可以走向世界。"张裕对中西文化的独特的融合能力，正是一个品牌能实行跨文化营销的基石。

（谭俞雄）

标　识

# 长城干白卷土重来

随着新世纪的到来，中国的经济呈现出持续发展的良好势头，人民生活水平日益提高，人们更加注重饮食的营养和保健，因此餐饮文化越来越普及。纵观今年的葡萄酒市场，近几年红遍大江南北的红酒热正在慢慢降温，曾一度被冷落的干白葡萄酒却呈现出大幅回升的趋势。特别是在华东、华南等地，销售量均比上年同期有较大增长。据业内人士介绍，尤以中国长城葡萄酒有限公司生产的国家名酒长城干白最为明显，其上半年销售量比去年同期增长 18%。说明消费者正在从追求时尚消费逐渐走向理性化消费，广大消费者逐渐意识到干红葡萄酒和干白葡萄酒在饮食文化上的区别。

据德国科学家克劳斯．容克研究发现，适当饮些葡萄酒可以降低发生心脏及循环系统疾病的危险，而白葡萄酒在这方面的保健功能比红葡萄酒更强。容克在德国葡萄酒博览会上说，他们曾将 99 名男子分为 3 组，一组每天晚饭时饮少量干白葡萄酒，另一组则饮干红葡萄酒，第三组只饮清水。结果发现适量饮酒的那两组血液各项指标明显好于饮水的一组，而饮干白葡萄酒的那组血液化验结果更好于饮干红葡萄酒的一组。

容克说，过去一直认为葡萄酒的保健作用是因为其所含的少量酒精可以软化血管，但现在看来白葡萄酒的保健功能或许是酒精与白葡萄中所含的聚苯酚共同起作用的结果。聚苯酚是葡萄中的一种物质，它可以保护葡萄藤免受寄生物和菌类的侵害。现在不少科学家认为，这种物质对人体也可以起到防癌和延缓衰老的作用。

中国长城葡萄酒有限公司是中国葡萄酒行业的龙头企业，其主导产品之一长城牌干白葡萄酒，是以著名葡萄产区——中国河北怀来出产的龙眼葡萄为原料酿成的优质干白葡萄酒。沙城位于北纬 40 度，东经 115 度，年降雨量在 450－500 毫米，有效积温 3200 多度，昼夜温差大，从而有利于葡萄栽培生长和糖分积累以及形成适当的糖酸比。这一地区种植龙眼葡萄已有 1300 多年的历史，优越的地理气候条件孕育了优质的葡萄品种。目前，沙城附近的龙眼葡萄种植面积已达到 10 万多亩。1994 年，中国绿色食品发展中心对沙城地区的土壤、气候、葡萄进行化验分析后，认定龙眼葡萄为绿色原料。中国长城葡萄酒有限公司正是用绿色原料——龙眼葡萄酿出了长城干白、长城金装干白、长城 21 世纪干白、长城特制干白、特酿干白等长城系列绿色产品。使长城干白真正成为无污染、无公害、安全、卫生、健康、营养的绿色食品。

中国长城葡萄酒有限公司生产的长城干白，经国家权威部门检测，含有多种维生素、13 种微量元素和 28 种氨基酸，其中有 8 种氨基酸是人体不能合成的。这些物质直接或间接对人体有不同的益处，其中有许多对人体有益的物质是其他食品中所没有的，这些物质能调节人体新陈代谢，促进血液循环，防止胆固醇增加，还能起到预防癌症和延缓衰老的作用。

长城干白所以能受到消费者如此青睐，不仅是因为它有着幽雅芬芳的果香和丰满醇厚的酒香，给人以美的享受，还因为它能够软化血管，起到保健作用和美容养颜作用。同时干白还具有杀菌作用，所以吃蔬菜、海鲜时喝干白是最佳的选择。

随着中国人生活水平的日益提高，干白葡萄酒将会日益成为人们餐桌上的必备佳酿。

（奚德智　杨锦春）

河南省南街村(集团)有限公司

河南省南街村集团有限公司

记　事

9月13日

1993 中国政府向世界知识产权组织递交中国参加专利合作条约申请书。

1991 国家旅游局公布全国第9批星级饭店名单。

1989 中国大中型企业超过一万家。

9月14日

2002 汤山发生建国后最大投毒事件。

2000 国家工商局全国商标评审工作会议在大连举行。

1995 宝钢投产10周年，江泽民同志题词："办世界一流企业，创世界一流水平"。

1993 国家经贸委、国家工商局、技术监督局召开第二次全国"打假"电话会议。

世界知识产权组织与国家工商局、商标局"国际商标注册论坛"在京举行。

9月15日

2000 《亚洲周刊》评选出亚太地区100大寿险公司，中国平安保险股份有限公司居第24位。

# "大红鹰"的品牌战略

"大红鹰"品牌近年来旋风般在全国激起强大冲击力，它直接将宁波卷烟厂——一个在计划经济体制下运转多年而每况愈下的企业，不无震动却基本顺畅地拉入市场经济轨道并蒸蒸日上。如果说10年前知道"大红鹰"的人恐怕只是凤毛麟角，那么，今天，不知道"大红鹰"的人也可谓凤毛麟角。从默默无闻到家喻户晓，直至荣膺"中国驰名商标"从而真正跻身"中国名牌"行列，宁烟人励精图治、不断创新，仅仅用了7年时间。那么，"大红鹰"是如何"飞"起来的?

宁烟是行业内较早注重品牌建设的企业。他们较早认识到：现代市场经济的竞争，集中表现为商标之战、品牌之战。品牌是一个企业实力和精华的集中体现。品牌是可以独立于产品之外存在的资源。争夺它，就是争夺市场、争夺利益。以产品力、销售力、形象力、文化的全面提升来获取成功是宁烟孜孜以求的经营目标。"大红鹰"的迅速腾飞直至跻身"中国驰名商标"殿堂，印证了宁烟品牌建设的能力与成就。

**发展历程**

纵观"大红鹰"从"展翅"到"腾飞"的飞翔轨迹，可以说，它所经历的是一种"高起点、快速度、大跨越"式的发展历程。所谓"高起点"，即指"大红鹰"卷烟一开始便定位于高档烟；所谓"快速度"，最显著的标志便是："大红鹰"自开发成功以来年销量保持99%的增长率；所谓"大跨越"，即指"大红鹰"以7年时间荣膺"中国驰名商标"并带动宁波卷烟厂整体效益大幅度"垂直提升"式增长。

**一、市场导入期**

品牌意识的"觉醒"及实践是"大红鹰"腾飞的直接前提。1994年6月18日，老牌翻新的"大红鹰"卷烟正式面市。一方面，产品质量实现了精致外观及卓越品质的完美结合；另一方面，销售策略进行精心策划，通过"饥饿销售"、定点零售、统一价格等措施，主动调控市场，做到点多、面广、量少、价稳。二者结合，"大红鹰"在浙江市场实现"垂直腾飞"，全面走红。

同年9月，北京举行的中国卷烟批发市场首次竞价中，经8次竞价，"大红鹰"以最高价一槌定音，在中国烟草界引起轰动，"大红鹰"开始飞向省外。以此为标志，"大红鹰"在全国烟草界引起关注，企业进入了全面行销阶段。

**二、市场扩张期**

1994年初至1996年，借助"大红鹰"开发成功的冲击力，宁烟开始面向全国28个省、市、自治区的400余家单位展开行销。针对中国卷烟市场的特殊情况，1997年至1999年，经过对市场的科学分析，宁烟销售进入第一次战略调整阶段，省外市场货源投放量从1996年的13.6万箱缩减到10万箱。同时确保省内市场的"根据地"，充实货源，以满足"销大于产"的省内市场需求。

2000年，为响应省公司"强攻省外市场"的工作要求，宁烟进入市场扩张阶段。从与分县公司合作开发到全省范围铺开，从省内扩张转向省外渗透。同时及时进行战略行销及战略调整，稳定市场价格。"大红鹰"卷烟在省外市场影响力逐渐增强。

**三、整合营销期**

连续几年的高速发展使得"大红鹰"逐渐越飞越高，在积累了相当的生产及销售经验后，为保持品牌的可持续发展，宁烟人开始对整体营销方案进行总结、诊断，在保持品牌强大知名度的同时，不断提升品牌美誉度，以提高品牌竞争力及市场占有率；在保持产品内秀外美、工艺精湛、高质量要求的同时，不断提升服务质量，充实品牌文化内涵，以增强消费者的信任感、安全感直至荣誉感。

**质量规划**

21世纪是质量的世纪。“九五”技改的即将全面完成、有利于提高产品质量的新工作时间的运行、ISO2000版的贯标活动等，将为产品质量的再提升及保障提供强有力的后盾。

**产品线规划**

“大红鹰”以“高档卷烟”为身价定位，以此为指向，宁烟人相继研发推出“大红鹰”系列产品：经典品大红鹰、精品大红鹰、银大红鹰、红大红鹰、软红大红鹰等。宁烟人规划了不同系列产品的市场定位，目前结构日趋合理并逐渐提升。

**形象规划**

“大红鹰——新时代的精神”，所谓“新时代的精神”的品牌标语，概括了宁烟人百折不挠、永不满足、奉献爱心的形象风貌。“大红鹰——胜利之鹰”，是对“新时代的精神”的形象化体现和有力延伸，它向大众传播的是百折不挠、渴求胜利以及“从胜利走向胜利”的时代理念。

新世纪新形象，宁烟人以为：“大红鹰”的品牌塑造，应在方向准确的基础上去表现品牌个性，要从对品牌的整体形象打造逐步延伸到对品牌个性的挖掘，并赋予品牌系列中每一个单品牌以个性的形象诉求，在细分市场的基础上，从而满足不同消费群体的不同需求。如突出红色包装“大红鹰”的喜庆、吉祥气氛及银色“大红鹰”的时尚、前卫色彩等。

**服务规划**

随着企业销售环境从“广告力时代”向“营销力时代”的过渡，

宁烟也将服务工作从商家（各级烟草公司）、零售户逐渐延伸到终端即消费者身上。正在实施的“大红鹰会员俱乐部”营销方案，将使“大红鹰”真正“飞入寻常百姓家”。

**策略规划**

经过连续7年的高速发展后，宁烟人看到了成绩背后的不足。

2002年，宁烟人着力聘请著名高校专家学者及专业营销策划公司对企业从生产到销售的各个主要流程进行总结、诊断，最终希冀规划出合乎企业实际的战略规划，以保证“大红鹰”飞得更高、更远、更长久。

**品牌策略**

宁烟品牌建设的成功及由此促成的“大红鹰”的腾飞，得益于宁烟人正确的品牌发展策略。如同其他成功的企业一样，内部管理、技术改造、制度改革及企业文化建设等，无疑都是奠定品牌成功的强有力的基础条件。然而除此之外，“大红鹰”品牌策略的的成功自有其独到之处。

**一、观念先行——敢于做品牌**

“浙烟精神”首先表现为“敢于发展”，“大红鹰”的7年成长历程最好地践履了这种“敢于发展”的拼搏精神。1994年的宁波卷烟厂，欠税近1个亿，濒临倒闭的边缘，但是在这样一种危机形势下，宁烟人发扬逆境中求生存的“新时代的精神”，毅然决定了“高起点”的发展模式——要做就做最好的。“大红鹰”的腾飞首先源于宁烟人“敢于做品牌”的勇气与信心。困境的磨难并没有让宁烟人气馁，恰恰相反，它成就了宁烟人心中巨大的渴望——“我们一定要有全国著名品牌！”宁烟人审时度势，抓住市场空档，果断向10－20元高档位卷烟出击，历经7年艰苦创业，宁烟人梦想成真，“大红鹰”最终蜕变为巨子。

“大红鹰”刚刚诞生时，其产量不过2882箱，当时业内人士根据全国高档烟市场走势判断，认为“大红鹰”至多做到20000箱的规模，原料、市场、技术、管理等等，都是限制其做大的“瓶颈”。可是，仅仅过了2年，“大红鹰”便销售22899箱。20000箱这个“坎”迈过去后，宁烟人又雄心勃勃地把“敢”的目标对准50000箱、100000箱。至今“大红鹰”已累计销售420000箱。“大红鹰”的勇于腾飞成为中国高档卷烟市场一道最为靓丽的风景线。

至于市场营销、内部管理、技术改造、薪酬分配、多元化经营等，宁烟人无不以“敢于发展”的效应自豪地走在行

## 标　识

江苏耐丽思集团股份有限公司

扬州农药厂

吴忠市化工厂

## 记　　事

**9月15日**

1993 国家科委、财政部调整国家科学技术奖励奖金数额。

1992 "中国质量万里行"组委会开展"打假特别行动"。

中国造纸协会成立。

首次全国优秀服务员表彰大会在北京隆重举行。

1991 杨尚昆同志在青岛衬衫厂题词:"争创国际名牌"。

**9月16日**

2000 "商标代理人资格考试"举行。

1997 国家工商局下发《关于立即停止发布含有"第一品牌"等内容广告的通知》。

1994 "首届全国电视广告大奖赛"专家评选在京进行。

1992 中国商报社、人头马洋酒有限公司、广州华夏公司联合举办"华夏杯"全国商业企业徽记、标证有奖征集活动在北京揭晓。

**9月17日**

1999 美国《环球金融》评选交通银行为1998年度中国最佳银行。

业前列,至今,"大红鹰"已进军食品、饮料、教育、医药、金融等多种领域。而所有这些工作无疑都为"大红鹰"稳健地高飞提供了强有力的支撑。8年来,宁烟人立足市场,挑战自我,不断破除"小富即安论"、"到顶论",在"敢于发展"的前提下,遵循真理,善于发展,从而最终实现超常规的发展。

二、品牌传播——大手笔锻造

在品牌传播及形象战略上,宁烟向以大手笔著称。通过采用"抢占制高点、选准切入点、寻求闪光点"的"三点"战略,以大手笔、大气魄、大思路进行形象宣传。如1998年与中央电视台联合举办"大红鹰杯"全国青年歌手大奖赛;组建"大红鹰艺术团"在全国进行百场次巡回演出;出资2000万元人民币举办"大红鹰全民健身万里行,支持北京申奥大签名"活动,车队行程18000公里,历经21省市,赢得全国500万箱各界人士签名。1998年以后,企业开始扩大宣传力度,进行大面积的广告覆盖。并不断在实践中探索,在探索中进步。

——选择高层次、高品位、覆盖广、影响大的权威媒体作为主要宣传阵地,从而形成国家级与省级、市县三级宣传网络;并第一个以烟草品牌在香港凤凰卫视推出形象广告。另外,"大红鹰""飞上"户外高架、飞机、轮船、火车头等,都是烟草界广告创新之举。

——开设专卖店。自1995年在宁波成立第一家专卖店始,至今已陆续在省内外装修成立了160多家"大红鹰专卖店",以统一装修、一致模式、连锁经营、规范服务的新面目出现在广大消费者面前,以此为窗口,形成辐射全国的立体交叉的宣传效果。

——大规模赞助公益事业。8年来,宁烟共投入2.5亿元用于各种公益事业:

向宁波慈善基金会捐资2000万元;

投资2亿元建立宁波大红鹰职业技术学院;

向中国青少年基金会捐资1000万元为西部地区千所希望小学建立"大红鹰希望图书室";

向山西河曲地区捐资200万建立"大红鹰流动医院";

在南京大学、复旦大学等高校设立"大红鹰奖学金"、"大红鹰奖教金"等。

三、顾客至上——营销文化的方向

"大红鹰"为市场接受,需要经过烟草公司、零售户二道"推力"及消费者一道"拉力"三种力量的综合作用才能完成。宁烟始终着力强化这三种力量的作用。

——面向烟草公司:1996以来,宁烟较好地与烟草公司进行了沟通。召开"大红鹰卷烟评吸会";一次性购进IVECO车95辆,进行车体广告装修后赠送给各分县公司进行访销配送,宣传品牌;定期与各级烟草公司进行市场信息交流等。

——面向零售户:1998年以来,宁烟将服务工作从烟草公司进一步延伸到零售户。几年来,省内外共召开了3000多次零售户座谈会;累计评出了6000人次的优秀零售户、194个优秀网点;并评选出一大批"大红鹰销售明星"等。强化了零售户对宁烟的亲和力。

——面向消费者:设立客户服务中心,开展客户关怀。同时强化品牌附加值,通过不同形式的沟通与交流,巩固与强化消费者对品牌的忠诚度。不断完善营销体系,加强企业与品牌的售后服务。正在操作中的"大红鹰会员俱乐部",将会把品牌信息及服务真正做到每一个消费者身上,"大红鹰"品牌忠诚度将会真正"落地生根"。

狭义而言,名牌相当于"驰名商标"。由于种种原因,应该承认,拥有"中国驰名商标"荣誉的"大红鹰"尚未真正飞遍全国。当今企业之间甚至国家之间的竞争,越来越体现为"品牌之争"。优秀的品牌——名牌正日益成为一个企业、一个地区、一个国家经济实力的重要体现。据联合国工业计划署调查显示:名牌占市场所有品牌比例不过3%,但其产品市场占有率却达40%,销售额更是达一半以上。名牌产品的迅速渗透正在构成新的市场垄断。相对于国外一些经历时间考验的名牌产品而言,包括"大红鹰"在内的一些国内名牌还十分脆弱。

(严　民)

品牌案例

# 将大连华丰做大做强

大连华丰家具的前身是庄河县木器生产合作社，20年以前，是只有几十个工人、十几万元资产的手工作坊，只能生产简单的车马挽具。20世纪80年代初，大连市大搞企业升级改造和技术引进，华丰家具争取28万美元的资金，开始引进先进设备和技术，成为当时长江以北家具加工企业引进先进技术的第1家。大连华丰家具从此告别了抡斧挥锛的木匠铺时代，从而步入了新工艺、新款式、高质量的现代企业行列。大连华丰家具现有员工6500余人，下属20个生产工厂，占地面积500万平方米（5平方公里），注册资本为2000万美元，年产华丰家具100万套(件)。日开发新产品十几种，已形成客厅、餐厅、卧室、办公等系列几千个品种，产品畅销国内，远销日本、美国、欧洲等国家。十几年来，大连华丰家具有限公司从出口第1个集装箱家具部件开始，到2001年年发集装箱已达几千个，内外销总计近11亿人民币，其中出口创汇4500万美金，向国家交税5400万人民币，利润1.06亿人民币，多年累计出口额近5亿美元。创造了中国家具行业销售额、利税额和对日本市场出口额3个全国第1。赢得“中国企业最佳形象AAA级单位”，荣获“大连名牌”、“大连市纳税大户”、“辽宁10大轻工名牌”、“辽宁省明星企业”、“家具行业第1品牌”、“中国消费者协会推荐商品”等多项荣誉。

中国加入世界贸易组织，面对“入世”后国外家具大企业更加强大的冲击波，中国家具行业何以应对？中国家具依靠什么参与国际竞争，这是中国家具业内人士都在思考的问题。目前，中国家具企业同国外的先进家具企业相比，无论在人力资源、质量管理还是品牌概念以及服务意识方面，都存在着一定的差距。有的企业仅仅依靠价格战、假冒伪劣、仿制他人这些低层次的竞争来进一步增强。只有那些汇聚众多人才于旗下、产品优质、服务完善、品牌信誉、国内外市场同时占领的企业，才不会被淘汰出局。大家知道，现在中国家具企业时刻面临着重新洗牌的严峻局面，我们讲机遇与挑战并存，实际上挑战无时不在伴随着每个企业，现在尤为最甚。而机遇只青睐那些有充分准备、有良好条件的少数企业，所以，中国家具当前面临更多的是挑战。如何应对挑战，抓住机遇，将中国家具业做大做强，也就是说如何形成具有自己特色的竞争力，这是我们必须尽快解决的问题。

企业目前缺乏竞争力，但不代表不具备竞争力。从现在中国家具业状况来看，人力资源、品牌意识和技术创新及服务质量几个方面的差距比较大，这也正是提高竞争力的几个重要因素。

**一、以人为本，发挥团队力量**

家具企业是一个劳动密集型的产业，像过去那种以廉价的劳动力作为家具企业生产主要成本的状况而具有较强竞争力的优势已经在逐渐减弱。因为国外大企业进入中国市场，除了中国家具市场份额具有魅力之外，也是看好中国广阔的廉价劳动力资源。相反，由于外企的管

## 标　　识

欧诗漫

浙江欧诗漫集团公司

欧宝 OUBAO

江苏欧宝针纺制品有限公司

民生 ms

江苏民生集团公司

## 记　事

### 9月17日

1995 北京亚洲双合盛五星啤酒被选为联合国成立50周年庆典活动惟一饮用啤酒。

1991 国家商检局局长王久安将中国第一份出口商品免验证书颁发给上海嘉丰棉纺织厂。

### 9月18日

2002 福富公司打造通信软件“中国制造”。

中国质量认证中心向中央电视台新闻评论部颁发我国电视传媒业第一张 ISO9000：2000 质量管理认证证书。

1999 华中理工大学荣获1999年度美国制造工程师学会(SME)“大学领先奖”。

1995 “中国饮食文化博物馆”在苏州市石湖风景区落成开馆。

### 9月19日

2001 第二届中国食品展、第二届中国国际食品及食品加工和包装技术设备展览会在京举行。

2000 神龙汽车有限公司通过法国国际质量认证有限公司、中国环境科学研究院环境管理体系认证中心的第三方环境管理体系双认证。

“2000 年亚洲钢铁大会”在京举行。

理、品牌、工资待遇以及环保条件等一系列优势，更能聘到各类人才和大量熟练工人，而且价格也不会比国内企业高多少。这样，如何做好人力资源的开发与管理工作就成为中国家具企业发展战略的首要条件。

首先，企业树立正确的人才观，职工树立正确的人生观。

人是生产力四大要素的第一要素，也是企业的第一重要资源，企业在竞争中取胜其实质也是人才竞争的取胜。同时要认识到人才也是稀缺资源。稀缺资源就要遵循缺性规律。一个企业的重要领导，再如何有才能，也仅仅是一艘轮船的掌舵人，只有依靠团队力量，发挥人才优势，才能将巨轮安全快速地驶向每个时期的目的地。

企业文化越来越成为企业竞争的核心元素，经济全球化势不可挡，要想在竞争中立于不败之地，企业必须首先依托自己企业的文化，建立自己的经营理念。企业精神是企业文化的灵魂，大连华丰家具的企业精神是：“老老实实地做人，扎扎实实地做事。一句话就是先做人，后做事”；“吃苦耐劳的敬业精神，勇于创新的精神”。在生产经营的实践中培育能体现大连华丰家具精神风貌，激励职工奋发向上的群体意识，以此引导职工树立正确价值观，营造职工参与的氛围。所以大连华丰家具用人理念是“敬人、敬业、高效、创新”。而人力资源的工作则定位在“求人、育人、用人、晋人、留人”。各类人才招聘进厂，首先按照大连华丰家具企业的文化精神与理念进行培训，让其适用企业文化，吸纳企业的价值理念，边工作边学习，企业边培养边观察边考评，最终确定其职务及报酬。这样，既使企业生产与销售等环节得以安定，又使员工之间产品公平竞争机制，调动了广大员工积极性，员工之间收入也拉开档距，有的甚至相差几倍。如果没有对人才价值的正确理解，企业内部就会造成混乱。如果不认为优秀人才是稀缺的，就不可能认可他的高报酬、高待遇。

第二，建立全方位的人才管理系统。

企业的人才系统必须是开放式的，但是我们更注意自己培养人才。从理论上讲，只有开放的非线性系统才能吸引外部能量，才能保证人才资源不枯竭。在这种认识与实践下，大连华丰家具不仅每年引进上百名应届大学毕业生，而且还不断地从社会上招聘各类人才，源源不断地输送到生产一线、销售一线，经过几年的培养与实践，这些人有的成为科长、厂长、销售分公司经理，有的成为技术部门的部长、经理等。近几年先后引进的大学本科及专科毕业生，他们不但承担着企业的重要工作，而且也极大的提高了企业的运作水平。大连华丰家具现有员工 6500 人，其中大专以上学历的有 800 多人，占总体员工的1/8，这些人将对企业的发展产生不可估量的影响。而没有一个开放的人才系统，大连华丰家具就不可能有今天的发展。

第三，建立完整的职工培训体系。

该体系有如下几个操作系统过程：

规划、招聘、培训、实习、筛选、输送、信息反馈、培养、提拔等系统。各系统程序之间都是紧密相连的。这个系统保证了企业按需要来招聘员工、选拔员工、回报员工，并给全体员工创造了一个宽松、和谐、公正、公平的工作环境，使他们在事业上的发展中能够充分展现他们的才华。为此大连华丰家具专门建立了一个 8000 平方米的职工培训中心，按企业需要长年进行岗前、岗中培训，并有计划地安排每个部门分期分批培训业务骨干，一年受教育面达 8000 多人次。有力地提高了全体员工总体素质，促进了企业飞速发展。所以，企业要留人，必须从这三个方面入手，即利益、发展、环境。三者缺一不可。大连华丰家具的部门机构有近百个，然而开发部和员工培训却是总经理直接管辖。在华丰家具每天都有不同类职工培训会议。总经理把这两个部门比喻成华丰家具腾飞的两翼。

**二、品牌是帆，创新是魂**

打造大连华丰家具的品牌，立志让这块品牌永葆青春的活力。这是大连华丰家具全体员工的共识，也是大连华丰家具孜孜追求的永恒主题。那么，品牌的力量从哪里来，如何体现自己独特的品牌价值？从企业管理角度来说，是要提高企业资源的整合能力；从品牌角度来看，品牌的魅力在于极具审美的理念和充满了人文文化、人本主义。品牌创新是企业的灵魂，它在企业的全部动作过程中，就像一首生命的主旋律，无时不在、无处不有。

在强化品牌意识的前提下，大连华丰家具在产品开发设计上舍得下本钱、投巨资，并将产品设计切入人性化理念。公司调动全体员工及市场的积极因素，每年都派出数十人的开发设计销售骨干到欧、美、日本等地进行产品设计、开发方面的研修、考察，学习东西方的先进设计款式，融入当今美学、哲学的理念，借鉴中国古代唐、明、清的设计风格，设计出集古典与现代、实用与观赏于一体且具有保值的家具风格。另外，多次花高价从国外请来高级设计师到大连华丰授课并现场指导设计。这极大地提高了大连华丰家具设计水平和能力。保证了大连华丰家具始终站在中国家具的设计前沿。

为使大连华丰家具在新产品的开发与设计，能够在市场上得以成功营销，大连华丰家具又投资5000万人民币，专门建立了一个1.5万平方米的样品工厂，将公司的技术骨干力量集中于此，采取多项鼓励政策，允许失败，重奖有功人员，对有特殊贡献的技术人员，公司奖励住房、安排出国培训，这极大地激励了广大设计开发人员的工作热情，每月开发的卧房、客厅、餐厅、书房、办公酒店等各种系列家具新品种达数百件。公司专门成立了由开发、生产、销售、技术部门组成的新产品鉴定小组，定期对样品投放市场前进行品评、鉴定，从而保证新产品投放市场成功率达到80%以上。

消费者选择商品时决不是选择你的名气，而是选择你的产品，你的质量，你的风格，而这主要是由企业的技术水平决定的。为创大连华丰名牌、更为了打造百年大连华丰家具老店，大连华丰人在提高技术水平的设备投资更新上，共投入7-8个亿人民币，先后从德国、意大利、日本、台湾等国家和地区购进了当今世界最先进的木工机械，仅电脑控制铣床大连华丰家具已达到将近100台。对技术和设备重要性有了充分的认识，在认识的基础上既要学习又要创新，大批先进设备的引入使用，促进了大连华丰家具产品质量与设计能力跳跃式的迅猛发展，产品设计层次、产品设计的质量在整个技术运作系统中得到保证。

产品质量最终体现了企业的技术层次和设计质量，产品质量也最终要决定企业品牌的含金量。为此，20世纪80年代中期，公司就提出了“100-1=99”的理论，要求全体员工“为零次品率而奋斗”！在大连华丰家具讲得最多的是质量。每个家具部件在每道工序。每个班组和每个员工交接过程中都有质检部门的认证卡，不合格的产品进不了下一个工序，也能找到质量的责任人。正因为大连华丰家具人坚持在质量问题上没有商量也就有了下面的故事。

一个沙发因为一根弹簧出了响，从操作组装到厂长和质检员七

## 标　　识

江苏省沛公酒厂

福建省莆田精密铸锻总厂

## 记 事

### 9月19日

1999 中国银行连续10年被美国《财富》杂志评为“世界500强企业”。

1998 上海质量体系审核中心(SAC)向国内颁发首批IQS9000汽车行业质量体系认证证书。

1995 第六届中国十杰青年的评选揭晓。

1994 1994年全国500家最大工业企业评选揭晓。

1991 首批“中国驰名商标”产生。茅台牌(酒)、凤凰牌(自行车)、青岛牌(啤酒)、琴岛—利勃海尔(电冰霜)、中华牌(香烟)、北极星牌(钟表)、永久牌(自行车)、霞飞牌(化妆品)、五粮液(酒)、泸州牌(酒)。健力宝牌(饮料)等124枚商标获“中国驰名商标”提名奖。首届“中国驰名商标”消费者评选活动是在国家工商局商标局支持下,由法制日报社、中央电视台、中国消费者报社联合举办的。全国300多家企业的337个商标参加了评选,全国近8万名消费者参加了投票。

1989 1988年大中型企业固定资产净值和利税总额前100名企业名单发布。

个岗位被罚款3800元。一张床的一根拉杆因为是强行安装上去的,并已经打了包装,被质检员发现后,100套已经包装完毕的家具被解封逐个检查。

一把椅子在普通木匠手中不过是顺手拈来的小制作,然而在华丰家具它却要经历8个小时的强度冲击试验,5000次的强力冲击。

大连华丰家具真正做到了从出口到内销,无论原材料、产品设计、生产制造还是仓储物流及销售,每个环节都必须严把质量关,设立生产流程质检卡,建立“上错下不接”等一系列规章制度,从而保证了大连华丰品牌战略的顺利进行。

**三、诚信是根本,服务来体现。**

在当今激烈的市场竞争中能站稳脚跟,诚实和信誉是经营的根本。为了确立华丰家具品牌的信誉,企业坚持高质平价,不用粗制滥造的劣品误导消费者。高档耐用消费品,生产和制造需要大投入、大产出,生产周期很长,如果过分追求利润和产值,搞短、平、快项目,势必会影响产品质量。一件产品,从设计、打样、批量生产到进入流通系统,除了成本、税金、费用之外,利润最大化是所有企业追求的目标。然而大连华丰家具充分认识到价格是商品身份的象征,是企业对社会信誉的承诺。大连华丰家具的价格不“注水”,不削价,也不干大甩卖这种让顾客不托底的事儿。不讲价、不打折、全国统一价格的做法向世人昭示:大连华丰家具的信誉和形象是不打折的。

质量是企业的生命。优质产品和优质服务是企业形象、企业精神的体现。没有高质量的服务,就没有高效益。高质量的服务,需要有一支优秀的销售队伍来保证。大连华丰家具在做好优质服务方面下了硬功夫。服务是一项艰巨复杂、完整有序的系统工程。大连华丰家具始终坚持三个第一,即“客户第一、质量第一、信誉第一”和“三个转变”,即服务观念由自我为中心向客户为中心转变;服务态度由热情服务向亲情服务转变;服务质量由事后处理向事前防范转变。并把“一切让客户满意”作为检验服务质量的惟一标准。由于采取以上严格的科学管理和行之有效的措施,使大连华丰家具一年上一个台阶,走上蓬勃发展的轨道。

**四、长中华民族志气,做大做强大连华丰家具**

经历过20多年的艰难跋涉,大连华丰家具从风风雨雨中一路走向今天的成功。大连华丰人深知,今天不能代表未来,随着中国家具市场的日趋国际化,外国企业的介入,竞争会更加残酷,仅固守在现有的占领地是远远不够的,必须主动出击,到国际市场去寻找新的商机,采取国际、国内多个市场同步发展的战略。2002年6月,占地3平方公里,总投资10亿元人民币,年产值4亿美元的世界最大家具工业园区——大连华丰家具的美国家具工业园一期工程在大连庄河奠基。大连华丰家具的目标是:5年超过50个亿,10年达到100个亿。

**五、一点建议**

20多年以来的改革开放,中国家具行业得到飞速发展。但中国家具出口额的增长与实际情况很不相称。其主要原因就是家具出口返税率偏低,中国家具出口返税率仅是17%增值税的75%(13%),而其他发展中国家和地区家具出口退税率都是百分之百。这样势必严重降低了中国家具产业出口竞争力,严重影响中国家具出口的增长幅度。如果中国家具出口的返税率能调整到同其他行业一样,百分之百的全额返税(17%),中国就会在国际分工的战略调整中抢占先机,把本来就应该属于中国人的国际市场份额抢夺回来,把中国家具产业做强做大,成为世界家具出口第一大国。 (何　臻)

# 新思路 新举措 新固力

经贸易合作部批准，耶鲁、固力保安制品（广东）有限公司正式更名为“固力保安制品有限公司”，并于2002年12月15日举行了更名揭幕典礼。公司名称的变更是具体体现亚萨合莱集团以当地品牌主导当地市场、重点发展，使之逐步发展为世界知名品牌的全球品牌策略。这是固力品牌的骄傲，同时亦标志着固力保安制品有限公司正进入一个新的发展里程。

**培育员工正确的价值观**

企业的凝聚力，员工的归属感，是企业获取稳步发展的原动力，凝聚力的具备、归属感的形成，全赖于企业理念与目标的确立。集团公司的理念是以“超越顾客期望”为核心，致力于满足用户的生命安全，财产保障和使用方便的需求。以“务实、勇气、道德、远见”四个经营基石为根本。集团的发展模式是实行内部先建立稳固的基础，然后逐步提高生产与交货效率，进而实现改善市场，增加销售，促进毛利率增长而“一步一步来”的发展方针；总体策略是“群策群力”，根据客户的需求来研发新产品，利用新产品来教育市场，吸引合作伙伴，实现客户满意，市场不断成长的良性循环效果来保证销售与利润的增长，从而达到“领导世界高保安潮流”的目标。固力保安制品有限公司董事长兼总经理蒋观箴非常重视公司理念与目标的灌输，尤其重视企业价值观的塑造。在公司内部反复地将集团的理念、目标、经营基石、发展方针与总体策略向员工进行宣传、讲解，培育员工的正确价值观，致力将企业的最终目标与员工的个人追求相统一，通过既定的目标来激励和带领员工，建立起一种以人为本、上下认同的价值观，使企业与员工结合为一体，沿着公司既定的目标不断地追求卓越和成功。同时，在公司内部强化安全生产的教育，积极开展“整理、整顿、清洁、规范、自律”5S的宣传教育活动。并定期进行5S检查评比，通过宣传、教育、评比及相关的活动来加深员工对5S的认识，促使公司规章制度的规范化与员工的自律性，进而达到生产保安全，安全促生产的目的。

**新的思路，新的举措**

21世纪是一个多变的时代、竞争的时代。中国成功加入WTO，预示着全球经济一体化年代的来临。世界性的竞争将更趋激烈，为了使固力公司在竞争激烈的环境中保持稳步发展，蒋观箴又有新的思路、新的举措。他精辟地指出：我们要对新形势作出深层的思考，重新审视，我们所追求的是企业的持续稳步发展，并不是短期的高速发展，要打造好企业的核心竞争力，要谨遵集团“一步一步来”的发展方针。所以，2002年是固力保安制品有限公司建立基础的一年。“万丈高楼平地起”，基础的稳固尤显重要，要建立好稳固的基础，就要以务实的态度，脚踏实地、一步一个脚印，固力公司首先从内部组织结构着手进行改革，将原有的架构进行整合，成立商务利润中心、商务支持部，生产利润中心和生产支持部、商务利润中心包括出口部、国内销售部、项目销售部；商务支持部包括财务、市场、储运、仓库、售后服务等部门；生产利润中心包括圆筒锁、三杆锁、外装门锁、锁头、压铸、闭门器、表面处理等生产车间；生产支持部包括生产计划、工程、质监、新产品研发、采购、开料及维修车间。通过这一架构的整合重组，大大有利于对市场销售及生产上的支持作出快速的反应，使销售、生产更为专注于各自的业务。

（亚　莉）

记 事

9月20日

2000 国家工商局商标局认定“全力”等43件商标为驰名商标。

“2000年全国用户满意企业”、“2000年全国用户满意产品”评出。

首届全国农村适用型工业品博览会开幕。

1995 1995中国质量高层论坛在京举行。

大庆油田开发建设35周年。

1993 中国十大杰出检察官和中国优秀检察官在京颁奖。

1992 朱镕基同志在西北航空公司题词“安全第一,质量至上,严字当头,热情服务”。

1991 江泽民同志在石家庄第二印染厂题词:“全心全意依靠工人阶级,努力办好社会主义企业”。

全国爱牙日。

1981 中国首次用1枚运载火箭发射3颗卫星。

9月21日

2000 首列高速列车下线。

# 走金色之路

## ——访完达山乳业董事长王德胜

问:完达山乳业在短短的几年里迅速崛起,成为我省第一块中国驰名商标,并被国务院定为全国151家重点产业化龙头企业之一,您能谈一下完达山乳业五年多来走的是一条什么样的路吗?

王德胜:完达山乳业于1997年1月1日由完达山食品厂和其他九家乳品厂资本重组而成。完达山乳业从小到大,从弱到强,主要是省农垦总局党委确定了完达山要成为“价值创造型”企业这样一个理念,这样一个战略。思路等于出路,完达山乳业先做大,再做强,使两者相互促进,良性互动,逐步走上了一条金色之路。

问:王董事长,您能介绍一下什么是“价值创造型”企业吗?

王德胜:“价值创造型”企业就是可持续发展的企业。进一步说,就是注重“质”、“量”平衡,企业销售收入和股东价值相结合的企业。

问:“价值创造型”企业这一战略对完达山发展的作用有多大?它是怎样推动完达山发展的呢?

王德胜:“价值创造型”企业首先要追求的是可持续增长,而不是一时、一事的得失,企业的行为要对企业的长远利益和可持续发展负责。这一点说起来容易,做起来很难。比如,企业要实现“价值创造型”的增长,就要处理好“质”和“量”的平衡关系。既要利润增长,又要销售收入增长。而在企业的实际发展中从整体上两者是一致的,但在某一时期和某个项目范围上却是不一致的,这时就容易偏离“价值创造型”企业的战略目标。完达山乳业在1997年就遇到了这样的问题。

当时有两种意见,一种是保持完达山食品厂的原有规模不变,不求大(量的增加,规模的扩大),只求质(利润率和利润的稳定);一种是扩大规模,提高质量做大做强。完达山如果不确定“价值创造型”的企业发展理念,就不可能下决心进行完达山乳业的跨区域大规模资本重组,也不可能实现完达山乳业在质和量上的全面升级。

问:要成为“价值创造型”企业,在管理上必须有独到之处,请您站在管理角度说一下市场和环境的变化。

王德胜:一个企业的发展与科学的管理是分不开的,管理创新是完达山乳业成为“价值创造型”企业的根本保障。根据公司多且分散的实际情况,完达山乳业树立起“严、实、细、高、满”五字管理理念,并以此为基础,作为支撑形成相对固定的先进的管理模式,然后再把它同“三全管理”(全面质量管理、全面经济核算、全面经济责任制)、“5S”(整理、整顿、清理、清扫、素养)等管理方法结合起来,构成全新的完达山的管理模式。通过实施ISO—9002质量保证体系,落实“5S”管理和HACCP相关危害分析控管系统,实现了“横向到头,纵向到边”无盲点质量管理。使产品在国家历次抽检中合格率100%,婴幼儿系列奶粉还被定为国家免检产品。

问:您作为全国知名的企业家,能谈一下完达山乳业今后的可持续发展战略吗?

王德胜:可持续发展是完达山乳业按照“价值创造型”企业这一理念争创全国一流乳品企业的生命线。按照总局党委的指示,实施了进一步加快三化建设,积极实施四项工程:发展六大产品(液态奶、奶粉、豆粉、米粉、乳珍、饮料),构造七大优势,即品牌、市场、产品、人才、绿色基地、产业化经营、学习型组织优势的可持续发展战略。(赵修彬)

## 品牌案例

# 华源集团的品牌创新

中国华源成立之初，正值中国纺织业处于艰难的转型时期，肩负推动国有企业改革和振兴传统产业的华源人，全力实施“用现代科技重塑中国华源”的战略，从外贸和房地产业入手完成了原始资本积累。20世纪90年代中期开始，华源人开始抢抓机遇，深研政策，以超常规的创业精神，果断地实施工业化战略，奠定了华源大生命、大纺织、大流通的格局，成为一家拥有4家上市公司，工业生产规模在上海排名第4、出口创汇位居上海前10列的大型跨国集团。

上海华源企业发展股份有限公司就是华源人在进行历史性的跨越之中，经国家体改委批准，以中国华源集团有限公司为主发起人，采用募集设立方式成立的股份公司。公司于1996年底10月在上海浦东新区注册成立，并在上海证券交易所挂牌上市。

华源发展自上市以来，围绕资产盈利水平这根主线，内部发展和外部扩张相结合，盘活存量，发展增量，全面提高资产运营质量；同时坚持科技进步，运用高新技术改造传统产业和开发新产品。经过6年的努力，业已形成纺织、家纺、服装、印染、国际贸易、高科技等6大板块，拥有15个分、子公司，形成了良好的产业链。2001年，公司实现主营业务收入17.93亿元，出口创汇8513万美元，公司总资产、股东权益分别达到32.98亿元、12.1亿元，公司总股本已达47214.42万股，其中发起人法人股33174.42万股，占70.26%，社会公众股14040万股，占29.74%。为公司的可持续发展奠定了坚实的基础。

华源发展遵循“高科技、外向型、大服饰”发展战略，一贯高度重视品牌的文化内涵、市场拓展和营销网络的建设，产品研发能力和生产技术处于全国领先水平。目前公司旗下的服装品牌“乡村树”(VILLAGETREE)、“阿德米”(ARDMIER)、“维捷高”、“步云”，家纺品牌“香榭里”、“双猫”等，凭借其卓尔不群的质量、高雅清新的设计和日新月异的花色品种，以锐不可挡之势日益深入到人们的内心和生活之中。2001年3月，公司荣获中国保护消费者基金会最高奖“保护消费者杯”，这无疑是对公司产品信誉的肯定，也是对品牌的鞭策。

**一、经典时尚的“阿德米”与活力四射的“维捷高”**

经营“阿德米”与“维捷高”品牌的是华源发展下属企业华源万成服饰有限公司。它是一家集服饰设计和营销功能为一体的子公司。公司成立以来坚持“创造出强烈的品牌个性，体现出最具时尚的着装方式”。把握国际流行资讯，了解最具时尚的穿着、最具个性的搭配，同时结合中国国情，引导消费，创造着装新文化。其“阿德米”和“维捷高”服饰以时尚性、个性化以及高雅时尚和落落大方的感觉，不断赢得白领人士的交口赞誉，在短短3年中取得了显著的发展。

维捷高，一个来自韩国的高尔夫休闲系列服饰，是上海华源万成服饰有限公司代理韩国的SEMOSICO.，LTD公司的品牌。该品牌服饰简约的造型、时尚的色彩、精湛的工艺，每个细节都刻画了高尔夫系列特有的文

## 标　　识

江西红星乳品厂

上海家化联合公司

## 记　　事

### 9月21日

1999 中国银行广东省分行在广州地区推出——长城(消费)信用卡。

江苏阳光集团靠先进设备、前沿技术开发前沿产品，成为全国同行业的排头兵。

1995 电子部通报表彰“八五”期间质量效益先进企业。电子部通报表彰“八五”期间质量效益先进企业。

1994 中国社会发展成就展览在京举行。

### 9月22日

2000 “红旗世纪星”在一汽轿车股份有限公司批量投产。

《2000 中国广告摄影年鉴》出版发行。

“2000 年世界评估大会”在美举行。

### 9月23日

1994 香港《亚洲周刊》公布，中国银行成为亚洲地区盈利最多的银行。

### 9月24日

2002 金正日钦点杨斌主管新义州。

1997 国内贸易部颁布《中国快餐业发展纲要》。

中国出席世界知识产权大会。

化内涵和休闲品位。

高尔夫运动，19 世纪初源于英国的一种贵族休闲运动。高尔夫休闲系列服饰，是介于纯粹运动和休闲之间的一种男士服装，在着装过程中，令人体会到一种简洁、明快、精致、高雅、高贵的高尔夫运动气息，会有一种在阳光下休闲的舒适、惬意和愉悦，回味无穷……

阿德米“ARDMIER”品牌，一个来自欧洲，拥有贵族血统，又充分演绎现代时尚的意大利男士服饰品牌。它集高尚、华贵、丰富的内涵于一身，是金融家、商业巨子、成功男士的身份象征，是极高品位的体现，是继杰尼亚、BOSS、1881 等跨入中国市场后的又一国际顶级男装品牌。上海华源万成服饰有限公司为中国及亚洲地区总代理。

ARDMIER 品牌采用欧洲顶尖精纺毛呢、纯棉、亚麻面料，以及意大利精湛工艺为东方人度身扣板，产品涵盖高级商务休闲及经典西服系列，展示了 21 世纪高品位男士着装款式，紧跟国际男装潮流。

ARDMIER 品牌通过两年多的运行，在业内及消费者中间反应相当强烈，足以显示其与众不同的文化理念与个性、品质以及为你带来的经典与时尚。产品一经面世，以其独特魅力，很快引起轰动。目前在上海恒隆广场、上海东方商厦、北京建国门赛特、南京金鹰、合肥古井赛特、昆明天恒名店、西安世纪金花、天津友谊商场、苏州美罗商场等全国 50 多个顶尖商场闪亮登场。

**二、法国情调的“香榭里”**

上海香榭里家用纺织品有限公司，是上海华源企业发展股份有限公司控股的子公司，主要从事中高档家用纺织品的设计、开发、生产和营销。产品以床上用品、客厅用品、卫浴用品、布艺用品以及厨房用品等家用纺织品为主。

中国家纺织行业是一个前景非常广阔的行业。但目前市场品牌凌乱，低质量、低价位产品较多，消费者需要有高品质的品牌来引导。香榭里品牌就是在这种市场环境下应运而生。在正式启动“香榭里”之前，香榭里公司的大股东上海华源企业发展股份有限公司对家纺织行业进行了缜密周全的研究，做了大量的市场调研，通过《全国床上用品市场综合分析》、《全国沿海地级市购买力分析》、《中国城镇化进程》、《全国床上用品竞争现状》等几个报告的对比分析，抓住市场的空白点，确定了“香榭里”品牌中高档的定位。

“香榭里”品牌来源于法国，其名字灵感来自于法国巴黎香榭里舍大道。因此，它的设计理念吸取了法国时尚的精华，充分展示法国的生活方式和品位：优雅、别致、个性化。产品的设计风格定位为：“优雅”。

定位“优雅”的设计风格符合现代人们的心态以及对高品位的追求。并且根据目标人群对“香榭里”产品关注的不同侧重点及个人偏好的不同，在“优雅”的基础上，分别延伸出“浪漫的优雅”、“休闲的优雅”、“艺术的优雅”及“经典的优雅”四种不同的主题。

在设计能力方面，香榭里公司自身具备一支优秀的设计师队伍，同时积极借用社会资源，与国内著名设计师吴海燕合作，共设计开发了 40 多个新花型(包括印花、绣花、提花等)，产品将超凡的想像力与传统精湛技艺完美融合。

公司成立以来，香榭里一直在埋头苦修内功，重点进行产品开发和市场拓展工作。今年 3 月，香榭里公司参加了在深圳举办的全国针棉织品交易博览会，拉开了香榭里正式进军市场的序幕。在这个规模大、水平高、内容丰富的高层次盛会上，“香榭里”赢得了业内人士的首肯和市场的追捧。

抢在市场众多品牌新品上市之前，香榭里公司抓住时机，成功地举办了第1届新产品发布会暨招商会。20多款床上用品频频出击，给与会领导及嘉宾很大的视觉愉悦，引起了他们的浓厚兴趣与关注。在会上，“香榭里”品牌吸引了来自全国各地近200名具有一定实力的客商，部分客商当场签下意向书，市场前景十分看好。

**三、温馨可爱的双猫**

上海华源企业发展股份有限公司双猫纺织装饰分公司是由原国家大型企业常熟被单厂改制后组建的。公司占地11万平方米，员工1100人，总资产2.2亿元，年产值2亿元。公司技术装备先进，拥有国际先进水平的特阔印染、后整理生产线及相应的缝制、梳棉、绗缝等辅助生产设备，配有热电联供1500KW自备电厂和日处理7000吨污水处理中心，具有印花、染色、特种整理、成品制作等生产能力。公司还具有较强的产品研发能力，配置了先进的电脑辅助设计、电脑图像分色、电脑测配色、激光照排、数码喷射印花等系统。

华源双猫的产品主要包括床上用品和室内纺织装饰产品，主要大类产品为床单、床罩、被套、窗帘、枕套、沙发套、台布、床垫套等。使用的商标为“双猫”。此商标设计的本意为：猫是人类的亲密朋友，两只可爱的小猫会使人们联想起床上用品，增加购买欲望。公司的内销产品形成10大系列200多个品种，特别是突出绿色环保、卫生保健、织物功能性，包括磨毛系列、无甲醛抗皱超柔系列、西式配套系列、中式西印系列、麻棉系列以及传统的中式系列，“双猫”牌家纺产品以“工艺精良、质量上乘、品质独特、格调新颖”而著称国内外，先后荣获国家质量银质奖、全国畅销商品“金桥奖”四连冠暨床褥单系列第1名、全国家纺行业名牌产品、江苏省重点名牌产品等奖项。公司在通过ISO9002质量体系认证数年后，又完成了ISO9001—2000版的转版。

20多年来，双猫牌产品畅销海内外。在国内，“双猫”系列产品畅销，在广大消费者中赢得了很好的声誉。全国六大地区（东北、华北、华东、西北、西南、中南），有800多个销售网点（包括商场、批发部门、超市等）。在国外，“双猫”的外贸产品销往美国、加拿大、日本、新加坡、澳大利亚、新西兰等20多个国家和地区。随着企业知名度和影响力的提高，公司已成为中国家用纺织品行业协会的发起单位之一，中国家用纺织品行业协会床上用品专业委员会和全国床上用品信息交流站设在公司内。

短短6年，华源发展通过产业升级、企业转型、科技创新，努力推进经济增长方式由规模速度型向质量效益型转变。在新的世纪里，华源发展人始终坚持用发展的办法不断解决前进中的问题，以“与时俱进”的精神和“使命高于一切，责任重于泰山”的理念，来探索国企改革、发展的新路子；以“卓越、开拓、协同、进取”的核心价值观，积极投入企业改革、改制、改造的工作，发挥企业的整体优势，担当起结构调整和体制改革创新的重任，不断地创新、探索、反思、总结，以艰苦卓绝的努力，换来了超常规、跨越式的发展，在纺织领域里树立了响当当的“华源”品牌。

华夏大地，这里是改革的热土。

源源长江，此地有腾飞的龙头。

华源发展的品牌创新事业任重道远。通过全体华源人的发奋努力，华源发展品牌创新的事业将更加灿烂辉煌。（邓　兵）

## 标　识

正茂集团有限责任公司

江西东方制药厂

记 事

9月25日

2002 张瑞敏阐述中国制造业要“走出去”的八个观点。

2000 中国电话用户突破两亿户。

1998 《社会团体登记管理条例》通过。

1994 全国饮用天然矿泉水产品质量研检会在京举行。

1992 国务院发布《实施国际著作权条约的规定》。

农业部制定“绿色食品”标准以及《“绿色食品”管理办法》和管理办法的《实施细则》。

9月26日

1999 中国第一条高清晰度彩色(HDTV)生产线在康佳启动。

1997 中国企业管理协会、广州中国名牌事业推进委员会在京召开中国名牌战略高级研讨会。

1992 平南铁路开始铺轨。

9月27日

1997 金羚洗衣机通过美国UL认证。

轻工总会授予中国工艺美术大师(108位)称号。

品牌案例

# 酒鬼酒探幽

酒鬼酒作为地处僻远之地湘西的一个地方小厂，建立的时间不长，无悠久的历史可以夸耀，竟然在短短时间迅速把盘子做大，成为中国白酒界杀出的一匹黑马，令人惊愕，是值得作深入研究的典型案例。

1996年组建的湖南湘泉集团有限公司的前身是湘西土家族、苗族自治州吉首市吉首酒厂，一个似乎名不见经传的小酒厂。它的迅速崛起是在90年代前中期，那时，中国白酒大战已经到了惨烈得无以复加的状态。这酒鬼酒，既没有听见它在媒体上大声喧嚣，也不见其去争夺什么标王，却在不显山不露水中做大起来。目前，企业已膨胀为总资产达35亿元、职工8000余人的国家大型企业。1996年7月，“湘酒鬼”A股在深圳成功上市。该企业的主打品牌酒鬼酒特立独行，挟一股神秘之气跻身中国高档白酒第一方阵，与茅台、五粮液比肩而立，笑傲江湖。在其最为火爆之时，市场价位竟然还高过五粮液和茅台，成功地切割了一块中国高档白酒的消费市场，至今步履稳健，态势良好。

当今中国的白酒市场，立得稳，已经做大的是两类：一是部分老牌名酒。这些酒厂大都属“中央军”，历史悠久，实力雄厚，国家大力扶持，可谓先天条件好、后天条件优。在竞争中，它们攻城掠地，所向披靡，玩市场于股掌之上；二是20世纪90年代前期不断崛起的以文化营销为“杀手锏”的一大批新生品牌。但经过大浪淘沙，这些品牌生存并壮大起来的为数不多。这些品牌白酒跨越传统白酒的地域概念，用源远流长、色彩斑澜的中华文化为白酒产品贴上颇具市场穿透力的文化标签，以新颖独特的广告战术杀入市场，令消费者耳目一新。一度弄得诸多老牌名酒企业瞠目结舌、云里雾里，一时反应不过来。比较有代表性的如孔府家酒、孔府宴酒、秦池、曹雪芹家酒、曹操家酒、汝阳杜康、景阳岗等等一大堆文化品牌白酒。曾几何时，这些品牌广告狂轰滥炸，大有包举宇内、并吞八荒之势，一时风光无限，财源滚滚，很快成为白酒市场中的新宠。

但是，其兴也勃焉，其亡也忽焉，风流总被雨打风吹去。由于诸多白酒企业掌门人对市场、对文化品牌肤浅的理解和粗放操作，企业短暂的风光后，很快就露出败像，并迅速走向衰退，令人大为惋惜。其实，很多文化品牌，如孔府家酒、孔府宴酒等，其文化资源绝佳，深具品牌开发潜力，可惜仅仅被作为一个标签使用，企业缺乏深层次、全方位的战略性把握，实际操作上简单化地采取文化标签——低档低价——广告轰炸——大批量标准化生产的急功近利的手段，对广告轰炸的效应近乎痴迷，结果走向了极端。不仅浪费了极为可贵的文化资源，而且使企业陷入困境。近一两年来，有的企业试图东山再起，进行了许多策略性尝试，但效应不佳。已经被媒体倒戈、被市场看透、被消费者抛弃了的产品，似乎很难再度崛起。从一开始，这些企业犯下的就是战略性的错误，是很难再逆转的。

**小糊涂仙酒的谋略**

先提几个问题：小糊涂仙酒的老板是广东人，何以千里迢迢跑到贵州茅台镇来办酒厂？此其一；茅台镇众多土生土长的酒厂（茅台酒例外）何以没有一家做大？此其二；在竞争异常激烈的中国白酒市场，小糊涂仙酒采取什么谋略杀入市场，脱颖而出，成为全国的知名品牌？此其三；茅台镇上一度为何不见小糊涂仙酒大规模生产的基地（目前已开始进行大规模投入）？此其四；小糊涂仙酒的成功（或者说阶段性的成功）应该给贵州乃至全国白酒界哪些启示？此其五。这些问题搞清楚了，也就破译了小糊涂仙酒运作市场的密码，或许可资业界借鉴，我们不妨来作深入研究。

一、借力借势，找到支撑点，减少进入市场的难度。这是小糊涂仙酒掌门人出手的第一招。中国的白酒市场，是一个利润丰厚，充满诱惑，但又风险巨大的市场。经过近10年的残酷竞争，市场分割已形成较为明朗的格局。后来者要想进入这块市场分一杯羹，已非易事。如此局面，小糊涂仙酒掌门人应该心知肚明。如何撕开竞争者挤得满满的白酒市场？首先应考虑的，就是要搞出能让消费者信赖、有知名度和美誉度的好酒来，这是前提、是根本（曾经一度做得很好的一些文化品牌白酒恰恰忽略了这一点）。怎样操作到位呢？恐怕最好的办法就是选择既能出产好酒，又有知名度的地方建厂。这样，不仅能利用地域优势，保证酒的质量，又能获得较好的知名度与美誉度，达到借力借势，打造产品支撑点，减少进入市场难度的目的。权衡之下，精明的广东人选择了贵州茅台镇。毕竟这是煌煌国酒茅台的产地，声誉卓著，名震天下。英雄可以不问出处，而对于地域条件十分考究的白酒产品来说，要想赢得市场，却不能不问出处。选择了茅台镇，也就是“系出名门”，有了一个很高的起点。由此，小糊涂仙酒在中央电视台等新闻媒体上一亮相，就底气十足地打出“茅台镇传世佳酿”的底牌（后改为“传承美酒文化”），站在了一个极为有利的制高点上。真是“好风凭借力，送我上青云”。这是小糊涂仙酒掌门人出手的第一招，借力借势，奠定产品支撑点，可谓深谋远虑，用心良苦。

二、精心打造独特的文化品牌，竭力拉开品牌差异，追求市场冲击力和穿透力。做文化品牌，实施文化营销，如今在白酒市场已是司空见惯，甚至有泛滥之感。现在比拼的是看谁做得到位，做得有市场冲击力和穿透力。应该看到，当今中国白酒市场，既有诸多强大的传统老牌名酒纵横天下，又有不少新生的文化白酒品牌前赴后继，竞争异常激烈。如果新出道的品牌没有特异之处，没有新的超越，将很难脱颖而出，取得成功。小糊涂仙品牌在媒体上一露脸，就引起市场瞩目。“难得糊涂”可以说是中国人的一种极为普遍的人生哲学、处世之道。既体现了隐忍豁达，又体现了大智若愚，是国人的一种深层文化心理（其中也有几千年封建社会制度压抑扭曲的文化心理积淀成分）。要发泄这种心理，恐怕没有比杯中物更好的寄托了。精明的广东人巧妙地利用“糊涂文化”，推出小糊涂仙酒，以适应这种消费心理需求，达到了预期目的。就品牌个性而论，小糊涂仙品牌与当今中国几乎所有的文化白酒品牌形成了明显的识别区隔，凸现出极强的市场冲击力和穿透力，应该说，这是一个成功的品牌的策划，与中国另一驰名品牌酒鬼酒颇有异曲同工之妙。小糊涂仙，给人已不是一个硬性的酒品的感觉，而如同酒鬼酒一般似有生命的灵动。我们品味万宝路香烟，会联想到美国西部牛仔迷人的粗犷与豪迈。品小糊涂仙酒，似乎也不仅是在品酒的香醇，同时也是在品一种文化，宣泄一种人生态度。消费者都是生活在特定的文化背景下，如果在消费产品实体功能的同时，其文化的消费也占据了很大的分量，那么，这个产品无疑是非常成功的了，这是企业家们殚精竭虑追求的品牌境界。

（黄天舜）

## 标　　识

吴县市东山乳胶厂

广州电梯企业集团公司

扬州欣欣食品有限公司

记　事

9月27日

1996 《粮油质量管理办法(试行)》发布。

1994 国内贸易部全国供销合作社系统百强县(市)联合社和百强基层社评选揭晓。

1990 1990年度国家质量奖评选在京揭晓。

9月28日

2002 宜家要在京再开4家分店,30%产品中国制造。

中国自主开发出高性能通用CPU“龙芯”。

2000 《中国高新技术产品目录》发布。

1999 《财富》全球论坛在上海开幕。

1999中国国际农业博览会在北京全国农业展览馆举办。

1998 国家统计局与国家工商局联合发布《关于划分企业登记注册类型的规定》

1995 中国专利局公布第四届中国专利奖评审结果。

《中华人民共和国海关关于知识产权保护的实施办法》公布。

《第二批实施安全质量许可制度的进口商品目录》公布。

# 打造百年品牌

未来的联想应该是：高科技的联想、服务的联想、国际化的联想。在中国即将加入WTO之际,经常有人问我们,对加入WTO之后的市场竞争是否感到担忧？我们的回答是：中国企业有理由，也有信心相信自己能与国外品牌同台竞技。以我们这个行业为例，中国电脑市场很早就向国外品牌敞开了大门,虽然我们一度受过冲击,国内品牌市场份额20世纪90年代初一度跌到只有10%-20%,但中国的一批电脑企业，最终还是靠信念、靠拼搏、靠实力成为市场的中坚,今天我们的市场占有率遥遥领先于那些国际厂商。这表明，在与国际品牌的市场竞争中，中国企业完全有能力做到不落下风。

尤其是现在,国家加大了中国名牌推进战略，一方面制定严格的标准，评价、管理中国的名牌,另一方面,创造良好的环境，扶持这些企业健康发展，这不仅有利于我们企业竞争力的形成,而且将有利于中国在激烈的国际市场竞争中，形成有竞争力的民族工业基础，使我国的经济能够持续发展。

联想能从20万元起家，发展成为年销售额200多亿元的信息产业集团,不仅仅是我们自身努力的结果,更是仰赖于国家的整体环境，仰赖于中国本土这个大市场，仰赖于在国家政策的保障下,优秀的企业成群出现,使用户对我们这样的国内企业整体有了充分的信心。

2001年,联想成为中国名牌产品,是政府领导和用户给予的最大荣誉，但客观来看，我们与真正的国际名牌相比,还有不小的差距。企业如何在激烈的国际竞争环境中，打造出代表中国形象的国际名牌呢？从联想自身的发展经验来看，应从以下4方面做出努力,那就是:技术创新、产品适用、质量过硬、服务贴心。

**一、技术创新**

也许是行业本身的特点，技术对我们来说是一个不可或缺的发展源泉。因此以定义面向市场的产品为核心,建立一个好的创新体系,是联想能够创立品牌，并使其不断发展的根基。

1996年当我们一举超过垄断中国市场达10年之久的所有国外品牌时,我们清楚地意识到自己的分量和肩上的压力。我们所面对的是那些国际电脑巨擘们，是它们几十年的历史所赋予它们的丰富的经验、技术的积累以及这些作为庞大塔基而构筑的高高在上的产品。我们没有这样的塔基,然而我们同样要构筑这么高的产品。

为此我们做了一个战略设计，它有两个要点：一是“拿来主义”，因为“拿来”既实用也可能。因此我们与英特尔、微软等厂商广泛结盟,他们不但向我们提供了技术和产品，也向我们传授了经营管理的经验。帮助我们开始构筑未来的塔基。二是重点突破。我们把突破的重点放在了电脑的易用性和实用性上，这使得我们今天在中国市场上销售的产品与那些国际品牌、行销于全球的产品比较起来有了很大的不同。

对于高科技企业来说,重要的不是一项技术或产品水准的高低,而是你是不是具有让技术不断地转化为产品,让产品不断成熟为规模产业的能力。

为此，我们建立起有效的以研究院为核心、事业部研发机构为支撑的二级研发体系，加速技术成果向市场的转化，以不断提升的技术实力为联想的长远发展树立起坚强的后盾。

同时，联想也通过聘请国内外知名专家担任首席科学家、与国际大公司合作建立研发实验室等方法引入“外脑”，不断丰富自身的技术内涵，我们相信，这样可以保持联想的技术创新能力，创造一个有内涵的可持续发展品牌。

二、产品适用

我们始终认为，产品只有与市场紧密结合，才能得到用户的认同，才能有生存的可能。

因此，在发展之初，我们首先利用本土优势，不断降低成本让用户用得起。之后，又利用自己对中国市场的了解，采用幸福之家、功能键等设计，让用户用得好。为了保证产品的适用性，在各个环节上，我们都保证用户的参与，进而让我们的产品更容易得到用户的认同。

在联想的开发体系中，产品部门通过调查了解用户需求，将信息提供给系统开发部门，同时研究院研究先进的技术，也提供给系统开发部门。之后系统开发部门结合两方面资料，联合软、硬件开发部门对整机系统进行规划、设计，设计出的整机经过测试部门对性能和质量的严格测试和工程化，才能交付生产部门进行生产。测试部门对产品有一票否决权。这样的产品开发体系，使联想能保证技术与市场的紧密结合，避免设计缺陷，从根本上保证了让用户用上稳定、适用的新产品。

三、质量过硬

联想的质量控制体系一直坚持向国际标准看齐，联想是国内最早通过ISO9001认证的电脑整机厂商。通过建立和不断完善以ISO9001标准为基础的质量保证体系，落实质量职责，深化质量管理，来提高联想的质量保证能力和产品质量。联想愿意用最严格的标准来要求自己，我们也感谢国家质量技术监督部门作为严师，对联想产品进行的严格抽检，这种鞭策更好地保证了联想产品的质量，1997、1998和1999年，联想连续3年荣获由中国质量管理协会颁发的全国质量效益型先进企业奖，2000年又成为惟一一个荣获全国质量管理先进企业奖的计算机整机制造企业，过硬的质量同样是用户认同的基础。

四、服务贴心

在打造联想品牌的过程中，用户的口碑、对品牌的信任度是决定企业是否可以很好地生存和发展的关键因素。联想经过多年的不断积累和不断优化，建立了运作顺畅、组织严密、反应迅速的客户服务体系。

在售前，用户可以通过电话进行产品性能、价格的咨询，在售中，通过专卖店体系、通过代理商，用户可以得到8小时免费培训。同样，在售后服务方面，用户可以通过我们的电话中心接受技术咨询，通过联想服务网站，进行自助式交互服务。同时，联想遍布全国各地的500家售后服务机构、2000名服务工程师使客户的问题可以得到面对面的解决。

联想对于“服务”的理解已超越了传统的范畴，在对未来发展的战略规划中，服务还将是公司重要的业务支柱，它也会成为溶入我们每一个员工血液里的DNA。

为此联想要求每一个员工都具备强烈的服务意识和客户导向，我们还在机制上保证这种客户意识的落实，联想的客户关系部，坚持每季度一次对联想的广大用户和代理伙伴进行客户满意度调查，调查结果将直接落实到有关部门的业绩考核上。目前，联想CRM系统（客户关系管理系统）已经初步建成，应用先进的管理理念和技术，进一步加强公司的客户服务水平，让联想的服务更贴心。

作为一个企业，我们相信在得到政府的指导和支持下，各行业领域的中国产品一定会全面崛起，国人对国货也会更有信心。联想愿意同中国的企业一起，加倍努力，用自己的实力回报政府的支持，回报用户的信任，真正为中国民族产业的振兴贡献自己的微薄之力！

（柳　杨）

## 标　识

福建七匹狼制衣实业有限公司

四川省绵竹县酒厂

记 事

9月28日

1991 美国将"最杰出供应商奖"授予了深圳永辉公司。

9月29日

2002 上海大众荣获首届全国质量管理奖。

1998 "超级 VCD 系统技术规范"电子行业标准出台,于 11 月 1 日起正式实施。这是我国制定的第一个拥有自主知识产权的数字视听产品技术标准。

9月30日

2002 民航重组尘埃落定,六大集团 10 月 11 日同时挂牌。

2000 芜湖长江大桥建成通车。

1998 中国纺织工业协会成立。

1995 第六届中国 10 杰青年评选揭晓。

1993 国务院批准《对外使用国徽图案的办法》。

# 生益科技创建品牌之路

广东生益科技股份有限公司创建于 1985 年,主要产品覆铜板(CCL)是电子工业的基础材料。覆铜板俗称电子工业的"地皮",主要作用是用于承载电子元器件,从而实现电气互联。用我们的产品制成的下游产品——印制线路板(PCB)广泛应用于家用电器、通讯产品、电脑、汽车仪表等领域,属于高科技含量产品。1987 年 1 月正式投入生产,当时引进的是美国较先进的 FR—4 玻璃布基覆铜箔层压板生产技术,因此在生产之初便以获得 UL(美国国家安全认证)和达到美国军用标准要求而标志着生益科技"SL"品牌的覆铜板产品跨入世界先进水平的行列,成为当时全国覆铜板行业中的佼佼者。

此后通过生益人近 15 年来的不懈努力,为"SL"品牌不断注入新的内涵。1993 年改制成为股份制公司,1995 年被认定为高新技术企业,1998 年成为同行惟一一家上市公司。自 1992 年到 1997 年,完成了 3 次扩产,从年产能覆铜板 66 万平方米增加到年产 400 万平方米覆铜板和 350 万平方米粘结片的生产能力,2000 年又进行第 4 次扩产以及合资建成生益华电股份有限公司,使 2001 年底总产量达到 800 万平方米的覆铜板和 800 万平方米粘结片的规模。

从 1994 年以来,生益科技公司的覆铜板产量、产值、销售收入、出口创汇等名列中国印制线路行业之首。在产量、产值、销售收入、出口创汇、利税方面,名列中国覆铜板工业之首。良好业绩和较大的企业规模得到了有关部门肯定,相继被中国电子元件行业协会评为电子元件百强企业前 10 位;被国家经贸委评为"中国工业企业综合评价最优 500 家企业"之一;被国务院发展研究中心评为"中国大陆最大的覆铜板专业生产厂之一"。"SL"品牌也成为中国大陆覆铜板质量最佳的象征。

广东生益科技股份有限公司不仅在产能上不断扩大,而且在管理上也不断提高,1993 年公司的质量管理体系通过 ISO9002 国际认证;1998 年环境管理体系又通过 ISO14000 国际认证,1999 年 GB/T19022 计量管理体系通过国家技术监督局的认证,这些均为同行业之首。1998 年,公司又引入国际先进的管理软件 SAP 的 R3 现代企业资源管理——ERP 信息管理系统,更进一步加快公司对信息的反应速度,提高对资源的管理和利用能力。1999 年获国家科委批准为"CIMS863"试点企业并在 2001 年通过国家科委的验收。这些管理体系和管理系统的引入为"SL"品牌注入了更丰富的管理水平内容。

新产品技术研发的能力也是品牌含金量的重要标志,公司在技术上的进步更是明显。自 1994 年,公司进行机构重组后,成立技术开发部门——技术中心专门从事新产品开发,自行开发了很多系列产品,填补了不少国内的空白,而且新产品投放市场一年比一年多,为中国电子工业的发展做出了不可磨灭的贡献。新产品的研发成功不仅给企业创造了持续发展所必需的利润来源,同样也使"SL"品牌的科技含量得以日益增加,在中国大陆市场中"SL"的品牌形象是"质量最佳、产品最先进、品种最齐全"。很多外国知名的原材料和设备供应商在进入中国市场的时候,首先考虑的是如何成为生益科技的供应商,均以能够为生益服务作为成功的标志。

(刘 文)

## 品牌巡礼

# 北京燕山石化

北京燕山石油化工有限公司是隶属于中国石化集团公司的特大型石油化工联合企业，投产33年来，已累计实现利税387亿元，相当于国家为燕化总投资的16倍多。现拥有石油化工生产装置88套，辅助装置71套，可生产218种625个牌号的石油化工产品，原油加工能力为850万吨/年，乙烯生产能力为71万吨/年。每年可生产高压聚乙烯、低压聚乙烯、聚丙烯、聚苯乙烯、聚酯切片、顺丁橡胶、丁基橡胶、SBS、溶液丁苯等有机合成材料120万吨，年生产乙烯、丙烯、丁二烯、苯酚、丙酮、乙二醇及各种苯类产品等有机化工原料160多万吨。向社会提供汽油、煤油、柴油、润滑油基础油、石蜡、沥青、化工轻油等60多种石油产品，是目前中国最大的乙烯生产商、最大的塑料与树脂生产商、最大的合成橡胶生产商、最大的基本有机化工原料生产商、最大的润滑脂生产商，也是中国最大的化纤地毯生产商。燕化拥有3个控股子公司（包括一个境外上市公司、一个境内上市公司和1个国内合资的公司），多个经改制设立的全资子公司，并有一批跨地区、跨行业的参股公司和关联公司，公司总资产达到235.8亿元。

1998年建成的200万吨/年重油催化裂化装置，采用国内最新重油催化裂化技术和90%以上的国产设备，是目前国内最大的重油催化裂化装置。200万吨重油催化裂化装置的建成，标志着我国已完全具备建设大型重油催化裂化装置的技术和能

## 品牌巡礼

# 王朝新战略

中国经济的发展越来越趋于国际化、市场化、信息化，企业只有在体制、机制、技术、管理等方面不断创新，不断完善和自我发展，才能抵御风浪，保持持续稳定的发展或跨越式发展。在改革开放中成长壮大起来的中法合营王朝葡萄酿酒有限公司已发展为产品市场占有率居全国第一，成为亚洲规模最大的全汁高档葡萄酒生产企业，其产品远销20多个国家和地区。“王朝”作为中国的驰名商标，名扬海内外。在新世纪之初，王朝审时度势，形成了一系列的新思路、新思想，调整了发展战略，使王朝系列产品达30多个，销售网络遍布全国省、区，为王朝公司在新世纪的高速、持续发展奠定了坚实的基础。王朝公司不仅把高质量、

## 标　识

宁夏回族自治区青铜峡牌水泥厂

青铜峡铝厂

江西上饶全粮液酒厂

## 记 事

9月30日

1992

中国广告代表团出席第33届世界广告大会。

1991

中国企业管理协会、中国企业家协会决定暂停1991年度全国优秀企业家(金球奖)、全国企业管理优秀奖(金马奖)和企业管理优秀论著奖的评选工作。

9 月

2002

北京市人民检察院对赵安立案侦查。

2001

海尔成为仅次于惠而浦、伊莱克斯、通用电子、西门子、三星的全球第6大家电生产商。

中国成为仅次于美国的世界第二大手机消费国。

李秀明成功打造"大家宝"品牌。

新康泰克再战市场。

南京冠生园"陈馅月饼"事件曝光,月饼行业遭遇信任危机。

《中国企业发展报告(2001)》在京发布。

新浪网与阳光文化"联手",搭建跨媒体平台。

波导手机实施"中小城市"战略。

"首届中国南北女装对话"在深圳举行。

力。第二套催化裂化装置经过技术改造后,成为我国首套安全减压渣油设计的催化裂化装置,这项被列入国家经贸委科研攻关项目的技改工程,集中采用了国内15项先进的催化裂化技术,其中5项技术是国内首次采用。这项技术改造的成功,标志着我国催化裂化技术已达到国际先进水平。130万吨/年中压加氢裂化装置的改造,也是国内第一套大规模的中压加氢裂化装置。1994年燕化对我国引进的第一套30万吨乙烯装置进行了成功的改造,使乙烯年生产能力增至45万吨,并取得了工期短、投资省、质量好、效益高的成绩,成为全国技术改造的先进典型。被朱镕基总理誉为"在建设思想、建设模式、建设方法上有了创造性的发展"。在此基础上2001年又全面完成45万吨/年乙烯装置改扩建为71万吨/年乙烯装置的第二轮改造工作,至此,整个聚乙烯生产能力超过54万吨,聚丙烯的生产能力超过35.5万吨,在产能和市场占有率上居全国第一,在质量、品种、牌号上也具有相当大的优势。

燕化坚持名牌战略,以技术进步为先导,以为客户创造价值为宗旨,以科学管理为保障,以深化改革为动力,积极导入CI系统,推出了极具个性化的企业标识,全面整合企业形象,提升"燕山"品牌竞争实力。实施名牌战略,树立全员品牌意识,并最终通过产品质量、品种、成本和服务,在市场上塑造出良好的燕化品牌形象。赢得了较高的知名度和美誉度。燕化在逐步完善传统质量管理体系的同时,积极推进全面质量管理,不断健全质量保证体系,建立了产、供、销全过程的品牌质量管理,形成厂、车间、班组三级品质管理的基本框架,各部门用高质量的工作,保证了燕化品牌的高品质。全公司已有16个企业(包括多种经营企业)通过了ISO9000国际标准的认证,通过认证不但使各厂的质量管理进一步规范化、程序化和科学化,公司内的质量管理水平也迈上了新台阶。其中,顺丁橡胶和60#精白蜡等5种产品曾获得国家优质产品金奖,聚丙烯、高压聚乙烯等15种产品曾获得国家优质产品银奖,另外有汽油、甲苯等95种产品曾获得部、市优质产品。此外、近年来,有9种石油工业产品先后3次

高标准的葡萄酒奉献给中外消费者,而且把中华民族悠久的酒文化传播到了全世界。产品创新,绿色佳酿声名远播伴随着时代的变迁,社会的进步以及人民生活水平的不断提高,人们的饮食结构发生了实质性的变化。从高度白酒到低度白酒再到葡萄酒,人们对葡萄酒的品牌、质量和营养价值的认识越来越明晰,要求也愈来愈高。为此,王朝公司建立了无污染的绿色葡萄种植基地,用优质的葡萄酿造高档的葡萄酒。同时,引进了当今世界最先进的葡萄酿酒技术和装备,经过吸收、消化和创新,与科研单位合作开发了计算机控温发酵技术,将精密度由国际标准的±2摄氏度,提高到±0.2摄氏度。使酿造出的葡萄酒不但达到了国际标准,而且使质量有了新的突破。王朝干型红葡萄酒在口感上独具风格,成为名副其实的天然绿色食品。近年来,人们饮食消费水平日益提高,营养保健意识也不断增强,要求饮食促进身体健康,吃要注意选择低脂肪、低糖、低热量、高蛋白的"三低一高"的食品。喝酒选择低酒精度、低糖度、低热量、丰富的氨基酸、维生素、无机盐的"三低三丰富"的酒种。王朝干型红葡萄酒就属于这种类型,葡萄酒一般含酒精度在12%左右,所含乙醇来自水果汁的自身发酵;所含化学成分来自葡萄汁。葡萄酒所含的糖、蛋白质、有机酸、微量元素、常

连续被北京市经委和市技术监督局评为“北京市名牌产品”。到目前为止，燕化公司先后有三分之一以上的产品获部级以上优质产品，二分之一产品达到国际先进水平。在北京市命名的好产品中，燕化占了近十分之一。由于公司在质量管理方面成绩突出，于1997年获得全国“质量效益型企业”称号。在2000年燕化公司又被北京市评为“开展全面质量管理先进企业”称号。此外，燕化公司还曾获得过“全国包装改进先进单位”、“推进QC小组活动全国先进企业”等各项荣誉。另外，有333项科技成果通过部市级以上鉴定，147项技术在国内外获得专利权，科研成果的工业化应用率达到60%，拥有了一批达到国内外先进水平的自有技术。经过3年努力，年产3万吨的我国首套丁基橡胶装置在燕化胜利建成并投料生产出合格产品，这标志着我国从此结束不能生产丁基橡胶的历史。

秉承“只有客户的成功，才有燕化的发展”的经营理念，燕化利用自身的人才和技术优势，努力调整产品结构，开发生产出用户急需、市场畅销、高附加值的合成树脂专用料新产品、新牌号。2001年，燕化的高压聚乙烯、低压聚乙烯、聚丙烯等合成树脂专用料比例达到50.22%。在满足用户急需、顶替进口产品和增加企业效益方面都取得了很好的成效。为了满足首都的环保要求，燕化在率先全面生产无铅汽油后，又加快了清洁燃料的科研开发力度，生产出了清洁汽油、清洁柴油和车用液化汽等清洁燃料。

多年来，燕化在石油化工的生产和应用方面积累了丰富的经验，有一支实力强大的技术服务专门队伍，建立了产、销、研“三位一体”联手开发市场的机制。燕化公司以国际先进水平为目标，努力开发自己的新技术，并把科研成果市场化。燕化自行开发的顺丁橡胶生产装置，能耗物耗进入国际先进行列，产品已出口到20多个国家和地区。燕化公司研究开发出广泛应用于制鞋、粘合剂、塑料及沥青改性等领域的第三代合成橡胶——丁苯热塑弹性体(SBS)成套生产技术，采用该成套技术，成功转让西方发达国家，改写了中国石化技术只引进不输出的历史。自行开发的YS系列乙烯氧化制环氧乙烷银催化剂达到世界先进水平，在欧美等国家和地区获得专利权，不但替代了进口产

量元素、果胶等各种醇类及多种维生素，这些物质都是人体所必需的营养成分，有益于人体健康。王朝葡萄酒中含有葡萄糖、戊糖，这些糖都能被人体直接吸收，葡萄酒中含有的多种酸类物质是维持体内酸碱平衡的物质，同时还具有帮助消化的功能。根据中国预防医学科学院与食品卫生研究所出版的食物成分表分析：每升葡萄酒中含蛋白质1克，并含有18种氨基酸和维生素B1、B2、B12、维生素C等成分。国外的大量研究证明，葡萄酒中的白藜芦含量的高低已成为衡量优质酒和劣质酒的指标之一。但并不是所有的葡萄酒中都含有这种成分，在优质酒和劣质酒中测不出它们的含量。由中国食品工业协会和北京中医大学联合对国内的葡萄酒白藜芦醇的有关数据进行了检测，专家对王朝干红葡萄酒进行了检测分析，王朝酒白藜芦醇含量为5.88mg/L，达到了较高标准。他们对多例老年脑力劳动者进行了调查，有人坚持每天睡前饮用王朝干红葡萄酒一小杯（约80ml），结果发现，他们的睡眠质量提高了，冠心病也得到了控制。随着人们保健意识的逐步增强以及膳食结构的发展变化，人们由原来的吃饱喝足提高到讲究营养保健。家人团聚、商务应酬等都离不开酒，既要饮酒、又要保健，所以具有一定保健作用的葡萄酒，在新世纪里将会愈来愈受到社会公众的欢迎。随着经

## 标　　识

金威®

深圳金威啤酒有限公司

绿世界

GREEN WORLD

海南绿世界化妆品有限公司

秋艳 Qiuyan®

注册商标

江苏秋艳(集团)公司

## 记　事

### 9　月

2000

周庄荣获 2000 年国际迪拜改善居住环境最佳范例奖。

国家工商局商标局决定 9、10、11 月在全国范围内开展证明商标专用权专项保护工作。

国家工商局商标局提出《关于协助执行商标案件有关问题的意见》。

1994

中国方圆标志认证委员会冶金工作站设立。

1994 年 50 家"全国用户满意企业"和 100 个"全国用户满意产品"揭晓。

1991

国务院电子信息系统推广应用办公室牵头会同国家计委、国家科委、外经贸部、国内贸易部、交通部、邮电部、电子部、国家技术监督局、国家商检局、外汇管理局、海关总署、中国银行、人民银行、中国人民保险公司、国家税务局、中国贸促会等八个部委局发起成立"中国促进 EDI 应用协调小组"。

1989

国务院环境保护委员会授予 100 家企业"全国环境保护先进企业"称号。

1987

北京举行蔡伦发明造纸术 1882 周年纪念会。

品，而且在国内的市场占有率已经超过 85%。开发了国家急需的溶聚丁苯橡胶，实现了工业化生产。

燕化还被命名为国家级技术中心，拥有一座综合性的石油化工研究院和一座专门从事树脂加工应用技术开发研究的树脂应用研究所，同时国家橡塑合成研究中心就设在燕化。各厂还设有为本厂服务的研究所（室），科研系统建有 100 多套小试、中试装置，形成了从小试、中试到工业放大的完整的科研试验系统。燕化公司生产过程中所需的 300 多种"三剂"，按品种计算，国产化率已达到 80%。

燕化以技术进步为先导，通过技术改造，不断提升品牌的技术含量，走出一条"快投入、快产出、投资少、效益高"的内涵发展之路。统筹规划，分步实施，用国、内外先进技术对老装置进行改造扩建，最大限度地发挥现有设备能力，并采用先进技术改造了多处限制产量的"瓶颈"部位。目前，燕化已对 90% 以上的生产装置实施了技术改造，技改总投入超过 70 亿元，新的效益增长点不断产生。燕化公司拥有各类专业技术人员 800 多人，其中具有高级技术职务任职资格的有 569 人，有一批国内外著名的技术专家，国家级和部市级有突出贡献的专家有 37 名。

燕化公司将认真贯彻"三改一加强"的方针，积极促进经营机制和经济增长方式的转变。在企业管理上，按业务流程重新设计组织管理机构，减少管理层次，实行扁平化管理，加快劳动人事制度改革，取消企业沿用的国家行政级别管理体系，打破干部、工人界限，依照岗位职能要求，根据人员的责任心、工作能力、年龄等综合素质情况，实行公开公平竞聘上岗。积极推进减人增效工作，2001 年燕化公司共减员 1.6 万人。在企业发展上，坚持以内涵挖潜为主，搞好技术改造，适当进行扩建，消除制约发展的"瓶颈"，坚持科技开发领先，搞好工艺技术装备国产化，坚持整体优化，搞好资源配置，提高原油加工深度，提高产品档次，增加"拳头"产品，增强市场应变能力。"十五"期间，燕化将进一步加大科技进步，使原油加工能力达到 1000 万吨/年，三大合成材料产量达到 135 万吨/年。使燕化的技术水平、生产规模和经济效益在国内石化行业继续保持领先地位。　　（海　燕）

济的发展，人们消费层次与品位的提高，中国的葡萄酒业存在着巨大的发展空间，可以预见，本世纪葡萄酒业将成为中国酿酒行业的重中之重。葡萄酒企业将向着多元化、规模化、高档化、层次化、系列化、市场全球化发展。与时俱进目标瞄准世界名牌面对 21 世纪，伴随着知识经济浪潮扑面而来的滚滚商机，王朝公司拟订了新的发展战略。总的构想是：瞄准国际先进水平，应对日趋激烈的市场竞争，形成企业富有活力的动力系统、运转有序的操作系统、功能完善的保障系统。围绕上述目标，将在融资运作、规模扩张、提高产品质量、新产品开发、巩固开拓市场方面大做文章，使王朝与时俱进，真正成为世界名醇佳酿的"王朝"，为中华民族酒业振兴再立新功。品牌不是产品的名称，而是企业经营的全过程，是企业整体素质的体现。王朝公司高速发展的根本原因之一就是有效地实施了"品牌管理战略"，走出了一条"创中华名牌"的成功之路。创立、保护和发展品牌是一场耐心和毅力的较量，是智慧的体现，更是一种精神考验。王朝公司一步一个脚印地把"王朝"发展成中国名牌，使天然绿色佳酿、葡萄美酒王朝美誉经久不衰，并逐步向着世界名牌的方向发展。如今，王朝的商标从文字到图案已在国内和美国、英国、法国、德国等 60 多个国家和地区注册，为今后的发展开拓了广阔的前景。（杜云苓）

# 创国际驰名海尔品牌 提升国际市场竞争力

随着“海尔”作为一个家电品牌从15年前崛起，目前它已发展成为一个几乎涵盖所有家电产品、综合市场占有率第1的中国家电第1名牌。15年来，每年保持81.6%的增长速度持续稳定发展。1999年，海尔集团实现工业销售收入215亿元，效益也保持了同步增长；出口创汇同比增长1倍。据权威机构评估，海尔品牌价值1999年达到265亿元。美国《家电》杂志统计：全球范围内的家电企业的增长速度，海尔是第一位的，超过了美国、日本等国家的老牌家电企业；1999年12月7日，英国《金融时报》公布全球30位最受尊敬的企业家排名，海尔首席执行官张瑞敏荣居第26名，这是中国企业家在世界范围内获得的最高声誉；2000年2月，在法国巴黎举行的CONFORTEC家电展上，海尔品牌被世界三大信息公司之一的欧洲GFK公司列入欧洲名牌行列。海尔的品牌开始在国际市场产生一定的影响，这正是海尔人十多年来孜孜以求的渴望，这个渴望在新千年到来的时候变成了现实。

**一、质量和服务——海尔品牌竞争力的基础**

1984年是海尔集团的前身——青岛电冰箱总厂否极泰来的年头。这一年，电冰箱总厂接连换了三任厂长，企业仍每况愈下，直至亏空147万元，资不抵债，工人拿不到工资，人心涣散。到年底，上级主管部门派35岁的张瑞敏来任厂长。当时恰逢要过春节，厂里却拿不出钱发给职工回家过年，寒冬腊月里，张瑞敏亲自到离厂不远的农村借钱发给职工回家过年。就在这种艰难的条件下，开始生生不息的创业之路。创业刚起步，客观上已落人后。在分析了当时的冰箱市场形势后，既明确了市场竞争的激烈程度，也发现了一个重要问题，市场上并没有“名牌”冰箱。所谓名牌，海尔认为应是在同类产品中最优秀的、具有导向性的、起引导消费作用的，名牌是企业的生命线。因此，海尔决定以此为突破口，在发展战略上确定海尔冰箱的道路，最终成为能够影响并领导整个行业市场发展的龙头产品。

在当时连工资都发不上的极其困难的条件下，提出创名牌的目标，主要从观念抓起。我们抓的第一个观念就是“有缺陷的产品等于废品”。对于当时的企业来讲，树立这个观念就等于跳过了生死线。因为在20世纪80年代，很多行业的产品还是分一、二、三等品和等外品，只要生产出来就能出厂。也正是因为在质量上留有后路的观念和习惯，使职工丧失了追求高品质的意识。我们做的具体工作就是砸烂了76台有缺陷的冰箱，虽然这76台冰箱可以分为二等品、三等品。但砸烂这些冰箱的主要目的就是起到一个震撼效应，使创名牌的思想深深扎根于广大职工脑海。

在转变职工的质量观念的基础上，我们开始推广全面质量管理。在整个质量管理过程中，我们采取了日清管理法。为了便于在国际上交流，我们也把它叫做“OEC管理法”，也就是英文“overall every control and clear”缩写，就是全面地对每人、每天做每一件事进行控制和清理，我们提炼为“日事日毕、日清日高”，今天的工作必须完成；今天完成的工作必须比昨天有质的提高；明天的目标必须比今天更高。我们在质量管理中同意这样一个观点，“成功的企业永远没有激动人心的事情发生”，杜绝运动似地搞企业管理，而要把所有的目标分解到每个人身上，每个人目标每个月每天都有新的提高，这就可以使整个

高邮市食品加工厂

中国第二重型机械集团公司

江苏省食品公司如皋肉联厂

## 记　事

### 10月1日

1999 公安部发布《中华人民共和国居民身份证条例实施细则》。

1996 《中华人民共和国促进科技成果转化法》施行。

1995 《旅游饭店用公共信息图表符号》旅游行业标准发布。1996年1月1日起实施。

1994 李鹏同志题词:"发展磁卡电话,努力为大众服务"。

1991 《工业产品质量分等导则》国家标准实施。

"中国民俗文化村"在深圳开业。

### 10月2日

1989 国家统计局评出500家最大工业企业。

### 10月4日

2002 中国警方对杨斌立案侦查。

1992 国务院正式批准建立11个国家旅游度假区。

1991 五粮液获"莱比锡国际博览会"一等金奖,这是它获得的第七块国际金牌。

工作有条不紊地不断增长。我们的每个员工都有一张"三E卡",就是每天、每件事、每个人,即英文"EVERY ONE、EVERY DAY、EVERY THING",每个员工干完了今天的工作后必须填写这张卡片,每个月的工资跟这张卡片直接挂钩。这张卡把整个的工作、大目标分解于每个人身上。如我们的冰箱共有156道工序、545个责任区,都落实到每个人头上,从而使得整个质量能够保证是优质。其中最关键的是员工的素质,也就是只有优秀的员工才能生产出优秀的产品。

我们付出的努力终于得到回报,1988年,海尔获得了中国冰箱行业历史上第一枚质量金牌。1989年,冰箱市场发生"雪崩"的时候,冰箱厂纷纷降价以求生存,海尔反而做出了将价格提高10%的大胆决策,结果消息公布以后,海尔冰箱厂门前车水马龙。这出乎很多人的预料,但也充分说明海尔专心致致创名牌的战略符合了消费者的需求。随着家电业市场竞争的激烈,国内各家电企业也开始注重产品质量,而这时我们却把重点转向服务。这是因为:在商品供不应求的情况下,名牌的主要内涵就是质量,当供求关系发生了变化,服务就成了一个非常重要的因素。但在产品服务上,我们与其他企业有观念上差异。①我们不仅仅强调售后服务,还强调售前、售中服务,到目前已全部实现国际星级服务。②我们认为服务不仅仅是维修、安装、答疑等,还要了解消费者意见、需求,以便进行产品再开发、再改进的重要途径。用户的难题就是我们的课题,根据这一理念,海尔开发了"小小

**品牌问题**

# "春都"难见好春光

## ——"春都"事件浅析

提起"春都",曾经妇孺皆知,最火的时候,但凡提起要吃火腿肠,大概人们的首选就是它。因而"春都"就成了人们再熟悉不过的一种大众快餐食品和品牌,然而,在2001年初春,它仿佛一夜之间就从人们的视线中,神鬼不知地消失了。往日铺天盖地泛见于各种大众媒体的广告不见了,接着是在居货最多的超市里也难觅其踪影。

就在人们琢磨着"春都哪去了"的当口,2001年11月,国内大报纷纷转载了一则出自新华社的通稿:河南洛阳春都集团公司曾带领中国火腿肠产业从无到有,市场占有率最高时达到70%,资产达29亿元。然而,如今春都上百条生产线全线告停,企业亏损高达6.7亿元。近些年来,春都高速扩张,但过长的占线使其兼并和收购的17家企业中,半数以上亏损,近半数关门停产;未在价格竞争中取胜,春都竟然通过降低火腿肠质量来降低生产成本,含肉量一度从85%降到15%,以至于春都职工把自己生产的火腿肠戏称为"面棍",其市场占有率很快狂跌到不足10%。

"春都"从春光咋现到春风得意再到春寒料峭,掰着手指算下来,也不过几年的功夫。可在很多人的印象里,它没了音信似乎比它火爆的年头还长,等到好不容易有了它的消息时,却说的是"春都"不行了,于是,喜它口味的人就此可能没了口福,与之争地盘的对手倒是从它那儿得了些"实惠",而更多的是它又为研究不完中国品牌为何总也脱不开"各领风骚三五年"怪圈

神童”洗衣机、“画王子”冰箱、“大地瓜”洗衣机等能够满足用户潜在需求的新产品，从而创造了崭新的市场。

“用户永远是对的”。海尔根据这一理念进一步形成“真诚到永远”的全方位承诺，“国际星级服务一条龙”新概念，使海尔品牌与用户之间形成了一种亲情般的关系。我们在服务上对自己要求：①是不断向用户有提供意料之外的满足。②是让用户在使用海尔产品时毫无怨言。目前，我们在全国各大城市都设立了“9999”售后服务热线，用户只需一个电话，剩下的事全由海尔来做，在海尔与消费者之间架起一座座“心桥”。海尔人的真诚服务得到了用户的赞誉，提高了海尔品牌的美誉度。这是海尔的无形财富，也是海尔的动力源泉。

**二、品牌忠诚——海尔品牌竞争力的体现**

消费者的品牌忠诚是至关重要的。它既是企业利润的来源，也是衡量品牌价值的重要指标。

我们重视消费者的忠诚。我们把海尔的忠实用户看作自己的市场资源，有了这个资源，海尔的市场份额就会不断扩大，企业利润就会源源不断。因为已有用户的品牌忠诚是海尔的一个稳定的收入来源，而由于这些老用户的口碑和示范作用，还有助于吸引新用户。

我们认为，要建立用户对海尔品牌的忠诚度，企业首先要对用户忠诚，消费者对海尔的忠诚来源于我们的理念，即把用户看作是上帝。为了保持、培养消费者对海尔的忠诚，我们做了大量工作。如在产品开发方面，我们根据市场

的品牌学者们，提供了又一个“老亦老死、新亦无新”的案例而已。

此事又勾起了一段10年前的往事。那时，整个中国经济界和企业界都被一个毫无科学根据和论证的“五跨目标”搞得晕菜了，似乎中国企业要实现强大，不走跨地区、跨行业、跨部门、跨领域、跨国际的路，就别无他路可行。然而，时至今日，没听说哪个企业真正实现了这“五跨”，而另一个事实却是凡听信了这一说法并真的付诸以行动的，差不多没一个不曾陷入困境的。“巨人”是这样倒了的，还有更多再也见不着听不见的。幸好这阵风儿刮得不太久，许多企业番然醒悟了，没能落到让人不忍目睹的份儿上。

做企业就是争市场，有利润，图发展，实乃天经地义，定下个大目标更无须他人指手画脚。但问题是定下的目标是否合乎实际，是否符合科学规律，是否具有雄厚实力，是否适合企业发展，这些是决定企业命运的根本。尽管专家学者于此翻过来掉过去，掰开了揉碎了，没少花功夫费精力地举了一个个中外实例提醒和规劝，可终究我们的很多企业还是置若罔闻，依然死抱着误人误企的贪大求全，盲目扩张，总也不认为它搞不好就是个“厂毁人散牌玩儿完”的“死穴”，到头来弄得个自己打掉了牙还得往肚子里咽着，噎着，嗝着，抑或囫囵吞枣不消化，闹出个肠梗堵，吐不出，泄不下，自讨苦吃，自作自受。这恐怕就是“春都”难见好春光的第一原因。

而让人万不能想到的是“春都”为了降低生产成本，竟然到了不惜牺牲品牌荣誉，丧失商业道德，不讲产品质量的地步，偷工减料，把个曾经好端端的火腿肠居然做成了“面棍”，就连自己的职工都不愿再继续保持沉默了，最终勇敢地捅破了这层遮掩外人耳目的窗户纸，让“春都”自毁家门，丧尽天良的行为大白于天下。这样的产品，这样的品牌，在市场人民说了算的今天，还能有市场占有率，还能使企业获利，那才是奇闻怪事呢！此乃“春都”难见好春光的第二原因。

品牌策略，时刻提醒自己保持与时俱进，实事求是的客观科学头脑，才是企业立于不败的“人间正道”，因为人们记住一个品牌太困难，而让人们忘记一个品牌又太容易，春都的败局不知能否警示那些有类似想法甚至做法的中国企业家。（金励勤）

标　识

江西省鹰潭市水表厂

扬州三和酱菜总公司

**记 事**

**10 月 4 日**

1988 中国加入商标国际注册马德里协定生效，正式成为该协定成员国。

**10 月 5 日**

1998 中国政府在联合国总部签署《公民权利和政治权利国际公约》。

1996 新闻出版署、国家教委举办"首届全国优秀教育音像出版物"颁奖。

1994 化工部颁发《化工部直属企业、事业单位采用产品标志备案补充规定》。

1993 第四届十大杰出青年评选揭晓。

**10 月 6 日**

1998 胡锦涛同志主持军队、武警、政法机关不再从事经商活动工作会议。

1997 山东电力集团正式运营。

1992 首届农业博览会在京开幕。

1989 1988 年中国 500 家最大工业企业及 500 家最佳经济效益企业评出。

需求进行市场细分，不断开发新产品，一天申报两项专利，这就增加了海尔品牌的吸引力。

1998 年 10 月 28 日，为回报用户对海尔的厚爱，海尔举行了首届"用户难题奖"颁奖大会，5 位用户为第一批获奖者。以用户的难题成为我们开发的课题，海尔有两个原则：①是设计人性化。②是使用简单化。"设计人性化"原则包含三点：一是以生产者为主体；二是以消费者为主体；三是以生活者为主体。每个企业都要经历这三个阶段，海尔较好地把握这个三个阶段。海尔对"使用简单化"的理解是：用户要的不是复杂的技术，他们要的是使用的便利，我们就是要把复杂的开发研究工作留给自己，把简单便捷的使用留给消费者。

**三、品牌延伸——扩大企业规模的有效途径**

品牌延伸已成为海尔为获得更大发展、获得更大利润而采取的手段。由于海尔品牌的高知名度、良好的品牌形象，海尔通过品牌延伸进入新领域，从而扩大企业规模，使企业获得更大利润。

1. 光有名牌没有规模，市场份额就扩大不了，光有规模没有名牌，那么规模也维持不了多久。我们是从冰箱起家的，先从冰箱形成名牌，因为海尔冰箱是名牌，它在市场上是供不应求的，名牌竞争力为海尔扩大生产规模提供了保障。

从 1984 年到 1991 年，海尔只生产一种产品——电冰箱。从 1992 年到 1995 年，海尔品牌逐步延伸到电冰柜、空调等制冷家电产品。1997 年，海尔又进入了黑色家电领域，1999 年，海尔品牌的电脑成功上市，现在海尔集团已拥有包括白色家电、黑色家电、米色家电在内的 58 大门类 9200 多个规格品种的家电群，几乎覆盖了所有家电产品，在消费者心目中树立了海尔家电王国的形象。随着我们根据消费者的需求对市场不断细分，"敢于创新、精益求精、真诚、负责、高品位"等品牌个性逐步形成。

2. 海尔从一个冰箱名牌做起，在 7 年的时间里，通过专心致致的做一种产品，培养了一支高素质的职工队伍，形成一套科学的管理模式，就可以轻易的进入相关系数比较近的领域，从而实现多元化扩张。一方面表现在新产品凭借海尔品牌的优势，以较低的成本、较快的速度、较大的把握打入市场，使新产品很快在市场上位居前列，另一方面，还表现在延伸产品对原有品牌的积极影响。

海尔品牌延伸主要遵循三个原则：①是品牌延伸要以一定的品牌优势为基础。②是延伸产品与原有产品在技术、销售、产品类别上具有较大的相关性。③延伸产品必须具有较好的市场前景，发展到一定规模后，能在同类产品中位居前 3 名。

15 年来，海尔共兼并 18 个企业，盘活亏损额超过了 5 亿元的 15 亿元资产。海尔兼并扩张理念是"东方亮了再亮西方"，具体做法是"吃休克鱼"。所谓休克鱼是指硬件条件好但管理不行的企业，由于经营不善落到市场的后面，一旦有一套行之有效的管理制度，把握住市场很快就能重新站起来，恰恰海尔擅长的就是管理，这就找到了结合点。所以海尔实施兼并扩张不是靠大量的资金注入，而是靠海尔的管理文化和无形资产，实现品牌运营。海尔兼并"红星"就是成功一例，"海尔文化激活休克鱼"的案例还被写进了哈佛的教材，成为第一个进入哈佛案例的中国企业。

**四、品牌提升——海尔走向世界**

在世界经济一体化的今天，只有走向世界，为世界各国人民喜爱、接受的品牌才是名牌，名牌无国界。

我们的观点是国门之内无名牌。现在创一个名牌，如果仅仅萎缩在国内市场是不行的，必须要到国际市场上去。因为跨国大公司纷纷到中国来设厂，都来抢占中国市场、国内市场已经成为国际市场的一个组成部分。

拥有国际名牌的多少是衡量一个国家国力的标志，如果我们的民族企业都没有自己的国际市场叫得响的名牌，那么我们整个民族就没能力再屹立于世界名牌之林，这绝对不是危言耸听。在家电行业，各个跨国大公司都到中国来设厂，而且投资都非常大，在这种情况下，作为海尔，主要的目标就是要创国际名牌。

海尔坚持以创国际名牌为导向的国际化战略，国际声誉日益提高。自1990年以来，海尔制定了“先难后易”的出口战略，先出口发达国家，创出牌子，然后以高屋建瓴之势打开发展中国家市场。

海尔砸掉76台不合格冰箱砸出了中国冰箱史上第一枚质量金牌，付出的努力是艰辛的，但要进军更广阔的国际市场，还必须达到质量与国际标准接轨。短短几年时间，海尔就获得了美国UL、德国VDE、加拿大CSA等几十项国际市场通过证与荣誉称号，在质量保证体系、产品国际认证、检测水平国际认可等方面全面与国际接轨，拥有了“国际护照”，海尔产品在世界市场畅通无阻。与国际接轨的质量水平是海尔在出口时坚持打自己的品牌的前提，也是海尔实施“先难后易”战略，先出口发达国家创牌子，再以高屋建瓴之势进入发展中国家扩牌子的前提。因此，海尔人做的是“出口创牌”而不仅仅是“出口创汇”。

竞争，仅仅有质量还不够。海尔之所以争雄国际市场屡打胜仗，除了具备进行国际市场的质量资格以外，星级服务和“市场设计产品”的做法起到关键的作用。

海尔进入国际市场没有采取在海外设派出机构的做法，而是积极建立国际市场网络，利用国外经销商现有网络。现在，海尔已在全世界102个国家建立了经销网，拥有了3万多个营销点。发达的营销网络可以为海尔在海外的用户提供完善的售后服务。如海尔在法国的一个经销商光服务电话就有4000多部，如果这些工作都要海尔自己来做，成本是非常高的。

海尔把产品源源不断地销往世界各地时，也把海尔的文化理念输出到海外。海尔集团分期分批地对海外经销商进行星级服务理念与服务模式培训，加强他们对海尔企业和产品的理解。

海尔开拓国际市场采取的是3个1/3的战略，即1/3的产品国内生产、国内销售，1/3的产品国内生产、海外销售，1/3的产品海外生产、海外销售，正在朝着本土化经营方向发展，逐步实现生产、设计、销售的本土化。目前，海尔产品出口到160多个国家，在海外建厂16个（其中已建成投产6个），在海外设立10个信息站，6个设计分部，根据当地消费习惯和风格设计能满足当地消费者需求的产品，使海尔产品打破地域的限制，受到国外用户的喜爱。

质量、服务和个性化的设计塑造了海尔在海外的品牌形象，树立了国际信誉，赢得了国际声誉。国家经贸委在全国范围内挑选六家企业冲击世界500强，海尔是惟一入选的家电企业。1995年，海尔销售收入是世界500强入围线的1/19，1996年1/12，1997年发展到1/6，1998是1/4，1999年发展到1/3。从量上看，我们与世界500强相差很远，但海尔也有自己的速度和效率的比较优势。在这个问题上，许多人注重量的问题，我们认为关键在本质，即强和大的关系，我们的目标是500强而不是500大，强指效率，大指规模，大而不强不能生存，但强可变大。趋势大师梭罗认为，“大不是美，小也不是美，从小到大才是美。”

电子商务意味企业和用户之间是零距离。没上网的时候，用户自己的资源是有限的，为了选购一个商品，他最多一天跑十个商场就了不得了；对于中国厂家来讲比较有利，对手不多。一旦上网，企业的优劣势会被放大，而竞争对手不再是一般的牌子，而是诸如西门子、伊莱克斯、GE等世界品牌，这些名牌和海尔摆在一起，人家凭什么买海尔？凭的就是海尔能够提供比别人更好的满足用户需求的产品，如果用户提出要三角形的冰箱，你能不能提供？这就是消费的个性化需求。能满足，这就是你的优势。电子商务就是这样，起关键作用的速度具体体现出来，就是你能否快速的满足用户的个性化需求，否则无速度可言。（王安喜）

## 标　识

南京三乐电器总公司

四川什邡蓝剑啤酒有限公司

启东盖天力制药股份有限公司

记　事

10月7日

1999　国务院发布《商用密码管理条例》。

1998　朱镕基同志赠给《焦点访谈》四句话："舆论监督，群众喉舌，政府镜鉴，改革尖兵"。

1997　首家合资连锁商业企业——华糖洋华堂商业有限公司成立。

1997年全国市场产品竞争力调查活动拉开序幕。

首期全国旅游质监员培训班在天津举办，合格者颁发《中华人民共和国旅游质量监督管理证》。

1996　侯捷获"1996年人居特别荣誉奖"。

1993　电子行业1992年百家企业名次排出。

10月8日

2002　2001中国纳税百强排行榜公布。

重庆提出建成中国西部产业中心。

制造业80项"中国制造"产量位居世界第一。

2000　全国第3个"高血压宣传日"。

# 如何实施品牌经营

## ——"鲁能"品牌经营浅析

目前，国际市场早已进入品牌竞争时代，涌现了一大批统治全球、举世闻名的品牌和跨国公司，并积累了系统的、强有力的市场扩张策略。相比较而言，中国企业的品牌经营还处于初级阶段，主要原因是中国企业的产业组织规模、产品出口能力和品牌经营的体制环境与国外大型跨国公司相比存在较大差距。如果说，中国20世纪80年代是产品经营时代，90年代后半期进入资产(有形资产)经营时代，那么，在21世纪，我们将步入品牌经营时代，随着加入WTO，中国经济融入世界经济大潮已是大势所趋，如何在国际著名品牌的冲击下发展我们的民族品牌，不仅关系到一个企业的生死存亡，更直接影响中国经济的国际地位和市场竞争力。我们的企业必须认识到这一发展趋势，并采取相应的对策追赶这一潮流。

从国际经验来看，实施品牌经营，一般要经历创品牌——经营品牌——买卖品牌快速发展三个步骤。鲁能集团在多年的发展中，敏锐并前瞻性的认识到品牌经营对企业发展的重要性，精心培育出了具有较高知名度的"鲁能"品牌，1999年底，"鲁能"品牌无形资产评估价值428亿元人民币。可以说，到目前，"鲁能"品牌基本完成了创品牌的阶段，已经进入品牌经营阶段。实施品牌经营，首先应对品牌进行正确的市场定位，然后确定适合企业自身的品牌经营战略，最后制定可实际操作的计划并付诸实施。

### 一、品牌的市场定位

品牌的市场定位是指根据品牌的既有市场和目标市场以及品牌的个性确定品牌的主导营运领域和适用营运领域。鲁能集团实施多元化发展，涉及的产业领域较广，使用"鲁能"品牌的企业较多，基本涵盖了涉及的所有经营领域，积极的一面是对"鲁能"品牌形成了较强的价值支撑，消极的一面是品牌使用过多过滥，不利于品牌的培育和发展。

针对现状，应根据品牌的创建历史、文化内涵、行业特点、既有市场和目标市场，对"鲁能"品牌进行重新定位。"鲁能"品牌的市场定位应遵循几个原则：①适合企业的发展战略。②有利于品牌形象的维护。③有利于品牌树立的持久性。④不能透支品牌价值。

### 二、品牌的经营策略

由于行业特点不同，企业的具体情况不同，每个企业应选择不同的品牌经营策略。概括起来，可分为单品牌策略和多品牌策略。

从目前的情况看，鲁能集团采用的是企业名称/品牌一体化的单一品牌模式，"鲁能"是一个个性极强的品牌，包含了地域和行业两个要素，局限性强，不利于实施品牌延伸。因此从长远的眼光来看，鲁能集团应实施以"鲁能"品牌为主导的多品牌策略。鲁能集团的下属企业在多年的发展中，实际上已经创建了不少具有较高知名度的品牌，例如：服务行业中贵都、贵和、贵友、桃源、圣地等品牌，产品中的泰山电缆、长安铁塔、五洲电器等品牌。由于缺乏和"鲁能"品牌的有效整合，没有形成一种合力，无形中削弱了品牌的影响力。实施"鲁能"品牌为主导的多品牌策略，不仅可以使二级品牌借助"鲁能"品牌的巨大无形资产提升自己的影响力，而且可以反哺"鲁能"品牌，形成其强大的价值支撑，使其得以有效的延伸，并且可以规避风险，避免因某一单项经营失误而对整个"鲁能"品牌造成影响。美国的宝洁公司之所以取得成功，就是因为采取了多品牌的发展策略，碧浪、汰渍、飘柔、潘婷、海飞丝、舒肤佳等知名品牌都是其旗下的二级品牌，正是这些品牌的支撑，才使“宝洁”位居世界著名品牌的前列。

三、品牌经营的具体实施

品牌对于企业的价值衡量标准是利用品牌的无形资产创造有形资产的总量。相应的，实施品牌经营的目的就是追求以品牌的无形资产创造有形资产的最大化。品牌经营并不是孤立存在的，应与企业发展规划、资本经营有机的结合起来，才能发挥更大的品牌效应，创造出更多的价值。

根据鲁能集团的发展规划和现有的企业资源，实施品牌经营可以采取以下几种方式：

1. 以“鲁能”品牌为龙头，对现有产品(或服务)进行整合。在鲁能集团的下属企业中，对那些技术含量高、具有较高附加值、规模较大、经营管理较好、具有较高市场占有率或良好市场前景的产品或在同行业中有明显竞争优势的服务冠用“鲁能”品牌；对于已创出自己产品(或服务)品牌的，可以通过对企业冠用“鲁能”商号使其与“鲁能”有效整合，成为二级品牌，并鼓励将其培育成同行业中的名牌。

2. 利用“鲁能”的品牌效应和无形资产价值，对系统外的优势企业进行兼并、联合。品牌是沉淀企业无形资产的最大载体，是企业营运中最稳定的要素之一，也是企业实施资本运营最有效的资源之一。鲁能集团已进入快速扩张的发展时期，在资本运营领域频出重拳，如果能够合理的利用“鲁能”的品牌效应和无形资产价值，将大大减少有形资产的投入，而且有利于延伸品牌的生命力。随着我国对企业使用无形资产政策的不断放宽，“鲁能”品牌在资本运营领域将大有作为。

3. 利用“鲁能”品牌的品牌效应，进军新的产业品牌作为企业市场营运的旗帜，是企业与消费者沟通的标签。随着鲁能集团发展步伐的不断加快，势必要进军一些高新技术产业和新兴产业，在进入新市场的同时，如果能够打出已有较高知名度的“鲁能”品牌，将很容易为消费者所接受，取得事半功倍的效果。以品牌打市场，以市场养品牌，二者相辅相成。

总之，实施品牌经营没有定式，需要根据企业不同的发展阶段、发展规划、营运资源进行调整，制定相应的品牌经营策略，方能使自己在品牌经营时代立于不败之地。 (邢　福)

# 认知层面的品牌竞争

**106亿元的品牌**

TCL品牌是伴随着电视广告而成长起来的：TCL无绳电话、TCL王牌彩电、TCL手机等一系列铺天盖地的广告，使TCL品牌深入每一个中国人的心里。根据中国广告协会和国家统计局及市场社会经济调查组的调查报告，仅1998年1月，TCL王牌彩电在全国电视广告的投入就达到近600万元，是同类产品电视广告投入的首位；而2001年8月，TCL更以14亿韩元(约合1000万人民币)的天价邀请韩国影星金喜善担任TCL移动通信形象代言人，拍摄了著名的“TCL手机，中国手机新形象”的广告，也成为近来最受观众喜爱的十大电视广告之一。

巨大的广告投放产生了巨大的品牌效益，据估计，2000年TCL的品牌价值达到了106亿元人民币，成为TCL集团一笔庞大的无形资产。

但显然，TCL集团不会白白浪费这一花费巨资建立起来的品牌，不知不觉间，除了上述涉及的产品，TCL也悄悄将其触角延伸到了家电产品、信息产品、通信产品、电工产品、教育互联等多种经营领域，实现自己的品牌扩张之路。

标　识

江苏省通信心缆厂

姜堰市密封蓄电池厂

## 记事

### 10月8日

1999 铁道部高速铁路办公室成立。

1994 化工部公布1993年销售前100名和利税总额前100名化工企业排序名单。

贵州茅台酒厂形成"以茅台酒厂为主,其他经营公司为辅;以茅台酒为主,其他酒类新产品为辅"的生产新格局。跨入中国饮料行业10强行列。

1992 中国诚信证券评估有限公司在京成立。

1991 郑州粮食批发市场开业一周年新闻发布会在京举行。

中国果品流通协会在全国果品基地山东临朐县成立。

### 10月9日

1998 广东"科龙"、"华宝"强强联合组成国内最大制冷集团。

1997 "中国林业10杰"评选活动在京揭晓。

1995 "1994年度全国优秀施工企业"评出。

问题之一是:TCL这一品牌到底对消费者意味着什么?如此多的产品,是否成为"TCL"这个单一品牌的"不可承受之重"?问题之二是:在如此漫长的产品线上,TCL如何围绕自己的品牌和各自的对手逐个进行竞争?

**品牌结构的三个层面**

一般而言,品牌结构包括品牌的知名度、美誉度和忠诚度三个层面。知名度就是品牌认知的程度,美誉度指消费者对品牌价值的认可,而忠诚度表示该品牌在消费者心中不可替代的程度。举个假设的例子,100个人中有90人知道"TCL",表示TCL的知名度高;而这90人普遍认为TCL产品质量一般,那么TCL的美誉度也一般;而忠诚度的衡量不仅跟品牌自身的特性相关,也跟市场上同类产品品牌的竞争能力关系密切,"我就认定TCL了"说的是品牌忠诚度层面的意思,显然是企业应该致力追求的终极目标。

将TCL进行上述品牌结构分析,我们立刻可以看到问题所在:与国外的一些品牌相比,TCL从来就只是一个大众品牌,只代表中等偏上的价值;而现实的中国消费者也一般都是货比三家,谈不上对哪个品牌忠诚不忠诚的问题。惟一令TCL集团老总们感到欣慰的是,TCL已在中国消费者心目中建立起充分的认知:尽管"TCL"本身并不代表什么特别的含义,但无论在家电业也好,手机业也好,这三个简简单单的红色英文字母都能使消费者在上十种甚至上百种的同类产品中迅速将TCL产品甄别出来。

在影响消费者购买行为最经典的"AIDA"模型里(Awareness认知—Interest产生兴趣—Decision决策—Action行动),良好的认知往往意味着成功的开端,"还有什么比说服顾客接近你的产品更难的呢?"正是在品牌认知的基础上,TCL打出了自己产品扩张战略的第一张牌。

而且,也由于"TCL"这一概念内涵的缺乏,TCL集团也很容易能将它扩展到尽可能多的外延上去。TCL品牌覆盖了从电话到彩电、手机、电脑、显示器,甚至到教育、路由器等几十个大大小小的产品种类——后几个产品的广告投入几乎为零,从而节约了大量的广告费用。

**品牌认知层面的价格竞争**

但是,品牌的发展和利用仅仅止于认知层面,企业在推广产品时同样要付出相当大的代价。TCL电脑公司总裁杨伟强曾经说过,"在电脑市场上的排名不是最重要的,更重要的在于今天有这么多的电脑品牌,有你不多,无你不少,重要的是存在的价值哪里?""有你不多,无你不少"无奈地表明了整个市场缺乏忠诚品牌的现状,别人不是,TCL也不是。在杨的潜台词里,俨然隐含着"至少大家还知道TCL吧"的自信,并且在这种自信的基础之上强调了"价值"——在中国的市场上,价值的表面意思是性价比,但在实际中又往往归结于单纯的价格比拼。2000年末,TCL首先扯起奔4电脑降价大旗,向联想吹出进攻的号角就是一个明证。

谈到价格战,TCL多媒体事业部老总胡秋生也是欲说还休,"TCL是从来不主动提倡打价格战的,但TCL也从来不怕打价格战。"从胡秋生说这话时微笑的眼神还可以看出,TCL不仅不怕打价格战,而且喜欢打价格战,他坦然承认,"就彩电行业来说,TCL是价格战的赢家。"

当记者问起TCL会不会学习国外一些品牌的经验,依据各条产品线,建立起富含产品特征的忠诚产品品牌,胡秋生依旧一脸的讳莫如深,"中国的产品消费市场还没有到达那个层次",而进一步问起中国产品消费市场具体处于什么层次,他仍然是笑而不答。

不管"中国的产品消费市场没有达到那个层次"是一个普遍共识,还只是TCL的一家之言,胡秋生给我们传出明显的信号是,TCL将在品牌认知的基础上,以价格优势向相关市场四处出击。

(徐继业)

# 企业品牌　路在脚下

从广告创意到品牌规划，这是中国广告公司提升自己核心竞争力的一个重要手段，也是为企业创造增值价值的重要组成部分。然而，现实的情况是，中国绝大多数的广告公司没有为中国的企业从事品牌规划的业务，而他们所从事的基本上还是广告创意和媒介代理这些最传统的工作。

品牌战略的规划包括品牌战略的制定和品牌管理，一个成功的品牌通常都是科学的品牌规划的结果；一个成功的广告创意可以造就一个品牌的崛起，但一个成功的广告创意却没有办法让一个品牌持续的成功。因为，品牌是一个有生命地东西，是一个动态变化的事物，创造成功的品牌需要战略性的品牌规划，品牌规划是一个动态的过程，需要根据市场和消费者的变化而进行调整和改善。因此，品牌规划就需要有专业的营销、市场、广告方面的人才来共同完成。

对于大多数的中国企业，品牌战略还是一个比较超前的问题，因为，他们首先面临的是生存问题。落后的生产技术、管理和营销水平是阻碍中国企业前进的三座大山，这些最基础的问题还没有解决，哪里还有时间和精力考虑品牌战略问题。有一些知名度较高的企业，随着企业规模的扩大，管理的逐步规范化，对于广告传播和品牌规划也有了一些初步的认同，但可惜的是，无论是企业还是为其代理广告的广告公司都缺乏这方面的专业人才，对于品牌战略问题还没有一个成熟的认识和操作经验，其结果是，广告传播缺乏明晰的策略和规范，广告表现混乱、多变，创意水平参差不齐，不能带给消费者统一、鲜明的品牌形象和完整的品牌记忆。

从另外一个角度看，中国的广告公司与企业之间的沟通还没有那么深入和广泛，大多数广告公司习惯下单式的工作方式，很少有主动替企业规划品牌和市场战略的行为。可想而知，一个站在企业外围隔岸观景的广告公司为企业拿出来的所谓战略性的东西，那只能是隔靴搔痒，起不了实质作用。

品牌规划是一个长期的战略性工作，不是一个好的广告创意和几个成功的促销活动可以达成的，需要长期理性、规范的传播活动才可以慢慢形成。而国内的企业与广告代理公司之间的合作通常又都是短期行为，即使是像奥美、麦肯这样的国际化广告公司与国内的企业合作，也不可能在很短时间内让其“品牌管家”或者“360度品牌传播”理论得以显现出作用和价值。虽然，品牌理论已经比较成熟和完善，在国外也有很多成功的品牌经营的案例，但在中国的市场现实中，似乎还没有哪家企业成功的品牌经营是靠一个广告代理公司完成的。

对于中国的企业，要想建立成功的品牌就不能没有成熟的品牌战略，而品牌战略的制定和实施还需要自己来完成，这就需要企业引进品牌管理人才，设立品牌管理部门，由专门的品牌管理部门来负责品牌的规划和经营。其实，看看国内外那些成功的企业，他们几乎都拥有规模不小的品牌管理部门，从国际品牌可口可乐、宝洁到国内企业恒基伟业、联想，他们都建立了相对成熟的品牌管理部门，负责与品牌相关的所有事情，从单一广告的创意到整体品牌策略的规划和管理，都是品牌部的职责；专业的知识背景加上对企业和从事业务的深入认识，对于企业品牌战略的把握自然比纯粹的广告公司要来的实在和扎实。

在国内企业中做市场推广和行销传播都比较成功的恒基伟业与广告公

双猴

江苏双猴集团有限公司

时　花

江苏时化电器集团公司

记　事

10月9日

1991 中国35个城市国内生产总值超百亿：上海、北京、广州、天津、重庆、苏州、沈阳、大连、杭州、成都、青岛、南京、无锡、扬州、武汉、大庆、潍坊、宁波、烟台、深圳、济南、南通、佛山、唐山、哈尔滨、汕头、徐州、淄博、长春、西安、盐城、福州、淮阴、鞍山。上海以744.7亿元雄居榜首，深圳市是增长速度最快的城市。

10月10日

2000 全国第10个"精神卫生宣传日"。

中国正式成为《全球性汽车技术法规协定书》国际协议的成员国。

1992 新闻出版署发布《国家图书奖评奖办法》，每两年举办一次国家图书评奖。

中国旅游商品天马奖展评会在郑州举行。

中国民用航空协会在京成立。

1991 全国民航服务工作会议上强调提高正点率，改善民航服务质量。

10月11日

2002 中国民航六大集团在京成立。

司的合作基本上只保持在执行的层面上，也就是说，策略和理念基本上由恒基伟业来制定，广告公司要做的就是执行层面上的事情，即从广告创意到设计制作。所以虽然恒基伟业同时与众多的广告公司合作，业务全部外包，但却并没有因为合作伙伴众多而使自己的品牌传播变得混乱而分散，相反，恒基伟业的广告宣传总是显得目的性和策略性很明确。虽然单纯从创意上看，创意出众的广告作品并不多，但单一和明确的策略却是广告传播的最大收获、无论对于建立持续上升的品牌形象还是直接促进销售都有着不小的作用。

随着某些商品过剩的到来，市场竞争的加剧已经不可避免。中国彩电市场竞争之惨烈可谓空前，然而，面临巨大的市场压力，彩电企业除了制造价格战就是制造概念烟雾，其结果是企业利润越来越薄，技术研发越来越滞后。其实，事实的背后是中国彩电企业长期忽略品牌经营，品牌同质化现象严重，在缺乏技术含量的前提下，又缺乏差异化和独特的品牌特性，长此以往，无论是长虹、康佳还是创维、海信，在消费者的心目中，品牌的意义只是沦为一个商标名称而已，品牌的重要性在购买的环节被大大弱化了；相反，海尔作为一个成功的家电品牌却可以不断地延伸产品线，从一个优秀的白色家电品牌延伸为出色的黑色家电品牌和PC品牌，这就是品牌的力量。

成功的品牌都需要严密的品牌规划和品牌管理。在洗发水市场上，宝洁的巨大品牌在中国市场的成功并不是偶然的，这完全是建立在科学、完善的品牌经营基础上，是通过科学的市场研究和分析决策建立起品牌的核心价值的。飘柔的"头发柔顺"、潘婷的"营养头发"、海飞丝的"去头屑"和沙宣的"专业洗发、护发"都形成了鲜明的品牌区隔，它们都在消费者心目中拥有了牢固的优势。宝洁的众多品牌之所以长期在竞争激烈的市场上保持优势，这与他们长期贯彻品牌经理人制度有着直接的关系，品牌经理人的任务就是保持品牌在市场中的优势，监督和控制品牌的动态和趋势，并根据市场环境和消费心理的变化，调节品牌在竞争中的位置和地位。

中国企业的品牌之路还将十分漫长。为了能够长久地立足市场，建立百年品牌，中国的企业就要培养自己的品牌经理人，建立完善的品牌管理组织和制度，只有这样，品牌才能不断地成长、成熟。

（赵　正）

# 职业声誉：企业家的个人品牌

企业声誉（reputation）是企业信誉、产品质量和服务态度以及企业形象的综合；企业家职业声誉是其名声和荣誉，是个人信用的基础。无论是企业还是个人，声誉的形成都不是一朝一夕的，它是需要自身的不断努力，造成一种在他人心目中值得信任的良好印象。企业家的声誉是通过其生产的产品与消费者多次反复使用的过程中，所形成和具备的消费者对生产企业家的一种信赖关系。在经理市场上，企业家的职业声誉既是企业家长期成功经营企业的结果，又是企业家拥有的创新、开拓、经营管理能力的一种重要证明。实际上，企业家的职业声誉可以被认为是企业家自己的"品牌"，维护良好的个人"品牌"已经成为当代企业的企业家从事职业经营活动不可忽视的一项重要内容。

企业家追求良好的声誉——"个人品牌"，从经济学的角度可以理解为企业家对人力资本增值的预期。一般来说，企业家人力资本的收益率和增值率最终取决于企业的经营状况。企业经营得不好，就意味着企业家人力资本的贬值，甚至会带来失业。企业经营的好，良好的职业声誉使他会受到众多的资产所有者高薪聘用，使他的人力资本的价值得到实现甚至增值。企业家的“品牌”是企业家的一种无形人力资本，好“品牌”有利于企业家在未来的职业生涯中获得高的报酬，坏“品牌”可能断送与人进一步交往的机会。总之，声誉作为一种“品牌”，其价值体现在声誉可以作为一种信号，它既给拥有者对社会成就感到满足，又能给拥有者带来经济上的长期利益。

一般来说，在市场经济条件下，企业家为追求自身的长期利益，对自身的职业声誉是非常重视的。然而，在我国从计划经济向市场经济转变过程中，国有企业的企业家却常常会做出有损国有资产的事情，有损于自己与企业形象的事情，忽视自己的“品牌”建设。有的经营者不惜一切手段攫取国有资产，有的经营者以世界末日即将到来的心态大肆挥霍国家财富，有的经营者上任后将国有企业“吃光、分光、卖光”，“私肥公瘦”已不是个别现象。“59岁现象”、“穷庙富方丈”、“过度职位消费”等都是对这些经营者行为的概括。如何才能促进国有企业企业家重视职业声誉、解决这些国有企业企业家短期化行为呢?

一是形成对优秀企业企业家尊重的社会气氛，形成以有利于企业家职业“品牌”形成的环境。在计划经济向市场经济的转型过程中，企业企业家将逐步从政府官员中分化出来，成为一个相对独立的阶层。走向市场的职业经理不可能再把自己的名誉、地位和发展前途同行政提拔联系在一起，而是同经营绩效挂钩。为此，要全面提高职业经理的社会地位，要改变传统的价值观念，破除“仕途经济”的旧意识，树立经理是一种崇高的社会职业的新观念，使之成为社会上最受人尊重和向往的一种职业；并且要利用大众传播媒介广泛宣传职业经理的改革精神、创新精神、开拓精神和奉献精神，引导人们认识到经理阶层是推动社会经济发展的重要力量，真正在全社会形成一个关心职业经理、尊重职业经理、爱护职业经理的良好氛围。

二是要提倡国有企业企业家的社会责任感和事业心，同时对国家做出突出贡献的企业家，给予表彰和奖励，承认他们的人力资本价值，扩大他们在社会上的知名度，激励他们对“品牌”的追求。由于目前国有企业企业家的工资收入相对其他非国有企业企业家还是很低，对经营业绩突出的企业家，应避免单纯的教化。纯粹思想工作、说服教育式的精神激励已不能适应新形势的需要；运用物质的、体制的和精神的多重手段实施激励，才能有针对性的解决影响企业家精神状态的多重症结。在市场经济环境下，既要提倡效率优先，保护所有者的经济利益，又要对有贡献的企业家给予精神鼓励之外的物质奖励。让“品牌”的价值能够得到相应的物质回报。

三是健全社会保障制度，将保障机制与产权改革结合起来。由于在国有企业改革的初期，社会保障制度还不健全，有的企业企业家退休后的物质生活没有保障。这种在位时的努力与退休后的物质生活没有联系，直接影响到企业家工作的积极性和对职业声誉的维护。因此，在建立基本的社会保障的同时，给企业家股权，建立对国有企业企业家的奖励制度，使那些对国有企业做出贡献的企业家的付出与最终收益是对称的，将他们的未来收入与今天的努力联系起来，促使他们要不断维护自身的声誉以便取得长久的收益。

四是完善经理市场，改善企业家的市场竞争环境。声誉激励尽管从人的社会性出发，在任何制度中都存在一定的激励，但只有在市场竞争的作用下，“品牌”的价值才具有长久的利益保证，因而其激励作用也能够持久。

五是建立科学的企业家评价体系。通过公平竞争赢得的声誉往往要比通过其他方式获取的声誉，对企业家会有更多的成就感和激励作用，“品牌”价值也会更加广泛地得到社会认可。一个企业家声誉的好坏，不应当是国家政府和行政长官封给的，而是由市场确定和评价的。因此，建立科学的市场评价体系，有利于企业家对职业“品牌”的重视。

(黄群慧)

## 标　识

沙钢

江苏沙钢集团有限公司

富顺县美乐食品有限公司

# 第七章
# 品牌论坛

——总论

——管理

——经营

——对话

——专栏

——调查

# 发展中国的品牌事业

长期以来，中国经济发展执行的是计划经济体制，生产力发展水平不高，市场处于短缺的状态，保障供给成为政府的首要经济目标。企业的发展依靠政府的计划指标，拥有了计划指标，谁完成或超额完成生产计划，谁就有了市场，企业不愁卖不出去产品，品牌意识极其淡薄。改革开放以来，这种状况发生了根本性的变化。特别是20世纪90年代以来，随着中国社会生产力水平的迅速提高，改革开放力度的逐渐加大，买方市场逐步形成，消费者对商品的要求不断提高，品牌意识增强，品牌越来越成为用户的第一选择。据有关部门调查，1999年中国家电和服装市场，购买力向名优品牌倾斜的特点十分明显，强势品牌市场综合占有率不断提高。品牌对企业的销售额和市场占有能力已经产生了前所未有的影响，品牌作为无形资产为企业创造着大量的超额利润。国内外的经验都证明，没有品牌的企业是没有生命力的企业，没有品牌的经济是没有竞争力的经济。创立和发展品牌已经成为市场经济条件下企业生存、发展和竞争的客观需要。

邓小平早就指出："我们应该有自己的拳头产品，创造出我们中国自己

## 政策建议

# 政府应重视创建和发展民族品牌

改革开放以来特别是进入20世纪90年代以来，发达国家的一些品牌产品，借其成熟的营销手段和市场运作方式，对广阔的中国市场形成了很大的冲击。因此，政府必须重视创建和发展民族品牌，加紧实施品牌战略。

**一、深化企业改革，实施大企业集团战略，增强品牌竞争力**

扶持和鼓励有实力的企业通过兼并、联合或重组形成大型的、多层次的企业集团，以优质的品牌企业、品牌产品为龙头，扩大品牌产品生产规模，充分发挥知名品牌产品的优势，增强企业综合实力和竞争力。①在同一行业或产业内，由政府主管部门牵头，打破生产流通的界限，鼓励专业外贸公司、金融企业与生产企业互相联合、互相渗透，发展以名牌生产、出口项目为主导的企业集团。②以现有的名牌产品生产企业为基础，在开展名牌商标无形资产价值评估的基础上，"以名牌为龙头，以资产为纽带"，创造条件促使名牌企业跨地区、跨行业、跨所有制；对经济效益差的劣势企业进行兼并、扩股、控股、收买，扩大名牌企业资产规模及经营规模，提高企业资产的规模效益和整体竞争能力。③在产权重组的改革中，积极引导社会资金向名牌产

淮阴机械总厂

广州电池厂

南京公共安全科技实业有限公司

记 事

10月11日

2000 《国务院关于进一步推进全国绿色通道建设的通知》发布。

1999 华夏银行入选《亚洲周刊》所评选的1999年度亚太地区最大500家银行。

1996 贵州茅台酒荣获巴拿马万国博览会金奖80周年纪念会在京举行。

1995 第三届中国综合实力百强县(市)发布会在京举行。

10月12日

2001 阎宇指出:中国快餐应加快品牌化、国际化、产业化进程。

2000 中国人民银行发布公告第五套人民币20元、硬币1元、1角本月16日起在全国发行。

2000年国际工程科技大会开幕。第二届中国国际高交会开幕。

1999 国际评估准则委员会年会在京开幕。

1996 第31届国际军事医学大会在京举行。中国军事医学科学院赵毅民博士获"文肖奖"。

的名牌,否则要受人欺侮。"国际贸易的竞争已经从价格的竞争逐步转向了以质量为核心的竞争,尤其是著名品牌的竞争。综观世界发达国家,无一不拥有一大批享誉全球的品牌。伴随着社会主义市场经济体制的建立,中国的品牌事业蓬勃发展,方兴未艾。一批有竞争实力的企业正在努力开创中国的民族品牌,这些企业的品牌产品不仅主导了国内市场,而且开始冲向国际市场,青岛海尔集团就是典型的代表之一。中国品牌正在走向世界,这是中国综合经济实力增强的充分体现,是令我们十分高兴的事。但是,我们也要清楚地看到,我们企业创立品牌的活动才刚刚开始,与发达国家企业还有很大差距。

品牌是一个企业的素质、信誉和形象的集中体现,也是一个民族的素质和一个国家形象的有力体现。品牌的核心是产品。品牌的背后包含着先进的技术、优秀的员工素质、严格的质量保证体系、可靠周到的售后服务,也包含着大量的资金投入、精心的广告宣传和成功的营销策略。但是最基础的、最根本的还是质量。一个成功的品牌,始终是依靠高质量的产品作为支撑的。一个成功的企业,始终是把质量视为命根子。改革开放以来,国内市场上的进口原装货比较畅销,重要的一个原因就是我们质量确实不如人家。在中国的出口产品中,商品附加值低,换汇成本高,主要原因也是产品档次低,质量问题比较多。例如,中国自行车出口量为世界第1,但平均单价仅42.4美元,是世界平均价格的一半,主要原因就是生产工艺落后,产品材料、加工精度跟不上,电镀、焊接、冲压质量问题多。中国陶瓷每件出口换汇仅20多美分,而日本为1.12美元,德国、英国为1.96美元,也是因为产品质量不如人家。国内有关部门调查显示,目

品、名牌企业流动,调动人、财、物,壮大名牌企业规模。

**二、以科技进步为依托,积极调整产品结构,树立品牌全球观**

把技术开发与技术引进相结合,消化吸收新技术与推广创新相结合,采用新技术、开发新产品与改造老企业、更新老产品相结合,不断提高产品科技含量,不断推陈出新,努力开发具有竞争优势的全球品牌,通过在国际市场上对产品、经验和知识的运用,进一步扩大品牌的知名度,从而使企业得到新的发展,在国际市场上争得一席之地。

面临国际名牌的竞争,为迅速提高中国名牌的市场竞争力,必须继续扩大开放,加快引进国外先进技术,缩小国内与国际技术发展水平的差距,充分利用发达国家已有的科技成果,加快中国名牌产品生产从粗放型向集约型转化。没有高新技术的大量引进,就不可能使大批名牌产品脱颖而出。目前先进的科学技术存量绝大部分在发达国家。随着科学技术转化为现实生产力的周期缩短,中国没有必要也不可能按常规从事所有技术的研制、开发,而应大胆实行拿来主义,边引进边消化。

在大量引进、消化世界各国先进技术的同进,应在名牌产品企业或企业集团中普遍建立技术进步与技术创新机制。包括建立完善的科技开发机构和组织,注入一定比例的科技开发资金,制订和实施近期及中长期的技术创新战略,完善技术创新的激励机制。努力加快科技成果优先向名牌产品转化的速度,在提高现有名牌产品科技含量及质量的同时,不断运用新技术成果开发出新的出口名牌产品。

**三、实行跨国经营,组建以名牌产品企业为主体的跨国公司**

目前,跨国公司在世界市场十分活跃,已发展到3.7万多家,其下属子公司有20多万家。在世界名牌产品的生产、经营中,跨国公司是一种占主导的组织形式。这些跨国公司以其雄厚的资本实力、庞大的经营规模、优质的主导产品、多元化的经营结构及多功能的组合,在世界

前，中国产品质量的状况与经济发展要求和国际先进水平相比，仍有较大的差距，许多产品档次低、质量差、抽查合格率较低，假冒产品屡禁不止，优难胜、劣难汰相当普遍。为此，企业必须面向市场，加强质量工作，加快产品更新换代，努力开发一批适应国内外市场需求的新产品，全面提高产品的档次和质量水平。惟有创新，追求卓越，争创一流，中国品牌才能够真正的崛起。

著名的品牌伴随着成功的企业，成功的企业无一不是科学管理的典范。创立和发展品牌必须加强企业科学管理。朱镕基总理在九届三次人大会上的《政府工作报告》中特别强调："现在中央关于改革和发展的大政方针已经明确，一些重要的法律、法规也已颁布。要保证中央政策措施和国家的法律法规真正执行贯彻，当务之急是'严'字当头，强化管理。"切实加强企业科学管理。所有企业都要从严治企，苦练内功，着力抓好成本管理、资金管理和质量管理等薄弱环节。坚决认真地贯彻落实党中央和国务院的指示精神，严字当头，切实加强科学管理，是品牌事业的关键。

企业管理工作千头万绪，实现科学的企业管理要做的工作更是很多。当前就是要突出抓住企业管理中的薄弱环节，从严要求，从严治企，集中精力解决存在的问题。企业一方面要深入学习邯钢，加强成本管理，科学合理地确定各种产品物质消耗定额，努力降低管理费用、销售费用和财物费用，努力降低人工成本，降低物质消耗；另一方面要加强资金管理，严格会计制度；建立高效运作、严格监控的资金管理体系，建立全面预算控制制度，努力减少资金占用，加强应收货款管理。抓紧抓好这两项任务，是企业摆脱困境，发展品牌，增强品牌竞争力的重要措

市场上显示其强大的竞争力。要加快中国对外贸易的发展，特别是加强中国产品在世界市场的竞争力，也必须组建中国的跨国公司。应以名牌生产企业为主体，走强强联合的道路，组织科、工、贸一体化的联合体与发达国家的跨国公司相抗衡，这样才能增强整体上驾驭国际市场风浪的能力，使中国的名牌打出去，到发达国家去开拓广阔的市场。目前中国家电行业中的海尔、长虹、康佳、华录等名牌产品都具备了以名牌为龙头组建跨国公司实行跨国经营的条件和能力。此外，在服装、机械、重化、食品等产业中，也可以名牌产品为龙头组建新型的多功能的跨国公司，以形成中国名牌产品的联合舰队，作为21世纪与外国名牌产品进行竞争的主要力量，不断提高中国名牌产品的国际市场占有率。

**四、制定扶植名牌生产的政策支持体系**

目前，中国的名牌生产及出口已大大滞后于西方发达国家。因此，创造、发展面向全球的名牌产品，更需要政府的政策支持。从美、日、韩等国的实践来看，都重视以政府的力量扶植、促进本国企业发展名牌生产。为了21世纪中国名牌产品的迅速崛起，应尽快建立起中国政府对名牌产品进行扶植和倾斜的政策支持体系。①把发展出口名牌产品生产纳入国民经济中、长期发展规划，尤其在一些重要的国际竞争性的产业和行业中，要把实施名牌战略和培育龙头产品计划紧密结合起来，明确各地区、各产业名牌生产发展的目标和重点。②在产业结构调整中，坚决实施名牌导向结构战略，要通过筛选，关、停、并、转那些低质高耗没有市场前景的一般性产品的生产，集中力量发展市场前景广阔的名牌产品的生产，政府要采取措施引导生产要素向名牌生产集中。③在融资上对名牌生产和名牌企业集团给予支持。除了商业银行贷款外，计划部门和政策性银行在贷款规模、数量、期限、利率等方面应对国家确定的支柱产业、出口产业的

## 记事

**10月12日**

1996 熊猫电子庆祝建厂60周年暨熊猫创牌40周年大会在宁举行。

1994 1994年度"全国用户满意企业"、"全国用户满意产品"评出。

1993 团中央和原商业部联合表彰"文明经营、优质服务、争创效益"活动中取得突出成绩的100家先进集体、110名先进个人,并分别授予"全国文明经营先进单位","全国青年服务能手"和"全国十佳青年服务明星"称号。

1991 第三届中国西部商品交易会在四川省绵阳市举行。

**10月13日**

2002 广东省人大常委会以"涉嫌贪污"之名罢免李经纬人大代表资格。

1997 国家旅游局表彰1996年度全国国内旅游百强旅行社。

1995 全国食品工业现有国家标准963个,行业标准1000个。

施,也是企业建立现代企业制度和实现科学管理的内在要求。

加强企业的质量管理,应当更突出地摆上领导的议事日程。"质量管理是企业管理的纲。"质量是企业的生命,质量是品牌的生命。企业没有高质量的产品,就不会有高信誉度的品牌,也就不会有高占有率的市场。把质量视为企业、品牌的生命,必然要将质量管理作为企业管理、品牌发展的中心环节和关键所在。质量管理可以起到"纲举目张"的作用。抓住质量管理这个"纲",企业管理的各个"目"才能得以有效的展开。从根本上来说,只有抓好了质量管理,才算真正抓好了企业管理。企业的领导和广大员工要树立起坚定的质量观念,高度重视并突出引导、抓好质量管理,使企业的各项管理工作都紧紧围绕提高工作质量和产品质量这个中心环节来改进与提高。

企业是创立和发展品牌的主体。中国品牌的崛起要靠广大企业的艰苦奋斗。同时,离不开政府及全社会的关注与支持,离不开由广大用户、消费者营造的"信我品牌、爱我品牌、用我品牌"的社会氛围,离不开新闻舆论媒体和中介机构的积极参与,离不开企业提供的公平竞争的市场环境和法律保证。国家经贸委作为国家重要的宏观经济调控部门,要大力支持和鼓励企业实施品牌战略。加强开展创立品牌活动和扶植民族品牌的力度,造就一批能够走向国际市场的重点企业,培育一批代表中国水平的重点品牌。中国加入WTO后,面向世界开放的中国市场已成定势,我们必须增强紧迫感和责任感,努力创立和发展中国民族的品牌事业,进一步促进企业和国民经济的发展。

(陈邦柱)

名牌产品给以必要的优先或优惠。同时创造条件为名牌生产和名牌企业集团开拓多种融资方式,实行直接融资与间接融资并重,通过发行股票、债券、建立投资基金等,加快金融资本与产业资本的结合。还应扩大名牌企业集团的融资、投资自主权,使之成为融资主体。④在财政税收上对有市场、有效益的出口名牌产品及名牌企业也应实行一定优惠,千方百计地化解其历史包袱,扶优扶强,促进名牌生产上规模、上档次。

**五、依靠法律手段,加强对中国名牌商标的保护**

商标与市场竞争力、市场占有率是紧密联系在一起的。一旦本国名牌产品的商标注册权被别国抢注,本国名牌产品就会退出市场,因此,把培育名牌出口作为新世纪中国外贸发展的新生长点。尤其要注重按国际惯例,用法律手段来保护中国的名牌商标。要进一步开展国产驰名商标的认定工作和宣传工作,提高国产驰名商标的知名度。在认定国产驰名商标的同时,还应加强对国产名牌商标的资产评估活动,提高国产名牌的身价,并通过各种渠道向国内外宣传国产驰名商标及名牌商品。

强化在国际市场上的商标竞争与商标保护意识,注重用名牌商标去巩固、开拓、占领国外市场。尤其要注意加强国家驰名商标在国外的商标注册,防止中国驰名商标在国外被外商抢注。近年来屡屡发生中国驰名商标被外商在国外抢注事件,如"同仁堂"、"龙井茶",在日本被别人抢注等,这无异于中国资产的流失。因此,必须加强国外商标注册,同时,对被抢注的商标应按国际惯例予以申诉,尽可能减少损失。

在与外商合资合营的过程中,防止中国驰名商标被外商买断、挤占、封杀。近年来,国际上跨国公司来华投资增多,他们往往利用国内企业急于引进外资的心理,实行低价买断中国驰名商标的策略,移花接木打自己的招牌。因此,在合资、合营过程中,一定要防止急功近利的倾向,加强对国产驰名商标的保护,防止国产品牌被外商封杀、收买。

(张永建)

标　　识

# 信用经济与品牌时代

现代市场经济的发展和企业竞争的尖锐化，使得信用经济和品牌效应进一步完善和增强，使我们真正开始步入信用经济和品牌时代。

现代市场经济就是信用经济。因为市场经济的成长过程就是信用的发展过程，现代市场经济本质上就是经济高度信用化的结果。马克思曾揭示了从一般的生产与交换到信用资本的历史演变过程，说明了市场越发展信用就越完备，并且渗透到社会生产的各个方面。正是有了信用这个根本，现代市场经济中普遍存在的契约关系才得以建立，从委托代理、资本运营到具体的信用交易，现实生活中大量发生的是信用现象。可以毫不夸张地说，信用成为贯穿现代经济关系中的一条主线，并且成为现代社会发展的重要力量。

现代生活中同样充满了信用色彩，在我们的身边每天都在大量发生着信用关系事件，包括我们个人，每天都会有接受信用和履行信用乃至支付信用的情况。没有人会否认，我们每天都生活在信用关系之中，从早上按时上班开始，我们事实上就是在履行一种信用关系。

由此可见，在经济高度信用化的同时，社会也已高度信用化。所以，说“信用经济”倒不如说“信用社会”更准确。

在信用经济条件下，品牌的意义就更加凸显出来，因为信用与品牌本来就具有一体性。诚信造就品牌，品牌写照诚信。从经济学意义上讲，品牌是信用的凝结物，是信用的物质承担者，如同使用价值是价值的物质承担者一样。品牌的产生是双重信用的结果，对经营者而言，品牌是信用的支出；而对消费者而言，品牌是一种信用的购买。在这个意义上我们可以说，品牌是企业信用的成果，也是消费者认知的结果。品牌始于信用，成于信用，发展于信用。作为品牌一定建立在信用的基础上，没有信用的品牌是不存在的。不仅如此，即使是已经知名的品牌一旦失去信用，也将被市场无情淘汰。南京冠生园事件就是最好的例证。

现代市场竞争发生了深刻的变化，企业之间竞争的焦点主要不是规模和价格，而是主要集中在企业核心竞争力上，也就是说竞争胜负的关键，取决于企业能否在资源有效整合的基础上，尽快形成独特的、支撑企业持续竞争优势的能力。而就一般竞争企业而言，其核心竞争力往往凝聚在品牌之上，知名品牌是企业核心竞争力的重要体现。所以，现代竞争在一定意义上又可以说是品牌竞争。由于企业间围绕品牌而展开的竞争不断升级，客观上造就了一个品牌时代。

概而言之，信用经济与品牌时代是相伴而生的，品牌长于信用经济的基础之上，是信用之花才结出了品牌之果。

中国加入 WTO 后，在信用和品牌方面我们面临着双重任务，一方面要建设信用体系，另一方面要树立品牌意识，这样我们才能适应信用经济和品牌时代的要求，才能适应加入 WTO 后国际市场竞争的需要。这里突出的是要解决加强信用体系建设的问题。

WTO 是以规则来约束和规范的，是靠信用来保障和运行的，因此加入 WTO，必须加强信用体系建设。现在，经济生活中大量存在的是信用不足的问题，有专家估计，中国市场交易中由于缺乏信用体系，使得无效成本占国内生产总值的比重至少为 10% ~20%。

当前，加强信用体系建设需要正确认识、把握和处理这样几个问题：一是信用危机与标本兼治问题；二是企业信用与部门信用问题；三是信用缺乏与信用环境问题；四是信用标准与信用歧视问题；五是信用建设中的自律与他律问题。只有解决好上述这些问题，我们的市场经济才能得到进一步稳步、健康的发展。

（白津夫）

水　晶

江西昌明无线电器材厂

长春野力有限公司

记　事

10月14日

2002　亚运会中国代表团获得150块金牌。
第90届中国出口商品交易会在广州举行。

1997　国家技术监督局批准成立中国水产品质量认证管理委员会暨中国水产品质量认证中心。“认证中心”设在中国水产科学研究院内。

1995　第26届世界标准日。

1993　武钢集团正式组建运行。

1992　国家版权局“中国加入国际著作权公约”新闻发布会在京举行。《伯尔尼公约》和《世界版权公约》分别于10月15日和30日起在中国实施。

10月15日

2001　云南白药保护中止。
新丝路中国模特大赛在三亚举行。
中国保护消费者基金会、中国羽绒工业协会组织“全国羽绒服市场如何面对消费者高层研讨会”。

1994　1993年全国生活消费类企业利税前10强名单公布。

1991　国家工商局与对外经济贸易部联合发出《关于印发〈关于出口罐头食品使用商标问题的规定〉的通知》。

# 关于中国名牌发展的思考

当今世界，商战愈演愈烈，竞争的武器不是大炮、飞机、原子弹，而是“名牌”，名牌企业、名牌产品在世界抢摊战中发挥着越来越重要的作用。名牌，对于国家，是反映该国经济实力和国际竞争力的重要标志；对于企业，是决定生死存亡的真正“命牌”。近几年，在建立社会主义市场经济过程中，中国名牌不断成长，涌现出一批有影响的新名牌，如海尔、美菱、长虹、春兰、格兰仕等。一批传统名牌获得了新生，不少中国产品逐步赢得了世界声誉和市场。但是，中国名牌发展还面临许多难题，存在很多困难。名牌的发展固然需要企业在激烈的市场竞争中拼搏、奋斗，同时也需要政府的鼎力支持。

一、中国名牌发展中存在的问题

中国名牌事业在近几年获得了长足发展。但是，名牌发展还面临许多难题，名牌事业的现状与国民经济的要求之间还存在很大差距。

1. 名牌发展与中国实现工业化的要求不相适应。名牌企业和名牌产品无论是它们的数量规模还是质量水平，都与中国工业化发展战略的要求不相适应。名牌是一个国家经济实力、国家形象的反映，名牌的多少和质量水平是国家工业化水平的重要标志。如果没有一批在国际市场上具有强大竞争力的名牌产品，这个国家的经济就不可能有强劲的竞争力。中国民族工业的一个重大弱点就是缺少名牌，国际竞争力不强。过去，中国主要出口一些原材料、农产品和质量不高、附加值较低的加工产品，或借他人商标、品牌出口，这不符合名牌战略的要求。进入20世纪90年代以来，随着世界经济发展水平的提高，国际竞争日益加剧，中国产品的质量水平和竞争能力与世界的差距并没有缩小，相反，国内市场却日益受到世界各国产品，特别是一些世界名牌产品的冲击，致使我们正在失去越来越多的国内市场。

2. 名牌企业规模小、实力弱、运行机制不够灵活。中国大多数企业的规模较小、实力较弱，不要说与美国、日本、德国等国的企业比较，就是与韩国的现代、大宇、浦项等比较，中国大多数企业也同它们不在一个档次上。在世界500强企业中，没有一家是中国的企业，而韩国却有13家。目前大型、超大型世界企业（集团）控制了世界贸易额的70%，世界名牌中有超过半数以上的产品是由大型企业生产和销售的。大型企业竞争力较强，主要是因为它们不仅有自己的名牌产品，其生产数量规模经济的要求，产品质量较高，而且融资成本较低，发展后劲较足。目前，中国名牌发展面临的主要困难是资金短缺。企业创名牌、保名牌，需扩大生产规模，提高市场占有份额，但资金短缺成为制约的瓶颈，一是规模小，自有资金少，二是企业融资困难，即使融到资成本也较高，致使企业规模得不到及时扩展，而失去提高市场占有率的良机。中国企业规模扩展受行政制约，难以通过兼并、参股等对存量资产进行调整的方式迅速扩张，是中国企业竞争力较弱的又一个重要原因。再者，中国的一些名牌企业是在传统体制下成长起来的，企业运行难免受政府的制约出现机制扭曲。转换经营机制成为中国企业创名牌、保名牌急需解决的难题之一。

3. 世界名牌冲击，中国名牌在国内外市场处境不利。国内市场失守，国际市场难以打开，是中国名牌企业目前面临的基本状况。随着中国改革开放的进一步深入拓展，世界名牌大举登陆，不少实力雄厚的国外名牌企业纷纷在中国合资建厂，实施名牌产品的本土化。从一方面看，这是中国改革开放，利用外资获得了成效；但换个角度看，则是国外企业为降低成本，扩大产品在中国市场占有率，逃避关税等而采取的策略。一些国家和企业正是这样，由过去的单纯产品输出转变为由资本输出带动名牌输出，更由名牌带动产品输出，这样就比单纯输出产品具有更强的隐蔽性。不知不觉间，中国市场已经充斥了世界产品，特别是日本产品。请随意观察一下，从大中城市到较富裕的县乡，哪家百货商店没有日本SONY、松下的电器，没有富士胶卷！

中国名牌在拓展国际市场方面取得了一些成绩。据报道，海尔冰箱已成为欧洲众多客商争购和争当代理的对象。但是，能如此顺畅进入国际市场的中国产品是屈指可数的。国际竞争是那么激烈，每打开一处市场都需付出巨大努力，克服重重困难。一方面，我们的企业是在失去政府庇护的情况下，在国际市场与世界名牌平等较量，就像脱离基地的小型战舰与航空母舰战斗群进行较量一样，不在一个等级之上；另一方面，发达国家对中国出口产品给予的优惠大打折扣，实施一些看得见和看不见的限制。因此，中国产品在国际市场占有的份额较难扩大，中国产品比其他国家产品需要逾越更多的障碍。从技术角度看，中国名牌质量不高，没有普遍采用国际标准，技术领先程度较低，国外消费者认同度低，都是难以占领国际市场的重要原因。

总之，中国目前仍为二元经济国家，要赶超世界工业发达国家，必须走工业化发展的道路。作为后发展国家，必须创出一批具有国际竞争力的名牌产品，塑造一批世界名牌企业。名牌是一国之宝，日本等国家就是运用名牌战略，有计划有步骤地支持企业创造名牌，用名牌占领国际市场，获得了巨大的经济利益。创名牌不仅是一个企业、一个地区的事情，而是各级政府工作的一部分。各级政府应该制定名牌发展战略，完善支持名牌发展的政策，调动社会资源向名牌企业流动，实现规模扩张，提高名牌企业竞争能力。发展名牌也有利于实现社会资源优化配置，提高利用效率，也是弘扬民族精神，扩大中国国际影响力的客观要求。

**品牌攻略**

# 品牌经营、扩张的几种方法

无形高于有形，无形统治有形，最终无形化为有形，这是知识经济发展的客观必然趋势。品牌作为一种无形资产，它是国民经济、区域经济和企业经济的"灵魂"所在。从抓品牌入手，目前已成为搞活企业经济、区域经济和国民经济的战略性举措。这里，一方面是品牌创建、提升问题；另一方面则是品牌经营、扩张问题。从长远看，品牌经营、扩张问题将会越来越重要。总结内外品牌发展的实践，下列品牌经营、扩张方法值得重视。

1. 名牌激活。在相对过剩经济下，无牌、杂牌和低知名度品牌企业的大量有形资产处于闲置状态，不死不活。长此下去，这些资产将可能真的沉淀下来，变成死资产了。如果引入同类名牌产品生产，这些有形资产瞬间可由死资产转化为活资产、由低效资产转化为高效资产，这就是通常所讲的用无形资产激活有形资产，或者用高层次的无形资产激活低层次的有形资产。与有形资产不同的是，无形资产可以重复使用，使用一次增值一次。从理论上讲，无形资产的使

## 记事

### 10月16日

1993 第11届大众电视金鹰奖揭晓。

1999.2 国务院经贸办、国家工商局、国家技监局印发《关于成立全国打击生产和经销假冒伪劣商品违法行为办公室的通知》。

1991 “世界粮食日”，国务院确定每年世界粮食日所在周为全国“爱惜粮食、节约粮食宣传周”。联合国粮农组织确定1991年粮食日的主题是“植树造林、造福人类”。

国务院、中央军委授予钱学森“国家杰出贡献科学家”荣誉称号。

### 10月17日

1997 国家技监局、中国质量万里行组委会主办“打击假冒、保护名优”中国质量高层论坛。

1995 电力部命名“一流火力发电厂”、“一流火电厂”。

1994 农业部、化工部命名“全国乡镇化工百强企业”。

### 10月18日

2002 仰融因涉嫌经济犯罪被辽宁省检察院批准逮捕。

**二、实施政策倾斜，推动名牌发展**

创造国内乃至世界名牌是企业应该追求的重要目标。这一目标的实现，既要靠企业自身艰苦卓绝的奋斗和正确的发展战略，也要靠政府强有力、多方面的支持。在市场经济条件下，政府对名牌的支持不应是、也不可能主要依靠行政命令，而应采取经济手段。政府调控市场的宏观经济政策，都可以用来支持名牌发展。此外，还要广泛运用其他方面的支持政策。

（一）金融政策

根据马克思主义经济科学的原理，货币是推动企业生产发展的第一推动力。目前，制约中国企业发展的主要因素已经由过去的原材料、燃料动力等的短缺，转变为资金的短缺。中国企业自有资金少，融资成本高，是参与竞争的不利因素。目前，中国银行贷款利率比工业发达国家高出5—10个百分点，融资成本更高，一般要达到20%以上。中国企业较低劳动力成本的优势基本被资金的高成本所抵消了。为了支持名牌企业发展，必须在金融政策方面提供强有力的支持。①对企业急需的流动资金、技改资金实行贷款倾斜，优先发放，降低利率。②拓宽企业的筹资渠道，政府在安排企业股份制改造和批准股票上市时，优先考虑名牌企业，通过股票上市筹集资金，可以使企业获得成本较低的资本金。③过去国家对企业的“拨改贷”投资可转为国家资本金，减轻企业的利息负担。④允许企业在有效益的前提下通过兼并、托收等方式，实现资产扩张。现代市场经济的历史表明，企业的迅速成长通常不是靠其自身资本积累的结果，而是主要通过企业间的资产重新组合而实现的。发挥社会主义市场经济体制的优越性和政府宏观调控职能，使名牌企业能通过资产重组迅速扩大规模，提高竞争能力。

为了促进名牌的发展，政府应积极参与和推动以下两项工作：

1. 组建以名牌企业为核心的企业集团。实行集团化战略是名牌发展壮大的重要途径，而集团化的发展则需要以雄厚的资金支持为后盾。目前，中国一些企业经过努力已创出了比较有名的

用次数可以是无限度的。这样，只要少量无形资产就可激活大量有形资产。在激活过程中，名牌覆盖范围可以迅速膨胀。

2. 名牌延伸。先成名、后延伸是先做强、后做大的同一语。一个品牌到了登峰造极之时应当适时全方位地延伸，它包括前向延伸、后向延伸、旁侧延伸，上下游延伸、等等。就企业而言，可以沿着4个层次延伸：①品种延伸，即在一个品种上成名后延伸到其他品种上去。②产品延伸，如在电冰箱生产上成名后延伸到洗衣机、微波炉、热水器生产上去。③行业延伸，如在电器行业上成名后延伸到电子、信息行业上去。④产业延伸，如在第二产业上成名后延伸到第一产业和第三产业上去。

3. 名牌克隆。如是说品牌延伸是以名牌为主线的品牌扩张，那么品牌克隆则是以名牌企业为主线的品牌扩张。以海尔企业为例，海尔品牌是包括海尔理念、海尔形象、海尔机制、海尔管理等在内的一系列当今中国乃至世界最先进的无形资产的集结，它可以说是一组软件、一组基因，大量企业安装“海尔软件”、嫁接“海尔基因”，可以很快变成“海尔式”企业。这样，海尔品牌的“含金量”将会不断提升。海尔企业对中国经济的作用，不仅体现在利税贡献上，更重要的则体现在“基因”贡献上。异地克隆、“走出去”克隆应当成为中国知名企业发展的当务之急。

4. 向名牌集中。目前，国内地方经济已有意识地向“三名”（名品、名厂、名人）企业集中，正沿着“以名牌产品带动名牌企业、以名牌企业带动名牌行业、以名牌行业带动明星城市”的轨迹发展。在向名牌集中的过程中，一方面，全社会的资产配置效率得到了最大限度实现；另一方面，绝大部分企业被纳入了名牌产品生

名牌，但限于人力、物力、财力等的限制，难以实现规模生产，扩大市场占有率。但另一些企业不仅有大量的资源闲置，而且还在继续生产一般商品，甚至已明显过时的产品，效益很差，在崩溃的边缘挣扎。为了改变这种现状，应以有发展前途的名牌企业为龙头，以资产纽带为核心，通过联合、租、售、参股、承包等方式，组建企业集团，从而实现资本的有效配置，增强名牌企业的经济实力。

2. 实行产业资本与金融资本的融合成长。这是当代世界许多国家和地区实现名牌发展战略的重要途径：①既可以为产业资本的扩张提供强有力的金融资本支持，提高产业资本的使用效率，同时也使金融资本具有了更加明确的支持目标，从而提高金融资本的使用效率。②可使有限的资金不是流向导致“泡沫经济”的领域，而是流向对整个国民经济长期稳定具有关键性作用的产业。③可以为企业通过兼并、合并、收购等方式迅速扩张提供金融中介，有助于形成一批真正按商业化和企业化原则运营的企业和金融机构。④有利于形成具有国际竞争力的大型企业集团。

在组建以名牌企业为核心的大型企业集团时，可以吸收一定的金融资本作为股东；在组建新的民营银行，以及在专业银行商业化的过程中，可以吸收一定的企业资本。通过银行与企业的相互参股，是实现金融资本与产业资本结合的一种主要形式。日本在这方面有比较成功的经验。日本的大型企业，如三菱、三井、本田、丰田等，几乎都受益于同银行的相互参股，有些银行甚至就是集团的紧密型成员。在设立新的非银行金融机构如保险公司、投资基金等时，可考虑由一些效益较好，市场前景较大的名牌企业作为股东。只有把产业资本与金融资本结合，才能为名牌企业提供及时有效的金融支持，极大地提高企业竞争力。

3. 加快企业经营机制转换。转换经营机制，提高企业领导素质，是创名牌、保名牌的重要条件，是名牌企业长期稳定快速发展的基本前提。名牌企

产体系。这样，全社会的产品竞争将提高到一个新的层次上，即由名牌产品和非名牌产品之间为主的竞争转向名牌产品和名牌产品之间为主的竞争。

5. 名牌整合。名牌发展到一定程度后，需要适时进行整合。目前，国内不少地区在同类产品生产或相近行业存在多家名牌企业，这在品牌发展的初级阶段，既是必然的也是必要的。经过一定时期以后，这些生产同类产品的名牌企业需要联合起来，从而可以最低限度的成本支出形成更大份额的市场规模，并由此将名牌的知名度再提升一个层次。否则，小区域内生产同类产品的名牌企业之间“春秋战国”，自相残杀，难以适应全球化、国际化发展的更大空间。如果说名牌激活、名牌延伸、名牌克隆和向名牌集中带有“以强扶弱”性质，那么品牌整合则属于“强强联合”。从全球看，目前“强强联合”已成为品牌发展的主旋律。

6. 与跨国公司捆绑。跟名人合作的人可以更快地成为名人，“与跨国公司捆绑”应当成为中国名牌经营、扩张的重大战略。中国对外开放20年来的实践表明，“与巨人同行”、“与名人同行”，这既是中国企业打入国际市场的一条便捷通道，也是国产品牌向国际化拓展的一种便捷方式。目前看来，凡是“与跨国公司捆绑”比较成功的企业，加入世界贸易组织后对其冲击就小得多。当然，在“与跨国公司捆绑”在一起发展的过程中千万不能失去自我。如一些企业在与外商合资、合作中实行“双品牌制”、“多品牌制”，经过一段时期以后，外来品牌逐步淡化，国产品牌占居主导，就是成功典范。一言蔽之，在经济全球化、一体化的大背景下，中国名牌的经营、扩张必须充分贯彻“借助名人成为更快名人”的指导思想。

(李海舰)

## 标　　识

宁夏隆德县四波淀粉(集团)公司

双　环　牌

江苏省仪征活塞环厂

四美

扬州第一食品集团公司四美酱品厂

业要跟上中国企业改革的步伐,率先实现机制转换;在组建以名牌企业为核心的企业集团时,要以运用现代企业制度为前提。转换企业经营机制,可减少各级政府对企业的行政干预,对创名牌、保名牌是十分必要的。

(二)税收政策

税收是调控经济活动的重要手段,也是支持名牌发展的有力武器。①统一税收政策,实现公平竞争。过去,各级地方政府对"三资"企业都在税收上给予优惠,促进了它们的发展,但造成了国内企业间的不平等竞争。今后应取消这类"优惠女婿,怠慢儿子"的政策,使名牌企业能在平等条件下与其他企业竞争。②对名牌企业给予适当的补贴支持。目前,中国已有一些省市,如上海对所属企业到市外销售给予适当的税收减免和补贴,增强了上海产品在外地的竞争力。③减少行政干预,减轻企业负担。坚决取消企业的不合理负担尤其是乱摊派。有些地方把知名度高、效益好的企业当作地方财政的"预算外金库",一有临时支出就摊派给他们,影响了企业的发展潜力。为了有效地解决这一问题,政府除了要实行职能转变,变盘剥企业为支持关照企业,还要加快企业改革步伐,真正实行政企分开,使企业能集中精力创造名牌。

(三)科技政策

邓小平说:"科学技术是第一生产力。"其重要内涵之一是科学技术能够提高产品质量。质量是产品的生命,没有可靠的质量,产品就失去了市场生存的基础,名牌就无从谈起。综观世界所有的名牌,无一不是质量一流的产品。中国的一些名牌之所以在世界市场有较强的竞争力,主要原因就是产品质量较高,通过了国际 ISO9000 系列质量认证,在出口时可以免检。

创名牌需要巨额科研投入。德国奔驰汽车公司为保质量处于世界领先水平,每年用于科研开发的费用要占销售额的 8%—10%;美国通用汽车公司 1993 年用于科研开发的经费高达 60 亿美元。中国企业科研开发的投入不可能与他们相比,但是,没有投入是不可能创出名牌的。为确保名牌战略的有效实施,必须增加名牌产品的科研开发经费。企业要增加科研开发经费,政府要加强基础研究,加大资本投入。①建立名牌发展基金,确保名牌发展后劲不衰。可采取投资、融资、吸引外资、侨资等办法筹集名牌发展基金。②政府帮助企业建立有效的质量管理体系,提高产品质量。③深化科技体制改革,把科研与工业性实验和工业化生产较好地衔接起来,企业要挖掘和调动技术、工艺人员的积极性,让他们大显身手。④政府为企业通过国际标准质量体系认证做好服务工作。⑤对企业的技术改造贷款,国家给予优先保证,并给予一定的优惠或贴息。

(四)利用外资政策

现在国际上游资较多,特别是工业发达国家普遍存在资本过剩的问题,而中国一些企业又急需资金,因此,国内一些发展较快、效益较好的名牌企业就成了外资瞄准的对象,这对我们当然是有利的。由于国际上可利用的资金较多,有国际金融机构的贷款、有发达国家对发展中国家的政府贷款、有银行对企业的出口信贷等,在洽谈利用外资时,应该多方选择,争取最优惠的贷款。对那些以资本输出、劳动产品输出为目的的贷款,应该审慎对待。不能单纯看贷款条件有多优惠,而应该从长计议,不能利用了外资,毁灭了自己的名牌。应该强化名牌意识,有针对性地采取对策,保护自己的名牌。要对国内名牌实行价值评估,在合资时将其价值作为股本参与入股。在合资中要坚持使用自己的品牌,"健力宝"不嫁是值得国人自豪的。

统一利用外资政策,防止过度竞争。为吸引外资,各地在政策上普遍给予优惠,存在过度竞争的倾向。这是中国某些行业遭受冲击,濒临崩溃的重要原因。对此,中央政府要适当干预,统一利用外资的政策。

对在合资时失却的中国名牌实施"名牌救助工程"。建立名牌救助发展基金,帮助出现暂时困难的名牌企业。基金来源:政府出一点,企业拿一点,社会

## 记事

**10月18日**

2001 中山国际休闲服装博览会开幕。

2000 第七届中国广告节(第七届全国广告优秀作品展)在无锡举办。

1996 纪念针织工业 100 周年活动在沪举行。

**10月19日**

2000 国家工商局出台《工商行政管理机关消费者权益保护工作标准及考核办法》。

首届中国金鹰电视艺术节在长沙举行。

1995 1995 全国名牌大会在合肥召开。

1992 国家工商局发出《关于命名表彰 1991 至 1992 年度"全国文明集贸市场的"的决定》。

1991 国家旅游局公布全国第 10 批星级饭店名单。

**10月20日**

2001 杭州西湖博览会开幕。

募一点。我们曾为上海家化厂“美加净”品牌的丧失而扼腕，也曾为它的回归而振奋。但是，该厂毕竟付出了很大的代价，如果得到救助在先，这笔代价也许是无须付出的。

提高企业领导素质。企业家要有长远战略眼光，不能为短期利益所诱惑而采取短视策略。前几年，一较有影响的名牌在与外商合资后被打入冷宫，就是极大的教训。日本 SONY 在 20 世纪 50 年代刚刚起步，为了坚持使用 SONY 商标，不惜与当时美国最有影响的企业——它的经销商分手，其创始人盛田先后的抉择是很值得我们深思的。他对该美商说：贵公司 50 年前当然也是小的，经过 50 年的发展才有今天。我们今天迈出的就是你们 50 年前的脚步，50 年后，我们也会像你们一样强大。如果他们从一开始没有使用自己的品牌，那恐怕是创不出 SONY 这一世界知名商标的。

(五)国内外市场政策

国内市场是企业夺取国际市场的后方基地。企业应该在国内市场向国外名牌挑战，只有占领了国内市场，企业才能迈向国际市场。随着加入世界贸易组织，中国的关税逐步降低，必须让出更多的市场份额。但是，我们可能也必须对国内市场实行必要的保护。如可实行差别税率，用高关税来保护一些名牌产品和幼稚工业；可运用“世界贸易组织”所允许的例外条款来保护一些行业；在世贸组织允许的原则框架内采用非关税限制措施，保护国内工业和名牌产品；采用技术标准、环保标准等来限制外国产品进入，保护本国产品。加入世贸组织之后，还可运用法律手段，对国外企业的倾销行为行进调查，在国际公法支持下创造平等竞争的氛围。

鼓励名牌产品出口，在国际市场与国际名牌竞争。国际市场竞争激烈，一国的产品要想进入它国市场，并占有更多的市场份额，必须依靠名牌。日本的家用电器进入和占领世界市场主要就是几个为世界所熟悉的品牌。中国劳动力优势使得中国产品在国际市场上具有一定的竞争力，但资金成本太高又部分抵消了这种优势，因此政府对出口产品应给予强有力的支持。中国进出口银行就是为此而成立的。它主要通过提供出口信贷等来支持机电产品的出品。现在，各级政府对产品出口有许多鼓励的政策，企业要用足用好这些政策。过去，在产品出口上存在一种“借船出海”理论，从创名牌的角度看是需要商榷的。使用他人品牌的产品是依附产品，使用他人品牌的经济是依附经济，肯定是没有前途的。应该学习 SONY 公司的经验，坚持使用自己的品牌。中国的一些企业存在的信息不灵、不准的问题，对此，政府要加强服务，为企业提供信息，包括国内外市场信息、产品发展信息、技术发展信息、同业产品营销信息等，当好企业的参谋和顾问。

(六)奖励与宣传政策

实行奖励是促进名牌发展的重要手段，谁创造了名牌，就要重奖谁，而且要形成制度。各级政府(主要是省、市、自治区政府)有必要设立专项名牌奖，专门用来奖励对创造名牌有贡献的单位和个人，形成一个创名牌有功、创名牌光荣的企业风气和社会风气。要把奖励和宣传结合起来，使创造名牌有贡献的单位和个人与名牌一样有名。这个奖励包括名牌的创意、设计、管理、营销等各个方面。

名牌产品是中国民族工业的骄傲，要利用各种宣传媒介，把中国名牌宣传出去。要通过宣传，使全国人民懂得发展名牌的重要意义，统一认识，真抓实干，创造名牌；通过宣传，提高国民对国产名牌的认知程度，把宣传名牌与提倡使用国产名牌结合起来，提高民族自豪感；企业要赋予名牌产品更深的文化内涵，增强中国名牌的吸引力，传媒要将具有五千年文化积淀的产品介绍给国内外的消费者，提高他们的购买欲；宣传名牌企业，也要宣传创出名牌的企业家，他们的奉献也是对中华民族的奉献；对名牌的宣传要客观公正，吹出来的“名牌”是没有生命力的。

三、维护市场秩序，打击假冒伪

## 标　识

竹葉青 ®

山西杏花村汾酒厂股份有限公司

四特 ®

江西省樟树市四特酒厂

劣，保护名牌产品

名牌产品因其名牌效应而赢得突出的经济效益和社会效益，这对假冒伪劣制造者来说是很大的诱惑。于是，哪一个产品走俏，哪一个产品就有假冒，有的真品甚至被假冒品所淹没。假冒伪劣已成为普遍而严重的社会问题，严重程度已达到触目惊心的地步。假冒品大到"奥迪"汽车，已超过真品的五分之一，小到时新实用的小家电（如剃须刀、电熨斗）、方便食品（如方便面）等等。

假冒伪劣造成的后果是十分严重的。①它损害名牌厂家的声誉，掠夺名牌产品的市场，加大真品交易的费用。在假冒伪劣品出现后，生产者、经销者"反假"，消费者"诉假"，政府"打假"都需要投入大量的人力、物力、财力，造成社会资源的浪费。目前，全国假冒伪劣品每年造成的经济损失超过2000亿元；1994年云南玉溪卷烟厂的打假费用高达5亿元。②假冒品损害消费者利益，使消费者在真品面前驻足不前，致使真品销售萎缩，甚至退出市场。如"太阳"牌锅巴被迫转产，"振华851"的发明者杨振华面对假冒品，只好"仰天长叹泪长流"。③假冒是典型的商业欺诈行为，损害了最基本的商业信誉。④严重影响中国产品在国际市场的声誉和竞争力。曾几何时，中国与俄罗斯的边贸是那么"火爆"，而当假冒品充斥、质量残次品比比皆是时，俄罗斯客商纷纷转买韩国、日本的产品，边贸就逐渐萎缩了。

打击假冒伪劣已经成为各级政府、有关部门和企业的当务之急：

（一）加大打击假冒伪劣产品的力度

建立消费者投诉和伪劣产品处罚制度，保护消费者利益。设立品牌商品"保真"保证金，以赔偿消费者的损失。假冒品的猖獗受益于一些地方和基层政府的保护，要净化市场，必须使少数地方政府领导放弃助纣为虐的立场，主动清理，坚决杜绝假冒品在本地的生产。政府有关职能部门如技术监督局、工商管理局等要加大打击力度，对重点区域实施经常的检查，落实责任到专人，并指定当地政府的领导给予配合支持。对假冒品生产单位或个人，一经查出，就给予重罚，使其无力组织生产。制定、完善有关法律法规，实行经济处罚与刑事处罚结合的办法，使制假者、售假者闻风丧胆。

（二）打破行政壁垒，完善市场法规，实现全国统一市场

企业创名牌、发展名牌需要良好的市场环境。如果竞争不讲规则，市场没有秩序，就会制约名牌发展。维护市场秩序是市场经济体制下政府义不容辞的责任。目前，各地政府用行政壁垒来分割国内市场，实行地方保护，阻碍了名牌流通，是名牌产品难以扩展的重要障碍，也为假冒伪劣品的出现提供了机会。因此，必须健全市场法规，坚决打破行政壁垒，为名牌产品的顺畅流通创造条件。

目前，中国市场法规尚不够健全，有些法规没有因经济发展而相应修改完善，漏洞较多，致使市场运行很不规则，严重影响名牌事业的健康推进，因此，要制定保护名牌的法律法规。①要完善《商标法》和《反不正当竞争法》。增加商标权的司法复议程序；增加商标民事权利代理制度；增加执法的监督机制；实行商标原产地制度，同世界同类规则接轨。②要制定有关知识产权保护的法规，与国际法规同步。③制定《驰名商标保护条例》，对名牌商标的认定、评估、危害处罚等明确规定，要成立认定名牌商标的权威机构，不可滥评、滥定。④加大执法力度，制止虚假广告，维护消费者合法权益。打击假冒名牌，净化市场，是对真名牌的最有力最直接的支持。

（三）企业要配合政府保护名牌

主要是：①强化名牌自保意识。创名牌难，保名牌更难。谁不珍惜名牌，最后只有倒牌。世界上不存在一劳永逸的名牌，你不前进别人就会超越你。要对传统名牌不断加以改进、创新，不断采用新技术、新工艺，开发新产品。要爱护名牌的声誉，坚持不懈地争抓质量，不盲目追求扩大规模，在搞联营、

**记　事**

**10月20日**

1999　中国华融资产管理公司成立。

1998　1997年度全国国际旅行社百强和国内旅行社百强名单公布。

1997　共青团中央及12个中央单位联合作出"关于表彰首届'中国杰出（优秀）青年卫士'的决定"。

1996　曹禺戏剧文学奖在京揭晓。

1995　国家国有资产管理局、中国经济效益纵深行组委会共同发起的组织的"中国的脊梁——国有企业500强"评选活动在京揭晓。

第6届"中国10大杰出青年"在京颁奖。

1993　咸阳保健品厂自1989年10月投产至今销售收入已超过4亿元。

1990　中国邮电工业总公司在渝召开质量工作会议。

1990年度国家质量奖暨电工电子产品展览荣誉授奖大会在京举行。

建分厂、组建集团时降低质量标准，这是饮鸩止渴。在产量上去的同时，质量下来了，就会自倒名牌。②强化商标意识，注重商标的登记注册。驰名商标是企业的无价之宝。近年来，许多中国驰名商标如"同仁堂"在日本、"青岛啤酒"在美国、"阿诗玛"在菲律宾等被他人抢注，对这些产品在当地的销售产生了非常不利的影响。商标被抢注后，这些产品一不能以一贯的商标销售，也得不到该国法律的保护，影响市场的开拓。而为了购回商标，还得付出很大的代价。因此，企业要及早到世界各国登记注册自己的商标，并登记带有保护性质的近似商标。这是名牌自保的一个重要武器。　（邹东涛　张善良）

# 努力提高中国品牌的国际竞争力

品牌的国际竞争力是一国产业国际竞争力的综合体现，也是民族素质和国家经济实力的象征。随着经济全球化步伐的加快，品牌已经进入国际竞争时代。面对 WTO 的冲击和挑战，中国企业要参与国际竞争，就必须努力提高品牌的国际竞争力。

电子信息和网络技术的发展给世界经济带来了革命性的影响。市场的网络化使国际间的经济联系更加密切、更加广泛、更加快捷，各国之间的经济竞争也更加激烈。跨国公司在全球的迅猛发展，对国际经济生活产生着日益重要的影响。经营的跨国化、资本的国际化、战略的全球化，已经使品牌竞争完全进入国际化的历史新时期。任何一个品牌，即使是在国内市场上，所面对的也同样是国际品牌的竞争。我们必须清醒地意识到，品牌已经进入国际竞争时代。

目前，国内市场竞争的国际化趋势也更加明显。世界知名的跨国公司进入中国市场，所依赖的正是他们的品牌竞争力。食品饮料市场有可口可乐、百事可乐、麦当劳、肯德基、雀巢等世界名牌；日用化工有宝洁、汉高、联合利华三大名牌；胶卷市场上柯达和富士双雄并立；家电市场有松下、索尼、日立、三星、LG、飞利浦等各展丰采；通信市场更是摩托罗拉、诺基亚、爱立信、西门子、NEC、阿尔卡特等"七国八制"。在轿车市场上，德国的大众、美国的通用、福特、日本的丰田、本田等，都把中国的"红旗"作为中国市场的竞争对手，而互相之间又是对手。国内市场已经是国际著名品牌之间的竞争力的较量。

在世界名牌的面前，多少中国品牌因为自身缺乏竞争力而黯然退出市场，从此销声匿迹。同时又有多少中国品牌自强不息，在竞争中崛起。海尔、长虹、康佳、科龙、联想、方正、长城、乐凯、小天鹅、双汇、娃哈哈、健力宝等等，正是这一大批在激烈的市场竞争中崛起的中国品牌，撑起了民族产业的脊梁！

但是，我们也必须清醒地看到，中国品牌参与国际市场的竞争能力还很弱。虽然中国的进出口贸易总额已经达到 3500 多亿美元，占中国 GDP 的比重也达到了 36%，但是，在我们的出口商品中，有一半左右是加工贸易，也就是为外国品牌做加工。真正是我国自己的品牌出口的又多是粗加工、低档次产品，主要是劳动密集型产品。没有品牌的知名度，更谈不上品牌的国际竞争力。面对国际市场的激烈竞争，我们首要任务就是培育中国的国际知名品牌，努力提高中国品牌的国际竞争力。

品牌竞争力是指品牌开拓市场、占

## 标　识

神　鷄

江苏神鸡集团有限公司

松林牌

江苏曲轴总厂

## 记事

### 10月21日

1995 《中华人民共和国计量法》颁布10周年。

1994 《中华人民共和国广告法》通过。

### 10月22日

1993 《中华人民共和国消费者权益保护法》、《中华人民共和国注册会计师法》、《中华人民共和国红十字会法》通过。

### 10月23日

2001 《中国经济导报》刊出“2000年中国零售百强前20名排行榜”。

1999 “平安世纪理财投资连结保险”在沪推出。

1997 国家旅游局表彰1996年度全国国际旅行社100强。

1996 “中国10大杰出青年农民”评选活动揭晓。

1994 全国煤炭工业著名英雄模范人物塑像揭幕仪式在中国煤炭博物馆举行。

领市场的能力。一个品牌，只有它所代表的产品不断地扩大市场份额，并能够巩固自己的市场，才是有竞争力的品牌。品牌的国际竞争力是指品牌在国际市场上的知名度和市场占有率，这有赖于品牌的国际化能力。国际化能力是指品牌超越地理文化边界的能力，这是一个品牌是否具有国际竞争力的一个重要指标。一个品牌要获得不同民族消费文化的认同，不仅需要可靠的产品质量和适宜的销售价格，更需要通过品牌所展现的创新能力和营销策略，塑造出品牌的市场魅力，才能展示品牌在国际市场上的竞争力。

品牌竞争力的提高没有捷径可走，试图通过大量的广告轰炸是炸不出一个名牌的。要提高中国品牌的国际竞争力，需要有扎扎实实的功夫，需要从价格竞争力出发，走质量、服务、信誉逐级上升的道路。

抽象地讲竞争力当然是产品的价格竞争力。毕竟同一市场上的产品，在无差异的情况下，价格肯定是最具竞争力的因素。同等质量比价格，消费者当然要选择价格比较低廉的品牌产品。因此，价格是多年来中国产品在没有品牌竞争力的情况下，能够走向国际市场的惟一依据。但是，单纯的价格竞争力，虽然也能构成品牌竞争力的基本要素，却并不是一种品牌区别于其他品牌的根本所在。品牌竞争力主要决定于品牌之间的产品质量和性能的差异性。产品正是因为有差异，才有竞争。在价格相同的前提下，品牌的竞争力就体现在产品的质量上。所以，质量，适合消费者实际需要的产品质量，始终是品牌竞争力的核心。要提高品牌的竞争力，首先要有产品的质量做保证。

在产品质量和销售价格无明显差异的情况下，品牌所代表的服务竞争力就显得特别重要。在家电市场上，海尔率先提出服务竞争，并从服务时效、服务态度和服务质量上提出星级服务的承诺，进而形成企业的服务规范，就使得海尔品牌的竞争力先胜一筹。正是品牌的服务竞争力使得海尔率先走出国门，开始参与国际市场的竞争。

信誉是品牌竞争力的综合基础。一个品牌能够在消费者心目中建立其“品牌偏好”和“品牌忠诚”，是消费者对该品牌所代表的产品质量、服务质量和企业信誉的高度信任。这种信任，这是消费者在市场选择的反复试验中逐渐获得的品牌认同。品牌的信誉竞争力不但可以巩固已有的消费者群体，还可以扩展出潜在的消费者群体。良好的品牌信誉是企业的无形资产，可以为企业带来超值的利润。当然，价格、质量、服务、信誉作为品牌竞争力的主要内涵，需要企业严格科学的管理和不断的制度创新才能逐步充实和提高。

创新是品牌竞争力的生命源泉。只有不断推进技术创新、产品创新和管理创新，才能使品牌焕发出生命活力。在国际市场上，那些历久不衰的百年名牌，就是因为有不断的技术创新的产品创新，才使其长期保持品牌的竞争活力。中国改革开放以来也曾涌现出一批市场名牌，其中有靠着技术开发和创新，已经成长为国际市场上有竞争力的名牌；有的则因为缺乏技术创新而失去竞争力，逐渐被消费者所遗忘。在新技术革命突飞猛进的今天，产品的创新也以加速度的步伐前进。只有掌握了技术开发的主动权，不断有新的技术和产品升级换代，才能使品牌具有真正的市场竞争力。

就战略措施而言，关键是营造品牌竞争的核心能力，培育竞争优势。现代社会生产的价值链是很长的。从产品的设计开发，样品制作，零部件生产，到半成品组装，到产品的组装，到产品的包装和运输，到产品的销售，再到产品的售后服务。每一个环节都对产品的价值增值产生重要的影响。一个品牌必须明白自身的核心能力究竟在整个价值链上的哪个环节，才能把握竞争优势。

从世界著名品牌的发展轨迹看，营造品牌的核心能力，主要在技术开发与创新市场的营销策划两个最主要的环节。控制技术创新的源头就等于占领了竞争的制高点，通过技术创新，获得自主知识产权，使产品在竞争中获得高度的“差异化”，就可以使品牌具备超凡的竞争力。有的世界名牌，根本没有直接属于自己公司的工厂，其产品全部是委托加工，授权生产。在中国的市场上，他们甚至可在同一家工厂委托加工，但是并不影响他们各自在市场营销中的品牌影响力。他们品牌的竞争力完全来自产品的设计开发。他们可以根据不同国家和地区的消费者对产品的不同需求，设计不同的产品，但是，其品牌的核心能力却能够在自己统一的广告营销策划中体现出独特的品牌魅力。

提高品牌的国际竞争力，还要考虑到品牌产品的生命周期。总体上，任何品牌的产品都是要经过发育期、成长期、成熟期和衰落期几个阶段。品牌的竞争力在产品发育期，是品牌开拓市场的初创阶段，主要依靠广告和价格的竞争力，取得消费者的认知；在成长前期，主要靠技术创新的竞争力扩大市场；在成长的后期，主要靠服务的竞争力稳固已有市场挖掘潜在客户；在成熟期，主要靠市场营销的创新唤起客户的重新消费；在衰落期，要及时更新产品，主要靠产品的创新使品牌焕发青春活力。

品牌竞争力是企业综合实力的体现。企业要通过管理制度、技术和产品的创新，不断提高产品和服务的质量。同时要加大品牌国际竞争的战略研究和策划，从企业的组织结构、管理效率、营销策略等方面，全方位提高品牌的国际竞争力。

面对 WTO 的挑战，中国的名牌企业需要有自己的品牌战略。著名的经营战略研究家波特教授曾经指出，一个国家的国际竞争力，首先来自其在自己国家的市场竞争力。中国的品牌首先要守住自己国内的市场，然后积蓄力量，出击国际市场。现在的国际竞争就在国内，国内的市场竞争已经是国际化。守住国内市场，是提高品牌国际竞争力的第一步。

走向国际市场，参与国际竞争，在竞争中提高，在竞争中发展，是中国品牌发展的必由之路。目前，以海尔为代表的一批中国品牌，已经开始在国外投资建厂，主动出击国际市场，这是中国品牌的希望。中国有能力争夺奥运会的金牌，也同样有能力争夺国际市场的名牌。广大企业、各级政府和全社会要共同行动起来，保护中国品牌、宣传中国品牌、发展中国品牌，努力提高中国品牌的国际竞争力，共同创造 21 世纪中国著名品牌的辉煌！

（张世贤）



# 品牌战略与经营管理

*为什么说在今天品牌战略非常重要？因为我们已经非常清楚地看到，在中国已经面向全球经济、面向世界，一流品牌竞争的背景下，我们的大部分企业还没有从战略高度给予品牌非常正确的认识。虽然经过了 20 年的发展，中国经济取得了非常高速的发展，但是我们也看到在这种高速发展背后的差距和不足。这就是说，中国至目前，还没有很多同经济发展形势、发展状态相适应的世界一流的品牌，一些国内的名牌在发展过程当中也出现了大起大落的现象。*

中国企业在战略意义上的品牌管理、品牌策划是非常原始的和相对落后的。过去，中国经济 20 年相对优越的发展，相对宽松的竞争环境，也使中国企业界建立在经验基础上的管理思想，仍然在今天占据着领导地位

## 记　事

**10月23日**

1991 国务院知识产权领导小组成立。成员由外经贸部、国务院办公厅、外交部、国家科委、机电部、化工部、国务院法制局、国家专利局、国家版权局、国家工商局和国家医药局负责人组成。

1990 全国厂长(经理)质量经营演讲与交流大会在京召开。

1989 第二届第三世界广告与营销大会在马尼拉召开。

**10月24日**

1997 中国旅行社协会成立大会在大连举行。

1992 1991年中国最大的500家外商投资工业企业排序日前揭晓。

**10月25日**

2001 2000年度中国500家民营企业座次排定。

台湾太平洋百货北京盈科中心开门纳客。

1999 全路客运质量工作现场会在京召开。

或是主导地位。而新的经济环境和新的经济形势的变化，特别是以信息产业、高技术产业为核心的新的产业的发展变化，使这种相对落后经营管理思想和以经验为基础的品牌运营方式、方法同今天的环境相比，更加地不适应，

面对全球一体化和中国加入WTO，中国企业的品牌战略面临一场从未有过的严峻挑战。这个挑战就是，中国的企业家在今天的经济环境之下，必须坚定树立创造世界一流品牌战略和世界一流运营管理能力的决心和目标。只有在这个目标之下，中国企业才能够使自己的品牌和自己品牌所代表的产品和企业形象真正走向世界，中国企业才能够真正站立起来。中国经济才能够保持快速、稳定的发展。

我非常同意国家经贸委陈邦柱同志的观点，他认为品牌战略在某种意义上决定了中国经济的未来，决定了中华民族未来的发展和命运。那么，在战略高度认识品牌，主要是些什么样的内容和体系呢?

要从战略高度认识品牌。品牌是企业家非常熟悉的。品牌是企业的牌子，但是我们应当认识到，品牌不仅仅是企业的牌子，在今天的经济环境之下，品牌实际上是企业综合战略和综合消费者价值的一种体现，是企业整体战略的一种体现。优异的品牌也是企业快速发展的杠杆。

大家都说，百事可乐或者可口可乐，即使公司烧掉了，只要这牌子在，仍然会在很短的时间内迅速建立起一个在世界竞争当中仍具备强有竞争力的品牌。这句话的意思，不是这牌子本身知名度非常高，而是这牌子所代表的一套精心的消费者价值的设定。综合的品牌推广和运作体系以及优异的产品和市场管理体系，它们是客观存在的。这样一套先进的经营管理思想，系统的成形的管理规范体系加上这个品牌本身已有的影响力和消费者对这个品牌所包含的消费者价值的深刻认同，才是支持和壮大像百事可乐和可口可乐这样品牌的基础。所以，没有企业整体意义上的认识品牌战略，而单纯地强调品牌，或强调一般的品牌宣传，从企业长期的发展来看，是非常危险的。

另外，品牌战略设计得好坏，是市场经济条件下经营管理思想转变的一个重要标志。从这个意义上讲，从整个企业战略背景下的品牌战略这样一个层次来讲，品牌对于中国经济的发展，具有重要的影响。在一定程度上，关系着中国经济发展的未来，特别是关系加入WTO之后中国经济能否持续、稳定地发展。

(一)

事实上，传统的经营思想、传统的品牌观念在今天已经使相当一部分曾经在中国经济发展史上辉煌的品牌，出现了衰弱和失败。亚细亚，曾经是中国20世纪80年代末期90年代初期，中国商业体系非常重要的牌子。亚细亚商业是90年代初在中国建立的一个全新的商业帝国。但是，亚细亚在品牌战略上，特别是在企业整体战略背景上存在着设计上的不足和失误。在运营管理能力上，跟这个品牌发展的目标是极端不适应的。在经过10年的发展之后，亚细亚整个公司的负债额达到6.15亿元，已经接近破产的边缘。

大家也看到在电视机产业当中，80年代曾经巍立于中国市场的电视机品牌，已经衰弱了。像北京的牡丹、江苏的熊猫，已经从电视机、家电行业甚至电子工业的前10名退出来了。相反，这些企业逐渐地退出名牌行列的同时，一批新的名牌企业开始崛起。像TCL、康佳、创维、海尔，这些企业都是在电视机行业全国增长率只有4%—5%的情况下，它们还能够保持20%—30%的增长速度。并且在1994年、1995年，作为一个个新品牌，在中国市场上迅速地崛起。这样一种崛起现象，说明我们过去在品牌战略上或品牌思路上存在严重的问题，没有抓住市场发展机会。反过来看，中国的市场经济，中国的市场发展空

间，仍然是非常大的。

说明我们必须确确实实的有新的品牌管理思想和新的品牌战略竞争手段。如果在企业的经营发展战略、企业基本的经营运营管理能力上，存在严重障碍，那么大规模的企业也有可能失败。一个很重要的原因，就是始终没有确立品牌战略。

又是一个例子，就是“郑百文”。“郑百文”的销售能力，在1998年，应该是全国电视机行业最强的，但它们始终没有建立起一个在全国有影响力的品牌。相反我们看到TCL的发展，在起步的时候也没有自己的生产基地，只是一个开发和销售的中心。但是TCL通过有效地运作品牌战略，迅速发展起来，而“郑百文”虽然有中国最强大的彩电销售能力，但它却很快就失败了。

在中国手机市场上摩托罗拉、爱立信、诺基亚在不到6年的时间内，非常快速的发展，让人眼花缭乱的品牌大战：摩托罗拉在中国市场占据领导地位，很快爱立信就取而代之，爱立信保持的领导时间不到两年，尔后是诺基亚在领导市场。我觉得康佳等一大批中国的手机名牌企业，已经开始进入市场。我相信中国手机市场仍然有机会，像彩电一样能够在3—5年的时间内，击败所谓的洋品牌。重要的在于我们能不能设计出能够击败洋品牌一流的品牌战略和拥有自己的世界一流的运营管理能力。如果我们具备了这些能力，我相信在品牌上赢得这场战争的可能性是极大的。但是，如果我们不是从企业整体战略和整体运营能力角度来认识品牌所代表的能力的话，那么我们获胜的可能性是微乎其微的。20世纪中国需要新的品牌思想和新的品牌经营战略。

“何阳”现象和一大批中国的名牌企业逐步走向衰弱，可能从另一个侧面也印证了，传统的依靠点子、依靠勇气、依靠胆量或者依靠一种单一的竞争要素，参与市场竞争的时代可能



品牌问题

# 中国名牌跻身世界需要跨越三大障碍

不管在理论界，还是企业界，人们都不约而同地在提出一个问题，中国制造业为什么不能进入世界500强？在被世界公认的由美国《金融世界》评估的50大驰名商标中，为什么没有一个是中国的？面临压力与挑战，笔者认为，中国名牌要走向世界需要跨越三大障碍。

**跨越第一大障碍：经济基础薄弱与创名牌主体分散化的双重制约**

中国目前年GDP（国内生产总值）已突破10000亿美元，国家竞争力显著提高，可以说，已具备了较好的经济发展的物质基础。但也应看到，中国是个大国，经济总量很大，人均占有量却很低，GDP人均占有量800美元左右，只相当于美国、日本、德国、法国等西方发达国家的2%—3%。

因为经济基础薄弱，技术装备差，影响名牌的科技含量和内在质量；因为人均收入低，居民总体消费能力弱，缺少名牌生产的大众市场动力；又因为中国能源消耗大，劳动力素质低，劳动生产率上不去，名牌生产不能取得成本优势。

但我们不能把经济基础薄弱当“挡箭牌”。如果把中国的优势资源结合起来，创出几个世界名牌并非难

## 记事

### 10月25日

1994 中国出席联合国世界知识产权组织外交会议,在《商标法律条约》及其《实施细则》上签字。

《中国一绝》产品国际展示会在京举行。

1993 北京世界公园举行开园典礼。

全国工业污染防治“十佳企业”企业公布。

1991 中国第一个国家级、面向全国开放的肉类产品专业批发市场成都肉类产品中央批发市场在四川省成都市开办。

### 10月26日

1999 《入境旅游服务质量规范》、《出境旅游服务质量规范》正式立项。

中国科技信息研究所发布中国1998年科技论文统计数字信息。

1998 《颐和园》获第7届法国“莫必斯”多媒体光盘国际大奖文化·人文艺术奖。

1995 国家工商行政管理局发布《经纪人管理办法》。

1993 国务院批准《中华人民共和国水生野生动物保护实施条例》。

---

是全面结束了。

中国的竞争已经转向策略管理和综合能力的竞争。由单一要素的竞争,转向以创造消费者价值,创造竞争优势为主的策略和综合竞争能力的竞争。这样一种竞争体系,是每个中国人所必须重新思考和面对的问题。

(二)

品牌是整个企业价值的体现。在价值上认识品牌、认识品牌的作用、认识品牌所包含的消费者价值,把品牌变成一种企业杠杆式发展的手段,品牌运作和控制很大的市场。商标,实际上是依法注册,商标之所以是核心的问题,是因为它有排它的权力,别人就不能使用。排它之所以重要,是因为我的产品、我的商标本身代表特定的消费者价值。这个特定的消费者价值只能用这样一个排它性的标志来代表。

如果说品牌能够作为消费者产品的一种象征迅速发展的话,可以看到企业的发展空间是非常巨大的。企业运作和发展的杠杆,这几年很多地方搞低成本扩张,扩张有两种前途。一种前途,低成本过剩成了高成本运营,最后变成了高成本陷阱。很多企业在兼并、收购的过程当中,以很低的价钱取得了生产设备和手段,但是往往陷入了非常大的麻烦,无法真正启动和运作这样一个企业,为什么呢?因为低成本的收购,往往意味着高成本运营。而高成本运营的核心,就是因为这个企业本身在体系上、在策略上无法适应当前的市场竞争环境。相反,一些成功品牌的企业像康佳、青岛啤酒等,都利用品牌扩张取得了成功。

1994年,青啤刚刚上市的时候,我作为董事会的顾问,参加了公司的战略发展工作,当时公司拥有16亿8千万现金,在全国轻工行业居第1位。当时我提出了一个发展战略,通过兼并收购把全国作为一个整体市场。计划是2000年达到200万吨。当

---

事。目前更重要的原因是中国创名牌主体过于分散。中国的工业企业不仅单体规模小、实力弱、技术装备差,而且企业之间协作性差,不能实现优势资源在全社会范围内的优化与重组。家家企业都想创名牌,使真正具有创名牌潜力的企业不能发挥资源的聚集与整合作用。在发达国家,企业之间靠市场机制建立起比较稳定的协作关系,可以实现优势互补,小企业也大有用武之地。有些世界驰名的品牌,尤其是服装品牌,已经很少有自己的工厂和生产线,大部分是利用中小企业的生产能力,通过给予技术支持和质量监控,生产名牌产品。经营品牌而不是生产品牌,他们把自己的品牌与制造商的高质量产品相结合,这已经是世界名牌发展的大趋势。

**跨越第二大障碍:创新能力不强与科技成果转化率低的双重矛盾**

中国的科技投入少,创新能力不强。年R&D(研究与开发经费)占年GDP的比例不足1%,算下来不足100亿美元。这一投入大体只相当于国外几家大公司的研究与开发投入。国家制定的到2000年研究与开发经费的投入达到1.5%的目标未能实现。

目前需要解决的问题是,一方面,毫无疑问要加大科技投入,提高R&D在GDP中的比例;同时,启动国家知识创新工程,建设国家知识创新基地,通过提高基础性科学研究指标,来提高中国的科技竞争力。另一方面,更为重要的是,要加强实用性技术的研究、试验与推广,利用现有的科学研究成果,把现有的科技研究成果转化为生产力,为发展名牌创造良好的科技环境。目前,中国的科技成果转化率只有20%,而实际转化成商品并形成规模效益的仅为10%—15%”,如果把这一比例提高到50%—60%,那将是一种崭新的景观。

**跨越第三大障碍:“守住家门”与“走向世界”的双向压力**

时，大家都觉得计划太大了。今天回过头来看，青岛啤酒做到了150万吨。但是我想告诉诸位的一件事，就是这样一个兼并扩张的战略，真正大规模的扩展实际上是在1997年的时候。

从1994年我们提出这样一个战略设想，战略规划，到1997年这样一段时间当中，有一些个别因素，青岛啤酒3年换了3个董事长。结果是这样一个兼并发展的战略，实际上是大大滞后了。如果说从1994年的时候，能够像今天一样大规模运用品牌，经营战略重新设计青岛啤酒的消费者价值，那么我们今天非常负责地告诉各位，200万吨是完全有可能的。

1995年我曾经帮青岛啤酒收购西安的汉斯啤酒，那时，我们发现一个非常现实的问题。青岛的牌子拿到西安，并不是马上就被消费者接受。青岛啤酒，虽然是一个全国性的品牌，但它在任何一个地域，任何一个时间点上，不一定马上就具备优势。西安汉斯1995年底被兼并，一直到1997年，在当地都无法摆脱困境。1997年之后，我们重新运用了品牌战略，重新制定了消费者的价值，不断推出新的品种，连续3年通过汉斯干啤，汉斯2000的顺利推出，最后才在西安市场中从20%的占有率，增长到70%左右。这里我们看到没有一个系列的品牌支撑，仅仅靠一个牌子能够做得很好是不现实的。所以，我们一定要改变这样一个观念，把品牌作为牌子的标志转变为把品质作为品牌或消费者价值的标志。就在这个意义上，实现观念的转变、实现手段的转变，我们才能希望过去的名牌也能在全国甚至整个世界上建立起自己的竞争优势和竞争地位，才能够指望品牌作为增长的状态给企业带来迅速的发展。

（三）

对品牌的理解，从品牌的战略角度考虑，也有两种不同的战略。一种战略是我们可以把以品牌为核心的

中国“入世”以后，所谓“守住家门”，并不是也不可能御敌于国门之外，不允许国外资本和名牌进入中国市场，而是怎样通过与国外资本与名牌竞争，在本国市场上立有一席之地。

目前，国外资本和品牌对中国市场的的确构成了比较大的威胁：全国批准外商投资企业已达30余万家，实际经营的至少有20多万家，利用外商直接投资超过3000亿美元。尤其值得注意的是，外商在中国投资项目，平均规模不断扩大。特别是在新兴产业、高技术领域和市场前景广阔的产品市场中逐步占据优势地位。与此相适应，大量国外品牌以在国内合资生产的方式出现在国内市场。世界50大驰名商标，在中国已是家喻户晓，其中可口可乐、麦当劳、柯达，万宝路、索尼、雀巢在中国市场有极高的占有率，其中可口可乐、雀巢占据着绝对的统治地位。在这种情况下，能否守住家门，的确是一个十分尖锐的问题。不过这种局面也有好处，即当中国开始萌生名牌意识的时候，就有了学习游泳、锻炼成长的环境，在中国市场上假如没有国外名牌大举进入，可能没有中国今天的海尔、海信、科龙、小天鹅，也没有雅戈尔和健力宝。在国内市场（实际也是国际市场的组成部分）立足，学会与“狼”共舞，仍是中国企业所要积极面对的。

中国名牌走向世界有两个方面的内容：①使中国的名牌产品在国际市场立足，改变中国出口结构，加大加工产品的出口比重，提高出口产品的单位价值量，逐步实现出口产品“品牌化”，改变“中国企业生产、国外挂牌销售”的不利情况。②实现中国名牌企业的真正意义上的国际化经营，以国际市场为导向，通过对外投资，广泛利用国内外资源，在全球范围内实现生产要素的优化配置，平衡市场风险，获得最佳的生产名牌的比较经济效益。

（王成荣）

标　识

蘇寧®

江苏苏宁交家电有限公司

双 SHUANG 菱 LING®

武进链条厂

SANXIAO®

三笑

江苏三笑集团有限公司

和象征的企业经营战略和市场营销战略。这品牌战略是一种经营战略和企业整体发展战略的一种象征和核心，这是一种广义的品牌的理解。

狭义的品牌理解，就是指特定的品牌管理战略及其宣传、推广、延伸、发展以及消费者价值的更替，这样一种战略。从广义品牌来讲，我们认为，广义的品牌战略的核心是品牌目标、市场的选择、品牌代表的消费者价值的设计和制造。品牌消费者价值的传播和推广，针对市场和消费者价值的品牌维护和管理，最后品牌杠杆能力的发挥的应用。

狭义的品牌管理是指品牌设计、选择和推广、延伸、更替等这样一些策略。这两个概念是完全不一样的。而且对企业发展的价值来说，是完全不一样的。从品牌战略的层次来看，也是不一样的，从中国目前发展的状况看，品牌战略的层次实际上包括三个层面。

第一层次是产业的战略形式和品牌的产业战略层次。这品牌作为产业战略，它的价值和地位是什么？这包括产业选择、产业链的定位区分市场的定位、市场价格的定位。

第二层次的品牌战略是市场产品战略形式，这包括具体的市场区域选择，消费者价值的设计、利润设计和产品设计。

第三层次是战术性的品牌塑造和宣传层次这样一层体系。

我们认为，上述区分对中国的企业具有特别大的意义。中国企业谈到品牌战略的时候，往往把品牌战略局限在第二个层次和第三层次。即市场产品层次和品牌塑造和宣传层次而没有上升到产业战略层次。这样一种局限，对企业发展是有很大影响的。而且，不同品牌的战略概念和层次是不一样的。不同企业对品牌战略所要求的内容和提供的支撑需求也不一样。有的企业就是产品和市场层次的，有的企业明显就是产业战略层次。下面举几个例子说明这一点。

**品牌问题**

# 品牌经营八部曲

随着人们收入水平的提高，人们的购买和消费越来越注重品牌，从而企业之间的竞争就由价格竞争、质量竞争发展为了全方位的品牌竞争。在品牌竞天下的今天，企业要赢得竞争优势，就必须搞好品牌经营。一般来说，品牌经营包括以下8个方面的工作：

**一、注重品牌命名**

美国著名的广告专家艾尔·里斯和杰克·屈劳特认为：“名称是把品牌吊在潜在顾客心智中产品阶梯的挂钩。在定位时代中，你要做的最重要的行销决策，便是为产品起个名字。”总部设在巴黎的诺曼公司也认为：“一个好命名也许不能为一件烂产品促销，但一个烂命名却肯定使一件好产品滞销。”事实正是如此，试想：如果将“红豆”更名为“黄豆”，有谁还会对其钟情呢？如果将“Sprite”直译为“小妖精”，有谁还愿意购买呢？如果将“BENZ”音译为“奔死”，恐怕人们躲避还惟恐不及呢！

品牌命名的重要性具体表现在以下两个方面：

1. 品牌命名影响着消费者的接受和记忆，从而影响着品牌知名度的提高。由于人类的心智是有限的，他只接受与其知识和经验相吻合的信息，如果品牌名称简短、悦耳、朗朗上口，如长虹、康佳、方正、四通等，消费者就愿意接受并能够迅速

**记　事**

**10月27日**

2001

《著作权法》和《商标法》通过。

北京市政府：禁止冒用“北京2008”。

全国人大常委会对《中华人民共和国著作权法》、《中华人民共和国商标法》进行修改。

2000

上海成立国家级钻石交易所。

1997

中国政府在联合国总部签署《经济、社会及文化权利国际公约》。

1994

《中华人民共和国广告法》通过，自1995年2月1日起施行。

1992

国务院经贸办和国家技术监督局通知各地、各部门坚决制止各种社会评比活动。

**10月28日**

2001

“四川华润蓝剑啤酒有限公司”合资经营在成都签约。

2000

四川蓝剑集团、香港华润创业有限公司、SAB国际酿酒集团共同组建“四川华润蓝剑啤酒有限责任公司”。

大庆润滑油，是一个品牌塑造和战略经营问题。大庆润滑油品牌定位科门牌。本地人发音容易把它发为坑蒙牌。大家开玩笑，这个润滑油名字起得不好。这确实是品牌的塑造和设计问题。我们大庆能不能搞个更好的牌子呢？我看是能的。至少我相信我们在提这个科门牌的时候是没有认真地想过这牌子本身所代表的含义和价值，它推广和运作中能出现哪些障碍和问题。但是，科门牌经过努力，也可能变成国内知名的品牌。大庆润滑油，大家都知道是挺好的润滑油。我们许多名牌润滑油都是以它为基础调制出来的。它应该是最有资格在中国推广和塑造一个润滑油的品牌。但是，从它起步的状况来看，我们发现它的设计可以有更好的选择。这就是典型的品牌塑造和宣传策略层次上的问题。

红旗轿车，是一个市场产品战略层次的问题。今天，我觉得红旗轿车确确实实是很困难的，红旗是中国民族的骄傲，是非常高层次的品牌。但是，我们在市场定位当中，遇到一个非常大的问题。就是一汽整个集团，它推出奥迪 A6，它们还有捷达轿车、红旗。这三个轿车在市场气氛上的相互支持作用，从目前来看是非常不明显的。总体上讲，红旗应该是中国民族品牌，是豪华轿车的象征和代表。它的品牌定位应该高于奥迪，但是事实上支持红旗品牌的技术制造、产品质量和工艺跟奥迪相比，可能还有一定差距。红旗到底作为一个什么样的品牌发展，今天确确实实在市场和产品层次上要好好思考和研究，如果仅仅是拼命做广告，拼命做宣传，拼命建网络，拼命地追求销售额，我们可以看到这个品牌也很难长期维持下去。

另外一个例子就是天坛家具。天坛家具是一个非常典型的产业战略层次问题。世界著名叫“宜家”，进入中国，它是全世界最大的家具制造和销售推广企业。一个“宜家”在全球1年的销售额达 200 亿美元。“宜家”进入北京市场，通过自己的展厅和生产

记住，从而品牌知名度就会迅速提高；反之，如果品牌名称过长、绕口、生僻难认，如余固、富福、阿里斯顿、七宝美髯等，就难以切进人的心智，从而品牌宣传费用投入再多也无济于事。

2. 品牌命名影响着消费者的好感和偏爱，从而影响着品牌美誉度的提高。一般来说，人们都有“讨口彩”的心理，如果品牌名称含有吉祥、富贵、健康寓意，如健民、红豆、万家乐、乐百氏等，人们就容易产生好感，从而即使不接触产品而仅闻其名，就会对其充满神往，并厚爱有加，这就是所谓的“有名千里来相会”；反之，如果品牌名称粗俗、晦涩、含有歧义，如泡妞、二房、子贡、小猪猡等，即使其代表的产品质量很高，但人们在见到产品前而仅听到其名字就会产生厌恶感，甚至在心理上构筑起防范的篱笆，从而就没有心情去了解该产品了，这就是所谓的“无名对面手难牵”。

一般来说，品牌命名应遵循简明独特、寓意深刻、发音响亮、字形美观等基本原则。

**二、勿忘品牌注册**

品牌是一个经济概念，其本身不受法律保护，只有把品牌注册转化为商标才能受到法律的保护，从而才能避免被模仿或抄袭和积淀为企业的无形资产。现实生活中，中国企业因注册意识淡薄而将品牌丢失的例子不胜枚举。例如，哈尔滨正阳楼肉制品厂曾经使用正阳楼品牌生产各种肉制品上百年时间，但由于该品牌没有注册，后被北京一企业抢注，从而正阳楼肉制品厂就必须放弃使用该品牌；云南玉溪卷烟厂的红梅品牌曾经由于未及时注册而被成都卷烟厂抢注，后来玉溪卷烟厂花了 180 万元人民币才将自己的品牌赎回；沈阳红双喜压力锅厂的红双喜品牌也由于未及时注册而被

标　　识

无锡锅炉厂

江苏雅鹿集团公司

宁夏圣雪绒国际企业集团有限公司

记　　事

10月28日

1992　全国重点城市环境综合整治考核揭晓。苏州、广州、北京获前三名。

1991　西北地区最大的物资交易场所西安物资贸易中心在西安市西郊建成开业。

1988　上海大众汽车有限公司建成投产。

10月29日

1997　海南寰岛泰得大酒店获"五星钻石奖"。

1996　注册资产评估师将持证上岗。

八届全国人大常委会第22次会议审议通过《中华人民共和国乡镇企业法》。

1994　首届全国香烟包装设计大奖赛在武汉颁奖。玉溪卷烟厂"红塔山"、"阿诗玛"、昆明卷烟厂"大重九"、"茶花"、上海卷烟厂"中华"、曲靖卷烟厂"石林"、"五朵金花"、枣阳卷烟厂"汉光武"、宁波卷烟厂"大丽华"、"特北仑"等品牌获金奖。

方式，向北京市民介绍了全新的现代家具的概念和现代家具的方式。到"宜家"参观的消费者每天有2000人，到天坛家具厂参观的消费者，就相对少得多。对于天坛家具来说，它就面临着非常现实的战略层次的问题。它是作为一个家具生产企业存在呢，还是作为现代实具的设计和推广企业存在？显然它们碰到了竞争对手"宜家"已经进入中国，它们也看到"宜家"强大的竞争能力，每天到"宜家"参观的人数可能是到天坛参观的10倍。在这种背景之下，尽管中国劳动力市场很便宜，中国的市场也非常好，但是天坛如果还是把自己简单地定义为生产企业，能够长期存在下去吗？

我们觉得是非常困难的。即使能够存在，它有可能变成什么呢？变成国际知名品牌的制造商，而不是自己独有品牌的设计和推广企业。它在家具行业能够取得的利润，将可能大幅度下降。所以，我们觉得在战略层次上，特别是在产业战略层次上，品牌战略的设计是非常重要的。在计算机工业中，曾经发生过历史性的、戏剧性的变化。

20世纪80年代IBM是计算机硬件制造行业的领导者。整个80年代，计算机硬件行业占据计算机整个产业体系75%的地位。所以当时的IBM是非常风光的。蓝色巨人在全世界都是非常著名的企业，它的股票价值也是非常高昂的。但到了90年代，市场行情就发生了变化。IBM的股票在不到1年的时间内，跌到了750亿美元。蓝色巨人也陷入严峻的经营困境，为什么呢？因为它没有在产业战略层次的角度上认识到在计算机这样一个体系当中，究竟要做什么？你是一个硬件制造商呢还是一个软件服务体系的供应商，或者你应该在消费者价值的选择方面，提供什么样的消费者价值。90年代，微软和英特尔这两个在80年代非常著名的企业迅速发展起来，而因特尔在1990年没有迅速发展起来，都是因为IBM。1980年，IBM要推出自己的个人计算机的

抢注，当该企业提出愿以100万元买回自己的品牌时，对方竟不为所动；湖南洞庭氮肥厂长期使用的洞庭品牌也由于未及时注册而被当地一小企业抢注，后洞庭氮肥厂被迫将品牌更名为"芙蓉"，但销量和效益都大受影响……总之，注册意识差是中国品牌受冲击的重要原因。因此，企业要搞好品牌经营，就必须增强注册意识，努力取得商标专用权。

企业申请品牌注册，一般应遵循提前申请、地域覆盖和范围宽泛等基本原则。

三、明确品牌定位

定位理论鼻祖艾尔·里斯和杰克·屈劳特认为："定位并不是你对一件产品本身做些什么，而是你在有可能成为顾客的人的心目中做些什么。"也就是说，定位是指企业为自己的产品创造一定的特色，树立一定的形象，以期满足目标顾客的需要和应付竞争。实际上，定位就是为消费者或用户制造购买的藉口和提供购买的理由——或实用，或欣赏，或标榜自己价值……

定位的必要性是由产品同质化和顾客需求差异化的矛盾决定的。在现代社会，一方面由于技术进步迅速，同种产品之间的差别越来越小；另一方面随着人们收入水平的提高，人们的购买和消费越来越强调个性，在此情况下，企业必须为自己的产品塑造出差别和个性，从而才能够满足人们个性化的需求和扩大产品的销售量。

品牌定位的基本方法有两种，即实体定位和情感定位。前者是突出产品实体所具有的某种属性，如索尼定位"高质量"、麦当劳定位"极富营养"、汰渍定位"去污力强"、仕奇定位"做工精良"等；后者是突出产品所代表的价值或所具有的象征意义，如劳斯莱斯代表"高贵古朴"、

时候，英特尔和摩托罗拉是IBM要选择的两个芯片供应商，结果IBM选择了英特尔，最终因特尔超越了IBM，站在了计算机工业的前列。

所以，我觉得对于全世界这样的企业来说，这样有知名度的、这样庞大的企业集团来说，它们都有一个在产业战略层次上不断调整自己品牌所包含的消费者价值，调整自己企业的战略需要。对于刚刚起步的中国民族企业来说，这样的任务和这样的挑战是太多了。特别是加入WTO后，我们基本上向全世界企业开放了自己的市场。在开放市场后，如果我们不清楚我们的竞争对手要采取什么样的策略，不清楚未来的发展过程当中，你这个行业将出现哪些变化和趋势，消费者的需求角度、他的价值有哪些变化，那么可以想象IBM犯的错误，我们大部分中国企业可能是很难避免的。这样一个将近拥有80亿美元的资金储备，全世界拥有这样广泛的知名度，这样高新技术产业最优秀的企业都会发生的这种问题，我们的企业恐怕是很难避免的。

(四)

在探讨和寻找新的战略的时候，我们要看一看中国品牌的发展历史和现状。中国品牌发展历史，我们大致上可以总结为4个阶段：第1阶段个是品牌经营的始前阶段，即没有品牌阶段。第2个阶段是开始品牌经营阶段。第3个阶段是大力推广品牌阶段。第4个阶段是品牌战略的管理阶段。

80年代之前可以说是没有品牌阶段，就是有大家也会胡乱瞎起一个名字。北京皮鞋厂就排第1、第2到第7，这是非常典型的不需要品牌的阶段。

开始品牌经营阶段应该是80年代以后，特别是80年代中后期，有一个名字会使你的企业做得更好。第3个阶段，我看应该是80年代末期开始，中国进入了大力推广品牌阶段，到今天为止，我们仍然处在这个阶段当中。我们起了这个名字，我们开始做广告，在全国甚至在世界宣传自

力宝路代表“粗犷豪迈”、金利来代表“男人魅力”、杉杉代表“潇洒气派”等。

一般来说，品牌定位应遵循两个基本原则：一是要与目标顾客购买的着眼点相吻合；二是要突出产品的相对优势。

**四、加强品牌推广**

麦当劳公司创始人雷·克劳克在谈到品牌经营经验时说过：“如果把每次广告和重复一遍这八字宗旨(即优质、服务、清洁、公道)算作一块砖，恐怕这些砖已经可以建造一座横跨大西洋的大桥了。”美国菲利普·莫里斯公司总裁马克斯韦尔也曾经说过：“品牌如同储蓄的户头，当你不断广告累积其价值，便可尽收源源利润。”综观现实生活中取得品牌经营成功的企业，无不都极其重视广告宣传和其他形式的推广工作。例如，据美国一项统计资料显示，在美国排名前50位的品牌，平均每年花在广告上面的费用是1.58亿美元；排名前20位的品牌，平均每年广告投入费用是2.3亿美元；一些顶尖公司，如AT&T公司每年花在品牌推广上面的费用更是高达4亿美元。

品牌推广之于品牌经营具体有以下两个方面的作用：

1. 品牌推广有助于提高品牌知名度和美誉度。现代社会，由于生产者和消费者之间存在着信息上的矛盾，从而企业只有主动开展广告宣传和其他形式的推广活动，才能够让消费者认识、了解和信任自己的品牌。

2. 品牌推广能够促进销售和扩大产品的市场占有率。现代社会，产品严重供过于求，并且日趋同质化，从而企业只有主动开展广告宣传、为顾客提供充足的购买藉口和制造充分的购买理由，才能够唤起顾客的购买欲和扩大产品的销售量。

## 记 事

10月30日

2000 国家工商局部署全国打假联合行动。

1995 《中华人民共和国民用航空法》、《中华人民共和国食品卫生法》公布。

1994 我国首次获美国管理科学决赛奖。

10月31日

2001 国家经贸委发布第6批汽车生产企业产品《公告》吉利、悦达和中华轿车进入"目录"，获准在全国销售。

科龙电器公告第一法人股转让顺德市格林柯尔企业发展有限公司。

2000 第三次世界渔业大会在北京举行。

国家计委签发新的《关于商品和服务实行明码标价的规定》。新规定2001年1月1日起施行。

1997 《商品展销会管理办法》发布。

1996 全国首家国际服务贸易业协会在上海宣告成立。

己，但是就是在这样一个战略发展阶段当中，大量的名牌企业大起大落，我们没发展出一个在世界上具有影响力的品牌。虽然我们的经济在全世界迅速地上升，我们的品牌在全球竞争当中，并没有像我们的整体经济那样，表现出强大的生命力，原因何在？我们认为，应该进入到第4发展阶段，即品牌战略的管理阶段，必须重视品牌的价值，必须创造出世界一流的品牌和管理能力相支持的品牌体系。

总体来看，我们的品牌战略仍处于不清楚、不明确和缺乏系统性特征。中国的品牌战略阶段究竟是一个什么样的阶段呢？我们总结了以下几个特征：

第一，大量的企业没有明确的战略品牌概念。有些战略都是停留在纸面上。没有经过系统的科学的论证和规划，甚至很多企业没有成文的方案，甚至大家都想到，中国100亿以上的企业没有战略规划，成文规划的企业只在70%左右。但是，我最近去了几个非常著名的企业，都没有一个非常系统性的规划。

加入WTO之后，企业究竟要怎样发展，目标是什么？合资应该怎么做，合资以后中国的产业在竞争当中怎样提高自己的竞争能力，扩大自己的销路，提升中华民族的产业份额，这一块没有系统的考验。

第二，没有品牌和品牌价值规范的设计系统，没有保证品牌价值实现科学的管理流程。企业5年的规划，都是非常草率简单的规划。一个简单的经营目标的规划，该如何实现这个目标，这些问题统统没有认真、细致地分析。

中国品牌由于没有一个系统的设计，又表现出很多具体的特征，比如说以市场品牌为主，品牌的差异主要建立在物理差异上，而不是消费者价值差异上。品牌管理往往被置于企业整体营销战略之外。品牌的价值与概念随之产生，这样一种状况必然使我们的名牌企业处于这样一种状态：规模小、不稳定、产品技术和基础相对落后，企业的组织

一般来说，品牌推广应遵循两个基本原则：一是诉求点要与品牌定位相一致；二是推广诉求要具有统一性和一贯性。

**五、谨防品牌假冒**

品牌的最大敌人是假冒，一旦品牌被假冒，消费者必然就会放弃对该品牌的偏爱和忠诚，因此，企业对于假冒品牌决不能等闲视之，而是必须担负起打假的责任，并要舍得在打假上投入，以有效地维护自己的品牌地位。

一般来说，企业可采取以下措施维护自己的品牌：一是定期查阅商标公告，以阻止侵权商标获准注册；二是采用各种专业防伪技术，以不断提高自身防伪能力；三是坚决打假，以使假冒品牌无藏身之地；四是争创驰名商标，以求得在更大程度上得到法律的保护。

**六、慎重品牌延伸**

品牌延伸是指企业将使用在某一种或某一类产品或服务上的成功品牌，延伸使用到其他种类或领域的产品或服务上的行为。一般来说，品牌延伸能够节约品牌设计和推广费用，有助于新产品打开销路和扩大品牌影响力等。但需要说明的是，品牌延伸不当也会掉入巨大陷阱，如损害品牌原有形象、淡化品牌个性、造成消费者心理冲突等，因此，企业决不能随心所欲地进行品牌延伸。

一般来说，品牌延伸应遵循三个基本原则：一是延伸产品与原有产品要有密切的关联性；二是延伸产品与原有产品要有大致相同的质量水平；三是延伸产品与原有产品要有大致相同的目标顾客群。

**七、永葆品牌价值**

品牌无论知名度有多高，但如果其代表的产品或服务不能够再满足目标顾客的需要和为其带来利益，则该品牌必然就会被顾客所抛弃。现实生活中中国很多曾经红极一时的品

结构也是相对落后的。

传统企业危险的根源在于：

第一，企业组织依赖个别领导人创新的担梁时期。我们房子就一根梁，这根梁就是企业老板，这根梁要是断了或做出错误的决策，整个企业就会迅速地垮下来。为什么呢，因为它没有一套规范的、合理的战略管理体系，没有一套能够找出办法的中层管理人员（核心原因）。所以，我们把企业分成三类：第一类是依靠领导人创兴的担梁时期，第二类是依靠中层稳固核心竞争力的钢筋混凝土似的企业，第三类是最高层次是智能化、网络式的企业。智能、网络式的企业要求在体系上，在人员素质上都达到实际的一流状态和水平。

今天我们大部分企业都是官僚式的和集权式的企业管理模式。同现在知识背景之下的西方企业差距是巨大的。这种企业发展到一定程度，是一定会出现问题的。什么问题呢？是这个企业发展到一定规模之后，向新的行业扩张。因为它不扩张就没有办法发展，但它扩张以后就会出现什么问题呢？这根梁就承受不住了。为什么承受不住？因为它的领导人精力开始分散，自己没有系统的体系来支持，往往使企业发生重大的错误。这个错误损失经常就是几千万上亿。我们听到了一些重大的失败案例，就是由此而产生的。而且都产生在企业扩张和发展阶段。这种阶段这种问题是无法使中国企业迅速发展起来的。

新经济环境下和新经济形态下的中国品牌战略是迫切的、是重要的。除了我们过去基础很差之外，还有一个非常重要的原因，就是我们面对的是一个全新的经济环境，我们对新经济环境的认识和理解也有重大的偏差。这种偏差就是把新经济片面地理解为高技术经济，理解为信息经济，好像跟拳头产业没有关系。这显然是不正确的。

应该说，新经济的特征，一个非常重要的核心是改变价值。过去我们在谈经济学的时候，是用生产手段鉴定经济。我们谈到了狩猎经济、农业经

牌如三株、505、延生护宝、秦池等之所以迅速衰落，一个重要的原因就是它们所代表的产品已不再能够满足目标顾客的需要了。因此，企业要维护好自己的品牌，就必须永葆该品牌提供给顾客的价值。

一般来说，企业可采取两种方法维护品牌价值：一是保持和不断提高产品质量，在质量上精益求精，永远追求卓越；二是不断创新，以满足消费者求新、求异和求变的需要。

**八、调整品牌形象**

随着时间的推移、市场形势的变化、目标顾客观念的改变、企业目标顾客的调整以及事业领域的扩展等，某些品牌的既有形象难免过时与落伍，此时企业就必须采取措施调整品牌形象，以永葆品牌青春与活力。现实生活中具有鲜明时代感和备受消费者欢迎的品牌，无不是调整品牌形象的结果。例如，娃哈哈品牌的原有形象是“充满童趣”，但随着其目标顾客的变化，这一形象就落伍了，于是娃哈哈集团适时地将其革新为“高品质和充满关爱”的形象；海信品牌的最初形象是“优质彩电”，但随着海信集团事业领域的扩展，这一形象也过时了。于是，海信集团将其调整为“技术领先、品质可靠、服务一流”的形象。

一般来说，调整品牌形象的方法有三种：一是提升品牌形象，即采取措施如开发高档产品、提高产品质量、增加产品性能、改进产品包装、增加售后服务等，把大众品牌形象提升为高档品牌形象；二是改变品牌形象，即采取措施如重新定位、更换包装、改变广告等，把过时或落伍的品牌形象调整为现代品牌形象；三是品牌形象降格，即采取措施如开发低档产品、减少产品容量、更换包装、减少服务、降低售价等，把高档品牌形象降格为大众品牌形象。（张圣亮）

标　识

中　丹

江苏中丹化工集团公司

太湖

江苏太湖锅炉集团公司

记 事

10月31日

1993 《全国人民代表大会常务委员会关于修改〈中华人民共和国个人所得税法〉的决定》公布。《中华人民共和国消费者权益保护法》通过。

1992 轻工业部举行"92年轻工业国际合作奖"颁奖仪式。

10 月

2002 中国移动推出彩信业务。

张俊以涉嫌巨额诈骗被公安机关拘捕。

2001 首家外资独资旅行社在京设立。

铁路进行第四次大提速。

足球彩票正式上市。

第二届"金鼎奖"颁奖大会暨中国营销论坛在沪开幕。

冠生园梦断中秋。

梁中国先生品牌管理模型在京推出。

春都百条生产线宣布全线停产(1987年8月,中国第一根被冠名为"春都"的火腿肠诞生)。

2000 太平洋保险公司荣获2000年度"国际质量金星奖",并被授予CC100全面质量管理认证。

中国东方航空集团公司决定争取"首届中国国际商标知识大赛"的总冠名权。

济、工业经济和知识经济,都是如何制造经济的一种经济分类,而不是从消费者需求出发或从市场营销出发的一种分类。如果从营销分类出发,可以发现它是短缺经济、过剩经济和多元价值经济。

在过剩经济下,人的需求形态也是不一样的。但是,谈到产品需求,往往是物质产品需求。对消费者的精神需求,期待需求,对消费者的感觉需求往往重视不够。但是,我们发现新经济的来源、传统产业的振兴很大程度上来源于人们对感觉的创造。

《泰坦尼克》是1998年流行全世界的影片。300个人工作了1年,创造的产值达到12亿美元。电影所给予消费者的就是一种感觉。很多北京的消费者尤其年轻的消费者,花80元钱看一次,痛哭流涕,然后又很不满足,又去再看一次,又再花80元,又痛哭一次,最后很多人会发现他花了240元钱,流了3次眼泪,买到的是什么呢?买到的是对个人情感生活的一种感慨和不满。我们发现他们愿意花240元钱,并且绝不讨价还价,连看3次,为什么呢?因为感觉经济的吸引力太大了。

中国每年出口美国大概4亿双鞋,1双鞋是7美元。4亿双鞋出口美国是28亿美元。这28亿美元可以满足美国4亿人穿鞋,我们得用多少人创造出来?得用上百万人把4亿双鞋做出来。他们300人就把这鞋的一半拿回来了,这可以看到感觉经济是非常厉害的。

在其他领域也是一样的。传统产业通过增加感觉因素也会有很大的发展,而且是完全不同的发展。当然,消费者购买也会把感觉价值作为一个非常重要的考虑因素。很多高科技并不是我们经常会使用的。个人在选购产品的时候,有没有高科技产品带来的感觉,往往是决定购买的重要因素。

奥迪车,大家都说它好,好在哪呢?我们发现它的发动机、它的底盘应该来说都是非常成熟的,这就增加了很多感觉性的内容。比如说,你坐在车里,如果是冬天的话,椅子都会自动加热。而且驾驶座储存了3种模

品牌问题

# 创建中国品牌是企业家的使命

当代国际市场的竞争已由以价格为中心的低层次竞争转变为以质量为中心的高层次竞争。综观当代国际市场的商战,知名品牌正成为一个企业产品打开别国市场的敲门砖和守住本国市场的"护身符"。名牌商品这种在国际市场上具有攻守兼备的竞争能力越来越受到国际企业界的关注,因此,创建中国知名品牌正成为企业家共同追求的使命。

**一、企业家重视创建和发展品牌,是市场经济条件下企业生存和发展客观需要**

过去,中国曾长期处于短缺经济环境,企业竞争的方式主要是商品数量的竞争,谁家的商品供应充足,谁就拥有市场,谁就能够获得发展。进入20世纪90年代后期,随着中国社会生产力水平的迅速提高,市场供求关系已经发生了根本性转变,即买方市场正式形成。在买方市场条件下,不同企业的商品在性能、质量、款式和售后服务等方面的差距日益缩小,消费者对商品的要求不断提高,品牌

式，会自动根据你的高矮胖瘦进行调节。可不可以用人来调节呢？有没有必要花5万—6万来增加这些高技术装备呢？也可以不要，也可用手来动，但是大部分选择会愿意多花5万或者10万来买这些看起来用处不大的所谓高科技附件。买的是什么呢？买的实际上就是感觉。感觉它是一个豪华车，感觉它很舒服，感觉很自豪。尽管这功能可能一辈子都不会去用。

我曾买过一个松下的录放机，单放机是2500元，录放机是5000元，直到这个产品被VCD淘汰，我突然发现5年时间我竟然没用过这个录放功能。大部分人如果去调查一下，很多人都没用过，但是很多人去买的时候，它一定会去买这个录放机，不会去买这个单放机。

人们发现，新经济形态下与过去完全不一样。可以用6个指标来区分短缺经济、过剩经济或多元价值经济。在产品上，在短缺经济只要有就是好的。在过剩经济下，人们追求质量好。在多元经济下，人们用一个词"酷"。"酷"是什么，大家谈不出来。"酷"就是一种感觉，消费价值也不一样。在短缺经济下，卖的是产品。在过剩经济下，卖的是品质。在高技术经济下，卖的是品味，追求的生存目标不一样。

过去，大家觉得活着就是可以吃饱就行。过剩经济时，开始强调生活，现在追求发展，个人关心的标准也不一样。短缺经济下，大家追求的是数量，过剩经济下，大家追求的是质量，这样一套体系，大家会发现，整个的产品制造体系是完全不同的。

对于品牌的战略认识，品牌所包含的消费者价值在新的经济环境下，是完全不一样。所以，每个企业应该做什么呢？我们认为应该来重新设计品牌战略，进行一次品牌战略工程。要认识到新的消费群体的崛起，同时也要看到新经济形势也在发生变化。

新的经济形势需要新的品牌战略，创造世界一流的品牌运营管理能力。今天中国的企业完全具备这个条件和基础。

（薛　旭）

成为消费者选择商品的重要依据和企业间竞争的重要手段。近年来，不少企业商品库存增加，销售困难，效益下滑，陷入困境，究其原因就在于品牌不过硬，知名度低，竞争力弱。

品牌是一个企业综合素质和水平的集中体现，它关系着企业生存和发展。在中国全面出现了买方市场情况下，20世纪80年代靠浪潮消费拉动起来的生产能力过剩；重复建设重复引起的后遗症，就比较充分地显现出来了。它成了诱发过度市场竞争的客观条件，再加上亚洲金融危机的持续发展和扩大，出口贸易受到了很大的影响，更进一步加重了国内市场竞争的激烈程度。针对这种局面和形势，深入研究在买方市场条件下，如何发挥品牌的市场竞争能力，是企业家面临的一个重要课题。

**二、中国企业要更好地参与国际市场竞争，企业家必须重视创建和发展品牌**

目前，经济全球化趋势已经和正在给各国经济带来广泛而深刻的影响，这种影响突出表现在国内市场的国际化不断加快和世界消费趋同性不断增强。国外知名的大跨国公司占领市场的重要手段之一就是品牌输出。改革开放以来，特别是进入20世纪90年代以来，发达国家的一些品牌产品，借其成熟的营销手段和市场动作方式，对广阔的中国市场形成了很大的冲击。因此，企业家必须重视创造和发展品牌，加快实施战略，否则，不仅无法开拓国际市场而且国内市场也会被国外知名的品牌产品所占领。

这些年来，尤其是改革开放以来，中国的企业在品牌、名牌方面做了大量的工作，已经取得了很大的成绩，很多老字号的名牌不断地更新形象，新的品牌也不断地产生，而且有些名牌已经走向了世界，如海尔等。但我们中国品牌意识和品牌实施差

## 标　识

无锡拖拉机厂

无锡狮王太湖水啤酒有限公司

## 记事

### 10月

**2000** 中国商标年申请量超过18万件，有效注册商标已近122万件。

**1999** 浙江新昌易高·倍得纺织有限公司的“迷老家”保健、保暖真丝内衣系列产品获’99“范思哲”巴黎国际服装、服装博览会暨国际荣誉评奖会最高奖。

**1996** 建设部颁发“全国建筑先进企业”、“全国工程质量管理奖”、“中国建筑工程鲁班奖”。

**1994** 1993年中国工业企业500强评选揭晓。

**1992** 中国社科院社会学所商品评价中心对全国60多个主要消费品市场占有率进行调查。

**1988** 中国首次组队参加国际最高水平的奥林匹克烹饪大赛。

**1980** 全国第三次质量月评出国家优质产品金质奖。

**1979** 成都无线电一厂、北京电视机厂和天津无线电厂分别从日本JVC和松下引进3条彩电装配生产线。

## 品牌问题

# 两个500强　差距在哪里？

中国企业联合会、中国企业家协会前不久推出了2002年中国企业500强，名单公布后，引起了不少议论，有人认为，中国的500强根本就称不上“强”，只能叫“500大”，这说明，中国的500强与世界500强，存在着不小的差距，那么我们必须弄清楚——

从对2002年中国企业500强的整体分析可以看出，经过20多年的改革开放，中国企业500强已有了一定的竞争实力。其明显标志就是中国企业的成长速度在加快，主要表现在两个方面：一是每年都有新的企业加入到世界500强的行列中，今年列入世界企业500强的中国企业有11家，分别是国家电力公司、中国石油化工集团公司、中国石油天然气集团公司、中国工商银行、中国银行、中国移动通信集团公司、中国粮油食品进出口(集团)有限公司、中国建设银行和中国农业银行。二是中国企业的发展速度有明显提高，在一些成长

距仍然很大，在世界上打得响的品牌不多。很多服装销售都是用人家的牌子。我们一定要看到差距，特别是加入WTO后，品牌对于提高企业竞争力，提高国家整体的经济实力，非常重要。企业家要从品牌意识增强上，要从严格管理上，促使品牌成长起来。我们的企业曾在一个较长的计划经济体制下运行，对市场经济的规律有一个新的认识、实践和再探索的过程，许多新的做法也不可能马上奏效。观点虽然更新了，一些与现代经济相配套的机制还不能完全跟上，特别是经济运作的国际化过程，我们的企业要特别注意学习外国的成功经验。

朱镕基总理在人大政府工作报告中提出要求：要努力培育具有国际竞争力的大型企业集团。中国加入WTO使中国经济加入到世界经济全球化之中，这就迫切要求有一批拳头产品，过硬品牌，能够参与国际市场的激烈竞争。只有不断地产生“跨国公司”并成千上万地输出品牌，才能努力抢占更多的世界商品市场的份额，搞活我们的商品市场流通渠道，才能适应日益突出的消费世界趋同性形势。中国经济与国际接轨的问题，已经摆在我们面前。企业集团的规模、总量和质量，企业产品的服务与文化品质，市场营销的系统，包括影响发展的社会人文环境，都面临一个严峻的挑战和考验。

**三、发挥企业家的创新精神，创建和发展中国品牌**

中国品牌崛起的重任最终要落在中国企业家的肩上。为此，企业家必须牢固树立品牌意识，增强紧迫感，提高创建和发展品牌的自觉性，制定发展战略，增强品牌竞争力。

1. 努力扩大品牌产品的市场占有率。品牌的价值在于溢价能力，这始终需要销售收入的一定规模才能实现。市场占有率是品牌竞争力的基

性指标上已赶上或超过世界企业500强，企业增长方式也逐渐由粗放式外延增长为主向集约式内涵增长为主转变。比如，2002年中国企业500强的平均收入增长率为13.16%，比2002年世界企业500强的平均收入增长率9.97%高3.19个百分点；中国企业500强平均利润增长了4.29%，而世界企业500强平均利润却下降了47.5%；中国企业500强平均资产利润率为1.17%，而世界企业500强的平均资产利润率只有0.63%；中国企业500强平均收入利润率为5.01%，而世界企业500强平均收入利润率只有2.18%；中国企业500强的平均资产周转率为23.45%，而世界企业500强平均资产周转率为28.79%。同时，一些制造企业如中国普天集团、宝钢集团、青岛海尔集团等由于近几年发展较快，规模也在不断扩大，同世界企业500强的差距也在不断缩小，企业竞争力也得到了很大提高。

但是我们也应当看到，在中国企业成长的同时，世界企业500强也在成长，中国大企业同世界企业500强的差距仍然很明显。英国剑桥大学的彼德·诺兰有《全球化浪潮冲击下的中国大型企业——对中国产业竞争力的实证分析》一文中，通过对十几个行业的比较分析，认为中国企业与世界企业的竞争力差距不是缩小而是不断扩大了，所以很难在市场开放的条件下生存下来。我们通过对中国500强企业的分析后发现：一方面中国大企业的快速成长和一些优秀企业的脱颖而出直接否定了彼德·诺兰对中国企业生存能力的怀疑；另一方面我们也不能否认这种差距的存在，这也正是我国大企业今后努力的方向。

从竞争力角度分析，中国500强企业同世界500强企业的差距主

础。企业管理的首要目标是企业的成长性，发展才是硬道理。企业的成长主要体现在总体价值上，企业的有形资产是基本稳定的，企业总体价值的提高主要体现在品牌价值的增长方面。把企业做大其实就是把企业的品牌做大，努力提高品牌的知名度和市场占有率。

2. 努力挖掘品牌的潜在价值。品牌的潜在价值需要创新来实现。品牌的生命力在于创新。那些百年品牌之所以经久不衰，就在于管理者总是能够从品牌的产品方面、技术方面进行大胆地创新，不断推出新产品新技术，使老品牌焕发新活力，增强品牌的竞争力。

3. 提高品牌的赢利能力。品牌的赢利能力包括规模和提高市场占有率，也包括降低成本，提高赢利水平、管理水平。当前市场竞争已经超越了国界，怎样提高品牌的价值内涵，从而提高品牌的国际竞争力，就显得特别重要。品牌国际竞争力的研究可以比照同行业国际竞争对手，从不同的方面解剖对手，找出差距，保持优势，确立自己品牌的核心竞争力。

4. 积极利用信息技术，大力开发电子商务，探索品牌发展新途径。密切注视并积极参与电子商务的发展，建立完善的企业信息系统，以具备快速反应的能力紧跟国内外市场趋势的变化。

5. 加快以品牌营销为核心的营销模式的建设步伐。在市场竞争白热化的今天，营销活动成为品牌通向消费者的桥梁。在产品本身品质差异越来越小的时候，品牌营销成为取代传统营销的必然。因此，必须强化品牌服务。品牌竞争的一个重要途径就是服务竞争，国际知名品牌均注重对服务资源的开发，将品牌服务与品牌商品同步推出，在服务的过程和结果中提升企业的品牌形象。

（何诚颖）

## 标　识

太仓牌®

太仓肉松厂

江苏汤沟酒厂

## 记 事

11月1日

2000 沈阳市政府主办东北首届"城市形象大使"才艺大赛日前在沈阳落下帷幕。

1997 《中华人民共和国建筑法》和《中华人民共和国节约能源法》通过公布。

全国卫生监督员佩戴新的卫生监督标志上岗。

1985 深圳经济特区证券公司成立。

11月2日

1999 黄山风景区荣获联合国教科文组织颁发的首届梅利娜·迈尔库里文化景观保护与管理荣誉奖。

1995 国家工商局发布《商标评审规则》。

1994 中央电视台举办广告黄金段招标活动。孔府宴酒以3099万元中标。

1991 河北省审定600余项省优质产品。

1988 新闻出版署公布实施《印刷技术术语基本术语》等九项国家标准。

要表现在以下方面：

一、企业规模普遍较小。2002年中国企业500强平均资产规模只有2002年世界企业500强的6.46%；2002年中国企业500强平均营业收入只有2002年世界企业500强的5.26%。

二、劳动生产率水平低。2002年中国企业500强的平均人均营业收入、人均利润、人均资产，分别只有2002年世界企业500强的12.95%、29.62%和1.57%。

三、赢利能力水平低。2002年中国企业500强平均利润水平只有2002年世界企业500强的12.06%。

四、创新能力低。根据对我国钢铁、煤炭等16个行业调查，我国多数大企业关键技术的开发和应用水平与国际先进水平有相当大的差距。研究开发费用投入少、创新机制没有建立起来是其主要原因。

五、国际化水平比较低。我国500强企业中还没有出现主要以全球市场配置资源、进行跨国经营的企业。

为了缩小中国企业500强的差距，进一步做大做强企业，一方面国家应逐步完善发展大企业的配套政策，加快政府机构改革和职能转变。另一方面也是最主要的方面，企业应当认清差距，树立信心，坚持正确的发展观；围绕建立和完善现代企业制度，加快制度和管理创新步伐；以人为本，强化管理；大力推进技术进步，增强企业技术创新能力；推进企业并购、重组与战略联合；探索产业资本与金融资本相结合的途径；加快企业的国际化进程；大力塑造企业诚信精神，增强企业社会责任，加快培育自身的国际竞争能力，培育中国的跨国公司。

（李铁铮）

# 从企业实际出发 选择适宜的品牌战略

2001年对中国企业来说，最重要的一件大事莫过于中国正式加入世贸组织了。"入世"将使企业外部环境发生重大而深刻的变化，这就需要企业认真研究由此而引起的一系列长远性、全局性的战略问题，其中也包括企业的品牌战略。对于品牌战略，有一个存在很大争论的问题，这就是中国企业在同外国大公司尤其是那些拥有世界著名品牌的跨国公司争夺国际市场时，应该是创建自己的品牌而走向世界，还是做加工制造中心，让自己生产的产品借助洋品牌而越来越多地进入国际市场，简言之，就是实施"创牌"战略，还是走"贴牌"道路？人们对这个问题过去就有过争论，如今，当"入世"变为现实的时候，这个问题在多种场合又成为一个热点问题。

有的人认为，中国产品走向世界，如果不搞创牌，而是接受外国大公司的订单，让自己生产的产品贴上洋品牌跨出国门，飘洋过海打入国际市场，那就是放弃民族品牌，给跨国公司做嫁衣裳。笔者以为，从这些年的实践来看，特别是国内一些知名品牌的成功经验，无论采用创牌战略还是贴牌战略，其实都是处于不同环境条件下和不同发展阶段上的企业，从各自实际出发，为了更好地生存与发展而理智地、科学合理地采用不同类型的战略与策略，其最终目标是一致的，都是要创立自己的品牌。因此，问题的实质并不是要不要民族品牌，而是如何根据企业的具体条件，采用适宜的品牌战略，借以创造并不断发展竞争优势，促进企业快速、健康地成长。从这个角度看问题，中国产品走向世界，有以下三类品牌战略可供企业选择。

对一些规模较大、实力雄厚（包括资金、技术、人员、经营管理等）、在国内已有相当高知名度的企业来说，具备了实施国际化经营战略的有利条件。在这种情况下，就适宜采取创牌战略，积极地由国内名牌向国际名牌发展。著名的“家电王国”海尔集团公司就是这种战略模式的典型代表。他们按照“先难后易”的策略，首选欧美发达国家市场，让海尔品牌插足其中，并在那里站稳脚跟，然后再进军东南亚等其他地区，利用海尔在发达国家赢得的声誉，比较容易地打入发展中国家市场，大体完成国际化经营的市场布局。到目前，海尔集团公司在欧洲、北美和东南亚地区分别建有研发、生产和营销中心，共计建有6个生产厂、3万多个营销网点，产品行销87个国家与地区，成为有一定国际知名度的世界品牌。

以广东顺德格兰仕集团公司代表的一批新兴企业，走的则是贴牌战略之路。他们前些年还是创业不久的中小企业，没有海尔、长虹、康佳等大企业那样的生产大型家电的技术根底，也缺乏资金实力去营造伸向海外的营销网络，更不具备品牌优势。为了抓住市场机遇，快速走出国门，采取了扬长避短的战略战术，充分利用国内廉价的劳动力资源以及当地专业化协作配套网络发达的优势，给国外大公司加工制作订单产品，较快地走向世界。现在，格兰仕公司经过短短7年的时间，已成为全球最大的微波炉生产企业，2000年达到1200万台，2001年计划产量为1600万台，远远超过日本夏普、韩国三星、美国惠而浦等世界著名厂家，产品畅销80多个国家和地区，国际市场占有率达到35%。由于贴牌产品要打上生产者名称，所以，格兰仕这个品牌实际上正伴随着外国名牌向世界市场传播。格兰仕也注意抓住时机，大力宣传自己，增强品牌影响力。1997—1999年，在产品出口总量中，使用格兰仕品牌的产品同贴牌产品数量之比，从1:9变为3:7再到4:6，逐年上升。实践表明，适合企业具体条件的贴牌战略，非但不是放弃民族品牌，反而恰恰是促进民族品牌尽快成长的一条可行之路。

第三种可供选择的战略模式是，针对世界不同地区的市场特点，将创牌和贴牌两种战略结合起来，灵活运用。例如，在欧美发达国家市场上使用贴牌战略，而对发展中国家市场则采取创牌战略。青岛双星集团公司是国内旅游鞋行业第1品牌，但是若跟耐克、阿迪达斯、锐步等世界名牌相比，则没有与之正面拼杀的实力。所以，他们向美国出口的产品主要采用贴牌战略，借用沃尔玛、派利斯、EXO、菲拉等国际名牌大量进入美国市场。这样做，既可以比较容易地敲开发达国家市场大门，又能快速回笼现金，扩大生产规模，更充分地发挥廉价劳动力和规模经济的优势。对于南非、俄罗斯、新加坡等国市场，双星集团公司出口的产品具有竞争优势，于是，他们就是用自己的双星品牌展开拼搏，以便提高本公司的知名度，逐步扩大品牌影响范围，为将来创建世界名牌开辟道路。目前，双星出口创汇达到5000万美元，比20年前增长了28倍。产品销售到美国、日本、匈牙利、阿联酋、韩国、南非、俄罗斯、新加坡等100多个国家和地区，其中80%出口到美国。

上述三种战略模式都有成功的典范以及一批企业，这说明，战略本身并无优劣之分，关键在于从企业实际出发，制定和实施适宜的战略，引导企业走向成功。中国各地区经济发展不平衡，企业具体条件千差万别，因此，企业在“入世”后的新环境中，各自采取何种战略参与国际竞争，并没有统一模式。即使采取了同一类型的战略，在具体内容与做法上也是不一样的。企业必须做战略的创新者，才能不断地走向新的成功。

（郑明身）

## 标　识

江西鹰潭市谭花酒业有限责任公司

江苏堂皇床上用品集团公司

## 记　事

**11月3日**

1991　第6届全国发明展览会在西安闭幕。

1987　首届中国“毕昇奖”和“森泽信夫印刷奖”在京颁奖。

**11月4日**

1995　1995中国50家最大广告公司综合实力排序'95中国50家最大广告公司广告营业额排序公布。

1992　新闻出版署颁布《图书质量管理规定》(试行)。

**11月5日**

1995　青年军医伍骥在第36届世界外科大会上荣获1995年度国际外科学会奖(第一位中国人)。

1989　中国推行统一代码标识制度。

**11月6日**

2002　三峡工程二次截流成功。

2001　拥有英国、澳大利亚双重国籍的劳伦斯成为荣事达总裁。

中国人民银行发出《关于严禁发放无指定用途个人消费贷款的通知》。

# 中国企业已经成熟的两种品牌经营战略

从1980年末中国企业开始有了品牌意识起到现在，企业的创名牌活动已经开展十几年了。这十几年是中国企业品牌经营的探索时期，许多企业都在寻找和尝试有效的品牌经营方法，其中既有失败的教训，也有成功的经验。今天，从总结经验的角度来看，我认为有两种品牌经营战略已经被实践证明是成功的：一是以海尔为代表的“提供解决顾客问题的整体方案”的战略；二是以格兰仕为代表的“经济制约”战略。

## 一、提供解决顾客问题的整体方案

在传统上，企业作为市场的供给方，只是关注如何制造满足消费者需求的产品。然而，从1990年以来，国外许多企业的经营理念已经从制造产品转向为顾客提供解决问题的整体方案。提供整体方案不同于制造和出售产品。

1. 提供整体方案的核心是丰富顾客价值。传统的交易关系是一维的，企业提供给顾客的只是实体产品，而方案是多维的。它是包括了实体产品、服务和信息等要素在内的可变组合。从制造产品到提供方案的转变，反映了企业对顾客需求认识的深化。自有交换以来，生产者都是以产品满足顾客需求，尤其是工业时代大量生产大量销售的生产方式和多样化生产方式更使市场上充满了琳琅满目的产品。这使企业把注意力都集中在了生产满足顾客需求的产品上，而忽视了顾客需求本身。20世纪90年代以来，一些对市场敏感的、善于经营的企业开始走出这一误区。他们正确地认识到，企业的目的是满足顾客需求，而不生产产品，产品仅是满足需求的一个手段。

顾客的需求就是他们在生活或生产中面临的问题，企业的责任是帮助他们解决这些问题。在当代顾客需求十分丰富的情况下，企业仅仅提供实体产品是远远不够的，而应该提供包括实体产品、服务和信息在内的一切东西即一个全面解决顾客问题的方案，而实体产品不过是方案中其他成分的载体而已。如果用营销学家们“顾客价值理论”的观点来看，制造和出售产品仅仅着眼于一般的创造顾客价值，而提供方案则强调丰富顾客价值，即最大范围地最深层次地为顾客提供他们所需要的利益，帮助他们达到一个最为满意的结果——问题的彻底解决。这是提供方案的核心内容。美国约翰逊控制公司成立于1883年，100多年以来，它一直生产供热系统的控制器、电池等产品。1989年公司改变思路，由制造产品转向提供方案——进入设备管理服务市场，不仅生产和出售供热控制器和电池，而且全面解决客户问题，为客户管理供热和照明系统，使客户直接买到一个满意的结果，从而大大丰富了顾客价值。

2. 提供整体方案是一个连续的交易关系。出售产品形成的是一次性的交易关系，即使有回头客，那也是又进行了另一次孤立的交易，买卖双方没有形成长期的交易关系。然而，提供方案的企业则打破了传统的从一次性产品交易中获取利润的思维方式，转向在产品整个寿命期内寻求获利机会。要达到这一点，必须对“设计”进行重新思考和定义。与制造产品的生产方式不同，提供方案的生产方式中的设计不仅仅是对产品本身的设计，更重要的是对产品未来能力的设计。产品从一开始就被设计为一种载体。使产品具有变形能力、开发能力、换代能力等。顾客为了得到改进的功能，不必将产品弃之不用，而只需以低得多的成本做些改进。例如，波音飞机通常可以使用几十年。为了使飞机在未来可以满足顾客变化了的需求，飞机在设计之初就考虑到了它在未来的改型能力：机身的加长，发动机的改换，机翼的调换，机舱的变化及控制系统的改换。

3. 提供整体方案代表了一种新的生产方式——定制生产。工业革命以来。共出现了三种生产方式。在第二次世界大战以前，企业把顾客看作是一个无差异的整体，为其提供标准化的产品。例如，在20世纪初，福特公司是美国最大的汽车生产商，它用一种样式的小汽车（T型车）满足了所有顾客的需求。“你可以要各种颜色的汽车，只要它是黑色的。”亨利·福特的这一名言是当时情况的真实写照。当时市场竞争的焦点是扩大产量规模，降低生产成本，这是一种单纯的大量生产大量销售的生产方式，即追求规模经济的生产方式。第二次世界大战以后，由于消费者收入水平提高和需求多样化，“选择性”成为企业关注的问题。企业开始把顾客当作不同的群体，根据他们的性别、年龄、文化程度、偏好等因素把过去同质化的市场细分为一个个有不同特征的市场，企业为不同的目标市场生产不同产品。这种多样化的生产方式在当代经济中占据主导地位。

与大量生产大量销售生产方式相比，多样化生产方式为顾客提供了广泛的选择空间，从而能够更好地满足顾客需求。但是，我们也应该看到，在这种生产方式中，无论企业将顾客怎样细分，顾客总是以一个群体而存在，无非是群体大一些或小一些而已。这样，顾客的个体化要求很难实现，而强调个性、独特又是越来越明显的消费趋势。因此，进入20世纪90年代以来，一些敏感的企业已经从把顾客看作一个群体转变为把顾客当作个体，即把个人当作目标市场，实行“个体化生产”，为顾客个体定制产品。正是在这种生产方式中，企业才有条件与顾客面对面直接交流，最详尽地了解顾客要求和问题所在，从而才有可能提供一个解决顾客问题的方案，出售给顾客一个满意的结果，而不仅仅是一个产品。

尽管“提供整体方案”的理念来源于国外，但实际上国内一些企业在创名牌过程中已经把它作为自己的经营战略，其中以海尔集团最为典型。按照我的观察，“海尔模式”若在理论上加以提炼，实际上就是为顾客提供解决问题的整体方案。让我们看看“海尔”是怎样解



**品牌问题**

## 提升品牌价值 强化品牌传播

一位著名企业家说得好：“没有品牌，企业就没有灵魂；没有品牌，企业就失去生命力。”可见，品牌的价值对企业的生存和发展是何等重要。

品牌的价值是一种超越企业实体和产品以外的价值，是与品牌的知名度、认同度、美誉度、忠诚度等消费者对品牌的印象紧密相关的，能给企业和消费者带来效用的价值。品牌价值的大小，取决于它给企业和消费者两方面带来效用的总和。它与目前一些品牌评估机构依据品牌给企业带来的利润这一方面截然不同，品牌价值需要通过企业的长期努力，使其在消费者心目中建立起一定的价值，再通过企业与顾客之间保持稳固的取系加以体现。

产品本身是劳动的结晶。它随着产品的交换而得到转移，而品牌价值虽然在产品的价格决定上发挥重要

决顾客问题的：海尔在国内率先开展了24小时热线服务，24小时登门维修，“这在世界上也是很少见的”（伊莱克斯中国地区总裁刘小明语）。而且海尔的这种服务已经由国内延伸到了国外。海尔沙特运营商阿尔加巴说：“在中东，海尔的用户打一个电话，45分钟我们就上门服务了，那里的消费者说全世界没有像海尔这么好的服务。”海尔听说某地农民用洗衣机洗地瓜，便设计制造了能够兼洗地瓜的洗衣机。2001年2月，在青岛举行了“全球海尔冷柜部的4名科技人员连夜奋战制造样机，还延伸了迈克尔的设计思路，仅用了17个小时，就把样机带到了会场。而伊朗海尔经理人塔瓦尼先生在观看海尔按照他的要求定制的冰箱时，又提出要修改一个附件，海尔副总裁柴永森告诉他：“你只要提要求，一切由我们来做。”而在塔瓦尼参观完生产线时，他的要求已经被落实了。实际上，为满足用户的个性化需求，海尔已经推出了“全球定制模式”：以58大门类9200个规格品种为素材，再加上提供的20000多种基本功能模块，技术人员、经销商和消费者都可以在这个个性化平台上，有针对性地将这些“素材”和“佐料”进行升华组合，创造出独具个性的产品。

总之，顾客无论碰到什么问题，海尔全部负责给予解决，正如张瑞敏所言：“如果你要三角形的冰箱，我们也要为你提供。”海尔正是凭借这种真诚的服务，整体地、彻底地解决顾客面临的问题，极大地丰富了顾客价值，从而获得了顾客忠诚。北京BMS企业顾问公司于2000年3月在当地搞了一项调查，结果显示，“海尔”品牌在消费者心中认同率最高，甚至高出名列第2的品牌10个百分点以上。所以我认为，以海尔为典型代表的“提供整体方案”的创名牌之路已经被实践证明了是成熟的品牌经营战略。

**二、经济制约战略**

如果说海尔实行的是提供整体解决方案的战略，那么格兰仕则走的是另一条成功之路——经济制约战略。

经济制约战略是美国管理学者戴维·J·科利斯和辛西娅·A·蒙哥马利在他们的论文《凭借资源展开竞争：20世纪90年代的公司战略》中提出来的。他们认为(1995年)，资源的不可模仿性可以形成公司的竞争优势，而资源的不可模仿性有4个来源，其中之一就是“经济制约”（其他三个是：物质的惟

作用，但它并不因产品的交换而得到转移和转换。因此，它具有独立性。同时，品牌价值会随着消费者对其认同度和接受力的差别而使其向扩大的方向或缩小的方向变化。由此又可以看出，品牌价值又具有可变性。

良好的品牌价值是企业的无形资产。它可以保障企业市场的不断扩张，为企业树立良好的形象。然而，良好的品牌价值还应该向社会、向消费者不断地加以传播，使之家喻户晓，才能发挥扩大市场的功效。

对企业而言，品牌价值的效用也是企业确定的市场目标，表现在以下几个方面：

市场占有率。企业通过培养消费者对品牌的忠诚度，促使其重复购买，由此提高该品牌的市场占有率。市场占有率的提高和品牌价值的扩大是相辅相成的，企业通过市场的扩展确立了品牌的市场地位，再通过品牌的市场地位来巩固和扩大更高的市场占有率。

超额利润。通过品牌所体现出来的产品品质具有可依赖性和文化内涵等因素，消费者愿意为自己购买的品牌支付更高的价格，从而使该品牌产品得以溢价销售，企业因此获得超额利润。

品牌扩大与延伸。品牌形成后，可以利用消费者对品牌的依赖扩张原有的生产线，使品牌的产品组合得以扩展和延伸。这里需要品牌的扩展和延伸恰到好处，扩展与延伸后的产品可以作为原产品组合的补充，使其有着共同的产品性质、产品品质和产品功效，同一类品牌的产品，其新品上市后可在短期内享受到扩大市场

## 记事

**11月6日**

1999 全国质量工作会议在京召开。

1996 上海纺织30支著名品牌企业与30家著名商店签订联销协议。

1995 王选教授荣获本年度“联合国教科文组织科学奖”。

1994 中国银行行长被授予1994年度国际黄金交易“杰出领导人大奖”。

1981 国务院批准国内第一个跨行业企业集团上海高桥石化公司成立。

**11月7日**

2002 “中国名牌战略（深圳·香港）国际论坛暨名牌产品博览会”在深圳举行。

1997 关于《产品标识标注规定》印发。

1996 北京广告博览会暨著名商标展示会开幕。

1995 《内河旅游船舶星级划分及评定》国家标准发布。

一性，即竞争对手无法得到的同样的资源；路径依赖，即不能购买到而只能通过同样途径长期积累的资源，如品牌效应；因果含糊性，即竞争对手弄不清有价值的资源是哪些，也搞不清它们是怎么生成的，如企业文化）。

“经济制约”战略的要点有二：①在一个规模有限的市场上，企业进行大规模的资本投入，进而一举成为市场领导者，占据竞争优势。②随时利用各种手段（如降低价格）打击那些企图模仿这种投资的竞争对手。在这种情况下，虽然竞争对手有同样使用这种方法的能力，但终因市场空间有限，难以支撑更多竞争者的赢利而作罢。

格兰仕的创名牌之路就是利用了“经济制约”的战略。格兰仕最初只是一个从事羽绒制品加工的小企业。1990年代初，中国的微波炉业刚刚起步，在1993年整个中国市场容量仅为20多万台，市场远未发育。主要竞争对手也很弱，当时的龙头老大蚬华内销规模也只有12万台。格兰仕研究发现，在这样一个规模有限的市场上，只要倾全力投入，就很容易在规模上把对手远远甩在后面。于是，格兰化舍弃了年利润800多万元的毛纺厂及其他业务，集中一切资本、技术和人力资源于微波炉的开发、生产及市场推广。1993年销量为1万台，1994年为10万台，1995年后销量达25万台，市场占有率为25.1%，超过蚬华成为全国第1；1996年销售量为60万台，市场占有率达34.7%；1997年为125万台，市场占有率达49.6%；1998年总产量为315万台，内销213万台，市场占有率为61.43%；到2000年，格兰仕的国内市场占有率已达到67.1%，生产能力达1200万台，全球第1，是第2位企业的2倍多。在成为市场领导者的同时，格兰仕还运用价格武器，对企图进入行业者进行封杀。经过1996年和1997年两次大幅度降价（降低幅度分别为40%和29%—40%之间），在这5年间使原价位在2000—3000元1台的普及型微波炉降到500元，最便宜的仅300元。这使微波炉的行业利润降到很低点，从而提高了行业的进入壁垒，使许多想进入这一行业的资本都望而却步。这样，格兰仕成功地实施了“经济制约”战略，成为微波炉的名牌产品。2001年9月，格兰仕与其他50余个品牌被中国名牌战略推进委员会评为首批“中国名牌产品”。

（王新新）

占有率和获取超额利润的市场待遇，从而体现品牌的更高价值。

企业在具备了品牌价值基础并确立了市场目标的条件下，怎样扩大企业品牌的影响力，则是一个关键性问题。要想扩大影响，必须广而告之，做好品牌传播工作。在品牌传播中，首先应抓住传播的要点，尔后进行传播策略的选择与实施。

传播的目的是整个传播活动的源头，在评价策略是否适当时有“先看对不对，再看好不好”的说法。

目标受众是制定传播策略的基础。目标受众是传播的对象，需要首先按统计指标界定，尔后才能掌握其特点，并实施传播策略。例如，“大宝”化妆品传播确定的目标受众是各类职业工作者，有一定的文化修养，但又属于大众消费阶层，这些人对品牌的认知能力强，常常会产生品牌偏好，同时对价格又很敏感，愿意购买质价相称的产品。这样界定，“大宝”化妆品传播的目标受众就很清晰地展示在人们的面前。

品牌个性就是任何一个品牌都有自己独特的风格。个性突出的品牌，在传播中可以加深对目标受众的印象。品牌个性一旦形成就会如影随形般与品牌一起扎根于消费者的脑海之中。

诉求重点是传播活动的核心。诉求重点要着眼于目标受众，从提供消费者利益和满足消费者需求的角度来确定。诉求重点可以是有形的，也可以是无形的；可以是实在的，也可以是心理的，最好能直接切入消费者的心理。

（万贵生）

## 标　识

同大®

TONGDA

江苏同大气雾剂股份有限公司

铁环®

TIEHUAN

山西省襄汾县油漆厂

## 记 事

**11月7日**

1995 江泽民同志视察北京吉普汽车有限公司。

1993 中国记协和中国韬奋基金会主办“首届韬奋新闻奖”。

1989 秦皇岛港成为世界最大能源输出港。

**11月8日**

2000 中央电视台“2001年黄金段位广告招标”在京举行。

1999 国家经贸委等单位举办全国推行全面质量管理20周年大会在京召开。

1996 首钢集团正式挂牌。

1995 农业部公布首批全国乡镇企业集团名单。按核心企业总资产衡量，排在前5名的乡镇企业集团是：横店集团、海德集团、天津尧舜集团、天津津美集团、天津津海集团；按销售收入衡量，排在前5名的是：天津尧舜集团、天津津海集团、江苏华西集团、天津津美集团、海德集团；按利税总额衡量，排前5名的是：江苏华西集团、天津尧舜集团、天津津海集团、天津万全集团、江苏龙山鳗业联合公司。

# 中国企业的国际化战略

加入 WTO 后，中国企业要成功走向国际化，首先需要进行战略思维的转变。过去考虑做什么能赚钱，现在重要的不在于做什么，而是如何做以及怎样做得最好。行业也不再分哪个好不好或赚不赚钱，今后将不存在好的行业，只有好的企业；或者说不存在坏的行业，只有坏的企业，全看自己做得如何。

这种思维的转变十分重要，直接关系到中国企业能否成功走向国际化。

**五大优势不复存在**

加入 WTO 之前，中国企业的原有优势主要表现在以下几方面：

第一，资源廉价。过去很多企业之所以赢利，重要原因之一就是支付低廉价格就可利用高素质资源。就人力资源成本来说，是靠“剥削”高素质员工来赚钱，比如一个员工年薪本来值 20 万我们却只给 2 万，从会计学上看这似乎是赚钱的，但在经济学上并没赚钱，无非是应付的钱没付而已。

其他资源也是如此。房地产开发商只要从政府手里拿到廉价土地就可以赚钱。还有一个很典型的例子，八十年代许多军工企业生产的民用产品显得很有竞争力，原因是用制造飞机的原材料来生产自行车，而飞机的原材料由国家支付，企业并不付钱。

第二，政府保护。有很多企业甚至是生产假冒伪劣产品的企业，之所以赚钱，很大程度上是因为有政府保护，其中地方保护尤其严重。其结果是好企业无法扩展，坏企业反而有钱可赚。

还有一类企业不靠自身实力而是利用国家对外国企业的限制来赚钱。外企进入中国，政府的很多政策搞得他们眼花缭乱，而且有些政策是不透明的，使得他们只能跟中国企业合资，找其带路的这些合资企业就赚了一笔“导游费”。这是很多合资企业出现的重要原因。

第三，吃苦耐劳。比如温州一些企业在国际上有一定竞争力，国际市场上很多小商品都是由那里生产的。温州企业靠的是员工吃苦耐劳，一天工作 10 多个小时，一周工作 7 天。这一点外国人无法与我们攀比。

第四，成本较低。比如民营企业的家族式管理使得其代理成本相对比较低。

第五，产品独特。像中医药、中餐馆这些民族特色行业形成的优势具有一定特殊性。

加入 WTO 后，我们原有的很多优势将不复存在。比如人力资源“物美”就不一定再“价廉”，员工值 20 万就得给 20 万，如果工资再像以前那样低，很多企业就留不住人。我担心企业现在不重视人才，以后可能会付不起更高的价码。而没有能力也没有机会再重视人才。

随着经济收入逐步提高，人们的休息时间在不断增加，靠吃苦耐劳来节约成本的可能性也在缩小。自然资源也不再廉价，比如土地公开拍卖就要付真实的价格，很多房地产公司可能马上就会由盈转亏。随着政府职能的转变，一些地方保护政策将被废除，政府规则也会变得透明，外企没必要再交“导游费”，许多合资企业也将解体。面临种种变化，中国企业都要考虑加入 WTO 后靠什么生存、靠什么发展。

**核心竞争力的若干特点**

现在西方一些大公司、大集团都在强调核心竞争力，因为它已经成为现代 业竞争的关键。核心竞争力建立在企业资源有效整合的基础之上，这些有形、无形的资源要变成企业的核心竞争力，必须具有以下五个特点：

一是“偷不去”，即不可模仿性。由于产品与工艺不同，很难被人模仿。如果很容易被模仿，企业就没有竞争力。

中国企业的核心技术本来就非常少，不用说被外国企业模仿，就是我们自己的企业之间也很容易模仿。

二是“买不来”，即不可交易性。这种资源如果不能在市场上买到，就能构成核心竞争力。

三是“拆不开”，即资源的互补性。如果企业资源很容易拆开，同样不能形成核心竞争力。不是有了高素质人才，就一定有竞争力。一流企业是用三流的人干二流的事，赚一流的钱；三流企业则是用一流的人干二流的事，赚三流的钱。一些外国企业之所以比中国企业更能赚钱，就是因为其组织制度是一个互补性的平台，虽然每个人都是1，但两个人加起来就是3或4。而很多中国企业追求的是每个人都是5或6，加起来却不到11，1加1等于3的企业必定打得过5加5等于10或11的企业。

四是“带不走”，即资源企业归属性。外国企业的资源是属于企业的，而中国企业的很多资源却属于个人，人一走，资源也被带走。如果一个企业的资源可以被轻易带走，这个企业肯定缺乏竞争力。

五是“溜不掉”，即资源的延续性。企业的核心资源需要不断开发，不能今天还称之为竞争优势，到明天就失去了。

**重点在产权与激励制度**

中国企业应从这五个方面衡量自身的资源构成，进而探讨企业的国际化战略，并不断创新。随着竞争越来越激烈，企业核心竞争力的空间越来越少，赚钱也越来越难，这就需要从内部资源中寻求未来生存的能力。这应是我们考虑国际化的基本点。如果企业所具有的优势很容易被人偷走、被人模仿，企业就可能做大。

但目前中国很多企业还处于“农民经济”阶段，这个农民今天种辣椒赚了点钱，明天全村人都开始种辣椒；后天那个农民种烟叶，大后天全村人都种烟叶，最终辣椒、烟叶都卖不了好价钱。中关村很多高科技企业就是如此，一座大楼里可能有20家雷同的公司，无论做电脑还是卖电脑的，赚的都只是劳务费，是搬运工的钱。

造成企业缺乏竞争力的原因有很多，其中重要的一点与现有产权制度、激励制度有关。为什么很多企业员工都在提高个人的竞争力，而不是在提高企业的竞争力？这个问题很值得深思。

加入WTO以后，中国原有的竞争优势不再是中国企业的竞争优势，两者不能混为一谈。国家的竞争力是我们吸引资源的能力，而企业的竞争力是企业赚钱的能力。

**竞争优势的三个方面**

如同外国企业进入中国一样，中国企业也必须走出去，但一定要立足于自身优势，而不是空喊一些口号。从某种程度上说，走出去容易，凯旋很难。目前国内许多企业开始制定全球化战略，但这些企业的国际化道路究竟应该怎么走，哪些企业有成功的可能，应该作出缜密的分析。

在国际市场上，一个企业的竞争优势表现在如下几个方面：

第一是成本优势，即生产同样产品的成本比别人更低。比如中国国际集装箱集团公司之所以成功，就是因为成本比韩国、新加坡在华企业的同样产品低10%。

第二是产品优势，即产品的差异化优势，产品与众不同。比如联想电脑与IBM相比更适合中国人使用，因此对中国的消费者就形成一种特殊的吸引力。

第三是品牌优势，在技术性能完全相同的情况下，消费者为品牌多付钱。比如说英特尔品牌，只要产品贴Intel Inside商标就有人愿意多付钱。

这三者之中，成本优势的形成相对比较容易，只要是大规模生产，只要进行资本投入就可以获得。产品优势的积累相对难一些，因为要让自己的产品与别的企业不一样，就要依赖于产品设计，依赖于R&D以及对客户的了解。而企业的研发能力、核心技术的积累则需要相当长的时间。

品牌优势的积累所需时间最长，需要10年、20年甚至上百年，因为品牌的价值就是一种信赖，它依赖于消费

## 记 事

### 11月8日

1995 国家经贸委、国家统计局在京举行新闻发布会,公布“中国工业企业综合评价最优500家”。

1994 1994全国名牌大会暨驰名商品保护组织第三届年会在成都举行。

### 11月9日

1995 第二届全国质量认证工作会议闭幕。

国家经贸委、国家统计局发布新的工业企业综合评价指标体系。

首批全国乡镇企业集团公布。

1993 国家经贸委、国家计委、国家体改委、财政部、广播电影电视部、中国人民银行、国家统计局、国家税务总局、国家工商行政管理局、国务院发展研究中心联合发出《关于广泛深入开展(中国经济效益纵深行)大型系列调研宣传活动的通知》。

1992 中国展团在第41届布鲁尔尤里卡世界发明博览会上获奖。

### 11月10日

2001 中国加入世界贸易组织(WTO),成为其第143个成员。11月11日,世界贸易组织同意台湾以“中国台北”的名义加入世界贸易组织。

者、客户对企业产品持续的信赖,还依赖于大量的广告投入。广告之所以有助于品牌,是因为消费者相信,只有产品好的时候才敢大规模投广告。产品不好只靠广告,是收不回广告成本的。

**信息不对称,品牌越重要**

现在企业都在强调实施品牌战略,这是个持续的战略,其成功与否是衡量企业能否持续发展的一个尺度。一个产品的品牌价值到底有多大?这涉及产品信息的不对称性。所谓信息不对称是指消费者对一个产品了解的信息很有限,而生产者对其了解很多,两者差距越大,信息就越不对称。

为什么我们吃的土豆没有品牌,而电脑、电视机有品牌?这些都是信息不对称所致。相对于土豆,家电产品的信息不对称就明显一些,品牌价值自然就大。药品、服务业或者汽车的品牌价值很大,银行、咨询业、保险业的品牌价值更大,就是因为这些行业是最容易骗人的。例如20世纪80年代中国人买电脑,一般是不懂电脑的人才买品牌机,专家不愿为品牌多花钱,而是自己买零件组装。正因为我们大多数消费者“傻”,才愿意找一家信得过的企业为品牌多付钱。

成本、产品和品牌这三方面不同行业的表现是不一样的。如果一个行业产品的品牌价值很小,其成本优势就最重要。例如搞铁矿或一般的农产品种植,成本低才有市场。但随着品牌价值的增加,成本优势就越来越不重要。产品优势在开始阶段是逐步增加的,到顶点时就不再重要了。而品牌优势却不同,它随着信息不对称,品牌价值逐步上升而显得越来越重要,便如金融业或保险业最重要的就是品牌优势。

凭借品牌优势而赢得客户信任,需要有一整套管理措施,如果保险公司总在骗客户,那就不会形成好的品牌。在不同产品中,原材料的品牌优势最小,中间产品稍高一点,最终产品更高,而销售系统的品牌优势最重要。原因是销售系统面对的大多是知识很少的普通消费者;中间产品是卖给专家的,比如汽车零部件生产企业的客户是汽车厂,所以品牌不如成本重要;而原材料的品位很容易测度,谁的成本低谁就有优势。

**社会越富有,品牌价值越大**

关于品牌优势,我提出两个假说,一是以上所述由于信息不对称,越容易骗人的产品,其品牌价值越高;二是人越富有,品牌价值就越大。

一方面,在封闭的乡村或小城市里大家彼此都熟悉,不好骗,而到大城市很容易骗,所以越是大城市,品牌就越重要。麦当劳的产品并没有高科技却能打遍全世界,就是这个道理。另一方面,人穷的时候更重视成本,而不愿意为品牌付钱。几年前北京超市里蔬菜、水果没人买,现在却有很多人买,不是超市里的商品的价格降了,而是人们比从前富了,就专找值得信赖的地方而不怕多付钱。可见,越富有就越重视品牌,越愿意为品牌付钱。

那么,产品质量与消费者愿意多付钱之间有什么关系呢?按传统说法一分钱一分货,质量是十就卖十块钱,质量是九就卖九块钱。这在低收入社会大体行得通,但在高收入社会可能是十分货值十分钱,九分货不值钱。比如冠军做广告可以赚很多钱,亚军做广告就可能赚不到钱。歌星也是如此,第1名与第2名的出场费差得很远,品牌的价值就在于此。

结合以上两种说法,我们可以考虑中国企业在品牌方面应该做些什么、能够做些什么、应该生产什么、为谁生产以及在哪种市上销售。

**我们的优势是成本优势**

在成本、产品与品牌三种优势中,中国企业能尽快获得最大优势还在于成本优势,尽管成本也在不断提高,但与外国企业相比仍有一定优势。最大劣势就是品牌劣势,这是先天不足所致。

中国的市场经济刚开始发展,中国的企业刚刚起步,而西方企业的品牌是经过几十年甚至上百年建立起来的,一般的投资银行也有几十年、上百年的历史。在国际消费品市场上,与外国企业竞争,比在生产资料市场上竞争要困难得多。原因是在生产资料市场上，买东西的人都是专家，所以品牌不如成本重要，只要做出成本低的产品，对方就愿意买。但在消费品市场上，我们面临的都是普通消费者，所以品牌就非常重要，而品牌的建立又非一朝一夕之功。

在中国企业的国际化进程中，如果目前优势只能在成本范围内，就应把我们的成本优势与外国企业的品牌优势结合起来，而不应只凭豪言壮语去跟人家竞争。中国国际集装箱集团公司能成功走向国际，而夏利汽车却不能。道理很简单，全世界的集装箱客户只有100多家，都是大的远洋运输公司，只要质量符合规定，成本低就有市场。当然也需要讲信誉按时供货，但这比创立一个品牌要容易得多。

而生产汽车却不同，即使成本比人家低30%也很难成功，因为汽车卖到国外面对的是几百万消费者，他们不能有那么多的知识和条件去检查车辆是否合格。因此，可以说中国有可能出现世界上最大的汽车零部件生产企业，成为最大的零部件生产基地，但要在短期内成长出很有名气的汽车制造商似乎希望不大。

格兰仕的例子也足以证明这个道理，它也想卖自己的品牌，但是卖不动，虽然它已发展成为世界上最大的微波炉生产基地，产品遍布全世界，但贴的却不是格兰仕的商标。

**做世界品牌的两条路**

中国企业要做成世界品牌，有两条道路可以走。一条道路是先为人家加工，让人家利用品牌优势赚钱，自己则慢慢积累资金，当企业规模足够大并且有足够的讨价还价能力的时候，再把价格提高，最终把好品牌买过来。世界上再好的品牌总会有遇到困难的时候，这就是我们买好品牌的时机，只要先找到最赚钱的办法，说不定像IBM这样的品牌最终也会被中国人买过来。

另一条是走类似英特尔公司的道路。英特尔公司原来是生产芯片的，产品装在计算机里看不见，于是英特尔公司提出一个战略，所有的计算机必须贴英特尔商标。因为它控制着芯片，客户不贴不行。格兰仕也同样可以这样做，当讨价还价的力量强了，要求每一个销售商、每一个品牌厂家都贴上“格兰仕制造”，到那时就不再给别人生产，贴着自己的商标就可以卖，品牌也就出来了。

比如“好孩子”可能是全世界最大的童车生产厂家，美国很多超市的童车都是这个企业生产的。每辆车上都贴一个标签标明由它制造，童车的牌子本身可能是外国销售商的，但一定有一处标明是它制造的，所以它的品牌就慢慢出来了。

**联想与海尔的品牌之路**

联想为什么成功呢？与宏碁相比，联想的成功就在于利用了20世纪80年代年代后期、90年代初期中国人买电脑时注意成本与价格的特点。因为那时外国电脑都很贵，我们又都很穷，喜欢买既便宜又适合自己使用的电脑。于是，联想就利用自身的成本优势和产品的差异化优势，逐步战领亚洲市场，成为中国乃至亚洲最大的电脑制造厂商。当然，它能不能成为国际知名品牌还有待证明。而宏碁电脑出品已经20年了，至今仍在亏损，客观存在是靠OEM来补贴的，可见做成一个品牌有多难!

海尔的国际化战略是走一条“先难后易”的道路，首先从最难进入的市场——美国、德国做起，在美国制造电冰箱，然后再向落后地区发展。美国是最发达的国家，最愿意为品牌付钱，但海尔在美国不具品牌优势，主要是靠经销商的品牌，因为经销商都是经过几十年锻炼出来的，消费者信得过。

如果靠人家的品牌，人家一讨价还价，我们的产品就要大打折扣。比如美国企业生产的电冰箱放在沃尔玛卖，一台进价500元，顶多给海尔300元。如果海尔的产品成本足够低，也还能赚钱，逐步创立自己的品牌；但只要在美生产，成本就不可能低于美国产品，可见它在相当长一段时间内是要亏损的。这就要靠在其他国家足够的钱或者通过其他融资渠道来弥补。

## 记　事

**11月10日**

2000 "2000年全国实施用户满意工程先进单位"评出。

1999 交通部公布中华人民共和国海事局局徽。

1998 民族品牌高档轿车全新大红旗轿车在一汽亮相。

1990 华飞彩色显示系统在宁投产。

《商业部质量管理奖评审管理办法》发布。

**11月11日**

2000 中国保险业协会在北京成立并通过了《中国保险业公约》。

1999 《辉煌的二十世纪新中国大纪录》在京首发。

1998 中国ISO14000环境管理体系认证国家认可制度基本确立。

信息产业部表彰1998年电子工业优秀质量管理小组及个人。

海尔能否成功，关键是看它的资金链条。如果融资链条能够支持10年，亏损10年补10年，海尔就可能变成一个成功的国际品牌；如果无法支撑这10年，就可能前功尽弃。

**做品牌不能靠政府扶持**

过去，政府扶持几家大企业，习惯于把小企业赚的钱转给大企业去做品牌，现在看来这条道路很危险。一定的扶持措施或许是需要的，但是如果经常用政府职能覆盖企业本身的问题，最后也可能形成恶性循环。企业必须靠自身力量打造品牌。

中国的企业制度和外国的企业制度有很大差别。外国企业如果走错了路，用不了多长时间就能表现出来，并得以纠正；而中国企业出错后仍可走出去，直至头破血流不回头。其原因就是我们有政府保护，企业不需要承担真正的责任。

我一直不同意用国家的力量来扶持企业，靠国家力量和特殊权力来保护，只会导致企业内在的生产力非常低、非常脆弱。为了短期的热闹而作秀，是国有企业亟待解决的一个问题。我们是集中优势先赚钱后把外国品牌买过来，还是靠国家财政或其他政策树立品牌然后被外国人买走呢？究竟选择哪条路？这很值得我们认真思考。

**华人企业家名气比企业本身大**

从全球范围来看，华人企业有两个特点：一是富人不少，而悬挂在富人排行榜上的名次比在企业排行榜上高得多，比如香港的李嘉诚、台湾的王永庆等。而在企业的排行榜上却少得可怜，即使有也是靠政府力量、靠垄断做大的，严格地说不能叫做企业。二是企业家个人的名气比企业本身要大，比如李嘉诚家喻晓但李喜诚是干什么的，他的企业叫什么名字，知之者甚少。相反像外国的GE、通用汽车、福特等企业很有名，但老板、GEO是谁，并非有很多人知道。这种现象很有意思。

如果一个企业不能做大，就不会有品牌。第一代创业者有能力把企业做大，但到第二代衰退了，到第三代崩溃了，那还有什么希望可言？如果总认为50年后在中国仍难做成品牌，这显得过于悲观，但我们的确需要多思考一些更深层次的问题。

**我们做成了世界上最大的国家**

1995年，美国的日本后裔经济学家福山写了一本名为《信任》的书，其中强调一个国家的福利水平、经济发展、企业规模都与其社会信任程度有关。他提出，华人企业之所以做不大，正是因为华人社会是一个低信任度的社会，华人只信任有血缘关系的人，不信任血缘关系以外的人。对此，我提出一个相反的问题，即如果把一个国家看作一个企业，我们中国人可以说做成了世界上最大的企业，那么，为什么同样缺乏信任度的中国人能把国家做大呢？中国从秦始皇统一至今已有2200多年的历史，其地域之大、人口之多、历史之悠久以及国家之持续性，在世界上没有任何一个国家可以相比。如果说当今时代，依靠先进的通信技术和武器手段统治一个大国家不是很难，但在传统社会，交通、通讯都不发达，所有交通工具中跑得最快的也就是马，为什么中国人却能把国家做得这么大?；如果理解了这一点，对进而理解中国人能否把企业做大是很有帮助的。

**三个历史启示**

对此，我想得不心成熟，大致有以下几条原因：

第一，从秦始皇开始皇权世袭制对中国国家的持续稳定发展起了重要作用。世袭制就像给国家找到了所有者，国家的产权界定给了皇帝，国家就变成皇家的"资产"，皇帝就有积极性把国家搞好。如果他搞得好，国家长治久安，就可以把皇位作为产业一代代传下去；反之要是国家发生动乱，皇帝乃至全家人的脑袋就可能保不住，所以皇帝既有动力又有压力把国家搞好。

平心而言，中国的皇帝是世界所有领导人里最勤劳的，考虑的都是国家的长远发展，而美国总统考虑的只是4年任期的短期行为，加上连任，最多8年，8年之后这个国家怎么样他就不再管了。民主制选举的这些人都没有长远目光，这和企业一样，一个企业要搞好、搞大，如果企业领导人不考虑长远发展，不考虑10年、20年以后的事，就不可能搞好企业。

令人遗憾的是我们现在很多企业特别是国有企业的领导人，考虑企业3年以后怎么发展的都很少，大部分人只考虑1—2年而已。所以中国人要搞国际化的企业，必须让领导人有考虑企业长远发展的积极性。如果这个问题不解决，中国企业就算做大也做不好，即使做大了也是虚胖，或者是打肿脸充胖子。

皇位世袭也有毛病，第一代、第二代皇帝都是经过锻炼拼出来的，后来的皇帝则在深宫里长大，能力就不一定有保证。一般而言，王朝衰退时，皇帝往往更勤奋，但因问题积累太多，即使再聪明、再勤奋也无力回天。皇权毕竟不是资产可以卖掉，而企业是可以买卖的，眼看继承者不行，就把它转让出去，使之继续发展，自己也可以得到好处。这就是产权交易的重要性。

第二，从秦始皇开始，特别是到汉、唐之后，中国社会形成了一个很好的“职业经理人”队伍，即官僚阶层。他们接受过同样的教育，有同样的考试成绩，有共同的“正心、修身、齐家、治国、平天下”的理念，在国家社稷的机器里是很容易互换的零件。比如陕西一个知府调到广东，不需要再培训，就可以直接上任。

他们还有很高的职业道德，既知道为官之道，也知道为臣之道，并没有像拿破仑讲的“不想当将军(皇帝)的士兵就不是好士兵(官员)”的想法，没有刚做两天大臣就想当皇帝的欲望。

最典型的是曾国藩，本来镇压太平天国之后他完全可以当皇帝，如果他真动手谁也阻拦不住。但他没有这样做。因为在他看来，对皇帝忠诚是第1位的，不能以为功劳大就得坐皇位。中国古代3岁的小孩子也能当皇帝，因为国家的正常运转并不依赖于他，主要是依赖宰相、内阁大臣统领的文武百官。明朝万历皇帝因立太子问题闹意见，20年不上朝，但国家照样运转得很好，原因就是有一批大臣在主政。现在的企业老总要是20天“不上朝”，准保都乱套，显然是由于缺少一个有能力、有理念、有职业道德的中间层，缺少类似曾国藩这样的“职业经理人”。

第三，文化因素。从某种意义上说，是儒家文化秩序决定了国家的秩序，有的文化理念规范了人的行为，使大臣们知道自己在什么位置，应该如何尽职尽责，因而对国家统治的稳定起了十分重要的作用。同样，一个企业没有好的文化，也不会有竞争力。企业文化是难以被人偷走的，也是难以拆开的。全世界的企业都在强调文化的重要作用，就因为只有企业文化才能把员工凝聚在一起，形成一种默契，使企业生产力得以提高。

从文化因素上看，中国并不是一个低信任度的国家。如果中国人真的信任度低，就不会把国家做得这么大。如果皇帝对大臣、士大夫阶层没有信任，就不会把这个国家交给他们管理，不会把他们从北京派出去管西安。如果士大夫阶层不信任皇帝，就不会为其卖命。皇帝不信赖的往往是自家人而不是外人，因为自家人篡权的可能性要比外人大。为什么现在的企业只信家族人而不信外人呢?这显然是一个对比。

**反思今天　再造未来**

可见，就精神文化来说，中华民族一定是一个高信任度的民族。但是，我们必须承认现在的信任度大大降低了，因为我们不像过去那样有完整的理念，现在的政府官员也不像古代士大夫那样有一种共识、一种志向、经过很好的职业训练。这才是当今真正的问题所在。

要想把中国的企业做大，使企业具有国际竞争力，必须考虑这些深层次的问题。如何恢复中国人之间真正的信任，如何树立好企业的信誉、品牌，需要我们很好地反思过去100多年磕磕绊绊的历史对民族道德方面产生的影响。我们不能因为现在缺乏信任感，就把问题都归咎于文化传统，如同不能因为自己吃错药了，就怀疑祖先基因里肯定有问题一样，我们要反思今天的自己。

(张维迎)

标　识

飞虎集团

记 事

11月11日

1991 第四届全国服装设计"金剪奖"大赛揭晓。

11月12日

2001 中国加入世界贸易组织 WTO。石广生同志用三支"英雄"品牌金笔签署中国加入 WTO 的法律文件。

1999 "五星钻石奖"颁奖仪式在京举行:国航、海尔、昆仑饭店、贵宾楼饭店获奖。

1992 1991 年度机电系统六个行业利税百强企业排序公布。

11月13日

1996 国家环保局公布了1995 年 37 个重点城市环境综合整治定量考核结果

1994 第二届全国乡镇企业表彰会在京召开。

1991 "中华国产精品推展活动"之一首届中华国产精品展销会暨消费者评选活动在成都落幕。

亚洲最大的镍闪速炉(位居世界第五)在镍都金川竣工。

11月14日

2000 深圳经济特区建立20周年庆祝大会。

# 品牌战略的选择与实施

创立品牌的目的是为"产品说话",每个品牌都包含特定的产品,脱离产品实体,品牌的灵魂就无法依附。随着中国社会主义市场经济体制的不断完善,多元化战略已成为许多企业谋求成长的重要手段。企业产品品种的增多随之带来的是品牌策略的选择问题,如何利用原有品牌的优势,而又不至于落入"品牌延伸陷阱",成为企业多元化战略和品牌策略研究的重要课题之一。

一、品牌战略模式简介

总体上看,共有 7 种最为基本的品牌战略模式供企业选择,具体是:产品线扩展战略、产品品牌战略、分类品牌战略、伞状品牌战略、根源品牌战略和担保品牌战略。还有一种在中国用的不是很普遍,但是国际市场上比较流行的品牌战略——合作品牌战略。其实,伞状品牌战略、根源品牌战略和担保品牌战略都属于品牌延伸战略。每一种战略都具有各自的优势和劣势,下面对每一种战略进行简单的介绍,企业可以根据自己的实际情况进行选择。

二、选择品牌战略应注意的问题

主要应当考虑以下因素:企业主导产品所处的生命期,企业的内部资源、能力状况和外部营销环境的变化,企业多元化经营所选择行业的特点和发展前景,新产品和原有产品的关联性,企业原有产品的品牌定位,当前的市场需求,同类产品的市场竞争状况以及品牌战略选择是否有助于企业核心品牌个性和形象的维护与加强等。

总体上来讲,企业选择品牌战略主要应从产品特性、消费者特性和企业的战略考虑以及市场的特点出发来确定。

以国内的计算机厂商联想集团为例,在 20 世纪 80 年代,当时电脑的价格昂贵,所以用户有限,购买者很少,并且多为计算机专业人士。他们对计算机的部件、结构、价格都比较了解,在选择产品时无需做过多介绍。因而联想在生产的各种计算机产品上均使用统一的联想品牌,以便建立品牌形象和减少营销费用,是典型的单一品牌战略。进入 90 年代以后,由于世界信息化的浪潮加速,计算机配件的价格大幅度下调,使得计算机整体的价格也逐渐被人们所接受,由过去的贵族化的奢侈品逐渐走进平民的家庭。消费者的主体由专业人士转移到普通群众中来。很明显,他们对计算机的配件、性能、结构、价格了解非常之少,有的时候甚至是一无所知,要他们来选择计算机及其配置的是很困难的。针对这种变化,联想根据市场所能接受的水平,推出了一系列从高档到低档的标准化的配机器,并在联想的总品牌之下分别命名各自的品牌,像天琴、追日、奔月等均属此类。这样,联想的品牌战略就由单一战略转变成了根源品牌战略,反映出较强的灵活性。

三、品牌战略实施

1. 商标要突出商标载体的个性。品牌可识别性的一个突出特点就是它的标记,商标的设计要突出商标的载体个性,让顾客一看到商标就产生购买欲望是商标设计的最高标准。广东健力宝饮料之所以能执中国饮料界之牛耳,与它的独特商标不无关系。健力宝的商标洋溢着健美与力量的独特个性,昭示着中国体育界顽强拼搏、永为祖国争光的坚强决心,而健力宝饮料正是伴随着中国女排在第 23 届奥运会上夺取三连冠而被冠以"中国神水"而名扬世界的。

2. 选定准确的广告定位,让广告全方位地促进广告受众在感性和理性方面接纳的商品,进而接纳产品所代表的品牌形象。不同的品牌战略下广告的制作、创意和宣传的重点是不同的。宝洁公司实行的多品牌战略，公司从组织结构上进行了优化组合，实行品牌经营制度，不同的品牌部门具有自己的广告制作单位，互不干涉。在广告宣传上针对每一种品牌的定位，进行了精心地广告策划。海尔集团采用的是根源品牌，对每一种产品的广告宣传都不忘提及“海尔”的品牌，比如海尔美高美追时彩电、海尔金超人、海尔新神童洗衣机等，在宣传产品概念品牌的同时，强调了产品所属的公司，从而提高了公司在受众心目的中的地位。现代社会，广告越来越突出地成为企业展示自己、发展自己的重要方式。

3. 注意用各种媒体积极宣传自己，大打新闻攻势。运用各种新闻媒体宣传品牌是最有效、最经济的手段。另外，企业要积极参与社会公益事业，要有“我为人人”的奉献精神，只有尽力去帮助社会，才可以取得“人人为我”的效果，从而得到社会的回报。海尔集团在这方面已经做出了表率。

4. 以质量求生存，提高产品科技含量。质量是品牌的生命，没有质量就谈不上品牌，一个品牌的创造并确立，最根本的要靠优质产品满足消费者的需求，否则，创名牌只能是一句空话。提高产品质量和效益的根本途径是科技进步。这里讲的科技进步，包括重用科技人才，运用科学的管理方法，采用先进的设备和工艺，强调科学的试制、检测手段等等。如此，才能提高产品的科技含量，提高产品的质量和效益，这是创名牌、保名牌所必须的。

5. 走出高价位的误区。品牌能否被受众接纳在很大程度上取决于产品的价位。品牌理应走出高价位的误区，走入寻常百姓家。真正的、好的品牌往往因其在一系列产销工序方面有独特之处，价格相应较高，但决不应该借“精品”、“极品”之名开出大价来求得轰动。“可口可乐”始终是贴近大众的商品，却又是举世公认的品牌。企业求得品牌效应最主要的手段，应该是技术进步和科学管理，努力降低生产成本，从而能有一个为大多数消费者能够接受的价格，真正做到“物美价廉”。

6. 制定适当的营销策略。企业的营销策略是其竞争优势的主要源泉和富有价值的战略财富。中葡公司在最初市场启动时就把产品定位于占领全国市场，他们首先使自己的产品——长城干白成为国宴、民航以及外事用酒，展开品牌销售。继而又采取辐射营销、事件营销、感情营销等手段，使长城干白在短期内红遍了大江南北，迅速占领了全国市场。

7. 要有动态品牌意识。任何品牌都不是终身制、世袭制的，企业需要有竞争忧患意识。创品牌、保品牌、发展品牌是一个动态过程，如果不思进取，今日的品牌很可能只是昙花一现。品牌最重要的是持久的吸引力，松下、丰田这些世界名牌之所以长盛不衰，最主要在于它们的不断完善和发展。一个名牌要想保持永久的生命力，必须不断完善、超越自我。名牌没有终身制，它在市场竞争中诞生，也就必须在市场竞争中成长，优胜劣汰的规律必然在它身上得以充分的体现。

8. 完善售后服务。市场竞争日益激烈的条件下，售后服务成为创造品牌忠诚度的重要手段。这不仅表现在原有的售后服务——维护修理上，而且随着社会的进步，顾客有更多的售后服务要求。比如，电脑的销售要求对消费者进行免费培训，销售空调不仅要送货上门，还需要安装保养。这样，产品的售后服务要求日趋升级。企业要不断增强自身实力，尽可能地满足消费者的各种售后服务要求。在买方市场条件下，品牌竞争要求企业做好种种售后服务，以使消费者满意，从而创造品牌的忠诚度。

战略分析、战略选择以及战略实施是一个企业进行品牌延展必须考虑的问题。战略分析是战略选择的前提，战略选择是战略实施能否成功的关键。在激烈的市场竞争环境下，企业应该从长远的角度，以战略的眼光分析品牌发展的前景，使得企业的品牌能够经受住来自社会各方面的考验，成为企业一项永久资产。

标　识

Fund

Insurance Broker

## 记　事

11月14日

1991 中国电子材料行业协会在津成立。

11月15日

1996 可口可乐公司将"天与地"果汁饮料商标产权无偿转让给天津津美饮料有限公司。

1993 1992年中国500家最大工交企业评出。

1992 1991年188个地级以上城市经济社会发展水平综合评价发布。

1983 中国引进的第一条电冰箱生产线在广州冰箱厂建成并试产成功。

11月16日

1999 1999年度"世界旅游奖"颁奖仪式在伦敦举行，授予中国国家旅游局和香港旅游协会。

首届"中国土木工程(詹天佑)大奖"评选揭晓。

1997 1996—1997年度全国最大500家外商投资企业排序结果揭晓。

1991 国务院发布《国有资产评估管理办法》。

附：品牌战略比较

1. 产品线扩展策略：

也称为直线品牌策略，指企业现有的产品线使用同一品牌，当增加该产品线产品时，仍使用原有的品牌。

优势：

·扩展产品的存活率高于新产品

·可以满足不同细分市场的需求

·完整的产品线可以防御竞争者的袭击

·减少推广费用

·有利于形成良好的企业形象

劣势：

·产品线的不断加长，会淡化品牌原有的个性和形象

·销售的不足，收入尚不抵开发与促销成本

·可能会出现同一种产品线中新老产品自相残杀的局面

适合的企业：

·有过剩的生产力

·想要满足新的消费需求

·为了与竞争者推出新产品竞争或为了得到更多的货架位置的企业

企业举例：

"雷达"公司，其生产的蚊香加热器，电蚊片，蚊香水，防咬水等相关性很强的产品。

2. 产品品牌策略：

也称为多品牌战略，它给每一个产品一个独有的名字，并给予它们各自的定位，占领特定的细分市场。

优势：

·最大限度地覆盖市场，满足不同细分市场的需求

·突出和保护核心品牌

·限制竞争对手的扩展机会

·有力地回馈零售商的挑战

劣势：

·新品牌的引入，净市场贡献率将成一种边际递减的趋势

·品牌推广成本较大

适合的企业：

·资金实力比较雄厚，营销经验较为丰富的企业

·企业对创新具有强烈的欲望

·为了增加企业的竞争力和对不同细分市场的占有率

·适合于生活用品、食品、服饰等行业

企业举例：

花王公司具有5种品牌的香波；宝洁公司具有9种品牌的洗衣粉等。

3. 分类品牌战略：

也可理解为"不同类别的家族品牌战略"，它对所有产品使用不同类别的家族品牌名称，给予一个具有相同能力水平的产品群以一个单独的名称和承诺。

优势：

·有效避免传播的随机分散，建立起来的品牌知名度能为所有产品共享

·能通过广告传达它的独特承诺

·推出新产品的成本需花费很大

劣势：

·同类产品过多时，有可能出现与品牌基础不同的产品，削弱品牌原有个性

·具体产品的传播信息难免与整个品牌的承诺不一致

适合的企业：

·企业各个分类产品品牌具有足够的竞争力

·广泛地适用于食品部门、化妆品、服饰厨房用具、零配和工业品上

企业举例：

松下公司将它的音像制品的品牌定为Panasonic，家用电器的品牌定为National，立体音响的品牌定为Technics。

4. 伞状品牌战略：

是不同的产品门类上冠以一个相同的品牌名称，也可以理解为"统一家族品牌名称决策"。

优势：

·统一品牌资产，能在较大范围内获得规模效益。

·容易形成强大的品牌形象，为品牌进入全新的领域做好了铺垫，也节约了广告费用

·品牌的发展几乎不受限制。可利用公共的资源扩大部门的市场份额

劣势：

·在同一品牌下有许多部门，容易将公司的注意力转移到节约成本上去，

而忽视了品牌的目的在于赢利

·一种产品的失败也会影响到同一个“保护伞”下其他产品即所谓的株连效应

·容易出现“跷跷板现象”

适合的企业：

·适用于公司新产品与原有产品有较高的关联度、新产品的市场竞争不太激烈、新产品的主要竞争品牌并非专业品牌等情况

·企业品牌在市场上已经获得一定的信誉，各类产品具有相同的质量水平

企业举例：

三菱既开银行，又生产车辆和家用电器；雅马哈涉足摩托、钢琴、吉他，甚至还生产计算机的声卡；佳能用于公司的照相机、复印机和办公设备上。

5. 根源品牌战略：

它与伞状品牌战略相比，只存在一个关键的差别点，前者先对产品进行直接命名（子品牌），再拥有一个共同的“母品牌”形成重品牌结构。

优势：

·利用已有的成功品牌，有利于推广新产品

·子品牌较为直观、形象地表达产品特点和个性形象，并能进一步修改和丰富母品牌

·企业可把宣传的重心放在母品牌上，而不再另外增加广告预算

·母子品牌达到很好的互动关系

劣势：

·品牌自由度小，要求每个子品牌必须要遵从母品牌的核心观念、营销精神和一致性，一般也不能将品牌延伸到与母品牌不一致的领域内

适合的企业：

·由企业的资源实力和所处的行业特点决定

·公司品牌形象的总体定位与子品牌定位的差异程度有关

企业举例：

联想集团现有的品牌战略；海尔集团的品牌战略。

6. 担保品牌战略：

与来源品牌战略相似，市场上，主要是子品牌在起作用，母品牌并不突出，只是起到了“背书”或“担保”的作用。

优势：

·能够获得很大的调遣自由

·产品品牌共享它承担的认可作用，包括标准化的质量、科学技术和对公众的责任，以及生态环保的关注

·可以向根源品牌转化

劣势：

·相对于根源品牌战略而言，子品牌对母品牌形象的树立和加强不是很明显，不容易使消费者将所熟悉的子品牌与公司品牌联系起来

适合的企业：

·由企业的资源实力和所处的行业特点决定

·公司品牌形象的总休定位与子品牌定位的差异程度有关

企业举例：

雪佛莱、Pontiac、别克和 Oldsmobile 等 40 多个品牌同属于通过汽车公司的“GM”品牌名下，雀巢公司的品牌战略。

7. 合作品牌策略：

是两个或更多的品牌在一个产品上联合起来。每个品牌都期望另一个品牌能强化整体的形象或购买意愿。

优势：

·战略本身具有极大的自由性

·可从每个分支品牌上获取利润，每个分支品牌都有自己的独特的、强有力的品牌形象，反过来也会增加合作品牌的魅力。

劣势：

·一旦一种分支品牌的形象受损，会波及合作产品的形象和市场占有率

适合的企业：

·合作品牌的形式有多种。一种是中间产品合作，另一种形式是同一企业合作品牌，还有一种形式是合资合作品牌

企业举例：

如富豪汽车公司使用米其林轮胎；如摩托罗拉公司的一款手机使用的是“摩托罗拉掌中宝”；如日立的一种灯泡使用“日立”和“GE”联合品牌。

（索　颖　金占明）

## 标　识

SHANG ZANG

ARCOA

记　　事

11月16日

1991 中国食品工业10年(1981—1991)新成就展示会在京举行。

11月17日

2000 “2000年全国质量管理先进企业”公布。

1998 上海宝钢集团公司成立。

1994 任建新获世界知识产权组织金质奖章。

11月18日

2000 四川长虹收购中山市三荣空调。两个月前，TCL收购三荣对门的索华空调。

1998 中国保险监督管理委员会(“中国保监会”)在京成立。

1997 中国服装集团公司在京揭牌。

山东金峰集团向北京故宫博物馆捐赠金峰牌铜锁9999把，被命名为“故宫专用锁具”。

# 不能让非物质文化遗产成为“文化化石”

联合国教科文组织从1972年起发起世界文化遗产保护活动。目前在联合国教科文组织712处世界文遗产名录中，中国已录入28个遗产地（有形遗产），名列世界第3，预计再过10年，中国将位居榜首。但自20世纪80年代以来，联合国教科文组织意识到，随着全球化进程的加速，各国和各地区的无形文化遗产比有形文化遗产更加脆弱，更需要抢救和保护。2001年5月18日，联合国教科文组织总干事在巴黎隆重宣布第1批“人类口述和非物质遗产代表作”名单，共有19个申报项目入选，也包括中国的昆曲艺术，中国成为首次获此殊荣的19个国家之一。

人类口述和非物质文化遗产，又称无形文化遗产，主要指具有特殊价值的文化活动和口述文化表现形式，包括语言、故事、音乐、游戏、舞蹈、风俗及各种艺术表达手段。它们往往是具有民族历史沉淀和广泛突出代表性的民间文化遗产。联合国教科文组织每两年举行一次“人类口述与非物质遗产代表作”审定活动。第2批称号将于2003年5月宣布。

“人类口述和非物质文化遗产”的提法，对许多人来说较陌生，但它把保护民间文化遗产问题摆到了一个重要的位置。由于历史文化悠久与多民族等因素，中国的非物质文化遗产极为丰富，这些丰富的文化遗产包括各类戏曲和相关的面具、道具、服饰制作工艺；民族、民间舞蹈、节日舞蹈、祭祀舞蹈、礼仪；民族、民间音乐的演奏以及乐器制作工艺；各种民间美术、传统工艺、手工艺，如织染、刺绣、雕刻、陶艺、剪纸、年画等等。

从20世纪50年代起，中国政府就开始进行民间文学艺术的抢救、挖掘、整理工作，组织人员分别采取笔记、画图、记谱、录音、照相等方法认真记录各种不同的剧种、曲种不同的艺术流派和各种体裁的传统剧目、曲目以及有特点的唱腔、曲牌、表演技术、脸谱、服装、道具等；并把老艺人独特的表演技术、经验及他们所了解的史料记录、学习、整理或者拍摄下来。从1979年起，有关方面又开展了一次前所未有的收集、整理民族民间文化的宏伟工程，即10部中国民族民间文艺集成志书编纂出版工程，全国共有5万人参加了这项工作。

中国的传统工艺刺绣、织锦、景泰蓝、扎染等，均在世界上享有盛誉。为了保护传统工艺，中国建立了大批轻工企业，对传统工艺进行大规模开发。目前，已在全国命名了204名自成流派、成就卓越的人员为“工艺美术大师”。文化部还成立了“振兴京剧指导委员会”和“振兴昆曲指导委员会”，开展了“民间艺术之乡”、“特色艺术之乡”的命名活动。1996年，中国与挪威政府合作，共同在贵州具有独特苗族文化特色的苗族村寨、群六枝特区、梭家戛乡建立了中国第一个生态博物馆。

1982年，中国颁布了文物保护法，以保护有形的文化遗产。在非物质文化遗产保护方面，文化部和国家版权局曾起草了《民间文学艺术作品保护条例》，一些省市也相继制定了保护工艺美术和民间艺人的地方性法规。1997年，国务院颁布《传统工艺美术保护条例》，促进了传统工艺的振兴。目前，文化部已经起草了《民族民间文化保护法》（草稿），希望以此构建保护民族民间文化的法律保障体系，有关方面正在进一步完善修改中。

2001年，中央美术学院成立了非物质文化遗产研究中心，一些院校甚至筹备开设了“文化遗产规化管理”之类的本科专业。中国抢救和保护非物质文化遗产工程也已正式启动。中国已将古琴艺术定为2003年“人类口述和非物质遗产代表作”的申报项目。此外，中国民间的剪纸艺术、藏族热贡艺术、川剧艺术和南京云锦木机妆花的手工织造工艺也已定为今后申报的推荐项目。

目前，很多宝贵的非物质文化遗产正在无声地且快速地走向消亡。如列入联合国教科文组织“会员国2002—2003周年纪念名单”的世界上篇幅最长的史诗——藏族英雄史诗《格萨尔王》，其口头艺术能否延续下去，至今还不能确定。曾经唱过完整《格萨尔王》的西藏说唱老人已仙逝，除其生前应邀录音整理了20部《格萨尔王》诗外，余下的40多部必须依靠口口相传的说唱故事，随艺人的去世而消亡。

即便是入选首批非物质文化遗产代表作名录的昆曲，眼下也难逃曲高和寡、后继乏人的尴尬。中国的地方戏剧剧种繁多，一些地方小戏流传的范围越来越小、观众越来越少了，再不及时抢救，恐怕再也无缘看到这些濒危艺术品种。像皮影戏、闽西铁技木偶等民间传统文化艺术也日趋势微。在一些非物质文化遗产走向消亡的过程中，一种声音认为，它们没能在主流文化中寻得一席之地，是因为它们本身不适应现代化社会结构。但专家认为，并不是每一种非物质文化遗产都有永远存活的可能，人们更应把它们及时记录下来，以便后人了解人类曾经有过这样美好的事物。

无可否认的事实是，由于工业化和城市化步伐加快，生产、生活方式的改变，都市文化的冲击等，中国民族民间文化的保护面临着危机。一些民族民间文化表现形式后继乏人，面临失传的危险；滥用、曲解民族民间文化的现象时有发生；经费不足造成保护设施落后，专业人才外流；文化掠夺之势愈演愈烈，文化资源大量流失。最能体现少数民族文化特色的文物、工艺品和有代表性的民间文化实物，本来就传世不多，近年来一些国外的研究机构和学者却觊觎这些宝贵的民间文化，尤其是民间工艺的长远效益。他们以旅游、经商、考察的名义，深入村寨乡间，连人们很少涉足的偏远民族村寨也有他们的踪迹。甘肃陇东的皮影剪纸，宁夏的木雕砖雕，回族的刺绣，藏族的服饰，这些具有代表性的民间文化制品大量流向海外。唐卡、剪纸，甚至火镰，无不在异国人的收罗之中，日本的国立民族学博物馆收藏的中国少数民族服饰竟多达几千套。

中国当前非物质文化遗产文物的保护，正处在一个非常关键的时刻，加快立法步伐，已是一项十分紧迫的任务。有专家认为，对于文化遗产，抢救是第1位的。而文化遗产今后应向文化产业转化，一旦形成品牌效应，将推动旅游业等产业的发展，这也是保护文化遗产的一条有效途径。

对于文化来说，越是民族的就越是世界的。像杂技，这种流传数千年的古老传统艺术，在国际上不断绽出新花，成为中国文艺门类挺进国际市场的桥头堡。正是这种独具魅力的文化特质，赢得了世界观众，被誉为中国的国宝。而一些传统艺术博采众艺之长，并与现代传媒相适应，也开始充满生机。如贵州的侗族大歌在巴黎演出引起轰动，并多次在世界比赛中获奖；流行在宁夏的民间乐器泥蛙鸣、回族口弦、咪咪子、排箫等，经过改进，在保持原有特色基础上音域扩大，能流畅演奏复杂的乐曲，填补了国家民乐种类的空白；纳西古乐，在拥有纳西音乐要素的同时，与古乐器结合，借助于汉族的悠久古曲，在民乐式微的今天反而广为传播，并在国内外舞台上名声鹊起，逐渐被人们所熟知。

有识之士认为，经济全球化时代，文化的走向应该是反其道而行之——本土化。一个民族的文化丧失个性和特色，等于自觉取消了民族的立身之本。非物质文化遗产是本民族基本识别标记，是维系民族存在的生命线，是民族发展的源泉。如果不引起足够的重视和保护，千百年来沉积的文明成果可能在一朝无影无踪。

（陈晓池）

台灣 新 家園

## 记　事

### 11月18日

1994 全国最佳工程设计奖、全国第6届优秀工程设计奖、中国设计大师颁奖。

1991 中国信托贸易行业协会在福州成立。

1985 国务院批准中国加入国际连续出版物数据系统（ISDS），并建立中国ISDS中心。

### 11月19日

1992 银河－Ⅱ巨型计算机研制成功。国家科委、国家体改委印发《关于在国家高新技术产业开发区创办高新技术股份有限公司若干问题的暂行规定》。

1990 国家工商局、对外经济贸易部联合发出《关于禁止擅自持他人商标在国外注册的通知》。

### 11月20日

2001 国务院办公厅转发国家经贸委等部门《关于发展具有国际竞争力的大型企业集团指导意见的通知》：提出要形成一批拥有著名品牌和自主知识产权、主业突出、核心能力强的大公司和企业集团。

新大洲本田摩托有限公司成立暨新款本田摩托车下线。

# 重视美誉度　研究消费者

"名牌就是有名的品牌。"这种对名牌的理解在品牌理论界和企业界都相当普遍。但是，有名就够得上名牌的资格吗？改革开放20年来，多少品牌的知名度达到了"天下谁人不识君"的程度，但产品依然积压，知道的人多，而掏钱的人少。没有销售业绩和市场份额作支撑的品牌，生存都成问题，即使再大名鼎鼎，又怎能与名牌一词匹配？名牌二字的含义不仅仅是知名度。

中国科学院心理研究所研究员，中国品牌形象管理专家团首席专家马谋超，多年来潜心研究品牌问题和品牌理论。马谋超认为，以往国内关于品牌、关于名牌的理论十分混乱，远远不能适用于今天异常复杂的企业实践。许多企业对品牌的认识也非常粗浅，许多基本的观念需要弃清。无论是品牌的理论还是实践，从根本切入角度上，应该重新进行路径选择。

**一、名牌的关键是美誉度，而不是知名度**

一提到名牌，理论界也好、企业界也罢，都把它看作具有很高知名度的品牌。这种看法过于表面，以至于很容易把企业对名牌的追求引向单纯对知名

**品牌问题**

# 品牌力要依托于品牌的文化内涵

社会进步、物质生活水准提高的今天，大众对文化的需求也日益强烈。消费者作为一个社会人，抽象的文化正深刻地影响着具体的购买行为。

品牌文化，就体现出品牌人格化的一种文化现象。如美宝莲（美容护理产品品牌）提出"美来自内心"的文化理念；李宁牌提出"把精彩留给自己"的个性主张。一旦某种品牌文化在消费者心中建立起来，选用该品牌已成为了消费者理解、接近该种文化的方式的一种途径。塑造品牌文化，就是将单纯的品牌看成一个有思有想的"消费者"。这个"消费者"是品牌目标市场的典型代表，了解目标市场的心态，或是这个目标市场追求中的偶像。

通过品牌文化来加强品牌力，不仅能更好地实现企业促销的商业目的，还能有效承载企业的社会功能。

在市场细分基础上确立目标市场之后，有必要对目标市场消费者的文化心态进行深入调研，并将它与商品的效用联系起来，为品牌塑造典型的文化个性，达到促销的目的。

另一方面，通过塑造优秀的品牌文化，来表明企业坚持积极的文化理念，也是促进社会利益的一种体现。

**品牌文化是重要的品牌壁垒**

按消费者的忠诚形式，一个市场可分为坚定型、不坚定型、转移型和多变型。其中品牌坚定忠诚群对企业最有价值。由于市场竞争十分激烈，

度的追求，甚至于把名牌片面地等同于知名度。“但知名度既可以起积极作用，也可以起消极作用。臭名昭著也是知名度，可这样的知名度能成就名牌吗？”马谋超的看法是，“许多人忽略了名牌的知名度是有前提条件的，即必须是能够促进品牌美誉度的知名度。”

马谋超认为，在构成名牌的3个要素(即知名度、美誉度、忠诚度)中，知名度是必要条件，但不充分。知名度只是解决了品牌最基础的问题，即品牌认知问题，但这是一个非常浅层次的问题。马谋超理解的名牌，就是能使消费者产生经常的连续的认牌消费行为的品牌。而能达到这一效果，有一个复杂的过程，知名度只是其中的第一步。当消费者对某一类产品不熟悉时，有知名度的品牌或可由于先入为主的效应而影响消费者并使其认牌购买。”马谋超说，“长期的认牌购买，就不是知名度能解决的问题。”促使消费者连续认牌购买的，是消费者每一次购买和使用该品牌后所获得的积极的情感体验。马谋超说：“这种情况下，产生的则是美誉度。”

当市场已告别短缺经济，走入买方市场，同一类商品琳琅满目，品牌众多，消费者见多识广，日渐成熟。这时，使消费者产生长期的、连续性的购买行为，而不是一次性认牌购买行为的关键不再是知名度，而是美誉度。“今天，有多少所谓的名牌只是名噪一时，便无人问津，有多少品牌并非没有知名度，而是大家都知道这个品牌，但就是不买这个品牌的产品。”马谋超认为，惟一的解释就是：“美誉度出了问题或者根本就没有建立美誉度。”

**二、决定品牌美誉度的关键是消费者的价值观体系**

往往会有大量的消费者从坚定者成为不坚定者和转移者。因此维护、壮大品牌的忠诚群体至关重要。该品牌能保持强有力的商品力无疑是最关键的。

尤其在竞争激烈的今天，不同品牌的同类产品之间的差异缩小，要让消费者在众多的品牌中鲜明地识别一个品牌，有效的方法是让品牌具有独特的文化。我们可以将此称为品牌的文化差异战略。贝纳通是世界著名的服装品牌。为了让贝纳通树立自己的特色，经营者为贝纳通塑造了“爱自然、爱人、关怀社会”的品牌文化。贝纳通的广告都以环境污染、种族歧视、战争灾难等为题材，远远超越了一般的广告观念，进而成为时代特征，具有强大的冲击力，使贝纳通的品牌形象脱颖而出独树一帜。

这种文化差异一旦让目标消费者接受，对提高品牌力是十分有利的。因为对一种文化上的认同，消费者不会轻易加以改变。这个时候，品牌文化就成了对抗竞争品牌和阻止新品牌进入的重要手段。这种竞争壁垒，存在时间长，不易被突破。

**为品牌塑造一种恰当的文化**

为品牌塑造的文化是否合适，一般有两个标准。一是这种文化要适合产品特征。产品都有自己的特性，如在什么样的场境下使用，产品能给消费者带来什么利益等。品牌文化要与产品特性相匹配，才能让消费者觉得自然、可接受。有的时候，品牌经营者采用的是品牌延伸策略，即一个品牌下有许多品种的产品，这时就要抓住产品的共性。如西门子这一品牌涉及家电、电力、医疗器械、通讯等众多行业，但西门子始终坚持一种可靠、严谨的品牌文化，让大众认为西门子代表着德国一丝不苟的民族传统。二是这种文化要符合目标市场消费群体的特征。品牌文化要从目标市场消费群体中去寻找，要通过充分考察他(她)们的思想心态和行为方式而获得。只有这样，这种品牌文化才容易被目标市场消费者认同，才能增强品牌力。

**品牌文化与时尚文化**

对某些产品来讲，十分适合在品牌文化中引入时尚的内容，如服饰、运动产品等。如何倡导一种品牌时尚，简言之，就是要分析消费者的现时心态，并通过商品将消费者的情绪释放出

标　识

經濟部智慧財產局
Intellectual Property Office, MOEA

Wang's
世斟酒业

## 记 事

### 11月20日

2001 上海宣布投资180亿元将南京路建成国际一流商业街。

2000 “新浪杯校园网络公益广告设计大赛”举办。

1999 中国第一艘载人航天试验飞船“神舟”号发射成功。

1998 中国汽车工业科技进步奖励基金获奖项目评审揭晓。

1992 田纪云同志在西北航空公司题词：“严格管理，热情服务，赶超世界先进水平”。

### 11月21日

1995 中国私营企业500强评出。

北京第一机床厂获95年度CIMS“工业领先奖”，成为至今获得此奖的惟一美国境外企业。

1988 第一届全国饮食业优质产品“金鼎奖”评选活动。

### 11月22日

2001 中国广告论坛在沪举办。

在现在的市场竞争背景下，如何判断一个品牌及其名下产品的好与坏？直到现在，还有许多企业热衷于拿10年前的流行“标签”包装自己的产品：获××奖，×次检测抽查合格率百分之××，被××协会评为×等奖……其潜台词即：被行业协会、质检部门认可的产品，就是好产品。但在市场经济中，一个品牌或产品的好与坏，是要靠市场表现说话的，即以卖得动卖不动论英雄。而掌握这个评判标准的权威和评委，不是哪一个部门，而是千千万万的消费者。这就反映出中国企业长期存在的品牌运营的错位问题。尽管不少企业已经意识到要以消费者需求为中心开展生产经营活动，但在根本思路上，大多数企业还是习惯性地以自己的价值观为标准，为参照，更多注意到品牌和产品作为商品的客观属性，而并未真正留意和研究消费者关注的焦点。但实际上，对于同一个品牌和产品，企业与消费者有着非常不同的价值体系。

一个产品有非常多的客观属性和特征，如用料、做工、各种质量指标、设计、价格、利润等等，企业往往从中选择对自己最有利的，最能体现竞争力的几点加以突出和强化，然后参与市场竞争。许多企业至今还认为，自己的目标只要定为产品质量好，价格有竞争力，就可以了。一旦生产出来却卖不出去，就抱怨运气不好。这是企业的通病，他们从未想过，至少是没能认真仔细地想过，如今的消费者关注的产品特点仅仅是质优价廉这么简单吗？

中外市场上，有多少被同行、业内人士公认的好产品，但消费者就是不买账。而另一些被同行瞧不上的品牌和产品在消费者当中却大受欢迎。微软操作

来，并激励大众的参与。

倡导品牌时尚一个重要的途径是利用名人、权威的效应。由于名人和权威是大众注意和模仿的焦点，因此有利于迅速提高大众对品牌的信心。如力士香皂就一贯坚持让著名影星作为其推介证言的策略，在不断的积累中成功地使力士的品牌文化与时尚联系在了一起。当然在选用名人来做广告需要谨慎和恰如其分，一般要考虑到名人、权威与品牌之间的联系。

另外，还有努力将时尚过渡到人们稳定生活方式的一部分。由于时尚是一个特定时期内的社会文化现象，所以在借助和创造时尚的同时，也应考虑到时尚的消退。一个有效的措施是在时尚成为高潮时，就有意识地转换营销策略，引导消费者将这种时尚转化为日常生活的一部分。以雀巢咖啡为例，从其进入中国大陆，掀起喝咖啡的时尚。到今天，喝咖啡已成了众多人的生活习惯了。

**品牌文化与民族传统文化**

品牌文化是与民族传统文化紧紧联系在一起的。将优秀的民族传统文化融入品牌文化，更易让大众产生共鸣。

中国的民族传统文化，注重家庭观念；讲究尊师敬老、抚幼孝亲、强调礼义道德、伦理等级、中庸仁爱；追求圆满完美；崇尚含蓄、温和和秩序等。如台湾的一个“北方”品牌的水饺就从品牌名上做文章，将其独特的民族传统文化融入品牌文化中，打动了消费者的心。它的广告文案是：“古都北京，最为人所称道、怀念的，除了天坛、圆明园外，就该是那操一口标准京片子的人情味和那热腾腾、皮薄馅多汁鲜、象征团圆的水饺儿。今天，在宝岛台湾，怀念北京，憧憬老风味，只有北方水饺最能令你回味十足，十足回味。”这个品牌的文化就十分自然地将其与传统文化中注重祖国统一，亲人团聚等情结连在了一起。

在品牌文化中继承民族传统文化需要符合民族的审美情趣，也要考虑到民族的接受心理。同时要重实质。如果过分追求缺乏内涵的形式只会适得其反。一般而言，一种品牌文化应为绝大多数目标消费者现时认同或追求的，应尽可能与其生活相接近，乃至就是生活的某一部分。 （庞小伟）

系统初问世时，从技术指标讲，与其质量不相上下，甚至各项指标比其先进的同类产品并不在少数，但为何微软一统天下？别的品牌和产品不服气也没用。消费者用货币投票选择了微软。又如商务通，该产品诞生前，早有文曲星、快译通等 PDA 产品在市场争夺多年，但始终没把该类产品做火，反倒让后来者商务通出尽风头。尽管至今为止还是有许多“先行者”对商务通的技术含量、性能质量等不以为然，但它的中文手写输入等切合中国消费者需求特点的功能，的的确确赢得了消费者的认可。

正如马谋超所言，消费者对一个品牌和产品特性的关注，比起企业来要大大简化。但消费者看似简单的价值观体系，却往往是难以捉摸的，有时甚至就是不可理喻的偏见。“产品的特性非常多，这其中有许多被企业认为是有价值的。但企业所认同的产品特性在消费者那里往往被忽略，而企业认为无关紧要的产品特性在消费者那里却有可能得到特别的重视。”马谋超举了一个真实的案例：某国际著名皮鞋生产企业，其老板曾认为：买鞋的人最关心的是鞋的款式，然后是价格，接着是耐穿与否，最后是鞋子的装饰物。于是他得出结论：消费者需要样子好看、价格便宜的皮鞋。他按这一想法组织生产，结果产品投放市场，乏人问津。后来，该企业在对 5000 多位正在购买皮鞋的顾客展开实地调查，最后归纳出消费者对皮鞋的期望：把舒适放在第 1 位者，所占比例最大，看重款式的只占 16%。显然，企业家的判断与消费者普遍的看法大相径庭。

虽然许多企业家也努力想从消费者需求出发进行生产，但总避免不了“以己之心度消费者之腹”。虽然企业家本人也是一名消费者，但作为群体概念的消费者，其心思是很难“猜”到的。马谋超先生为此举了一个极端的例子：20 世纪 30 年代末 40 年代初，西方人要想喝咖啡仍需要经过煮咖啡豆、过滤等一系列烦琐费时的程序，这时速溶咖啡出现了。看上去它似乎应该很受消费者欢迎，但市场反应恰恰相反。为什么消费者宁可舍简便而选复杂呢？有人提出是因为速溶咖啡口味不及新鲜咖啡，但实验证明，二者口味几乎没有差别。最后，一位消费心理学家通过问卷调查发现了问题所在。原来，当时的人们把购买方便食品、饮料的妇女看做懒惰的、笨拙的、不会持家过日子的女人，这样的女人明显不符合当时西方社会公认的好女人、好妻子的标准。“有时候，消费者的价值体系近乎偏执。”马谋超说。

“市场是以消费者为中心的，品牌和产品必须为消费者服务才能创造价值。一个品牌的美誉度从哪里来？什么是品牌的美誉度？其实就是企业所关注的品牌、产品的客观特性与消费者关注的品牌、产品的主观特性结合、互动从而达到一致的结果。”这就是马谋超的结论。

马谋超认为，在这一环节上中国企业尤其欠缺。“中国哪一个企业能准确说出自己生产的品牌和产品，其目标消费者价值观体系所注重的品牌特性、产品特性有哪些？这些特性按重要程度在消费者心目中是怎样排序的？”

### 三、谁能把握消费者的价值观体系

马谋超分析说，消费者的价值观体系在不同的时代、不同的国家和地区，不同的民族，不同年龄和不同文化程度的消费者当中都有所不同，在市场细分的今天，要准确把握目标消费者对自己产品的主观特征，极为困难。“一条牛仔裤，放在洗衣机里洗时发出的声音，拿出来一看，裤腰上有一块铜牌，老年人就认为，这东西又沉又多余，一点用处没有。还容易把洗衣机弄坏，于是要把它拆下来。青年人则死活不让拆，他认为这块铜牌才能代表自己的身份，才能给自己带来积极的情感体验，或者说，就是冲着这块铜牌才买这条裤子，拆下铜牌，裤子就没有价值了。”马谋超以这个事例说明不同消费群的价值观的差异性。

品牌的问题，品牌的竞争，在今天已不是简单的知名度的问题，形式问题，甚至不是靠明确划分知名度、美誉度、信任度 3 个层次所能涵盖的。“在国

标　　识

Together

臺中縣捌拾伍年
點燈祈福慶元宵

际上，品牌竞争早已从品牌认知的层次上升到品牌内涵，也就是品牌独特的核心价值观的较量”。马谋超说：“现在的品牌问题已经深入到消费者心理这样微妙而复杂的层面。”

消费者心理是如此难以捉摸，在转型期的中国，把握消费者价值观体系则更为困难。“消费者的价值观体系，消费者关注商品的特征，能够由企业老板或或企业决策者凭自己的经验和标准去准确判断和把握吗？这种判断的结果符合实际吗？”马谋超对企业提问。他甚至怀疑，在当今社会中，企业自己根本不可能拥有正确掌握消费者价值观体系的能力。

马谋超更愿意把这一工作看做是经济学家和消费心理专家的“势力范围”，因为，毕竟在分工愈来愈细的今天，对消费者心理的分析和掌握，作为一门专门的科学，由专业人士操持更易成功。

这就是一个品牌在今天要成为名牌所必须面对的路径选择：在中国市场以及世界各地具体情况各不相同的市场，如果一个企业要培育一个成功的品牌，就要在建立起品牌核心价值观基础上，根据当时当地自己品牌目标消费群的价值观体系，进行战略规划和战术安排。——你可以选择对照当地的消费者价值观体系，经过调整，使自己的品牌策略尽快适应具体的市场、具体的消费群。也可以选择在全球市场推行统一的坚持本企业特色的品牌策略，如果你有足够的实力培育和引导市场，直到那里的消费习惯为你的品牌而改变。但是，这两种策略都离不开一个前提：对品牌美誉度的重视和对消费者价值观体系深入透彻的研究和把握。否则，你的品牌将折戟沉沙，不管你是本土品牌，还是外来品牌，也不管你过去是大名鼎鼎，还是名不见经传。

（张　祺）

# 如何积累品牌资产

## 一、品牌资产的资本属性

中国许多品牌的生存能力很弱，经不起市场上的风浪，甚至稍遇打击，原本十分辉煌的事业倾刻间便折戟沉沙，灰飞烟灭。“秦池”、“爱多”、“巨人”、“太阳神”、“亚细亚”、“三株”等，莫不如此。这些品牌如此脆弱，原因是多方面的，但品牌资产薄弱是主要原因之一。品牌含金量不高，消费者自然难以信赖，于是一有风吹草动，消费者便纷纷倒戈，把货币选票投向别处。如果品牌含金量高，便可抵御风险。前几年，在某大城市发生过几家大商场联合抵制销售长虹彩电的风波，一时间闹得满城风雨，沸沸扬扬。但“长虹”三下五除二就把风波平息了。这当然与“长虹”的危机管理技巧有关，但更主要是与其品牌资产比较雄厚有关。所以，一个品牌要增强抗风险能力、避免短命结局和实现长期生存就必须不断积累品牌资产。

要积累品牌资产，首先要搞清品牌资产的资本属性，即品牌资产究竟是什么资本。

一般认为，品牌属于无形资本。然而，“无形资本”这一概念并没有揭示出品牌资产的本质属性。一方面，无形资本是一个大范畴（国际上一般认为无形资本包括知识产权、技术秘密、经营秘密、特许经营权和商誉等），其中包含的各项内容之间有不同的性质，笼统地说品牌是无形资产并没有说明品牌资产的特定属性。另一方面，也是更重要的，“有形”或“无形”只不过是对资本存在形式的一种描述，而资本是能带来收入的价值，品牌之所以是资本，是由于它能给企业带来收入。那么究竟是什么因素使品牌能为企业带

## 记　事

**11月22日**

1999 广西桂林银海集团40年无亏损。

中国第一条拥有自主知识产权的移动电话生产线在康佳启动。

1997 中国连锁经营协会成立。

1993 北京牡丹电子集团公司被列为国家电子工业的10强企业。

**11月23日**

2000 《21世纪经济报道》试刊发行，定于2001年1月1日创刊。

1998 商务印书馆获得第14届国际白金星质量奖。

**11月24日**

2001 年销售额上百亿，调味品亟待打响名品牌。

小鸭空调公司在京举行“请消费者定价”活动。

2000 加拿大pizza登陆中国。

1994 南京汽车制造厂引进意大利依维柯项目通过国家验收。

1991 第二届“全国少数民族用品交易会”在深圳举办。

来收入？从无形资本这一概念中我们无法得知。

我们通过观察了解到，凡是著名品牌，都与消费者保持了一种特殊关系，即消费者对品牌和企业的信任乃至忠诚。当然，消费者的品牌忠诚也是对企业忠诚消费者的回应。正是这种相互忠诚关系使著名品牌保持了较高的市场占有率和大量的长期顾客，从而获得了丰厚的收入。如果说非品牌商品的买卖是一项“交易关系”，其性质是交易，那么品牌商品的买卖则是在“关系中的交易”，其性质是关系。没有品牌（企业）与消费者之间相互忠诚的关系，便不会有品牌，有的仅仅是一个法律意义上的商标而已。所以，品牌资产实际上是一种“关系资本”。这种“关系资本”在社会学家那里有一个规范的名称——社会资本。美国著名社会学家詹姆斯·科尔曼在其鸿篇巨著《社会理论的基础》中把资本归结为三类：“物质资本是有形的，可见的物质是其存在形式；人力资本肉眼看不见，它存在于个人掌握的技能和知识中；社会资本基本是无形的，它表现为人与人的关系。”

既然品牌资产是以关系为内容的社会资本，那么积累品牌资产的过程实际上就是企业建立和维护其与消费者之间的关系的过程。也就是怎样培养消费者对品牌和企业的信任和忠诚的过程。正如詹姆斯·科尔曼所说：“社会资本的形成，依赖于人与人之间的关系按照有利于行动的方式而改变。”

二、怎样积累品牌资产

（一）在品牌传播过程中建立关系

目前，国内企业在宣传品牌时通常都采取在大众媒体上做广告的方式。如果广告效果好，品牌便有了知名度。但有了知名度又能怎样呢？无非是大家知道了你，仅此而已。这里并没有企业与消费者之间双向的沟通和情感的交流，当然也就谈不到关系的建立。如果我们采取某些富有创意的宣传方式，便可以把品牌传播与建立关系融合在一起。

Buitoni 是雀巢公司属下的专门生产意大利通心粉的公司名称和品牌。为了在英国推出这一品牌，公司决定成立“Buitoni 小屋俱乐部”，用此种方法宣传品牌和建立品牌的忠诚消费者。他们首先建立了对烹煮意大利食物有兴趣的消费者的资料库，然后邀请这些消费者家庭参加“Buitoni 小屋俱乐部”。那些响应邀请的人可以收到一套介绍意大利生活方式的资料和全彩色的新闻季刊，还有意大利通心粉食谱和优惠券。会员的优惠还包括一个免费电话号码，供希望得到有关烹调方面建议的人拨打。此外，还有周末美食烹饪聚会，品尝新产品的机会，获得赠品及如何筹划意式通心粉盛宴的建议，等等。

俱乐部成立后，通过人们之间相互介绍，会员人数不断增加，Buitoni 产品的使用量和消费者的忠诚度也都有较大提高。免费电话也使品牌和俱乐部会员之间建立了良好的关系，并且还为企业提供了一条获得宝贵的消费者信息的渠道。

美国吉百利公司（生产吉百利牌巧克力）则通过另一种更富创意的方式宣传品牌。该公司投资创建了“吉百利世界”主题公园。该公园包括一个博物馆、一个餐厅，一部分巧克力包装车间和一个“巧克力大事记”商店。游览者可以了解可可粉和巧克力的起源，玛雅人和印第安人的生活方式，巧克力怎样传入欧洲，以及吉百利公司是怎样创立和发展的。当然，人们也可以品尝花样繁多的巧克力。这样“吉百利世界”就把味觉体验与这一品牌的历史生动地联系在一起。这种方式收获到了很好效果，每年都有 40 多万人参观公园，并由此促进了品牌与消费者之间的理解和交流，进而为公司创造了大量利润。

在上述两个案例中，企业巧妙地把对品牌的宣传与培养消费者对品牌的情感结合起来，使创造品牌的知名度围绕着建立品牌与消费者之间的关系进行，从而使企业在宣传品牌的同时，就开始着手积累品牌资产。这种方

标　　识

## 记 事

### 11月25日

2002 厦华1600台彩电乘瑞士号轮船出口欧盟。这是中国彩电重返欧盟后首批免征反倾销税出口。

1998 “计算机软件登记证书”由国家版权局局长签发。

### 11月26日

1992 “城市环境综合整治十佳城市”称号公布。

### 11月27日

2001 “千禧龙”商标起纠纷，奥林巴斯被判登报道歉。

1997 《世界文化遗产——故宫》获第六届法国“莫必斯”多媒体光盘国际大奖赛评委特别奖。

### 11月28日

1999 首届“国家期刊奖”评选揭晓。

1992 国家工商局商标局在上海举办首届全国商标代理业务培训班。

UL、CSA、BSI等世界著名安全认证机构越来越被中国企业所熟识。

---

法很值得国内企业学习。当然，我们并不是要国内企业都去建一个主题公园或俱乐部，而是希望国内企业从中得到启示，在创建品牌的一开始，就立足于建立关系，积累品牌资产。

（二）在共同创造价值中密切关系

这是建立关系最直接最有效的方式。“为顾客创造价值”这是当今最流行的经营理念。然而，它并非是最先进的经营理念，最先进的经营理念是“企业与顾客共同创造价值”。美国宜家公司是世界上最大的家具零售商。在它的品牌经营中，致力于通过新的创意密切与顾客的关系。在宜家公司，如果顾客愿意，他可以购买家具零件，完成传统上应由制造商或零售商完成的工作。由于顾客完成了价值链中的最后一个环节，宜家公司便以较低的价格提供按顾客要求设计好了的零部件。通过这种方式宜家公司向顾客传达了一个新观念：顾客不只是消费，他们还可以创造价值。在这种共同创造价值的过程中，顾客既获得了低价的利益，又从装配家具中获得了创造的乐趣，自然会密切与品牌的关系。

顾客还可以更深入地介入生产过程。美国罗斯公司是生产阀门的企业，它把客户当做企业的一员而不是局外人。公司在经营策略上变过去单纯的产品交易为与客户在生产中合作，共同创造价值。公司要求其工程师在从产品设计到安装的各个环节中都要去处理顾客关系。结果，罗斯公司的工程师们主动与客户的工程师联系，了解他们的问题，邀请他们共同参与产品的设计，拿出样品后，又交给客户，客户可以要求改进，然后再就改进后的样品与客户交流，直到客户最后满意才确定最终设计方案并投入生产。在这种合作过程中，企业和客户共享知识、共创价值、共担风险、共享成功喜悦，成为命运共同体。这当然会密切双方信任和忠诚的关系。用这种方法积累品牌资产是最直接最有效的。

（三）使命营销

使命营销是指公司在利润目标之外，再设置一个以社会责任为内容的公司使命，从而树立起良好的“企业公民”形象。

拥有一个企业使命，表示一家公司在拓展业务与赚取利润的同时，尚有一个更值得追求的社会义务方面的目标。对这种目标的追求，可以使消费者对企业和品牌产生强烈好感，加强消费者与品牌之间的关系。《财富》杂志曾经进行的一项调查研究表明，决定人们是否喜欢一家公司的关键如下：一是公司的可信度；二是公司以人性、关怀的方式经营企业的程度。这两大标准也影响到顾客向他人推荐此公司品牌的卖力程度。现在许多国外著名公司都通过使命营销来积累品牌资产。1995年伊思曼·柯达公司开始尝试将其总裁薪金的一部分用于社会公益上。在各类化妆品之间同质性越来越高，人们难以寻求其中差异点的情况下，雅芳公司通过协助乳癌研究使其产品与其他公司的产品有了区别。雅芳公司总裁解释到：“当各产品质量和价格都不相上下时，消费者会选择与他们切身比较有关系的东西”。美国莉卡公司，以生产系列女性有氧运动鞋为主，其最初的竞争优势，在于它生产的有氧运动鞋跟较窄，弧度较大，较能适合女人脚型。然而，竞争者随即群起效仿，这使莉卡公司的竞争优势很快丧失。现实迫使公司不得不想其他办法保持品牌的独特性。结果公司总裁谢莉选择了一个独特的企业使命：帮助受虐待及被强暴的妇女。为了从事这个使命，谢莉决定捐出其公司收益的7%给一个帮助受虐妇女的“重拾自信玫瑰基金会”。这种行为提高了公司在妇女中的声誉，其品牌也更受妇女的青睐。

以上简要介绍了积累品牌资产的三个途径。当然途径不只这些，关键的问题是企业要理解品牌资产的资本属性是以消费者与企业之间相互信任和忠诚关系为内容的社会资本，企业积累品牌资产就是要维系这种关系。那种企图依靠轰轰烈烈的“造名运动”来增加品牌资产和创名牌的做法是难以达到预期目的的。（王新新）

# 品牌资产质押贷款遇红灯

“羊”名天下的恒源祥拥有中国驰名商标，其品牌资产评估时也是身价数亿元。可这些天，利用自己的品牌担保到银行贷款时，他们却突然发现，事情远没那么简单。

最近，在与一些国有银行甚至民营银行的接触中，恒源祥利用自身品牌做担保的想法，都遭到了拒绝。银行认为，品牌是无形资产，看不见，摸不着。

恒源祥总经理刘瑞旗不明白，中国的银行为什么一律将无形资产拒之门外？他认为，作为品牌资产，其融资功能微弱不仅是中国企业的损失，也是中国金融界的损失。当金融改革的呼声越来越高时，金融创新是不是也可以探求一下无形资产这块盲区？

恒源祥的遭遇，引起了一些专业人士的注意。有专家就此讲述了一个经典故事：可口可乐公司总裁伍德拉夫曾自豪地对世界宣布：即使公司在一夜之间化为灰烬，凭着可口可乐的品牌资产，可口可乐仍会在很短的时间内重建帝国。

这不是一个神话。事实上，凭着可口可乐的品牌价值，争先恐后给该公司贷款的银行为数不少。在市场经济发达的欧美国家，一些公司拥有强大的品牌资产，银行将其炙手可热的品牌列为提供贷款的条件。换句话说，银行把贷款建立在其品牌资产价值基础上，而不是资本结构上。

与国际通行的做法不同，目前，品牌很难凭借无形资产的魅力打动国内银行。这说明，我们品牌资产的间接融资功能尚未实现。现有的金融体制的缺陷，加上中国品牌本身的不稳定性，还难以使银行对其有足够的信心。

据悉，在中国现有的金融体制下，以品牌资产做担保在银行抵押贷款基本上行不通，虽然《担保法》明确规定，商标专用权、专利权等权利可以质押。

可现状是，金融市场和资本市场对整个无形资产态度冷漠，同时，急需融资的呼声也越来越高，尤其迫切的当属中小企业。

因为，小型科技企业的特色一般是仅有科技成果，但缺乏一定的固定资产。实践证明，在谈到凭手中专利技术等无形资产去担保贷款时，“政策是好看的，但不好用”。

有专家认为，一味责怪银行被不良贷款吓破了胆、漠视无形资产似乎有点过分。目前银行难以接受无形资产抵押的借贷方式，关键是商标存在变现问题。中国无形资产交易市场尚未形成，商标评估方面的权威性也有待认同。

有消息说，“品牌资产评估有谱没谱”一直是业内人士争论不休的问题。比起有形资产，品牌这种无形资产的价值评估更为复杂。十几页、几十页的无形资产评估报告，支撑着数亿元之巨，那薄薄几页纸的分量，让人轻易不敢做出决定。

据悉，前不久在一次品牌转让过程中惊爆新闻，曾经权威机构评估的某电子品牌原价值为26亿元，在那场交易的评估中仅为8亿多元，评估弹性之大令投资者瞠目。

尽管无形资产抵押在中国依然是冰雪一片，但业内人士却已嗅到了春天的气息。就在无形资产抵押贷款成为深圳各家银行的“盲区”的时候，专门为企业向银行贷款提供担保的深圳市中小企业信用担保中心却成功办理了两例此类贷款。而且，银行也渐趋大胆。2000年，温州庄吉集团向温州建行用其品牌抵押居然获得4000万元贷款。

正在逐步金融化的社会已使公众越来越承认无形资产的价值。最高人民法院最近表示，对被执行人已无有形财产可供执行，而其尚有较好声誉的产品品牌或专有技术等无形资产的，可转让其无形资产清偿债务。　（任悟察）

## 记　事

### 11月28日

1990 国家计委设立“国家级企业技术进步奖”。

### 11月29日

2001 神龙汽车富康新自由人正式投放北京市场。

2000 长安铃木汽车有限公司推出的第一辆10万元左右的“羚羊世纪星”轿车下线。

1999 科龙集团环保系列产品荣获“中国环境标志产品保护臭氧层贡献奖”。

1996 中国光彩事业促进会第一届理事会闭幕。

1994 1994中国10佳民营企业家评选活动在京揭晓。

### 11月30日

2001 乐百氏何伯权和杨杰强等5位创业者集体辞职。

2000 国家工商局宣布全国创建“打假维权、消费者满意街”已达1236条。

1992 “全国名优产品售后服务最佳企业”称号公布。

**品牌设计**

# 战略性设计整合品牌价值

品牌的价值据联合国工业计划署调查显示：著名品牌在整修产品品牌中所占比例不足3%，其市场份额则高达50%。

最大可能实现品牌价值的增值，已成为企业经营的最高目标：在新经济时代，一流企业制定行业游戏规则(如，微软、宝洁、麦当劳、可口可乐等)，二流企业做产品(无强势品牌或替强势品牌加工产品的企业)。可见，那些一流企业都是因为拥有本行业最有价值的品牌。品牌是什么?

品牌说到底是一种概念，是产品通过各种方式作用于目标受众(消费者)并在受众心中形成的概念。

影响品牌概念的形成有很多因素：企业形象、产品名、知名人士、标识、包装、广告、功能、价格、历史、服务方式等。品牌能否持久，关键是要“管理”好每个可能与受众接触的“品牌接触”——形象因子。

视觉形象作为品牌的重要因子，其价值早已得到公认：根据科学统计视觉是人类获取外部信息的主要渠道，占全部获取信息的83%。

**形象设计的误区**

当前，国内品牌形象设计界存在着严重的误区——为设计而设计。其最大的弊端是：不是讨好客户，就是孤芳自赏完全不考虑受众的感受。

品牌形象设计具有三个层次：画面美观、表达一定有主题、提升品牌价值。只有做到这三者的统一，才能算是好的设计。

如何透过设计传达品牌价值?

创建独具个性的形象记忆符号，是整合与提升品牌价值的关键。

以易难广告公司为中国航空服务公司(以下简称“中航服”)设计企业宣传册为例：

“中航服”是中国首家从事航空运输销售代理业务的企业。1992年，通过在全球范围征集新标志，我们为其导入CE战略。2000年，易难再次承担该公司企业宣传册及其他形象的设计。我们没有急于做设计，而是首先对市场进行调研。研究发现，该公司现在所面对的市场较以往发生了相当大的变化：在销售代理这个领域，竞争日趋激烈，大都是低层次的价格竞争。中航服的业务也进行了相应的调整，并通过与国际著名旅游公司的合作，逐步向销售机票、预订酒店、休闲旅游、商务旅行、特流等系列服务拓展，远远超越了“销售代理”的范畴，大型公务和国际性商务客户成为其主要客户。实际上，该公司取代了这些大公司的商务行政管理部门，使他们花更少的钱，享受更专业的服务。

在此基础上，我们对“中航服”重新进行了市场定位，整合出“全球商务旅行管理专家”的全新概念。以这个概念为核心，重新制定了形象战略。在设计上，我们关照了电子商务时代目标受众的阅读习惯和审美情趣，准确传达并提升了“中航服”独特的品牌价值。

**科学调研是品牌形象管理的基础**

设计对视觉的精确阐述使品牌与众不同(识别的功能)，同时，它也是一种承诺——唤起情感回应并建立企业与目标受众之间的信任(市场的任务)。

以设计为切入点，以调研和策略为基础，旨在向目标受众有效传达品牌核心价值，以赢得竞争优势的“战略性设计”是“易难品牌形象管理”的具体表现。

(梁中国)

# 中国品牌亮出你的核心价值

品牌核心价值是品牌资产的主体部分，它让消费者明确、清晰地识别并记住品牌的个性。定位并全力维护和宣扬品牌核心价值已成为许多国际一流品牌的共识，被视为创造百年金字招牌的秘诀。

有“品牌之王”之称的宝洁公司对品牌核心价值的构造与经营可谓处心积虑。宝洁有一个全球通行的信念，那就是一个品牌与产品没有特质是很难成为赢家的，这里所说的特质就是品牌的核心价值。宝洁一旦通过消费者和市场调查，对品牌的核心价值进行了严格定位，就绝不轻易更改，一切广告与营销传播活动都以核心价值为原点进行演绎。如舒肤佳的核心价值是“有效去除细菌、保持家人健康”，多年来电视广告换了几个，但广告主题除了“除菌”还是“除菌”；潘婷品牌的核心价值是“健康亮泽”，广告中的青春靓女换了一茬又一茬，但“含维他命原B5”、“拥有健康、当然亮泽”的承诺总是一脉相承。宝洁的许多广告，单就其创意而言并无太多过人之处，但其强劲的销售促进力却令人称奇！奥秘就在于对品牌核心价值的精确定位和坚持。宝洁在推广全球性品牌时，也特别注重使品牌在各个国家与地区消费者的心目中有一个清晰且始终如一的资产或识别。护舒宝是宝洁在全球范围内都十分畅销的品牌，其核心价值定位“一种更清洁、更干爽的呵护感觉”，在不同国家都坚持这一诉求，只不过根据不同国家的文化调整了广告表现形式，如在中国采用平铺直叙式，但日本妇女对此话题很隐秘，就改为悄声耳语式。

劳斯莱斯是“皇家贵族的座骑”；宝马则是“驾驶的乐趣”；沃尔沃定位于“安全”；雀巢咖啡“味道好极了”；万宝路“西部牛仔雄风”；“金利来，男人的世界”……以上就是金字招牌的核心价值定位。这些定位，一旦确定便被咬住不放，持之以恒地贯彻下去，把几亿、几十亿的广告费投到同一个主题、同一个概念上，尽管广告不停地换，但换的只是表现形式。沃尔沃宣传的重心一直是“安全”，从未曾听说沃尔沃头脑发热去宣传“驾驶的乐趣”。

反观国内的一些品牌，几乎不存在对品牌核心价值的定位，广告十分随意，诉求主题月月换、年年变，成了信天游。尽管大量的广告投入多少也能促进产品销售，但几年下来却发现品牌资产没有得到提升。企业产品多样化一般都是通过品牌延伸实现，新老产品共用已打响的品牌。这时，经营品牌核心价值就显得更为重要了。如1997年、1998年，国内家电业出现了“相关多样化”的经营浪潮，长虹挺进空调、PC、电池、VCD行业；TCL进军VCD、洗衣机、PC……但所有企业在为不同产品做广告时，只知道各讲各的优点，很少看到不同产品广告之间的有机联系。其实，国际范围内，众多家电企业麾下的几百种家电产品都用同一个品牌，主要是因为消费者对冰箱、洗衣机、彩电、音响等产生信赖的原因，都可以归结为一个共同点，即对这一品牌在技术、品质、服务、亲和力上的高度认同。因此，春兰、长虹空调的广告就不应只在宣传空调的质量、功能上做文章，更应在机造综合电子电器品牌的核心价值上进行努力。再看同为家电企业的海尔，则通过传播“海尔，中国造”、“国际星级服务”、“真诚到永远”等对各种电器都有销售促进力的信息，有效提升了综合家电品牌的含金量。

未来企业的竞争，归根结底是品牌的竞争。要想在激烈的市场竞争中取得最终的胜利，屹立于世界著名企业之林，中国企业，快快亮出自己品牌的核心价值吧！　　　　（几　何）

记　事

11　月

2002

首届中国名镇博览会在广州举行。

全球环境基金大会在京召开第二届成员国大会。

欧盟汤姆逊公司通过政府渠道起诉中国彩电专利侵权。

2001

联想裁员10%。

国美电器开始,实行"不满意就退货"。

柯达联合神州,强化数码相机中国销售网络。

手机"三包"开始实施。

万家乐面临被收购。

国产(富康)家用车首次降价10万元以下。

洋彩电降价。

一汽——大众中方高层集体换届。

年产100万台的新飞空调生产线正式投产。

乐凯公司联合美国柯达、德国爱克发、日本柯尼卡3家公司共同发出"整顿经济秩序,净化市场环境"的承诺。

青岛啤酒购买南宁万泰啤酒有限公司30%的股权,并购重心向华南倾斜。

国内生产能力最大的CDMA手机生产线在海信信息产业园内正式投产。

TCL王牌彩电降价。

施格兰公司30°骇烈酒登陆京城。

# 品牌到底值多少钱?

在以品牌竞争为主调的知识经济时代,虽然对名牌的理论探讨和实际运作都已达到了空前的程度,但莫衷一是的问题依然存在,其中最大的就是:品牌价值如何评估才客观、科学、公正?

**品牌评估:熙熙攘攘皆为利与名**

2000年底,北京名牌资产评估有限公司第6次亮出中国最有价值品牌排行榜。红塔山以439亿元的身价荣居榜首,海尔(330亿元)、长虹(260亿元)、五粮液(120.56亿元)、TCL(105.93亿元)、联想(103.2亿元)紧随其后——中国价值过百亿的品牌,已经由1995年的1家发展到目前的6家。借助品牌的影响力实现并购重组,是这些企业不约而同的"提速"动力。

其实,品牌价值的量化额一直是个津津乐道的话题,毕竟人们更乐于接受"硬性"的数字。

山东电力集团公司多元化发展的综合品牌"鲁能",被国内某无形资产评估机构评估为428亿元,成为名噪一时的"中国品牌老大"。

北京某资产评估事务所2000年7月宣布,哈尔滨日报报业集团的无形资产价值达39.2亿元,首开党报无形资产评估的先河。

鲁迅笔下的"咸亨"二字,经年累月积淀成1.54亿元,为拥有这一商标的浙江咸亨实业集团公司留下了一笔不菲的财富。

而"杂交水稻之父"袁隆平580万元的身价,在"隆平高科"上市后,一路飙升,直逼"中国内地首富"之位。

正大青春宝总裁2.8亿元的身价则黏来无数的新闻"眼球",对"冯根生现象"的追踪与剖析曾在一段时间内占据了经济报章的显著位置……

无形资产是企业产品品质、商标、资信、盈利能力等方面综合实力的体现,是没有实物形态的固定资产,具有"不确定"的特征。正因为如此,衡量无形资产时有评定和估算两个方面,而产生不同的评估价值也就不足为奇了。

2000年北京国际周期间,卫生部科技发展中心对15种制药产品和技术进行拍卖,其中中药镇痛药康赛德的起拍价为3亿元。当很多人认为康赛德是个"创奇迹者"时,来自美国第6大律师事务所对康赛德知识产权的评价结果却是16亿美元,落差惊人。

飞华公司把163电子邮局系统和域名打包卖了5000万元,此举被赞为"在太阳下山之前卖掉旧太阳"的聪明行为,因为单纯的通讯服务网站是网络这个朝阳产业中的夕阳部分,是个砸钱的东西。但电信方面组织的专门调查小组根据国外同业的计算方式,得出163.net以最保守的估计也要值180亿港元,这与飞华两次进行的资产评估额870万元和5000万元相去甚是遥远。

目前,中国品牌无形资产评估的用途无外乎有两个:一是以量化的评估价值来传达企业的确切绩效,并增强品牌与品牌之间价值量的可比性,从而扩大自身的知名度和美誉度,即宣传功能;二是盘活企业资产,提高总体资产质量,加速企业的生产经营和促进产权重组,即经营功能。

**单向品牌交易:无形资产股市变现**

2000年,母公司以商标、品牌作价卖给其上市公司几乎成了股市一景,品牌无形资产之间的交易动起了真格:美尔雅股份以1.2亿元受让"美尔雅"商标所有权,万家乐股份以3亿元购买"万家乐"商标专用权,厦华股份投入3.2亿元拥有"厦华"商标权,粤宏远则掷出6.6亿元收购"宏远"品牌……这7家公司接二连三的商标关联交易,虽解决了"家庭内部的历史遗留问题和矛盾",但那一笔笔金额哪点儿没有涉及到中小股东的利益?于是"痛并快乐着"

的滋味弥漫在中国还很脆弱与敏感的股市上。

在中国，目前的上市公司无一例外是母公司孕育出来的。按照规定，公司在上市前要有至少 3 年的赢利记录，在这 3 年里，股份公司一般都没有自己的商标，而是使用母公司的商标。上市后，这种情况也就自然承袭下来。随着监管部门人、财、物“三分开”要求的深入以及上市公司品牌意识的增强，清理品牌方面的历史遗留问题提上了日程。

据广东大正联合资产评估公司的评估师缪远峰介绍，评估“宏远”品牌采用的是国际上最广泛采用的无形资产评估方法“收益现值法”，7.57 亿元的价值有理有据，而评估报告只作为交易价格的基础，国际品牌在收购时的交易价格在通常情况下也不完全等同于评估值，而是有一定的折扣或溢价。粤宏远董事会秘书李正雪指出，上市公司其实才是品牌的使用主体，并在使用过程中增加品牌的无形资产，实际的交易价格是考虑了上市公司的贡献这个因素的。当然，对母公司的品牌收购，股份公司也不是用现金来支付，而是用抵消和划转欠款的方式来购买的。

据华夏证券公司的策略分析师董晨分析，此类品牌交易行为的实质是大股东技巧地处理了上市公司的品牌使用与公司的欠账问题，收益者无疑是大股东。照理说，证券市场应该是双向交流的，但我们只看到了上市公司购买母公司的品牌，却从未见母公司有任何回购举动。

不久前，证监会主席周小川提出，无形资产可以占 70% 的股份。按照目前流传的二板市场 3000 万总股本的上市门槛计算，现金或固定资产的构成只需达到 900 万即可——入市的中小企业大军将是何等的壮观!

创业板本身就是高风险板块，无形资产入股的最关键环节又是从事资产评估的中介机构，缺乏规范的管理与运作是中介行业的通病，由此不难推断，证券市场上的品牌评估与交易将充满变数。

**无形资产评估：何时有定盘的准星**

统计显示，中国现有专业的无形资产评估事务所 10 余家。另外，一般综合性的评估事务所也从事无形资产的评估工作，全国共有这类机构 3800 多家，其中注册资产评估师 1.4 万名。

国家知识产权局协调管理司司长胡佐超指出，中国目前无论在机构、人员队伍、法规等方面，都没有形成一套比较成熟的体系，原则上还是套用有形资产评估的办法来搞无形资产评估工作。

《国有资产评估管理办法》规定，国有资产评估的方法包括：收益现值法、重置成本法、现行市价法和清算价格法。湖北省商标事务所的黄发强先生认为，市价法和成本法由于自身的局限，在品牌资产价值量化时采用不多。目前通行的是收益现值法，即根据商标产品单位售价超过平均售价的部分，将一定的期限和折现率计算现值，形象地说，就是将未来的钱倒到今天来算。

中南财经大学汪海粟教授指出，包括品牌评估在内的无形资产评估是评估中的难点，目前国际评估界也没有就此形成成熟的理论和方法。由于中国正处于经济体制重大变化时期，特殊的经济结构和市场条件决定了中国品牌评估具有更大的难度。一方面我们要重视品牌在新经济条件下的作用，重视并推动品牌评估在中国的发展；另一方面专业评估师、评估机构与客户及社会公众也要加强沟通，相关政府部门、职业团体要积极引导，确保品牌评估的健康发展。汪海粟教授特别强调，品牌评估是在对未来发展趋势进行预测等一系列重要假设的基础上做出的，评估结果仅在假设条件下有效。不披露相关的评估假设，只对外宣传或公布评估结果的做法是不负责任的行为，将引起对社会公众的严重误导。

中国注册会计师协会在京召开无形资产评估准则研讨会，并发布了《资产评估准则——无形资产》（征求意见稿）。相信这一《准则》的出台和实施，将改变目前无章可循的局面，引导中国的无形资产评估业走向健康发展的良性循环轨道。

（金　坪）

## 记 事

11 月

2000

信息产业部发布《关于互联网中文域名管理的通告》。

“西电东送”工程开工。

“首届北京大学生广告节”在京举办。

“999 感冒灵不含 PPA”热播中央电视台黄金时段。

一汽集团团委等举办“父母造汽车，我们爱汽车”百日车展活动。

1999

国家质量技术监督局公布八项粮食国家标准。

1998

国务院成立中国保险监督管理委员会。

国务院批转工商行政管理体制改革方案。

信息产业部表彰 1998 年电子工业优秀质量管理小组等。

鲁班奖公布。

1997

中国社会调查事务所在全国开展社会评价、调查，认定“97 中国公认名牌产品”。

1996

中华技能大奖和全国技术能手表彰大会在京召开。

1995

吉林纸业首获质量保证体系认证。

# 要不要用名人作商标？

张秉贵糖、李宁运动服、方太抽油烟机、徐虎公司、邓亚萍公司等一系列用名人作为商标的产品或公司的现象正在越来越多地进入大众的视野，并在已经注册的商标品牌中形成了一道独特的风景。

与此同时，另外一些用名人命名的商标在注册时又引起了不少争议，有的连工商局这一关都没过，如陕西一家企业申请以当地过去一位农妇名字“凤翔改改”为商标则多次被驳回。有的所选择的名人虽然知名度高，但却名声不好，如不久前某企业在某报为其专用洗浴药皂作广告时，该产品的注册商标竟是古典名著《水浒传》中的潘金莲，遭到经济学术界人士的猛烈抨击；有的名人虽已被注册了商标，却被名人的后代向国家商标局申请要求撤销，如已有 60 多年历史的沈阳鲁迅美术学院对“鲁迅美术学院”进行的商标注册前遭到鲁迅之子周海婴的质疑。

那么，产品商标到底需不需要用名人来命名？哪些产品喜欢用名人作商标？又有哪些名人适合于或不适合于为产品作商标？用名人命名的产品怎样运作才能成功？其有利的和不利的条件又是什么？听听业内人士的意见。

**哪类名人适合作商标？**

中国科学院心理研究所的王泳博士认为：名人在长期的职业生涯中所形成的形象经过媒体多次传播已具有十分鲜明的特征。名人形象带来的光环效

**品牌设计**

# 驰名商标离你有多远？

电视广告中经常出现的“中国驰名商标”字样越来越多，让消费者在认识企业产品的同时，也对驰名商标有了一个模糊的认识。

其实，不仅仅是消费者，很多企业的管理者对“驰名商标”的认识也是相当模糊的，常常把“驰名商标”当成一种特殊的荣誉加以宣传，但……

**驰名商标不是一种荣誉**

认定驰名商标最初的原意是为了保护一种特有的商品，是一种法律援助。只有在该商标所有人权益受到侵害，需要取得扩大保护时，才由国家有关部门提供的一种法律手段。

被认定为驰名商标的商标权益人是为了在更大范围内寻求一种特殊保护。这种保护具有一定的法律强制性，许多企业往往将这种法律认定的结果作为市场竞争中的“利器”，加以扩大化的宣传，致使更多的企业加入到“驰名商标”的荣誉误区。

利用驰名商标的认定结果进行商业宣传其实是一种同行业间的不公平竞争。

据中国社会调查事务所的调查，98% 的被调查者表示是通过电视、报刊的广告宣传知道驰名商标

应，用于商标的生命力取决于知名度、美誉度、忠诚度和品德 4 个方面。这是任何一个品牌在成长过程中必须具备的条件。几年前，香港著名厨艺主持人方太，在香港、东南亚及内地南方一些城市有很好的形象，并且与厨具的形象非常吻合，浙江宁波一家厨具公司就用“方太”作品牌名称，借用方太的形象进行广告促销，结果仅 3 年的时间，其品牌的市场占有率就跃居全国同类产品前列。

不管是从心理学还是从营销学的角度讲，商标名称对大众的心理都有着直接或间接的影响。用一个妇孺皆知的名人作为商标，由于大众熟悉，有一定亲和力，一般会比用相对生硬的名词作商标更易得到认可，如康师傅方便面、马兰拉面、毛家菜、蒲家宴等。正常情况下，人们是先接受了商标，然后才接受其商品的。

通过调查了解到，目前市场上的数十种名人商标几乎涉及所有行业的产品领域，大致可分为 6 类。最多的一类是服务行业的状元，即纯粹个人努力的结果的服务商标，过去的许多老字号都是以该行业的佼佼者命名的。如今新命名的服务商标则大部分是商业服务部门为占领市场将本行业的劳动能手所推出的个性化品牌，如张秉贵、徐虎、李素丽等。最成功的一类当属靠家族式管理和成长壮大起来的企业，如松下电器、吉列刀片等。还有一类用得比较多的是历史名人，体现在酒品牌中更是淋漓尽致，如孔夫子、李太白、杜康、卓文君，甚至拿破仑等都成为了一些酒厂的注册商标。另外 3 类分别是体育明星、影视文化明星和社会名流，如李宁、邓亚萍、朱时茂、黄阿原、靳羽西、皮尔卡丹、范思哲，甚至莱温斯基等都用自己的名字注册了产品商标或公司名称。

**选准名人作商标能提升品牌形象**

北京市工商局商标处的张国鸿表示：企业尤其是规模较大的企业，在自己某个产品领域注册有特色的商标会收到巨大的经济效益。以服务商标为例，上海华联商厦卖照相机的营业员王震，由于在自己的柜台使销售额连年大幅递增，对顾客的号召力越来越大。

的；45% 的被调查者注重驰名商标，认为驰名商标是产品质量过硬的“标志”；58% 的被调查者表示会把是否拥有驰名商标作为选择此产品的首选因素；76% 的被调查者认为驰名商标是某产品赢得的一种荣誉，是国家有关部门对此产品的肯定，只有 13% 的被调查者认为驰名商标是一种法律保护手段。

中国的消费者经过 10 多年的“磨练”，消费心理在某种程度上已趋于成熟，但还是在很大程度上相信由政府职能部门认定并授予荣誉的产品，如果产品出现质量问题，消费者就会将责任加到认定的政府部门身上。

现阶段中国的大多数企业并没有完全理解“驰名商标”的真正含义，不能不说是一种遗憾。

**驰名商标不能背道而“驰”**

说到驰名商标的认定问题，不能不说前几年某地方企业为了被认定为驰名商标，请出了当地的政府官员，由地方领导带队展开了一场对驰名商标的“白刃战”。

浩浩荡荡的一群人，游说在所谓的驰名商标认定的关键人物中间，形成了一道“亮丽的风景”。殊不知，认定驰名商标的申请要按照法规指定的程序，绝对不是利用关系去得到你不该得到的这项“荣誉”。

在驰名商标认定的原则上，国家工商总局商标局始终坚持“个案认定、被动保护”的原则，即当企业在经营活动中，企业的产品受到商标侵权危害时，就可以以个案请求商标局认定，通过认定予以扩大保护。

企业通过“个案保护”后，无论商标局在现行的商标案件的处理程序，还是将来法院在司法审判程序中认定，认定结果只能是“个案

标　识

汉派服装商会

## 记 事

### 12月1日

2001 第2届中国品牌营销论坛在深圳举办。

1999 全国优质服务月活动在全国各地展开,活动到12月31日结束。

1997 首批36家国家级酒家企业产生。

1996 国产化妆品实施新标签。

1995 国家旅游局发布《旅游汽车服务质量》行业标准。

"社会主义企业家"保定一棉纺织集团公司董事长、总经理兼党委书记马恩华不幸因病逝世。

1991 世界艾滋病日。

### 12月2日

1995 国家新闻出版署、中国产业报协会组织"第一届中央部委产业报质量抽查评比"活动颁奖。

### 12月3日

2000 中国第一家大学生高科技创业公司的"视美乐"在京举行创业成果汇报。

1992 《市场商品质量抽查办法》发布。

1998年底,商厦以"王震"二字注册服务商标,其品牌效应很快显示出来,1999年王震柜台的销售额比注册前的1998年翻了一番。"王震"成了华联商厦一块锃亮的金字招牌。

张国鸿说,用名人名字作商标往往是基于一定的背景。一个经过成功设计的名人商标,既要选好合适的对象,又要有新颖独特的表现形式,同时还应具备鲜明的时代特征和旺盛的生命力,体现出稳定性和应变性的和谐统一,从而折射出企业的文化内涵,给企业的市场竞争奠定坚实的基础。

时下,不少企业对于不同的产品开始实施不同的品牌策略,于是产品形象的好坏在商标设计中便占据了核心位置,导致商标与产品的联系密不可分。因而在设计商标名称时,就会注意将商标名称与产品特质结合起来,通过商标名称诠释产品的个性特色,提升产品形象。

乒坛名将邓亚萍退役后用自己的名字注册了邓亚萍体育用品有限公司,专门开发、设计、生产、营销邓亚萍牌运动装、运动休闲装、运动鞋和乒乓器材4大系列产品。该公司采取"名人、名品、名店"的经营方针,实施名牌战略、品牌经营,短短时间内在全国设立了300多家专卖店。

欧洲最大的烟草商之一的德国雷丝玛烟草公司,别出心裁地向波兰市场推出了一种以法国著名女作家乔治桑的名字为品牌的香烟,并配上了女作家的标准头像。也许正是因为名人效应,这种牌子的香烟一投放市场竟然十分抢手,不到1年的时间,就在波兰卖出了1.7亿盒。据说,乔治桑的名人效应给商家带来滚滚财源的一个重要原因是,乔与波兰的著名音乐家肖邦有过一段被波兰人民传为佳话的恋情。波兰人不仅是抽烟,这里面有怀念,有自豪,甚至还会有时尚,难怪这烟会有好市场了。

### "用人不当"可能效果会适得其反

王泳认为,对于一种商品来说,名人作为其使用者形象的代表可能是适宜的,因而受到大众的信任。但对另一种商品来说,作为其使用者形象的代表则未必可信。关键在于他传播的不是商品信息的可信度,而是其形象的可信度。这说明名人形象与商品形象的一致性是决定名人可信度和名人广告效果的一个重要因素。名人和商品的一致性高时,名人商标的作用会增强产品的可

有效"。

企业申请认定驰名商标必须要根据自己的实际情况申报材料,特别是在"入世"之际,更要注意企业产品在国外被商标侵权的事实,注重对国外侵权资料的提供,会达到事半功倍的效果。

### 中国企业的追求

中国的企业在认识到驰名商标的含义之后还要注重追求创造世界驰名商标,这是国内企业国际商标发展战略意识和敢于竞争的雄心壮志的体现。

现在,中国仍是发展中国家,处于社会主义的初级阶段,与发达国家相比,中国企业无论在经济实力、科技水平、国际经验等诸多方面,都还有较大差距。但是,这并不是中国创立世界驰名商标的主要障碍。

根本原因在于,中国大多数企业缺乏真正意义上的品牌概念和商标战略意识。中国大量的产品与国外品牌质量相差无几,有些甚至超过国外产品。还有许多"世界名牌产品"恰恰是委托中国企业生产的。但由于缺乏创造市场、经营品牌的能力,致使这些优秀的产品未能在市场上取得优势地位。

正如中国一位企业家所言:"中国不乏优秀的企业,也不乏优秀的产品。中国的企业和产品要走向世界,就要树立驰名商标意识,经过长期不懈的努力,创立具有中国特色的、为世界公认的驰名商标。"正是这句话道出了中国企业家对商标的追求。 (昆 明)

信度、吸引力，否则就会相反。企业在用名人名字作为商标时，应该考虑 3 点因素：一是时效性，即该名人是否能保持长久的高知名度，否则一旦知名度下降，肯定会殃及商标的美誉度；二是企业如果想多元化发展，开发不同类别的新产品时会受到制约，届时再用同一名人作为商标可能会不合适；三是名人的口碑不是一成不变的，一旦有不良行为，被社会指责，也会连累商标品牌。

中南民族学院经济学院陈明认为，商标名称的好坏直接关系到商标所有者的利益。商标名称虽具有商业性质，属于经济范畴，但同时它也是社会文化的一部分，因而除了商业性外，还兼具文化性。《商标法》中明确规定："有害于社会主义道德风尚或者有其他不良影响的文字和图形，不得作为商标。"在商标名称设计这程中，不仅要考虑到它的商业价值，而且还要考虑到它的文化价值及社会意义，如果一味追求其商业效应，而忽视其文化内涵及社会意义，所设计的商标名称就有可能对社会带来消极的甚至不良的影响，成为商标中的"精神垃圾"。

企业用什么样的事物作商标或形象的标志，代表企业的精神面貌、经营理念和追求目标，是企业价值取向的外在表现，是企业文化的体现。优秀的企业往往与他们优秀的企业文化和高尚的价值取向相一致。中国人民大学工商管理学院的管理学博士张永伟明确表示，原则上不赞成企业用名人作商标。他认为国内的企业在很多方面如管理方面跟不上，仅靠在商标上做文章是不够的，与日本的松下幸之助创办的松下公司是不能比的。中国的企业用名人作产品商标只是解决了一个营销问题，没有解决经营问题、市场问题、管理问题，而且具有很大的风险性。另外，商标自身的增值要求会随着时间淡化的名人效应相矛盾，难以做到可持续发展，影响企业长期战略的实施。毕竟人的寿命是有限的，而企业则都是想长寿的，商标也是一样。

中国政法大学民商法研究中心主任杨振山教授就沈阳鲁迅美术学院抢注商标一事发表了自己的看法。他认为靠商标注册保护"鲁美"纯属多此一举。该校完全可以用名称权进行保护，它本身已经是个完整的商标，注册的名称是受法律保护的。但拿鲁迅作为商标，用在商业上，不征求鲁迅后代的意见就注册是不妥的。如"鲁迅美术学院"注册成功，别人就没有资格再用。严格地讲，这意味着其他带有"鲁迅"字样的名称就都得改名，比如像鲁迅文学院、鲁迅中学等名称都会遇到麻烦。杨教授说，带"鲁迅"二字的名称一直在社会上使用，就本质上来说，"鲁迅"二字也已进入了公共领域，如果一家注册，就造成不正当使用，也是一种不正当竞争，全国只有一个，便形成了垄断。

（朱晨辉）

# 提高商标意识
# 争创名优品牌

改革开放 20 多年，中国已经进入深化发展和体制创新的攻坚阶段。随着全球经济一体化，中国"入世"，国有企业改革面临着严峻的考验。而商标作为经济生活中最重要的符号之一，将以企业知识产权的姿态代表着企业，在市场竞争中角逐。以注册商标、名牌产品而占有市场，促进企业经济发展，在新的世纪里将成为一种潮流。

一

商标战略与产品名牌化是当今经济发展的一种趋势。商品一进入市场，企业的全部价值就落在自身的产品商标上。没有注册商标，商标无名气，产品

## 记　事

**12 月 3 日**

1991 国家工商局在京召开“打假冒、保名牌”专项工作会议。

1990 国务院决定 1991 年在全国范围内开展“质量、品种、效益年”活动。

**12 月 4 日**

2000 中国饲料工业跻身世界先进行列。

1996 国家工商局发布实施《驰名商标认定和管理暂行规定》。

**12 月 5 日**

2001 国务院批准设立产业损害调查局。

1999 国务院发布《关于进一步加强产品质量工作若干问题》的决定。

1994 北京惠而浦雪花电器有限公司合同在京签字。

1991 国务院发出《关于成立统一着装管理委员会的通知》。

1985 中国工业产权研究会商标委员会在京成立。

质量再好也卖不出好价钱。优秀的创意策略能造就一个品牌，能让品牌在竞争中轻松胜出。那么，到底什么是品牌？是认知度、是美誉度，还是忠诚度，归结起来就是产品和消费者之间的关系，品牌的真正意义是活在用户心里。企业实施“名牌战略”，必须做到“四个统一”，即品牌与品质的统一、品牌与品级的统一、品牌与品位的统一、品牌与品德的统一。品牌成为名牌不是自封的，也不是权威人士认定的，而是经过市场检验、举世公认的一种大大高于一般商标的商标信誉价值。

无论是一个让人很亲近的品牌，还是科技含量较高，或者很受关注的品牌，都要有真实的效应。把一个很有特色的产品引入市场，和把它变成很有特色的品牌，是两件事情，所以企业只有在这两方面都努力，才有机会造就一个成功的品牌。

二

企业要创名牌，就应该提高产品的商标意识。应在企业中广泛开展《商标法》知识培训，使企业经营管理人员普遍认识到，注册商标将在企业改革、开拓企业市场中起到积极的重要作用。企业要充分利用商标这一知识产权树立企业形象，并建立严格的商标管理制度。规范企业经营行为应与规范企业商标管理工作同步进行，以提高企业整体商标意识。严格管理商标注册、变更、续展、使用、许可、转让和商标印制、保管、档案制度的建立，维护企业注册商标的专用权，并受法律保护。在解决企业商标闲置问题时，第一要提高商标资产管理和利用的认识；第二要做到商标资产

**品牌识别**

# 你的品牌整合了吗？

品牌这个词儿在几年前还是一个单纯的字眼，品牌在企业家的心目中可能只是一个注册商标，而在消费者的眼中只是区别其他同类产品的一个符号。然而当 WTO 的烽火已经烧近，中国的企业家们才对品牌这一名词幡然醒悟过来。

伊利公司是一家专营乳制品企业，其奶源主要来自内蒙古。虽然伊利在乳制品市场中占有相当的份额，已经拥有了一定市场知名度。但在中国乳业群雄割据的状况下，为了进一步的发展，亟需对伊利品牌进行整合。伊利品牌发展至今天，旗下已经有牛奶、奶粉和冷饮三大产品系列，并由三个事业部分别进行管理。这三种产品既有相似之处，又有不同的消费特点。由于缺乏统一、整合的品牌管理，从而使得各事业部门对伊利品牌的传播显得步调不一致，反而削弱了伊利品牌的影响力。

伊利公司意识到，如果企业内部对品牌涵义的理解不统一，那么势必会影响品牌的健康成长。因此，伊利邀请“扬特品牌识别”为其做一个品牌规划。我们详细分析了伊利三条产品线的特性，发现三种产品尽管是针对不同的消费群各有特色，但也有一个相同之处，那就是都采用了伊利的奶源作为原材料。特别是在分析冷饮这一产品线时，是否依然沿用“伊利”这一品牌标识成为研究的重点。最后，我们经过产品分析认为，伊利的冷饮大都以雪糕

利用与商标策略运用相统一。要克服重眼前、轻长远；重有形、轻无形；重保守、轻开发的思想，分析并找出商标闲置的内在原因，变废为用。闲置的商标，或者采取商标转让、变更手段、或者干脆放弃，实现优胜劣汰、优化配置。

三

积极推动企业名牌发展战略，工商行政管理部门要对企业商标专用权、企业名牌产品给予必要的保护。要用法律的、行政的手段整顿市场秩序，积极创造符合市场竞争规则的经济环境，制定相关的政策，对有一定竞争能力的名牌产品，采取择优扶强的原则给予支持，以维护名牌企业的合法权利，严厉打击假冒名牌的不法行为。

企业应设专人并聘请商标法律顾问维护商标权益；要有专人或委托商标事务所经常查阅国家商标局发布的每一期商标公告，发现问题，及时提出异议，伸张自己的权利；企业要经常进行市场调查，一旦发现商标侵权或假冒行为，就立即向有关部门投诉，要求有关部门予以处理，如果侵权行为给自己造成了经济损失，就应当通过法律的途径向侵权人索赔；对于商标有一定知名度的企业来说，可以主动向社会披露识别真假商品、服务的知识，并推广使用防伪标志，全方位保护自己的商标专用权。

在强化企业商标专用权自我保护的同时，工商管理部门要加大商标执法力度，严格整顿市场经济秩序，打击假冒伪劣产品，严厉查处商标侵权案件，加强对商业企业的监督管理，建立非商标印制企业巡查制度，从源头上打击和制止商标假冒侵权行为。（于兴立）

为主，而雪糕在消费者的心目中是与牛奶较为接近的，因此最终决定还是以“伊利”这一名称来为其冷饮产品冠名。

同时，“扬特品牌识别”还将伊利公司内部的三个事业部门集合起来，成立品牌小组，帮助伊利以统一的品牌战略面对中国乳业越来越激烈的竞争。

华润是一家有着悠久历史的国内涂料生产商，拥有大部分家具和板材类涂料的市场份额。但它同时拥有华润、爱迪和世纪明珠三个牌子，“扬特品牌识别”要为其做品牌整合。

华润当初是以多渠道经销商来成功拓展市场的。然而也正是由于经销渠道的多样化，造成了华润之下又衍生出两个品牌：爱迪和世纪明珠。这三个品牌的定位并无多少差异，市场划分也不明显，因此很容易造成企业内部不同品牌间的恶性竞争。

随着消费者的日渐成熟，涂料市场也开始出现个性化的一面。华润如果继续让自己的品牌混乱下去，很有可能会在越发注重品牌的今天失去原有市场份额。因此，我们首先帮助华润将三个品牌进行了市场细分。根据企业内部不同的营销目标，针对不同的市场需求，分别给三个品牌重新定位，从经济实用型涂料到时尚未来型涂料，达到大面积覆盖整个涂料市场的目的。

浙大网星是浙江大学下属几个院系合办的一个高科技公司，前期并购了一个专营羽绒服的上市公司。浙大网星本身是一个控股公司，透过资金运作，投资不同的公司，为顾客整合一个完整的服务。“扬特品牌识别”通过品牌分析，发现浙大网星的核心在于高科技产业。对于一个全新的公司来说，品牌定位的正确与否关系到这一公司未来的发展方向。“扬特品牌识别”为浙大网星挖掘出“睿智”这一品牌概念，吻合了网星的品牌承诺，助其在顾客的心目中建立起一个明确的品牌概念。

我以为，对品牌的真正洞察力来自于本土化的实践经验，来自于对品牌生存市场的深刻理解。

（谢祯忠）

## 标　识

安徽省对外经济成果展览会

（1989-1999）

中国·合肥

## 记　事

**12月6日**

2000

全国20多个省市的462家"放心美容院"在京郑重作出服务和质量承诺。

大熊猫"添添"和"美香"乘MD－11"熊猫一号"飞抵华盛顿杜勒斯国家动物园。

1999

南疆铁路全线开通运营庆祝大会在新疆喀什举行。

**12月7日**

2000

"上海空港杯全国户外、杂志创意无限大奖赛"评选结果在京揭晓。

1999

1999中国服装周在京颁奖。

英国《金融时报》"全球30位最受尊重的企业家"排名，张瑞敏名列第26位。

中国企业联合会加入世界广告主联合会。

1993

1993年全国田径十佳运动员评选结果在京揭晓。

1992

"中国出口商品生产企业质量体系(ISO9000)工作委员会"成立。

# 中国歧视"洋品牌"？

在北京商标协会、中标网所属的"知名品牌"上查询饮料类，除了中国人耳熟能详的椰风、健力宝、乐百氏之外，同样风靡中国的可口可乐、百事可乐却不在其列：尽管后者可能更有名。这让很多的跨国公司闷闷不乐，《华尔街日报》甚至说，这是"带有歧视性的商标评价体系"。《中华人民共和国商标法实施条例》的实施或许会减轻这些公司的郁闷，条例更加明确了对驰名商标的保护。跨国公司有信心认为中国政府对自己品牌的保护会更加有效。

此前，这些跨国公司一直抱怨，在中国认定的293个驰名商标中，看不到他们商标的名字。他们认为，如果能成为驰名商标，就会得到更好的保护。他们把自己的品牌被假冒、侵权甚至打假费用的居高不下都归于中国这种商标评价体系。

事实上，问题并非他们所认为的那样简单。

### 巨额损失

假货问题是令人非常头痛的，松下电器也遇到这样的问题。两个造假者在香港注册了一家名为香港松下电器的公司，然后委托顺德一家企业生产电器产品，再贴上松下的商标，发往中国各地销售，而这个企业却与著名的松下公司毫无关系。

"这造成了混淆，"松下电器（中国）有限公司知识产权部部长三木正义对中国《新闻周刊》说："消费者很难分清哪个是真正的松下产品，反而把我们的产品当作假冒的。"这批假冒品在全国20多家专卖店出售。

"我们不是所有时候都去打假，如果假冒品的销售影响了我们产品的市场份额，那么就必须打假。就是说我们打假的时机要考虑到利润比。"三木正义说。

而与松下同样著名的索尼公司也遇到相同的问题，索尼（中国）有限公司传媒公共关系科经理李曦介绍说："索尼在中国的品牌维护基本上依靠索尼香港的法律部来打假，如果委托律师事务所来打假，费用非常高。"

很多的国外公司都感觉到力不从心，"面对一个很小的侵权行为，你不知道该不该去打假，如果你听之任之，那么他们有可能像吃木头的小虫子，一不留神，整个桌子都没有了。"松下的三木正义说，"但是你不可能顾及到所有的假冒，一是费用太高，二是人手不足。而且在中国，打假后你很难得到赔偿。"三木正义在中国有3年8个月的打假经历。

这些公司没有理由不抱怨：北京一家研究机构估计中国市场上的假货达到160亿美元，对中国的外资公司进行的一项调查显示，有2/5的公司因为假货损失20%多的收入。对美容品制造商宝洁来说，由于造假致使其收入1年损失1.5亿美元。

"我们希望中国执法部门加大对造假的处罚力度，"索尼（中国）的李曦说。三木正义也持同样的观点，"虽然中国法律法规在慢慢完善，但是问题在于打假的结果并不如人意，我们看到每年有上万件的打假个案，但是造假却有增无减。"

三木正义把原因归结为三个方面：一是中国很多企业不尊重知识产权；二是处罚太轻；三是存在地方保护。

在中国，对驰名商标和一般的注册商标的保护力度是不同的。根据最高人民检察院、公安部关于经济犯罪案件追诉标准规定，假冒他人注册商标，非法经营数额个人在 10 万元、单位在 50 万元以上将被提出刑事指控，而假冒驰名商标的，不管数额多少，都可提出刑事指控。

截止到 2002 年年初，国家工商总局共认定驰名商标 293 件，从青岛啤酒、红塔山香烟到海尔家电，但是没有可口可乐、耐克和索尼。

三木正义说："我们不知道这是为什么，这是回避外国品牌成为驰名商标的一种巧妙做法。"

### 高成本打假

沈春湘大多数时间不是呆在办公室接电话，而是与各地的工商部门一起前往造假点帮助自己的客户打假。沈春湘是永新专利商标代理有限公司法律部的律师，永新的客户大多数是国外的著名企业。

沈春湘到永新工作后代理的第一起打假案就是帮助可口可乐公司打假。当时市场上出现和可口可乐极其相似的"口口可乐"，在该饮料瓶上还清楚地印有生产厂家的地址。沈春湘被委托前往位于河北的制假地，现场发现有 3000 多平方米的仓库，并发现假冒雪碧的"雪雪"牌饮料。但在工商部门查封的过程中，遭到造假者的暴力抗法，无奈撤离。沈春湘再次前往打假时，由于走漏风声，扑了空。第三次，沈春湘留了个心眼，直接与当地的市工商局配合，才将造假生产仓库查封。

"企业打假后，赔偿的可能性非常小，但是国外公司为了自己的品牌，宁愿花费较高的成本打假，而国内企业会考虑到打假的收益和成本，如果他们感觉到不能收回打假成本，就不会去做。"沈春湘说。

一家外国公司在一起打假案中到底要付出多少费用？沈春湘向中国《新闻周刊》介绍，这些费用包括先期的调查费用，要请专业的调查公司，调查费需要 2000 到 3000 美元，然后是代理律师费，又是几千美元，这不包括在打假过程中的花费。如果通过国外律师参与，还要付给国外律师费用，一般是 400 美元/小时。

中国国际贸易促进委员会专利商标事务所霍爱民认为，中国企业对驰名商标认定的目的和实际操作有很大的差异，中国企业多喜欢在广告中声明自己是驰名商标，把驰名商标当作一种荣誉称号用于销售和产品推广上，很少用在保护自己的品牌上。而国外企业利用驰名商标为依据保护自己的案例却非常多。其中以"宜家"、杜邦状告国网案为典型。

"国网"注册的"IKEA. COM. CN"域名被宜家（IDEA）公司认为侵权，双方诉诸公堂，2000 年 6 月北京市第二中级人民法院作出了一审判决。"国网"注册的"IKEA. COM. CN"域名无效。

法院认为"宜家（IDEA）"属驰名商标，"国网"将"IKEA"注册为域名易误导他人认为该域名与驰名商标"IKEA"有某种关系，利用了附着于驰名商标的良好商誉提高自己网站在访问率，也使"宜家"在互联网上行使其驰名商标权受到妨碍。这一判决是首例由人民法院在审判中确认驰名商标的诉讼案，而以前驰名商标均由工商行政部门认定，这次确认的意义在于显示出司法权高于生政权。

而杜邦公司也因为域名被"国网"抢注，最终由法院认定杜邦为驰名商标，依照国际惯例，"国网"败诉。

### 双重标准

国外的公司没理由不对驰名商标耿耿于怀，"注册商标和驰名商标根本区别就是驰名商标可以进行跨类商品保护。"中国国际贸易促进委员会专利商标事务所商标代理人霍爱民说。霍爱民曾帮助过许多跨国公司在中国打假，其中最有代表意义的就是"劳斯莱斯酒吧"一案。

昆明有一家为"劳斯莱斯"的酒吧，并在当地工商部门进行了注册，霍爱民受托协同当地工商部门一同前往查处时，该酒吧的主人表现出惊诧的表情，说从没有想到会和著名的劳斯莱斯产生某种联系。事情的处理结果是酒吧改名，一些标识被拆除。

"在这个案例中，劳斯莱斯劳动保

## 记事

### 12月8日

2000 首届中国民营企业交易会在昆明开幕。

"尚邦2000年会——广告主与媒体互动战略高级研讨会"在京举办。

劳动和社会保障部在京召开第五届中华技能大奖和全国技术能手表彰大会。

1995全国畅销国产商品展销月活动总结大会在京召开。

### 12月9日

1997 国家环保局局长在京被美国环保局授予1997年度平流层臭氧层保护奖。

1997 "规范广告市场、发展中国名牌"研讨会在蛇口召开。

### 12月10日

1998 中国工业经济联合会成立。

1997 邓楠获得美国环球保护交流组织颁发的"远征行星地球奖"。

1996 全国工商行政管理工作会议提出建立全国性的知名商品保护网络。

护就被认定为驰名商标，所以能进行跨类保护。另有几起假冒万宝路商标案中，涉及到假冒'万宝路'牌的收音机、洗发液、餐巾纸，工商部门在查处过程中就认定万宝路为事实上的驰名商标。"霍说。

对于跨国公司来说，理由很简单，一旦自己的商标想成为驰名商标，那么在保护上就很简单，而且保护的力度也会加大。"那样，我们就会获得和海尔相同的国民待遇"，三木正义说，但如果在纠纷个案中申请认定为驰名商标，手续非常麻烦。

国际保护知识产权协会中国分会秘书长陆普舜认为，中国现在对驰名商标认定遵循了国际惯例：个案认定，被动保护。即在具体纠纷中给予驰名商标的认定，驰名商标也只是在此个案中有效。并且对驰名商标的认定由商标局一家变成商标局、商标评审委员会和法院三家。而此原则在商标实施细则中也给予明确。

"如实施条例中第5条规定，在商标注册和评审过程中，如果当事人认为商标构成驰名商标的，可以向商标局或商标评审委员会请求认定驰名商标；第45条规定商标在市场上遭受到侵权时，可以提出申请，商标局依据驰名商标认定的条件认定。"永新专利商标代理有限公司商标部经理王晓华对中国《新闻周刊》说："我们可以理解这些规定也适用于那些外国品牌。"

在此以前，国家商标总局认定驰名商标是依据1996年的《驰名商标认定和管理暂行规定》，陆普舜认为现有293个驰名商标的形成有历史原因："以前中国有许多商标在国外被抢注，有一次80个中国商标在国外被同时抢注，为了保护中国的知名商标，才有了各省申报驰名商标的行为，其目的是保护民族品牌，但是中国对国外商标的保护也从很早就开始了。"陆普舜曾参与了中国第一起刑事商标侵权案件，保护的就是国外品牌的享氏。

中国社会科学院知识产权中心副主任李顺德教授认为，中国在商标保护问题上，并不存在中外区别对待问题。李顺德教授认为，虽然中国并没有认定国外品牌为驰名商标，但是在实际保护中已经依照国际惯例给予了充分保护。

李顺德教授说的国际惯例就是世界知识产权组织负责实施的《保护工业产权巴黎公约》和世界贸易组织的TRIPS协议。中国于1985年加入巴黎公约，并作为世贸组织成员，肯定会遵守这两个国际公约，"外国公司所说的双重标准是不存在的。"李教授说。

但是问题在于，中国对于国外品牌的保护一直没有一个明确的法规，说法比较模糊。永新专利商标代理有限公司曾为好几家国外品牌代申请驰名商标，但是国家工商总局一直没有审批下来。

#### 驰名商标国际保护制度

驰名商标国际保护已有70余年的历史。到目前为止，已经生效的国际文件有二：一是世界知识产权组织负责实施的《保护工业产权巴黎公约》；二是世界贸易组织的TRIPS协议。

巴黎公约首先确立了一种特殊的商标保护制度。其最突出的特点是：打破了知识产权保护的"地域性"限制，突破了公约本身确立的独立保护原则，开创了商标"跨国保护"的先例；单方面延伸了某些国家行政或司法程序的效力空间，使这些程序具备了"域外效力"；不顾及各国商标法与商标制度之间的差异，要求各成员国在驰名商标保护领域实施相同的保护制度；赋予驰名商标所有权人的权利不同于普通商标权；将最关键的问题，即驰名商标认定标准问题留给成员国自己解决。

TRIPS协议承认巴黎公约的有关原则在商品商标上的适用，以及巴黎公约为驰名商标权利人规定的三项权利，而且不附加任何条件。另据规定，巴黎公约的各项原则与规则无需作任何实质性变动，即可直接适用于服务商标。当有关的注册商标已被认定为驰名商标时，即使非权利人将该商标使用于不同的商品或服务上，只要此种使用具备了本协议规定的条件，注册商标所有人亦可行使巴黎公约规定的三项权利。

（黄小伟　王振武）

# 中国企业的“品牌幼稚病”

对于任何企业来讲，在营销中越来越不能忽视品牌的作用，正如美国营销专家拉里·赖特（Lang Lignt）在谈到未来营销趋势时所说的那样：“未来的营销是品牌的战争——品牌互争长短的竞争。商界和投资者都将认清品牌才是公司最珍贵的资产，……拥有市场比拥有工厂重要得多，而惟一拥有市场的途径是拥有具备市场优势的品牌。”原因在于，强势品牌往往可以造就市场领导者、享有较高的利润空间和突破产品生命周期的局限。

现阶段，我们存在着相当多的问题，在很大程度上造成了企业品牌形象缺乏冲击力和感染力。总的来看，这些问题都反映出企业在把握品牌战略方面的稚嫩之处甚至是片面认识，因此我们可以把这种现象统称为“品牌幼稚病。”具体来说，主要表现在以下几个方面：

**一、品牌推广片面强调知名度**

相当一些企业在品牌推广中，片面强调品牌的知名度。以为有了知名度，就有了一切。不惜巨资在各种媒体上大规模投放广告，狂轰滥炸，只求在消费者耳中混个名熟声响。“秦池”、“哈药”品牌的“辉煌一时”强化了企业的这种看法。

例如，一些企业盲目地进行或赞助一些与企业目标市场无关、与企业品牌形象树立无益的活动，花钱取得轰动效应，到头来却是为他人做“嫁衣”。而自从“恒源祥”开创了在“5 秒版”广告中连续重复 3 次之先河后，很多企业也似

## 品牌问题

# 驰名与“持”名

对企业来说，要驰名，更要“持”名，前者可以靠广告造势，后者则要在管理上下深功夫。

要“持”名，首先要惜名，不能盲目扩张、滥用品牌。现在一些企业为了在规模上取得突破，把战线拉得过长，很多是采用贴牌生产、管理文化输出方式组织生产。如果管理跟不上，就会冲淡品牌，给消费者留下什么都去搞，什么都搞不好的坏印象。如果协作方出现管理问题，势必危及整个品牌，不如把现有的产品做大、做强。在家电行业，有一个主张要“将厨房革命进行到底”的方太，这么多年都在厨具专业化道路上求发展，已成为同业中的老大。他们认为，自己虽然在规模实力上与大企业不可同日而语，但做好一件事至少是可能的，其产品开发、质量管理、售后服务等关键环节均由总部直接控制。

要不断开拓新的增长空间。要把品牌做成“持”名品牌，必须不断拓展新的增长空间，如果坐享其成，不考虑产品的更新换代，不寻找替代产品和新的增长点的话，总有一天，昔日的驰名商标，在消费者的眼里将什么都不是。苹果电脑曾经风靡全球，但因为不愿学习后来者的长处，结果被后起之秀抛在后面。而微软的操作系统之所以能独占鳌头，就在于它能够

乎找到了花较少的钱来提升品牌知名度的捷径，纷纷效仿。在广告中，喋喋不休地进行品牌重复。也许这确实可以让消费者记住品牌名称，但企业却忽视了消费者在说起这些品牌时所皱起的眉头。更有甚者，为求轰动，不惜“铤而走险”，勇闯“禁区”，在人们的“非议”中博取知名度。这样做，也许确实提升了品牌的知名度，但却是负面意义的知名度。比如，日前一则引起众多争议的“清嘴含片”广告。

**二、品牌之间没有差异，缺乏个性**

品牌出现的市场根源在于企业需要向消费者发出某种市场信号，明示自身与其他竞争产品之间的区别（实质上的或心理上的）。企业品牌推广的基础，应在于自己与其他品牌的差异之处。

但反观国内企业的品牌推广，在很大程度上却是为了推广而推广，而不知道为什么推广，从而造成品牌缺乏个性，没有将自己的差别化优势告知消费者。比如“格力”空调，其品牌广告是“好空调，格力造”，如果将这句话换成“好空调，春兰造”、“好空调，科龙造”，没有任何不妥，这就说明“格力”并没有将它差异化的优势明示出来。而我们知道，“格力”是中国最大的专业化空调制造厂商。如果我们将广告换成“格力——来自中国最大的空调专业制造商”，将一般意义的“好”具体化、差异化，可能给消费者的感受是不同的。

**三、品牌缺乏系统化管理**

在国内企业，品牌战略有一个明显的共同点，那就是绝大多数企业实行的是“统一品牌”战略，即公司不同的产品都使用同一个品牌。比如，“娃哈哈”、“乐百氏”、“步步高”、“海尔”、“长虹”等（印象中，实行“多品牌”战略并且比较成功的企业很少）。当然，我们并不认为“多品牌”战略就一定优于“统一品牌”战略，但众多企业的行为也反映出企业在构建品牌系统方面信心的不足和能力的缺乏。

实际上，在这些企业的“统一品

自我扬弃，每隔两三年更新换代一次。世界上最大的门户网站雅虎，为了保持领先地位，不断发展新内容，搜索引擎、媒体新闻、电子贸易、网上拍卖和 E—mail 等不断增加，不断满足互联网用户的需求。联想是国内众多电脑厂商中公认的“老大”，一直坚持“吃着碗里的，看着锅里的，想着田里的”创新思路，2000 年，集团一分为二，电脑公司继续做电脑，神州数码则拓展电子商务。这是有远见的。

要有正确的发展意识。海尔负责人张瑞敏有一个著名的观点：增长不等于发展，有利润的增长才叫发展。有的企业不顾生产成本地降价，一下子占了很大的市场份额，但没有利润，卖得越多，亏空越大。没有利润支持，本应该用于开发市场、开发产品的钱都拿来打价格战，这样的企业是得不到发展的。正是因为如此，海尔一直坚持打价值战，而非价格战，2001 年，海尔全球销售收入 600 亿元，基本上没有坏账，品牌知名度和信誉度大增。

对制造企业来说，要想“持”名，必须掌握核心技术，这是企业生存和发展的根本要素。不要满足于争第一、第二，要力争在核心技术上比第一、争领先。过去，国产彩电是引进、消化、吸收国外生产技术，虽然打败了国外名牌，但靠的不是技术手段，而是依托国内廉价的劳动力，用低档产品打价格战，在核心技术上并没有自己的专利。这使我们国内家电企业处于整个产业链的下端，只能赚取辛苦的加工钱。随着国外彩电厂商纷纷进驻中国，搞本土化生产这种优势早已消失。国产家电企业与国外厂家站在同一起跑线上，要想求生存，必须掌握世界上最新的高端技术。我们惊喜的看到，长虹生产的精显王背投影彩电问世，其核心技术基本上是自主知识产权，我们希望有更多的家电企业能够掌握核心生产技术，靠科技进步巩固品牌。（廖仲毛）

## 记 事

### 12 月 10 日

1993

国家技监局将首次颁发国际法制计量组织证书。

中国国际航空集团成立。

于珍同志：要实施名牌战略，保护和发展轻工业名牌产品。名牌要形成规模，不仅称誉国内，而且要积极参与国际市场的竞争。

1991

“1991 年度轻工业部国际合作奖”在京颁奖。

中国服装协会在京成立。

### 12 月 11 日

2001

国务院公布《中华人民共和国反倾销条例》。

中国电信重组为南北两大公司。北方部分和中国网络通信有限公司、吉通通信有限责任公司重组为中国网络通信集团公司；南方部分保留“中国电信集团公司”名称，继续拥有“中国电信”的商誉和无形资产。

1993

中国国际航空集团在京成立。

中国资产评估协会在京成立。

标　识

牌”战略中，往往都是借助成功品牌进行品牌延伸。这样做，可以节省企业的营销推广费用，却增加了品牌风险——一旦在众多产品中的某一产品出了问题，就有可能会祸及其他，广东“爱多”和山西“汾酒”就是前车之鉴。另一方面，即便是品牌延伸，就同一品牌在不同产品中的具体内容，以及不同产品的不同个性如何统一到同一品牌之中，很多企业也缺乏考虑。

**四、品牌缺乏内涵和张力，品牌形象苍白单薄**

国内有很多品牌，消费者确实耳熟能详，但仅限于品牌名称，如果你再问消费者对某品牌更多的认识和看法，大多数人都会是脑中空白。这就是我们很多品牌缺乏内涵，形象单薄的表现。

我们知道，消费者是通过营销传播来认识品牌的，如果要求消费者形容某品牌的产品，他们的回答通常不会是产品名称、符号或设计方面的描述，而是用形容词来形容品牌的品质。此外，消费者甚至会对品牌产生情绪化的认同。假如你问一些竞争者，面对知名品牌的最大障碍在哪里时，他们的回答通常是索尼或可口可乐的名气，这就如同观众认定只要是成龙主演的电影就一定好看，不管其剧情内容如何。从这个意义上讲，品牌是一种类似成见的偏见。

由以上可以看出，我们在这里讲的品牌，与其说是美工设计意义上的实体性的名称、符号、设计，毋宁说是一种心理上的存在，是附加了消费者心理感觉、印象和情绪的品牌。因此，奥格威认为：“品牌是一个错综复杂的象征，它是品牌属性、名称、包装、价格、历史、声誉、广告方式的无形总和，品牌同时也应根据消费者对其使用的印象，以及自身的经验来界定。”

台湾奥美广告公司总经理庄淑芬进一步发展了这一认识，她认为：“每个品牌中都一定有个产品，但不是所有产品都可以成为品牌。如果这个产品与消费者没有更强劲的关系，它只是一个产品，不会变成一个品牌。”同时，她也指出了品牌的四个层面：

第一层面：品牌的名标和标志的知名度；

第二层面：品牌品质的认知度——好、差、高、低；

第三层面：品牌联想：受众一想到品牌便会联想到相应的产品，反之亦然；

第四层面：品牌忠实度。

品牌营销中的品牌，体现为消费者对品牌所蕴含的诸多信息，如名称、标记、符号、发音、利益的提供、产品的特色、市场的评价、发展的历史等的认知和接受的程度，它建立在消费者心中，更多地体现为一种观念的认识。试想一下，如果离开受众心智，产品就只能是产品，而不能成为品牌。正是由于它是一种观念上的存在，才为通过整合营销传播建立品牌形象提供了可能。

一般认为，一个品牌能够带给消费者更多的联想内容（当然是正面的、积极的联想），这样的品牌内涵才丰富，才富有张力。如提到“海尔”，我们首先会有一种精致、活泼、亲切的感觉，然后我们就会想到它是家电产品、产品的质量较好、服务周到；想到海尔兄弟，想到张瑞敏，想到国际化，想到那句广告语“真诚到永远”……总之，“海尔”绝对不再是一个简单的名称或标志，而是有着丰满的涵义。而大多数企业对向品牌注入更丰富的内容、拓展品牌联想空间方面却十分忽视，这就造成了大多数的品牌只不过是一个没有生命力的“行尸走肉”般的名字而已。

以上并不一定概括了企业在开展品牌战略中的所有问题，但它已经足以使我们重新思考品牌以及品牌营销的管理和战略。造成以上问题的原因在相当程度上是因为，大多数企业只将品牌推广看成是一个程序性的或技术性的行为。实际上，品牌营销更应该说是一个战略问题，是企业整合营销的总体体现，只有从这个角度来认识品牌以及品牌推广，才能避免以上问题，使企业的品牌战略走上理性、健康的发展之路。

（汪　涛）

## 记　事

12月11日

1991 首届中国国外经济合作五星奖公布。

12月12日

2000 赛欧紧凑型轿车在上海通用汽车有限公司下线。

1997 1997中国企业10大新闻评选活举办。

1996 中宣部和国务院纠风办组织十大"窗口"行业开展"为人民服务,树行业新风"活动。

1991 国家科技奖励大会在京举行。

1978 安徽省凤阳县小岗村18户农民秘密签订契约,决定将集体耕地承包到户,搞大包干。

12月13日

1996 国家经贸委颁发"国家级新产品"证书。

1995 农业部印发《关于公布1995年中国乡镇企业名牌产品的通知》。

12月14日

2000 天津汽车工业(集团)有限公司夏利2000轿车下线。

# 品牌延伸:增加价值的策略

对于具有一定品牌效应的公司而言，实现增长的一条途径就是利用已经得到消费者认可的品牌优势，把在一个产品上打造出来的、针对某一个市场的品牌，嫁接到一种新的产品上，推向一个新的市场。此即市场营销学上所谓"品牌延伸"(Brand Stretching)的战略。维珍集团是通过品牌延伸取得成功的一个突出的案例，除了维珍以外,哈雷·戴维逊(Harley—Davidson)、可口可乐、麦当劳、沃尔特·迪斯尼(Walt Disney)等著名公司也成功地运用过品牌延伸战略。哈雷·戴维逊本来是生产摩托车的公司,其品牌在消费者心目中享有盛誉,有一批忠实的客户。拥有哈雷摩托已经成为一种生活方式、趣味和文化的象征。哈雷·戴维逊公司成功地将其品牌扩大到摩托车以外的若干产品,其营业额在过去几年之中强劲增长，得益于摩托车以外的其他产品,其份额已经占到总营业额的31%。

在中国国内，对于联想、海尔、科龙、TCL、小天鹅、娃哈哈、红塔山等成功创立了知名品牌的公司来说,品牌延伸已成为"挡不住的诱惑",各行各业的公司和市场营销专家都相信,在客户关系发展的环境中,品牌延伸是企业增长的关键因素。

事实上,国内企业品牌延伸的例子俯拾皆是。如海尔品牌始自冰箱,如今已经延伸到了包括生物制药和MP3播放器等30大类产品。科龙品牌同样源于冰箱，虽然品牌延伸规模不如海尔,目前亦已包括从小家电到配件的6大系列产品(值得注意的是，科龙董事长顾雏军日前向外界宣称科龙要奉行"返璞归真"的方略，似有慎行品牌延伸的意图,此为后话)。当消费者在电视广告上看到万马奔腾的黄河壶口瀑布,听着"天外有天，红塔集团"的广告词的时候，红塔品牌已不再限于香烟，而是已经囊括了轻化工、机电建材、汽车和食品(尽管集团的网页上显示轻化工还没有任何产品,机电建材只不过是实木门和木地板,食品也仅是一种矿泉水)。

联想算是品牌延伸的一个典型例子。联想从PC起步,做成了如今中国数得上的少数知名品牌之一。成了大公司,要面对的一个压力就是增长。联想2001年4月的"三年规划"提出2004年销售收入将达到600亿元人民币。在PC的创收能力持续下降的情况下，挟品牌突围已成为自然的选择。从联想一分为二到电子商务,联想正在致力于用它的品牌资产来强化核心业务和创造扩张的平台。观察家认为目前IT服务、信息家电和通信产品是联想除PC以外新的增长点。

联想品牌延伸的做法是不从头开始,而是跳跃式地发展。通过收购兼并,获得新的能力，贴上联想的品牌，一举进入新的产品和市场。其中不乏颇引起争论的以挖技术骨干而将第三方公司的业务整块带入联想的做法。

**为什么品牌延伸成为关注的热点?**

通过品牌延伸进入新的业务领域,一般认为是出于规模经济的考虑和利用老品牌的质量声誉优势。但实际上还有更深层的原因。研究表明,对消费者来说,品牌商品的吸引力在于其所具有的互补作用(跟广告相同的作用)。广告之所以能正面影响消费者对一件商品效用的评估和购买这件商品的意愿,其原因是消费者从消费一件广为人知的商品中能得到更大的满足和享受。同样,消费者购买一件标有著名品牌的商品也会感到获得了额外的效用,哪怕这一品牌是在另一个不同的产品中树起来的。

用品牌延伸策略进入新市场的公司，跟用新品牌推新产品的公司比起来，如果达到同样的销售水平，要少花广告费。换句话说，品牌认知的作用可以替代广告，因而可以起到促销的作用。发表在《哈佛商业评论》上的一项研究表明，在美国市场上，那些花3000万美元新推出的品牌，最终只有20%能生存一年以上。而典型的品牌延伸成本仅为500万美元，成功率要高得多。

品牌延伸与多元化并存，实际上不是最近才热起来的。近几年引起了相当的关注，成为市场营销的一个热点，其主要原因有以下三点：

1. 互联网的兴起和电子商务的广泛应用极大地增加了进入新市场的可能性；

2. 对于老品牌来说，有了接近顾客、把握客户的新的机会；

3. 更高层次的新的竞争和更高的客户期望值。

### 品牌延伸的利与弊

1. 互联网使顾客比以往任何时候都能够与外界有更多的联系，拥有更大的发言权。在这种情况下，他们把目光从一个公司的核心产品移到更多的产品和服务上去，以覆盖他们的全部需求和满足个性化的购买体验。品牌延伸能满足这一演变的趋势；

2. 采取品牌延伸的策略能增加销售收入和利润来源，也可以通过多元化降低投资的风险，最终吸引新的客户群；

3. 可以通过品牌延伸培育出一个特定的客户群。使用同样的品牌把这些客户以一种独特的方式联系起来，从而提高客户忠诚度和强化品牌形象。这方面的一个例子是德国奔驰公司。奔驰公司开了很多商店(传统的和虚拟的)，出售各种商品、服装、体育用品等。此举使奔驰公司的触角伸到了新的领域，并且增加了奔驰迷的数量。

尽管有明显的效益，但定义不当或是过度延伸的品牌也存在着巨大的风险，会带来负面的影响，主要表现在以下几个方面：

1. 冲淡原有品牌的力量；

2. 由于鼓励客户寻求不同的产品和服务，有可能减弱品牌忠诚度；

3. 有可能出现不当的投资。

实际上并非所有品牌延伸的操作都会使公司变得更为强大。最近分析家就认为理查德·布兰森接下英国一些表现最糟糕的铁路线路运营权的举措，还是走得太远了点。同样，可口可乐公司1980年也尝到了进入时装业失败的苦果。

### 品牌延伸应该采取什么样的策略？

埃森哲通过对若干案例的研究发现：1. 凡是集中度较低、不为少数大公司控制、竞争比较活跃的目标市场，品牌延伸往往能产生好的盈利效果，在其本原市场占强势地位的品牌尤其如此。2. 如果目标市场已经为少数大公司所控制，强势品牌有助于进入这些市场。但在这种情况下，由于进入的品牌来势汹汹，其产品往往会成为已有品牌最接近的替代者，由此加剧进入后的价格竞争，其结果是两败俱伤，大家的盈利水平都下降。实际上，没有名气的小公司在进入新市场的时候，面对业内处于垄断地位的大公司，往往比挟名品牌而来的新进入者还要有机会获利。

所以，对于拥有强大品牌的公司来说，除了考虑别的因素以外，品牌延伸的正确策略应该是避开那些已经为少数巨头所控制、竞争不充分的行业，而选择竞争活跃的、已经存在相当多品牌的行业（如化妆品、消费电子产品等），或者在某种意义上“远离”本行的行业。对于品牌力量较弱的小公司来说，可取的策略倒不妨是到那些由一两个巨头垄断的市场上去寻找生存的夹缝。

客户交流和客户关系管理对于创造更多价值至关重要。在做好客户交流和客户关系管理的基础上，品牌延伸将成为主要的创造价值的工具之一。只有客户不断地接收到和理解了企业向他们发出的信息，企业把品牌中所包含的宝贵的能量转化为与核心业务有关或无关的产品和服务的努力才会成功。品牌延伸在信息化充分发展的今天给企业提供了一个很好的机会，但究其根本，品牌意味着一种承诺，如果承诺不能兑现，则最好不要延伸。

（媛　媛）

标　识

CHINA FAMOUS UNIVERSITIES AND COLLEGES

中国著名学府

新大都

绿茵翠庭

GREEN GARDEN

记　事

12 月 14 日

2000 “福特汽车环保奖”在京颁奖。

1994 长江三峡工程正式开工。2009 年工程将全部竣工。

1993 中国联合通信公司成立。

1992 河南省周口味精厂晋升世界味精行业 4 强。

12 月 15 日

2000 沈阳金杯通用汽车有限公司生产的雪佛兰·开拓者 SUV 休闲车下线。

仪化公司成为国内企业惟一通过可口可乐及百事可乐产品认证的企业。

1999 上海大众汽车有限公司首辆第三代轿车——帕萨特(Passat)下线。

1994 国家经贸委、税务总局、海关总署颁发百家大型企业(集团)技术中心证书。

12 月 16 日

2001 中国品牌战略管理高层论坛在京召开。

# 土洋品牌竞争决战品牌管理

塑造一个品牌可以延续一个世纪的时代已经一去不复返了。由于产品的生命周期缩短，加上动态而多元化的媒体和不甘落后的消费者，使得一个品牌在几年或几个月就可以被遗忘。无论是中国企业的“土”品牌还是外国的“洋”品牌都必须不断更新品牌的含义并为现有的品牌注入新的血液使其产生新的生命力。这已经不再是成功的选择而是必经之路。

**为什么需要品牌管理?**

品牌就是指你与客户间的关系，说到底，起作用的不是你在广告或其他的宣传中向他们许诺了什么，而是人们反馈了什么以及你又如何对此作出反应。对一个人来说，口碑极其重要。简而言之，品牌就是人们私下里对你的评价。品牌就像人一样有个性。需要用三维的方式展示出来；另外，品牌必须同消费者建立亲密关系才可以生存。就是说品牌必须根植于人们的生活里才可以使品牌维持和成长，所以必须同时考虑到消费者感性和理性的需求才可以真正满足客户的需求，因为客户开始用他们的心和大脑来选择品牌。

传统经济环境下对品牌的认识有些误解：

1. 品牌必须经过长时间培育才可以形成。但事实上品牌在成功的管理和策划下还是可以在短时期内形成的；

2. 品牌只对定向的目标客户而言。而事实上品牌是可以被广泛接受；

3. 只有广告可以塑造品牌。但在新经济和信息时代，广告只是塑造品牌的手段之一而已；

4. 品牌是对产品而言的。但实际上品牌是对更大的概念而言；

5. 塑造品牌需要大手笔和大预算。可品牌真正需要的是精心策划和管理；

6. 品牌是市场的概念。而实际上品牌是资本和金融的概念。因为品牌的无形资产价值可以使企业的业绩成百倍增长。投资人也会因为品牌的效率而偏爱它。

就是说，在 WTO 的环境下，在 Internet 的带动下，注重“品牌管理”正在成为一种时尚。是什么使人们开始关注品牌管理呢?

首先是媒体的变化：

观众和读者在减少；新媒体的日益发展；中小媒体的出现；有限电视网的普及；互联网的快速发展。

消费者的变化：

消费者需求增加；消费者变得更加挑剔；消费者更喜欢寻求娱乐和刺激；消费者也学会了讨价和比较；消费者的需求层次增加和消费习惯的变化。

市场环境的变化：

竞争更加剧烈；产品和质量的差异减少；恶性竞争的恶果；品牌的求异战略受到挑战；产品的可替代性增强；国际品牌的冲击。

企业本身的变化：

产品的创新受到挑战；人才的流动性加大；组织结构面临挑战；企业文化的障碍；资金不足的烦恼；市场的分裂和不稳定性等。

由于上面四种明显的变化，在未来，没有品牌的产品或服务是很难有长久生存空间的。只有成功的品牌管理才有持续成长的企业和未来的辉煌。

**怎样进行成功的品牌管理?**

品牌管理是个复杂的、科学的过程，不可以省略任何一个环节。下面是成功的品牌管理应该遵守的四个步骤：

第一步：勾画出品牌的“精髓”即描绘出品牌的理性因素。

首先把品牌现有的、可以用事实和数字勾画出的、看得见、摸得着的人力、物力、财力找出来，然后根据目标再描绘出需要增加哪些人力、物力和财力才可以使品牌的精髓部分变得充实。这里包括消化全部的信息、员工的构成、投资人和战略伙伴的关系、企业的结构、市场的状况、竞争格局等。

第二步：掌握品牌的“核心”即描绘出品牌的感性因素。

由于品牌和人一样除了有躯体和四肢外还有思想和感觉。所以我们在了解现有品牌的核心时必须了解它的文化渊源、社会责任、消费者的心理因素和情绪因素并将感情因素考虑在内。根据要实现的目标，重新定位品牌的核心并将需要增加的感性因素一一列出来。

第三步：寻找品牌的“灵魂”即找到品牌与众不同的求异战略。

通过第一步和第二步对品牌理性和感性因素的了解和评估，升华出品牌的灵魂即独一无二的定位和宣传信息。人们喜欢吃麦当劳，不是因为它是“垃圾食物”（实际对身体并不好），而是它带给儿童和成年人一份安宁和快乐的感受。人们喜欢去Disney乐园并不是因为它是简单的游乐场所，而是人们可以在那里找到童年的梦想和乐趣。所以品牌不是产品或服务本身，而是它留给人们的想象和感觉。品牌的灵魂就代表了这样的感觉和感受。

第四步：品牌的培育、保护及长期爱护。

品牌形成容易，但维持是个很艰难的过程。没有很好的品牌关怀战略，品牌是无法成长的。很多品牌只靠花掉大量的资金做广告来增加客户资源，但由于不知道品牌管理的科学过程，在有了知名度后，不再关注客户需求的变化，不能提供承诺的一流服务，失望的客户只有无奈地选择了新的品牌，致使花掉大把的钱得到的品牌效应昙花一现。所以，品牌管理的重点是品牌的维持。

以往人们在谈论品牌时往往想的是产品或企业的商标，而真正的品牌是从信誉牌开始进入到感情牌的过程。如何使产品从商标上升到信誉最后升华到感情呢？我们必须考虑品牌管理的四个重要要素：

第一要素：建立卓越的信誉

因为信誉是品牌的基础。没有信誉的品牌几乎没有能力去竞争。加入WTO后很多“洋”品牌同中国本土品牌竞争的热点就是信誉。由于“洋”品牌多年来在全球形成的规范的管理和经营体系使得消费者对其品牌的信誉度的肯定远超过本土的品牌。本土的企业在同跨国品牌竞争的起点是开始树立信誉，不是依靠炒作，而要依靠提升管理的水平，质量控制的能力，提高客户满意度的机制和提升团队的素质来建立信誉。中国企业必须马上开始研究客户需求的变化并不断创新出可以满足他们不同需求的有个性化功能的产品或服务。未来的品牌竞争将是靠速度决定胜负的。只有在第一时间了解到市场的变化和客户消费习惯变化的品牌才可能以最快的速度调整战略来适应变化的环境并最终占领市场。

第二要素：争取广泛的支持

因为没有企业价值链上所有层面的全力支持，品牌是不容易维持的。除了客户的支持外，来自政府、媒体、行业分析家、金融界的领袖、行业的要人、专家和研究机构的权威人士、员工、合作伙伴、投资人、股东、经销商、供应商、代理商、合作伙伴、战略联盟等的支持也是同样的重要。有时候，我们还需要名人的支持并利用他们的效应增加我们品牌的信誉。

第三要素：建立亲密的关系

由于客户需求的动态变化和取得信息的机会不断增加，为客户提供个性化和多元化的服务已经成为惟一的途径。只有那些同客户建立了紧密的长期关系的品牌才会是最后的胜利者。所以，国内外的品牌现在都不遗余力地想办法同客户建立直接的联系并保持客户的忠诚度。

第四要素：增加亲身体验的机会

客户购买的习惯发生着巨大的变化。光靠广告上的信息就决定购买的机会已经越来越少了。消费者需要在购买前首先尝试或体验后再决定自己购买。所以品牌的维持和推广的挑战就变成了如何让客户可以在最方便的环境下，不需要花费太多就可以充分了解产品、服务质量和功能。这种让客户满意

2001·广东

## 记 事

12 月 16 日

2000

中国第一款拥有整车自主知识产权的"中华"牌轿车下线。

"克里奥广告奖"首届展示会在京举办。

搜狐公司宣布裁员计划。

1997

贵州茅台酒厂(集团)公司从美国3M公司引进高科技防伪标识。

1995

湖北省黄石长江公路大桥建成通车。

1994

"中国彩电工业发展成就宣传周"在京揭幕。

1990

薄一波同志发表《提高产品质量是经济生活中的一件大事——为迎接"1991:质量、品种、效益年"而作》。

1989

全国首批高级技师颁发证书大会15日在京举行。

12 月 17 日

1999

上海通用汽车有限公司的第二种产品,别克GL8公务商务旅行车下线。

1992

1992年度中国城市综合实力50强暨投资硬环境40优评出。

的体验可以增加客户对品牌的信任并产生购买的欲望。

对于任何品牌而言,衡量品牌四要素的指数均可量身裁定,成为专项指数。这些指数可成为品牌评估的基准线,提供"跟踪"衡量品牌形象变化的依据。品牌管理指数包括信誉指数、支持指数、关系指数和亲身体验指数。

### 品牌管理的价值法则

在WTO的经济环境下,特别是在互联网和经济全球化时代,任何企业都必须重新审视和评估自己的品牌战略并发明新的可以成功竞争的品牌管理价值法则。只有那些不遗余力地为目标客户提供独一无二的超值服务的品牌才有希望成为行业的领袖并把竞争对手远远地甩在后面。

有一点是毫无疑问的,在新经济下没有任何企业能够为所有的客户提供一切所需要的服务和产品。成功取决于企业是否能够为精心挑选的客户群体提供独特的、不可代替的产品和服务。这里的独特性体现在三个方面:

1. 价值链:

它是一个企业对客户的承诺并体现在产品和服务的定价、质量、表现、选择性、方便性和美观性等;

2. 以价值链为基础的企业运营模式:

它决定一个企业能否提供所做的承诺,它包括了企业的经营过程、管理系统、组织结构、企业文化、客户服务、管理团队的组成等;

3. 价值法则:

它把价值链和企业的运营模式完善地结合在一起使企业以最佳的状态成为市场的领袖、行业的霸主。价值法则有三种,每个企业可以选择适合自己企业发展的价值法则来突出企业的品牌和形象,但并不表示企业必须放弃其他的法则。事实上,每个企业都可以集中精力在重要法则上的同时,了解并在不同的层面上使用其他的两个法则。

第一个价值法则:最优化的管理

遵循这一法则的企业追求的是优化的管理和运营,它提供中等好的产品和服务并以最好的价钱和最方便的手段和客户见面。这样的企业不是靠产品的发明或创新或是同客户建立的亲密关系来争取市场的领袖地位的。相反的,它是靠低廉的价钱和简单的服务来赢得市场的。例如,美国的Wal—Mart公司就是这类公司的成功典范。Wal—Mart现在仍然不断寻求新的途径来降低成本并为客户提供更加方便和简单的服务。Wal—Mart和YAHOO的合作将使Wal—Mart在全球日用消费品零售业中继续保持领袖的地位。

第二个价值法则:最优化的产品

如果一个企业能够集中精力在产品研发上并不断推出新一代的产品,它就可能成为产品市场领袖。他们对客户的承诺是不断地为客户提供最好的产品。当然并不是靠一个新产品就可以成为产品的领袖,而是要年复一年地有新产品或新功能来满足客户对产品新性能的要求。例如,Intel就是电脑芯片领域的产品市场领袖;Nike是在运动鞋行业中的产品市场领袖。这些产品市场领袖竞争优势并不在于他们的产品价格,而是在于产品的实用效果即产品的"表现行为"。

第三个价值法则:亲密的客户关系

遵循这一法则的企业把精力放在如何为特定客户提供所需的服务上而不是放在满足整个市场的需求上。他们不是追求一次性的交易而是为了和选择性的客户建立长期、稳定的业务关系。只有在建立了长期、亲密的关系的情况下才可以了解客户独特的需要,也才可以满足客户的这种特殊需求。这些企业的信念是:我们了解客户要什么,我们为客户提供全方位的解决方案和售后支持来实现客户的远景目标。例如,AirborneExpress就是这样一个靠密切的客户关系而成为行业领袖的公司。这个企业从客户入手并为客户提供超过他们的期望值的服务,从而使AirborneExpress在很短的时间内就成为倍受瞩目的快递公司。

中国加入WTO,无论企业家们愿意不愿意,中国的企业都面临着全球的竞争。就是在家门口也同样面临着来自全球的对手。

(苏 珊)

品牌教室

# 品牌延伸谨防误区

品牌延伸是指借助原有的已经建立的品牌地位，将原有品牌转移使用于新进入市场的其他产品或服务，以及运用于新的细分市场中，达到以更少的营销成本占领更大的市场份额的目的。

首先，进行品牌延伸应保持与原有产品的相关性和一致性，不能盲目进行。如生产洗发水的可以把产品延伸到香皂等洗浴用品，生产洗衣机的企业可以把产品延伸到冰箱、空调、电脑等其他家电产品，这种品牌产品线的延伸，具有与原有产品的相关性和一致性，能使消费者产生联想，并认可和接受，可以带动企业整个产品的销售。如果品牌延伸脱离了相关性和一致性的原则，盲目进行，是很难有成效的。

其次，在进行品牌延伸时，应考虑市场的需求量，看有没有可供挖掘的市场空间。品牌延伸之前，要对目标市场做细致的调研，计算出市场的总容量，并尽可能细分市场，达到量化指标，结合自己准备推出的产品性能和特色，看是否值得进行品牌延伸，以及胜算的把握，而不是看别的企业进行品牌延伸就眼红，不分青红皂白，脑门儿一拍就上。

第三，企业要有站稳脚跟再出拳的意识，必须在某一产品上先占有一席之地。做企业如同做人，要踏踏实实，切忌浮躁。不少企业由于有急功近利的思想作祟，不顾自身条件，遍撒胡椒面，肆意进行品牌延伸，最终往往一事无成。企业进行品牌延伸的一个重要条件就是要在原有产品线上占有一席之地、形成规模，只有这样企业才具有抵御风险的能力，才有精力进行品牌延伸，荣事达集团在品牌延伸方面给中国企业做出了典范。

第四，要有在品牌延伸所产生的系列产品中，可能存在延伸产品与原有产品“一损俱损，一荣俱荣”结果的思想准备。在市场经济中，风险与收益共存。企业进行品牌延伸的目的就是要更大限度地获得收益，这同时也就蕴含着更大的风险，谁都无法完全回避风险。所以，企业在进行品牌延伸时需具有可能会导致新类型产品与原有产品产生“一损俱损、一荣共荣”的意识。尤其对那些防范意识淡薄、不具有理性的投资者来说，“一损俱损”的可能性就会更大。

第五，要选择品牌延伸的最佳时机。新产品上市，要么具有独特的卖点，要么选准能使自己突显出来的时机。一般来说，当待进入的领域尚没有成熟品牌之前进行品牌延伸效果较好。如果想要进入已经有成熟品牌的领域，不妨选择“反弹琵琶”策略，在产品销售淡季入市。荣事达电冰箱的成功上市就是采用这种策略。冰箱的销量如果按季度划分，一至四季度的比例大致为1：1.8：1.2：0.8，而荣事达全能冰箱选择的是冰箱最淡季——第四季度上市，表面上看似乎不合理，甚至不划算，但是正是在冰箱销售处于淡季时，几乎所有的冰箱厂家都减少广告投入，降低促销力度，进行休养生息之际，此时正是新品牌乘虚而入的最佳时机，花200万元的广告投入，可能起到旺季花800万元才会有的宣传效果。（庞亚辉）

## 标　识

## 记事

### 12月17日

1992 商业部公布了商办工业主要行业经济效益十佳企业、销售额最大、实现利税最高和创汇最多的百家企业名单。

1990 《粮油质量管理办法》发布。

### 12月18日

2000 中国第一条国道主干线京沪高速公路全线贯通。

1998 1998中国时装周暨第二届中国服装设计博览会在京举行。

1997 中国光大银行被美国傅纪学会评为“1997年杰出人物”。

1996 第十届“中国图书奖”在京颁奖。

1995年度全国质量效益型先进企业名单的通知发布。

1994 中国赛宝(CEPREL)试验室在京成立。

1992 国家统计局、国家工商局颁发《关于经济类型划分的暂行规定》。共划分为国有、集体、私营、个体、联营、股份制、外商投资、港澳台投资、其他经济9种。

## 品牌对话

# 品牌管理背后的道理

大龙：大家都知道，中国市场虽然在不断地与世界市场融合，但还是存在许多差异性。拿品牌来说，你们觉得品牌的作用在中国和在国外有什么不同吗？

马文：在消费者的需求中，有一些核心要素，这对中国人或外国人都是一致的。但是中国仍处于一个品牌概念刚刚起步的阶段，所以很多公司可能还没有意识到品牌真正的内涵和应该扮演的角色。相比之下，国外的品牌发展则是有序的。因此当市场上突然间出现了这么多品牌的时候，消费者会如何判断品牌的价值，是国内企业应该仔细分析研究的一个问题。

徐建胜：中国的消费者在某种程度上不如西方发达国家成熟。如耐克是一个体育品牌，它们在消费者心目当中已经有一定的概念。在中国，怎样把品牌自身的性能传达给消费者，似乎比西方更难。因为不但需要通过品牌来引导消费者，还要告诉消费者这个品牌代表着什么，有什么技术或者文化含量，这些工作实际上是很初级的“补课”。

翟嵋：中国品牌的生命力比较短暂，在定位上也比较单一。国内企业可能更注重广告宣传，甚至每年要花上亿的广告费，但是品牌在第一阶段打响以后，后续的管理和维护就做得比较少了。反观可口可乐品牌，多年来体现在文化上的支持是非常强大的，相比之下中国品牌则比较单薄，做完广告之后没有给消费者留下联想，这说明国内品牌在文化的挖掘方面还是欠缺一些。

大龙：我们暂且不去评论国际品牌，目前大家觉得哪些中国品牌比较成熟，得到了市场的认可？

众人：在国内做得比较好的品牌应该是海尔和联想。

翟嵋：确实这两个品牌国际化的步子比较大，个性也比较鲜明，这与这两个企业的一把手或者说高层领导者的性格有直接的关系。

黄小川：中国的文化特别强调以人作为载体，国内的企业创造品牌时很强调这一点。比如说提到海尔就会想到张瑞敏，提到联想就会想起柳传志，这时谈品牌，就是希望把品牌和领导结合起来，这样作为媒体传播起来也很容易。但是也有失败的，比如巨人最早的时候也是一个名牌，但是还谈不上是一个很成熟的品牌，很快巨人倒下去了，便觉得史玉柱也倒了。现在史玉柱做的保健品公司就比当初的巨人成熟多了，他这次比较聪明的地方就是没有像以前那样宣传这个品牌是史玉柱做的，没有在品牌之前先宣传个人。

周建良：中国的企业家往往依靠自己的严格管理去带领这个品牌，这个品牌是建立在人格魅力上的，比如说张瑞敏。而国外的品牌则是建立在制度或者是体系化的基础之上的。

翟嵋：人格的魅力无论在国内国外都有，品牌有它的多样性。我感觉人格魅力跟品牌的人性化和发展是密不可分的，比如说微软。大公司也有其极辉煌的年代和低谷，这个辉煌的年代一定有非常杰出的领导人。有所不同的是，新品牌往往是依靠个人的魅力成功，而百年品牌拥有的财富和文化，使它有条件选拔出比较优秀的领导人。

周建良：当品牌没有出现的时候，企业家靠他的人格魅力塑造一个品牌，这就是人性化了。如果品牌已经有了，企业家再提升这个品牌，这就进入了品牌的良性循环发展状态。

翟嵋：作为一个消费者，我时刻有一种担心，一个品牌现在像花一样绽放，但背后说不定隐藏着致命的危机。很多品牌都是在很辉煌的时候突然倒下。我们知道，海尔有很强大的政府背景在全力支持他。可以说，中国品牌里面有很多外来的强心剂在发挥着作用，可是这种强心剂的功能一旦散失，结果会怎样？

周建良：因此国内很多品牌不是一种品质的沉淀，它可能是靠媒体、政府，包括自己创造的方式所营造的一种气氛，这里面或多或少都有泡沫的成分。

徐建胜：中国很多企业都不知道自己是怎么长大的，干着干着赚钱了就开始什么都做。美国大多数企业都有一个很好的计划，企业3年会怎么样，5年会怎么样，企业使命是什么，战略是什么。而中国很多的企业在早期时并没有用很好的战略去规划，这样就会导致早期的传播、中期的传播甚至最终传达给消费者的导向比较混乱。现在大家谁能真正说出来海尔到底在哪个领域最具竞争力？我看很难，大多数人只是知道海尔的服务很好。

马文：我觉得海尔功能性的东西非常好，但是没有提升到主动的营销队伍当中。如果说“真诚到永远”代表着对消费者一种关爱，我想更多的应该是通过朋友跟我说这是海尔的特点，而不是海尔自己说的。

周建良：我去年买了一台海尔洗衣机，用了一年半的时间。后来因为搬家需要重新安装，海尔的服务人员问了我一个很细节的问题：你的饮水管可能在这个家的时候是1米长，到新家可能要1米5长。他们竟然会提醒你这一点，很令人佩服。另外海尔曾经专门空运空调到西沙群岛，好像是1998年、1999年北京最热的时候。所以说海尔两头兼顾，小的方面能做到服务周到、体贴入微；大的方面也能造势。

大龙（对翟嵋和马文说）：从你们的工作性质来看，我估计翟嵋是一种维护角色，马文则是有销售的目标。你们怎样协调这两者的关系？

翟嵋：马文主要是做定位工作，讲究色彩鲜艳、有趣、大胆，并有创意；而我主要是从大众的角度去看品牌，更中立一些。我们内部有一个小小的方法，就是用简报来评估，简报的分量有时是可以同广告划等号的，因为消费者看到一条新闻的信任度要高于一条广告。

马文：从另一个角度来讲，我们只是采用了不同的方式。我们希望传达给消费者的是理念，每当消费者跟我们的品牌发生接触的时候，无论是广告还是在商店，无论是新闻还是故事，我们希望得到的效果是一样的。

黄小川：我对比了一下可口可乐公司去年一年的广告投放策略。你们无论是在一级城市还是二级城市，都是根据季节性来做的，但是百事可乐跟你们不一样：你们很少做的时候它做得很多，而且它只打一级城市不打二级城市，这样在一些重点城市百事可乐可能比你们做得还好，比如说在上海。但是国内的非常可乐，我感觉从广告投放来讲没有什么科学性。从区域市场的角度来讲，百事可乐是成功的。这并不是说百事可乐做得比可口可乐好，只是说这两大品牌的推广策略是各成体系的。国内公司则不是这样，非常可乐似乎没有考虑媒体整合。

大龙：媒体投入会提高知名度，反过来讲，有时媒体也会影响品牌。

黄小川：国外产品品牌的概念是很清晰的。如V998就说自己是成功的杰作，因此很多人就把V998作为成功的标志。国内的很多品牌曾希望以空泛的民族情感去打动消费者，但实际上现在的消费者越来越聪明，在买东西时也将越来越理性，因此中国品牌在形成过程当中还有很多路要走。

（韩晓静）

标　识

TIC

彩虹花園

记　事

12月18日

1991 “中国旅游胜地40佳”评选揭晓暨证书颁发大会在珠海举行。

1978 中共中央十一届三中全会在北京召开(18日—22日)。中共中央主席华国锋、副主席叶剑英、邓小平、李先念、陈云、汪东兴出席会议。全会认为,完整地、准确地掌握毛泽东思想的科学体系,正是高举毛主席旗帜的表现。会议高度评价关于实践是检验真理的惟一标准问题的讨论,认为这对于促进全党同志和全国人民解放思想,端正思想路线,具有深远的历史意义。三中全会果断地停止使用“以阶级斗争为纲”的错误口号。鉴于中央在二中全会以来的工作进展顺利,全国范围的大规模的揭批林彪、“四人帮”的群众运动已经基本上胜利完成,决定全党工作的着重点应该转移到社会主义现代化建设上来。

12月19日

1997 第四届茅盾文学奖揭晓。

1992 中国科学院100万元重奖联想集团,其中50万元奖给倪光南。

# 如何实施全球化品牌管理

在改革开放后20多年的发展中,中国企业成功地塑造了一批老百姓耳熟能详的名牌,如海尔、康佳、联想、方正等。在中国市场上,这些品牌拥有很高的价值。随着经济全球化进程的加快,国外许多实力雄厚的企业已经或正迈入中国的国门,面对竞争愈发激烈的国内市场,中国企业也开始启动全球战略。如何把国内名牌塑造成全球名牌?每个国家有着不同的文化背景、经济政治状况,在一国成功的品牌未必就能在其他国家获得好评。企业通常采取的措施有两个:一是在不同的国家使用不同品牌战略;二是使用全球化品牌。企业的战略措施更倾向于后者,这是因为全球化品牌能获得规模经济效益,品牌定位一旦面向全球化,该品牌就有了世界范围内的亲和力,在全世界范围内形成规模效益,从而降低其成本。这个成本包括全球化策略实施过程中的品牌定位、广告、公关宣传所需的各项费用。

那什么是全球化品牌呢?所谓全球化品牌是指:1. 在各地提供的产品和服务基本上是相同的,只有些细小的差别;2. 有相同的品牌本质、特征和价值观;3. 有相同的战略原则和市场定位;4. 尽可能地使用相同的营销组合。实践表明,如果全球化品牌使用得当的话,会获得丰厚的回报。看看IBM、可口可乐、索尼在全球获得的成功,就知道全球品牌的魅力。但是要想实现品牌全球化绝非易事,面临的障碍主要来自三个方面:第一,文化的差异。例如:法国人认为很好的电视在德国人眼里,也许就显得过于夸张;第二,

品牌教室

# 战略性品牌管理

一些大型的集团控股公司,特别是多元化品牌的企业,尽管有很多懂得做广告或营销的专家,但缺乏在宏观上把握品牌优化组合这类战略性品牌管理的人员。中国一些具有前瞻性的企业因品牌永续经营的发展需要,寻求能规划完整、统一品牌发展战略的专业人士已成为当务之急。为此在西方发达国家出现了一个新的行业:战略品牌管理咨询。

在许多企业的组织架构中,品牌管理的职责主要由各职能部门分担,各职能部门在各自的权责范围内对品牌进行管理,其中通行的做法主要由市场部或广告部制定有关的品牌管理制度。此种品牌管理架构的突出问题是各品牌管理的平行职能部门难以有效沟通及协调,各个品牌无法整合。而另外一种品牌经理制的管理系统,主要侧重于各个品牌战术性的计划与控制,往往容易忽略整体品牌文化、体系的通盘考虑。即便是像科龙这样的企业在国内率先设立整合营销传播部,也只是一个战术部门。这就需要一个战略性的品牌管理部门或人员弥补上述品牌管理体制的不足。而国外许多企业,像惠普公司等就成立了品牌管理委员会,其主要职责就是建立整体品牌体系策略,确保各事业品牌之间的沟通与整合。中

标　识

创建一个全球的品牌管理团队是很困难的；第三，单一的品牌形象不能强加给所有的市场。例如，本田汽车在美国意味着高品质和可靠性，但是在日本，高品质的属性是大多数汽车都拥有的，本田汽车的形象就转变为代表速度、年轻和活力。因此，在不同的市场上，品牌战略应该是有细微差别的。企业的全球化品牌战略，不是要开发一个适合全世界的品牌，而是要通过全球范围内的品牌管理创建一个世界级的强势品牌。成功的全球品牌战略应该包括以下几个方面：

**在公司内部分享信息和经验**

对于一个以全球市场作为目标的跨国公司来说，建立一个公司范围内的沟通系统是很有必要的。因为，每家分公司的决策人员有必要知道某一营销计划在其他国家执行的情况，获得关于不同国家的消费者信息，以便更好地在当地实施公司的战略。但是，建立这样一个沟通系统不像听起来那么容易，各地分公司的管理者们要么无暇顾及向别人解释计划为什么成功或失败，要么就是担心遭到总公司的批评而缄口不语。为了克服这些困难，公司可以采取这些措施：

1. 创建大家能畅所欲言的公司文化，对提供自己经验和想法的员工给予奖励。

2. 定期召集分公司经理开会。给他们提供交流知识和经验的场所，甚至可以开办一所"营销学校"，对分公司经理们进行短期的培训，帮助他们克服"全球性品牌不适合我这个市场"的顾虑，让他们学习在其他市场获得成功的包装、广告以及促销的策略。这种形式还有一个好处就是，它能为分公司的经理们建立良好的私人关系创造机会，这样他们私下里可以用更轻松、更自由的方式进行交流。

3. 建立企业内部互联网络。向各个市场的管理人员提供有价值的信息，而他们也能把自己掌握的知识和信息存储在数据库里让大家分享。

4. 分享研究成果。

**制定全球品牌计划并实施**

实施全球品牌管理的公司有必要

国一些品牌意识较强的多元化企业集团也开始设立专门的品牌管理部门，他们不再隶属于市场营销部门，而直接归属于公司最高层决策人，如润迅通信集团就设有直属总裁的企业品牌推广部。

当公司面临组织复杂程度增加、分权，特别是在资本市场运作的控股公司，随着企业的收购、兼并，如果没有品牌专业人士事先进行品牌整体规划，就会出现品牌形象的混乱，甚至导致品牌资产的流失。战略性品牌管理部门或人员主要是解决企业品牌体系的规划、品牌视觉形象的关联、新品牌推出的原则等战略性问题，其主要职责包括：

●制定品牌管理的战略性文件、规定品牌管理与识别运用的一致性策略方面的最高原则。●建立品牌的核心价值及定位，并使之适应公司的文化及发展需要。●定义品牌架构与沟通组织的整体关系，并规划整个品牌系统，使公司每一个品牌都有明确的角色。●品牌延伸、提升等方面战略性问题的解决。●品牌体检、品牌资产评估、品牌传播的战略性监控等。

需要强调的是，战略性品牌管理人员并不具体负责公司某个品牌的建立及推广工作，他只是研究、制定、解决品牌战略方面的问题。另一方面，品牌战略问题并不是靠企业战略性品牌管理人员就能解决，需要借助外脑即专业的品牌顾问咨询公司。

解决一些多品牌公司的品牌架构的复杂问题需要高度的专业水准及相当经验，可以说，国内专门从事Brand&Identify（品牌识别）战略咨询的公司还没有。因为内地还没有出现像跨国性公司那样有着几千个品牌的规模，因此没有解决复杂品牌问题的经验。另一原因是，有关西方发达国家的战略性品牌管理的理论还处

## 记　事

### 12 月 19 日

1989 国家科技奖励大会在北京举行。

国务院决定调整国家机关事业单位工作人员工资。

### 12 月 20 日

2001 国务院西部开发办公布《关于西部大开发若干政策措施的实施意见》。

1995 1995 年度电子工业部科学技术进步奖授奖项目。

1993 湖南韶山毛泽东铜像揭幕。

1986 国家工商局颁发《商标核转工作若干规定》。

### 12 月 21 日

2001 东风汽车公司在京宣布与台湾裕隆公司合资。

1997 水利工程质量管理规定发布。

1995 第二届军转民优秀企业家颁奖大会在京举行。

中宣部、内贸部组织开展的“百城万店无假货”活动拉开帷幕。

1994 中国医疗器械产品认证委员会宣告正式成立，中国医疗器械质量认证中心同时挂牌。

---

建立一个在全球市场都适用的计划。根据该计划，无论在世界上的哪个角落，无论产品是电视机还是电冰箱，只要使用了相同的品牌，那么品牌的定位就是一致的。全球品牌计划应该包括对消费者、竞争者和品牌的分析。对消费的分析不要停留在数据分析的阶段，管理人员要清楚能对消费者产生共鸣的品牌联想。对竞争者的分析能使管理者区别开自己的品牌与竞争品牌的不同，防止照搬其他公司的做法。审视自己的品牌，了解品牌的形象、优势、劣势以及公司想赋予品牌的内涵；要避免造成品牌仅仅表达固定的产品属性。这是因为固定的产品属性只能产生短期的、易于仿效的品牌优势。强势品牌不仅表达产品功能，而且有情感诉求点能帮助消费者表达自己的情感。

检验一个公司是否真正理解品牌，只要看它的品牌中是否包括这几个因素：品牌的人性化特征、特定的用户群、象征物。说明产品功能的几个简单词汇是不能充分代表强势品牌的，要让员工和合作者对品牌产生认同。如果公司内部对品牌的理解不统一的话，那就谈不上创建和发展品牌。因此品牌手册就显得很重要，像联合利华、利顿茶公司的品牌手册基本上涵盖了有关品牌的所有问题，公司的职工若有疑问就可以在手册中找到答案。而美孚公司则采取定期考核职工对品牌内涵的认识，并对理解正确的职工给予奖励的方法做到上下一致的品牌认识。此外，品牌价值的测量和目标也很重要。但是品牌作为一项无形资产，其价值的测量有一定的难度。品牌的价值包括：财务价值、顾客感知价值和品牌的延伸价值。最后，要把全球品牌战略与国别品牌战略联系起来。

**确定全球品牌管理的负责人**

当前，大多数的公司都采取分权制的组织结构。分公司管理者在制定分公司战略方面有很大的自主权，而且分公司经理们往往认为自己是最了解这个市场的人，所以要说服他们接受全球品牌战略常常很困难，总公司就必须有人对全球品牌管理负责。

（李　庚）

在翻译学习阶段。现在进入中国市场的专业品牌顾问公司主要有美国朗涛（Landor）品牌设计顾问公司，她是全球最大的品牌设计顾问公司，也是包括 3M、可口可乐、杜邦等公司在内的品牌战略顾问。在中国，一些著名的电器企业像美的、科龙也请 Landor 公司作品牌规划与设计。另一个进入中国市场的专业战略性品牌管理（Strategic Brand Management）的公司是美国 EnterpriseIG 公司，她是世界最大的传播机构 WPP 集团成员，像 American Express，IBM china，HongKong post 等著名公司都接受过 EnterpriseIG 的品牌顾问及咨询。在国内，香港 EnterpriseIG 规划与解决了润迅集团的有关润迅通信品牌、新润迅品牌、润迅概念品牌的品牌架构体系问题。

其实，品牌战略管理说到底，是一个如何发挥品牌效能，“销售”品牌作用的问题。管理是为最大限度地提升品牌价值，也是为了通过对品牌的战略性管理，使品牌的外在的作用和内在的潜能得到最大的利用。产品的营销靠市场、消费群体的认可，而长久地占领市场则是靠市场、消费者对产品品牌的认可。所以战略性品牌管理也可以说是现代市场营销中一个重要方面的内容。

要成为一个企业的战略性品牌管理人员，需要有深入的品牌管理理论知识，相当的英文水平，能阅读并掌握战略性品牌管理的国外文献及最新的趋势，还要能够与国外战略性品牌管理公司合作。万科正在招聘品牌管理专家，其中一个条件便是熟悉国内外战略性品牌管理顾问公司资源。另一方面从事战略性品牌管理需要有品牌管理多方面的丰富经验，熟悉中国经营环境，以便能制定符合国情的品牌管理战略。　（赵　正）

# 品牌管理与民企再创业

### 品牌时代已经到来

经过20多年的乘风破浪，经济巨轮——中国已经驶入了市场经济的航道。商品种类极大丰富，社会生产力得到了空前的提高，社会经济已由短缺型发展成为在部分领域的过剩型。造成这种相对过剩的根源，一方面是经过多年市场经济的锤炼，中国企业的进步；但更重要的则是世界经济一体化步伐的加快，中国经济与世界经济日益快速、紧密的融合。改革开放使得越来越多的跨国企业携巨资与经验进入中国，造成了市场竞争的空前激烈。在这个由众多企业、产品组成的市场汪洋中，如何让消费者识别、记住、忠实于你的企业、产品，保持企业的长盛不衰?环视周围，不难得出答案。微软、英特尔、通用、可口可乐、百事可乐、摩托罗拉、爱立信、诺基亚、西门子、宝洁、伊莱克斯、索尼、松下、丰田、奔弛、奥迪、宝马、海尔、长虹、联想等一个个响亮的名字几乎充斥了生活的每一个角落，让人们无处回避，同时也在不知不觉中引导了人们的消费行为与方向，从而造就了一个个强大的商业帝国。“品牌”二字已经越来越多地曝光于各种媒体，越来越成为社会各界关注的焦点，越来越多的企业家开始急于撩起其神秘的面纱。

### 民营企业实施品牌管理的客观必然性

2000年国际、国内10大品牌资产的数据对比表明，与国际知名品牌相比，国内品牌的差距是巨大的。差距的背后是品牌实力的差距、品牌管理能力的差距。这种差距，直接导致了市场表现的巨大反差。除家电行业外的几乎所有重点行业，只要国际品牌介入，无一不占据绝对的优势地位。即使在家电行业，曾经在竞争中处于下风的国际知名品牌也正在磨刀霍霍，准备卷土重来。

置身于品牌制胜的时代，面对国际品牌与国产品牌之间的巨大差距，如何在国际品牌继续发展的同时，实现国产品牌的赶超，创出中国的世界知名品牌，对国内企业而言，确实是一道世纪难题。对民营企业而言，解决这个难题显得尤为急迫。民营企业要想担负起振兴民族经济的历史责任，需要更快速度的超常发展。

民营企业是中国改革开放的产物。从历史角度看，其发展大体经历了三个阶段：第一阶段，也叫第一次创业，是指改革之初至20世纪80年代末，这一阶段是民营企业的资本原始积累时期；第二阶段，即“二次创业”，是从20世纪90年代起到1997年左右，这一时期部分民营企业开始形成相对的规模经济，与第一次创业相比的核心变化是：从对市场需求的拾遗补缺、重销售以及企业管理者个人英雄主义倾向向重视品牌、信誉和管理以及组织运作、企业化管理方向转变。“二次创业”是相对于第一次创业而言的时间概念，是一个从量变到质变的新阶段，具有很多不同于第一阶段的新特点。但限于当时的认识水平，民企的“二次创业”很大程度上还没有解决在发展中的许多深层次问题，如家族经营、产权制度改造、智力资本引入、企业制度和企业文化建设等。因此，中国民营企业“第三次创业”已经提上日程。从20世纪90年代末开始到未来相当一段时期，民营企业面临着新的挑战，需要再一次创业。“第三次创业”的核心问题将是为企业奠定可持续发展的基础，引入智力资本，完成产权制度改造，建立现代化公司制，通过运用资本、无形资产等工具实现更高层次的规模经济。第三次创业究竟应该如何去做?应该说工作千头万绪，需要解决的问题多多。但辩证法告诉我们，只有抓住了主要矛盾并加以解决才能起到事半功倍的功效。我们承认体制、管

## 记　事

**12 月 22 日**

2001 刘永行投资的北京密云南山滑雪场剪彩。

1999 《中介服务收费管理办法》印发。

1998 全国电子工业经济工作暨电子百强企业工作会议在惠州召开。

1995 国家工商局颁布《企业商标管理若干规定》。

1992 首钢开办华厦银行（第一家企业办银行）

1990 首届全国优秀施工企业家评选工作在京结束。

**12 月 23 日**

1992 华夏银行开业。

1991 《人民日报》和《经济日报》等 7 家新闻单位举办“如何让国产精品称雄市场座谈会”在北京举行。

1989 国家质量奖审定委员会发布 1989 年度国家质量奖评审结果。

**12 月 24 日**

2000 邢台钢铁有限公司“三人”商标准予注册，结束了只有产品没有商标的历史。

---

理框架、人才等许多因素是企业生存的基础，而且曾经也是民营企业发展需要解决的主要矛盾。但随着时代的进步，主要矛盾已经转化。在现实社会条件和宏观环境下，品牌问题已经上升为民营企业再创业过程中的主要矛盾。基础再好，没有强有力的品牌，消费者不认同，产品(服务)不能实现销售，企业照样不能生存。不能生存，谈何发展，谈何第三次创业？当然，我们不否认基础的作用，辩证地看，应该在进一步进行体制改革、管理创新、人力资源管理与开发的前提下，以品牌为龙头促进民营企业迅速发展，进行第三次创业。因此，实施品牌管理与品牌运营已成为发展的必然，刻不容缓。

### 品牌运营——民营企业再创业的利器

通过有效的品牌管理迅速提升品牌力是新形势下民营企业再创业的重中之重。只有品牌扎根于消费者心中，产品才能够源源不断地走向社会，企业才能不断地成长。然而，竞争的压力促使每一个企业都在进步。仅仅成长是不够的，必须跳跃式地发展，才能实现赶超。一段时期以来，资本运营被许多民营企业看作迅速扩大企业规模，实现跳跃式发展的法宝，竞相效仿。成功者有之，失败者也比比皆是。其深层次原因在于这些企业无力掌控通过资本运营而得来的巨额资产，使之保值增值，即所谓的只大不强。到最后，资本的产出不能抵消资本成本时，企业反而背上了沉重的包袱，即资本运营过度，欲速则不达。品牌运营是民营企业实现跳跃式发展更高级的一种形式，就是在已经形成的品牌价值的基础上，通过对品牌资产的管理、经营，使企业规模、实力迅速扩大。品牌运营是比资本运营更高的一个层次。可口可乐、麦当劳、迪斯尼等国际知名品牌无一不是品牌运营的成功典范。海尔集团通过海尔品牌激活休克鱼的方式使企业获得了巨大成功。当然，品牌运营的前提必须是企业经过坚持不懈、卓有成效的品牌管理，品牌资产已经达到一定的价值。

品牌运营的形式有多种，依据层次的不同由低至高可以分为品牌延伸、特许经营、品牌入股等。品牌延伸属于企业内部品牌运营的一种形式，是指将知名品牌向上、下游产品或相关新产品延伸，允许这些产品使用该知名品牌。其目的是通过知名品牌的品牌力迅速提高新产品的销量。但品牌延伸应注意延伸产品在属性、品质、价格、定位等方面与原品牌的符合程度，不能因为品牌延伸而损害消费者对原品牌的忠诚度。

特许经营是指企业将自己的品牌以特许经营合同的形式授予加盟商使用。加盟商按合同规定在特许者统一的模式下从事经营活动，并向特许者支付相应的费用。特许经营使品牌拥有者在获得现金流入的同时，依靠品牌的特许使用者进一步扩大了品牌的传播。其前提是特许品牌使用者的一切行为不能损害原品牌形象。麦当劳于 1951 年开始办特许经营连锁店，至今，在世界各地，每 18 小时开一家店，其员工数量已超过美军数量，其品牌市值已超过 400 亿美元。品牌入股属于品牌运营中最高级的一种形式，是指在企业购并过程中将品牌以资产形式入股，从而达到参股、甚至控股企业的目的。海尔集团以海尔品牌激活休克鱼就是品牌入股的典型案例之一。正是凭借强大的海尔品牌，海尔集团一直保持着年均 80% 以上的增长速度，2000 年销售收入突破 400 亿人民币，海尔品牌成为 2000 年中国 10 大品牌的第二位，并作为中国企业首次进入世界家电品牌 10 强。作为一种市场运营机制，品牌运营已经具备了良好的市场基础，运营品牌已为消费者认同，因此也更有可能成功。当然，倡导品牌运营并不是否认资本运营，也不是不要发展产业。三者只是层次的不同，同样存在着辩证的关系。发展产业是资本运营的基础，而产业发展与资本运营进行到一定的阶段，企业才有可能具备开展品牌运营的条件。反之，品牌运营一定会促进资本运营的运作，也会更大程度地促进产业的发展。在民营企业的再次创业中，在不同的层次上，不同的范围内，往往需要产业、资本运营、品牌运营协调运作，实现企业的快速发展。

（李　岩　何宝收）

# 自有品牌

## ——品牌经营的战略选择

随着商业经济的发展及现代市场理念的确立，商业企业自有品牌在市场竞争中日益发挥出巨大效应，特别是发达国家，一些重视商业自有品牌的开发和经营的大型零售企业，如法国的“家乐福”，日本的“大荣”，美国的“沃尔玛”都取得了极大成功。相比较而言，中国近年来商业自有品牌的发展却举步不前，在市场竞争中日益显出劣势。

### 发展自有品牌的动力因素

自有品牌(Private Brand)又称为销售品牌，出现于20世纪60年代，其基本含义是指零售商、代理商、经销商、中间商自己选择生产企业或自行开发设计的、只在自己的商店和连锁店销售，其生产、销售和决策不受任何制造商限制和约束的商品品牌。自有品牌的出现被称作是商业经营领域的一场革命，商业企业发展自有品牌的动力因素在于：

首先，自有品牌的出现可以树立零售业良好的市场形象，提升各类零售商在消费者心目中的地位，提高商品信誉度和知名度。上海华联超市以无形资产培育自有品牌商品，利用自有品牌商品开拓市场，进一步提升无形资产的效益，1996年，华联超市率先创建了自有品牌——“勤俭”牌系列商品，经过四年的滚动发展，形成了自有品牌商品15类，拥有规模庞大的连锁分店，成为中国超市的“领头羊”，取得了巨大的经济效益。因此，零售企业通过开发自有品牌，将自身的信誉优势和品牌形象以一个易认、易记、易懂的象征物即销售品牌具体化，形成较高的商品指认率和同一率，强化自身的市场形象，提高自身的服务信誉。

第二，自有品牌的发展能获得利润优势。零售企业自行生产或委托生产自有品牌商品，只需支付生产成本或加工费用，从而使商业企业不仅能获得流通领域的销售利润，也可获得部分生产利润。而且，零售企业通过自有品牌的创建，使生产和销售相互关联，降低了市场需求波动风险，并使零售商价格调整的空间进一步扩大，拥有有限度的低价销售自主权，得到因价格差异带来的可观利润。

第三，自有品牌的创立能够减少一系列交易成本，形成价格优势。商业企业发展自有品牌，减少了与供应商在诸如采购谈判、交易验收、产品质量等方面产生的各种交易成本。零售企业通过原有销售渠道、销售网络、市场营销方式销售自有品牌商品，节省新产品进入市场时需要花费的巨额广告费、寻求代理费、开新分店等费用和成本，形成价格优势。

第四，自有品牌的创建使商业企业的规模化经营呈现纵向发展趋势。一方面，商业企业的发展方向从简单的商业流通领域渗透到加工制造业；另一方面，加工制造业依托商业企业的连锁网点优势，巩固并加强自身优势，实现供销双赢。商业自有品牌经营用“以需定产”、“以销定产”代替传统的“以产定销”的经营方式，强化了零售业引导生产，创造生产的职能。

第五，自有品牌的出现与扩大是市场竞争的必然产物。现实市场竞争激烈程度的与日俱增，促使自有品牌出现与发展，尤其是近年来代理商市场、中间商市场竞争的加剧迫使一部分商家和制造商从现实自谋生路，走上联合经营发展自有品牌之路。目前，中国代理商市场处于一种无序杂乱状态。一方面是没有统一的代理标准，代理市场存

## 记 事

12月24日

1999 国家经贸委、人民日报社《关于组织开展崛起的中国品牌系列活动的通知》发出。

1996 国务院颁布实施《质量振兴纲要(1995—2010年)》

1990 国家环保局授予97家企业"全国环境保护先进企业"称号。

12月25日

2000 上海港口全年货物吞吐量首次突破2亿吨。

国家工商局下发《关于表扬1999—2000年度全国广告监管先进单位的通报》。

1997 江西省评定年度名牌产品。

机械工业名牌产品和质量信得过明星企业在京受到表彰。

1996 中国企协等组织'96全国市场竞争力调查结果显示:日用消费,国货主唱。

1991 商业部公布1991年全国10城市10类商品质量的抽查结果。

12月26日

2001 武汉展示被老牛拉着游街的奔驰车。

海尔创业17周年纪念会举行。

第二届中国品牌企业百佳商务平台颁奖大会。

在较多的法律漏洞,违法违纪的事件屡屡发生;另外,无论是国内代理,还是国外代理均是多家竞争,一地区常有数个人同时担任,这无疑加剧了商家经营难度。苛刻的代理条件和混乱的代理环境促使他们产生通过创立自有品牌来占领市场的愿望。

自有品牌在中国虽然已经有所突破与发展,如在上海、北京等大城市中自有品牌已小成气候,其他地区也出现了崛起的趋势,但总的来讲,中国现阶段自有品牌发展仍难以令人乐观,其局限性仍然表现在这几个方面:

首先,开发自有品牌的条件不成熟,经营规模的限制使得中国目前自有品牌商家数量少。目前中国自有品牌的发展主要局限于一些规模较大的连锁店、超市等大型零售企业。只有拥有庞大的销售网络和雄厚的资金实力,才可能实现大规模经营和销售,才能更接近消费者,满足消费者的需求。如上海华联超市拥有500家连锁店,网点遍布上海各市区,辐射江、浙、豫、皖、鲁等东部地区。相比之下,其他地区包括北京、武汉等大城市的连锁店受规模、实力的限制,开发自有品牌的条件仍不够成熟。

其次,商业企业即使创立了自有品牌,但品牌系列不成规模。上海华联超市虽拥有"勤俭"牌自有品牌商品,但也局限于纸制品(如卫生纸、餐巾纸、手帕纸、纸杯等)、果品类和糕点类等少数几类,一般都只发展日用百货、洗涤、调味品牌等商品。能够形成一系列自有品牌商品的超市、连锁店在中国几乎没有。一方面受市场销售量的限制,另一方面出于考虑产品是否适合加工,这很大一部分是商业企业与合作伙伴关系不融洽、合作条件不成熟造成的。而事实上,广大的零售企业尚未树立自有品牌经营观念。

再次,自有品牌销售额低,在零售业中利润比例低。中国自有品牌的销售一般只占零售企业总销量的10%,利润也只有10%左右,现阶段无法与国外抗衡。比如英国,食品类自有品牌

**品牌前沿**

# 21世纪:品牌经理跃上前台

20世纪,品牌经理对众多国内企业来说,仍是一个比较陌生的概念;进入新世纪,一大批品牌经理将走向中国市场的前台,形成一道亮丽景观。可以预言,品牌经理在未来竞技场上将空前活跃,成为最富智慧力、创造力、生命力和竞争力的队伍,并以独特的经营思想、营销创意、运作手段和经营风格,推动中国品牌纵横国际舞台,向更快、更高、更强的境界发展。

**麦克爱尔洛埃:世界首位品牌经理**

始创于1837年的宝洁公司,是世界最大的日用消费品公司之一,在全球70多个国家设有工厂和分公司,其经营的300多个品牌的产品畅销全世界140多个国家和地区。在中国,宝洁是名列第3位的最受欢迎的外资企业,也是惟一进入中国10大纳税大户行列的外资公司,进入中国市场的"汰渍"、"碧浪"、"飘柔"、"潘婷"、"海飞丝"、"沙宣"等品牌,业已深入寻常百姓家庭。

宝洁成功的原因何在?除了160多年来一直恪守产品高质量原则之外,独特的品牌管理系统也是

销售量占全国总销售量的 60%；沃尔玛的自有品牌无孔不入，它在全球已拥有 3000 个连锁店，年销售额中 60% 来于自有品牌的收入。上海、北京少数大城市中的大型零售企业自有品牌销售占据较大分额外，其他小型企业销售额更低，自有品牌的可观利润无法实现。

第四，零售业自有品牌不稳定，未能完全发挥品牌优势。自有品牌的定位除了企业自身经营考虑外，更多的产品要适合消费者，适应市场需求的变化生产适销对路的产品，所以生产和销售在很大程度上受制于市场。随着市场信息的变化，自有品牌也不断创新，这就使零售企业没有长久的品牌；除此之外，自有品牌的声誉和形象高低取决于商业企业的自身形象和规模大小，所以一旦商业企业形象受损，自有品牌的优势也会随之降低甚至丧失殆尽。

第五，社会对自有品牌认识不足，传统观念没有实现转变。由于受传统营销观念和计划体制的约束，大多数人把零售业只看成单一的商业型企业，认为它们只应在流通领域生存和发展，而不应该在制造业方面与制造商争夺市场和利润，主张实行严格的市场划分，并在法律上建立条款进行限制；同时，中国商业企业一直处于被动地位，生产企业生产什么，其经营计划不能根据自身情况作出恰当调整，销售的产品往往滞后于市场需求，适销对路成为空话，影响了自有品牌的发展。

**中国自有品牌发展思路探究**

自有品牌的实施需建立在商业企业自身强大实力的基础上，因此，零售商业企业应强练“内功”。狠抓零售企业品牌质量，以高品质的自有品牌赢取消费者的青睐和关注，建立完善的服务体系，提高销售服务态度和售后服务态度，突出企业整体形象，加强自有品牌质量监督和生产，在不断创新中巩固和发展品牌优势；加强企业管理和人事监督，合理高效地任用人才，促进各部门、各科室的交流与合作，培养和训练人才，提高职工文化素质和服务水平，提

其获得成功的重要因素之一。宝洁公司品牌管理系统的基本原则是：让品牌经理像管理不同的公司一样来管理不同的品牌，此管理系统是品牌管理的鼻祖。

麦克爱尔洛埃是世界上第一位品牌经理。1931 年，负责“佳美”品牌的促销和与广告公司日常联系工作的麦克爱尔洛埃发现，由几个人负责同类产品的广告和销售，不仅造成人力与广告费用的浪费，更重要的是容易对顾客造成顾此失彼，宝洁需要一个与其市场相匹配的特别的管理系统。于是，他提出了“一个人负责一个品牌”的构想，并于 1931 年 5 月 31 日起草了一个具有历史意义的文件。文中详列了品牌经理、助理品牌经理和“调查人员”（指绝大部分时间都在商场里调查促销情况者）的工作职责，并在文件里写到：品牌经理应能够把销售经理工作的大部分接过来，使销售经理能将主要精力放在销售产品的工作上。麦克爱尔洛埃“品牌管理”法，得到了以醉心于改革创新而闻名的宝洁公司总裁杜普利的赞同。从此，宝洁公司的市场营销理念和市场运作方法开始发生了改变，以“品牌经理”为核心的营销管理体系逐步建立。美国《时代》杂志称赞道：“麦克爱尔洛埃赢得了最后的胜利。”他使宝洁公司保持高速发展的策略其实非常简单：“让自己和自己竞争。”1957 年，当艾森豪威尔当总统的时候，他很赏识麦克爱尔洛埃的才干，聘任他担任国防部长。

“品牌管理”系统对当时的美国工业界来说是一个全新的概念，在此之前没有任何一家美国公司鼓励旗下的品牌互相竞争。而如今，宝洁的品牌管理系统已经被全世界很多公司接受和演绎。

**趋利避弊：推行品牌经理的难点**

“品牌经理”制度的建立，为市场

标　识

## 记　事

12月26日

2001 文化部、外经贸部发布《中外合作音像制品分销企业管理办法》，允许在我国境内设立中外合作音像制品分销企业，外资比例不超过49%。

2000 “毛泽东号”机车换型仪式在京举行。

1996 中国冶金质量体系谁认证中心获得国家技术监督局和中国质量认证体系机构国家认可委员会的正式认可。

公布市场九类商品质量抽查结果：芝麻油、棉针织内衣等合格率不到60%。

内贸部召开全国9类市场商品质量监督抽查结果新闻发布会。

1995 “推荐真皮标志名牌产品新闻发布会”在京举行。

1995 第一届全国十佳律师、十佳公证员、十佳基层法律工作者评选揭晓。

1994 青岛海尔冰箱厂创业10周年及海尔集团成立3周年纪念大会。

1992 上海质量体系审核中心(SAC)成立。

---

高管理效率；加强财务核算和监督，完善企业资金流通渠道和透明度，合理有效地使用企业资产，实现资源的优化配置。总之，最根本的就是让企业自有品牌的地位和优势得到巩固和发展，发展不同于其他零售企业的品牌，从而在市场上具备独家经营的能力。

商业企业应强化运用关系营销，处理好与制造商的合作关系。零售企业应积极主动地与制造商发展合作友好关系，在竞争和合作中培养和塑造和谐的工作关系。自有品牌商品优势的出现很大部分取决于零售企业与制造业的合作程度。合作好则产品一方面质量有保证，另一方面就可实行低价策略，在竞争中取得价格优势，并可降低制造企业产品销售过程中的其他费用，有利于高利润的获取。反之，企业降价不但要承担较大的利润风险，而且对企业经营和长远发展带来不利影响。因此，零售企业和制造业应在实际生产和销售中发展合作关系，实现优势互补，强强结合，发挥制造业的生产规模化优势，同时注重利用零售企业的销售网点的扩大和系统的完善，避免接洽过程中费用的上升，控制好两者联合的适当比例，实现生产与销售的最佳比例结合。

自有品牌的发展离不开人们特别是经营者观念的转变，自有品牌的出现是零售业的一场巨大革命，同时要求人们观念的更新与转变。自有品牌需要从市场需求出发确定产品，需要对市场信息、市场价格、产品生产情况作系统的调查和了解，只有准确的市场定位，才能有合理和有效的价格策略，才能够使生产与销售的规划更科学。发展自有品牌需要转变经营观念，转变营销手段，在生产、销售、服务中更主动，更积极，营销不是让消费者找上门，而是主动寻求目标消费者，利用各种销售手段、方法包括利用网络宣传，媒体优势来吸引消费者，只有建立一个忠实的消费群体，企业发展才能稳定可靠地向前突破，这也需要解放思想，转变观念，改变策略。

---

营销带来了一股清新的风。品牌经理通过对产品销售全方位的计划、控制与管理，灵敏高效地适应市场变化，改善公司参与市场竞争的机制，减少了人力重叠、广告费用和顾客遗漏，拉长了产品的生命周期，从而为企业赢得了更为广阔的市场和更具发展力的空间。

以制度的力量协调运作的合力。一个熟悉公司各个环节的品牌经理能够从整体上来考虑品牌的利益，并运用制度的力量去协调各部门围绕其品牌做出种种努力，明确每个部门对每个品牌在每个时点上所承担的责任，消除部门之间的推诿、扯皮，减少因不熟悉情况而产生的盲目性及因贪图方便而因循守旧，使公司的每一产品在追求商业机会的激烈竞争中都能得到全公司上下一致的有力支持，从而实现企业的整体优化。

顺应顾客需求改进产品的市场定位。以前，企业习惯于先开发新产品，再定价，最后卖给消费者，产品市场定位趋同。在品牌经理制下，会极大地关注竞争的差别性优势，即产品的差别性优势，包括价格成本差别性、产品特点差别性、品牌风格差别性、促销手段的差别性，有效克服产品、品牌的趋同现象。以差别性改进产品的市场定位，以差别化战略参与竞争并最终赢得竞争。

以个性化拉长产品的生命周期。未来市场，只有个性化产品才能获得消费者的垂爱，品牌经理就犹如培养产品个性的保姆。品牌经理不但在产品线延伸方面会始终如一地去保护品牌个性，而且在销售工作中，也能有效地消除销售过程中很容易出现的短期行为。如宝洁公司的潮汐洗涤剂已行销40多年，浪峰牙膏已行销30多年，佳美香皂已行销60多年，而象牙香皂已行销自有品牌的出现和市场领域范围的扩大需要零售企业作好充分准备，而不能一蹴而就，急于求成，而要采取以小放大，步步为营，分步发展的策略。对中国零售企业来说，推行自有品牌战略，应先从食品、家庭用品、服装、文具等消费者购买频率高、经营风险小的商品着手，在条件成熟基础上再逐步扩大实施和经营范围；实施步骤上，则应该采取分步走策略，先进行品牌监制，零售企业指定特定生产厂家生产特定产品，然后标上自己的品牌向市场出售，接着实行订货加工，在企业规模化经营和对生产厂家生产能力、技术水平等深入了解后，零售企业可采用下订单的方式大批量订货加工，最后就得实现买断生产，零售企业拥有规模庞大的销售网络以后，可寻找企业并买断其全年产量，与生产企业合作实现一体化经营，进一步发展自有品牌。

商业企业应该了解市场需求信息，增加商业企业自有品牌的开发力度，开发出适应消费者需求的自有品牌。如日本“大荣”公司 1999 年上半年仅在食品类就开发出 109 个自有品牌，投放市场销售。以往一些商业企业开发自有品牌，主要是追求价格优势，现在则必须转为追求商品品质和品位，如有利于身体健康的绿色食品，有利于环境保护的商品，以及便利性强的商品等。

自有品牌观念传入中国仅仅 10 来年时间，并受到现实种种因素的限制和制约，其优势在中国尚不明显，但是社会发展趋势表明，自有品牌的成长与发展将是未来商业经济发展的主要趋势，谁抓住了社会发展的历史去向，谁就在未来社会竞争中取得相对优势，所以自有品牌的研究对中国零售业的发展有不可估量的现实意义，对其他行业的发展亦有一定的借鉴意义。随着社会对自有品牌认识的加深和中国加入 WTO，自有品牌必将发挥更大作用。

（郑凌云　张　丽　刘笑凯）

110 年以上。

以目标管理丰富顾客价值。品牌经理需要对产品的销售额和毛利率指标负责，就必须从一开始就注意控制各个环节的成本支出，一旦发现异常情况，便迅速作出反应。有效的成本控制和服务的不断改进，可以有效地提高产品的市场竞争力，丰富与提升产品的价值，使消费者感到物超所值。

品牌营销是市场经济高度竞争的产物，经过多年实践，已经发展得相当成熟，形成一个以“品牌经理制”为代表的完整管理体系。但“品牌经理制”并非完美无缺，它的劣势也是显而易见的。

为每个品牌分别做广告宣传，造成营销资源分散，费用开支较大。品牌众多，往往得不到消费者足够的注意力，难以建立品牌价值，形成不了强势品牌，易被竞争对手击破。面对同一消费群体的品牌，为争夺市场往往会导致互相“残杀”、“内部开战”，削弱企业的整体竞争力。多个品牌不同风格的出现，往往难以形成完整、统一、鲜明的企业形象。品牌管理制度要求各职能部门全面与市场接轨，以消费者为中心，敏捷地适应市场变化。达不到这一点，就难以支持品牌经理追求商业机会，极易给企业整体发展带来致命打击。

对此，有专家提醒中小企业不应盲目套用宝洁公司的这种品牌管理方法，认为这种品牌管理方法需要较大资金支持，适合规模较大的企业运作，中小企业的品牌战略还应集中精力做一种品牌。同时强调：有效商知名度的大企业对于成熟品牌也要有忧患意识。宝洁的产品更新换代的速度值得许多国内企业学习，如果没有不断创新的意识，成熟品牌随着时间的变化也会走向衰落。

（韦桂华）

## 标　识

记　事

12月26日

1991 商业部公布10类商品抽查结果,平均合格率为59%。

卫生部通报部分食品卫生调查结果,总合格率达83%。

中国商业文化研究会在京成立。

12月27日

1999 青啤集团公司1999年啤酒的产销量突破100万吨。

1994 首届全国十杰中小学中青年教师评选结果揭晓。

1993 国家统计局公布"中国500家最大型机械工业企业"名单。

1986 长城计算机集团公司成立。

12月28日

1997 延安供水工程通水典礼在延安市举行。

1994 全国总工会授予"全国十佳职业道德标兵"。

轻工总会公布授予个企业"全国轻工业优秀企业"称号,授予107人"全国轻工业优秀企业家"称号。

1991 农业部表彰500名乡镇企业家。

中国企业评价协会提出由评价固定资产规模转为评价企业经济效益。

# "品牌管家"的前提

国际4A广告公司,伴随其客户的全球化步伐进入中国,大力倡导"品牌管理"的广告操作观念;奥美更以"品牌管家"自称,在中国业界备受推崇。国内企业曾被这种先进的观念及其成熟操作所吸引,像科龙、康佳、TCL、步步高、全球通、奥妮、红桃K、乐百氏等客户,20世纪90年代中后期以来,纷纷尝试将品牌交给国际4A公司管理,但结果却是广告公司与客户合作的分分合合,使得品牌一年一个管法,以"品牌管理"而成功的案例,难得一觅。

企业为什么不能通过4A公司的"品牌管理"而获得成功?中国品牌究竟需要怎样去推广?我们该如何在本土开始创建品牌?这已成为众多企业悬而未决的困惑。

若从中国市场营销的发展实情探究,我们发现国际4A公司角色错位,除了和企业合作过程中的沟通障碍之外,还有一个非常简单却又重要的原因——中国企业目前在推广上亟需解决的,首先是品牌战略,然后才是品牌管理。

近几年,企业产品从供不应求到依靠"标王效应"打知名度之后,随着竞争的加剧,企业惯常的广告效力越来越差。广告战不灵了,就来价格战!降价的速效,导致了许多行业打不完的"价格战"。

目前业界形态已从稀缺经济进入了高度竞争的过剩经济。在广告战与价格战达到极点之后,企业必须为自己的品牌制定出一个鲜明地区别于竞争者、呈现品牌独特价值的战略,才能形成自己的竞争优势,并在此基础上执行科学的品牌管理,从而创建出一个有持久生命力的品牌。在竞争空前激烈的感冒药市场,"白加黑"就是以"日夜分服"的战略(白天服白片不瞌睡,夜晚服黑片睡得香),从康泰克、泰诺、感冒通、百服宁以及各种感冒胶囊、片剂中脱颖而出,牢固地拥有一席之地的。洗发水市场,更是由品牌战略明晰的强势品牌所分割,如"去头屑"的海飞丝、"营养头发"的潘婷、"头发柔顺"的飘柔、"植物精华"的夏士莲……国内众多的品牌,却因缺乏能区别于竞争者的品牌战略举步维艰。

当品牌没有制定战略而去"管理"时,它推广管理的主题永远是时机性、短期性的,当市场竞争及环境略为变化时,品牌推广只好跟着变化,从而使"品牌管理"永不得法,不可能产生出真正成功的品牌。

正如市场营销之父菲利浦·科特勒在他的巨著《营销管理》中所说的:解决定位问题能帮助解决营销组合问题,营销组合——产品、价格、渠道、促销(指推广与广告)是定位战略战术运用的结果。只有确立了品牌战略,推广与广告才有可能一贯地坚持下去,塑造出个性鲜明的品牌。

从各国的营销发展史中,我们不难发现,任何一个成功的品牌,都在其成长的过程中有着一个明显的"战略转折点",它们在这一"点"上为品牌理清了长期的战略,使得品牌能够方向明确地发展,最终成长为强势品牌。这一战略转折点,通常处于市场从稀缺经济向过剩经济转型的时期,企业需要从众多竞争对手中分割市场,确立品牌的独特差异,赢得竞争优势。所以我们看到,在竞争激烈的瓶装水市场,乐百氏靠"27层净化"的USP战略(独特销售主张)一举成名,娃哈哈、景田走的也分别是"明星"与"太空女郎"的形象(BI)战略,农夫山泉则以"天然水"定位后发制人,从市场中成功地实现切割……

类似中国企业面临过度竞争,品牌亟需战略的商业情景,其实在20世纪50—60年代的美国也出现过。美国经过第二次世界大战之后的高速发展,从缺经济向过剩经济转型，企业大浪淘沙，产品、品牌层出不穷，市场营销一片繁忙与杂乱。那时品牌的普遍需求，也是制定品牌战略，然后才是有序化的推广与管理。

而美国广告界，回应了这种时代的需求——当时广告公司最重要的工作，是协助企业制定出长期的品牌战略，然后在此基础上进行统一、持续的广告。

例如：万宝路在1954年之前，原本是面向女性烟民的滤咀香烟的一种，在众多的竞争中卖得并不出色，是李奥·贝纳协助它制定了“男性滤咀香烟”的战略，并以牛仔形象为载体一直坚持下来，才令其成就为世界头号香烟品牌；百事可乐在20世纪60年代之前，也只是几百家可乐厂家之一，曾三次上门请求可口可乐收购，被其拒绝，而当确立“年青一代选择”的品牌战略之后，百事立即从众多的可乐厂家中过关斩将而出，直逼可口可乐；七喜汽水则于1964年确立了“非可乐”的定位之后，从很平庸的软饮料一跃成为第三品牌。

所以，只有确立了品牌战略之后，品牌才有被“管理”的基础。品牌几乎都是在一个伟大的战略基础上坚持下来而成功的。40多年前，当达彼斯广告的瑞夫斯与客户在大西洋的游艇上同游时，客户曾问：“17年来我们的广告未曾改变过，请问贵公司700多个人，这么些年来都为我们做了些什么？”瑞夫斯悠然答道：“我们所做的，就是让你不更换广告。”

然而时至今日，国际4A“品牌管理”的广告操作，回避了品牌战略问题。在其品牌管理的操作中品牌战略似乎成了象征性的一段流程。究其原因，一方面，是经过多年的磨练与成长，西方的企业普遍已比较成熟，企业已学会自己解决品牌战略（如宝洁）；另一方面，在欧美较为成熟的商业社会，营销服务业的分工已经细化，协助企业制定品牌战略的服务，已更多地属于麦肯锡、罗兰贝格等咨询行业。

然而，缺乏品牌战略的“品牌管理”，对现阶段的中国企业来说，却是不够的。刚从生产管理走向营销管理的企业，制定品牌战略的能力不够成熟，营销咨询业也只是处于初始阶段，中国市场的广告业，应该像30—40年前的美国同行那样，顺应企业的品牌战略需求，发展制定品牌战略的能力与服务。有了这个前提，品牌管理才有实际的意义。

（邓德隆　陈奇峰）

标　识

Jin Tai

上海金泰文化音像有限公司

# 品牌代言人的选择与使用

稍微有点名的人都会去做广告，还有人做广告做出了名。为什么要请品牌代言人？谁能做品牌代言人？是不是一定得明星？最适合自己产品或品牌的代言人是什么？怎样才能充分发挥品牌代言人的效果？不少企业愿意花巨资请名人推荐自己的品牌，往往对这些关键性的问题却一知半解。

## 品牌代言人不仅是名人

在广告或其他营销活动中推荐特定品牌的产品或服务的人物或其他形象通常被称为品牌代言人。这是比较广义的界定。在广告业中，狭义的界定往往是指那些与品牌形象相吻合、长期为特定品牌传递信息的人物或形象。

由于目前中国大多数企业请名人做广告，所以常把名人看作是品牌代言人，比如商务通使用濮存昕和李湘做代言人，南极人请葛优做代言人。实际上典型消费者（宝洁的洗衣粉中常用普通家庭主妇）、专业人士或专家（美的小家电用自己员工做代言人、药品广告中经常会出现的大夫形象）、虚拟人物（麦当劳叔叔、海尔小兄弟）、卡通动物（美的熊、光明牛）等，都属于品牌代言人。因为他们与品牌有着紧密的联系，他们在广告或营销活动中的出现，会让消费者想起特定品牌及其所传递的信息，消费

## 记　事

12 月 28 日

1983 国务院决定成立中国工商银行。

12 月 29 日

2000 中国期货业协会成立大会暨第一届会员大会在京召开。

1999 农业部发出《关于公布全国乡镇企业创名牌重点企业的通知》。

1999 年互联网 10 件大事揭晓。

1993 《中华人民共和国公司法》颁布。

1992 中国国际期货有限公司在京成立。

英国《金融时报》推选邓小平为 1992 年风云人物。

12 月 30 日

1997 1997 年中国 10 大经济新闻在京揭晓。

1994 国家工商局发布《集体商标、证明商标注册和管理办法》。

1991 中国新闻文化促进会、中国质量管理协会和中国企业管理协会等 13 家单位主办的“中国质量万里行”系列新闻宣传活动组委会第一次会议在京召开。

者也有可能受他们的影响而去购买特定品牌。

品牌代言人的四种作用

从广义的品牌代言人角度来看，通常有以下几种作用：

1. 让广告引起注意，使品牌有新鲜感

消费者每天要接触大量广告，但多数被他们所忽略，特别是那些枯燥、没有创意的广告。这时企业必须想方设法让自己的广告能够引起消费者的注意，使用品牌代言人是一个重要的手段。新产品上市，品牌无人知，当然就谈不上引起购买。使用名人往往对迅速提高产品知名度很有帮助，2000 年的保暖内衣大战，基本上全用的是明星，实际上就是要迅速引起消费者的注意。对于老品牌，使用一些具有识别特征的品牌形象，能够引起消费者对广告的注意，并使消费者产生亲近感，如步步高复读机用周星驰做代言人。另外，老品牌不一定非得用大明星，用本企业特有的卡通形象效果更好，如光明牛。

2. 传递不易表现的广告信息，让消费者更容易理解

在一些产品功能不太容易表现，或是广告信息比较抽象的产品类别里，如服装、化妆品、洗发水等，通过表现品牌代言人使用产品后的感受或效果，有利于消费者理解产品的功能，如最近李玟为好迪洗发水，赵薇为亮莊化妆品，巩俐为曲美所做生活中的广告，这时代言人如果是使用者的话效果会更好。

3. 增加品牌或产品的可信度

消费者对广告总是抱着怀疑的态度，使用可信度高的代言人可以提高消费者对品牌的信任，增加广告的说服力，促使消费者态度的改变。使用人们所信任的明星作为代言人，就是希望达到这个目的。如东阿阿胶找斯琴高娃（大宅门的主角），精力胶囊找蔡振华等。有时候生活中的典型消费者更具有可信度，比如碧浪洗衣粉的广告使用的就是普通的家庭主妇，让消费者很有亲近感。

4. 传达品牌个性，丰富品牌形象

品牌如人，也有自己的性格特征，或者是希望塑造成某种特征。这类特征往往比较抽象，难以传达。而某些人物尤其是公众人物，其形象或性格特征能

**品牌前沿**

# “形象大使”：营销管理新命题

成为形象大使的有各色人等，请形象大使的也不仅仅是企业，志愿者、义务献血等都有形象代言人，前几天北京和平里社区还选了个“社区形象大使”。显然，“形象大使”现在很流行，大有“一窝蜂”之势。“形象大使”有用吗？该如何决定产品的形象代言人？听专家言，观企业行，选用形象大使并不是件坏事，这还真是一门学问。

形象大使为何受青睐

在大众产品领域，对于企业选用形象大使的“一窝蜂”，专家认为，这也是企业在营销管理方面走向成熟的一种表现，是很正常的现象。

首先，技术的不断成熟与发展，使不同厂商的产品质量越来越相似，尤其是化妆品、饮料、服装等大众消费品，厂商除了在产品的研发、生产上投入巨大的精力外，在市场开拓方面必须有所突破，而明星的商业效应是不容忽视的事实，启用明星作为形

被消费者接受，使用他们作为代言人能够充分传达品牌个性，使品牌形象更加鲜明、丰富、生动，达到与消费者之间的良好沟通。如王石为摩托罗拉手机所做的广告就强化了摩托罗拉商务手机的品牌形象。

品牌代言人的适用性

为什么有的代言人能够为品牌带来巨大效益，而有的代言人却对品牌的销售没有什么作用呢？问题不在代言人的水平如何，而在于企业对代言人的正确选择与应用。

1. 讲究适合性

不少企业往往因为领导者喜欢某一明星或名人而选择其为代言人，这样做也有碰运气或凭企业直觉而成功的可能，但大多数情况下将不可避免地面临失败。选择代言人成功的关键在于代言人与广告策略的适合性。这里面主要体现在三个方面：

首先是广告目标的适合性。想迅速提高知名度，那么最好选用当红明星；想增加广告说服力，就要注意品牌代言人的社会形象，或者选用专家型代言人；想强化品牌形象，如手机为强化时尚形象，可选择流行明星。

其次是目标消费者适合性。品牌的目标消费者对所选用的代言人是否熟悉关系到广告或品牌能否引起他的注意；是否认同则影响他对品牌的认同；是否信赖则关系他对品牌代言人所提供信息的信任程度。这个问题必须做调查。如果向商务人士卖西服，选用周华健这样的歌星，消费者认同度不会高。

第三是产品的适合性。不同的产品有自己不同的特征，也适合使用不同的代言人。比如生病治疗是件严肃的事，可是最近急支糖浆使用潘长江做代言人，这个喜剧明星在广告里一番瞎跳，幽默有点，但是否有效？悬乎！像牙膏这样的日用品，用王刚做推荐(两面针)是否比一个普通的消费者推荐更有效？未必！五洲牛肉干用牛群做代言人则多少还比较适合。

第四是品牌个性的适合性。即所选用代言人的形象、口碑或内在素质能否与品牌的个性特征相吻合，能否很好地传递品牌的形象信息。比较成功的当属乔丹为耐克所做的系列广告，在国内李玟为娃哈哈非常柠檬所做的广告也基

象大使成为许多总代理与分销商的“信心连环”，对招商工作有很大的促进作用。

其次，在新世纪，娱乐业与其他行业的互动将越来越成为一种潮流。在促销推广费用已超过产品费用的今天，无论是电脑这样的高科技产品，还是麦当劳这样的大众快餐，利用娱乐明星促销更能吸引人们的关注。而有了如此之多的外界资金注入，娱乐业自身也将有更多的资金投入包装明星、创造轰动作品的运作之中。这也是所谓的“眼球经济”时代。

再次，从心理学上来讲，形象代言人与人的条件反射有关。合适的形象代言人可以加深消者对企业的印象，增加消费者对企业的好感，而有了好感就有了购买产品的基础。

还有就是那些已经成功的案例，如耐克常常邀请著名的运动员担任形象代言人，将自己定位于高档和时尚，抬升了自身产品的档次。再如一个眼前的例子：婷美内衣起用广告明星倪虹杰，神秘的微笑和一句“美体修形、一穿就变”，创造了一个销售童话。

**形象大使该如何选择**

利用形象大使的名人效应来提高产品的知名度和亲和度无疑是一种明智的选择，但对企业来说，形象大使的选择应该非常慎重，局限于知名度的方法通常有失偏颇。

一般认为，形象大使必须具备一个最基本的条件，就是其必须为大众所接受、熟知，拥有较高的媒体曝光率。北京大学光华管理学院彭泗清副教授给形象大使定了个“框框”：一是消费者对此人要有好感；二是消费者对此人的好感可以延伸至相关的企业或产品；三是此人与企业或产品之间的联系在消费者的心目中比较稳

标　　识

## 记 事

12月31日

1994 国家版权局发布《作品自愿登记试行办法》，1995年1月1日起施行。

1991 乡镇企业总产值超过1万亿元。

中国拆船协会在京成立。

全年接待海外旅游者470万人次，创汇27亿美元；国内旅游者人数近3亿人次，回笼货币达200亿元。

1990 1990年全国水产品总产量(原标准)1237万吨(首次居世界首位)。

12 月

2001 中国广播影视集团成立。

中国正式成为世界贸易组织(WTO)第143个成员。

2001年中国最有价值品牌揭晓：红塔山连续7年居榜首。

美的何享健辞去总裁职务。

同仁堂在国内第14家连锁店开业。

"万宝"品牌黯然消失："松下万宝(广州)空调器有限公司"改为"广州松下空调器有限公司"。

奥克斯聘米卢为形象代言人。

重庆研讨打造城市形象与品牌。

本可以达到目标。光明牛与光明牛奶、美的熊与美的空调都属于这一类。

2. 广告形象的单一性

这主要针对名人型代言人而言。有些明星在不同的产品或品牌里出现，对单个品牌来说，其不利结果至少有：导致公众可信度的降低从而对广告的信任度下降，由于不同品牌所传递的信息不同导致本品牌形象的混淆，由于不同广告同时播放导致信息传递上的相互干扰。这时候对那些广告播出量大、或者已经在消费者脑海中留下深刻印象的品牌最有利，而对缺乏这两个条件的品牌来讲，使用该品牌代言人多数情况下是为他人做嫁衣。比如步步高里使用的"马桶先生"出名后，不少企业请其做广告，结果他一出现，观众就会联想起步步高。

3. 注意成本与预算

根据以上两个条件，提出合适的代言人人选，再根据成本与效益的关系选择最合适的，而不是选择最贵的，除非用大价钱就是想争取一点新闻轰动效应。

4. 注意避免品牌代言人使用陷阱

选择好品牌代言人后就要在营销与广告活动中使用，这时关键要注意两个问题：

一是避免喧宾夺主。代言人的目的是推荐品牌或产品，应当让消费者觉得这产品不错，而不是说他的广告做得很好。最典型的例子是周润发为奥妮百年润发所做的广告，创意、制作、音乐均属上乘，最遗憾的是绝大多数人为广告中的故事和人物而感动，而对百年润发却没什么反应。因此，如何充分利用代言人的特点，并与产品或品牌的特点联合起来，创意非常关键。

二是关注代言人形象的变动。名人多为公众人物，一言一行总会被媒体放大了看。因此这些人的形象经常会变动，从而会牵扯到所推荐的品牌，比如毛宁遇刺及前后的新闻报道，对他所推荐的西服是很不利的。亲亲八宝粥为体现家庭温馨，请宋丹丹和英达做广告，结果不久他们就离婚了，对品牌形象的损害应当说是相当大的。因此，企业有必要随时掌握代言人的情况，更要远离是非人物。能够未雨绸缪最好，情况变化后则要及时调整，争取把负面影响降到最低。 (张树庭)

定，比较持久。

专家同时强调，企业选择形象大使必须把握三个原则：

1. 形象大使并非推广产品或企业的惟一方法，也不见得是最佳方法。形象大使只是"锦上添花"。企业产品的生产与销售，取决于消费者的需求，与是否选择代言人无关紧要，重要的是让消售者接受企业的产品。而选择什么样的代言人，决定于企业的营销战略，企业营销的第一要点是找准卖点，有了好卖点，完全可以不使用明星代言人，如舒肤佳香皂，卖点是能杀菌，正好符合现代人的需要，不用花重金请明星，广告也做得好，产品卖得也好。

2. 选择名人做代言人时既要"自由恋爱"也要讲究"门当户对"，否则即使名气再大，也很难体现出"锦上添花"的妙处。形象大使应该和企业的品牌定位、消费者群体构成等协调。有争议的明星不要请，不符合产品性质的明星也不要请，因为每一个明星在公众心目中已有特定的形象，若不慎重，就会限制产品的消费群体和涉足领域，给以后产品的发展和拓展带来困难。

3. 不能喧宾夺主。如果消费者只记住了形象大使本人，把企业或产品忘记了，企业与形象大使之间就倒了个：企业在帮助明星吆喝，而不是明星帮着企业吆喝。这种失误很大程度上源于广告创意。婷美倪红杰的广告十分成功，但用张柏芝时则在设计上有些失误，过分强调了张本人风采，而忽略了产品的卖点，直接反应就是影响了产品销量，企业也意识到了这点，中野良子的广告就比较成功。这也说明，明星的市场号召力固然不容忽视，但并不是百试皆爽的"灵丹妙药"。

(陈学慧)

# 漫谈品牌代言人

虽说广告并不一定能使一个普通品牌成为世界名牌，但若没有广告，任何品牌都肯定不会成为世界名牌。

富有感染力的广告可使默默无闻的品牌、产品名声大振，家喻户晓。广告是品牌传播的主要方式，也是企业在促销中受到高度重视的应用最广的促销方式。

**名人广告的青史**

品牌代言人，又称品牌形象使者，即集中体现某一品牌形象的人，如张曼玉之于力士香皂、成龙之于小霸王学习机、李连杰之于步步高 VCD。

品牌代言人由来已久，只是在最初并未称之以品牌代言人，而是将其做的广告称为名人广告。早在 20 世纪初，美国的智威汤逊广告公司（JWThompson）就率先在力士香皂的印刷广告中呈现影视明星的照片，此后各种化妆用品和洗涤用品的厂商纷纷效仿，使名人真正的参与到广告领域中来。在 1936 年的柏林奥运会上，美国著名的黑人田径名将欧文斯脚穿德国的阿迪达斯牌运动鞋连获 4 枚金牌，从此阿迪达斯运动鞋也随之名扬天下。20 世纪 50 年代，伴随着彩电的问世，因其相对于报纸、杂志、收音机更为形象生动，电视广告迅速繁荣起来，于是有越来越多的名人以品牌代言人的身份出现在电视广告中，为品牌、产品宣传。到了 20 世纪 80 年代，名人广告有增无减。其中，最令人瞩目的名人广告当数著名摇滚歌星迈克·杰克逊为百事可乐所作的广告。在该广告中，杰克逊以其精湛的歌舞技巧赢得了大批观众的心，使百事可乐在青年人当中形成了极高的偏好。该广告一举打破了多项纪录，囊括了入项格莱美大奖。

中国自改革开放以来，名人广告也不断涌现。早在 1979 年 3 月 9 日晚上，上海电视台转播的一场国际女子篮球赛实况中，就出现了中国著名男子篮球运动员张大维与其同伴共同畅饮“幸福可乐”的画面。1988 年，潘虹在几乎没有酬金的情况下为上海霞飞日化厂拍摄了广告，引发了社会各界的纷纷议论。稍后，李默然又挺身而出为三九胃泰拍摄了广告。此后，各类名人纷纷进入广告领域。便有了向梅与霞飞奥力斯、王馥荔与大宝 SOD 蜜、陈述与泄痢停、方舒与丹东华芳等等的联姻。

在前些年，广大消费者看到他们所熟悉的名人出现在广告中还会觉得新鲜，或许还多少会引发一些讨论。

如今，伴随着各类名人不断穿梭于广告当中，形成了“你方唱罢我登场”的局面，名人在广告中出现的频率远远高于在影视或其他节目中出现的频率，社会公众对此早已屡见不鲜。

**理想中的名人效应**

是什么使企业如此热衷于名人广告、如此热衷于选择名人做其品牌代言人呢？我们认为企业主要是出于以下几种考虑：

其一，名人具有相当高的知名度。所谓名人，就是有名的人。因其具有广泛的知名度，名人的出现往往更加容易引起注意。而一旦某一品牌与名人之间形成了某种联系，其知名度自然会随之扩大。当年“美的”花百万买巩俐一笑，虽然对这“一笑”褒贬不一，但不可否认的是正是这“一笑”使“美的”从默默无闻走向众人皆知。可见，以名人为品牌代言人确实不失为一种扩大品牌知名度的快速而有效的手段。

其二，名人在特定的范围或领域当中拥有大批的拥护者甚至崇拜者，以名人为品牌代言人，很可能促使消费者形

记 事

12 月

2000

《中国广告业20年统计资料汇编》出版发行。

济钢质检中心通过中国实验室国家认可委员会评审。

国家建设部和中国建筑业学会确定2000年度中国建筑工程鲁班奖。

1999

河北省评定年度名牌产品。

国家工商局认定1999年度国家驰名商标。

1997

浙江嘉兴富兴服装有限公司为中国服装行业首家获得国际ISO9002质量认证体系的企业。

1996

1995—1996年度中国最大500家外商投资企业揭晓。

1994

国家统计局公布年度大中型工业企业竞争力百强企业名单。

青松制衣在京宣布："仕奇"西装向在中国市场上销售的海外品牌提出质量挑战。

1992

"中国新产品、新技术博览会金奖"、"最佳畅销国产精品金桥奖"评出。

美国旧金山市政府授予杭州凯地丝绸股份有限公司"城市美容师"称号。

成行为模仿模式。不言而喻，以名人为品牌代言人仅仅建立品牌知名度是不合算的，将这种知名度转化为现实的购买行为才是企业最终的目的。在当今社会，名人崇拜已成为一种普遍的社会现象，其中最典型的要数对娱乐界明星的崇拜。浙江波导邀请国际红星李玟为其动感手机代言，李玟以其极富现代感的造型再加上广告的效果设计，营造出流动、摩登的形象，使众多李玟迷竞相购买，只求能展现出李玟的风采。

其三，名人在特定的范围或领域当中往往具有相当的权威性，从而易于获得消费者的信赖。有些名人在其专业领域取得非凡的成就，他们对其所熟悉领域的品牌的推荐往往具有相当的权威。孔令辉一句"我选择，我喜欢"使安踏运动鞋获得了更多消费者的青睐，使国产品牌完全不能与耐克、阿迪达斯、锐步等国际知名品牌相抗衡的局面获得了一定程度的改观。

其四，名人以其自身的魅力为品牌增加了独特的附加值，丰富了品牌的形象，使品牌身价倍增。名人之所以成为名人，其自身必然具有某种独特的魅力。前一段时间红透半边天的小燕子赵薇在乐百氏AD钙奶广告中活泼的形象对小朋友们具有独特的亲和力。

其五，请名人做品牌代言人虽费用昂贵，但从所获得的效益上来看还是物有所值的。众所周知，请名人做品牌代言人付的是"天价"。当年李默然为三九胃泰做的广告，10秒钟报酬为20万，到近年巩俐的百万一笑，名人广告的报酬翻了又翻。但若与国外的行情相比，真是小巫见大巫了。国际知名歌星迈克·杰克逊、麦当娜为百事可乐做广告索价50万美元。法国影星伊莎贝尔为一化妆品公司做专职广告模特，签约10年，年薪高达700万美元。如此昂贵的费用为企业带来了沉重的负担，但为什么仍有那么多的企业趋之若鹜，且势头不减呢？因为制作精良、构思巧妙的名人广告虽代价沉重，但其市场回报也是相当可观的。尤其在目前市场竞争日趋激烈、产品之间的差异性越来越小、销售产品让众多企业伤透脑筋的情况下，请名人做广告还是划算的。

**虚晃一招的品牌传播**

尽管名人广告有助于品牌传播，然而并非所有的名人广告都能获得佳效。名人固然具有相当的知名度，但这种知名度能否有效地延伸到他（她）所传播的品牌上，使品牌知名度相应扩大并非必然。这是因为，一方面，由于名人有较高的注意度而致使广告受众对广告传播内容的注意力被名人分散；另一方面，若名人与广告的商品无任何内在或明现的联系，还会使广告受众产生牵强附会、不可信任的感觉。

不难想象，一则名人广告，如果广告受众只记住了做广告的名人，甚至记住了名人的形象和动作，就是记不住是什么品牌，无疑这种广告是失败的。须知，广告宣传的是品牌、产品，而不是名人，名人是被借以烘托品牌产品，为品牌产品增色的。倘若用名人喧宾夺主，就无法实现广告的初衷。这就涉及到在名人与品牌之间建立起有效的联结点的问题。在选择名人时，要选择那些与企业力图为品牌所塑造的形象相一致的名人，如此才能使二者相协调，并为品牌增色。前些年一则广告将在《陈真》一片中成功塑造了民族英雄陈真形象的武打明星梁小龙与一句"我用的是爱德牌电饭锅"拉在一起，让人多少有些不伦不类的感觉。

找准品牌与名人之间的联结点，还须以适当的手法将其表现出来。对此，从品牌一端来说，一般应选择最想突出的核心特点；而在另一端，即名人一端，则可以有多种选择以寻求二者之间的联系。例如，就"百年润发"力图突出其"润发"这一诉求来说，即可以选择发质好的名人、明星，也可像该广告实际当中那样选择周润发作为其品牌代言人，以求得在"润发"这一点上的和谐统一。

**谁对真实性负责**

各类名人从品牌代言人的身份中获益匪浅，不但获得了丰厚的报酬，同时也宣传了自己。那么名人们是否应对所代言的品牌信息（品牌传播中向消费者及广大社会公众诉求的承诺）承担连带的责任呢？《广告法》中虽有严令禁止虚假广告的规定，也规定了广告经营者、广告发布者的连带责任，但却未明确规定名人广告中名人的连带责任。

虽然法律对此尚无直接规定，但是，若将名人广告中的名人视作广告发布者或广告经营者的延伸或组成部分，那么，名人对明知广告信息虚假仍为其传播的行为，应当承担连带责任。不仅如此，从伦理道德和社会舆论来看，伦理道德和社会舆论也监督甚至约束着名人应自觉承担自身所代言的品牌信息的责任（名人出于维护自身形象和声誉的考虑，在为品牌代言时也必然会慎重选择）。名人广告中的名人理应对其在广告中传播的信息的真实性负责。

（李　静）

标　　识

# “认同感经济”：品牌代言人

“认同感经济”时代到底需要什么样的品牌形象代言人？喝雪花啤酒，心里想的是杨晨那一脚球；用联想数码相机，惦记的是《流星花园》里的 F4；喝雪碧，老琢磨着萧亚轩和杜德伟他们的爱情有没有进行到底？……李亚鹏、王力宏、周迅、梁咏琪、安在旭、李玟、Twins 等新一代偶像，正取代前辈名流而成为了品牌的形象新宠。对于企业来说，名牌和新偶像们的联姻，那是“我选择，你喜欢”，而对 E 时代消费主义者来说，那是“我喜欢，我选择”。

媒体正在惊呼“认同感经济”的到来，最喜欢拿日本女星滨崎步说事，她以一人之力掀起了商业龙卷风，唱片、化妆品、手机、玩具无不热销。分析认为，认同感经济颠覆了过去我们所熟悉的市场逻辑，例如价格、功能，这些产品的窜红，都是凭借着搅动某种社会共同情绪，这股情绪在极短的时间内凝聚起来，就像一股龙卷风，风暴的中心，是一种高度认同感所形成的市场动员力。不是在“有需要”时购买，而是以感性的因素决定自己的购买（例如新造型、新流行）。

认同感经济实质是典型的体验经济。如同美国人沃尔夫在他的《娱乐经济》一书中说的，是“从有形消费品到花钱买感觉”。体验是一种客观存在的心理需要，而消费成为一种体验则是人们体验需求的新趋势。随着人们物质需要的满足以及生活节奏的不断加快，富裕而又忙碌的人们会对体验有越来越多、越来越强、越来越富有想象力的消费需求。企业当然越来越精明，总是意图抓住消费者的心理体验，作为一项重要的广告策略，品牌形象代言人已成为消费者完成其消费体验几乎惟一的方式。

**E 时代的消费主义**

在“认同感经济”的背后，是 E 时代的狂飙突进。

有学者将中国人口划分为四个世代，每一个世代都有自己的消费特点。比如第一个世代——红色的一代（Red Generation），出生于 1925—1945 年间。他们的消费特征是基本上没有品牌意识，过着艰苦朴素的生活。第二个世代是“文革”（Culture Revolution Generation）的一代，约有 2 亿人。他们经济负担较重，但在子女教育上舍得花钱。第三个世代是“文革”后的一代（Post Cultural Revolution Generation）是最具有市场开发潜力的一代。他们追求所谓的五子登科：妻子、孩子、房子、票子、车子。第四个世代是与世界潮流同步的 E 时代。这批出生于 1975 年以后的一代人，在中国大多为独生子女。他们基本上没有经历过物质贫乏的年代，物质生活相对比较优越，同时深受 INTERNET 文化的影响。

E 时代有着较强的消费欲，并且有较强的影响力，他们对现在及将来的消费市场将会有举足轻重的作用。这也可以解释为什么联想的高科技产品会找

## 记　事

12 月

1991 国务院发出《关于加强彩票市场管理的通知》。

全国第四届"金剪奖"服装设计大赛。

1989 在国家宏观调控紧缩政策下，抢购风开始降温，导致彩电首次出现大规模积压。

1988 北京造纸一厂"三一"牌复印纸获国家质量金牌奖。

国家废除统一价格机制，实行上下 20% 的浮动价格制，以调动因通货膨胀而面临成本压力的彩电厂商的积极性。

1985 国家经贸委把彩电国产化列为全国 12 项重大消化引进项目之一，对彩电国产化的技术引进、技术改造、科技开发，从政策和资金上给予重点扶持。

1984 电子工业部作出加速彩电国产化步伐的决策，实施彩电国产化"一条龙"工程，成立彩电国产化领导小组。

1982 陕西显像管总厂(即彩虹集团)一期工程建成投产，总投资 7.5 亿元。

1980 福建与日立合资成立福日电视机有限公司，生产福日牌彩电(中国彩电业的第一个合资项目)。

新人类的 F4 代言。

E 时代的年龄都普遍年轻，具有青春活力、个性魅力的明星对 E 时代会产生很强的亲和力。选择 E 时代所推崇的明星作为产品形象代言人是一条很好的策略。比如娃哈哈集团选择偶像明星王力宏，乐百氏选择黎明，而旭日升集团在一系列不很成功的广告之后，选择了 E 时代喜欢的明星陈小东和范小萱，产品销售获得了重大成功。

### 名人与名牌共生

营销人喜欢说，名人和名牌是共生的。

形象代言人广告无疑影响巨大，新一代从电视、电影、报刊和现场表演中积累出品牌的概念，谁的出现率高，谁更有型有款，谁就更有机会成为走红的品牌。

在现代传媒的操作下，一批批明星经过精心包装，成为新产品的广告形象，新形象又通过影像、声音和文字广为传播，潜移默化地成为我们生活的一部分，明星借助广告既赚了钱，又在观众面前混了个熟脸儿。

这仍然是一个进步，正如作家苏童在《广告是人类学研究的体温和表情》一文中所说，广告刺激消费，消费又推动社会进步。当所有我们能叫得上名字或叫不上名字的公众人物明星都成了广告形象代言人的时候，也许我们可以得出结论：以 E 时代的名义，名人和名牌联姻，这生意不错。

形象代言人，挺拗口的一个词，念着念着也就习惯了。

漂亮的明星可以有经常出镜的机会，从当模特到演电视，再到出歌带当商品形象代言人，他们的收入不会少，这中间演的人心甘情愿，给钱的人也心甘情愿，看的人自然更是心甘情愿。相比之下，那些不够漂亮的演员只能走剑走偏锋，另类也是可以让人娱乐的。刘璇与伏明霞无论谁是体育界广告皇后，除了体育成绩，漂亮成为其中一个很重要的因素。这也就可以理解为什么 TCL 找金喜善、ESPON 找朱茵、爱立信找金城武以及波导找李玟了。

足球在六月成为时尚，足球明星也在六月成为广告明星。足球明星带来的最大感觉就是：和世界杯沾上边就是好，爱谁谁。

迈克尔·杰克逊喜欢和有活力的、年轻的东西为伴。百事可乐的人抓住了这一点。刘璇和孔令辉有 E 时代的情趣，农夫山泉也抓住了这一点，刘璇和孔令辉一起成为农夫山泉支持北京申奥公益活动的形象代表。农夫山泉"有点甜"的概念代表了一种生活严谨、办事认真，但是有时候会稍微有点放任的生活情趣，而这正是 E 时代喜欢的概念。可以说，农夫山泉和这两个明星的组合是成功的共生。

在中国，成功的共生颇多，例如安踏和孔令辉、波导和李玟、商务类用品和濮存昕，这样的例子还将不断产生。

### 代言有风险

有这样一个笑话，掌上电脑蓝火随身 E 的形象代言人是张柏芝，当主持人拿着蓝火随身 E 让她作个评价时，张柏芝毫不客气就说："这个呼机……"

这样的场面是商家和广告商都极力避免的情况。正如营销专家所说，选择名人做广告就像选择股票一样，你选择的股票可能是绩优股、可能是黑马股，也可能是潜在的 PT 股。

媒体报道，印着米卢头像的灯箱被球迷砸了，奥克斯空调的广告灯箱也被砸了。中国队兵败广州后，在深圳街头目睹球迷"暴行"的金正 DVD 市场部经理刘孝峰说。"沸腾的事业，冷静的支持"、"态度决定一切"分别是米卢代言以上两家产品的广告语。北京广播学院广告学院院长丁俊杰教授说：米卢的身价只能是随着中国队的每一场比赛而递减，米卢的光环效应，"米卢的商业价值会随着时间的流逝而消失殆尽。"最近安雅因为摇头丸事件而形象受损，原本邀请她担任代言人的"修身堂"老板张玉珊，在得知药检结果后决定暂停安雅的宣传活动，连带将她的性感广告全部抽走。

形象代言人如果形象受损，认同也就无从说起，没有"认同感经济"这杆大旗，企业的感觉不会太好。

(陈　龙)

# 报刊广告投放分析

在报刊上投放广告是一门模糊的科学，很难精确化，需要大量的实践经验和数据分析才能有的放矢。比如，有经验的广告主管一般不会在周一和周六的报纸上投放广告，因为单位订报的人周六都回家，看不到，而周一报纸又积压太多，看得不仔细。再比如下雨天报纸的零售量一般会下降三分之一，而电视的收视率则有所上升，所以天气也会对广告的效果产生影响。

报刊是企业广告主管必选的广告投放媒体，但是面对全国成百上千的报刊，如何选择并进行优化组合以达到最好的广告效果，却往往是令主管们颇费心思的问题。

有一种简单的认识危害尤深，那就是依据发行量的大小来投放广告，似乎发行量大的报刊广告效果就好。其实，每个报刊都有自己的定位和读者群，如果这个读者群和你的产品格格不入，那么，它的发行量再大也和你没有关系。有经验的广告主管经过长期的实践，都会总结出一些重点的广告投放媒体，掌握了这些媒体的特点，也就找到了控制报刊广告费用的关键。纵观全国的报刊，虽然五花八门，数量繁多，但适合大众消费品企业投放广告的也就是百十家。在广告费用不变的情况下，选择这些报刊，你的广告效果一定会提高 4—5 倍。

我们选取 4 个广告投放量大的行业，按行业产品的特点提供最适合投放广告的报刊。当然，这里所列出的并不全面，只是给读者提供一个选择标准。全国性公司、地方性企业的选择必然会有所不同，这一点请读者注意。

**一、房地产**

如果你是一家房地产公司，你选择的报刊应该是大众类报刊，最好是当地的综合性都市报，因为你的房子是卖给居民的，而不是该行业的专业人士——有些房地产公司总喜欢在房地产类的专业媒体上做广告，这其实是极其错误的选择。当然，如果是较为高档的别墅小区，则除了大众类报纸外，也要同时考虑一些时尚、经济类的杂志。下面具体列出几大城市的重点报刊供选。

在广东，首选当然是《广州日报》，《羊城晚报》也有较好的效果，但略逊一筹。《广州日报》恐怕是中国房产广告最多的报纸，形成了相当的品牌效应，考虑到人们在阅读上的“扎堆”习惯，它肯定是首选；有人也许会问，《南方周末》也是广州的报纸，发行量、影响力都很大，为什么不选择？这里面一是考虑到《南方周末》是一份全国性报纸，在局部发行量上没有《广州日报》多，二是考虑读者群体的不同。

在北京则首选《北京青年报》和《北京晚报》，其他几个新起来的报纸效果还不明显；

上海可选择的报纸不是很多，效果比较好的有《新民晚报》、《新闻晨报》；

深圳可选的最少，《深圳特区报》和《深圳商报》比较突出；

成都选《成都商报》；

重庆选《重庆晨报》和《重庆晚报》；

天津选《今晚报》；

南京选《现代快报》、《南京日报》、《扬子晚报》；

西安首选《华商报》。

**二、医药保健品**

医药行业是一个对广告非常依赖的行业，从钙中盖到脑白金，无不铺天盖地、到处轰炸，广告中最核心的原理就是重复，只有重复才能让消费者记

《争霸中国》

——中外名牌中国市场

跨世纪争战风云录

贵州人民出版社

汪在满　著

汪在满，湖北京山汪林岗人，毕业于华中理工大学新闻系，现为中国企业形象策划委员会委员、中国广播电视学会会员、国家经贸委“崛起的中国品牌”系列活动特邀专家。曾任新华社《中国名牌》杂志湖北记者站站长、久经贸部《中国珠宝首饰》杂志总编辑，现任新社香港特别行政区分社《中国市场》杂志总编辑。

住、相信，才会产生购买欲。有些厂家之所以敢孤注一掷式地投放广告，就是在赌这个重复效应，不过很幸运，他们在阶段上几乎都获得了成功。医药保健品投放的原则也是以大众类、市民报为主，尤其是非处方药和保健品。

北京:《北京晚报》、《中国医药报》;

广州:《广州日报》和《羊城晚报》;

哈尔滨:《新晚报》;

南京:《扬子晚报》;

深圳:《深圳晚报》、《晶报》;

石家庄:《燕赵晚报》、《燕赵都市报》;

天津:《天津日报》、《今晚报》;

武汉:《楚天都市报》、《武汉晚报》。

细心的人可以发现，上述报刊中大多数是晚报，这是因为相对其他都市报而言，这类报纸的读者中有很大一部分是中老年人群，而对医药的需求和迷信最大的一类是人就中老年人。此外，医药企业也应密切关注老年报、健康报和生活报以及医药专业类报纸杂志，这类杂志因为数量较少，相对比较好选择。

需要特别注意的是，在房地产广告北京地区投放选择时，我们首选有《北京青年报》，但在医药广告投放中却没有，这个原因和上面《南方周末》读者定位的原因大致相同，这个观点在下文中再不赘述，读者可自己研究比较。

三、计算机

对计算机行业来说，北京是全国市场的制高点，因为这里聚集了国内外知名的 IT 厂商或者其代表处，是行业资讯的集散地。所以和其他行业不同的是，房地产可以只在某一地区做广告，而计算机则一定要拿下北京才会产生影响力。

《计算机世界》、《中国计算机报》这两大行业报纸是必须要投放的，因为它们不可替代的行业地位导致了本行业厂商、用户的“扎堆”效应，所以它们属于不能放弃的领地。

另外，北京的综合类报纸《北京青年报》也不容忽视。其次应当考虑的是广州、上海、重庆、成都等城市，相应的报刊为《广州日报》、《新民晚报》、《电脑报》、《电脑商情报》等。

对于计算机行业来说，越来越多的软硬件开始面向家庭用户，因此，在选择报刊时，应适当关注各类都市报，尤其是一些定位给年轻人士看的报刊以及一些白领读物。

除了上述几个媒体以外，计算机类厂家还要考虑一个品牌问题，因为计算机作为一种年轻、时尚、价格高、技术含量高的产品，还要在一些品味格调较高的杂志上做品牌广告，而传统报纸大部分还是黑白印刷，很难体现其时尚、科技的意味。

四、家电

此类产品应锁定大众类报刊。

如北京的《北京晚报》、上海的《新民晚报》、广州的《广州日报》、杭州的《都市快报》和《钱江晚报》、南京的《扬子晚报》和《现代快报》、成都的《成都商报》和《华西都市报》、济南的《齐鲁晚报》、青岛的《半岛都市报》和《青岛晚报》等。

另外还有一些经济类媒体:《中国经营报》、《21 世纪经济报道》、《经济观察报》、《商界》、《智囊》、《南风窗》等。

家电类产品在做广告时一定要区分品牌广告和促销广告，同样是北京，要是推广品牌，《经济观察报》看上去就显得档次高、大气。而要是具体促销活动的广告，《北京晚报》的优势就又体现出来了。

上面列出的四大行业供选报刊基本上体现了不同行业不同产品在选择报刊时的特点，但是，有些具体的产品也应瞄准特殊的报刊，比如:

化妆品、服饰、高档日用品应特别留意下列刊物:《时尚—伊人》、《世界时装之苑》、《时尚—先生》、《瑞丽服饰美容》;

计算机、机动车、旅游餐饮、商业、医药保健品等应留意下列报刊:《IT 经理世界》、《财经》、《商业周刊》、《世界经理人文摘》等。

征代理商、经销商、技术专利转让、连锁加盟、咨询代理等广告最有效的媒体是:《商界》、《智囊》、《销售与市场》、《中国经营报》这四个。

(宁　敬　驿　钊)

# 锻造出版品牌刻不容缓

毫无疑义，品牌是出版社的一笔无形资产，锻造品牌，也就是培育出版社的无形资产。

出版社对品牌的反应是迟钝的，因为出版社进入市场的步伐远远落后于其他工商企业。尽管目前我们嘴里喊得凶，图书市场竞争激烈，但业内人士清楚，出版审批制为我们筑起了一道“防火墙”，出版专有权是我们与生俱来的第一笔非常财富。960万平方公里土地上才有566家出版社，竞争再厉害也有限，要知道台湾弹丸之地就活跃着3000多家出版商，那才叫你死我活呢！此外，各省区均衡的出版格局，大同小异的产业结构，必然导致各地图书贸易壁垒，这也是现行体制为我们设立的第二道“防火墙”。至于有教材课本出版任务的单位更是充分享受了计划经济的好处，即便市场经济大海里波涛汹涌潮涨潮落，土围子里依旧歌舞升平。于此看来，出版品牌建设对出版社并不具有生死攸关的意义。君不见，北京城里有一年销售几个亿的商务印书馆、外研社等大户，可皇城根下那一年仅销售几十万，甚至出卖书号的出版社老总不照样活得有滋有味吗？笔者经历过一件事：在某学习班，一些出版社老总座谈讨论出版改革问题，热热闹闹议了两天，最后得出一个结论——维持现状最好。

然而历史毕竟不以人的意志为转移。加大教育改革力度，全面推进素质教育已成潮流，这不啻给依靠教材、教辅过日子的出版界敲响警钟。经济体制改革的深入，要求出版机构布局要有相应改革。新闻出版署对全国几个出版集团的试点，反映了上层领导改革现行出版体制的决心，不均衡发展战略将导致某些出版社的破产。况且中国“入世”，国际出版资本打进中国大陆市场已成不争的事实。所以说，出版社靠政策保护的日子即将随风而逝，锻造出版品牌，全心全意投入市场刻不容缓。

锻造出版品牌，就是锻造出版社的整体形象，而出版社整体形象主要是由出版社声望、信誉和图书出版质量组成，三者缺一不可。大家知道，优良的图书出版质量是出版品牌的基础，也是出版社立社之本，缺乏它的支撑，任何声望、信誉都是空中楼阁；反过来，良好的出版社声望、信誉又能推动本版图书的销售，促进品牌图书的创立。毋庸讳言，一本学术专著在三联书店出版容易引起读者注意；一本辞书若打上“上海辞书社”的标签，身价自然升值；这也是为什么大小的作家都希望到人文社出版自己的长篇新作的理由。因此，出版从业人员有必要在自己的日常工作中不断地维护本社的声望、信誉，使之熠熠发光。试问，外研社邀请几千名英语教师到北戴河培训，其意义仅是推销《新概念英语》吗？此举在大学师生中形成了良好的口碑，给它的企业形象抹上了一道亮彩，又于不动声色之中贬低了对手，真是一高招。湖南文艺出版社在1998年底救治了一个生殖器被恶犬咬伤的8岁山村幼童，经多家新闻媒体报道后产生的效应决不是在报上发几个版的广告可以比拟的，它拉近了出版社同读者的距离，读者看到湘艺版图书就会产生一种认同感、亲切感，或多或少地影响到他的购买心理。无论哪方面努力，都不能代替图书选题的开发，一个投入社不形成自己的品牌图书，不形成自己的出版特色，在市场中决然没有地位。

**要做好品牌图书，以下几点值得引起重视：**

高得首饰
GAODE JEWELLERY

## 传　　媒

**《整体品牌设计》**

国家自然科学基金项目
国家教委“九五”规划项目
广东人民出版社
1998 年 9 月第 1 版第 1 次印刷

卢泰宏　邝丹妮　著

整体品牌设计 (Integrated Brand Design，简称 IBD)是一种新的观念和指南，它在设计领域和营销(品牌建立)领域都形成新的制高点，造就出新的竞争优势和市场效应，因而，对公司而言，这是一种强势的战略武器。

在设计领域里，它首先突出“品牌设计”的思想，即以品牌(Brand)为核心，以建立品牌为目标展开设计，这与长期沿用的“产品设计”的概念有很大的不同，是一次质的提升。在此基础上，又引入 20 世纪 90 年代兴起的“整合营销传播(IMC)”这一利器，更上一层楼的构成“整体品牌设计”的新视野。

一、强化“否定”意识。否定自己是比较难的，尤其是否定自己的成绩。人性的弱点是喜欢听赞歌，我们在报纸、电视等媒体上“广而告之”，都是说自己的好话，那是宣传自己推销自己的需要，但自己心里要清楚本身的弱处，尤其是隐藏在长处里的弱点，切不可被某些光环把自己弄糊涂了。山外有山，天外有天，任何人任何时候感觉太好总不是件好事，当你陶醉于已有成绩时，就开始落后了。否定自己是为了卸掉包袱，轻装上阵，从零开始才会进步。否定自己才能应变。市场千变万化，今天这种产品适应市场，明天就不一定适应；你的产品适应这一块市场，不一定适应那一块市场，这就必须升级换代适应市场变化。否定自己需要胆识和知慧。它不是否定历史，否定一切，也不是打一枪换一个地方，而是要审时度势，在否定自己中寻求新的突破亮点，在积累的基础上孕育新的飞跃。上海少儿社的《十万个为什么》(新世纪版)就是在不断地改版中更新自己，成为上少社无可争议的品牌图书。

二、强化“突围”意识。《突出重围》，一部出名的电视剧的片名，它形象地展示了中国军队改革开放的艰辛。“突围”的本事对心高志远的出版社而言，是现阶段必练的内功。“炒热点”、“跟风跑”是出版界某些人的通病。《学习的革命》甫一问世，销售看好，于是各种“革命”版蜂拥而上，“将革命进行到底”之口号响彻出版界。岳麓书社以“花最少的钱买最好的书”之承诺，推出“古典名著普及文库”风行全国，一时“洛阳纸贵”，至今上百家的“四大名著”已把该社淹没在“人民战争的汪洋大海”中。跟风出版，无疑是一种平庸操作，出版者的无能无奈无所作为是它最好的注脚。有志气的出版社在创立自己的图书品牌时要强化突围意识，时刻研究潮流动向，人无我有，人有我新，才能甩脱仿效者、追随者，立于不败之地。比如湖南文艺社的音乐图书出版，经过 5、6 年的惨淡经营后已初步形成品牌效应，由此引起各社注意，仿效者日众。他们认真研究了自己此类图书的长短处，决定扩大品种和规模，全面提升出版档次，既从国外引进音乐大师的总谱系列，又同国内音乐院校精诚合作开发现代作曲技法丛书、音乐欣赏丛书，同时摒弃简单的琴谱印制出版思路，按中小学素质教育需要出版不同类型普及读物。为了加大“突围”力度，他们扩充音乐编辑室，一次招聘五名音乐编辑，并组建专门的音乐图书发行网点等，在粉碎各路豪强的“围追堵截”中不断开辟自己前进的通道。

三、强化“拓荒”意识。争夺现有市场，争取瓜分到更多的份额，这是谁都会做的事情。然而，市场不会饱和的，它在动态中发展裂变，不断形成新的需求。寻求这种需求，去催化它锁定它，即可称之为开发潜在市场。应该说，开发潜在市场对有志者更有诱惑力，最能产生成就感。潜在市场光顾的人少，它就具有巨大的发展空间，谁能率先登陆，抢得先手，就有可能赢得商机。20 世纪 90 年代初外国文学读物销售疲软，很多出版社退出这一市场，译林社不退反进，实行“冷点开发”，结果赢得了先机。凡事有利即有弊，潜在市场既存在着商机，也具有某种不确定性。形势的难以预料，市场的变幻莫测，时空的千变万化，选题开发稍不到位都可能将一腔心血付诸东流。这就要求我们做扎实的调研工作。此外，还要有耐得住寂寞的精神。打磨一件精品来不得半点浮躁，历数出版界的品牌图书，哪一本不是作者、编辑心血的结晶、拓荒的成绩，靠追热点卖的图书哪本有长久的生命力呢？

四、强化“创新”意识。江总书记说，创新是一个民族进步的灵魂，是一个国家兴旺发达的不竭动力。目前国家把创新摆在一个关系到中华民族能否走好第三步的位置上，国家创新工程已经启动。对出版社而言，创新是永远的课题。外研社短短几年从仅能养活自己到现在一年几个亿的发行量，靠的就是创新。21 世纪的出版创新必然为传统产业装上高新技术的轮子，讲求更多的信息含量，只有这样锻造的出版品牌才会在市场竞争中处于主动位置。

(曾果伟)

# 代理洋品牌:引狼入室?

中服不久将成为 Mille 品牌的中国总代理。此前，中服已经成为国际著名品牌 Jenni—ferGucci 的中国总代理。中服董事长方玉根明确表示，中服以后将转向自创品牌和代理国外品牌并举，优先并重点转向代理国外品牌。3—5 年内中服将不会花大投资去做自有品牌。也就是说，中服将暂时放弃自有品牌。在许多人看来，做好自己的品牌是一个企业生存发展的基础，而优先经营国外品牌，不等于为洋人打工吗？不等于是在引狼入室吗？中服难道没有看到其中的危险？我们努力了，但做得很艰难。中服成立十数年来，曾创过几个品牌，如“天宫”、“中服”、“特米尔”、“北天鹅”等。为什么不继续经营，直到培养成名牌？方玉根说，别提了，前两个品牌现在基本上都没有了，后两个品牌前者主要做羊绒，后者主要做羽绒，以外加工为主，国内几乎无人知晓，为何？“我们创品牌太艰难。过去国内市场相对封闭还创不出名牌，现在入世了，国外服装名牌将大举进入，困难更大。”方玉根说。他认为，现在不能创名牌，并不等于企业没有生存的可能。中服有现代化的生产基地，有较强大的研究设计力量，代理国外品牌还是很有实力的。中服股份是在原中国服装研究设计中心的基础上重组发展起来的，“八五”期间，国家给服装行业惟一的一个“863”项目就给了中服。这个设在北京通州区的基地拥有可根据每个人身材量身订做服装的现

品牌前沿

## 一定要做品牌

中国的许多企业特别是服装企业长期以来为外国品牌加工，近些年来由于受到更多的竞争，加工费越来越低，一件衬衫只能赚 1 美元，一套西装也只能赚 10 美元。没办法，一些企业只好转为代理。有些有品牌的大企业特别是主要做男装的还能生存，没有品牌或知名度不大的小企业只好去代理。因此，可以说，做国外品牌的代理，是企业不得已的选择。但是，对一般代理商来说，代理国外大品牌没实力，代理小品牌又没优势，代理中档品牌又受到国外分销商的竞争，因此我认为不要盲目去做国外的品牌代理。最好的办法是利用国外品牌：一是在国外注册一个新品牌，自己生产经营，这样的办法在国内已有企业开

传　　媒

代化设备和厂房，不仅在国内绝无仅有，在国际上也不多见。此外，中服在深圳、内蒙古、浙江、厦门、顺德、通化、吴江等省市还有现代化的加工基地和原料基地。然而，有现代化的设备和厂房，不等于就能够创出名牌，特别是对于需要文化作支撑的服装行业，品牌更难以在短时间内创出来。“中服”西装品牌就是在通州基地夭折的。方玉根认为，许多人对创自有品牌有很高的心气，这固然可嘉，但还是要面对现实，要理性一些，特别是对于中服这样的上市公司，效益是第一位的，生存是首要考虑因素。不能在培育品牌上浪费更多时间和资金。方玉根认为，入世了，国外服装品牌大举进入是早晚的事，特别是中高档服装市场。过去洋品牌进来少是因为关税高，入世后，关税将逐年降低，到第五年降至零，国外中高档服装会长驱直入。自创品牌风险大，上千万元投进去说不定就变成了库存；而代理品牌，实行特许加盟，加盟商拿钱来提货，我们的风险很小。而且还可以利用名牌效应，较容易地打开市场。以实力挖来专业人才，中服初尝代理甜头。当然，外国品牌服装不会一下子杀进来，他们还不太了解中国市场，会先找代理公司，步步为营。

一般认为，这个过渡期大概 1—3 年。这期间，国内的代理商大有可为。而这样的代理商不是谁想做就能做成的。外商对代理商的选择条件相当苛刻，必须有一定的实力，并能按国际规范运作。中服有这个实力，但没有会与外商打交道的人才。方玉根特地从香港华润集团挖来了许振荣。许振荣是学服装设计的，在香港华润工作了 17 年，其间专门做服装贸易，与国外许多著名服装品牌有密切联系，也了解国际运作规则。曾做过国际品牌 Esprit 的中国总代理，把该品牌成功引进内地，现在内地的销售额达到 6 个亿。有了代理 Esprit 的成功经验，这一次，许为中服代理 JenniferGuc—ci 就更加精明。代理 Esprit 时，中方只有 25% 的自主生产权，其余 75% 必须从外方进货，这使代理方自由度大受限制，而且利润的大头归了外方。

现在，与 Gucci 合作，中服经过艰

**《中国名牌战略》**

天津大学出版社
2001 年 6 月第 1 版

万　力　著

名牌不仅关系企业兴衰，也代表企业的形象，体现着一个国家的经济实力。名牌对于企业参与国际竞争并且在激烈的竞争中立于不败之地具有至关重要的意义。

始采用，如杉杉、庄吉；二是利用国外品牌自己加工，已经做得很好的如宝姿，这就是目前中服股份采取的办法。总之，一句话，服装企业一定要做品牌，不要纯作加工。只要用“心”去做而不是用“手”、“脚”去做，总能做出来。

**品牌是发展的手段**

外经贸部研究院跨国公司研究中心何曼青说，国内品牌之所以大多长不大，活不长，缺乏竞争力，就其根源来说，是中国的市场经济历程太短，品牌观念传入较晚，企业实际操作经验匮乏。这决定了中国品牌的成长道路从一开始就充满了艰辛和曲折。当前，一些企业放弃自营产品、转让商标权或与跨国公司合资，是否就必然损害中方权益，危害民族产业？这要理性地看待。一般说来，国内企业不得不放弃或转让原有国产名牌，甚至转而经营跨国公司品牌，有着深刻的原因：或企业经营陷入了困境，经营国际知名品牌赚取的利润更多；或者资金短缺、自身技术开发能力差，需要用商标、牌名作价投资等等。在这种情况下，如果继续坚守阵地，就可能亏损、破产——这才是国内企业资产的真正流失。此外，一些知名品牌纷纷“外嫁”，也实属无奈。一方面是因为仅靠单打独斗已顶不住国际巨头的竞争压力，担负不起日益昂贵的研究开发费用，如果不合资很可能连自己的品牌都保不住。另一方面是一些地方企业为了吸引外资，要求“靓女先嫁”。因为，销售不佳的品牌，经营不善的企业，是不会有人要的。

苦谈判，取得了很优惠的条件：中服只是借用其商标，产品完全由自己设计生产。这样，中服第一年只需支付10万美元的商标使用费，而所有经营利润都可理直气壮地收入自己囊中。代理名牌使中服初尝甜头：2000年签合同，2001年9月北京、天津、厦门等三家店面开业，仅一个季度销售额就达到500—600万元，而投入也就1000万元左右。目前加盟店已开了11家，为稳步发展，有意控制加盟店数量。用的是美国的概念设计，丹麦的系列产品设计，由中服的设计师作具体量化设计，在中服的生产基地生产。面料在全球采购，优先选购国产价廉物美面料，成本自然大大低于直接从国外进货。光靠这一个品牌还不足以支撑起中服的主营业务，中服计划再引进一两个国外大牌。但高档品牌市场占有率太低，中服将主要引进国外中档品牌，代理韩国Mille品牌就是出于此考虑，这将是中服更大的盈利点。退是为了进，最终要做自己的品牌。洋品牌进来后，不仅会挤占中服自有品牌，也会挤占国内其他品牌市场，这怎么看？许振荣认为，市场是由消费者决定的，除非市场不开放，继续封闭。什么东西好消费者就买什么，这是市场规律。更何况在WTO原则下，企业可享受全球资源，不仅是生产资料、劳动力等资源，也包括品牌等文化资源。

许多人认为，中服暂时放弃自有品牌而代理洋品牌，等于为虎作伥，养虎遗患，把竞争对手扶植得更加强大，而自有品牌更加没有市场。方玉根不这么认为。他说，我们现在实力还不够，如何与人家竞争？如果不承认这一点，硬撑着去拼，只能是死路一条。我们采取退一步的办法，是为了休养生息。中服虽有许多设计人才，但大多不懂市场。在经营洋品牌的过程，其实是学习锻炼自己的过程。我们最终还是要做自己的品牌，但不是现在，而是等我们学到了真本事以后。当我们将国外先进的营销方式、经营理念、管理模式真正学到手，完全吃透了，再加上中国自己有特色的东西，这时打出自己的品牌，才不会比国外品牌差，才能一炮打响。

（彭嘉陵）

在合资、跨国购并中只想甩掉包袱的想法，是行不通的。“强强联合”也是当今企业战略联盟发展的趋势。另外，从根本上讲，企业发展的最终目标是提高收益率，为股东创造好的回报。只要能够有利于该目标的实现，企业选择什么样的发展途径都是无可厚非的。商标权不过是一种手段。其实，关于民族产业问题，需要客观地认识。随着经济全球化，“民族产业”这个约定俗成的概念，从行业到企业、到产品，也将增加新的内涵。我们的企业应该学会利用全球资源，积极与国际有实力的大公司合作与竞争，恰恰有助于中国“新工业”的形成和壮大。

**暂时放弃不可怕**

外经贸部研究院跨国公司研究中心主任王志乐说，企业为外商作代理，是不是抛弃了民族工业？是不是引狼入室？这个问题要理性看待。企业就是企业，从自身生存和发展出发，完全有理由选择代理别人的品牌还是生产经营自己的品牌。况且片面保护民族工业的做法不符合WTO的基本原则。政府和民间舆论不应干预企业的这种行为，但政府可以通过政策和法律加以引导。我认为，如果企业选择放弃原有品牌而代理洋品牌，这也许是退后一步的做法。然而退后不是目的，仅仅是手段，退是为了进，是为了增强实力。人们不能只看企业眼前的做法，而要看到该企业未来的发展。企业暂时放弃品牌没什么可怕的，数年后企业实力强大了，还可以再创建自己的新品牌。

（王　耀）

## 标　　识

## 传　　媒

# 个性——让品牌一夜成名

《品牌驱动新经济》

辽宁人民出版社

2001 年 2 月第 1 版

安　进　著

这是一本有着外版书风格的经济类图书，配有大量的图表及照片，把严肃的内容同生动的解释方式有机地结合起来，是设计人员、营销人员、网络经营管理人士必备图书。

从某种意义上说，品牌之所以成为品牌，一定具有极其鲜明的“个性”，这种独特的“个性”，牢牢地把消费者吸引，使人过目不忘、印象深刻，品牌因此大行其道。如何塑造品牌的“特别之处”呢？

**呈现方式别具一格**

品牌必须有与众不同而且严谨的呈现方式，它的呈现方式一定要贯彻一致，就像如果我们有一个朋友，讲话方式常有不同的口音，按他们心情随意而定，这一样令你感到迷惑，品牌必须看起来，感觉起来有一致性，并且描绘出一个符合定位的视觉风格，最简单的实验是“识别测试”。选择一堆广告，把上面的商标或者品牌名字都拿掉，如果消费者仍然能够从中认出这是哪家的品牌，那么就说明你的品牌建立比较成功。要让品牌呈现方式别具一格，必须充分了解消费者购买心理，把握好他们消费动机、需求、行为模式、消费决策模式，使产品在他们心目中达到感性形象，才能诱发消费者的欲求和联想。

**非同质化的包装感受**

这对通常都讲理性的生意人来说，听起来挺奇怪的，然而，当要求我们去定义一个品牌时，我们的定义通常是：“品牌是消费者对产品的感受。”感觉是看不见的，不容易描述的，感性的内涵对于品牌而言却是至关重要的。目前，同质化的产品泛滥成灾，消费者很难凭借“记号”而在同类中有所区别。如果你的产品要想畅销，就少不了特别的“记号”，这也是品牌产生的基础。

**超越广告**

广告只是冰山的一角，而品牌可以接触到消费者的任何一个地方，都必须被视为做品牌的机会，在陈列室里展示出来的样子，网站，对服务的感受；电话销售，年报，呈现的新闻；信纸，送货车，每一项都要求极度重视。因为对于消费者而言，这些部分叠加起来构成他们对品牌的总体印象——这就是我们所说的三百六十度品牌，各个部分加起来的总和比任何一个部分都要大。舒尔茨指出：在同质化的市场中，惟有传播能创造出差异化的品牌竞争优势。传播以消费者的欲求为“轴心”，从产品概念的开发到产品包装设计以及公关、广告、促销等营销推广工具的综合运用，始终围绕这个“轴心”转。当企业为产品塑造出一个特别之处时，就已经向成功迈出了可喜的一步。这种独特的个性，会通过各种方式传递给消费者，这有待需要一整套环环相扣的传播管理机制，严密的媒介计划及策略实施等方面的配合。

**清晰定位**

品牌要独特，离不开准确无误的定位，这个“位置”占不下来，品牌肯定会在市场中淹没。品牌必须针对精确描绘的消费对象作清晰的定位。谁是我们最期待的购买者？他们是什么样的人？不仅仅是收入和人口统计的资料，更是他们的生活形态和特征的了解，从这个定位过程里可以简洁地看到我们想要在市场上拥有的位置，这指引了我们该作出什么样的主张或承诺，在冰箱世界里，有很多不同定位的可能性，事实上，最近我们针对冰箱的广告做了一个全球性的研究，发现定位的范围从“领导科技”，像“快速制冷”到“领导潮流”——冰箱如何点缀一个“设计师的厨房”的都有，定位本身并没有对错，只要定位能够反映它们所针对的消费者的需求。然而，一个“科技领导”的定位如果只关注在制冷系统上，对消费者的吸引力就比较弱，但是如果谈的是科技的好处——制冷系统上食物更加鲜脆好吃，其吸引力就会比较强。　（胡慧平）

# 劳模品牌与“劳模经济”

**对劳模的新思维新观念：既是精神财富又有商业价值**

“五一”期间，人们在关注劳模的同时，也注意到一种新的社会现象，这就是“劳模品牌”所带来的“劳模经济”。和过去的老劳模不同，新劳模有新思维。老劳模不求名不求利，讲的是大公无私；新劳模则有人想到了利用劳模品牌，实现无形资产。这是劳模在市场经济中的一个新变化。

**以劳模名字命名公司**

初见全国劳动模范梁亮，他递过的一张名片上方赫然印着一行字：全国劳动模范。如今梁亮的头衔已由电白二建集团三公司经理，更名为广东梁亮建筑工程有限公司经理。这是广东省建设厅（原建委）批准改制成立的全省首批三家以项目经理名字命名的建筑施工企业之一。另一家是以项目经理吕双岳命名的建筑公司，这个吕双岳也是全国劳模。梁亮是因为坚持高标准施工而获得全国劳模称号的。他领导的电白二建三公司曾经获得全国最高荣誉——鲁班奖。因此，提起梁亮，广州建筑业无人不晓。梁亮将电白二建三公司更名为梁亮公司后，凭借劳模这块金字招牌，在建筑招标中无往而不利。公司成立一年多来，已先后承接了番禺长隆酒店、华南农业大学教学主楼和中山大学附中综合楼工程等项目。长隆酒店就是其老板听闻梁亮的大名后亲自邀请梁亮公司兴建的。“梁亮”两个字为公司带来了可观的经济效益。在梁亮看来，劳模是一种高质量服务的标志，代表着良好社会信誉和一流服务质量。尽管目前人们对私营建筑商还抱有成见，但他相信，有实力信誉的支持，自己的劳模品牌一定过得硬。

**劳模品牌回报丰厚**

其实，用劳模的名字作为一种产品或服务的象征，过去也有，如倪志福钻头、张秉贵柜台。但眼下，劳模品牌已经带出了丰厚的“劳模经济”。原在上海华联商厦卖照相机的全国劳模王震，因刻苦钻研业务，创建了以知识型服务为特点的新型销售模式，出了三本关于照相机的书，取得两项专利，“买照相机找华联王震”的招牌在消费者中越叫越响。上海华联商厦公司、华联电器公司、王震个人三方索性组建了上海华联王震信息科技有限公司，并将“华联王震”申请为注册商标，新公司在上海市区开设了众多的“华联王震”服务网点，开张后照相器材销售额明显增多。全国劳模徐虎当年是上海某房管所的一名水电维修工，出了名后，在上海开发房地产的湖南三湘公司指名要徐虎去管理小区。徐虎所在单位顺水推舟，干脆成立了徐虎物业公司。三湘公司总经理说，徐虎公司非常受居民欢迎，有徐虎这个品牌，房子卖得也快。

**精心维护无形资产**

对此，经济学家杨瑞龙认为，新劳模把他眼前的贡献，特别是已经形成的市场信用货币化、资本化是“常人的行为”，是权利，符合市场经济的要求，有益于推动市场经济的发展。那些在自己岗位上无私奉献的劳模是值得尊敬的，而把自己资本化只要符合法律要求，也是无可厚非的。另有学者认为，对劳动模范的认识，过去传统的观念认为这是一种政治荣誉，是精神财富；而今天从经济学的角度，人们开始认识到他同时还是企业的品牌形象，是企业的一种无形资产，具有商业价值。这正是一种观念上的重大突破。但是，劳模品牌作为一项资产必须小心加以管理，否则品牌就会贬值。它今后的价值，完全取决于对它的精心维护。

（余 颖 杜 星 傅培德）

## 传　　媒

# 曾朝晖品牌谈话录

《品牌学》

时事出版社
2001 年 1 月出版

陈　放　著

资深策划家，涉足策划十几年，大小案例几百起，各类创意上万起，在全国做报告近 500 场，听众累计超百万人次，接触企业数千家。曾长期进行系统工程、发展战略、创意技术研究。他的"企业病诊断"技术尤其以提出独特的创意与系统整合为见长，曾被日本人称为"创意九段"。1993 年提出"千年庆典"系列创意几百套，1998 年在国内首次全面启动"千年庆典"创意活动遍布全国，大获丰收。在联合国内外智业界同行推出了旨在为"中国行销创新工程——MBC 营销模式"，目前正在全国十几个省市推广实行。

### 品牌已成为国家前进的领跑者

曹世中（以下简称曹）：在《经济原子弹——品牌的力量》一文中，您提出了一个观点，就是当今世界，品牌已成为国家实力的象征。

曾朝晖（以下简称曾）：对，纵观世界，品牌实际上已成为国家前进的领跑者和国家实力的标志。就拿美国来说吧，自从小布什上台以来，美国在国际事务中越来越奉行单边主义的做法。美国，凭什么这样霸道？布什，这匹来自德克萨斯州的牛仔，为何如此牛气？浅层次的原因是：因为他是美国总统，而美国是世界第 1 强国；深层次的原因是：美国拥有众多称霸世界的超级品牌，如可口可乐、百事可乐、万宝路等，支撑起美国的军事、经济实力，在 2001 年的世界 10 大品牌中，美国就独占 9 席。所以归根到底，美国的霸气、布什的牛仔脾气，是因为其背后有品牌撑腰，离开了这些金字招牌，美国牛不起来，布什更牛不起来。

世界上从来就没有过真正的平等，平等的前提是实力，而品牌，已成为国家实力的象征。所以中华民族复兴的重任，企业家们责无旁贷，以打造强势品牌为己任的咨询顾问们更是责无旁贷。假若有一天，非常可乐推翻了可口可乐，红塔山压倒了万宝路，那么，我们才可以说：中国人真的站起来了！

### 扣子理论

曹：事实确实如此，那么企业如何才能造就百年品牌，为国家实力贡献力量呢？

曾：企业要想成为百年品牌，第一步是要重视市场研究。

曹：关于这个，您曾经有一个著名的"扣子理论"。

曾：对。"为品牌做调研，就好像我们穿衣服系第一粒扣子，如果第一粒系错了，后面的就会跟着错！"这是我为企业讲课时经常用到的一个比喻。

为品牌作诊断，为品牌资产作清查，这似乎是企业一个陌生的课题，但要保证企业持续健康的成长，杜绝不期而至的疾病，诊断和调研就非常有必要。"调研可以让我们少犯错"，一位每年为调研投入数百万元的著名企业的企划部长这样说道。品牌如果没有调研铺路，就好像在黑暗中航行，急流、险滩和暗礁，无处不在，只需要一次疏忽，就可以让企业成为"泰坦尼克号"。

但是，调研和诊断不是技术的盒子，不是一大堆枯燥数据的罗列，更重要的是倾听市场的消费者的心跳。因此，对调研人员的要求，将不仅是用两条腿去走访市场，更需要用第三只眼去透视市场。

我们为某知名品牌饮料作入户调研，当问及平时都喝哪些饮料时，1/3 以上的人竟然都说是红牛，大家都知道，红牛是以高价定位，比可口可乐等饮料贵出很多，销量并不太好。这个结果引起了我们的怀疑，于是，我马上派人去翻小区的垃圾箱，搜集空饮料瓶，发现大多数是可口可乐和百事可乐。显然，调研的结果有时并不十分真实，还需要调研人员作进一步的深入探究，以寻找事物的本质。但从这个结果我们却可以从中窥视到消费者的某些心态：内心深处向往高贵的品牌，并以此显示自己的身份。

曹：套用一句老话，需要再次强调的是，调研从来都不是万能的，但没有调研是万万不能的。

### 未来企业应成为品牌驱动型企业

曾：企业要造就百年品牌，同时要努力使自己成为品牌驱动型企业。

曹：品牌驱动型企业？请您解释一下。

曾：我曾提出过中国市场经济三个时代划分的理论：广告力时代、营销力时代和品牌力时代。在不同的时代，企业应该迅速调整自己，找到适应时代的企业运营模式。

在短缺经济时代，实际上不存在真正的市场竞争，企业只需要生产出合格的产品，便可以迅速占领市场，根本无须去主动推销。这样的企业属于生产驱动型企业。其企业特征是：消费者请注意，我有什么样的产品。

当市场逐渐饱和，产品供大于销，企业便开始寻求技术上的差异，以异质化的产品去吸引消费者，企业重视技术开发，但并无营销意识，此即技术驱动型企业。其企业特征是：人无我有，人有我优，人优我特。

但技术的优势往往也是短暂的，你今天推出的新产品，明天别人便可以一模一样的做出来，并且做得比你更好。例如松下的策略便是“后来居上”，从一开始，松下就不打算在新技术上领先，而是强调品质和售价，并因此获得重大成就。在录像机市场，索尼公司不仅在这项技术上率先开发，并且以它的 Betamax 录像系统奠定了录像机市场的领先地位，使人们在提到 Betamax 时就联想到录像机。而松下却在此基础上设计出放映时间更长的 Panasonic 和 RCA 牌录像机，品质极为可靠，且售价比 Betamax 低了 10—15%，松下于是领先索尼。通过这个例子我们可以看出，技术的优势并不能持久，于是企业开始寻求新的“动力之源”。在这种情况下，营销和管理成为企业新的增长手段，对外抓营销，对内强管理，成为企业的共识。时至今日，营销和管理仍然发挥着它们不可替代的作用，这类企业的特征是：注意消费者的需求，重视团队建设。

但时至今日，营销和管理的手段也日趋同质化，一些企业逐渐意识到，只有品牌才是独一无二、不可复制的资产，才是最持久的“动力之源”，于是，品牌驱动型企业应运而生。

曹：品牌驱动型企业具有哪些特征？

曾：品牌驱动型企业的特征是：

1、在经营思想上，具备全面的品牌经营观。将品牌资产视为企业最重要的资产，技术、营销和管理作为实现品牌飞跃的手段。一些企业提出了这样的口号：谁砸企业的品牌，就砸谁的饭碗。

2、在机构设置上，有专门的品牌管理部门。在高层设立品牌管理委员会来指导企业行为，进行品牌决策；在中层设置品牌经理执行各项决策；在基层设立品牌助理协助品牌经理管理品牌。

3、在行动指导上，企业的一切运作以品牌为中心。营销和传播以保持品牌的持续发展为前提，不符合品牌核心价值的行为坚决杜绝。

**小企业需要做品牌吗？**

曹：您说的似乎更适合大企业，小企业忙于生存，销售是第一位的，它们也需要做品牌吗？

曾：的确，很多企业有这样的倾向，一提到品牌，头脑里的反应便是，“做品牌是大企业的事，小企业不需要做品牌”。“做品牌是以后的事，当前的工作就是销售产品”。这是非常错误的观念。大企业也是从小企业一步一步走过来的，正如许多大人物，一开始也是小人物。

小企业有小企业的难处，缺钱、缺人、缺管理，这是现实，但是，如果你并不想永远做小企业，正如你一直梦想成为大人物，那么，你确实需要品牌经营的观念。

红顶商人胡雪岩曾说：如果你有一个县的眼光，你适合做一个县的生意；如果你有一个省的眼光，你适合做一个省的生意；如果你具备了全国性的眼光，你便可以做全国的生意了。做品牌同样如此。

SONY 在 20 世纪 50 年代只是一个替人家生产电子晶体管的小企业，但是其创始人盛田昭夫却认为“我们应该有自己的品牌！”，于是 SONY 诞生了，从一出场，SONY 便有了世界的眼光，即使在企业在最艰难的时候，盛田昭夫也坚持品牌经营的观念，不断创新，为品牌注入全新的内涵和活力，一改长期以来日本货低档、低质的印象，最终创建了

## 标　识

Shinkoh Creative Inc.

DAITOEN GOLF

## 传 媒

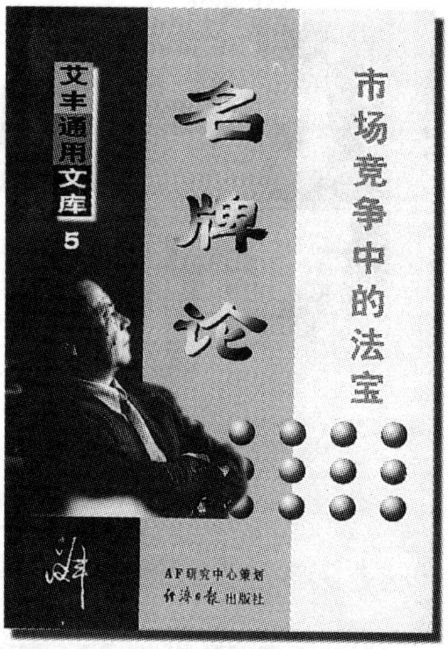


**《名牌论》**

——市场竞争中的法宝

经济日报出版社

2001 年 1 月第 1 版

**艾 丰 著**

艾丰，高级记者、中国社会科学研究生院教授、中国作家协会会员、经济和哲学研究者、社会活动策划者。曾任《经济日报》总编辑、《人民日报》经济部主任、“中国质量万里行”活动组委会主任等，现任中国企业联合会、中国工业经济联合会、中国质量协会、中国新闻文化促进会副会长。

一个世界级的品牌。如果盛田昭夫一开始就只是想到积累资本，那么就没有今天的 SONY。

小企业没有品牌经营的观念，就注定了不能做大，这是因为：

1、分不清短期利益与长远利益。比如为了清除库存，经常性的促销、降价倾销，虽然短期内回收了资金，但却损害了消费者的好感，甚至陷入不促销便销售额便下跌的恶性循环；

2、只有销售目标没有品牌规划。这样在每年企业的总结会上，便只有一些枯燥的销售数字，至于品牌和消费者的关系如何，有多少重复购买，则完全不得而知；

3、对品牌缺乏保护意识。品牌是企业最重要的资产，但一些小企业做大后才发现，自己的“品牌”早已被人注册；

4、无法保证品质的始终如一。尤其在销售旺季产品供不应求时，利令智昏，以次充好，如春都，一度在其火腿肠中加入大量淀粉，使消费者感到被欺骗；

5、无法得到附加利润。永远只能停留在做产品的层面，赚取微薄的利润，无法获得品牌的“暴利”。

**品牌有没有生命周期？**

曹：做产品和做品牌属于两个层面，我们知道，作为产品是有生命周期的，但是作为品牌，是否也有生命周期呢？

曾：产品有导入期、成长期、成熟期，最后到衰退期，这几乎是每个营销人员从一接触营销就开始懂得的道理。然而，品牌是否也有生命周期呢？是否也有导入期、成长期、成熟期、衰退期呢？

这个问题可以一分为二：对于经营不善的品牌，当然存在生命周期；但对于真正的品牌，其生命则可以通过产品的“传宗接代”而生生不息。可口可乐的品牌创立已有 100 多年之久，但是我们丝毫看不出它有衰退的迹象，也无法分清其是处于成长期还是成熟期。

一个品牌，其旗下可以有许多的产品，这些产品需要不断的更新，以保持品牌的领先性，但是品牌却是不变的。有一句话说得好：铁打的营盘流水的兵。这铁打的营盘便是品牌，这流水的兵便是产品，产品只有不断的流动，品牌才会充满活力。

产品和品牌，是属于两个不同的概念，将品牌等同于产品，其后果十分严重：

1、任品牌老化。认为品牌有生命周期的管理者，将听任品牌老化，而不会采取积极的措施去更新品牌的形象，即使品牌死去，管理者也认为这是自然而然的事。

2、不断创立新的品牌。管理者将不断创立新的品牌，这需要耗费大量的人力、物力和财力，而新的品牌一旦建立，又面临老去的一天，这样，企业始终没有一个固定的品牌，这是对无形资产的巨大浪费。

**成就一个品牌需要多少钱？多长时间？**

曹：很多企业关心的是，成就一个品牌到底有多难？或者说，需要多少钱？多少时间？

曾：这个问题确实是企业最关心的，常常有客户找到我们，劈头就问：“曾老师，我想做一个品牌，您看需要多少钱？多长时间？”这样的问题真让人难以回答。不过有一点可以肯定的是，品牌除了需要正确的策略，还需要用钱堆起来。品牌的创立当然需要钱来开路，品牌的维护也同样需要钱，但品牌一旦拥有，便会创造巨大的无形价值。索尼公司委托上海某厂生产的优质录音机，每台仅为人民币 37 元，但索尼公司贴上自己的品牌再卖出去，价格升为人民币 560 元一台。

至于打造一个品牌的时间，往往因策略而异。有策略的企业也不可能一蹴而就，有时可以一夜成名，但决不意味着品牌已经建立了，品牌需要小心翼翼、如履薄冰般一步一步靠近。而没有策略的企业永远也成就不了品牌。

久负盛名的万宝路 <Marlboro> 香烟，从 1954 年开始便传播其粗犷、阳刚的品牌个性；耐克 <NIKE> 推出其“Just do it”的口号，已有 20 年；555 香烟以寂静深邃的星空为广告诉求，健牌香烟

标　　识

坚持休闲轻松的风格，持续时间都在10年以上；即使是诺基亚（NOKIA）移动电话，传播其“科技以人为本”的理念，也超过了7年。

**维护品牌与创造品牌同样重要**

曹：做成一个品牌确实非常不易，但做成之后，品牌还面临着精心的日常维护工作，这更不容易做到。

曾：有句话说：打江山难，守江山更难。这个道理同样适用于品牌，建立一个品牌往往需要长年累月持之以恒的浇灌，但品牌的倾倒却只在闪念之间。因此，品牌的维护成为创业者面前难以逾越的一道“坎”。

如何越过这道坎，进入柳暗花明的境界？

1. 经常性的调研。调研等于安全，专门的品牌调研部门应时刻保持对品牌的监控，将问题扼杀在摇篮中。

2. 品牌保护。包括硬性保护和软性保护，硬性保护是要对品牌进行全方位的注册，软性保护是禁止推出与品牌理念不一致的行为，这只会稀释品牌。

3. 危机公关。中国企业迫切需要补这一课，仅仅一次媒体曝光，冠生园这个老字号便土崩瓦解。而同样的情况，格林柯尔便做得更好，在媒体对其进行大面积的反面报道之后，其股票出现狂跌，格林柯尔力挽狂澜，紧急召开新闻记者见面会，向社会澄清事实，并进行了一系列行之有效的公关行动，格林柯尔转危为安。

对于大品牌而言，有时不犯错误就是一种胜利。

**猛砸广告就能成就品牌吗？**

曹：现在企业界有一种现象，做品牌过分依赖广告，把广告的作用给神化了，认为只要猛砸广告，就能做好品牌。

曾：我们常说：条条大路通罗马。但事实上，最近的路总是只有一条，这一条路是什么？

是广告！哈药、脑白金告诉我们。许多的企业对此亦深信不疑。

的确，广告是树立品牌的必要手段，广告也可以使一个昨天还默默无闻的产品今天便流传于大街小巷。但只凭广告，无法树立起完整的品牌形象。不论是昨天还在我们记忆中的标王们，或者今天仍丰采照人的脑白金们，都没有一个修成正果，成为真正的品牌。

中国保健品最迷信广告的神奇威力，但忽视了根本，保健品最重要的仍是功效，即保健的作用，否则还能叫保健品？功效不好，谁也不会买第二次。品牌就失去了持续发展的动力。

所以说，广告不是万能的。找个最简单的例子，如果真的仅凭广告便能万事大吉，那么众多的营销咨询公司、管理咨询公司的存在，还有什么意义。

品质是一个品牌赖以生存的根本，如果品质不好，广告做得越多，只会死得越快；

品牌的领导性和创新性更多的依靠技术来驱动；

忠诚度体现的是消费者对品牌的额外付出的程度以及对品牌的满意程度，这更多的是一种体验，无法凭空洞的广告来说明；

……

据国外有关机构研究表明，广告的最佳接触频率是六次，六次可以达到最佳的投入产出比，超过这个数，浪费便会增加；而据国内一份权威的市场研究报告表明：广告投入加大一倍，只取得市场份额平均3.5%的增长！如果把这加大投入的一倍用作品质改进、渠道建设或是人力资源的优化，平均还会只是3.5%的增长吗？

**创意是不是最重要的？**

曹：广告的效果实际上和广告的创意有很大的关系，但有时一支有好创意，甚至获得大奖的广告，却并没有取得相应的市场效果，您觉得问题的根源在哪里？

曾：在我们的身边，有时会发生这样的事情：女孩的父母对男孩非常中意，而女孩却无动于衷。这时父母可能会无形中施加影响，希望女孩回心转意，但女孩的一句话让父母们哑口无言：是你们嫁人还是我嫁人呀？在企业界，这种尴尬的现象也时有所闻：一支获了大奖的广告，除了得到评委们的垂青，却并没有得到市场的任何回应。

这涉及到一个问题：是策略重要，还是创意重要？

企业往往会陷入偏爱创意的怪圈，这从大多数企业在寻找合作伙伴时仍以某一个创意为取舍的事实中便可以看出。但企业似乎较少考虑宏观的对错，而这，正是企业最致命的环节。这就好像在大海中航行的船只，如果方向错了，行驶得越快，只会离目标越远。

以我们多年的实战经验，现实的情况是：一个不断推出平凡的广告但主题一致的品牌，远比一个时常有好创意但信息颠三倒四、主题混乱不堪的品牌，成功的机会要大得多。做品牌不是花拳绣腿，一招一式无法赢得长久的优势。

一些成功的品牌，从不刻意追求某个广告的出彩，更追求一种整体的平衡，追求一种细水长流、水滴石穿的境界。

提醒各位，点子的时代已经过去，策略家正大行其道。

**中国企业的品牌陷阱**

曹：在公众的眼里，您是属于实战型的品牌专家，服务过大量的知名企业，积累了丰富的市场一线经验，最后请您结合实际谈一谈中国企业实施品牌战略的误区在哪里？

曾：与西方国家相比，中国对品牌的研究相对较晚，由于没有先进的品牌理论作行动指导，企业更多的时候是在摸索中前进，因此，难免会跌进被伪装的陷阱中。

（曹世中）

## 传　媒

**《境内外品牌在中国市场的竞争战略》**

国家自然科学基金（管理科学）项目
暨南大学出版社
2001 年 6 月第 1 版

**张永安　傅汉章　朱卫平　程　飙**

进入 20 世纪 90 年代特别是 90 年代中期后，中国市场由卖方市场转变为买方市场，市场空白地带已经填满，政府为境内企业建立的保护壁垒逐渐降低，境外企业则进一步“发现”了中国市场的巨大潜在价值，一场面对面的大规模遭遇战终于不可避免地发生了。毫无疑问，在这场遭遇战中，境内企业至少在短期内处于明显的劣势，于是，“狼来了”的惊呼响彻中华大地。

## 品牌问题

# 中国品牌十大陷阱

陷阱一、片面追求高知名度。不知同样是高知名度，有流芳百世，也有遗臭万年；

陷阱二、只重视销量。以销量为惟一目标，难免做出急功近利的事情，最后销量是有了，却发现没有自己的品牌；

陷阱三、品牌无原则延伸。做洗衣粉的卖水，做水的延伸到酒，消费者喝水时总感觉有洗衣粉的味道，而喝酒时总感觉掺水太多；

陷阱四、品牌无个性。这个品牌和那个品牌似曾相识，没有特征，根本就叫人记不住；

陷阱五、经常性的促销。价格打折和降价，让品牌形象也大打折扣，久而久之，人们等着促销时再去买，没促销时买了产品的觉得受到欺骗；

陷阱六、将产品类别当作品牌传播的重心。最后消费者记住了产品类别没有记住品牌，等于为所有的同类产品作了免费宣传，就像排毒养颜胶囊，许多人不知道是什么牌子的；

陷阱七、忽视品质。品质不好，广告做得越好，只会死得越快。品质是品牌长久生存的根本之根本；

陷阱八、企业家决定品牌。企业家的性格决定了品牌的性格，因此，企业家的命运也决定了品牌的命运；

陷阱九、迷信广告。以为猛下广告就可以成就品牌，给人的却是暴发户的形象，缺乏品牌内涵；

陷阱十、品牌资产没有积累。广告、公关、促销等行为没有统一的主线，你说你的，我说我的，致使效果削弱分散，不能沉淀为品牌资产。

（曾朝晖）

# 公关：品牌上行的润滑剂

先让我们看看这则真实的故事：饮誉国际的“雀巢”咖啡在20世纪70年代却差一点信誉扫地、一命呜呼。这家跨国公司在世界各地原本拥有稳定的市场，但是自20世纪70年代开始，世界上出现一种舆论，说雀巢食品的竞销导致了发展中国家母乳养育率下降，以至婴儿死亡率上升。这种舆论到上世纪80年代竟发展成一场世界性的雀巢抵制性运动。直到这时，“雀巢”的决策者才认识到问题的严重性，不得不重金礼聘世界著名的公关专家帕根来商量对策。帕根发现，在舆论开始兴起并逐步发展过程中，“雀巢”决策者拒绝听取任何批评，同时对雀巢的经销行为始终保密，而这样的做法恰恰助长了抵制运动的爆发。于是，他把工作重点放在抵制情绪最严重的美国，专心听取社会批评，开展游说活动，还成立了权威性的听政委员会，审查雀巢的经销行为。这一系列的动作逐步挽回了雀巢的信誉。最后，历时7年的抵制运动终于在1974年取消了。这就是公关行业耳熟能详的“雀巢公关灾难”——或者说，是公关化解了这场灾难。

看《中国公共关系从无到有15年》，知道这样一件趣事：美国公关业巨头伟达公司15年前来北京开办合资公司时，当地的工商部门甚至不知该如何为其登记注册。公共关系——这难道也是一种职业？而10几年前产于广州的一部电视剧风靡大江南北，那就是很多人都还记得的《公关小姐》。这部电视剧使人把“公关”和漂亮的小姐以及迎来送往，吃喝玩乐、灯红酒绿联系起来。

很多年里，一些边缘行业“公关”的含义非常暧昧，在广东，称这些小姐为“PR”，而在很多企业，似乎设立“公关部”成了一种必须。20世纪90年代中期之后，跨国公司尤其是欧美的跨国公司大规模地进入中国市场。中国的记者们首先发现，当这些公司举办新闻发布会或者产品展示会的时候，背后总是有一家公关顾问公司。而且这些公关顾问公司会源源不断的将为之服务的客户的新闻稿送到自己手中。十几年过去了，现在中国的公关业已经发展成高度国际化和专业化的颇具规模的朝阳产业。1999年，中外公关公司的营业总额已接近10亿元人民币。到1999年底，具有固定客户群和服务规模的公关公司已达50家左右，15家国外著名的公关公司进入中国市场，其中10家排名在世界前20位。

国际公关协会副秘书长郭惠民评价了中外公司：“中资公司长于自选动作，个人行为的创意和策划。外资公司则精于规定动作，套路规范，操作精细，但也容易落入程式化，缺少创意和新鲜感。”而本土公司和外资公司的界限将越来越模糊，运作方式会越来越趋雷同。80%的被调查者认为，外资公司运作专业，资金雄厚，技术先进，善于与客户沟通；中资公司更了解本地的人文环境，而且费用低廉，与媒介和政府打交道的经验也更丰富。

本土公司国际化、外资公司本土化，这是中国加入WTO之后必然出现的结果。在西风东渐中得风气之先的公关行业，这一结果已显端倪。就是说，谁还以为“公关”就是找漂亮小姐陪吃陪喝，那已经是老土得不能再老土的观念了。用爱德曼公关公司胡永芳小姐的说法，公关是“树立企业形象和产品品牌的行之有效的工作”。或者说，这个工作是产品和市场之间最有效的润滑剂。

（阿　紫）

传　媒

# 跨国经营的战略选择

## ——创牌还是贴牌

**《行销中国》**

02 中国行销报告
四川人民出版社
2002 年 9 月第 1 版

**卢泰宏著**

卢泰宏　中国中山大学国际营销教授、博士生导师、中国营销研究中心(CMC)主任，国际菲利浦·科特勒(Philip Kotler)营销理论贡献奖(Kotler Marketing Award－Theory)中国首位惟一获奖者。

中国国家自然科学基金管理学科评审组成员(第 7 届)，享受国务院颁奖出贡献政府津贴。上海师大、南昌大学兼职教授、广东外语外贸大学客座教授、香港浸会大学访问教授。评选为“中国广告 20 年 20 人”之一(中国广告，2001.3.)；评选为“2001 中国营销量最具影响力的 10 大风云人物”(成功营销，2002.1.)。

中国企业在与外国公司的竞争中，究竟是应该创牌还是贴牌？

**创牌战略**

海尔集团公司等大型企业以创国际知名品牌、建立国际化企业、早日进入世界 500 强为目标，在与跨国公司的竞争中，不断增强自身的实力。创建国际知名品牌是这些企业追求的目标，海尔名牌战略的实施，经历了从量变到质变，从质变到飞跃的四个阶段。同时，这四个阶段也是海尔从创中国名牌到创世界名牌的过程。外国跨国公司在抢占中国市场的过程中，大都经历了一个从技术输出到资本输出再到品牌输出的过程。在世界进入 21 世纪的今天，经济全球化的过程也必然是品牌全球化的过程。当企业的品牌发展成为世界名牌时，就意味着更加广阔的市场、大批忠实的顾客以及良好的企业与国家形象。

**贴牌战略**

以广东格兰仕企业(集团)公司为代表的一批新兴企业，充分发挥企业的比较优势，通过 OEM(贴牌)的方式，使产品走向国际市场，创出了另一条跨国经营的成功之路。格兰仕认为，丰富而廉价的劳动力是中国企业所独具的资源优势，这决定了中国的企业在生产制造方面具有很大的发展空间。目前，发达国家制造成本不断提高，制造中心正不断外移。中国如果不抓住这个机遇，就会错过发挥自己比较优势的大好时机。日本、韩国在二次世界大战后也是从制造业起步，最终成就了现有产业的发展。同时，企业在进行战略选择时，必须考虑自身生产力发展水平以及国内产业的资源状况。在市场经济体制和当代社会化大生产的条件下，企业之间必须讲求协作，讲求配套。格兰仕的目标是融入全球微波炉产业链的分工之中，成为该产业链中的一个拥有强大竞争实力的生产环节。当前，外国跨国公司的组织结构方面大多是哑铃型结构，两头(研发、营销)大，中间(生产制造)小。格兰仕以两头小中间大的橄榄型结构，迎战跨国公司的哑铃型结构，体现出我国资源方面的特点，突出企业的竞争优势。把劳动密集型的制造业作为向世界知名企业发展的跳板，最终将引导企业走向成功的彼岸。

**贴牌与创牌并举**

以青岛双星集团为代表的一批企业，将贴牌与创牌两种战略紧密结合，成功地创建了第三种模式。所谓第三种模式，是指企业在不同的市场使用不同的战略，即在美国市场上实施贴牌战略，在其他国家实施创牌战略。随着耐克、阿迪达斯、锐步等众多国际名牌大举进入中国市场，双星的国际化经营不得不在国际、国内两个市场上同时进行。在品牌的运作上，双星集团实行的是创牌与贴牌并举的战略。在国际市场上，双星产品出口到美国、日本、匈牙利、阿联酋、韩国、南非、俄罗斯、新加坡等 100 多个国家。其中 80% 出口到美国，出口美国的产品多采用贴牌方式，在销售过程中使用沃尔玛、派利斯、EXO、菲拉等国际品牌。在国内市场上，双星旅游鞋的市场综合占有率、销售份额、市场覆盖面分别为 18.86%、23.87% 和 15.51%，均居全行业第 1 位，大大领先于国内其他品牌和洋品牌。双星集团的做法，体现了战略的灵活性，不失为一种成功的探索。

战略本身并没有好坏之分，关键在于是否能提高企业的竞争力，指导企业走向成功。　　(司　岩)

标 识

# 成功品牌也要“优生优育”

## ——副品牌的战略效应述评

**统一品牌——多品牌——副品牌**

从某种程度上说，中国能否在全球经济中获得成功，取决于我们的企业能否创出人们认可并喜爱的品牌。事实上，中国企业走上品牌之路的时间并不长，而且大多采用统一品牌战略。以一个品牌来涵盖企业的全部产品，而较少采用多品牌战略。中国较早实施多品牌战略的企业是科龙公司，有科龙、华宝、容声等品牌。近年来，森达、康博等也相继走上了多品牌之路。比如，给人们造成“长虹就是彩电”，“海尔就是冰箱”、“小天鹅就是洗衣机”的思维定势，使品牌延伸营销受到阻碍。而选择副品牌战略，就能有效引导消费者突破原有的消费定势，接受和认可新产品，并将其对主品牌的信赖和忠诚迅速转移到新产品上来。

**副品牌的战略优势**

“副品牌”介于“一牌多品”和“一牌一品”之间，本质上仍属于一种品牌的延伸策略，它利用消费者对现有成功品牌的信赖和忠诚，推动副品牌产品的销售，能对统一品牌战略进行有效的补充，能成功避开多品牌战略易于出现的品牌混乱、印象模糊和统一品牌延伸出现消费者认知失调的现象。

“副品牌”利于商品“同中求异”。如果把企业产品品牌与人的姓名相比，那么，“主品牌”就好比是“姓”，而“副品牌”就像是“名”，有姓有名就更容易把不同的产品区分开来。海尔的家电产品

品牌前沿

# 当个品牌经理

“品牌经理”对大多数中国人来说仍是一个新鲜的名词。品牌经理制度传进中国的时间并不长，它是随着宝洁、高露洁等国际知名品牌进入中国市场而传入的，至今也只是被少数大公司采用。但热衷市场研究的专家们指出，随着中国加入WTO，以及目前国内若干知名品牌扩张延伸的需要，相当大的一批品牌经理将在中国经理人中出现，并成为其中最活跃、最具竞争力的群体，他们将以其独特的经营思想、营销创意、运作手段、经营风格，推动中国品牌纵横于国际舞台。

**品牌经理登陆中国**

品牌经理产生于大型集团公司多元品牌经营的背景。最早采用品牌经理制度的是著名的跨国大企业宝洁公司。宝洁经营的300多个品牌的产品畅销全世界140多个国家和地区。宝洁公司之所以取得如此成功，除了它多年来一直坚守高质量的原则外，另一个重要原因就是实行了品牌经理的管理制度。

品牌经理制度的管理与企业分片区设经理负责经营管理不同，它的基本方法是让品牌经理像管理不同的公司一样来管理不同的品牌；公司

传　媒

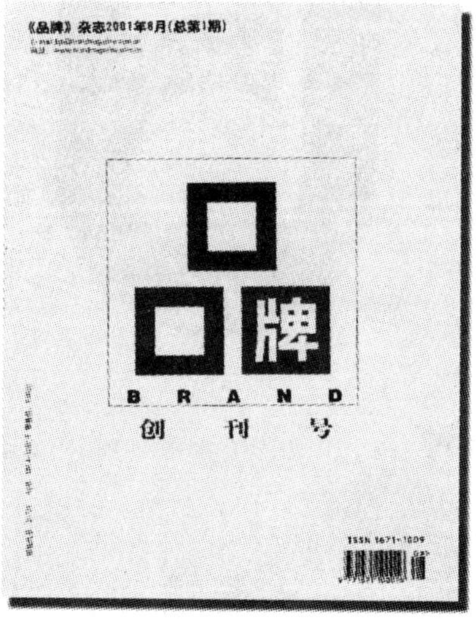


**《品牌》创刊号**

品牌杂志社
2001 年 8 月 1 日出版

致力于打造中国的强势品牌，推动中国品牌纵横国际商界，是《品牌》杂志创刊的宗旨、追求和梦想。《品牌》杂志将力求以专业性、实战性、权威性及开放互动的办刊风格，为企业家们提供一个学习品牌经营方法、交流品牌实践经验的场所和通道。同时，《品牌》杂志也期望成为企业界、营销理论界、品牌经营实践者、研究者们互动沟通的对接平台。

总共有 69 大门类 10800 多个规格品种，所有的家电都称“海尔”，就不便消费者区分，给人印象模糊。海尔把电视机叫“探路者”、0. 5gk 的小洗衣机叫“即时洗”、美容加湿器叫“小梦露”，消费者对其产品用途就一目了然了。即使对同一商品，也可用“副品牌”将规格、品位、档次、功能等区分开来。

“副品牌”能凸显商品“个性之美”。如“神童”轻灵地展示了“海尔——神童”洗衣机“电脑控制、全自动、智慧型”等产品特点和优势。

“副品牌”给未来发展预留“新空间”。“副品牌”可随时间、地点和产品特征的不同作用相应的变动，为统一的“主品牌”不断推出新产品留下空间和余地。

“副品牌”还兼具商品促销功能。“副品牌”往往概括了产品特征，贴近目标市场的审美观念，能造就新的刺激，树立新的概念，创造新的卖点，对市场促销作用较为明显。

“副品牌”可构筑新的竞争优势。“副品牌”不断撞入消费者视野，不仅能加深其“主品牌”的印象，还可赢得规模大、实力强、创新快、活力足、服务优等新鲜感觉，提升“主品牌”的信赖感和美誉度。

“副品牌”可以绕开一些法则限制。如《商标法》规定不得采用商品质量、主要原料、功能及其他特点为商标名称。而采用“副品牌”就可以有效地回避而不触犯法律。如海信可以打“海信——智能王”广告，但却不可注册“智能王”商标。

**副品牌的命名要求**

“副品牌”应该靓丽、智慧，具有灵性。企业在给“副品牌”命名时，首先要注意“主副品牌”的协调性。“主品牌”是“副品牌”的根基，“副品牌”是“主品牌”的延伸，两者是相互联系的一个整体，应当相互呼应，给人一种自然和谐之感。

其次，“副品牌”要具有联想效能。为此，它必须通过高度提炼，使其产生“画龙点睛”的效果。如“美的”既不能表

内部各品牌之间展开竞争。

宝洁公司是在 1931 年“佳美”皂上市时率先创立品牌经理制度的，从此宝洁公司的市场营销理念和市场运作方法开始发生改变，以“品牌经理”为核心的营销管理体系逐步建立。“品牌经理”制度刚一创立，立即被视竞争为市场活力源泉的美国人看中，大家纷纷采用这一旨在鼓励自己旗下各品牌间相互竞争的管理模式。

品牌经理制度在为宝洁公司创造巨大财富的同时，先后被美国通用公司、福特公司、法国娇兰公司等采用。近年来，广东健力宝、江苏森达、上海家化等知名企业也相继采用了这一制度。

**品牌经理是什么样的人**

品牌营销是市场经济高度发达的产物，品牌经理制是品牌营销趋向成熟的表现，品牌经理人也相应地应该是有着较高素质的新经理人。

从自身素质上讲，作为品牌经理，对于自己所负责的品牌，必须比公司里其他人更了解，从本品牌的技术领域到营销领域；他应相当内行，美国曾对一些知名品牌的品牌经理进行过调查，在学历上 50% 有 MBA 学位，并有相关技术领域的知识背景。

就工作职责而言，企业建立品牌经理制后，品牌经理不仅要关心新产品的开发生产和销售，而且还要关心产品和产品的发展，以期利用品牌的知名度，求得最佳的经济效益。

从这个角度上看，品牌经理的职责主要是：制定产品开发计划并组织实施；确定产品的经营和竞争战略；编制年度营销计划和进行营销预测；与广告代理商和经销代理商一起研究促销方案；激励推销人员和经销商对该品牌产品的支持，不断收集有关该品牌产品的信息，发起对产品的改进，以适应市场需求等等。

述商品的功能，又不能表述商品的特质，然而，“美的”空调选择“星座”命名副品牌“冷静星”、“超静星”、“健康星”等，一来可同明星相联，突出“优秀”之品位；二来“星”代表宇宙、科技，突出“领先”之质；三来“星”是冷色调，代表夜晚、安静、凉爽，突出“功能”之效。

第三，“副品牌”命名要做到“三易”、“三化”。“易读、易写、易记”和“口语化、通俗化、个性化”，这是“副品牌”命名的重要原则。只有听起来顺耳，记起来容易，传起来才快捷。

第四，“副品牌”要凸显时代感、冲击力。“主品牌”往往内涵较单一，有的甚至根本没有意义。而“副品牌”这个竞争的产物必须担当的基本使命就是：反映时代特征、迎合消费时尚、体现产品特质。所以，其命名要能给消费者以强烈的听觉、视觉冲击力，以利于从众多品牌中脱颖而出，在市场上形成巨大震撼作用。

**副品牌的运作要点**

首先，要凸显主品牌的核心地位，副品牌仅处于从属位置。企业宣传、推荐、发掘，并让消费者识别、记忆及产生品牌认可、信赖和忠诚的主体，必须是主品牌。而副品牌只是主品牌的有效补充，对其宣传必须要依附于主品牌进行，绝不可让副品牌超越和脱离主品牌。离开了“海尔——中国造”这面大旗，海尔那些副品牌决不可能一个个活灵活现、光彩照人。

其次，要正确把握主副品牌的关系和企业品牌与产品品牌的关系。如“海尔——双王子”冰箱、“三星——名品”彩电，海尔、三星是企业品牌，但均直接用于产品而且是产品品牌的识别重心。故“海尔”与“双王子”、“三星”与“名品”是主副品牌的关系；“宝洁”与“飘柔”、“丰田”与“皇冠”，因“宝洁”、“丰田”是企业品牌，所以它们之间是典型的企业品牌与产品品牌的关系。人们对品牌的认知和崇尚，往往不完全借助于企业品牌形象，而主要借助于主品牌形象。

（刘汉元）

品牌经理的职责要求他在管理方面应是通才，在一些核心问题上应是专家。

**品牌经理的未来**

品牌经理制度创立70年来，为那些跨国大公司的多元品牌经营立下了汗马功劳，它的主要作用在于激活了公司内部竞争力，同时又分散了企业风险，避免了“一损俱损”、“一荣俱荣”的情况出现。中国国内的健力宝等企业在采纳这种管理模式后，也取得了很大成功。有人预言，在21世纪里，这种管理模式将在中国更大范围内推行，一大批品牌经理人将走向中国市场的前台，形成一道亮丽的风景。

所谓有其利必有其弊，品牌经理制度也并非完美无缺，它的若干缺陷也应引起我们的注意：其一，各个品牌分兵作战，自闯天下，品牌形象的建立与营销推广成本大大提高；其二，多个品牌不同风格的出现，往往难以形成完整、统一、鲜明的企业形象，各品牌的形象可能互相冲突。

有关专家还指出，品牌经理制并不适应所有企业。对为数众多的中小企业而言，还是下决心做好一个品牌为宜，多元品牌经营将分散其有限的营销推广投入，难以形成品牌强势。

目前，随着国际市场的变化，国外一些大企业已开始在更多层次上设计创新品牌经理制度。其中较有影响的有“品牌销售经理”式、“产品日类管理”式。这些现象说明，我们在采纳品牌经理制度这种先进管理模式时，不可胶柱鼓瑟，而应以市场状况及本企业的经营规模、产品特点、文化背景为依据，求得变通，在掌握先进的技术且适合自己的管理体系的同时，创造性地提高品牌的国际竞争力。

（周　琪）

## 标　识

BEITAN

传　媒

# 寻找独特品牌定位

**《品牌将死吗》**

广东经济出版社
2001 年 6 月第 1 版

**张　冰　著**

张冰 1968 年 3 月生于江苏泗阳，现任广州助企策划有限公司总经理，中国营销研究院研究员，中国营销学会副秘书长，《中国营销》杂志副总编。1994 年开始从事品牌管理、企业管理、市场营销等方面的实践与研究，至今为 20 多家企业提供品牌策划、战略咨询等服务，是帮助中国品牌创建世界级强劲品牌的外脑，近年来，在《管理科学》、《中外企业家》、《中国商人》、《中外管理导报》、《市场报》、《厂长经理日报》等全国各大报刊发表论文 300 多篇。

中华民族要在新世纪雄立于世界之林，必须造就一大批中国强劲品牌，"中国人的品牌，中国人的事业"。

**市场营销的误区**

问：中国企业如何才能提高核心竞争力？譬如，现在众多的国产手机厂商已经开始和国际知名品牌比拼市场，但在市场占有量上仍然无法与那些跨国巨头相比。它们如何才能获得更多的市场份额？

答：在空前激烈的市场竞争环境中，中国企业要成功，必须发展"五大能力"，即完善财务、完善经营、完善营销、完善战略和完善领导的能力。不同的公司根据自己所处的行业不同，会有自己发展的重点，就是说不可能所有的模式都是一样的。以电信设备生产商大唐和华为为例，它们各自开发的重点领域不一样，起点也不同，它们的战略也肯定不同，因此，分析核心竞争力一定要具体到公司。

对中国的高科技企业，大体来说，我觉得现在最重要的问题有两个：一是营销方面需要进一步提高，二是运营方面(如研发、生产)必须改进。以手机生产商为例，现在中国的手机已经出现了产能过剩，这个领域必须进行行业整合。最终的赢家应该是市场营销做得特别好、运营成本又较低的企业。

问：那么，企业应该如何进行有效的营销？

答：营销可以细分为 4～5 个方面：第一是品牌，现在国内手机供应商有个误区，过度依赖广告去树立品牌，其实应该对目标市场有准确的定位，再有针对性地打广告；其次是覆盖面，也就是说要有非常好的销售渠道，能够让所制造的手机出现在足够多的城市和商店，和目标消费者见面；再次是要给经销商一定激励，很多消费者都是去零售店买手机的，进去的时候并没有想好自己要买什么品牌的手机，所以销售人员对他们有很大的影响力，给经销商一定的奖励，能够促进他们推销你的产品；此外，手机供应商应该掌握一些核心的技术，如芯片等，现在中国的手机供应商比较大的优势是在手机的外型设计上能不断创新，但必须意识到技术创新更为重要；最后就是定价，产品不能光靠和别人比价格去获得竞争优势，而是要凭你的产品的独特性能，想办法获得更高价格，即所谓的"溢价"。

问：您认为中国企业与国外企业在品牌建设方面有哪些不同？

答：跨国公司中的手机供应商都给自己的产品一个区别于其他厂商产品的独特定位，但国产手机品牌定位则相对模糊，缺少独特性。世界杯期间，国内所有的手机供应商都在打广告，但出来的效果给人的感觉都是一样的，没有特别的地方。

外国公司进入中国市场，不论是高科技公司还是包装、食品公司，都会在自己的品牌建设上投入很多。因为它们明白，如果想树立良好的品牌形象，先要做全面、细致的调查，要搞清楚产品的消费群在哪里，他们的真正需求是什么。然后再细分市场，把整个市场分成不同的小市场，比如按地理分，有大城市和小城市之别；按不同心理特征去分，如你的客户群中哪些是敢于冒险的，哪些比较保守。接下来，还要对公司的竞争对手进行分析，了解竞争对手现在在市场上所处的地位，自己相对于竞争对手处于什么样的位置，客户对双方又是如何看的等等。然后在此基础之上，给自己的品牌做一个定位。

在对品牌有了定位之后，企业就要通过广告和一些促销活动把这些理念变成一个活生生的形象，呈现到消费者的面前，展现出产品和服务的特色。最后还要确保广告的“有效性”，也就是说要考虑广告如何投放的问题。用同样的一笔钱，怎么使你的广告和你的目标消费者有最直接、最大程度的接触？是做电视广告、平面广告还是路边的广告牌？怎样在不同的渠道之间进行有效的分配才能达到最好的品牌推广效果？

好的品牌效果通常是这样的：你的产品性能给消费者带来的好处，他一听（看）到广告马上就能非常清楚；消费者会通过广告对你的产品有一种情感上的依赖。如果以上两点都能达到的话，产品也就获得了非常大的品牌优势；而这样的产品会比同类的产品卖出更高的价格，消费者会心甘情愿“溢价”买你的产品。

我觉得很多中国企业目前还没有达到这个程度，他们的确花了很多钱去做广告，但很多时候只是一种造势，把自己的名字创出去，但真正的品牌树立并不等同于名字响亮。我个人认为，中国企业之所以这样，是因为市场细分这个环节比较薄弱。很多国外公司觉得就整个市场而言，我可以放弃一半，如果在另外一半市场上能占据非常高的市场份额，我就主攻这另一半市场。但很多中国企业不这样想，他们想的是占领整个市场。没有搞清楚自己的目标客户群在哪里，当然就很难拿出一个很有特色的品牌定位了。

中国企业目前的优势在于广告制作上做得比较好。中国的文化有它的特殊性，中国企业也更了解消费者的想法和消费理念，所以它们能在广告制作上更有针对性地去迎合消费者，这方面比外国企业要得心应手。

**以流程防御风险**

问：我注意到，在谈到中国企业成功必须具备的五大能力时，您把“完善财务”放在了第一位。那么，您认为中国企业在内部风险管控上目前存在哪些问题？又该如何完善？

答：总的来说，一个好的风险管理系统应该包括三个重要因素：管理流程；足够多的专业人才和足够高的专业技能；支持性的信息系统。中国企业目前的误区是认为只要有好的信息系统就万事大吉，风险管理就自然而然完成了。但实际上不是这样的，前面两个因素非常重要。

举一个例子，银行向外贷款，怎么进行风险管理呢？国外银行的做法是：不同的环节由不同的专业人员去处理，每个环节都会对它相应的风险进行管理，也就是分散管理。首先信贷人员对外销售，接下来会有贷款委员会或风险分析员对贷款本身的风险进行分析，决定是不是授贷，然后是信贷处理的过程，最后是放贷后，如果贷款不能收回，还要有一个清收的过程。

这四个过程中每一个过程都由专业人士处理。但在一些中国银行里，销售、审批、授贷、清收这四个环节可能都是由一个人完成的。将四个环节分开处理，每一个部门都要做一个独立的风险判断，比如虽然贷款销售人员决定贷出去了，但是审批这一块发现客户信用有问题，就有可能不贷了，这就是风险控制。四个过程全由一个人承担，就会缺乏独立的风险管理程序。

因此，完善银行的风险管理，首先要对相应的组织结构进行改造，针对不同的环节建立专业的部门，并给不同部门的管理人员设定指标。其次，要提高工作人员的技能，没有专业信贷分析员的银行应对外招聘，对现有的人员要进行相应的技能培训，让他们掌握科学的工作流程。最后，在流程优化已经完成，也有足够的专业人才去实施这些流程后，银行还需要建设好的信息系统把这些环节统筹起来。

完善企业的风险管理，就是让企业上下对风险有个非常清楚的认识，然后把风险责任细分到不同的部门，为责任分工制定一个好的流程，在这个流程里面大家各司其职，而且有谁先、谁后这样一个顺序，责任从这个人转到下个人。这种完善风险管理的办法不仅适用于银行，保险等金融机构，对生产型、商业型的企业也同样管用。

（权利冰、Tony Perkins）

标　识

TTV

传　　媒

# 品牌属于谁

《大变局》

——中国民间企业的崛起与变革
广东旅游出版社
2002 年 5 月第 1 版

秦　朔　著

秦朔，现任《南风窗》杂志总编辑。著有《大脑风暴》、《传播成功学》、《美国秀》、《感动中国》等 6 本著作。

经常有企业会自豪地告诉你，这是我们的品牌；有广告公司会得意地说，这个品牌是我们创造的；更有一些政府管理部门会作出授予某某品牌“某某地区名牌”或“某某地区驰名商标”的举措。这种说法或做法都似是而非，忽略了品牌真正的所有者，也就是消费者。

品牌存在的理由是什么呢？答案是：使消费者的消费选择更简单。在消费过程中，消费者希望最大程度地降低风险，希望选择一种最好的产品，至少质量有保证、价格合理、产品或服务能够较好地满足自己的需求、售后服务良好等等。没有品牌或没有自己信得过的品牌，他的选择过程会变得艰难，不得不耗费大量的时间去比较、分析，消费成本大大增加。如果有他信得过的品牌，这一切就变得简单了，选择那个品牌就可以了。

作为品牌，包括不可缺少的三个组成要素：首先必须有实体的产品或服务，能够满足消费者基本的欲望需求，为消费者提供基本的利益，这是品牌大厦的基本构件。没有产品，不成品牌。现在有些人满足于炒品牌名称或概念，往往忽略了实体产品或服务的建设，最终要被消费者所抛弃。其次，必须有一个名称或标志，这样消费者才能在众多竞争产品中发现你的产品。应当明确的是，名称或标志在品牌建设的最初阶段仅仅是识别标志而已，只是在后来的发展过程中，逐渐承载了诸多与品牌相关的消费意义和文化意义。第三，一定有某种附加价值，这种附加价值可能是消费者感受到的实质性的产品功能价值，也可能是消费者所理解到的非实质性的情感价值。正是它创造了品牌独特的价值，提供了消费者选择你的品牌而不是竞争对手品牌的理由。

通过广告、促销、媒体等渠道，许许多多品牌为消费者所知道、了解，甚至喜爱；还有更多的则是被消费者所忽视，甚至厌恶；有些成了强势品牌，让消费者趋之若骛；有些则任凭自己如何努力，也难以引起消费者的兴趣。作为企业，当然希望自己品牌的价值越高越好。那么，品牌价值有哪些内涵呢？

其一：品牌知名度。品牌如果不被消费者知道，销售自然无从谈起。所以企业往往要通过大量的广告或其他营销手段，尽可能提高品牌知名度。通常情况下知名度越高越好。可是在有些情况下，名声太大反而会成为负担。因此，准确的说法应当是，在目标消费群中知名度越高越好。

其二：品牌认知。也就是消费者对品牌的理解程度，当他看到特定品牌会作出怎样的判断或评价。国际名牌还是地方杂牌、高贵还是普通、优质还是劣品……品牌价值的高低取决于消费者评价的结果，因此重要的是消费者的看法而不是企业的自我感觉。

其三：品牌联想。看到特定品牌消费者会联想起什么，广告？相关人物？相关产品？某次使用情景？等等。一般会分为正面联想和负面联想，更功利性的划分则是有利销售的联想和不利销售的联想。例如，看到海尔，有人会想起浩瀚的大海、有人会想起敬业的员工……这种联想是有利于提高品牌的价值。有些品牌由于使用不当或进行了恰当的延伸，导致不利联想，降低了品牌的价值。

从以上可以看出，品牌价值不折不扣地源自消费者对品牌的看法、态度和行为，作为企业，必须用心去倾听消费者的声音，然后有针对性采取相应营销策略，去逐步引导、影响或改变消费者的看法、态度和行为，才能在消费者的认同中不断提高品牌价值。

（张树亭）

# 品牌的文化含量

企业的竞争，产品的竞争，从某种意义上说即是品牌的竞争。

新世纪是知识经济的时代，品牌作为走向市场的通行证，文化是其重要的标志和灵魂。没有文化作灵魂，品牌难有国内市场，更难以在国际舞台立足。

国内一些企业在创建品牌的过程中，往往只重视有形的投入，而忽视了文化的投入，是不可能创立出真正的名牌的。

河南有一种酒，应该很有卖点，因为该产地所代表的彩陶文化距今已有7000年历史，但该厂的广告策划却令人莫名其妙——一架航天飞机，穿过钢筋水泥的丛林，飞向蓝天。酒产品的形象居然和酒文化、酒传统、酒的典故渊源毫不搭界，让人丈二和尚摸不着头脑。

深圳有一家黄金灯饰公司，开业之初，曾以60多万元拍得一个手机吉利号而轰动一时。当初该公司曾有这样一句广告词：擂起黄金大鼓，大步迈向前。让看了这则广告的文化人哑然失笑——灯是照明的物件，鼓擂得再响，倘若面前一片漆黑，也无法迈向前，何况"大步"。如果不是擂起"鼓"，而是点亮灯，恐怕就会好多了！

上述的例子，既是品牌的宣传策划人的失败，也是企业家的失败。其失败在于欠了点文化底蕴，少了点对产品与文化之间关系最基本的了解。

有人说，品牌的皇冠是靠三根支柱支撑的。一根是产品商标的知名度，一根是企业的公众形象，另一根是企业决策者的经营能力和魅力。就产品的商标策划和宣传而言，必须贴近、符合产品的特性，必须达到产品的宣传形象、口号，即广告词等和产品之间有密切的内在联系，否则，把毫无必然关联的事物硬塞给你要推销的产品，没有不失败的。

璀有一句话：名牌的一半是文化。是很有道理的。成功的品牌，应该是质量和文化的结合。

成功的企业都十分重视品牌的文化含量，他们在产品设计、款式、商标、生产、销售、服务和广告宣传等各个环节上都努力增加文化投入。这些企业之所以能够创出品牌，一个重要原因就在于他们努力把文化和知识、智慧注入到产品的开发、营销之中。江苏红豆集团精心设计了"红豆"这一文化内涵丰富的商标，产品一问世，即吸引了广大消费者。老年人把"红豆"视为吉祥物，青年人以向情侣送"红豆"为时尚，知识分子由"红豆"想到王维的红豆诗而激发了购买欲，侨胞以"红豆"寄托思乡之情。精明的日本商人看中了"红豆"的文化价值，宁愿提价20%前来订货。

要增加产品的"含金量"，就必须增加产品的"文化势能"，进而将无形的文化价值转化于有形的品牌价值之中，把文化财富转化成企业竞争的资本，使产品在商品流通的大江大河中显示出更强的生命力。从这个意义上说，企业的竞争就是品牌的竞争，品牌的竞争就是形象的竞争，形象的竞争就是质量的竞争，质量的竞争就是人才的竞争，人才的竞争就是文化的竞争。

产品文化既是企业借助于外在环境和条件而获得的一种"文化背景资源优势"，也是企业自身在生存与发展中逐渐积淀起来的一种"经营文化优势"。产品文化是企业形象的内核，是产品形象的基础。好的形象是优质产品的象征，是时尚的凝聚，是身价的标志，是企业的无形财富。高品位的文化，可以给经济发展以精神动力和支持。没有文化支撑的经济是没有明天的经济。从这个意义上说，企业的竞争实际上就是文化的竞争。

（马文石）

## 传　媒

**《谈品牌》**

中华工商联合出版社

2001 年 1 月第 1 版

**叶茂中　著**

叶茂中　营销策划有限公司董事长。北京商品经济学院兼职教授。1997 年中国最佳营销策划案例奖的获得者；1998 年中国十大营销经典案例策划金奖的获得者；2000 年中国企业十大著名策划案例奖的获得者。擅长企业的整体营销策划和品牌整合设计。在实践中形成了自己的理论和运作体系。为上百家企业进行整合营销传播策划、创意、拍摄广告片 250 多条以新、奇、特的定位手段和表现手法屡屡为企业创造佳绩。

### 品牌说法

# 擦亮你的牌子

## ——作为品牌的人及其他

品牌是一个经济领域的概念，是某一种商品的标志。作为一种知识产权，它是无形资本。驰名商标、著名商标等是其中的佼佼者。上述内容都是关于品牌的基本知识，不少人对此都有了解。从商品领域拓展到人，这些理论照样是通用的。在日常生活中，提到某个人时，我们往往会有一个简单的评价。如提到张三，可能会说："这是一个好人。"提到李四，可能会说："此人的能力很强。"提到王二麻子，可能会说："这个王八蛋，早晚不得好死。"此类的话语很多，都代表了一个人在他人心目中的形象。一旦这种形象在更多的人中形成共识，就成为一个人的社会品牌。对于一个好人，在他遇到各种困难时，肯定会有人伸出救援之手，而对于那些被人骂作王八蛋的东西，在他遇到困难时，不仅会没有人帮助，甚至人们还会用鲁迅的办法，来一个"痛打落水狗"。如此说，人的形象，也就是人的品牌，是一种非常重要的无形财产。有了好的"品牌"，就有了愿意帮助他的朋友，就有了战胜困难的能力。

一位伟人曾说过这么一句名言："人与人的差别，比人跟猴子的差别还大。"此言非常深刻。它包含这样的道理，人的素质、人的品质和人的形象千差万别，与有的人相比，有的人就不能叫人，最多也就是披了一张人皮。那么，这样的状况是如何形成的呢？如同好的品牌一样，它是在很长的一段时期内、由各种因素融合形成的。一个名牌的形成，要经过几十年、甚至上百年的努力，而人的品牌的形成，也要经过几十年、甚至一生的努力。雷锋是一个著名的"品牌"，是助人为乐的典范，他的这一形象是用一生的贡献实现的。现在生活中的一些劳模，也是响当当的人生品牌，他们也是靠一生的努力得来的。现在有些地方的劳模以形象作为无形资产入股，参与到新组建的企业，我认为这也是一种品牌价值的体现。

我们现在提倡信用经济，在一些地方的试点中，每一个人的信用都被分门别类地标出价格。这是市场经济发展到今天的必然结果。从理念上讲，它体现了"好人有好报"的原则；从现实生活来说，它引导人们做一个有信用的人，也就是在生活中，要有作为人的良好形象。笔者相信，随着市场经济的进一步发展，越来越多的人会更加注意自己的形象，会不断地铸造自己的品牌。也就是说，健康成熟的市场经济在造就名牌企业、名牌产品的同时，也会造就越来越多的名牌人。

亚里士多德说过："认识你自己。"几千年来，这一直是人类的重要课题。今天，在商潮滚滚的市场经济中，认识到人的品牌的重要，也就是在践行着一个思想家的号召。

（老　沐）

## 品牌感言

# 品牌的自信

早先文艺界对“民族的才是世界的”这一论断是否正确争论不休。认为是真理的，能举出一大堆例子；嗤之以鼻的，认为这完全是抱残守缺的托词。抛开“文人相轻”的因素，其实无论是“证实的”还是“证否的”，他们的内心是同源的，这个论题的本身，是自信的不足和自尊的强烈纠缠在一起的东西。在经济孱弱（相比较而言）的情况下，企望文化的昌明和领跑，显示出一种夸父追日式的悲壮。

随着中国经济的发展，也随着中国人眼界进一步放宽，中国人心态平和多了，不再争论什么，但问题并没有解决。前两天，听收音机里讲“汽车商标史话”，知道欧美许多汽车品牌诸如雷诺、凯迪拉克之类，很多都出自欧洲先民的神话，像什么战神之子、风神之女一类，就连在中国满大街跑的“桑塔纳”，被一些国人不客气地唤作“普桑、豪桑”的家伙，原来也是古欧罗的一具神。最近雪铁龙出了一款新车，叫毕加索，那个世界闻名的画家。欧美人总是不吝于把他们的历史和文化中最精英的积淀用之于最现代化的商品上，让人们在享受商品的同时也对他们的文化耳濡目染。其实又何止于历史和文化中的精英呢，一个肯德基上校，一个马戏团小丑不也一样可以在世界各地招摇过市，让各国的文化精英们想起来就恐慌一阵。

这种自信源自何处呢？中国上古神话中同样不缺神物的。“坐地日行八万里”的穆天子巡游时的几匹神马，个个有名，还有像唐时的昭陵六骏，都是跑得快的象征；中国也不缺画家，但是鲜有汽车企业肯拿他们作商标，他们宁愿搞一个优利欧之类，渗出点洋气的名字来。也别说，前两年倒是有一家企业，生产出一种叫“骅骝”的汽车。骅骝倒是一匹神马，但那车则实在“惨不忍睹”。不知道当初这样的车是不是也能拿到汽车目录，总之现在是不大见得着了。品牌的自信来自先进的技术和工艺水平。

中国是服装生产大国，生产服装技术、企业的规模和工艺水平没得说，但我们的服装品牌还是没有自信。前一阵有报道，法国名牌服装卡帝乐鳄鱼与我国市场上的好几条鳄鱼打官司。以前就听说，鳄鱼服饰绣标有“嘴的朝向”之分，一种是法国货，一种是香港货，后来又有了上海鳄鱼、浙江鳄鱼之类，好像就无法再从嘴朝哪边来区分了。自然界里有几千个物种，难道只有鳄鱼才具有“显著性”吗，干吗非一窝蜂似地把那个巨齿獠牙的家伙当宝贝？说到底，中国只是服装加工大国，真正能让服装升值的东西不在于用料是不是纯毛，针脚有多么细致。品牌的自信来自于优秀的管理和长远的眼光。

“民族的还是世界的”品牌，有时不能代表什么，我们真正需要的是品牌背后的自信。（赵　强）

## 传 媒

# 品牌是中国企业的生路

《非常营销》

——娃哈哈：中国最成功的实战教案

浙江人民出版社

2002 年 9 月第 1 版

吴晓波 胡宏伟 著

吴晓波　1990 年毕业于复旦大学新闻系，现为新华社记者。从事企业发展谋略研究。已出版著作：《穿越玉米地》(2002 年)、《温州悬念》(2002 年，与胡宏伟合著)、《大败局》(2001 年)、《大智大愚吴先生》(1998年)等。

胡宏伟　1986 年毕业于杭州大学中文系新闻专业，现为新华社高级记者。长期致力于转型期中国经济现象的报道、研究，曾获全国好新闻奖。已出版著作：《温州悬念》(2002 年，与吴晓波合著)。

市场不相信眼泪，但却信赖品牌。中国加入 WTO 以后，品牌大战将会殃及商场上的家家户户。谁能及早地培育好自己的品牌、确立长远的品牌战略，谁就能抢占市场的制高点，赢取主动权。

目前中国品牌的现状是个什么状态？“入世”后给中国品牌带来什么影响？中国人又该怎样面对品牌的挑战？在这里我们作以简单的探讨。

有篇题为《世界知名品牌价几何》的文章介绍了 2000 年度世界知名品牌的价值，前 10 位中依次为：可口可乐价值 725 亿美元；微软价值 702 亿美元；IBM 价值 532 亿美元；英特尔价值 390 亿美元；诺基亚价值 385 亿美元；通用电气 381 亿美元；福特价值 364 亿美元；迪斯尼 336 亿美元；麦当劳 279 亿美元；美国电报电话 225 亿美元。其中除诺基亚为芬兰的以外，其余 9 个最有价值的品牌全是美国。这一排名其一是充分反映出知名品牌的市场价值和地位。进入排名榜的 75 个品牌市场价值总和高达 8900 多亿美元，富可敌国，其中名列首位的美国可口可乐品牌的市场价值达到 725 亿美元，相当于可口可乐公司资产总值的 90%。

其二是基本反映了知名品牌代表的国家经济与科技竞争力。在 75 个名牌中，美国独占 43 个，并包揽了前四名，日本、德国、英国和法国四强则组成第二集团。中国呢？显然还没有在国际舞台上占据应有的位置。从历史原因说，我们起步晚，工业发展的历史短，从目前国家的情况看，经济实力还跟不上，科学技术还不够发达，人们的思想观念还没有完全从旧的计划经济体制中挣脱出来。在品牌意识的确立上，目前还存有消极因素。主要表现在企业领导人的眼光短浅，没有战略意识，看不到品牌对企业长远发展的重要性，以及他给企业带来的丰厚利润和广阔的市场开拓前景；另一方面，目前品牌意识的淡泊，更有其深层的原因，即体制上的不完善。相当数量的企业经营者尚属品牌经营的“门外汉”，缺乏关于品牌方面的知识，又不愿去学习或屈尊下驾请教专家。

不愿意花钱去培育品牌，因为那样的投入常常会“为他人作嫁”，因而，只好走一步算一步。笔者曾遇到河南一家国有陶瓷洁具生产企业的领导，看他企业的产品质量都相当漂亮，几乎可与进口产品的质量相媲美。但是，因为品牌缺少知名度而卖不出好价钱，当问他为什么不确立一个自己的产品品牌时，他反问“那有啥用？我现在的产品又不愁没市场，每天的货都供不应求，我也不需要什么牌子”。企业劳动成果就这样以低价倾销的形式被“泼”了，他是国有企业的领导人，今天干、明天不一定还干，也无所谓什么品牌战略了。

——这不能不说是国有企业的悲哀和国有企业家的悲哀！

但品牌需求的扩大促使更多的企业走上品牌之路。由于商品的丰富多彩，竞争升级，同类商品在价格与品质差别不大的情况下，消费者选择商品标准便取决于品牌。据有关资料调查显示，人们在购物当中 50% 以上的人是冲着牌子而来的，而这种价值取向正是品牌价值的真正体现。

由于人们对品牌认识的不断提高，使之形成积极的购物倾向，这也就推波助澜地提升了品牌在市场中、在人们心目中的重要作用。同时，它也反作用于生产厂家与商家——在生产厂家与商家身上产生积极的影响。

洛阳巨尔乳业有限公司董事长董

俊武和总经理陈彦斌以及漯河振齐有限责任公司的负责人振齐，他们都有一个共同的感触：“现在是品牌打天下的时代了，企业如果再不注重品牌的宣传，推动营销，以后企业的日子就越来越不好过了。”于是他们便纷纷寻找在这方面的品牌策划专家帮助出主意、想办法，以求得攻打市场的主动权。目前，巨尔已拿出整个销售额的10%投入到品牌经营的运作中去，振齐也已经开始加大这方面的宣传攻势，积极地寻求市场的突破点。

对于商家来讲，如今更是倾向于名牌经营。随便走在市场上，就不难看到大部门商家采取名品进名店，名店卖名牌，或者用名牌与名牌进行捆绑式的营销模式，因为消费者倾向名牌，经营者不这样做，也就无路可走。

人们熟知的肯德基把在中国的第400家连锁店开到了北京火车站旁边，百事可乐已成为中国青年人最喜爱的软饮料，再比如化妆品方面的宝洁、照相用品中的柯达、食品中的雀巢、香烟中的“555”等等，都是在中国以经营品牌而取得消费者信任的。他们不惜花大血本，打起品牌的大旗，遮天蔽日走向中国的大市场。让人无奈，更让人感叹！

在品牌大战中，你看不到机器轰鸣、看不到工厂，只是看到一个个金字招牌。而这个牌子就是座金矿，经营得越大，赚取的财富越多。在这种情况下，加入WTO，中国企业要想在市场上立于不败，难度可想而知。虽然目前有几家具有行业领导地位的企业，如家电中的长虹、海尔，食品中的双汇、健力宝，服装业的红豆、杉杉等已开始从品牌的经营上做文章了，并且有些已经把他们的牌子打向国外，但从国际大市场中去看，我们只算是个“小弟弟”。

但凡事要一分为二。入世，给中国的品牌会带来一定的冲击，但人们寄望于它积极性的一面，所以要有卓有成效的对策。这些对策包括沉着冷静的应战姿态，自我激励的进取精神，完善有效的品牌管理，独占鳌头的民族气概。

21世纪的确是靠品牌打天下的时代。市场同样遵循“物竞天择，优胜劣汰”的生物理论。我们相信，中国的企业、中国的品牌一定会在风雨中成长、壮大。

（宋玉刚）

## 标　　识

和悦科技
HOPE RED KEJI

金加达中英文幼儿园
ALCANTA

黄河证券
YELLOW RIVER SECURITIES

# 品牌形象：本土化与国际化

对于消费品行业来说，品牌形象力的强弱，决定了一个产品乃至一个企业的生存和发展。与此同时，我们会发现一个极有趣的现象，那就是，当商家不约而同打造产品品牌之时，至少是在消费品领域出现了品牌形象本土化与国际化的两股潮流、两个趋势。

**本土化与国际化并存**

先让我们来看一看国产消费品的市场形象表现。以彩电行业为例：仅仅在几年前，康佳彩电还在用飞机撞彩电的品牌形象，致力于拓展中国市场，无论是其广告电视画面（田野）、语言符号（“康佳彩电，牛！”）、还是人物形象（耕作的农夫）都明明白白地昭示世人：这是一道正宗的“中国菜”；同是彩电巨头的TCL，也在数年前推出由刘晓庆担任形象代言人的广告，其间华贵的盛唐服饰、金碧辉煌的中国建筑，传达着这是一个实实在在的本土货。然而，市场风云多变。仅仅数年之后，两巨头不约而同致力于国际形象的塑造。康佳推出“康佳艺术彩电，品位之玄”，其画面背景（雕塑工作室）、人物形象（欧洲艺术家），都在说明这是一件源自欧洲的艺术珍品。TCL的钛金纯平彩电也不例外，同属此类。

无独有偶。消费品行业的国际巨头，近年来却无一例外地大行其本土化运动，无论是宝洁、可口可乐，还是百事

《品版策划》

时事出版社

2000 年 1 月第 1 版

**陈　放　谢　宏**

陈放　资深策划人，涉足策划 15 年，大小案例几百起，各类创意上万起，在全国作报告近 500 场，听众累计超百万人次，接触企业数千家。

谢宏　著名营销广告策划人，师承台湾师范大学林磐耸教授、中国著名经济学家、吉林大学博士生导师孟宪忠教授。曾到瑞士、德国深造。主修工商管理及市场营销。长期研究课题有品牌经营、企业再造工程、绿色营销战略体系（GMS）、企业生态平衡理论等。现任张弓集团首席行销顾问、河南协佳智业机构董事长。

可乐，乃至于雀巢，概莫能外。

以宝洁为例，尽管宝洁公司的广告片中不乏白色人种的形象出现，但是其主流的人物形象、画面背景、语言，尤其是宝洁广告片中主人公（消费者）的生活形态，却都是以中国为背景。不止是电视形象，宝洁所推广的中国大学校园里的活动，无论是"飘柔之星"，还是"大学生就业指导手册"，其宗旨、其目标人群、其由此而塑造的自身形象，都是属于中国本土的。

因此，我们认定这样一个事实，那就是：在消费品市场竞争中，品牌形象的本土化与国际化两个趋势是存在的，一方面是国际品牌的本土化，一方面是本土品牌的国际化。

**两种品牌趋势的原由**

尽管市场风云多变，我们依然可以透过市场的硝烟，搜寻出其中的主导性因素，因为对于任何一种产品，消费者的需求永远是这一产品生命的原始驱动力。

1. 洋品牌本土化

对于国际性消费品品牌的中国本土化运动而言，问题的核心是本土文化。要在中国市场上取得成功，就必须博得消费者的了解与认同，当使用需求、产品品质与功能均已成为定量之时，就必须缩短产品与消费者在心理和文化上的距离感。消费者的文化需求是一个变化的因素，也是可以被洋品牌借以作为突破口的因素，这样，满足本土消费者的文化需求，就成为洋品牌市场准入的最后一道壁垒，也是洋品牌入主本土市场的最后一道加工工序：本土化的形象包装。

然而，到了这里并没有终结。问题还在于洋品牌的本土化形象打造，借用什么样的本土文化来实现？从宝洁、可口可乐、百事可乐形象可以看出，结合本土文化中主流的流行文化，才是洋品牌本土化问题的最后归结。因为，归属于本土主流流行文化的人群，正是国际性消费品的消费领导人群，正如可口可乐的广告选用谢霆锋等，百事可乐选用郭富城，无不说明两饮料巨头寄望于融入中国主流的流行文化，借以整合自身形象。

2. 本土品牌形象的国际化

正如万物生长靠太阳，产品发展靠需求，中国本土的消费品必须满足消费者对产品品质与功能方面的需求，这是第一位的，也是顺理成章的，因为至少在感性层面上，国外企业的先进技术给中国消费者留下了深刻的印象。如何满足消费者对自身产品品质、功能、企业技术的信任感要求，是中国本土消费品遇到的首要问题。在彩电（信息）业，技术越来越成为主导性因素，这就是为什么康佳、TCL 不约而同在近年诉求其国际化形象的原因。不仅如此，康佳、TCL 还竞相把自己的科研基地、研发中心移师美国硅谷这一世界新技术的中心地带和发源地，这都是为了提高自身品牌在技术上的形象力度。而从另一个层面讲，中国消费者的文化需求也在发生变化，即消费者文化需求的国际化趋势。这一变化是在全球经济一体化的前提下发生、发展的，在地球成为地球村的情况下，这一消费者文化需求的现实存在是不可忽视的。

**品牌形象演变的启示**

中国消费品市场竞争中，出现了国际性品牌形象的本土化及中国本土品牌的国际化这样两种趋势，而这两种趋势的发展与演变，又都是以消费者对产品需求与文化需求为基本导向的。

在整合营销时代，品牌形象的建设与打造，只是企业综合战略中的一个因素，而企业技术与管理的国际化，才是问题的实质。就中国本土品牌国际化而言，最终或根本的决定性因素，是该企业自身致力于生产技术与企业管理的国际化。康佳不惜投巨资在美国硅谷建设科研中心，其目的就在于使康佳企业立足于人类社会技术革命的前沿阵地，参与、领略并分享新技术革命的成果，以使康佳产品技术永葆青春，与国际潮流接轨。康佳还耗巨资请国际著名管理顾问公司麦肯锡为其操刀，对企业内的管理制度与生产关系做了重大调整。其目的正在于使康佳企业在市场竞争中，以制度创新、技术创新两把利剑所向披靡。　　　（崔　良　周战锋）

品牌回眸

# 中华文明的宝贵财富

## ——20世纪最具影响力的中国品牌

站在世纪之交的门槛上，回头看看中国名牌的发展轨迹，我们欣喜地发现：中国的名牌正在茁壮成长。无论是“春深老树发新枝”的老字号，还是“小荷才露尖尖角”的新面孔，它们都在向世界传递着一个信息：打响中华牌，亮出中国造。

**同仁堂：中国药王**

中国医药界有句名言广为流传：“南有胡庆余堂，北有同仁堂。”

同仁堂的创始人姓乐，名显扬，号尊育。乐尊育之子乐凤鸣，继承父业，在同仁堂药室的基础上，于1702年开设了同仁堂药铺。他在炮制药品和选购药材上更为注重质量，提出“炮制虽繁，必不敢省人工；品味虽贵，必不敢减物力”的准则。如今，这两句话已成为同仁堂严守的古训，并刻在黄铜底牌上，悬挂于同仁堂药厂迎客厅中。

经过300多年的发展，尤其是近200年的供奉御药的历史，同仁堂在经营、管理、服务上形成了一整套独特而优良的方式，相应地，它所制售的药品也形成了四大特点。

一是配方独特。乐家世代行医，有许多祖传的有效良方和民间古方，如牛黄清心再造丸等。在有文献记载的宫廷秘方中，同仁堂拥有136种之多，在同行业中独占鳌头。这些形成了同仁堂配方的独特性。

二是选料上乘。同仁堂创始人乐尊育认为，“古方无不效之理，因修合未工，品味不正，故不能应症耳”。因此，同仁堂从一开始便十分重视药材的品质，如人参必用吉林的，陈皮要用新会的，大黄非西宁的不用，蜂蜜只购河北兴隆的等等。

三是工艺精湛。300年来，同仁堂严守“炮制虽繁，必不敢省人工”的古训，其药品从调配制作到外观包装皆颇为讲究。

四是疗效显著。同仁堂的药由于配方独特，选料上乘，工艺精湛，因此疗效显著，深得上自帝王、下至百姓的信赖。其中安宫牛黄丸、牛黄清心丸、苏合香丸、再造丸、局方至宝丹、紫雪散、大活络丹、参茸卫生丸、虎骨酒、女金丹等尤负盛名，被称作同仁堂10大王牌。

企业经营，如逆水行舟，不进则退。同仁堂不仅要维护300余年的金字招牌，更要使这块招牌发扬光大。如今，同仁堂在国内成功上市，为老字号焕发青春注入了新鲜血液；在海外，同仁堂药品在亚洲占据了巨大市场，在北美和欧洲也打开了局面。同仁堂人并不满足，他们准备再用10—20年时间，将这个百年老店建成一个跨国大公司。

**全聚德：金字招牌**

全聚德，这个悠悠百余年的京城老字号，在历史沧桑之变的今天，以其日益巩固的品牌地位，展示着中华饮食文化的风采。假若将全聚德的诞生发展、掌柜名厨、菜肴佐料、制作工序和赞誉美名详细道来，那一定是一本很厚的书。

1864年，全聚德第一代掌门人杨全仁在前门一带经营一个临街的

标　识

KKJA

MEICHEN

## 传 媒

《危险的海尔》

中国时代经济出版社
(原中国审计出版社)
2002 年 10 月第 1 版

**黄敬泽 著**

不要以为有几位外国友人买过你几件商品就等于你已经是世界名牌了，让美国人相信中国有一个世界名牌，就像让中国人相信越南有一个世界名牌一样，谈何容易?

铺面，经营烤鸭子和烤炉肉，并请对书法颇有造诣的秀才钱子龙书写了"全聚德"三个苍劲有力、浑厚醒目的大字，制成金字匾额挂在门楣之上。由于杨全仁经营有方，因此生意十分兴旺，店内伙计由几人增至 30 多人，除卖烤鸭、烤炉肉之外，又增加了一些汤菜，如鸭油蛋羹、炸珍肝、鸭架汤等。杨全仁那"鸭要好、人要能、话要甜"的生意经，一直保持至今。

1957 年 3 月 27 日，当时的北京市市长彭真在全聚德宴请以威廉·西罗基总理为首的捷克政府代表团，周恩来总理出席了宴会。宴会后，周总理到厨房问候全聚德职工，并指出："你们是个百年老店，有一块很吸引人的招牌，要爱护你们的金字招牌，把生意做好，为国家多作贡献。"

周总理在看到有些外宾用圆圆的荷叶饼卷烤鸭片感到不便后，就建议全聚德将烤鸭片切成长条形，把荷叶饼烙成椭圆形。这样改进后，很受中外宾客欢迎。周总理还经常向外宾介绍烤鸭片和饼的形状是根据他的建议改进的，使外国贵宾对于吃烤鸭更加兴趣盎然。

1993 年 5 月，在北京市有关部门的支持下，全聚德集全国 50 多家联营企业为一体，组成实施连锁经营管理的大型餐饮服务集团——中国北京全聚德集团，踏上了向科学管理、连锁发展、规模经营的国际化集团企业发展的路程。1994 年初，他们委托北京嘉诚资产评估公司对"全聚德"牌号进行了无形资产评估，确定该品牌 1994 年 1 月 1 日的社会公允值为 26946 万元，为连锁经营和投资发展提供了科学可靠的依据。他们还委托贸促会在世界 35 个国家和地区注册了"全聚德"国际商标。

全聚德特许连锁经营的发展，使这一百年老字号企业步入了新的历史阶段。仅 1994 年 1 年，该集团已累计接触洽谈国内项目 70 余个，签订项目意向书 16 个，其中北京、南京、贵阳、中山等地有 13 家连锁店正式开业；在海外市场，他们也已在美国洛杉矶、关岛、休斯敦和印尼雅加达等地建立了烤鸭店，进一步提高了品牌声誉。1998 年，"全聚德"被评为国内第一家服务类驰名商标。

**茅台酒：国酒极品**

"茅台美酒盛名扬，与众不同韵味长……空杯尚留满室香"，"茅台香酿酽如油"，"何时乘兴君西去，自有茅台供洗尘"……一百多年来，文人墨客写下了许多赞美茅台的诗句。

茅台酒，产于贵州仁怀赤水河畔的茅台镇，被誉为"礼品酒"、"外交酒"、"国酒"，常出现在国宴之上。

1915 年，茅台酒在巴拿马万国博览会上获奖，销量大增。一时间，贵州军阀及富户人家均竞相购酒作为馈赠礼品。"无酒不茅台"的说法远播海内外。

新中国成立后，成立了国营贵州茅台酒厂。国家有关部门多次派出技术人员帮助总结茅台酒的酿造经验，同时迅速进行厂房改造和扩建，在保持传统酿造法的基础上，大力发展机械化。如今，茅台酒的销量已达建国初的几十倍，并远销亚、欧、美洲和澳大利亚，获得了很高声誉。

茅台酒的酿造方法独特，采用高温大曲，用曲量很大，超过了原料高粱。在酿造过程中，两次投料，8 次高温堆积发酵(每次 1 周时间)，8 次下窖(每次 1 月)，7 次蒸馏取酒。由于每次取的酒质量不同，香、味有别，因此最后要互相掺兑起来，调入陈酒，使之达到最适口的程度，并保持风格。这一工作，叫"勾酒"或"勾兑"。勾酒是一种特殊技艺，主要凭人的感官来制定，所以必须是经验丰富的勾酒师才能胜任。

但茅台酒独特的酿造法，并不是形成它独特风格的惟一原因。人们曾将这一套操作法，甚至从茅台镇运去原料、水和敷窖壁的泥，请去最有经验的酿酒师，只是换一个地方，就在距茅台百余里的遵义城郊如法炮制，却得不到相同的结果。可见茅台酒独特风格之形成与茅台镇的自然条件有着密切的关系。然而，要完全揭开这种关系的奥秘，还有待后人去探索！

**海尔：亮出中国造**

“海尔，中国造”的广告词响遍全国。

海尔能否代表中国参与国际竞争？答案是肯定的！美国、德国、日本、加拿大和澳大利亚等世界第一流产品质量认证机构不仅给海尔产品颁发了证书，还正式授予海尔质量检测中心享有上述五国认证机构鉴定产品的等效权力。目前，海尔已在全球五大洲建起了8000多个营销点，一万多名国外经销商正满世界风雨兼程为海尔开拓市场。

十几年前，海尔还是青岛市一家集体小厂，车间里可随地大小便，臭气熏天，账面亏空47万元，员工拿不到工资，更别说奖金了。13年后，海尔成为中国家电第一品牌，国家特大型企业，1998年市场销售额超过百亿元。

提起海尔，不能不提张瑞敏。他不仅带头培植了大名牌“海尔”，而且将海尔的管理上升为一种哲学。国家有关部门在研究了海尔的经验后，肯定了海尔的管理是一种哲学。张瑞敏也被有关经济专家誉为“中国职业化企业家的典范”。

海尔名牌战略的核心就是产品的高质量。张瑞敏认为，在市场经济中，“高质量”的内涵已远不是符合工厂或国家规定的标准，而是适应市场的需求，并且还要利用高科技去创造市场、引导消费；“高质量”的外延则是要发展规模经营，使产品在质量高的基础上，形成合理的竞争规模。

以质量管理为中心的名牌战略实施后，海尔企业管理经历了由无序到有序、由有序到形成体系、由体系到高度、由高度到延伸的四个发展阶段。

创业初期，在质量控制方面，海尔主要采取泰勒的科学管理方式，强化管理，强制提高，当众砸毁不合格产品，举办“劣质工作展览”。实施四年后，企业管理逐步由无序转向有序。1988年12月，海尔电冰箱获得中国电冰箱史上第一块国金牌。在其后的几年中，海尔的企业整体素质上升步伐迅速，质量意识普遍被员工接受，产品质量稳步上升，向市场推出新产品的频次与品种呈翻番势头，几乎一问世均成为市场导向性产品。海尔终于形成了完整的、系统的控制体系，并确立了同行业排头兵的地位。

张瑞敏说：路要靠自己走，最需要的是一次又一次地战胜自我、超越自我！“海尔，中国造”就是要在世界上打响中国的名牌。中国人必须有中国自己的世界名牌。因为那是一个国家实力的象征，是一个民族素质的外化，也是能否自立于世界强国之林的标志。我们就是要通过海尔这个品牌让世人认识到中国产品有能力在世界上参与竞争，有能力步入世界名牌的行列。

**长虹：产业报国**

长虹集团门前路牌上书：长虹目标——世界名牌。长虹总裁倪润峰满怀豪情地宣称：“我们要争创世界名牌，用长虹报国。”

“东方不亮西方亮”曾是诸多企业奉行的经营方针，倪润峰则一再坚持长虹在发展的初级阶段集中财力，攥成拳头，只要一个主产品——电视机。只有将这个独生子越养越大，越养越精，无论型号、款式、清晰度、音质还是多功能都达到最好时，才会考虑开拓其他产品。公司员工都记得倪总打过的一个比喻：“一个家庭在财力、精力有限的情况下，无力供养三个孩子上大学，只好让老大先读完博士学位，再让老大挣钱帮助老二上大学，攻博士学位。老大老二挣钱了，再供老三上大学，攻博士学位，这个家

标　识

申马空调
SENMA AIRCONDITIONER

## 传　　媒

**《大败局》**

浙江人民出版社
2001 年 1 月第 1 版

**吴晓波**

吴晓波　1990 年毕业于复旦大学新闻系，现为新华社记者。著有：《都市背影》(1996)、《农民创世纪》(1997)、《大智大愚吴先生》(1998)、《我们为什么冷漠》(1999)和百余篇经济随笔。

哪怕对于那些刚刚进入中国市场的跨国企业来说，中国新兴企业的失败案例依然具有借鉴的价值。中国市场是一个差异性很大、国民特征很明显的市场，东西横跨上万里，南北温差五十度，世界上很难寻找出第二个如此丰富和辽阔的市场。就在过去的十几年中，曾经创造辉煌营销奇迹的“台湾经验”、“日本模式”，均在中国市场上进行过尝试，而相当多的企业也因此陷进了所谓的“中国泥潭”，举步维艰，无法自拔。

庭不就兴旺了！”话通俗得不能再通俗，道理也是一点就通的。但平凡的道理却有着丰富的内涵。

倪润峰坦言，“独生子女战略”就是名牌战略。名牌又是企业获得最佳经济效益的惟一载体。如今，这个独生子不断发展壮大，生产规模和经济实力已无人敢小视。17 条彩电装配线，平均 1.69 秒生产 1 台彩电，平均月产量 40 万台。

曾有记者问：长虹人如何走产业报国之路，迎接世界彩电列强的挑战？

倪润峰斗志昂扬地回答说：“日本前首相中曾根曾经说，他的左脸是丰田，右脸是松下。他以日本有这两大世界名牌而自豪。难道我们 12 亿人口的中国就不能有自己引以为自豪的世界名牌吗？我们长虹人要争！”

在市场竞争的条件下，企业的产品只有通过市场流通被消费者接受之后，才能实现自身价值。而企业产品能否为消费者接受，必须靠自身的质量水平。倪润峰有句名言：“得人心者得天下，得消费者心者得市场”，形象地反映了长虹对消费者的态度。

在倪润峰的带领下，长虹 10 余年的发展经历不同寻常，经历了 3 次翻天覆地的巨变：由一个单纯的生产型企业向生产经营型企业转变，再由生产经营型企业向经营开拓型企业转变，由单一的国营企业向股份制上市公司转变。三次蜕变，使长虹由一家单一的产品生产企业发展成为拥有 5 家全资和控股公司、9 家参股公司的电子集团，投资涉及家电、电子器件、移动通讯、证券、建材和高科技开发等领域的大型企业集团。

**乐凯：敢对洋胶卷说不**

乐凯对柯达说不，为中国品牌攻防战写下了浓墨重彩的一笔。作为“中国胶卷之王”的乐凯，面对洋品牌的围剿和合资的诱惑，其不卑不亢的态度令全国人民大为赞誉，其敢于挑战世界名牌的精神也为举世公认。

郭沫若先生曾经说过：“能自行制造胶片，犹如能制造火箭。”当今世界，只有美国、日本、德国和中国 4 个国家能够单独生产胶片。小小的彩卷集化学、物理、电子、机械等多学科于一身，属于一种技术垄断性较强的精细化工产品，需用 390 多种原料，经过 400 多道工序才能生产出来，是世界公认的高科技产品。

没有名牌的企业是没有竞争力的企业。乐凯这些年来在强敌的压力下已具备了应付挑战的实力。据乐凯集团有关高层人士说，从产品技术上讲，经过 4 次技术更新，乐凯胶卷已达到国际先进水平，乐凯彩卷的多项技术指标与柯达和富士相比难分伯仲。国家技术监督局对北京、上海、广州、西安、沈阳 5 大城市的彩卷质量抽查也证明了这一点。同时，以彩卷为代表的银盐感光材料技术已比较成熟，国外品牌不可能靠技术优势在市场中领先。

从市场开拓上讲，乐凯在 40 多年的发展中已积累了丰富的经验。在国外彩卷先行占领中国市场的情况下，乐凯夺回了近 1/4 的份额。乐凯在营销投入与国外品牌有较大差距的情况下，仍保持了很好的上升势头。

从实力上讲，乐凯的“九五”规划已得到国家认可。“九五”期间，乐凯将得到 24 亿元贷款，并将继续得到国家有关优惠政策的支持；同时，乐凯胶片 A 股已在上海证券交易所挂牌，仅此便吸纳社会资金 4.32 亿元。乐凯有足够的实力与柯达和富士进行市场抗衡。

乐凯的成功，说明了一个简单的道理：科技 + 管理出质量，质量 + 服务出信誉，信誉 + 市场出名牌。名牌是真货、实价锻造出来的。

**联想：中国人的电脑**

“人类失去联想，世界将会怎样。”联想作为国内电脑企业的排头兵，面对一个个形同巨人的跨国公司，凭什么去竞争？答案就是：寻找优势、扬长避短、实现优势互补。

本土优势，是中国企业最大的优势。不论外国企业具有怎样的雄厚实力，但在中国都有一个难以化解的劣势——他们都是越境作战。这样，联想确定的策略就是：做大公司不愿做或国外企业不能做，而小公司做不了的生意。很明显的两个例子就是已经做成了的板卡和系统集成。

迎接世界的挑战并不意味着封闭自己。完全依靠自己的力量，一点都不借助外力就过于狭隘了。在当今世界经济彼此渗透的情况下，不可能说由一个 IT 企业生产从 CPU 到机箱，从显示器到打印机的全套设备。即使是计算机巨人们，也不可能。借助外力是必要的，狭隘的观念只能导致失败。

联想集团从很早起就在构建“你中有我，我中有你”的融汇性经营格局。外国的资金能用的一定要用，外国的技术能用的一定要用，外国的其他优势能用的也一定要用。

据说，几年前计算机业的信息从美国到香港要用半年时间，而从香港到北京又要花费 3 个月，所以，中国的计算机水平总同世界有着相当的差距。只靠自己闭门造车，是不可能与世界同步的。今日联想的研究开发机构已由北京到香港，一直延伸到世界计算机业的心脏——美国硅谷。

在众多的中国品牌相继销声匿迹之时，联想却在不断壮大，不得不归功于其独特的战略思想：先国际化再产业化。让我们看看联想的发展轨迹：1989 年，联想生产的 QDI 品牌 286 微机主机板在德国世界计算机博览会上一亮相，便一举得到了 20 多个国家的几千套订单。1990 年，联想产品被美国同行称作“VGA 王”。1994 年，联想集团的板卡销售量占世界的 1/10。1996 年，联想电脑台式机在中国的销量首次超过 IBM 和康柏，结束了美国人在中国电脑市场独霸的时代。

当看到联想 1995 年 70 亿元营业额中的 55 亿元取自海外时，面对来自海外的挑战而坐立不安的中国企业是否应先检视一下自己的经营与管理思想：从精神和思想上，你是否已作好了迎接挑战的准备。

**娃哈哈：创造新童话**

娃哈哈集团公司，10 年前还仅仅是一个区教育局下属的校办企业经销部，现在的集团公司总经理宗庆后当时走马上任时，上级只要求上缴 4 万元利润，但宗庆后却毫不犹豫地提出：“4 万元太少，年底我要创利 10 万元。”到年底，经销部竟创利 30 多万元。

企业要生存，要发展，就不能依附别人，必须要有自己的产品，依靠产品占领市场。早在做推销员的时候，宗庆后就有意观察多家商店，发现市场上虽然充斥着五花八门的营养品，却惟独缺少一种专供儿童饮用的营养液。他敏锐地意识到，这是一个极大的空缺，它标志着中国营养品市场表面饱和之下掩盖的是一片极为开阔的空白地带。

突破口找到了，接下来就是如何有针对性地开发科学可靠的产品。宗庆后找到了当时国内惟一的一个大学营养系——浙江医科大学营养系，三顾茅庐向系主任朱寿民请教。经过多次商讨，确定了新产品的配方原则：一是要以天然食品为原料，不含任何激素，不产生任何副作用；二要能开胃促进消化，增强食欲；三要营养种类齐全，适当补充少儿缺乏元素。经过不断的探索、完善、提高，一种全新的营养液终于诞生了。一个全新的品牌——娃哈哈，也随着新产品的诞生开始了自己不平凡的历程。

从 1987 年到 1997 年，杭州娃哈哈集团公司是中国食品行业的龙头企业之一，经济效益连续几年居食品制造业首位。在 1996 年国家经贸委、国家统计局等部门对中国工业企业

标　识

大颖智业有限公司

天文館
TAIPEI
ASTRONOMICAL
MUSEUM

最优500强排序中，娃哈哈公司名列第19位，居浙江省上榜企业第一位。娃哈哈公司目前已拥有固定资产7.5亿元；拥有饮料、罐头食品、医药保健、酒类等多条世界一流生产线，拥有一支包括博士生、硕士生、本科生在内的占全部员工30%的一流人才队伍；拥有一套借鉴国外经验、结合企业自身特点而形成的行之有效的管理方法。今天的娃哈哈不仅为自己创造的奇迹感到自豪，也为娃哈哈的品牌价值达21.79亿元感到骄傲。

据介绍，当初，"娃哈哈"这个名字是因为要使新研制的儿童营养液独树一帜而从千千万万的社会征集稿中挑选出来的。宗庆后认为，"娃哈哈"三字拼音中的韵母a是孩子最早发出的音节，且发音响亮，三个字音和谐，极易被孩子所接受；而且恰有一首新疆民歌与此同名，其欢乐明快的曲调及强烈的民族色彩已为人们所熟悉。从字面看，"哈哈"是各种肤色的人表达欢笑喜悦的共同方式，包含了一种健康和喜悦的寓意，用此三字作商标，容易唤起人们的愉悦心理，可缩短商品与消费者之间的距离。

三联《生活周刊》

**春兰：进入世界空调七强**

春兰空调自创业至今，仅仅发展了10余年，但净资产增长了428倍，工业值增长了500倍。同时，"春兰"的知名度也随之扶摇直上，位居全国市场产品竞争力龙虎榜同行榜首。1994年，春兰集团以70万台的产销量雄居全国近百家空调厂之首，产销量几乎是第2、3、4名之和。同年，春兰集团率先通过了ISO9001国际认证，成为世界空调业七强之一。

春兰的前身是由两家农机厂合并而成的泰州冷气设备厂。现任总经理陶建幸1985年上任时，该厂实际净资产为负值，生产的产品达40多种。要想使企业摆脱困境，必须握紧十指，形成"拳头"，重点发展有市场前景的产品。经过慎重考虑，他们选择了空调作为拳头。

面对比自己实力强的对手，春兰采取"让开大道，占领两厢"的避实就虚战略。各空调厂家都拥挤在3000—7000大卡的产品上，春兰则集中力量发展3000大卡以下的窗式空调和7000大卡以上的柜式空调，撕开了市场缺口，很快打开了局面。具有一定实力后，春兰才开始占领"大"道，参与空调业的实力竞争。到1989年，春兰的产值已位居全国第一，此后连续多年常盛不衰，而且与第二名的距离越拉越远。现在，春兰在全国空调市场中已占据30%以上的份额，占有绝对优势。

一种产品的生命是有限的，因此，当一个企业发展到一定规模后，便必须开拓新的投资领域，建立新的产业支柱，使企业保持活力。同时，继空调之后，春兰集团又瞄准市场，投资生产摩托车，1997年已形成了100万辆的生产能力。目前，其第三大产业支柱——半导体芯片已投产。这样，春兰顺利通过了"小而全——小而专——专而大——大而全"的经营发展之路，并再次登上中国工业企业综合评价最优500家红榜，名列第五，并以100分成绩成为综合评价满分十二佳之一。

从认识市场到适应市场到驾驭市场，从默默无闻的亏损企业到赫赫有名的现代化企业集团，从苏中的一隅之地到当代中国商海中迎浪搏击，春兰人形成了自己的经营理念：企业的生存空间在于整个世界；企业的生产力在于适应市场；企业管理的精髓在于不断挖掘潜力；企业必须竭诚为社会提供优良服务，促使资本增值，造福于人类。这是春兰人10年辛苦的结晶，每一句话都包含着春兰人的智慧，包含着春兰人的汗水，包含着春兰人的热望。

（赵为民）

# 品牌的扩张效应

从20世纪90年代开始，全球企业界的竞争已从产品销售逐步过渡到品牌营销这一高级阶段。现在无论在哪个国家，都可以见到国际品牌的影子，诸如可口可乐、百事可乐、东芝、宝马等。品牌已经超越了民族文化的界限，以其鲜明的个性和独特的魅力，吸引着全球的人在共同消费。改革开放以来，中国虽然也产生了像红塔山、五粮液、海尔、联想、长虹、春兰等一些知名品牌，但中国对品牌的认识、研究和利用还有很大的差距，重视对品牌的研究和利用已显得十分迫切。

**品牌的概念及其内涵**

品牌到底是什么？品牌是用以识别某个销售者或某群体销售者的产品或服务，并使之与竞争对手的产品或服务区别开来的商业名称及其标志，通常由文字、标记、符号、图案和颜色等要素或这些要素的组合构成。品牌是一个集合概念，主要包括品牌名称和标志两部分。

关于品牌的内涵，世界著名的品牌专家大卫·奥格威曾对其作过深刻的描述："品牌是一种错综复杂的象征，它是品牌属性、名称、包装、价格、历史声誉、广告方式的无形总和。品牌同时也因消费者对其使用的印象，以及自身的经验而有所界定"。实践中要注意把品牌同具体的产品及商标区分开来。品牌同具体的产品不同，它是抽象的、无形的，但所有品牌又都是以具体的产品为客观基础；同时，品牌与商标也不能混淆。商标只是品牌的一部分，商标属于法律范畴，而品牌是连结生产者和消费者之间的纽带，更多的体现的是市场营销的理念。关于品牌的内涵虽然不同的人有不同的表达方式，但品牌的精髓必须具有两个方面的特征：与消费者共鸣和推动企业的价值取向。它是品牌所专有的，能持续不断地造成本品牌和竞争对手品牌的差异化；它必须不断地向企业员工和合作者灌输和激励。世界著名品牌在是什么和做什么等两个方面给人们留下了极其深刻的印象。宝马：最终的交通工具；微软：今天你想去哪里等都是杰出的代表。总之，一个成功的品牌是一个好的产品、服务、人或地方，使购买者或使用者获得相关的或独特的最能满足他们需要的价值。而且，它的成功源于面对竞争对手能够持续保持这些附加价值。

**充分发挥品牌在企业购并中的扩张效应**

企业扩大经营规模的传统做法是通过扩大有形资产的投资来实现，但这种方式越来越受到当今以品牌为主，投资软性化扩大规模方式的挑战。当前，主要发达国家的跨国公司在对外直接投资方式上的一个显著的变化，就是减少有形资产的投资，增加以技术专利转让、品牌授权经营为主的非股本化生产合作，他们通过生产特别协议、生产许可证转让、商标权使用等方式来扩大企业规模，提高市场占有率，并取得了前所未有的成效。中国的"海尔"也是利用品牌资产盘活有形资产的成功典范之一。海尔于1995年经过对青岛红星电器股份公司的调查后认为，红星电器效益不好的主要原因不是技术落后也不是资金短缺，而是管理不到位、职工凝聚力差。基于此，海尔把自己发展历程中形成的管理思想、价值观念等企业文化入股红星电器，很快使红星电器出现了蒸蒸日上的新气象。在企业购并中，购并企业通过转移自己的品牌优势，可以极大地提高被购并企业的整体素质和经济效益。从而提高企业购并绩效，这种效应被称为购并中的品牌扩张效应。主要表现在以下几个方面：(1)依托名牌及其营销网络和售后服务体系，可以迅速提高被购并企业所

传　　媒

生产产品的市场竞争力和销售业绩，这一点在企业购并效应中是最明显的。(2) 通过向被购并企业员工灌输名牌文化，可以显著提高其名牌意识和自身素质，促进企业改进经营管理，增强企业凝聚力和吸引力。(3) 随着企业规模的扩张，企业可以有更大的实力进行技术开发、广告宣传，建立更为完善的营销和服务网络，这些活动都进一步扩大了品牌的市场影响，并增强了品牌的价值和竞争优势。即品牌发展和企业规模扩张是一个互动过程 (4) 以品牌作价投资，可以减少现金和股息支出，从而有效地降低购并成本。

虽然追求品牌扩张效应，成为许多企业购并的动因，但购并中的品牌扩张效应不是无限制的，它会受到购并企业品牌价值、被购并企业的技术支撑能力及购并双方产品之间的关联程度等因素的制约。我国当前品牌营销方面面临的突出问题表现在：知名品牌数量极少、品牌缺少核心技术的支撑、品牌扩张方面存在许多误区、品牌保护意识不够等。因此，如何全面认识品牌内涵，充分发挥品牌在企业规模扩张中的积极效应就成为当前及今后一段时期的重要课题。

(刘志红)

《竞争力》月刊

# 品牌扩张：失误与规避

品牌扩张是企业实现其市场扩张和利润增长的“高速路”。它强调的是企业对已实现的某个品牌资源的充分开发和利用，使名牌生命不断得以延长，品牌价值得以增值，品牌的市场份额不断扩大。品牌扩张一般可通过以下途径来实现：1. 对原产品进行创新以推出改进型产品，或通过对其他行业、企业的兼并、收购、参股、控股等借品牌输出以推出新产品；2. 推出新的包装规格，新的口味及新样式的产品；3. 利用各种营销方式实现原产品市场份额的扩大，如中国邦威的“千店工程”，即到2000年在中国建成一千个服装邦威品牌的专卖店。

任何名牌都不是任命的，品牌扩张从某种意义上说，也就是要赢得更多的消费者手中更多的货币。在当前激烈的市场竞争中，一个企业的品牌不进行扩张，就可能要承担其品牌市场份额被其他名牌侵占的风险。1978年，港商曾提出要与被誉为“啤酒中的茅台”的中国青岛啤酒公司合作在香港建分厂，被青岛啤酒公司拒绝，结果生力、嘉士伯等洋啤酒乘虚杀入香港建厂，青岛啤酒在港的市场份额迅速由50%下滑到10%。“青岛啤酒”作为国际名牌由于不扩张而造成的失误，不能不说是一个惨痛的教训。相反，借助品牌扩张，企业可以成功地实现低成本企业扩张，以更大的优势来立足市场，占领市场。如无锡小天鹅公司与武汉洗衣机厂、营口洗衣机厂以“达标加工”的形式合作生产小天鹅牌洗衣机，在增加了该品牌产品的产量和品种的同时，也大大提高了小天鹅牌洗衣机的市场占有率，企业取得了理想的经济效益。

**品牌扩张失误的成因及表现**

品牌扩张不论走何条道路，总是要承担不确定的市场风险，可能是品牌扩张本身决策的失误，可能是消费者的需求重心转移，从而导致企业品牌扩张的失败，即品牌的市场份额不仅没能得到扩大，反而萎缩，严重的甚至危及企业的生存；或市场份额有所扩大，可代价却是扩张的成本大于其收益。这就是品牌扩张的失误，其主要源于以下几个方面：

**1. 企业错误地评估自己的品牌实力**

品牌实力主要是指企业所创立的某品牌在消费者中的地位与影响力的

大小，对企业的生存与发展存在着决定性的影响作用。品牌扩张的关键点是要输出品牌。一个企业如果高估或在无法把握自己品牌实力的条件下，将品牌扩张战线拉得过长、过宽，就会由于精力过于分散，而最终适得其反。20世纪60年代，美国第一香烟品牌宝马延伸其品牌，推出了薄荷烟，特级淡烟，淡味百公厘，结果前两个品牌败给清凉和万事发，致使宝马的市场份额大幅缩减，从此一蹶不振。

**2. 迷信品牌忠诚忽视品质竞争**

品牌忠诚是消费者在一个购买决策单位中，多次表现出来的对某个品牌有偏向性的行为反应，它为品牌产品提供了稳定的不易转移的消费者，从而保证了该品牌的基本市场占有率。然而，消费者的品牌忠诚绝不是无条件的，它根源于企业对该品牌严格的技术要求，即该品牌有卓越的品质保证。一旦某企业迷信于品牌忠诚，企业要么就会缺乏创新动力，认为自己的品牌就等于市场；要么就会在促销中搞经济打折销售等，使名牌在消费者心目中既有的主体形象大打折扣；要么就会盲目地开发和利用“品牌”资源，而不顾产品质量。其结果是使品牌信誉扫地，使消费者放弃这一品牌的产品。

**3. 单一品牌扩张中品牌优先效应的丢失**

任何一个企业在创牌伊始，都有其严格的市场定位，如美国的七喜饮料将其产品市场定位为“非可乐”；宝洁公司的产品却是一品牌一定位，“头屑去无踪，秀发更出众”的海飞丝；“头发更飘，更柔”的飘柔；“拥有健康，当然亮泽”的潘婷。这种精确的市场细分所创出的品牌一推向市场，就会给消费者予以较深的印象和影响，在很大程度上左右消费者的品牌选择。一个企业在单一的品牌扩张中，以同一品牌推出各具特色，性能各异的产品，就会模糊消费者对该品牌的印象。德国的大众汽车公司，在打入美国市场时，以大众的“小一点”实用主义面孔为美国人所青睐，但后来，又向美国推出八种新车型，想把消费者心目中对大众的可靠性和高质量的好感扩张到更大，但昂贵的汽车价格，不仅使大众新车型没能顺利打开市场，反而使原来的小型车市场也相对下降。

**4. 品牌扩张与产品品牌化误区**

在纷繁复杂的产品市场上，并不是所有的产品都要实现品牌化，如食盐、大豆等就无需品牌化；同时有的产品也不适应片面地名牌化，因为名牌产品在市场上必须以其较高的市场价格来体现名牌身价。

此外，品牌扩张的目的是市场份额的扩大，利润的提高，品牌价值的增值。品牌扩张中决策的失误，会导致这一目的发生错位。1993年菲利普·莫里斯公司为夺回万宝路失去的市场份额，决定将每包万宝路香烟的价格削减40美分，其结果是在夺回市场份额的同时也使与万宝路品牌有关的营业利润下降32%，商标价值下降了36%。这种以利润减少和品牌价值下跌来换回品牌市场份额的扩大，却使品牌价值暴跌，其代价是惨重的。

**1. 规避品牌扩张的失误**

企业必须科学地评估其品牌实力

品牌扩张是品牌实力的体现和要求，因为品牌扩张是借助已有品牌的声誉和影响向市场推出新产品或将原产品推进新市场。因此，在品牌瓜分市场的今天，品牌实力是品牌扩张的基础和前提。只有当一品牌有足够的实力，才可以保证扩张的成功。尽管品牌扩张与品牌实力是相互推进的，但品牌扩张的起点应是品牌实力。同时，某企业依品牌实力进行扩张时，应注意扩张中产品技术要求的相关性，所扩张的目标新市场的相似种。改进产品品质，珍惜品牌声誉，巩固消费者的品牌忠诚。

美国总体系统咨询机构所做的调查结果显示：购买商品时，认为品质比价格重要的消费者呈明显上升趋势，1989年较1978年提高了50%，占到了被调查对象的80%。说明一个企业的产品如果从一流变为二流，消费者会马上掉头去买新的一流产品，品牌忠诚绝不是品质的对手。因此，企业必须通过不断的技术创新实现品牌扩张，“小天鹅”全自动洗衣机，由5型、7型、8型、

标　识

传　媒

到 91 型，不断以新面貌出现，成为洗衣机行业的后起之秀；有“钟表之王”美誉的瑞士钟表，平均每 20 天就有一种新产品问世。品质正是以这样创新巩固了消费者对其品牌的忠诚。而同时企业还必须注意在品牌扩张中保护自己的品牌，珍惜品牌。山东青岛啤酒在一统鲁牌中，尽管其对产品实行统一的技术监制和质量标准检测，但为了保证“青岛啤酒”的“纯度”，坚持不把“青岛啤酒”的牌子用在其他啤酒上。日本索尼公司的品牌为世界许多企业所推崇，许多企业愿出巨资借用商标或与之联营加工，出于保护品牌的考虑，均被索尼公司拒绝。这些都是出于防范万一品牌被砸的风险。

2. 通过再细分市场强化品牌特色

名牌的生命力就在于其鲜明的个性特征，品牌定位的目的就在于创造和渲染企业及产品的个性化特征。因此在品牌扩张中必须进行准确的市场细分和再细分，以界定品牌的适用范围。“不求廉价、便利，只求富贵豪华”的口号，使劳斯莱斯轿车在竞争激烈的汽车市场拥有一席之地；“非可乐”的宣言，使美国七喜饮料畅销不衰；在洗衣粉市场，奥妙强调高效，碧浪突出去污力，汰渍渲染去污渍，这使它们都拥有自己的顾客群。在品牌扩张中，借严格的市场细分，品牌个性化的强调，才能强化消费者的品牌优先效应。

3. 注意名牌产品形象与企业形象的统一

企业一旦创立了名牌产品，就要及时通过构造鲜明的企业精神，高品位的企业价值等，把名牌产品名牌企业一致起来。日本东芝公司生产的产品从彩电、冰箱到电池、磁带全叫“东芝”。这样，人们见到名牌产品就会联想到名牌企业，见到名牌企业又会联系到它的名牌产品。这种企业形象、产品形象的名牌联想效应，可以保证名牌企业在进行品牌扩张中推出任何新产品都容易为市场和消费者所接受。

（郑　芳　林木雄）

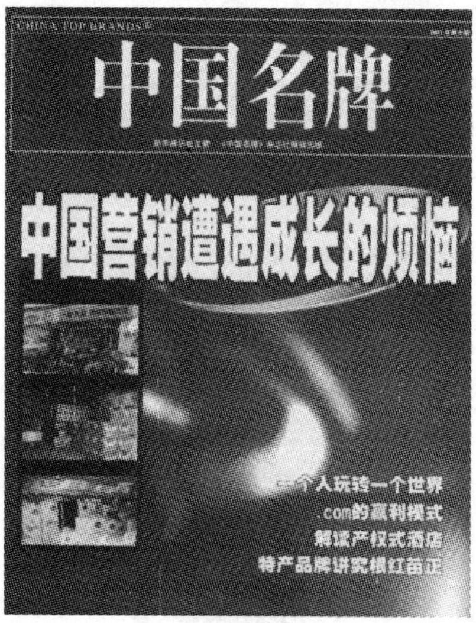


《中国名牌》月刊

# 名牌十问

## ——中国名牌推进工作解析

2001 年有一件大事不能不大书一笔，那就是中国名牌战略推进工作的正式启动。它不仅受到了政府、企业和公众的广泛关注，而且经由政府积极推动、中国名牌战略推进委员会组织有关专家按照客观、公正、公平、公开的原则和科学、严格的评价程序，推出了建国以来首批中国名牌产品。

一问：名牌是评出来的吗？

从一般意义上讲，名牌不是评出来的，而是企业和消费者共同创造出来的。这和名牌的概念有关。什么是“品牌”？什么又是“名牌”？简单地说，名牌就是知名的品牌。而品牌是用来识别一个或一群卖主的商品或劳务的名称、术语、符号及图案。何为“知名”？就是绝大多数消费者或用户知道你，了解你；反过来说，你的名声、信誉、文化、价值观对消费者有较大的吸引力、影响力、亲和力和号召力，消费者或用户相信你，甚至愿意长期买你的产品。所以，名牌怎么能靠某个机构或某些个人来人为给他“加封”呢？老百姓（消费者）心里有杆秤，是不是名牌，只有他们才说了算。

但是，任何事情都不能绝对化。在市场经济条件下，随着专业分工的细化，一些专业机构通过对市场竞争的形态、方式及结果的研究，通过对市场的主客体的客观分析，以一套相对科学和公正的方法，调查取证然后掌握了老百姓对商品（产品）的看法与评价，总结归纳并将其最佳者冠以“中国名牌”称号，同时在大众媒体上予以发布和传播，这样的工作于国家、企业、市场及消费者自然是有意义的。而这种“旁观者”给予的评价又有效地回避了“老王卖瓜自卖自夸”的嫌疑。就此而言，名牌也可以说是评出来的，也需要社会上有关部门收集民众对商品的评价，参与评价，公布调查结果，问题的关键是评价标准是否科学公正，运作是否规范透明。

2001 年，中国名牌战略推进委员会正式启动了这项工作。它的意义至少有这样几点：一是中国已加入 WTO，参与国际市场竞争的需要。二是中国有效扶持和保护名牌产品是企业的需要，可以弘扬正气，打击假冒伪劣商品（产品）。对真正有实力生产的商品（产品），质量好、服务质量优、市场占有率高，消费者口碑好、满意度高，技术开发能力强、有后劲和发展前景、经济效益显著的企业就要大力宣传推广，该“加封”就“加封”，该保护就保护，该支持就支持，使他们有实有名，实至名归；规范并逐步建立良好的市场经济秩序，为企业创造公平的竞争环境。三是有利于制止社会上那些以营利为目的或违规操作机构的乱评比、乱“加封”，减轻企业负担。四是推动中国名牌产品发展壮大，逐步走向世界，最终成为世界级名牌产品和名牌企业的需要。五是有利于指导和帮助消费者或用户明辨真伪，方便快捷地选购商品（产品）。六是有利于促进中国产品质量、科技创新能力和经营管理水平的进一步提高。

**二问：有知名度就是名牌吗？**

答案当然是否定的。名牌的三个基本要素是知名度、美誉度和忠诚度，三位一体，缺一不可。回顾中国改革开放以来所走过的道路，不难看出，部分企业从开始信守“好酒不怕巷子深”的观念，忽视企业和品牌的知名度的作用，到一味求名，靠广告的轰动效应提高知名度，以为只要有了知名度就可以迅速打开市场、带来效益，企业界对“知名度”的认识和理解发生了迥异的变化，也曾走过不少弯路。譬如山东“秦池”酒厂以 3.2 亿元夺得中央电视台广告“标王”的典型案例，有人说“秦池”的广告效应可以用“每天开出一辆桑塔纳，赚回一辆奥迪”来形容，于是，企业决策者不顾市场经济规律和企业发展规律，盲目扩张，结果“秦池”一时名声显赫，最后终因管理不善而一蹶不振，消费者对其信任度也降到了最低点。

在信息高速发展的时代，面对众多同类产品，如果不做广告，产品和品牌的知名度就无法确立。但我们不能忽略这样一个事实：缺乏美誉度和忠诚度的产品，知名度再高，其品牌价值依然脆弱。因为名牌的美誉度和忠诚度是以其内在品质为基础的，它包括企业及其产品的质量、档次、技术、服务、信用、承诺、声誉等综合因素，品牌源于品质，品质不好，其美誉度和忠诚度也就不复存在了，知名度反而会加速其品牌副作用的传播，从而导致像“秦池”、“爱多”、“沈阳飞龙”、“南京冠生园”类似悲剧的重演。这种惨痛的教训难道不值得我们警醒吗！

按照《中国名牌产品评价管理办法》的规定，中国名牌产品必须满足这样几个条件：1. 实物质量达到国际同类产品先进水平、在国内同类产品中处于领先地位；2. 市场占有率居行业前列；3. 知名度居行业前列；4. 顾客满意程度高；5. 具有较强市场竞争力；6. 中国制造；7. 经中国名牌战略推进委员会确认。由此不难看出，知名度只是 7 大条件中的 1 条。

**三问：工业产品如何成为名牌？**

在一些专门制造生产资料类产品的企业里，我们经常听到这样的说法：我们的产品是工业产品，和老百姓离的太远，怎么能成为名牌呢？的确，生产资料类的工业产品是过渡产品，不是最终产品，要么是别人的原材料，要么是为别人配套的，用户有固定关系，是只占少数的专业人员。因为最终产品不和消费者直接见面，社会上大多数消费者对此了解就相对较少。而最终产品用户一旦与制造生产资料类产品企业建立了相对稳定的关系就不会轻易改变，销售主要是靠质量，只要质量不出问题，销售就没有问题。这类企业大多认为花很大的力气、很多的经费去搞宣传，去提

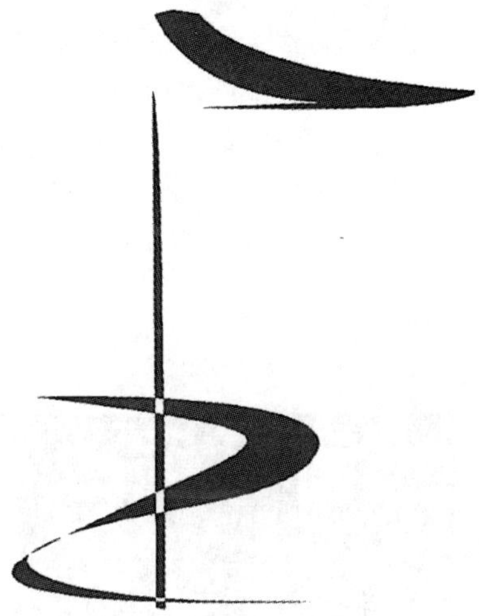

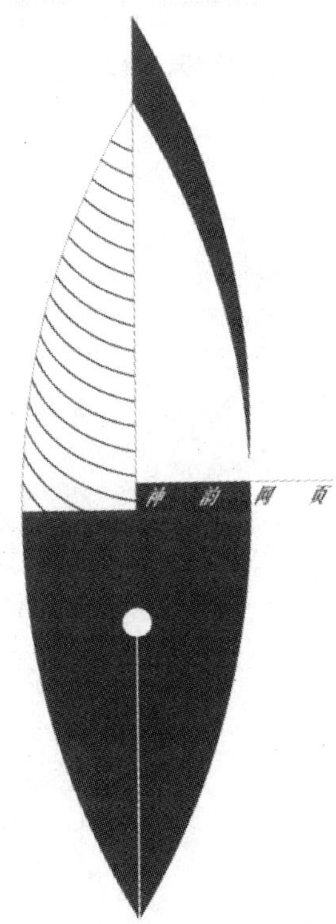

《南风窗》月刊

高产品和品牌的知名度，并没有实际的效益，可能是一种浪费。

这种说法有一定道理，但也不完全有道理，说它有道理，是因为的确存在这种情况，如果生产和经营生产资料的企业，不分青红皂白地也像生产消费品的企业那样，靠做产品广告来提高其品牌知名度，确实会产生得不偿失的后果。这些企业关注的必然是下一个环节——使用其产品的用户。

说它道理不完全，是因为这种看法过于绝对化。前面我们说过，名牌不只是知名度，知名度属于表面性的东西，其实质即质量、技术、服务、用户满意度、市场占有率、企业信誉度、承诺的兑现状况等和市场竞争力有关的内容，才是根本，才是最重要的。没有高质量的生产资料类的产品组合生产出高质量的最终产品，同样最终创不出名牌产品，还会被名牌所抛弃。

那么，工业产品如何才能成为名牌产品呢？第一，以产品的高品质和服务的高质量不断提高市场占有率。太原钢铁（集团）有限公司的不锈钢产品在创名牌产品过程中的做法就值得借鉴，他们认为：要成为名牌产品，一是要有过硬的产品质量，二是要通过有效的市场销售手段，提高产品的市场占有率，使用户对产品有相当的忠诚度。太钢创名牌有一个鲜明的特色，就是实行产品对标。即对已有的产品进行分析，找出影响产品质量的所有工艺环节，看看哪些指标和国际先进水平有差距，自己产品的问题出在哪儿？如何采取措施进行改进？同时制定出详细的攻关时间表，第一年做什么，第二年做什么，所有问题在限定时间内必须解决，直到一项一项全部达到国际标准。其实，攻克这些质量难关的过程，就是使产品质量达到国际先进水平的过程，也就是创名牌的过程；第二，生产资料的企业，在其发展过程中有一个多元化经营的问题，不仅会经营原来的生产资料，而且会进入生活消费品领域。如果自己原来的品牌有一定的基础，就比较容易些；如果原来没有品牌的基础，相对就会比较困难。如日本的"三菱重工"，原来是一个重工业企业，因为品牌名气较大，进入到其他领域也比较方便，像其生产的空调就很受消费者的青睐；第三，随着企业规模的扩大，一些生产资料企业就面临资产重组、兼并等资本运作的任务。在这个过程中，品牌的作用如影响力和扩张力、品牌的资产评估等问题都出现，如果此时注重与名牌企业联合，就有可能选择一条创名牌的捷径。

**四问：名牌"短命"为哪般？**

天津商学院副院长、教授韦福祥在对中国名牌进行了理性分析和研究后认为：六大原因造成了中国名牌长不大。

1. 社会转型时期的"浮躁病"是中国品牌发展的最大障碍。浮躁使得中国企业忽视品牌成长的自然规律，急功近利，试图一蹴而就，而不是踏踏实实地履行自己对消费者所做出的承诺。"标王"的炒作就是最生动的例子。当国内企业在"标王"问题上几乎癫狂的时候，国外的名牌企业却没有一家投标！因为真理是"名牌不能速成"！速成的结果必然是"短命"。以家电产品为例：1995年，国内的家电品牌有200多个，到了2000年仅剩下20多个，短短5年的时间品牌被淘汰了90%，问题就出在中国许多企业只想盖大楼，不想打地基。

2. 理论的匮乏混乱使得企业品牌战略缺乏强有力的支撑。理论匮乏使得企业在品牌经营问题上多以照搬国外品牌经营理论，出现"食洋不化"；而理论的混乱则使得企业无所适从。

3. 品牌的道德"盲区"。义利冲突的传统文化症结，使得中国商人无意识地自轻自贱，在担负社会责任方面显得被动和不那么理直气壮。信用的缺损是中国"名牌"短命最重要的原因之一。"巨人"的衰落、"三株"的颓败和"延生护宝液"的销声匿迹都充分说明了这一点。

4. 品牌"人格化"的约束。中国一些品牌的成长史带着浓厚的个人色彩与时代特色，所以品牌的自我化与民族化成为众多品牌的一大特征，而这正是中国品牌走向市场化、国际化的羁绊。适应未来网络经济信息化社会的要求，中国品牌发展的归宿就是市场倾向国际化，而不是单纯的自我或民族化。"爱多王朝"的没落便是有力的佐证！当然，国际化并不是不要民族化，牛仔有牛仔的情调，旗袍有旗袍的风韵，越是国际化，就越要民族化。但这种民族化应是融入国际化的民族化。

5. 国家品牌形象弱化对企业品牌的影响。在国际市场上，每个品牌所代表的都是一个国家、一个民族，单个品牌对国家品牌形象的形成会产生渐进性的影响，各个单个品牌影响的累积便构成了国家品牌形象，而国家品牌形象一旦形成，会对企业单个品牌产生致命的影响。

6. 恶劣的市场环境阻碍了中国品牌的健康成长。如地方保护主义、行业垄断以及各种不正当竞争方式，市场上假冒伪劣产品的猖獗和对之打击力度的软弱等等，都对中国名牌的健康成长造成不良影响。

**五问：中小企业和名牌无关吗？**

一些中小企业在名牌战略的认识上存在一种误区，或者认为中小企业和品牌无关，创名牌是大企业的事；或者认为名牌是很重要，但自己企业要争创名牌难度太大，不好操作。中小企业究竟该如何打造名牌呢？中国著名品牌研究专家艾丰认为："名牌之路对所有规模的企业都是敞开的，关键在于经营者的思路"。

1. 中小企业可以独立创造自己的名牌。企业规模大的确有利于创名牌，从2001年已经获得中国名牌产品称号的企业看，绝大多数是大企业，他们的优势较明显。但不能因此就认为名牌是大企业的专利，中小企业就不能创名牌。从名牌发展的历史看，许多今日大名牌，开始的时候也是个中小企业。它们许多是有名以后才变大的，而不是先大才有名。像"海尔集团"开始也是从街道小厂起家的。

2. 中小企业可以在起步阶段借用别人的名牌。比如中国冰箱行业当年引进国外技术，现在许多企业也都成了名牌企业，创出了名牌产品。

3. 为大名牌服务过程中成长为"小巨人"。中小企业通过为大企业加工，逐步成长为专业或该领域的"巨头"。例如中国许多小企业为著名的服装皮具品牌像"鳄鱼"、"耐克"、"金利来"等加工产品，后来被外国公司认可，成为有相当规模的独立小巨人。还有一些摩托车的零部件生产企业，通过为"嘉陵"等大企业配套，逐步成为供应全国乃至国外许多名牌摩托车的零部件生产基地。

4. 通过加入集团的形式进入大名牌体系中。如大名牌实行连锁经营、特许经营，就是中小企业加入名牌集团之路。大集团一般实行多法人制，即大集团里也有许多中小企业的独立法人，也是可以有作为的。

5. 小企业联合创名牌。最典型的例子是上海"恒源祥"，由众多小绒线企业共同创造出一个名牌。

6. 中小型民营科技企业，可利用知识优势创名牌。像美国的"微软"、"雅虎"、"亚马逊"，中国的"远大"中央空调等，在高新技术领域，名牌的产生不是靠规模的大小，而是靠技术的领先程度。这是中小企业创名牌的捷径，也是未来创名牌之路。

**六问：评中国名牌是否不利于开放？**

有人说，2001年，评价认定中国名牌产品，排除了在中国境内合资生产的外国企业及其产品，这是不是不利于对外开放？

在目前全球经济一体化的进程中，还不存在没有资本的市场经济，也不存在没有归属的资本。资本的归属第一个范围就是国家或民族。那么，作为无形资产或无形资本的品牌，必然是有归属的；同样，在世界范围划分，它的第一个层次的归属就是不同的国家。所以我们提出了中国名牌这一概念。实施中国名牌战略，就是要创造和发展属于中国自己的名牌产品，促进中国名牌事业的发展，其目的是为了振兴中国的民族经济，而不是其他。这与党中央提出的在对外开放中要注意国家经济安全、要提高对外开放水平的精神是一致的。另外，对外开放是一个不断深化的过程，必须时刻注意新情况，研究新问题，提出新对策；尤其在中国刚刚加入WTO的时候，必须爱护和保护中国民族工业，扶持还

标　识

天馬服飾

SEASON'S GREETINGS

美心快餐

传　媒

很弱小的中国名牌产品，使其发展、成长、壮大。如果评出的中国名牌产品是在国内生产的外国品牌，那将还是外国的名牌，这里也存在知识产权的归属问题。评中国名牌的过程恰恰是与国际接轨的过程，不仅不会影响对外开放，反而会促进对外开放的进一步发展。

**七问:名牌培育的途径何在?**

如果说名牌的评价是对企业打造名牌成果的一种认可，那么名牌的培育才是实施名牌战略的核心和实质。名牌培育是一项大的系统工程，政策性、社会性和专业性都很强。它需要政府主管部门的支持和领导，需要企业的艰苦努力，需要社会各界的关注，还需要名推委的组织协调，必须长远规划，明确目标，突出重点，逐步实施。具体讲，第一，先确定要培育的产品，再确定有条件、有能力、有积极性的企业来实施，然后对照国外先进水平找差距，组织专家制定培育名牌产品的实施方案，限期完成，要有专门机构和专人负责，及时检查，锲而不舍，务求实现。第二，国家要在政策和财政上给予鼓励和支持。第三，培育名牌离不开市场，包括产品的价格策略、营销策略、广告策略、服务策略等。第四，组织协调与宣传推广。

《新周刊》

**八问:名牌为何发展失衡?**

在实施中国名牌发展战略的过程中，我们发现这样一种现象：在原来经济较发达的大城市，名牌产品并没有如人们预计的那样迅速兴起，倒是在原来经济欠发达、人们认为并不可能出现大名牌的地方出现了名牌。这是名牌产品在地区发展上的失衡。比如“长虹彩电”产生于四川西北的绵阳，“春兰空调”崛起在江苏的泰州；经营生产资料企业创名牌的产品，明显少于经营生活消费品的，这是名牌产品在行业发展上的失衡；在企业层面名牌产品的发展也是这样，一些企业十分重视打造名牌产品并取得显著效果，像“海尔”一举夺得5个产品的名牌，另一些则不重视名牌产品的培育与打造。

究其原因，一是无论企业、地方政府还是行业主管部门，对名牌意识的培养重视不够；二是企业在市场竞争中，运用名牌的战术方法和策略有偏差和失当之处，比如由于竞争与合作之间的关系没处理好，靠价格战挤垮别人为自己胜利的前提，已经影响到各家企业以至整个行业的经济效益；三是地方政府利用名牌产品和企业的带动效应，整合和促进当地经济的政策法规、组织保证、经验推广措施不到位；四是对国外名牌理论方面的学习与借鉴不够，缺乏对名牌创建和运作规律的理性认识，必然造成实践中的盲目与被动；五是对中国名牌产品成长的条件、培育手段、成功与失败的名牌产品案例的总结、分析与研究欠缺。

**九问:如何保护名牌?**

名牌的创立与保护是相辅相成，互为依托的。新《中国名牌产品管理办法》以国家质量监督检验总局政令的形式发布，就如何保护中国名牌产品作出以下规定：中国名牌产品证书的有效期为3年，即不搞终身制；中国名牌产品在有效期内，免于各级政府部门的质量监督检查，对符合出口免检有关规定的，依法优先予以免检；中国名牌产品在有效期内，列入打击假冒、保护名优活动的范围；对已经获得中国名牌产品称号的产品，如产品质量发生较大波动，消费者(用户)反映强烈，出口产品遭国外索赔，企业发生重大质量事故，企业的质量保证体系运行出现重大问题等，国家质检总局可以暂停或者撤销该产品的中国名牌产品称号；中国名牌产品称号、标志只能使用在被认定型号、规格的产品上，不得扩大使用范围；未获得中国名牌产品称号的产品，不得冒用中国名牌产品标志；被暂停或撤销中国名牌产品称号的产品、超过有效期未重新申请或重新申请未获通过的产品，不得继续使用中国名牌产品标志；禁止转让、伪造中国名牌产品标志及其特有的或者与其近似的标志，违者按《中华人民共和国产品质量法》对冒用质量标志的规定进行处理参与中国名牌产品评价工作的有关机构和人员，要保守企业的商业和技术秘密，保护知识产权。

**十问：2002年的名牌评价工作将集中在哪些领域?**

总体来讲，2002年中国名牌战略实施及中国名牌产品的评价认定工作，将在2001年成功试点的基础上，向更广、更深的领域推进。按中国名牌战略推进委员会主任林宗棠的话说，就是要做到六个一点：更细一点、更深一点、更广一点、更高一点、更强一点、更大一点。细，就是细致，评价和推进工作要更扎实细致。深，就是深入群众，深入市场，深入企业。广，就是推进范围更广一些。高，就是高水平，高标准，高质量，向世界水平前进。强，就是宣传主旋律的声音更强一些。大，就是对经济的影响更大一些。

那么，2002年中国将选择哪些范围内的产品进行评价和认定呢？据中国名牌战略推进委员会有关负责人介绍，目前还没有制定出产品目录，但已有几项要注意把握的原则：一是符合国家产业政策，二是产业集中度相对较高，三是关系国计民生，四是在国民经济中所占比重较大。 （冯广平）

## 乔远生专栏

# 产品·品牌·名牌

晚上的沙龙，听一位侃友开口必言名牌或品牌。“名牌就是知名产品……”。他还在口若悬河地大谈特谈，听起来似乎也没错，但对名牌的定义显然是他搞错了。

如果有人拿出万宝路香烟，冲你说：“这是名牌！”深信没有人会反对，但这都不足以证明“名牌就是知名产品”。普通老百姓当然不必咬文嚼字去考究，而对专门从事品牌管理和推广的人来说，这是个大问题。

品牌不是产品。你可以到肉菜市场看看，许多产品是没有品牌的，鸡就是鸡，鸭就是鸭，冬瓜就是冬瓜，土豆就是土豆，它们往往只有产品名称而没有品牌名称。当然，广东知名的清远鸡稍有不同，至少它不是没名没姓的鸡，是清远鸡。当然清远鸡也不是品牌，因为没有人将它注册成商标。

事实上，所谓名牌是指知名品牌，而不是知名产品。品牌并非一定要知名才有资格称为品牌。无名品牌也是品牌，知名品牌也可以是知名的劣质品牌。

上大学的时候，教授曾反复地告诉我们，品牌通常有几方面的特征：一是有特别的名字，二是这个名字有特别的读音，三是有特殊的图案及组合，第四方面最为重要，就是将上述三个方面按法律程序进行注册，成为商标。清远鸡之所以不是品牌，是因为没人将它注册。假若你读到这里按捺不住，立即跑到工商局去注册，肯定白跑一趟，工商局现在不允许任何人将地名注册成商标。如果你手中已拥有由地名构成的商标，那肯定是在过去有关法律不完善的时候注册的。

有时候，品牌和产品在诉求上也并非统一的。正如现在香烟的烟盒上写着：“吸烟危害健康！”而事实上人们仍然不顾健康地要吸烟，而且看着烟盒上的“忠告”文字，抽起来觉得更过瘾。于是政府的忠告也成为品牌的组成部分。记得曾经看到一幅万宝路香烟的广告，政府的忠告被放在特别显眼的位置，字号出奇的大，内容差不多带有“恐吓”性质：“政府忠告市民，吸烟可以致命！”危害健康的香烟已变成致命的东西，可是仍然有人不要命地吸，显然是产品的特性而不是品牌的风格在起作用。 （侯 斌）

## 标 识

同和实业

T&H Industrial

传　　媒

# 消费者心理研究在品牌营销中的运用

《新闻周刊》

成功品牌的一个重要特征，就是始终如一地将品牌的功能与消费者心理联结起来，通过对消费者心理的研究，更好地将品牌信息传递给消费者。

## 一、消费者心理与品牌设计

消费者购买商品的心理活动，一般总是从对商品的认识过程开始的，而在激烈竞争的同质化市场上，品牌成为人们选择商品的重要依据，因此，品牌设计也就显得犹为重要。品牌设计主要包括品牌的名称、标识物和标识语的设计，它们是该品牌区别于其他品牌的重要标志。品牌名称通常由文字、符号、图案或三个因素组合构成，涵盖了品牌所有特征，具有良好的宣传、沟通和交流作用；标识物能够帮助认知、联想和使消费者产生积极的感受、喜爱和偏好；标识语的作用一是能为产品提供联想，二是能强化名称和标识物。消费者购买商品的一般心理过程包括了对商品的认知、注意、记忆、联想、想像等心理活动，企业为使消费者在众多商品中选择自己的产品，就要利用品牌名称和品牌的视觉形象引起消费者的注意和兴趣，品牌才会日渐走进消费者的心中。

品牌名称看起来只有几个字，但正因为如此，策划起来愈加困难。美国新泽西标准石油局改名为“埃克森”石油公司，仅创意策划“埃克森”品牌就历时2年，耗资巨大，调查研究了世界上70多种文字而成。品牌名称的策划，既要考虑产业的特点、消费者特点，还要考虑同行品牌的参照，品牌名称各种文字的音、形、谐音、误解、近义、联想等因素，在中国各种地方方言及多种方言土语特有的语言含义更是防不胜防，一不小心，一个好好的品牌就变成了人们的笑料。像以健康人民为宗旨的武汉健民药业集团，就因为“武汉健民”的“健”与“贱”为谐音，而导致不少武汉人的不满。

人们对品牌的信息大部分是从视觉中获得的，因此，建立良好的品牌视觉形象也是十分必要的。品牌的视觉形象必须是统一的、稳定的，这是品牌吸引消费者的重要条件之一。美国斯坦福大学商学院1996年一份关于世界100家最知名品牌的研究报告显示，著名品牌创办有一半经历百年依然势头强劲，如宝洁(1837年)，IBM(1911年)等。品牌视觉形象的统一和稳定，主要表现在四个方面：(1)文字。如SONY、同仁堂等，几十年甚至百年不变，形成了统一稳定的固有形象。(2)图形。如海尔的兄弟图样，可口可乐的变体图形，强烈地展示品牌的魅力。(3)颜色。如IBM采用博大和谐的蓝色，象征着品牌的特性和生命力。(4)由文字、图形、颜色的有机结合，更加反映了品牌的产立体式视觉形象。

## 二、消费者心理与品牌定位

品牌定位反映了品牌的个性特征，没有个性的人容易被人忽视，没有个性的品牌同样被人们遗忘，品牌之所以成为名牌，是因为其所营造的品牌个性影响着消费者。凡是成功的品牌都有准确的定位，如世界级品牌“万宝路”就是在再定位后走向辉煌的。“万宝路”厂家原来生产的烟味淡，没有滤嘴，白色包装，品牌定位以女性为主，市场占有份额极低。1954年重新界定市场、突出个性，重新定位的新“万宝路”属重口味香烟，主要针对男性。它的定位原则是强调万宝路的男性特征，代表人物以牛仔形象出现，其个性突出，不仅受到男性的认同，同时也受到女性的青睐。

由于不同的消费者群体有不同的消费心理和消费特征，同时，社会文化习俗和消费习惯也会对消费者产生影响，正因为如此，做品牌策划工时首先要对品牌进行定位，明确这一品牌当前及今后将用于哪个行业、哪个领域，其消费者是哪一群人，他们的性别、年龄、职业、文化程度构成如何？为品牌定位的基本方法，就是要研究不同的消费者，从消费者的消费特点、文化习俗、消费习惯与需求等方面为品牌寻找到一个有力的位置，然后综合运用品牌所有的营销要素去占据和适应这个位置及其以后的市场变化，便能获得较持久的市场份额。如美国某化妆品公司生产的SPF15是一种护肤保健品，该品牌定位为防晒、保健、防患皮肤癌产品，消费的主体青年男女对此反应十分冷淡。后来公司将产品定位为日晒下的保护品，能促进皮肤光滑、色彩亮丽，使它热销于青年男女群中。

三、消费者心理与品牌创新

虽然不同的消费者其消费的个性心理特征不同，不同的消费者群体也有其不同的特点，但随着消费的日益多样化，消费者在商品选择时总是存在一种求新的思想，这一心理在品牌营销中也无例外。因此，品牌创新是品牌的生命力和价值所在，是获得品牌心理效应的重要举措。品牌创新包括创品牌和品牌更新：一方面，任何产品都必须创立自己的品牌，产品具有品牌特征，别具特色，才能吸引消费者；另一方面，已经创立的品牌，也有个再创和更新的问题。例如“商务通”掌上电脑在营销推广中，不仅注重其品牌的宣传，并且不断的进行品牌创新。在标识语上，从“手机、呼机、商务通，一个也不能少”到“商务通，科技让你更轻松”，使消费者在接受该品牌的基础上更进一步的认识产品的性能和特点；在品牌形象的宣传上，利用名人效应进行广告宣传，推出几位不同的形象代表；在品牌产品方面也有很大的创新，不断的改进和开发新产品，从“商务通”到“商务通一夜光宝盒”、“商务能一连笔王”等，使消费者感受到该品牌在不断的发展，展现出其强大的生命力。品牌创新还表现为一种品牌下多种产品的开发，如“统一”最初只是一个在方便面这一种产品上具有影响力的品牌，而如今它已发展成为一个多品种的品牌，如“统一”系列茶饮料等。

四、消费者心理与品牌文化

在营销活动中，企业面临着变幻莫测的文化环境，社会文化、风俗习惯同消费心理有密切的关系，从而对消费者购买欲望和购买行为产生不同的影响。这些文化因素往往会对企业营销活动是否正常开展产生深远影响，尤其是在跨国营销活动中，目标市场国存在的特殊文化因素和文化背景往往容易被忽略，因此在品牌竞争中，应对目标市场的文化环境进行仔细的观察和深入的了解，考虑品牌的文化传统和价值取向，这已成为研究品牌竞争中不可缺少的因素。一个品牌文化传统和取向是企业品牌塑造的重心所在。品牌中的文化传统部分，是唤起人们心理认同的最重要的因素，有时甚至作为一种象征，深入到消费者的心中。未来品牌的竞争能力，实质体现在品牌对文化传统的融合能力：一是品牌与文化传统的价值，如真、善、美的融合；二是品牌与消费者的文化心理和价值取向的融合，如新飞的绿色概念、海尔无菌、保鲜概念，都产生了积极的心理效应。

一个品牌的文化融合，必须立足本土，包容国际间各种文化因素。如美国Coca Cola在20世纪20年代初首次进入中国市场时，根据Coca Cola的英语发音，译成中文牌子为“口渴口蜡”投放市场后销量极低。因为很多人将“口渴口蜡”理解为“口渴时喝一口蜡”而不予购买。Coca Cola公司发现这一情况后，马上组织人员对产品进行更名，他们在研究了4万个汉字的基础上，最后确定了发音相近、读音悦耳、寓意精妙的“可口可乐”这四个中国字，所获得的成功众所周知。又如中国的“红豆”牌服装，没有直译为“RED SEED”，而是翻译为“LOVE SEED”——“爱的种子”，这就很好地包含“红豆”本身具有的文化底蕴，使得“红豆”牌服装在海外大受欢迎。以上的例子都体现了品牌的文化融合，收到了很好的效果。

（闫　雯）

标　　识

创　　意

品牌教室

# 打造国际品牌的八个要素

中国改革开放20年来，已经有一批明星企业在国际上有了一定知名度，但是实际上具有国际竞争力的国际名牌还很少。目前品牌管理方面比较突出的问题表现在：有些企业增长速度很快，但是在世界市场上的占有率还很低；一些传统工业产品在世界市场上销路越来越好，但是自主知识产权的产品还是比较少；多数企业比较善于在商品市场上进行运营，但是能够利用国际资本市场进行运营的企业还是不多；一些品牌在一段时期打出一定名气，但是缺乏与时俱进，缺乏持久性、持续性，在世界市场上不是处于长期稳定的发展。

如果要想树立一个品牌，我认为起码要考虑以下八个因素：

**一、品牌不是短时间所能形成的，而要通过长期积累**

办企业必须老老实实，踏踏实实，要树立一个国际名牌需要经过10年20年甚至100～200年，我们不能追求短期经济效益，而应该长期知识积累、经验积累、能力积累、社会资源积累，形成长期稳定的增长。企业家中有一种浮躁心理，希望把企业很快做大，很快做强，这是不切实际的。

**二、树立国际名牌要处理好企业的利润最大化和信誉最大化**

一个企业如果信誉不佳，或者信誉度不高，即便利润最大化也不能作为名牌企业，要树立品牌就必须要坚持诚信最大化，树立一个社会公众中的诚信形象。 为了树立诚信形象，短时间内可能使企业遭到损失，难以实现利润最大化，但是如果坚持信誉最大化，最终会带来长期的利益最大化。个别企业通过不太正当竞争，不顾丧失信誉而追求利润最大化，这是不可取的。

**三、培育品牌从中国目前来说，应该有一个公平的竞争环境**

所有制歧视不利于社会生产力的发展，不利于创造国际品牌，不利于非公经济企业的发展，同时不利于公有制企业的发展。品牌是在竞争中形成的，是通过保护获得的。凡是在中国国土上进行生产经营活动的企业都应该一视同仁，应该有一个公平竞争的环境，由此创造出来的品牌才是有生命力的品牌，才具有持久性。

**四、要形成国际名牌必须要充分利用多种资源，特别要注意利用国际资源**

企业不可能所有资源都具有优势，因此不仅要利用国际上的市场资源、资金资源、自然资源等等，更要利用国际上的人力资源。中国一些名牌企业已经有这样的经验，他们利用国际的人力资源发展自己的国际名牌，包括聘请国外专家。这方面付出些代价是值得的，要获得国际优秀人才就必须按照现在的国际标准给予优厚的待遇。

**五、创立国际品牌必须要引进现代的管理经验**

现在有两种管理现象，一种现象是惟我独尊，封闭经营，认为中国的一切都好。另一种倾向认为国外管理就是最好的，国内管理思想、管理理论不科学。我觉得这两者都不合适。我们的管理具有优良传统，既有儒家的管理思想，又有革命传统，但是还不够，我们要面向国际市场进行开拓，在管

小乌龟都已经跑到终点了，你还没上到网？

理方面要积极吸取国外的先进管理经验，他山之石可以攻玉，但是我们也不应该妄自菲薄，特别是在引进国外管理经验的时候，应该考虑到它的实用性和可持续性、可移植性。工程技术和自然科学可以说是没有国界的，但是管理科学不仅有共性还有它的特殊性，要跟社会制度、社会情况相结合，要考虑到中国的特色，考虑到时代的发展。

**六、既要重视货币资本、物质资本的管理，也要重视人力资本的管理**

计划经济时代强调的人是简单劳动者，而不是复杂劳动者，强调的是广大劳动者，把管理放在第二线，因为那时的管理人员多数是"脱产干部"。现在的管理人员不仅没有脱离生产，而且是最主要的生产人员。管理人员不再是第二线，而是处在第一线的最前沿。在第一线的工人进行劳动之前，管理人员先要对产品、资金、建设等等进行规划。有的管理者说到人力资本管理，就是强调一不怕苦二不怕死，要延长劳动时间，这完全是一种误区。人力资本管理的关键是效益，而不是简单地拼体力、拼时间、拼设备。

我们强调人力资本，不仅要强调人力资本的投入，而且强调人力资本的产出。人力资本的重点是管理人员、技术人员等复杂劳动者，因为他们在单位时间内所创造的价值可以十倍、百倍、千倍于简单劳动。因此管理人力资本是最具有活力、增值性最高最强的劳动。

**七、既要考虑到企业股东的权益，也要考虑到职工的权益**

股份制企业的人可分为两种，一种是股东，一种是管理者或劳动者。要搞好一个企业，要创造世界名牌，既要考虑股东权益，也要考虑职工权益，单靠一方面是不够的。

股东通过股东大会来选举董事，由董事来做企业的决策，决策决定目标。我们不能忽视决策的重要性，有位将军说："战士在勇，将军在谋。"如果指挥错误，那么战士再英勇也没有用。而实际企业产品的制造、企业战略的实施还要靠决策者和广大职工共同完成，如果产品质量不高，技术含量太低，售后服务太差，经营管理紊乱，也不能够形成品牌。所以在处理股东权益和职工权益方面两者都要兼顾，两方面都要照顾到，尤其是一些上市公司，要统筹考虑股东权益、经营者权益以及广大职工的利益。

**八、重视团队精神和企业文化**

企业对科技往往非常敏感，能够及时引进或应用先进技术，但是还不够。企业必须重视建设自己独特的文化，必须有团队精神。不同企业的口号内容可能会各有侧重，但企业文化应有以下几个共同点：

一是重视人的素质，重视劳动者的素质，重视整个企业的总体素质，把素质放在第一位，坚持人本主义。二是强调诚信，不仅企业对外关系中要讲诚信，企业内部的管理也要讲究诚信，职工也应该有诚信，这也是团队精神的重要内容。三是讲求协作精神，企业内部各职能部门、每个人承担的责任和风险不一样，所能获得的利益也不一样，因此首先要分工明确，各司其职发挥专长，同时要互相配合互相协调。四是利益分享，这是企业文化和培育团队精神很重要的核心，比如一个企业效益很好，可是只顾股东分红，不注重提高职工的待遇、福利，这个企业便很难形成一个良好的氛围，很难稳住职工队伍。五是人员的流动性和企业的稳定性相结合。一个企业如果没有一批管理人员和职工比较稳定，这个企业很难保持原有的经营水平和产品质量。但如果一个企业无论是领导人员、管理人员和职工，尤其是管理人员都是老面孔，就会失去活力，缺乏创新精神。六是企业文化要与时俱进，不断创新，一个没有创新的企业是不能持久的，即使是已有的名牌如果不创新也不能持久。（萧灼基）

创　　意

张经专栏

# 行业协会对“入世”后中国市场结构与秩序的保护

品牌管家

社会主义市场经济体制建设与发展至20世前后，中国市场架构中出现了一个缺陷或称空间，即真正的空间。这就是无论从社会组成的理论中还是市场的结构框架间没有或基本没有现代市场经济国家均在政府与企业之间均存在的行业协会。

本文所指行业协会，其前提为：公益性，非赢利组织；仅为工业类、经济类行业的企业所组成。

出现这个缺陷或问题的原因有如下：①由于长期计划经济模式的影响，从而经济运行模式与市场结构的研究只重视供求关系的两端——作为计划制定方的政府与计划实现方的企业，而对其间的中间环节的存在包括中间环节对两端的正反作用缺乏认识，特别是缺乏行业协会是贯通与解决经济全球化同社会主义初级阶段之间的差异与矛盾的良好途径的认识。②对WTO的规则与原则研究有误：一是认为WTO的原则只是针对政府、针对企业的，因而对非政府、非企业的市场组成要素忽视；二是认为入世就要开放市场，政府行为与法律成果不得再有任何违背WTO原则的规定和精神，而没有认识到政府所退出的相当一部分行政许可、审批、备案等前置，法律所修改废止的相当一部分原有的市场准入与市场行为的规定，只不过因为不再适宜通过政府行为或法律成果而设立，而不是本质上就是错误或不当的规范。国外有许多法律对国内市场是施加种种限制的，只要它针对所有具有市场资格的主体即可。中国媒体和各种舆论学说，应当逐步转入“入世”后中国企业与中国市场只能迎合WTO规则，而忽视如何规避WTO规则的片面宣传的倾向。③目前的干部管理体制存在的弊端使得相当一批地方政府官员偏重满足于地方经济短期发展效益，忽视了从微观经济到地方宏观经济的从短期到中期的发展的综合性考虑规划。④对西方的市场研究学有失误，长期以来普遍认为在“政府主导型”的市场经济中非企业、非政府的中间层——行业协会只能是政府的附庸，因此不能主要由企业代表所组成。

从与“入世”有关的方面来看，行业协会可以具备以下功能：

**一、开拓市场**

以美国为例：美国的农民、农业协会组织很发达，它们不仅将对会员的组织限度定为自律行为，而且还要具体组织美国各地农产品的先进技术的推广与培训，优良种籽的培育，农产品的商标品牌的设计与统一，广告战略的设计与实施，海外市场的开拓与推进，协助政府推进农业产业化，最后还要承担美国农民在国际间的贸易争端与纠纷中代表美国农民的利益进行反倾销、反补贴等类的法律诉讼。美国农民只管种植和收割，其余工作基本上由农业协会所承担。中国这方面几乎是空白，城镇有工会而农村无农会，更无能代表中国农民利益的现代市场经济所需要的行业协会，他们不仅种和收，而且大量的精力还要放在农副产品的出售方面，其中的增值基本上由其他不代表农民利益的中间环节所占有。中国农民的基本利益受到多重侵害而无人充其利益代表，他们社会地位的低下与经济状况的下滑也就“理”所当然的了。这一市场结构中的缺陷，已被既精明又勤劳的温州人所发现。据报道，在中欧关于价值2欧元以下的打火机必须加装未成年人不能启动的装置的贸易纠纷之前，温州已成立了打火机制造业行会，他们开始对温州产打火机的外观设计进行地区性注册登记，以符合WTO关于知识产权协定中对“工业品外观设计”实行知识产权级别的保护规定。

最近，关于如何开辟联合国市场的问题也能联系而勾勒行业协会的作用。据《环球时报》驻联合国特派记者何洪泽2002年5月27日报道，联合国及其主要附属机构每年的采购金额高达30亿美元，若加上连带采购可达200亿美元。在联合国指定的5795家供应商中，中国只有79家，供货额不到联合国采购总额的1‰，甚至比印度、土耳其等国家还低很多。其实联合国很多采购的物资如办公用品都是美国等中间商从中国企业购置后加价卖给联合国的。现在不少中国企业发现了这一巨大商机，一个个接踵而来排队与联合国采购司洽谈。美中商会也计划做更多的工作，帮助更多的中国企业成为联合国指定供应商。如果中国企业有自己的行业协会，一来可以以行业协会面貌出现，和联合国有关部门洽谈，大为减少单个企业纷纷前往纽约的成本；二来一旦谈判成功，马上为整个行业赢得巨大商机。

**二、规划与限制市场**

“入世”是为了更好地开放国内市场，但任何性质与程度的开放，对于中国市场而言，均应有一个战略级宏观性的底线轮廓，即国内市场为保持其国情与民族性，保持足以维护国家的民族与政治的独立性的经济发展的边缘。否则，如果无度地将国门打开，无节制地欢迎所有对中国感兴趣的外资外商不分目的与质量与需要地进入中国，从而对中国原有经济结构与市场、行业架构产生毁灭性冲击的话，那么这种开放实质上就成为了“放开”，而只能导致产生完全消极性的影响和作用了。

国务院近期正在力抓商品市场的整治。整顿市场经济秩序，是因为市场秩序混乱。其表观的原因，是偷税漏税、制假售假等行为的大量滋生与存在。其本质上的原因，则是中国从短缺经济走向结构经济时，由于社会拥有资源始终有限，导致对市场份额不断地重新分配和畸型争夺，不仅使那些违法分子，而且使那些以诚信开始，面对市场份额的无序竞争而不得不采取包括失信的手段来争夺市场的主体，也被迫加入损害市场秩序的行列，从而引发更深层次的市场结构性弊病。

这里就涉及作为主权国家，应当对自己国内市场的发展规划的中远期前景有梯次地、有阶段性地做有安排与设想。但在“入世”以后，这种市场的安排与设想，这种行为产业的规划与布局，原则上不能再由政府做出，而应由或者说可以由行业协会分别就本行业的技术发展状况与经济整体规模，特别是国民不同经济发展阶段的市场消费需求，分阶段分步骤通过大量调查研究后，在征得全行业大部分企业认同的前提下做出。当然，这种中远景的规划与布局是在对每个区域，甚至每个城镇的每个街区的规划与布局的基础上产生的。国外将这种行业对微观层次的规划与布局及其产生的影响和作用的过程称之为“经济需求审查”。在初步结束对某一区域的“经济需求审查”后，这一区域的相关行业数量、融资额度、市场容积率等就成为一组需要相对控制的定量数值。凡是浮动于这组数值内的行业调整与企业竞争，无视为是合理和能被正常的市场秩序所容忍的。凡是超过这组数值的限度所增加的行业变动情况和企业情况，则被认为是破坏该区域良善经济环境与市场秩序的因素，而被行业协会所扼制。这时，行业协会的规划市场的职能就扩展到控制市场。这一递进职能的具体体现就是防范市场的无序放开。

如《经济日报》驻伦敦记者张芝年 2002 年 5 月 27 日在他的《如何在英国做生意》一文中就这样写道："英国的国际贸易有严格的行业规范。要在英国做生意，就要了解有关行业的商业环节、组织机构和行为规范。英国各行业都有自己的协会、组织，有自己的章程、习惯和风格，不了解行规就没法做生意，别人也不会同你做生意。如果想将商品卖到英国超市，必须找到超市的供货渠道，找到中间环节。英国超市联盟规定，各家超市不得自行采购商品，以保证商品质量，防止不合理竞争。像特斯科、阿斯达等大型连锁超市，由于有行业协会规范和固定供货渠道，它们都不必投入人力去检验商品质量、技术标准、包装规格和卫生指标。因此，要求入英国超市首先要加入英国的该行业协会，提出申请，接受行为规范，合乎资格，成为会员，才能进入英国超市市场并占据一席之地。"

针对"入世"，还有一个直接的功能就是提出与防止地方私相超越中央政府对中国入世协议书的全面具体详尽的承诺而提前开放或提前扩大国内市场，具体到行业、产业、企业入市资格、入市范围及入市行为的侵犯。从国外行业协会的功能看，对政府的不当行为的对抗正是行业协会应有的同政府的行政行为具有相对对抗性的反映。这些反映在市场的预警和正常正当正确建设市场与发展市场的实例，就是现代行业协会的重要功能之一。

积极地控制与主动地掌握市场的发展节奏和建设速度，推进国家产业结构由主要从事货物贸易向服务贸易与货物贸易并举的方向有效迅速地调整和转移，是行业协会在开拓市场、规划市场之后接踵而来的又一项重要功能。这里的市场系指有形商品交易市场。随着入世半年，有些问题已经不可回避地提交在我们面前。如有形商品交易市场是不是越建越多才是发展地方经济？有形商品交易市场是不是越建越大越宏伟，才是对市场经济水准的提升？外资外商是不是越引进越多，才是地方经济发展的政绩？卖臭鱼烂虾的集贸市场是不是必须尽快摧毁，在其废墟上建起现代化的多功能的商厦、商业中心才是入世取得实际成效和现代化的体现？总之，如何认识中国市场发展至今的步履和历史阶段，如何分析中国有形商品交易市场目前的结构、层次和各自的功能及相关的职能，如何预测和描绘中国有形商品交易市场发展的前景和路径，这些工作，由于入世后中国政府对市场关系的逐步理顺，而逐步应主要由市场自行完成。这时的市场中，行业协会将占据相当的领域。

对本行业的市场进行标准化，从行业角度设定技术壁垒、绿色壁垒，包括本行业熟练技工甚至专业人才的控制和本行业商业秘密的保护。由于行业协会比较政府有关部门而言，更为了解和熟悉本行业企业的技术情况及对市场的刺激和反应，因此行业协会经过详尽而周密的普查研究，可以为本行业企业的各类产品和服务起草制定一系列入市标准。按照WTO 能允许的原则，这些标准一方面是按照中国本行业大部分企业的产品和服务水准提出较之更为前行的入市条件；另一方面也为外资特

时尚，不晚报！

别是跨国公司的产品和服务设定符合中国国情同时又能使本国同类企业不致于在“入世”初期就由于外来的优质产品和高效的服务而受到冲击，从而失去部分甚至大部分市场份额，而超前抢先设置入市门槛。在此基础上，行业协会有着远比政府有关部门更为充足的精力，宽容的时间和雄厚的财力对本行业内特别是中国籍职工进行有计划分阶段的技术业务培训。在国外，承接本行业职工包括部分社会人员的技术培训和技术更新教育基本上是由行业协会来完成的。

**三、组织市场**

这主要指行业协会对本行业的企业在海外遭遇外国企业的反倾销领域诉讼时，以及本行业的企业发现外国资本企业对本国市场实施同行业产品的倾销行为时，组织所属相关的受损害的企业，由行业协会牵头甚至出面，奔赴国外实施应诉及向 WTO 争端争议解决机制提起反倾销诉讼的活动或提请中国政府对此提出反倾销案。从近几年中国企业遭遇外国企业的反倾销诉讼案时的反应看，前期以漠不关心，表现出与己无关的态度为主，近些时则以单个企业，至多几个该行业的龙头企业出面参与倾销诉讼。由于这种临时组成的应诉单位缺少行业协会承接这类诉讼案件的那种严密的组织性、广泛的代表性，雄厚的资金支撑与广袤的法律知识和渊源，而只能临时地应付一、两个个案，既缺少有效的与中国政府及有关部门的联系，更没有就相同行业的性质而开展与提起倾销案的外国国内相关行业协会等行业团体从利害相关的角度，唤起或赢得对方予以理解与支持中国企业的能力与地位。不仅在国际交往中，而且在国内市场交往中，行业协会的作用也很明显。据《中国消费者报》2002 年 5 月 21 日报道，宁夏惠农县有 45 家脱水蔬菜加工企业，联系全县近万农户。为了克服行业间的不正当竞争，有效维护企业和农户双方利益，于 2001 年2月成立了县脱水蔬菜加工企业协会。惠农县成立了脱水蔬菜加工企业协会，对各会员企业的原料收购、产品销售等进行协调和监控。协会统一种植计划、统一原料收购价格、统一对外业务洽谈、统一产品销售价格。他们组织各企业按照市场需求制定年度生产计划，并及时向农户发布各类脱水蔬菜种植面积、最低保护价等信息。在收购时则根据市场行情协调各企业统一收购价格，以确保农户利益不受损害。为了提高龙头企业的带动水平，由协会出面与上海双木散热器制造有限公司以优惠价格达成设备订购协议 15 份，组织、协调全县 24 家脱水蔬菜企业新增不锈钢烘箱 310 个。同时组织 5 家骨干脱水菜企业联系会，分别就有关种植、收购、销售等签订了协议。在协会的组织和帮助下，企业与企业、企业与农户间建立了良好的合作关系，全县脱水菜产业呈现出良好发展态势。去年，全县脱水蔬菜企业共生产脱水菜 2700 吨，实现销售收入 6300 多万元，同时农民从脱水蔬菜产业中获得收入 4000 多万元，农民人均收入近 900 元。

**四、评判市场**

从 2001 年全国人大会议以来，中国市场与企业的信用问题已经作为社会主义市场经济发展到现时的一个瓶颈。目前，该问题正在被越来越多的企业与民众所重视和警惕。不少行政部门、地方政府也在纷纷就如何筑造各自的作用体系而想方设法。对于这类市场的水平与素质的评定判决工作，初期确实需要政府的推动，发展到一定程度后，则应充分注意发挥行业协会独特的作用了。综合西方市场经济国家诚信体系的构建，基本上是法律引导，市场运作，各类征信机构独立采集市场

## 标　　识

蘭宫大酒店

精一堂国药

新上市　好滋味

与企业相关信息，然后或就企业的请求，或针对社会的需要，发布自行评定的对某企业、或某类企业的信用指数的报告，社会需要者则根据各自的要求选择接受利用或摒弃。在这期间，行业协会可以进行两个侧面的工作：一是向社会举荐本行业的信用好的企业名录；二是对本行业中经警告屡犯不改的违反法律与行规的企业进行社会性公示。由于这种双向的公示的背景是整个行业经过大量调查研究并征集本行业大多数企业的认同之后方予以发布的，因此对评判市场的效能具有极大的约束力。如英国政府不管企业经营和商业道德，凡政府不管的均由行业协会来管，协会成员之间的贸易规范和信誉记录就由行业协会掌管。

在行业协会真正具备了以上这些国外特别是成熟市场经济国家的行业协会所具有的功能后，中国的工业经济类的行业协会对开拓、发展、维护和保护中国国内市场在"入世"之后经济全球化的大趋势下的相对独立品格就自然会启动并发挥无以伦比的作用。它的概念的整合，地位的提高和作用的发挥，也就同时协助政府有效地实现了迅速适应"入世"后的市场经济环境。一方面，由于行业协会可以承担大量原由政府所做的地方与行业甚至全国性的经济发展规划、本行业的调整与布局规则，而使政府原本在这些工作方面的负担大为减轻；另一方面基于行业协会对本行业的熟谙了解及情况掌握、利益要求等，远远优于政府及有关行政部门，因此，一般说来政府只要密切保持与行业协会的联系，就可以及时发现和掌握该行业在整个社会的市场经济体制中的问题和影响，从而有利于中央政府的宏观政策的变动与稳定。第三方面，行业协会或主动接受委托，提前为中国立法机构草拟各类适合中国国情的法律草案。对于一般性法案，可提交国家立法机关选择取舍，对于那些于行业生存，于国民经济发展的全行业认为重要的法案，行业协会可催促立法机关尽早立项。第四方面，由于行业协会如此的功能，这一体系的确立是各级政府精简机构，消减冗员的前提保证，也是原政府人员由于体制改革而离开政府后最理想的新聚集点。

当然，为实现这一构想，中国目前的行业体制状况尚存在许多问题。

在理论上，除目前一些报刊媒介如《经济日报》、《中华工商时报》，对行业协会的理论开始触及和认识外，还存在一定的混乱，如将服务贸易与中介服务等同看待；将公益性行业组织与非公益行业组织等同看待；将盈利型中介机构与非盈利型中介机构等同看待；将行业协会与中介机构等同看待；将工业经济类行业协会与一般性的社会人文政治类行业协会等同看待；认为行业协会只管行业自律，只能自律行业。

在组织上，将工业经济类行业协会与各地工商联等同看待，与商会等同看待，与各级工会等同看待，与各地贸促会等同看待等。由于对行业协会地位认识不足，国内理论界有些看法仍有计划经济的色彩，如要求对行业协会的级别做出规定，要求一个行业只能成立一个中央级全国性行业行业协会来一统行业之"天下"等。

在实践中，大部分已有的行业协会或为"二政府"，或有较为浓烈的"离退休安置办"的色彩。目前，也有一种意见认为，即使是"二政府"或"安置办"，也比没有强。笔者认为，怪胎只能产生畸形儿，当前国内的大多数行业协会必须重组整合，用符合市场经济和对 WTO"全面"、"准确"的认识武装起来。

在认识上，中国群众对行业协

会的概念和性质接受，一方面还要经历一个时段过程，另一方面，还要逐渐理顺对行业协会的正面认识。中国历史上各种反动的行会、道门，直至时下政治极端反动的“法轮功”等邪教组织的影响是妨碍国人正确地认识本文所称行业协会的社会人文因素。但目前，现有的一些行业协会摸索性的工作和努力中的不足也易引起群众的对立。中国旅游饭店行业协会前不久为规范本行业市场而制发的《中国旅游饭店行业规范》中提出的“旅游饭店可以谢绝客人自带酒水和食品进入餐厅、酒吧、舞厅等场所享用”规定，招致广大消费者不满和理论界的争议就是一例。笔者认为，从行业协会的性能角度来看：一是该行业协会发布此类行业规范其实应是国际通规。二是对于行规一般说来对其评定只有相对妥当与否，而无绝对对错之说。三是由于行规所出台效率和实用价值远远优于维护国内市场秩序和行业行为的法律法规，所以应当首先肯定和鼓励中国旅游饭店行业协会的这种首创精神。四是这些行规是否妥当，一方面出于为本行业的整体利益而拟定，当然会有行业痕迹，另一方面有所不妥通过实践批评将可改之处再通过颁发新的行规修改就是了。这正是行规的优势之所在。

在法律上，目前中国对于事业性社会团体组织的成立只有国务院颁发的《社会团体登记管理条例》、《民办非企业单位登记管理暂行条例》和《事业单位登记管理暂行条例》，这些规定：一是规范概念过于繁杂宽泛；二是个别概念，如所谓“事业性”社团在市场经济中的地位极为含混模糊，甚至紊乱；三是这些法规中均设置社团必须有上级主管或挂靠单位，这是造成行业协会不能正确产生和正常发展的法律障碍。同时，缺少对行业协会类社团应当具有“经济需求审查”功能的规定，缺少行业协会有联系监督政府的权利及政府必须尊重和听取行业协会陈述要求和意见建议的规定，缺少对行业协会在整个市场经济体制中重要地位和作用的规范。最后，缺少制定新的符合国际通例的《行业协会法(或条例)》的规划。

因此，应尽快加强对行业协会实务的调查与理论的研究，挖掘其在经济全球化浪潮前所具备的独有的可以正当规避 WTO 普遍的国际公法准则的作用，加快对行业协会地位与作用的法律制定工作，使行业协会的出现和发展，能将分散的企业行业转变为集中的企业行为，将单体企业的力量整合为整体行业的力量，使其在“国家立法、行业立规、社会立德”的多元化法制建设进程中切实发挥远非现有传统观念所能理解和认识的作用。上海市政府针对这一宏观战略趋势，已经成立了“行业协会发展署”，专门从事行业协会在市场经济与全球化形态下的重要地位与作用的研究和具体实务工作。无疑，此项举措将对上海地区市场架构的调整和经济布局的改善起到巨大的影响。但对于世界上最后一个最大潜在市场——中国而言，如对行业协会的观念不能形成全国性的共识，在短时期内做出较本质的理论完善和组织丰满的变更，由于从“开放”到“放开”的中国国内市场将迅速地完全地成为国际市场中最多只能拥有加工业大工地的世界性消费市场，而丧失经济上乃至最后政治上的独立人格。

目前，这一重大问题正在得到全社会越来越多的关注。2002 年 5 月 20 日，北京 108 家刚刚获得“因私出入境中介机构经营许可证”中的部分代表，在《北京青年报》支持下，共同呼吁成立行业协会，用他们的话说是“对将来的市场发展、消费者和公司都有好处”，就是一例明证。

(张　经)

标　识

乔远生专栏

# 寻找品牌的核心竞争力

为创意服刑

**一、企业核心竞争力——品牌竞争力的先决条件**

品牌的竞争力不容忽视。在日益动荡多变的市场条件下，品牌已经成为赢得顾客忠诚和企业求得长期生存与成长的关键。在这种情况下，企业就要重新审视其品牌管理策略。特别是对于国内的企业，经济全球化和新技术不断创新的压力已经直逼本土的企业必须将竞争的水平提升到国际水准，而不是“窝里斗”。

在全球环境下现代企业的核心竞争力，已经越来越多地和产品品牌的竞争力联系在了一起，两者之间的关系是彼此制约、相互依存的，这是加入世贸之后的中国企业必须要保持清醒的一点。

企业核心竞争力是指企业赖以生存和发展的关键要素，比如某些技术、技能和管理机制。一个连续成功的企业必定有其核心能力，这种能力需要开发、培养、不断巩固以及更新，因为即使建立了核心竞争力，也还有可能再瓦解。如何保持企业的竞争力就成了企业经营管理中的重要问题。品牌竞争力是企业竞争力在市场上商品化的表现，也可以说是企业竞争力物化的表现。

在第四届北大光华新年论坛上，北京大学光华管理学院副院长张维迎教授谈到，中国企业过去的竞争力主要体现在四个方面：一是能吃苦耐劳；二是具有廉价的资源；三是有限的产品优势；四是关系网络优势。中国企业目前所具有的竞争力只能保持 3～5 年的时间。加入 WTO 之后，企业品牌的寿命周期将会大大缩短，这不能不说对现在的本土企业生存来讲是一种极大的威胁。

由此看来，与跨国公司相比本土公司最缺乏的就是品牌竞争力，品牌能不能在市场上立脚，决定着企业在全球化范围内的盈利能力。要建立品牌的核心竞争力，就必须先建立企业的竞争力。成为企业核心竞争力的东西必须具有独特性，按照张维迎的观点，即“买不来”、“偷不走”、“拆不开”、“带不走”、“溜不掉”，也就是说，企业所拥有的核心资源要有这样的特点：没有市场可以买到；要有法律保护；资源本身与能力有互补性；具有组织性，不属于个人；有持续竞争力。品牌作为一种独有的无形资产，具有特殊的附加值，它隶属于一定的组织，并且有相应的专利和法律保护，所以从这个意义上讲，品牌的竞争力也代表了企业的核心竞争力。

**二、满足客户需要——品牌竞争力的核心**

来自于新加坡的品牌管理顾问和学者，同时也是《亚洲品牌战略》和《高技术、高接触品牌化》两本畅销书的作者，Paul Temporal 博士提出一个鲜明的观点，未来竞争优势来自于以客户为中心的组织，而不是市场营销。其实，客户关系管理（CRM）的实质就是在努力维系消费者和产品之间的关系，其最终目标也是为了企业的品牌得以延续和持久。Paul Temporal 博士指出，品牌作为一种关系，是基于企业和客户之间相互信任的前提条件下而建立起来的，所以，品牌管理的策略应该是感性化的，而不是理性化的。与客户培养和塑造一个感性化的、富有个性色彩的品牌关系需要经历这样一个过程：首先要有知名度，让客户获得足够的信息能够充分地了解品牌；其次，要获得客户对品牌的尊重，和客户建立起友谊关系，进而赢得客户的信任；最后，由信任而生成对品牌的忠诚，客户和品牌之间转变为水乳交融的合作伙伴关系。

品牌就等于客户，拥有客户才意味着拥有品牌，满足客户需求和维系客户关系的能力是衡量企业品牌竞争力的一项重要指标。按照国际著名的普华永道咨询公司的指标，一个企业是否具备客户关系管理（CRM）能力，可从六个方面来加以衡量：1. 企业是不是把客户的信息作为战略性的资源来管理？2. 企业是否评估客户持续的价值？3. 企业如何定义和满足客户的期望？4. 企业的发展战略是否与客户的价值相匹配？5. 企业是否进行了跨部门的集成？6. 企业是否主动地管理客户的体验和感受？显然，这种能力与最终反映在企业品牌竞争力上的满足客户需求的程度是一致的。

为什么品牌的核心竞争力会转向以满足客户需求程度为归宿？如今每一个竞争者都具备了模仿其竞争对手产品、服务、系统甚至整个过程的能力，持续保持一个品牌的差异性市场定位再也不像以前改进产品质量、降低成本和分销推广那样简单，更不能靠广告就可以长期维持一个品牌的形象。即传统的、单一的营销策略已难以奏效，而客户关系的培植具有惟一的不可替代性。

国内刚刚开始流行的 CRM 管理还只是停留在 IT 行业进行广泛宣传和市场培育阶段，部分企业已经逐步认识到 CRM 和品牌竞争力之间的密切关系。我们习惯将客户服务和品牌管理分开来的传统观念，将随着 CRM 软件的普及和推广应用，尤其是境外跨国公司的触动而转变，能否利用 CRM 满足客户需要将是衡量和提升本土品牌与跨国品牌竞争实力的指标之一。

**三、信守承诺——中国企业品牌竞争力建立的关键点**

如何给一个品牌建立一种信用，并进而转化为企业的无形资产，让消费者心甘情愿地为此而付出比竞争对手高出数倍的价格？EnterpriseIG 的 CEO MikeMurphy 认为：你的客户就是你的品牌，品牌是一种感觉，是存在于人们心中的一种无形资产，而不是产品本身。消费者越来越倾向于购买产品的附加值，而不是商品的金钱价值。品牌在今天已变得日益重要。一方面，商业社会品牌具有天然的所有权属性，它可以转变为企业的无形资产，而产品则不能；另外，在信息化的社会，品牌已经成为一种必需品而不是奢侈品，电子商务环境下，只有强势品牌才能生存下去，而强势品牌则可以创造品牌忠诚。建立强势品牌依赖的基础就是信用。

刚成长起来的本土品牌如何保证消费者对我们品牌的忠诚、如何最大限度地避免客户资源被跨国品牌掠夺？反思成长中的中国品牌，其致命弱点就是“轻于承诺，耽于信守”。加入 WTO 之后的本土企业，要增强自己品牌的竞争力，首先要遵循基本的商业游戏规则，这是我国企业与国际企业接轨的第一步。

美国总统富兰克林在《给一个年轻商人的忠告》中有一句话：“切记，信用就是金钱”。市场经济的核心是信用经济，而以商业承诺为基

## 标　识

SAFETY®

开元中国金币
KAIYUAN CHINA GOLD COIN

JIN ZHU DIPPER
金珠北斗星
JIN ZHU DIPPER PHOTO SHOP

石的品牌竞争力核心也必然是信用。入世后的中国市场，最终是一场没有终结的信誉的较量和品牌的角逐。张维迎教授曾多次提到，缺乏信誉是中国企业面临的最大挑战。

**四、管理——提升品牌核心竞争力的主要手段**

现代企业品牌的一个显著变化是从单一的品牌架构向多元化转化，因为企业面临的品牌生存环境已经是变化莫测、难以控制的复杂多变的市场。EnterpriseIG 公司董事总经理 DeboraChatwin 女士指出，新的市场营销和品牌化的挑战使得企业品牌的再定位和二次品牌化策略成为一种必然。我们看到许多国内企业已经完成了建立品牌知名度和单一品牌成长的过渡阶段，如联想、海尔、TCL、科龙、海信、美的等，基于单一产品结构成长起来的品牌已经延伸到多元化的产品结构中，形成以母品牌为主体的品牌架构，原有的品牌识别体系和管理体系都发生了相应的变革。每个企业都在努力寻求一种适合自己的管理模式，而重新建立和监管一套新的企业品牌架构体系，则更具实质性的意义。包括改变企业的品牌观念，依据企业未来的发展战略界定企业品牌和专业品牌、事业品牌和产品品牌以及产品品牌之间的关系，从而在整合企业资源的基础上，实现品牌资产价值的最大化。

虽然目前这些品牌管理深层的问题在国内还没有成为企业考虑品牌战略的焦点，但 Debora Chatwin 女士已经用跨国专业公司的案例向我们预示，中国入世之后企业品牌管理的重心将从视觉转向核心主体。从核心竞争力理论来分析，这是对中国企业竞争力的一项长期考验。企业长盛不衰的根本性要素是企业自身的素质，内部条件比外部条件更具决定性影响，企业依赖强势品牌获取超额利润和保持长期竞争优势的关键就在于企业能力、资源和知识的积累。

中国企业核心竞争力，或者说品牌竞争力的提升，决定了我们的企业在核心技术、核心产品、资金以及生产规模等被动性核心资源方面需要有一个综合平衡的发展，这是毋庸置疑的。但更重要的是，在中国的企业里，科学的决策、科学的管理尚未真正形成。据国外一项调查数据显示：1998 年我国国际竞争力在 47 个国家和地区中列第 29 位，管理水平居第 36 位。管理，这个处于主导地位的核心资源正是中国企业最为欠缺的，而管理能力的缺乏，尤其是品牌管理经验和理论的欠缺所导致的能力的低下，更是阻碍中国企业品牌竞争力难以形成的关键。

**五、专业化——增强品牌核心竞争力的路径**

信息化时代到来之后，企业品牌面临着一个如何重新定位和资源整合的管理课题。根据《财富》杂志的统计，全球 500 强企业中，单项产品销售额占企业总销售额比重 95% 以上的有 140 家，占 500 强总数的 28%；主导产品销售额占总销售额 70% ~95% 的有 194 家，占 38.8%；相关产品销售额占总销售 70% 的有 146 家，占 29.2%。这说明 500 强企业品牌的核心竞争力来自于最擅长的行业，而不是面面俱到的多元化品牌。

当然这经历了一个过程。美国企业大规模实行多元化经营是在 20 世纪 60 年代，但是这并没有给这些企业带来满意的结果。事实上，不少 500 强企业因盲目多元化而一度危机重重，如克莱斯勒汽车公司、索尼美国分公司、西尔斯、惠而浦、施乐等，多元化发展导致公司资源分散，运作跨度和费用加大，产业选择失误增多，结果致使公司顾此失彼，品牌的核心竞争力受到极大的挫伤。20 世纪 70 年代，美国最大的 500 家

冰红茶　冰力十足

工业企业中，从事多元化经营的占94%，然而这一时期也正是跨国品牌竞争力最弱的阶段。

自80年代末开始，一些著名的公司纷纷改弦易辙，开始调整自己的发展路径。韦尔奇即是在此时接任GE总裁职位并开始了对GE的一系列重大改革，其中之一便是进行业务重组，即缩减多元化领域，回归专业化，在要做的领域中争取最优，树立世界性的品牌竞争优势。进入到90年代，由于全球经济一体化的迅速扩张，资源相对短缺，特别是高科技产品更新换代的加速，以及企业之间兼并潮流的兴起，促使各国企业不再单纯追求多元化和经营规模的扩大，相反，通过拆分、重组，将不相关的业务出卖，或变成独立的公司，缩小企业经营范围，使经营业务专业化、品牌单一化。

中国也一样。20世纪80～90年代几乎所有的企业都投入了多元化经营，如今天在国内地产行业被称为第一品牌的万科地产，从创业初期直到最终将地产作为自己的主导行业，也曾经涉足过贸易、模特经纪人、广告业、展览业、服装、葡萄酒等数十种行业。我们看到，在经历了多元化发展之后，国内本土留存下来的都已经是在某一专业领域独具竞争优势的品牌。所以，无论是新兴的海尔、联想，还是百年老店同仁堂、张裕葡萄酒，它们发展的经验教训告诉我们，要和跨国企业在自己家门口摆开擂台一比高低，中国武术对西洋拳，走专业化经营发展之路，是我们绝大多数中小企业增强品牌竞争力的惟一选择。

**六、长期发展利益——保持品牌竞争力的源泉**

任何企业在品牌初创期间都必须在短期和长期利益之间做出选择，当然，最理想的状况是在保证企业生存的前提下，同时兼顾企业的长远利益，即处理好产品和品牌之间的平衡关系。但事实上企业往往难抵短期诱惑，加之体制问题，所有权和经营权的分离，会不可避免地导致经营者为获取短期利益的最大化而不惜牺牲企业的长远利益。较之西方企业品牌，中国的品牌对大多数企业来讲还仅仅是一件体面的外套，或者说是一件奢侈品。

除了从体制上根除诱因外，中国企业还应该逐步建立起基于长远发展并兼顾社会进步的企业文化。这种文化根植于企业的价值观，美国兰德公司曾花20年时间跟踪了500家世界大公司，发现其中百年不衰的企业有一个共同的特点，就是他们始终坚持四种价值观：一是人的价值高于物的价值；二是共同价值高于个人价值；三是社会价值高于利润价值；四是用户价值高于生产价值。而这正是打造企业核心竞争力的一个重要“着力点”，同时也是发挥企业核心竞争力的重要“支点”。这些价值伴随企业的发展变迁和经营活动的成败考验，日积月累沉淀为企业文化，并转化为企业凝聚力和活力的源泉。没有一定的企业文化做支撑，中小企业将很难长大。是什么造就了世界500强企业中的西门子、惠普、索尼、雀巢、IBM、汇丰等品牌？既不是资本、规模和技术，也不是特定的优秀员工——这些因素每天都在变化，而是看不见的企业文化。这些文化融入企业长期发展的战略经营方针之中，渗透在企业经营和管理的每一个环节，并随企业文化的不断延续而更新，最终通过产品和服务在市场上形成自己独特的品牌竞争优势。

总之，21世纪，现代企业战略的重点在于最大限度地创造强势品牌，从而保证企业投资获得长期的根本性的利益。中国加入世贸之后，最终决定企业品牌命运的不是价格，不是产品，也不是跨国竞争者，而是我们自己。

## 标　识

宁红集团公司

中华人民共和国第六届少数民族传统体育运动会 北京 1999 拉萨

发布标志之一（主体图形标志与四周文字组合）

北京 1999 拉萨

发布标志之二（主体图形标志与横向文字组合）

朱勇专栏

# 为品牌体检

## ——品牌调查与诊断

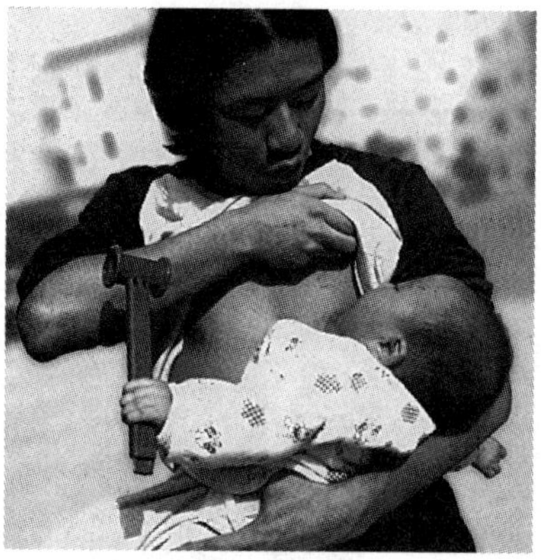

"妈……妈……"
珍惜婚姻,爱护家庭

了解品牌的最好方法是把品牌当人看。

品牌的诞生犹如初生的婴儿,生命是脆弱的,每一步都需要你的精心呵护、引导以及爱的浇灌,才能不断茁壮成长。你必须尽责监护,否则,品牌将夭折在初生的摇篮里。

等品牌长大一点,开始上学了,小学、中学、再到大学……受到良好的教育,不断提高自己的文化内涵,慢慢逐渐形成了自己的性格、追求和理念,以及对人生的规划……

品牌走上社会,在大浪淘沙的市场洗礼中,懂得了如何运用自己的专长去形成自己的竞争优势,以赢得喜爱、尊重和事业的长足进步。

这时,生命中的另一半开始向他走来。经历了慕名相识、相互了解、彼此喜欢、直至两心相许,一起走向红地毯。优势互补、资产重组……他们忠诚地相爱,组建了一个美好的家庭,生儿育女,子子孙孙形成了一个蔚为壮观的品牌大家族。品牌的基因世代相传,生生不息。

品牌在生老病死的自然规律中运行,偶感风寒或生疾病也会不期而至,虽令你头晕、目眩甚至卧床不起,却同时可以增强品牌的抗体,并不可怕,可怕的是悄然而至的疾病,它日积月累,不易察觉,在不知不觉中已至晚期,会毫不留情地夺去你宝贵的生命。

因此,定期地对品牌进行体检、调查与诊断,未雨绸缪,防患于未然,尤为必要。

### 品牌的人格化
### 品牌诊断第一步

品牌诊断的第一步是调查该品牌与消费者之间的直接关系。"如果把品牌看作一个人,在你的眼里,它是一个什么样的人?""我们在为品牌作诊断时要直接切入这个主题。

细化后的问题有:他的性别、年龄、教育程度、婚姻状况、性格、气质、衣着打扮、工作状况,平时看什么报纸、杂志、电视节目?喜爱哪些文体活动、有哪些爱好?

在一次为可口可乐和百事可乐进行的品牌诊断中,我们获得了一些有趣的结果,统计分析后他们的人格化描述分别如下:

可口可乐:40 岁左右,已婚,乐观积极向上,打扮成熟,热爱生活,关注时事新闻,喜欢跑步和网球等运动。

百事可乐:20—30岁,未婚,性格外向、活泼、勇于尝试,打扮新潮、前卫,关注流行时尚,喜欢足球、舞蹈等运动。

同样是可乐，在消费者眼中的形象却各不相同，可口可乐是一个中年化的品牌，而百事可乐是一个年轻化的品牌。究其原因，实在是双方的策略差异所致。坐拥百年辉煌的可口可乐被视为美国精神的象征，深受美国人民乃至世界人民的喜爱，但随着时间的推移，由于没有更多的新鲜元素注入，其形象正在慢慢老化，年轻一代已逐渐不再把可口可乐看成是“我的可口可乐”。而作为后来者的百事可乐另辟蹊径，从80年代开始，陆续提出“百事，年轻一代的选择”，“百事，新一代的选择”等口号，近年，又以健康、活力、动感、前卫的郭富城作为形象代表，逐步树立其“百事一代、年轻一代”的形象，从而赢得了可乐消费的中坚力量——年轻一代的欢心，与可口可乐分庭抗礼。

除了把品牌看作人外，同样类似的比喻还有：如果这个品牌是动物，它会是哪种动物？如果这个品牌是汽车，它会是哪个品牌的汽车？如果这个品牌是个城市，它会是哪种城市？

我们在对深圳海王的品牌诊断中，发现消费者对于海王动物联想主要是海豚、鲸、鲨鱼等，消费者比较偏重于对“海王”的字面理解，说明消费者对海王企业了解不多，也说明海王在品牌传播时尚没有明确的个性取向。

消费者在汽车品牌联想中，高档车主要集中在奔驰、宝马上，而中档车的品牌提及比较分散，其中以桑塔纳最多，然后是红旗、本田、别克等。启发消费者用汽车品牌联想的方式评价海王品牌后，综合分析的结果得出，消费者集中认为海王是部中档车；海王欲成为生物制药企业中的高科技形象代表的目标未能达到，因此，品牌形象有待进一步提升。

除了拟人法、类比法，形容法也是品牌诊断的常用手段。当看到某个品牌，你最先想到的3个词语（形容词）是什么？比如说哈药，提到它时，消费大多最先想到的是什么形容词？为什么会是这些形容词呢？透过消费者的解释，可以知道他们对该品牌的直觉认知及认知的来源。

在对某冰淇淋品牌作研究时，我们还运用过图片反应法。我们将正在播放的广告画成图案，留下空白让消费者完成，以测试品牌的传播记忆；我们将消费者正在吃冰淇淋的情景画成类似卡通图片的图案，并留下空白的地方让消费者用他们的语言来填写他们的反应，以测定品牌在消费者心目中的价值。例如：请看图片，甲乙对话，假设你是乙，请完成图片中的对话。甲：你看，我正在吃XXX牌的冰淇淋。乙：……

在品牌研究中，我们还较多地运用了投射技术，通过外界刺激物把人们内心对品牌的感觉投射出来。事先精心准备一些图片，让消费者在其中挑选一些最能代表消费者对品牌感觉的图片，由消费者自己提供解释。

品牌调查与诊断的方法主要有定性和定量两种。

使用投射技术的好处是使消费者处于放松状态，从而更深入的挖掘其情感及态度；将消费者从理性思维中拉开，获得其真实、自然的想法；突破语言表达障碍，探究消费者不易用语言表达的情感及态度。

**品牌诊断第二步**

品牌诊断的第二步是通过调查该品牌与竞争之间的关系来获知该品牌在消费者心目中的地位。常用的方法是混合对比法、定位区隔法、物以类聚法。

需要注意的是：所研究的品牌不要太多，尽量只选少数几个最具有代表性的竞争品牌作为参照物进行对比，从而清楚地看出自身品牌与竞争品牌的差异，参与者最好覆盖三类消费者：自身品牌的消费者、主要竞争品牌的消费者、其他品牌的消费者。

标　识

7点前　新鲜到

混合对比法：这几个品牌中，你比较喜欢哪一个？为什么喜欢这个品牌而不是其他品牌？你觉得这个品牌和其他品牌有什么不同？对你而言，这个品牌有什意义？如果你要向别人介绍这个品牌，你会如何说？你觉得这个品牌是什么样的人用的？你认为这个品牌的优点和缺点是什么？缺点应该如何改进？

主持人要对参与者进行充分热身，从品牌认知的各种来源进行分析以引导消费者。

定位区隔法：事先列出品牌的某些属性让消费者用5分制表来回答，经过统计分析后，从消费者的角度来了解该品牌与竞争品牌的定位区隔。例如：您认为该品牌的国际感如何，可以打几分？您认为该品牌的民族性如何，可以打几分？您认为该品牌的时尚感如何，可以打几分？

物以类聚法：俗话说：物以类聚，人以群分。本方法要求消费者以他们自己的分类标准来将这些品牌进行分组，并解说其标准、依据及呈现分类结果。

下面是为天津大海品牌（主要产品是火腿肠）所做的属性分类，先向消费者提供示范，再由消费者自行分类。

示范将下面的一些城市进行分类：北京、深圳、石家庄、桂林、贵阳、杭州、包头、上海。

分类方法之一：按城市规模。

依照上述分类法，引导消费者将下面的一些肉类制品的企业品牌进行分类。

请消费者按自已的标准对金锣、大海、双鸽、得利斯、双汇、雨润、邦杰、春都、郑荣品牌制品进行分类。

分类标准可以更多，答案也没有对与错，按自己的感觉分类就可以。

**资产调查**

资产调查的涉及范围包括品牌资产的5个方面：品牌知名度、品牌美誉度、品牌忠诚度、品牌联想、市场影响。其中前四个方面代表消费者对于品牌的认知，后一个代表市场对于品牌的反馈。资产调查是对品牌资产的全面评估，如果只偏重于其中一项或几项，其结果就不免有失公允。

资产调查评估的国际趋势是：在评估模型中越来越强化消费者因素，当然市场因素也不容忽视，它是消费者与品牌关系的现实体现。

资产调查的五个方面又可细化为10个要素：

1. 知名度调查：即提示知名度和无提示知名度；2. 美誉度调查：即品质认识和领导性/喜好程度；3. 忠诚度调查：即额外付出度和满意度；4. 联想度调查：即品牌印象和核心联想；5. 市场影响调查：即市场占有率和通路覆盖率。

1. 知名度调查：品牌知名度即心智占有率，是指消费者提到某一类产品时能想起或知晓某一品牌的程度。如，提到巧克力首先想起的是德芙、金帝、吉百利、雀巢等品牌，麦丽素、金莎、好时等品牌的知名度就稍低一些。

品牌知名度的调查包括两个要素：提示知名度和无提示知名度。提示知名度的调查层面如下（以德芙品牌为例）：

熟悉品牌：你知道这些巧克力品牌中的哪一些？（出示提示卡片）

认知品牌：你是否听说过德芙这一品牌？

无提示知名度的调查层面如下：

回想品牌：你可以想出哪些巧克力品牌？

第一品牌：在回想时第一个想起的品牌是谁？

惟一品牌：惟一能想起的是什么品牌？

2. 美誉度调查：美誉度反映消费者对品牌的品质认知和喜好程度。

品质认知：优质/劣质、最佳品质/最低品质、同质性品质/异质性品质。

领导性/喜好程度：该品牌是否

是该类产品中的领导品牌？该品牌是否越来越受到消费者喜爱？该品牌是否因创新性而备受推崇？

3. 忠诚度调查：品牌忠诚度反映的是消费者对某一品牌持续购买的意愿，其最高层次表现在购买，消费者把购买某一品牌看成是一种自我追求、自我价值的表现。付出更多的代价则表现出对品牌使用经历的满意程度。品牌忠诚度的调查指标主要是重复购买率和替换品牌的频率。

额外付出度：

金钱：一位消费者宁愿多付50元钱到全聚德也不愿去附近的烤鸭店；路程：消费者宁愿多走二里路去家乐福而不去附近的超市买东西；时间：消费者宁可在××银行排队等候电汇也不去隔壁的××银行。

调查额外付出度可采用简单的方式进行，例如询问被访者：你愿意为某品牌多付多少额外的金钱（或多少路程、多少时间）？你宁可多花多少钱去买DELL，也不去买NEC？

满意度：可分为五个层面，随意购买、习惯购买、满意购买、情感购买、表现购买。

4. 联想度调查：品牌联想是指，当提到某一品牌会产生一系列联想、印象。如提到海尔，就联想到空调、冰箱、彩电、海尔兄弟、星级服务、品质、真诚到永远等等。这些联想中有意义的组合就叫品牌印象，而其中最主要的印象组成核心联想。

通常的提问方式是：提到某一品牌，消费者会想到什么？尽可能多地记录并加以追问。

5. 市场影响调查：与前四项不同，市场影响调查通常企业更为重视，并视这些数据为日常工作的重要部分。前四项调查都须对消费者进行调查，费用支出较多、费时且不易执行与消化，企业往往容易忽视。

市场占有率：同类品牌总量是多少？你的品牌占总量的百分比是多少？

通路覆盖率：终端铺货比率和可买到该品牌的消费者比率？

品牌调查与诊断是非常专业性的工作，从问题的设计到过程的质量控制，到技术统计、分析，得出结论，整个过程环环相扣，有时即使一个小小的忽视也会让你错一子而影响全局。

在国内连续多年发布的中国品牌资产评估报告中，“红塔山”一直高居榜首，2000年的品牌价值达到了439亿元人民币，但这一结果往往难以令人信服。因为红塔山的品牌管理存在明显欠缺，消费者的评价也并非最好。该评估结果偏重于市场影响（市场占有、通路覆盖等因素），而忽视了消费者对于品牌的认知，而这恰恰是品牌资产的真正驱动力。对白沙香烟作全国市场调研时，在全面铺开之前我们先在北京进行小范围的试点，结果我们发现一个奇怪的现象，在回答经常抽什么品牌的香烟时，大多数人竟然都说555、红塔山甚至中华等高档香烟，这大大出乎我们意料。

显然这个结果令人怀疑，但问题出在哪里呢？当再次召开访问员开会的时候，我们找到了原因，仔细打量这些从艺校请来的学生（被邀做访问员）实在太漂亮了，这绝对是个错误，男士们在面对美女时通常都会有虚荣心，回答往往脱离实际。于是我们更换一批访问员重新调查，这一次调查结果与前次有较大不同，基本反映出市场行情。

因此，在品牌调查中，至少有4点需要注意：1. 不应迷信结果，应追求对过程的质量监控；2. 不要请美女作访问员，当然也不能太丑，那样同样会影响调查结果；3. 询问不带任何倾向，记录应该完全属实。被访者说“妈妈”就不能记录成“母亲”；4. 要事先深入了解行业情况，具备基本的判断力。

当然，为品牌体检还要涉及到许多方面，比如品牌头脑的知识更新能力、机体的繁衍创新能力、预防危机的能力……

## 标　　识

康師傅

创　　意

张冰专栏

# 给品牌定位

致命的美味

唯有定位明确的品牌，才会形成一定的品味，成为某一层次消费者文化品位的象征。

如果说“消费趋向”是品牌之路明确的方向，那么，“市场定位”将是品牌之路正确的走法。市场早已证明，任何一个品牌都不可能为其所属市场的全体顾客服务，细分市场并正确定位，是品牌赢得竞争的必然选择。走哪一条路？所谓定位，就是对品牌进行战略设计，以使其能在目标消费者心中占有独特的、有价值的位置。品牌定位明确、个性鲜明，才会有明确的目标消费层。唯有明确的定位，消费者才会感到商品有特色，有别于同类产品，形成稳定的消费群体。而且，唯有定位明确的品牌，才会形成一定的品味，成为某一层次消费者文化品位的象征，从而得到消费者的认可，让顾客得到情感和理性的满足感。要想在竞争中脱颖而出，惟一的选择就是差异化，而定位正是在战略上达到差异化最有效的手段之一。企业不懂得定位，必将湮没在茫茫的市场中。

多年来，可口可乐与百事可乐是饮料市场无可争议的领导品牌，在消费者心目中的地位不可动摇，许多新品牌无数次的进攻，均以失败而告终。然而，七喜却以“非常可乐”的定位，成为可乐饮料之外的另一种饮料选择，不仅避免了与两可乐的正面竞争，还巧妙地从另一角度与两品牌挂上了钩，使自已提升至和它们并列的地位，稳坐市场交椅。

可以看出，七喜的成功主要是“定位”的成功。市场定位，对于一个品牌的成功起着十分重要的作用。忠诚消费是品牌真正成熟的象征。如何才能达到忠诚消费呢？追求产品附加价值，是一种最好的促进方式，如免费为顾客咨询、全程服务、定期保修、资讯丰富、专业迅速的维修系统等，以此赋予品牌高附加价值，得到消费者认同并产生忠诚。为追求产品附加价值，美国 IBM 公司打出了“IBM 就是服务”的口号，一改过去就产品卖产品的做法。为此，该公司经理华特生曾在《企业与信念》一书中作了如下剖析——“随着时间的推移，良好的服务几乎已经成为 IBM 的象征……多年以来，我们登了一则广告，用一目了然的粗笔体写着：‘IBM 就是最佳服务的象征！’”

我始终认为这是我们有史以来最佳的广告，因为它清楚地表达出 IBM 真正的经营理念——我们要提供最好的服务，IBM 所签订的合约中，不只是机器出租与出售，更包含了所有的服务项目以及解决方案。”正是如此，IBM 吸引了一批又一批忠诚的购买者，使得 IBM 品牌之光璀璨夺目。既然品牌与消费者之间是一种互动的关系，那么，要想实现由商品向品牌的转化，就必须不断地与消费者进行沟通，这种沟通越顺利，转化也就越迅速。

因此，消除沟通障碍，无疑是品牌之路不可回避的现实问题。包装是品牌的脸。如果不能令消费者一见倾心的话，将严重影响二者之间的沟通。消费者与产品接触，首先见到的就是包装，就在这一瞬间，决定了一个品牌命运——如果喜欢就会买；如果不喜欢，就会选择别的品牌。因此，在设计之初，应倾听他们的意见。制定价格之前也应多倾听消费者的声音，并不是所有的价格消费者都会接受。对于事先的心理价位调研至关重要，很多企业在这里往往走不出成本的死结。渠道设计应提供消费者购买的方便性，三步能买到的，不该让他跑五步，否则他绝对会选择别的品牌。促销不以消费者为中心，你的投入将全打水漂。在这个信息爆炸的时代，他完全可以对你自说自话的臆语不理不睬，视而不见、充耳不闻。

目前，许多品牌广告在表达企业的观点上，总是过于夸大，这不但无助于沟通，反而更加造成了沟通的障碍，使本来就多险阻的品牌之路更加步履艰难。企业能有多少资源经得起这样的折腾？

# 四轮驱动品牌之车

目前，国内企业在品牌经营上走入"贫道"不乏其例，致使品牌之路举步维艰，中国企业慎重走好品牌成功的每一步，已显得至关重要。下面四个方面，如同驱动品牌之车的四个轮子，缺一不可。

**品牌精神待发扬**

品牌就像人一样，它是一个活生生的载体，有其精神所在。品牌一旦有独一无二的精神，竞争对手便无法效仿，其独特构成了一个品牌最大化、最优化的价值体系。比如在广州只要一提到奥林匹克花园，人们首先想到的就是体育精神，提起丽江花园，人们便会想到人文精神，这是别的品牌无法具备的内涵。

中国企业一定要看到这个层面，将自己的品牌精神去发扬光大，反之，品牌很容易在这个过程中丧失殆尽，最终悄无声息地在市场沉默。

**要注入新活力**

品牌没有活力就会显得"死气沉沉"，要让品牌具有新活力，企业就必须试图去改变它，当然，也不能让它变得太多，否则，消费者一下子很难接受，企业的忠诚客户便会逐渐流失。相信大家都知道可口可乐改变配方的案例，当时消费者强烈不满，终究品牌还得要回到当前，重新掌握好过去和将来的平衡点。

国内品牌在注入新活力方面普遍做得不够好，企业给人始终是一副"老面孔"，似乎让人感到中国品牌十分"苍老"，品牌不能重生，肯定必死无疑。

**要识品牌真面目**

近年来，中国企业对品牌开始慢慢重视起来，虽然绝大多数企业每天也都在谈品牌，但对于品牌的基础知识，甚至对品牌起码的创建和管理，基本上一窍不通的还占多数。企业始终在一知半解的状况中大谈品牌，企业的品牌状况就可想而知了。笔者曾在 2001 年走访了珠江三角洲近百家企业，发现真正步入品牌操作的不足 5 家，其余 95% 的企业对于品牌还处在启蒙期。企业每天"身在庐山中，却不识真面目"，这不由不令人感慨。

今天我们已步入品牌全球化时代，我们如果在品牌之路上，仍不深入了解创建品牌，仅是一味靠其产品去竞争的话，淘汰肯定离我们不遥远！

**必须走出短视近利**

许多企业为眼前的一点蝇头小利，而强行将品牌推入市场，似乎是一帮"黑道交易"，偷偷摸摸无法见人。企业在短期内也许会获取一点利润，但如果想长期保持这种局面，显然很难维持。然而，国外强劲品牌却与中国品牌截然相反，将市场占有率提到了最高处，从目前来看，多数外商品牌是中国品牌获利率的 2 倍之多。显然，中国品牌还不会运用广告、销售、宣传、包装以及公共活动给消费者留下偏好的主观印象，在这些方面搞不好，品牌价值就上不去，到最后只能卖产品，而不是“卖品牌”，企业就只好走“短视近利”之路了。中国企业不能长此以往在短视近利上转圈圈，否则品牌将失去大片“江山”，企业也就难以走出寒冬。

品牌经营的好与坏，将决定企业的兴与衰。今天，中国企业在全球竞争的大环境里，应加强和关注品牌的经营，从而让中国品牌闪亮国际舞台。

# 品牌决策五大要诀

选择一份轻松
选择一份自在
天津夏利

**真正以顾客为导向**

以顾客为导向，正日益受到全球企业界和理论界的关注，成为当今品牌竞争的共同战略。不以顾客为导向，就无法真正掌握顾客的需求。百年品牌西门子的八大准则，其中有一条：“客户决定我们的行动”，他们随时根据顾客的需求，进行业务改进。P&G 能将旗下 300 多个品牌的产品行销全球，并不是靠其庞大的广告，而是脚踏实地通过一系列严密的消费者测试与调查活动，方推出符合当地人需求的产品。

以顾客为导向，对于品牌的成功起着决定性作用。目前，许多中国企业在品牌决策的过程中往往忽略以顾客为导向，致使产品推向市场，顾客不买“账”，严重影响了品牌的长期发展。以顾客为导向作为品牌最高战略，始终贯彻于品牌经营的全过程，对于中国企业来说，以顾客为导向应成为本世纪品牌行销的焦点。

**品牌定位不可大而全**

品牌定位也叫品牌占位。品牌定位决定品牌特性和品牌发展的动力。因此，品牌定位要有针对性，利用特定的品牌形象，吸引特定的目标群体。品牌定位不可大而全，应小而精。这是许多知名品牌成功的一大法宝。比如百事可乐，经过了几十年的竞争，他们知道自己无法与可口可乐相匹敌，于是把聚焦领域收缩至青年一代，他们研究这一代人的心理和特征，针对他们推出一系列的举措，使得百事可乐一举成为强劲品牌。

中国许多企业在品牌定位上缺乏远见，舍不得牺牲，认为将目标市场定得越庞大，成功的把握也就越大；认为品牌利益点越多，就越能吸引消费者的关注。在实际操作中，不清楚市场群、顾客群的所思所想，缺乏市场比较和分析，更是忽略了价格这一定位要素，直接导致了品牌难以发挥其应有的活力。

**突出品牌形象至关重要**

品牌形象，是指品牌在目标消费者心目中的印象。品牌形象可以成为消费者完成购买行为的一个强有力的支撑点。品牌形象越突出，就越能促进购买。

品牌形象一旦确立，也就成为某种商品品质的有力保证和给消费者一个购买的理由。可口可乐猩红的标志以及隐藏其后的“欢乐气氛”攻城掠地；百事可乐红蓝标志和偶像巨星，洋溢着青春动感；麦当劳的金色拱门和麦当劳叔叔，成为每一季的主题；万宝路的西部风情和牛仔，充满诱惑。这些品牌都给人以鲜明的印象，令消费者眼前一亮，具有强烈的煽动性，在无形之中左右着消费者的购买行为。然而，我们的品牌普遍缺乏形象塑造，至今还没有一个品牌形象是那么的鲜活，充满着无与伦比的生命力。我们企业还停留在品牌知名度的层面，而忽略品牌形象塑造中不可或缺的社会公益事业和公关活动的参与，使得品牌在大众传播中无法引人注目。当今社会，已逐步进入了“印象时代”，形象是品牌建立的根基，作为勇创世界强劲品牌的中国企业，在突出品牌形象的手法上不能掉以轻心。

**顺应时代满足需求**

中国企业都有产品要更新换代的意识，而在品牌适应时代变化的需求上缺少力度。其实，随着时代的变迁，消费观念、消费心理、消费行为的改变，品牌要想长盛不衰，就必须顺应时代变化和需求适时作出科学的调整。100多年前，宝洁公司只有单一的象牙牌香皂，后来为了顺应市场，推出了汰渍洗衣粉。如今，象牙牌香皂依旧表现出色，而汰渍洗衣粉也成了洗衣粉市场的领导者。再看可口可乐，过去一直只有一种口味。如今有了醒目、雪碧、天与地及健怡等品牌，且均有不俗的表现，而可口可乐依旧稳坐市场老大的地位。

可见，为了顺应时代的变化，将新的市场进行细分并适时占领，满足不同顾客的需要，不但可以开发新的市场，更可以很好地保护原有的品牌，可谓两全其美。

**广告宣传要有的放矢**

广告是品牌传播的手段与工具，是宣传品牌形象最有效的途径之一。因此，广告宣传要有的放矢，要针对锁定的目标市场。每一个成功的品牌，无不在广告宣传上表现过人，“柯达”、“雀巢”、“麦氏”等知名品牌的广告都十分注重幽默、亲切，多是以启发式，将最复杂的问题简单化，从而赢得消费者的喜爱。

中国广告偏重于教育式，为做广告而做广告的现象比比皆是，企业还习惯于以复杂的思维方式和手段来表达一个本来很浅显的思维。目前中国广告不是形象模糊，就是过于赤裸裸地表白销售说词，在“王婆卖瓜，自卖自夸”中失去自我，甚至就是令人乏味的产品说明告白，老百姓看了就想按遥控器。因此，要求广告要有的放矢，达到尽善尽美。

我们呼唤中国品牌日益壮大，在科学的品牌决策中，与国际化的品牌之路尽快接轨！

## 让你的品牌别有洞天

品牌同人一样，也应有个性，否则消费者就会混淆不清，“玻璃当成钻石”，品牌就会失去应有的竞争力。为了使你的品牌在芸芸市场脱颖而出，品牌经理人必须在品牌个性化上费心努力。

当今已是崇尚品牌的时代。从某种意义上说，品牌之所以成为品牌，一定具有极其鲜明的“个性”，这种独特的“个性”，牢牢地把消费者吸引，使人过目不忘、印象深刻，品牌因此大行其道。

分析可口可乐、柯达、麦当劳、奔驰、IBM等全球性的强劲品牌，皆有其特别之处，它们都具有：全球通行的品牌形象，统一而有整体感；品质绝对过硬，利益诉求十分明确；可以满足不同地区消费的需求；融入当地文化，成为当地人生活的一部分；行销策略切中市场要害，市场把握非常到位；媒体推动、通路拉动都很重视。从它们的成功中，我们可以总结品牌的成功之道，并从下述这些方面来塑造自己的产品。

**了解消费者心理**

品牌由厂家生产出来，投向市场，最终还是要由消费者购买。充分了解消费者购买心理，把握好他们的消费动机、需求、行为模式、消费决策模式，使产品在他们心目中达到感性形象，才能诱发消费者的欲求和联想。企业一旦能了解他们的心理，才有可能培养他们的“偏爱”，这时，他们就会把对品牌形象的偏

标　识

## 创 意

全新飘柔首乌黑发洗发露

爱，变为选择商品的主要理由，从而实现购买。

**商品要走出同质化**

目前，同质化的产品泛滥成灾，消费者很难凭借“记号”而在同类中有所区别。如果你的产品要想畅销，就少不了特别的“记号”，这也是品牌产生的基础。消费者对产品的认识有理性的一面，如质量、功效、价格、外观等，也有感性的一面，如品位、形象、魅力、时尚等等，特别能使消费者在心理上、情感上得到满足，毕竟他们是“花钱买感觉”，你要是与众多的产品一个模样，那么，品牌的特别便无从谈起，等于你主动放弃在他们面前表现的机会。

**命名是个性的影子**

好的品牌命名，可以刺激消费者的听觉器官，从而留下深刻的印象，产生联想和感触，品牌名称本身就是一句最简短、最直接的广告语。中国自古有“正名”之说，所谓“名不正则言不顺，言不顺则事不成”。命名是商标的主体，好坏之差，必将影响到品牌的成与败。“Coca－Cola”译作可口可乐，既谐音，意思又贴切，可谓天衣无缝。失败的命名也不乏其例，例如“万事发”则会让人联想到“东窗事发”，“多事之秋”，反正不是好事。因此，品牌要特别，命名是首位。

现今，众多企业为了品牌命名有特色，有别于竞争者，方向明显地向口语化的趋势发展，比如“马上冷”空调、“什么玩意儿”丸子、“小心点儿”拉面、“统一茶裹王”等等，从“音”、“义”上都符合“幽默易记”的策略，创造出特别的风格。

**传播创造特别优势**

美国西北大学教授舒尔茨在《整合行销传播》一书中指出：90年代，在同质化的市场中，唯有传播能创造出差异化的品牌竞争优势。这种传播，以消费者的欲求为“轴心”，从产品概念的开发到产品包装设计以及公关、广告、促销等营销推广工具的综合运用，始终围绕这个“轴心”转。

当企业为产品塑造出一个特别之处时，就已经向成功迈出了可喜的一步。这种独特的个性，会通过各种方式传递给消费者，且需要一整套环环相扣的传播管理机制，严密的媒介计划及策略实施等方面的配合，让消费者从认知到熟悉，再到购买和使用过程中的一切感受信息，都是对于品牌特别之处的一种体验。

如今市场，消费十分理性，产品有了扎实的基础，但传播是否有一致性，销售主张与消费者的欲求是否相投。如果传播的策略制定特别，你的商品就有可能从起起伏伏中上升到著名的品牌。

**定位要十分准确**

定位观念，早在50年代罗瑟·瑞夫就提出“独具的销售说词”，相信各位读者都不陌生。品牌要具有特别，与定位密不可分。品牌定位具有明显的策略性质，是形成一个品牌特别的基础。“定位是你对未来的潜在顾客心智所下的功夫。也就是把产品定位在你未来潜在顾客的心中。”成功塑造品牌个性的精典范例比比皆是，如万宝路香烟定位为“男子汉的香烟”；飘柔洗发水定位使头发光滑柔顺；金利来定位于“金利来，男人的世界”，几乎成了男人事业有成的标志。

有好的定位，才会有好的市场，品牌要独特，离不开准确无误的定位，这个“位置”占不下来，品牌肯定会在市场中淹没。当然，要让品牌具有特别之处，绝非易事，它还需要有完善的市场划分，目标市场的准确选取，产品推广策略的有力制定等各方面的整合。企业需要投入一笔庞大的费用，需要时间和耐性来建立形象。可以肯定，这是所有想创建强劲品牌企业家的奋斗终目标。

作为中国的中小企业，步入品牌之路不久，由于资源有限，在这方面就要更加努力，品牌只有表现特别，才可能一炮打响，从而确立品牌在市场中的地位。分析其过程也许漫长，但只要扎实来做，确定正确的市场策略，未来就会收益甚丰，即使成不了强劲品牌，也至少会“有名有份”，比起一般品牌也会有优胜之处。

在新世纪的行销与品牌经营中，企业善于表现品牌的特别，可以先期占据消费者的心，让消费者接收到特有的动人情境及来自品牌的魅力，也许这是品牌抛头露面的最佳行动！

# 没有品牌就像在租房子

中国企业纷纷意识到品牌的重要性，但在创牌的过程中缺乏正确的品牌观，以致“长不大，活不久”的现象比比皆是，笔者认为，中国品牌现已处于全球市场，要步人强劲品牌行列，国人创牌观念还有待彻底反思。

**好品牌至高无上**

成功的品牌背后都有一种伟大的理念，有伟大的理念，才能成就伟大的品牌。“产业报国”的爱国理念，成就了松下王国；“写出世界上最伟大的软件”，使得微软天下无敌；“努力为公众提供意想不到的产品与服务”的理念，使索尼成为世界上最有影响力的品牌之一。就分析这些品牌的成功所在，就是决不满足于眼前的短暂的利益！

“没有品牌，就像在租房子。”这个道理大家都知道。透过品牌成长的生命线，我们也可以看出，创造品牌绝对比创造产品来得划算！值得指出的是，众多的企业在创建品牌的道路上，尽管都认识到品牌的资产和价值，但缺乏一份耐心和决心，往往在眼前蝇头小利的诱惑下，而放弃品牌经营，放弃曾经立下的至高无上的理念，最终企业难免要饱经风霜，为此付出惨重的代价！

**给消费者难忘的体验**

强劲品牌皆是以产品广告不断累积品牌资产，广告策略中不单是强调产品的利益点，而是更注重于消费者去体验消费。我们晓得，消费者在购买商品时，并不是完全在购买一组化学品或组合体，而是在他们购买中满足其欲望，并面面俱到，否则，在他们使用一次后，就很难有重复购买发生。因此，惠勒说过：“您卖的不只是牛排，而是可口的滋滋声。”同样，狄克特也曾说过：“对妇女来说，要卖皮鞋，倒不如说卖美丽的玉腿！”显然，我们不能单卖产品，而应卖产品的利益和带给他们的整体感受，因为消费者是以钱去换取利益的。

这里所指的“体验”，就是让顾客打心底里喜欢，为他们创造整体的感受，这与传统行销专注于宣传产品性能与效益是截然不同的。我们可以透过经典案例“左岸咖啡馆”来说，凡是来此消费的顾客，不仅仅是可以享受到黑松出品欧香咖啡，行销人员最初还考虑到让顾客如同沉浸在人文浪漫的“巴黎咖啡馆”，并从品牌的命名、长荣左岸专机方式，让顾客充分体验，为品牌传播节省下大量的费用。

我们在提升品牌中，往往只是注重产品利益衍生出来的利益点，而对于提供消费者附加价值还关注不够。在产品日益同质化的今日，体验式行销便提供了消费最难忘的购物经历。它通过感觉体验、情感体验、创造性认知体验、身体体验和多列生活方式，以及与某一团体或文化相关所产生的社会特性体验，为顾客创造全方位的体验，最终达到更有力地提升品牌忠诚度，作为中国品牌，此策略又何尝不是另一个利器。

## 标　　识

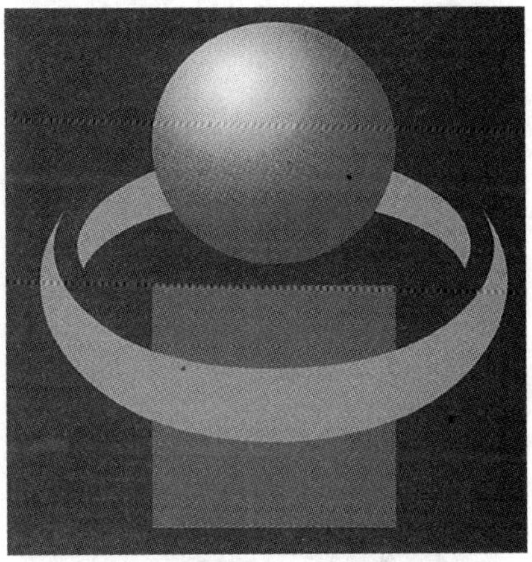

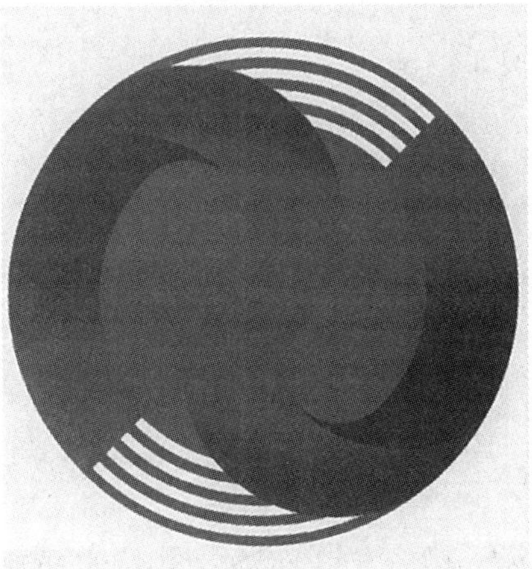

创 意

伤口的长度与酒量成正比

# 混合双打还是单打？

## ——谈家族品牌与个体品牌策略

目前，国内众多的专家学者对于运用品牌策略上意见分歧很大，事实上，品牌策略制定并非像他们说得如此可怕。企业究竟应采取混合双打还是单打？这是许多企业最为关注和所要面对的重大决策。

企业在拟定新产品上市策划之际，必须先对家族品牌和个体品牌进行全面认识，并且看清他们之间的差异所在，企业才有可能在多元化的竞争中占有优势。

在市场上，一个产品推出获得消费者的认可，并且逐步建立了一定的品牌地位，即后续推出的产品便较多地使用相同的品牌，它往往可以让消费者产生品牌联想，直至产生喜好感和信赖度，这是企业利用家族品牌的先决条件。如果缺乏了这个基础条件，则是“无基之厦”，其后果大家都很清楚。

关于家族品牌策略，先分享一个南方人比较熟悉的房地产案例，广东顺德碧桂园，原先是前不着村，后不靠镇，上不着天，下不着地的偏乡僻壤之地，凭借着有力的策划和广告运作而成为广东珠三角人皆尽知的“大楼盘”，人们只要一提起“碧桂园”就会联想到“给你一个五星级的家”这一宣传定位，之后的旺销产生联动效应，相继又开发了华南碧桂园、广州碧桂园、广源东碧桂园等成功的商品。再如奥林匹克花园，经过成功的推广之后，也相继推出了番禺奥林匹克花园、广州奥林匹克花园、南国奥林匹克花园等，其定位“运动就在家门口”的品牌宣传获得认可，热销火爆，每次新盘推出，都会在市场上掀起购买热潮。分析碧桂园和奥林匹克花园两大品牌，均是在家族品牌的运作上得以成功，我们可以看出策略的取舍都具备以下的因素：

1. 在同一领域里延伸

碧桂园和奥林匹克花园两大品牌，均是在原先的产品被消费者接纳、接受后，相继推出的产品仍然是楼盘，而非跳到另外领域发展，这种产品与原产品有相同的用途，满足相同的需要，并有相同的销售动机。分析他们的成功，均是原已有相当的知名度、可信度、美誉度、后期推出的产品源源不断地争相追捧。

2. 具有一致性的品质等级

家族品牌的成功离不开这个因素，品质也是决定品牌成功的关键。在消费者心目中两大品牌推出的每一个新楼盘均具有强硬过关的品质印象和独特的定位——一个是“给你一个五星级的家”，一个是“运动就在家门口”，在每一个板块推出的新盘上形成整体性，给人感觉到同样是高质量、高素质的。

3. 产品销售的区隔市场一致

家族品牌必须具备销售对象的一致性，他们的年龄、所需所求、物质条件等大致是一致的，目标市场相同，则品牌使用的不同子项目或产品，才有可能产生连带和相辅相成的作用。从碧桂园和奥林匹克花园两品牌我们也可以看出，其销售对象均是锁定在白领一族，圆他们几万元可以住洋房的梦想，他们的需要大致是相同的，房地产开发商所利用的行销手段组合就不需要异同，每一个新商品的推出，都会对品牌声势有所加强。

至于个体品牌的运用方面，主要还要凭借着企业原有品牌之既有的信誉，不必担心新产品是否被消费者欣然接受之影响，它在产品定位、广告与促销等行销作业上，可以不受旧有的品牌牵制，即拥有广阔的天地。但是，企业在操作运用个体品牌策略时，必须要时时考虑到品牌的整体效应问题，这种“核聚变”的能量，比起“一枪一炮”的影响庞大。有心人可以看出，P&G(宝洁)公司的品牌，在每个广告的最后，标版都是以“宝洁公司，优质产品”来传播，以强调品牌的统一性，达到借助整体品牌优势，充分累积品牌价值。

家族品牌与个体品牌之间的优劣，目前为止，是很难有一个完美的定论，两者间各有千秋，企业在运用时，必须根据自身产品的生命周期、消费者的需求变化、市场的趋势、竞争对手的策略态势等方面，采取相应的策略，以让企业享受来自品牌的超级利润。

# 产品经济≠品牌经营

**产品经营不能等于品牌经营**

产品是在工厂所生产的东西，而品牌则是消费者购买的东西。一件产品可以被竞争对手模仿，但品牌则是独一无二的。产品很快会过时落伍，而成功的品牌是经久不衰的。现今市场相互竞争的同类产品、替代产品繁多，一些企业还停留在广告和产品营销上，忽视品牌价值，更有者，将产品经营认为就是品牌经营。还有企业认为，品牌需要大量的投资，因而放弃去培育品牌。殊不知，品牌是产品走向国际市场的通行证。当今消费者购买的是品牌，而不是产品，在完成购买行为时，消费者首先是看品牌在他们心目中是否留有位置，其影响着购买行为的权衡决定。因此，把品牌价值等同于产品经营，无疑淡薄了消费者心目中的品牌意识，在大度地削弱消费者的忠诚度的同时，品牌价值也荡然无存。

这是一个品牌的时代，消费再不需要生产者和中间商把产品从桶、机器或箱子里取出来销售了，而人们更热衷于产品品牌化，糖和盐被包装进有特色的包装物内；许多农产品也在实现品牌化，诸如河南省驻马店市的亚世达农业高科技示范园，春节在京推出了“亚世达”蔬菜礼品盒，5公斤的一盒菜卖到86元，一个春节就卖掉了5万盒！这就是品牌化所带来的结果。中国企业应该正视品牌竞争，不要一味地排斥与封锁，亟待消除产品与品牌之间的距离，把产品转化为品牌，适应时代发展才是上上之策。

**莫将传统文化拒千里之外**

借用文化可以说是建设品牌的捷径。中国有着五千年的灿烂文化，这是企业取之不竭的源泉，没有独特文化内涵的品牌，是没有生命力的。

国外的强势品牌每到一地，均将当地的传统文化融入自己的品牌，以拉近与消费者之间的距离，挖掘消费文化心理，从而让当地人视品牌为生活的一部分。日本的丰田在中国做的广告，就巧用中国人家喻户晓的俗话：“车到山前必有路”，后面加上了一句“有路必有丰田车”，获得了亿万中国人的认同和传播。再如可口可乐在2001年为抢摊中国春节市场，特意为中国市场推出了泥娃娃阿福新形象的贺新年广告片，广告片中的“岁岁添欢乐，年年庆有余”春联充分烘托了现场的气氛。该公司并将中国12生肖题材这一具有浓郁的本土色彩的包装隆重推出，无论是大瓶的可口可乐，还是罐装都把传统文化与中国文化相结合，达到了贴近中国消费者。正如可口可乐(中国饮料)有限公司华北西南区业务总经理戴翰北先生说：“中国文化孕育了丰富的内涵和深远的影响力，也受到各国人民的

标　识

长江置业

SHENZHEN CHANGJIANG REAL ESTATE DEVELOPMENT CO.,LTD

深圳画报

创　　意

喜爱，在我来到中国之前，就对十二生肖非常感兴趣。可口可乐是国际品牌，如果她和各地文化结合就会焕发永远的活力。”

由此可见，品牌运作中文化是一大宝藏，这一宝贵的资源只有充分运用，品牌才会充满生命力。洋品牌已把中国传统文化做深、做足，依仗本土策略亲近中国市场，而中国品牌却将我们几千年的文化底蕴拒之千里之外，拼命“洋”化，要知道，“名牌的一半是文化”，希望中国的中小企业也要懂得这个道理，尽快走出品牌幼稚阶段，并尽快成熟起来。

## 曾朝晖专栏

# 检阅品牌基因

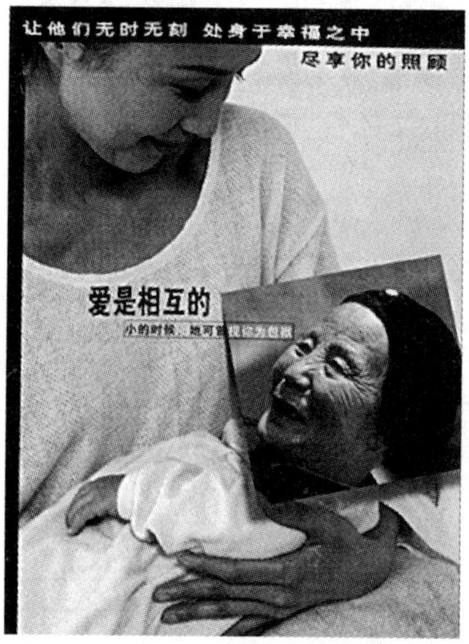


小时侯，她可曾视你为包袱

### 不变的核心价值——品牌基因

一个真实的故事：一个登山队在登山的途中偶然发现了一具被冰雪掩盖的尸体，经专家鉴定，这具尸体至少生活在距今几千年前，可能是在一次雪崩中被埋葬。经年不化的积雪保护着，使他“活”到了今天。有趣的事还在后面，专家们通过提取基因（DNA），竟然找到了他生活在今天的后代。

对于一个人而言，他的性格是有可能改变的，他的人生定位也是可以变化的，不变的只有深藏于体内的基因。而对于一个品牌来说，核心价值就是它的“DNA”。

品牌的核心价值是品牌的精髓，它代表了一个品牌最中心、且不具时间性的要素。一个品牌独一无二且最有价值的部分通常会表现在核心价值上，如果把品牌比作一个地球仪，核心价值就是中间的那根轴心，不管地球仪如何旋转，轴心是始终不动的。

**品牌核心的价值举例**

| 品牌 | Logo | 核心价值 |
|---|---|---|
| 辉瑞 | 关爱生命，辉瑞使命 | 关爱 |
| 耐克 | Just do it(想做就做) | 命运操之在我 |
| 吉列 | 男士的选择 | 阳刚、男人味 |
| 诺基亚 | 科技以人为本 | 科技、人性化 |
| 海尔 | 真诚到永远 | 真诚 |
| 海信 | 创新就是生活 | 创新 |
| 海王 | 健康成就未来 | 健康 |
| 白沙 | 鹤舞白沙，我心飞翔 | 飞翔 |
| 商务通 | 科技让你更轻松 | 科技、简单 |
| 科健 | 专注做好每件事 | 专心、专业 |

是否拥有核心价值，是品牌经营是否成功的一个重要标志。海尔的核心价值是“真诚”，品牌的logo是“真诚到永远”，海尔的星级服务、产品研发都是对这一理念诠释和延展；诺基亚的核心价值是科技、人性化，品牌的logo是“科技以人为本”，同样的，诺基亚不断的创新产品，以人性化的设计来打造其高科技形象；海王的核心价值是“健康”，品牌logo是“健康成就未来”，其旗下30多种健康产品共同为这一核心价值添砖加瓦。

### 卖产品，更卖生活主张

如果说人生的三大境界是物质、精神和灵魂，那么，消费者体验品牌的三个层面分别为：

1. 物理属性。主要是为了获得产品的物理效用与使用价值，这是品牌体验的最初层面。消费者体验品牌首先从体验产品开始，没有对产品的体验，对品牌的体验就无从谈起。如果是白酒，消费者的产品体验通常会是：顺口、不上头、价格适中等等；如果是鞋子，消费者的产品体验通常会是：结实、合脚、美观等等。但是，品牌的执行者应该注意：如果自己的品牌领先其他竞争对手的原因只是产品的物理属性，那么这个品牌在将来一定会被别的品牌所赶超。

2. 感官享受。如果对一个品牌的物理属性层面的体验产生好感，持续积累，便会上升到感官享受的层面。例如消费者品尝一种白酒，如果经常给他良好的产品感受，久而久之，便会形成一种舒适的消费感，对品牌的体验上升到心理层面。

3. 价值主张。当消费者对品牌的感官享受超过一个临界点，便会形成一种价值主张，这是品牌体验的最高境界。比如通过喝某种酒来表达自己的人生主张、价值观、生活态度。甚至觉得这种酒里面总是有自己的影子，总是说出自己想说的话。

品牌核心价值的设定就在第三个层面，即价值主张。

对品牌核心价值的设定，不是要去向消费者解释我们的产品是多么的好，能够满足消费者的生理需求，因为这一点，对手也能做到。如果一种食品的核心价值设定主要还是停留在品尝后的感觉上，比如“味道鲜美、纯正，让人产生快感”，这虽然十分贴切地表现了品尝食品后的美妙感受，对产品本身的销售也有较大的促进作用，但缺乏一种感召人内心深处的力度，这只是卖产品的定位，还没有达到卖精神与文化的境界，品牌的核心价值缺乏包容性，对长远的发展也极为不利。

所以品牌核心价值应着重宣传我们的品牌将会是什么，包括精神的快感、心理需求的满足以及品牌独特的价值观。

**品牌核心价值的四项标准**

品牌的核心价值应该具备一定的特征，具体表现为以下四个方面：

1. 排他性。品牌的核心价值应该是独一无二的，具有可明显察觉与识别的鲜明特征，以与竞争品牌形成区别。在家电品牌中，海信的核心价值是“创新”，其品牌 logo 是“创新就是生活”，科龙的核心价值是“科技”，其品牌 logo 是“梦想无界，科技无限”。就独特性来说，“科技”的提法正在增多，在家电以外的品牌中，以“科技”为核心价值的不在少数，而且即使在家电品牌中，这一提法也在增多，使得品牌与品牌之间的差异正在渐趋模糊。

2. 执行力。品牌的核心价值应该与企业的核心竞争力以及企业未来的长远发展目标相一致，也就是说，对品牌所提出的核心价值，企业应该有充分的执行力，否则，这一核心价值就难以贯彻始终。如果一个品牌将核心价值定位于“创新”、“科技”，那他就必须有足够的持续的技术优势来支持这一定位，否则这一定位只会越来越弱化。

3. 感召力。品牌的核心价值应具备强大的感召力，体现对人类的终极关怀，震撼人的内心深处，只有这样，才能与人产生共鸣，拉近品牌与人类的距离。孔府家酒以“家文化”为品牌核心价值，即有其历史的感召力，也有其现实的感召力。几千年来，家就是人类不懈追求的梦想，一种无法释怀的古老情结；而从现实的意义上讲，许多人一辈子的奋斗，就是为了能有一个美满幸福的家，家是现代人一天紧张工作后温馨的港湾。因此，这一价值正是大多数人的价值，因而能得到广泛的认同。

4. 兼容性。品牌的核心价值的兼容性体现在两个方面：一是空间的兼容，品牌的核心价值应该是其所有产品的包容，并且今后有可能跨越多个行业，所以要具有广泛的内涵；二是时间的兼容，品牌核心价值一经设定，便要长久坚持，其内涵可延续百年、千年而不落伍，这样品牌才可能成为千年“不倒翁”。“健康成就未来”是海王的品牌核心价

## 标　识

## 创　　意

女人难养

值，这一价值可以包容其旗下所有为人类健康服务的产品，且这一理念不仅在今天得到认同，而且可以预计在今后一个相当长的时期内甚至永远都是不会改变的，所以这一核心具备了兼容性这一条件。

**品牌核心价值的旅程**

就像脱衣服一样，对品牌核心价值的设定，应该是一个由外到内的自然而然的过程，只要遵循规律一件一 件地脱下去，寻找到品牌的“内核”就是一件顺理成章的事。

1. 同类品牌分析——寻找差异点。对于每一个行业，其核心价值的归属都会有所侧重，例如食品行业，会侧重于生态、环保等价值；信息产业，会侧重于科技、创新等价值；医药产业，会侧重于关怀、健康等价值。品牌核心价值也要考虑行业今后的发展方向，要与今后的整体趋势一致，否则难以延续百年。接下来要对同一生存环境下的其他品牌的核心价值作分析，尤其是要分析主要竞争者的核心价值，是否能成为其品牌的核心驱动力。

品牌的核心价值要与竞争者有所区别，但如果确信竞争者核心价值并不适合其长远发展，而又与自己非常贴切，则可以取而代之。比如，如果竞争对手已经先于自己提出“创新”的核心价值，而其又并没有雄厚的技术支持其创新，但这一核心价值却非常适合自己，且有持久的技术优势作支撑，在这种情况下，我们仍然可以以“创新”为核心价值，因为这一价值比竞争对手更能获得消费者的认同，最后在消费者的心中，这一价值将成为自身所独有的优势。

对于汽车而言，规模化是其生产趋势，然而，劳斯莱斯通过手工制造来打造其高贵的品牌价值。几乎所有的汽车杂志都把劳斯莱斯评为最昂贵也是最精致的汽车，在英国，它更被视为皇室特权的象征。很多年轻人都认为劳斯莱斯的款式过于陈旧，根本就跟不上时代的潮流，但这正是劳斯莱斯的独特魅力所在，自创立至今，劳斯莱斯一直坚持沿用手工制作传统。大到车身的锻造，小到座椅的缝制，甚至是一些小装饰物的雕刻，全靠技艺炉火纯青的工人手工完成，每一个细节都力求完美。

2. 检阅产品——寻找共同点。对品牌下属的所有产品进行清理盘点，找到其共同点。有的品牌可能只有一个产品。

也有可能拥有几十上百个产品，品牌的核心价值就是要在它们身上找到共性。

“摩托罗拉，飞越无限”，使摩托罗拉的品牌核心价值倍增。摩托罗拉发现其手机、寻呼机、对讲机等产品十分成功，但消费者提起摩托罗拉时总是想起寻呼机、手机等具体产品，而不是整个品牌的概念。同时，手机、寻呼机、对讲机是不同产品，摩托罗拉对消费者到底意味着什么？此时，摩托罗拉意识到有必要用一个主题，即品牌核心价值把不同产品串起来。通过调查发现，摩托罗拉旗下产品大多数是无线通讯，尽管各有不同，但在消费者的心目中有一点是共同的，即带给“消费者随时随地的通讯方便和自由感，不受地域、时间的约束”。由此，摩托罗拉确定品牌广告传达的主要信息是“摩托罗拉有如一双羽翼，让你自由飞翔”，于是就有了万众瞩目的“飞翔篇”的诞生。

3. 用精神统一。品牌的核心价值不是宣传产品，关键是发掘出能兼容具体产品的理念。如果对其所属产品所提炼出来的共同点，仅仅只是体现产品的物理特征，则不能成为品牌的核心价值。例如对于香烟，如果只是停留在烟丝的味道、抽烟的感觉上，就不能深入人心，与大多数香烟品牌相区别，白沙以一句“鹤舞白沙，我心飞翔”的精神感召力使其在香烟品牌中脱颖而出。

企业产品的多样化后，一般都是通过品牌延伸，新老产品共用已打响的品牌。这时，经营品牌核心价值就显得更为更要了。其实，国际范围内众多家电企业麾下的几百种家电产品都用同一个品牌，主要是因为消费者对冰箱、洗衣机、彩电、音响等产生信赖的原因，都可以归纳为一个共同点，即对这一品牌在技术、品质、服务、亲和力以及精神上的高度认同。如果缺乏这种认同，整个品牌体系将会混乱无序。

**创造百年金字招牌的要诀**

1. 坚持一百年不动摇。全力维护和宣扬品牌核心价值已成为许多国际一流品牌的共识，是创造百年金字招牌的秘诀。可口可乐、雪碧的品牌个性承载着美国文化中“乐观奔放，积极向上、勇于面对困难”的精神内涵与价值观。尽管可口可乐、雪碧的广告隔一段时间就换，甚至大相径庭，人物、广告语情节都会有很大变化，但任何一个广告都会体现出上述品牌个性，就像张惠妹主演的雪碧广告中，以“我终于可以做一回自己了”、“表达真的我”、“我就是我，雪碧”等极为煽情的广告语演绎着雪碧“张扬自我、独立掌握自己的命运”的品牌价值与内涵。

耐克的核心价值是“Just do it”（想做就做），表达人们对前途对命运操纵在自己手中的乐观情绪，这一价值已经坚持了将近20年，从无改变。今天，我们提起耐克，能马上联想到其核心价值主张，与其长期始终如一、坚持不懈的传播密不可分。

时装品牌Esprit一直强调其个人选择与自然的精神境界。60年代后期，Esprit在美国创立时，就确立了以世界和平和自我表现为品牌的主要宗旨，并一直坚持了下来。当其他公司的促销还仅仅流于形式时，Esprit却强调时装界必须对社会及生活时尚负责。Esprit踊跃参与地球日的宣传活动，把印有“绿色环保”口号的服装发给职员，在店内张贴环保海报，并鼓励顾客在市区种植树木及其进行清扫活动。Esprit的一大创举是把“大自然”引入店内。春天在它亚洲的各分店中都洋溢着花园的气息，店内放置着很多人工植物、盆景等。夏季，则是倡导健康的生活方式，它在海报中说道：“每天一苹果，大夫远离我”。在过季减价时，Esprit也颇不寻常，它将所有旧的陈列道具都扫上一层白油，或者盖上净色的棉布，此举给顾客以Esprit是沙漠中的绿洲的感觉，使它在乱哄哄的场面里既做了生意又似乎独享安逸。Esprit的室内陈列注意宣传人的价值，时时提醒顾客在穿着时也不忘表达自己的意见。在一个广告中，Esprit问道：“你会做些什么来改变世界？”一个手持拐杖的女孩子回答：“我希望人家去评定我之所能而不是我的不能。”除了上述口号，还有另外的口号也被广泛使用：“所有国家都应该归还本不属于他们的东西”及“在每个人决定要孩子之前，应该先上一堂为人父母的课程”，这些词句在不经意间征服了千千万万人。

2. 核心价值定位的泛人群化。品牌的核心价值定位不同于某类具体产品的目标人群定位，在很多时候是比较抽象的，大部分的品牌旗下都不会只有一个产品，这些产品针对的目标人群也往往是不一样的，如果把品牌限定于某一类人群，则对于今后的发展不利。有些品牌，可能其旗下所有产品都是高位的，但即使是贵为国烟的中华香烟，也有60元/包、30元/包的不同档次，而这两个相差一倍的价位所面对的目标人群显然是不尽相同的。品牌核心价值的泛人群化不是要包揽所有的人，而是不要拘泥于特定的某一类人。

与国际品牌企业相比，中国企业普遍弱小，中国的绝大部分企业不适合发展多品牌，即使是海尔这

标　　识

神威药业
SWIFT PHARMACEUTICAL

J.M.Business Development
Service Agency

Kept

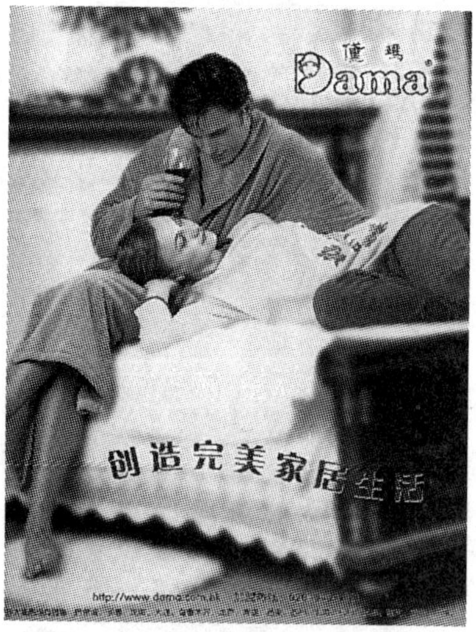


创造完美家居生活

样的品牌，也是运用单一品牌战略，全力打造海尔这一金字招牌。这样，其旗下所有产品都共用海尔这一品牌，而不同的产品往往针对不同的人，成百上千的产品使品牌面对的人群复杂化。因此，实际上，海尔整个品牌所面对的目标市场与消费群体是十分广泛的。由此海尔品牌核心价值必然是能被广泛的人群所认同的。于是海尔的品牌核心价值被设定为“真诚到永远”，所寓意的“真实、诚信，善待他们”的理念恰恰是中国几千年文明所倡导的美德，也是任何人都为之向往的，无论王侯将相还是平民百姓，身价亿万的大老板还是一无所有的下岗工人。

3. 产品概念的分众化。作为品牌，仅有广泛性与共性是不够的，这样会蜕化为万金油，缺乏突进市场的锐气。

细观今天的消费，已由大众时代进入分众时代，生活丰富多彩，消费需求也日趋多样化、差异化，企业若能在品牌的整体规划下，在深入科学的市场调查的基础上，发展出多个产品，每个产品都针对某一细分群体（分众）进行产品策划、包装设计、价格定位、分销规划和广告活动，那么各产品的个性和产品利益点便能更吻合、更照顾到自己所针对的那部分消费者的特殊需要，自然能获取这一群体的信赖和品牌忠诚，比面向大众消费群泛泛而谈没有特色的产品更有竞争力。因此，品牌的核心价值是泛人群化的，但是品牌旗下的具体产品应该是某一类具体人群所专有的。

拥有百年历史的美国手表第一品牌——TIMEX，深受众多明星政要的喜爱，它以专业的制表技术闻名全球，在美国是最畅销的运动休闲表品牌。TIMEX 目前在台湾推出的系列表款有“铁人系列”(IRONMAN)、“荒野系列”(EXPEDITION)、“闹铃系列”(ALARM) 以及“经典系列”(CLASSICS)和“青春系列(YOUTH)。这几个系列各有明确分工：

“铁人系列”是专业型的运动表款，它的专利高反差面板让液晶显示幕全角度都清晰可见，无论在运动时，或强光下，都清楚看见时间。铁人表的主要功能包括全天候 INDIGLO 冷光、夜间显示、100 小时倒数计时、5 种闹铃时间、两地时间及日期预示、100 米防水及防震耐压等特性。

“荒野系列”向来为热爱户外休闲活动及爱好冒险者所推崇，方便快速穿戴的表环设计，使佩戴轻松零负担。“荒野系列”另备有专为热爱露营及登山活动者所设计的特殊表款，如登山专用表即备有 INDIGLO 全天候冷光功能、夜间冷光功能、99 圈计时、100 小时倒数计时、闹铃、两地、170 米防水等多项智慧型功能。

为适应年轻消费者的市场需求，TIMEX 新推出青春系列，以多样化色彩及容易操作的运动表功能，深受青少年的喜爱。

白沙品牌核心价值设定为“鹤舞白沙，我心飞翔”，把飞翔提升为一种憧憬，一种对个人与整个人类美好未来的期盼、一种对成功孜孜不倦的追求。这是人类生生不息、永续存在的支撑点，因此这一理念具有很广泛的适应群体。但是在白沙品牌之下，产品众多，价格高中低兼具，分别面对不同的人群。白沙软装、硬装，以白色为主色，价格在 4—5 元，面向工薪阶层；白沙环保香烟以 绿色为主色，价格在 10 元左右，面向有爱心，关心他人的人士；白沙 银世界以银色为主色，价格也在 10 元左右，但它面向的是时尚人士，它与环保香烟是对同一消费档次人群从心理层面的再细分；白沙金世纪以金色为主色，价格高昂，它面向成功人士，在重要场合使用，也可当作礼品烟。

# 品牌变局

2001年是中国市场品牌风云迭起的一年，也是国家加大实施名牌战略的一年，这一年国家首次评价出第一批中国名牌产品。这一年一批老品牌发出新枝，一批新品牌脱颖而出，也有一批昔日明星纷纷落马，使中国市场呈现出变局纷呈的一幕。

中国入世，来自国内外的双重压力，使中国企业未来市场的竞争，不再是产品与产品之间的竞争，而表现为品牌与品牌之间的竞争更显突出。此时回首2001年，扫描中国品牌变局更具有借鉴意义。

**郎酒　谁能“引郎入室”**

2001年10月8日，宝光药业全盘托管了郎酒厂，托管方式是“郎酒集团将以‘整体出让’的方式以6亿元左右的价格‘卖’给宝光药业，付款方式为3年分期付款”。这成为2001年中国白酒界的最大变局。

郎酒拥有上百年的发展历史，是全国较有名气的17家名牌白酒企业之一，也是白酒界为数不多“驰名商标”之一。企业总资产达15亿多元，净资产6亿多元，2000年销售收入有5亿多元，利税近2亿元。托管方宝光药业是泸州市一家以开发中成药为主的私营企业，资产为1亿多元，年销售额为5000多万元。由于托管方与被托管方悬殊较大，因此引发舆论争议。

也曾辉煌一时的郎酒为什么会导致如此结局？人们不禁要问。

郎酒向来是业内稳健经营型的代表，2000年其销售收入还有5亿多元，而2001年1—5月却出现了同比下降65%的惊人幅度，1—9月份的销售收入只有2亿元，何以出现这种巨大的差距？问题集中在郎酒不断更换营销负责人员，调整经营、销售思路之后引出不同营销理念的冲突。在郎酒厂重金礼聘了有留洋背景，有MBA头衔，有玛氏公司中国区总经理经历的闫爱杰为郎酒集团销售公司总经理之后，这种冲突表现得更为突出。在这之前，郎酒厂始终坚持的是一种“亲善型营销”，把经销商视为朋友和利益伙伴，保证经销商有足够的钱赚，经销商也很卖力。闫爱杰上任后，对原有销售模式的销售体系进行了重大调整，力图改变原来以经销商为主建立的销售体系，转而建立由酒厂直接派员做市场并掌握酒店、商场、超市等终端卖场销售权的模式，希望把这种国际品牌的做法嫁接到郎酒，来改变经销商把持销售渠道和市场终端，一手遮天的做法。因此，闫爱杰把原有的经销商砍掉了一大半，使经销商怨声载道，不再为郎酒卖力。失去了经销商的支持，而新的理想的营销模式又未能建立，郎酒的销量下跌也就成了自然而然的事情。

谁能拯救郎酒？在宝光药业正式托管郎酒之后，东方希望集团刘永行宣布欲收购郎酒。目前的东方希望集团2000年销售收入超过30亿元，利税达到3亿元，是郎酒厂现托管企业宝光药业的几十倍。

不管谁来收购郎酒，我们都希望，郎酒这个品牌能摆脱阴影，重新走上一条光明大道。

**海王　异军突起打造健康品牌**

位于深圳的海王集团是中国生物制药领域的一家高科技上市公司，但是除了股民之外，几乎很少有人知道海王，更不知道海王是干什么的。

尽管海王拥有多处大型的现代化生产基地，拥有国家级的科研机构，并且在股市上有上佳表现，但面

红丝带是全球关心爱滋病患的标志

对入世后国际医药巨头的逼近，海王也真真切切地感到了生存和发展的威胁。海王人决心在国际品牌大举入侵之前抢先下手，打造品牌优势。

于是，海王开始了和国内著名咨询公司的全面合作，经过深思熟虑，“海王，健康成就未来”的品牌核心应运而生。海王，从此明确了今后发展的方向，正如海王总裁张思民先生所言：海王将致力于打造健康产业的强势品牌。

从2001年开始，海王掀起了一场全国性的广告运动，耗资6亿元，在中央电视台及全国10大卫视台联袂播放，“关键时刻，怎能感冒”系列广告引起了全国性的广泛关注，海王银得菲也从此奠定了其感冒药市场的强势地位；海王金樽则请“皇阿玛”张铁林担任代言人，一句“要干更要肝”从此响彻大江南北。

海王广告投放的成功之处在于，其所有投放都对海王品牌资产产生了积累，其产品广告共同对“健康”的品牌核心理念形成有效支撑，海王作为健康产业的强势品牌已初具雏形。

**科龙　充满变数的品牌舰队**

与海尔所走的单一品牌路线不同，科龙走的是多品牌路线，在科龙集团的旗下，拥有科龙、容声、华宝、三洋等4大品牌。2001年北京名牌资产评估有限公司发布中国最有价值品牌评估中，科龙品牌价值达到98.08亿元人民币，容声也达到55.6亿元人民币。

作为中国最大的制冷家电企业的科龙公司，2000年8月在业内第一次成立专门的“整合传播部”，重新规划科龙公司品牌战略，聘请了电通、奥美协助科龙品牌的整合传播工作。2000年9月，科龙对外启动世纪品牌工程。通过与香港朗涛设计顾问公司、日本电通广告公司和奥美国际传播集团和签约合作，2001年1月，科龙正式启动新CI。

谁也没有想到的，2001年10月，格林柯尔，这个在国内知名度并不算高的企业，在其领军人物顾雏军高超的资本整合能力下，几乎在一夜之间控股科龙，成为传媒关注的焦点。

据格林柯尔内部人士透露：格林柯尔在2000年就与科龙有所接触，但直到2001年4月才真正与科龙进行全面深入接触，通过接触发现科龙公司有5大优势对格林柯尔来说是非常重要的。第一、科龙公司的冰箱、空调制造业在国内均处于领先的地位；第二、科龙公司的品牌价值累计高达100多亿元；第三、科龙有一个强大的、高质量、心贴心合作的销售和服务网络；第四、科龙有一支非常好的干部队伍；第五、科龙公司的组织管理和财务状况是良好完善的。

作为制冷技术领域的上游企业，格林柯尔与科龙在制冷链上的合作与完善，并不仅仅在于科龙使用格林柯尔的制冷剂，而在于科龙作为制造企业一直致力于制冷的应用技术，而格林柯尔则具备了对制冷核心技术的研发能力。两者结合，优势互补，有助于加快实现科龙提出的做世界上最好的空调、最好的冰箱的目标。

然而，好事多磨，南方一家报纸的报道又将格林柯尔推向舆论的风口浪尖，该报道说：在科龙10月底正式公布了20.6%的公司法人股股权转让的消息后一周，董事会部分成员提出辞职，两周后原单一最大股东的7100万股法人股被银行冻结……于是有关科龙的猜测不绝于耳，人们不禁担心：中国最大的制冷家电企业，究竟何去何从？好在格林柯尔迅速展开危机公关，力挽狂澜，使事态渐渐平息。让我们衷心祝愿科龙这一来之不易的民族品牌大旗顺利度过这一非常时期，迎风招展。

**春都　昔日巨人转眼成今日黄花**

这是一个企业短命的年代，三株、爱多的陨落已成旧事陈谈，春都，这个昔日的巨人，也在万众瞩目中黯然倒下。

中国的第一根火腿肠就是在春都(前身为洛阳市肉联厂)诞生的。16年前，名不见经传的洛阳肉联厂，在高凤来的带领下，凭借改革开放的春风，率先从国外引进第一根西式火腿肠生产线，从此会跳舞的火腿肠成了国人餐桌上的宠爱，并由此引发一场中国食品加工业的革命。但由于种种原因，雄居国内食品行业龙头，拥有120根火腿肠生产线和6大支柱产业，总资产达30亿元的春都集团在激烈的市场竞争中，从巅峰跌入低谷，直至销声匿迹。

春都倒下，既有企业内部管理的原因，也有外部环境变化的原因。据报道，在春都，一个神秘的风水先生实际上掌握着春都的决策大权，从企业发展战略，到人事任免，企业领导层都要请风水先生看过以后再行定夺，这令人震惊又令人难以置信。有这样的企业领导，何愁春都不倒。

从外部环境来看，经历了80年代的市场启蒙期，到90年代的广告大战，行业竞争日趋激烈，一大批知名品牌相继涌现，产品同质化日益严重，价格大战随即引发。春都在新的市场环境面前，没有及时挖掘新的市场潜力和经济增长点，没有及时打造品牌的核心竞争力，从这处角度来看，春都的倒下实属必然。在特定的市场环境下，“一招鲜、二招鲜”曾造就一批成功的中国企业，但如果没有后续招数的跟进，今天，我们所熟悉的企业也许明天就将消失在货架上，这绝不是危言耸听。

**华润　资本扩张改写啤酒业格局**

中国是世界第二大啤酒大国，并且多年来一起处于快速增长的黄金时期，2001年产量达到2500万吨。虽然产量是排名世界第二，但整体质量却不容乐观，啤酒企业数量多、规模小、重复建设、秩序混乱。面对入世后只有5年过渡期的现实，啤酒行业将面临严峻的挑战。规模化、集团化、国际化已成为大势所趋。

多年来，啤酒业一直是青啤和燕啤的主角戏，然而，在2001年，这一格局被彻底打破了。挟持170亿元巨额资金，作为国际资本和国有资本的混合体，加上宁高宁高超的整合能力，华润掀起一场继青啤收购战之后的行业新整合运动。华润，这个多数中国人还比较陌生的品牌，以啤酒产量350万吨当之无愧地登上行业第一把交椅，中国啤酒市场的竞争格局由楚汉相争好像一夜之间演变成三国鼎立。

然而，鹿死谁手，尚不得而知。经历了春秋、战国，统一的声音已越来越强烈，可以说，啤酒行业的并购大潮才刚刚兴起，未来几年，将是国际啤酒品牌与国内3大巨头之间的新圈地运动时期，可以肯定地说，以中国目前的啤酒产量，完全可以涌现世界级的啤酒集团。这是一场变数迭生的强者游戏，最后的胜者仍会是华润吗?我们翘首以待，或许，半路上还会出现华润这样的横来黑马。

**白沙　开创中国烟草副品牌战略先河**

有业内人士言：中国的烟草界真正算得上品牌的，恐怕只有白沙。这话虽有偏激之嫌，却在一定程度上反映出白沙品牌建设的成果。与红塔不一样，白沙拥有自己的核心理念，并且越来越得到消费者的认同，而红塔，至今没有自己的品牌核心理念，实在枉为中国第一品牌之名。

白沙是烟草行业三强之一，年生产能力达90万大箱。销售收入70亿元，利税50亿元。但是，在经过专业市场调查公司的调研后，发现白沙的品牌有渐渐老化的趋势，白沙正在失去年轻一代的支持。为了对品牌形象进行更新，并打造强势品牌，白沙采取了一系列措施。

据参与白沙品牌战略规划的人士透露，白沙品牌战略开创性地在中国烟草界导入了副品牌战略。针对年轻一代追求时尚的特点，企业推出了白沙银世界，在银世界的全国促销活动中，促销小姐清一色的银色着装令

## 标　识

创　意

人耳目一新；针对成功人士，推出极品烟白沙金世纪，金世纪赞助了金鹰电视艺术节以及湖南卫视的春节晚会。白沙银世界、白沙金世纪的推出，在业内引起强烈关注，它们在一定程度上解决了白沙品牌老化的问题，并由过去简单的以价格细分市场发展为以消费者需求和感受来细分市场。

**波导　国产手机品牌首次进入五强**

从波导传来的消息：2001 年 1～9 月，波导手机销量达 190 万台，列国产手机销量第一，列国内市场国内外品牌手机销量第五，远超过飞利浦、松下和阿尔卡特等许多国外著名品牌，仅次于诺基亚、摩托罗拉、爱立信和西门子。

国产手机品牌中，波导第一家突破连续 12 个月的销量超过 300 万台，顺利通过业界所说的 100 万台的“生死关”，突破 300 万台的“发展关”，进入平稳的发展阶段。根据 CCID 赛迪咨询顾问公司“2000 年中国手机消费者行为调查”，截止 2000 年底，在国产品牌中，波导第一提及率达 74.1%，名列第一；根据蓝田市场研究公司与信息产业部电子信息中心合作建设的全国信息产业市场研究数据库“ITD”数据显示，波导品牌知名度（未提示）为 13.3%，在国产品牌中位居第一，大大超过第二名（7.7%），并超过了许多著名洋品牌。

**波导的成功，至少有以下四个原因：**

1.“强行起飞”的品牌策略。1999 年，波导将主导产品从寻呼机转到手机上，当时国外品牌根基已经扎得很牢固。波导的品牌策略必须要有速度，不能像烧开水那样，10 度、20 度……没有人给你时间，因此去年波导上市的时候，波导的广告投入在国产手机中是投入资金最大、投入密度最高的。当时的媒体都在宣传手机的时尚功能，波导找到了和别人不一样的地方，于是就诞生了“手机中的战斗机”的广告词。

2. 正确的产品策略。在这方面，波导主张“拿来主义”。国内手机企业刚起步不久，在技术创新方面快速赶超是不现实的，如果不是国际一流的东西，在中国市场上就没有位置。波导在产品策略上第一是学习，第二是创新。

3. 独创的营销策略。波导在营销上放弃了国外品牌的代理分销方式，采取了“自主通路”的策略。波导这样做，也是被逼出来的。因为国内大的经销商、代理商这些资源基本上都被诺基亚、摩托罗拉等国外品牌占有了。于是波导索性自己组建销售公司。经过一年多的时间，波导已经建立了以 28 家省级销售公司、300 多个地市级办事处为基本架构，约 4000 余名营销售后服务人员、15000 余家经销商、数万个零售终端，并延伸至县级乃至乡镇一级的覆盖全国的销售体系。

4.“农村包围城市”的市场策略。在北京、上海、广州等中国的大城市中，波导的调子都比较低，但在二级城市乃至县市级城市却做得很夸张。因为国外品牌在大城市的地位过于根深蒂固，要撬开北京这样的市场要求投入非常大。几个国产手机的厂家在北京都有过动作，包括周润发都到北京来过，但最终结果都不了了之。波导也曾在上海搞过一次规模很大的推介活动，却没有效果。因此，波导采取了迂回战略。

**格兰仕　不等于微波炉**

格兰仕斥巨资进军空调业，与美的生产微波炉，同样被媒体炒得沸沸扬扬。

格兰仕的前身是一家从事羽绒制品加工的小企业，1993 年，格兰仕舍弃了年利润 800 多万元的毛纺厂及其他业务，集中精力专注于微波炉的开发、生产及推广。1993 年销量仅为 1 万台，而现在达到 1200 万台，居全球第一。在消费者的眼中，格兰仕就是微波炉，微波炉就是格兰仕。

美/味新关系　青春都是美味

# 品牌战略　谨防误区

随着全球市场的门缝越来越大，紧握品牌磊棒的跨国公司喘息之声嘶嘶在耳，此时的中国企业只有以刚克刚、以品牌对品牌才能先立于不败而后谋进取之道，但在具体品牌战略运作之中却易因思路不清而入误区，于是受挫乃至半途夭折。通过剖比，我们大致可归为以下几个似是而非的误区：

1."罗马可一日建成"。品牌战略的终极目标一般是具有高忠诚度品牌的确立与巩固。这往往需要一个比较长时间的积累与沉淀，决非一朝一夕之功。我们并不否认诸如亚马逊网上书店、雅虎等网络品牌几乎一夜成名式的成功，但这种神话并非处处可见，即使在高科技产业也是凤 毛麟角，更何况品牌战略的精髓不仅在于"立"，还在于"维"。世界10大知名品牌已知的8个（除KELLOGGS和AMERICAN EXPRESS），平均有95年历史。其中最长的是雀巢，诞生于1867年，具有133年历史，最短的索尼迄今也有53年历史。中国有些地区和企业头脑发热，不顾现实，以"大跃进"时期"超英美"的气势抓品牌建设。曾经以6666万元和3.2亿元的天价两夺标王的"秦池"就是一个典型的例子。"秦池"失败的原因当然不只一条，但在品牌战略实施中没有量力有序而行和没有稳定协调的连续性无疑是其致命伤。这种"拔苗助

而现在，格兰仕要改变这一观念，要生产空调。格兰仕不再等于微波炉，而将是质优价廉的同义词。由于格兰仕品牌物美价廉的口碑早已广为人知，格兰仕在微波炉上能将全世界最先进的同时也是高级的微波炉通通降到1000元以内，其性价比和产品价值自然属于世界第一流的。消费者同样相信格兰仕空调也会像其微波炉一样真正打破空调"高贵"的身价。回归其本身真正的价值。

最近从格兰仕空调厂获悉，其美国研究机构在日本先进的缓冲技术基础上开发出智能化拉幕式空调，这种新型空调能够承受空调开关机时，由于电压、电流不稳定引起的强烈冲击和破坏，使元器件、部件的使用寿命得到提高。德国空调专家认为，这一尖端技术使空调的整机寿命至少提高50%，这等于买一台空调可以用1.5台空调，可以说相当于产品降价50%左右，足见产品性价比大大提高。

目前格兰仕力推压缩机保修15年，并对已实现销售的空调实施100%全免费上门维护，大胆挑战产品品质极限和服务质量极限。而今，格兰仕空调在超级静音、动力澎湃、强劲制热制冷、世界超一流节能水平的基础上，又增加了一个超长延寿技术和功能。格兰仕以产品性价比和产品价值最高为目标，不断为消费者创造新的极限价值，这如同微波炉市场一样，格兰仕不是最便宜的产品，但一定是性价比和价值最高的产品之一。在格兰仕挑战产品质量极限的过程中，充分说明格兰仕采用世界顶级质量的元器件和零部件，才有充分的信心向社会和广大消费者承诺空调业的极限。俗话说，没有金刚钻，不揽瓷器活，作为已经成为世界强大的微波炉王国的格兰仕，用其实力并集成全世界最先进的技术和最优秀的元器件、零部件、原材料，去粗取精，去伪存真，向世人证明格兰仕空调产品是属于世界最具竞争力的产品之一。

## 创　　意

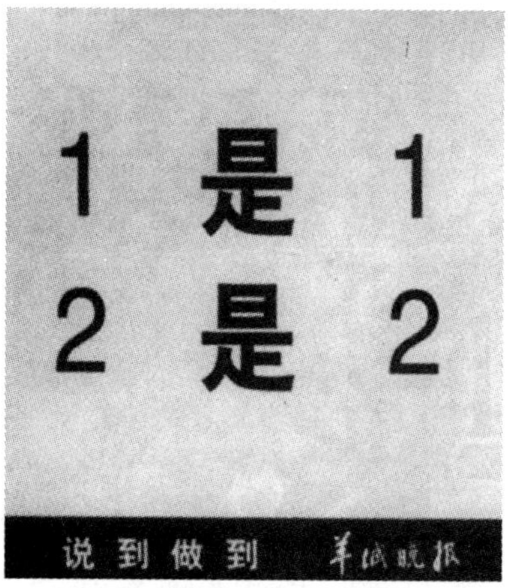


说到做到《羊城晚报》

长”式的只想靠走捷径来获取成功的投机行为只能让“秦池”的品牌战略走向流产。

2. 品牌的核心是产品。随着信息流和技术进步的加快，产品的平均生存周期已从最初的几十年连续缩减，在发达国家甚至已逼近6个月的界限。以产品为核心的品牌战略无疑要承担更高的运营成本和更大的风险。所以，品牌战略在时间概念上不仅要体现产品现时的优点与特点，更要涵盖产品未来的发展趋势——这意味着品牌战略必须具备企业管理、企业文化和产品研发的“三位一体”。新市场理念更强调品牌的企业化而非品牌的产品化。INTEL在为电脑供应商提供CPU时就巧妙采取了一种新方法，使市场对品售的理解不仅在于产品更在于企业。INTEL没有以简单的降价或单纯拓宽分销渠道来扩张市场，而是采取与电脑供应商分摊广告费的方式使其在广告中加入“内置英特尔”的信息，这不仅节约了广告支出，更加深了与电脑供应商的市场关联度，大大巩固和拓展了分销渠道。

3. 为品牌而品牌。有些企业在品售战略实施时不是“运作”，而是“炒作”。品牌的物质载体是产品的性能、质量、价格等实质性内容，品牌脱离了这些便如离开了水的鱼。仅靠“概念”加上广告宣传的狂轰滥炸来锻造品牌无疑像是拿豆腐砌高楼——轰然倒下只是迟早的事。品牌的无形价值永远是企业和产品有形价值滋养下绚丽的花朵，而不是超然物外的空中楼阁。“三株”曾是红遍全国的品牌，鼎盛期自称品牌价值50亿元，其广告与销售员上山下乡走街过巷，着实红火了好一阵子。但堡垒最易从内部攻破：不太过硬的质量、过于夸张的宣传、不着边际的价格——昔日的光环如久洒的劣质油漆般一个一个剥落，直至满目疮痍。

4. 品牌即是高档高价。正如一句广告词所说：好的并不一定都是贵的。实施品牌战略不一定意味着就只经营高档高价产品。不少企业家以为知名品牌的商品就必须是价格昂贵的所谓“精品”，在产品开发生产上讲究“帝王风范”、“贵族气派”，完全脱离了国民现实的消费水平，脱离了最广大的消费者。有的企业还以名代实，以名抬价，凭商标卖高价。可见，品牌是企业的摇钱树，但这棵摇钱树应该栽在一定消费群体的沃土里。美国的“可口可乐”是世界级知名品牌，但它却是肯尼迪总统和街上流浪汉都可以喝的大众饮料。美国IBM公司是世界级电脑业知名品牌，然而，几十年来，它始终不遗余力地在降低产品价格。

5. 品牌是一劳永逸的“铁饭碗”。创名牌不易，守名牌更难。我们在钦慕名牌时不要忘记那灿烂如金带圈的“R”背后所凝含的不可抑制的张力。这种品牌的力量不是天然的，而是正确的品牌战略所创造的。无论曾经多么招摇的牌子，一旦停止扩张的动力，想坐在老本上继续欣欣向荣，则遭迎头痛击的日子就不远了。技术的进步、工艺的改进、制度的创新、有序的宣传——缺乏这些薪柴的不断注入，品牌的火便只剩飘零的冷灰了。曾几何时，人们在谈及自行车时言必称“永久”、“凤凰”，对这两个首批荣获全国驰名商标的品牌青睐有加，甚至视其为社会地位的象征物之一。但经久不变的车型、单调的颜色、陈旧的分销渐渐使市场失去了兴趣。近年来，捷安特通过个性化的外型、精湛并不断改进的制造工艺以及强大的营销实力，不但将“永久”和“凤凰”挤出高档车领域之外，还进一步蚕食中低档市场。品牌是一个动态概念，品牌战略如逆水行舟——不进则退。

6. 只有大规模才需要品牌。一些不注重品牌战略的中小企业的想法是：只要我的东西有人买就行了，品牌是大企业操心的事。这种消极的想法是极其危险的。短期看会使企业缺乏激情与进取心，长期看被竞争的巨浪吞没就必不可免了。任何一家大企业都是依靠品牌的力量逐渐壮大的。爱迪生的伟大不仅在于他发明了电灯和留声机，更在于他使这些发明在GE的标志下走向市场化，最终不但改善了人类的生活，还为现在全球最大的公司——美国通用电器(GE)打下了坚实根基。(老　万)

美兰德专栏

# 中国民族品牌市场竞争力调查报告(1997)

为全面反映改革开放18年来中国广大职工生活水平的进步状况，1997年，由国家统计局、劳动部、全国总工会、民政部、卫生部、中国人民银行总行六部委联合发起，由国家统计局美兰德信息公司承办了中国职工生活进步调查，调查总体涵盖了全国6250万户逾2亿城市居民。抽选了全国30个省、自治区、直辖市的71个城市、15600户居民家庭作为调查样本。这次调查，把直接关系到职工生活水平质量的主要消费品购买及使用情况列为重要内容之一。调查涉及的主要消费产品包括家用电器、交通工具、通讯设备、食品饮料、服装鞋帽、烟酒等五大类40个品类，共涉及国内外12000多个品牌。对这些品牌的家庭拥有状况、消费者未来购买意向、品牌喜爱度、当年购买情况等进行了全面考察，并根据以上四项数据综合分析，对主要居民家庭消费品市场竞争力状况进行了研究。调查结果反映了民族品牌市场竞争力的总体状况和发展趋势。

**一、调查结果显示，最具竞争力的消费品民族品牌阵容初步形成**

改革开放以来，民族品牌的发展经历了三个阶段。

第一阶段，从20世纪70年代末到80年代前期。这一时期，中国消费品生产、消费都处在较低水平上，例如1978年中国家用电冰箱产量为2.8万台，黑白电视机产量51万台，而彩电产量只有3800台，洗衣机的产量仅有400台。消费品凭票供应，消费者在选购时几乎没有挑选品牌的余地。品牌的主要作用是标识所生产的企业，市场竞争力体现的有限。

第二阶段，从20世纪80年代中期到90年代前期。在此期间，中国民族工业的生产能力得到极大的发展，一大批消费品生产企业通过引入资金、技术、设备和自我改造，行产能力有了很大的提高。1986年，全国彩电年产量419.6万台，是1981年的1000多倍。洗衣机、电冰箱、空调等产品的产量也十分迅速增长。这一时期居民的收入水平和消费需求的增长也迅速，1978年至1985年，非农业居民消费水平增长了近50%。市场总的供求关系仍是供不应求，许多企业片面追求增加生产数量，对产品质量、售后服务、产品定位、品牌宣传重视不够。与此同时，外国消费品以其稳定的质量赢得了消费者的信赖，进口品牌几乎成了优质产品的代名词。国内品牌主要依靠价格优势参与竞争，市场竞争力较第一阶段虽有提高，但明显低于进口品牌。

第三阶段，从20世纪90年代前期至今。中国经济体制向社会主义市场经济转变，短缺经济时代逐步结束。市场竞争中，质量竞争与品

创 意

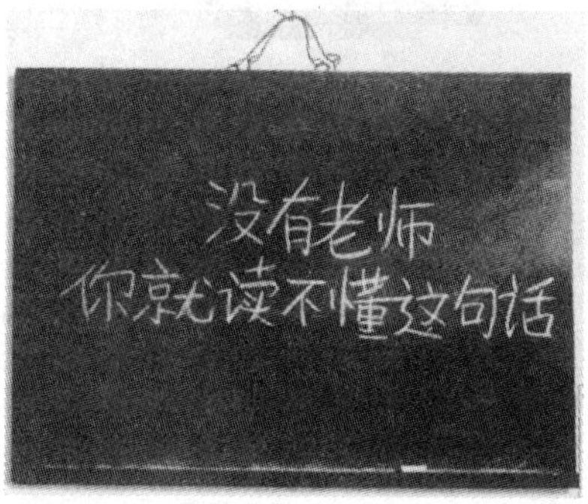

没有老师你就读不懂这句话

牌竞争的作用日益重要。为了在日渐开放、竞争激烈的市场上获得生存，企业注重科技开发和质量控制，在售后服务、产品形象等方面下大力气。一批国产著名品牌逐步确立，成为消费者放心购买的标志。知名品牌成为企业的无形资产，中国一批优秀民族品牌的无形资产由数亿元升到上百亿元。一些新品牌也在竞争中崛起，如荣事达洗衣机仅用了不到四年时间就在行业市场中取得了举足轻重的地位。通过不断地优胜劣汰，逐步形成了一批广大职工最喜爱和最具市场竞争力的民族品牌。

本次调查对居民家庭主要消费品市场竞争力的状况采取多指标加权综合方法进行了分析比较。对耐用消费品采用“品牌家庭拥有率”、“1996 年市场份额”、“未来三年购买意向提及率”和“居民喜爱品牌提及率”四个指标，全面反映品牌多年累积业绩、近期销售状况、未来市场需求和居民主观评价。对服装类、食品类和日用品类采用“品牌家庭拥有率”、“经常购买率”和“喜爱品牌提及率”等指标，反映居民实际购买和主观评价。通过向中国科学院、中国社会科学院、人民大学、国家技术监督局、国家统计局等单位的专家咨询，确定指标综合加权的权重。从过去、当前、未来三个时段，及主观、客观两个方面对品牌市场地位进行了全面反映，基本摸清了中国居民家庭主要消费品最具竞争力的民族品牌阵容。(表 1)

本次调查涉及的产品还有：

汽车、移动电话、传呼机、录像机、香皂、皮衣、呢子大衣、运动衣、摄像机、黑白电视机、随身听等。

**二、中国民族品牌市场竞争力总体态势**

1. 中国民族品牌在中国消费市场中占主导地位

中国职工生活进步调查结果显示，经过 18 年的改革开放，中国民族品牌已经在大多数消费品市场占主导地位。根据 1996 年市场销售份额，调查涉及的 40 余种消费品中，民族品牌占 70% 以上市场份额的产品有 33 个，占全部被调查产品总类的 82.5%。其中：电冰箱、洗衣机、抽油烟机等占到 90% 以上。民族品牌居榜首的有 30 个，占全部被调查产品的 75%。

2. 民族品牌在市场竞争中占优势的消费产品

调查显示，民族品牌占优势的消费产品主要表现在冰箱、洗衣机、抽油烟机、热水器、火腿肠、速冻食品、方便面、酒、卷烟、西服、衬衣等，其市场占有率均在 80% 以上。民族品牌在这些产品的生产领域拥有扎实的基础，生产能力、质量已达到相当水平。同时，这些产品的生产和消费在中国有传统优势，受地域、人文环境等因素影响，国外品牌参与竞争的优势不明显。

3. 民族品牌与国外品牌竞争激烈的消费产品类

彩电、冰箱、洗衣机、微波炉及摩托车等产品市场，是当前民族品牌与国外品牌激烈竞争的领域。大致分三类情况：

第一类是中国民族品牌逐步上升的市场。例如彩电、微波炉等，经过十多年的发展，民族品牌已经站稳脚跟并取得长足进步，有些在技术方面已经赶上或超过了国外品牌，市场综合竞争力逐步加强。1996 年彩电和微波炉的民族品牌市场份额分别为 69.3% 和 63.9%，明显高于过去累积的民族品牌拥有率。而未来三年购买意向中民族品牌的份额又高于 1996 年的实际购买份额，总的趋势为不断上升。(表 2)

第二类是民族品牌竞争力走势不明朗的市场。例如空调，1996 年民族品牌市场份 额 72.2%，低于过去累积的家庭拥有率，表现为竞争力的下降。但未来三年购买意向中，

**中国城市居民家庭主要消费品最具竞争力民族品牌阵容**(表1)

| 产品 | 品牌 |
|---|---|
| 彩色电视机 | 长虹 康佳 熊猫 TCL 王牌 牡丹 海信 西湖 福日 长城 创维 |
| 电冰箱 | 海尔 容声 美菱 长岭 华菱 新飞 万宝 扬子 上菱 双鹿 |
| 组合音箱 | 熊猫 新科 长江 燕舞 格林 星球 钻石 兰光 星河 星宝 |
| 洗衣机 | 荣事达 小天鹅 小鸭 水仙 威力 海尔 友谊 长风 金羚 海棠 |
| 热水器 | 万家乐 前锋 玉环 万河 神州 樱花 多田 百吉 申花 水仙 |
| 抽油烟机 | 老板 帅康 顺华 松立 高宝 长城 华生 万家乐 万宝 华帝 |
| 电饭煲 | 三角 爱德 容声 半球 德宝 美的 万宝 万家乐 希贵 黄山 |
| 微波炉 | 格兰仕 蚬华 上菱 飞跃 三角 亚美 新宝 三乐 |
| 激光影碟机 | 爱多 新科 万利达 先科 星王 雄鹰 美菱 万燕 |
| 空调 | 海尔 春兰 美的 格力 科龙 华宝 东宝 迎燕 爱特 新乐 |
| 计算机 | 联想 长城 同创 |
| 吸尘器 | 春花 发达 爱迪 富达 春兰 双爱 金鱼 |
| 照相机 | 海鸥 红梅 凤凰 甘光 东方 珠江 |
| 摩托车 | 嘉陵 木兰 大阳 幸福 新大洲 金城 五羊 建设 南方 钱江 |
| 方便面 | 康师傅 统一 龙丰 幸运 美厨 华丰 中萃 北京 营多 爱使 |
| 速冻食品 | 龙凤 瑞达 胡玉美 伊利 猫不闻 大江 新亚 美心 南翔 三全 |
| 植物油 | 金龙鱼 红灯 骆驼唛 绿宝 金鹿 火鸟 福临门 天香 海狮 金象 |
| 火腿肠 | 春都 双汇 郑荣 金锣 双鸽 得维 美好 |
| 饮料 | 健力宝 椰风 乐百氏 露露 椰树 崂山 阳公 汇源 冬夏 |
| 西服 | 杉杉 美尔雅 中良 红豆 倍罗蒙 顺美 仕奇 雅戈尔 太和 金盾 |
| 皮鞋 | 万里 花牌 森达 达芙妮 上海 远足 孚德 富贵鸟 牛头 特丽雅 |
| 衬衫 | 雅戈尔 红豆 开开 富绅 乔士 丹侬 虎豹 杉杉 海螺 司麦脱 |
| 毛衣 | 鄂尔多斯 天山 雪莲 金兔 企鹅 凤凰 |
| 洗衣粉 | 白猫 天津加酶 活力28 加佳 熊猫 双猫 高富力 三威 奇强 冬梅 |
| 牙膏 | 中华 两面针 黑妹 蓝天 冷酸灵 芳草 康齿灵 草珊瑚 洁银 田七 |
| 洗发香波 | 海鸥 奥妮 蜂花 首乌 美加净 奥丽斯 |
| 白酒 | 孔府家 汾酒 秦池 红星二锅头 古井贡 沱牌 全兴 双沟 贵州醇 杜康 |
| 香烟 | 红塔山 红梅 红河 哈德门 阿诗玛 白沙 石林 牡丹 红山茶 金丝猴 |
| 啤酒 | 青岛 燕京 黄河 五星 珠江 豪门 云湖 行吟阁 雪花 |

民族品牌份额则上升为78.7%，又表明有很好的潜在市场。

第三类是民族品牌市场阵地正逐步丢失的市场。调查显示，洗衣粉、洗发香波、饮料等，民族品牌的市场在逐步缩小，其中洗发香波和饮料的民族品牌“经常使用率”，已经低于50%，主导权正逐步被国外品牌所取代。这三个产品的居民“最喜爱品牌提及率”，国外品牌都已占到40%以上，洗发香波甚至占到71.2%。(表3)

4、国外品牌占主导地位的市场。调查显示，在录像机、摄像机、移

## 标　　识

## 创　　意

表 2

| 产品 | 家庭拥有率 | | 96 年市场份额 | | 未来购买意向 | | 受喜爱提及率 | | 综合竞争力 | |
|---|---|---|---|---|---|---|---|---|---|---|
| | 国内品牌 | 国外品牌 | 国内品牌 | 国外品牌 | 国内品牌 | 国外品牌 | 国内品牌 | 国外品牌 | 国内品牌 | 国外品牌 |
| 彩电 | 65. 8 | 34. 2 | 69. 3 | 30. 2 | 70. 2 | 29. 8 | 48. 4 | 51. 6 | 62. 1 | 37. 9 |
| 空调 | 74. 8 | 25. 2 | 72. 2 | 27. 8 | 78. 7 | 21. 3 | 68. 9 | 31. 1 | 71. 9 | 28. 1 |
| 微波炉 | 61. 3 | 38. 7 | 63. 9 | 36. 1 | 69. 1 | 30. 9 | 62. 8 | 37. 2 | 62. 3 | 37. 7 |

动电话、传呼机等产品类别中，基本上是国外品牌占主导地位。民族工业的技术水平与国外存在较大差距。国外品牌的四项指标都在 95% 以上，综合竞争力在 97% 以上。其中传真机的民族品牌尚是空白。

**三、民族品牌为中国职工生活进步做出巨大贡献**

改革开放 18 年来，由于民族工业的迅猛发展，极大地丰富了中国消费品市场，为广大职工生活水平的提高奠定了物质基础。统计结果显示，从 1978—1996 年，中国民族工业为消费者提供了约 1 亿台彩电、7000 万台电冰箱、1. 2 亿台洗衣机、上千万台空调等，极大地丰富了人民生活。

由于民族优秀品牌的存在和发展，迫使国外品牌在中国市场让利销售，使中国消费者得到实惠。例如民族优秀品牌乐凯胶卷，近年来不断改进管理，提高产品质量，目前其产品性能已经可以与进口产品相媲美。由于乐凯的发展，柯达、富士等国外品牌彩卷只能以其本土价格的三分之一向中国市场销售，从而避免了国外品牌利用垄断方式掠取超额利润，中国消费者在这方面一年可减少约 10 亿元的支出。以长虹电器为代表的民族家电品牌在提高质量和售后服务的同

喜之郎 Ci Ci

表 3

| 产品 | 家庭使用率 | | 受喜爱提及率 | | 综合竞争力 | |
|---|---|---|---|---|---|---|
| | 国内品牌 | 国外品牌 | 国内品牌 | 国外品牌 | 国内品牌 | 国外品牌 |
| 洗衣粉 | 72. 3 | 27. 7 | 59. 2 | 40. 8 | 66. 9 | 33. 1 |
| 洗发香波 | 42. 2 | 57. 8 | 28. 8 | 71. 2 | 36. 8 | 63. 2 |
| 饮料 | 48. 5 | 51. 5 | 57. 9 | 42. 1 | 53. 7 | 46. 3 |

**部分消费品前十位品牌市场占有率**

表 4

| 产品 | 1991 年 | 1996 年 | 五年增增加百分点 |
|---|---|---|---|
| 彩电 | 61. 3 | 69. 9 | 8. 6 |
| 冰箱 | 50. 4 | 69. 1 | 15. 1 |
| 洗衣机 | 55. 9 | 71. 0 | 15. 1 |

标　识

时，通过降低生产成本，逐步下调市场价格，使同类国外品牌售价亦相应受到抑制。此举使中国消费者在家电方面一年便可节省开支上百亿元。中国知名消费品生产企业在技术、质量上的追求也引人注目，如海尔为环境保护而发展的冰箱无氟技术，为节能设计的空调机一拖二技术等，都充分考虑了中国城市职工家庭提高生活水平奔小康的实际需求，有些技术甚至走在世界前沿。

四、中国民族品牌未来发展趋势

1. 民族品牌竞争力将进一步提高

本次活动调查了耐用消费品未来三年购买意向。到本世纪末，中国民族品牌的竞争力将进一步得到加强。调查的22种耐用消费品中，民族品牌占主导地位、未来三年民族品牌购买意向在70%以上的冰箱、洗衣机、抽油烟机等15种产品。在竞争激烈的产品中，民族品牌未来三年购买意向的份额高于1996年实际份额的有彩电、空调、微波炉、组合音响等。总体看，中国消费者未来三年倾向购买民族品牌的比例平均为82.7%，比1996年实际购买份额74.5%高出8.2个百分点。

2. 竞争日趋激烈

近年来，许多国际知名厂家都看好中国市场，或捷足先登，或正跃跃欲试。复关之后，民族品牌将面临更严峻的挑战。一批已经进入中国市场的国外品牌已有相当大的消费者基础。例如彩电，国外品牌的未来购买意向只有29.4%，但喜爱品牌提及率高达51.6%。再如组合音响，国外品牌的未来购买意向只有24.3%，而喜爱国外品牌的消费者比例高达68%。由此推论，一旦居民收入提高，国外品牌仍有可观的市场。

3. 未来消费市场品牌化，市场份额向具竞争力的品牌集中

调查显示，市场份额越来越向具竞争力的品牌集中。1985年，主要家电产品市场占有率前十名品牌的平均占有份额仅为66%，1990年上升为70%，1996年为75%。在未来三年购买意向调查中，位于前十名的品牌市场份额占有率将上升至80%左右。以彩电、冰箱、洗衣机三个产品为例，近5年来品牌集中提高了8—15个百分点，平均每年以1.5至3个百分点的速率向名牌集中。（表4）

五、消费者在维护民族品牌工业发展中的作用

本次调查显示，凡是中国消费者积极购买国产品牌消费品的行业，经过十多年的艰苦努力，这些行业的优秀民族品牌产品都得到了长足发展，并在技术水平上逐渐成熟，同时带动整个行业的发展，消费者最终也得到了实惠。例如彩电行业，居民目前购买国产大屏幕（74厘米）彩电，价格仅为质量基本相同的进口彩电的55%左右。而在中国消费者一开始就选择进口品牌的行业，民族品牌的发展则举步维艰。例如，录相机行业，中国东北一生产厂家，花巨资引进了国外技术，质量和规模均达到相当水平，但至今未能创出自己的牌子，绝大数产品贴上国外牌子销售。彩色胶卷行业亦非常困难。

六、建议

1. 目前整个民族品牌体系还只是雏形，应有计划地进行维护和完善。

2. 在与国外品牌的激烈竞争中，应有计划地系统宣传民族品牌，并引导中国消费者扶持民族品牌。

3. 国外品牌的进入，对促进中国民族品牌的发展起到积极的作用。在积极引用国外先进技术、先进营销理念的同时，应防止国际大公司有计划地吃掉中国的民族品牌。

（国家统计局美兰德信息公司）

# 第八章
# 国际品牌欣赏

# 沃尔玛——世界商业 NO. 1

今天的"沃尔玛",已经是全球著名商业零售巨头。作为世界第一大零售商,它以2070亿美元的资本,稳坐行业第一把交椅，被公认为世界零售业的"泰坦尼克"。1962年初创时的沃尔玛，只是美国阿肯色州本顿威尔小镇上很不起眼的杂货店,它的创始人山姆·沃尔顿从开"5分—1角钱"小店起家，1985年，人们还不知道沃尔玛，不知道沃尔顿是何许人，没人想到，90年代，沃尔玛成就了大气候,还把自己在美国的成功推向全世界了。1999年,沃尔玛名列《财富》全球500强第四，是前50强中唯一的商业零售公司，2000年更跃居500强之首。2001年春,英美媒体公布的2001年全球大富豪排行榜上，沃尔玛的老板罗伯森·沃尔顿取代了2000年的世界首富微软公司董事长比尔·盖茨,成为新的世界首富。说到沃尔玛,最为人们称羡不止的是它的三个"第一"。首先,是其第一巨大的规模。它在全球9个国家拥有超过4000家的门店,114万雇员。其中,3000家在美国本土,1000家在海外。2000年,沃尔玛的营业额超过2000多亿美元，而同年度我国商业排名第一的上海华联超市,营业额仅为111亿人民币，只及其0.5%。第二,是它早在70年代就建起了自己的计算机信息管理系统,并在此基础上,构造出一个计算机系统指挥着的庞大的物流配送系统。第三,是它的卫星通讯系统。早在80年代初,沃尔玛就配备了至今仍为全美民用第一的卫星通讯系统，使其一步跨上了商业数据传输高科技的领先位置,使沃尔玛可以在"第一时点"在全球范围控制从采购、库存到销售的全过程，以降低成本，也保证了竞争中捷足先登的高速度与高精度。

沃尔玛在经营管理"软"的方面,为人们广泛称道和传扬的,也有三个"一贯制"。一是沃尔玛的名言:"第一条,顾客永远是对的;第二条,如果顾客错了,请参看第一条。"以此为企业宗旨,为工作质量的标准，数十年坚持"满意服务"一贯制。二是沃尔玛的业态,它是个"折扣店","天天平价"不仅是对顾客的承诺,还落实到经营及内部管理的所有方面,把最好的货以低价卖给顾客，是沃尔玛的"几十年一贯制"。三是沃尔玛的员工激励。它强调"我们的员工是最好的",不但在口头的"说"上,不但写在员工胸前的徽标上，还及于一系列从工作标准到奖励制度等具体的做法。于是，沃尔玛(员工)的"微笑"成了它的一个活的一贯制的"企业标识"。 (香　河)

WAL★MART
沃尔玛
wal-martchina.com

沃尔玛创始人山姆·沃尔顿

# 饭店大王——希尔顿

唐拉德·希尔顿是美国著名的饭店业大王。1907年,希尔顿一家因为生活窘迫,开办了一家小旅店。父亲当总管，母亲作厨师，揽客的任务便落到了唐拉德和弟弟卡尔的身上。除此之外，他还负责招待客人，然后还要喂牲口、刷洗马车等。如此繁重的劳动,使他一天没几个小时可以睡觉。尽管希尔顿每次回忆起这段辛酸的经历时总会说:"当时我真恨透了办旅店这个行当，真希望那个破旅店早点关门。"在希尔顿23岁时，年轻的他不愿困在家门口的小店里度过一生,决心走到外面去闯世界。从政治家、银行家到军人的美梦一个个破灭,当疲惫不堪的希尔顿来到一个名叫席斯可的小镇时,他的一生从此发生了改变。疲惫的希尔顿需要找一个歇脚的地方，他来到一个叫“毛比来”的旅店，谁知旅店走廊上的人群像闷罐中的沙丁鱼一样拥挤不堪。希尔顿好不容易挤到柜台前，主人却毫无歉意地说已没有房间了。希尔顿强忍一肚子气，看着愁眉苦脸的店主，他忽然有了主意，问道：“您是这家旅店的主人吗？”“没错。”店主一脸窘态，反而向他诉起苦来：“我被它捆住了，我所有的钱都投到这旅店上，赚不到多少钱，还不如赚石油的钱，如果当初我把钱投资在石油上，早就成为百万富翁了。我恨不能早点摆脱它。”希尔顿简直不敢相信自己的耳朵。他竭力压抑住自己的兴奋，激将式地问：“你怎么舍得卖掉这份家当呢？”“谁要是出 5 万块现金，我就把这旅馆卖给他，包括我的床铺，都是他的。”“老兄，您已找到一个买主了。”店主用怀疑的目光打量着希尔顿，一字一顿地说：“我要的是现钱，一手交钱一手交货！”“那得先查查账簿。”希尔顿平静地回答。希尔顿用了 3 个小时仔细翻查旅店的账本，发现这个急欲发石油财的人不是白痴就是疯子，把这么大的一块肥肉给甩了。当机立断，希尔顿决定买下它。经过一番唇枪舌战的讨价还价，双方以 4 万元成交。第二天中午，毛比来旅店换了主人。唐拉德·希尔顿立即给母亲——他的合伙人拍发了报喜的电报：“新天地已找到，席斯可水深港阔，第一艘大船已经下水。”毛比来饭店成了希尔顿的发迹地。希尔顿差不多用整整 20 年的时间在发展自己、塑造自己，在探寻自己的成功之路。他的美梦曾一个接一个地破灭，但是靠着他的执着、热忱和对机遇的把握，他从来没有被打倒，反而离成功越来越近，最终成为在全世界拥有 200 多座饭店的美国饭店业大王。

（李　珊）

# 伊藤洋华堂的“单品管理”

伊藤洋华堂，日本第三大商业企业，是名列世界 500 强第 152 位的跨国公司。它成立于 1958 年，至今已在世界各地发展为拥有百货店、超市、7－11 便利店、折扣商店及餐馆等 10 余种业态的世界著名企业集团。

1998 年 7 月，在北京朝阳区十里堡，中日合资的“华堂商场”开业。不久，它就把一个叫“单品管理”的“新鲜事儿”在十里堡演示出来，用生意的兴旺烘托着，让中国商业界大开眼界。“单品管理”，简言之，就是把对商品的管理细化至每一类的每一件，从其规格、包装、进货渠道到摆放位置、上架时间再到价格标示、售出时间……所有数据都有记录。这些记录都纳入整体销售状况的动态分析系统。正是从不同时间段，以及对应的气候条件下，顾客需求及购买行为的变化曲线，推导出相应的经营设想，用以调整商品的构成和售货场布置，并进行连带的商品开发，最后，再由销售数据验证设想。通过这样一系列从设想到验证的不断循环，使商场的经营与顾客的需求内容及时间的要求尽所能地一一对应起来。这就是伊藤洋华堂“单品管理”的梗概。实际上，正是通过“单品管理”，伊藤洋华堂把一个商场的经营与管理整合成一个“环”，也就是一个“供应链”，即以一定的目的和标准，通过信息系统，从商品的采购、运输、存储到陈列、展示、都与消费者的需求不断地作“准星”调整，谋求人（经营者）、信息和商品“三点一线”的与顾客需求“对接”。一次，华堂商场的日方人员指着鱼缸里怡然游动的鱼问：“这样的鱼也能卖吗？”中方人员不解，新鲜的活鱼怎么就不能卖？顺着日方人员的手指看去，鱼身上有几片鳞脱落了。由此可见，伊藤洋华堂讲究的信息资源开发，不但是计算机屏幕上的，还是商场货架上的、顾客手里的，甚至还有在各家商店乃至街头巷尾的，最后，转化成具体的

"经营设想",再落实到自己的行动上。

几十年如一日地把商业经营做成"事业追求"的精益求精,就有了"于细微处见精神",进而又有"于细微处见信息见商机"。这就是伊藤洋华堂。

(香 河)

# 宜家:让家的感觉更好

"宜家"一词是从"IKEA"这个词翻译过来的,这个品牌是现代时尚家居用品的代名词。宜家是一个跨国连锁经营的大型家居用品零售集团,已有57年历史。宜家成功的法宝之一是"低价"策略,但构建真正的宜家品牌竞争优势及维持发展的主要因素是:品牌质量、品牌价值和顾客满意。

品牌质量:强调个性化。品牌体现的质量是消费者对品牌质量的一种感性认识和判断,它虽然以品牌本身的质量为基础,但它不同于品牌本身的质量。品牌体现的质量通过购买动因、心理区位、溢价效应、销售人员表现、品牌扩展等等而形成品牌价值。宜家的经营就是这样的:宜家清楚地知道生产好的商品才能在世界市场上取得优势,这促使企业不断组织,激励他的设计师们推陈出新,勇敢地否定自己,创造出更新、更好、更符合市场需要的家居产品。宜家产品的个性化设计,体现在以下几个方面:1. 张扬个性:宜家的产品设计始终以生活为源,以人们的物质需求、美感需求、生理需求为核心。本着"以人为本"的思想,宜家的设计师们不断为消费者推出实用、舒适、独具美感的家居产品。2. 注重可变性:旧家具不会随便被抛弃,有些将会采用"提高等级"的方法翻新成更实用的家具。宜家提高家具等级的方法层出不穷,可组合和改变的家具也更受欢迎。3. 刺激性:生活节奏的加快,各种影像不断冲击我们的生活,现代人更趋于寻找一种"极度刺激感官"的生活方式。4. 保护式:家代表安全的住所,未来的家庭会更重视安全的因素。宜家设计的家具重视艺术化的保护设计,不仅环保、防火,而且保温和持久。

品牌价值:为消费者着想再好的产品若没有强有力的品牌传播也是徒劳。宜家的品牌标识别具一格,深蓝的矩形框,内接一鲜黄的椭圆,其中深蓝的黑体英文字母"IKEA"简洁而醒目。品牌标识的简洁、敦厚象征宜家品牌家居用品的可信任性、耐用性、简洁性。

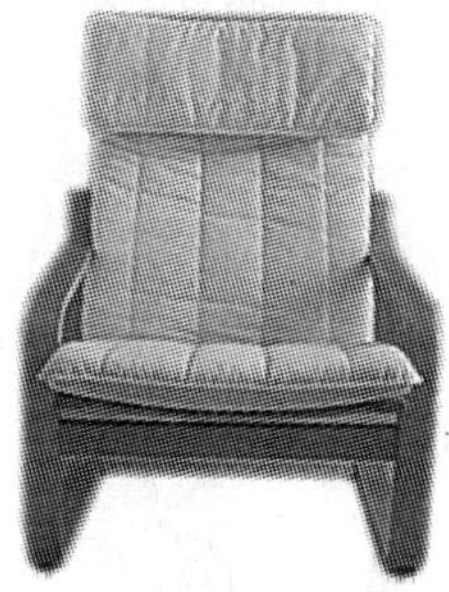

品牌升华:卖场人性化。如何赢得顾客和如何战胜竞争者?宜家的答案是:在消费者满意上做文章。公司不断追求高度满意,是因为那些一般满意的顾客一旦发现有更好的产品,依然会很容易地更换供应商。只有那些十分满意的顾客才会坚持以往的选择。消费者的高度满意和愉悦感创造了一种对品牌的情绪上的共鸣,而不仅仅是一种理性偏好,正是这种共鸣创造了顾客的高度忠诚。宜家是如何吸引消费人气的呢?1. 环境怡人化。当消费者进入宜家,首先感到的是购物气氛。美化购物环境,其实质就是渲染卖场的气氛。2. 推广柔性化。宜家认为,如今行销的角色已经发生了根本性变化,从过去的操纵消费者变成今天的真诚邀请消费者参与,从过去的"告诉"及"推销"变成今天的"沟通"与"分享"。这就是宜家的销售柔性化策略。3. 服务透明化。宜家倡导真情实意服务,对消费者的一片诚心和爱意,使宜家走出了一条与众不同的"以情兴商"的成功之路。

为大众创造更美好的日常生活,提供种类更多、美观实用、消费者买得起的家居用品。构成了宜家的超值商品的内涵。融合创新精神与实用主义,再加上人性化设计及让顾客获得满意的服务,这便是宜家的"超值商品"。宜家在世界范围内取得的成功,说明了品牌经营的奥秘:并非只是低价!(杨明刚)

# 七大经典香水的香艳传奇

玛丽安娜

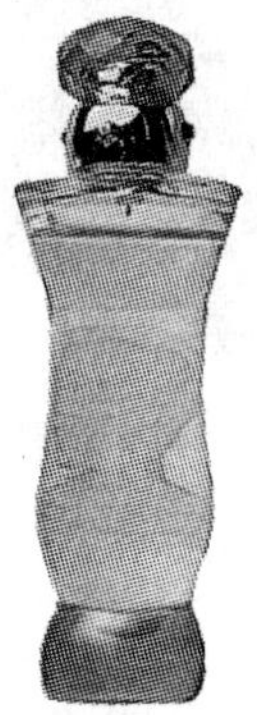
范思哲

FENDI

宝格丽

一、YSL（圣罗兰）OPIUM（鸦片）

灵感来源：七十年代初期，时装设计师伊夫·圣罗兰到中国大陆旅行。他深深为与其过去生活经验完全不同的东方风情所吸引。他携回一只鼻烟壶作为收藏。当他玩着这只鼻烟壶时，突然想到，会不会有一瓶香水，如同鼻烟壶般瑰丽华美，如同鼻烟壶里所装的鸦片般，充满诱惑、让人上瘾，深陷其中无法自拔，因此，他创造了鸦片。

香水的味道：馥郁神秘又华丽的东方辛香调香味，最是能传递诱惑而引人沉沦的讯息，使用 OPIUM 的 女人已完整传达出宛如鸦片般，让人神魂颠倒且迷恋的特质。

二、ElizabethArden（伊丽莎白·雅顿）5thAvenue（第五大道）

灵感来源：纽约第五大道是世界上最闻名的街道，它唤起人们无限梦幻、迷人的遐思和追忆，洋溢蓬勃气息，永不停止地变化。第五大道诠释的是刺激的人生、成熟的性情、优裕的生活以及成真的美梦。

香水的味道：第五大道是一瓶现代感、花香调及带东方调的香水。表达女性自信、现代以及智慧优雅的一面。

三、CHANEL（夏奈尔）NO.5（5号）

灵感来源：为什么命名为 NO.5 呢？这是很多人乍见这瓶香水所共有的疑问。5 是 CoCoChanel 女士的幸运数字；狮子座的她出生在 8 月 25 日；在调香师呈现给夏奈尔工工工女士的众多香水样品中，她选择了第 5 支；而 NO.5 香水的发表日期，恰在 5 月 25 日，正好与 CHANEL 第 5 场时装发表会同时举行。

香水的味道：其主要原料为乙醛配合茉莉花、五月玫瑰等，是第一支乙醛花香调的香水，因为 CHANEL 女士认为女人不该只有玫瑰的味道，而透过乙醛的加入，让整瓶香水的香调充满转折且更加丰富动人。

四、GIVENCHY（纪梵希）ORGANZA（女神）

灵感来源：这是关于塞浦路斯王皮格马利翁爱上了他自己雕塑的作品的神话，神话中讲由于他的如此强烈的爱而感动了雕塑，雕塑裂开，女神 Galatee 出现。

香水味道：具有天鹅绒般柔美的香味，糅合了花香与木香的温柔感觉，其雅致的韵味蕴涵在温柔的回味中，使这款香氛得到了最完美的体现。

五、GUCCI（古姿）ENVY（嫉妒）女用

灵感来源：其理念是女性都希望自己拥有吸引众人目光的魅力，是女性嫉妒心的本质。"要想让人嫉妒，就要拥有嫉妒。"ENVY（嫉妒）香水广告性感得大方、自然、理直气壮，令你有性感的冲动和诱惑，却无色情的猥亵感。

香水的味道：嫉妒香水清新、透明，其香味灵感来自葡萄藤花香，而嫉妒香水希望借此表达现代女性率直、勇于表达心灵深处最真实的感觉与渴望。

六、GUERLAIN（娇兰）SHALIMAR（一千零一夜）

灵感来源：传说印度大帝沙杰罕极宠爱他的妃子泰姬，这位呼风唤雨的帝王，依然如世间任何平凡男子般，竭尽所能地，希望博得美人儿欢心。为此，他下令建造了许多美丽的公园，这些花园，就被命名为 SHALIMAR，原意为爱的神殿。香水大师 CQUESGUERLAIN 在这个美丽的传说中，找到了他的灵感，创造出 SHALIMAR。

香水的味道：该款香水有东方松脂味道，散发着野性、性感与成熟的香息，带给人们难以抗拒的魅力，体现着永恒之浪漫。

七、ISSEYMIYAKE（三宅一生）L'EAUD'ISSEY（一生之水）

灵感来源：在一个雨天，当三宅一生停下手边的工作望向窗外，不经意间被一颗颗停留在玻璃窗上，又倏然滑落的水滴所吸引，欣喜的他猛然抬头，远处的巴黎铁塔，在雾茫茫中映入眼帘，那一刹那，一切都有了答案，一生之水也因此诞生。

香水的味道：以纯花香、麝香和木香为主的一生之水，基调充满森林气息，由柔和花香及神秘的幻想形成幽远绵长的味道，完全属于女性的柔情。

（杨上青）

CHANEL　HUGO BOSS

# 印度软件业怎样成为了国际大品牌

印度软件产业是个“大品牌”，1990年印度软件业的出口额还几乎为零，到2000年就超过了85亿美元。而2000年中国软件工业的总产值是230亿元人民币，不到30亿美元。印度计划在2008年软件出口达到500亿美元。经过10年的高速发展，印度人把他们的软件业做成了一个大品牌。在国际市场有很强的竞争力，在国际招标中经常击败其他国家的同行。国际机构和用户企业已经对印度的软件产品进行了5年的跟踪，认定他们整体上都是“信得过产品”。在全球被评为软件能力成熟度（CMM）5级的40家企业中，印度就占了29家，超过了美国；印度第三大软件公司韦普罗（Wipro）公司是全世界首家被授予SEI－CMM5级质量认证的IT服务商。“为什么印度的软件工人远远多于软件设计师？是不是因为印度生产的软件有大量的外购，因此缺乏足够的高水平的软件设计？”印度软件公司的老总们回答说，“衡量的标准不应是设计师数量的多少，而是使用设计师建造复杂解决方案的能力。”印度的软件企业重视的是产品开发流程与标准化工作，它们几乎什么活都可以干，ERR、CRM、电子商务等等，包容了所有程序语言，能适应任何机型。印度软件以优秀的设计和精良的制造征服了世界，它的软件出口到86个国家，在世界“财富500强”中有185家企业使用印度的软件产品。印度有强大的计算机基础教育，每年有15万—18万名计算机工程师从大学毕业，涌进各个软件公司，这些人迅速地改变了他们及其家庭的生活境遇。在印度，软件工程师的平均月薪是4万卢比，约合人民币7000多元，这使得一般印度人艳羡不已，汽车司机的平均收入还不到4000卢比/月。可以想象，印度软件工程师会多么敬业，这也正是政府的愿望，印度IT部长普拉莫德·马哈詹先生告诉记者：多年来印度都在尽力建立一套体制，为受过良好训练的人提供致富的机会，使他们成为企业家、技术专家和优秀的软件工程师。

印度软件公司 infosys

印度发展软件产业最大的优势是每年可以培养出十几万名计算机工程师，而且这些人都熟练地掌握英语。但同时，印度有15%的人口不会读和写，更多的人是“电子文盲”，电脑和互联网的普及受到制约，飞速发展的软件产业也面临人才匮乏的困难。为此，政府不遗余力地推动IT教育，除去大学计算机教育，印度的7万家私人计算机培训学校，每年可培训100万人；印度还积极与跨国公司合作培养人才，三年半以前印度获得微软认证工程师的技术人员一共只有2000名，而现在每年通过培训获得微软认证的印度工程师就有10万之众。印度各级政府机构在推动软件产业的发展中起到了至关重要的作用，印度制定了世界上最严厉的打击盗版法律法规，对软件技术和产品进口、出口都免税，在印度已经有19个邦制定了IT政策，鼓励本地和国外的软件企业创业。

印度软件公司 infosys

比尔·盖茨早就预见，印度将成为21世纪的软件超级大国，现在这个预言正在变成现实。

（蒋　峥）

# 永远抓住孩子的心

1923 年夏。从堪萨斯开往洛杉矶的火车上，21 岁的画家沃尔特·伊莱亚·迪斯尼看着自己画的小女孩艾丽斯出神，幻想着她会活泼地动起来。他寄望于在影城好莱坞实现这个梦。可到了好莱坞一摸口袋，才剩下 40 美金。无奈，他和弟弟罗伊·迪斯尼合伙，以每月 10 美元的租金租下了好莱坞一家商店的后仓库。就这样，世界上第一家把动画搬上银幕的电影公司——迪斯尼兄弟动画片制作公司于 1923 年 10 月 16 日在那里正式成立，并开始了艰难的创业历程。从此，米老鼠、唐老鸭走进了千家万户，全世界的孩子们拥有了精彩纷呈动画电影。多少年过去了，迪斯尼动画片并没有因它的创始人离开人世而衰落，后续产品越来越让亿万儿童着迷。现任总裁汤姆斯·舒马赫特别强调艺术技术创新。他说，动画片要发展，必须顺应时代潮流，不能光吃老本，只有不断创新、调整，符合不同时期孩子们的口味，才能始终赢得孩子们的心。赢得了孩子的心，也就赢得了家长的心。赢得的观众越多，成功的系数就越大。

迪斯尼从 20 世纪 30 年代开始利用动画片明星和品牌创收。当初，沃尔特·迪斯尼创作的米老鼠在美国引起轰动。有一天，纽约一个聪明的文具商想借助米老鼠的魅力促销他的产品，提出用 300 美元买下米老鼠的“肖像”权，印在他销售的文具上。迪斯尼欣然接受，并深受启发。很快，米老鼠除了被做成玩具，它那可爱、滑稽的身影笑貌还出现在孩子们吃饭的盘子、牙刷、收音机、小手表、服装上……如今迪斯尼在这方面已经积累了丰富的经验，专门设立了品牌经营管理部和消费品公司，这个行业成为迪斯尼集团的五大重要组成部分之一。品牌经营管理部门的副总裁马修·瑞安说：“我们工作的重点是在如何维护和使公司用好这个金字招牌的同时，研究策划、不断开发树立迪斯尼家族新的品牌。数十年来，迪斯尼铸造了自己的金字招牌。

在洛杉矶东南约 27 英里一个叫阿纳海姆的地方，有一方吸引八方游客的“乐土”——世界上第一个迪斯尼乐园。然而，它的前身只是一片橘子园。20 世纪 50 年代初，沃尔特·迪斯尼在动画电影、电视方面获得成功后，经常带两个女儿去逛动物园或让她们去骑旋转木马。总是坐冷板凳的他，觉得孩子们的娱乐太单调而大人们更感枯燥。他想，有一天一定要建一个乐园能让孩子和家长同乐。1955 年 7 月 17 日，他用自己的 积蓄和公司的赢利，终于实现了自己的梦想。迪斯尼乐园的与众不同首先在于它是一个儿童故事园。而潜移默化让孩子们在游乐中学到知识是迪斯尼乐园的又一特点。如今，迪斯尼乐园和度假村已经从这里发展到南部的佛罗里达、欧洲的巴黎、日本的东京和中国的香港。 （刘爱成）

# 世界的飞利浦

1891 年诞生在荷兰小城恩德霍芬市的飞利浦公司，在荷兰和周边国家享有极高的声誉，其产品在欧洲市场占有相当大的份额。飞利浦公司发言人汉斯说，尽管 2002 年欧洲电器市场不太景气，但今年上半年飞利浦公司在荷兰本国的销售额达到了 7.41 亿欧元，在德国和法国分别达到了 11 亿和 9 亿欧元。在比利时首都布鲁塞尔的许多超市，飞利浦产品充斥货架，从一个侧面说明飞利浦产品在比利时市场的占有率和受欢迎程度。目前，飞利浦公司每年生产大约3000万个彩电显像管，每天公司工厂生产5000多万个集成电路。世界每7台电视机中，就有一台使用飞利浦公司生产的显像管，60%的电话机里有飞利浦公司的产品。飞利浦公司的照明产品照亮了世界上30%的办公室、65%的国际大机场、55%的足球体育场和30%的医院。

在技术创新和产品研发上，飞利浦从来都是重兵投入。飞利浦公司始终恪守创新是公司的生命、研发是公司的活力这个信条，不惜重金进行产品研究与开发。飞利浦的科研力量集中在1914年成立的飞利浦研发公司，如今，该公司是世界上最大的公司研究机构之一，在荷兰、比利时、英国、法国、德国、意大利、美国、中国和印度等世界主要国家和地区都拥有现代化实验室。飞利浦有一支2500人的科研大军，公司科研成果已经或正在动摇人们的传统观念。该公司在CD信息储存极限上的突破就改变了人们对光盘储量的传统观点。现在，飞利浦拥有核心专利技术7.5万项，每年在研发上的投入占全部销售额的7.3%。在飞利浦，设计并不仅仅是给产品提供一个华丽的外表，而是产品改革的重要内容之一，是一个连续不断的改进过程。产品设计的任何一个微小的细节，包括消费者对产品的感情因素，都是飞利浦不能忽略的。产品设计人员把传统设计理念与当今人类先进技术相结合，创造出既实用又符合人们理想的产品。汉斯指出，当今市场竞争日趋激烈，在这种趋势面前，飞利浦主要通过与国际大企业强强联合、减员增效和优质的售后服务增加自己产品的竞争力。 （冯　坚）

# 惠而浦：美国家电别名

惠而浦公司总部设在美国密歇根州本顿港，“祖宗”可追溯到1911年在该州圣约瑟夫创立的家族式企业——厄普顿机械公司。90多年来，经过不断的合并、收购和扩张，如今惠而浦公司已成为全球最大的白色家电制造商之一，并跻身《财富》杂志评选的全球企业500强排行榜。让产品进入“每个家庭，任何地方”，是惠而浦提出的响亮口号。在美国，说惠而浦产品家喻户晓，恐怕并不为过。专门从事商业情报分析的美国胡佛斯公司曾经这样评价：在美国，只要是能辨别黑白的人，没有谁不认识惠而浦的品牌。在激烈的市场竞争中，惠而浦公司凭借什么获得今天的成功？原因大致有以下几个：首先是完善的产品体系及多元化的品牌和销售战略。惠而浦公司不仅生产大到洗衣机、冰箱，小到各种厨房用小家电等完整的家电用品，而且还为消费者提供配套解决方案，增加了产品的吸引力。在品牌和销售上，该公司采取的多元化战略非常有效。另外，该公司与连锁零售业巨头西尔斯（Sears）公司保持了历史悠久的品牌合作关系，除了直接销售惠而浦品牌产品外，西尔斯Kinmore品牌下的产品传统上也都由惠而浦生产，使惠而浦能更充分地利用西尔斯强大的销售网络。其次，是产品和管理上的不断创新。近一两年，受经济整体不景气影响，美国家电市场不被看好，但惠而浦的表现却有点超出业界预期。这主要得益于公司及时推出的多种新产品，以及在企业重组、削减成本和提高管理质量上采取了有效的举措。去年惠而浦推出的新款滚筒式Duet洗衣机，上半年成为美国洗衣机市场上的一个亮点。下半年，惠而浦还计划推出美国市场上首个可在厨房操作台上使用的洗涤槽式洗碗机。值得一提的还有惠而浦的全球化战略。从20世纪80年代开始，惠而浦开始有意识地向全球扩张，目前已在拉美市场坐上头把交椅，在欧洲和亚洲也站稳脚根，公司已在13个国家设立制造厂，产品进入了170多个国家。美国《商业周刊》曾评论认为，惠而浦的一个重要经验，是注重花功夫了解和把握当地的文化和背景。该刊将其称之为“聪明的全球化”。 （毛　磊）

# 三星提升品牌价值

在《商业周刊》公布的与 Interbrand 公司合作评估的 2001 年度全球最有价值品牌排行榜中，三星的品牌价值已高居世界电子企业的第二位。三星品牌价值的提升主要归功于三星推出了全新的品牌战略。三星新品牌战略的核心思想是，修改品牌识别，使品牌识别与进军高端数字化产品、追求高附加值的战略相适应，给品牌注入"E 公司、数字技术的领先者、高档、高价值、时尚"等新元素。几年前，三星能否活下去还是全体韩国人关注的一个焦点。1995 年，世界半导体产业走上了增长减缓、利润大幅缩水的痛苦历程。三星集团也未摆脱产业衰退的阴霾，1997 年，亚洲金融危机爆发，形势再次急转直下，此时的三星集团、负债已超过 200%，处在破产的边缘。在这生死存亡的关头，三星决策者作出了重建三星品牌的决定。只有强大的品牌才能增加销售收入、提高盈利水平，也只有清晰明确的品牌战略才能指引企业快速行动。在这一信念的支持下，三星决定实施新的品牌战略，实现由"三星电子"到"三星数字世界"的转型。三星将自己定位为"数字化 E 公司"，目标是成为世界上卓越的数字产品供应商之一。"三星数字世界"的清晰定位使三星将主要资源集中于发展高附加值的产品和业务，将目标锁定在更富创新性、利润更高的产品如液晶显示器、数字电视机、数码摄像机、数码相机、时尚手机等。三星公司 2000 年全年的销售收入达到了 32 万亿韩元（约合 300 亿美元），净利润约 60 亿美元。三星市场总监埃里克·金先生总结三星成功经验时说："我们坚信强大的三星品牌是我们的盈利基础，我们适时调整了品牌战略，防止品牌退化，我们对消费者传达的主要信息是：我们的产品技术尖端、设计时尚、操作简单、使用方便，我们坚信我们能够和全球范围内的品牌竞争。" （翁向东　鲍强军）

# 夏普"屈尊"为海信贴牌

夏普是世界最知名的家电品牌之一，现在为什么要"屈尊"为中国企业做贴牌加工呢？上海夏普总经理指出，国内冰箱业的生产设备处于过剩状态，产能大量放空。在这种情况下，如果新进入冰箱领域的企业仍然追加投资生产线，无疑是一种浪费。如果开展 OEM 合作，不仅新进入企业能节省投资，过剩方的产能也能得到充分释放，是一个双赢的结局。他还特别提到，夏普并不是第一家这样做的合资企业，有的企业好几年前就这样做了。

海信则表示，这次合作不是简单的 OEM。因为合作方主要生产风冷冰箱，这种冰箱比目前国内其他冰箱企业生产的制冷剂制冷冰箱技术更先进。找合资企业做 OEM，这无疑是国内家电业的一种新尝试。

外经贸部研究院研究员马宇先生对中外家电业颇有研究。他认为，海信的做法是一种进步。海信认识到了采用国际上通行的 OEM 方式比从头到尾都自己做会更有质量把握，利润也会更高。海信采用 OEM 的方式介入冰箱领域，这样做能比较快地进入一个陌生领域，说明国内企业越来越具有市场观念，能够根据市场、企业情况确定经营战略。他认为，夏普为海信等中国品牌做贴牌，其自有品牌不但不会贬值，反而会升值。选择为别的企业做贴牌，将自己的产能充分发挥出来，挣到了一份加工费，也分摊了自己品牌产品的生产成本，有利于企业赢利能力的提升。企业赢利能力提高，则意味着品牌价值的提高。另外，夏普为海信做贴牌，并不意味着中国企业在世界产业链中的位置上升了。因为双方的合作完全是一种资源互补性质的正常市场行为，并不能由此推断出海信比夏普高。同时，此仅一个个案也不能说明中国企业在世界产业链中的位置改变了。中国企业与外国企业的合作，可能会从以前的引进技术、管理及品牌的单向合作向双向合作转化。 （施永南　刘　程）

# 伊莱克斯："世界第一"专业户

Electrolux
伊莱克斯

瑞典这个北欧小国拥有许多世界著名的大型跨国公司，如爱立信、ABB、沃尔沃、伊莱克斯等。其中，伊莱克斯已发展成为目前世界上最大的家用电器制造商。1919年，伊莱克斯公司由"Lux"和"Electromekaniska"两家瑞典公司合并而成，前者建于1901年，后者成立于1910年。算起来，伊莱克斯已是一家百年老店。它在组建后的头10年里便出现迅猛的发展势头，不仅相继在德国、英国和法国开设了工厂，而且还先后在伦敦和斯德哥尔摩证券交易所上市，成为一家跨国公司。然后，在20世纪最后20年里，伊莱克斯再次进入一个黄金发展时期，年营业额从230亿瑞典克朗激增至1200亿瑞典克朗。伊莱克斯获得成功的最大秘诀是不断创新，在家用电器领域创造了一个又一个"世界第一"。伊莱克斯的前身"Lux"公司就已研制出世界上第一台家用真空式吸尘器。1925年，伊莱克斯开始进军冰箱制造业，利用瑞典人发明的技术，制造出世界上第一台吸收式电冰箱，1951年，世界第一台家用洗衣机在伊莱克斯问世。近几十年来，伊莱克斯的产品正迅速朝智能化方向迈进，智能冰箱、智能洗衣机、智能吸尘器、智能空调正越来越受到人们的青睐。伊莱克斯迅速壮大而成为世界家电行业龙头老大的另一秘诀是不断收购、兼并其他公司，扩大市场份额。第二次世界大战前20多年里，伊莱克斯采取的扩张战略是在其他国家开办工厂和设立销售点。二战结束后，伊莱克斯先在本国兼并了一些电器制造公司，随后相继收购了丹麦、挪威和芬兰的公司，成为北欧地区家电市场的霸主。从20世纪80年代起，伊莱克斯凭借强大的实力开始进军北欧以外的国际市场，兼并一个又一个知名世界大企业。1984年，伊莱克斯收购了历史更悠久的意大利Zanussi公司；1986年收购美国第三大白电制造商White Consolidated公司；1994年完成对德国著名的AEG公司的兼并，年营业额突破1000亿瑞典克朗；1996年收购巴西第二大白电制造商Refripar公司；2000年兼并澳大利亚最大的家电制造商E-mail公司，成为澳洲地区最主要的家电供应商。近20年来，伊莱克斯在全球共收购、兼并了400多家公司。伊莱克斯在收购之后，仍保留这些公司其原先的品牌，推行一种多元化品牌战略。锐意调整产品结构也是伊莱克斯获得成功的一大关键。伊莱克斯在发展的过程中随时进行产品结构调整，坚决淘汰没有多大前途的产品，集中精力开发核心产品，以获取事半功倍的效益。根据去年提出的最新发展战略，伊莱克斯今后一段时间的发展重点是，充分发挥世界家用电器第一大制造商的地位与规模效应，增加对市场开发、品牌影响和产品创新的投入，并继续作进一步的调整，以保证利润的增长。伊莱克斯已经进入一个比较稳定的发展时期。 （吴　平）

# AT&T

AT&T 于 1885 年由电话之父亚历山大·贝尔在美国创立。发展至今，已成为全球首屈一指的语音、图像及数据通信服务的供应商，为广大个人消费者、商业客户及政府机构服务。

在一百二十多年的发展历史中，AT&T 始终如一地保持了创新精神、高品质和完善的服务。它的前身——西方电力公司——协助建立了世界各地的电信基础设施；它的研究机构——世界闻名的贝尔实验室——在技术上取得的许多突破性成就，使得信息时代的到来成为现实。AT&T 目前运营着全球最大、科技最尖端的通信网络，是世界领先的端到端宽带数据和信息服务商。

长久以来，AT&T 的品牌代表着可靠和优质的服务，因而成为众多客户依赖的合作伙伴。2001 年 AT&T 名列美国《商业周刊》全球十大品牌之一、通信行业排名第一。AT&T 的价值也受到客户的肯定。在最新一次由摩根·斯坦利公司主持、有二百家企业参与的评比中，AT&T 被选为客户总体满意度最高的公司。　　(采风)

# IBM 的灵魂

IBM，即国际商业机器公司，是美国最大的电子公司，在计算机领域居于世界领先地位。由于它商标的色彩，人们常称它为蓝色巨人。IBM 在 1914 年创立之时，只是一个名不见经传的小公司。虽然 IBM 公司是集体奋斗的结果，但却不能不提到 IBM 公司的两位灵魂人物——老沃森、小沃森。

被列为美国企业史上十大名人之一的托马斯·沃森（老沃森），是 IBM 公司的实际创业人。他对公司的早期发展起着举足轻重的作用，追求工作的尽善尽美是老沃森的经营思想。他很早就提出了公司经营三方针：为了顾客的利益；为了员工的利益；为了股东的利益。他希望并且要求所有雇员在任何工作中，都应该有杰出的表现。他为 IBM 公司奠定了一个基调，树立了独特的企业风格。在管理思想上，老沃森颇具独创精神。推销员出身的他，十分了解职业保障对每一位雇员意味着什么？为此，IBM 公司制定了终身雇用制的政策，这在美国是少有的。在老沃森的倡导下，实行广开言路的制度，雇员的不满可随时向公司领导反映。在 IBM 的工厂中取消了计件工作，雇员的成绩根据其对公司的总体贡献进行评定。这一系列温和政策大大促进了雇员对企业的忠诚和对工作的献身精神，调动和激发了他们的聪明才智，带动了工作效率的提高，对公司的发展产生了深远的影响。

1956 年老沃森去世后，小沃森成为公司首席执行委员和公司最高领导人。小沃森大学毕业后进入 IBM 公司，他从普通推销员很快成为公司推销员中的骨干。第二次世界大战中，小沃森参加了空军，曾获中校军衔。军旅生涯，磨炼了小沃森的意志，形成处事冷静和坚定不移的性格。复员回到公司后，小沃森晋升很快，1946 年成为董事，6 年后出任公司总裁。

小沃森继承了父亲的经营思想。面对新的挑战，小沃森在坚持贯彻企业"信念"的同时，大胆地对公司进行了改革。1956 年底，在弗吉尼亚州的威廉斯堡，作出了从中央集权式经营转为分散经营的重大决定。这是一次划时代的会议，会议决定，公司组成六个独立经营的事业部和一个世界贸易公司，把业务部门分成多个较易管理的单位，以确保在最合适的时间和地方作出决策。公司还组成了管理委员会，以审查各部门的长期计划和重大决定。小沃森聚集了一批通晓计量经济学的经济学家、运筹学家及优秀技术人员，专门负责向管理委员会提供咨询和建议。小沃森的另一项重大改革是取消了小时工资制，使每名职工都纳入薪金制，这给公司带来了良好的人际关系和高昂的士气，营造了更加和谐的工作氛围。在20世纪60年代初，公司面对外部竞争对手的巨大挑战，在公司内部意见分歧的情况下，小沃森毅然做出决定，启动了耗资巨大、高风险的“IBM360系列计算机”研制项目，并经过4年的不懈努力，终于研制成功，巩固了IBM公司在计算机领域的统治地位。（艾宏）

丰 田

# 丰 田

丰 田

丰田：当年TOYOTA的创始人丰田喜一朗秉持“结合本国国情创造性地运用批量生产方式，生产出性能和价格两方面都能与外国车抗衡的国产车”的思想开发出日本第一辆国产车。如今TOYOTA已成为世界一流大公司之一，特别在汽车销售上，位列世界第三名。TOYOTA生产的各种汽车，以其先进技术和优良品质倍受世界各地人士推崇。（伊田）

# 福 特

福特汽车公司是世界最大的汽车企业之一。世界第一辆T型车于1908年10月1日推出，很快就令千百万美国人着迷，世界汽车工业革命就此开始。1913年，福特汽车公司又开发出了世界上第一条流水线，这一创举使T型车一共达到了1500万辆，缔造了一个至今仍未被打破的世界纪录。亨利·福特先生成功的秘诀只有一个：尽力了解人们内心的需求，用最好的材料，由最好的员工，为大众制造人人都买得起的好车。（伊田）

# 通用汽车：塑造品牌新战略

通用旗下别克

全球经济的滑坡使各行各业均受到极大的打击，作为充当高档消费品的支柱产业的汽车业也不能幸免。而面对残酷的竞争，他们不得不以改革来应对历史的抉择。在以前的一段时期，老品牌汽车如Alero、Aurora和Intrigue作为通用汽车设计的最新经典型号车在推出后受到市场的热烈欢迎。

**加强产品推广力度**

通用汽车一反以前做法，即不只是对个别品牌进行市场推广，而是采取大胆、引人注目和大肆宣扬情感的广告推广公司的主要品牌，如卡迪拉克和雪佛兰，通用汽车的其他部门也对这种市场

通用旗下欧宝

通用旗下凯迪拉克

推广模式非常欢迎，希望将他们的品牌与公司的主要品牌一起推广。在接下来几年，通用汽车将推出几款高档的、展示不同品牌个性的卡迪拉克、雪佛兰甚至是别克的小型车。重新确定资金去向开发新型号产品及与大经销商合作仍将是该公司的销售目标，但是通用汽车正在转移其大部分广告费用到其他品牌。卡迪拉克可能就是最好的例子了。卡迪拉克这样的豪华车已开始在广播上大做其广告，以展示最新、最热门的设计，及拥有强大动力并结合了高新科技的新型汽车，这一举措旨在重塑卡迪拉克的王者风范。

专业卡车挑战跑车。柴维卡车分部在卡车市场成功地推广了他们的产品，并抢占了一定的市场份额。最近的一轮广告中对几款柴维车的可靠性所做的宣传可谓是恰到好处。

GMC 皮卡分部也在尽最大的努力宣传其产品，皮卡与柴维有或多或少的区别，但广告让消费者感觉到的却是该类型的车仿佛是专门为企业家或要求高速、喜欢运动车车迷一族设计的专业坐驾。广告的推广并没有转移该公司强调的重点，几个通用汽车部门正在研究开发能高度体现通用汽车品牌的新型车。将给人一种清新的感觉，带来前所未有的冲击。

解决通用汽车公司的现有问题将不会是件简单的事情，但如果通用没有在重塑品牌上作出正确的选择，那么通用仍将有可能陷入品牌战略的失败境地。

（马　津）

# 傲视群雄——奔驰

奔驰 S280

奔驰

欧洲戴姆勒·奔驰汽车公司与占有北美广大市场的克莱斯勒汽车，在1998 年时合并为戴姆勒·克莱斯勒集团。多年的磨练，使得这本就是强强联合的戴姆勒·克莱斯勒集团更具有影响力，在它的旗下，梅赛德斯－奔驰是最出众的品牌之一。对于大多数中国人来说，当看到三叉星徽便会想到奔驰车。而提到奔驰车，大家眼前也会闪现出三叉星的光芒。奔驰与三叉星可谓是密不可分，水乳交融。但在 1926 年以前，它们还是各为其主，是一对竞争对手。卡尔· 奔驰和戈特利普·戴姆勒开创了汽车时代，他们也是戴姆勒－奔驰的创始人。1886 年卡尔·奔驰为自己的三轮(安装有汽油发动机的交通工具)申请了专利，世界第一辆汽车诞生了。1894 年又推出了奔驰“Velo”，第一款批量生产的汽车面世了。与此同时，竞争对手戈特利普·戴姆勒也推出了梅赛德斯车。1909 年戴姆勒将三叉星作为轿车的标志，它象征陆地、水上和空中的机械化，1916 年又在它的四周加上了银环，在环的上方镶嵌了四颗小星，下面刻有“Mercedes”字样。从此，这颗三叉星迎风傲立，叱咤风云。在 1926 年，奔驰与戴姆勒合并为戴姆勒－奔驰汽车公司，公司一直屹立于技术开发的最前沿，不断超越，创造出更安全、更清洁、更高效的汽车。它稳重大方、气质不凡；它体质强韧、精力充沛；它真才实学、极赋内含。这就是出自名门的“梅赛德斯－奔驰”品牌，它是公司是骄傲，它是汽车领域卓越的代表。至高无上的工程制造，无与伦比的豪华气派，出类拔萃的技术革新以及提供120 多种车型版本满足驾驶人士的需要，这一切打动了世界各地爱车的人们。戴姆勒－奔驰公司是世界上资格最老的厂家，它独具惠眼很早就进入中国市场，一时间奔驰成为中国人眼中身份、地位、富贵的象征，成为世界名车的代名词，至今中国人对奔驰也是偏爱有佳。如今，戴姆勒·克莱斯勒集团继续秉持原有的经营理念，不管未来的汽车领域竞争如何激烈，始终如一地追求生产高质量、高性能的高级别汽车产品。

（石野）

# VOLVO：中国成名的“三步曲”

回顾 VOLVO 在中国打造品牌走过的十年之路，大致经历了“英之杰”时代、“太古”时代和“内资”时代，基本上反映了进口汽车“本土化”战略的调整及理念的改变。

**“英式”代理摸式——投石问路找感觉**

十年前，中国人对 VOLVO 轿车非常陌生。在上海，最初了解 VOLVO 品牌的是上海一些宾馆。当时给人印象最深的是，这车皮实，尽管式样老式，但可靠性好，至于车的渊源，谁也讲不清。这对代理 VOLVO 轿车品牌的世界著名的英之杰公司来说，心中也没有底。20 世纪 90 年代初，在搞活经济、招商引资、扩大开放的背景下，中国再次受到进口车浪潮的冲击，达到了“进口车热”的颠峰。处在这样一个特殊的变革年代，VOLVO 进入中国似乎要比其他品牌艰难得多，原因是没有品牌知名度。不过，英之杰还是作了很大的努力。他们从 VOLVO 安全性的特点入手，进行了广泛的宣传，并通过现场演示让中国消费者了解这是一辆“坚固”的车。问题是“英之杰”毕竟是外资公司代理，对中国市场并不完全了解，犯“水土不服”的毛病在所难免。相当长的一段时间内，VOLVO 在中国的知名度还不如东欧的汽车品牌。老牌国际著名汽车经销商在中国市场栽了跟头。

**“港式”代理模式——文化隔膜难融合**

20 个世纪 90 年代中期，VOLVO 开始选择对中国国情比较了解，又易于与国际公司沟通的香港太古公司代理。不难看出，VOLVO 已经意识到营销本土化的重要性。港式代理最大的特点是，对中国文化的了解比外资公司熟悉，有在语言上的优势。但时间长了会发现，他们最大的不足是很难融入“本土化”。尽管都是中国人，文化隔膜带来的理念上的冲撞，还是影响了品牌的构建及市场的开拓。VOLVO 轿车的中文名字叫“富豪”。VOLVO 公司说，这是香港的叫法，而 VOLVO 在国际上依旧是延用自己的英文品牌，它的真实含义是“滚滚向前”。这种文化差异，导致品牌的纯真度受到影响。VOLVO 在中国要树立的应是纯北欧风格的品牌，而不仅仅是高档轿车的概念。

**“内资”代理模式——不可逆转的新趋势**

近年来，VOLVO 品牌开始被中国人接受，现在已经跻身中国汽车进口三大品牌之列（奔驰、宝马、VOLVO），是讲究质量和格调的“绅士车”。这样的品牌定位，应归功于 VOLVO 长期致力于中国高尔夫运动赞助的结果。在业内，有“中国高尔夫教父”之称，中国财经精英中，已经有不少人则把 VOLVO 轿车当作了一种品位和身价。近年来 VOLVO 在中国的销售量大幅上升，去年销量比前年增加了 100%，今年势头更是看好，呈供不应求之势。但其重要的原因是 VOLVO 公司进行了代理本土化的战略调整，大胆起用了“内资企业”。2002 年，改换深圳中汽南方公司作代理负责南方地区的 VOLVO 销售。2003 年上海负责华东地区 VOLVO 代理换成上海世贸汽车贸易有限公司，彻底取代了太古在大陆 VOLVO 的代理权。国外知名汽车公司已意识到“销售本土化”要有本土化的结合才能在中国生根。VOLVO 用十年时间在中国成功地树起了自己的品牌，其在中国走过的路，也正是对中国市场进行不断调整的真实写照。（*颜光明*）

VOLVO S80

VOLVO

VOLVO

# 永远的夏奈尔

“夏奈尔”一直是时尚经典的代名词，拥有夏奈尔，是许多女人的梦想。夏奈尔的产品种类繁多，有服装、珠宝饰品、配件、化妆品、香水等等，每一种产品都闻名遐迩，特别是香水与时装。

夏奈尔最了解女人，每个女人在夏奈尔的世界里总能找到合适自己的东西。在欧美上流女性社会中甚至流传着一句话：“当你找不到合适的服装时，就穿夏奈尔套装吧。”“夏奈尔”由美丽传奇的法国女子加布里埃·夏奈尔(GABRIELLE CHANEL)于1913年在法国巴黎创立，并以她的名字命名。品牌的标志是她的昵称“COCO”中两个“C”的组合。夏奈尔1883年出生于法国乡村。她十七八岁时，曾在一家裁缝店工作过，为别人设计帽子成为她进军时装界的前奏。在1911—1912年，她的帽子生意蒸蒸日上。除了卖帽子外，她也开始卖时装了。1913年，夏奈尔将帽子店变成一间服装店，并推出第一个夏季运动服装系列，将女性从束缚中解放，这吸引了当时有品味的巴黎前卫女性。她的设计风格慢慢成熟起来，她去掉一切多余的花哨装饰，不再强调胸部、臀部曲线，主张造型简洁、色彩单纯，并注重服装的实用性功能。她革命了当时的时装观念，使时装艺术真正迈入了20世纪。“时尚来去匆匆，只有风格永存。”夏奈尔留给世人一种永远的风格——夏奈尔套装风格，这就是简洁的短套装、针织面料、精致的纺织带、羊毛编织带、缎带镶边、纽扣敞开、胸前佩饰夏奈尔珍珠项链和彩色人造宝石，下着直筒或百褶裙。她还留下了永远为人借鉴的着装原则：简洁、精致的服装，款式、色彩都不会随流行而逝，且有多种搭配、配饰的可能性，而在每一季穿着时，只需配上流行的鞋、围巾、手袋、帽子等饰品，就可获得一种非常优雅得体的时尚装扮。

1971年夏奈尔逝世后，由设计天才卡尔·拉格菲尔(KARL LAGERFELD)接班。后者凭藉自由、任意和轻松的设计心态，将夏奈尔女士的服装精神取其精华发扬光大，使其适合现代服装，让夏奈尔服装再次复活。人们从他的设计中自始至终都能领会到“夏奈尔”的纯正风范。 (晓 麦)

# 艳丽青春贝纳通

贝纳通已有近四十年的历史，贝纳通在世界一百多个国家建立了四千多家商店。贝纳通时装以色彩闻名，每年要推出7500多种新式样且拥有40多种色彩，连它的商标也是UnitedGol－orsofBenetton——全色彩的贝纳通。“企业活动不是为了形成一个世界，而是要使现实世界放射灿烂的光芒”，这是公司一贯坚持的理念。公司以全色彩的贝纳通(UnitedColorsofBenetton)、希思莉(Sisley)、012品牌为主，产品系列遍及化妆品、玩具、泳装、眼镜、表、文具、内衣、鞋等。最早贝纳通服装主要是针对年轻人及儿童，它的设计随意幽有，剪裁易于穿着，后来很快就被各个年龄层次的消费者所接受。

贝纳通有一句著名的广告词，“愿世界上所有的人都手拉手。”贝纳通家族的老大卢契亚诺·贝纳通说，“这句广告词是我始终不渝的信念。是谁使我明白这个道理呢？是在新墨西哥由阿尔蒙·哈默基金会资助的一所学校。那儿有将近300名儿童，他们分属17个不同民族，所有的孩子在教养和教育方面都享受平等的待遇。这是我所经历过的最美好的事情。”正是这一灵感来源，使他推出的各种肤色、服饰颜色大联合广告，在世界上获得一系列大奖，包括联合国教科文组织颁发的奖章。贝纳通的广告内容，还涉及恐怖主义、种族主义、爱滋病等，这远远超越了一般的广告观念，因而具有强大的时代冲击力。那幅黑人母亲给白肤色孩子喂奶的广告，使从未买过贝纳通的一位太太打电话给贝纳通，说其决定穿贝纳通的服装了。在中国北京，贝纳通也有一句广告词“买得起的名牌”。贝纳通以物美价廉著称，始终面向大多数人。

中国有句俗话“天上不会掉馅饼”。是的，贝纳通的成功也不是一蹴而就的。在1965年公司成立之前，贝纳通家族还是地地道道的平民之家。一家人辛勤劳动，为了他们共同的信念终日奔波。贝纳通的座右铭是“创造，工作，再工作”。贝纳通让人喜爱的另一个因素是“爱自然，爱人，关怀社会”的信念。在竞争激烈、冷漠势利的商场中，贝纳通以富于人情味的亲和力感染着人们。这使其在休闲服装的设计上，始终处于时代的领导地位。

贝纳通给年轻人带来了活力，给年长者带来了青春，它把世界装点得色彩缤纷。如今，贝纳通的名字也像可口可乐一样响誉世界。（馨雨）

# 消费宠儿——古奇(Gucci)

意大利佛罗伦萨，由于在文艺复兴时期的重要作用被誉为艺术之都，古奇就诞生于此。古奇品牌一直以生产高档豪华的产品著名，是上流社会的消费宠儿，也始终是众影星所追逐的品牌。其中，麦当娜、玛莉亚·凯瑞、布莱德·彼特及汤姆·汉克斯夫妇更是古奇品牌的铁杆忠实者。就是这样一个屹立于时尚界前端，保持出众表现的古奇品牌，也曾历经大起大落，九死一生。

古奇品牌的创始人 Guccio Gucci，1922年在佛罗伦萨开了一家专卖裘皮制品的商店。Guccio 一直奉行高品质、体贴入微的设计。双G作为商标图案配上夺目的红绿色调，使各式帆布包具显现出古奇独树一帜的风格，直逼法国箱包王者 Louis Vuitton。到1953年 Guccio 逝世时，古奇已是世界顶级品牌。竹节包、彩色鹿皮平底鞋、用花编织的围巾更是经典之作。它尽情展现高贵品质，散发迷人风采。

风水轮流转，到70年代末，Gucci 家族由于经营管理不善及家庭内部的争端而陷入困境，甚至濒临破产。1993年，一个投资公司抓住时机将古奇50%的股票上市，结束了 Gucci 家族控制古奇品牌的时代。1997年以后世界经济不景气，使一度暴涨的古奇股票价格一落千丈。1998年7月古奇的竞争对手 Prada 又购买了古奇9.5%的股票，似乎有要吞并古奇之势。11月 Gucci 家族的最后一位男继承人毛里齐奥·古奇被前妻谋杀，一系列的事情将古奇的声誉降至谷底。就在古奇生死存亡的时候，1994年被提升为创意总监的 Tom Ford 不负众望。他的才华赋予古奇新的生命，带领古奇走出低谷，恢复其昔日光环，重新引领时尚潮流。摒弃原有的市场定位，让古奇品牌系列中的各类产品变得新鲜生活，时尚不失高雅。暴露和透明的式样，突出主动的诱惑感。其中，古奇眼镜更是具有出类拔萃、细致典雅的品质。在怡人的海滩边，阳光的妩媚下，肤色晒成古铜色的人们，此时若拥有一副古奇眼镜，那才是身份与财富的象征。透过古奇望眼变幻莫测的世界，感受五光十色的生活，装扮千姿百态的人生。（馨雨）

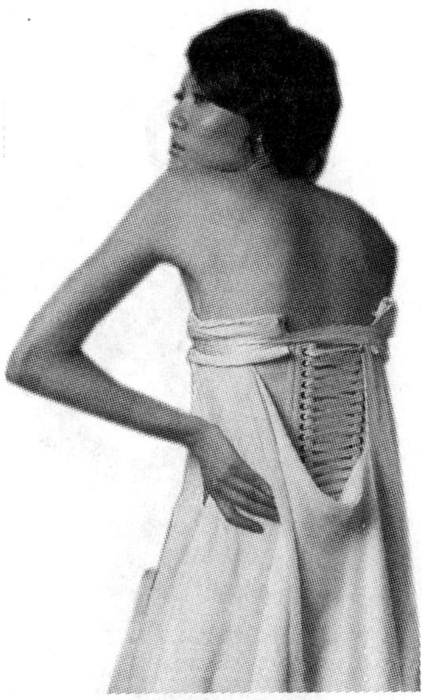

# 古典与现代之间“范思哲”

“范思哲”是意大利著名设计师詹尼·范思哲创立，并以他的名字命名的品牌。范思哲 1946 年 12 月 2 日生于意大利南部小城加拉布莱，母亲是镇上小有名气的服装缝纫师，开了一家名为“巴黎淑女”的裁缝铺，这影响了范思哲兄妹一生的命运。

范思哲 22 岁时正式投身服装行业。经过多年的积累，1978 年第一次以个人名义发布女装系列，并成立乔万尼范思哲女装公司。他的品牌标志是希腊神话中的蛇发女妖美杜莎（MEDUSA）。范思哲的灵感来源于女性的性感，他对于女性的美有着不倦的好奇和追求。正如女妖美杜莎所表现出的致命的吸引力，她的美貌迷惑人心，使见到她的人即刻化为石头。1981 年，随着他设计的第一款香水的问世，他才华的光芒映射在米兰时装界。1989 年，他终于敲开了法国时装巨圣坚守的大门，将巴黎作为他发布每季时装新作品的基地，由此成为时装之都的新宠。他的时装风格使古典贵族的豪华、现代流行的奔放和谐并存。他所设计的女性形象，即使穿着极短的裙服，显现出性感、诱惑，却又不可思议地流露出一种宫廷式的典雅，由此使得那些王室贵族及众多的演艺明星都对其品牌宠爱有佳。他设计的充满古希腊与古罗马韵味的金属网状服装，更成为通俗风格的经典代表。20 年来，他一直享有“时装之父”的美誉。

1997 年 7 月 15 日，范思哲遭枪击，猝然死亡，年仅 50 岁，这一天，成为世界服装史上最为黑暗的一天。他的作品蕴藏着极度的完美，在精妙绝伦的色彩和图案的映衬下写意皮革的力量和性感，丝绸的柔软与丰盈，这是范思哲生前最喜爱的两种面料。在此之后，他的哥哥和妹妹继承了他的风格，使他的品牌仍傲视于时尚圈。他的妹妹唐娜泰拉，早在 1993 年就已经亲自设计了纬尚时系列，现在她是范思哲品牌的灵魂人物。她成功地接手了哥哥的事业，她的设计犹如年轻的贵族充满活力，在理性与感性之间表现女性的精致美感。两位设计大师铸就了“范思哲”精典品牌，它将不断演绎更多的美丽。（馨雨）

# ARMANI 的矜持之美

时装 ARMANI 是国际最知名的品牌之一。《商业周刊》2002 年最佳品牌中，ARMANI 排在第 91 位。设计师阿玛尼为他的时装赋予了高雅简洁、庄重洒脱的服装风格，显现出意大利的大家风范。

阿玛尼的设计，追求的是自我价值的肯定和实现。他的时装穿起来潇洒自如，没有造作之感。他自称：“对我设计影响最大的是来自美国校园里的便装和运动装，它看上去很简单，但当时的欧洲却没有。”他推出的第一个男装系列就赢得了普遍的赞誉，随后他更是打破阳刚与阴柔的界线，引领女装迈向中性风格，这也正是最为人称道的革新。阿玛尼大胆地将传统男装的特点融入女装设计中，给 20 世纪 80 年代的时装界吹来一股轻松自然之风。由于这种男装女用的思想，与 20 年代为简化女装作出突出贡献的设计师夏奈尔所提倡的精神有着异曲同工之妙，阿玛尼被称为“八十年代的夏奈尔”。90 年代，阿玛尼的创作更趋成熟，他赋予 ARMANI“看似简单，又包含无限”的品牌精神，追求优雅、简单、高品质而不炫耀的矜持之美。

他认为,"女装不应该过分强调外观的挺括和棱角分明,而应注重柔和贴身的线条。要摆脱一切多余的堆砌,最大极限地展示着装者的个性和品味"。他对面料的选用也十分考究,多采用纯天然或混纺织物,图案简而不板,色彩和而理智。此外,精确的结构设计、练达的细节,加上细致入微的裁剪和做工,使阿玛尼的每件服装都无法模仿,成为精品中的精品。他曾在14年内包揽了世界各地30多项服装大奖,其中闻名遐迩的"Cutty Sark"男设计师奖,被他破纪录地连获6次。这一切使得那些世界高级主管、好莱坞影星们成为ARMANI品牌的追随者。在好莱坞流行着这样一句话:"当你不知道要穿什么的时候,穿ARMANI就没错了!。"

就是这位出生于意大利皮琴察(Piacenze)的服装设计大师,在大学时曾念医科,但由于晕血而放弃。此后,他在一家百货公司布置橱窗,他在橱窗中尽情挥洒那让人难以接受的前卫色彩,最终调入销售部。在销售部,他花了八年的时间,潜心研究布料和生产工艺,掌握了许多商业知识和时尚变化的规律,为以后事业的拓展奠定了坚实的基础。

在1970年,乔治·阿玛尼与建筑师赛尔焦·加莱奥蒂(Sergio Galeotti)合办了公司,于1975年创建了"Giorgio Armani"公司并注册了自己的商标。如今,阿玛尼的事业越做越大,业务已遍及了一百多个国家,除了时装外还发展到领带、眼镜、丝巾、皮革用品、香水等产品。在中国,越来越多的高级白领、成功人士喜欢拥有ARMANI,它也成为现代生活方式的象征。ARMANI在中国将会有更宽广的发展天地。 (馨雨)

# 无与伦比的魅力 Louis Vuitton

"路易·威登"(Louis Vuitton)创立于1854年,现隶属于法国专产高级奢华用品的Moet Hennessy Louis Vuitton集团。"路易·威登"在相当长的一段时间内,简直就是箱包的代名词,140多年来,它引领着箱包的时尚潮流。

而这享誉世界的品牌创始人就是路易·威登本人。他起先是一位捆工,当时拿破仑三世的皇后乌婕妮每次出游都传召他入宫替她整理行装,那是因为路易·威登手工精巧,他总能将皇后的华衣美服妥妥帖帖地放在行李箱中。1854年,他在巴黎市中心开设了首家路易·威登专卖店,专卖各种行李箱。而后他革命性的平顶方形皮衣箱的设计很快便被抄袭,成为时尚的潮流。1890年,路易·威登的儿子乔治威登设计出一种特殊锁扣,只用一把钥匙,就能打开一位顾客所购买的全套路易·威登行李箱,不管有多少只。与此同时,每个路易·威登坚硬行李箱都备有私人密码锁,物主姓名和密码都记录在案。路易·威登的皮件除了无可挑剔的完美做工,它另外一个让人爱不释手的地方,就是它皮面上精致耐看的图案。1896年,路易·威登的儿子乔治用父亲姓名中的简写L及V配合花朵图案,设计出至今仍斐声国际的交织字母印上粗帆布的样式。这些完美的行李箱由此成为世界著名探险家们信赖的品牌,从而也塑造了精致、舒适、高品质的"旅行哲学"。

100年来,世界经历了许多变化,人们的追求和审美观念也随之改变,但路易·威登不仅声誉卓然,至今仍保持着无与伦比的魅力。而今,路易·威登已不只是以箱包闻名的皮件制造商了,一些著名的香槟、香水、轩尼诗商品品牌也归到它的旗下,烙上了路易·威登的印记。近年路易·威登又涉足时装领域,给百年品牌注入了青春的色彩。

1992年,路易·威登正式进入中国。随着中国经济的快速增长,蕴藏巨大潜力的中国市场为路易·威登品牌在中国的拓展增添了信心和动力。(馨雨)

# 人可“衣”相

BOSS

登喜路

BZurberry

Bally

名牌往往本身就是一种将艺术、文化与商业行为结合在一起的综合体。它们像商品中的明星，让人惊艳。名牌除了物有所值外，它的一个巨大的附加值就是对拥有者的社会地位的宣示和确定。它是一个被普遍接受和认可的有关你品味和财富的标识。

从名牌也可以感受到全球化的概念。现在所谓的名牌就是世界名牌。在国外高档购物区所看到的名店，在中国各大城市不难觅到它们的芳踪。但是，如何在众多的名牌中选择最适合你的服装，还需要对各品牌有一定的了解。虽然男装款式经年不变，但很多关键性的细微之处使得一个品牌得以区别于其他，并成为它的经典风格。

Hugo Boss 在国际男装市场占有举足轻重的地位，是全球首屈一指的男士服装品牌之一。这个崛起于 20 世纪 70 年代的德国名牌，完全以强力放送阳刚味十足的广告形象，传达一种大众化的男性服装风格。不论设计或形象都非常男性化，而且是那种不过分矫饰，很注重社会认同的男性。

杰尼亚 (Ermenegildo zegna) 来自意大利，素以男士服饰为主导力量，为男性高级行政人员所钟爱。它的特点是，巧妙地将突破与传统融合在一起。杰尼亚的面料采用多种世界上最上等的原料，精心制作而成，非常轻薄、透气，抗皱性强。它的正装已经具备了可洗免烫的功能。这种革命性的面料带来突破，而传统的精工剪裁是杰尼亚矢志不移的风格。

登喜路(Alfred Dunhill)作为成立于 1893 年的英国男装品牌，给人的感觉高雅华丽，一直被誉为“英国绅士的象征”。它强调将现代与传统相结合，其格言是，“所有产品必须实用、可靠、美观、恒久而出类拔萃”。产品包括男士服装、皮具、书写工具、香水、眼镜和腕表等，其中烟斗和打火机最负盛名，是英国皇室的御用品。

爱马仕 (Herm) 这个有着 160 年历史的巴黎优雅品牌，一直秉承着超凡的卓越、极至绚烂的设计理念，服务于那些充满自信、意志坚定的潇洒男士。舒适及原创精神、不附和潮流、不刻意表达自己，是他们与爱马仕共同的追寻价值。爱马仕坚持不转让其商标生产许可证，因而使每一件出品都有着严格的质量保证。除服装外，它的领带、饰品、皮件、手表、家饰品也同样精美绝伦。

Vasto 源于具有浓厚艺术气息的意大利，以卓越的工艺、高贵典雅的风格而著称，是意大利乃至整个欧洲精致工艺的结合体。在浓厚艺术气息熏陶下的 Vasto 设计师们凭着对艺术一丝不苟、精益求精的精神，以简洁明快、匠心独具的设计风格，赢得了上层人士的普遍青睐。在讲究品味、追求时尚的时代，Vasto 在设计上更着意于高贵典雅与流行趋势相结合，永远都有新的闪光点，为世人所瞩目。

Burberry，英国品牌。传统的英式格子图案是其最显著的标志。质料和设计均十分重视舒适感和灵活性。各种休闲男装，如风衣、针织衫非常有特色。

Salvatore Ferragamo，意大利品牌。以制鞋起家的 Ferragamo 一直以来都是意大利制鞋行业的经典，明星顾客数不胜数。今季推出了从最柔软的开司米、灰白的牛津布、素色的夏季羊毛套装到完美的天蓝色府绸衫的男装系列。

Yves Figarau，法国品牌。该品牌在不同时代，为高层男士推出与其生活息息相关的服饰系列，始终在面料及工艺上追求突破，带来最佳的穿着体验及视觉观感。与生俱来的法兰西文化底蕴始终在方寸之间自然流露，散发出成功男士的成熟魅力。

Bally，瑞士品牌。150 年来，Bally 以其做工精良的皮具享誉世界，进而将触角伸向服装业，通过全世界 500 多家专卖点推广其产品，以其精美高贵的系列产品为讲求品味的顾客服务。(小月)

# 离去的一个神话

2001年1月7日，年届65岁的圣洛朗向新闻界正式宣布了自己引退的决定，以他名字命名的时装公司走完了40年的漫长历程后随之寿终正寝。在法国人的眼中，伊夫·圣洛朗是一个令人骄傲自豪的名字，在各国消费者的眼中，伊夫·圣洛朗是一个令人艳羡的品牌。“伊夫·圣洛朗”不仅是一个人名、一个品牌和一家公司，它更是一个奋斗者和成功者的历史足迹。

1936年8月1日，一个男孩在阿尔及利亚的海港城市奥兰降临人间，他的名字叫伊夫·马提厄·圣洛朗。很小便展露出艺术天才的圣洛朗虽然对于生活充满好奇和兴趣，他对学校生活感到厌烦但并不气馁，因为从那时起他已经对服装设计产生了浓厚的兴趣，而且准备为此奋斗一生。他好胜地对同学挑战说：“用不了多久，我的名字就会出现在香榭丽舍大街上！”14岁时的圣洛朗对他母亲斩钉截铁地发誓：“我一定会在巴黎旺多姆广场（巴黎豪华商业区）上开一家我自己的高级时装店！”

圣洛朗走向社会后，他的天赋和才干很快被一位“伯乐”发现，这位“伯乐”就是大名鼎鼎的服装设计师克里斯蒂安·迪奥。那是1954年国际羊毛局举办的一次大奖赛中，圣洛朗所设计的一件小型宴会穿用的女礼服获奖。当圣洛朗的作品大师迪奥面前展示时，这位大师惊讶得半天说不出话来。圣洛朗当即被迪奥聘为自己公司的时装设计师。

1957年10月24日迪奥去世，圣洛朗承担起公司设计师的重任，他不负众望，于1958年1月31日正式推出了他首次独自设计的时装系列，其中一套代表迪奥风格的女装创造性地运用了“梯形线条”，取得极大成功。评论认为，圣洛朗的设计已经超过了乃师的水平。然而，树大招风，圣洛朗清新脱俗的艺术风格并没有被所有业内和公司的权威人士所接受。1960年7月，圣洛朗被迪奥时装公司正式辞退。21岁的圣洛朗是迪奥公司的设计师，27岁的贝尔热是公司的营销人员。两个人共同创立了日后的伊夫·圣洛朗公司，而且圣洛朗与贝尔热的结盟经过40年的考验牢不可破，一直持续到今天。圣洛朗和贝尔热之间的合作几乎是天衣无缝，可以说是“焦不离孟、孟不离焦”。贝尔热曾说过：“我与圣洛朗的分工十分明确，他的工作是时装设计、我的工作是签合同和搞公关，我们之间从来不相互干扰。这正是我们能够40年如一日始终走在一起的原因。”

1960年9月，YSL时装店在巴黎拉波埃提大街正式开张，1962年1月，第一批配有YSL商标的时装正式推出。从1961年到1972年可以说是圣洛朗“光辉的10年”，在这十几年中，他每年为自己的公司和成衣博览会分别设计两组时装系列，在每个季节要拿出独一无二的作品进行展示，要向时装博物馆提供作品，供参观者欣赏。圣洛朗设计时装时运用了丰富的色调，他把红色和令人兴奋的粉红色巧妙地搭配在一起，这种搭配已经成为YSL公司的标志。圣洛朗还是第一个让女性穿上黑色长筒丝袜的人，这种颜色在过去是从来没有人想象过的，而今天这已经成为全球最流行的款式和色调。1966年，圣洛朗把英国男士无尾长礼服设计成女装，女士穿上了长裤，显得更加俏丽“绅士”，这种大胆创新令人瞠目；1967年，圣洛朗从非洲沙漠得到的灵感设计出“撒哈拉女装”，粗犷中透出别样的万种风情，令人叫绝。圣洛朗的艺术创作得到了社会的广泛认可，1985年他在巴黎歌剧院展示的时装系列荣获最高奥斯卡大奖，此后，他连续3次获得这项时装设计界的最高荣誉，成为世界公认的10大著名时装设计大师之一。2002年1月22

日，伊夫·圣洛朗公司时装展示会将在巴黎蓬皮杜现代艺术文化中心隆重举行。这是一次告别演出，从此伊夫·圣洛朗公司和圣洛朗本人将从巴黎T形时装展示台上彻底消失。“一个时代的终结”，这么说并不过分，因为由迪奥和圣洛朗等代表的那个时代的确走完了辉煌的历程，而巴黎时装界新人辈出的局面也呈现在眼前，一个新的时代正在诞生。 （沈孝泉）

ATO

# 藐视时尚的顶级品牌

布里奥尼（BRIONI）——意大利主营男士高级服装的奢侈品品牌，热衷于传统而经典的套装款式制作。总部位于罗马的布里奥尼，其顾客包括联合国秘书长安南、甲骨文的老板拉里·埃利森及皮尔斯·布鲁斯南等众多好莱坞大牌男星。据说西服大师 BRIONI 本人制作一套男装成衣，花费时间 12 个小时。12 小时 =1 万美元! 这不是随便一个裁缝就能做到的，即便是手工精湛的裁缝……这样一家业绩不俗的服装公司却执着于低调的营销理念。翻开时尚类的杂志，出现频率较高的男装品牌是被时尚人士熟知的 Burberry、GUCCI、CK、Ralph Lauren 等品牌，而与他们品质相当，同样表现男性精致与高雅的布里奥尼却鲜有露面。其管理层一直不认为所谓“国际品牌”的定义就是全世界人都认识你的标识。因为按照这种定义，BRIONI 就不是国际品牌了，他们的宗旨是循序渐进式的销售增长。他们需要的是非常固定、忠诚的高消费群体。所以，无须疯狂造势，依靠纯良的品质，他们仍旧稳稳地在时尚的奢侈品圈子里占有一席之地且赢得了国际声誉。

几乎所有的商家都知道一个道理：女人的钱最好赚。于是，大多数的商家都跻身于制造女性商品的行列。但无论社会怎么发展，勿庸置疑的一点是，绝大多数的经济创造及主动权仍旧掌握在男性手里。布里奥尼要的就是这个市场——并不庞大但绝对有购买实力的市场。当然，制造商很清楚把握这片市场的决定因素取决于其产品的品质。如何保证一套优质布里奥尼西服的高品质? 最好的手工艺、严谨的工艺流程及娴熟的应用技能，加上从全球各地选购最优质的羊毛原料。依靠这些，布里奥尼悄悄地布下了一张覆盖全球的销售网。当全球越来越多的时装品牌随着潮流推出了休闲系列，从面料到款式都做了相当大的转变时，当纯绵、水洗、棉麻等天然松适面料代替了传统的硬挺面料，色彩及五彩斑斓的印花运用给男装注入了更多时尚的元素时，布里奥尼这个意大利的顶级奢侈品品牌仍固守着传统西服的精髓。布里奥尼的设计师深信传统西服款式如双排扣西装等的潮流很快又会回来，传统西服毕竟是高贵与品味的象征。 （冉晓宁）

Dior Homme

Paul Smith

# 一支姗姗来迟的箭

拥有 150 年历史的男装品牌“箭牌”（ARROW）在半年前热热闹闹地进入了中国市场，引得国人瞩目。150 年来，箭牌不断掀起服装时尚的新潮流，在美国，它几乎成了衬衫的代名词，而箭牌的历史，也代表着美国衬衫发展的历程。箭牌的诞生，还有一个小故事：19 世纪中叶，纽约特洛伊城有一个铁匠的妻子，她的丈夫每天都要穿上整洁的衬衫参加社交活动，这位妻子逐渐对每天洗烫衬衫心生厌倦。终于有一天，妻子将丈夫所有衬衫的衣领全拆了下来，并缝上了简单的细带以固定衣领。这种新颖的创意引起了人们的注意，很快便有数家衣领生产企业问世，其中创建于1851年的一家小型作坊快速发展，成为纽约最成功的一家衣领制造厂，1889年，这家企业推出注册商标为“箭牌”的产品，10年后，箭牌男式正装、休闲装、皮革等系列产品问世，开始在世界各地销售，以后它还陆续推出女装、童装系列服饰产品。20世纪20年代，随着可拆卸式衣领悄然消失，箭牌公司适时推出了箭牌衬衫，在世界率先推出可以控制棉纤维缩水的新加工工艺，并提出了“本产品若缩水，公司免费赔赠全新箭牌衬衫”的承诺；30年代，箭牌推出柔软、翻领式衬衫，展示出男式时装的生机与活力；40年代，箭牌出品了印有图案的男士运动衫。宽松的造型和明快的色彩，成为美国一代好莱坞明星的首选……80年代为了满足牛津学子们的新古典风格，箭牌推出优质棉西服衬衫，到了90年代，箭牌“情调风格服饰”则演绎出汤姆·克鲁斯在《碟中谍》中极度随意灵活的形象。作为不断变化的男士衬衫生产企业中的佼佼者，箭牌已成为当今及未来市场的先导。

在国际服装界，箭牌常常被视为时尚潮流的领导者，甚至在美国，箭牌衬衫被称作“美国男人的第一件衬衫”。近些年，国际服装名牌大部分已进入中国市场，箭牌选择了两个合作伙伴。负责加工的北京衬衫厂和负责定织面料的鲁泰纺织股份有限公司。这是国际品牌本土化的一种合作，在中国市场销售的箭牌服装已经充分本土化了，从面料、设计到制作都是一条龙，都在中国本土完成。公司总经理，新加坡人黄青云先生说，在日趋激烈的市场竞争中，只有本土化，才能保证拥有一流的品质和便宜的价格，才能拥有市场。黄先生还说：我们的目标是让箭牌成为中国男人的第一件衬衫。箭牌并不满足于目前的合作优势，他们又与美国杜邦公司签订了合同，推出新款衬衫，这种衬衫的面料中加入了杜邦公司的高科技COOLMAX纤维，具备吸汗、导湿的功能，这是纯棉衬衫所不具备的，也开拓了男式衬衫内衣化的趋势。箭牌服装姗姗来迟，但是姗姗来迟的往往是大人物，只是不要迟到宴席结束就行。 （杜 婕）

Kenzo Homme

Kenzo Homme

# 必胜客 Pizza Hut

必胜客所属环球百胜餐饮集团，它是世界上最大、最好的比萨连锁餐饮体系。它不断地推出各种美味比萨，来满足不同国度的消费者，赢得了人们的喜爱。在1990年必胜客在中国北京开设第一家分店之前，对于大部分中国人来说，并不清楚这是意大利的比萨还是某个国度的，甚至相当一部分人不知道比萨是什么。读过书的人也只是知道，当年哥伦布学做中国馅饼而未做成，却做成了比萨。如今，必胜客的比萨在中国已是尽人皆知。必胜客让我们感受到虽同是休闲餐饮，但却有与肯德基不同的服务理念。它强调，在顾客进门30秒内，必能享受到亲切的问候，并带领入座及各项具有亲和力的服务，让顾客在轻松暖意的氛围中享受用餐的快乐。必胜客从1958年最早推出薄皮比萨以来，持续不断地开发新口味的比萨，并及时奉献给顾客。其中薄脆比萨、铁盘比萨、芝心比萨、Hand－tossed style pizza、The big New Yorker pizza，这五种口味的比萨，已成为全世界消费者所钟爱的食品。必胜客的创始人卡尼兄弟一定想象不到，他们那间只能容纳25个座位的小比萨店，现今已遍布世界九十多个国家和地区，拥有一万二千三百多间分店。谁又可知，那间小店是卡尼兄

弟向母亲借了 600 美元才得已诞生。由于店面小，招牌只能排列 9 个字母，也就挤出了 Pizza Hut 这个餐厅名称。虽然这个名字没有精雕细琢，可却成了世界最上口的名称。卡尼兄弟的精心设计，把狭小的店堂布置成休闲自在的伊甸园。他们现做的鲜美比萨，热情的服务，赢得了大家的赞许，必胜客餐厅发展越来越快。现在每天全球的必胜客餐厅，要烤制一百七十多万个比萨饼，接待四百多万顾客。在 13 亿人口的中国，每天有越来越多的人喜欢这美味的比萨饼，喜欢这休闲的餐饮文化，喜欢必胜客。 （清明）

# “休闲航母”肯德基

2002 年 9 月，肯德基在中国的第 700 家餐厅于深圳开业。肯德基这家世界上最大的炸鸡快餐连锁企业，在中国可谓是遍地开花、处处飘香。1987 年 11 月 12 日，肯德基在北京当时最繁华的地带前门设立了中国第一家餐厅，这不光是把肯德基炸鸡带给中国人民，还带来了休闲餐饮的经营理念及不同于中餐的饮食文化。提起肯德基，又会让人联想到身穿西装，满头白发且留着山羊胡子的那位老者，也就是肯德基的创始人哈兰·山德士上校。以山德士上校形象设计的肯德基标志，如今可是世界上最感亲切及最出众的品牌之一。山德士在他 40 岁经营 Corbin 加油站时，由于他制作的小吃吸引了过往的旅客而声誉日增。最受欢迎的食品就是山德士发明的炸鸡，它是用十一种香料配方烹制而成的，使众多顾客慕名而来。肯德基州长 Ruby laffon 为表彰他对肯德基州餐饮的贡献，授予他为肯德基上校。1952 年，上校在盐湖城建立了首家肯德基餐厅。之后短短五年间，肯德基餐厅就在美国及加拿大扩展到 400 家连锁店，这也是世界餐饮加盟特许经营的开始。如今这艘航母的护卫舰队还在不断的扩张，每天世界上有上千万的顾客，在各地肯德基舰艇上品尝着山德士上校开创的肯德基原味鸡，也体味着它给我们带来的欢乐。 （清明）

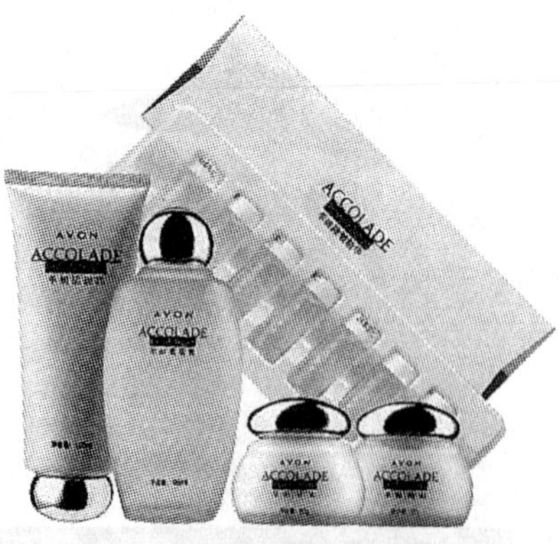


# 雅芳成功秘籍

雅芳，全美最大的 500 家企业之一，1886 年创立于美国纽约。“雅芳之父”大卫·麦可尼，原是一位书籍推销商。他在上门推销书籍的过程中，发现随书赠送的小香水深受顾客喜爱，于是“加洲香芬公司”(CPC)诞生了。出于对伟大诗人莎士比亚的仰慕，1939 年麦可尼先生以莎翁故乡一条名为“Avon”的河流重新为公司命名。110 多年来，雅芳不断致力于塑造女性独特的美丽，同时，更开启了全球数百万女性的事业之门，正如他们自己说的那样——AVON:the Company for Women。

今天的雅芳，已发展成为颇具规模的美容品跨国公司：雅芳全球销售额达 52 亿美元；通过 280 余万名独立营业代表和拓展中的零售渠道，向全球 135 个国家和地区的女性提供 2 万余种产品。雅芳的产品包括护肤品、化妆品、个人护理品、香品、流行首饰、女性内衣/时装、健康食品等。雅芳产品精益求精，因而屡获大奖，蜚声国际美容界。雅芳卓越的产品在品牌众多的美容品市场上独领风骚，并针对不同区域的市场制定不同的市场指导思想。“高品质、领先科技、多元化、为东方女性设计”——这是中国雅芳产品开发的核心指导价值，她的目标是：让中国消费者同步领略雅芳领先全球的优秀产品，从而奠定雅芳产品在中国市场的领先地位，并做了很多有针对性的市场举动。雅芳产品的魅力获得了出众的口碑，赢得了消费者的信心与钟爱。当然，独具特色的雅芳美讯传播，也为雅芳建立起了另一座吸引消费者、与消费者沟通的桥梁。雅芳印刷品是雅度美讯传播的一大特色：雅芳形象、全球高科技、创新、时尚产品和美容咨询等等率先透过印刷品传递给消费者。雅芳印刷品资讯丰富、时尚、新颖的风格，独具创意的广告宣传手法，深得消费者和销售人员的青睐和钟爱，成为爱美人士首选的“美丽导师”。“Let's talk”女人开讲，这种别具亲和力的全球雅芳广告主题，频繁出现在电视、各大报刊、杂志，为女性创造美的话题，令雅芳形象更加深入人心。

为适应雅芳（中国）业务发展的需求，使管理和生产水平更具现代化，公司在广州从化太平工业区兴建一座现代化生产基地。引进最先进的生产设备，新厂将成为世界领先的化妆品生产基地之一。先进的生产设施，将为中国女性提供更多元化的产品和消费选择，继续保持和发扬雅芳的优良传统与对顾客的承诺。（杨晓慧）

# 欧莱雅：与美丽同行

来自法国巴黎的欧莱雅，仿佛与生俱来地带有美丽与浪漫的气质。在当今的化妆品品牌中，以传播美为目的的品牌惟有欧莱雅，这也为她在世界范围内赢得了广泛的认同。作为世界化妆品首屈一指的品牌之一，欧莱雅主要生产染发护发、彩妆及护肤品，她出众的品质一直倍受全球爱美女性的青睐。现在的欧莱雅已经在化妆品、服装领域卓有成就，成为一个跨国集团，而她的化妆品在中国市场更是深入人心。

探寻欧莱雅的历史，要追溯到20世界初的巴黎。一个名叫欧仁·舒莱尔的青年化学家进入法国制药中心，成为一名药剂助理，并开始涉足关于头发的研究。1907年，欧仁·舒莱尔从植物中提取到了色素，用它制作了世界上第一支无毒染发剂。欧莱雅公司诞生了。20世纪初，由夏奈尔引发的服装革命改变了人们的观念，更多的人加入到简洁、自由的短发行列。欧仁·舒莱尔带领着欧莱雅的研发人员开发了一系列最适合现代女性短发的洗发香波和各类保健用品，使欧莱雅成为全球屈指可数的容颜护理企业。

欧莱雅推崇的观念是：最美的妆容以自然色为主，夏季流行嫩粉色调，冬季流行嫩绿色调，整个化妆理念应是回归自然、注重环保。在化妆技巧上，认为东西方人面部特征不同，应使用不同的化妆方法。欧莱雅以染发剂著称于世，而化妆品的开发与盛行，始终伴随着染发剂的前进。一个世纪的染发剂研发经验，使欧莱雅对头发与化妆之间的关系和影响知之甚深。欧莱雅开发的染发产品“韵媚霜”被称为家庭染发专家。

追求皮肤的白皙、润泽一直是东方女性的美丽标准，而花蕊美白护肤系列正是欧莱雅为此专门研制的产品。长期使用会使皮肤拥有阳光、清泉般的健康气息，保持东方女性的柔美娇颜，因此大受亚洲女性的欢迎。在女性的化妆过程中，唇膏是使用率最高的。欧莱雅推出的纷泽润泽唇膏，除了带来令人眩目

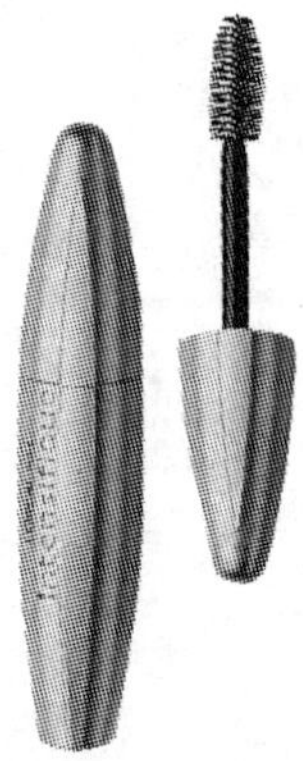

的时尚色彩外，配方中的抗干燥成分和柔软剂护肤成分可以增强唇部的天然保护层，带给唇部持久润泽和悉心呵护，营造出丰泽性感和无尽的诱惑。进入 21 世纪，欧莱雅产品拥有眼部、唇部、面部、甲部四大系列，在各个季节都能全方位地满足女性塑造靓丽容颜的需要。如果美丽可以分解的话，那么一半来自生命本身，而另一半则来自化妆的力量。欧莱雅对美的不懈追求与自然天成的理念，正是“美丽”蝴蝶的另外一只翅膀，而她日益国际化的道路与不断推出的产品也印证了欧莱雅创始人欧仁·舒莱尔的誓言：“美是没有疆界的，我们的使命是把美的产品、美的文化、艺术、历史和科学带给全世界的人们，让他们生活得健康、舒适和美好。”

(耿国彪)

# 瑞士“梅花”为何常开不败

## ——访瑞士梅花表厂总裁

在手表市场竞争中，运用名牌战略最为成功者，当属瑞士表。瑞士表的“尊贵”形象已经牢牢地在消费者心中扎下了根。而较早进入中国市场的梅花表，通常被称为“瑞士表的典型”。上世纪五六十年代，许多城市姑娘是“非要梅花表”不嫁，而今梅花表也是商界公认的瑞士表十大品牌之一。

梅花等瑞士表是怎么样巩固自己不败的市场地位的呢? 总裁丹尼尔? 史洛普道出了其中奥秘，其独特的竞争法宝是：以不变应万变。梅花诞生在瑞士这个制表工业的王国，与其他名表一起，也曾遭遇过经济衰退和市场竞争的危机。但以机械表制造见长的瑞士表最终还是“扛住了”，此后，瑞士表业进行了一次优胜劣汰的整合大兼并。正如丹尼尔先生所说：“在过去的几十年中，越来越多的一些小品牌和手表厂不是被斯沃淇等这样大一点的集团吞并了，就是自己消失了。而梅花表保住了它的独立地位，是为数不多的几个能够完全在自己的工厂中 100% 组装所有机件及手表的独立公司之一。他说，对于一个企业而言，至关重要的是：要不断地坚持一种战略而不是经常的变化。留心观察，面对多变的市场风云，瑞士表的确始终坚持“以不变应万变”的战术。劳力士进入中国市场大半个世纪，款式风格基本没变，而梅花、欧米茄等名表也都一直保持着各自的特性。他们应对万变的“不变定律”其实就是以质取胜，咬定精良工艺不放松。丹尼尔·史洛普坦言：“梅花表的独特优势是高质量的机械手表，在国际市场上，我们的产品在价格上没有优势，我们就把精力集中在专业性很强的生产上。我们生产的是精密的机械手表，我们从不着眼于大批量生产，而是把手表的制造看做是一个艺术创造的过程。”“梅花表的目标就是在各个方面不断提高品质。我们不是致力于手表销售量的大幅度增长，我们要的是一个有效率的，有竞争力，有利润的公司。这位有着工商管理和法律硕士学位、从 21 岁就“负责梅花表公司形象”的总裁坦率地说：“我喜欢变革，但不是违背基础的变革。作为一个品牌，我们要有鲜明的个性与特征。个性是不能随便改变的。”丹尼尔很看重中国的市场份额，梅花表每年在中国包括香港与台湾的销售量一般占到总生产量的 28%-58%。他认为商业关系不仅仅只是商品与金钱的交易，不同文化背景的人与人关系的默契与合作会使得这种关系更加激动人心。

(刘惠兰)

# 江诗丹顿：非凡的时间艺术

被后人称为“现代制表业始祖”之一的瑞士江诗丹顿公司，由哲学家法朗哥·江诗丹顿于1755年创立。至今，公司存留有不少的伟世经典。“最小批量，最优质量，最高卖价”一直是江诗丹顿的经营战略。如今，江诗丹顿在日内瓦的工厂年产量仅为6000只表。它那形似四瓣丁香花瓣的“马耳他十字”标记，原是手工制表时代用来调整发条松紧的精密齿轮，现今已成为江诗丹顿优越技艺与手工制表传统的象征。

江诗丹顿的经典之作——卡里斯泰(Kallista)是世界上最昂贵的手表。此表制作于1986年，原为沙特阿拉伯的哈里德国王所订购，但在制造期间哈里德国王撒手人寰。江诗丹顿厂为制造此表，招集了最优秀的技师，经历20个月、6000小时工作才制成。此表制成后，被一位不知名的买家用350万美元买去。1987年12月3日，卡里斯泰再度易手，被PALM BEACH珠宝行主人皮埃尔·哈里米代客买去。哈里米声称，他是以美金500万元成交的。于是，卡里斯泰表每日升值4000美元的佳话不胫而走。

江诗丹顿以工艺闻名全球，擅长复杂机械表的制造。以Les Complications系列的新表Saltarello为例，表底的透明水晶，方便佩戴者欣赏到机械运作的动感美；Jumpinghour的设计更是精湛，它以12时的窗口展示时间，半圆环显示分钟，被人们称为“跳时表”，十分罕见。精湛工艺奠定了江诗丹顿的创造与制作原则，正因为如此，江诗丹顿的每一件成品都要经过数年锤炼，那每一个刻度都体现出大师的精雕细琢。

当年，为庆祝英国王妃戴安娜与查尔斯王子的婚礼，阿拉伯联合酋长国的亚迈尼酋长特地向江诗丹顿订制了一只最为昂贵、小巧的腕表“Lady Kalla”。这只表用30克拉、共108颗柱形名贵钻石精制而成。戴安娜王妃佩戴这只手表更显风姿绰约，同时也向世界体现了江诗丹顿的富丽华贵。

近来，江诗丹顿已近距离地靠近了中国的普通百姓。2000年冬天，江诗丹顿在北京王府井大街新东安市场148铺开设了中国首家专卖店。2001年8月23日，深圳彭年酒店举行“江诗丹顿古今名表荟萃展览”。其中一款标价为856.8万元的男钻石腕表，据称是目前国内最贵的一款男钻石腕表。日本作家村上春树说过：“时代如流沙一般浮动不止，我们站立的位置转瞬又不再是我们的位置。”其实转瞬即逝的仅仅是时尚，而时间却是永恒的。江诗丹顿，这一非凡的时间艺术的标志，正离我们越来越近。

（陈美多）

## 名表赏析

百达翡丽(Patek Philippe)：日内瓦早期钟表制造者不仅是优秀的技师，更是艺术家，他们务求作品在外形及性能上达到完美。如果想拥有一块百达翡丽，那你需要有等8-10年的耐心，这样长的制作过程足以让人相信它精良的品质。近160年来，百达翡丽一直是瑞士名表中最璀璨的奇葩。难怪收藏者对百达翡丽情有独钟，只要得到它，就会对其他的表不屑一顾了。

宝玑(Breguet)：世界历史名人如

百达翡丽

卡达亚

劳力士

爱彼

摩凡陀

法王路易十六，法国王后玛丽·安东尼，沙皇亚历山大一世，英国维多利亚女王，英国首相邱吉尔……虽然并不处于同一时期，但是都有一个共同的联系，那就是都是宝玑表的钟爱者。

卡地亚：卡地亚家族在19世纪中叶已经是闻名遐迩的法国珠宝金银首饰制造名家，自从1904年为老朋友山度士而制造的金表一炮打响后，一直是上流社会的宠物，历久不衰。

劳力士：劳力士表最初的标志为一只伸开五指的手掌，它表示该品牌的手表完全是手工精雕细琢的。以后才逐渐演变为皇冠的注册商标，以示其在手表领域中的霸主地位。

爱彼(AP)：自从1875年以来，爱彼表不断创制出世上功能最多的手表，且皆由人工精制。爱彼表始终尊崇“手”为人类发挥创意的最佳工具，无出其右。因此，制表匠的手艺，正是这庄严传统的至高表现。爱彼表多年来一直深信：人的心血，始终比外表更为重要。而事实上，每一只爱彼表，均能反映出这个信念。爱彼厂是目前仅存数家仍由原创办家族管理的瑞士表厂之一，它在每一只表后刻上制造者的名字，以示负责保证。

万国表(IWC)：1868年，万国推出第一只怀表，从那时起，其所生产的每一只表都记录在案，百余年来，这些登录簿已集成数大册，这种登录簿是世界仅有的记录簿。旧本以花体字记录合约编号、表壳后的编号、所使用的材质、该表的重量、制表师傅的姓名、完成日期以及钟表商、购表人的姓名等资料。俄国沙皇斐迪南一世、教宗皮耶斯九世、英国首相邱吉尔等都曾拥有过一只以上的万国怀表。

摩凡陀(Movado)：1881年，一种叫做“Esperanto”的国际语言正在发展之中。在这种语言中，“Movado”的意思是“永动不息”。摩凡陀创造出革命性的机芯为“Polyplan”，它是由三个不同的表面组成，能够配合外壳的弯曲度以配合手腕的形状。漆黑之中一点金的设计，打破了腕表传统设计思维，给人们更宽广的遐想窨，这款摩凡陀成为永恒的精典之作。

雅典(Ulysse Nardin)：在150余年的制表历史中，雅典已被认定是制造航海天文台表的专家。雅典的航海天文台表被列为历来最可靠及最准确的计时器之一，至今不但仍为全球珍藏家所争相搜集，更曾是世界50多国海军的指定计时器。

君皇表(Concord)：在20世纪初，君皇表成为时钟设计的创制者。当时也是著名的Concord闹钟的全盛时期，事实上，这是第一只可携带的发条旅行八日钟。美国前总统杜鲁门曾以Concord闹钟作为各国出席波兹坦和平会议的国家元首的赠礼。其中一个闹钟更成为杜鲁门总统的私人珍藏，现正存放于密苏里州的杜鲁门独立图书馆内。

芝柏表(GP)：1966年，芝柏成功研究及制造了世界上第一枚高频率的机械机芯，它的平衡摆轮每小时可以摆动36000次。1969年这家表厂设计和生产了一枚石英机芯，振荡频率32768赫兹，成为所有石英表被国际接受的惟一标准。因此，有机会使用芝柏机芯的厂家，一定是制造高素质手表的名牌，像江诗丹顿、卡地亚、伯爵等。历史上，每一个品牌，即使最尊贵无匹者，都经受过无数的起起落落，而1791年创始的芝柏，从在日内瓦开业的第一天，直到今时今日，大门始终没有关闭过，尽管这两个世纪动荡不安、风雨飘摇。

帝后(Delaneau)：在瑞士没有一个钟表制造商像帝后表一样，几乎所有新表款诞生的灵感来源，都是美丽而珍贵的宝石，因此多年以来，帝后表一直以“钟表界中的珠宝商”的美名引以为豪，影星索菲亚·罗兰、巨星迈克尔·杰克逊、英国王妃戴安娜、泰皇等都是帝后表的支持者。至今，帝后表厂仍坚持每年不超过2000

只的总产量，每种款式的数量也控制在25只以下，由于限量生产，遂引来各国皇室贵族、富商巨贾及表演舞台上一众天皇巨星的争相追逐。

伯爵(PIAGET)：除了独创首屈一指的机械动转装置外，PIAGET所有表壳及表镯都必定用18K或白金铸造，而表面的设计更是丰富多彩，用名贵的宝石如青金石、珊瑚石、珍珠母、虎眼石、玛瑙等雕琢而成的表面装饰，效果华丽夺目，令人叹为观止。

雷达表(RADO)：1962年，雷达表以革命性的钨钛合金，创制出全球首只不易磨损的手表而震撼表坛。当时其他品牌还在使用金、银、铜这类传统材质。雷达表喜爱采用"未来"材质，每一支雷达表都蕴含着历久长青的特质，因为制造雷达表的材料是永不磨灭的钨钛合金、不易磨损的蓝宝石水晶、穿梭太空用的高科技陶瓷及闪烁生辉的高科技钻石。

欧米茄(OMEGA)：20世纪初，欧米茄便以其与生俱来的无比精确性能踏入了世界体坛，大展身手。自1932年开始，欧米茄先后21次为奥运会担任计时工作。1952年欧米茄获奥林匹克荣誉功章，表彰对世界体坛的卓越贡献，并奖励其精确可靠的计时功能其及无以数计的伟大发明。此外，今天大部分现代化运动场中的大型视频矩阵记分板亦是欧米茄的发明成果之一。 (青文)

雷达

欧米茄

# 施华洛世奇

## ——梦幻与现实完美结合

施华洛世奇(SWAROVSKI)于1895年在奥地利始创，现今已是世界上首屈一指的水晶制造商，它的产品涉及时装、首饰、工艺品、反光路标、人造宝石等多个领域，每年营业额达10亿美元。拥有完美仿水晶首饰石切割技术的施华洛世奇，为世人创造出包罗万象的仿水晶石，并被广泛应用于时尚的各个领域。早在20世纪初，著名时装设计师夏奈尔等人已将施华洛世奇的仿水晶石应用在他们的设计上，使精妙绝伦的作品更光彩动人。其后，其他著名时装设计师包括克里斯汀·迪奥、圣罗兰、纪梵希等亦纷纷加入。

1994年，施华洛世奇推出镶有仿水晶的拉链，当时引起轰动。1995年再次研制出仿水晶网布。细致的金属网布、缀以闪烁的仿水晶石，构成一种既富质感又飘逸流丽的特殊质料，为流行首饰和时装界开辟了一个全新的发展领域。1976年秋天，施华洛世奇利用四件吊灯垂饰，包括一块方形石、球形石及两块梨形石，创制出小巧别致的全切割水晶老鼠，施华洛世奇水晶动物世界的首名成员终于面世。继小老鼠后，施华洛世奇迅速推出刺猬、乌龟及天鹅。施华洛世奇技师不断交流意见，提高技术，发挥精巧繁琐的设计构思，施华洛世奇银水晶宣布诞生。1989年，施华洛世奇在北京成立第一个办事处，到目前为止，它在中国已拥有60个销售点，并开设了3家旗舰店。2001年11月，在中国签署入世文本的前一天，施华洛世奇携其下游伙伴加拿大宝姿国际于北京举办了规模空前的流行发布会，向商界和新联界展示了世界首屈一指的切割仿水晶在面料、鞋帽、箱包、时装上扮演的生动角色。

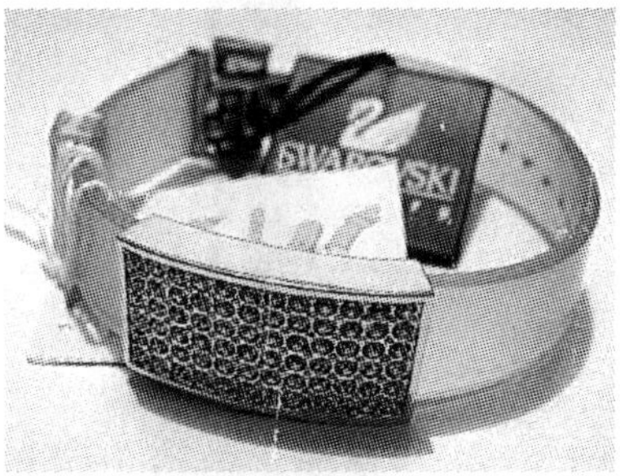


施华洛世奇公司亚太营运副总裁Olivier Camus先生表示："我们发现'时尚'在中国是多样化的。无论是时尚首饰业、成衣业以及相关消费品营销，都是一条从原料到制成品的供应链整合的最终结果，中国的时尚产业正在与国际潮流接轨，中国市场的潜力是巨大的。" (老 麦)

## 名酒赏析

1. **尊尼获加 JOHNNIE WALKER** 联合酿酒集团（UNITED DISTILLERS）拥有的尊尼获加威士忌，是苏格兰威士忌之典范。尊尼获加家族自一八二零年创业以来，凭着历代总调配师的优良技术和专注精神，一直保持原有之品质和特性，在国际间屡获殊荣。一九九六年，联合酿酒集团更在全球最具权威的国际洋酒大赛中被选为全球最佳酿酒集团；尊尼获加［黑牌］和［红牌］更分别获得最高荣誉的金奖。尊尼获加威士忌现时行销全球二百多个国家，销量一直高踞首位，占苏格兰威士忌总出口量达五分之一，为国际间最负盛名之苏格兰威士忌。

**尊爵极品（Johnnie Walker Premier）**

经酿酒大师悉心挑选多种年份久远、纯正天然的苏格兰一级威士忌，以多年蕴藏调配而成。酒呈琥珀色，滴滴金黄，香冽独特。酒质可与 X.O.、干邑不相上下。酒瓶设计独特，优雅的瓶身配细致的手雕花纹，衬上典雅的瓶盖，尊贵高雅，每瓶更附有编号，是质量及来源地的保证。尊爵极品可以满足具有高贵品味的威士忌饮家的要求，亦为 X.O.、干邑饮家提供另一种同等地位的威士忌作为选择。

**尊尼获加蓝牌（Johnnie Walker BlueLabel）**

在苏格兰，精挑细选各地最陈年的威士忌调配而成，珍贵名酿，酒质独特，醇厚芳香，赢得一致推崇。

**红方威(Johnnie Walker RedLabel)**

是全球最畅销的苏格兰威士忌，混合了约 40 种纯麦威士忌和谷物威士忌，调配技术考究，香味更佳诱人，每一瓶红方威都独具味道，享誉全球。

**尊尼获加黑牌（Johnnie Walker BlackLabel）**

是全球屈指一数的高级威士忌，采用优质纯麦芽威士忌，在严格控制环境的酒窖中，陈酿最少 12 年，成为世界上独一无二的威士忌，酒体芬芳醇厚，麦芽味香浓，值得细细品尝。

**2. 嘉士伯 CARLSBERG**

1835 年 6 月，哥本哈根北郊成立了作坊式的啤酒酿造厂，采用木桶制作啤酒。1876 年成立了著名的“嘉士伯”实验室。1906 年组成了嘉士伯啤酒公司。1969 年又合并成立现代的丹麦联合啤酒公司。从此嘉士伯之名成为啤酒行业的一匹黑马，由嘉士伯实验室汉逊博士培养的汉逊酵母至今仍被各国啤酒业界应用，嘉士伯啤酒工艺一直是啤酒业的典范之一，重视原材料的选择和严格的加工工艺保证其质量一流。使嘉士伯啤酒风行世界 130 多个国家，被啤酒饮家誉为“可能是世界上最好的啤酒”。自 1904 年开始，嘉士伯啤酒被丹麦皇室许可作为指定的供应，其商标亦多了一个皇冠标志。

**3. 马提尼 MARTINI**

150 多年前，意大利马提尼家族精研混酒技术，以干白酒加入多种香草精华，创制出绝对纯天然的味美思酒，至今长销不衰。马提尼红味美思具有浓烈的红棕色彩，味道醇厚，冻饮或加上一片柠檬味道更佳。马提尼干味美思独特的花香和鲜烈的辛辣味，充分冷却后饮用。马提尼白味美思色泽淡黄，香气浓烈，味道微甜，亦宜充分冷却或加冰饮用。

**4. 轩尼诗 HENNESSY**

世界最大的干邑销售商轩尼诗

公司成立于1765年，轩尼诗为创立者的名字，轩尼诗原为法国皇宫的爱尔兰籍军官，后辞职寄居在干邑地区。他寄了几桶当地的白兰地给爱尔兰的亲戚和朋友。后来朋友来信委托他购买干邑白兰地，由此受到启发，他开始经营白兰地，成立了轩尼诗公司。目前轩尼诗公司拥有世界规模最大的陈年干邑白兰地酒窖。

**轩尼诗杯莫停（Hennessy Paradis）**

为轩尼诗干邑中的极品，含有极陈年的酒，自公司创立以来一直蕴藏至今，罕贵名酒，至香至醇。

**轩尼诗X.O.(HennessyX.O.)**

是历史上第一个以X.O.命名的干邑，原是轩尼诗家族款待挚友的私人珍藏。酒质馥郁醇厚，独具鉴赏家的深度和高贵气派。在远东地区特别是香港地区和中国尤其深受喜爱，重要节日、喜庆宴会都不可缺少轩尼诗X.O.。

**轩尼诗V.S.O.P**

(Hennessy V.S.O.P)

由酒质特别醇厚的白兰地原酒，由旧木桶长年累月酿制而成，特别香醇细腻，具有成熟温厚、优雅高尚的性格，深受饮家喜爱。

**轩尼诗·李察(Hennessy Richard)**

轩尼诗·李察是轩尼诗干邑系列中的极品，以过百种酝藏经年的上等佳酿酿制而成，其中更包括自十八世纪悉心珍藏至今的极品生命之水，酒质独一无二，标志着轩尼诗家族酿制醇厚极品，超越时空限制、世代相传的永恒信念。

**5. 马爹利 MARTELL**

马爹利家族自1715年起，便开始酿制品质优良的干邑白兰地。时至今日，马爹利各级干邑白兰地久已誉满全球。酿制干邑之道，除了要获得干邑鉴赏家称誉外，更需为不同口味提供不同等级的佳酿。全球干邑饮家，每年需求有增无减，而且对酒质要求甚高，马爹利酒厂，凭着其丰富传统经验及庞大藏酒量，故能保持酒质超卓，始终如一，无论何时何地，选饮马爹利都令饮家称心满意。

**彩瓷极品马爹利 Martell limoges**

绝无仅有之远年精酿，细致手陶瓷酒瓶精装，益显难能可贵。

**XO马爹利 Martell XO supreme**

积累八代珍贵酿酒经验，精选上佳葡萄，经悉心调酿而成的XO马爹利，诚为马爹利家族二百七十多年酿酒艺术的结晶，XO中之极品。

**名士马爹利 Martell noblige rare cognac**

名士马爹利干邑乃家族早年的珍藏佳酿，年代久违，色泽琥珀金黄，酒香馥郁，由经验丰富的马爹利首席酿酒师精心调配；加上出自名师设计的全新典雅酒樽，独特风格别树一帜，线条优美流丽，彰显现代艺术感性，与无比醇厚酒质浑然天，被誉为完美传统与当代艺术和谐结合的酒中经典。

**蓝带马爹利 MARTELL CORDON BLUE**

蓝带马爹利干邑是马爹利酒厂独有的杰出干邑，是一种酒味香醇、色调丰厚的特级干邑白兰地，也是全球最受欢迎的高级干邑佳酿之一。

**金牌马爹利 Martell medailon v.s.o.p**

金牌马爹利是一种经过精心调酿并以较长时间蕴藏的干邑白兰地，酒质醇厚，香浓馥郁。

**三星马爹利 Martell three star**

马爹利三星干邑是全球最受欢迎的三星干邑白兰地，酒质醇美，其他干邑白兰地都以它为品质方面的衡量标准。

**金王马爹利 Lor de martell**

远古传说，神仙将自己转化为黄金外貌，来诱惑美丽的公主，事实上，自古以来很多故事里，黄金是男士梦寐以求的尊贵象征。它代

表永恒、满足、优雅，引发人们追求纯美、和谐的欲念。干邑亦是经历了无数次尝试而成的佳酿，它象征尊贵优雅的至高享受。寻金者和酿酒师能够在人类奋斗史上受到赞誉，是他们努力追求理想的成果。今日，马爹利诚意献上完美的佳酿——黄金与干邑尊崇结合——金王马爹利

**6. 哥顿金酒 Gordon's**

英国的重要国酒，1769 年，阿历山大·哥顿在伦敦创办金酒厂，将经过多重蒸馏的酒精，配以杜松子、芫荽种子及多种香草，调制出香味独特的哥顿金酒。今天，哥顿金酒已成为销量世界第一的金酒，销量高达每秒四瓶。

**7. 添加利金酒**

一八九八年，哥顿公司与查尔斯·添加利公司合并，成立添加利哥顿公司。添加利金酒是金酒中的极品名酿，浑厚干冽，具有独特的杜松子香味及其他香草配料，现美国最著名进口金酒之一，并广受世界各地人士赞誉。

**8. 金巴利(CAMPAH)**

金巴利(Campah, Carmpari)是意大利生产的著名开胃酒，通常以烈性酒为酒基，配上独特的秘方，饮用时通常加苏打水和柠檬皮，也可以和意大利甜味美思酒混合饮用。

**9. 俄罗斯的国酒伏特加**

伏特加酒是俄罗斯的国酒，也是北欧寒冷国家十分流行的烈性饮料。伏特加的历史悠久，它产生于 14 世纪左右，其英文名为 VODKA，出自于俄罗斯的一个港口名 VIATKA，含义是"生命之水"。它是以马铃薯、小麦等谷物为原料，通过重复蒸馏，精心过滤的方法，除去酒精中所含的毒素和其他异物的一种纯净的高酒精浓度的饮料。伏特加的酒度在 40 度至 50 度之间，与白兰地、威士忌、朗姆酒、金酒差不多，因国外习惯以 40 度酒度作为烈性酒的分界线，所以它被视为烈性酒。俄罗斯的伏特加酒液透明，非常纯净，除酒香外，几乎没有其他香味，但口感较烈，其名品有：波士伏特加、苏联红牌、苏联绿牌、柠檬那亚、斯大卡、朱波罗夫卡等。

**10. 香槟 Champagne**

每逢喜庆日子，香槟是不可缺少的美酒，它独特的汽泡和甘甜的香味为无数人增添欢乐。但有谁会想到，香槟原来是发源于一间古老的法国寺院，并采用了僧人 Dom Perignon 所发明的天然发酵酿酒法酿制而成。香槟之名，在法律上只限于由法国香槟区特产的葡萄，经特别方法入瓶后制造的美酒，方可使用。香槟传统上是由两种黑葡萄 Pinot Noir' Pinot Meunier 和白葡萄 Chardonnay 经独自发酵后，混合一起在酒瓶内经过第二次发酵而成，并形成天然汽泡。

**香槟王 Dom Perignon**

Dom Perignon 是香槟酿制法的发明人，穷一生的精力研究改善汽酒酒质，终于发明酿成酒质及风格都独当一面的香槟酿制方法，更被公认为酿制香槟大师。以他命名的香槟王（Dom Perignon），选用了最上乘的葡萄酿制，蕴藏长达六至八年之久，其色泽透彻，香气馥郁，使香槟王（Dom Perignon）成为香槟中的至尊，受到全球饮家一致推崇。酩悦香槟 MOET ET CHANDON-BRUT IMPERIAL 酩悦历史悠久，是全球规模最大的香槟酒厂，并拥有香槟最佳种植地区大部分的葡萄园，其出产的酩悦香槟，调和混合不同年份、不同产区的葡萄及美酒酿制而成，酒味隽致，汽泡细腻非常，是十分雅致高逸的香槟，受到全世界饮家一致推崇。

（水西）

# 编后说明

《中国品牌年鉴》编辑过程中得到了来自政府机关、行业协会、研究机构、大专院校、企事业单位、新闻媒体的官员、管理人员、专家学者、记者以及企业家的支持和协助。

参与单位：

国家经贸委、科技部、财政部、农业部、对外贸易部、文化部、卫生部、中国人民银行、海关总署、国家税务总局、国家环境保护总局、中国民用航空总局、国家广播电影电视总局、国家统计局、国家工商局、国家新闻出版署（国家版权局）、国家质量技术监督局、国家知识产权局、国家旅游局、国务院法制办、国务院体改办、国务院研究室、新华通讯社、中国科学院、中国社会科学院、国务院发展研究中心、国家行政学院、中国证券监督管理委员会、中国保险监督管理委员会、中国企业联合会、中国商业联合会、中国物流与采购联合会、中国煤炭工业协会、中国机械工业联合会、中国钢铁工业协会、中国石油和化学工业协会、中国轻工业联合会、中国纺织工业协会、中国建筑材料协会、中国有色金属工业协会、中国电力企业联合会、中国工业经济联合会、中国质量协会、中国包装技术协会、中国中小企业国际合作协会、北京大学、清华大学、中国人民大学、中国科技大学、北京财贸管理干部学院等。

参阅年鉴：

《中国林业年鉴》、《中国电力年鉴》、《中国包装年鉴》、《中国煤炭工业年鉴》、《中国石油化工总公司年鉴》、《中国有色金属工业年鉴》、《中国钢铁工业年鉴》、《中国电子工业年鉴》、《中国化学工业年鉴》、《中国石油天然气工业年鉴》、《中国造纸年鉴》、《中国纺织工业年鉴》、《中国轻工业年鉴》、《中国水利年鉴》、《中国水力发电年鉴》、《中国汽车工业年鉴》、《中国铁道年鉴》、《中国交通年鉴》、《中国法律年鉴》、《中国国内贸易年鉴》、《中国旅游年鉴》、《中国企业管理年鉴》、《中国财政年鉴》、《中国金融年鉴》、《中国民族年鉴》、《中国城市年鉴》、《中国对外经济贸易年鉴》、《中国新闻年鉴》、《中国出版年鉴》、《中国卫生年鉴》、《中国经济年鉴》、《中国乡镇企业年鉴》、《中国电影年鉴》、《中国医药年鉴》、《中国教育年鉴》、《中国体育年鉴》、《中国审计年鉴》、《中国食品年鉴》、《中国工商行政管理年鉴》、《中国房地产市场年鉴》、《中国广告年鉴》、《中国市场年鉴》、《中国保险年鉴》、《中国饮食年鉴》、《中国建筑业年鉴》、《中国私营经济年鉴》、《中国开放年鉴》、《中国连锁经营年鉴》、《中国投资年鉴》、《中国渔业年鉴》、《中国塑料工业年鉴》、《中国证券市场年鉴》、《中国外经贸企业年鉴》、《中国建设年鉴》、《中国电子商务年鉴》、《中国丝绸年鉴》、《世界经济年鉴》、《世界经济文化年鉴》等。

参阅报刊：

《中国质量报》、《中国经营报》、《经济观察报》、《21世纪经济报道》、《经济日报》、《中国工商报》、《市场报》、《名牌时报》、《经济参考报》、《光明日报》、《人民日报》、《人民政协报》、《新华每日电讯》、《中国经济导报》、《精品购物指南》、《中华工商时报》、《北京日报》、《北京青年报》、《广西日报》、《安徽日报》、《通信信息报》、《世纪体育》、《南方周末》、《粤港信息日报》、《中国汽车报》、《南方日报》、《楚天都市报》、《北京现代商报》、《中外管理》、《北京晨报》、《中国经济时报》、《北京晚报》、《北京娱乐信报》、《华商报》、《中国房地产报》、《中国青年报》、《上海证券报》、《生活时报》、《深圳商报》、《全景网络证券时报》、《21世纪环球报道》、《扬子晚报》、《解放日报》、《中国电子报》、《京华时报》、《品牌杂志》、《中国名牌》、《中国工商》、《名牌世界》、《风采》、《追求》、《精彩》、《中国时装》、《瑞丽》、《经济管理》、《时代潮》、《新闻周刊》、《三联生活周刊》、《新周刊》、《赢周刊》、《环球企业家》、《中国企业家》、《南风窗》等。

参考书目：

《谈品牌》、《品牌战略》、《品牌文化》、《品牌资本》、《品牌魅力》、《品牌实务与案例》、《品牌营销》、《品牌营销实务》、《品牌秘笈》、《品牌的革命》、《品牌管理远景与企业文化》、《中国品牌价值报告》、《中国工业发展报告》、《中国企业发展报告》、《争霸中国》、《Brandstorm》、《Brandmanners》、《Brandnew》、《Strategyandmanagementofindustrialbrands》、《Brandleadership》、《Brandwarfare》、《Sportssponsorshipandbranddevelopment》、《Thebrandmarketingbook》、《Brandassetmanagement》、《Brandslam》等。

流览网站：

www. sina. com. cn、www. sohu. com、www. emkt. com. cn、www. chinasspp. com、www. rtm. com. cn、www. southcn. com www. tom. com、www. szdutyfree. com. cn、www. newssc. net www. chinanews. com. cn、www. people. com. cn www. investgd. com/south、www. efu. com. cn/brand、www. tjkx. com、www. ccidnet. com、www. ycwb. com www. sconline. com. cn 等。

中国品牌年鉴编辑委员会对以上单位及个人谨表敬意。

热线电话：010－88383885。

2002年12月31日

责任编辑:曹维彬　徐子毅
装帧设计:如　是

**图书在版编目(CIP)数据**

中国品牌年鉴.2002版/《中国品牌年鉴》编委会主编.—北京:中国经济出版社,2003.4
ISBN 7-5017-5925-1

Ⅰ.中...　Ⅱ.中...　Ⅲ.企业管理:质量管理—中国—2002—年鉴　Ⅳ.F279.23-54

中国版本图书馆CIP数据核字(2003)第022613号

**中国品牌年鉴**

中国品牌年鉴编辑委员会　主编

中国经济出版社出版发行

(北京市百万庄北街3号)

邮政编码:100037

印刷厂:北京星辰印刷厂　新华书店经销

开本:880mm×1230mm/16　印张:37.75　彩插:48页　字数:718千字

2003年4月第1版　2003年4月第1次印刷

ISBN 7-5017-5925-1/Z·777

临时性广告经营许可证:京西工商广临字200304050号

国内定价:280元(精装) 附光盘

编辑部电话:010-88383885